CB045459

Introdução ao
Antigo Testamento

CATALOGAÇÃO NA FONTE DO
DEPARTAMENTO NACIONAL DO LIVRO

Le45i

    Lasor, William Sanford.
       Introdução ao Antigo Testamento / William Lasor,
    David A. Hubbard, Frederic W. Bush ; tradução
    Lucy Yamakami -- São Paulo : Vida Nova, 2002

       Título original: Old Testament Survey

       ISBN 978-85-275-0267-2

    1. Bíblia. A.T. - Introduções. I. Hubbard, David

    A.. II Bush, Frederic W.. III. Título.

06-9023   CDD-221.61

Introdução ao
ANTIGO TESTAMENTO

WILLIAM S. LASOR

DAVID A. HUBBARD

FREDERIC W. BUSH

TRADUÇÃO

LUCY YAMAKAMI

VIDA NOVA

Copyright © 1982, 1996 Wm. B. Eerdmans Publishing Co.
Título do original: *Old Testament Survey*
Traduzido da edição publicada por
William B. Eerdmans Publishing Company
Grand Rapids, Michigan, EUA

1ª. edição: 1999
Reimpressão: 1999
2ª. edição: 2002
Reimpressões: 2003, 2007, 2009, 2012, 2018, 2021

Publicado no Brasil com a devida autorização
e com todos os direitos reservados por
SOCIEDADE RELIGIOSA EDIÇÕES VIDA NOVA,
Rua Antônio Carlos Tacconi, 63, São Paulo, SP, 04810-020
vidanova.com.br | vidanova@vidanova.com.br

Proibida a reprodução por quaisquer
meios (mecânicos, eletrônicos, xerográficos,
fotográficos, gravação, estocagem em banco de
dados, etc.), a não ser em citações breves,
com indicação de fonte.

Impresso no Brasil / *Printed in Brazil*

ISBN 978-85-275-0267-2

COORDENAÇÃO EDITORIAL
Robinson Malkomes

CONSULTORIA
Luiz Alberto Teixeira Sayão

REVISÃO
Lenita A. do Nascimento

COORDENAÇÃO DE PRODUÇÃO
Roger Luiz Malkomes

CAPA
Rima Comunicação

DIAGRAMAÇÃO
Sérgio Siqueira Moura

Conteúdo

	Prefácio	ix
	Abreviaturas	xiii
	Colaboradores	xvii
	Mapas	xix

PARTE UM: A TORÁ 1

1	O Pentateuco	3
2	Gênesis: o Prólogo Primevo	16
3	Gênesis: a História Patriarcal	35
4	Êxodo: o Panorama Histórico	56
5	Êxodo: a Mensagem	68
6	Levítico	87
7	Números	107
8	Deuteronômio	121

Parte Dois: Os Profetas — 139

9	Os Profetas Anteriores	141
10	Josué	148
11	Juízes	165
12	O Nascimento da Monarquia (1Sm 1.1–2Sm 5.10)	178
13	A Era de Ouro de Israel: Davi e Salomão (2Sm 5.11–1Rs 11.43)	197
14	A Monarquia Dividida	213
15	Judá Desolado (2Rs 18–25)	229
16	Profetas e Profecia	238
17	A Poesia Hebraica	249
18	Amós	262
19	Oséias	274
20	Miquéias	292
21	Isaías: o Contexto	299
22	Isaías: a Mensagem	313
23	Sofonias, Naum e Habacuque	339
24	Jeremias	355
25	Ezequiel	386
26	Obadias e Joel	401
27	Jonas	413
28	Ageu	423
29	Zacarias	434
30	Malaquias	449

Parte Três: Os Escritos — 459

31	Introdução aos Escritos	461
32	Salmos	465
33	A Literatura de Sabedoria	485
34	Provérbios	500

35	*Jó*	513
36	*Eclesiastes*	542
37	*Cântico dos Cânticos*	557
38	*Rute*	568
39	*Lamentações*	575
40	*O Rolo de Ester*	582
41	*A Perspectiva do Cronista*	592
42	*Esdras–Neemias*	600
43	*Daniel*	617

PARTE QUATRO: O CENÁRIO — 635

44	*A Autoridade do Antigo Testamento para os Cristãos*	637
45	*Revelação e Inspiração*	644
46	*O Conceito de Cânon*	651
47	*A Formação do Antigo Testamento*	660
48	*Geografia*	674
49	*O Quebra-cabeça Cronológico*	688
50	*Arqueologia*	698
51	*A Profecia Messiânica*	746
	Notas	753
	Bibliografia Geral	847

Prefácio

O amplo e constante uso da *Introdução ao Antigo Testamento* desde sua primeira publicação em inglês, em 1982, incentivou-nos a torná-lo ainda mais útil agora nesta versão revisada. Nosso trabalho de atualização foi moldado de acordo com vários objetivos que tínhamos em vista. Primeiramente, tentamos tornar o texto mais agradável aos milhares de alunos que o têm utilizado todos os anos. Estilo mais simples, construções sintáticas mais breves, melhor aparência das páginas, acréscimo de diagramas, ilustrações e mapas —esses e outros recursos foram empregados com tal objetivo em mente. Em comparação com a primeira edição em inglês, vários capítulos foram transferidos do início para o fim do livro para que os professores tivessem a oportunidade de começar de imediato com os textos bíblicos.

Em segundo lugar, tentamos incluir no texto e nas notas as informações mais atualizadas que pudemos, particularmente nos casos em que têm surgido novas alternativas de interpretação ou em que o consenso dos estudiosos têm sofrido algum tipo de mudança. Em terceiro lugar, acrescentamos um capítulo novo sobre arqueologia e incluímos nos outros capítulos mais dados colhidos de recentes expedições arqueológicas.

Esperamos que as revisões valorizem o uso do livro pelo público que se pretende atingir, a saber, alunos de institutos bíblicos, seminaristas e professores, além de pastores, estudiosos da Bíblia e leigos interessados no assunto. A cordial participação de uma equipe de colegas na tarefa significa que o trabalho foi submetido a um amplo e profundo escrutínio que realçará sua clareza e qualidade. Sentimo-nos honrados com a presença do nome de cada um nas páginas xvii e xviii.

PREFÁCIO

A morte súbita de nosso veterano colega William LaSor, em 1991, privou-nos de seu olho clínico e de sua prontidão para escrever durante grande parte do processo de revisão. No entanto, ele nos deixou pilhas e mais pilhas de material contendo sugestões perspicazes e pontos de interrogação que nos lembram de seu compromisso com a tarefa e de sua competência demonstrada durante seis décadas de trabalho incansável nos estudos bíblicos e semíticos.

DAVID ALLAN HUBBARD
FREDERIC WILLIAM BUSH
Maio de 1996

* * *

Em 7 de junho de 1996, nos últimos estágios da revisão desta *Introdução ao Antigo Testamento*, David Allan Hubbard faleceu, vítima de um infarto sofrido em sua casa, em Santa Bárbara, na Califórnia. Nascido em Stockton, na Califórnia, em 8 de abril de 1928, era filho de John e Helena Hubbard. Deixou a esposa Ruth, com quem esteve casado durante 46 anos, sua filha Mary Given, o genro Dean Given, os netos David e Jeffrey e os irmãos John, Robert e Laura Smith com suas respectivas famílias.

David formou-se no Westmont College, em Santa Bárbara, e completou seus estudos pós-graduados no Seminário Fuller em 1954, sendo em seguida ordenado ministro da Igreja Batista Americana nos Estados Unidos. Obteve o doutorado em estudos do Antigo Testamento pela Universidade St. Andrew, na Escócia, em 1957, passando então a integrar o corpo docente do Westmont College.

Em 1963, com a idade de 35 anos, foi convidado a assumir a presidência do Seminário Teológico Fuller, cargo que exerceu até sua aposentadoria em 1993. Debaixo de sua direção, o Fuller tornou-se o maior seminário teológico independente do mundo e, em grande parte por causa de sua visão criativa e de sua competência administrativa, a instituição veio a incluir não apenas a Escola de Teologia, mas também a Escola de Psicologia e a Escola de Missões Mundiais. Além de suas pesadas tarefas administrativas como Presidente, David normalmente gastava parte de seu tempo exercendo com grande carisma seu dom de ensino. Além disso, a herança recebida dos pais, que também serviram como ministros do evangelho, revelava-se não somente na fé vibrante e fervorosa que o caracterizava mas também em seu trabalho de locutor de rádio num programa internacionalmente conhecido entre 1969 e 1980.

Além de suas responsabilidades administrativas e magisteriais, David mantinha-se fiel às suas atividades acadêmicas e editoriais, tendo escrito 36 livros, incluindo quatro comentários do Antigo Testamento. Ele foi tanto o incentivador quanto a fonte de energia para a tarefa da primeira edição da *Introdução ao Antigo Testamento*, capacitando com grande habilidade os três a darem andamento ao projeto e a chegarem ao consenso quanto ao conteúdo (tarefa nada fácil!). Foi ele quem assumiu a inteira responsabilidade editorial por esta edição revisada. Sem sua capacidade e dedicação nenhuma das edições teria vindo à lume. Na época de seu passamento estava também atuando como editor da série *Word Biblical Commentary*.

Trabalhou ainda como Presidente da Associação de Escolas Teológicas dos Estados Unidos e do Canadá, e no final do mês em que faleceu receberia um prêmio especial de reconhecimento da Associação.

David Hubbard, entretanto, foi mais do que acadêmico e presidente de seminário. Foi um músico de mão-cheia e um inveterado admirador de beisebol. No culto realizado em sua memória no Seminário Fuller, em 20 de junho de 1996, todos os que se pronunciaram puderam testemunhar que não eram somente a dignidade e a elegância que marcavam tudo o que ele fazia, mas a amizade calorosa e incondicional que nos concedia abundantemente. Para mim ele foi mentor, colega, co-autor, mas, acima de tudo, amigo receptivo e afetuoso.

O programa do culto em sua memória no Seminário Fuller reproduziu as suas palavras dirigidas à comunidade do Fuller: "Chamem a Igreja de Cristo à renovação; trabalhem pela saúde moral da sociedade; busquem a paz e a justiça no mundo; defendam a revelação da verdade de Deus". Foi exatamente isso que fez David Allan Hubbard. E, ao viver dessa forma, ele deixou um legado de bênção para todos nós.

FREDERIC WILLIAM BUSH

Abreviaturas

AASOR	Annual of the American Schools of Oriental Research
AB	Anchor Bible
ABD	Anchor Bible Dictionary
ABRL	Anchor Bible Reference Library
ADAJ	Annual of the Department of Antiquities of Jordan
AJA	American Journal of Archaeology
AJSL	American Journal of Semitic Languages and Literature
ANEP	J. B. Pritchard, *The Ancient Near East in Pictures,* 2nd ed. (Princeton: 1969)
ANET	J. B. Pritchard, *Ancient Near Eastern Texts,* 3rd ed. (Princeton: 1969)
AOAT	Alter Orient und Altes Testament
Ant.	Josefo, *Antigüidades dos Judeus*
ARA	Almeida Revista e Atualizada
ARAB	D. D. Luckenbill, ed., *Ancient Records of Assyria and Babylonia,* 2 vols. (Chicago: 1926-1927)
ARC	Almeida Revista e Corrigida
BA	Biblical Archaeologist
BANE	G. E. Wright, ed., *The Bible and the Ancient Near East* (1961; reimpr. Winona Lake: 1979)
BARev	Biblical Archaeology Review
BASOR	Bulletin of the American Schools of Oriental Research
BDB	F. Brown, S. R. Driver, and C. A. Briggs, *A Hebrew and English Lexicon of the Old Testament* (Oxford: 1907)
BDPT	R. G. Turnbull, *Baker's Dictionary of Practical Theology* (Grand Rapids: 1967)

ABREVIATURAS

BHS	Biblia Hebraica Stuttgartensia
Bibl	Biblica
BJ	Bíblia de Jerusalém
BJRL	Bulletin of the John Rylands Library
BKAT	M. Noth and H. W. Wolff, eds., Biblischer Kommentar: Altes Testament (Neukirchen)
BST	J. A. Motyer and J. R. W. Stott, eds., The Bible Speaks Today
BWANT	Beitrage zur Wissenschaft von Alten und Neuen Testament
BZAW	Beihefte zur Zeitschrift fur die alttestamentliche Wissenschaft
CAH	I. E. S. Edwards et al., eds., *Cambridge Ancient History*, 3rd ed., 2 vols. in 4 parts (Cambridge: 1970-)
CBC	Cambridge Bible Commentary
CBQ	Catholic Biblical Quarterly
CC	Communicator's Commentary
CCHS	B. Orchard, ed., *A Catholic Commentary on Holy Scripture* (New York: 1953)
ConB	Coniectanea biblica
CTM	Concordia Theological Monthly
DJD	Discoveries in the Judaean Desert of Jordan (Oxford: 1955-)
DOTT	D. W. Thomas, ed., *Documents from New Testament Times* (New York: 1961)
FOTL	The Forms of the Old Testament Literature (Grand Rapids)
FRLANT	Forschungen zur religion und Literatur des Neuen und Alten Testament
HAT	O. Eissfeldt, ed., Handbuch zum Alten Testament (Tübingen)
HDB	J. Hastings, ed., *Dictionary of the Bible*, 4 vols. (New York: 1898-1902); supplement (1904); rev. ed., 1 vol. (1963)
HKAT	Handkommentar zum Alten Testament (Gottingen)
HSAT	E. Kautzsch e A. Bertholet, eds., *Die Heilige Schrift des Alten Testament*, 4th ed. (Tübingen: 1922-1923)
HSM	Harvard Semitic Monographs
HTR	Harvard Theological Review
HUCA	Hebrew Union College Annual
IB	G. A. Buttrick, ed., *The Interpreter's Bible*, 12 vols. (Nashville 1952- 1957)
IBB	Imprensa Bíblica Brasileira (versão da Bíblia de Almeida)
IBD	N. Hillyer, ed., *The Illustrated Bible Dictionary* (Wheaton: 1980)
ICC	The International Critical Commentary (Edinburgh)
IDB	G. A. Buttrick, ed., *The Interpreter's Dictionary of the Bible*, 4 vols. (Nashville: 1962)

IDBSup	K. Crim, ed., *The Interpreter's Dictionary of the Bible, Supplement* (Nashville: 1976)
IEJ	Israel Exploration Journal
Interp	Interpretation
ISBE	J. Orr, ed., *International Standard Bible Encyclopedia*, 5 vols. (Grand Rapids: 1939); rev. ed., 4 vole., G. W. Bromiley et al., eds. (1979-1988)
ITC	International Theological Commentary (Grand Rapids)
JAOS	*Journal of the American Oriental Society*
JBL	*Journal of Biblical Literature*
JJS	Journal of Jewish Studies
JNES	Journal of Near Eastern Studies
JPOS	Journal of the Palestine Oriental Society
JPS	Jewish Publication Society
JQR	*Jewish Quarterly Review*
JSNTSup	Journal for the Study of the New Testament, Supplement Series
JSOT	*Journal for the Study of the Old Testament*
JSOTSup	Journal for the Study of the Old Testament, Supplement Series
JSS	*Journal of Semitic Studies*
KAT	E. Sellin e J. Herrmann, eds., Kommentar zum Alten Testament (Leipzig, Gutersloh)
KJV	King James Version
LGB	R. Alter and F. Kermode, eds., *The Literary Guide to the Bible* (Cambridge, Mass.: 1987)
LXX	Septuaginta
NASB	New American Standard Bible
NBC	D. Guthrie and J. A. Motyer, eds., *The New Bible Commentary Revised* (Grand Rapids: 1970)
NCBC	R. E. Clements and M. Black, eds., The New Century Bible Commentary (Grand Rapids)
NEAEHL	*New Encyclopedia of Archaeological Excavations of the Holy Land*
NEB	New English Bible
NICOT	R. L. Hubbard, ed., The New International Commentary on the New Testament (Grand Rapids)
NIV	New International Version
NRSV	New Revised Standard Version
OBS	J. J. Finkelstein e M. Greenberg, eds., *Oriental and Biblical Studies* (Philadelphia: 1967)
OTL	The Old Testament Library (Philadelphia)

ABREVIATURAS

OTMS	H. H. Rowley, ed., *The Old Testament and Modern Study* (Oxford: 1951)
OTS	*Oudtestamentische Studien*
PEQ	Palestine Exploration Quarterly
POTT	D. l. Wiseman, ed., *Peoples of Old Testament Times* (Oxford: 1973)
RB	Revue biblique
RSV	Revised Standard Version
RV	Revised Version
SBLDS	Society for Biblical Literature Dissertation Series
SBLMS	Society for Biblical Literature Monograph Series
SBT	Studies in Biblical Theology
SJLA	Studies in Judaism in Late Antiquity
SIT	*Scottish Journal of Theology*
SOTS	The Society for Old Testament Study
TCERK	L. Loetscher, ed., *Twentieth-Century Encyclopedia of Religious Knowledge,* 2 vols. (Grand Rapids: 1949)
TENT	G. Kittel and G. Friedrich, eds., *Theological Dictionary of the New Testament,* 10 vols. (Grand Rapids: 1964-1976)
TM	Texto Massorético
TOTC	Tyndale Old Testament Commentary
USQR	Union Seminary Quarterly Review
UUA	Uppsala Universitets Arsskrift
VSAT	Verbum Salutis Ancien Testament
VT	*Vetus Testamentum*
VTSup	Vetus Testamentum, Supplements
WBC	Word Biblical Commentary
WMANT	Wissenschaftliche Monographien zum Alten und Neuen Testament
WTJ	*Westminster Theological Journal*
WUNT	Wissenschaftliche Untersuchungen zum Neuen Testament
ZAW	*Zeitschrift fur die alttestamentliche Wissenschaft*
ZB	Zurcher Bibelkommentare
ZNW	Zeitschrift für die neutestamentliche Wissenschaft
ZPBD	M. C. Tenney, ed., *The Zondervan Pictorial Bible Dictionary* (Grand Rapids: 1963)
ZPEB	M. C. Tenney, ed., *The Zondervan Pictorial Encyclopedia of the Bible,* 5 vols. (Grand Rapids: 1975)

Colaboradores

LESLIE C. ALLEN
    Professor de Antigo Testamento, Fuller Theological Seminary
    Os Profetas Anteriores; Miquéias, Ezequiel, Jonas, Os Escritos; Salmos, A Perspectiva do Cronista; Revelação e Inspiração; Cânon

JAMES R. BATTENFIELD
    Ex-conferencista, California State University, Long Beach
    Arqueologia

JOHN E. HARTLEY
    Professor de Antigo Testamento, Azusa-Pacific University
    O Pentateuco; Gênesis, O Prólogo Primevo; Gênesis, a História Patriarcal; Êxodo, o Panorama Histórico; Êxodo, Conteúdo e Teologia; Levítico; Jó; Geografia

ROBERT L. HUBBARD, JR.
    Professor de Antigo Testamento, North Park Theological Seminary
    A Monarquia Dividida; Judá Desolado; A Poesia Hebraica; Jeremias; Rute; Lamentações; Ester, Esdras–Neemias

COLABORADORES

JOHN E. MCKENNA
    Ministro da Igreja Batista Americana, em Pasadena, Califórnia
    Josué; Juízes; Amós; Isaías, o Contexto; Isaías, a Mensagem; Daniel; a Profecia Messiânica

WILLIAM B. NELSON, JR.
    Professor Adjunto de Antigo Testamento, Westmont College
    Ageu; Zacarias; Malaquias; a Formação do Antigo Testamento

Todos os outros capítulos foram revisados por David A. Hubbard e Frederic William Bush, que também se responsabilizam pela forma final de toda a obra.

Mapas

A Rota do Êxodo	67
Os Limites do Controle Israelita	171
A Monarquia Unificada	201
A Monarquia Dividida	216
Assíria e Babilônia	358
O Império Persa	596
O Mundo Bíblico	676
As Divisões Norte–Sul da Palestina	678
As Divisões Leste–Oeste da Palestina	680
Sítios Arqueológicos	700

PARTE UM

A TORÁ

CAPÍTULO 1

O Pentateuco

O *Pentateuco* é formado pelos cinco primeiros livros do Antigo Testamento: Gênesis, Êxodo, Levítico, Números e Deuteronômio. Essa palavra deriva do grego *pentateuchos:* "[livro em] cinco volumes". Os judeus chamam esses livros de *Torá* (i.e., "instrução"), que em geral se traduz por *Lei* (Mt 5.17; Lc 16.17; At 7.53; 1Co 9.8). Os judeus atribuem à Torá maior autoridade e santidade que ao restante das Escrituras.

> Leram no livro, na Lei de Deus, claramente, dando explicações, de maneira que entendessem o que se lia.
> Ne 8.8

Unidade

O Pentateuco contém uma grande variedade de material: histórias, episódios, leis, rituais, regulamentos, cerimônias, registros cronológicos, exortações. Ainda assim, é uma narrativa histórica unificada. A importância vital dessa narrativa histórica é atestada por seu uso no Novo Testamento como pano de fundo e preparação para a obra de Deus em Cristo. Os autores do Novo Testamento recorrem especialmente à seqüência dos atos divinos desde o chamado de Abraão até o reinado de Davi.

Um exemplo marcante é o discurso de Paulo aos judeus na sinagoga de Antioquia da Pisídia (At 13.17-41). Ele começa (v. 17-23) com um resumo confessional do que Deus fez desde Abraão até Davi, passando depois de imediato para Jesus Cristo. Paulo infere que a história desde os patriarcas até Davi é a parte mais significativa da narrativa do Antigo Testamento. Ele afirma que Cristo é o ápice e o cumprimento dos propósitos redentores de Deus ali iniciados.

Há resumos semelhantes no Antigo Testamento, especialmente a confissão prescrita para o ritual das primícias (Dt 26.5-10; denominada "o Pentateuco resumido"; compare Dt 6.20-24 e Js 24.2-13). Essas narrativas contêm os mesmos detalhes básicos dos atos salvíficos de Deus:

(1) Deus escolheu Abraão e seus descendentes (At 13.7; Js 24.3) e lhes prometeu a terra de Canaã (Dt 6.23).
(2) Israel desceu ao Egito (At 13.17; Js 24.2) e caiu na escravidão (Dt 6.21; 26.5), da qual o Senhor os livrou (At 13.17; Js 24.5-7; Dt 6.21s.; 26.8).
(3) Deus conduziu Israel a Canaã conforme prometera (At 13.19; Js 25.11-13; Dt 6.23; 26.9).

> Os blocos que formam o Pentateuco, portanto, são *promessa, eleição, livramento, aliança, lei* e *terra*.

O elemento central dessas confissões de fé é o Êxodo, pois representa tanto o livramento concedido por Javé a Israel, encerrando sua escravidão no Egito, como sua eleição para povo de Deus. O ato salvífico central de Javé na história de Israel, o Êxodo, serve de modelo para outros atos salvíficos (cf. Am 2.4-10; 3.1s.; Jr 2.2-7; Sl 77.13-19 [TM 14-20]; 78.12-55). Eis o enredo da narrativa do Pentateuco: Javé *escolheu* o povo ao qual livrou de modo dramático no mar Vermelho como sua "propriedade peculiar dentre todos os povos" (Êx 19.5). Depois os uniu a si por meio de sua *aliança* como seu Deus. Seu *livramento* gracioso, imerecido, é, portanto, a base da aliança. Javé deu a *lei* a seu povo, como se lhes fosse uma constituição. Essa história é registrada de Êxodo a Deuteronômio. Gênesis 12–50, o prólogo patriarcal, apresenta a *promessa* de que o *livramento* do Egito, o cumprimento da *aliança* e a posse da *terra* serão concretizados.

O elemento *promessa* nessa estrutura narrativa é importantíssima e fundamental. É apresentado em sua forma mais sucinta nas palavras de Deus a Abraão em Gênesis 12.1-2:

Ora, disse o Senhor a Abrão: "Sai da tua terra, da tua parentela e da casa de teu pai, e vai para a terra que te mostrarei; de ti farei uma grande nação, e te abençoarei, e te engrandecerei o nome. Sê tu uma bênção!"

Como revela a passagem, essa promessa contém três aspectos. Consiste em terra, nacionalidade e bênção. Em outras formulações da promessa, no entanto, o terceiro elemento, a promessa de bênção, é expresso de outras maneiras: "Estabelecerei a minha aliança entre mim e ti e a tua descendência" (Gn 17.7a, 19); "Serei contigo" (Gn 26.3, 24; 28.15; 46.3; Êx 3.12); "para ser o teu Deus e da tua descendência" (Gn 17.7c; Êx 6.7; Lv 26.12); "Eu sou o Deus de Abraão, teu pai" (Gn 26.24; 46.3; Êx 3.6; 15). Todas essas formulações diferentes podem ser agrupadas com mais proveito e reflexão sob o título "a promessa de um relacionamento com Deus".¹ Essa promessa, portanto, cujo cumprimento se verifica apenas parcialmente no próprio Pentateuco, inclui a posteridade (nacionalidade, comunidade), um relacionamento divino—humano e a terra.

Esse tema tripartido é repetido nas histórias acerca de Abraão (cf. Gn 13.14-17; 15.2-5, 18-21; 17.7s., 15-19). Renova-se em cada geração patriarcal: Isaque (Gn 26.2-4), Jacó/Israel (28.13; 35.11-13) e José e seus filhos (48.1-6). Seu cumprimento é prometido no livramento iniciado no Êxodo (Êx 6.6-8; Dt 34.1-4).

A história toda recebe um significado teológico especial por causa de sua relação com o prefácio, o prólogo primevo (Gn 1–11).² Em contraste com a perspectiva mais restrita da promessa e da eleição, que caracteriza Gênesis 12 a Deuteronômio 34, a perspectiva de Gênesis 1–11 é universal. Volta-se para a própria criação. Expressa como o homem e a mulher passaram as ser inimigos de si mesmos, alienados e separados de Deus e de seu próximo. A sina deles envolve desarmonia social, bem como alienação individual.

Em vista dessa profunda alienação humana, o autor de Gênesis 1–1 trata da questão fundamental do relacionamento futuro de Deus com a criação. Estaria esgotada a perseverança paciente de Deus? Teria ele condenado as nações a uma ira perpétua? Em resposta a essas perguntas, a eleição e a bênção de Abraão possuem grande significado para toda a humanidade.

Assim, é notável o contraste entre Gênesis 1–11 e a história particularizada de promessa, eleição, livramento e aliança que ocupa o restante do Pentateuco. No relacionamento especial de Deus com Abraão e seus descendentes repousa a resposta para a angústia de toda a família humana. O Pentateuco, portanto, possui duas divisões principais: Gênesis 1–11 e Gênesis 12—

Deuteronômio 34. A relação entre ambas é de pergunta e resposta, problema e solução; a chave é Gênesis 12.3.

> Abençoarei os que te abençoarem e amaldiçoarei os que te amaldiçoarem; em ti serão benditas todas as famílias da terra.

Essa estrutura não só evidencia a unidade nítida do Pentateuco, mas também revela que a estrutura que aqui se inicia estende-se muito além do próprio Pentateuco. No final de Deuteronômio, Israel como o povo da aliança de Deus na terra da promessa ainda permanece no futuro. Aliás, a plena concretização do plano de Deus não está além somente de Deuteronômio 34, mas também de todo o Antigo Testamento. O Antigo Testamento não apresenta, em parte alguma, a solução final para o problema universal retratado de modo tão incisivo em Gênesis 1–11.

> Quando o Antigo Testamento termina, Israel ainda está à espera da consumação final quando a esperança será cumprida, e a promessa, concretizada.

Essa consumação encontra-se no Filho de Abraão (Mt 1.1), que atrai todas as pessoas para si (Jo 12.32). Ele assim encerra aquela alienação da humanidade para com Deus e dos indivíduos entre si, retratada de modo tão pungente no prólogo primevo.

Complexidade

O Pentateuco revela, além da clara unidade definida de propósito e plano, uma diversidade igualmente impressionante. Essa complexidade tem dado lugar a várias teorias acerca de sua origem. Muitas dessas teorias, infelizmente, oferecem opiniões acerca de sua origem, data e autoria que avaliam negativamente seu valor histórico e teológico. Uma vez que se entenda que o Pentateuco originou-se muitos séculos após o período mosaico, pensa-se às vezes que preserva poucas informações históricas genuínas. As idéias e práticas religiosas registradas, dizem, seriam as correntes séculos mais tarde. Por exemplo, J. Wellhausen, um eloqüente proponente dessas teorias, via o Pentateuco como um produto dos períodos do exílio e do pós-exílio e, portanto, somente como o ponto de partida para a história do judaísmo e não do antigo Israel.[3]

Embora a concepção de Wellhausen esteja hoje tão modificada, a ponto de ser quase irreconhecível, a modificação não resultou numa avaliação mais favorável ao Pentateuco. Aliás, de acordo com uma escola de pensamento muito importante acerca do Antigo Testamento, representada por estudiosos como Martin Noth, mal se pode fazer alguma declaração histórica positiva com base nas tradições do Pentateuco. Noth alega que é errado ver Moisés como o fundador de uma religião ou mesmo falar de uma religião mosaica. Como vimos, porém, o Pentateuco é uniforme na afirmação de que Deus tem agido na história em favor de toda a família humana nos eventos das histórias dos patriarcas e de Moisés. Concepções como as de Noth atacam o próprio cerne da proclamação bíblica.

Reagir contra tais críticas extremistas é a única abordagem possível para os que confiam na verdade da Bíblia. É preciso combater o erro. Entretanto, os estudiosos conservadores com muita freqüência reagem indo para o outro extremo, sem produzir uma introdução completa ao Pentateuco —uma introdução que leve em consideração tanto as provas da unidade básica da Lei, como a diversidade em que se baseiam as teorias de abordagem negativa.

Evidências Literárias da Complexidade. Assim que se começa a lidar com o caráter literário do Pentateuco, depara-se com uma mistura de lei e história. Nenhum código de leis, antigo ou moderno, traz algo parecido. A narrativa histórica atravessa e interrompe constantemente a legislação. Essa dualidade deve ser reconhecida quando se busca a origem do Pentateuco. Deus não se limitou a promulgar um código de leis ou a redimir o povo por meio de uma série especial de atos salvíficos. Fez uma coisa e outra. Escolheu um povo e pela lei estabeleceu um relacionamento com ele. O Pentateuco, portanto, possui um caráter duplo intencional: blocos de conteúdo legal totalmente integrados à narrativa.[4]

Outras complexidades literárias também tornam-se óbvias numa análise cuidadosa do texto:

(1) Tanto a narrativa como a divisão legal apresentam uma notável falta de continuidade e ordem quanto ao assunto tratado. Por exemplo, não há seqüência entre Gênesis 4.26 e 5.1; aliás, Gênesis 2.4b–4.26 interrompe a linha

do relato de 1.1–2.4a; 5.1ss. De novo, há uma descontinuidade clara entre Gênesis 19.38 e 20.1, assim como entre Êxodo 19.25 e 20.1. De fato, o decálogo que se encontra em 20.1-17 distingue-se da narrativa de seu contexto literário (19.1-25; 20.18-21). Além disso, os próprios códigos legais não são agrupados sob nenhuma ordem lógica.

(2) Dada a diversidade do material, não é de surpreender que se encontrem diferenças significativas de vocabulário, sintaxe, estilo e de composição geral das várias seções da obra. Tais diferenças, por exemplo, são manifestas na comparação dos códigos de leis de Levítico e de Deuteronômio.

(3) Outra evidência de complexidade literária é o uso variável dos nomes divinos Javé ("Senhor") e Elohim ("Deus") de Gênesis 1 a Êxodo 6. Embora esses nomes muitas vezes ocorram sem evidenciar nenhum motivo que justifique a escolha, alguns capítulos ou partes de capítulos, especialmente em Gênesis, usam exclusiva ou predominantemente um nome ou outro. Há uma correlação entre o nome escolhido e os conceitos teológicos apresentados na passagem.

(4) Ocorrem duplicações ou triplicações de material no Pentateuco. O que interessa não são as repetições simples de material idêntico, mas a repetição do mesmo assunto básico, repleto de elementos em comum, mas com certas divergências marcantes. Embora expoentes zelosos da teoria da fonte documentária tenham identificado como duplas passagens que teriam outras explicações muito mais simples,[5] permanece o fato de que certo número de tais duplicações não pode ser explicado de pronto. Por exemplo:

Em dois relatos, Abraão arrisca a honra de Sara fazendo-a passar por sua irmã (Gn 12; 20; compare o episódio surpreendentemente parecido de Isaque, 26.6-11). O nome Berseba ("Poço do Juramento") comemora não apenas uma aliança entre Abraão e Abimeleque (Gn 21.22-31), mas também um acordo entre Isaque e Abimeleque (26.26-33). A passagem sobre animais puros e impuros em Levítico 11.1-47 aparece duplicada em Deuteronômio 14.3-21, e a passagem acerca de escravos ocorre três vezes (Êx 21.1-11; Lv 25.39-55; Dt 15.12-18).

As evidências insinuam uma longa história de transmissão e de desenvolvimento do texto. Um número notável de termos, fatos e observações exigem uma data posterior à de Moisés. Declarações como "nesse tempo os cananeus habitavam essa terra" (Gn 12.6; 13.7) e "comeram maná até que chegaram aos limites da terra de Canaã" (Êx 16.35) implicam que Israel já ocupava Canaã. Gênesis 14.14 indica que Abraão perseguiu os captores de Ló até Dã, mas o lugar só recebeu esse nome quando Dã capturou a cidade após a conquista (Js 19.47; Jz 18.29).

Evidências Positivas de Autoria e Origem. O Pentateuco é uma obra anônima. Moisés não é mencionado como seu autor, assim como ninguém mais. A ausência do nome do autor harmoniza-se com a prática do Antigo Testamento em particular e com as obras literárias antigas em geral. No antigo Oriente Médio, o "autor" era basicamente um preservador do passado, limitando-se ao uso de material e metodologia tradicionais. A "literatura" era mais uma propriedade comunitária que particular.[6]

Apesar disso, o Pentateuco contém indicações da atividade literária de seu personagem principal, Moisés. Este é descrito de passagem, recebendo ordens para redigir ou propriamente escrevendo fatos históricos (Êx 17.14; Nm 33.2), leis ou trechos de códigos de leis (Êx 24.4; 34.27s.), e um poema (Dt 31.22). Mas sua contribuição não precisa se limitar de forma estrita à parte do Pentateuco atribuída especialmente a ele.

A atividade literária de Moisés é corroborada por referências esparsas mas significativas no restante da literatura anterior ao exílio. Durante o exílio e depois dele, as referências são muito mais numerosas. Na verdade, um exame cuidadoso manifesta um padrão impressionante:[7]

(1) Livros pós-exílicos (Crônicas, Esdras, Neemias, Daniel, etc.) referem-se com muita freqüência ao Pentateuco como um texto escrito com autoridade; todos recorrem aos códigos do Pentateuco. Aqui ocorre pela primeira vez a expressão "livro de Moisés".

(2) Livros intermediários (i.e., os livros históricos do pré-exílio: Josué, 1-2 Samuel, 1-2 Reis) referem-se muito raramente à atividade literária de Moisés. Todas as referências são a Deuteronômio.

(3) Livros anteriores (i.e., os profetas do pré-exílio) não trazem tais referências. Isso indica que a tradição é crescente. A ligação com Moisés é estendida de algumas leis para todas as leis e, depois, para todo o Pentateuco.[8] O crescimento contínuo da tradição é visto nas freqüentes referências do Novo Testamento a todo o Pentateuco como a "lei" ou o "livro de Moisés" (Mc 12.26; Lc 2.22; At 13.39) ou simplesmente "Moisés" (Lc 24.27) e a todo o Antigo Testamento como "Moisés e os profetas" (16.29).

As Implicações desses Fatos. A que conclusões podemos chegar a partir desses dados? Aqui, é preciso ser radicalmente bíblico, permitindo que a Bíblia fale, sem lhe impor conceitos arbitrários do tipo de literatura que deveria conter. Ao mesmo tempo, as teorias a respeito de sua origem e desenvolvimento devem ser reconhecidas como teorias. Elas precisam ser consideradas provisórias, abertas a mudanças e modificações à medida que se adquire mais entendimento.

Dois fatos devem ser destacados. Em primeiro lugar, informações bíblicas e várias correntes da tradição concordam que Moisés escreveu literatura narrativa, legislativa e poética. Existem agora provas abundantes de que tais capacidades diversas em um autor não eram, de maneira alguma, incomuns no antigo Oriente Próximo, mesmo em séculos anteriores ao de Moisés. Assim, deve-se afirmar que a participação de Moisés na produção do Pentateuco foi altamente formativa, embora seja pouco provável que Moisés tenha escrito o Pentateuco *conforme ele existe em sua forma final*. O centro da estrutura narrativa e do material legislativo remontam, ambos, à sua motivação literária e refletem de modo autêntico tanto as circunstâncias como os eventos ali relatados.

Em segundo lugar, as complexidades do texto e a distribuição e o aumento das evidências de sua origem devem ser levados em consideração. Esses fenômenos literários revelam que o Pentateuco é uma obra complexa, composta, com uma longa e intrincada história de transmissão e crescimento. A fé afirma que esse desenvolvimento foi supervisionado pelo mesmo Espírito de Deus que prontificou Moisés a atuar e a escrever de início. Embora seja difícil detalhar esse processo com precisão, sua estrutura básica é razoavelmente certa. As narrativas dos patriarcas foram conservadas, primeiro por via oral, durante o período de escravidão no Egito. É provável que tenham sido colocadas em forma escrita pela primeira vez durante o período de Moisés.[9] A elas foram acrescentados os relatos, tanto poesia como prosa, do Êxodo e da peregrinação, talvez no início do período davídico. Em razão do novo estilo de sociedade, a monarquia, a preservação dos eventos e do significado do período formativo de Israel teriam importância primordial. Reunidos em várias compilações, os documentos da era mosaica podem ter sido finalmente juntados numa única coleção por Esdras, no período de restauração após o Exílio (séc. v). Essa idéia baseia-se nas considerações seguintes. O próprio texto bíblico apresenta Esdras como um escriba por excelência, entendido nas leis de Moisés (Ed 7.6; 11ss.). Sua tarefa era ensinar a Torá e cuidar de sua observância em Judá e Jerusalém (v. 14, 25s.). A tradição judaica é unânime em atribuir a ele a redação final da Torá.[10] Por fim, quaisquer que sejam os detalhes desse processo, é preciso afirmar com W. F. Albright:

> O conteúdo de nosso Pentateuco é, em geral, muito mais antigo que a data em que finalmente foi editado; novas descobertas continuam a confirmar a exatidão histórica de sua antigüidade literária, detalhe após detalhe. Mesmo quando é necessário pressupor acréscimos posteriores ao núcleo original de tradição mosaica, esses acréscimos refletem o crescimento normal de instituições e práticas antigas ou o esforço de escribas posteriores para preservar ao máximo possível as

tradições existentes acerca de Moisés. É, por conseguinte, puro excesso de crítica negar o caráter substancialmente mosaico da tradição do Pentateuco.[11]

Para explicar as implicações dessas complexidades, alguns estudiosos do Antigo Testamento desenvolveram a "teoria documental". Essa é uma hipótese que procura separar as várias "fontes" subjacentes ao presente texto do Pentateuco.[12]

Essa teoria identifica quatro documentos principais como fontes subjacentes ao presente texto do Pentateuco. Ela o faz identificando no texto extratos que podem ser separados por assunto; pelo uso dos nomes divinos, Javé e Elohim; e pela duplicação de conteúdo. A partir desses achados, procura identificar conjuntos maiores de materiais que se destaquem por semelhanças de vocabulário e estilo e por uniformidade de concepção teológica. Na análise típica, foram detectadas e descritas quatro "fontes":

J é a narrativa javista que vai de Gênesis 2 a Números 22–24 (Wolff). Outros atribuem a morte de Moisés registrada em Deuteronômio 34 a J. A fonte J foi compilada em Judá entre 950 e 850 a.C. Essa fonte destaca a proximidade de Deus, muitas vezes em linguagem antropomórfica, em que Deus é descrito em termos humanos. Ressalta a continuidade do propósito de Deus desde a criação, passando pelos patriarcas, até o papel de Israel como seu povo. Essa continuidade leva ao estabelecimento da monarquia com Davi.

E é a narrativa da tradição de Israel (o reino do norte) em paralelo com J. Destaca a transcendência de Deus. Prefere Elohim como nome de Deus até a revelação de seu nome Javé a Moisés (Êx 3; 6); depois disso passa a empregar ambos os nomes para Deus. De início, os estudiosos pensaram que E começasse com Gênesis 15, mas definiram seu início em Gênesis 20. A maioria dos estudiosos localiza o ambiente de E no norte de Israel, pois dispensa atenção especial a Betel, Siquém e às tribos de José, Efraim e Manassés. Sua data está entre 750-700 a.C. As partes remanescentes desse documento estão bem fragmentadas. Noth entende que esse fenômeno teria sido causado por algum redator que incluiu em J material encontrado em E. Por essa perspectiva, é quase impossível recuperar a fonte E.

JE é a sigla empregada ou para textos em que é praticamente impossível separar as duas fontes (note Javé Elohim, SENHOR Deus, em Gn 2.4b–3.24), ou em discussões de um texto dessas duas fontes em contraposição com materiais da fonte sacerdotal. Essas fontes foram compiladas um século depois do aparecimento de E.

D refere-se ao material que forma o núcleo do livro de Deuteronômio. O estilo desse livro é bem característico: prosaico, prolixo, parenético (repleto de exortações ou conselhos, "homilético") e pontuado de frases estereotipadas. Sempre que esse estilo aparece no Antigo Testamento é chamado deuteronomista. Ao(s) deuteronomista(s) é atribuída a formulação da narrativa histórica de Josué a 2 Reis (veja cap. 9). No geral, essa fonte pode ser considerada pregações a respeito da lei (von Rad). Salienta a pureza do culto num santuário central e exorta o povo a servir a Deus com o coração cheio de amor. Alguns estudiosos postulam que o núcleo foi coletado e composto no início do século VII a.C. Esse núcleo foi encontrado durante a reforma do templo no reinado de Josias (2Rs 22); provendo depois a direção prática dessa reforma. O núcleo foi mais tarde ampliado e por fim juntado a JE.

P é uma narrativa histórica expandida com textos legais e outros materiais. Interessada na origem e nos regulamentos das instituições de Israel, P destaca genealogias, leis relacionadas ao culto, alianças, dias especiais como o sábado, plantas de edifícios para o culto e procedimentos para sacrifícios e cerimônias. Ressalta a santidade, a soberania e a transcendência de Deus, juntamente com o estabelecimento do verdadeiro culto de Javé liderado pelos sacerdotes. Localiza o culto de Israel no contexto da criação (Gn 1). Materiais mais antigos, tais como os rituais dos sacrifícios (Lv 1–7) e as leis de santidade (Lv 17–26) foram implantados nesse documento. A fonte básica de P é muitas vezes datada no meio do Exílio (c. 550 a.C.); e sua compilação final, um pouco antes do século IV a.C.

Defensores da hipótese documentária têm proposto uma ampla variedade de opiniões sobre seus vários detalhes. Certos estudiosos, por exemplo, dividem J em duas fontes; e.g., Eissfeldt identificou uma delas como L (laica, em contraste com a fonte sacerdotal), mas Fohrer a chamou de N por seu caráter nômade. A origem de P também é debatida. Alguns estudiosos, como Cross, argumentam que P nunca teve existência independente; antes, teria sido uma etapa na redação de tradições mais antigas.[13] Y. Kaufmann, por outro lado, tem defendido com veemência a anterioridade de P sobre D, pelo fato de D não pressupor o material em D.[14] Sua posição é significativa, uma vez que alguns estudiosos judeus continuam seguindo seu raciocínio.

Aceitando a estrutura documentária, H. Gunkel deu novo ímpeto aos estudos críticos c.1900 com a apresentação da *Formgeschichte* (estudo de formas literárias) ou *Gattungsgeschichte* (estudo de gêneros literários).[15] Sem se preocupar em analisar o texto por meio do agrupamento de unidades básicas em coleções ou fontes literárias maiores, esse método isola as unidades literárias para lhes determinar o gênero. Procura então identificar o ambiente social (*Sitz im Leben*) em que surgiu cada uma delas. Esse método tem às vezes resultado em concepções radicais. Ainda assim, seguido com critério, ajuda em muito a compreensão da variedade de textos do Pentateuco.

Aplicando a *crítica das tradições* ("crítica" aqui significa a tentativa de reconhecer e apreciar, como na crítica musical ou artística) ao Pentateuco, von Rad procurou sua mensagem teológica, não tanto em suas várias fontes, mas nos complexos identificáveis da tradição. Von Rad alistou cinco tradições básicas: tradição primitiva, história patriarcal, tradição do êxodo, tradição sinaítica e tradição da ocupação. Para lidar com o último elemento, von Rad expandiu a narrativa para incluir Josué, formando assim o *Hexateuco*.

Embora von Rad aceitasse a estrutura básica da hipótese documentária, Rendtorff demonstrou que o trabalho de von Rad e de outros críticos da forma dissolveu, na realidade, a explicação da origem do Pentateuco conforme apresentada na hipótese documentária.[16] Segundo julga Rendtorff, o Pentateuco consiste em algumas unidades independentes de tradição. Essas unidades foram coletadas e depois moldadas de acordo com temas e perspectivas chaves. Por exemplo, o tema da promessa foi empregado para unir as narrativas acerca dos diferentes patriarcas, tendo cada uma delas uma forma distinta. O material em Êxodo—Números foi agrupado de acordo com "padrões dominantes de tradição" abrangendo a tenda, a arca, a nuvem e a coluna de fogo, e a liderança de Moisés. A coletânea final foi agrupada por membros da escola deuteronomista, já que fórmulas apreciadas por essa escola foram incluídas no material. Além disso, alguns textos trazem as marcas da linguagem e do estilo sacerdotal, fato que insinua terem passado por uma revisão sacerdotal. Rendtorff demanda estudos complementares sobre o relacionamento entre essa revisão e a dos deuteronomistas. Entretanto, pelo que julga, o grupo posterior deu forma autônoma aos cinco livros do Pentateuco.

É incerto que a hipótese documentária sobreviverá aos esforços críticos dos acadêmicos contemporâneos. Não se podem precisar as novas hipóteses que receberão ampla aclamação. Com certeza, o Pentateuco é uma antologia de uma grande variedade de literatura, relatos, leis, rituais, exortações, sermões e instruções. Como esses textos foram preservados antes de serem canonizados? Qual o impacto de um texto antigo sobre uma população posterior? Essas perguntas são cruciais para o entendimento da complexidade do Pentateuco. Elas nos levam a concluir que o Pentateuco não foi escrito por uma pessoa em uma década determinada. Antes, é o produto de uma comunidade de fiéis ao longo de muitos séculos. Muito mais importante para a interpretação é o resultado final desse longo processo, produzido por autores, editores e pessoas que transmitiram a tradição do povo escolhido de Deus.

A Importância Soberana da Unidade Estrutural

Embora o Pentateuco seja uma produção literária complexa, o fato de possuir unidade estrutural é da maior importância. Qualquer que tenha sido o processo de sua transmissão e desenvolvimento ou a data em que finalmente atingiu sua presente forma, a criação final possui importância soberana. Uma unidade global domina suas partes. Essa unidade transcende a existência de quaisquer fontes que suas complexidades possam implicar. O verdadeiro perigo da crítica literária é que os estudiosos da Bíblia podem se preocupar demais com ela, em detrimento de considerações mais profundas. Tal perspectiva reduz o Pentateuco a fragmentos esparsos e resulta no enfraquecimento de sua mensagem.

Tendências recentes no estudo do Antigo Testamento reconhecem esse desequilíbrio. Existe uma boa consciência de que o estudo do Antigo Testamento tem-se devotado demais à origem do texto literário e ao processo de sua transmissão, em detrimento da interpretação do texto. Cada vez mais, a pesquisa do Antigo Testamento vem tratando o texto como um fim em si, não só como um meio para verificar a história de sua origem. Uma dessas abordagens é a "crítica canônica", que estuda a forma e a função do texto na forma dada pela comunidade da fé.[17] Alguns que defendem esse método concentram-se na interpretação intertextual ou na exegese intrabíblica, abordando como os autores bíblicos usam os materiais uns dos outros. Esse campo de estudos defende uma "alternativa pós-crítica"[18] que, embora leve a sério os resultados da erudição histórica, procura determinar a função que a forma canônica exerce na fé de Israel. Segundo essa concepção, a...

> ... formação do Pentateuco estabeleceu os parâmetros da compreensão israelita de sua fé como Torá. Para os editores bíblicos, os cinco primeiros livros constituíam a base da vida de Israel sob a soberania de Deus e fornecia a norma crítica de como a tradição mosaica devia ser compreendida pelo povo da aliança.[19]

O procedimento básico nesta obra será permitir que o Pentateuco se apresente como é, o testemunho essencial de como Deus deu existência à nação de Israel e transformou aquele povo em seu povo por intermédio da liderança de Moisés.

CAPÍTULO 2

Gênesis: O Prólogo Primevo

"Um bom começo é meio caminho andado." É o que afirma um antigo provérbio grego. A idéia aplica-se perfeitamente ao primeiro livro da Bíblia. A criação pela palavra divina, a rebelião da família humana, o julgamento e a graça da parte do Senhor da aliança, a eleição da família de Abraão e especialmente dos descendentes de Jacó para encarnar e transmitir a mensagem da salvação — todos esses temas bíblicos fundamentais ressoam em alto e bom som nas páginas de Gênesis.

O Nome

Gênesis é um nome adequado. Trata-se da transliteração do grego da LXX; significando "fonte, origem". O nome hebraico vem da primeira palavra do livro, $b^e r\bar{e}'sh\hat{\imath}t$—"no princípio". Ambos os nomes são apropriados, pois Gênesis prepara o terreno para a plena compreensão da fé bíblica.

A Estrutura

O livro tem duas partes distintas: capítulos 1—11, a história primeva, e capítulos 12—50, a história patriarcal (tecnicamente 1.1—11.26 e 11.27—50.26). Gênesis 1—11 é um prefácio à história da salvação, tratando da origem do mundo, da humanidade e do pecado. Gênesis 12—50 reconta as origens da história da redenção no ato de Deus escolher os patriarcas, juntamente com as promessas de terra, posteridade e aliança.

> E plantou o SENHOR Deus um jardim no Éden, na banda do Oriente, e pôs nele o homem que havia formado. Do solo fez o SENHOR Deus brotar toda sorte de árvores agradáveis à vista e boas para alimento; e também a árvore da vida no meio do jardim e a árvore do conhecimento do bem e do mal. Gn 2.8-9

> Então disse o SENHOR Deus: Eis que o homem se tornou como um de nós, conhecedor do bem e do mal; assim, para que não estenda a mão, e tome também da árvore da vida, e coma, e viva eternamente: o SENHOR Deus, por isso, o lançou fora do jardim do Éden, a fim de lavrar a terra de que fora tomado. Gn 3.22-23.

Quanto à estrutura literária, o livro divide-se em dez seções. O ponto em comum dessas seções é a "fórmula *toledoth*": "São estas as gerações (ou história; heb. *tôlᵉḏôṯ*) de...". *Toledoth* não é apenas um marco das divisões do livro; é também um sinal da sobrevivência e da continuidade do plano de Deus para a criação, apesar das devastações do pecado humano. O conteúdo é apresentado no quadro da próxima página.

O Conteúdo

As cinco primeiras seções, marcadas, todas, por *toledoth*, dão forma à estrutura do prólogo primevo. O capítulo 1 fecha-se com 2.4a. O próximo bloco (2.4b—4.26) —tratando da origem e da condenação do pecado— é fechado por 5.1, que introduz a lista dos descendentes de Abraão. Em 6.9, a fórmula prepara para a narrativa do dilúvio, fazendo separação entre a história dos filhos de Deus e das filhas dos homens (6.1-4) e as pinceladas sobre o pecado humano (v. 5-8). Esses

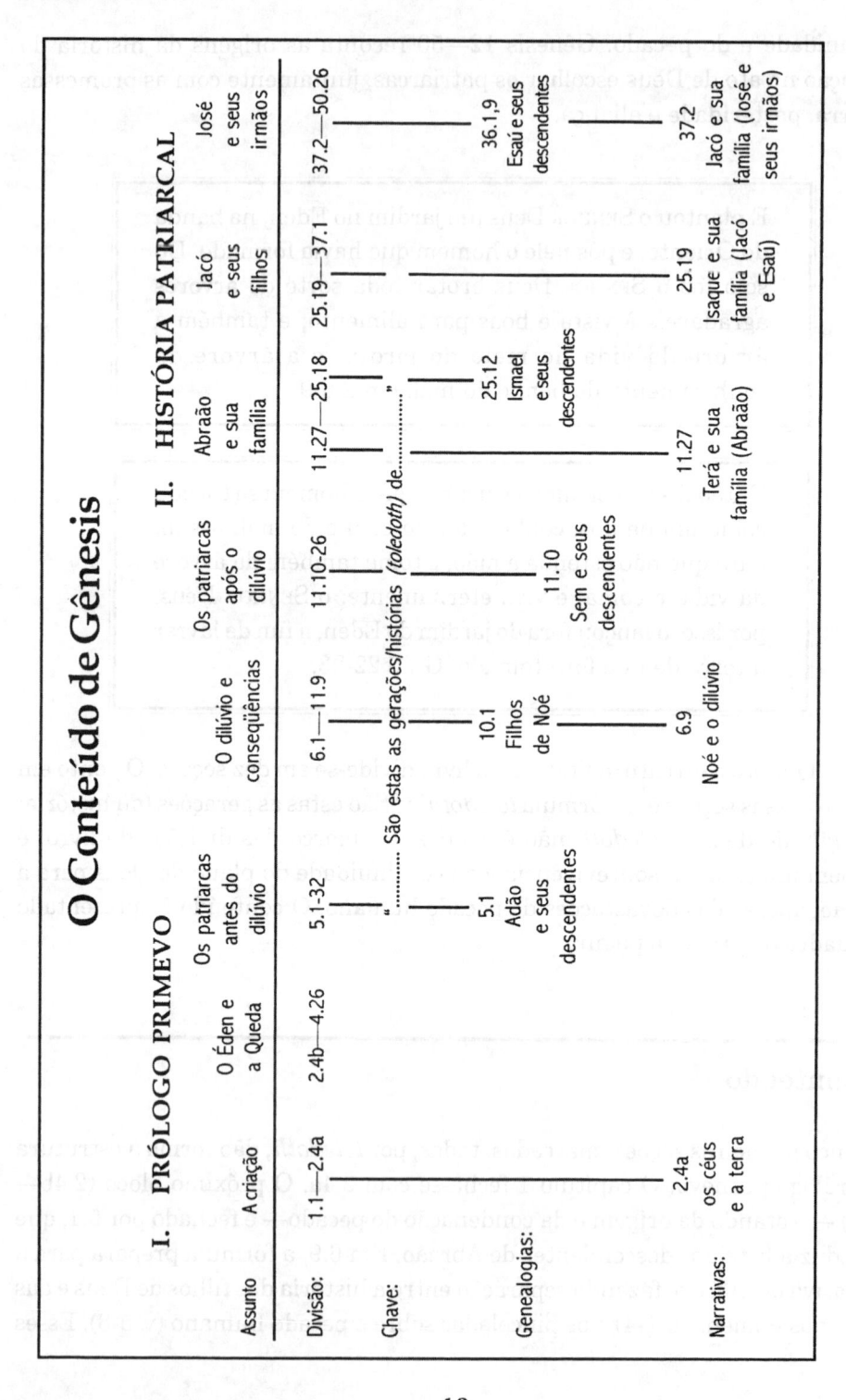

O Conteúdo de Gênesis

I. PRÓLOGO PRIMEVO

II. HISTÓRIA PATRIARCAL

Assunto	A criação	O Éden e a Queda	Os patriarcas antes do dilúvio	O dilúvio e conseqüências	Os patriarcas após o dilúvio	Abraão e sua família	Jacó e seus filhos	José e seus irmãos
Divisão:	1.1—2.4a	2.4b—4.26	5.1—32	6.1—11.9	11.10—26	11.27—25.18	25.19—37.1	37.2—50.26
Chave:			"........ São estas as gerações/histórias *(toledoth)* de........."					
Genealogias:			5.1 Adão e seus descendentes	10.1 Filhos de Noé	11.10 Sem e seus descendentes	25.12 Ismael e seus descendentes	36.1,9 Esaú e seus descendentes	
Narrativas:	2.4a os céus e a terra			6.9 Noé e o dilúvio		11.27 Terá e sua família (Abraão)	25.19 Isaque e sua família (Jacó e Esaú)	37.2 Jacó e sua família (José e seus irmãos)

dois trechos curtos descrevem a terrível corrupção que levou Deus a enviar o dilúvio. Gênesis 10.1 começa com o Quadro das Nações, salientando o repovoamento da terra depois do dilúvio (6.9—9.29). Gênesis 11.10 conclui a história da torre de Babel (11.1-9) e serve de preparação para as sagas dos patriarcas após o dilúvio. Essas, portanto, são as divisões do prólogo primevo no próprio texto bíblico (veja o quadro na p. 18).

O Gênero Literário

Quanto ao propósito dessa seção, devemos analisar (1) a natureza literária de Gênesis 1—11, (2) o material antigo do Oriente Próximo em que Israel se baseou para contar sua história primeva e (3) as implicações para Gênesis 1—11.

Natureza Literária. Em primeiro lugar, esses capítulos são solidamente caracterizados por dois tipos bem distintos de artifícios literários. Um conjunto de textos (incluindo caps. 1; 5; 10; 11.10-26) distingue-se pelo caráter esquemático e arranjo lógico cuidadoso.

Por exemplo, o capítulo 1 é formado por uma série altamente estruturada de orações sucintas, quase padronizadas. Na criação, cada ordem encerra os seguintes elementos:

- uma palavra introdutória de anúncio,
  "Disse Deus..." (1.3, 6, 9, 11, 14, 20, 24, 26).
- uma palavra de ordem criadora,
  "Haja", por exemplo, (1.3, 6, 9, 11, 14-15, 20, 24, 25).
- Uma palavra para sintetizar o cumprimento,
  "E assim se fez" (1.3, 7, 9, 11, 15, 24, 30).
- uma palavra descritiva de cumprimento,
  "Fez, pois, Deus...", "A terra, pois, produziu..." (1.4, 7, 12, 16-18, 21, 25, 27).
- uma palavra descritiva de nomeação ou bênção,
  "Chamou Deus...", "E Deus os abençoou..." (1.5, 8, 10, 22, 28-30).
- uma palavra de avaliação e aprovação,
  "E viu Deus que isso era bom" (1.4, 10, 12, 18, 21, 25, 31).
- uma palavra final de estrutura temporal,
  "Houve tarde e manhã, o [...] dia" (1.5, 8, 13, 19, 23, 31).

Esse estilo uniforme não é rígido porque a ordem, o comprimento e a apresentação desses componentes variam. A seqüência de ordens revela-se estritamente temporal, cuidadosamente dividida em dois períodos: (1) a criação e a separação dos elementos do cosmo, passando do geral para o particular (primeiras quatro ordens, v. 1-13); (2) a ornamentação do cosmo, do imperfeito para o perfeito (as quatro ordens seguintes, v. 14-31). O relato chega ao ápice na oitava ordem, a criação dos seres humanos. O capítulo todo mais parece um relato bem elaborado de uma série de ordens que uma história.

De modo semelhante, os capítulos 5 e 11.10-32 são genealogias moldadas para repetir a mesma estrutura para cada geração. Mais uma vez, o cap. 10, uma lista etnogeográfica, é marcada por um caráter esquemático semelhante.

O segundo conjunto de passagens (caps. 2—3; 4; 6—9; 11.1-9) é bem diferente. Aqui se usa a forma de história. Por exemplo, nos capítulos 2—3 ouvimos uma refinada narrativa literária, quase um drama. Cada cena é retratada com poucas pinceladas firmes e uma multidão de imagens. O autor revela antropomorfismos ingênuos, mas expressivos, descrevendo Deus em termos humanos. Javé, como um dos personagens do drama, aparece como oleiro (2.7, 19), cultivador de jardim (v. 8), cirurgião (v. 21) e um pacífico proprietário de terra (3.8).[1]

Os nomes empregados são recursos literários. Correspondem à função ou ao papel desempenhado pela pessoa: Adão significa "humanidade"[2] e Eva é "(aquela que dá) vida";[3] Caim significa "forjador (de metais)"; Enoque está associado a "dedicação, consagração" (4.17; 5.18), e Jubal com corneta e trombeta (4.21). Caim, condenado a ser *nad*, "peregrino", passa a viver na terra de *Node*, "a terra da peregrinação"! Esse estilo dá a entender que o autor é um contador de histórias talentoso. O intérprete, portanto, deve-se empenhar para discernir o significado dos recursos literários.

Panorama do Antigo Oriente Próximo. O autor inspirado (ou autores inspirados) do prólogo primevo falou das origens valendo-se da maneira como suas tradições culturais e literárias falavam delas. O capítulo 1 deve ser lido à luz dos relatos mesopotâmicos da criação. Embora comparações detalhadas sejam relativamente poucas, há três paralelos básicos: o retrato do estado primevo como um caos de água, a ordem básica da criação e o descanso divino ao final da criação.[4]

Embora o enredo do primeiro pecado não tenha nenhum paralelo no Oriente Próximo, há elementos isolados, símbolos e concepções paralelas na literatura mesopotâmica.

Esses paralelos estendem-se até a terminologia técnica. A palavra *'ēd* em 2.6, geralmente traduzida por "neblina", pode ser compreendida como um empréstimo do acadiano, significando "fluxo de água proveniente do subsolo".

GÊNESIS: O PRÓLOGO PRIMEVO

O termo geográfico "no Éden" (2.8) pode ter sido tomada do sumério, acadiano posterior, *edinu* "planície", que se ajusta muito bem ao contexto.[5] O significado literal desses termos não é nativo da Palestina.

As semelhanças mais notáveis entre a literatura mesopotâmica e o prólogo primevo ocorrem nos relatos do dilúvio. Além das semelhanças básicas, há correspondências detalhadas. O herói mesopotâmico é instruído por canais divinos a construir um barco incomum e a vedá-lo com piche. Ele deve levar animais para livrá-los de uma catástrofe universal. Toda a população é destruída.

Fragmentos da Enuma Elish, a epopéia assíria da criação. *(Museu Britânico)*

Depois que as águas do dilúvio cedem, o herói solta aves para verificar se existe alguma terra seca. Por fim o barco pára numa montanha. Deixando a arca, o herói oferece um sacrifício e os deuses aspiram, satisfeitos, o aroma suave.[6]

A ligação mais clara com a Mesopotâmia é o relato acerca da torre de Babel (11.1-9), pois é erguida na Babilônia (v. 2). De conformidade com essa localização, o material de construção eram tijolos de barro. Essa ambientação explica o comentário desdenhoso acerca do material de construção (v. 3). É provável que a torre seja um zigurate, um templo construído de barro, em forma de montanha escalonada (v. 4). O nome da cidade, Babel, reflete o nome babilônico *Bâbili* "a Porta de Deus" (v. 9).

Essas semelhanças não provam nada além de um relacionamento de gênese entre os relatos bíblicos e os mesopotâmicos. As histórias de Gênesis em sua forma presente não remontam a tradições babilônicas. Os indícios, mesmo das correspondências estreitas entre as histórias do dilúvio, insinuam apenas uma influência difusa de uma herança cultural comum. Os autores inspirados do relato primevo falaram das origens valendo-se da maneira que a sua tradição literária comum referia-se a elas.

Implicações para Gênesis 1—11. A identificação do gênero de Gênesis 1—11 é difícil por causa de sua singularidade. Nenhum desses relatos pertence ao gênero "mito". Mas nenhum deles é "história" no sentido moderno de testemunho ocular, relato objetivo. Antes, transmitem verdades teológicas acerca de eventos retratados principalmente em estilo literário simbólico e pictórico.

Escadaria central do zigurate de Ur. *(Jack Finegan)*

Isso não significa que Gênesis 1—11 contenha inverdades históricas. Tal conclusão só seria procedente se o material alegasse conter descrições objetivas. Conclui-se da discussão acima que tal não era seu intento. Por outro lado, é errada a idéia de que as verdades ensinadas nesses capítulos não têm base objetiva. Verdades fundamentais são declaradas: criação de tudo por obra de Deus, intervenção divina especial na origem do primeiro homem e da primeira mulher, a unidade da raça humana, a bondade prístina do mundo criado, inclusive da humanidade, a entrada do pecado pela desobediência do primeiro casal, a disseminação generalizada do pecado após esse ato inicial de desobediência. Essas verdades são todas baseadas em fatos.[7]

Quando se destacam apenas as semelhanças com outras literaturas antigas, fica-se com a impressão enganosa de que elas teriam os aspectos mais característicos do material de Gênesis. A realidade é exatamente o oposto. O que mais impressiona o leitor são os aspectos singulares do relato bíblico. Somente olhos treinados conseguem ver as semelhanças.

Em contraste com o monoteísmo exaltado de Gênesis 1—11, os relatos mesopotâmicos apresentam deuses que são personificações de forças naturais. Eles não possuem princípios morais: mentem, roubam, praticam fornicação e matam. E mais: os homens não gozam de dignidade especial nesses relatos. São humildes servos dos deuses, feitos para lhes prover alimento e oferendas.

A narrativa bíblica apresenta o Deus verdadeiro, santo e onipotente. O Criador existe antes da criação e é independente do mundo. Deus fala e os elementos passam a existir. A obra divina é boa, justa e completa. Depois que a família humana se rebela, Deus tempera seu julgamento com misericórdia. Mesmo quando um relato possui elementos em comum com formas de pensamento de culturas circunvizinhas, a natureza distintiva do Criador brilha através da narrativa.

Como, portanto, compreender o gênero literário de Gênesis 1—11? Pode-se supor que o autor, inspirado pela revelação de Deus, tenha empregado as tradições literárias da época para ensinar o verdadeiro conteúdo teológico da história primeva da humanidade. O propósito do livro não era fornecer uma descrição biológica e geológica das origens. Antes, seu propósito era explicar a natureza e a dignidade singular dos seres humanos, em virtude de sua origem divina. Eles são feitos pelo Criador à imagem divina, ainda que prejudicada pelo pecado que tão cedo desfigurou a boa obra de Deus.

A Teologia

Tendo determinado que o propósito fundamental desse material é teológico, damos atenção a seu ensino. Quatro temas teológicos importantes se destacam: (1) Deus é Criador; (2) a entrada do pecado na ordem criada altera radicalmente a criação original; (3) o julgamento de Deus se opõe ao pecado humano em todos os seus aspectos; (4) Deus sustenta a criação e os homens por sua graça preservadora.

Deus como Criador. O capítulo de abertura revela de modo maravilhoso que toda a criação surgiu pela vontade livre e soberana de Deus. A perspectiva do mundo sobre a qual e a partir da qual se fez a narrativa era radicalmente diferente do mundo de hoje. Os antigos personificavam as forças da natureza como entidades divinas. Os fenômenos naturais eram concebidos de acordo com a experiência humana. Hoje consideramos o mundo dos fenômenos como uma "coisa", mas os antigos reagiam a ele como a uma "pessoa". Para eles, a variedade de forças personificava-se em deuses.[8] Assim, a divindade era multipessoal, em geral ordenada e equilibrada, mas às vezes caprichosa, instável e temerária.

O texto do capítulo 1 combate tal concepção de deidade. Ele retrata a natureza surgindo de uma simples ordem de Deus, o qual é anterior a ela e dela independente. O sol, a lua, as estrelas e os planetas, considerados deuses por outros povos, nem chegam a ser identificados pelo nome. São mencionados simplesmente como luzeiros (v. 16-18). O mar e a terra não são deidades primevas que geraram outros deuses. Antes, são objetos naturais (v. 10). A descrição demitiza o cosmo, cuja deificação havia conduzido ao politeísmo.[9]

O pensamento grego também rompeu com essa concepção politeísta. Os filósofos gregos pensavam na primazia do racional e do especulativo sobre o intuitivo e não-verbalizado. Assim, levaram os processos da razão à autonomia. Em substituição aos deuses entra a *natureza*, manifestada nas várias realidades do mundo. Por conseguinte, Deus torna-se distante da natureza e desaparece por completo do horizonte da realidade. Contra essa cosmovisão, Gênesis assegura que Deus é o Criador. Toda a criação depende de Deus; toda a criação prestará contas diante de Deus. O hebraico bíblico não contém nenhuma palavra para "natureza". Fala apenas da "criação".

O hebraico *bārā'*, "criar", é uma palavra chave, sendo empregada seis ou sete vezes no relato da criação. Essa palavra tem Deus como seu único sujeito no Antigo Testamento, e não se faz nenhuma menção do material a partir do qual se cria algum objeto. Ela descreve um modo de agir que não possui analogia humana. Só Deus cria, assim como só Deus salva.

Um refrão importante no capítulo 1 é a afirmação de que o que Deus cria é bom (v. 4, 10, 12, 18, 21, 25, 31). A declaração final (v. 31), "Viu Deus tudo quanto fizera, e eis que era muito bom", destaca-se em contraste com a linguagem concisa e serena do capítulo. Nenhum mal foi colocado na terra pela mão de Deus. O valor do mundo brota unicamente do fato de que Deus o fez. Esse ensinamento da bondade impoluta na criação, inclusive dos homens, possui grande peso teológico: (1) prepara o caminho para a discussão da causa que interrompeu essa boa ordem — o pecado; (2) prepara o cenário para a esperança irremovível de uma renovação completa do mundo (Ap 21.1).

O ápice consciente da criação é a humanidade (Gn 1.26-28). A monotonia das fórmulas de ordem é quebrada quando se anuncia a criação da humanidade nos moldes de uma *resolução* divina: "Façamos o homem à nossa imagem". Somente aqui o texto troca a prosa repetitiva, cuidadosamente elaborada, pela beleza e força do paralelismo da poesia hebraica:

> Criou Deus, pois, o homem à sua imagem,
> à imagem de Deus o criou,
> homem e mulher os criou. (v. 27)

O emprego tríplice de *bārā'*, "criar", e a estrutura invertida assinalam que aqui o relato atinge o clímax para o qual se estava encaminhando em estágios sempre ascendentes.

O relacionamento singular entre Deus e os homens é expresso por uma frase deliberadamente ambígua: "à imagem de Deus". O motivo da escolha dessas palavras está na rejeição uniforme do Antigo Testamento a todas a formas de representação de Deus. Essa frase eleva a humanidade acima do restante da criação, colocando-a ao lado de Deus. O termo *ṣelem*, "imagem", é explicado com maior precisão pela palavra *demût*, "semelhança", (1.26). Juntas, as duas palavras significam "de acordo com uma representação parecida, mas não idêntica". Essa descrição deve ser distinguida da tradição do antigo Oriente Próximo, em que uma deidade moldou a humanidade em forma divina.

Ainda assim, precisamos evitar fazer uma ligação muito exclusiva entre a "imagem" e o lado "espiritual" ou a capacidade moral da humanidade. A idéia dessa expressão é muito mais funcional que conceitual. Diz respeito mais às implicações da semelhança que à sua natureza exata. A semelhança é dinâmica no fato de os seres humanos (*'āḏām*) tornarem-se representantes de Deus na terra. Eles possuem o direito natural de explorar, dominar e desfrutar a criação, como afirmam as palavras: "tenha ele domínio...". Sendo à imagem de Deus, o homem e a mulher devem governar o mundo em nome de Deus. O quadro é o de um imperador nomeando administradores para seus domínios e erigindo sua própria estátua, de modo que os habitantes possam saber de quem é a vontade que os governa. Inerente a essa ordem de dominar em lugar de Deus é a capacidade por ele dada aos homens de conhecer e cultuar o Criador e ter prazer nele.

Nos capítulos 2—3 encontramos uma história de grande verdade teológica num magnífico quadro verbal repleto de símbolos e imagens. Às vezes as diferenças entre os relatos dos capítulos 1 e 2 são destacadas, como se isso refletisse dois "relatos da criação" distintos, um tanto contraditórios. Essa opinião desconsidera as diferenças quanto ao gênero, bem como o fato de que o capítulo 2 não tem por objetivo ser um "relato da criação". Não se trata de uma unidade literária independente, mas prepara o cenário para o drama no capítulo 3.

O fato essencial é que ambos os relatos empregam os símbolos e o estilo para comunicar que a humanidade é o ápice da criação de Deus. Isso se concretiza no capítulo 1, quando a formação do homem e da mulher é apresentada como o clímax da atividade criadora de Deus. O mesmo alvo é alcançado no capítulos 2, quando se fala primeiro da criação deles. Nessa história viva, Javé é o oleiro que "molda" 'āḏām a partir do "pó" da terra. A escolha dessas palavras envolve um jogo com a expressão comum para "morrer", isto é, "voltar ao pó" (3.19; cf. Jó 10.9; 34.15; Sl 104.29). As figuras salientam o elo entre os homens e a terra, além de destacar nossa fragilidade, em especial, nossa mortalidade.

Nessa forma sem vida por ele moldada, Javé sopra o "fôlego da vida". O homem torna-se, então, um "ser vivente". A palavra "sopro" é literal. O texto, portanto, afirma que o homem é "corpo e vida", não "corpo e alma".[10] As pessoas possuem dupla natureza. Uma é da terra, terrena. A outra é um princípio de vida que vem de Deus. Por si, essa natureza composta não distingue os homens dos animais. Eles também são identificados como "seres viventes" (1.20; 2.19) e seres que possuem o "fôlego da vida" (6.17; 7.22). Esses quadros verbais vivos, porém, salientam que os homens são objeto da atenção especial de Deus. O relacionamento de Deus com a humanidade é pessoal e imediato. A humanidade, recém-saída da mão do Criador, é uma pictografia da "imagem de Deus". A ênfase aqui, portanto, recai na fragilidade, mortalidade e total dependência da humanidade em relação a Deus. É somente nesse contexto que se pode ver quão imerecida era a posição privilegiada de 'āḏām no Éden e quão monstruoso seu desejo de tornar-se como Deus.

Em Gênesis 2.18-25, o centro é a criação da mulher. A história prepara o cenário para a criação dela salientando a natureza essencialmente coletiva da humanidade — sua sociabilidade: "Não é bom que o homem esteja só" (v. 18). A verdadeira vida humana é a vida em conjunto. Assim, uma vida afastada da comunhão humana —homem e mulher— seria uma perversão da natureza humana conforme criada por Deus. A resposta de Deus para a solidão do homem é formar para ele "uma auxiliadora que se contraponha a ele". Essa nova criatura deve ser sua "contraparte", alguém que lhe seja correspondente e adequado.

Antes de formar a mulher, Deus levou os animais a Adão, que lhes deu nomes, mostrando que compreende a essência deles. Mas Adão não encontrou entre eles nenhuma "auxiliadora que lhe fosse companheira" (NRSV). Aos antigos israelitas, rodeados de religiões que haviam exaltado o mundo animal à condição divina, esse veredicto proclama que nenhum animal é igual ao homem, muito menos superior a ele.

Deus, portanto, forma a mulher com uma parte do corpo do homem. Apresenta-a a Adão, e ele brada de alegria: "Finalmente!" (v. 23). Desse modo, ele reconhece que ela é de sua própria essência. Adão indica a plenitude dessa correspondência entre eles ao escolher o nome para ela: para expressar essa correspondência, os nomes são ligados por semelhança de som *'îsh*, "homem" e *'ishshâ*, "mulher".

Essa ligação íntima entre homem e mulher explica por que o homem rompe seus laços estreitos com os pais e torna-se "uma só carne" com a esposa (v. 24). "Carne", ou melhor, "corpo", refere-se ao aspecto tangível da humanidade. Assim, mantém-se o aspecto físico do casamento (2.25; cf. Ef 5.31).

Essa narrativa (caps. 2—3) abre com a definição do lugar da humanidade na criação divina. O quadro é de vigor, completitude e boa ordem.

O Problema do Pecado. Após o refrão de Gênesis 1: "Viu Deus que isso era bom", o terreno fica pronto para contar-se o que causou a corrupção do mundo. Os capítulos 2—3 respondem por que as coisas estão arruinadas.[11] Por que os homens estão sujeitos ao mal físico e moral? Essa corrupção é um fato da experiência, demonstrada de forma dolorosa à medida que se amadurece. Todos lutam contra o mal presente no mundo: a desumanidade do comportamento humano, bem como a falsidade pessoal em nós mesmos. A certeza e o temor da morte também assombram nossa curta estada na terra.

Como conciliar esse mal com a bondade de Deus e com a verdade de que tudo se origina em Deus? Existe, evidentemente, um vasto abismo entre o mundo conforme criado por Deus e o mundo que experimentamos. O drama nos capítulos 2—3 revela como os humanos tornaram-se pecadores e corromperam a ordem criada mediante a desobediência deliberada. Em conseqüência da ação deles, o mundo da experiência humana ficou fragmentado e quebrado, alienado e caótico. O drama insiste que a humanidade, não Deus, é culpada pela corrupção do mundo de Deus.

No início (2.8-17), o homem vive num bem irrigado jardim de árvores frutíferas e maravilhosas no Éden. Há harmonia completa, desde as mais elevadas formas de vida até as mais inferiores. Embora haja tarefas a cumprir (v. 15), o homem não precisa lutar para extrair o sustento de uma terra hostil. Não nascem espinhos nem cardos. Usam-se só plantas como alimento. Para o leitor de hoje, existe certa irrealidade no Éden, pois tal mundo repousa bem longe da experiência humana. Aliás, a vida no Éden é a ideal. Esses quadros destacam a comunhão pacífica que nossos primeiros pais tinham com Deus. No jardim não há mal, seja físico, seja moral. Também não há nenhuma angústia na experiência humana. O pecado ainda não existe.

No meio do jardim há duas árvores, a árvore da vida e a árvore do conhecimento do bem e do mal. O significado dessa segunda árvore é incerto. O texto é deliberadamente vago. Pelo contexto (2.16s.; 3.3-7, 22), a árvore simboliza a liberdade de escolha entre o bem e o mal. Comendo da árvore, o primeiro casal humano anseia ser "como Deus" (3.5, 22). O casal quer determinar por si o que seja bom e mau e, assim, usurpa a autoridade divina.

O primeiro sinal da anarquia moral é declarado pelas maquinações obviamente malévolas da serpente. Seu estratagema sutil induz a mulher a duvidar primeiro da palavra de Deus (3.1) e depois de sua bondade (v. 4s.). Vendo a árvore sob um ângulo inteiramente novo (v. 6), ela toma seu fruto e come. O homem segue de perto. Tão simples o ato: "tomou-lhe do fruto e comeu". Tão drásticas as conseqüências. A humanidade perde para sempre seu estado de inocência. Tão difícil o conserto. Deus mesmo provará a pobreza e a morte antes que "tomar" e "comer" tornem-se verbos de salvação.[12]

Na seqüência, retrata-se em pinceladas vivas o relacionamento alterado dos homens com Deus. Os dois envergonham-se de sua própria nudez (v. 7; cf. 2.25). Além disso, fogem da presença de Deus (v. 8). A unidade entre o casal se desfaz. A nova união em pecado não une, mas divide. O homem procura justificar-se lançando a culpa primeiro na mulher e depois em Deus (v. 12). A mulher, por sua vez, acusa a serpente. Por causa da ambição orgulhosa, Adão e Eva tornam-se pecadores e perdem a comunhão irrestrita com Deus. Precisam agora lutar contra o mal em todos os níveis da existência.

Nas narrativas que se seguem (caps. 4, 6, 11), o autor amontoa, umas sobre as outras, histórias que mostram a seriedade radical do pecado, só pelo volume das ocorrências. Uma vez introduzido no mundo, o pecado atinge rapidamente proporções de uma avalancha. A segunda geração da humanidade experimenta o fratricídio, e o relato das gerações seguintes termina com a brutal "Canção da Espada" de Lameque (4.23s.)

Essas duas passagens diferem muito quanto à forma literária. Gênesis 4.1-16 adota a forma de história dos capítulos 2—3, continuando a narrativa do Éden e da queda, lidando com temas e idéias familiares a esses capítulos. Por outro lado, 4.17-24 é basicamente uma árvore genealógica, modificada por anotações e comentários que comunicam seu propósito. Seu interesse principal não é apresentar os descendentes de Caim, mas a natureza da vida deles. Essa informação é dada tanto no início da genealogia de sete membros (v. 17) como no fim, onde se abre em três ramos e, de fato, não é mesmo uma genealogia.

Caim e Abel levam ofertas para o Senhor. Sem nenhuma explicação, o Senhor aceita a de Abel e não a de Caim. Então, irado de ciúme, Caim mata o irmão, ainda que advertido de antemão por Deus (4.3-8). Deus entra de imediato em cena como inquiridor. Agora, a pergunta para o homem culpado não é "onde estás?", como no jardim (3.9), mas "onde está teu irmão?". Caim responde com uma desfeita impertinente: "acaso, sou eu tutor de meu irmão?". O pecado não apenas se expande formando círculos cada vez maiores; sua manifestação torna-se cada vez mais flagrante e abominável. Caim prossegue, sendo a primeira pessoa a construir uma cidade (v. 17) com vida comunitária organizada. Assim, o surgimento da civilização é registrado sob forma de uma posteridade vergonhosa.

Com Lameque e seus filhos surgem as artes e os ofícios, a metalurgia e a música, juntamente com a domesticação de rebanhos (v. 19-22). O autor esboça a história cultural da humanidade com amplas pinceladas isentas de detalhes. Seu propósito é chegar à Canção da Espada (v. 23s.). Esse é um novo elemento literário, um poema lírico. Trata-se de um poema selvagem de vingança, uma "canção de bravata". Tendo matado (ou pretendido matar, dependendo de como se interpreta o tempo verbal no hebraico.) um rapaz por tê-lo atingido, Lameque se vangloria diante das esposas, que provavelmente devem honrar seu heroísmo bárbaro e cruel. Essa cena revela a atitude descarada que passa a intimidar os vizinhos. Tal atitude acompanha o progresso da cultura. Primeiro a queda, depois o fratricídio, agora uma vingança sangrenta e exagerada torna-se causa de vanglória. Esses relatos sobre o lado sombrio do pecado prenunciam o julgamento divino que viria porque "a maldade do homem se havia multiplicado na terra e [...] era continuamente mau todo desígnio do seu coração" (6.5).

O mesmo tema aparece no relato dos filhos de Deus e das filhas dos homens (6.1-4). A interpretação dessa passagem obscura é problemática. Três concepções principais acerca da expressão "filhos de Deus" têm sido adotadas desde a antiguidade: (1) refere-se num sentido ético aos descendentes piedosos da linhagem de Sete, em oposição aos descendentes ímpios de Caim ("as filhas dos homens"); (2) denota seres angelicais; (3) descreve nobres (reis, governantes ou juízes).[13] Como afirma um estudioso, "se a segunda opinião desafia as normas da experiência, a primeira desafia as da língua".[14] O sentido esperado de "filhos de Deus" é anjos, embora se refira a juízes no Sl 82, enquanto o singular se aplica ao rei em 2Sm 7.14 e Sl 2.7. No texto, não há indícios de que "filhas" e "homens" tenham sentido diferentes no v. 2 e no v. 1. Em vista disso, o pecado é que os decretos de Deus que separavam o mundo divino do humano foram transgredidos. Por conseguinte, estão à solta poderes demoníacos fora do controle da humanidade. A terceira interpretação possui raízes antigas nas tradições rabínicas. Recentemente, tem sido combinada com a segunda possibilidade de que aqui os filhos de Deus talvez incluam "*ambos*: seres divinos e governantes antediluvianos".[15] Em todo caso, quer o relato registre que os descendentes de Sete tornaram-se corruptos ou que algo demoníaco entrou no mundo e laçou os membros da liderança, atinge-se um novo nível na feroz disseminação do mal.

Esse relato é reforçado pela introdução da história do dilúvio (6.5-8). Essa introdução é muito diferente, quanto à origem e à forma, das passagens anteriores, nas quais o livro se baseia em tradições existentes, adaptando-as, modificando-as e transformando-as livremente. Em 6.5-8, sob inspiração divina, o narrador apresenta um julgamento teológico do próprio Deus com respeito ao estado sórdido e pecaminoso do mundo. Essa passagem salienta que o pecado humano tornou-se tão hediondo que Deus não tem outro recurso senão eliminar suas criaturas. Ele deve recomeçar seu programa de revelação e redenção com Noé, o único homem íntegro de sua geração.

A história final do prólogo primevo é o relato sobre a torre de Babel (11.1-9). Os homens já não são nômades; vivem agora em estado civilizado. Motivados por uma ambição por fama e poder, constroem uma cidade e uma torre. Expressam essa ambição com as palavras: "Vinde, edifiquemos para nós uma cidade e uma torre cujo tope chegue até aos céus e tornemos célebre o nosso nome, para que não sejamos espalhados por toda a terra" (v. 4). Deus reconhece que precisa impedir as tremendas propensões malignas na sociedade humana (v. 6-7). O pecado não apenas corrompe radicalmente o indivíduo, como invade estruturas e entidades, que lutam pelo domínio, sem se importar com a justiça. Assim, Deus confunde a linguagem comum das pessoas e as dispersa pela terra.

O tema básico que permeia Gênesis 1— 11 é o poder corruptor do pecado. Desde o início da rebelião humana, o pecado vem desfigurando e manchando a boa obra de Deus.

Deus Julga o Pecado Humano. Em cada episódio Deus se contrapõe ao pecado humano com julgamento. No Éden, ele primeiro julga a serpente (3.14s.), depois, a mulher (v. 16) e por fim, o homem (v. 17-24). O julgamento para cada um é o novo estado em que deve viver num mundo agora caracterizado pelo pecado e pela alienação. A serpente torna-se uma criatura desprezível e rastejante, animal temido e evitado pelas pessoas. A secular batalha entre uma pessoa e um réptil (v. 15) espelha a luta incessante entre a humanidade e a força sutil, mas cruel, do mal. A primeira linha do v. 15 coloca a serpente contra a mulher; a segunda linha coloca os descendentes da serpente contra os descendentes da mulher. Depois, as duas linhas finais colocam os descendentes da mulher, vistos coletivamente no pronome "este", em oposição à própria serpente, não seus descendentes. Assim, o verdadeiro antagonista da humanidade é essa serpente primeva. O poder por ela simbolizado permanece no mundo como uma força espiritual em oposição a todos os descendentes da mulher.

Os descendentes da mulher, por sua vez, lutarão sem cessar contra essa força espiritual escravizante. Um dia, terão vitória. Essa vitória virá por meio de um indivíduo que representa a humanidade. Embora esse detalhe não seja declarado de forma expressa, apresenta-se potencialmente na designação coletiva dos descendentes no pronome "este". Os cristãos interpretam corretamente essa esperança não-formulada ao considerá-la cumprida na vitória de Cristo sobre o pecado e a morte (cf. Lc 10.17-20).

Deve-se notar um ponto importante acerca dos julgamentos sobre o homem e a mulher. A mulher e o homem são punidos, mas não amaldiçoados. Apenas a serpente é amaldiçoada. O julgamento deles atinge seus meios de sobrevivência, a procriação e a produção de alimentos. A mulher deve ter filhos em meio de dores, mas ainda assim seu desejo lhe faz ser atraída pelo marido, seu senhor. O homem precisa arrancar o pão de uma terra hostil, com suor e trabalho pesado. No fim, ele volta para o solo de onde foi tirado. Esses julgamentos estão no mesmo nível, pois a palavra hebraica para "sofrimento" é a mesma, tanto para a mulher como para o homem. Além disso, refletem o ambiente social e as instituições do antigo Israel em que, sob inspiração divina, foram formulados. É o que ocorre especialmente no caso da condição da mulher, que no mundo antigo mal passava de propriedade do marido. Nesse aspecto, não se pode mais alegar, com base no v. 16, que a esposa deve sujeitar-se servilmente ao marido, assim como não se pode dizer que, com base nos v. 17-19, o homem deve livrar-se de seus tratores com ar condicionado, escavar a terra com uma enxada e suar em profusão!

Como julgamento complementar, Deus expulsa o homem e a mulher do jardim. Depois, barra o caminho para que não possam jamais voltar (v. 24).

O julgamento que Deus pronuncia contra Caim é de fato severo (cap. 4). Uma vez que por suas mãos o solo bebeu o sangue de Abel, ele não lhe fornecerá seu produto. Caim é condenado a ser fugitivo sobre a terra. Ele deixa a presença do Senhor e passa a viver na terra da peregrinação sem fim (Node), no oriente distante.

O relato do dilúvio revela o grau excruciante que pode atingir o julgamento divino. O caminho para a compreensão do dilúvio é atravancado pelas pedras de tropeço da familiaridade, que priva a história de seu significado pleno. A maioria das pessoas ouviu quando criança a história contada como se fosse uma antiga aventura encantada — uma história sobre um Noé venerável, de bom coração; um barco construído em dimensões colossais; animais felizes e rápidos de todos os tipos e tamanhos atravessando alegres a prancha para entrar, dois a dois, num ambiente cavernoso; o romper das fontes das profundezas e o abrir das janelas do céu; a arca e seu conteúdo cômico flutuando em segurança sobre águas tumultuadas, enquanto os vizinhos perversos de Noé (com quem ninguém jamais se identifica) afogam-se, desaparecendo de cena.

O quadro original, porém, é muito diferente dessa história de ninar. Para o povo do antigo Oriente, a história dizia respeito à natureza, i.e., às forças da realidade que tanto lhe afetavam a vida. Como já se observou, tais forças eram personalizadas em seres divinos. A natureza não era uma "coisa", mas toda uma série de "pessoas" divinas. A concepção bíblica de Deus, porém, é diametralmente oposta a essa concepção da natureza. O Deus de Israel está além da natureza e suas forças. Como seu Criador, Deus as usa como instrumentos de seu propósito. Apesar disso, a natureza não deixa de ser de ordem pessoal, visto que pulsa de acordo com a presença misteriosa e poderosa do Senhor. Observado por esse ângulo, o terror assustador da destruição cataclísmica do dilúvio ganha proporções indizíveis como expressão do julgamento de Deus contra o pecado humano. Esse foi o julgamento apropriado de Deus que sobreveio à humanidade quando "era continuamente mau todo desígnio do seu coração" (6.5).

Assim também, o julgamento de Deus confronta o pecado da humanidade como um todo na torre de Babel. Para combater a ameaça das propensões malignas inerentes na existência coletiva, Deus dispersa a humanidade confundindo-lhe a língua. Os homens se dividem em incontáveis tribos e estados. Ao final do prólogo primevo, a humanidade encontra-se num estado alienado; as pessoas estão separadas de Deus e umas das outras num mundo hostil. Indivíduos lançam-se contra indivíduos, elementos sociais contra elementos sociais, nações contra nações.

A Graça Sustentadora de Deus. O quarto tema teológico que sopra suavemente no prólogo primevo é o da graça sustentadora de Deus. Essa graça está presente em cada um dos julgamentos e ao longo deles, exceto no último. Na história do Éden, a pena por comer o fruto proibido é a morte no mesmo dia (2.17). Mas Deus mostra sua paciência no fato de a morte, embora certa, ser adiada por tempo indeterminado (3.19). Além disso, Deus mesmo veste o casal culpado, permitindo-lhe lidar com a própria vergonha (v. 20). E mais: Caim, culpado, é deixado apenas ao desespero diante da punição. Por meio da misericórdia imerecida, Deus atende suas queixas amargas, decretando que quem o matar receberá sete vezes a vingança. Deus coloca um sinal em Caim para que seu relacionamento protetor fique evidente para todos (4.15).

A história do dilúvio, embora exemplo supremo do julgamento de Deus contra o pecado humano, também reflete sua graça preservadora. Ao seu final, existe uma palavra de Deus que não se encontra em outras tradições antigas (Gn 8.21s). Essa palavra oferece um olhar de relance no próprio coração de Deus. O dilúvio é visto como uma medida da graça do Deus vivo e também como seu julgamento. Esse paradoxo marcante permeia toda a Bíblia. A mesma condição que fornece a base para o julgamento terrível de Deus ("viu [...] que era continuamente mau todo desígnio do seu coração", 6.5) também serve de base para sua graça ("porque é mau o desígnio íntimo do homem desde a sua mocidade", 8.21). A medida da graça sustentadora de Deus excede todas as expectativas. De modo incompreensível, a ordem natural continua preservando os homens, apesar de seus pecados cruéis. A linguagem torna-se poética, proclamando esta promessa:

> Enquanto durar a terra,
>   não deixará de haver
> sementeira e ceifa, frio e calor,
>   verão e inverno, dia e noite. (v. 22)

Embora a corrupção humana não mude, Deus transfere a humanidade para um mundo recém-ordenado, garantindo solenemente que o curso natural dos eventos perdurarão.

O significado étnico e político dessa permanência é manifesto no Quadro das Nações (cap. 10). Colocado estrategicamente *antes*, não *depois*, do episódio da torre de Babel, serve como cumprimento da ordem de Deus para que se povoe a terra (9.1; cf. 1.28). Também retrata a bênção de Deus sobre as nações e sua obra de recriação após a "descriação" com o dilúvio.[16]

O tema da graça sustentadora de Deus é emudecido, porém, num ponto do relato —bem no final, onde se retrata o lado sombrio do relacionamento entre Deus e a família humana:

> A história acerca da torre de Babel conclui com o julgamento de Deus contra a humanidade; não há nenhuma palavra que fale da graça. Toda a história primeva, desse modo, parece cair em dissonância aguda, e a questão [...] surge ainda mais urgente: estaria finalmente rompido o relacionamento de Deus com as nações; estaria esgotada a graça paciente de Deus; estaria Deus em sua ira rejeitando para sempre as nações? Essa é a questão premente que nenhum leitor atento do capítulo 11 consegue evitar; aliás, pode-se dizer que nosso narrador pretendia, por meio de todo o plano de sua história primeva levantar exatamente essa questão e propô-la com toda a seriedade. Só depois disso o leitor terá o devido preparo para assumir o fato estranhamente novo que agora se segue à história inquietante acerca da construção da torre: a eleição e a bênção de Abraão. Estamos aqui, portanto, no ponto em que a história primeva e a história sacra se entrelaçam e, assim, num dos pontos mais importantes de todo o Antigo Testamento.[17]

A genealogia de Sem (11.10-27), filho de Noé, serve de ponte entre o julgamento de Babel e as promessas divinas a Abraão. A lista das gerações não entoa as palavras da graça de Deus com todo o vigor dos anúncios da aliança como em 8.20—9.17. Mas cantarola sua melodia. Assim como as genealogias anteriores em 4.17-26 e 5.1-32, capta o ritmo e a melodia da marcha do programa divino. A morte, pena do pecado, é neutralizada pelo nascimento das gerações seguintes. O parto carrega a dor do julgamento (3.16), mas a misericórdia divina torna possíveis a sobrevivência e a continuidade.

> O prólogo primevo prepara o caminho para a história da redenção. A relação é de problema e solução. Seus capítulos têm importância fundamental para a compreensão de toda a Escritura. O problema desesperador do pecado humano, retratado de modo tão contundente em Gênesis 1—11 é resolvido pela iniciativa da graça divina, já insinuada no prólogo, mas anunciada com veemência nas promessas de terra e de posteridade a Abraão.

A história da redenção que aqui começa não se completará até sua consumação no Filho de Abraão (Mt 1.1), cuja morte e ressurreição proporcionará vitória final sobre o pecado e a morte que tanto desfiguraram a boa obra de Deus.

CAPÍTULO 3

Gênesis: A História Patriarcal

A última linha da história primeva cita Abrão e seus irmãos (11.26). As histórias anteriores destacavam Adão e Noé como figuras principais cujas vidas serviam como sustentáculo para o plano divino com suas conseqüências para a humanidade. Agora, o ator principal do drama é Abrão. Sua história pessoal e familiar preenche os capítulos restantes de Gênesis e forma uma corrente que se estende por toda a Bíblia.

> Ora, disse o SENHOR a Abrão: Sai da tua terra, da tua parentela e da casa de teu pai e vai para a terra que te mostrarei; de ti farei uma grande nação, e te abençoarei, e te engrandecerei o nome. Sê tu uma bênção.
> Gn 12.1-3

O Conteúdo de Gênesis 11.27-50.26

Assim como a história primeva, a história patriarcal (Gn 11.27-50.26) é dividida em cinco seções pela fórmula *toledoth* (p. 16). Em três casos, essa estrutura literária corresponde a divisões importantes baseadas no conteúdo: histórias acerca de Abraão (11.27-25.18), acerca de Jacó (25.19-37.1) e a longa narrativa acerca de José (37.2-50.26).[1] As fórmulas *toledoth* restantes introduzem seções genealógicas curtas depois das duas primeiras divisões principais: Ismael no final do ciclo de Abraão (25.12, 18) e Esaú no final do ciclo de Jacó (36.1, 43). Esse recurso relega Isaque a um lugar de importância secundária.

O Contexto Histórico

O chamado de Abraão inicia um desdobramento histórico radicalmente novo. Deus atua na história para provocar uma série de eventos que, no final, preencherão a lacuna que o pecado interpôs entre Deus e o mundo.

Em dois séculos de alta crítica, com suas tentativas de decifrar indícios de pano de fundo, autoria, fontes e formas literárias de Gênesis, alguns estudiosos chegaram à conclusão de que as narrativas patriarcais têm valor histórico reduzido. Dizem que as narrativas refletem crenças da época em que foram escritas —ou o início da Monarquia (séc. IX-VIII a.C.) ou o período pós-exílico (séc. VI-V a.C., veja o cap. 1). Os próprios patriarcas são entendidos como formas de deidades cananéias, heróis provenientes do folclore pré-israelita ou personificações das tribos cuja história se reflete em seus movimentos e relações. Quando essas idéias começaram a se desenvolver, a história e a cultura do terceiro e do quarto milênio eram praticamente desconhecidas. Desde então, deram-se ricas descobertas de materiais. Foram escavados numerosos sítios na Palestina, Síria e Mesopotâmia. Centenas de milhares de textos foram encontrados.[2] Esse material permite uma reconstrução mais completa da história do Oriente Próximo, pelo menos no que diz respeito aos centros mais importantes da civilização: o Egito e a Mesopotâmia. Embora permaneçam muitas lacunas e muitas perguntas, essas descobertas transformaram de tal maneira o conhecimento acerca do período que ele deixou de ser uma era obscura. Segue-se um breve esboço dos principais eventos do período.[3]

O Período Pré-Histórico. A história propriamente dita começou pouco depois de 3000 a.C. no antigo Oriente Próximo. Uma cultura sofisticada já havia surgido nos vales dos grandes rios, tanto na Mesopotâmia como no Egito. Na Mesopotâmia, a agricultura estava adiantada, com drenagem e irrigação desenvolvidas. Cidades eram fundadas e organizadas em cidades-estados. Cooperavam entre si para desenvolver grandes projetos de irrigação. Essas cidades-estados possuíam um sistema administrativo complexo. A escrita já fora desenvolvida. O mesmo ocorria no Egito. Os numerosos distritos locais no Egito haviam formado dois grandes reinos, um na região do delta, no norte, e outro no sul. Um faraó poderoso uniu depois o Egito, mas o país sempre foi conhecido como as duas terras. A escrita hieroglífica já havia superado seus estágios primitivos. A partir da Quarta Dinastia (c. 2600 a.C.), a estrutura administrativa e o conhecimento tecnológico permitiram a construção das grandes pirâmides de Gizé. Além disso, o Egito e a Mesopotâmia já se empenhavam em intercâmbio cultural significativo, cerca de 1 500 anos antes do surgimento de Israel.

Antigo Oriente Próximo, Terceiro Milênio. (1) A Mesopotâmia. Os sumérios foram os criadores da civilização mesopotâmica. Não é possível identificar a origem de sua civilização. No âmbito político, consistia em cidades-estados independentes (Era Dinástica Primitiva, c. 2800-2360 a.C.).[4] A vida suméria organizava-se em torno do templo; as autoridades religiosas e políticas eram bem integradas. Os escribas dos templos já haviam inventado a escrita cuneiforme, e a maioria das epopéias e narrativas míticas das literaturas assírias e babilônicas posteriores foi primeiro escrita nesse período. Prosperavam o comércio interno, externo e a vida econômica.

Em meio do domínio sumério, os semitas habitavam a baixa Mesopotâmia nesse período. Eram chamados acadianos em razão da cidade-estado de Acade, onde começaram a ganhar ascendência. Profundamente influenciados pela cultura e pela religião suméria, adaptaram a escrita silábica cuneiforme à sua própria língua. Até que um governante semita, Sargão I, conquistou o poder e fundou um império que durou 180 anos (2360-2180 a.C.). Sua dinastia controlou toda a Mesopotâmia. Seu domínio em certas épocas estendeu-se até o Elão, no leste, e o Mediterrâneo, no oeste.[5]

Esse império acadiano foi destruído por tribos bárbaras chamadas guti, as quais desceram das montanhas de Zagros, dominando o leste em c. 2180 a.C. Pouco se sabe do século seguinte, mas em c. 2050 a.C., as cidades-estados sumérias

Caravana de semitas ocidentais (amorreus ou "asiáticos"). Pintura tumular (c. 1890 a.C.) em Beni Hasan, Egito. *(Instituto Oriental, Universidade de Chicago)*

do sul tomaram o poder dos gutis. Sob a terceira dinastia da cidade de Ur (Ur III, 2060-1950 a.C.), a civilização suméria desfrutou a última restauração gloriosa. Ur-Nammu, fundador da dinastia, destaca-se por seu código de leis. Os sumérios e acadianos viviam lado a lado em harmonia racial e cultural. A língua e a cultura acadiana aos poucos substituíram as sumérias. A língua suméria permanecia apenas como instrumento sagrado e tradicional nas escolas dos escribas.

Na época em que Deus chamou Abraão de Ur dos caldeus, a civilização suméria já havia emergido, prosperado e desaparecido de cena. Ur III entrou em colapso pouco depois de 2000 a.C. A dinastia fora enfraquecida pela afluência de novos povos, em especial os amorreus, que moldariam a história da Mesopotâmia, sul e norte, pelos próximos séculos.

(2) O Egito. Após a unificação, um poderoso governo central dominou o Egito por cerca de sete séculos. Essa era é denominada Antigo Império (c. 2900-2200 a.C.). Os resquícios mais notáveis dessa civilização são as pirâmides, monumentos gigantescos de culto aos faraós mortos. O Egito alcançou sua era áurea com a III e a IV dinastia (c. 2700-2500 a.C.). Durante esse período arraigaram-se profundamente os aspectos característicos da cultura singular dos egípcios. Por causa dos descobrimentos, as obras dos faraós da V e VI dinastia são mais conhecidas. Mas são reflexos pálidos das glórias da III e da IV dinastia em que, por exemplo, as paredes das pirâmides eram recobertas de fórmulas mágicas e hinos talhados e pintados com esmero —os textos das pirâmides, às mais antigas das composições religiosas conhecidas.

No século XXIII, o governo central desintegrou-se ante governadores provinciais rivais. O Egito caiu num período de caos social e ruína econômica conhecido como o Primeiro Período Intermediário (c. 2200-2000 a.C.). A literatura do período reflete em abundância as dificuldades da vida durante a depressão nacional.[6] Por fim, em meados do século XXI a.C., uma dinastia de Tebas, a XI, reunificou a terra e iniciou o Médio Império. Esse foi o segundo período de grandeza egípcia. Muito antes de Abraão, o Egito havia experimentado um milênio de civilização progressista.[7]

(3) A Siro-Palestina. O conhecimento acerca da Siro-Palestina no terceiro milênio é toldado pelo nevoeiro da pré-história. A descoberta de quase vinte mil fragmentos de placas de argila em Tell Mardikh (Ebla), perto de Alepo, em 1975-76, leva os estudiosos a crer que um vasto império tinha ali seu centro em meados do terceiro milênio.[8] Esse império possuía cidades vassalas até em Chipre, no Sinai, na Anatólia e nas montanhas da Mesopotâmia. O estudo desses textos cuneiformes não progrediu o suficiente para permitir uma interpretação adequada dessa civilização da Primeira Idade do Bronze.

No início do terceiro milênio, a própria Palestina era caracterizada pelo desenvolvimento de cidades pequenas, mas bem construídas e bem fortificadas, incluindo-se Jericó, Megido, Bete-Seã e Laquis. Os habitantes são em geral conhecidos como cananeus, por causa do nome da região em textos posteriores. No final do terceiro milênio, todas as cidades cananéias conhecidas sofreram vasta destruição, acabando-se a civilização da Primeira Idade do Bronze. Os agentes dessa destruição são desconhecidos. Com freqüência, especula-se que pertenciam aos grupos amorreus, cuja movimentação na Mesopotâmia e no nordeste da Síria é bem documentada.[9] O Antigo Testamento os inclui entre o povo de Canaã na época do estabelecimento de Israel na terra (Js 2.10; Am 2.9).

A Era Patriarcal, c. 2000-1500 a.C. (1) A Mesopotâmia. Por volta de 1950 a.C., Ur III estava perdendo o poder sob pressão do afluxo dos povos semitas do oeste, os amorreus. As cidades-estados na Baixa Mesopotâmia tornaram-se rivais. Ao final desse período, cada cidade-estado da Alta e da Baixa Mesopotâmia era dominada por uma dinastia de amorreus. Embora a base da população no sul da Mesopotâmia continuasse acadiana, no noroeste os amorreus os expulsaram por completo. Esse período, embora caótico no campo político e econômico, não foi de trevas. Encontraram-se dois códigos de leis, um em acadiano, em Eshnunna, e outro em Isin, compilado por Lipit-Ishtar. Ambos apresentam semelhanças consideráveis com o Código da Aliança (Êx 21–23).

A Assíria e a Babilônia ocuparam, pela primeira vez, lugar de destaque histórico nesse período. Em c. 1900, a Assíria, governada por uma dinastia acadiana, estabeleceu uma colônia comercial distante, a noroeste da antiga cidade anatoliana de Kanesh (atual Kültepe, perto de Kayseri, Turquia). Essa colônia é conhecida em razão dos textos capadócios —alguns milhares de placas descobertas em Kanesh. Essa dinastia acadiana continuou no poder até c. 1750 a.C. Foi substituída por uma dinastia de amorreus fundada por Shamsi-Adad. Por breve tempo, ele dominou a Alta Mesopotâmia, tendo como principal rival a cidade de Mári (na margem esquerda do Eufrates). Essa cidade livrou-se do jugo assírio em c. 1730 a.C. e tornou-se poderosa durante curto período.

Extensas escavações em Mári trouxeram à luz uma civilização brilhante, documentada por mais de vinte mil tabuinhas de grande importância para o pano de fundo patriarcal.

A Babilônia de Hamurábi (c. 1728-1686) foi a cidade que emergiu vitoriosa. Hamurábi enfrentou não somente Mári e a Assíria, como também Larsa que, sob uma dinastia elamita (centralizada em Susã, no sudoeste da Pérsia), governava todo o sul mesopotâmico da Babilônia. Numa série de campanhas brilhantes, Hamurábi derrotou os rivais. Passou a dominar um império modesto desde Nínive (no extremo norte do Tigre) até o golfo pérsico. A Babilônia tornou-se o maior centro cultural da época. Uma profusão de textos revela um nível cultural raras vezes atingido na antigüidade. O mais importante é o Código de Hamurábi, baseado numa tradição legal de séculos (como demonstram os códigos de Ur-Nammu, Lipit-Ishtar e Eshnunna). No código há numerosos paralelos notáveis com as leis do Pentateuco. O império de Hamurábi, entretanto, encerrou-se com ele. No governo de seus sucessores imediatos, a maioria dos estados tributários se desligou. A Babilônia, em particular, defendeu sua existência contra os cassitas, um novo povo que desceu das montanhas de Zagros, rumo ao leste.

Em parte, a causa do declínio da Babilônia foi a quase total inundação de novos povos na área, provenientes, em especial, do norte. Os movimentos étnicos causaram uma ruptura tão grande que por aproximadamente dois séculos os acontecimentos não são documentados. Novos estados e impérios emergiram, sendo o mais importante o dos hurritas. Não eram semitas e haviam-se estabelecido no noroeste da Mesopotâmia desde o final do terceiro milênio, passando então a dominar com poder a região. Quando as evidências documentais ressurgem em c. 1500 a.C., os hurritas controlam o império de Mitani, estendendo-se desde Alalakh até os sopés de Zagros, além do Tigre, rumo ao leste. O orgulhoso estado da Assíria submete-se a seu controle. Por um tempo, no início do século V, os hurritas competiram com o Egito pelo domínio mundial. Movimentando-se com os hurritas, mas em número bem menor, estavam os indo-europeus, que parecem ter sido principalmente uma aristocracia dominante. A maioria dos nomes de reis do império de Mitani é indo-européia.

Na Ásia Menor, os hititas alcançaram proeminência. Falavam o indo-europeu, embora empregassem o sistema cuneiforme para escrevê-lo. Durante o final do terceiro milênio, haviam-se mudado para o centro da Ásia Menor, começando a ganhar ascendência entre as cidades-estados. Em c. 1550 a.C., criaram um reino na parte central e oriental da Ásia Menor, com a capital em Hattusa (atual Bogazkale). Logo entraram em conflito com o reino hurrita de Mitani. Foi, aliás, um prenúncio do que viria: o fim da Primeira Dinastia da Babilônia chegaria em 1530 a.C., não por meio de um poder mesopotâmico, mas de um assalto relâmpago de Mursilis I, um dos primeiros governantes do Antigo Império Hitita. Entretanto, os hititas não foram capazes de estender o império por mais um século. Assim, pouco depois de 1500 a.C., a Mesopotâmia começava a emergir de um período conturbado. Uma nova ordem política estava tomando forma e logo provocaria lutas por um império mundial.

(2) O Egito. O Médio Império, tendo durado quase trezentos anos, foi o segundo período egípcio de crescimento cultural (c. 2100-1800 a.C.). Ele atinge seu zênite com a XII Dinastia. A capital ficava, mais uma vez, em Mênfis (heb. *Noph*, Is 19.13; *Moph*, Os 9.6), centro político entre o norte e o sul e terra reverenciada dos faraós do Antigo Império. Esse foi um período de grande prosperidade. A literatura e as artes atingiram níveis raramente igualados desde então, com abundância de literatura sapiencial e crônicas. Desse período vêm os textos de execração, fragmentos de vasos quebrados em que se escreviam os nomes dos inimigos do Egito. Para concretizar a maldição, os nomes dos inimigos eram escritos em vasos; os vasos eram virados de boca para baixo e esmagados. O despedaçamento dos nomes escritos no vaso amaldiçoava, por associação, as pessoas com tais nomes. Esses nomes indicam que o Egito exercia um leve controle sobre boa parte de Canaã.

Na segunda metade do século XVII, o Médio Império declinou sob dinastias rivais. Com o país enfraquecido, povos estrangeiros vindos de Canaã (mais tarde chamada Palestina) e do sul da Síria infiltraram-se em seus domínios e por fim conquistaram o poder. Denominados hicsos, um termo egípcio que significa "chefes estrangeiros", sua identidade exata é ainda muito debatida. A maioria era com certeza semita oriental (cananeus ou amorreus). Estabeleceram a capital no norte, na região do Delta. Por cerca de um século (c. 1650-1540 a.C.), durante o Segundo Período Intermediário, dominaram o Egito e partes de Canaã. É possível que durante esse tempo José e seus irmãos tenham descido para o Egito. A luta egípcia pela independência desse controle estrangeiro começou no sul, no Alto Egito. Amósis, fundador da XVIII Dinastia, tomou Avaris e perseguiu os hicsos até a Palestina. Conquistou Saruém no sudoeste da Palestina (Js 19.6), o centro principal deles na região, após três anos de cerco. Livre novamente, o Egito decidiu que a melhor defesa seria uma boa ofensiva e se lançou a estender o império até a Ásia pela primeira vez. Essa estratégia conduziu a um conflito direto com os novos poderes já estabelecidos ali, precipitando uma luta pelo domínio do mundo.

(3) A Siro-Palestina. Em comparação com as evidências desse período nos maiores centros culturais do Egito e da Mesopotâmia, são pouquíssimas as evidências relativas à região siro-palestina. Em parte, isso é provocado pelo acaso das descobertas, mas a causa principal é a natureza inerente da história e da cultura física da própria Palestina. Como afirma W. G. Dever:

> Agora que temos uma perspectiva mais representativa da Palestina no contexto de todo o antigo Oriente Próximo, fica claro que o país sempre foi atrasado na cultura, pobre nas artes e na economia. Além disso,

> sua história política tempestuosa fez com que sofresse freqüentes pilhagens, destruições e reconstruções por parte de uma longa sucessão de povos de várias culturas. Isso torna complexa a estratificação dos aterros e deixa seus restos materiais em pior estado de conservação. Por fim, o clima úmido do centro da Palestina e a escolha do papiro e do pergaminho como material de escrita formam uma combinação que nos priva de tudo, exceto de um punhado de restos epigráficos (a Bíblia constitui uma exceção notável). Mesmo que sejamos bastante afortunados e venhamos a encontrar trechos literários, eles estão em geral tão fragmentados que chegam a ser enigmáticos, e assim muitas vezes enfrentam-se severas dificuldades para estabelecer a correlação com os restos de artefatos. Em suma, em contraste com as culturas vizinhas, muito da arqueologia da Palestina anterior à era israelita é, na realidade, "pré-história".[10]

Por conseguinte, na verdade, não é possível escrever uma história da Palestina nesse período. Algumas declarações gerais devem ser suficientes.

Após um período intermediário obscuro no final do terceiro milênio, em geral conhecido por Médio Bronze (MB I),[11] houve uma nova síntese cultural que produziu uma civilização urbana cada vez mais desenvolvida. Por falta de material escrito, é melhor identificar essa civilização por sua designação arqueológica: Médio Bronze II. Esse período é dividido em dois subperíodos, de acordo com o estilo da cerâmica: MB II A (2000/1950-1800 a.C.), a fase de formação da cultura, e MB II B-C[12] (1800, 1550/1500 a.C.[13]). Este último período, representando um desenvolvimento contínuo a partir de MB II A, testemunhou o pleno florescimento da civilização "cananéia" que produziu as prósperas cidades-estados da Siro-Palestina encontradas na última parte do período, após 1600 a.C.: Carquêmis, Alepo, Hazor, Megido, Jerusalém, entre outras. Com base em dados arqueológicos, os estudiosos concluem que a Palestina nesse período forma uma unidade cultural com a grande Síria. Há poucas dúvidas de que essa civilização urbana contribuiu com a maior parte dos chamados povos hicsos que controlaram o Egito durante o Segundo Período Intermediário. Também forjou uma oposição importante à criação do império egípcio na Ásia sob o domínio dos faraós da XVIII Dinastia, no final do interlúdio hicso.

Uma vez que não se dispõem de textos palestinos desse período, a identidade do povo que criou essa cultura permanece aberta a discussões. Entretanto, baseando suas conclusões em semelhanças aparentes entre a cerâmica dessa cultura e a da Síria da mesma época, a maioria dos estudiosos atribui a cultura do MB II na Palestina à chegada dos amorreus. Alguns também associam os nomes de pessoas da Palestina encontrados em textos de execração egípcios (veja acima, p. 41) aos nomes amorreus encontrados em textos contemporâneos da Síria e da Mesopotâmia. Eles vão além, postulando uma migração étnica em grande escala do centro-norte da Síria, rumo à Palestina.[14] Essa conclusão geral não é garantida pelas evidências disponíveis.[15] Em primeiro lugar, as evidências arqueológicas são, por sua própria natureza, mudas. É bem possível que os estilos de cerâmica que surgem de forma tão repentina na Palestina em MB II A e parecem estar muito relacionados com a Síria tenham surgido em razão da imitação de estilo provocadas por comércio ou outros contatos, ou seja, por difusão cultural, em vez de migração étnica.

Em segundo lugar, a suposta semelhança de nomes da Palestina com os dos amorreus da Mesopotâmia está longe de ser conclusiva.[16] Mesmo que fosse possível estabelecer essa correlação básica, ela não demonstraria uma migração étnica da Mesopotâmia para a Palestina. Há bons indícios de que os semitas orientais antigos estavam presentes na Palestina e na Fenícia muito antes de penetrarem na Síria.[17] Nenhum dado até o momento pode ser interpretado em apoio à hipótese de uma migração em grande escala de amorreus a partir do centro-norte da Síria. Além disso, se a hipótese de uma migração de semitas orientais para a Palestina fosse exigida pelos dados, seria bem mais provável que tivessem vindo ou das regiões do sudoeste da Síria para o norte, logo ao lado,[18] ou das estepes da Síria para o nordeste.

Por último, mais ou menos no final da era de MB II, aparecem nomes hurritas e indo-europeus nos textos da área. Ela é chamada "terra de Hurru" pelos egípcios da XVIII e XIX Dinastia. Isso significa que a Palestina foi influenciada pelo mesmo movimento desses grupos étnicos descritos acima, em associação ao noroeste da Mesopotâmia. Ainda se discute a amplitude dessa influência. Parece bem pouco provável que a data possa ser anterior ao século XV.[19]

Data e Historicidade das Narrativas Patriarcais

As vozes de todas as tradições do Antigo Testamento são unânimes em colocar a era patriarcal antes do êxodo do Egito.[20] A história patriarcal descreve um grupo cujo estilo de vida era, com toda probabilidade, de pastores nômades. Uma vez que esse material é uma história de família, nenhum dado relaciona as pessoas ou os acontecimentos com a história política dos estados e povos contemporâneos. A única exceção é o relato do ataque dos quatro reis em Gênesis 14. Esse episódio desafia, até o momento, as tentativas de correlação com fatos extrabíblicos. Quase todos os acontecimentos das narrativas patriarcais ocorrem dentro da própria Palestina, mas o conhecimento dessa área durante esse período é por demais limitado (e, pela natureza dos indícios, é provável que assim permaneça). Por conseguinte, a luta dos estudiosos para localizar os patriarcas num período histórico específico é longa e complicada.

Por causa dos progressos no conhecimento do Oriente Próximo no segundo milênio, muitos estudiosos passaram a atribuir maior valor histórico às narrativas patriarcais do que costumavam receber no início deste século (veja p. 36, acima). O maior expoente dessa perspectiva mais recente foi W. F. Albright,[21] enquanto sua formulação mais completa é a de J. Bright.[22] A conclusão de Albright reflete uma posição dominante:[23]

> ... como um todo, o quadro de Gênesis é histórico, e não há motivos para duvidar da exatidão geral dos detalhes biográficos e dos traços de personalidade que fazem com que os patriarcas surjam com uma intensidade inexistente em nenhum personagem extrabíblico em toda a vasta literatura do antigo Oriente Próximo.[24]

Albright situou os patriarcas na Idade Média do Bronze I.[25] A maioria dos estudiosos, porém, no início da era geral de MB II (i.e., os primeiros séculos do segundo milênio), juntamente com a suposta migração dos amorreus.[26] Essa é a tese defendida de modo persuasivo por R. de Vaux.[27] Mas tem sofrido alguns ataques nos últimos anos. Quase todas as linhas de indícios e argumentação empregadas para estabelecer esse consenso têm sido seriamente questionadas,[28] e um número crescente de estudiosos já não considera válida essa idéia. Em lugar da abordagem cética, existem ainda evidências mais que suficientes extraídas da Bíblia e de textos extrabíblicos indicando a historicidade como uma conclusão segura.

Em primeiro lugar, um estudo literário das narrativas patriarcais revela sua natureza historiográfica.[29] Sua mensagem fundamental é teológica. Decorrem de um processo longo e complexo de transmissão oral e escrita. Por conseguinte, no sentido moderno, não são história nem na mensagem básica nem na forma (veja abaixo).[30] Apesar disso, estão bem próximas em estilo literário das narrativas baseadas na história.[31] Duas tradições distintas colocam os patriarcas uns quatrocentos anos antes do Êxodo.[32] Uma vez que a estela de Menepta (veja abaixo, p. 56) registra a presença de Israel na Palestina em c. 1220,[33] o final do período patriarcal deve ser c. 1700 no máximo.[34]

Em segundo lugar, há indícios significativos de que as narrativas patriarcais refletem de modo autêntico as condições do início do segundo milênio.

GÊNESIS: A HISTÓRIA PATRIARCAL

O nome Israel, mencionado num hino de vitória na estela de Meneptá (c. 1220 a.C.). *(Museu Egípcio, Cairo)*

Estes são os principais indícios:

(1) Entre a população de amorreus do período, há exemplos abundantes dos tipos de nomes dados aos patriarcas.³⁵ Os nomes podem ser identificados como semitas orientais primitivos, i.e., pertencentes às línguas da família semítica oriental existentes no segundo milênio.³⁶ Mas esses nomes são por demais raros entre os povos cananeus do primeiro milênio. Assim, a distribuição cronológica dos nomes em vários textos são uma forte indicação de que o período patriarcal deve ser datado no segundo milênio.³⁷

(2) A jornada de Abraão de Harã, no noroeste da Mesopotâmia, para Canaã (Gn 12.4-6) combina bem com as condições conhecidas por pertencerem ao MB II A (2000/1950-1800 a.C.). Essa era experimentou uma condição de vida estável, pacífica e próspera. Em particular, abriram-se estradas entre Canaã e o noroeste da Mesopotâmia. Nesse período, a maioria das cidades mencionadas nas narrativas patriarcais existia, e.g., Siquém, Betel, Hebrom, Dotã e Jerusalém (caso seja a Salém de Gn 14). Um grande problema, porém, é a falta de provas de que o Neguebe, uma das principais áreas da jornada de Abraão, estivesse ocupado no MB II. Entretanto, a região era amplamente ocupada no MB I.³⁸

Essa teoria não pressupõe uma migração étnica de amorreus do nordeste da Mesopotâmia para Canaã, seja em MB I, seja em MB II, como contexto histórico da migração de Abraão de Harã para Canaã. A descrição da jornada de

Abraão não exige uma migração de povos em massa. Sua mudança nem chega a envolver uma tribo (quanto menos um povo!) mas uma família.[39]

(3) O estilo de vida nômade dos patriarcas harmoniza-se com o ambiente cultural do início do segundo milênio. O entendimento do nomadismo no antigo Oriente Próximo tem sido radicalmente transformado por estudos antropológicos recentes. Já não se pode adotar sem reservas como modelo o padrão de vida dos beduínos árabes montados em camelos, bem posteriores, com seus ataques incessantes contra os povos sedentários de terras civilizadas.[40] Pelo contrário, os "nômades" pastoris da estepe semi-árida entre o deserto e a terra cultivada[41] estavam em contato constante com áreas de cultivo das aldeias. Assim, formava-se uma sociedade bilateral em que aldeões e pastores dependiam uns dos outros e faziam parte da mesma comunidade tribal.[42] O movimento de vai-e-vem entre o estilo de vida da comunidade agrícola estabelecida e o dos pastores que vagavam sazonalmente pelas estepes buscando pastagem era endêmico. A época e a duração dependiam da quantidade de chuvas na região semi-árida das estepes. Tais conflitos perturbadores não ocorriam tanto entre pastores e aldeões, mas entre cidades-estados organizadas com seus centros urbanos poderosos e esses domínios tribais autônomos.

Ainda é preciso fazer uma comparação detalhada entre esse conceito de nomadismo e os textos bíblicos. Mas o estilo de vida dos patriarcas parece refletir essa mesma sociedade "dimórfica".[43] Os patriarcas acampam nas redondezas das cidades (e.g., Gn 12.6-9; 33.18-20) e até vivem como "habitantes estrangeiros" em certas cidades (e.g., 20.1ss.). Esporadicamente praticam a agricultura (26.12s.); Ló se estabelece "nas cidades da campina [...] até Sodoma" (13.12); e as vocações contrastantes de Jacó e Esaú (25.27-34) talvez sejam um reflexo dessa mesma dicotomia. Mas os patriarcas são guardadores de ovelhas, percorrendo distâncias consideráveis com seus rebanhos; e.g., Jacó, residindo em Hebrom, envia José para visitar os irmãos em Siquém, mas ele os encontra mais ao norte, em Dotã (37.12, 17). O uso de um vocabulário técnico paralelo tem sido observado na sociedade de Mári e em Israel, em termos referentes a parentescos tribais e acampamentos pastoris.[44] Fica claro que o modo de vida patriarcal é semelhante ao nomadismo pastoril dos textos de Mári e que o modo de vida deles coaduna-se com o contexto cultural do início do segundo milênio.

(4) Vários costumes sociais e legais que ocorrem nas narrativas patriarcais podem ser comparados com uma vasta gama de costumes sociojurídicos tanto do segundo como do terceiro milênio. Esses paralelos, especialmente os extraídos dos textos de Nuzi, devem ser interpretados com grande cuidado. Os costumes, quando válidos, não são suficientemente precisos no aspecto cronológico para serem usados com fins de datação. É difícil estabelecer datas dessa forma, pois

os costumes sociojurídicos no antigo Oriente Próximo tinham, com muita freqüência, longa duração. O caso em debate é a suposta ligação entre as narrativas patriarcais e o ambiente sociojurídico especificamente hurrita baseado nos textos de Nuzi. Essa relação foi muitas vezes ampliada no argumento a favor da historicidade dos patriarcas. Sabemos agora que esse argumento contém muitas falhas.[45] Os costumes de Nuzi, usados na comparação, foram extraídos de apenas meia dúzia dos cerca de trezentos textos de leis familiares encontrados no sítio, de modo que não se pode dizer que sejam representativos, mesmo da sociedade de Nuzi.[46] Os costumes de Nuzi, além disso, mostram muito maior semelhança com as práticas sociojurídicas do mundo mesopotâmico em geral do que se pensava. Por conseguinte, toda a questão de um padrão familiar especificamente hurrita é suspeito. Apesar disso, estabelece-se um número suficiente de paralelos válidos entre os costumes patriarcais e os do antigo Oriente Próximo, mostrando que as narrativas patriarcais refletem com precisão o ambiente social e histórico em que a Bíblia as coloca.[47]

(5) O quadro geral da religião patriarcal reflete uma era anterior. Deus é o Deus pessoal do pai patriarcal e seu clã (em vez de um Deus ligado a localidades e santuários, como entre os cananeus). Ele garante uma aliança unilateral e promete proteção divina. Evidencia-se que a religião patriarcal não é a crença israelita posterior retroprojetada no passado. Alguns aspectos —o uso regular do nome divino El, em vez de Javé; a ausência do nome Baal; a imediação do relacionamento entre Deus e o patriarca, sem a intervenção do sacerdote, profeta ou culto; a falta de referência a Jerusalém— indicam esse fato.

O que foi apresentado é suficiente para permitir a conclusão de que os patriarcas são, de fato, personagens históricos.[48] É pouco provável que referências específicas a algum deles seja atestada em outras fontes, porque as narrativas patriarcais são histórias familiares. Os próprios patriarcas eram chefes de clãs seminômades que, em vida, exerceram pouca influência fora de seu círculo familiar.[49]

O Gênero Literário das Narrativas Patriarcais

Embora a redescoberta do mundo antigo tenha demonstrado que as narrativas patriarcais refletem com autenticidade o período em que a Bíblia as situa, será que isso significa que são "histórias" no sentido moderno? É verdade que por trás de todo escrito histórico estão os verdadeiros fatos no espaço e no tempo, mas dois grandes problemas se interpõem entre esses fatos e a dita "história".

O primeiro é o problema do *conhecimento*. Quais são os fatos e como foram preservados? Se o historiador possui provas documentais, qual o intervalo entre o acontecido e o seu registro? Se esse intervalo foi coberto por tradição oral, houve condições de preservar com fidelidade os fatos, como um grupo social coeso com continuidade histórica? Muito depende de como os historiadores tiveram conhecimento dos fatos que registram.

O segundo problema é o *significado*. É impossível registrar tudo o que ocorre. Além disso, muitos eventos são insignificantes para certos propósitos. Para o historiador político, um contrato de casamento entre pessoas comuns é de pouco interesse, embora seja fundamental para o historiador social. Escrever história é muito mais que registrar a crônica crua dos acontecimentos. Implica selecionar fatos, relacioná-los uns com os outros e determinar causas e efeitos. Assim, a questão dos propósitos dos autores, aquilo em que se baseiam para selecionar as informações, ganha importância fundamental.

Os escritores bíblicos não estavam livres de considerações desse tipo. O fato de terem escrito sob orientação divina (veja abaixo, cap. 45) não implica nenhuma diferença quanto ao seu conhecimento humano, material, do passado. A inspiração não lhes deu novas informações nem tornou obscuro o que estava claro. Com freqüência, eles mencionam fontes (Nm 21.14; Js 10.12s.; 1Rs 14.19). Uma comparação de passagens revela amplas diferenças em seu conhecimento acerca do passado.

Os alvos dos autores bíblicos são em grande parte teológicos, de modo que eles selecionam os acontecimentos e incidentes de acordo com seu interesse fundamental nos atos de Deus para realizar seus propósitos. Eles recontam o que Deus faz para inspirar fé. Não falsificam a história, mas são altamente seletivos em razão de seus propósitos. Isso é especialmente verdadeiro em relação a Gênesis, em que se cobrem alguns séculos.[50]

Em vista disso, que se pode dizer acerca do gênero literário das narrativas patriarcais? Em primeiro lugar, são histórias familiares, transmitidas originalmente por tradição oral. Os pastores nômades não costumam manter registros escritos. Eles têm pouco interesse em associar sua história com os fatos contemporâneos. As narrativas são agrupadas em três "círculos" (que surgem de três das gerações patriarcais), marcados pela fórmula *toledoth*. Elas só fornecem indicações mais gerais de relação cronológica. Surgem problemas difíceis quando se força a cronologia. Por exemplo, em Gênesis 21.14, diz-se que Abraão colocou Ismael nos ombros de Hagar e os mandou para o deserto. Com base na cronologia da seqüência dos capítulos, Ismael estava com 16 anos (16.16; 21.5). Depois, Jacó nasceu quando Isaque tinha 60 anos (25.26), e Isaque morreu aos 180 (35.28). Uma leitura semelhante descobre que Rebeca preocupava-se profundamente em encontrar uma esposa para Jacó (27.46), quando ele tinha entre 80 e 100 anos!

É difícil harmonizar algumas tradições com a história. Tanto Midiã como Ismael são tios-avós de José, mas os midianitas e os ismaelitas aparecem em sua juventude como mercadores que viajavam em caravanas, transportando seus produtos entre a Transjordânia e o Egito (37.26-28). Amaleque é neto de Esaú (36.12), neto de Abraão, mas nos dias de Abraão, os amalequitas viviam no sul da Palestina (14.7).

Esses fatos só são problemáticos caso esses círculos sejam interpretados como história no sentido moderno. Seu propósito primário é mostrar os desdobramentos do chamado de Abraão. Com esse chamado, Deus faz promessas definitivas a Abraão (12.1-3). Os capítulos seguintes mostram como Deus cumpriu essas promessas, apesar de Abraão não ter herdeiro (veja abaixo, p. 51). Esse tipo de "historiografia" deve ser reconhecido como um "passado rememorado"— a memória de um povo. A distinção entre esse estilo e o da historiografia nos tempos da monarquia de Israel não está na realidade histórica dos acontecimentos, mas na maneira de apresentá-la. Os séculos foram condensados pela tradição oral.[51] Nas sociedades primitivas, a tradição oral é muito mais precisa do que consegue imaginar um leitor ocidental de hoje.[52] A cultura patriarcal oferecia um ambiente ideal para a transmissão precisa da tradição: era caracterizada por uma esfera social fechada selada por laços de sangue e religião. Essas narrativas, portanto, são tradições vitais mantidas vivas pela memória coletiva da tribo.

A Religião dos Patriarcas

Não é possível reunir a partir das narrativas de Gênesis 12–50 um quadro completo da vida religiosa dos patriarcas. Mesmo assim, há informações suficientes para dar uma descrição geral e inserir a religião deles em seu contexto cultural. Esse quadro pode ser aumentado pelas redescobertas arqueológicas com respeito à era patriarcal.

Abraão era politeísta na época do chamado divino:

> Antigamente, vossos pais, Terá, pai de Abraão e de Naor, habitaram dalém do Eufrates e serviram a outros deuses. (Js 24.2)

(Cf. também Js 24.14; Gn 31.19-35, 53; 35.2). O tipo de culto que seguia é desconhecido. Em obediência ao chamado de Deus, Abraão deixou Hará por Canaã. Ele abandonou seus antigos costumes religiosos para seguir a Deus com devoção sincera. Esse mesmo Deus apareceu a cada um dos patriarcas, escolhendo-os e prometendo estar com eles (12.1-3; 15.1-6, 17; 28.11-15). Cada um por sua vez escolheu esse Deus como protetor da família e a ela o vinculavam: "o Deus de Abraão", "o Deus de Isaque" e "o Deus de Jacó" (24.12; 28.13; 31.42, 53; cf. Êx 3.6), bem como "o Deus de Naor" (31.53). Ele é também chamado "parente" (veja BJ; a maioria das versões traduz "temor de Isaque"; 31.42, 53) e "poderoso de Jacó" (49.24). Esse vínculo pessoal estreito é revelado pelo título "o Deus de meu/teu pai" (26.24; 31.42, 53; 32.9; 49.25; e esp. Êx 3.6). Essa terminologia apresenta paralelos estreitos nos textos da Capadócia e de Mári,[53] bem como em textos árabes e arameus dos primeiros séculos cristãos.[54] Esse Deus do clã abençoa os patriarcas (12.1-3; 26.3s.) com a promessa da terra de Canaã e de inúmeros descendentes (12.2, 7; 13.14-17; 15.4s., 18; 26.3s.; 28.13s.). Protege e salva (19.29). É possível chamá-lo pelo nome, é possível apelar a ele (18.22-33). Pune o mau (38.7), mas cuida do justo (18.25).

Deus selou por meio de uma aliança o relacionamento com a pessoa eleita. Ele primeiro fez uma aliança com Abraão (cap. 15).[55] A aliança foi ratificada numa cerimônia solene e misteriosa (v. 7-21). Deus colocou-se sob juramento passando —em forma de tocha de fogo e fogareiro aceso, símbolos ameaçadores da presença divina— entre as metades dos animais que Abraão havia matado. Simbolicamente, Deus colocou-se sob uma maldição, caso violasse a promessa.

Esse relato revela que Deus é um Deus pessoal, desejando associar-se com pessoas. Os deuses cananeus, por contraste, associavam-se principalmente com localidades. Os patriarcas compreendiam que havia um Deus. Isaque cultuou o Deus de seu pai (26.23ss.), como o fez Jacó (31.5, 42, 53). Esse Deus é singular, sem colegas ou consortes. Portanto, a família de Jacó precisou deixar de lado os deuses estranhos trazidos da Mesopotâmia (35.2).

Os textos fornecem informações apenas esparsas acerca do culto dos patriarcas. Eles oravam (25.21), muitas vezes prostrados como era costume no Oriente Próximo (17.3; 24.52). Construíam altares e faziam sacrifícios (12.7; 22.9; 35.1). Entretanto, não havia lugares especiais para tais ritos nem sacerdócio oficial. A adoração era entendida fundamentalmente não como uma cerimônia, mas como um relacionamento entre Deus e seres humanos. A peculiaridade da fé dos patriarcas residia em sua concepção de Deus e em seu íntimo relacionamento pessoal com ele.

A Teologia das Narrativas

A história patriarcal começa com a eleição de Abraão em 12.1-3. Seu chamado vem de modo dramático e definitivo. Atinge Abraão no meio do caminho. Esse recomeço súbito realça, por contraste, o próprio chamado. Fornece um modelo pelo qual se deve interpretar toda a história patriarcal.

> Javé disse a Abrão:
> Sai da tua terra natal
> E da casa de teu pai
> Para uma terra que te mostrarei.
> Farei de ti uma grande nação,
> Abençoar-te-ei e engrandecerei o teu nome.
> Sê, portanto, uma bênção.
> Abençoarei os que te abençoarem,
> E amaldiçoarei aquele que te amaldiçoar;
> E por teu intermédio abençoarei
> Todas as comunidades da terra. (12.1-3, lit.)[56]

Essa promessa universal apresenta a palavra de graça em resposta à desobediência e ao julgamento do prólogo primevo. Responde as perguntas inquietantes acerca do relacionamento entre Deus e sua humanidade dispersa. A escolha de Abraão e as promessas incondicionais de terra e nacionalidade têm como alvo maior a bênção de todas as comunidades da terra. O início da história da redenção oferece uma palavra acerca de seu final. A salvação prometida a Abraão abrangerá, por fim, toda a humanidade. Deus não dispensou para sempre, em ira, a família humana. Ele agora age para fechar o abismo causado pelo pecado entre ele e seu mundo. Essa promessa atua como chave para a compreensão de toda a Escritura.

A Eleição e as Promessas Divinas. As promessas a Abraão entram em conflito com sua jornada real. Ele deve ser uma grande nação (12.2), mas Sara é estéril (11.30). A terra pertence a seus descendentes (12.7), mas os cananeus a ocupam (v. 6). No início, o narrador justapõe conscientemente a promessa de Deus e a situação de Abraão. Esse problema é o assunto supremo, dominante, dos capítulos 12–21. A promessa é declarada da forma mais extravagante —os descendentes de Abraão serão como "o pó da terra" (13.16) e tão numerosos como as estrelas do céu (15.5). Para cumprir essa promessa, Abraão, sem filhos, segue um estratagema após outro. Ele adota um escravo nascido em sua própria casa (15.2s.). Sara, para proteger sua posição como esposa, oferece sua serva Hagar como esposa secundária, de cuja união nasce Ismael (cap. 16). Mas nenhuma tentativa cumpre a promessa divina de dar um filho por meio de Sara (15.4; 17.18s.). Por fim, quando a idade avançada fazia com que a promessa parecesse impossível no âmbito humano, "visitou o SENHOR a Sara, como lhe dissera, e o SENHOR cumpriu o que lhe havia prometido" (21.1). Nasce Isaque.

A mesma promessa é reafirmada a cada um dos patriarcas: a Isaque (26.2-4); a Jacó em Betel, quando parte de Canaã por medo de Esaú (28.13s.); novamente a Jacó em Betel em seu retorno (35.11s.); e a José e seus filhos (48.1-6).

Mais tarde, essa promessa geral é considerada cumprida na libertação de Israel das mãos dos egípcios:

> Também estabeleci a minha aliança com eles [os patriarcas], para dar-lhes a terra de Canaã [...] e me lembrei da minha aliança [...] e vos resgatarei com braço estendido [...] E vos levarei à terra acerca da qual jurei dar a Abraão, a Isaque e a Jacó. Êx 6.4-8

No período patriarcal, a história da redenção é a eleição divina de Abraão e sua linhagem. O cumprimento dessa promessa parece, porém, adiado estrategicamente, pois a terra estava em posse dos cananeus.[57] Tudo o que Abraão possuía era a caverna de Macpela (Gn 23). Abraão (25.7-10), Isaque (35.27-29) e Jacó (49.29-31) foram ali sepultados com suas esposas. Somente com a morte deixaram de ser peregrinos. E ao final do período patriarcal, os descendentes de Abraão já nem eram peregrinos na terra: haviam sido removidos para o Egito.

A história de José provê o primeiro estágio na transição de uma família patriarcal para uma nação independente, em harmonia com a promessa divina. O filho favorito, terrivelmente mimado, é odiado pelos irmãos, vendido como escravo e levado para o Egito. Ali, sua virtude, sabedoria e graça logo o colocam na liderança. Estrangeiro, é caluniado e preso (caps. 37–39). A capacidade de interpretar sonhos, dada por Deus, faz com que o faraó lhe dispense atenção. Quando ele interpreta os sonhos que perturbam o faraó, este fica impressionado com sua grande sabedoria e o nomeia para um alto posto administrativo (caps. 40–41). Essa posição, por sua vez, abre a oportunidade para José suprir sua própria família durante um período de grande fome, trazendo-a para o Egito (caps. 42–47). Essa história, contada de maneira tão diferente em comparação com as histórias de Abraão e de Jacó, é uma longa lição: a providência de Deus leva a nada as artimanhas dos homens e emprega as más intenções deles para cumprir seus fins (50.20). Além disso, Deus protege e supre os que o seguem.

A conseqüência da traição contra José é um passo importante na criação do povo escolhido. Os "filhos de Israel" tornam-se por um tempo uma comunidade isolada protegida, habitando na terra de Gósen (em geral identificada como o nordeste do delta do Nilo). Esse tema de "salvação" (a conservação de "muita gente em vida", 50.20) prenuncia o Êxodo (e, em última análise, o livramento divino final por meio de Cristo). Mas no momento Israel está num ambiente para se multiplicar em número, mantendo, ao mesmo tempo, a identidade. A promessa de terra e de nacionalidade deve esperar, sendo cumprida especificamente pela redenção dramática de Deus, que os livra da escravidão no Egito e lhes faz conquistar Canaã sob a liderança de Josué.

Esses relatos ensinam muitas verdades teológicas. As duas mais importantes são aqui detalhadas.

Fé e Justiça. Nas histórias de Abraão, a promessa de incontáveis descendentes afunila-se no problema angustiante de um filho. O cumprimento é adiado de modo estranho, parecendo quase perverso. O centro das histórias é a fé demonstrada por Abraão, como se vê no relato de seu chamado. O convite a Abraão é radical. Ele deve abandonar suas raízes —terra, parentes e família imediata (12.1)[58]— por um destino incerto, "a terra que te mostrarei". Após o chamado, o narrador apresenta a resposta de Abraão de forma sucinta, com a maior simplicidade: "Partiu, pois, Abraão, como lho ordenara o SENHOR" (v. 4). Abraão é apresentado como um paradigma de fé. Sua obediência e confiança no Senhor que o chamou são exemplares. O fato de o autor lutar com a questão da fé (e sua relação com a justiça) é visto em 15.6: "Ele [Abraão] creu no SENHOR, e isso lhe foi imputado para justiça". A importância deste versículo se destaca por não fazer parte da narrativa do que ocorreu entre Deus e Abraão (v. 1-15). Antes, é uma palavra de conclusão do próprio narrador, afirmando que a justiça de Abraão estava em sua confiança —sua fé— na promessa de Deus.

Para Abraão, a maior prova de fé consistiu na ordem divina de sacrificar Isaque (cap. 22). A tradição judaica empurra Isaque para o centro da cena, denominando-a "Isaque é amarrado" (Gn 22.9). Mas "Abraão é provado" é o nome dado pelo próprio autor (v. 1). Trata-se de uma história inquietante e misteriosa de uma situação que exige de Abraão uma confiança inacreditável. Ele é chamado a uma obediência que ameaça a própria promessa que o tirou de Harã. O leitor é jogado de um lado para outro, entre Abraão, o pai amoroso que enfrenta uma tragédia indizível, e Abraão, o sacrificador obediente que levanta o cutelo sobre o corpo amarrado e prostrado de Isaque.[59] Abraão só tem um jeito de vencer a prova: fé total e completa no Deus que lhe prometeu Isaque e cumpriu a promessa quando ela estava fora das possibilidades humanas. Abraão vence a prova. Assim também Deus, provendo-lhe um carneiro. Abraão, desse modo, torna-se o modelo da fé que Deus exige de seu povo. E o Deus de toda a graça mostra sua fidelidade — como "o SENHOR [que] proverá"— para os que o temem (v. 12, 14).

A justiça de Abraão residia em sua fé na promessa generosa de Deus. Quando se pensa em justiça segundo a sociedade ocidental moderna, como uma conformidade com um código moral abstrato, é difícil compreender esse conceito. Entretanto, a justiça na Bíblia não é uma ética que prescreva normas, mas a fidelidade para com um relacionamento. O justo é leal às exigências de todos os relacionamentos pessoais.[60] Assim, a justiça de uma pessoa em relação a Deus é concretizada quando tal relacionamento é caracterizado por fé (veja Rm 1.16s.; 4; Gl 3.6-9).

A transição entre a eleição e a transformação no povo da aliança não é simples, nem histórica nem teologicamente. Surgem tensões por causa da natureza humana em oposição ao caráter do Deus soberano. Essas tensões são mais dramáticas na vida de Jacó. Se Abraão é retratado como um homem de fé atingindo as alturas da confiança em Deus, Jacó parece um personagem bem "terreno" —um modelo de astúcia e autoconfiança. Desde o nascimento, ele é um indivíduo esperto e sagaz (25.26; 27.5-17, 41-45). Seus vinte e dois anos de serviço junto ao tio, Labão, é uma luta contínua entre dois homens ardilosos, cada um tramando para tirar proveito do outro. Por fim, em sua volta para Canaã, junto ao Jaboque, Jacó encontra um rival quando luta com alguém que, mais tarde, reconhece ser divino. É somente pela ação direta de Deus, oculta em outras partes dessas histórias nas "manifestações não edificantes da natureza humana",[61] que Jacó, o Usurpador, torna-se Israel, Aquele que Prevalece (32.28).

Após esse encontro, a história de Jacó é uma série de episódios de uma vida dominada por Deus:[62] reconcilia-se com Esaú (33.1-11), desaponta-se com o comportamento dos filhos (34.30), mostra-se fiel desvencilhando-se dos ídolos (35.2-5), sofre com a perda do filho favorito, José (37.33-35), e, por fim, obtém a permissão divina para ir ao Egito (46.1-5). À morte, pede (49.29-32) que seu corpo seja sepultado na caverna de Macpela. É manifesto que Jacó se inclui na promessa divina a Abraão.

A Aliança. Outro elemento de grande importância teológica em Gênesis 12–50 é a aliança que Deus faz com Abraão (caps. 15 e 17). A aliança é o tema central em toda a Escritura. Forma um vínculo que não existia em laços normais de sangue ou em compromissos sociais. A aliança, portanto, é o estabelecimento de um relacionamento particular ou o compromisso de seguir determinado curso de ação, que não existe por via natural, sancionado por um voto em geral selado numa cerimônia solene de ratificação.[63] Deus se sujeita a colocar-se simbolicamente sob maldição para confirmar a Abraão a certeza de suas promessas (15.7-17). É Deus que faz o voto; nada se exige de Abraão (exceto o rito da circuncisão [cap. 17] como um sinal da aliança). Nesse aspecto a aliança com Abraão difere da aliança com Moisés (veja abaixo, p. 79-83). Na aliança abraâmica, só Deus se coloca sob obrigação. Na aliança mosaica, Israel toma o voto e coloca a nação sob as estipulações rigorosas da aliança. Essas duas alianças, portanto, são bem diferentes em seus resultados. Uma vez que Deus solenemente se compromete por voto a prover uma terra e uma nacionalidade aos descendentes de Abraão, essa aliança de promessa depende apenas do caráter imutável daquele que a assume.[64]

Em Gênesis 12–50 são apresentados os elementos básicos do início da história da redenção. Deus escolheu livremente um homem e seus descendentes por meio de quem "serão benditas todas as famílias da terra" (12.3). É preciso, porém, aguardar para saber como essa promessa será cumprida e em que sentido isso ocorrerá. Fica claro, porém, que os que vivem sob a aliança devem viver uma vida de confiança e fé naquele que os chama.

> As surpresas magistrais de Deus fazem parte de seu padrão de cumprimento de suas promessas: superar a esterilidade dos casamentos patriarcais e passar por cima dos direitos tradicionais do primogênito à bênção maior. Deus cuidará para que a redenção da aliança se realize, mas a seu tempo e a seu modo. O livro termina com o cenário pronto para o próximo ato do drama da redenção: o livramento da escravidão no Egito.

CAPÍTULO 4

Êxodo: O Panorama Histórico

O Êxodo é o principal evento de redenção no Antigo Testamento. Deus livrou seu povo da escravidão no Egito, fez uma aliança com ele no Sinai e por fim o levou para a terra da promessa. Apesar disso, determinar o tempo e o lugar do Êxodo é uma tarefa difícil. O livro em si jamais identifica o faraó com quem Moisés contendeu; também não se registra nenhuma outra pessoa ou fato que sirva para relacioná-lo com a história conhecida do Egito e da Palestina.

> Porque os cavalos de Faraó, com os seus carros e com os seus cavalarianos entraram no mar, e o Senhor fez tornar sobre eles as águas do mar; mas os filhos de Israel passaram a pé enxuto pelo meio do mar. Êx 15.19

Panorama Histórico do Período

O Êxodo ocorreu em algum momento durante o auge do império egípcio. O seguinte esboço histórico abrange o final da "era patriarcal", c. 1550 a.C. a 1200 a.C., quando Israel se estabeleceu na Palestina. Esse período coincide *grosso modo* com a Última Idade do Bronze (veja cap. 50). Durante esse período o Egito dominava o mundo antigo, e a Palestina ficava dentro dos limites de seus domínios.

A Ascensão do Império Egípcio. No meio do segundo milênio, alguns novos estados e impérios desenvolviam-se no antigo Oriente Próximo (veja o cap. 3). Em c. 1550 a.C., o estado hurrita de Mitani estendia-se ao noroeste da Mesopotâmia, do oeste da Síria até o sopé das montanhas de Zagros no leste. Esses povos hurritas eram governados por indo-europeus. Essa aliança revolucionou os combates antigos com a invenção da carruagem e do arco composto, feito de madeira laminada, chifre e tendão. Ao noroeste de Mitani, nos limites orientais da Ásia Menor, ficavam os hititas, que aos poucos se recobravam de um período de fragilidade em que haviam caído depois de investir contra a Babilônia (c. 1560 a.C.). Ao leste de Mitani ficava a Assíria, totalmente sob o controle daquele estado. A nação prestes a tornar-se proeminente era o Egito, que acabava de emergir de uma dominação dos hicsos, invasores asiáticos que controlaram o Egito em c. 1700-1550 a.C. No governo de Amósis, o Egito livrou-se do jugo hicso com a determinação de garantir suas fronteiras ao nordeste, impondo derrota ao inimigo em seu próprio território da Ásia.

Tutmés I, um faraó da grande XVIII Dinastia, chegou a alcançar o Eufrates. No início, porém, a presença egípcia na Ásia estava praticamente limitada a expedições punitivas. Os faraós não controlavam nenhum território na Ásia. O alvo principal no início da XVIII Dinastia era a subjugação da Núbia e do Sudão, no sul. Mais tarde, porém, Tutmés III (1490-1436 a.C.), um dos governantes mais capazes do Egito, voltou a atenção para a Ásia. Numa famosa batalha em Megido, c. 1468 a.C., ele derrotou os hicsos, cujo centro ficava em Cades, junto ao Orontes, no sul da Síria. Em campanhas posteriores, estendeu o império, chegando ao norte, até Alepo. Era inevitável que essa expansão levasse o Egito a um conflito com Mitani, que detinha o controle da Síria. A guerra entre os dois estados continuou de modo intermitente por quase cinqüenta anos. Entretanto, sob Tutmés IV (c. 1412-1403 a.C.), acertou-se um tratado entre eles. Ambos os lados estavam motivados a fazer a paz a fim de lidar com os hititas ressurgentes, que agora pressionavam o norte da Síria.

Por cerca de cinqüenta anos, o acordo entre eles funcionou bem, especialmente para o Egito, agora no auge de seu poder. Sem sofrer ameaças militares, Amenófis III (1403-1364 a.C.) seguia uma vida de prazer e luxo. Engajou-se num programa sem precedentes de construções, tendo por alvo a glória pessoal. Seguiu-se no Egito um período de magnificência imperial.

Uma revolução marcante no culto egípcio ocorreu no governo de Amenófis IV (1364-1317 a.C.). O faraó começou a cultuar Aton (o Disco Solar), a quem proclamou ser o único deus. O culto a Aton, embora não fosse um monoteísmo estrito, parece ter chegado perto disso. Para incentivar o novo culto, o faraó mudou seu nome para Aquenaton ("o Esplendor de Aton"), deixou Tebas, o

"Vede minhas obras, ó Todo-Poderoso, e desesperai-vos" (Shelley, "Ozymandias", 1817). Cabeça monumental de Ramessés II (1290-1213 a.C.), considerado o faraó do Êxodo, no Ramesseum em Tebas. *(Neal e Joel Bierling)*

centro dos poderosos sacerdotes de Amon, o deus principal do Egito, e construiu uma nova capital, Aquetaton, atual Tell El-Amarna. Nesse sítio foram encontradas as cartas de Amarna em 1887. Essas cartas fazem parte dos arquivos oficiais da corte levados, ao que parece, de Tebas para a nova capital. As tabuinhas contêm cartas a Amenófis III e IV, provenientes da maioria dos estados importantes da época, inclusive Babilônia, Assíria, Mitani e dos hititas. A correspondência é principalmente dos vassalos egípcios na Palestina, inclusive Biblos, Megido, Siquém e Jerusalém. Essas cartas esclarecem muito a história e a sociedade da "Era de Amarna". Revelam que a Palestina era organizada em distritos administrativos com comissários residentes em cidades guarnecidas, como Gaza. Essas cidades serviam de centros de provisões e suprimentos para as tropas egípcias. As cidades, porém, mantinham controle local e autonomia consideráveis. Em meados do século XIV, a Palestina era controlada por pequenas guarnições de soldados egípcios estacionadas nos centros administrativos.

A Guerra Egípcio-hitita. A opulência de Amenófis III e as inovações religiosas de Aquenaton trouxeram problemas para o império egípcio na Ásia. Uma vez que esses faraós não davam atenção ao império, a Palestina caiu praticamente na anarquia, como mostram as cartas de Amarna. Alguns governantes palestinos estavam lutando pelo poder e, muitas vezes, colocavam-se em revolta aberta contra a autoridade egípcia. Vassalos leais apelavam de modo eloqüente, pedindo a ajuda do faraó, mas, ao que parece, em vão. O controle egípcio na Síria acabou por completo. Por volta de 1375 a.C., Supiluliumas chegou ao trono hitita e passou a moldar um império na Síria. Com a fragilidade egípcia, Mitani ficou só, à mercê dos hititas ressurgentes. Num ataque relâmpago, Supiluliuma atravessou o Eufrates e derrotou por completo o estado hurrita, colocando um vassalo no trono. A Assíria, agora sob Assur-Ubalit I (c. 1356-1321 a.C.), tomou o lado nordeste do império. Seu exército infligiu uma vingança severa contra as cidades hititas. Por volta de 1350 a.C., Mitani deixou de existir. Os hititas começaram a ameaçar diretamente o território egípcio no sul da Síria.

A antes poderosa XVIII Dinastia era ineficiente diante dessas forças. O controle egípcio sobre a Ásia praticamente desapareceu. Mas antes que os hititas conseguissem consolidar seu controle sobre a Síria, passaram a se preocupar com uma Assíria ressurgente, ambiciosa em relação ao oeste. Por conseguinte, sob a nova XIX Dinastia, o Egito conseguiu recuperar-se. Essa dinastia foi liderada por Ramessés I, descendente dos antigos reis hicsos. Para ter rápido acesso à Ásia, ele estabeleceu sua capital em Avaris, no nordeste do delta. Seu filho, Seti I, empenhou-se para recuperar as perdas egípcias na Ásia, logo ganhando controle da Palestina. Em sua quarta campanha, afirmou ter derrotado um exército hitita sob Muwatalis. Embora essa vitória provavelmente represente apenas uma batalha menor, uma guerra plena entre esses dois impérios irrompeu no governo do filho de Seti, Ramessés II, que reinou durante sessenta e sete anos (1290-1224 a.C.).

Em seu quinto ano, Ramessés II armou um grande ataque contra os hititas. Estes o tomaram de assalto perto de Cades, no Orontes, forçando-o a retirar-se. Os hititas seguiram até alcançar Damasco. Por conseguinte, estouraram revoltas contra o domínio egípcio, chegando no sul até Asquelon. Ramessés levou cinco anos para restaurar a ordem e reconquistar o controle do norte da Palestina. Daí em diante, passou a promover ataques ocasionais contra territórios sob controle hitita, mas jamais voltou a ameaçar a Síria. Depois que Hattusilis II (1275-1250 a.C.) ascendeu ao trono hitita, as duas nações acertaram um tratado de paz. Promovido em parte pela exaustão depois de longo embate, o tratado também foi motivado pelos problemas externos enfrentados por ambas. Os hititas estavam sendo ameaçados pela Assíria no leste e pelos povos indo-europeus no oeste. O Egito enfrentava pressões contínuas dos povos do mar, i.e., tribos egeu-cretenses que haviam começado a se infiltrar pelo oeste nos primeiros anos de Ramessés II. Essas migrações enfrentadas por ambos os impérios estavam, sem dúvida, relacionadas.

Em geral, no entanto, os anos finais de Ramessés II compreenderam um período de paz e atividades construtivas colossais. Ele gastou a maior parte do tempo nos vários palácios que construiu no nordeste do delta. Seu favorito era Per-Ramessés, "a Casa de Ramessés", identificada ou com Tânis ou Qantir, alguns quilômetros ao sul (cf. Êx 1.11).

Os Povos do Mar. Na batalha principal de Cades, tanto os egípcios como os hititas empregaram como tropas mercenárias alguns dos mesmos "povos do mar" egeu-cretenses. Esses grupos eram os precursores de um vasto movimento que logo inundaria a costa da Ásia Menor, da Palestina e do Egito. Por fim, tanto os hititas como a XIX Dinastia do Egito seriam tragados por eles.

Após a morte de Ramessés II, seu décimo terceiro filho, Meneptá, o sucedeu. Em seu quinto ano, c. 1220 a.C., Meneptá enfrentou uma horda de povos do mar que, junto com os líbios, avançaram para o Egito pelo oeste, ao longo da costa do norte da África. Numa batalha feroz, ele os derrotou e comemorou o acontecido com um hino de vitória inscrito numa estela. Esse hino contém a primeira menção extrabíblica de Israel, afirmando: "Israel está depredada, sua semente não". Meneptá morreu em 1211 a.C., e a XIX Dinastia desintegrou-se em caos interno e desunião. Aparentemente, o Egito até chegou a ser controlado por um usurpador sírio durante certo período. O controle egípcio da Palestina havia chegado ao fim.

Enquanto o Egito lutava para sobreviver, os hititas enfrentavam completo desastre. Durante as últimas décadas do século XIII, os povos do mar atravessaram a Ásia Menor e pouco depois de 1200 a.C. apagaram os hititas das páginas da história.[1] A partir da Ásia Menor, pressionaram por terra e mar, onda após onda, descendo pela costa palestina para ameaçar novamente a própria existência egípcia. O declínio do Egito e o fim da XIX Dinastia foram revertidos por Sethnakt e seu filho Ramessés III (c. 1183-1152 a.C.). Este inaugurou a XX Dinastia. No início de seu reinado, Ramessés II reconquistou o controle da Palestina, pelo menos até Bete-Seã (também chamada Bete-Sã) no extremo leste do vale de Jezreel. Entre seu quinto e décimo primeiro ano, enfrentou um ataque pesado dos povos do mar, que vieram por terra, atravessando a Palestina. Ele mal conseguia manter o Egito livre. Consumido pela guerra e afligido por dissensões internas, o império egípcio chegou ao fim sob o domínio dos sucessores de Ramessés III.

Repelidos pelo Egito, componentes dos povos do mar voltaram à Palestina. Ali ocuparam vastas áreas da planície costeira. De acordo com fontes egípcias, estas incluíam o *Peleset*, i.e., os filisteus.[2] Assim, a nação que representaria a maior ameaça à existência de Israel chegou à Palestina aproximadamente na mesma época de Israel. Embora a chegada dos povos do mar tenha introduzido outros grupos étnicos em Canaã, isso não alterou de modo substancial a cultura ou as estruturas sociopolíticas. Canaã continuou organizada em pequenas cidades-estados. A maioria delas localizava-se na planície costeira e no vale de Jezreel. No interior montanhoso e de densas florestas, a população era esparsa. O grupo étnico principal eram os cananeus, nativos da área desde pelo menos o terceiro milênio.

Alguns aspectos notáveis desse panorama histórico complexo devem ser salientados. Em primeiro lugar, Israel migrou para um mundo muito desenvolvido e cosmopolita. Durante o período do império egípcio, contatos internacionais amplos e sem precedentes ocorreram em todo o antigo Oriente Próximo. Isso produziu a difusão cultural e a fertilização cruzada a que J. H. Breasted denominou de "Primeira Internacionalização". Conforme as cartas de Amarna, os egípcios correspondiam-se com babilônios, mitanianos, hititas, arzawas (habitantes de um reino na parte oriental de Anatólia), cipriotas e cananeus, basicamente num dialeto acadiano que era a *língua franca* da época. Essa correspondência testemunha um sistema altamente organizado de embaixadas e uma classe de escribas treinados com esmero, capazes de atuar em algumas línguas.

A política de poder da época exigia alianças internacionais e um sistema elaborado de tratados para mantê-las. Pela primeira vez, o princípio da lei foi estendido além das fronteiras de uma nação ou império, atingindo a esfera das relações internacionais. Esse também foi um período de identificação entre deuses nacionais e deidades semelhantes em panteões estrangeiros. Os deuses sumério-acadianos foram adotados nos panteões hurritas, hititas, amorreus e cananeus. O deus dos cereais, Dagon, que se originou no noroeste da Mesopotâmia, entre os amorreus, aparece na Bíblia como o deus principal dos filisteus no sudoeste da Palestina.[3]

Mais tarde, a difusão literária foi impressionante. As narrativas mitológicas e as epopéias acadianas foram traduzidas para as línguas hurrita e hitita. Aparecem como textos escolares nas tabuinhas de Amarna, tendo sido usadas por escribas egípcios para instrução em acadiano. Os hurritas eram especialmente ativos na difusão da literatura acadiana para a Ásia Menor e a Siro-Palestina.[4] Um hino hurrita à deusa Nikkal foi encontrado em ugarítico. Nas tabuinhas de Amarna provenientes de Tiro, dois poemas egípcios estão traduzidos para o acadiano. Além disso, o mito cananeu de Astarte e o Mar é encontrado em hieróglifos egípcios.⁵ Em Ugarite, escribas semito-ocidentais escreveram textos religiosos em hurrita para uma clientela hurrita. Assim, Israel entrou num mundo que havia produzido uma fertilização cruzada e síntese cultural até então inédita.

Uma realização marcante dessa situação cultural é o aparecimento da escrita alfabética entre os cananeus da Siro-Palestina. Embora a escrita tenha-se desenvolvido antes de 3000 a.C. tanto na Mesopotâmia como no Egito, os sistemas silábicos, cuneiformes ideográficos e hieroglíficos, todos desajeitados e carregados de centenas de símbolos, não podiam ser simplificados. Ainda que culturalmente dependentes e menos desenvolvidos, os cananeus desenvolveram um alfabeto com menos de trinta símbolos. A economia de escrever com o uso de um alfabeto permitiu que a leitura e a escrita fossem difundidas em maior escala. O sistema alfabético mais antigo conhecido até o momento é o "proto-sinaítico", desenvolvido por tribos semito-ocidentais convocadas para o serviço por expedições egípcias de mineração para o Sinai. Sistemas bem parecidos têm sido encontrados em descobertas isoladas na Palestina, e.g., em Gezer, Laquis, Siquém e Megido. As formas das letras foram influenciadas pelos hieróglifos egípcios. Esses sistemas datam de c. 1700 a 1200 a.C., com a coleção maior e mais importante, as inscrições sinaíticas, datando de 1550-1450 a.C.⁶

Os textos significativos desse período são os das tabuinhas da cidade-estado de Ugarite, atual Ras Shamra, na costa norte da Síria, do lado oposto de Chipre, datados de c. 1300 a.C. O povo de Ugarite era formado de semitas do noroeste, parentes próximos dos vizinhos cananeus, ao sul. Esses textos também são alfabéticos, lavrados em argila em escrita cuneiforme. Embora profundamente influenciados pelas técnicas de escrita da cultura dominante —Egito no alfabeto proto-sinaítico e Mesopotâmia no ugarítico— tanto ugaritianos como cananeus romperam novos campos surpreendentes na adaptação delas a um princípio alfabético.

Os textos ugaríticos preservam uma rica literatura religiosa e épica (bem como cartas e textos administrativos) cujo conteúdo indica muitos paralelos com a cultura e as instituições israelitas. Têm importância fundamental na documentação da religião e da cultura cananéia da Palestina na época em que Israel entrou na terra. Aliás, Israel surgiu no tempo e no lugar exato para herdar o mais elevado legado cultural que o mundo antigo já havia alcançado.

Por fim, a luta pelo domínio do mundo no terceiro quarto do segundo milênio terminou em exaustão para todos os combatentes. A Assíria ganhou breve vulto no final do século XIII, mas logo caiu num período de fragilidade. Esse período prolongou-se pelo segundo milênio com as incursões dos povos arameus, que se infiltravam na Síria e no noroeste da Mesopotâmia. Essa série de fatos foi vantajosa para o estabelecimento do povo de Deus em Canaã. Outro domínio mundial não emergiria senão no novo império assírio sob Tiglate-Pileser III no século XVIII. Durante esse intervalo, Israel cresceu até tornar-se uma cidade-estado, sem ameaça alguma de nenhum poder dominante.

Será que os olhos da fé vêem demais quando enxergam o surgimento de Israel precisamente nesse tempo de grande síntese e florescimento cultural como uma direção providencial de Deus em relação às forças da história do mundo em favor da história da redenção? Com certeza, não.

Evidências em favor do Êxodo

Localizar o Êxodo na história, dentro do período geral acima delineado, é extremamente difícil. Uma análise dos problemas está fora do âmbito desta obra; uma apresentação dos fatos e conclusões mais importantes deve bastar.[7]

Em primeiro lugar, embora não haja evidências históricas diretas nem da opressão do Egito nem da libertação,[8] a convicção de que Israel tornou-se uma nação no Êxodo está profundamente arraigada na tradição israelita (e.g., Os 2.15; 11.1; Is 43.3). As evidências indiretas ajudam.[9] A história de José reflete de modo autêntico a vida, os costumes e a literatura egípcia (especialmente no nordeste do delta).[10] Essa correspondência empresta crédito histórico à peregrinação no Egito. Também se sabe que a corte egípcia empregava grande número de semitas como escravos de estado nos projetos de construção perto de Tebas na XVIII Dinastia e no nordeste do delta durante a XIX Dinastia.[11] Além disso, alguns nomes israelitas do período, especialmente na família de Moisés, são autenticamente egípcios.[12] A fuga de pessoas escravizadas de um estado importante tem suas analogias no mundo antigo.[13] Da perspectiva da psicologia social, é duvidoso que um povo invente uma história de ter sido escravizado por um poder estrangeiro. Aliás, essa história não tem precedentes no que subsistiu da literatura do antigo Oriente Próximo. A explicação mais viável desses fatos é que Deus de fato interveio para salvar seu povo.

A Data do Êxodo

Embora o Êxodo sem dúvida seja o evento central da história de Israel, ainda não há uma solução que explique os complexos problemas cronológicos e geográficos implicados.[14] Não se pode determinar com certeza a data nem o lugar em que ocorreu o Êxodo. Entretanto, o período geral que mais se adapta às evidências bíblicas e extrabíblicas é a primeira metade do século XIII. Os principais argumentos são os seguintes.

(1) Na "estela de Israel", Meneptá afirma ter subjugado várias entidades em Canaã, inclusive Israel, em seu quinto ano, c. 1209 a.C. O Êxodo, portanto, deve ter ocorrido alguns anos antes.[15]

(2) De acordo com Êxodo 1.11, os israelitas construíram as cidades-celeiros de Pitom e Ramessés. Embora permaneçam algumas perguntas quanto à localização exata dessas cidades do nordeste do delta,[16] é mais provável que Ramessés seja Pi-Ramessés, construída por Ramessés II em algum ponto de meados do século XIII a.C. O Êxodo, portanto, deve ter ocorrido depois de sua ascensão ao trono, c. 1300 a.C.[17]

(3) As descobertas arqueológicas pintam, na melhor das hipóteses, um quadro muito complexo da transição da cultura cananéia para a israelita.[18] Evidências de uma comunidade israelita estabelecida num território cananeu destruído são claras em Betel e, talvez, em Tell Beit Mirsim,[19] Tel Zeror e Beth Shemesh.[20] Também a repentina destruição de Hazor no século XIII a.C. pode ser reflexo dos tempos de Josué e Juízes.[21] Evidências de outros locais estão longe de ser conclusivas. Além disso, o fato de que algumas cidades cananéias sofreram destruição ao longo de duzentos anos, e não ao mesmo tempo faz com que seja difícil defender uma conquista unificada. Para complicar o quadro, algumas cidades foram abandonadas, enquanto outras foram reocupadas por povos de cultura parecida. Durante a transição do Último Bronze para o Ferro I houve um aumento de população causado por povos pastoris.[22] Essas comunidades eram regionais quanto à natureza (cf. Jz 1.27-36). Pode-se argumentar que esse aumento coincide com a afirmação bíblica de que Israel começou a se estabelecer na região nesse tempo.[23] À medida que novas informações forem surgindo à luz por meio de escavações e análises, será necessário reinterpretar as evidências bíblicas e também reavaliar as teorias correntes acerca do estabelecimento de israelitas (veja o capítulo 19, Josué).

(4) Documentos egípcios contemporâneos fornecem paralelos históricos. Textos da época de Meneptá e Ramessés II ilustram o uso de semitas como escravos (empregando o termo egípcio para 'Apiru) em seus projetos de construção.[24] Outro texto trata da permissão concedida a grupos nômades de Shasu Bedouin de Edom para atravessar a linha de fortalezas fronteiriças até as lagoas de Pitom (eg. *Pr-Itm*).

(5) Essa data combina bem com a idéia de que o contexto mais provável para a descida de José e seus irmãos para o Egito é o período dos hicsos. De acordo com Gênesis 15.13, o tempo passado no Egito, em visão prospectiva, seria de 400 anos,[25] ou, de acordo com Êxodo 12.40, em visão retrospectiva, 430 anos. Segundo essa posição, a descida para o Egito teria ocorrido durante a primeira metade do século XVII —no período hicso.

A principal objeção a essa data no campo bíblico é que não se harmoniza com os 480 anos entre o Êxodo e a fundação do templo de Salomão, c. 970 a.C., dados em 1Rs 6.1. Esse cálculo coloca o Êxodo no meio do século XV. Entretanto, o Antigo Testamento, um livro do antigo Oriente Próximo, muitas vezes emprega os números de modo um tanto diferente da cronologia moderna. Assim, os 480 anos podem ser compreendidos como um "agregado" ou um "número simbólico". É provável que tenha sido baseado no total de doze gerações de 40 anos cada.[26] O autor está mais preocupado em delimitar épocas do que em estabelecer intervalos exatos de tempo.

Muitos estudiosos conservadores concluíram que uma data de 1300-1250 a.C. comporta, melhor que quaisquer outras datas, a maior parte das evidências.[27] Reconhecem com isso que os faraós da opressão seriam Seti I (1305-1290 a.C.) e Ramessés II (1290-1213 a.C.). O Êxodo, portanto, teria ocorrido no governo deste último. Entretanto, as informações presentes não podem determinar com certeza se o Êxodo ocorreu nesse período.

A Rota do Êxodo

Igualmente incerta é a rota do Êxodo ou a localização do monte Sinai.[28] Pelo conhecimento cada vez maior da topografia do nordeste do delta, alguns dos locais mencionados em Êxodo 12.37; 13.17–14.4 e Números 33.5-8 podem ser localizados com alguma certeza (veja o mapa, p. 67). Ramessés, o ponto de partida, deve ser localizada na vizinhança de Qantir. Sucote, a parada seguinte, é em geral identificada com *Tjeku* (eg.), atual Tell El-Maskhuta, no uádi Tumilat, o vale que forma a rota principal rumo ao leste a partir da região do Nilo. Fica a cerca de 35 km a noroeste de Pi-Ramessés. Essa área é em geral identificada com Gósen, onde os israelitas se estabeleceram nos dias de José. Os três próximos locais, Etã, Pi-Hairote e Migdol, são um tanto incertos.[29] O nome em geral traduzido por "mar Vermelho" significa literalmente "mar de Juncos"[30] e sem dúvida refere-se a um dos pântanos de água doce repletos de juncos, entre o lago Menzaleh e os lagos Amargos ao sul e em seus arredores, ao longo do atual canal de Suez. O quarto local, Baal-Zefom, é muitas vezes identificado com Tell Defneh, na margem ocidental do lago Menzaleh, cerca de 8 km a oeste da atual Qantara,[31] bem dentro da área em que deve se localizar o mar de Juncos.

Duas localizações plausíveis para a travessia do mar de Juncos podem ser assim propostas. Uma é no sul, perto dos Lagos Amargos. Nesse caso, os israelitas foram diretamente para o oeste ou sudoeste ao sair de Sucote (uádi Tumilat), atravessando um lago pantanoso para entrar no deserto do Sinai.[32] A outra localização é no norte, perto de Tell Defneh (Baal-Zefom). Então os israelitas deram meia volta em Sucote (14.1) e atravessaram um braço do lago Menzaleh, seguindo pelo sul para o Sinai.[33] Não é possível, porém, estabelecer a rota exata.

É certo que os israelitas não tomaram a rota normal do Egito para Canaã, conhecida mais tarde como "o caminho da terra dos filisteus" (Êx 13.17). Esse caminho seguia paralelo à costa, alcançando Canaã em Gaza (veja o mapa, p. 67). Uma vez que essa rota era controlada por fortalezas e postos de suprimento egípcios, os israelitas teriam de enfrentar tropas egípcias (v. 17b). Eles, portanto, optaram por seguir pelo "caminho do deserto"(v. 18). Após atravessar o mar de Juncos, entraram no "deserto de Sur" (15.22; Nm 33.8), no noroeste da península do Sinai (cf. 1Sm 15.7; 27.8), a leste da região entre o lago Timsâh e o lago Menzaleh. De lá seguiram em várias etapas até o monte Sinai.

Talvez nunca surjam evidências diretas da localização do Sinai e da presença israelita nesse lugar. Essa presença foi, no aspecto histórico, efêmera. As tribos israelitas não deixaram atrás de si nenhuma população sedentária que perpetuasse os nomes dos lugares por eles visitados. Aliás, o Sinai em si nunca teve população sedentária, de modo que os locais receberam nomes sem que houvesse permanência. Assim, são raros os nomes do período mosaico que poderiam ter sobrevivido à nomenclatura arábica da região. Entretanto, as imponentes montanhas de granito perto do lugar tradicional de Jebel Musa (árabe: "Montanha de Moisés") e do Mosteiro de Santa Catarina (veja o mapa) continuam sendo o local mais plausível do monte Sinai (Horebe em algumas passagens). A identificação na tradição cristã remonta pelo menos ao século IV d.C., quando monges do Egito ali se estabeleceram. A Bíblia deixa claro que o monte Sinai ficava bem ao sul de Cades-Barnéia. Deuteronômio 1.2 descreve a

ÊXODO: O PANORAMA HISTÓRICO

jornada de Cades-Barnéia ao monte Sinai como de onze dias, e Elias levou "quarenta dias e quarenta noites" (que significaria uma jornada muito longa) para chegar ao Sinai partindo de Berseba (1Rs 19.8).

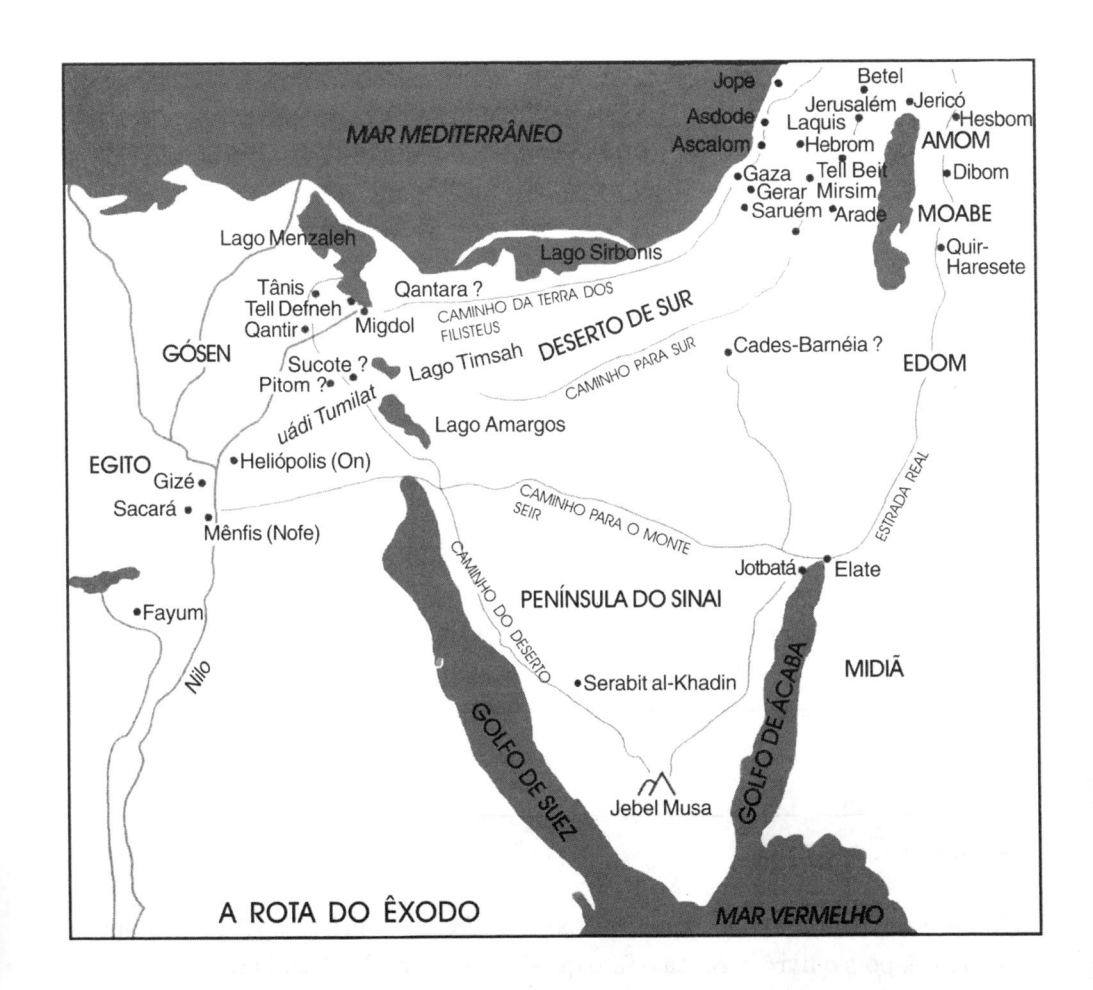

CAPÍTULO 5

Êxodo: A Mensagem

A história que começou cheia de fulgor com Adão e Eva vivendo num jardim terminou sombria com José num caixão no Egito (Gn 50.26). As promessas de Deus aos patriarcas precisavam de novas expressões e atos para tornarem-se realidade. O livro de Êxodo transmite essa expressão e ação.

> Eu sou o Senhor teu Deus, que te tirei da terra do Egito, da casa da servidão. Não terás outros deuses diante de mim. Êx 20.2-3

Nome e Conteúdo

Êxodo é derivado de seu nome na LXX: *exodos*, "saída" (Êx 19.1). O nome é excelente, pois o livro reconta o fato que formou Israel: a "saída do Egito" (1.1–15.21). Na Bíblia hebraica, o livro é conhecido por suas duas primeiras palavras: *wᵉ'ēlleh shᵉmôt*, "são estes os nomes" (muitas vezes só *shᵉmôt*, "Nomes").

O livro centra-se em dois atos divinos cruciais na história de Israel: Deus livrou com poder seu povo escravizado no Egito (1.1–18.26) e firmou com ele uma aliança no monte Sinai (19.1–40.38). O termo *Êxodo* tem às vezes significado amplo, abrangendo todo o complexo de eventos desde o livramento até a entrada na terra prometida (cf. 3.7-10). Como tal, representa o ponto alto da história veterotestamentária da redenção.

O conteúdo do livro pode ser esboçado da seguinte forma:

Livramento do Egito e jornada para o Sinai (1.1–18.27)
  Opressão dos hebreus no Egito (1.1-22)
  Nascimento de Moisés e primeira fase de sua vida: seu chamado e missão junto ao faraó (2.1–6.27)
  Pragas e Páscoa (6.28–13.16)
  Êxodo do Egito e livramento no mar dos Juncos (13.17–15.21)
  Jornada para o Sinai (15.22–18.27)
Aliança no Sinai (19.1–24.18)
  Teofania no Sinai (19.1-25)
  Garantia da Aliança (20.1-21)
  Livro da Aliança (20.22–23.33)
  Ratificação da aliança (24.1-18)
Instruções quanto ao tabernáculo e aos cultos (25.1–31.18)
  Tabernáculo e utensílios (25.1–27.21; 29.36–30.38)
  Sacerdotes e consagração (28.1–29.35)
  Artesãos do tabernáculo (31.1-11)
  Observância do sábado (31.12-18)
Violação e renovação da aliança (32.1–34.35)
  Bezerro de ouro (32.1-35)
  Presença de Deus com Moisés e o povo (33.1-23)
  Renovação da aliança (34.1-35)
Construção do tabernáculo (35.1–40.38)
  Oferta voluntária (35.1-29)
  Chamado dos artesãos (35.30–36.1)
  Construção do tabernáculo e utensílios (36.2–39.43)
  Conclusão e dedicação do tabernáculo (40.1-38)

A Importância de Moisés

Moisés é a figura chave das narrativas do Pentateuco, de Êxodo a Deuteronômio. Em todo o Antigo Testamento ele é considerado o fundador da religião de Israel, promulgador da lei, organizador das tribos quanto ao trabalho e à adoração, além de líder carismático. Por conseguinte, os que ou não o consideram histórico ou entendem que ele é um acréscimo ao Pentateuco[1] não encontram explicações para a religião de Israel e até mesmo para a própria existência da nação.[2]

Nome, Parentesco e Infância. O livro começa relatando o grande aumento populacional dos hebreus no Egito. A promessa de que Deus daria grande posteridade a Abraão (Gn 12.2) estava sendo cumprida, mas o preço era alto. Seu número crescera tanto que o faraó começou a temer pela segurança da nação. Essa situação pode ter-se desenvolvido após o período hicso, quando os semitas palestinos tomaram o poder. Para fortificar a fronteira ao nordeste, por onde os hicsos haviam entrado no Egito, o faraó reduziu os hebreus à condição de escravos. Ele os fez trabalhar em muitos projetos de construção no Delta, especialmente nas cidades de Pitom e Ramessés. Quando esse estratagema para lhes limitar o crescimento falhou (1.15-21), decretou que todos os recém-nascidos hebreus de sexo masculino deveriam ser afogados no Nilo.

Nessas circunstâncias nasceu Moisés. Depois de um tempo, sua mãe escondeu-o num cesto e colocou-o entre os juncos ao longo do Nilo, esperando que sobrevivesse de alguma forma. Uma filha do faraó encontrou o menino e o adotou. A irmã dele, que cuidava da cesta à distância, viu a filha do faraó resgatar o irmão. Aproximou-se então da princesa e conseguiu que sua própria mãe fosse empregada como ama. A irmã, Miriã, reaparece ao final do resgate do Êxodo, como um de seus celebrantes de destaque (15.20-21). O Deus das surpresas usa-a tanto para iniciar como para culminar essa história de livramento.

Embora não sejam dados detalhes, ao que parece Moisés cresceu na corte egípcia, recebendo educação para a realeza (cf. At 7.22; Hb 11.23-28). Com certeza aprendeu leitura, escrita, manejo de arco e flecha e administração. Essas habilidades o capacitavam para postos de confiança e responsabilidade na administração nacional.[3]

A filha do faraó deu-lhe o nome de Moisés, porque foi tirado das águas (2.10). Isso se constitui jogo de palavras entre o nome hebraico *Mōsheh* e o verbo *māshâ*, "tirar". A maioria dos estudiosos considera o nome de fato egípcio, relacionado com os nomes dos faraós da XVIII Dinastia, tais como Tutmés (Tutmósis) ou Amósis. Nesse caso, a explicação em 2.10 deve ser considerada etimologia popular,[4] em que as palavras são associadas por causa da semelhança sonora.

Na introdução da história de Moisés (cap. 2) não se mencionam o nome de seu pai nem o de sua mãe ambos da tribo de Levi. Assim, é provável que seja melhor compreender a genealogia de quatro membros em 6.16-20 como tribo (Levi), clã (Coate) e grupo familiar (Anrão por Joquebede). Depois vieram Moisés e Arão, algumas gerações mais tarde.[5] Da próxima vez que Moisés é mencionado, já é adulto.

Moisés em Midiã. Vendo um hebreu ser espancado, Moisés foi em sua defesa e matou o opressor egípcio. Esse incidente demonstra que ele tinha consciência de sua origem e raça. Temendo por sua vida, Moisés fugiu do Egito e se refugiou em Midiã.[6] Ali se estabeleceu com Jetro, sacerdote de Midiã, e casou-se com sua filha, Zípora. Ela lhe deu dois filhos.

Em seguida, a narrativa relata que o faraó que estava à procura de Moisés morreu (2.23-25). Também afirma que Deus ouviu os lamentos de seu povo no Egito e lembrou-se de sua aliança com Abraão, Isaque e Jacó. Essa afirmação indica que Deus estava para colocar em ação o livramento do povo da escravidão egípcia.

O Chamado de Moisés. Quando pastoreava as ovelhas de Jetro perto de Horebe, "o monte de Deus", Moisés teve uma visão estranha. Uma sarça ardia, mas não se consumia (3.2). Ao se aproximar para investigar, foi abordado por Deus, que se apresentou: "Eu sou o Deus de teu pai, o Deus de Abraão, o Deus de Isaque e o Deus de Jacó" (v. 6a). Moisés soube de imediato quem estava lhe falando e escondeu o rosto, "porque temeu olhar para Deus" (v. 6b). Depois de declarar sua intenção de livrar o povo de sua pesada sina (v. 7-9), Deus comissionou seu mensageiro: "Vem, agora, e eu te enviarei a Faraó, para que tires o meu povo, os filhos de Israel, do Egito" (v. 10).

De repente, tudo se transformou: o pastor tornar-se-ia libertador. Aliás, o chamado foi tão radical que Moisés levantou uma série de objeções, pacientemente rebatidas por Deus (3.11–4.17). Nesse diálogo, apresenta-se um material de grande implicação teológica:

(1) A revelação do nome divino. Moisés objetou, por causa do contraste entre sua condição humilde como pastor exilado e o caráter elevado de sua missão: "Quem sou eu para ir a Faraó...?" Deus replicou com a grande promessa incondicional de que ele mesmo estaria com Moisés (3.11s.). Este, porém, não se convenceu, temendo que o povo questionasse seu chamado:

> Eis que, quando eu vier aos filhos de Israel e lhes disser: o Deus de vossos pais me enviou a vós outros; e eles me perguntarem: qual é o seu nome? que lhes direi? (v. 13)

Deus respondeu com uma revelação do nome divino. Tal revelação é reiterada três vezes com ênfases levemente diferentes:

> EU SOU O QUE SOU [...] Assim dirás aos filhos de Israel: EU SOU me enviou a vós outros [...] O SENHOR, Deus de vossos pais, o Deus de

Abraão, o Deus de Isaque, e o Deus de Jacó, me enviou a vós outros; este é o meu nome eternamente, e assim serei lembrado de geração em geração. (v. 14s.)

Para compreender a importância da pergunta de Moisés, precisamos entender que, nos tempos antigos, o nome estava estreitamente relacionado com a essência da pessoa.[7] O nome expressava o caráter da pessoa. Conhecer o nome de uma pessoa era ter acesso ao seu próprio caráter.[8] Moisés na realidade estava perguntando "Qual a relação entre Deus e o povo? Ele era o 'Deus dos antepassados'. Quem é ele agora?". A importância do nome de Deus pode ser vista em 33.18s. Ali, Moisés pede para ver a glória de Deus. Quando Deus passa por Moisés e manifesta sua glória (v. 22s.), ele proclama seu nome, salientando sua graça e misericórdia (34.5-7).

A resposta de Deus, em geral traduzida "Eu sou o que sou", parece evasiva. Poderia ser uma recusa em responder à pergunta?[9] Não, pois em 3.15, Deus revela seu nome –SENHOR (Javé). Assim, as palavras do v. 14 explicam o nome Javé, "Eu sou o que sou" reflete uma expressão idiomática hebraica em que algo é definido de acordo com seus próprios termos. Pode indicar algo indeterminado, mas também pode expressar totalidade ou intensidade.[10] Por exemplo, "terei misericórdia de quem eu tiver misericórdia e me compadecerei de quem eu me compadecer" (33.19) significa "sou de fato aquele que é misericordioso e mostra compaixão".[11] Tomado nesse sentido, "Eu sou o que sou" significa "sou de fato aquele é é".[12] Além disso, essa declaração não é filosófica. Antes, possui um sentido prático: "Eu sou aquele que está (para vós) —presente de modo real e verdadeiro, pronto a ajudar e a agir". Essa interpretação tem forte apoio no fato de o povo de Israel necessitar da presença poderosa de Deus para vencer sua situação desesperadora. Ao revelar seu nome pessoal, Deus tornava-se acessível ao seu povo em comunhão e em poder salvador.

O nome *YHWH* é às vezes referido como o "tetragrama".[13] A interpretação dada no v. 14 toma o nome como o verbo *hāyâ*, "ser", na terceira pessoa, i.e., "ele é". Deus, falando de si mesmo, não diz "ele é", mas "eu sou". Assim, somente ele mesmo pode dizer "eu sou". Os outros precisam dizer "ele é". A partir do período do segundo templo (pós-exílio), a comunidade judaica passou a evitar pronunciar esse nome, em razão de uma profunda reverência para com Deus. A dificuldade de traduzir tal nome, combinada com o respeito pela comunidade judaica, leva a maior parte dos tradutores a seguir a KJV, substituindo-o por SENHOR (geralmente em versal-versalete, para distingui-la do hebraico comum *'adōnay*, "senhor").

(2) Moisés, o profeta. Mesmo depois da revelação do nome de Deus, Moisés continuou levantando objeções contra seu chamado. Em 4.1ss. ele alegou que não era eloqüente, mas pesado de boca e de língua. Deus replicou com a promessa de estar com sua boca, ensinando-lhe o que falar. Deus manteve-se firme, obrigando Moisés a se decidir. Este expressou sua recusa no pedido desesperado de que Deus enviasse outra pessoa (v. 13). Ainda assim, Deus não desistiu de seu mensageiro teimoso. Mas fez uma concessão: Arão foi comissionado como porta-voz de Moisés. Moisés desempenharia o papel de Deus e Arão seria seu profeta (v. 14-16; veja também 7.1-2). Atendendo por fim ao chamado de Deus (4.8), Moisés foi comissionado à maneira característica dos profetas. Notamos a "fórmula do mensageiro" pela qual a palavra profética era autorizada como a palavra de Deus: "Assim diz o Senhor". Embora a profecia só se tenha desenvolvido plenamente no período da monarquia, sua forma emergiu na íntegra no chamado, na comissão e na tarefa de Moisés, profeta de Deus por excelência (Dt 18.15-20; Os 12.13).[14]

As Pragas e a Páscoa

Quando Moisés se confrontou com o faraó, insistindo que ele deixasse partir os hebreus, recebeu em resposta um "não" categórico:

> Quem é o SENHOR para que lhe ouça eu a voz, e deixe ir a Israel? Não conheço o SENHOR, nem tampouco deixarei ir a Israel. (5.2)

Por conseguinte, estava para começar uma batalha entre Javé e o faraó, a quem os egípcios viam como deidade encarnada. Deus evidenciou seu poder e autoridade numa série de dez catástrofes ou "pragas" (9.14) que devastaram o Egito. Por meio dessas pragas, o Senhor derrotou os deuses egípcios, inclusive o faraó. Por fim, o faraó permitiu que Israel partisse (7.8–13.16).

As Pragas. As primeiras nove pragas compõem uma série contínua (7.8–10.29), separadas da décima, a morte dos primogênitos. As nove são estruturadas por um recurso literário que as agrupa em três conjuntos de três pragas. Na primeira praga de cada conjunto, Moisés recebe a ordem de aparecer diante do faraó junto ao rio. Na segunda, ele deve apresentar-se ao faraó em seu palácio. Na terceira, ele deve fazer um gesto que provoque a praga sem avisar o faraó.

Primeiro Conjunto	Segundo Conjunto	Terceiro Conjunto	Estrutura
1. Água transformada em sangue	4. Terra infestada de moscas	7. Granizo destrói plantações	Moisés se apresenta diante do faraó pela manhã, junto ao rio
2. Rãs deixam as águas e enchem a terra	5. Gado morre de peste nos campos	8. Gafanhotos devoram todo o restante	Moisés "chega-se" ao faraó
3. Terra invadida por mosquitos ou piolhos	6. Feridas cobrem homens e animais	9. Densa escuridão cobre a terra	Moisés e Arão não se apresentam diante do faraó; antes, empregam um gesto simbólico

Esse padrão e outros elementos da estrutura literária[15] mostram que esse relato passou por uma longa história de transmissão antes de alcançar a presente forma. Isso leva alguns intérpretes a concluir que as narrativas não são históricas, mas "relatos decorados com zelo" de valor real "simbólico".[16] Mas o reconhecimento de que um relato sofreu uma transmissão longa e complexa não prejudica seu valor histórico. Esse valor só pode ser fixado pela determinação da semelhança entre os relatos recebidos e o panorama da época e do lugar de sua origem.

Um estudo importante mostra que as nove pragas estão em perfeita harmonia com os fenômenos naturais do Egito.[17] Segundo esse estudo, todas as pragas (exceto o *granizo*) formam uma seqüência de ocorrências naturais severas que apresentam uma relação de causa e efeito na própria ordem dos acontecimentos. As pragas começaram com uma inundação anormal do Nilo. Essas águas elevadas ao extremo varreram grandes quantidades de terra vermelho-vivo do planalto etíope. Esse solo, acrescido de microorganismos avermelhados chamados flagelados, tornou o Nilo vermelho-sangue e pútrido, matando os peixes (primeira praga). Os peixes em decomposição fizeram as rãs

A fértil região do Gósen, no lado leste do delta do Nilo, dada como pastagem aos descendentes de Jacó. *(Neal e Joel Bierling)*

fugir da beira do rio (segunda praga) e as infectaram com o de *Bacillus anthracis*, que, por sua vez, lhes provocou morte repentina. A terceira e a quarta praga são mosquitos e moscas *Stomoxys calcitrans*, ambos se reproduzem livremente nas condições criadas pelas águas estagnadas após a inundação do Nilo. A doença do gado (quinta praga) era o antraz, causado pelas rãs mortas contaminadas. As feridas em homens e animais (sexta praga) seria o antraz de pele, transmitido principalmente pela picada da mosca da quarta praga. Granizo e trovões (sétima praga) destruiriam o linho e a cevada, mas deixariam o trigo e a espelta para os gafanhotos (oitava praga), a quantidade imensa deles (1.6) seria causada pelas mesmas chuvas abissínias causadoras da inundação inicial. Por fim, a densa escuridão (nona praga; v. 21) descreve bem um *ḥamsîn*,[18] agravado pela espessa camada de pó fino vermelho causado pela lama depositada com a inundação. Por essa interpretação, os elementos miraculosos consistem tanto na severidade incomum das ocorrências[19] como em sua sincronia. Deus usa a ordem criada para seus próprios fins.

Entretanto, a décima praga —a morte dos primogênitos— não tem explicação "natural".[20] Essa catástrofe é descrita numa seção muito complexa (12.1–13.16) que também narra e regulamenta a refeição da Páscoa, a festa dos pães asmos (*matstsôt*) e a redenção dos primogênitos.

A Páscoa. Na refeição da Páscoa (12.1-4), um animal do rebanho, macho de um ano (i.e., carneiro ou cabrito), foi sacrificado e assado. Os israelitas o comeram com "lombos cingidos, sandálias nos pés e cajado na mão" (v. 11), prontos para uma viagem imediata. Um pouco do sangue do sacrifício foi colocado nas ombreiras e na verga da porta para marcar as casas dos israelitas. Quando Deus viu o sangue, passou direto pela casa, poupando o primogênito.

Com o cordeiro, os israelitas comeram pão asmo e ervas amargas. Ao deixar o Egito, levaram a massa ainda não levedada (v. 34). Quando chegaram a Sucote, cozeram bolos com ela. Toda essa seqüência que acompanha a noite da Páscoa deve ser comemorada pela Festa dos Pães Asmos, descrita nos v. 15-20. Essa festa significava a pressa com que haviam saído do Egito.

O significado original da palavra hebraica *pesaḥ*, "passar ao largo" (gr. *pascha*, port. "páscoa") é controvertido. A forma verbal (*pāsaḥ*) ocorre apenas nos v. 13, 23 e 27. Nos v. 13 e 27, o verbo significa claramente "passar ao largo, poupar".[21] Quando nos v. 21ss. Moisés cumpre as instruções de Deus dadas nos v. 1-14, ele ordena que os israelitas "imolem" o cordeiro da Páscoa, sem definir o termo. Muitos crêem que Moisés estava falando de algo já conhecido, talvez um festival de primavera costumeiro para um povo pastoril. De modo semelhante, a Festa dos Pães Asmos pode ter sido, originalmente, um festival agrícola de primavera.[22] Os indícios da origem desses festivais antes de Moisés e do Êxodo são altamente sugestivos. Nesse caso, o significado dessas festas teria sido reinterpretado de modo radical em conseqüência do livramento dramático das mãos dos egípcios.[23]

Assim como a situação de Israel mudara, também os ritos específicos da celebração pascal. Após o estabelecimento em Canaã, é provável que se tenha mantido como celebração familiar, como no Egito. Em algum momento, tornou-se um festival de peregrinação, com a imolação do animal no templo (veja Dt 16.5-6). Nos tempos do Novo Testamento, a refeição coletiva era tomada em particular, embora parte do ritual ocorresse no templo. Após a destruição do templo em 70 d.C., a Páscoa tornou-se festa familiar, celebrando o fato de Deus ter resgatado seu povo da escravidão. A festa desempenhou um papel importante na preservação da identidade dos judeus na diáspora.

A Última Ceia, celebrada por Jesus com seus discípulos no cenáculo certamente seguiu os moldes da refeição pascal, se não foi a própria Páscoa.[24] Por meio desse ato, a Páscoa transformou-se numa observância cristã na Ceia do Senhor. Essa refeição comemora a morte de Jesus, o Messias, por meio de quem chega à plenitude final tudo o que era prenunciado pela Páscoa e pela antiga aliança.[25]

O Livramento no Mar de Juncos

Nesse confronto com o faraó, Moisés agiu basicamente como profeta, um mensageiro. Sua mensagem: "Assim diz o SENHOR [...]: Deixa ir o meu povo" (5.1), foi repetida e reforçada pelas pragas. Após a morte dos primogênitos, o faraó finalmente atendeu ao seu pedido (12.29-32). Os israelitas, fortalecidos e unidos pela solene refeição da Páscoa, partiram do Egito (v. 37-42). Embora sua rota exata não seja conhecida (veja p. 65-67), por fim chegaram à margem do "mar de Juncos". Essa massa de água era uma barreira natural à entrada no Sinai. Fiel ao seu caráter, o faraó mudou de idéia. Reuniu seus carros e tropas para dominar os israelitas fugitivos. Estes, fechados entre o ataque dos egípcios e o mar, temeram pela vida. O povo reclamou. Moisés lhes proferiu um oráculo de salvação (14.13-14). Então Deus lhe ordenou que levantasse a vara de modo que o povo pudesse atravessar o mar por terra seca. Deus enviou um forte vento oriental durante toda a noite, mantendo as águas afastadas (14.21), e os israelitas atravessaram para o outro lado. Os perseguidores egípcios, entretanto, ficaram com as rodas dos carros presas na terra fofa. Quando as águas voltaram, foram engolfados.

> Assim, o SENHOR livrou Israel, naquele dia, da mão dos egípcios; e Israel viu os egípcios mortos na praia do mar. E viu Israel o grande poder que o Senhor exercitara contra os egípcios; e o povo temeu ao SENHOR e confiaram no SENHOR e em Moisés, seu servo. (v. 30s.)

Em resposta, Moisés compôs um cântico de vitória e louvor (15.1-18). O cântico expressava a fé do povo em Javé.[26] É centrado de maneira tão exclusiva em Deus, que Moisés nem chega a ser mencionado. Isso representa um contraste marcante com a literatura dos vizinhos de Israel que laureavam seus heróis.[27]

A abertura do cântico exulta de fé e alegria, recordando histórias de Gênesis:

> O SENHOR é a minha força e o meu cântico;
>   ele me foi por salvação;
> este é o meu Deus, portanto eu o louvarei;
>   ele é o Deus de meu pai; por isso o exaltarei. (15.2)

Javé, revelado na sarça e no mar, é identificado com o "Deus de meu pai". O poema encerra olhando para o futuro, para o final da jornada, retratando a inquietação da população de Canaã (veja Josué) e a presença grandiosa do Senhor entre seu povo no país montanhoso da Palestina (v. 7, veja Juízes).

Em toda sua história, os israelitas têm lembrado esse grande livramento como o elemento constitutivo pelo qual eles se tornaram povo de Deus. Os salmos, em especial o 78, discorrem sobre o Êxodo em louvor a Deus por seus feitos poderosos. Os profetas vezes e mais vezes exaltam Javé como o que tirou Israel do Egito, conduziu o povo pelo deserto e lhe deu a lei (cf. Is 43.16s.; Jr 16.14; 31.32; Ez 20.6ss.; Os 2.15; 11.1; Am 2.10; 3.1s.). O Êxodo torna-se o padrão da redenção divina. Só seria sobrepujado pelo livramento maior realizado por Deus pela morte de seu Filho no Calvário. Lucas relaciona os dois acontecimentos redentores denominando a morte de Jesus de "êxodo" (partida, Lc 9.31).

A Aliança e a Lei no Sinai

Após o livramento no mar, Israel viajou até o monte Sinai (veja p. 65-67), uma jornada de mais de dois meses (19.1). O texto reconta alguns episódios que demonstram a capacidade de Javé sustentar seu novo povo (15.22–18.27). Esses episódios incluem a provisão de água em Mara (15.22-25) e Refidim, onde Moisés bateu na rocha (17.1-7); o envio de comida —codornizes e maná (16.1-36)— ;[28] e a vitória dos israelitas sobre os amalequitas (17.8-16).

Chegando ao monte Sinai, o povo acampou-se diante dele. Moisés subiu ao monte para encontrar-se com Deus. Ali Deus lhe informou que entraria numa aliança com Israel para que este se tornasse propriedade sua entre todos os povos. Deus anunciou a condição: "Se diligentemente ouvirdes a minha voz, e guardardes a minha aliança" (19.5). Num período de três dias de consagração, o povo devia lavar as roupas e se preparar (v. 9-15). Ao pé da montanha (v. 17), iniciou-se o evento solene. Deus manifestou-se com majestade tal, que inspirava temor:

> Ao amanhecer do terceiro dia houve trovões e relâmpagos e uma espessa nuvem sobre o monte, e mui forte clangor de trombeta, de maneira que todo o povo que estava no arraial se estremeceu. (v. 16-18)

No meio dessa aparição aterrorizante,[29] Deus convocou Moisés e transmitiu-lhe os Dez Mandamentos (20.1-17).

O enorme significado dos Dez Mandamentos é salientado pelo cenário extraordinário em que são concedidos. Pela obediência a eles, Israel virá a ser e continuará sendo o povo de Deus. A recapitulação do evento em Deuteronômio 5, feita por Moisés, deixa isso bem claro:

> O SENHOR, nosso Deus, fez aliança conosco em Horebe. Não foi com nossos pais que fez o SENHOR, esta aliança, e, sim, conosco, todos os que hoje aqui estamos vivos [...] falou o SENHOR [...] Eu sou o SENHOR, teu Deus, que te tirei do Egito... (v. 1-6)

A aliança é um meio de estabelecer um relacionamento (que não existe por vias naturais) sancionado por um juramento proferido numa cerimônia de ratificação. Todos os elementos que formam uma aliança estão presentes no Sinai. Em Êxodo 19.3-8 Israel é convidado a um relacionamento especial com Deus, descrito por três frases: uma propriedade peculiar dentre todos os povos, um reino de sacerdotes, uma nação santa. Israel deve ser separada de todas as outras nações para o serviço de Deus, assim como os sacerdotes eram separados dos outros homens. Como sacerdotes, deveriam ter uma qualidade de vida comparável à santidade da aliança que faziam com Deus.[30] Israel aceita o convite para entrar em aliança com Javé, afirmando solenemente: "Tudo o que o SENHOR falou, faremos" (v. 8). Em 20.1-17 são apresentadas as condições da aliança e em 24.3-8 a aliança é ratificada por uma cerimônia solene. Aqui, o juramento é reafirmado, sendo sancionado por um sacrifício e pela aspersão de sangue, para lembrar que o valor da aliança é de vida ou morte.

Essa relação de aliança difere da aliança abraâmica apenas na parte que fica obrigada pelo juramento. Essa mudança, entretanto, produz alianças que diferem tanto na forma como na função. Na aliança abraâmica, Deus se coloca sob juramento, obrigando-se a cumprir promessas irrevogáveis feitas a Abraão e sua posteridade. Na aliança do Sinai, Israel faz o juramento, e a obrigação é obediência às estipulações da aliança.[31]

Recentemente foi esclarecido o contexto cultural específico da aliança do Sinai. A aliança segue bem de perto a estrutura dos tratados internacionais entre um senhor feudal (ou suserano) do antigo Oriente Próximo e as pessoas a ele sujeitas (vassalos).[32] A forma era amplamente conhecida e empregada durante o segundo milênio. O maior número de exemplos de tratados suserano—vassalo, e os mais completos, são encontrados em textos hititas dos séculos XIV e XIII a.C.

descobertos em Boghazkoy. A maior parte dos elementos dessa fórmula[33] pode ser encontrada nos textos que tratam da aliança mosaica, principalmente em 20.1-17:

(1) Preâmbulo (identificando o autor e dando seus títulos): "Eu sou o SENHOR teu Deus" (v. 2a). Deus não precisa de outros títulos, depois da recente revelação dramática de seu nome.
(2) Prólogo histórico (apresentando as relações anteriores entre as partes e salientando os atos bondosos do suserano para com o vassalo; esses atos formam a base para a gratidão e futura lealdade do vassalo): "que te tirei da terra do Egito, da casa da servidão" (v. 2b). Aqui o resumo histórico é breve e básico, uma vez que a memória do livramento dramático concedido por Deus é recente e viva. Na cerimônia de renovação da aliança em Siquém (Js 24), o prólogo histórico é longo e detalhado (v. 2-13).
(3) Estipulações do tratado, consistindo em:
    (a) a exigência básica para a aliança: "Não terás outros deuses diante de mim" (20.3).

Tijolo de barro misturado com palha, seco ao sol, contendo a chancela de Ramessés II (XIX dinastia). *(Oriental Institute, Universidade de Chicago)*

(b) estipulações específicas: no emprego do tratado, normalizando as relações dentro do império (v. 4-17).
(4) Provisões para:
(a) depósito do texto (os tratados eram mantidos no templo): as tábuas contendo os v. 1-17 foram colocadas na arca da aliança (25.16; Dt 10.1-5).
(b) leitura pública regular (Dt 31.10-13).
(5) Maldições e bênçãos: invocadas sobre o vassalo pelo rompimento ou pela guarda da aliança (Dt 28.1-14 [bênçãos], 15-68 [maldições]).

Também havia provisões para uma cerimônia formal de ratificação pela qual o vassalo jura obediência, em geral com sacrifícios de sangue (cf. Êx 24). O tratado era escrito em termos bem pessoais, no qual se empregava a forma de diálogo "eu e tu".

Esses paralelos próximos mostram que a fórmula do tratado suserano—vassalo foi adaptada para servir às necessidades teológicas desse relacionamento especial. Assim, os Dez Mandamentos nunca se propuseram a instituir um sistema de observâncias legais pelas quais alguém pudesse alcançar a aceitação de Deus. Antes, eram estipulações de um relacionamento marcado por uma aliança ancorada na graça. O prólogo à aliança relembra o livramento bondoso concedido por Deus e assim forma um *kerigma*, uma proclamação de boas novas. A redenção já foi completada.

Mas a aliança carrega uma ameaça terrível. Oferece a Israel não apenas bênção pela obediência, mas maldição pela desobediência. Note as condições apresentadas em Êxodo 19.5: "Se diligentemente ouvirdes a minha voz, e guardardes a minha aliança, então sereis a minha propriedade peculiar dentre todos os povos". As estipulações da aliança não são apenas a vontade de Deus para um povo redimido; são ameaças de sua ira, caso o povo não as guarde. Debaixo da aliança mosaica, Israel vivia na tensão entre essas duas afirmações. Sua história só pode ser compreendida à luz dessa aliança. Ao longo do tempo, Israel quebrou a aliança tantas vezes que Deus teve de invocar as maldições. Ele enviou os profetas para alertar o povo do perigo que corria. Sem arrependimento, sofreria a maldição suprema do exílio.

Os Dez Mandamentos, portanto, não constituem leis no sentido moderno, pois não são definidos de modo claro nem contêm penalidades. São, antes, "diretrizes legais", uma formulação básica do tipo de comportamento que a comunidade se dispõe a manter por obrigação.[34] Quando Israel aceitou a aliança, surgiu a necessidade de colocá-los numa forma mais condizente com "leis". Esse desdobramento é encontrado no "Livro da Aliança" (20.23–23.33). Um exame minucioso mostra que a maior parte das estipulações de 20.1-17 se repete nessa seção, em forma de leis específicas.³⁵

O Tabernáculo

Duas passagens longas de Êxodo descrevem o tabernáculo e seus utensílios.³⁶ Nos capítulos 25-31, Deus revela a Moisés o plano, os materiais e os desígnios para construí-lo. Nos capítulos 35-40, Moisés segue as ordens de Deus, nos menores detalhes.³⁷

O tabernáculo era um santuário portátil, formado de uma estrutura de madeira de acácia recoberta por duas grandes cortinas de linho. Uma das cortinas formava a sala principal, o Lugar Santo, enquanto a segunda cobria o Santo dos Santos (i.e., o "Santíssimo Lugar"), uma sala menor no fundo da sala principal, separada por uma cortina especial. O Lugar Santo tinha 9 metros de comprimento, 4,5 metros de largura e 4,5 metros de altura, enquanto o Santo dos Santos tinha 4,5 metros de cada lado. Dentro do Santo dos Santos ficava apenas a arca, uma caixa de madeira que continha as tábuas dos Dez Mandamentos. No tampo da arca ficava o propiciatório, o lugar em que se espargia o sangue no Dia da Expiação. Acima do propiciatório ficavam dois querubins, sobre os quais Javé se entronizava de forma invisível. No Santo Lugar ficava o altar de incenso, o candelabro e a mesa com o "pão da Presença". O tabernáculo era colocado num pátio de 45 metros por 22,5 metros, isolado do restante do acampamento por cortinas brancas de 4,5 metros de altura. No pátio, diante do tabernáculo, ficava o altar das ofertas queimadas e entre ele e o tabernáculo ficava a bacia.

O tabernáculo era de grande importância para Israel, como dá a entender sua descrição duplicada. Em 25.8 Deus diz: "E me farão um santuário, para que eu possa habitar no meio deles". O tabernáculo, portanto, era o local da presença de Deus com seu povo, um símbolo visível de que ele era seu Deus.³⁸ Aqui Israel deveria cultuar e fazer expiação por transgressões das estipulações da aliança.³⁹ O tabernáculo com seus símbolos e sistema sacrificial era o meio pelo qual o Deus santo, transcendente e infinito poderia, ainda assim, estar presente com seu povo —"tabernaculando" ou "acampando" em seu meio. E era o recurso pelo qual um povo pecador poderia manter comunhão com seu Senhor santo. Como símbolo da presença de Deus, prenuncia o tempo em que Deus na pessoa de seu Filho estaria presente em forma visível no meio do seu povo: "o Verbo se fez carne e 'tabernaculou' entre nós,⁴⁰ cheio de graça e de verdade" (Jo 1.14).

O Bezerro de Ouro

Os episódios de Êxodo 32-34 separam as instruções para construção do tabernáculo (Êx 25-31) do relato sobre o cumprimento dessas instruções (Êx 35-40).[41] Esses três capítulos registram a violação da aliança por parte de Israel, que adorou o bezerro de ouro (cap. 32), o diálogo de Moisés com Deus, pedindo a presença divina (cap. 33) e a renovação da aliança (cap. 34).

Essa seção se inicia com o povo pressionando Arão para lhes fazer deuses porque sentiam falta de liderança durante a longa ausência de Moisés (32.1-6). Arão respondeu instruindo-os a apresentar suas jóias de ouro. Dessas doações fez um bezerro recoberto de ouro. Depois, construiu um altar e o colocou diante do bezerro. O povo proclamou uma festa que se transformou numa celebração exaltada. Estavam assim infringindo, de maneira gritante, o segundo mandamento (20.4-6).

No monte, Javé informou Moisés sobre a rebelião do povo (32.7-14), expressando sua intenção irada de puni-lo. Moisés rogou a Javé que não aniquilasse seu povo. Em resposta, Javé restringiu sua ira.[42]

Moisés desceu a montanha com as duas tábuas da aliança (32.15-29). Quando chegou ao acampamento e viu a dança frenética diante do bezerro, despedaçou as tábuas para comunicar às pessoas que elas haviam quebrado a aliança. Moisés então queimou o bezerro e o transformou em pó. Espalhou o pó sobre a água e fez o povo beber. Infere-se que os mais zelosos pelo bezerro de ouro ficaram mortalmente enfermos ao beber essa solução como castigo pelo pecado. As medidas tomadas por Moisés provocaram uma convulsão no acampamento.[43] Moisés fez um apelo veemente para que o povo se separasse da multidão e se identificasse com Javé. Os levitas atenderam ao chamado e o ajudaram a restaurar a ordem. A atitude deles lhes garantiu lugar permanente no sacerdócio.

Moisés subiu outra vez o monte (32.30–33.6). Ali continuou intercedendo, pedindo que Javé perdoasse o povo. Ele conseguiu que Javé suspendesse temporariamente a pena. Javé afirmou que ainda daria a terra ao povo, mas deixaria de habitar em seu meio durante a jornada. Em seu lugar, enviaria um mensageiro. Esse pronunciamento divino provocou grande lamentação no meio do povo.

Nesse ponto, há um comentário inserido no texto (33.7-11); relata-se que Moisés costumava armar uma tenda da congregação fora do acampamento. Qualquer um que desejasse receber orientação de Javé ia a essa tenda. Moisés também deixava o acampamento para ir à tenda. A nuvem descia e Moisés conversava com Deus face a face, i.e., sem mediador.[44] Esse relato, que contém sinais de ser bem antigo, testemunha que o povo aceitava plenamente a liderança de Moisés. Não há mais explicações acerca dessa tenda especial da congregação nas Escrituras. Com certeza, não há relação entre ela e a arca da aliança. Embora as duas tendas possuam esse mesmo nome, a tenda fora do acampamento deve ser distinguida da Tenda da Congregação, que ainda seria erigida no centro do acampamento. As duas têm em comum a tradição de que ali Javé manifestava sua presença, mas a deste relato era uma tenda especial ligada à liderança singular de Moisés por meio da comunicação direta com Javé.

Moisés continuou intercedendo junto a Javé, pedindo que sua Presença os acompanhasse na jornada para a terra prometida (33.12-17). Javé por fim cedeu aos apelos incessantes de Moisés. Essa narrativa surpreendente revela o poder inerente à intercessão. Também dá a entender que Javé pode convidar os líderes de seu povo a participar da tomada de decisões acerca de seu destino.

Embora Javé tivesse concordado em seguir com Israel, a dificuldade essencial levantada pela apostasia de Israel permanecia: como Javé pode estar presente junto a um povo "de dura cerviz" (i.e., pecador obstinado, 33.3, 5), sem destruí-lo? Assim, Moisés insiste, finalizando sua intercessão, pedindo para ver a "glória" de Javé, i.e., a própria pessoa de Deus (33.18). Deus respondeu a esse pedido incrível basicamente por meio da proclamação de seu nome (v. 19). Depois de instruir Moisés a se preparar para a renovação da aliança (34.1-3), Deus desceu ao monte Sinai e proclamou seu nome (i.e., sua identidade):

> SENHOR, SENHOR Deus
> compassivo, clemente e longânimo,
> e grande em misericórdia e fidelidade;
> que guarda a misericórdia em mil gerações,
> que perdoa a iniqüidade, a transgressão e o pecado,
> ainda que não inocenta o culpado,
> e visita a iniqüidade dos pais nos filhos, e nos filhos dos filhos até à terceira e quarta geração. Êx 34.6-7

Com essa revelação da identidade de Deus, Moisés insiste na plena restauração e no perdão: "Segue em nosso meio conosco; porque este povo é de dura cerviz. Perdoa a nossa iniqüidade e o nosso pecado, toma-nos por tua herança" (34.9). A renovação da aliança que se segue em 34.10-28 indica sem dúvida que Deus de fato perdoou Israel. Temos aqui uma teologia da graça sem igual no

Antigo Testamento. Embora o julgamento divino não seja tragado por sua misericórdia, toda a ênfase está em sua graça. Pois, apesar do lamentável pecado do povo contra a aliança, esta não é anulada. Qual a base para esse perdão notável? De acordo com 33.18–34.9, fundamenta-se totalmente no caráter misericordioso e clemente.[45]

Essa autodescrição de Javé ocorre algumas vezes no Antigo Testamento várias formas.[46] Salienta a graça e o amor de Deus no perdão de pecados e na comunhão com seu povo. Ao mesmo tempo, avisa que no devido tempo Javé mostraria sua ira, caso o povo persistisse em sua conduta pecaminosa.

Após essa revelação, Javé renovou a aliança (34.10-28). Prometeu realizar maravilhas entre seu povo, permitindo-lhes com isso tomar posse da terra prometida (v. 10-11). Depois Javé deu uma série de leis éticas e cultuais (v. 12-26). Alguns identificam essa lista de mandamentos como o "decálogo ritual" em contraste com o "decálogo eterno" em 20.2-17. É muito difícil, porém, enumerar *dez* mandamentos nessa lista, sem alterações importantes no texto. Essa lista parece mais um pequeno código de leis. Essas leis previnem e proíbem a adoração de deuses estranhos ao entrar em Canaã (v. 12-17), instruem sobre a manutenção das festas ao longo do ano para honra de Javé (v. 18-24) e regulam alguns detalhes acerca do culto (v. 25-26). Os temas dessas leis apontam para o Decálogo (20.2-17) e para o Livro da Aliança (20.22–23.33). Destacam a lealdade a Javé e a fidelidade na observância do culto adequado para se guardarem contra a recorrência do falso culto. O contexto em que essas leis são colocadas são um forte indício de um ato de renovação da aliança.[47]

Em grande contraste com a cerimônia inaugural elaborada que selou a primeira aliança (Êx 24), esta aliança é renovada no monte Sinai entre Moisés, atuando como o mediador da aliança, e Javé.[48] O sinal tangível de que a aliança foi renovada foi o novo conjunto de tábuas contendo o Decálogo, para substituir as que Moisés quebrou diante do bezerro de ouro.

Esse relato do bezerro de ouro e da renovação da aliança formam um padrão na história de Israel. Israel começava com grande zelo por Javé. Quando se desanimava, muitas vezes por questões menores, voltava-se para outros deuses. Quando a euforia da nova religião se esvaía e o povo padecia sob a maldição por ter quebrado a aliança, levantava-se um intercessor que suplicava a Deus a restauração da aliança. Tendo por base seu caráter clemente e misericordioso, Deus restauraria seu povo vezes sem conta. O livro de Juízes e o Salmo 106, em especial, testemunham as muitas repetições dessa cena. Mais especificamente, esse relato lança luz sobre os dois bezerros colocados por Jeroboão I em Dã e em Betel (1Rs 12.25-33), condenando-os.

O relato da idolatria de Israel termina com o pleno reconhecimento da função definitiva de Moisés como líder (34.29-35). O que ocasionou a confecção do bezerro de ouro foi o fato de o povo rejeitar sua liderança (32.1ss.). Portanto, Javé estabelece sua autoridade por um sinal visível que magnifica a Presença divina.[49] Ao descer do Sinai, sua face brilha, refletindo a glória de Deus. Isso demonstra que Moisés, em razão de seu relacionamento íntimo com Javé, é o mediador da palavra de Javé para seu povo. "Transmite-se através do *próprio corpo* de Moisés algo da natureza da comunicação divina à comunidade".[50] De Êxodo a Números, várias seções têm por cabeçalho algo como: "Então disse Javé a Moisés: Fala aos filhos de Israel". Esse relato acerca da ordenação que Moisés recebe de Javé confere autoridade de revelação a esses muitos discursos.

CAPÍTULO 6

Levítico

Desde Êxodo 19.1, os israelitas estavam acampados à sombra do monte Sinai. Haviam passado pelo grande ato redentor de Javé —o livramento da escravidão no Egito—, que permaneceria no centro de sua fé em todas as gerações. Haviam visto e ouvido os trovões e relâmpagos no monte santo (Êx 19.16-19), Javé havia dado seus mandamentos (20.1-17) e declarado que era o Deus deles e que eles eram seu povo.

    Mas como seria mantido esse relacionamento? Os israelitas não poderiam habitar para sempre junto ao monte Sinai. Tinham de se estabelecer numa terra em que poderiam experimentar os benefícios de ser o povo dele. Além disso, teriam de tornar-se fonte de bênçãos para todas as nações (Gn 12.3), comunicando sua fé aos outros povos. Não o deserto do Sinai, mas Canaã seria a terra da promessa. Naquela terra, porém, seriam confrontados pelas práticas cultuais dos cananeus.[1] Para resistir a elas, precisavam aprender as maneiras certas de adorar Javé. O lugar desse culto, o tabernáculo ou Tenda da Congregação, foi descrito por Deus a Moisés em Êxodo 25—31. Os detalhes da adoração são dados em Levítico, o livro colocado no centro do Pentateuco.

> Ser-me-eis santos, porque eu, o SENHOR, sou santo e separei-vos dos povos, para serdes meus. Lv 20.26

Nome e Conteúdo

O nome pelo qual conhecemos o livro vem da Vulgata, que adotou o título encontrado na LXX. *Levítico* é um adjetivo que significa "o (livro) levítico" ou "o livro pertinente aos levitas". O nome é ambíguo, já que "levitas" pode descrever ou (1) membros da tribo de Levi, como a casa de Arão, cuja descendência sacerdotal desempenha um papel importante no livro; ou (2) os oficiais menores cuja função era servir aos sacerdotes.[2] Na Bíblia hebraica, o livro é denominado por sua primeira palavra *wayyiqra'*, "e ele [o SENHOR] chamou", título que salienta corretamente a autoridade e a iniciativa divina no estabelecimento das regras que regem o culto aceitável.

O Propósito

Levítico faz parte de uma grande seção de instruções e regulamentos que vai de Êxodo 25.1 a Números 10.10. Ainda assim, os que organizaram o Pentateuco lhe deram um cabeçalho distinto (1.1-2) e uma conclusão (26.45). O último capítulo (27) serve como apêndice, com uma declaração em forma de resumo que encerra o capítulo e todo o livro: "São estes os mandamentos que o SENHOR ordenou a Moisés, para os filhos de Israel, no monte Sinai".

Êxodo e Números constituem uma narrativa acerca das origens de Israel como o povo de Deus.

Uma função dessa narrativa é cumprir a promessa feita aos patriarcas: Deus entraria num *relacionamento* especial com eles. Assim como Gênesis 12–50 centra-se na promessa de *posteridade* e Números 10.11—Deteronômio 34.12 centra-se na dádiva da terra, assim também Êxodo 1.1—Números 10.10 destaca em sua narrativa a natureza e os termos do relacionamento selado com a aliança. Entretecidas nessa narrativa estão as instruções para o culto do povo a Deus. Esse material não é uma mistura aleatória de histórias e leis. Antes, trata-se do relato de como Deus fez nascer a nação, uma história adornada com leis de culto e ordem civil. Tanto a história como a lei são essenciais para a criação de uma nova nação. Em Levítico, a narrativa ocupa o primeiro plano apenas em poucas seções específicas (caps. 8–10; 16; 24). As leis são apresentadas em discursos que Javé entrega a Moisés para que este transmita à congregação. O material, portanto, é moldado para instrução oral. As ocasiões para seu uso devem ter sido as grandes festas, quando todas as tribos se reuniam diante de Javé no santuário central.³

Seria Levítico principalmente um manual para os *sacerdotes*? Não. Faltam numerosos detalhes e orientações de que os sacerdotes necessitariam para realizar os sacrifícios e oficiar nos dias solenes: (1) não há descrição dos instrumentos requeridos para matar, esfolar e cortar um animal; (2) nada informa ao sacerdote onde se colocar enquanto executa os ritos sacrificiais; (3) não se fornece nenhuma liturgia que o sacerdote possa dizer durante o sacrifício. Tais detalhes dificilmente seriam omitidos de um manual oficial.

O livro, portanto, foi compilado para a instrução da *congregação* em questões referentes ao culto, i.e., os procedimentos corretos para fazer sacrifícios, para observar os tempos solenes no calendário e para viver como um povo santo. Esse conhecimento permitia ao povo realizar seu culto de modo aceitável a Deus e também monitorar os sacerdotes, verificando se cumpriam devidamente a lei. Além disso, impedia que os sacerdotes ganhassem controle indevido sobre o povo, mantendo como conhecimento secreto o funcionamento básico do santuário.

Conteúdo

Levítico tem seis divisões principais:

I. Regulamentos para oferecimento de sacrifícios 1.1–7.38
II. Descrições da ordenação de Arão e seus filhos e os primeiros sacrifícios oferecidos na Tenda da Congregação 8.1–10.20
III. Leis regulamentando a pureza ritual 11.1–15.32
IV. Liturgia e calendário para o Dia da Expiação 16.1-34
V. Leis com exortações à vida santa 17.1–26.46
VI. Leis sobre dízimos e ofertas 27.1-34

A *Divisão I*, que contém os regulamentos referentes à oferta de vários tipos de sacrifícios, tem duas seções. A primeira seção (caps. 1–5) apresenta o ensino básico sobre sacrifícios, enquanto a segunda seção (caps. 6–7) descreve detalhes administrativos.⁴ Na primeira seção, os sacrifícios dividem-se em dois grupos: (1) sacrifícios que oferecem um aroma agradável a Javé, ou seja, o holocausto (cap. 1),⁵ a oferta de manjares (ou cereais, cap. 2) e os sacrifícios de bem-estar ou pacíficos (cap. 3); e (2) sacrifícios que proporcionam expiação ou perdão —a oferta pelo pecado e a oferta pela culpa (caps. 4–5). Embora uma oferta de manjares (cereais) pudesse valer por si, era em geral acompanhada por uma oferta animal para formar uma refeição de pão e carne. Qualquer um desses sacrifícios podia ser oferecido de modo espontâneo por qualquer israelita. Também, o calendário requeria a apresentação de holocaustos com o respectivo manjar (cereal) todas as manhãs, talvez todas as tardes, e nos dias solenes.

(Veja na página a seguir um resumo das ofertas descritas na Divisão I [1.1–7.38].)

Já que a oferta de bem-estar era em geral apresentada em louvor a Deus, grandes porções do animal sacrificado eram devolvidas ao adorador. A carne tornava-se a base de uma refeição comemorativa com o clã da pessoa. Dada a natureza festiva desse sacrifício, a lei permitia o uso de um animal defeituoso como oferta voluntária (22.23).

Um exame do ritual sacrificial para apresentação de um holocausto de gado esclarece o processo de realização de um sacrifício no antigo Israel (1.3-9):

1. Um animal era apresentado por um cidadão (v. 3); a oferta devia ser de qualidade superior, tal como um macho sem defeito, semolina (trigo ou outro cereal moído), e o melhor das primícias.[6]
2. O cidadão colocava a mão sobre a cabeça do animal (v. 4a). Com esse gesto o ofertante identificava o animal como sua propriedade. Assim os ricos e os altos oficiais não podiam apresentar sacrifícios enviando outra pessoa em seu lugar. Podemos presumir que o cidadão pronunciava algumas palavras, identificando o propósito da oferta, confessando qualquer pecado e afirmando crer em Javé.
3. O animal era morto pelo cidadão (v. 5a).
4. O sacerdote espargia o sangue no altar (v. 5b).
5. O cidadão tirava a pele do animal e depois o cortava (v. 6).
6. O sacerdote arrumava o animal e preparava o fogo (v. 7-8).
7. O sacerdote lavava as entranhas e as pernas (v. 9a).
8. O sacerdote queimava a gordura (v. 9b).[7]

Esse ritual é ordenado de tal maneira que a atividade se alternava entre o sacerdote e o cidadão. O papel importante do cidadão indica que esse ritual é bem antigo. Mais tarde, quando a população cresceu e o culto tornou-se mais formal, os sacerdotes passaram a assumir as funções do ofertante depois que este impunha as mãos sobre a cabeça do animal (cf. 2Cr 29.34; Ez 44.11).

A segunda seção (caps. 4–5) apresenta os regulamentos para os dois principais sacrifícios expiatórios: a "oferta pelo pecado", ou melhor, "oferta de

Nome da Oferta	Propósito	Tipo de Oferta	Natureza da Oferta	Ações do Ofertante	Ações do Sacerdote
'ōlâ Holocausto ou oferta queimada por inteiro 1.3-17 6.8-13	Para expiar a condição pecaminosa básica do homem	Um macho sem defeito do gado (boi, bode ou carneiro) ou duas aves	Queimada por completo	Traz a oferta Coloca a mão sobre a cabeça Mata, tira a pele e corta em pedaços	Aceita a oferta Esparge sangue no altar. Coloca os pedaços no fogo. Lava as entranhas e as pernas
ḥaṭṭāṯ Oferta de purificação ou pelo pecado 4.1-5, 13 6.24-30	Para expiar por um pecado não intencional específico	Sacerdote: novilho Congregação: novilho Governante: bode Indivíduo comum: cabra ou ovelha Indivíduo pobre: duas aves Indivíduo muito pobre: farinha	Gordura queimada Outras partes comidas	Traz a oferta (Anciãos representam a congregação)	Esparge sangue no altar Queima a gordura etc., come a carne Em caso de incluir seu próprio pecado queima a porção fora do acampamento
āshām Oferta por culpa, transgressão ou reparação 5.14–6.7 7.1-10	Para expiar ou um pecado que exija reparação ou uma falha na fé	Igual à oferta de purificação (mais a restituição especificada)	Igual à oferta de purificação	Igual à oferta de purificação (mais a restituição especificada)	Igual à oferta de purificação (mais a restituição especificada)
minḥâ Oferta de grãos ou cereais 2.1-16 6.14-23	Para garantir ou manter a boa vontade	Flor de farinha, bolos, biscoitos ou primícias com óleo, incenso e sal, mas sem fermento nem mel Em geral acompanhada de sacrifício animal	Porção memorial (*'askārā*) queimada	Traz a oferta Toma uma porção	Queima uma porção Sacerdotes e seus filhos comem o restante
shelāmîn Ofertas pacíficas ou de bem-estar 3.1-17 7.11-21, 28-36	Para render louvor a Javé...	Macho ou fêmea do gado bovino, caprino ou ovino, sem defeito	Gordura queimada Restante comido	Traz a oferta Coloca a mão sobre a cabeça Mata, tira a pele, corta em pedaços Come o restante* (no mesmo dia ou no seguinte)	Aceita, Esparge sangue no altar Queima a gordura Come o restante* (no mesmo dia)
tōḏâ Oferta de louvor	Por uma bênção recebida				
neḏer Oferta de voto	Em cumprimento de um voto				
neḏāḇâ oferta voluntária	Espontânea, de um coração grato				

* Note que essas ofertas são expressões de comunhão entre o povo, os sacerdotes e Deus.

Altares de calcário, com chifres, encontrados em Megido (c. século x a.C.). Sobre eles os israelitas podiam oferecer um "aroma agradável ao SENHOR" (Lv. 2.2). *(Oriental Institute, Universidade de Chicago)*

purificação"; e a "oferta pela culpa", também chamada "oferta de reparação". *Expiação (kipper)* é a palavra chave que une esses dois sacrifícios. Todo aquele que pecasse devia apresentar um desses sacrifícios a fim de permanecer em comunhão com Javé, como membro da comunidade da aliança. Os pecados expiados nesse sacrifício eram os *não intencionais* e as falhas na observância dos mandamentos causadas por *ignorância*. Os pecados arbitrários, i.e., cometidos por premeditação, ficavam, em sua maior parte, fora do poder expiatório do sistema sacrificial (cf. Nm 15. 27-31; Sl 51. 16-17).

Os regulamentos para a oferta de *purificação* foram organizados de acordo com a condição da pessoa ou do grupo que pecou. A maior oferta de purificação foi prescrita para o sumo sacerdote e para a comunidade da aliança (4.1-21). Nenhuma dessas ofertas podia ser comida. A menor oferta de purificação (4.22-36) era para o príncipe, i.e., o líder tribal, e para o indivíduo. Uma parte dessa oferta era dos sacerdotes, que a deviam consumir no lugar santo (6.25-29). Ao comê-la, eles participavam da remoção do pecado (10.17). Uma explicação para essa distinção é que quanto mais alta a posição do pecador, maior a contaminação causada pelo pecado, dando-lhe poder de penetração no santuário.[8] Assim, o ritual para a oferta maior pelo pecado incluía ritos especiais para purificação do santuário interno, enquanto os ritos de purificação para ofertas menores pelo pecado eram realizados fora do santuário, no altar principal. O fato de a oferta maior dizer respeito ao sumo sacerdote e à congregação dá testemunho de que esse elemento da lei via Israel como uma teocracia, um povo que prestava contas diretamente ao Deus soberano.

A oferta de *reparação* devia ser apresentada quando houvesse um pecado pelo qual se pudesse fazer restituição ou compensação, ou quando houvesse violação das "coisas sagradas", inclusive vasos, incenso, vestimentas, porções do sacrifício que tivessem sido dedicadas ao Senhor (5.14–6.7). Os regulamentos não fazem distinção precisa entre esses dois sacrifícios expiatórios. Entretanto, temos bons motivos para crer que essas ofertas eram distintas. Uma interpretação sugestiva é que a pessoa que cometesse um pecado premeditado podia reduzir a ofensa a um pecado involuntário mediante arrependimento.[9] Então, tal pessoa podia fazer expiação por esse pecado apresentando uma oferta de reparação. Há apoio para essa interpretação em escritos rabínicos posteriores. Além disso, esse procedimento permitiria que o sistema sacrificial lidasse com pecados sérios ("voluntários").

Os regulamentos fazem concessões aos pobres com respeito às ofertas exigidas, exceto para a oferta de reparação. No caso de uma oferta de purificação, a pessoa que não tinha condições de trazer um animal do rebanho podia trazer duas pombas ou rolinhas ou até uma quantidade específica de farinha (5.7-12). No caso do holocausto, a pessoa podia apresentar duas aves (1.14).

A *Divisão II* do livro (caps. 8–10) relata a ordenação de Arão e seus filhos como sacerdotes (cap. 8) e a oferta dos primeiros sacrifícios no santuário recém-erigido (cap. 9). Moisés conduziu a cerimônia, seguindo um elaborado ritual de ordenação. Vários sacrifícios, inclusive uma oferta de ordenação, foram apresentados. Depois da cerimônia, os sacerdotes permaneceram no santuário, na presença de Deus, durante uma semana, como parte de sua ordenação. Ao final da semana, apresentaram os primeiros sacrifícios em favor de si mesmos e da congregação sobre o novo altar. Deus honrou esse dia com a presença de sua Glória, da qual saiu um fogo que consumiu os sacrifícios (9.23-24). Ao mesmo tempo que essa narrativa reconta o primeiro culto de ordenação em Israel, também fornece o protocolo para a ordenação dos sucessores de Arão.

Essa ocasião especial foi maculada por um incidente trágico (10.1-7). Nadabe e Abiú, os dois filhos mais novos de Arão, ficaram tão entusiasmados que apresentaram diante de Javé fogo não autorizado. De imediato, surgiu fogo da presença de Javé na Glória, consumindo os dois. A brevidade do relato omite a menção da natureza exata da transgressão. O uso do termo "estranho" ou "ilícito" indica a possibilidade de terem se aventurado a executar um rito pagão bem no santuário de Javé, talvez tentando entrar no Santo dos Santos. Com certeza Javé viu a necessidade de prevenir tal prática impura no início da adoração no novo santuário. Esse incidente estranho possui um paralelo marcante nos primeiros dias da igreja cristã, na morte de Ananias e Safira (At 5.1-11).

A *Divisão III* (caps. 11–15) apresenta uma série de leis para regulamentar a *pureza ritual*:

(1) alimentos e animais puros e impuros (cap. 11);
(2) o parto (cap. 12);
(3) feridas leprosas em pessoas, vestes e casas contaminadas (caps. 13–14);
(4) fluxos dos genitais (cap. 15).

Uma vez que Deus é santo, é crucial que seu povo se prepare para entrar em sua presença. Essa é a razão essencial das regras de pureza ritual complexas e aparentemente rígidas. Entretanto, precisamos lembrar que há numerosos costumes e leis nos países modernos, regulando todos os tipos de questões com respeito à pureza, desde o manuseio de alimento em lojas e restaurantes até o recolhimento de lixo.

As leis de pureza mais famosas estabelecem categorias no reino animal. Essas leis são centrais para a prática *kosher* que os judeus ortodoxos continuam guardando ao evitar não somente a ingestão como também o contato com carnes não-*kosher*.

Quem se tornasse impuro por violação de alguma lei de pureza era proibido, sob ameaça de morte, de se aproximar do santuário. O perigo de se tornar impuro não consistia na impureza em si, mas na santidade; entrando no lugar santo em estado impuro, a pessoa podia dar de encontro com o poder consumidor da santidade. Exceto por um caso de impureza persistente, tornar-se impuro não era uma questão séria, contanto que o indivíduo tomasse as devidas medidas para remover a impureza o mais rápido possível. Impurezas leves, como o contato com a carcaça de um animal impuro (11.28), eram removidas com a chegada da noite. Impurezas sérias —como o nascimento de uma criança (cap. 12)— exigiam abluções rituais e um tempo de espera. As impurezas mais graves causadas por uma atroz doença de pele (cap. 13) exigia que a pessoa acometida vivesse fora da comunidade enquanto a doença estivesse presente. Uma vez recuperada, a pessoa podia retornar à comunidade depois de um detalhado "rito de agregação" —um termo empregado por antropólogos para descrever um ritual que permite à pessoa retornar ao grupo depois de ter sido excluída— isso levava uma semana (14.1-20). É importante destacar o fato de que os rituais de restauração foram previstos, mas quem permanecesse impuro em atitude de arrogância era banido da comunidade (cf. 17.16). Essas leis de pureza ritual ensinavam todos os israelitas a se preparar para entrar na presença de Javé no santuário. Mantinham diante do povo o enorme abismo que faz separação entre a família humana e o Deus santo.

Além disso, as leis de pureza ritual separavam Israel das práticas cultuais e dos costumes de seus vizinhos, especialmente os associados à feitiçaria. É difícil adorar com pessoas com quem não se pode comer. De acordo com Mary Douglas, essas leis ensinavam ao povo acerca da integridade e da completitude da santidade. Forneciam ao povo numerosos símbolos ou ilustrações acerca da integridade, pureza, perfeição e unidade de Deus.[10] Somente os membros perfeitos de suas espécies, completos, sem defeito, eram aceitáveis no culto ao Deus santo.

Desenvolvendo essa interpretação, outro estudioso alega que o centro de gravidade dessas leis é a virtude relativa da natureza (animais) em oposição à cultura (seres humanos).[11] Os animais que invadem e ameaçam a cultura são os proibidos. O centro do poder da feitiçaria está no campo da morte, trevas, confusão e caos. Assim, essas leis ajudam a estabelecer no antigo Israel uma barreira contra as forças demoníacas. A impureza passa a ser associada com a morte. A morte é o oposto das coisas santas e de Deus, pois Deus é um Deus vivo (Dt 5.26; 30. 20; Js 3.10; Jr 10.10), o autor da vida. A guarda das leis de pureza ritual promove e honra a vida, a saúde e a santidade; a impureza, em contraposição, coincide com a doença, a contaminação e a morte.

Essas leis tiveram um impacto profundo sobre a fibra moral do antigo Israel. Sua observância promovia a solidariedade entre os israelitas e incentivava o desenvolvimento espiritual deles.[12] Nos dois testamentos, o puro e o impuro tornam-se símbolos de pureza e impureza moral (e.g., Is 1.16; 35.8; 52.1; 59.3; Sl 24.4; 51.2; Mt 5.8; At 15.8-9; 2Co 7.1; 1Tm 1.5; 3.9; 1Jo 1.7, 9; Ap 21.27). Jesus, porém, deu fim às leis de pureza ritual, convocando seus seguidores à pureza não de roupas ou alimentos, mas de coração (Mc 7.14-23; Mt 15.17-20; Rm 14.14; Ef 2.11-21; Tt 1.15).

A *Divisão IV* (cap. 16) apresenta os regulamentos para o *Dia da Expiação*. Inclui uma descrição minuciosa do ritual que garantia a expiação de toda a nação. O Dia da Expiação (Yom Kippur), o dia mais solene do calendário de Israel, ainda hoje, ocorre no décimo dia (7 + 3) do sétimo mês (final de setembro) em harmonia com o grande significado do número sete no antigo Israel.

Nesse dia, o sumo sacerdote entrava sozinho no próprio Santo dos Santos. Dada a austeridade do dia, ele usava uma veste simples de linho, não seus trajes reais. Apresentava as ofertas de purificação, primeiro por si mesmo e depois pela congregação. Em cada um desses dois ritos de purificação, ele entrava no Santo dos Santos, onde Javé estava entronizado acima dos querubins, sobre a arca da aliança. Ali ele aspergia o sangue sobre a tampa do propiciatório. Depois, aspergia sangue no altar principal no pátio para purificá-lo.

Integrava o dia a oferta do bode vivo para Azazel. A identidade de Azazel permanece obscura. Esse termo é muitas vezes traduzido por "bode expiatório". Mas uma vez que "para Azazel" está em paralelo com "para Javé" nos v. 9-10, é provável que o nome se refira a um lugar ou ao demônio que habitava no deserto. Os antigos não faziam muita distinção entre um lugar e seus habitantes mais notáveis.

Antes de enviar o bode, o sumo sacerdote colocava as duas mãos sobre sua cabeça e confessava os pecados do povo, transferindo-os assim para o bode. Depois o bode era solto no deserto, visto como a habitação dos demônios. Assim, os pecados da congregação retornavam ao lugar de sua origem. O intento desse ritual era remover o poder que o pecado exerce sobre a congregação. O ritual prenunciava a obra de Cristo, pois ele não somente garantiu perdão dos pecados a todos os que crêem nele, como também quebrou o poder do pecado na vida dos que crêem.

A Divisão V (caps. 17-26) foi denominada Código de Santidade (S). Os estudiosos inferem que se tratava de um código antigo de leis que circulava independentemente, antes de ser colocado em sua presente localização em Levítico. Por fim, foi incorporado no material sacerdotal. Esse material distingue-se por certos termos e frases: "Eu sou o SENHOR" (18.5, 6, 21; 19.12, 14, 16, 18 etc.) "Eu sou o SENHOR, vosso Deus" (e.g., 18.2, 4, 30; 19.3, 4, 10, 25 etc.),[13] e a admoestação: "Santos sereis, porque eu, o SENHOR vosso Deus, sou santo" (19.2; cf. 20.7, 26; 21.8; 11.44-45).

Essa divisão consiste em:

A. Leis que restringem o sacrifício de animais à Tenda da Congregação (tabernáculo) e proíbem que se coma sangue.   17.1-16
B. Admoestações e leis para a vida familiar, especialmente relações sexuais.   18.1-30
C. Admoestações à vida santa, com leis cultuais, morais e civis.   19.1-37
D. Penas para sacrifícios a Moloque, feitiçaria e pecados sexuais.   20.1-27

E. Leis regulamentando a vida dos sacerdotes.	21.1–22.16
F. Leis que governam os animais para sacrifício.	22.17-33
G. O calendário de festas e dias sagrados.	23.1-44
H. Mandamentos com respeito ao azeite para o candelabro e o pão para a mesa da Presença.	24.1-9
I. Um caso de punição por blasfêmia, seguido de leis sobre pecados individuais.	24.10-23
J. O calendário para ciclos de sete anos concluído por bênçãos e maldições.	25.1–26.46

Apesar das semelhanças em algumas fraseologias acima citadas, a variedade de tópicos é tão heterogênea, que o material talvez nunca tenha tido existência como código independente de leis.[14]

Questões éticas e cívicas ocupam o centro da cena no capítulo 19. Aqui, Israel é chamado para ser santo como Deus é santo (v. 2). Esse chamado é explicado numa mistura de leis cultuais (religiosas) e morais. Essa mistura mostra que, para os antigos israelitas, não havia uma grande lacuna entre essas duas classes de leis, como há para os leitores de hoje. O culto fiel sustenta o viver santo, e a vida moral se completa no culto. Leis específicas dão conteúdo a esse princípio: o patrão não deve reter o pagamento de um trabalhador diarista, causando-lhe dificuldades (v. 13), nem se deve colocar uma pedra de tropeço no caminho de uma pessoa cega (v. 14). Em suma, ninguém é presa da vulnerabilidade da desvantagem, de modo a permitir o lucro de outro. Não é de surpreender, portanto, que venha aqui o grande mandamento de amar o próximo como a si mesmo (v. 18). O comportamento governado pelo amor está bem no centro da vida santa.

O Deus de Israel era Senhor do *tempo*, bem como da vida moral. Ele estabeleceu o calendário que determinava as épocas de culto (cap. 23). Em três ocasiões durante o ano, todos os israelitas deviam apresentar-se diante do Senhor: na primavera (1) a festa da Páscoa, seguida imediatamente pela festa dos Pães Asmos, e (2) a festa das Semanas; e no outono (3) a alegre festa dos Tabernáculos. Acrescidos a esse calendário, no outono há dois dias solenes no sétimo mês: uma assembléia sagrada a ser observada no primeiro dia (v. 23-25) e outra no décimo dia (v. 26-32; veja quadro, p. 102-3).

Os regulamentos para o Ano Sabático e para o Ano de Jubileu eram essenciais no calendário do antigo Israel (cap. 25). A cada sete anos, o povo devia deixar a terra descansar, sem semeadura. Ao final de sete anos sabáticos vinha o Ano de Jubileu. A observância desses anos ensinava ao povo que não devia escravizar-se ao trabalho interminável nem à cobiça. Javé queria que o povo desfrutasse do resultado de seu labor e, ao mesmo tempo, confiasse nele para obter sustento (v. 18-22). Durante esses anos de descanso, não apenas a terra, mas também os animais e o povo tinham uma oportunidade de descanso.

Embora essa legislação seja muitas vezes interpretada como um ideal não colocado de fato em prática, há indícios de que os israelitas observavam esporadicamente o ano sabático, ainda que não de modo universal.[15] É difícil responder pela legislação do Ano de Jubileu. Há poucos indícios de sua existência fora desse texto (27. 16-25; Nm 36.4), e indício nenhum de sua observância. É difícil imaginar que os israelitas conseguiriam escapar da ruína financeira, ou até da fome generalizada, caso passassem dois anos sucessivos sem colheitas. Mas as leis sobre a terra inalienável e parente remidor, ligadas ao Ano de Jubileu, são por demais centrais para a teologia do Antigo Testamento, de modo que não podemos relegar essa legislação para o campo do pensamento utópico. O Jubileu contribuía para a visão escatológica (Is 61.1-3; Ez 46.16-18; Dn 9.24-27), dando provas de que a consciência desse ano inspirava esperança nas pessoas.

É possível que o Ano de Jubileu não ocupasse um ano inteiro do calendário. Poderia ser um período acrescentado ao calendário, marcando o final do sétimo ano sabático. Poderia corresponder ao sétimo ano sabático. Ou talvez fosse um período de alguns dias acrescentados ao calendário, como um ano bissexto; já que Israel empregava um calendário lunar, era preciso incluir dias em várias épocas para fazer a correspondência com o ano solar.

Estreitamente ligadas ao Jubileu são as leis que regulamentavam a venda de terras e casas em Israel. Uma herança tribal era inalienável; não se podia comprá-la nem vendê-la. Se alguém ficasse endividado, podia vender a colheita sobre o patrimônio da família até o Jubileu seguinte. Então, a terra revertia ao proprietário original. Essas leis estão bem ligadas com as leis sobre o parente resgatador[16] e sobre a escravidão. Embora os israelitas pudessem possuir escravos, não deviam manter seus compatriotas como escravos (25.44-46; Jr 34.8-20). Caso um israelita ficasse endividado, podia vender-se à servidão até o próximo ano de libertação (25.39-41). Em outro código de leis, se um escravo se casasse enquanto estivesse sob servidão e sua esposa tivesse um filho, ele podia ser liberto, mas não sua esposa (Êx 21.4). Ele também tinha a opção de se ligar ao senhor como escravo permanente. O ano de Jubileu, entretanto, era o tempo em que todos os escravos israelitas deviam ser libertados. Nesse ínterim, o escravo podia adquirir a própria liberdade, ou alguém aparentado podia intervir e garantir a liberdade de seu familiar (25.47-53). No caso de venda de parte do patrimônio de alguém, um parente podia comprá-la de volta para seu familiar (25.25). Esse papel do parente era vital para a compreensão israelita de Deus. Javé é chamado Redentor de

Israel (Is 41.14; 43.14; 47.4; 48.17; 54.5), especialmente na libertação de seu povo das mãos dos egípcios (Sl 74.2; 106.10; Êx 6.6; 15.13; cf. Is 51.10).

A Mensagem de Levítico

Levítico abre uma janela para o culto do antigo Israel. Nele aprendemos sobre a santidade de Deus. O livro traz à luz a relação entre a santidade e a ética e, mais que isso, fornece o contexto para que se compreenda o significado da morte sacrificial de Cristo.

Deus é Santo. Seu próprio nome é santo (20.3; 22.32) e, no Antigo Testamento, como vimos, o nome retrata a essência da pessoa. A Glória de Deus é a manifestação externa da santidade divina. A aparição de Deus é tão impressionante que faz a natureza curvar-se em temor e gozo. As montanhas se derretem, os relâmpagos brilham, os trovões rugem, a terra estremece (Mq 1.3-4; Jó 9.5-10). O fogo, que simboliza a santidade de Deus (Dt 4.24), é emitido pela Glória e consome tanto os sacrifícios sobre o altar (9.23-24) como Nadabe e Abiú, por terem violado as coisas santas (10.1-2). Assim, para proteger os que buscam sua presença, Deus se envolve de nuvens e espessa escuridão (Sl 97.2-3). A beleza inerente na Glória leva a pessoa a Deus, mas com um profundo sentimento de temor e apreensão.

Sendo santo, Deus é zeloso (Dt 4.24). Esse zelo ciumento protege a integridade de seu caráter santo. Acima de tudo, Deus não pode tolerar o culto de nenhum outro deus (Êx 20.3-6). Uma vez que não há outros deuses, cultuá-los é falso e destrutivo (19.4; 26.1). Além disso, ninguém de seu povo pode usar seu nome em vão (19.12; 24.10-23; Êx 20.7). Pronunciar o nome de Deus em vão é uma tentativa de usar Deus para fins pessoais egoístas. Ao fazê-lo, a pessoa exalta-se a si mesma acima de Deus.

Tudo o mais que seja santo é santo por causa de sua relação com Deus. As gradações espaciais no acampamento de Israel testemunham o fato de que há graus de santidade. Para os israelitas, dois fatores determinavam o espaço em que uma pessoa podia entrar: (1) a importância da sua função no culto, e (2) o estado de sua pureza ritual.[17]

ESPAÇO	PESSOA
santuário	sacerdotes
acampamento	povo
fora do acampamento	temporariamente impuros
deserto	espíritos impuros

Quanto mais próximo de Deus, mais santo. Há graus de santidade até dentro do santuário:

ESPAÇO	PESSOA
pátio interno	levitas
Lugar Santo	sacerdotes
Santo dos Santos	sumo sacerdote

Somente a mais santa das pessoas da congregação, o sumo sacerdote, tinha permissão de entrar no Santo dos Santos, e tal permissão passou a ser limitada a ocasiões específicas.

As leis de pureza ritual, que regulamentavam o puro e o impuro, o santo e o comum, organizava a vida diária dos israelitas. Essas leis mantinham no povo a consciência do santo. Também protegiam a pessoa do perigo de entrar, em estado de impureza ritual, numa área sagrada. Para deixar a área comum e entrar no pátio do santuário, as pessoas precisavam preparar-se. Tinham de ter certeza de que estavam ritualmente limpas. Essa atividade implicava que deviam examinar o coração, ou seja, suas motivações íntimas, para ter certeza de que estas também eram puras (Sl 15.2; 24.3-4). A insistência na pureza lembrava a todos que deviam ser responsáveis por sua vida diária, seguindo os procedimentos para recuperar a pureza sempre que se tornassem impuros.

A polaridade entre a vida e a morte coincide com a polaridade entre o puro e o impuro.[18] A morte era acima de tudo uma contaminação. Tocar uma carcaça tornava a pessoa impura (11.24-25, 39-40). O contato com um cadáver humano contaminava de tal maneira que a lei exigia um ritual minucioso de purificação que se estendia por um período de sete dias (Nm 19.11-19). Os sacerdotes eram proibidos de entrar em contato com cadáveres, exceto de um parente próximo (21.1-4); o sumo sacerdote não podia ter contato com nenhum cadáver, exceto, talvez, o da própria esposa (21.10-12). A morte é o oposto da santidade. O Santo, desse modo, é a fonte da vida. Isso se visualiza na confissão de que Deus é um Deus vivo (Dt 5.23-26; Js 3.10). A santidade de Deus, além disso, permite a Deus redimir. Está na base de seu desejo de libertar seu povo do Egito (11.45; 19.36; 22.33 etc.).

A espinha dorsal da santidade é a justiça. A justiça procura estabelecer a igualdade entre as pessoas. Encontra-se no princípio da *lex talionis* (a lei da correspondência exata entre a punição e o crime), "dente por dente" (24.20). Salvo no caso da vida pela vida, é errado supor que esse princípio era aplicado literalmente no antigo Israel. Antes, servia como guia para estabelecer a penalidade no caso de ferimento pessoal. Sua introdução no código de leis era, aliás, uma grande vantagem para o povo, pois elevava a injúria pessoal do delito civil a um ato criminal, impedindo retaliações excessivas (Gn 4.23-24). Dessa maneira, elevava a dignidade das pessoas. Na corte, o juiz devia decidir o caso com imparcialidade, sem favorecer o pobre ou o rico (19.15).

Embora a santidade em si seja um traço espiritual, acima da moralidade, em Javé a interligação entre a justiça e a santidade significa que qualquer expressão de santidade deve exemplificar a justiça. A integridade moral de Javé é inseparável de sua santidade. Isso explica por que Javé sempre vinculou à lei a exigência de que o povo de sua aliança seja santo. Segundo a Bíblia, a santidade passou a ter o significado derivado de excelência moral, embora a busca da santidade exija mais que um estilo de vida de altos padrões morais.

Deus expressa sua santidade no amor pelo seu povo (Dt 7.7-10) e na convocação a que este ame o Senhor seu Deus (Dt 6.5). Os que amam a Deus são exortados: "amarás o teu próximo como a ti mesmo" (19.18; cf. 19.34). Esse princípio torna-se tangível em algumas leis que tratam de vários tipos de relacionamentos. O chamado para expressar amor em relacionamentos humanos está em contraposição a dizer calúnias (19.16), guardar rancor ou buscar vingança (19.18). Incentiva aquele tipo de compaixão que deixa alguns grãos para serem colhidos pelos pobres (19.9-10).

> O amor faz com que a justiça divina seja temperada com misericórdia.

Pecado e Sacrifício. Dado que os seres humanos pecam continuamente, a comunhão com o Deus santo, o próprio propósito da aliança, exigia um meio de acesso a Deus. Tal meio era a expiação pela apresentação de sacrifícios. O pecado produz conseqüências profundas: responsabilidade pelos danos tangíveis causados pelo pecado; alienação do pecador da pessoa contra quem pecou, alienação do pecador de Deus, alienação dentro do próprio pecador, e geração de uma corrupção que contamina o altar e o tabernáculo.

> Deus providenciou o sistema sacrificial para corrigir o efeito alienante e corruptor do pecado.

Festas do Antigo Testamento e Outras Datas Sagradas
(Fonte: NIV Study Bible)

Nome	Referências no AT	Data no Antigo Testamento	Equivalente Atual
Sábado	Êx 20.8-11; 31.12-17; Lv 23.3; Dt 5.12-15	7.º dia	o mesmo
Ano Sabático	Êx 23.10-11; Lv 25.1-7	7.º ano	o mesmo
Ano de Jubileu	Lv 25.8-55; 27.17-24; Nm 36.4	50.º ano	o mesmo
Páscoa	Êx 12.1-14; Lv 23.5; Nm 9.1-14; 28.16; Dt 16.1-3a, 4b-7	1.º mês (abibe), 14.º dia	mar.-abr.
Pães Asmos	Êx 12.15-20; 13.3-10; 23.15; 34.18; Lv 23.6-8; Nm 28.17-25; Dt 16.3b, 4a, 8	1.º mês (abibe), 15-21.º dia	mar.-abr.
Primícias	Lv 23.9-14	1.º mês (abibe), 16.º dia	mar.-abr.
Semanas (Pentecostes) (Colheita)	Êx 23.16a; 34.22a; Lv 23.15-21; Nm 28.26-31; Dt 16.9-12	3.º mês (sivã), 6.º dia	mai.-jun.
Trombetas (Mais tarde: Rosh Hashanah — Dia de ano-novo)	Lv 23.23-25; Nm 29.1-6	7.º mês (tisri), 1.º dia	set.-out.
Dia da Expiação (Yom Kippur)	Lv 16; 23.26-32; Nm 29.7-11	7.º mês (tisri), 10.º dia	set.-out.
Tabernáculos (Convocação)	Êx 23.16b; 34.22b; Lv 23.33-36a, 39-43; Nm 29.12-34; Dt 16.13-15; Zc 14.16-19	7.º mês (tisri), 15-21.º dia	set.-out.
Assembléia Santa	Lv 23.36b; Nm 29.35-38	7.º mês (tisri), 22.º dia	set.-out.
Purim	Et 9.18-32	12.º mês (adar), 14.º, 15.º dia	fev.-mar.

No Hanukah, em 25 de quisleu (meio de dezembro), a festa de dedicação ou festival das luzes, comemora-se a purificação do templo e do altar no período macabeu (165/4 a.C.). Essa festa é mencionada em Jo 10.22. Além disso, as luas novas eram muitas vezes dias especiais de festa (Nm 10.10; 1Cr 23.31; Ed 3.5; Ne 10.33; Sl 81.3; Is 1.13-14; 66.23; Os 5.7; Am 8.5; Cl 2.16).

LEVÍTICO

Descrição	Propósito	Referências no NT
Dia de descanso; sem trabalho	Descanso para pessoas e animais	Mt 12.1-14; 28.1; Lc 4.16; Jo 5.9; At 13.42; Cl 2.16; Hb 4.1-11
Ano de descanso; campos sem cultivo	Descanso para a terra	
Cancelamento de dívidas; libertação de escravos e de servos obrigados por tempo limitado; devolução de terras ao primeiro proprietário	Ajuda aos pobres; estabilização da sociedade	
Matar e comer um cordeiro, junto com ervas amargas e pão sem fermento, em todas as casas	Lembrar Israel do livramento das mãos dos egípcios	Mt 26.17; Mc 14.12-26; Jo 2.13; 11.55; 1Co 5.7; Hb 11.28
Comer pão sem fermento; realizar várias assembléias; apresentar os sacrifícios exigidos	Lembrar como o Senhor tirou os israelitas apressadamente do Egito	Mc 14.1, 12; At 12.3; 1Co 5.6-8
Apresentar como oferta movida um feixe da primeira colheita de cevada; apresentar um holocausto e uma oferta de cereais	Reconhecer a liberalidade do Senhor para com a terra	Rm 8.23; 1Co 15.20-23
Festa de alegria; ofertas obrigatórias e voluntárias, incluindo-se as primícias da colheita de trigo	Mostrar alegria e gratidão pela bênção do Senhor sobre a colheita	At 2.1-4; 20.16; 1Co 16.8
Assembléia num dia de descanso comemorado com toques de trombeta e sacrifícios	Apresentar Israel diante do Senhor, pedindo seu favor	
Dia de descanso, jejum e sacrifícios de expiação pelos sacerdotes e pelo povo e expiação pelo tabernáculo e pelo altar	Purificar dos pecados os sacerdotes e as pessoas e purificar o Lugar Santo	Rm 3.24-26; Hb 9.7; 10.3, 19-22
Semana de celebração pela colheita; habitar em tendas e oferecer sacrifícios	Rememorar a jornada do Egito a Canaã; dar graças pela produtividade de Canaã	Jo 7.2, 37
Dia de convocação, descanso e apresentação de sacrifícios	Comemorar o encerramento do ciclo de festas	
Dia de alegria, de festa e de troca de banquetes	Lembrar aos israelitas o livramento da nação nos dias de Ester	

Sacrifícios específicos cobriam a necessidade humana de vencer os efeitos do pecado. De fato, a exigência de fazer um sacrifício incute no pecador a realidade de que a morte é a pena do pecado. Além disso, os rituais do Dia da Expiação quebravam os poderes do pecado na comunidade, purificavam o santuário da contaminação do pecado e faziam expiação pelo sacerdote e pelo povo como um todo. Dada a propensão humana para o pecado, era preciso apresentar, todas as manhãs, holocaustos em favor de toda a comunidade.

Como um sacrifício repara o dano causado por um pecado? Levítico não trata diretamente dessa questão. É preciso tirar conclusões a partir de indícios esparsos no texto.

A palavra chave é *kipper*. Significa ela "expiar" ou "propiciar"?[19] Embora o termo indique o aplacamento da ira de Deus (propiciar) em poucos textos (e.g., Nm 25.13; Gn 32.20 [TM 21] emprega a palavra para descrever a esperança de Jacó de aplacar a ira de Esaú), na legislação sacrificial, a ação de *kipper* é a própria remoção do pecado (expiação). A pessoa que havia pecado precisava apresentar o devido sacrifício logo depois de ter pecado, ou seja, antes que a ira de Deus se acendesse. Normalmente, a ira de Deus se acendia contra pessoas que insistiam em se recusar a fazer reparações depois de pecar, não sobre uma única falha. Além disso, o uso desse termo dá a entender que o que se fazia na ação de *kipper* era feito em benefício da pessoa, não para ela. Assim, o *kipper* cobria o dano múltiplo causado por um pecado. A ação de *kipper* removia a contaminação gerada pelo pecado e a culpa ou condenação. Assim, a realização da expiação por meio de um sacrifício dava a Deus uma boa base para garantir perdão.

O texto chave para o significado do uso do sangue no sistema sacrificial é Levítico 17.11: "Porque a vida do animal está no sangue: Eu vo-lo designei para fazer expiação sobre o altar, por vossa vida, porque é o sangue que faz a expiação em virtude da vida".[20] Nesse versículo faz-se um jogo com o termo vida ou pessoa (*nepesh*).[21] A fonte de vida é o sangue.[22] Quando o sangue de um animal é derramado em sacrifício, esse animal dá a vida pela pessoa que pecou. A vida do animal é derramada na morte, a penalidade para o pecado, de modo que o apresentante possa continuar vivo. Há, portanto, um elemento de substituição na dinâmica do sacrifício. O princípio é vida por vida, significando que a expiação é alcançada sobre um fundamento sólido e justo. A culpa ou a condenação pelo pecado cometido é assim satisfeita. E mais, a aspersão do sangue purifica o altar poluído pelo pecado. O sangue possui esse poder purificador porque era o centro da vida do animal.

Assim, quando apresentado de maneira aceitável a Deus, o sacrifício cumpre a expiação (1.4). Por conseguinte, o indivíduo é perdoado (4.20, 26). O agente implícito do passivo "perdoado" é Deus. Essa construção gramatical indica que a iniciativa de prover perdão reside em Deus. Cumprir um ritual não garante perdão automático. Isso implica que, antes de prover o perdão, Deus sonda as motivações e atitudes da pessoa que faz o sacrifício. Portanto, o Antigo Testamento não ensina nenhum conceito mágico de sacrifício. O apresentante confia na misericórdia de Javé para obter aceitação e perdão.

Levítico e o Novo Testamento

A legislação sacrificial registrada em Levítico provê a base para a compreensão da morte de Cristo como sacrifício (1Co 5.7). Familiarizando-se com o Antigo Testamento, o fiel fica mais apto a compreender a singularidade e a supremacia da morte sacrificial de Cristo (Hb 7.27; 9.23-28). O livro de Hebreus lança luz sobre a função de Cristo como o sumo sacerdote superior (Hb 2.17; 3.1; 7.26-28). O Novo Testamento como um todo continua a convocar o povo de Deus à santidade (1Pe 1.15-16; Mt 5.48) e a reforçar as idéias de Levítico com respeito à natureza e à importância da santidade. Lições acerca do culto ao Deus santo e da manutenção da presença de Deus na comunidade dos fiéis são abundantes em todo o Novo Testamento, que também oferece perspectivas da função sacerdotal de todos os que crêem (1Pe 2.5, 9).

Lei e Graça. Às vezes afirma-se que a salvação sob a antiga aliança era adquirida pela realização de obras da lei, enquanto sob a nova aliança, as pessoas são salvas somente pela fé em Cristo. Essa concepção é baseada em grande parte numa compreensão um tanto distorcida dos ensinos de Paulo. Um estudo cuidadoso da Torá, bem como do restante do Antigo Testamento, mostra que as pessoas nunca são salvas por seus próprios esforços —mas apenas pela graça de Deus. Todos merecem condenação e morte por haverem pecado. Deus, por sua graça, dispõe-se a aceitar a pessoa na base da fé, provendo o meio de redenção. Paulo compreendia a aliança com Abraão dessa maneira e declarou que ela não foi anulada pela lei dada a Moisés (Gl 3.6-18). O autor de Hebreus, discutindo os atos de culto do Antigo Testamento, afirmou sucintamente: "porque é impossível que sangue de touros e de bodes remova pecados" (10.4).

De modo semelhante, muitos judeus compreenderam que a salvação é pela graça soberana de Deus:

> Disse o Rabino Jocanã: "Assim, deves aprender que o homem não tem direitos diante de Deus; pois Moisés, o maior dos profetas, chegou-se a Deus apenas com apelo de graça". (*Deut. Rab. wa'eth/anan* 2.1)
>
> Não foi por suas obras que os israelitas foram libertados do Egito, nem pelas obras de seus pais, e não foi por obras que o mar Vermelho foi dividido em dois, mas para engrandecer o nome de Deus [...] Assim, Moisés disse aos israelitas: "Não foi por vossas obras que fostes redimidos, mas para louvardes a Deus e declarardes seu nome entre as nações". (*Midr. Sl.* 44.1)

Muitas orações judaicas expressam que, no tocante à salvação, deve-se depender de Deus:

> "Soberano de todos os mundos! Não confiamos em nossa justiça para colocar nossas súplicas diante de ti, mas em tuas misericórdias abundantes [...] Nosso Pai, nosso Rei, embora sejamos nulos em justiça e atos virtuosos, lembra a nós a aliança com nossos pais e nosso testemunho diário de tua Eterna Unidade."[23]

Hebreus. A Epístola aos Hebreus cita Levítico com freqüência, particularmente a passagem do Dia da Expiação (cap. 16). Dignos de nota são os capítulos 6 a 10. Estes trazem informações sobre a comunidade a quem Hebreus foi escrita e dão o significado neotestamentário (e, portanto, canônico e cristão) do ritual levítico. O sacrifício de Cristo é "a verdadeira forma dessas realidades" e não precisa ser repetido. Assim, o ritual da lei mosaica já não é necessário; aliás, "aquilo que se torna antiquado e envelhecido está prestes a desaparecer" (8.13).

CAPÍTULO 7

Números

Os israelitas haviam partido do Egito no décimo quinto dia do primeiro mês (Nm 33.3; cf. Êx 12.2-5) e chegado ao deserto de Sinai no primeiro dia (lua nova) do terceiro mês (Êx 19.1). No terceiro dia, Deus se revelou sobre o monte (v. 16). O tabernáculo foi erigido no primeiro dia do primeiro mês do segundo ano (40.17). O livro de Números começa com uma ordem de Javé a Moisés no primeiro dia do segundo mês do segundo ano. No décimo segundo dia desse mês, "a nuvem se ergueu de sobre o tabernáculo da congregação". "Os filhos de Israel puseram-se em marcha do deserto do Sinai" (Nm 10.11s.). Deuteronômio começa com uma referência ao primeiro dia do décimo primeiro mês do quadragésimo ano, ou cerca de trinta e oito anos, oito meses e dez dias após a partida do Sinai. Números, portanto, cobre um intervalo de trinta e oito anos e nove meses, o período de "peregrinações pelo deserto".[1]

Um propósito óbvio do livro é registrar o período desde o encontro com Deus no Sinai até a preparação em Moabe para a entrada na terra prometida. Entretanto, há muito mais que isso. A jornada entre o Sinai e Cades-Barnéia, passando pelo golfo de Ácaba, levaria normalmente apenas onze dias (Dt 1.2).[2] A rota direta consumiria poucos dias a menos e, passando por Edom e Moabe, dificilmente mais que duas semanas.[3] A narrativa deixa claro que o período de trinta e oito anos foi uma punição pela falta de fé: ninguém da geração incrédula teve permissão para entrar na terra (Nm 14.20-45; cf. Dt 1.35ss.). Números, portanto, não é só um trecho de história antiga, mas outra lista dos atos de Javé. Trata-se de uma história complexa de infidelidade, rebelião, apostasia e frustração, em contraposição com a fidelidade, presença, provisão e paciência de Deus.

A TORÁ

> Segundo o mandado do SENHOR se acampavam, e segundo o mandado do SENHOR se punham em marcha: cumpriam o seu dever para com o SENHOR, segundo a ordem deste por intermédio de Moisés. Nm 9.23

Conteúdo

O Nome. Originariamente, o livro não possuía título. Os tradutores da LXX denominaram-no *Números* por causa das listas de censos. Esse título foi transmitido pela Vulgata para as versões européias e inglesas. Seu nome na Bíblia hebraica, tomado das palavras do primeiro versículo, traduz-se por "No deserto de [Sinai]". Tal título harmoniza-se com o ambiente dos capítulos. 1–10. Um título mais antigo, cunhado pelos rabinos, denomina-o "O quinto [da Torá] que trata dos reunidos", mais uma vez dando destaque às listas dos censos (caps. 1–4; 26).

Esboço. O livro divide-se em três partes principais, cada uma centrada num ambiente geográfico para marcar os estágios principais da marcha pelo deserto. As duas primeiras seções concluem com uma descrição da jornada para o próximo estágio. O mesmo não acontece na terceira seção, já que a marcha de Moabe a Canaã não é recontada até o livro de Josué. Antes, a porção acerca de Moabe conclui relembrando todo o itinerário e estabelecendo algumas regras básicas geográficas, políticas e sociais para a vida na nova terra.

    Sinai: Preparação para a partida (1.1–10.10)
                 Primeiro censo (1.1-54)
                 Acampamentos e líderes tribais (2.1-34)
                 Número e tarefas dos levitas (3.1–4.49)
                 Miscelânea de leis (5.1-31)
                 Voto de nazireado (6.1-27)
                 Ofertas de consagração (9.1-14)
                 Nuvem para guiar o povo (9.15–10.10)
      Conclusão: Jornada de Sinai a Cades (10.11–12.16)
                 Partida do Sinai (10.11-36)
                 Incidentes ao longo do caminho (11.1–12.16)

Cades   no deserto de Parã (13.1–20.13)
                 Missão e relato dos espias (13.1-33)
                 Decisão do povo e julgamento de Deus (14.1-45)
                 Miscelânea de leis (15.1-41)
                 Rebelião de Coré (16.1-50)
                 Relato da vara de Arão (17.1-13)
                 Tarefas e porções dos sacerdotes (18.1-32)
                 Purificação dos impuros (19.1-22)
                 Eventos finais em Cades (20.1-13)
              Conclusão: Jornada de Cades às campinas de Moabe (20.14–22.1)
                 Oposição de Edom (20.14, 21)
                 Morte de Arão; vitória sobre os opositores (20.22–22.1)

Moabe: Preparação para Canaã (22.2–32.42)
                 Balaão e Balaque (22.2–24.25)
                 Apostasia em Peor e a praga (25.1-18)
                 Segundo censo (26.1-65)
                 Filhas de Zelofeade, direito das mulheres (27.1-11)
                 Josué como sucessor de Moisés (27.12-23)
                 Ofertas nas festas (28.1–29.40)
                 Votos das mulheres (30.1-16)
                 Vingança sobre Midiã (31.1-54)
                 Porções das tribos transjordanianas (32.1-42)
              Conclusão: Uma visão do passado e do futuro (33.1–36.13)
                 Recapitulação da jornada a partir do Egito (33.1-56)
                 Limites de Israel na terra (34.1-29)
                 Cidades dos levitas (35.1-34)
                 Filhas de Zelofeade e herança das mulheres (36.1-13)

O Problema da Crítica. Houve tempo em que a crença geral era de que Números, assim como o restante do Pentateuco, fora inteiramente escrito por Moisés. Com o desenvolvimento da análise histórica e literária da Bíblia, surgiu uma variedade de ressalvas a essa teoria, com alguns estudiosos negando toda e qualquer validade histórica ao livro. Hoje, pelo contrário, existe apoio considerável para a idéia de que Números incorpora muito material histórico, embora transmitido em várias formas e editado e revisado substancialmente. Eis alguns dos elementos do problema:

(1) Não se faz menção do autor do livro. Números 33.2 indica que "Moisés escreveu as suas saídas, caminhada após caminhada, conforme ao mandado do SENHOR", mas essa é a única referência à atividade literária de Moisés. Em todo o livro, ele é descrito na terceira pessoa. Pode-se argumentar (como, aliás, se argumenta) que Moisés, como César, podia escrever acerca de si mesmo na terceira pessoa.[4] Em Deuteronômio, em contrapartida, encontramos Moisés como o *orador* principal. Em Números, com certeza ele é o ator principal, e boa parte do material vem das anotações feitas por Moisés ou por um de seus contemporâneos, talvez Josué.

(2) Material consideravelmente antigo é encontrado em Números. Ao mesmo tempo, existem alguns problemas na harmonização do material, em especial certas leis, ordenanças e práticas cultuais. Em alguns casos, os estudiosos concluem que há reflexos de práticas posteriores.[5] Mas é difícil um consenso:

> ... embora essas instituições já tivessem forma básica nos dias de Moisés e embora tenham preservado o espírito e os elementos essenciais das formas primitivas, houve modificações em várias épocas durante os séculos de uso e [...] a forma estabelecida em Números representa a prática na época da compilação final do material de origem.[6]

O material antigo demonstra conhecimento profundo do deserto, do povo israelita e de suas constantes reclamações e demonstrações de desprezo para com Moisés, bem como muito material descritivo acerca do próprio Moisés. Estudos recentes sobre listas de topônimos em textos egípcios da Última Idade do Bronze (o provável período do êxodo) confirmam a precisão do itinerário relacionado em Números 33.44-49. A validade dessa lista havia sido questionada por falta de provas arqueológicas das cidades arroladas.[7] Ritos antigos, cuja prática ou significado parecem ter-se perdido mais tarde, são preservados em 5.11-22 e 19.1-22. Citações do "Livro das Guerras de Javé" (21.14s., 17s., 27-30) também parecem de fonte bem antiga. Em particular, algumas passagens poéticas (tais como os pronunciamentos de Balaão nos caps. 23–24) são escritas em hebraico muito antigo, i.e., entre os séculos XIII e X a.C. Detalhes de geografia e alusões históricas nesses poemas, especialmente 24.23s., podem indicar a época da invasão dos Povos do Mar, c. 1190. Mesmo as seções "sacerdotais" de Números, com freqüência datadas após o exílio (c. 500 a.C.), são agora consideradas repletas de termos, costumes e instituições da história de Israel, os quais foram revistos ou tiveram seu significado modificado durante o exílio ou depois dele. Uma pesquisa recente apresenta uma lista contendo dezenas de exemplos desse tipo baseados no costume hebraico ou em paralelos egípcios, hititas e acadianos de meados do segundo milênio a.C., estendendo-se até os primeiros séculos do primeiro milênio.[8]

Como muitos outros livros da Bíblia, Números, conforme o temos, parece o produto final de um amplo processo de composição. Fazemos bem em examiná-lo segundo os *três horizontes* de interpretação. Em primeiro lugar, o livro falava aos judeus acerca de sua história *passada*. Explicava por que Moisés, Arão e seus descendentes, remidos no êxodo e comissionados por Deus no Sinai, não herdaram pessoalmente a terra prometida. Ao mesmo tempo, testificava a paciência de Deus e sua presença junto a seu povo peregrino.

Em segundo lugar, falava de sua história *presente* durante o exílio e imediatamente depois dele. Aliás, é provável que Números tenha sido recomposto em sua forma final durante esse período turbulento de desorientação. Para muitos judeus, a Babilônia de Nabucodonosor era o Egito revisitado. Ansiava-se por um novo êxodo, mas era preciso atravessar outro deserto. A idéia de um retorno à Palestina deixava muitos judeus perplexos. Anelavam pela terra natal, mas temiam os sofrimentos do retorno: uma jornada árdua, um adeus à Babilônia que por décadas tinha sido seu abrigo e um futuro incerto no que se havia tornado uma província persa, uma recepção difícil nas mãos de compatriotas e estrangeiros pouco amigáveis. Êxodo seria sua história novamente: a provisão e a paciência de Deus os acompanhariam.

O terceiro horizonte falava aos judeus sobre sua história *futura*. Há uma forte palavra de alerta: "Não desobedeçais aos mandamentos da aliança divina nem vos esqueçais de sua promessa de fidelidade. Por duas vezes Deus vos conduziu pelo deserto à terra da abundância. Permanecei fiéis ao longo das gerações, e continuareis a gozar da terra que é dádiva de Deus".

Os números em Números. De acordo com 1.45s., "todos os contados dos filhos de Israel, segundo a casa de seus pais, de vinte anos para cima, todos os capazes de sair à guerra", foram 603.550. Esse foi o primeiro censo, realizado no Sinai "no segundo ano após a saída dos filhos de Israel do Egito, no primeiro dia do segundo mês" (v. 1).[9] Se os homens em idade militar forem estimados entre 20 e 25 por cento da população —com base em registros de outros povos— o total de todos os israelitas seria de 2,5 a 3 milhões de pessoas. Qualquer que seja o cálculo, o número dificilmente pode ser reduzido a menos de 2 milhões.

Esse número é extremamente amplo, suscitando muitos e vários problemas. Se os hebreus levaram consigo "ovelhas, gado, muitíssimos animais" (Êx 12.38), como tal multidão poderia ser mantida com algum tipo de disciplina durante a partida do Egito? Como o deserto, com pouca pastagem e água, poderia sustentá-la? E como os setenta israelitas originais que desceram para o Egito se multiplicaram para ser mais de dois milhões em quatro, sete, ou mesmo dez gerações?[10]

Há quatro possibilidades básicas de explicação para os números:

(1) Os números podem ser tomados literalmente.[11] "Mas os filhos de Israel foram fecundos, aumentaram muito [...] de maneira que a terra se encheu deles" (Êx 1.7). Essa explosão populacional causou tal preocupação ao faraó (v. 9-12), que ele emitiu a ordem de matar todos os recém-nascidos hebreus de sexo masculino (v. 22). Quanto à jornada, os israelitas eram organizados em pequenos

Resultados dos Censos de Números 1 e 26

Tribo	Citação	Números	"A"[a]	"M"[b]	Citação	Números	"A"[a]	"M"[b]
Rúben	1.20s.	46.500	46	500	26.5ss.	43.730	43	730
Simeão	1.22s.	59.300	59	300	26.12ss.	22.200	22	200
Gade	1.24s.	45.650	45	650	26.15ss.	40.500	40	500
Judá	1.26s.	74.600	74	600	26.19ss.	76.500	76	500
Issacar	1.28s.	54.400	54	400	26.23ss.	64.300	64	300
Zebulom	1.30s.	57.400	57	400	26.26ss.	60.500	60	500
Efraim	1.32s.	40.500	40	500	26.35ss.	32.500	32	500
Manassés	1.34s.	32.200	32	200	26.28ss.	52.700	52	700
Benjamim	1.36s.	35.400	35	400	26.38ss.	45.600	45	600
Dã	1.38s.	62.700	62	700	26.42ss.	64.400	64	400
Aser	1.40s.	41.500	41	500	26.44ss.	53.400	53	400
Naftali	1.42s.	53.400	53	400	26.48ss.	45.400	45	400
Totais		603.550	598	5.500		601.730	596	5.730
Média		50.296	49,8	462,5		50.144	49,7	477,5
Máximo		74.600	74	700		76.500	76	730
Mínimo		32.200	32	200		22.200	22	200

Maior aumento: Manassés (20.500)

Maior diminuição: Simeão (37.100)

[a] "A" = '^{e}lapîm, "milhares, clãs"

[b] "M" = mē'ōt, "centenas"

Essa tabela inclui os censos de Números 1 e 26. As contagens são dadas conforme costumam ser traduzidas em textos bíblicos: os seguintes elementos são desmembrados em "milhares" (clãs, chefes de tribos) e "centenas" (talvez os verdadeiros totais).

grupos com que os líderes tribais conseguiam lidar. O alimento e a água eram providos de maneira miraculosa quando necessários; alguns entendem que o deserto era então mais fértil, tendo, portanto, mais capacidade de sustentar mais pessoas e rebanhos.

Entretanto, essa concepção não resolve todos os problemas nem inclui todos os dados bíblicos. Os povos de Canaã foram descritos como "sete nações mais numerosas e mais poderosas" que Israel (Dt 7.1). Javé disse: "Não vos teve o SENHOR afeição, nem vos escolheu porque fôsseis mais numerosos do que qualquer povo, pois éreis o menor de todos os povos" (Dt 7.7). Se os dados em Números forem interpretados como se houvesse 2,5 milhões de hebreus, é necessário concluir que seu número quase se iguala ao dos que se encontram na mesma área (Israel e outras partes da Cisjordânia) no presente —ainda assim, essa multidão teria de ser menos numerosa que a população de cada uma das outras nações já existente na localidade. Tal condição é altamente improvável.

Alguns números da antigüidade podem ser usados para comparação. Por exemplo, o rei assírio Salmaneser III enfrentou uma coalizão de nações na batalha de Carcar (853), inclusive Hadadezer de Damasco, Irhuleni de Hamate, Acabe de Israel e outros oito reinos. De acordo com uma inscrição de Salmaneser, Acabe contribuiu com 2.000 carros e 10.000 soldados,[12] de um total de cerca de 3.000 carros e 70.000 homens de batalha —e isso ocorreu no auge das dez tribos no norte. Uma vez que estava em jogo nada menos que a sobrevivência de seu reino, presume-se que Acabe não deva ter poupado parte de suas forças. Quando Sargão II capturou Samaria, registrou que "levou cativos 27.290 de seus habitantes" (provavelmente a cidade de Samaria) junto com cinqüenta carros.[13] Quando Senaqueribe invadiu Judá (701), aprisionando Ezequias "como um pássaro na gaiola", sitiou quarenta e seis cidades e tomou 200.150 pessoas "jovens e velhos, homens e mulheres".[14] Além dessas estimativas, temos evidências arqueológicas. A maioria das cidades escavadas cobre sítios de poucos hectares que poderiam abrigar no máximo alguns milhares de pessoas. Em nenhuma época a Palestina teve mais de algumas dezenas de cidades de tamanho significativo. Todas as evidências disponíveis, bíblicas, extrabíblicas e arqueológicas, parecem desestimular a interpretação literal dos números de Números.

(2) Os números em Números representam uma lista de censo "deslocada", do tempo da monarquia.[15] Essa hipótese não resolve na realidade o problema básico, apenas o transfere para um período posterior. Entretanto, suprime problemas como a rápida multiplicação dos israelitas e a capacidade de o deserto sustentar número tão elevado de pessoas e animais.

(3) A palavra traduzida por "milhares" também pode ser traduzida por "tribos" ou, com leve mudança na vocalização, "chefes de tribos".[16] Essa tentativa de resolver o problema sem violentar o texto bíblico foi apresentada por um arqueólogo pioneiro[17], recebendo leve revisão recente em vista de descobrimentos arqueológicos posteriores.[18]

Essa teoria é atraente: (1) pode ser estendida para resolver problemas semelhantes de números elevados durante a monarquia e os reinos divididos (e.g., 1Sm 6.19; 1Rs 20.30; 2Cr 17.14-18); (2) exige emendas mínimas no texto hebraico.[19] Entretanto, não é isenta de problemas. Não parece haver relação entre o número de "tribos, clãs" e o total em cada grupo.[20] Além disso, é estranho que um censo que resulte em números nunca maiores que setecentos apresente basicamente centenas redondas.[21] Outro problema possível é a relação entre o número de "milhares" e os combatentes em cada grupo —em geral menos de dez em cada mil, o que (empregando a razão de 1:5) indicaria uma população total de apenas 50 pessoas em cada "clã".

A dificuldade mais séria está na contagem dos primogênitos israelitas de sexo masculino. De acordo com Números 3.43, o total era 22.273. Os levitas, não precisando fornecer combatentes, deviam servir como substitutos dos primogênitos (v. 44s.). O número dos levitas chega a 22.000. Isso só tem sentido se 22.000 for um número de fato, não um ajuntamento de vinte e dois "milhares".[22]

(4) Os números fazem parte do estilo narrativo épico, com a intenção de expressar a majestade e o milagre do livramento das mãos dos egípcios. Segundo essa concepção, eles "não devem ser compreendidos nem de modo estritamente literário, nem como algo que tenha sobrevivido numa forma textual corrompida".[23] Um estudioso contenta-se em dizer: "As listas dos censos representam uma antiga tradição de cotas tribais de homens disponíveis em caso de guerra, de modo que os termos em questão significam algum tipo de unidades militares [...] Não se sabe o valor numérico exato deles".[24] Para alguns estudantes da Bíblia, isso não serve como solução, mas fuga. Para outros, é uma admissão de que não podemos ter a pretensão de responder a todos os problemas com os conhecimentos limitados disponíveis.[25]

Teologia

A Presença. De um modo tão maravilhoso que não pode ser compreendido, o Senhor fez com que sua presença entre os israelitas fosse conhecida visualmente:

> No dia em que foi erguido o tabernáculo, a nuvem o cobriu, a saber a tenda do testemunho; e à tarde estava sobre o tabernáculo uma aparência de fogo até à manhã. (9.15s.)

Quando a nuvem se erguia, o povo caminhava; e quando parava, o povo acampava. Enquanto a nuvem repousava sobre o tabernáculo, o povo permanecia no acampamento (v. 17-23).

Certa vez, quando Miriã e Arão ficaram exasperados com o irmão Moisés "por causa da mulher cuxita [núbia ou etíope] que tomara" (12.1), o Senhor convocou um encontro dos três na "tenda da congregação" (v. 4). Ele apareceu "na coluna de nuvem" e pronunciou palavras solenes:

> Se entre vós há profeta,
>   eu, o SENHOR, em visão a ele me faço conhecer,
>   ou falo com ele em sonhos.
> Não é assim com o meu servo Moisés,
>   que é fiel em toda a minha casa.
> Boca a boca falo com ele, claramente, e não por enigmas;
>   pois ele vê a forma do SENHOR.

Dessa e de outras maneiras, o Senhor dava a conhecer sua presença. As histórias acerca de sua presença contínua durante todo o período do deserto deve ter sido contada e recontada ao longo das gerações, pois esse tema volta a ocorrer séculos mais tarde na mensagem dos profetas (Os 2.14-15; Jr 2.1-3).[26]

A Providência de Javé. O período do deserto foi uma demonstração constante da provisão do Senhor nas necessidades do povo. Números destaca esse cuidado de três maneiras: (1) as histórias sobre orientação, proteção e suprimentos materiais (10.11–14.45; caps. 16–17; 20–25; 27.12-23; 31.1–33.49); (2) as instruções na lei de Deus (1.1–10.10; cap. 15; caps.18–19; 26.1–27.11; caps. 28–30; 33.50–36.13); (3) a instituição de padrões efetivos de liderança (11.1–14.45; 16.1-35; 27.12-23).

Deus proveu o "maná" para alimentar o povo e, quando este se cansou da dieta vegetariana, enviou codornizes (Êx 16). Essa história é desenvolvida

A TORÁ

em Números 11. Ali o cuidado providencial de Deus é visto em contraposição às murmurações e reclamações do povo. A provisão das codornizes foi ao que parece temporária; o maná, porém, continuou por toda a jornada, cessando apenas quando os israelitas entraram em Canaã (Js 5.12).[27] Quando Moisés narrou as experiências do deserto, mencionou mais que a maravilhosa provisão de alimentos (Dt 8.3): "Nunca envelheceu a tua veste sobre ti, nem se inchou o teu pé nestes quarenta anos" (v. 4). Quando o povo sentiu falta de água e reclamou a Moisés, Deus mandou que Moisés e Arão reunissem a congregação, dizendo: "Falai à rocha, e dará a sua água" (Nm 20.8). Moisés estava irritado por causa das reclamações descabidas do povo e, num momento de ira, bateu duas vezes na rocha (v. 11). Por esse motivo foi-lhe dito que não entraria em Canaã (v. 12). Em todo o Antigo Testamento há muitos lembretes do cuidado providencial de Deus, com freqüência ilustrados por reminiscências do período do deserto da história de Israel (Os 9.10; 13.4-5).

Jebel Nebi Harun, tradicionalmente identificado com o monte Hor, onde Arão morreu e foi sepultado (Nm 20.22). *(Neal e Joel Bierling)*

As provisões legais esboçadas em Números moldaram o culto de Israel e julgaram sua desobediência durante a jornada; também prepararam o povo para quando tomasse posse da terra, o destino visado em Números. A estrutura organizacional em tribos, clãs e famílias (caps. 1–4); as cerimônias de confissão e restituição (cap. 5); os regulamentos para os sacrifícios e ofertas, inclusive a Páscoa e o Pentecostes [semanas], o Dia da Expiação e a Festa dos Tabernáculos (caps. 7-10; 15-19; 28); as diretrizes para a divisão da terra e a reserva de cidades para os levitas (caps. 32-35) —Tudo isso eram instrumentos da graça de Deus para lhes dar condições de viver em comunidade como povo de Deus na jornada e no assentamento.

Como *liderança* e sua necessária autoridade, podemos apontar em primeiro lugar *Moisés,* a quem Deus delegou tarefas especiais (caps. 12; 16) e impôs repreensão severa (20.12). Em resposta à solicitação de Moisés, que pedia um sucessor, Javé destacou *Josué* (27.12-23), "homem em quem há o Espírito" (v. 18). O papel importante dos *sacerdotes* na comunidade, seja na viagem, seja no estabelecimento, é evidente nas histórias acerca de Arão e seus filhos (2.1; 3.1-4), especialmente o sumo sacerdote Eleazar, que se destaca no relato do comissionamento de Josué (27.12-23). Os *levitas* (caps. 3-4; 18; 35) são regularmente apresentados em todo o livro como guardiães e mantenedores da Tenda da Aliança. Não devem ser omitidos os *nazireus*, cuja dedicação especial servia de lição viva acerca da santidade inalienável de Deus e do compromisso total que isso merecia (6.1-21).

Paciência. Uma afirmação cardeal da teologia israelita é que o Senhor é longânimo. Números relata alguns incidentes em que se fundamentava essa crença. Deus foi paciente com Moisés, tanto no chamado no Sinai, quando ele tentou desvencilhar-se da tarefa, como mais tarde, no deserto. (Moisés mesmo era em geral igualmente paciente com o povo; as batidas que deu na rocha em Meribá não combinam com seu caráter [20.9-13].)

Números está repleto de relatos sobre as queixas dos israelitas. Eles reclamavam acerca de seus infortúnios (11.1). Ansiavam pelos peixes, pepinos, melões, alhos-porós, cebolas e alhos do Egito (v. 5), como que esquecidos das dificuldades terríveis da escravidão. Quando o Senhor lhes enviou codornizes, reclamaram (v. 33, cf. Êx 16). Miriã e Arão murmuraram contra a esposa de Moisés (12.1), e a ira deles transformou-se em ciúmes de Moisés (v. 2). Quando os espias retornaram de Canaã com histórias de gigantes e cidades muradas, o povo estava prestes a escolher um capitão e voltar para o Egito (14.4). A paciência do Senhor esgotou-se nessa hora, e ele declarou que nenhum daquela geração entraria na terra, exceto Calebe e Josué, os dois espias que haviam incentivado o povo a entrar na terra e a tomar posse dela (cap. 13; 26.65). Mas mesmo nessa situação, Deus persistiu em seu grande plano redentor, estendendo sua promessa para incluir os filhos dos que se recusaram a confiar nele. E, apesar das rebeliões (caps. 14; 16; 25), ele continuou a prover-lhes alimento e água.

Intercessão. No livro de Levítico, a santidade de Javé levanta uma pergunta: "Como um povo pecador pode ter comunhão com um Deus santo?". A resposta bíblica inclui alguém que interceda por ele. O sacerdócio e o sistema sacrificial proviam o meio de intercessão. Números também contém alguns exemplos de intercessão pessoal.

Num desses casos, Deus é retratado em termos humanos.[28] O incidente envolve o ciúme de Miriã e Arão com relação ao irmão Moisés, com o que "a ira do SENHOR contra eles se acendeu; e retirou-se". Miriã foi acometida de lepra e Arão pediu a Moisés: "Ai! senhor meu, não ponhas, te rogo, sobre nós este pecado, pois loucamente procedemos, e pecamos". Moisés, então, intercedeu: "Ó Deus, rogo-te que a cures". Deus a curou, mas somente após uma punição exemplar de sete dias de exclusão do acampamento (12.9-15).

Quando o povo se rebelou ao ouvir o relato dos espiões, Deus ameaçou afligi-lo com pestilência e também deserdá-lo (14.4-12). Moisés argumentou que os egípcios poderiam ouvir isso e dizer: "Não podendo o Senhor fazer entrar este povo na terra que lhe prometeu com juramento, os matou no deserto" (v. 13-16). Alegando, baseado na fé, que o Senhor é "longânimo e grande em misericórdia, que perdoa a iniqüidade e a transgressão", Moisés orou para que Deus perdoasse a iniqüidade do povo. O Senhor o fez, mas se recusou a permitir que aquela geração incrédula entrasse em Canaã (v. 20-23). A partir de tais experiências, os israelitas adquiriram uma forte crença no poder de intercessão de um justo em favor dos pecadores. Essa intercessão não era reservada ao ofício sacerdotal, fazia parte do ministério de Moisés como profeta (cf. Gn 20.7; Am 7.2-5).

Javé e as Nações. A convicção de que o Senhor era o dirigente de todas as nações não recebe plena expressão antes da última parte de Isaías. Assim como outros aspectos da teologia do Antigo Testamento, ela foi construída sobre a experiência. O Senhor havia demonstrado no Êxodo que era mais poderoso que os deuses dos egípcios. Quando o povo se recusou a aceitar o relato de Josué e Calebe, ficou impedido de aprender que Javé estava muito acima dos deuses de Canaã.

É provável que a lição mais viva, porém, esteja na história de Balaque e Balaão. Os israelitas haviam sido proibidos de marchar através de Edom, de modo que a contornaram (21.4). Eles tinham de cruzar o território amorreu e pediram permissão para fazê-lo de modo pacífico. Seom, rei dos amorreus, recusou. Os israelitas derrotaram a ele e a seu povo e lhes tomaram a terra (v. 21-25). Depois entraram em Moabe, a última região a ser atravessada no caminho para Canaã. Para impedir a marcha deles, Balaque, o rei de Moabe, buscou ajuda de Balaão, um profeta da Mesopotâmia, conhecido por seu poder de pronunciar maldições eficientes (22.6). Mas Javé persuadiu Balaão a não amaldiçoar Israel. Quando Balaque pressionou o profeta, Deus alertou Balaão para que dissesse apenas o que Deus lhe mandasse dizer. Balaão selou sua jumenta e partiu com os príncipes de Moabe. O anjo do Senhor bloqueou o caminho e quando Balaão espancou sua jumenta que se recusava a seguir adiante, a jumenta falou com ele. O anjo então ordenou que Balaão fosse com os moabitas mas que, ao invés de amaldiçoar Israel, abençoasse-o. Balaão assim fez para atestar a natureza completa da bênção. A história é contada de maneira muito agradável e deve ter sido uma das favoritas nas tendas e em redor das fogueiras no acampamento. Mas essa história memorável de uma jumenta falante contém uma verdade profunda: O Senhor de Israel é o que está no comando; mesmo um profeta mesopotâmico, ao se confrontar com Javé, só consegue falar o que o Senhor coloca em sua boca.

A história tem uma seqüência. Balaão, chamado "filho de Beor" em ambos os relatos (22.5; 31.8), ao que parece juntou-se aos midianitas e enredou os israelitas para que cometessem um pecado abominável contra Javé, adorando Baal-Peor (31.16; cf. 25.1-3). É provável que isso tenha implicado prostituição cultual (25.6) e tenha sido o início das prostituições —tanto espirituais como físicas— que infestaram Israel[29] em todo o período dos profetas até o exílio. O Senhor ordenou que Moisés punisse os midianitas; e na breve guerra, Balaão foi morto (31.8).

A Profecia da Estrela e do Cetro. Depois que Balaão abençoou Israel pela segunda vez, o Espírito de Deus veio sobre ele:

Palavra de Balaão, filho de Beor,
    palavra do homem de olhos abertos,
palavra daquele que ouve os ditos de Deus,
    e sabe a ciência do Altíssimo;
daquele que tem a visão do Todo-poderoso
    e prostra-se, porém de olhos abertos:
Vê-lo-ei, mas não agora;
    contemplá-lo-ei, mas não de perto;
uma estrela procederá de Jacó,
    de Israel subirá um cetro
que ferirá as têmporas de Moabe,
    e destruirá todos os filhos de Sete.
Edom será uma possessão;
    Seir, seus inimigos,
        também será uma possessão;
    mas Israel fará proezas.
De Jacó sairá um dominador
    e exterminará os que restam das cidades. (24.15-19)

A profecia é notável por sua referência ao domínio de Jacó, mas a mais citada é a passagem que trata da estrela e do cetro (v. 17). Muitos a têm por profecia messiânica. Ela foi compreendida em algum sentido parecido em Qumran, onde é citada nos Manuscritos do Mar Morto.[30] Em seu contexto, a profecia não faz nenhuma menção do Messias, e não há nem a vaga sugestão de um início da era messiânica. "Estrela" (Gn 37.9s.) e especialmente "cetro" simbolizam o domínio (Gn 49.10; Sl 45.6), de modo que a profecia fala de um governante que sairá de Israel para derrotar os inimigos da vizinhança. Essa pequena fagulha ajudou a acender um fogo de esperança num Messias que dominaria todas as nações com justiça e paz.[31]

CAPÍTULO 8

Deuteronômio

Por trinta e oito anos, depois de terem sido impedidos de entrar em Canaã, os israelitas ficaram restritos ao deserto de Parã em Cades-Barnéia. Somente quando a velha geração morreu, tiveram permissão de retomar a jornada. Deus os conduziu num longo percurso pelo lado oriental de Edom. Eles receberam a ordem de acampar em Moabe, aguardando instruções finais para atravessar o rio Jordão e tomar posse da terra prometida. Foi um momento grandioso.

Moisés, consciente de que estava impedido de entrar na nova terra (Dt 1.37), aproveitou a ocasião para pronunciar três longos discursos ao povo de Israel. A essência desses discursos de despedida encontra-se em Deuteronômio. O primeiro foi proferido "além do Jordão, na terra de Moabe" (1.5). O segundo —se as palavras de 4.44-49 servem como cabeçalho da segunda parte e não como resumo da primeira— foi proferido "além do Jordão, no vale defronte de Bete-Peor, na terra de Seom, rei dos amorreus" (v. 46). O terceiro foi simplesmente na "terra de Moabe" (29.1). É bem possível que se pretenda indicar o mesmo local para as três mensagens.

A cadeia quase ininterrupta de discursos mostra a adequação do nome hebraico para Deuteronômio: "São estas as palavras" (heb. *'ēlleh haddebārîm*), ou simplesmente "palavras". Apenas o relato da morte de Moisés (cap. 34) pode ser chamado "narrativa". O restante, exceto um punhado de notas introdutórias, é um fluxo de palavras intensas. O nome grego transmitido às línguas européias, *Deuteronomion*, "segundo livro da lei" ou "segundo pronunciamento da lei", reconhece os vínculos com Êxodo, em que a lei ocorre pela primeira vez na Torá.

> Hoje fizeste o SENHOR declarar que te será por Deus, que andarás nos seus caminhos, guardarás os seus estatutos, e os seus mandamentos, e os seus juízos, e darás ouvidos à sua voz. E o SENHOR hoje te fez dizer que lhe serás por povo seu próprio, como te disse, e que guardarás todos os seus mandamentos. Para assim te exaltar em louvor, renome e glória, sobre todas as nações que fez, e para que sejas povo santo ao SENHOR teu Deus, como tem dito. Dt 26.17-19

Esboço e Conteúdo

Esboço e Gênero. A maioria das tentativas de análise de Deuteronômio começa com suas divisões óbvias —os três *discursos*. O estilo exortativo, típico de sermões, é notado com freqüência: os três discursos consistem em quatro vinte e quatro, e dois capítulos, respectivamente. A visível distribuição desproporcional pode ser explicada pela suposição de que o segundo discurso é o centro do livro e os outros dois formam a moldura para apresentá-lo e descrever suas conseqüências. "O orador está tentando passar de formulações especificamente legais para exortações e encorajamentos pastorais".[1] Mas o rótulo *discursos*, apenas, talvez não seja adequado para descrever o movimento, a ordem e o propósito do livro. Seu amplo leque de preocupações legais dão-lhe um cunho *constitucional*. Para alguns, o livro parece uma *exposição* abrangente do Decálogo. Essas descrições de gênero indicam que o caráter de Deuteronômio corresponde mais ao de um *documento* que ao de uma simples coleção de discursos: "o documento preparado por Moisés como um testemunho a respeito da aliança dinâmica dada pelo Senhor a Israel nas campinas de Moabe".[2]

O fluxo do esboço de Deuteronômio parece seguir o dos tratados entre suseranos e vassalos.[3] Formas hititas e acadianas (tanto assírias como babilônicas) desses tratados subsistem, lançando luz sobre a natureza da autoridade régia de Deus sobre Israel, seu povo servo (veja p. 78-81). Uma posição alternativa destaca acordos ou alianças de trabalho egípcios como possível ambiente de Deuteronômio.[4] Entretanto, o livro ultrapassa muito em extensão qualquer tratado desse gênero registrado na época. Tenha sido ou não preparado na forma de tais tratados, a estrutura de Deuteronômio é um bom ponto de partida. O esboço básico é o seguinte:

DEUTERONÔMIO

Introdução (1.1-5)
Primeiro Discurso: Atos de Javé (1.6–4.43)
   Sumário Histórico da Palavra de Javé (1.6–3.29)
   Obrigações de Israel para com Javé (4.1–40)
   Nota sobre Cidades de Refúgio (4.41-43)
Segundo Discurso: Lei de Javé (4.44–26.19)
   As Exigências da Aliança (4.44–11.32)
      Introdução (4.44-49)
      Dez Mandamentos (5.1-21)
      Encontro com Javé (5.22-33)
      Grande Mandamento (6.1-25)
      Terra da Promessa e Seus Problemas (7.1-26)
      Lições dos Atos de Javé e Reação de Israel (8.1–11.25)
      Alternativas diante de Israel (11.26-32)
   Lei (12.1–26.19)
      Acerca do Culto (12.1–16.17)
      Acerca dos Juízes (16.18–18.22)
      Acerca dos Criminosos (19.1-21)
      Acerca da Guerra (20.1-20)
      Miscelânea de Leis (21.1–25.19)
      Confissões Litúrgicas (26.1-15)
      Exortações Finais (26.16-19)
   Cerimônia a Ser Instituída em Siquém (27.1–28.68)
      Maldições pela Desobediência (27.1-26)
      Bênçãos pela Obediência (28.1-14)
      Maldições pela Desobediência (28.15-68)
Terceiro Discurso: Aliança com Javé (29.1–30.20)
   Propósito da Revelação de Javé (29.1-29)
   Proximidade da Palavra de Deus (30.1-14)
   Escolha Colocada diante de Israel (30.15-20)
Conclusão (31.1–34.12)
   Palavras Finais de Moisés; seu Cântico (31.1–32.47)
   Morte de Moisés (32.48–34.12)

Quer apresentado originariamente em forma oral como três discursos, quer escrito como documento de despedida, o livro desenvolve o tema da aliança de Deus com Israel.

> Agora, pois, ó Israel, que é que o SENHOR requer de ti? Não é que temas o SENHOR teu Deus, e andes em todos os seus caminhos, e o ames, e sirvas ao SENHOR teu Deus de todo o teu coração e de toda a tua alma, para guardares os mandamentos do SENHOR, e os seus estatutos, que hoje te ordeno, para o teu bem? Dt 10.12s (veja também v. 14-22)

Composição e Interpretação

O livro de Deuteronômio é com freqüência considerado a pedra fundamental de toda a hipótese documentária do Pentateuco (veja cap. 1). A data de sua composição foi anunciada como um dos "resultados seguros" da pesquisa moderna. Entretanto, em anos recentes a teoria conforme apresentada de início tem sofrido uma revisão substancial e intrincada. Por isso, pode ser útil uma avaliação das concepções críticas acerca da composição do livro.

A Hipótese Documentária Clássica. Pela teoria de composição do Pentateuco defendida por Graf-Wellhausen, as quatro fontes documentárias foram J, E, D e P. O documento D formou a porção principal de Deuteronômio (caps. 12–26). No décimo oitavo ano do rei Josias (621 a.C.), os trabalhadores que estavam reparando a casa do Senhor encontraram "o livro da lei". Quando foi lido para o rei, este rasgou as vestes, lamentando-se por seu povo ter sido desobediente às palavras desse livro. Sua penitência provocou um avivamento religioso (2Rs 22–23). Já na época de Jerônimo (século IV d.C.), cria-se que o livro encontrado era Deuteronômio. Em 1805, W. M. L. de Wette tentou demonstrar que Deuteronômio vinha de uma fonte não encontrada nos primeiros quatro livros do Pentateuco. Propôs uma data no século VII a.C., depois de J e E. No final do século XIX, J. Wellhausen estava convencido de que as reformas de Josias se iniciaram por líderes religiosos contemporâneos que haviam composto o "livro da lei", e o plantaram no templo. Em seguida, foi "descoberto" e, sendo atribuído à época de Moisés, serviu de grande apoio às reformas.[5] Alguns estudiosos alegam que "o livro da lei" consistia em Deuteronômio; 12–26, outros supõem que fossem os capítulos. 5–26.

A História Deuteronômica. Um grande número de estudiosos chegou a datar "o livro da lei" de acordo com a teoria de que teria sido composto imediatamente antes de sua descoberta em 621. Essa concepção não se sustenta diante do escrutínio acadêmico do século XX. Alguns retrocedem a data de Deuteronômio aos dias de Manassés, ou de Ezequias, ou de Amós, ou, ainda antes, aos dias de Samuel. Outros localizam a obra após o exílio, nos tempos de

Estela de Hamurábi (c. 1700 a.C.) contendo 282 leis, as quais proporcionam comparações interessantes de forma e detalhes com as leis do Pentateuco (e.g., Dt 19.21). *(Louvre)*

Ageu, Zacarias ou mais tarde. Enquanto isso, alguns estudiosos notaram que Deuteronômio tem em comum com Samuel—Reis pelo menos o mesmo tanto que com os primeiros quatro livros do Pentateuco.

Como conseqüência dessas conclusões variadas, surgiu o termo "deuteronomista", e os estudiosos passaram a falar do *Tetrateuco* (Gênesis a Números) e da "história deuteronômica" (Deuteronômio, Josué, Juízes, Samuel e Reis);[6] os estudiosos que seguiam a teoria de Wellhausen insistiam que o propósito maior do documento D era estabelecer Jerusalém como o único santuário, embora a cidade não receba nenhuma menção em Deuteronômio. Além disso, essa teoria parecia contradizer a ordem de erigir um altar no monte Ebal (Dt 27.4-8).[7] Alguns autores destacaram que Deuteronômio tem alguns pontos em comum com Oséias e concluíram que em vez de produto do reino do sul, tratava-se de uma composição do norte.[8] O livro dirige-se a Israel como um todo, não a Judá, a Sião e à linhagem davídica.[9] O propósito principal do livro, conforme captado sucintamente por um jogo de palavras em alemão, não era *Kulteinheit* (unidade de culto, i.e., no santuário central) mas *Kultreinheit* (pureza de culto).[10] Alguns concluíram que Deuteronômio era o resultado, não a causa, das reformas de Josias.[11] É óbvio que os mesmos dados estavam levando estudiosos a direções bem opostas.

A Situação Atual. No momento não existe nenhum consenso entre os especialistas. Estudos sobre a crítica da forma têm levado mais e mais estudiosos a reconhecer elementos bem antigos em Deuteronômio. A possibilidade de que o livro esteja estruturado mais como os tratados de suserania do segundo milênio (veja acima) do que os de meados do primeiro milênio indicaria uma data mais remota. O estilo exortativo convence alguns estudiosos modernos de que o livro se baseia numa tradição que remonta ao próprio Moisés.[12] Outros situam a tradição no início da monarquia.

O livro conforme o temos, como muitas obras do Antigo Testamento, parece ter sofrido um longo processo de composição. O processo envolve atualização e modificação para atender às necessidades de Israel, de acordo com as mudanças ocorridas ao longo dos séculos. As coleções de leis diversas no discurso central podem refletir esse processo de atualização. Ainda assim, o produto final, conforme analisado por técnicas recentes de estilística, revela uma unidade notável, apesar da aparente diversidade em suas formas de discurso.[13]

Quanto às influências que moldaram o livro durante seu desenvolvimento, notam-se pelo menos quatro: (1) os escritos dos profetas, especialmente Oséias, com sua ênfase no amor de Javé, fundamentado na aliança, e nos perigos da rebeldia contra ele; (2) sacerdotes levitas, que guardaram as tradições legais e cultuais sagradas apresentadas no livro; (3) escribas da corte imersos nas tradições sapienciais de Israel, que mantiveram as ênfases na justiça e seus méritos, bem como no temor de Javé e seus frutos no tratamento humanitário para com pessoas e animais;[14] (4) cantores levitas, que por gerações entoaram o texto em cultos públicos.[15]

Se forem removidas as glosas aparentemente posteriores e talvez alguns materiais nos capítulos finais, resta pouco de Deuteronômio que não possa ser proveniente da época de Moisés. Com certeza há mais probabilidade de Deuteronômio ter exercido grande influência sobre os profetas que de os profetas o terem produzido. Nenhum dos principais pontos de tensão contemporâneos aos profetas, como o culto a Baal ou tipos específicos de idolatria, são encontrados em Deuteronômio. Moisés, não os profetas posteriores a ele, estabeleceu os grande princípios da religião israelita; os profetas desenvolveram esses princípios e os aplicaram aos problemas espirituais e morais de sua época. Oséias mesmo ressalta o papel de Moisés nos primórdios de Israel: "Mas o SENHOR por meio dum profeta fez subir a Israel do Egito, e por um profeta [talvez Samuel] foi ele guardado" (Os 12.13). Depois de dois séculos de estudos críticos, a evidência talvez pareça indicar que, se Deuteronômio não for um registro das próprias palavras de Moisés, é pelo menos uma tradição que representa Moisés com precisão e reflete com fidelidade a aplicação por ele dada às leis e aos estatutos da aliança de Javé de acordo com as necessidades dos israelitas prestes a entrar em Canaã.[16]

Horizontes de Interpretação

Sob a direção providencial de Deus, Deuteronômio teve significado especial em três eras da vida de Israel. A primeira foi o *período de seu ambiente original* nas planícies de Moabe, quando o povo aguardava para atravessar o Jordão sem Moisés como líder. Era tempo de renovação da aliança, uma reafirmação e amplificação do que Deus havia ordenado no Sinai, uma geração antes. Todas as mudanças exigidas pela conquista e pelo estabelecimento na terra foram apresentadas em detalhes. A transição de uma comunidade peregrina acampada em áreas desérticas para uma coalizão de tribos, clãs e famílias dispersas era drástica. Deuteronômio, como uma constituição nacional, considerava com seriedade essa transição e previa dezenas de ajustes importantes que seriam necessários. Especialmente nos discursos de despedida de Moisés, o povo foi alertado contra as ilusões de uma terra repleta de influências pagãs. As tribos estavam para *conquistar a terra* e precisavam tomar conhecimento de tudo o que se prometia, para o bem e para o mal.

O segundo horizonte ocorreu durante o *período posterior da monarquia*. As tradições preservadas no livro com certeza contribuíram para as reformas de Josias iniciadas em 621 a.C. Antes disso, também podem ter motivado o zelo de Ezequias por expurgar as práticas pagãs denunciadas em 2Rs 15. Uma contribuição posterior do livro pode ter ocorrido durante as décadas correspondentes ao final da era da dominação assíria e o início do período babilônico: os padrões de julgamento e de graça podem ter sido aplicados às histórias de Israel e de Judá registradas em Samuel e Reis. O termo deuteronomista é empregado para descrever essas obras juntamente com Josué e Juízes, indicando que sua posição básica final era norteada em parte pelos grandes temas de Deuteronômio (veja cap. 9). A questão era se Judá conseguiria permanecer como escolhido de Deus e *manter a terra* que fora a expressão material dessa eleição. Embora a série de livros que compreende a espinha dorsal da história bíblica não se tenha completado até o exílio, o entendimento do acordo entre Deus e o povo, conforme apresentado em Deuteronômio, ganhou nova importância durante as últimas décadas de independência política de Judá.

O exílio nada fez para diminuir a importância de Deuteronômio. Todo o Pentateuco, mais que nunca, assumiu maior importância durante os ministérios de Esdras e de Neemias. Os livros tornaram-se um distintivo da singularidade de Israel depois que o julgamento divino impôs suas lições. O terceiro horizonte é o *retorno à Palestina*, quando a comunidade da aliança precisou sobreviver sem reis nem príncipes. A lei e os sacerdotes que a ensinavam pareciam maiores que antes. Para os judeus humilhados e castigados, Deuteronômio tornou-se mais uma vez o manual para dirigi-los em sua terra. Mais que qualquer outro documento, ele lhes contava sua história —passada, presente, futura. O livro lembrava-lhes a graça divina, pela qual primeiro haviam ganhado a terra; do pecado doloroso, pelo qual não conseguiram manter a posse da terra; e da aliança de amor, que sozinha explicava o fato de terem *recuperado a terra*.[17]

Teologia

Deuteronômio é uma arca preciosa de conceitos teológicos que têm influenciado o pensamento e a vida religiosa dos antigos israelitas, dos judeus e dos cristãos. Suas idéias básicas são creditadas a Moisés. Expandidas e adaptadas por orientação do Espírito, influenciaram os profetas responsáveis pela "história deuteronômica" —os "Profetas Anteriores"— bem como os profetas "Posteriores". Não é de admirar que os estudantes da Bíblia tenham ansiado por compreender as idéias teológicas de Deuteronômio. Sua antigüidade, sua centralidade no pensamento veterotestamentário e sua influência sobre a igreja do Novo Testamento dão testemunho de uma importância que não pode ser exagerada.

O Credo. Deuteronômio 6.4s. é o "Credo" de Israel, ou, empregando a palavra de abertura que se tornou seu nome judaico, o "Shemá":

> Ouve, Israel, o SENHOR nosso Deus é o único SENHOR. Amarás, pois, o SENHOR teu Deus de todo o teu coração, de toda a tua alma, e de toda a tua força.

Essas palavras tinham de estar no coração dos israelitas que, por sua vez, tinham de ensiná-las aos filhos. As palavras deviam ser atadas "como sinal" na mão e "por frontal" entre os olhos. Deviam ser escritas nos umbrais da casa e nos portões. Essas instruções, logo após o Shemá, são essenciais nos rituais religiosos diários dos judeus. Jesus tomou as palavras do v. 5 como o primeiro e o maior mandamento (Mt 22.37).

O credo destaca a unidade e a singularidade de Javé, o Deus de Israel, especificamente no relacionamento estabelecido entre ele e seu povo. A palavra empregada para "único" é o numeral —literalmente, "O SENHOR nosso Deus, o SENHOR, um".[18] Se essa passagem ensina de modo específico o monoteísmo, outra palavra hebraica também poderia ter sido empregada: "O Senhor nosso Deus é o único Deus".[19] Ao mesmo tempo, Deuteronômio 6.4s. exclui todo conceito de politeísmo, pois Deus não é muitos, mas um. Acima de tudo, existe em Javé uma exclusividade tal que exige amor total (lealdade, compromisso, dedicação) de seu povo. O credo não apresenta o monoteísmo como uma idéia filosófica. Mas com certeza apresenta o Senhor como o único Deus que os israelitas podiam amar. Amá-lo de todo o coração, alma e força não deixa espaço para devoção a outro deus. Além disso, eleva a fidelidade a Deus acima de todos os compromissos humanos de lealdade.

O nome "monolatria" (culto de um só deus) é às vezes atribuído à concepção israelita primitiva, uma vez que não nega explicitamente a existência de outros deuses. Entretanto, tanto o monoteísmo como a monolatria são conceitos filosóficos, e não parece que os israelitas fossem filósofos especulativos. Eles não teciam conjecturas acerca de Deus; conheciam-no por meio das experiências que tinham com ele. Deus os havia libertado do Egito e, por conseguinte, exigia-lhes devoção completa. A fé deles era o resultado da experiência e não a conclusão de uma lógica abstrata.

O Deus que Age. O quadro de Javé como alguém que entra em atividade junto com seres humanos escolhidos não é apresentado pela primeira vez em Deuteronômio. Era parte essencial da história da criação, da narrativa do dilúvio e, com certeza, da aliança abraâmica. Foi ilustrado de maneira suprema na dupla vitória de Javé sobre o faraó, rechaçando tanto sua recusa de libertar os israelitas como seus esforços para recapturar os escravos prestes a escapar.

Em Deuteronômio, porém, os atos históricos de Javé tornaram-se parte fundamental do ponto de vista do livro: esses atos estavam relacionados com os direitos de Javé sobre os israelitas, antes e depois de entrarem na terra da promessa. Moisés lembrou-lhes "o que o Senhor fez por causa de Baal-Peor" (4.3). Seu propósito era instruir sobre o comportamento futuro deles na terra prometida (v. 5). "Que grande nação há que tenha deuses tão chegados a si como o Senhor, nosso Deus, todas as vezes que o invocamos?" (v. 7), é a pergunta retórica dirigida feita por Moisés, que exige a resposta "nenhuma". Os eventos que engendraram tal fé devem ser dados a conhecer aos filhos e aos filhos dos filhos (v. 9).

A doutrina de que Deus é invisível e o mandamento contra a confecção de imagens para representá-lo são, ambos, extraídos da experiência no Horebe (v. 15s.). "Guarda-te não levantes os olhos para os céus e, vendo o sol, a lua e as estrelas, a saber, todo o exército dos céus, não sejas seduzido a inclinar-te perante eles, e dês culto àqueles, coisas que o Senhor teu Deus repartiu a todos os povos debaixo de todos os céus", continua dizendo Moisés. "Mas o Senhor vos tomou, e vos tirou da fornalha de ferro do Egito, para que lhe sejais povo de herança..." (v. 19s.) O sol, a lua e as estrelas pertencem a todos —por decreto de Deus—, mas o livramento do Egito foi sua ação em favor de Israel apenas, destinada a fazer dele seu próprio povo.

Caso Israel se esqueça dessas experiências e de seu significado, Javé decerto o punirá, tirando-o da terra e espalhando-o entre as nações. Por outro lado, se Israel retornar a Javé e obedecer à sua voz, Deus é misericordioso e não se esquecerá da aliança que jurou a seus pais (v. 25-31).

> Agora, pois, pergunta aos tempos passados, que te precederam desde o dia em que Deus criou o homem sobre a terra, desde uma extremidade do céu até a outra, se sucedeu jamais cousa tamanha como esta, ou se se ouviu cousa como esta; ou se algum povo ouviu falar a voz de algum deus do meio do fogo, como tu a ouviste, ficando vivo; ou se um deus intentou ir tomar para si um povo do meio de outro povo com provas, com sinais, e com milagres, e com peleja, e com mão poderosa, e com

braço estendido, e com grandes espantos, segundo tudo quanto o SENHOR vosso Deus voz fez no Egito aos vossos olhos. (v. 32-35)

No discurso final de Moisés, ele declara: "Tendes visto tudo quanto o SENHOR fez na terra do Egito [...] porém o SENHOR não vos deu coração para entender, nem olhos para ver, nem ouvidos para ouvir, até ao dia de hoje" (29.2-4). Apresenta-se mais uma vez o fato de que Javé os conduziu pelo deserto e lhes supriu as necessidades. Então Moisés destaca o motivo disso: "para que hoje te estabeleça por seu povo, e ele te seja por Deus, como te tem prometido, como jurou a teus pais, Abraão, Isaque e Jacó" (v. 13).

A Eleição de Israel. O conceito de que Javé escolheu Israel para ser sua possessão é chamado "eleição". A base da doutrina encontra-se no chamado de Abraão (Gn 12.1-3; 15.1-6), quando a promessa de Deus é dirigida à "semente" ou descendentes de Abraão. Essa idéia é lançada na primeira linha do chamado de Deus a Moisés (Êx 3.6). Encontra-se na revelação da lei no Sinai (cf. Êx 20.2, 12) e no sistema sacrificial apresentado em Levítico (cf. Lv 18.1-5, 24-30). A referência à promessa encontra-se no relato sobre o envio de espias a Canaã (Nm 13.2) e no relatório da minoria formada por Josué e Calebe (Nm 14.8). Mas eleição é *a* idéia que permeia Deuteronômio.

A palavra empregada com maior freqüência para expressar o conceito de eleição é o verbo "escolher".[19] Mas a idéia de eleição —de que Deus havia selecionado Israel para ser seu povo— é também expressa de muitas outras maneiras. O conceito está muitas vezes implícito onde não se empregam palavras explícitas (cf. 4.32-35). Devemos lembrar que o fato de Deus escolher Israel concretiza-se em seu ato de criá-lo como um novo povo. A eleição divina não é um ato arbitrário, ainda que Deus tenha tomado uma nação já existente em detrimento de outras. A nova obra de redenção divina exigia um novo povo, daí o chamado de Abraão e a formação de uma nova nação a partir da família de Abraão.

"Porque tu és povo santo ao SENHOR teu Deus", afirma Moisés, "o SENHOR teu Deus te escolheu, para que lhe fosses o seu povo próprio, de todos os povos que há sobre a terra" (7.6). A escolha foi feita, diz ele, não por causa da superioridade numérica de Israel (v. 7), mas: "porque o SENHOR vos amava, e para guardar o juramento que fizera a vossos pais..." (v. 8). Por causa dessa eleição, Israel devia destruir as nações na terra de Canaã: "sete nações mais numerosas e mais poderosas do que tu" (v. 1b.). Israel não devia fechar tratados com elas nem ter misericórdia para com elas. Não devia haver casamentos mistos entre israelitas e os povos da terra. Isso só poderia fazer com que os israelitas deixassem Javé para servir a outros deuses (v. 3s.). Acima de tudo, deviam destruir todos os símbolos religiosos dos cananeus (v. 5). Essas obrigações parecem penosas. Uma vez que Javé é igualmente Deus de todas as nações e, portanto, todos os povos são igualmente suas criaturas, por que essas restrições pesadas? Tais restrições precisam ser vistas da perspectiva correta, do contexto da eleição. Javé escolheu Israel e é o Deus de Israel. Deus não assume nenhum compromisso específico com outras nações, exceto o que está implícito na aliança com Israel. Essa idéia básica de eleição está por trás das porções exclusivistas do Novo Testamento, tais como a diferença entre os seguidores de Cristo e o "mundo" (cf. Jo 1.10-13; 8.23; 15.18s.; 1 Jo 2.15).

Mas esse conceito de eleição tem outra face. Havia outro propósito no fato de Deus escolher Abraão e seus descendentes: "em ti serão benditas todas as famílias da terra" (Gn 12.3). O ciúme de Deus para com Israel não brota de sua indiferença para com outros povos; antes, surge de sua preocupação de que Israel transmita a verdade divina aos outros povos. Se Israel não for cuidadoso para guardar a verdade que Javé revelou em palavra e em atos, a verdade nunca chegará ao restante do mundo.

Por conseguinte, Deuteronômio salienta que os israelitas devem fazer tudo o que for ordenado pelo Senhor quando tiverem entrado em Canaã. Essa é a razão por trás da lei do "santuário único" (Dt 12.1-14). A ordem expressa proibia Israel de cultuar em todos os lugares onde as nações que seriam desapossadas serviram aos seus deuses (v. 2). "Mas buscareis o lugar que o SENHOR vosso Deus escolher..."(v. 5). Esse lugar, onde quer que fosse —Ebal, Siquém, Siló e, por fim, Jerusalém—, seria o lugar exclusivo de culto para o povo escolhido. Somente assim a fé permaneceria incontaminada pela religião cananéia; somente assim haveria um testemunho claro às nações.

O propósito da eleição —testemunho às nações que seriam abençoadas por causa da eleição de Israel— não é salientado em Deuteronômio. A preocupação principal de Moisés era colocar diante dos israelitas os perigos de, na nova terra, corromperem a fé e de perderem a verdade revelada a eles.[20]

A Relação de Aliança. A palavra "aliança" desponta aqui e ali com freqüência no Antigo Testamento.[21] Embora seja às vezes descrita como um "contrato" ou "acordo", a aliança bíblica é um tanto diferente. Um contrato implica reciprocidade: "pelo valor recebido aceito pagar...". Se um dos contratantes deixa de cumprir sua parte, o outro fica desobrigado. Mesmo o tratado de suserania não é bem igual à aliança bíblica, embora pareça um paralelo mais próximo. Aqui, o governante venceu o povo vassalo e, portanto, impõe-lhe certas obrigações. Em troca promete prover os devidos benefícios. Ao contrário, a aliança bíblica, a relação entre Deus e seu povo escolhido, não se origina nem na reciprocidade nem na conquista. Ela começa no amor: "porque o SENHOR vos amava..." (7.8). Assim, mesmo que o povo falhe e não cumpra sua parte da obrigação —como certamente fizeram no deserto e ao longo da maior parte de sua história—, Deus não quebrará sua aliança (4.31).

Quanto aos profetas, a relação de aliança torna-se a pedra fundamental de sua esperança. Para essa esperança havia três elementos básicos: (1) formação do povo que Deus havia escolhido, (2) a posse da herança que Deus prometera aos patriarcas e seus descendentes, e (3) o estabelecimento do trono prometido a Davi e sua posteridade (2Sm 7). Uma vez que o Senhor deles é um Deus que guarda as promessas da aliança, os profetas sabiam que no final Deus devia redimir o povo, devolvê-lo à terra e estabelecer o rei no trono. Os elementos dessa esperança já estão presentes em Deuteronômio. Ao expor suas convicções, Moisés é de fato o profeta arquetípico (cf. 9.26-29; 17.14-20; 18.15-18).

Não devemos, porém, supor que sobre Israel não se impunham obrigações. Aliás, a lei dada no Sinai, em Êxodo, reiterada por Moisés em Deuteronômio com aplicações típicas de sermões, é composta das obrigações da relação de aliança. Não devemos perder de vista a tênue distinção entre um contrato e uma aliança. Se a relação entre Israel e Javé fosse a do tipo firmado num contrato moderno, o compromisso de Javé seria contingente ao cumprimento das obrigações por parte de Israel. Na relação de aliança, Javé honra sua parte (as promessas) porque ama e porque é Deus. O Senhor pode punir Israel por desobediência e até castigar gerações inteiras por incredulidade persistente, mas a aliança permanece em vigor —simplesmente por causa da natureza de Deus.

Israel, por outro lado, está obrigado pela honra a manter as exigências da aliança —não para colocar Javé em débito com Israel, mas porque Israel é povo de Javé e deve agir de acordo com essa condição. Moisés apela ao princípio fundamental estabelecido em Levítico —"Santos sereis, porque eu, o SENHOR vosso Deus, sou santo"(Lv 19.2)— quando repete a lei:

> Cuidareis de cumprir todos os mandamentos, que hoje vos ordeno, para que vivais, e vos multipliqueis e entreis e possuais a terra que o SENHOR prometeu sob juramento a vossos pais. Recordar-te-ás de todo o caminho, pelo qual o SENHOR teu Deus te guiou no deserto estes quarenta anos [...] Sabe, pois, no teu coração que, como um homem disciplina a seu filho, assim te disciplina o SENHOR teu Deus. Guarda os mandamentos do SENHOR teu Deus, para andares nos seus caminhos, e o temeres. (Dt 8.1-6)

O Conceito de Pecado. A base da doutrina bíblica do pecado é apresentada na história da queda (Gn 3) e ilustrada nos capítulos subseqüentes, culminando no dilúvio (Gn 4-9). Em Números, o pecado de Israel é retratado em alguns eventos de murmuração e rebelião. Em Deuteronômio, é visto em contraste com a relação de aliança.

A obrigação dos israelitas de guardar e cumprir as ordenanças de Deus estava fundamentada no fato de que pelo êxodo Deus os havia escolhido para ser sua propriedade (7.6). Quando eles reclamassem a terra, deviam se lembrar desses fatos e obedecer aos mandamentos de Deus (8.1-10). Entretanto, corriam o risco constante de voltar-se para outros deuses (v. 11-18), um ato que acarretava morte (v. 19). Amar a Deus e cumprir seus mandamentos são colocados lado a lado (11.1, 13). A bênção na terra é o fruto dessa obediência (v. 8-12).

A gravidade do pecado se esclarece de maneira dramática em Deuteronômio. Um aspecto central do livro é a série de instruções sobre as cerimônias de bênçãos e maldições que seriam observadas logo que o povo pisasse na nova terra (caps. 27-28). As tribos deviam dividir-se em dois grupos. Seis tribos deveriam escalar o monte Gerizim para um ritual de bênção; seis, o monte Ebal, para um ritual de maldição.

A liturgia das doze maldições (27.11-26) cobre um leque de crimes espirituais, sociais e sexuais semelhante ao do Decálogo, embora mais abrangente. A longa lista de bênçãos (28.1-19) abrange toda a gama de dádivas graciosas de Deus para o povo no campo político, agrícola e militar. Em contrapartida, uma série ainda maior de maldições (28.15-68) ameaça tudo o que os israelitas possam prezar, da liberdade à saúde, da prosperidade à posse da terra. A afirmação do apóstolo, "o salário do pecado é a morte" (Rm 6.23) é um resumo adequado dessas maldições sombrias e amargas. Desdenhar as exigências da aliança divina ou rebelar-se contra elas era transformar o Salvador em Juiz. Essas antigas maldições da aliança ecoavam nas palavras dos grandes profetas de Israel quando eles pronunciavam suas ameaças de julgamento carregadas de condenação contra Israel e Judá.

A apostasia ou idolatria era o pecado mais execrável de todos. Deuteronômio não dá margens a dúvidas nesse sentido:

> Entre vós não haja homem, nem mulher, nem família, nem tribo, cujo coração hoje se desvie do SENHOR nosso Deus, e vá servir aos deuses destas nações [...] O SENHOR não lhe quererá perdoar; antes fumegará a ira e o seu zelo sobre tal homem, e toda maldição escrita neste livro jazerá sobre ele; e o SENHOR lhe apagará o nome de debaixo do céu. (29.18-20)

O pecado da idolatria é tão sério que os israelitas eram ordenados a matar um irmão, filho ou filha, esposa ou amigo que tentasse incitá-los a servir a outros deuses: "Não concordarás com ele, nem o ouvirás; não o olharás com piedade, não o pouparás, nem o esconderás, mas certamente o matarás [...] Apedrejá-lo-ás até que morra, pois te procurou apartar do SENHOR teu Deus, que te tirou da terra do Egito..." (13.8-10). Se os habitantes de uma cidade tentassem incitar os israelitas a se distanciar de Javé, essa cidade, com tudo o que nela houvesse, devia ser destruída (13.15s.).

Apesar do caráter humanitário de muitas das leis apresentadas em Deuteronômio 15–26, as penalidades para a idolatria eram terrivelmente severas. A única explicação que pode ser inferida de Deuteronômio, ou de qualquer outra porção da Bíblia, é a santidade da relação de aliança. Como regra geral, a Bíblia não ordena que o povo de Deus mate todos os incrédulos. As únicas ocorrências de tal recurso estão ligadas à conquista israelita de Canaã. Como Josué e Juízes deixam claro, o propósito pactual da terra prometida está por trás das exigências de Israel remover os cananeus. Os antigos pouco conheciam da tolerância desenvolvida pelas sociedades modernas pluralistas. Uma nação típica do Oriente Médio —como os povos tribais de hoje— tinha cultura e crença religiosa uniformes seguidas por todos os que viviam em seu território. A exclusividade era mais bem preservada pela intolerância em relação a outras culturas. Como demonstrou a história posterior de Israel, a desobediência à ordem divina de destruir os cananeus levou à idolatria aberta. O resultado trágico foi a destruição do reino e o exílio que afastou da terra o povo.

Como a aliança conjugal, a relação entre Javé e o povo é uma aliança de amor e confiança mútua. Assim como o adultério, a apostasia rompe o relacionamento por desprezar o amor em que este se fundamenta, violando a confiança e tratando a pessoa como alguém indigno de dedicação completa. A relação de aliança é impossível sob tais condições, conforme se argumenta em detalhes nos profetas, especialmente Oséias e Jeremias. A pessoa que dá as costas para Deus a fim de servir a outros deuses enfrenta graves conseqüências. Mas o pecado de tentar levar outra pessoa à idolatria é ainda maior; sua penalidade é a morte.

Aplica-se aqui o conceito de revelação progressiva (veja no, cap. 47). Um tipo de lei era necessário na época em que a nação israelita estava começando a se estabelecer em Canaã. A idolatria irrestrita naquele momento poderia destruir por completo o canal pelo qual seria transmitida a revelação redentora de Deus para as gerações futuras. A idolatria aberta alguns séculos mais tarde levou a nação à derrota e à destruição. Somente pela graça de Deus um remanescente foi preservado. A revelação de Deus por meio de Jesus Cristo e seus apóstolos trouxe uma lei mais suave.

Deus na História. O conceito de que Deus de fato atuou na história é uma doutrina bíblica sem igual. A constância e a soberania da graça e do julgamento divinos não têm paralelos na literatura de nenhuma outra religião. Em Deuteronômio esse tema bíblico é apresentado de uma forma singular que exerceu grande influência sobre os escritos subseqüentes, em particular a "história deuteronômica".

É supérfluo citar capítulos e versículos; o livro inteiro é uma exposição de atos divinos em favor de seu povo: como Deus conduziu Israel para fora do Egito, deu-lhe a lei no Sinai, suportou com paciência sua descrença persistente no deserto e o trouxe até a margem do Jordão. Essa seqüência de eventos é resumida nos capítulos. 6–12, dos quais citamos acima algumas partes.

O segundo relato acerca dos Dez Mandamentos (ou Decálogo) na Bíblia encontra-se no capítulo. 5; o primeiro está em Êxodo 20.1-27. As implicações dessas ordens são apresentadas nos capítulos seguintes. A história salta para a frente e para trás, entre as obrigações futuras de Israel em Canaã e as experiências passadas de Israel com respeito às palavras e aos atos de Javé. Essa alternância entre passado e futuro dá origem à perspectiva "profética' da história, em que o passado não só provê lições para o futuro como também se torna fonte de movimentos que influenciam o futuro. Quando Deus agiu no passado —no tempo de Abraão, por exemplo—, disse ou fez coisas que podem servir de lições para hoje ou dar esperança para amanhã. Mais que isso, Deus revelou a natureza de sua atividade contínua, pela qual ele cumprirá seu propósito redentor. Moisés, os profetas e os autores do Novo Testamento tiveram essa compreensão da história da atividade divina.

A concepção bíblica não é a do *kismet*, o fatalismo do islamismo, nem a do carma, a relação causa-e-efeito determinista do hinduísmo e do budismo. Os atores humanos sempre se comportam como seres livres em suas escolhas e, portanto, responsáveis por elas. Javé é com freqüência retratado como alguém que se ira ou fica frustrado com as atividades humanas, mas no final seu propósito prevalece. Deus tirou Israel do Egito apesar do poder e dos estratagemas do faraó. Deus conduziu Israel pelo deserto, apesar da incredulidade da maioria. Deus lhe deu vitória sobre reis e nações que tentaram barrar seu caminho. Deus transformou as maldições de Balaão em bênçãos. E apesar de o povo não crer de modo algum que conseguiria entrar na terra de Canaã, Deus o levou à margem do Jordão e estava dando instruções para quando entrasse na terra.

Esse mesmo conceito de história —às vezes chamado *Heilsgeschichte*, a história da salvação— pode ser visto nos profetas. Nos Profetas Anteriores aplica-se principalmente à situação contemporânea; nos Profetas Posteriores, também ao futuro. Permeia as obras do salmista. Sustenta o povo de Deus durante e após o exílio, períodos que de outra maneira o teriam deixado sem esperanças. Está também entrelaçado nos eventos apresentados em Ester —onde o nome de Deus não aparece de maneira alguma. Para o povo de Deus, a história torna-se "a história de Deus".

O monte Gerizim, por sobre Siquém, onde as tribos israelitas recitaram as bênçãos da aliança (Js 8.33). *(Neal e Joel Bierling)*

A Influência de Deuteronômio

Como medir a influência de um livro? Uma maneira é o número de livros escritos acerca dele ou de livros que o citam. Outra indicação seria algum grande feito que possa ser diretamente atribuído à motivação criada pelo livro. É claro que nunca conseguiremos computar as decisões individuais influenciadas pela leitura do livro ou as pessoas que receberam esperança por meio dele.

Os estudiosos da Bíblia vêem a influência de Deuteronômio em Samuel e Elias, em Oséias e Jeremias, e em Jesus. O número de citações ou menções de Deuteronômio no Novo Testamento o destacam como uma das fontes mais influentes.[22] Deuteronômio era uma das obras mais valorizadas em Qumran, entre os mais de vinte fragmentos encontram-se citações ou seções de cada capítulo do livro.[23] Jesus por duas vezes encontrou poder em Deuteronômio para resistir à tentação de Satanás (Mt 4.1-11; cf. Dt 8.3, 6.13, 16). Quando lhe perguntaram qual seria o maior mandamento, ele citou Deuteronômio 6.5 como resposta.

Mas isso é apenas a ponta do *iceberg*. Quantas vezes Deuteronômio foi citado na casa de José e Maria para que Jesus o conhecesse tão bem? A quantos lares judeus, em que o Shemá (6.4s.) é recitado algumas vezes por dia, o livro tem levado fé e inspiração? Quantos cristãos têm encontrado ajuda e apoio nessas páginas? Cada indicação leva à conclusão de que Deuteronômio é um dos livros mais significativos do Antigo Testamento. Merece estudo cuidadoso em qualquer geração.

PARTE DOIS

OS PROFETAS

CAPÍTULO 9

Os Profetas Anteriores

Os livros chamados *Lei* (ou Pentateuco) trazem o relato dos atos de Deus desde a criação até o limiar da terra prometida. A história continua na segunda divisão principal da Bíblia hebraica: os *Profetas*, subdividida em "Profetas Anteriores" e "Profetas Posteriores". Os Profetas Anteriores consistem em quatro livros: Josué, Juízes, Samuel (depois dividido em 1 e 2 Samuel) e Reis (depois dividido em 1 e 2 Reis). Seu registro das atividades divinas cobrem quase sete séculos desde o chamado de Josué até a libertação de Joaquim.

> [O Senhor] falou a Josué [...], dizendo: Moisés, meu servo, é morto; dispõe-te agora, passa este Jordão, tu e todo este povo, à terra que eu dou aos filhos de Israel. Js 1.1-2.

> No trigésimo sétimo ano do cativeiro de Joaquim, rei de Judá, [...] Evil-Merodaque, rei de Babilônia, [...] libertou do cárcere a Joaquim, rei de Judá. 2Rs 25.27

Classificação

"Profetas" ou "História"? Em nossa Bíblia, esses seis livros (contando Samuel e Reis como quatro livros) estão incluídos na divisão "histórica", junto com Rute, 1 e 2 Crônicas, Esdras, Neemias e Ester. Por que os organizadores do cânon hebraico denominaram esses livros "Profetas"? E por que são hoje considerados "história"?[1]

A questão do que constitui "história" é complicada, levando os estudiosos a conclusões variadas. Por trás de qualquer história estão os fatos puros —o que realmente ocorreu. Uma tentativa de registrar cada fato seria quase impossível, e um registro dos eventos principais interpõe, entre os eventos e o leitor, a pessoa que efetua o registro. Um registro assim é mais crônica que história. Não tem a preocupação de relacionar os eventos entre si nem de relacionar os eventos de uma crônica com os de outra crônica de outra região ou de outro período.

Os livros de Reis contêm muitas referências ao "Livro da História dos Reis de Israel" ou "de Judá" e títulos semelhantes.[2] Estes foram empregados como fontes de pesquisa na composição de 1 e 2 Reis. É provável que fossem diários em que se registravam os principais eventos, talvez em forma editada. Os registros de alguns reis assírios representam de maneira semelhante um tipo de crônica. A escrita da história poderia ser definida como o produto da seleção de incidentes a partir de tais crônicas e do arranjo editorial deles para formar uma narrativa, seja a história da pintura, seja a ascensão e queda do Terceiro Reich alemão.

Os livros que compreendem os Profetas Anteriores não são história, conforme definem os historiadores modernos. Josué trata do estabelecimento de Israel em Canaã; mas como um registro de eventos, o relato não é uniformemente detalhado. A travessia do Jordão, os ritos religiosos em Gilgal, a captura de Jericó e de Ai são mencionados com detalhes consideráveis. Mas a conquista do sul de Canaã é relatada de maneira bem sucinta e a do norte, de maneira ainda mais breve. Em alguns casos, os povos implicados ou as cidades tomadas não são indicados.

Juízes é ainda mais desconcertante —compreende uma série de histórias aparentemente de várias partes do país e de várias épocas. Há um alto grau de interpretação teológica. O propósito de Juízes não era fornecer um relato contínuo do desenvolvimento da nova nação, mas apresentar o padrão dos atos divinos de julgamento e de graça em relação ao povo durante aquele período.

Os livros de Samuel parecem mais satisfatórios como história, pois fornecem um bom quadro do estabelecimento da monarquia e dos primeiros reis. 1 e 2 Reis é mais um relato cronológico completo, um tanto intrincado porque as histórias dos reinos do norte e do sul estão intercaladas. Mesmo aqui, os reis são avaliados mais segundo suas práticas religiosas do que pelo seu significado político.

Ao longo dos Profetas Anteriores domina a perspectiva religiosa. Isso, portanto, não é história conforme escreveria um historiador de hoje. Antes, é história de uma perspectiva profética: (1) dá-se destaque aos mensageiros proféticos, em especial Samuel, Natã, Elias e Eliseu, e ao lugar deles na história; (2) há um ponto de vista antiinstitucional, como o dos profetas pré-exílicos nos Profetas Posteriores —as falhas e os fracassos entre os líderes da sociedade israelita são continuamente expostos; (3) os eventos são analisados de acordo com a verdade profética de que Javé é soberano na história, tanto ao proferir como ao cumprir sua palavra profética.

O Significado Histórico. Fazer tal declaração não é, porém, denegrir o valor histórico dos livros bíblicos. Todo escrito histórico é seletivo e registrado de acordo com um propósito definido. O grau de formulação "propositada" do material pode variar. Há uma grande diferença, por exemplo, entre os registros altamente tendenciosos dos reis assírios e as histórias de Heródoto e Josefo[3] —ainda que o valor histórico de muitas afirmações de Heródoto ou de Josefo possa ser questionado. Mas os historiadores sempre têm um propósito ao selecionar os materiais.[4] O que pode parecer invenção ou falsificação para os que buscam propósitos diferentes é, muitas vezes, uma apresentação genuína de fatos históricos em harmonia com o propósito global do autor. Os Profetas Anteriores contêm dados históricos escolhidos de acordo com uma perspectiva profética.

Em geral admite-se hoje que o Antigo Testamento contém mais material histórico que qualquer outro livro anterior a Heródoto, o "pai da história".[5] Descobertas arqueológicas têm demonstrado com freqüência seu alto grau de precisão histórica.[6] Entretanto, o elemento histórico nos Profetas Anteriores — ou em todo o Antigo Testamento— está ligado à sua mensagem espiritual. Os Profetas Anteriores seguiram o exemplo do movimento profético e interpretaram os eventos de acordo com a vontade profética de Deus.

Profetas Anteriores e Posteriores. Os dois conjuntos de livros diferem pela época que se abrange. Os Profetas Anteriores dispensam maior atenção ao período de assentamento em Canaã e aos primórdios da monarquia, embora prolonguem a história até o exílio. Os Profetas Posteriores preocupam-se com os séculos finais dos dois reinos e com a história subseqüente de Judá. Uma diferença mais fundamental é que os Profetas Anteriores são constituídos de narrativas. Eles registram de modo seletivo uma narrativa contínua dos eventos da história de Israel. De Josué a 2Reis, é possível reconstruir — em forma de esboço ao menos e, em alguns casos, com detalhes consideráveis— a seqüência da história de Israel desde a entrada em Canaã até o exílio, cerca de 1250-586 a.C. É por isso que esses livros são chamados "históricos" em nosso cânon.

Ao contrário, é possível reconstruir um vago esboço de história somente a partir dos Profetas Posteriores. Personagens históricos e eventos são mencionados, mas não há seqüência de eventos. Os Profetas Posteriores concentram-se na mensagem pregada pelos profetas e relegam a narrativa a um plano secundário.

É provável que a escrita "profética" mais extensa dos Profetas Anteriores seja a do círculo de Elias (1Rs 16–2Rs 1). Mesmo assim, esses capítulos e os do círculo de Eliseu que se seguem (2Rs 2–9) nada têm de "profecia de Elias (ou de Eliseu)" como têm, por exemplo, os livros de Miquéias ou de Sofonias. Os Profetas Anteriores apresentam uma história contínua de Israel, mas principalmente de uma perspectiva profética. Quando Crônicas recorre aos livros de Reis como fonte, em geral lhes dá títulos proféticos.[7]

Data e Composição

Teorias das Fontes. Numa geração anterior, a hipótese documentária que encontrou quatro fontes (J, E, D, P) no Pentateuco foi também aplicada aos Profetas Anteriores. Era comum incluir Josué entre os livros precedentes como sexto componente, formando assim um *Hexateuco*. Mais recentemente, Deuteronômio foi separado dos primeiros quatro livros (o *Tetrateuco*) e incluído entre os Profetas Anteriores, formando a "história deuteronômica".[8] O tratamento aqui adotado segue a tradição judaica, incluindo Deuteronômio no Pentateuco e iniciando a história deuteronômica com Josué.

Nos Profetas Anteriores, devem-se levar em conta certas técnicas literárias. As primeiras seriam as aparentes "duplicações". Um exemplo notável é a primeira apresentação de Davi a Saul (1) como um músico capaz de proporcionar terapia ao rei (1Sm 16.14-22) e (2) na luta contra Golias (17.12-54, em especial v. 55-58). A segunda seria a citação de fontes como "o livro dos Justos" em Js 10.13. Materiais mais antigos parecem ter sido combinados e editados, formando um todo maior.

A Evidência de Reis. Alguns tipos diferentes de escrita ocorrem nos livros de Reis. Qualquer teoria de composição desses livros deve levar esses tipos em consideração.

Em alguns casos, as fontes podem ser identificadas por trás dos relatos registrados. Por exemplo, o "ciclo de Salomão", a série de histórias acerca de Salomão, desde sua proclamação como rei até sua morte, é contada em 1Reis 1.1–11.40. Após essas histórias segue-se uma declaração: "Quanto aos mais atos de Salomão, a tudo quanto fez, e à sua sabedoria, porventura, não estão escritos no Livro da História de Salomão?" (11.41). De modo semelhante, após o relato sobre o filho de Salomão, Roboão, faz-se referência ao "Livro da História dos Reis de Judá" (14.29). De novo, depois do breve relato sobre Baasa, rei de Israel, menciona-se a fonte: o "Livro da História dos Reis de Israel" (16.5).[9] Muitas referências desse tipo ocorrem nos livros de Reis.

Também se incluem histórias acerca dos profetas, em especial do círculo de Elias (1Rs 17.1–19.21; 22.41–2Rs 1.18) e do círculo de Eliseu (2.1–10.36). Algumas dessas histórias estão misturadas com outros relatos. Entre as mais curtas está a de Aías, o silonita, e Jeroboão (1Rs 11.29-39). Em 2Crônicas 13.22 lemos acerca de uma narrativa profética: "Quanto aos mais atos de Abias, tanto o que fez como o que disse, estão escritos no Livro da História do profeta Ido".

Oráculos proféticos estão muitas vezes intercalados com a história do profeta. O oráculo de Aías contra Jeroboão (1Rs 11.31-39) ocupa a maior parte da história. Oráculos mais curtos estão contidos na longa história de Elias, por exemplo, o oráculo contra Acabe (21.20-24). Semelhante ao oráculo profético é a revelação ao profeta, encontrada nas palavras de Javé a Elias em 19.15-18.

Avaliações proféticas são especialmente evidentes nos relatos dos reis de Israel e Judá. Ao apresentar o reinado de Jeoás ou Joás, o autor diz: "Fez Joás o que era reto perante o SENHOR todos os dias em que o sacerdote Joiada o dirigia" (2Rs 12.2). Por outro lado, o relato sobre Jeoacaz de Israel comenta: "E fez o que era mau perante o SENHOR; porque andou nos pecados de Jeroboão, filho de Nebate..." (13.2).

É possível construir uma teoria de inspiração que explique os vários tipos de literatura como o resultado de uma revelação direta. Entretanto, tal abordagem não deriva da Bíblia e nunca foi a posição histórica da Igreja. Os detalhes devem ser considerados indícios do processo pelo qual Deus fez surgir as Escrituras. Deve ter havido um depósito de tradições, preservado na corte, no templo e entre os grupos proféticos. Ou em diferentes estágios da história ou após o último evento registrado —a libertação do rei Joaquim da prisão em 562 (2Rs 25.27-30)— os autores ou editores devem ter compilado vários relatos para formar a estrutura básica de Reis.

A História Deuteronomista. A relação de eventos históricos numa seqüência intencional como os atos de Javé é ao que parece um conceito exclusivo da Bíblia. É verdade que certos eventos são atribuídos a atos de divindades em outras literaturas do antigo Oriente Próximo. Mas em nenhum outro lugar a idéia é desenvolvida ao longo de um período histórico, nem os eventos todos estão relacionados a uma única deidade.

A origem deste conceito tem sido objeto de debates. Estudiosos atuais o têm atribuído a um "historiador deuteronomista" do século XVII.[10] Talvez a ilustração mais fundamentada do conceito esteja em Juízes. Ali encontramos um tema principal: o pecado acarreta punição em forma de opressão exercida por uma nação estrangeira, enquanto o arrependimento faz com que Javé levante um libertador (veja o cap. 11). O mesmo entendimento da história encontra-se em avaliações dos reis de Judá e Israel em 1-2Reis.

Esse conceito é evidentemente típico de Israel. É desenvolvido com coerência singular, sendo completamente diferente de tudo o que se encontra em qualquer outra literatura antiga. Exige pelo menos uma percepção religiosa superior —do tipo que surge basicamente da revelação divina para mentes capazes de compreender a revelação. O originador desse conceito de história teria vivido nos dias de Josias, quando o reino estava-se aproximando rapidamente do fim? Com certeza a melhor época para desenvolver um entendimento de um período é o seu final, não o seu início. Só depois de rever as grandes obras de Deus é possível dizer: "Deus o tornou em bem" (Gn 50.20). No percurso, alguém pode questionar a justiça ou a sabedoria de Deus. Os dias de Jeremias e Josias parecem um período adequado para conter uma compreensão teológica da obra de Deus na história de Israel.

Se certas afirmações em Deuteronômio forem tomadas literalmente, grande parte dessa obra apresenta uma interpretação da história segundo a perspectiva das grandes obras de Javé. De acordo com muitos estudiosos, "o livro da lei" descoberto por Hilquias no templo nos dias de Josias (2Rs 22.8-13) era alguma forma do livro de Deuteronômio. Parece uma versão feita na Judéia de um livro mais antigo preservado no Reino do Norte e provavelmente levado a Judá por refugiados por ocasião da queda de Samaria em 721 a.C. Deuteronômio em seu estágio final de composição deve estar por trás da versão completa dos Profetas Anteriores. O livro fornece uma das chaves para interpretação da história dos dois reinos. A maioria dos princípios teológicos de Josué—Reis derivam de Deuteronômio: a luta contra a idolatria pagã, a centralização do culto, os eventos salvíficos do Êxodo e os temas correlatos da aliança e da eleição, a firme fé no monoteísmo, a observância da Torá como prova de lealdade à aliança, a terra como dádiva de Deus, a retribuição e a motivação material para a conduta humana, o cumprimento da profecia e o papel do rei.[11] Em Samuel e Reis, este último tema é desenvolvido com relação à eleição da dinastia davídica.

A Mensagem

Esse épico literário foi construído sobre o fundamento da lei e dos profetas. Deuteronômio forneceu uma consciência da graça de Deus e um chamado à obediência exclusiva. Os profetas pré-exílicos forneceram conceitos de julgamento divino contra Israel e Judá por deslealdade religiosa e injustiças sociais. Enquanto o livro de Josué apresenta todo o povo que, tendo deixado o Egito, inspira temor em todos os cananeus, Reis termina numa reviravolta trágica. Em 2Reis 25.26, "todo o povo [...] foram para o Egito, porque temiam os caldeus".[12] "Por que o exílio?" é a pergunta básica a que esse épico tenta responder (veja 1Rs 9.8-9).

> Seu propósito geral "não é [...] principalmente oferecer uma explicação do passado, mas servir como escritura para a nova geração de Israel a ser instruída a partir do passado a bem do futuro".[13]

Segundo essa avaliação, o livro de Josué serve não apenas para descrever um ideal logo perdido, mas também fornece um modelo para restauração após o exílio. O épico teria o propósito de provocar arrependimento e confissão de pecados, na esperança de que Javé fosse tocado, livrando-os do exílio? É o que dá a entender seu interesse pelo arrependimento (Jz 10.10; 1Sm 7.3; 12.10; 1Rs 8.33-53).[14] De acordo com 1Reis 8.50, o pós-escrito da libertação de Joaquim em 2Reis 25.27-30 oferece esperança de uma renovação da graça de Deus para com a dinastia de Davi e, portanto, para com todo o Israel.

CAPÍTULO 10

Josué

A morte de Moisés marca a transição de Deuteronômio para Josué. No final de Deuteronômio, os israelitas estavam acampados nas planícies de Moabe, esperando Deus ordenar que avançassem e tomassem posse de Canaã. Moisés, que os havia liderado até ali, não entraria na terra (Dt 3.23-27; 32.48-52). Deus havia instruído Moisés a transferir a liderança para Josué (3.28; 31.23). Pouco depois de fazê-lo, Moisés morreu (34.5). Afirma-se:

> Josué, filho de Num, estava cheio do espírito de sabedoria, porquanto Moisés havia posto sobre ele as suas mãos: assim os filhos de Israel lhe deram ouvidos, e fizeram como o SENHOR ordenara. (v. 9)

O livro de Josué retoma a história nesse ponto:

> Sucedeu depois da morte de Moisés, servo do SENHOR, que este falou a Josué, filho de Num, servidor de Moisés, dizendo: Moisés, meu servo, é morto; dispõe-te agora, passa este Jordão, tu e todo este povo, à terra que eu dou aos filhos de Israel. Todo lugar que pisar a planta do vosso pé vo-lo tenho dado, como eu prometi a Moisés. Desde o deserto e do Líbano, até ao grande rio, o rio Eufrates, toda a terra dos heteus, e até ao Grande Mar para o poente do sol, será o vosso termo. Ninguém te poderá resistir todos os dias da tua vida; como fui com Moisés, assim serei contigo: não te deixarei nem te desampararei. Js 1.1-5

Conteúdo

O relato da conquista israelita da terra é dado em duas partes quase iguais: um panorama da conquista e um registro da divisão da terra entre as doze tribos. O propósito do livro não é simplesmente fornecer informações acerca da tomada da terra. Embora contenha grande quantidade de dados históricos, sua intenção é ser mais do que um livro de história. Por muito bons motivos, a Bíblia hebraica o alista entre as obras dos profetas (veja cap. 9): (1) contém uma mensagem profética; (2) sua compilação final foi obra de pessoas que viam a história de Israel através dos olhos dos profetas; (3) suas lições foram expressas em termos que davam esperança e instrução para um povo ameaçado por conquistadores assírios, babilônios e persas, lembrando-lhe da liderança provida por Deus e da lealdade por ele exigida.

    O chamado de Josué (1.1-9)
    A entrada na terra (1.10–5.12)
        Preparativos para a travessia do Jordão (1.10-18)
        Os espias em Jericó (2.1-24)
        A travessia do Jordão (3.1–4.18)
        O acampamento em Gilgal (4.19–5.12)
    A conquista da terra (5.13–12.24)
        O comandante do exército do Senhor (5.13-15)
        A queda de Jericó (6.1-27)
        A campanha contra Ai (7.1–8.29)
        O altar construído em Ebal (8.30-35)
        O tratado com os gibeonitas (9.1-27)
        A campanha no Sul (10.1-43)
        A campanha no Norte (11.1-23)
        Resumo da conquista (12.1-24)
    A divisão da terra (13.1–22.34)
        A distribuição das tribos transjordanianas (13.1-33)
        A parte de Calebe (14.1-15)
        A parte de Judá (15.1-63)
        A parte de José (16.1–17.18)
        A parte das tribos restantes (18.1–19.51)
        Preocupações especiais (20.1–21.42)
            As cidades de refúgio (20.1-9)
            As cidades dos levitas (21.1-42)

Conclusão e partida das tribos transjordanianas (21.43–22.9)
O altar junto ao Jordão (22.9-34)
Os últimos dias de Josué (23.1–24.33)
O primeiro discurso de Josué —exortações e despedida (23.1-16)
O segundo discurso de Josué —a aliança em Siquém (24.1-28)
O sepultamento de Josué, dos ossos de José e de Eleazar (v. 29-33)

Quando Josué preparava a travessia do Jordão, um dos primeiros obstáculos que encontraria era a antiga cidade de Jericó, a poucos quilômetros do rio. Josué enviou dois espias para fazer o reconhecimento da terra e da cidade. Eles foram protegidos pela dona de uma pousada, a prostituta Raabe (2.1-24). A travessia do Jordão, em época de cheia[1], foi possível pelo represamento das águas cerca de 20 km ao norte, de modo que Israel pôde atravessar por um leito seco. Depois, de acordo com o relato bem conhecido, Jericó foi tomada por intervenção de Javé. Diz-se que o exército israelita marchou em torno da cidade durante sete dias, com sete sacerdotes tocando trombetas de chifres de carneiro. Os muros de Jericó caíram, e o exército assaltou a cidade, uma vitória atribuída à autoridade de Deus sobre seu povo.

Todavia, a campanha para tomar a área das antigas ruínas de Ai (a palavra hebraica significa "as ruínas") resultou em fracasso. Quando Josué buscou o motivo da derrota, o Senhor respondeu: "Israel pecou, e violaram[2] minha aliança..." (7.11) —tomando secretamente espólios da batalha, que deveriam ter sido "devotados"[3] a Javé. O culpado foi indicado pelo lançamento de sorte, que as pessoas do Antigo Testamento criam ser dirigido por Javé. Pelo método de eliminação, foram apontados a tribo de Judá, o clã dos zeraítas, a família de Zabdi e por fim Acã. Acã confessou seu pecado de tomar uma bela capa, uma quantidade de prata e uma barra de ouro. Ele e toda sua casa, filhos e filhas, bois, ovelhas e cabras, a tenda e também os espólios foram destruídos por apedrejamento e fogo. Somente então Ai pôde ser conquistada (7.16–9.17).

Depois disso, Josué planejou transferir suas forças para o topo da cordilheira central, provavelmente para iniciar a campanha no sul da terra. Ali os gibeonitas encontraram-se com ele, vestidos como se acabassem de fazer uma longa viagem. Os gibeonitas persuadiram Josué a fazer uma aliança (ou tratado) com eles (9.15). Sem buscar a orientação de Deus, Josué concordou e logo descobriu que eram habitantes das cidades que devia conquistar para unificar a terra. Por causa do tratado selado por voto solene, Josué não destruiu os gibeonitas nem "devotou" suas cidades ao Senhor. Assim, ele permitiu o primeiro dos encraves (pequenas cidades e vilas ocupadas por não-israelitas) cananeus no meio da terra. Mais tarde, essa coalizão de cidades gibeonitas situadas em ambos os lados da principal rota norte—sul tornou-se um dos empecilhos para a unificação das tribos de Israel na terra. No final, isso contribuiria para a divisão de Israel no reino do norte e no do sul (1Rs 12).

Além disso, cinco reis amorreus das cidades-estados ao sul e sudeste de Gibeão receberam a notícia da conquista de Ai e se apressaram para confrontar os israelitas. Mais uma vez, Javé lhes deu vitória, e o inimigo fugiu até Bete-Horom, junto à planície litorânea pelo lado oeste. Javé enviou uma tempestade

Vista aérea de Ai (et-Tell) e do uádi el-Jaya, suposto vale mencionado no relato da conquista da cidade por Josué (Js 8.11). *(Joseph A. Callaway)*

de grandes pedras e depois deteve o sol (10.6-14) nesse "longo dia de Josué", em que os amorreus foram dispersos pela terra.

A conquista posterior do sul, incluindo o Neguebe e a Sefelá (10.1-43), é contada de modo muito breve, sem relatos detalhados das batalhas (v. 28-43). A isso segue um relato também breve do avanço rumo ao norte, incluindo uma batalha junto às águas de Merom (11.7) e a conquista de Hazor (v. 10). Evidentemente, Jericó, Ai, os gibeonitas e os amorreus são os interesses principais do relato.

O estilo sofre uma mudança marcante na segunda metade do livro, com o relato da divisão da terra entre as tribos. Talvez o mais interessante seja a história detalhada do altar erigido pelas tribos transjordanianas junto ao Jordão quando retornaram para suas terras. O propósito do altar foi malcompreendido pelas tribos cisjordanianas (as de Canaã). Somente uma explicação imediata de que sua intenção era testemunhar a unidade e não alguma divisão evitou um cisma sério entre as tribos nos dois lados do rio (22.21-29).

Até que ponto a vitória foi completa? Uma leitura rápida de Josué, sem nenhuma tentativa de considerar as implicações dos dados do livro de Juízes, pode dar a entender que a vitória dos israelitas sobre os cananeus foi rápida, fácil e completa. Algumas declarações poderiam logo induzir tal conclusão: "feriu Josué toda aquela terra" (10.40); "Tomou, pois, Josué toda aquela terra" (11.16); "feriram à espada, e totalmente os destruíram, e ninguém sobreviveu" (v. 11); "Não houve cidade que fizesse paz com os filhos de Israel, senão os heveus, moradores de Gibeão; por meio de guerra, as tomaram todas" (v. 19).

O equívoco sem dúvida é provocado pela falha na interpretação dos termos "todo" e "tudo" em hebraico (bem como em outras línguas), de acordo com o contexto das histórias. Por exemplo, na história das pragas no Egito, em que o granizo "feriu [...] toda planta do campo e quebrou todas as árvores do campo" (Êx 9.25), ainda sobrou vegetação para os gafanhotos, que comeram "tudo o que deixou a chuva de pedras" (10.12). O ponto de vista dos editores posteriores também pode ter influenciado o formato das histórias. A conquista de Josué foi vista como o início do processo que culminaria na posse de toda a terra, e a narrativa antecipou o resultado final.

O relato observa que "ainda muitíssima terra ficou para se possuir" em meio aos sucessos de Josué (13.1-7).[4] O território filisteu e alguma terra no norte da Palestina ainda precisavam ser conquistados. Boa parte da terra de fato permaneceu sem ser conquistada, especialmente nos encraves cananeus, onde mais tarde altares e lugares altos cananeus seduziram os israelitas, desviando-os da obediência ao Deus com quem haviam feito aliança.

O Homem Josué

O personagem principal do livro é obviamente Josué[5] filho de Num, um israelita da tribo de José (a "meia-tribo" de Efraim). Josué nasceu no Egito e era jovem na época do êxodo (Êx 33.11). Seu nome era *Oséias* ("salvação"; cf. Nm 13.8), mas Moisés o chamou *Jesua* ou *Josué* ("Javé é salvação"; v. 16). Josué (gr. *Iēsous*, "Jesus") foi escolhido por Moisés para ser seu "ministro" —provavelmente seu "auxiliar" (NRSV)— e estava presente na montanha quando Moisés recebeu a lei (Êx 24.13ss.). Também era guardião da tenda da congregação quando Moisés se encontrava com Javé (33.11).

Moisés encarregou Josué de um destacamento de israelitas para repelir um ataque amalequita em Refidim, no deserto do Sinai (Êx 17.9). Mais tarde, ele foi um dos doze enviados para espiar Canaã (Nm 13.8). Com Calebe, apresentou o relatório da minoria, instando o povo a entrar na terra e a conquistá-la. Em conseqüência disso, ele e Calebe receberam permissão de entrar em Canaã (14.30). Por fim, já observamos que ele foi comissionado por Javé para se tornar líder após a morte de Moisés (Dt 31.14s., 23). Sua tática como general de um exército no estabelecimento de uma base em Gilgal, dividindo efetivamente a terra em dois e permitindo-lhe tomar primeiro o sul e depois o norte, tem impressionado estrategistas militares. Da perspectiva bíblica, entretanto, o sucesso da conquista não deve ser atribuído simplesmente à sua habilidade militar superior. Javé lutou nas batalhas por ele travadas (cf. Js 5.13-15). Foi Javé quem deu vitória aos israelitas. Josué foi apenas seu servo.

A importância de Josué, porém, não se limitou a sua carreira militar. Ele vivenciou a libertação do Egito, a entrega da lei no Sinai, os terríveis sofrimentos e frustrações no deserto e a liderança tremenda de Moisés. É inteiramente alheio a toda a trama da história supor, como fizeram alguns estudiosos de gerações anteriores, que vários elementos de história a respeito da migração gradual dos hebreus para Canaã cobrindo talvez dois ou três séculos, foram incluídos na história, e que só depois Josué foi inserido na narrativa como seu herói. Josué deve ser compreendido como um servo cuja fidelidade é indissociável da história do livramento de Israel do Egito e de sua recepção da Torá de Javé. Fazer separação entre a história e a teologia desse servo é afastar o fato do significado e provocar o divórcio entre a realidade pessoal e a intenção dos relatos.

O caráter de Josué faz parte da mensagem teológica do livro. Ele é retratado como um segundo Moisés conduzindo o povo à vitória em nome e no poder de Javé, como um protótipo de um reinado ideal em Israel. Em justiça, sabedoria e lealdade ao Senhor, ele parece encarnar as características necessárias a todos os líderes servos. Ele é o único no Antigo Testamento a se levantar como herói político e militar de história imaculada.

Composição e Autenticidade

No século XIX, muitos estudiosos estavam convictos de que as mesmas fontes descobertas do Pentateuco podiam ser rastreadas em Josué (veja p. 144, acima). Segundo essa idéia, os capítulos 1–12 foram compostos quase que inteiramente por JE e D, e os capítulos 13–24 são obras quase que inteiramente de P. De acordo com essa teoria, os primeiros doze capítulos incluem contos etiológicos, histórias criadas em tempos antigos para explicar certos fatos ou responder perguntas como: "De onde vieram os israelitas?" ou "Por que os gibeonitas são servos inferiores (cortadores de lenha e tiradores de água)?" (9.27).

Mais recentemente, essa idéia foi abandonada. Cada vez mais se destaca a ligação entre Deuteronômio e Josué, Juízes, 1-2Samuel e 1-2Reis e menos os supostos elementos J, E e P dos livros que o precedem. Ao material mais antigo compilado por um editor deuteronomista (veja cap. 9, acima) nos capítulos 1–12 foram anexados materiais posteriores tais como as listas das cidades e descrições de fronteiras, provavelmente datados da época da monarquia, no século X a.C.[6] Logo depois foi acrescentada uma seção "deuteronomista" (cap. 13–21),[7] e mais tarde foram feitos outros acréscimos.[8]

A Autenticidade. Parte do material de Josué, particularmente os capítulos 5–7, contém características de um relato de testemunha ocular. Além disso, alguns detalhes em capítulos subseqüentes dão a entender que esses relatos foram ou contemporâneos ou quase contemporâneos de Josué.[9] Entretanto, glosas, tais como a frase "até ao dia de hoje", demonstram claramente um período um tanto posterior ao do evento em si. Desse modo, parece que a obra consiste em material (oral ou escrito) da época de Josué, parte dele reelaborado, bem como em material claramente posterior.[10] A edição "deuteronomista" deve ter sido um processo extenso que começou no início da monarquia e se prolongou esporadicamente até o exílio.

Além de um conjunto considerável de materiais de Josué, que refletem claramente eventos históricos, é preciso considerar provas arqueológicas significativas. Julga-se que algumas cidades cananéias importantes foram destruídas no século XIII, indicando uma invasão da terra. Escavações em lugares bem distantes entre si como Beitin (Betel) e Tell el-Duweir (Laquis), Tell el-Ḥeṣi (Eglom?), Tell Beit Mirsim (Anshan?) e Tell el-Qedah (Hazor) indicam que essa invasão foi ampla, deixando seus efeitos no sul, no centro e no norte de Canaã. A extensão dos danos, que deixaram espessas camadas de cinzas e, em alguns casos, destruição quase completa, indica que a guerra foi grave. Como conseqüência, alguns estudiosos modernos têm expressado confiança na fidedignidade histórica dos trechos pertinentes de Josué.

Muitos problemas, entretanto, permanecem sem solução. As conclusões extraídas das escavações de J. Garstang realizadas entre 1929 e 1936,[11] de que Jericó apresentava indícios de conquista conforme descrita em Josué, de fato ocorrida no século XV a.C. e início do século XIV a.C., têm sido bem questionadas. (1) A erosão impossibilita a reconstrução do plano da cidade da Última Idade do Bronze. (2) A cidade da Última Idade do Bronze era pequena (não se descobriram muros), e foi destruída antes da data em geral atribuída à invasão de Josué (c. 1250 a.C.). (3) Não há evidências de repovoamento até o início do século IX.[12] Escavações em et-Tell (Ai, caps. 7–8) indicam que a cidade foi destruída em c. 2200, não sendo reconstruída até c. 1200, na Idade do Ferro I.[13] E, ainda, problemas literários e textuais tanto em Josué como em suas relações com outros escritos do Antigo Testamento ainda precisam ser resolvidos.

Talvez o problema mais importante surja das numerosas indicações de que certos hebreus (não se sabe direito se eram "israelitas" ou tribos israelitas específicas) entraram em Canaã em períodos tanto anteriores como posteriores à invasão de Josué.[14] Aliás, pergunta-se se de fato houve uma invasão de Canaã, liderada por Josué, nos dias imediatamente subseqüentes a Moisés. De acordo com alguns estudiosos,[15] não aconteceu nada que possa ser chamado "conquista de Canaã". Alguns hebreus, que provavelmente devem ser identificados em parte com os "habiru" das cartas de Amarna (veja p. 157), entraram em Canaã ao longo de um período que se estendeu de Abraão à monarquia.[16] As formas variantes dessa concepção encontram pouco material de valor histórico em Josué.[17] Outros estudiosos concluem que houve duas invasões de Canaã, e talvez até duas emigrações do Egito. A primeira invasão teria ocorrido no período de Amarna (séc. XV a.C.), e os hebreus seriam novamente identificados com os habiru das cartas de Amarna. Esse êxodo estaria ligado a Moisés. A segunda invasão de Canaã teria sido liderada por Josué no século XIII a.C., quando tribos israelitas já estavam na terra.[18]

As evidências arqueológicas não parecem sustentar uma invasão no século XV, e a descrição dos habiru obtida das muitas referências na literatura do antigo Oriente Próximo também não combina com a descrição bíblica dos invasores israelitas. Além disso, toda a gama de materiais bíblicos, de Moisés a Malaquias, só reconhece um êxodo do Egito, em que todas as doze tribos participaram de uma entrada em Canaã. Esse é o quadro apresentado em Josué, e pode-se entender que é apoiado por algumas provas arqueológicas. Entretanto, os propósitos proféticos e religiosos do livro inspiram uma moldagem do material para transmitir lições teológicas importantes para o povo de Deus: (1) a terra é uma dádiva da graça da aliança de Javé; (2) essa dádiva engloba toda a terra e provê espaço vital para cada tribo e cada clã israelita; (3) a dádiva da terra está condicionada à fidelidade de Israel a Javé e à sua rejeição da religião e das práticas sociais cananéias.

Uma explicação alternativa do período de povoamento encontra-se na teoria de G. E. Mandenhall de que a existência histórica de Israel em Canaã encontra suas raízes numa rebelião de nômades e de camponeses que já estavam na terra ou próximos dela. Esses rebeldes depuseram, então, o poder opressor dos suseranos urbanos cananeus.[19] Essa teoria foi expandida a partir de uma perspectiva sociológica e associada a uma interpretação de luta de classes num sólido estudo de N. K. Gottwald.[20] Embora não haja meios de tais teorias cancelarem a importância histórica do êxodo e da conquista, podem servir como um lembrete de que a formação das tribos de Israel e o estabelecimento delas em Canaã podem ter sido mais complexos do que se pensa até o momento. Ainda estamos longe de entender as relações entre textos, história e significado teológico. Mas, por mais que aprendamos a resolver as complexidades dessas relações, não podemos divorciar a revelação de Deus da história real e de seu registro em textos.[21]

O Cenário Histórico

A Data da Invasão de Josué. Como se viu no capítulo 4, os dados bíblicos apontam duas datas diferentes para o êxodo. Por um lado, de acordo com 1Reis 6.1, foi no ano 480 depois que Israel saiu do Egito que Salomão começou a construir o templo. Já que isso data do quarto ano de seu reinado (provavelmente 967), a data do êxodo seria 1446. Por outro lado, os escravos hebreus construíram as cidades celeiros de Pitom e Ramessés (Êx 1.11); e já que o nome Ramessés (ou Ramsés, ou Rameses) não foi encontrado antes de Ramessés I, e as operações de construções no leste do delta não foram realizadas de maneira nenhuma antes de Seti I (1305-1290) e Ramessés II (c. 1290-1224), o êxodo precisa ser datado de c. 1290.[22]

O relato das negociações entre Moisés e o faraó (Êx 7–12) dá forte indicação de que a residência do faraó não ficava longe dos hebreus, em outras palavras, na região do delta. No século V, os faraós viviam em Tebas, no Alto Egito, cerca de 800 km ao sul. Dados os quarenta anos de provas no deserto (Números), a invasão de Canaã teria ocorrido em c. 1250.

O Cenário Internacional. A poderosa XVIII Dinastia do Egito estava encerrada. Localizada em Tebas, havia controlado a Palestina e a Síria e lançava campanhas até mesmo para o Eufrates. Contudo, fora enfraquecida pela revolta de Amenófis IV (Aquenaton, 1369-1352) contra os sacerdotes de Amon. Sua transferência da capital para Aquetaten (Tell el-Amarna)[23] marcou o declínio da dinastia, cujo fim foi provocado por uma insurreição militar no final do século XIV. No início da XIX Dinastia, Seti I começou a construir uma capital em Avaris (Tânis) ou em Qantir, 30 km ao sul no leste do delta. Ramessés II continuou essa obra em grande escala. O controle egípcio da Palestina começara a esvanecer no período de Amarna, como demonstram claramente as cartas de Amarna. Ramessés II tentou conter os hititas, que estavam avançando para a Síria. É evidente que ele foi forçado a fechar um tratado com Hattusilis III (c. 1275-1250),[24] confirmado com um casamento entre a filha de Hattusilis e Ramessés. O acordo demarcava o rio Orontes como o limite da influência do Egito ao norte.[25] Tanto o império hitita como o egípcio estavam enfraquecidos pela longa luta. A capital hitita foi destruída e o império hitita caiu diante dos Povos do Mar em c. 1200. O poder e a influência egípcia na Palestina decresceram, e a XIX Dinastia caiu em c. 1197. O império assírio só se levantou em c. 1100. Foi nesse "vácuo de poder" na Palestina que a jovem nação de Israel começou a florescer.

As Cartas de Amarna e os Habiru. A descoberta em el-Amarna, em 1887, de correspondência diplomática de Amenotep III e Amenotep IV e seus aliados e vassalos nas áreas próximas da Ásia fornecem-nos muitos detalhes a respeito da Palestina em c. 1400-1350.[26]

As cartas foram escritas por reis de cidades-estados da Palestina e da Síria, clamando ajuda contra exércitos que estavam devastando terras do rei egípcio e alertando para a perda dessas terras caso o auxílio não fosse enviado rapidamente. Estudiosos que favorecem a data de 1446 para o êxodo e 1400 para a invasão de Canaã sob comando de Josué entendem que a correspondência de Amarna pode de fato refletir condições resultantes dessa invasão. Às vezes se afirma que o nome Josué ocorre nessas cartas.[27]

Com muita freqüência, as cartas de Amarna referem-se a um povo ou classe denotada pela palavra suméria SA.GAZ e pela acadiana ha-bi-ru, entendidas, ambas, como o mesmo povo.[28] Uma vez que '*pr* ocorre tanto no egípcio como no ugarítico, e o acadiano pode ser lido *ha-pí-ru*, a palavra é transcrita "habiru" ou "hapiru". A mais antiga menção de SA.GAZ ou habiru ocorre num texto da III Dinastia de Ur (c. 2050); se o '*pr* e o habiru são o mesmo povo —o que não está bem definido— é possível encontrar referências aos habiru em textos assírios, babilônios, ugaríticos, egípcios e hititas nos sete ou oito séculos seguintes.

É tentador identificar os habiru com os hebreus. Mas é impossível interpretar a maior parte das referências aos habiru como alusão aos hebreus. Além disso, os habiru são descritos como guerreiros, mercenários, saqueadores e caravaneiros por todo o antigo Oriente Próximo —o que não coincide com a descrição bíblica dos hebreus. Se o êxodo foi em 1446, os hebreus estavam no deserto do Sinai quando Amenotep II (1438-1412) relatou sobre sua campanha na Síria e na Palestina a captura de 89.600 prisioneiros, entre eles 3.000 'Apiru.[29] Se foi em 1290, os hebreus ainda eram escravos no Egito na época de Amenotep. Nem um caso nem outro permitem uma identificação fácil.

Não é possível resolver aqui o problema dos habiru.[30] O importante é que a identificação deles com os hebreus está longe de se justificar.[31]

Ḥerem, ou Matança em Nome de Javé. De acordo com a narrativa bíblica, quando os israelitas sitiaram Jericó, queimaram a cidade, inclusive todos os habitantes exceto Raabe e sua família (Js 6.24ss.). Fizeram o mesmo em Ai (8.24, 29) e em outros lugares. A palavra equivalente a essa destruição total é *ḥerem*, "consagração", e o verbo pode ser traduzido por "destruir totalmente" (cf. 6.17, "condenada", "consagrada ao SENHOR para destruição").

Se a apresentação bíblica desse assunto fosse expressa numa linguagem que implicasse que tal "consagração" foi praticada porque os israelitas apenas pensaram que o Senhor a desejava (mas Deus não lhes solicitara em parte alguma), a idéia ainda seria perturbadora. Mas afirma-se algumas vezes, explicitamente, que Josué agiu "como ordenara o SENHOR" ou "como ordenara Moisés, servo do SENHOR" (10.40; 11.12; cf. Dt 7.24).

A idéia de que Deus podia ordenar a qualquer pessoa que matasse outra ou exigir o extermínio completo de todos os seres viventes de uma cidade parece ofensiva ou até ultrajante. Para contornar o problema, alguns propõem que o Deus (Javé) do Antigo Testamento não pode ser o mesmo Pai de Jesus Cristo do Novo Testamento. Isso, é claro, vai contra os ensinamentos de Cristo e dos apóstolos, que identificam claramente o Deus deles com o Deus de Abraão, Isaque e Jacó, e com o Deus que se revelou a Moisés e aos profetas.

Uma resposta parcial a esse quebra-cabeça é o fato de que a "consagração" religiosa era uma parte da cultura da época. Os povos do antigo Oriente Próximo "consagravam" pessoas, posses e cativos a seus deuses. Obviamente, o fato de tais atos serem costumeiros não os torna corretos, mas ajuda a explicar por que os israelitas não o consideravam necessariamente errado. Deus toma as pessoas onde estão e as conduz, passo a passo, até que finalmente cheguem onde Deus está. A revelação divina é progressiva. Nesse ponto, os israelitas não tinham como Torá o Sermão do Monte ("amai vossos inimigos"). Essa compreensão do amor precisava aguardar que o Novo Josué (Jesus) a tornasse conhecida em sua vida e morte.

Mas essa não é a resposta completa. A posição bíblica com respeito aos cananeus não é simplesmente "sejam exterminados!" Há boas razões por trás dessa ordem. Aos olhos de Javé, os cananeus, com sua cultura e religião, eram pecadores extremamente maus, cometendo não apenas abominações contra Deus, mas também tentando seduzir Israel para que os acompanhassem nesses atos "religiosos". A descoberta de documentos ugaríticos em Ras Shamra na Síria tem proporcionado informações detalhadas acerca das práticas religiosas cananéias. Prostituição religiosa, sacrifício de crianças e outros aspectos dessa religião contaminaram Israel durante séculos, como bem testemunham os livros de Reis e dos primeiros profetas.[32]

Javé, lembrava-se sempre aos israelitas, é santo, um Deus que não tolera tais práticas abomináveis, especialmente em nome de um serviço à deidade. Isso era idolatria contra a criação e o criador. Os cananeus mereciam punição. Além disso, a pureza da religião israelita tinha de ser preservada. Os atrativos sensuais da religião cananéia (como em Baal-Peor, Nm 25.1) impunham uma séria ameaça à vida javista. Um cirurgião não hesita em remover um braço ou uma perna, ou mesmo um órgão vital, quando a vida está em jogo. A própria existência de Israel —e, em última análise, a salvação do mundo— dependia da bênção de Deus.

Claro que isso é só uma interpretação e uma tentativa parcial de justificar a difícil posição bíblica. Mas há o veredicto da história. Os israelitas, cansados da matança ou seduzidos pelos ritos religiosos, pararam de exterminar os cananeus, e as práticas religiosas cananéias invadiram gradualmente a religião israelita. A punição que isso acarretou a Israel foi terrível. Javé lhes infligiu opressão estrangeira, invasão, destruição de cidades israelitas e de Jerusalém, além do exílio que os afastou da terra prometida.

Repetindo, Javé não ordenou que os israelitas exterminassem todos os gentios, mas apenas os cananeus. Essa política não era um princípio permanente ou eterno. Foi designada para uma situação imediata, que os israelitas estavam ocupando a terra que Deus havia prometido a seus pais. Mais tarde, os ensinamentos morais e éticos dos profetas como Amós, Miquéias e Isaías seriam apresentados a Israel com a mesma veemência, como a palavra de Javé. Ainda mais tarde, Jesus Cristo alegaria que veio para cumprir a lei e os profetas. A "consagração" dos cananeus na terra deve ser considerada a partir desses fatores.

Josué fez o sol parar? Js 10.12s. afirma:

Então Josué falou ao SENHOR, no dia em que o SENHOR entregou os amorreus nas mãos dos filhos de Israel; e disse na presença dos israelitas:

> Sol, detém-te em Gibeão,
> e tu, lua, no vale de Aijalom.
> E o sol se deteve, e a lua parou
> até que o povo se vingou de seus inimigos.

Não está isto escrito no Livro dos Justos? O sol, pois, se deteve no meio do céu, e não se apressou a pôr-se, quase um dia inteiro.

Literalmente, o texto diz que o sol e a lua pararam seu percurso pelo céu por quase um dia inteiro. No folclore em todo o mundo, há muitas lendas sobre um dia em que o sol não se pôs. A pergunta, portanto, é se a ocorrência de tal dia é de fato o significado dessa passagem bíblica.

É importante que a fé esteja aberta para a possibilidade de milagres. Não colocamos em discussão a capacidade divina de realizar maravilhas sobrenaturais. O que perguntamos é se essa passagem de fato ensina que o sol parou.

As principais frases estão em forma poética. Na poesia, o significado literal muitas vezes é substituído por figuras de linguagem. Além disso, a tradução acima citada não é precisa. Acrescentam-se palavras para que a frase soe mais agradável. Literalmente, está escrito:

> Sol sobre Gibeão, aquieta-te,
> E lua no vale de Aijalom!
> E o sol se aquietou, e a lua permaneceu...

O verbo traduzido "aquietar-se" pode significar ou "permanecer imóvel" ou "manter-se calmo". Portanto, permanece indefinido se Josué estava pedindo ao sol que "permanecesse imóvel" ou que se "mantivesse calmo" (sem lançar toda sua luz brilhante para não expor a posição das tropas israelitas). As palavras seguintes do v. 13 ("O sol, pois, se deteve no meio do céu e não se apressou a pôr-se, quase um dia inteiro") tendem a sustentar o significado "mantenha-se calmo".[33]

Em segundo lugar, faz-se referência ao "Livro dos Justos" (2Sm 1.18). De que se trata? Quem o escreveu? Quanto da passagem de Josué é extraído dele? São todas perguntas sem resposta. Se essa referência diz respeito às palavras

Escavações em Jericó, uma cidade consagrada ao SENHOR para destruição (Js 6.17).
(Fundo de Escavação de Jericó, fotografia Kathleen M. Kenyon)

seguintes, o apoio para a interpretação "mantenha-se calmo" deve ser atribuído ao Livro dos Justos, um lembrete de que o próprio livro de Josué documenta o uso de fontes mais antigas de editores que não eram, eles próprios, testemunhas oculares.

Talvez mais acertada seja a aplicação do princípio de que a Bíblia tece uma relação entre a natureza do milagre e o propósito para o qual ele ocorre. Deus não realiza milagres de modo arbitrário, mas sim propositado —livrar seu povo, sustentá-lo com comida e água, curá-lo das picadas das serpentes ou livrá-lo de seus inimigos. Como observação geral, existe também uma relação entre a magnitude do milagre e seu propósito. Seria necessário um milagre de proporções cósmicas para mudar a relação entre a terra e o sol num período de vinte e quatro horas. Era necessário um esforço tão tremendo e misterioso para que Josué obtivesse vitória naquele dia?

Nem todos os estudiosos chegam à mesma resposta. Mas há concordância considerável em alguns itens: (1) o contexto é uma "guerra santa", em que a força e o poder de Javé possibilitaram a vitória em circunstâncias excêntricas; observe a enorme chuva de pedras no versículo anterior (10.11); (2) a oração de Josué foi dirigida ao Senhor, não diretamente ao sol e à lua, o que marcaria uma influência pagã de reconhecimento dos corpos celestes como divindades; (3) o clamor —citado do Livro dos Justos com sua exuberância poética— era por alívio prolongado do calor do sol ou de sua iluminação para garantir oportunidade de vitória a Israel; (4) o clamor foi respondido com eficácia impressionante —seja por outra tempestade de granizo, seja por uma cobertura de nuvens pesadas, quer por um eclipse parcial, quer por algum outro método ordenado por Deus.[34] Qualquer que tenha sido o ocorrido —e algo deve ter ocorrido— a fé dos israelitas foi muito fortalecida com uma vitória que lhes mostrou claramente que Deus estava cumprindo a promessa que lhes havia feito.

Reflexões Teológicas em Josué

O Deus que Cumpre Promessas. Séculos antes, Javé havia firmado uma aliança com Abraão, prometendo dar a terra de Canaã a seus descendentes. Essa promessa fora repetida a Isaque e a Jacó, renovada para Moisés, repetida para os israelitas no deserto e repetida mais uma vez quando Josué foi convocado para liderar os israelitas na travessia do Jordão. Javé lutou por Israel e lhe deu vitória. Quando por fim Josué começou a descrever os limites territoriais das tribos, dava-se o cumprimento —parcial— da promessa de Javé. Uma quantidade notável de terra permanecia sem ser conquistada, mas Javé prometeu expulsar os habitantes diante do povo de Israel (13.2-7). Quanto à terra já conquistada, afirmou: "Distribui, pois, a terra por herança".

O conceito de promessa e cumprimento ocupa um lugar de destaque na história da fé de Israel. A história de como Javé livrou os israelitas da escravidão egípcia, de como os sustentou no deserto e lhes deu Canaã é relembrada muitas vezes quando os profetas tentam conclamar o povo a voltar para o seu Deus.

O Conceito de Aliança. A idéia de que a relação entre Javé e Israel é uma aliança foi apresentada em capítulos anteriores. Em Josué o conceito é desenvolvido principalmente pela conquista da terra: "Desta maneira deu o SENHOR a Israel toda a terra que jurara dar a seus pais" (21.43); "Nenhuma promessa falhou de todas as boas palavras que o SENHOR falara à casa de Israel: tudo se cumpriu" (v. 45).³⁵

Em todo o Antigo Testamento, a terra é um elemento fundamental no caráter da aliança. Os israelitas deviam obedecer às palavras de Javé para que seus dias fossem longos sobre a terra e para que houvesse prosperidade na terra. Quando a idolatria e a apostasia se tornaram problemas sérios, os profetas declararam que, a menos que se arrependesse, o povo seria expulso da terra. Depois foi dito por meio dos profetas que, por causa de sua promessa, Javé traria de volta um remanescente. Restabeleceria o povo na terra. Durante o exílio, essa promessa de restauração à terra era a base da esperança.

De modo semelhante, o *herem* (p. 158) deve ser entendido no contexto da perspectiva profética de Israel. Javé agia por Israel e contra os inimigos deste por causa de sua aliança com os patriarcas. Aliás, isso torna compreensível a idéia da destruição total como componente da religião bíblica, pois o propósito maior da aliança é fornecer a todas as nações da terra o conhecimento de Javé e das bênçãos da aliança. Qualquer coisa ou pessoa que impeça a realização desse propósito redentor para todos os povos deve ser removida como um inimigo de Javé.

A Conquista do Descanso. Um dos grandes conceitos expressos no livro de Josué, com freqüência adotados pelos hinos da igreja, é o do *descanso*, das angústias da escravidão, das dificuldades do deserto e dos rigores da guerra (e.g., 1.13; 11.23). Israel devia viver como nação de propriedade divina, uma testemunha para as outras nações, uma vez estabelecida em Canaã. Israel falhou nisso por não conseguir descansar no Deus que o redimira e criara para um novo mundo. Os profetas do oitavo século dão testemunho de como Israel transgrediu a relação de aliança.

> Entretanto, há um descanso para o povo de Deus. Essa verdade básica desenvolve-se numa rica doutrina de esperança e bênção futura (e.g., 2Sm 7.1), com um lugar celestial de descanso dos rigores da peregrinação terrena. Jesus, o novo Josué, ofereceu tal descanso a todos os que chegarem a ele (Mt 11.28).

O autor de Hebreus fala desse "descanso do povo de Deus", baseando-se no quadro da experiência no deserto e do estabelecimento na terra de Canaã (Hb 3.7–4.11) conforme se narra no livro de Josué.

CAPÍTULO 11

Juízes

Com Josué, as tribos de Israel ocupam a terra que Javé havia prometido aos patriarcas. Elas subjugam alguns de seus inimigos na terra, mas nem todos. A luta contra os inimigos fará com que Israel se torne uma nação entre as nações com um rei entre reis. Mas isso levará duzentos anos ou mais. O intervalo, quando as tribos estão aprendendo a viver juntas e a contornar problemas de viver com cidades cananéias em seu meio e nações hostis à sua volta, é conhecido como "o período dos juízes". A história é contada no livro de Juízes.

Depois de uma parte introdutória (Jz 1), que fornece um resumo esquemático da conquista de Canaã e registra as porções ainda não conquistadas,[1] a história é retomada no ponto em que parou em Josué:

> Havendo Josué despedido o povo, foram-se os filhos de Israel, cada um à sua herança, para possuírem a terra. Serviu o povo ao SENHOR todos os dias de Josué, e todos os dias dos anciãos que ainda sobreviveram por muito tempo depois de Josué, e que viram todas as grandes obras, feitas pelo SENHOR a Israel [...] Foi também congregada a seus pais toda aquela geração; e outra geração após eles se levantou, que não conhecia ao SENHOR, nem tampouco as obras que fizera a Israel [...] Deixaram ao SENHOR Deus de seus pais, [...] foram-se após outros deuses, dentre os deuses das gentes que havia ao redor deles, e os adoraram... Jz 2.6-12

Um problema central manifesta-se de imediato —o esquecimento dos israelitas em relação às grandes obras de Deus em favor deles e seu abandono de Javé pelos deuses dos cananeus.

A Idéia Central

Uma definição comum do que se denomina "história deuteronomista" não é crucial neste ponto. O importante para nossa compreensão dos Profetas Anteriores é o fato de que um conceito claro de história estava-se desenvolvendo na escrita da história de Israel. De acordo com esse conceito, o que aconteceu a Israel foi especificamente determinado pela reação de Javé à fidelidade ou à infidelidade de Israel. As palavras de 2.6-12 fornecem o contexto para essa história em Juízes.

Javé prova Israel. Os cananeus foram deixados na terra. Josué deixa isso claro, e Juízes ainda mais. Por quê? O motivo é dado em poucas palavras. Javé trouxera seu povo do Egito para cumprir a aliança. Parte dessa aliança é expressa pelo "anjo do Senhor": "Vós, porém, não fareis aliança com os moradores desta terra, antes derrubareis os seus altares" (2.2); mas Israel desobedecera ao Senhor. A história da conquista em Josué salienta as vitórias. Mas aqui também se evidencia que muitas cidades não haviam sido conquistadas e muitos altares continuavam em pé. Assim, o anjo do Senhor continua: "Não os expulsarei de diante de vós; antes vos serão por adversários, e os seus deuses vos serão laços" (2.3). A desobediência dos israelitas torna-se então o meio pelo qual Deus leva seu povo a um entendimento mais profundo de sua relação de aliança com Israel. A prova (veja 3.1, 4) demonstrará claramente a dupla verdade de que Javé é fiel mesmo que seu povo seja infiel e de que quando o povo clama por ele, ele o salva das maldições trazidas pela desobediência (Dt 27-29).

Que é um "juiz"? O livro leva o nome das onze ou doze pessoas que, nessas páginas, "julgaram" Israel. Tendo lido o relato da concessão da lei no Sinai, é fácil concluir que os juízes eram oficiais destacados para julgar as pessoas por violações da lei. Mas essas pessoas, exceto em raras ocasiões, não lembram de maneira nenhuma o conceito moderno de juiz; sua responsabilidade principal não era ouvir reclamações ou tomar decisões legais. Os anciãos ou chefes de família costumavam fazer isso na esfera social, enquanto os sacerdotes eram os intérpretes supremos da lei religiosa. Os juízes de que tratamos aqui eram líderes ou libertadores militares.[2]

O capítulo 3 fornece um paradigma adequado para compreensão dos relatos subseqüentes de Juízes. Os israelitas são vistos habitando entre os povos da terra. Participam de casamentos mistos com estrangeiros, e depois servem aos deuses pagãos deles (v. 5s.). Essa mistura maligna acende a ira de Javé contra o povo. Deus leva contra eles Cusã-Risataim, um governante do nordeste da Síria, que os coloca a seu serviço por oito anos (v. 7s.). Então os israelitas clamam a Javé, que lhes levanta um juiz ou "libertador". Otniel, irmão de Calebe. "Veio sobre ele o Espírito do SENHOR, e ele julgou a Israel; saiu à peleja, e o SENHOR lhe entregou nas mãos a Cusã-Risataim, rei da Mesopotâmia [Síria], contra o qual ele prevaleceu" (v. 9s.). Depois a terra "ficou em paz" (v. 11). Esse padrão é seguido nas histórias dos outros juízes:

> O povo "faz o que é mau", servindo a outros deuses.
> Javé envia uma nação para oprimi-lo.
> O povo clama a Javé.
> Javé levanta um libertador.
> O opressor é derrotado.
> O povo tem descanso.

Nem todas as partes desse padrão são mencionadas em todas as histórias de Juízes, mas o padrão é quase sempre o mesmo (cf. v. 12-30; 4.1-24; 5.31b).

O juiz era um líder carismático, não escolhido oficialmente pelo povo, mas levantado por Javé. O Espírito de Deus descia para dar poder ao juiz a fim de que pudesse lidar com uma situação particular. Não era rei e não estabelecia dinastia ou uma família governante. O juiz era a pessoa —homem ou mulher (Débora foi juíza; cap. 4–5)— escolhida por Javé para expulsar o opressor e dar paz à terra e ao povo.

Esboço

Resumo da conquista de Canaã (1.1–2.5)
    Judá e Simeão (1.1-21)
    Casa de José e Betel (v. 22-26)
    Os encraves cananeus (v. 27-36)
    O anjo de Javé em Boquim (2.1-5)

Israel no período dos juízes, até a morte de Gideão (2.6–8.35)
    A morte de Josué; a nova geração (2.6-10)
    A razão de ser dos juízes (v. 11-19)
    A razão para deixar os cananeus na terra (2.20–3.6)
    A opressão de Cusã-Risataim; o livramento sob Otniel (3.7-11)
    A opressão de Eglom; o livramento sob Eúde (v. 12-30)
    Sangar e os filisteus (v. 31)
    A opressão de Jabim; o livramento sob Débora e Baraque (4.1-24)
    O cântico de Débora (5.1-31)
    A opressão de Midiã; o livramento sob Gideão (6.1–7.25)
    A ira dos efraimitas contra Gideão (8.1-3)
    Outros eventos envolvendo Gideão (v. 4-21)
    O governo de Gideão em Israel (v. 22-32)
O breve reinado de Abimeleque (8.33–9.6)
    O apólogo de Jotão (9.7-15)
Israel no período dos juízes; o final do período (10.1–12.15)
    Tola e Jair, juízes de menor importância (10.1-5)
    O período de Jefté como líder (10:6–12:7)
    Ibsã, Elom e Abdom, juízes de menor importância (12.8-15)
A opressão dos filisteus e as façanhas de Sansão (13.1–16.31)
    Anúncio e nascimento de Sansão (13.1-25)
    Sansão e a mulher de Timna (14.1–15.20)
    Sansão e a prostituta de Gaza (16.1-3)
    Sansão e Dalila (v. 4-31)
Outros eventos do período (17.1–21.25)
    Mica e seu sacerdote (17.1-13)
    A migração da tribo de Dã (18.1-31)
    O ultraje em Gibeá (19.1-30)
    A guerra entre Benjamin e Israel (20.1-48)
    A reconciliação das tribos (21.1-25)

Contexto Histórico

Um vácuo político havia resultado da longa luta entre egípcios e hititas (capítulo 10). Outros aspectos podem ser observados em nossos esforços para compreender esse período crítico.

A Migração de Povos. Na última parte do segundo milênio, movimentos populacionais no sudeste da Europa e no sudoeste da Ásia conturbaram seriamente a distribuição de povos que prevalecia há séculos. As culturas minóica e micênica de Creta e do Peloponeso chegaram ao fim. Os invasores da Ásia Menor destruíram a capital hitita e empurraram os hititas[3] para a Síria, ao leste.

Os personagens principais do drama foram os Povos do Mar. Eles deixaram suas habitações costeiras na Grécia, na Ásia Menor e nas ilhas do Egeu (especialmente Creta, Caftor na Bíblia) e encheram a costa sudeste do Mediterrâneo numa série de invasões. Também contribuíram para o colapso dos reinos hitita e ugarítico. Embora Ramsés III tenha conseguido repelir o ataque contra a costa egípcia durante o oitavo ano de seu reinado (c. 1188), os Povos do Mar não encontraram resistência semelhante em Canaã. Os filisteus de Caftor (cf. Am 9.7) ocuparam o extremo sul da planície marítima da Palestina. Esses invasores não-semitas logo estabeleceram cinco redutos: Gaza, Asquelom, Asdode, Gate e Ecrom —nomes encontrados diversas vezes em Juízes e Samuel. Essa liga de cidades, "a pentápole dos filisteus", representava uma ameaça unida a quem os israelitas, pouco coesos, não conseguiam se contrapor. O "ciclo de Sansão" (13.1–16.31) retrata os filisteus.[4]

As migrações no sudeste da Europa e no leste do Mediterrâneo envolviam principalmente povos indo-europeus, ainda que de tempos em tempos houvesse incursões de semitas provenientes do deserto arábico. Indícios disponíveis sugerem uma invasão da região transjordaniana no século XIII a.C., resultando no estabelecimento de Edom, Moabe e Amom. Os israelitas, em jornada de Cades-Barnéia a Moabe sob liderança de Moisés, tiveram problemas com os edomitas e os moabitas; e no período de Juízes foram oprimidos pelos moabitas e pelos amonitas. Os midianitas chegaram antes à região e parecem ter sido tolerados pelos moabitas —aliás, o rei moabita solicitou a cooperação deles contra os israelitas (Nm 22.4); mais tarde, montados em camelos, os midianitas envolveram-se numa série prolongada de investidas contra Israel (Jz 6.1-6). É provável que fossem um povo nômade proveniente do leste do golfo de Ácaba, que cruzava a região, como fazem hoje os beduínos.[5]

O Início da Idade do Ferro. A Idade do Ferro no Oriente Médio começa em c. 1200. A aplicação bem difundida dos novos métodos de refino do minério de ferro e a manufatura de instrumentos e armas de ferro encerraram a Idade do Bronze precedente (sendo o bronze uma mistura de cobre e estanho). A palavra hebraica correspondente a ferro (*barzel*) é, ao que parece, emprestada do hitita; a metalurgia do ferro parece ter sido introduzida no distrito de Kizzuwatna, no leste do império hitita. É provável que já em 1400 (antes da conquista hitita de Mitani em c. 1370), os reis de Mitani tenham enviado objetos de ferro como presentes para os faraós egípcios. Entre as primeiras referências ao ferro no Antigo Testamento estão a cama de ferro (ou sarcófago) de Ogue, rei de Basã (Dt 3.11, se devidamente interpretado), as rodas de carros com aro de ferro, dos cananeus (Js 17.16) e de Sísera (Jz 4.3), e o monopólio filisteu da metalurgia do ferro (1Sm 13.19, 22). Entretanto, o monopólio desfrutado pelos hititas e, mais tarde, pelos filisteus logo foi quebrado. Pelo século XII a.C., o ferro era comum no Oriente Médio.[6]

Canaã e seus Povos. Terra formada principalmente por montanhas e vales (veja capítulo 48), a Palestina era mais adaptada a abrigar grande número de pequenas cidades-estados que um povo integrado, pois produzia isolamento em vez de comunicação. Entre as nações deixadas na terra para provar os israelitas, estavam os cananeus, os heteus, os amorreus, os ferezeus, os heveus e os jebuseus (3.5). Que de fato se sabe a respeito desses povos?

"Cananeu" é um termo impreciso, empregado às vezes no sentido mais amplo de todos os que viviam em Canaã, e às vezes com referência a um povo em particular (compare Js 7.9 e 11.3). Quando finalmente os israelitas se tornaram dominantes na Palestina, o centro da população cananéia mudou-se para o que é hoje conhecido por Líbano, e o termo "fenício" passou a ser aplicado a eles.[7] Merece crédito a idéia de que uma mistura de nômades amorreus com uma cultura preexistente na região de Biblos resultou no povo conhecido como os cananeus; eles emigraram para a Palestina em c. 2300 a.C.[8]

Quanto aos "amorreus", fontes babilônicas referem-se a um povo com o mesmo nome que veio da terra de Amurru, cuja capital ficava em Mari, no Eufrates. Eles invadiram o sul da Mesopotâmia logo no início do segundo milênio e fundaram uma dinastia em Isin e Larsa. Hamurábi, cujo nome demonstra ligação com os amorreus, conquistou Mari e logo depois os hititas encerraram a dinastia dos amorreus. Os amorreus ocuparam cidades-estados na Síria, de acordo com as cartas de Amarna. Eles estavam tanto na Palestina como na Transjordânia (Jz 10.8; 11.19ss.).[9]

Quanto aos outros povos, os dados são ainda mais escassos. Os jebuseus eram os habitantes de Jerusalém (1.21). Os ferezeus são mencionados muitas vezes, mas nada se sabe a respeito deles. É provável que o nome signifique "aqueles que não moram em cidades muradas". Os heveus estabeleceram-se no monte Líbano (3.3), monte Hermon (Js 11.3), ao longo da rota de Sidom a Berseba (2Sm 24.7) e nas cidades gibeonitas (Js 9.7; 11.19). Muitas vezes, ocorrem confusões entre heveus e horitas em relatos ou entre textos hebraicos e

LIMITES DO CONTROLE ISRAELITA

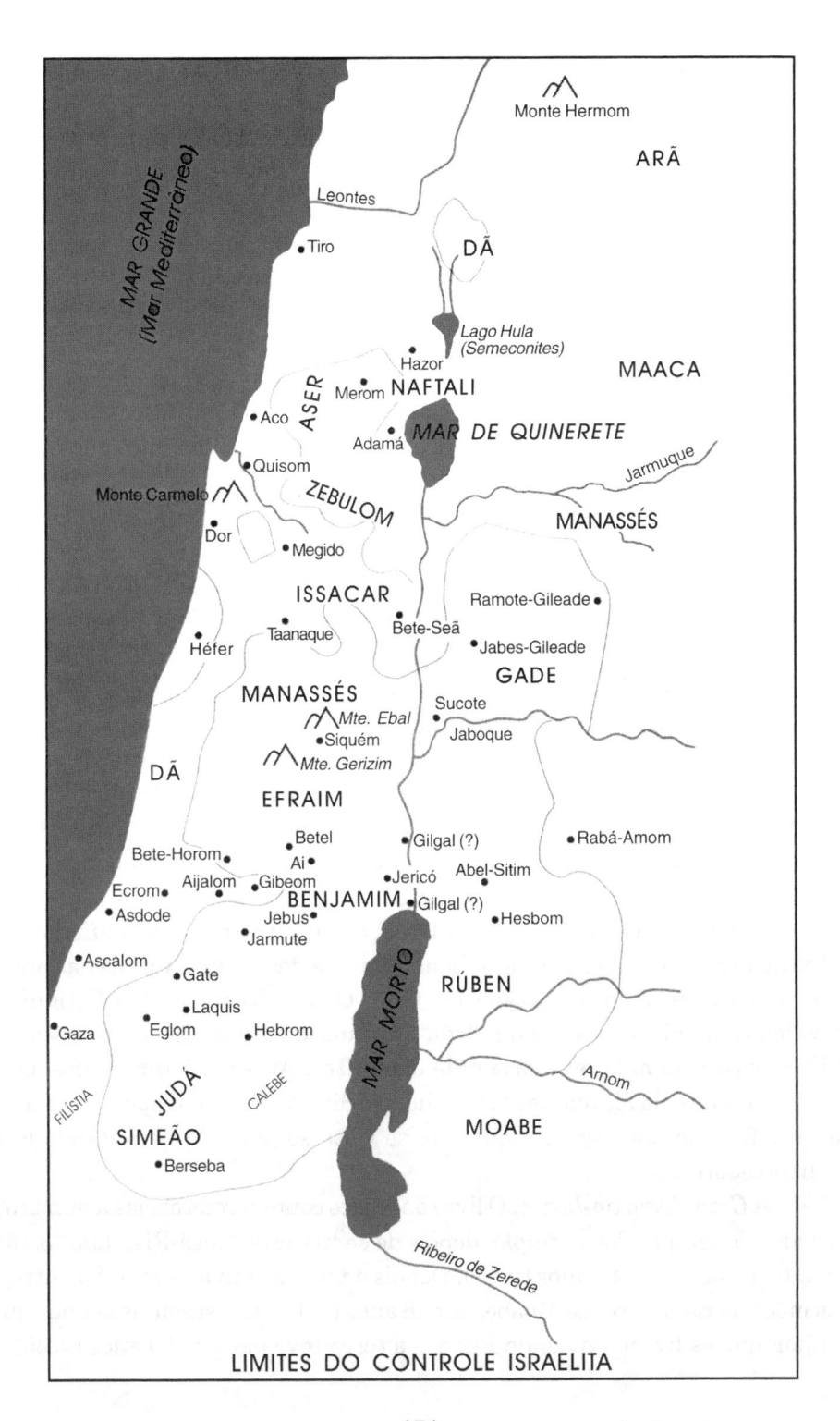

gregos; às vezes esses termos são confundidos com "hititas". As três palavras são bem parecidas na escrita hebraica.

Os hititas (ou heteus) são mencionados no Antigo Testamento já na era dos patriarcas, mas não há registro de movimentos migratórios de hititas para a Síria até por volta do século XII a.C. O termo "hitita", porém, carece de definição. Os hititas originais (os hattis ou proto-hititas) e os "hititas" posteriores que invadiram a terra de Hatti (c. 2000) não eram o mesmo povo. Além disso, a penetração hicsa do Egito (c. 1700) foi realizada por uma mistura de povos, alguns dos quais indo-europeus (como os hititas). Quando os hicsos foram expulsos do Egito (c. 1570), é bem possível que alguns se tenham estabelecido na Palestina. Alguns dos povos mencionados no relato bíblico como habitantes de Canaã talvez lá estivessem em conseqüência desse movimento indo-europeu pela terra.[10]

A Situação Centrífuga em Israel. A junção desses vários elementos ajuda a esclarecer o quadro de Israel no tempo dos juízes. A geografia, as lutas contínuas com os outros habitantes e as tensões internas entre personalidades fortes tendiam a segregar as tribos. As tribos ligadas entre si por uma relação precária eram compostas de agrupamentos de vilas, cada qual ocupada por alguns clãs que, por sua vez, eram compostos de núcleos familiares estendidos. Os laços mais estreitos baseavam-se em parentesco, e as estruturas sociais eram mais igualitárias que hierárquicas. Não havia estrutura nacional no sentido moderno. Dados arqueológicos do início da Idade do Ferro dão a entender que "vilas de regiões montanhosas refletem a essência da estrutura social dos primórdios de Israel —quase que exatamente como o livro de Juízes [...] o preserva fielmente no registro escrito".[11]

Alguns estudiosos aplicam a Israel o conceito grego de "anfictionia".[12] O termo descreve uma associação bem tênue de doze tribos unificadas apenas pelo único santuário localizado em Siló. O uso do termo "anfictionia" é questionável, pois a arca e seu paládio (santuário em forma de tenda) em Siló é de importância nula ou quase nula em Juízes. Antes, o fator unificador é o conceito de que Javé, que fez uma aliança com seu povo, dispunha-se a agir em benefício do povo sempre que este se voltasse para ele, levantando juízes ou libertadores.

A Cronologia de Juízes. O livro de Juízes contém referências a numerosos períodos de tempo. Por exemplo, depois de se livrar de Cusã-Risataim (3.10), a terra teve "paz" por 40 anos (v. 11). Depois o povo voltou a pecar e foi entregue nas mãos de Eglom, rei de Moabe, por 18 anos (v. 14). Os israelitas clamaram ao Senhor, que os livrou enviando Eúde, e a terra teve paz por 80 anos (v. 30). As referências ao tempo em Juízes perfazem 410 anos. Acrescentando-se a isso os anos de invasão da terra e os anos entre o fim do juizado de Sansão e o início do templo de Salomão surge um número próximo ao das datas obtidas com base em 1Reis 6.1 —c. 1440 para o êxodo e c. 1400 para a entrada em Canaã.[13]

Existem, como se observou, sérios obstáculos à aceitação dessas datas (veja cap. 4). Se a entrada em Canaã ocorreu em c. 1250, que fazer com os números em Juízes? Tentam-se duas soluções. Por uma, os números são considerados "redondos", uma vez que 40, 80 e 20 ocorrem várias vezes. Intercalados a eles, porém, há outros —18, 8, 7, 3, 6. E mais: mesmo os números "redondos" devem ter algum significado; é difícil reduzir 410 a 200 e ainda considerar os números com seriedade.[14]

A segunda tentativa considera os períodos de opressão e de juizado locais e sobrepostos. As nações que oprimiram Israel situavam-se em lugares variados ou em partes diferentes de Canaã. Jabim "rei de Canaã" governava Hazor no norte; o conflito foi na planície de Esdrelom (4.2-4) e só envolveu poucas tribos do norte (6. 6-10). Os ataque midianitas vieram do leste (6.3) e, embora sua ação se tenha estendido até Gaza (v. 4), o conflito ocorreu no vale de Jezreel (Esdrelom) e envolveu tribos do norte (v. 34s.). A opressão amonita foi em Gileade, na Transjordânia, estendendo-se depois para o centro da Palestina (10.8s.), mas Jefté era de Gileade (11.1), e o conflito foi na Transjordânia (v. 29-33). A opressão dos filisteus, quando Sansão era juiz, localizou-se no sul. Os juízes eram levantados para resolver situações mais ou menos regionais; nesse caso, o período de "paz" numa região coincidia com a de "opressão" noutra.

Autoria e Composição

O Autor. Nenhuma parte do livro dá alguma indicação de seu autor. De acordo com a tradição judaica, o livro foi escrito por Samuel. Como em Josué, há elementos antigos e recentes em Juízes.[15] Os estudiosos concordam que o Cântico de Débora está entre as porções mais antigas do Antigo Testamento,[16] mas depois disso há debates consideráveis acerca dos processos pertinentes à redação do livro.[17]

A Composição. Entende-se em geral que um período no qual as histórias dos juízes foram transmitidas oralmente (séculos XII a X) foi seguido por um período em que pequena ou grande parte delas foi colocada em forma escrita (séculos X e IX). A essas acrescentaram-se comentários editoriais (e.g., "naqueles dias, não havia rei em Israel") e outras histórias nem sempre na mesma forma ou localização na versão grega (e.g., a história de Sangar). O trabalho de edição pode ter continuado pelos séculos VIII e VII. Como parte da "história deuteronomista", Juízes, com Josué, Samuel e Reis, deve ter recebido forma final por volta do século VI.[18]

O estudo cuidadoso de Juízes destaca diferentes estilos; compare a história de Gideão, por exemplo, com o ciclo de Sansão. Essas diferenças evidentes tendem a sustentar a teoria de que as histórias foram compostas por autores diferentes e transmitidas de maneiras diferentes; o "autor" ou "editor" final não fez um esforço substancial de conformá-las a um estilo uniforme.

As Questões Religiosas

Engano e Traição. Algumas histórias contêm elementos que podem ser considerados moralmente ofensivos. Eúde leva um tributo a Eglom, rei de Moabe, depois despede os serviçais, dizendo: "Tenho uma palavra secreta a dizer-te, ó rei". Sendo canhoto, Eúde pode esconder a espada na coxa direita, sob as vestes, onde não será detectada. Ele a puxa subitamente, ataca o rei e escapa (3.15-25).

Quando Sísera está fugindo de Débora e Baraque, Jael lhe oferece refúgio em sua tenda; ela lhe dá leite e o cobre com um manto. Depois de pedir que ela vigie à porta, ele adormece. Com isso, Jael pega uma estaca da tenda e um martelo e lhe crava a estaca no crânio (4.17-21).

Tais incidentes podem ser justificados somente quando os personagens bíblicos são considerados pessoas "do nosso time". Nada se ganha tentando explicar tais comportamentos. Como Deus mesmo reconhece, essas pessoas estavam fazendo o que consideravam correto (Jz 21.25). Mas obviamente tinham muito que aprender; por meio dos profetas e dos apóstolos, Deus demonstra abertamente sua disposição de continuar ensinando seu povo.

Jefté e Sua Filha. Quando Jefté é chamado para livrar Gileade dos amorreus, faz um voto a Javé: "Se, com efeito, me entregares os filhos de Amom nas minhas mãos, quem primeiro da porta da minha casa me sair ao encontro, voltando eu vitorioso dos filhos de Amom, esse será do SENHOR, e eu o oferecerei em holocausto" (11.30s.). Ao voltar, sua única filha vem ao seu encontro. Ele cumpre o voto (v. 34-39).

Embora possa ser julgado segundo os padrões atuais, Jefté não foi criado de acordo com tais padrões. Ele era gileadita, e os não-israelitas da

O monte Tabor, onde Baraque juntou as forças de Zebulom e Naftali para lutar contra Sísera. *(Neal e Joel Bierling)*

região naquela época seguiam Camos, cujo culto incluía o sacrifício de crianças como holocausto (2Reis 3.27). De acordo com nosso entendimento da revelação progressiva, Deus toma as pessoas no ponto em que estão e as conduz para um conhecimento mais completo de sua pessoa e vontade. É difícil para nós entender como Jefté podia cultuar Javé —e mais, ser um libertador levantado por Javé— e ainda praticar o que mais tarde seria descrito como "abominação". Javé não lhe havia pedido que fizesse tal voto, nem voto algum, de acordo com o relato bíblico. Aquilo foi um ato impulsivo da parte de Jefté, feito com boas intenções. O fato significativo é que apesar de os israelitas passarem mais tarde a considerar abominável para Javé o sacrifício de crianças, não removeram essa história de suas Escrituras Sagradas. É possível extrair lições a partir de erros cometidos com a melhor das intenções.

As Façanhas de Sansão. Que fazer de um homem que se envolvia com mulheres filistéias e acabou permitindo à mulher que o havia traído três vezes saber o segredo de sua força (cap. 16)? Pode-se repudiar a história, considerando-a "mito solar", como fazem alguns, ou comparar os feitos de Sansão com os trabalhos lendários de Hércules?[19]

A história do nascimento de Sansão é um tanto semelhante à de Samuel (1Sm 1). É resultado da fé e da oração de seus pais. Ao nascer, ele é dedicado como nazireu (cf. Nm 6), especialmente comprometido com a instrução de que não se passaria navalha sobre sua cabeça (Jz 13.5; 16.17). Javé abençoa a criança, e o Espírito está nela (13.24s.). Depois disso, a história torna-se um tanto estranha. Sansão exige que o pai lhe arranje casamento com uma moça filistéia. ("Seu pai e sua mãe não sabiam que isto vinha do SENHOR; pois procurava ocasião contra os filisteus" [14.4]). Antes de se encerrar a cerimônia, o casamento dá lugar à primeira de suas campanhas pessoais contra os filisteus (v. 10-20). Depois de algumas outras façanhas, a história de Sansão e Dalila apresenta o final trágico de Sansão. Pela traição e conspiração de Dalila, aliada aos "príncipes"[20] filisteus, e pela tolice ou estupidez de Sansão, o segredo de sua grande força é descoberto. Seu cabelo é cortado enquanto dorme. Sua força se vai, os filisteus conseguem amarrá-lo, vazar-lhe os olhos e aprisioná-lo. Mas cometem o erro de permitir que seu cabelo volte a crescer e, numa explosão final de força acompanhada de um clamor a Javé, Sansão derruba um templo filisteu, removendo os pilares que sustentavam o teto, matando a si mesmo e a um grande número de filisteus (16.18-31).

A história de Sansão com certeza não ilustra nenhuma ética do Novo Testamento! Mas Sansão, também, é um filho de seu tempo. Além disso, era egoísta e demonstrava pouco ou nenhum controle sobre seus instintos. Um autor o descreve como "um herói religioso negativo —um exemplo de como não deve ser um líder carismático de Deus".[21] Mas alguns aspectos de sua vida e ministério também devem ser vistos de maneira positiva. Por exemplo, Sansão confia em Javé e é colocado em tais situações exatamente para punir os filisteus. No livro de Hebreus, Sansão é alistado entre os grandes heróis da fé (11.32ss.). Mais uma vez, a contingência da história e a liberdade do lugar de Deus em seu desenvolvimento não nos permite idealizar seu caráter nem considerá-lo absolutamente fora da vontade de Deus.

Contribuições Teológicas

Deus é o Salvador. Embora os juízes sejam chamados "salvadores", é óbvio que, na mente dos autores do livro, Deus é o Salvador (cf. a idéia apresentada em Isaías). Javé ouve o clamor do povo e em cada ocasião concede o Espírito Santo a um juiz para que livre o povo de seus inimigos.

Uma lição a ser extraída da vida dos juízes é que aqueles que se dedicam a Javé podem ser usados por ele. Alguns traços de suas vidas podem não estar de acordo com a vontade do Senhor. Seus métodos talvez não sejam exemplares. Mas essas questões podem ser resolvidas por revelações posteriores da pessoa e da vontade de Javé. Pode-se encontrar algo censurável em quase todas as pessoas mencionadas em Hebreus 11, ou, nesse aspecto, em todo o Antigo Testamento —e com certeza em Juízes. Entretanto, por terem sido dedicados, Javé, o Salvador, podia usá-los para livrar Israel de seus opressores e manter viva a federação tribal, até que Israel estivesse pronto para o próximo estágio em seu propósito redentor.

A Perspectiva da História. A obra do "historiador deuteronomista"[22] em Juízes é com freqüência identificada com o seguinte padrão: o pecado acarreta punição, mas o arrependimento traz livramento e paz.

> A pressuposição básica desse padrão, que as histórias mais longas de Juízes parecem seguir, é que Javé é soberano. Ele emprega povos não-israelitas na Palestina e em áreas circunvizinhas para punir os israelitas por idolatria e práticas concomitantes. Levanta libertadores quando seu povo se volta para ele e concede-lhes o poder do Espírito, de modo que possam vencer o inimigo e reencontrar a paz na terra.

As lições são positivas, mas começam na posição negativa de incredulidade e idolatria. As histórias são contadas para preparar Israel contra a apostasia, explicar por que seus inimigos às vezes triunfam e criar esperança profética em Israel.

A Monarquia. Seria o livro de Juízes uma apologia menor da monarquia davídica? A declaração "Naqueles dias não havia rei em Israel" (17.6; 18.1; 19.1; 21.25) associa os escritos a uma época em que havia um rei e contrasta os dias da monarquia com aqueles que os antecederam. Talvez isso prepare para que se compreenda a monarquia em sua função singular pela qual é perpetuado o santuário central para onde Israel pode ir e fazer o que é correto aos olhos de Deus. Ali, a aliança de Javé com seu povo pode ser destacada e renovada continuamente. É no caos espiritual e social do período de juízes, portanto, que podemos começar a compreender a responsabilidade dos reis de Israel e do Messias, que viria depois deles: "Julgue ele com justiça o teu povo e os teus aflitos, com eqüidade" (Sl 72.2; Is 11.4).

CAPÍTULO 12

O Nascimento da Monarquia (1Sm 1.1–2Sm 5.10)

Introdução

O período da história de Israel descrito em 1-2Samuel e 1Reis 1–11 apresenta mudanças marcantes na vida política, social e religiosa. Iniciando-se no árido período dos juízes, quando não havia rei em Israel, o período termina com o império de Salomão em pleno florescimento. Israel começa como uma coalizão frágil e flexível de tribos unificadas por certos laços étnicos e sociais, mas principalmente por uma fé comum em Javé. Ao final do período Israel é a nação mais poderosa da Ásia oriental. Em 1Samuel, as pessoas fazem peregrinações para o santuário menos sofisticado de Eli em Siló. Em 1Reis 11 realizam suas festas num templo real projetado com esmero, cuja construção e manutenção lhes exige quantidade penosa de recursos e boa vontade. O registro dessas mudanças surpreendentes centra-se na história de quatro pessoas: Samuel, Saul, Davi e Salomão. As luzes brilham com maior intensidade sobre Davi. Os relatos sobre Samuel e Saul formam o prólogo e os que tratam das festas e extravagâncias de Salomão, o epílogo. O que domina o enredo é a ascensão de Davi ao trono e sua luta para mantê-lo.

A princípio um único livro, é provável que 1 e 2 Samuel se tenha dividido no início da era cristã; talvez a divisão tenha ocorrido pela primeira vez na LXX, que trata Samuel e Reis como partes de uma obra única chamada o livro dos Reinos.[1] A morte trágica de Saul marca a divisão entre 1 e 2Samuel. A divisão é evidentemente arbitrária, já que a reação de Davi é registrada em 2Samuel 1. A divisão entre 2Samuel e 1Reis também é artificial: a história da ascensão de Salomão ao poder e dos últimos dias de Davi em 1Reis 1–2 está ligada em estilo e conteúdo a 2Samuel 9–24. Assim como no Pentateuco, o tamanho parece ter determinado as divisões entre alguns livros.

> Os que contendem com o SENHOR são quebrantados; dos céus troveja contra eles. O SENHOR julga as extremidades da terra, dá força ao seu rei e exalta o poder do seu ungido. 1Sm 2.10

A tradição judaica indica Samuel como o autor desses livros,[2] mas é mais provável que levem o nome dele por causa de sua importância nos primeiros vinte e cinco capítulos. Talvez Samuel tenha sido responsável por parte do material em 1Samuel, especialmente a história inicial de Davi, como indica 1Crônicas 29.29s.:

> Os atos, pois, do rei Davi, assim os primeiros como os últimos, eis que estão escritos nas crônicas, registrados por Samuel, o vidente, nas crônicas do profeta Natã e nas crônicas de Gade, o vidente, juntamente com o que se passou no seu reinado e a respeito do seu poder e todos os acontecimentos que se deram com ele, com Israel, e com todos os reinos daquelas terras.

Essa passagem é um lembrete de que os antigos editores dispunham de várias fontes.[3]

Houve várias tentativas de detectar as influências javistas e eloístas em 1-2Samuel,[4] mas as dificuldades inerentes na hipótese documentária são aqui ainda mais impressionantes. Estudos recentes de Samuel tendem, portanto, a destacar o pano de fundo e a origem de várias seções do livro, em vez de procurar elementos paralelos combinados por algum editor.[5] As histórias dos eventos da vida de Samuel, de Saul e de Davi, bem como os relatos que destacam a Arca da Aliança foram tecidos em círculos ou seções que levam adiante a narrativa desde o tempo dos juízes até o estabelecimento do reino de Davi.

Um resumo típico dos estágios e componentes da narrativa apresenta-se da seguinte forma:

- Primeiras histórias de Samuel (1Sm 1.1–4.1a)
- A arca como elemento central da vida israelita (4.1b–7.2)
- Primórdios da monarquia com destaque para Saul (7.3–15.35)

- A entrada de Davi e sua ascensão ao poder (1Sm 16–2Sm 5.10)
- O poder de Davi e a dinastia consolidada (2Sm 5.11–8.18)
- Lutas de Davi para manter o poder; seu fracasso pessoal e oposição da família (caps. 9–20)
- Epílogo: sucessos e fracassos de Davi;[6] julgamento e perdão divinos (caps. 21–24)

1–2Samuel referem-se a fontes, mas de maneira tão velada que pouco ajuda. 1Samuel 10.25 retrata Samuel, o fazedor de reis, registrando os direitos e deveres dos reis num livro, enquanto 2Samuel 1.18 cita o livro dos Justos, conhecido por Josué 10. A data em que essas histórias foram combinadas é uma questão discutida, e a identidade dos editores, igualmente problemática. Ao contrário de Juízes e especialmente de Reis, pouco se discerne da estrutura editorial, com um máximo de narrativa direta e um mínimo de interpretação ou exortação.[7] Uma vez que o editor final raramente introduzia suas próprias observações, as histórias com freqüência apresentam a novidade típica dos relatos de primeira mão e muitas vezes a perspectiva límpida de uma testemunha ocular. Exceto alterações menores, os ciclos parecem ter data próxima do fim do reinado de Davi.[8] Podem, porém, ter sido remodelados sob influência profética depois que o colapso do governo monárquico se tornou mais evidente. Assim como em Juízes e Reis, o compilador e editor recebeu fortes influências da perspectiva profética da história, tendo selecionado e moldado seu material para destacar o papel de Samuel e Natã ao tratar de Saul e Davi. Ao fazê-lo, mostrou que os reis de Israel tinham obrigação de estar abertos aos profetas, que interpretavam a aliança para a nação.[9]

O debate que domina as discussões atuais acerca de Samuel gira em torno dos métodos apropriados para investigação dos livros.[10] É crucial para a discussão determinar se a obra deve ser tratada como um relato histórico de fatos reais ou relatos literários de lembranças e reconstruções de cunho tradicional. Alguns comentários recentes importantes têm prestado muita atenção a dados arqueológicos, lingüísticos e culturais que proporcionam uma sólida base histórica para as histórias.[11] Outras abordagens têm destacado a característica literária da narrativa, com análises separadas das histórias de Samuel, Saul e Davi.[12] Um estudioso, pelo menos, destaca a *consideração de idéias* como o propósito principal do narrador.[13] Tanto o tratamento histórico como o literário são visivelmente beneficiados pela interação com a sociologia e com a antropologia. Essas disciplinas têm lançado luz sobre as estruturas dos clãs e das tribos, sobre as práticas políticas e em geral sobre o mundo social refletido nos documentos.¹⁴ Felizmente, não temos de escolher nenhum desses métodos em detrimento dos outros. Podemos reconhecer que estamos lidando com documentos que combinam uma memória histórica sólida e ainda relatos escritos contemporâneos aos eventos com literatura de qualidade artística e reflexões precisas dos mundos sociais tanto dos eventos em si como dos períodos posteriores em que os documentos estavam sendo compilados.

Samuel — Sacerdote, Profeta, Juiz (1Sm 1-7)

Talvez o maior personagem do Antigo Testamento desde Moisés, Samuel desempenhou papel fundamental na transição crítica da coalizão tribal para o reinado. Um verdadeiro líder carismático, ele incorporou os maiores ofícios de seu tempo. Nada do que acontecia entre as tribos era alheio ao seu interesse. Atuando numa variedade de funções, ele serviu fielmente às tribos quando as pressões externas exercidas contra Israel pelos filisteus exigiram mudanças extremas no campo social e político. Para seu crédito, Samuel foi capaz de moldar o futuro de Israel ao mesmo tempo que se apegava às práticas da aliança e insistia nelas.

A Infância de Samuel (1.1-3.21). (1) A dedicação de Ana (1.1-2.11). Juízes fornece um quadro de escuridão quase completa. À parte de avivamentos esporádicos em tempos de invasão e opressão, a cena era sombria. Ainda assim, os ideais históricos de Israel não estavam ainda completamente negligenciados. O livro de Rute e o relato sobre os pais de Sansão (Jz 13) mostram que a piedade e a lealdade à família não estavam de todo ausentes. A história de Ana fornece uma visão ainda mais nítida do lado mais positivo desse período sombrio.

Entre os peregrinos anuais ao santuário central em Siló¹⁵, no centro da Palestina, a meio caminho entre Siquém e Betel, estavam Elcana de Efraim e suas esposas, Ana e Penina. Parece haver amplas provas de um santuário central em Siló desde o período de assentamento até sua destruição pelos filisteus nos dias de Samuel. Embora a festa que levou Elcana e suas esposas não seja identificada, é mais provável que fosse a celebração da colheita de outono, a festa dos tabernáculos (Lv 23.33-36; Dt 16.13, 15).¹⁶ As festividades durante esse período não parecem intrincadas. Uma atmosfera de simplicidade paira sobre toda a história: não um templo complexo e agitado, mas um santuário modesto administrado por um sacerdote, Eli, e por seus dois filhos, Hofni e Finéias. Ana tinha acesso direto ao sumo sacerdote, e este revelou interesse pessoal por seus problemas.

Muitos intérpretes entendem essa simplicidade como prova de que Êxodo, Levítico e Números apresentam desenvolvimentos bem posteriores, ou seja, padrões religiosos do pós-exílio.[17] Outra possibilidade é que essa simplicidade reflita a degradação geral de um período em que quase não existia autoridade central para impor as leis. Em tais circunstâncias, os piedosos da terra teriam feito o melhor para preservar pelo menos o espírito, se não a letra da lei.

A história centra-se na angústia de Ana por não mostrar-se capaz de obedecer ao "imperativo da fecundidade", angústia potencializada pelas censuras desdenhosas da rival. Sua condição lembra a de Sara (Gn 16.1ss.; 21.9ss.) mas era ainda mais vexatória; enquanto Hagar era uma esposa escrava, Penina gozava do pleno *status* de esposa. Como costumavam fazer os israelitas desesperadamente necessitados, Ana fez um voto drástico ao Senhor (1Sm 1.11). Talvez tivesse entendido o sacrifício do esposo como uma oferta votiva (cf. Lv 7.11ss.). Nesse caso, o sacrifício de Elcana era uma ocasião festiva, acompanhada de comida e bebida (v. 9).[18] A promessa de Ana parece indicar sua intenção de consagrar o filho como nazireu: "abster-se-á de vinho e de bebida forte [...] não passará navalha pela cabeça".[19]

Esse voto é uma apresentação apropriada para Samuel, que defendeu com firmeza, durante toda a vida, os padrões históricos de Israel diante dos meios-termos e indiferença. Ser nazireu significava manter o estilo antigo, favorecendo a simplicidade seminômade das gerações antigas em detrimento da influência sofisticada de Canaã.[20] Amós (2.11ss.) talvez tivesse Samuel em mente quando mencionou os nazireus como mensageiros de Deus, os quais, apesar disso, eram desconsiderados pelo povo.

A oração silenciosa de Ana captou a atenção de Eli (1Sm 1.12ss.). Os israelitas, como a maioria dos povos do Oriente Médio, costumavam orar em voz alta, independentemente das circunstâncias ("Com a minha voz clamo ao SENHOR"; Sl 3.4; " Ouve, ó Deus, a minha voz"; 64.1). O culto israelita devia ser bem exuberante, mas o estado de espírito de Ana era outro. A censura de Eli àquilo que ele interpretou como bebedeira pode indicar ou a raridade das orações silenciosas ou a freqüência dos excessos de bebida nessas cerimônias. Os cananeus transformavam regularmente os rituais em orgias, e os israelitas tendiam a fazer o mesmo, como indica o profeta Oséias (e.g., 4.11, 17s.).

Quando a oração de Ana foi respondida com o nascimento de Samuel,[21] ela não fez nenhuma peregrinação a Siló até desmamá-lo, provavelmente aos três anos.[22] Então o levou a Eli e o dedicou ao serviço do Senhor junto com o que deve ter sido uma oferta de ação de graças (Lv 7.11ss.).

O NASCIMENTO DA MONARQUIA

A força e a beleza da oração de Ana (1Sm 2.1-10) evocaram louvor. A oração mostra que os israelitas dedicados não compunham necessariamente suas orações mas usavam padrões preestabelecidos, talvez modificados de acordo com suas necessidades. A oração de Ana baseia-se num cântico de ação de graças pelo sucesso na batalha (cf. "o arco dos fortes", v. 4; destruição de adversários, v. 10). Tamanha era sua vitória sobre Penina e sobre outros que zombavam de sua esterilidade que ela expressava grande júbilo e ridicularizava os que haviam feito pouco caso dela. Ao mencionar o rei ungido (v. 10), o autor indica claramente a função futura de Samuel na formação da monarquia.

(2) Os filhos perversos de Eli (2.12-36). Hofni e Finéias, filhos de Eli, são os representantes do preço cobrado pela corrupção cananéia nos valores de Israel. Eles transgrediam as leis que limitavam a porção dos sacerdotes nos sacrifícios (v. 13-17), chegando a exigir carne antes do oferecimento do sacrifício. Além disso, mantinham relações sexuais com mulheres que serviam no santuário. Sendo ou não prostituição sagrada, tal conduta era repulsiva para os peregrinos que levavam a notícia abominável a Eli (v. 22-25).

A ruína dos filhos de Eli foi-lhe anunciada por um profeta anônimo, "um homem de Deus" (v. 27ss.), talvez um dos profetas itinerantes que atuavam naquele período (e.g., 10.5ss.).

Essa seção liga-se à precedente pela menção das visitas anuais de Ana, seu ministério de amor para com Samuel e sua fecundidade contínua na concepção de filhos (v. 18-21). Isso anuncia a próxima seção ao destacar a fidelidade de Samuel diante do Senhor (v. 18, 21, 26),[23] em contraste nítido com a depravação dos filhos de Eli.

(3) O chamado de Samuel (3.1-21). A influência profética que pode ser discernida em partes de 1-2Samuel manifesta-se em sua ênfase no chamado do Senhor (v. 1, 7, 19, 21). Samuel foi dedicado ao serviço sacerdotal pela mãe, de acordo com o costume israelita de consagrar o primogênito ao Senhor em memória do resgate dos primogênitos no Egito (Êx 13.2, 15). Talvez para facilitar a manutenção da prática, as leis mosaicas substituíram os primogênitos de todas as tribos pela tribo de Levi (cf. Nm 3.11ss.). Ana, porém, sentiu de modo tão profundo a sua obrigação para com Deus, que se conformou literalmente com a tradição.[24] Esse capítulo anuncia a expansão do ministério de Samuel, que passa do mero aprendizado do sacerdócio para o pleno ofício profético. O relato da voz que Samuel confundiu com a de Eli mostra que Samuel recebeu um chamado direto de Deus para ser profeta.[25] Essa experiência, que introduziu uma nova era de atividade profética, pode

ser comparada à sarça ardente de Moisés ou às visões de Isaías, Jeremias e Ezequiel. Samuel ouviu a voz de Deus. Ele nunca mais foi o mesmo, e Israel percebeu isso (v. 20).

Os Filisteus e a Arca (4.1–7.17). (1) A captura da arca (4.1–7.2). Muito do poderio dos filisteus devia-se à sua habilidade na metalurgia. De ferro ou de bronze, suas armas eram páreo duro para Israel.[26] O conflito entre os dois povos foi intermitente por um século ou mais. Na época de Salomão (c. 1050 a.C.), os invasores haviam conseguido poder suficiente para dar vazão à sua avidez por conquistas. Embora seja provável que não fossem em si numerosos, eles incorporaram certo número de cananeus às suas unidades de combate disciplinadas e bem-equipadas. Para esses cananeus, a invasão dos filisteus não significava perda de liberdade. Antes, marcava a mudança de aliados, antes representados pelos faraós egípcios das dinastias XVIII a XX.

Quando os filisteus finalmente atacaram Israel, não puderam ser barrados. Os israelitas perderam o conflito inicial e quatro mil homens (4.1-4). Então buscaram o apoio espiritual da arca da aliança. Talvez o tivessem feito para lembrar a Javé, que permitira ou quem sabe provocara a sua derrota (v. 3), da lealdade para com eles, imposta pela aliança. Mas a arca serviu mais para atiçar o fervor dos filisteus do que para reforçar as esperanças evanescentes de Israel. Israel perdeu trinta mil homens, Finéias e Hofni (cuja morte fora predita pelo homem de Deus) e a arca (v. 5-11). A notícia pesou sobre Eli, já idoso, que morreu quando a ouviu (v. 12-18). A viúva de Finéias escreveu o epitáfio para as esperanças perdidas de Israel após sua derrota atordoante quando deu o nome de Icabode ao filho —"Sem glória"; pois a glória de Deus se foi quando a arca caiu nas mãos dos filisteus (v. 19-22).

Os filisteus, porém, levaram mais do que pediram. Quando Dagom, o ídolo deles, caiu diante da arca, suas cidades recusaram-se a recebê-la (5.1-10).[27] Seguiu-se uma epidemia, aparentemente de peste bubônica. Fustigados, os filisteus prepararam uma oferta pela culpa de cinco objetos de ouro moldados como tumores e cinco ratos de ouro e enviaram a arca a Bete-Semes no território israelita (5.11–6.21). É provável que os ratos e os tumores, símbolos da praga, estejam associados a uma simpatia mágica, segundo a qual as pessoas fazem uma representação da maldição que pretendem combater ou da bênção que desejam obter.

Essa seção (4.1–7.1a) junto com 2Samuel 6 pode ter circulado primeiramente como um conjunto independente de histórias acerca da importância da arca de Javé. Nesse caso, está agora entretecida com esmero na narrativa de Samuel—Saul.[28]

En-Gedi, onde Davi buscou refúgio ao ser perseguido pelo rei Saul.
(Neal e Joel Bierling)

(2) Samuel como juiz (7.3-17). Embora não exista registro em Samuel, Siló foi provavelmente destruída num ataque filisteu, e seu santuário, demolido. Partes da cidade foram reconstruídas e sobreviveram até o século VI,[29] mas as ruínas da destruição eram conhecidas de Jeremias, que as empregou para alertar contra a falsa noção de segurança proporcionada pelo templo de Jerusalém (7.12; 26.6; cf. Sl 78.60). O fato de a arca, após sete meses entre os filisteus (1Sm 6.1), ter permanecido vinte anos (7.2) em Quiriate-Jearim (para onde fora trazida de Bete-Sames) pode ser outra prova de que o santuário em Siló fora derrubado.[30]

Foi após as derrotas esmagadoras diante dos filisteus que Samuel se levantou como juiz. Como seus nobres predecessores, Débora, Baraque, Gideão e Sangar, ele instou as pessoas ao arrependimento (v. 3-9). O Senhor desbaratou os filisteus em Mispa, ao que parece enviando trovoadas para confundir seus homens; os israelitas então recobraram a confiança no seu Deus, mantiveram os filisteus à margem e também recapturaram boa parte do território perdido. Essa passagem (v. 3-17), que parece um episódio de Juízes, é o último relance da antiga ordem. Crescia o clamor por um rei.

Samuel e Saul — O Período de Transição (1Sm 8.1–15.35)

A pressão da oposição filistéia exigiu uma nova tática de Israel. Nem o idoso Samuel nem seus irresponsáveis filhos podiam proporcionar a liderança necessária àquele momento. A ameaça das comunidades filistéias altamente organizadas só poderia ser combatida com as mesmas armas: Israel precisava de um rei.[31]

Em busca de um rei (8.1–12.25). (1) Monarquia *versus* teocracia. A requisição dos anciãos israelitas, pedindo um rei, foi recebida com reações contraditórias. Algumas passagens parecem contrárias à idéia (8.1-22; 10.17-19; 12.1-25), outras, favoráveis (9.1–10.16; 10.20–11.15). Uma explicação afirma que dois documentos com atitudes contrastantes com respeito ao reinado teriam sido combinados por um editor que não procurou atenuar as aparentes contradições.[32]

Tal abordagem desenvolve-se da seguinte maneira:

> Parece mais provável que duas opiniões [a favor e contra o estabelecimento de um rei] fossem concomitantes. As duas opiniões refletem uma disputa e um questionamento genuínos sobre um problema sério para o qual as respostas teológicas ainda não estavam claras.[33]

A monarquia era necessária para a sobrevivência de Israel, mas, como qualquer ponto crítico na história da nação, implicava grande risco. Como Israel, à semelhança de seus vizinhos, poderia ter um rei (8.5) sem a perda da liberdade inerente a tal centralização (v. 10-18)? A antiga ordem estava obviamente ultrapassada, mas que traria uma nova ordem? Essas e outras perguntas perturbavam Samuel e outros defensores da tradição israelita com respeito à aliança (veja Dt 17.14-20).[34]

As tendências absolutistas das antigas monarquias orientais estão amplamente documentadas. Podemos ver como seus padrões ameaçavam tanto a tradição israelita de liberdade pessoal como a convicção de que Javé era o verdadeiro rei. Como se atesta nos Salmos, a tradição israelita de reino sagrado (em oposição ao reino secular) não elevou o rei à condição divina, conforme costumavam fazer seus vizinhos.[35] Antes, viam-no como um representante de Deus, com o encargo de reforçar (e encarnar) a aliança. Longe de ser um ditador, ele era, pelo menos idealmente, um servo de seu povo.[36]

1-2Samuel refletem de modo preciso tanto a necessidade da monarquia como seus perigos. O fato de Deus usar a monarquia como parte da preparação para o Rei dos Reis valida a monarquia em Israel. O fato de a grande maioria dos reis de Israel falhar no cumprimento da função que lhes foi ordenada testemunha os perigos intrínsecos da monarquia.[37] O padrão realmente bem-sucedido de governo para Israel era um equilíbrio delicado —nem teocracia nem monarquia, mas teocracia por meio da monarquia. Para Israel ser povo de Deus, Deus precisava ser reconhecido como o verdadeiro governante. Entretanto, Deus podia governar por meio de um rei humano. No meio dessa tensão, Saul seguiu para a liderança das tribos.

(2) Vida longa ao rei! De acordo com 1Samuel 9–13, a entronização de Saul foi realizada em etapas, elevando-o gradativamente em cada uma delas diante do povo. Primeiro, foi ungido por Samuel (em obediência à ordem de Deus [9.16]) depois que os dois se encontraram quando Saul estava à procura das jumentas extraviadas do pai. Mais tarde, em Mispa, foi destacado por sorte dentre o clã de Matri da tribo de Benjamin (10.21). Conforme Saul mesmo dá a entender, a insignificância política de Benjamin ("a menor de todas as famílias da tribo de Israel"; 9.21) minimizava a ameaça de as outras tribos escolherem um rei de uma delas para governar todas as demais. A modéstia de Saul também se manifesta em Mispa quando ele se esconde atrás da bagagem na ocasião em que Samuel tenta apresentá-lo (10.20-24). Figura marcante, Saul conquistou muito apoio popular, apesar da oposição de alguns agitadores (v. 25-27).

Por fim, uma invasão amonita coloca em prova os dons carismáticos de Saul (11.1-15). Ainda que tivesse sido ungido em particular e chamado publicamente para tal posto, ele continuava trabalhando no campo quando soube do ataque amonita contra Jabes-Gileade. As tribos foram reunidas e as forças amonitas, destruídas ou dispersas. Parece que Saul ainda considerava Samuel co-regente ou co-juiz (cf. v. 7). O sucesso de Saul sufocou toda oposição a sua regência, e mais uma vez, em Gilgal, Samuel o proclamou rei.[38] Essas histórias da ascensão de Saul ao poder não precisam ser entendidas como relatos separados e independentes, mas talvez como estágios na transição do período dos juízes para o dos reis.[39] Aliás, a variedade delas favorece a autenticidade. A época exigia algumas proclamações públicas e a manifestação de dons carismáticos para que Saul pudesse ser aceito unanimente pelas tribos e pelas cidades-estados locais que antes não se consideravam parte de Israel. Ao que parece, a Galiléia e a maior parte de Judá não estavam incluídas no domínio de Saul.[40]

A aclamação de herói dada a Saul parece ter aguçado a consciência de Samuel quanto à ameaça potencial da monarquia à vida e à fé israelita. Talvez ele, como o próprio Saul (11.13), ressentiam-se porque o novo rei estava recebendo o crédito devido a Deus pela vitória. O discurso de despedida de Samuel (cap. 12) divide os relatos da carreira de Saul entre a fase boa (caps. 9-11) e a má (caps. 13-15). Ele aproveitou a ocasião para defender a integridade de seu ministério como juiz, para recontar os atos poderosos de Deus no êxodo e a confederação teocrática, e para alertar o povo quanto às implicações da busca de um rei (12.1-18). O discurso de Samuel resume sua atitude e a de seus sucessores proféticos (inclusive os historiadores deuteronomistas) com respeito ao reinado: " Se temerdes ao SENHOR, [...] e seguirdes o SENHOR vosso Deus, assim vós como o vosso rei que governa sobre vós, bem será. Se, porém, não derdes ouvidos à voz do SENHOR, mas antes fordes rebeldes ao seu mandado, a mão do SENHOR será contra vós outros como o foi contra vossos pais" (v. 14s.).

(3) Estaria Saul entre os profetas? (10.9-13). 1-2Samuel oferecem lampejos de atividade profética antes da era de ouro da profecia, o século VIII. Nesse período anterior, o ministério moral e ético dos profetas, ainda que não totalmente ausentes, conforme indicam os discursos de Samuel, nem sempre era proeminente. Suas mensagens às vezes diziam respeito a protocolos religiosos, como na acusação contra os filhos de Eli por não honrarem a Deus nos sacrifícios. Em outros momentos, eram como adivinhos com acesso a conhecimentos especiais, muitas vezes de natureza bem prática, tais como a localização das jumentas perdidas de Saul (9.3-20). Tais informações em geral exigiam pagamento ou um presente.

Comportamentos de êxtase —danças ou cantorias ao som de músicas, declaração de profecias em estado semelhante ao de um transe (observe Balaão em Nm 24.4)— parecem ter sido características de alguns profetas desse período. O grupo de profetas, munidos de harpa, tamborins, flautas e liras, entre os quais Saul profetizou, era típico (10.3ss.).[41] A relação deles com os lugares altos, centros estabelecidos de culto, não deve ser desconsiderada. É provável que Samuel não estivesse sozinho no cumprimento das funções sacerdotais e proféticas.

A profecia durante esse período é descrita de maneira curiosa: "... porque ao profeta de hoje, antigamente, se chamava vidente" (9.9). A explicação mais simples parece ser que, nos primórdios de Israel, havia dois ofícios, vidente (aqui o heb. *rô'eh*, não *hôzeh*; Am 7.12) e profeta, que mais tarde foram juntados sob o título "profeta". A distinção entre os termos não era bem clara. Seriam ofícios distintos (2Rs 17.13)? Alguns definiriam a função original dos videntes como prever o futuro para proporcionar direção, designando ao profeta um ministério mais amplo, incluindo com freqüência um elemento de predição.[42]

As Campanhas Militares de Saul (13.1-14.52). Os filisteus impunham pressões constantes sobre a nova monarquia. Eles monopolizavam a indústria metalúrgica (13.19, 22) e se aproveitavam da superioridade de seus carros (v. 5) quando o terreno permitia. Eram assim capazes de manter uma vantagem militar evidente sobre os israelita. Antes da época de Saul, as tribos não tinham um exército permanente, dependendo de voluntários em tempos de emergência. Quando Saul ou seu filho, Jônatas derrotavam uma guarnição filistéia (e.g., em Gibeá; 13.3), era certo que viriam retaliações (cf. v. 17ss.). Num ataque relâmpago, o astuto e corajoso Jônatas e seu escudeiro infligiram tamanha perda aos filisteus que atiçaram a coragem dos israelitas (14.1-15). Ao expulsá-los da terra montanhosa de Efraim, Saul ganhou alívio da opressão filistéia. Isso lhe permitiu travar guerra contra outros vizinhos, inclusive Moabe, Amom, Edom e Amaleque (veja v. 47s.).[43]

Embora tenha feito pouco para mudar a antiga ordem política e praticamente nenhuma tentativa de centralização, Saul sentiu necessidade de uma liderança militar treinada. Uma vez que boa parte das lutas permanecia nas mãos de voluntários provenientes das tribos, um corpo de recrutas altamente treinados era essencial para os ataques ousados de Saul (v. 52).

A Escolha Fatal de Saul (15.1-35). A ascensão de Saul foi gradual; assim também seu declínio. Sua ousadia e atrevimento tornaram-no poderoso na batalha. Isso também o tornou perigosamente imprevisível no trato com seu povo, em especial com líderes religiosos conservadores como Samuel. Seu temperamento explosivo causou não poucas dificuldades tanto com seus súditos como com o profeta. Seus votos temerários, ainda que resolvessem o problema imediato, dificilmente o fariam querido dos compatriotas (11.7; 14.24). O protesto de Jônatas (v. 29ss.) pode ter refletido uma atitude generalizada.

A desobediência flagrante de Saul provocou sua rejeição final. Dois episódios são registrados. Primeiro, Saul esperou sete dias em Gilgal a chegada de Samuel, para que este supervisionasse o sacrifício com que os israelitas se preparariam para combater os irados filisteus (13.8ss.). Impaciente, Saul teve o atrevimento de usurpar os direitos sacerdotais de Samuel, sacrificando ele mesmo os animais. A insensibilidade de Saul diante dos limites de seu ofício deram claros sinais a Samuel de que sua primeira experiência na monarquia estava fadada ao fracasso.

Quando o rei não deu ouvidos à ordem de exterminar a espada todos os amalequitas, seu gado e seus bens, a suspeita de Samuel ficou confirmada (1Sm 15.1-3). Como Acã (Js 7.1ss.), Saul não levara a sério a guerra santa. Não era uma simples pilhagem para recompor suprimentos esgotados ou capturar homens para trabalho escravo. Devia ser uma vingança em nome de Deus. O pouco caso de Saul para com a ordem divina foi considerado rebelião por Samuel. O profeta inflexível permaneceu resoluto apesar dos apelos de Saul (v. 24-31). A lição tinha de ficar clara, por maior que fosse o preço: para o rei ou para o plebeu, a obediência era melhor que o sacrifício (v. 22).

Davi — Pastor, Guerreiro, Rei Eleito (1Sm 16.1-2Sm 5.10)

Num sentido, a narrativa de Samuel e Saul (caps. 1-15) pode ser interpretada como um prólogo ao relato instigante da ascensão de Davi ao trono.[44] Os livros de Samuel e Reis tratam de Davi e sua família, assim como a seqüência de histórias de Gênesis 11-26—Êxodo 19.25 trata de Abraão e sua família. O relato da vida de Davi é contado em três seções:

- Davi ascende ao trono — 1Sm 16.1-2Sm 5.10
- Davi no exercício do reinado — 2Sm 5.11-24.25
- Davi transfere o trono — 1Rs 1.1-2.46

Saul e Davi — a Luta pelo Poder (16.1-31.13). Era preciso iniciar a busca de um novo rei. Apesar do fracasso vergonhoso de Saul, nunca se considerou o retorno à frouxa coalizão tribal e regional. Os fatores que haviam feito surgir a monarquia ainda existiam. O que se exigia não era uma mudança de sistema, mas um novo rei. Em resposta à ordem de Deus, Samuel foi a Belém para encontrá-lo.

O relato da escolha de Davi —o nome significa "amado", provavelmente uma forma abreviada de "amado de Javé" (16.6-13)[45]— indica um padrão bíblico conhecido: irmãos mais jovens são escolhidos em detrimento dos mais velhos — Isaque em vez de Ismael, Jacó em vez de Esaú, José em vez dos outros dez. Esse padrão destaca esses eventos como pontos chaves no programa redentor de Deus. As escolhas são baseadas não nas leis de autoridade ou herança, mas no poder e na vontade soberana de Deus. Por conseguinte, as realizações extraordinárias dessas pessoas não são delas mesmas. Deus é a fonte.

(1) Davi, o preferido da corte (16.1-20.42). Depois de ungido Davi, o poder carismático retirou-se de Saul (16.13). Em lugar do Espírito do Senhor, um espírito maligno veio a ele. O fato de se dizer que esse espírito vinha do Senhor dá a entender que sua vinda fazia parte do julgamento de Saul e que

para os israelitas toda realidade estava sob controle divino. Ao que parece, Saul passou a sofrer crises agudas de depressão que só podiam ser aliviadas pela música. É essa situação curiosa que fez cruzar os caminhos de Saul e Davi (v. 18, 23). Um servo de Saul fornece uma descrição dos vários talentos do futuro rei com as mesmas qualidades contidas na narrativa: "... sabe tocar e é forte e valente, homem de guerra, sisudo em palavras e de boa aparência; e o SENHOR é com ele"(v. 18).

A história da morte de Golias (17.1–18.5) pode ter sido de início um relato independente incorporado por um editor durante a compilação dos livros de Samuel. Davi é apresentado novamente, embora já seja bem conhecido desde o capítulo anterior. Talvez essa história tenha circulado separadamente, como uma das façanhas de Davi e depois encontrado seu lugar no texto sem grandes alterações.[46]

O desafio de Golias aos israelitas (v. 4-16) é um exemplo de guerra representativa ou combate individual, um costume atestado na antigüidade. A batalha devia ser decidida por uma competição entre um representante de cada lado. Talvez a idéia de personalidade coletiva, em que o poder de uma tribo ou de uma família podia ser resumido num de seus membros, ajudasse a promover essa prática.

A vitória de Davi sobre Golias elevou-o a uma posição de responsabilidade dentro do exército de Saul. Mais que isso, fez com que Jônatas, filho de Saul, se agradasse dele (18.1-5). Quando a popularidade de Davi começou a suplantar a de Saul, o rei tornou-se ciumento e desconfiado e procurava matá-lo (v. 6-11). Embora Davi ainda tivesse acesso à corte, sua aceitação por Saul diminuía à medida que o comportamento do rei se tornava cada vez mais turbulento.

Saul tinha segundas intenções ao dar suas filhas Merabe (v. 17-19) e Mical (v. 20-29) a Davi. À primeira vista, elas reforçariam o direito de Davi ao trono. A monarquia, especialmente em Judá, tinha uma forte tendência matriarcal: as rainhas-mães tinham de ser sempre respeitadas. Ser casado com a filha do rei teria dado considerável poder a Davi. Entretanto, quando Saul pediu cem prepúcios de filisteus como dote, sua estratégia se manifestou: na realidade esperava que Davi fosse morto.[47] O plano malogrou quando Davi e seu grupo mataram o dobro do exigido, sem que Davi fosse ferido.

Mais de uma vez, somente Jônatas postou-se entre Davi e a morte (19.1ss.; 20.1ss.; 20.30ss.). Os dois haviam firmado um pacto de amizade, selado por um ritual de aliança. Assim como Abraão deu animais a Abimeleque (Gn 21.27ss.) como penhor de sua fidelidade, Jônatas deu sua capa e sua armadura a Davi. Mais do que uni-los como iguais, isso indicava que Jônatas reconhecia o fato de que Davi tinha direito ao trono. A sinceridade desse relacionamento manifesta-se na freqüência com que é mencionado (1Sm 18.3; 20.16, 42; 23.18). O voto solene de Jônatas —"faça com Jônatas o SENHOR o que a este aprouver" (20.13; veja o voto de Davi em 25.22)— é um duro lembrete de que a morte seria o julgamento que sobreviria a quem desrespeitasse tal aliança. Votos assim talvez fossem acompanhados de algum gesto, como fingir cortar a própria garganta.

(2) Davi, o fugitivo refugiado (21.1–27.12). Mesmo a intervenção de Jônatas não podia proteger permanentemente Davi. Tendo apenas o exílio ou a morte como alternativas, Davi fugiu (21.20). Mais tarde, outros de seu clã, sem dúvida temendo retaliação, juntaram-se a ele no exílio. Com seu grupo heterogêneo de cerca de quatrocentos companheiros fugitivos (22.2), Davi quase sempre escondia-se de dia e viajava de noite para escapar de Saul. Os limites da Filístia, a parte montanhosa do sul de Judá, o Neguebe, Edom e Moabe foram fustigados pelos ataques de seu grupo. Às vezes ele atacava os filisteus (23.1ss.); outras, o medo de Saul fazia-o passar um tempo com eles (em Gate; 27.1ss.).

Capital de Davi no alto de Ofel, conquistado dos jebuseus.
(Neal e Joel Bierling)

As táticas de Davi com Saul eram defensivas, não agressivas. Por duas vezes teve nas mãos a vida do rei, mas recusou-se a matá-lo (24.4ss.;

26.6ss.). Sua atitude para com Saul era de respeito e reverência por um líder ungido por Deus. Mesmo quando astutamente cortou um pedaço da roupa de Saul, arrependeu-se por ter insultado o governante (24.5s.).

Saul, por outro lado, foi implacável na caçada a Davi. Apesar da constante ameaça dos filisteus, perseguiu compulsivamente Davi e seu grupo, a ponto de negligenciar suas responsabilidades reais. O estado de desequilíbrio mental de Saul tornou-se cada vez mais evidente: (1) matou Aimeleque, que havia ajudado e consolado a Davi (21.1ss.); (2) executou um grupo de mais de oitenta sacerdotes com suas famílias (22.11ss.). Este ataque, o último de uma série de ataques contra a autoridade dos sacerdotes, destaca a diferença entre a atitude de Davi e a de Saul. Desde o início, Davi havia obtido o apoio dos sacerdotes e estava aberto à liderança religiosa deles. Aliás, Abiatar, filho de Aimeleque, escapou da matança de Saul e encontrou refúgio na companhia dos exilados de Davi (22.20ss.).

A disposição de Davi em consultar o Senhor é prova de sua preocupação com o ministério sacerdotal. A narrativa registra isso logo após a chegada de Abiatar. Infere-se que foi por meio de Abiatar que Davi determinou a vontade de Deus para suas jornadas e batalhas (23.1ss.). A estola (uma veste sacerdotal em que se atava uma bolsa) trazida pelo sacerdote fugitivo continha, provavelmente, as sortes ou outras formas de oráculos para adivinhação (veja 23.6). Ao contrário do acesso direto de Davi à vontade divina, Saul tentava desesperadamente, mas sem sucesso, discerni-la por meio de sonhos, Urim (sorte sagrada?),[48] e de atividades proféticas (28.6).

Não é de surpreender que a morte de Samuel receba pouca atenção (25.1), pois havia algum tempo que o velho fazedor de reis estava em segundo plano, encoberto por Davi e Saul. Mais proeminente é o encontro entre Davi e o irritadiço Nabal e Abigail, sua bondosa esposa (25.2ss.). O fato de Nabal não ter recebido Davi e seus homens com a cortesia exigida pelos costumes ter-lhe-ia custado muito se a esposa não interviesse. A vida dura de Davi como fugitivo é amplamente documentada nesse episódio. Ele conseguia alimento onde era possível e estava disposto a derramar sangue de qualquer um que se recusasse a ajudá-lo. Davi se compadeceu de viúva Abigail e casou-se com ela, bem como com Ainoã (24.43). Era uma época de violência e ousadia. E Davi era igual aos outros.

(3) Declínio e morte de Saul (28.1–31.13). O Saul que estava para enfrentar um ataque violento dos filisteus vindo do norte era um Saul desesperado e sem nenhuma palavra de orientação da parte de Deus. Ele tivera capricho de banir todos os adivinhos e médiuns (28.3), mas em pânico consultou uma médium (28.2ss.). A cena misteriosa mostra Saul implorando fervorosa-

mente um conselho do profeta a quem havia desobedecido vezes seguidas em vida. Samuel é retratado tão destemido no além* como nos dias em que estava na terra, trazendo do mundo dos mortos apenas uma versão mais mordaz do que anunciara em Gilgal (15.17ss.): a desobediência de Saul lhe custara a coroa.

Se a cena de En-Dor estava cercada de mistério, a de Gilboa estava repleta de tragédia (31.1ss.). Sem nenhuma misericórdia, os filisteus forçaram a batalha contra Saul e seus filhos. Os mais jovens caíram primeiro, e Saul, ferido, pediu um golpe de misericórdia. Quando seu escudeiro se recusou a fazê-lo, Saul lançou-se sobre a própria espada. Os filisteus costumavam pilhar seus inimigos mortos. Cortaram a cabeça de Saul e tomaram sua armadura como troféu pelo triunfo sobre aquele que os atormentara por uma década ou mais. Os filisteus se alegraram com a morte de Saul e com a vulnerabilidade de Israel. Mas ainda teriam de acertar as contas com Davi.

A Dupla Unção de Davi (2Sm 1.1–5.10)

A morte de Saul deixou Israel sem líder, sujeito à ameaça dos filisteus. Mas, com passos firmes, Davi marchou para o trono de Judá e de todo o Israel, fazendo mais que preencher um vácuo. Por sua necessidade de destruir Davi, Saul deixara a terra vulnerável aos ataques dos filisteus. A dedicação de Davi na expansão dos limites de Israel fez com que subjugasse os filisteus e colocasse todos os vizinhos sob seu domínio.

(1) Rei de Judá e Hebrom (1.1–4.12). A trégua da perseguição que Saul impunha a Davi e sua volta do exílio entre os filisteus foram obscurecidas por seu pesar pela matança na montanha de Gilboa (2Sm 1.1-27). Seu lamento pela morte de seu rei e do amigo Jônatas misturou-se com a preocupação com

---

* O autor parte do pressuposto do aparecimento do profeta Samuel. Os que concordam com essa idéia procuram mostrar que esse episódio é singular e não favorece a consulta aos mortos, proibida em Dt 18.10-12. Estaríamos vendo aqui uma intervenção especial de Deus até num ambiente ocultista. Deus permitiu, apenas nesse caso, que Samuel aparecesse, o que seria confirmado pelo susto e pelo medo da própria pitonisa, que aparentemente não esperava por isso. Muitos, todavia, rejeitam essa interpretação, entendendo que ela poderia favorecer o ocultismo. Veja no comentário da nota de rodapé da *Bíblia Shedd* (p. 430-1) uma interpretação que nega o aparecimento de Samuel (*N. do Ed.*).

Israel, agora necessitado de um pastor firme. O destino do amalequita oportunista que buscou o favor de Davi relatando a morte do rei e alegando participação nela demonstra a profundidade das emoções de Davi.

Outra prova é o lamento tocante pontuado de "como caíram os valentes!"(v. 19, 25, 27). Empregando um contraste dramático (em que glórias passadas dos heróis são recitadas para aguçar a idéia de sua humilhação presente) e linhas curtas e tristes de um réquiem, Davi convoca todo Israel, inclusive as montanhas de Gilboa, que testemunharam a cena trágica, a lamentar sua grande perda — o rei e seu filho.[49]

O retorno triunfal de Davi de sua peregrinação em Ziclague resultou em sua aclamação como rei de Judá em Hebrom (2.1-4). Essa antiga cidade, rica de lembranças dos tempos de Abraão, foi sua capital por sete anos e meio (5.5). Nesse meio tempo, ainda se teria de lutar contra a família de Saul. Por instigação de Abner, o talentoso general, Is-Bosete,[50] filho de Saul, fora proclamado rei das outras tribos, inclusive dos fragmentos da nação que habitavam na Transjordânia. Nada indica que o governo de Is-Bosete tenha conquistado amplo apoio popular. Sua capital ficava na Transjordânia, o que reduziu muito sua influência entre as tribos, que viam cada vez mais Davi como líder.

Após alguns anos de escaramuças entre os dois concorrentes ao trono (2.10; 3.1), Is-Bosete irrita Abner acusando-o de intimidades com a concubina de Saul (v. 6-11). É provável que tal relação amorosa, caso de fato tivesse ocorrido, desse a entender que o próprio Abner tinha pretensões de chegar ao trono, já que a união sexual com uma das parceiras de Saul seria interpretada como uma credencial para o reinado. Essa ruptura com Is-Bosete forçou Abner a lançar uma proposta a Davi (v. 12-16). O rei eleito respondeu exigindo que Mical, a filha de Saul, lhe fosse devolvida como esposa. O motivo político por trás desse pedido (concedido por Is-Bosete) é óbvio: um filho gerado por Mical ajudaria a consolidar sob Davi as facções leais a Saul.[51] O vira-casaca Abner deu impulso ao esforço de Davi para unificar a nação, viajando pela terra para conversar com os anciãos das tribos (v. 17-19). Ao que parece, o ciúme e o desejo de vingança incentivaram Joabe, general de Davi, a matar seu rival que, pelo menos publicamente, se tornara seu aliado. A morte de Abner entristeceu Davi (observe seu breve lamento, v. 33s.). Também desanimou Is-Bosete, que logo seria assassinado por dois degoladores que haviam servido a Saul (4.2s.). Isso não agradou Davi, que executou sumariamente os assassinos que haviam tentado impressioná-lo com seu feito.

(2) Rei sobre todo o Israel em Jerusalém (5.1-10.). Desaparecido o rival, Davi é aclamado em Hebrom rei de todo o Israel (5.1-5). A casa de Judá,

que na época incluía os simeonitas, os calebitas, os otnielitas, os jerameelitas e os queneus (1Sm 27.10; 30.29), uniu-se às tribos do norte ("Israel"),[52] cujos anciãos viajaram a Hebrom e completaram a ascensão de Davi ao reino ungindo-o como rei deles assim como de Judá. O rapaz que cuidava das ovelhas de Jessé em Belém fora aclamado por Javé: "Tu apascentarás o meu povo de Israel" (5.2). A prova de que as tribos do norte nunca aceitaram de todo um rei de Judá é a rapidez com que o reino se dividiu no tempo de Jeroboão, neto de Davi (1Rs 12).

O reino unido precisava de uma capital central bem identificada com o novo rei. A fortaleza cananéia de Jerusalém permanecera fora do controle de Israel durante seus dois séculos e meio de ocupação da terra. Cidade antiga (cf. Gn 14.18),[53] Jerusalém estava localizada no ponto ideal para ser a capital de Davi.[54] Colocada entre as duas metades de seu reino, num território que nenhuma tribo podia reclamar, era suficientemente neutra para servir como fator unificador. Os detalhes da conquista de Davi são obscuros, mas seus homens podem ter rastejado por um canal de água (5.8).[55] A inimizade de Davi pelos jebuseus e a tática por ele empregada para convocar seus homens para o campo de batalha manifestam-se no desprezo contra os soldados inimigos a quem se refere como "os cegos e os coxos". Ao que parece, essa zombaria refletia o desdém dos jebuseus para com ele (v. 8). Tais insultos eram uma tática comum nas guerras antigas. A captura de Davi da nova capital tornou-a literalmente sua —"a cidade de Davi".

O relato detalhado e complexo da ascensão de Davi ao reino encerra-se nesse ponto. Sua conclusão é marcada pelo resumo do editor (v. 10):

> Ia Davi crescendo em poder cada vez mais, porque o SENHOR, Deus dos Exércitos era com ele.

> Por toda essa seção (1Sm 16.1–2Sm 5.10) observa-se acertadamente que: "Cada passo do caminho é autorizado pela vontade de Javé de que Davi deve tornar-se rei [...] A questão interpretativa mais interessante é a maneira pela qual o propósito oculto de Javé é cumprido por meio de eventos de interação histórica estranhos e rudes".[56]

CAPÍTULO 13

A Era de Ouro de Israel: Davi e Salomão (2Sm 5.11–1Rs 11.43)

Introdução

Nos cerca de setenta e cinco anos esboçados nesta seção presencia-se uma transformação quase completa na vida política e econômica de Israel. Davi e seu filho juntaram Judá e Israel, formando uma entidade militar capaz de dominar seus vizinhos e um empreendimento comercial que trouxeram riqueza e fama sem precedentes. As tribos antes pouco ligadas umas às outras foram agrupadas por uma monarquia poderosa que ditou as regras por quase quatro séculos. Foi de fato a era de ouro de Israel, caso tomemos a política e a economia como o padrão de medida. Se o valor for medido pelo caráter dos reis, a avaliação desse período torna-se mais complexa.

> Reinou, pois, Davi sobre todo o Israel; julgava e fazia justiça a todo o seu povo. 2Sm 8.15

> Aproximando-se os dias da morte de Davi, deu ele ordens a Salomão, seu filho, dizendo: [...] Coragem, pois, e sê homem! Guarda os preceitos do SENHOR teu Deus, para andares nos seus caminhos, para guardares os seus estatutos, e os seus mandamentos, e os seus juízos, e os seus testemunhos, [...] para que prosperes em tudo quanto fizeres, e por onde quer que fores. 1Rs 2.1-3

> Pelo que o SENHOR se indignou contra Salomão, pois desviara o seu coração do SENHOR Deus de Israel, que duas vezes lhe aparecera. E [...] lhe tinha ordenado que não seguisse a outros deuses. Ele, porém, não guardou o que o SENHOR lhe ordenara. 1Rs 11.9-10

O Reinado de Davi (2Sm 5.11-24.25)

A paisagem oferecida por esses capítulos é de picos e vales. Com franqueza, vigor e tristeza, os anos de Davi em Jerusalém são narrados como uma série de sucessos sublimes e fracassos profundos. Duas questões importantes dominam o cenário: (1) Como avançará a monarquia? (2) Quem sucederá o famoso rei?

Davi consolida suas conquistas (5.11-8.18)

(1) Edificações e Batalhas (5.11-25). Davi pôs-se imediatamente a fortificar e embelezar sua capital. Sua nova residência apresentava um caráter luxuoso desconhecido mesmo nos melhores dias de Saul. Só o tamanho da família de Davi (veja 3.2-5; 5.13-16) indica uma corte extensa. O padrão de vida israelita estava mudando, e Davi encabeçava a mudança. Jerusalém era cidade de sua propriedade particular, conquistada por suas tropas pessoais, e não pelo exército tribal. Era o espólio de sua vitória, e ele a tratava como tal. Quase que de imediato, Davi começou a fazer o que Saul não conseguira: expulsar da terra os filisteus. Bem-versado nas táticas filistéias e abençoado pela direção de Deus, Davi foi capaz de obter vitórias decisivas e de controlar e confinar o inimigo em suas próprias fronteiras (5.17-25) pela primeira vez em 150 anos.[1]

(2) As Reformas Religiosas (6.1-7.29). Um dos erros básicos de Saul fora sua insensibilidade para com as instituições religiosas de Israel, em especial o santuário central e o sacerdócio. Mas Davi percebeu a importância da herança espiritual de Israel e procurou perpetuá-la e promovê-la. Israel não poderia ser realmente unida, a menos que seu chefe político fosse também seu líder religioso. Saul negligenciou por muito tempo a arca da aliança. Davi a levou a Jerusalém, e assim transformou sua cidade na capital religiosa e política. Esse golpe de mestre ampliou a lealdade do povo para com ele. Sua participação desinibida nas cerimônias de consagração ofendeu Mical, sua esposa recatada (6.20), mas

seu entusiasmo destacava-o como um dos que reverenciavam o Deus de Israel e promoviam a fé, reputação bem merecida e jamais perdida.

A ascensão de Saul trouxe apreensão ao profeta Samuel, mas a de Davi recebeu todo o apoio de Natã (7.1-3). O profeta, sob ordem divina, anunciou a Davi o relacionamento ímpar de que o rei e seus descendentes gozariam com Deus. Os termos lembravam os da aliança abraâmica (Gn 12; 15; 17). Natã prometeu que seu nome seria grande (teria elevada e merecida reputação); estabilidade para seu povo na terra; uma dinastia eterna; e um relacionamento íntimo entre Deus e os sucessores de Davi. Davi foi impedido de construir um templo permanente; em vez disso, foi-lhe assegurado que seu filho construiria a "casa" segundo a verdadeira vontade de Deus, uma linhagem permanente sobre a qual permaneceria o amor longânimo de Deus (7.11-16).

A importância dessa aliança é suprema.[2] A expectativa profética de um rei davídico que reinará em glória sobre Israel (Is 9.6ss.; 11.1ss.) baseia-se nessa promessa. Assim também a rejeição dos profetas em relação aos reis não-davídicos do reino do norte. A fé neotestamentária atribui a Cristo o direito de governar pelo fato de ser ele descendente de Davi (Mt 1.1; Lc 1.32).

Os numerosos detalhes do culto público exigiam administração meticulosa. Davi destacou como sacerdotes Zadoque e Aimeleque (8.17). Abiatar, pai de Aimeleque, ao que parece ainda atuava (15.24), talvez como "sacerdote emérito". As famílias de ambos os sacerdotes tinham raízes que remontavam ao santuário em Siló e, antes disso, a Arão, fundador da linhagem sacerdotal.[3] Mas nem todos os sacerdotes eram descendentes de Arão, pois alguns filhos de Davi estavam alistados entre eles (8.18). Enquanto a descrição da religião oficial é só esboçada em 2Samuel, o cronista não poupa esforços para fornecer um registro completo (1Cr 23.1–29.30). Esse registro testemunha que Davi teve importância estratégica no estabelecimento do padrão de transição da simplicidade do santuário em Siló para as atividades cultuais mais complexas de Salomão e seus sucessores.

(3) Um Sucesso Militar sem Paralelo (8.1-14). Resume-se aqui uma lista impressionante de realizações militares de Davi. Às vezes são fornecidos detalhes em passagens subseqüentes (e.g., seu conflito com os amorreus e seus aliados sírios, cap. 10). Quando se assentou a poeira das várias batalhas, os filisteus, bem como os edomitas, os moabitas, os amorreus e as grandes cidades-estados da Síria, como Damasco, Zobá e até Hamate, estavam ou sob controle de Davi ou subjugadas a ele.

Duas décadas antes, os israelitas lutavam para não ser estrangulados pelos filisteus. Mas a pentápole filistéia se rompera, e Davi ampliara muito as áreas de influência israelita. Agora com certeza o reino mais poderoso da Ásia ocidental, as fronteiras de Israel estendiam-se do deserto ao Mediterrâneo e do golfo de Ácaba às encostas do Hamate no Orontes.

(4) A Centralização Política (8.15-18; veja 20.23-26). As reformas religiosas, os avanços militares e a reorganização política e social de Davi exigiram mudanças marcantes na estrutura administrativa. É difícil calcular o grau de elaboração dessa estrutura. As duas listas de oficiais de Davi incluem um comandante de tropas israelitas (Joabe); um líder de mercenários (queretitas e peletitas [ARA, *guarda real*]);[4] os dois sacerdotes mencionados acima; dois responsáveis pelos registros oficiais, documentos de Estado e detalhes administrativos; e, pelo menos por um tempo, um superintendente da corvéia, que aparentemente cuidava do conjunto de trabalhadores estrangeiros. Esses oficiais não tinham autoridade independente, eram supervisionados de perto pelo rei, cujo julgamento era a palavra final em todas as áreas, fosse militar, religiosa ou política.[5]

É provável que a forte oposição dos profetas ao censo de Davi no capítulo 24 tenha tido origem nas objeções aos propósitos dele. Não se tratava de uma simples contagem de pessoas, mas uma tentativa de determinar o poderio das várias tribos para aumento de taxas e recrutamento de soldados. Apesar de um movimento rumo à taxação interna, a principal fonte de recursos de Davi era sem dúvida os espólios de guerra e o tributo das nações conquistadas ou amedrontadas ao redor dele. Mais protegidos dos ataques externos sob o reino de Davi, os cidadãos tinham menos liberdade pessoal. Essa transição da coalizão tribal para uma monarquia centralizada foi dura, e a história subseqüente revela que os israelitas nunca se ajustaram a ela.

Essa transição penosa pode estar telegrafada na estrutura quiástica de 5.13–8.18:[6]

1 Lista da família (5.13-16)	3' O oráculo de Natã como símbolo da nova ordem (7.1-20)
2 Batalhas contra os filisteus (5.17-25)	2' A batalha contra duas nações (8.1-14)
3 A arca como símbolo dos dias antigos (6.1-20)	1' Lista de oficiais (8.15-18)

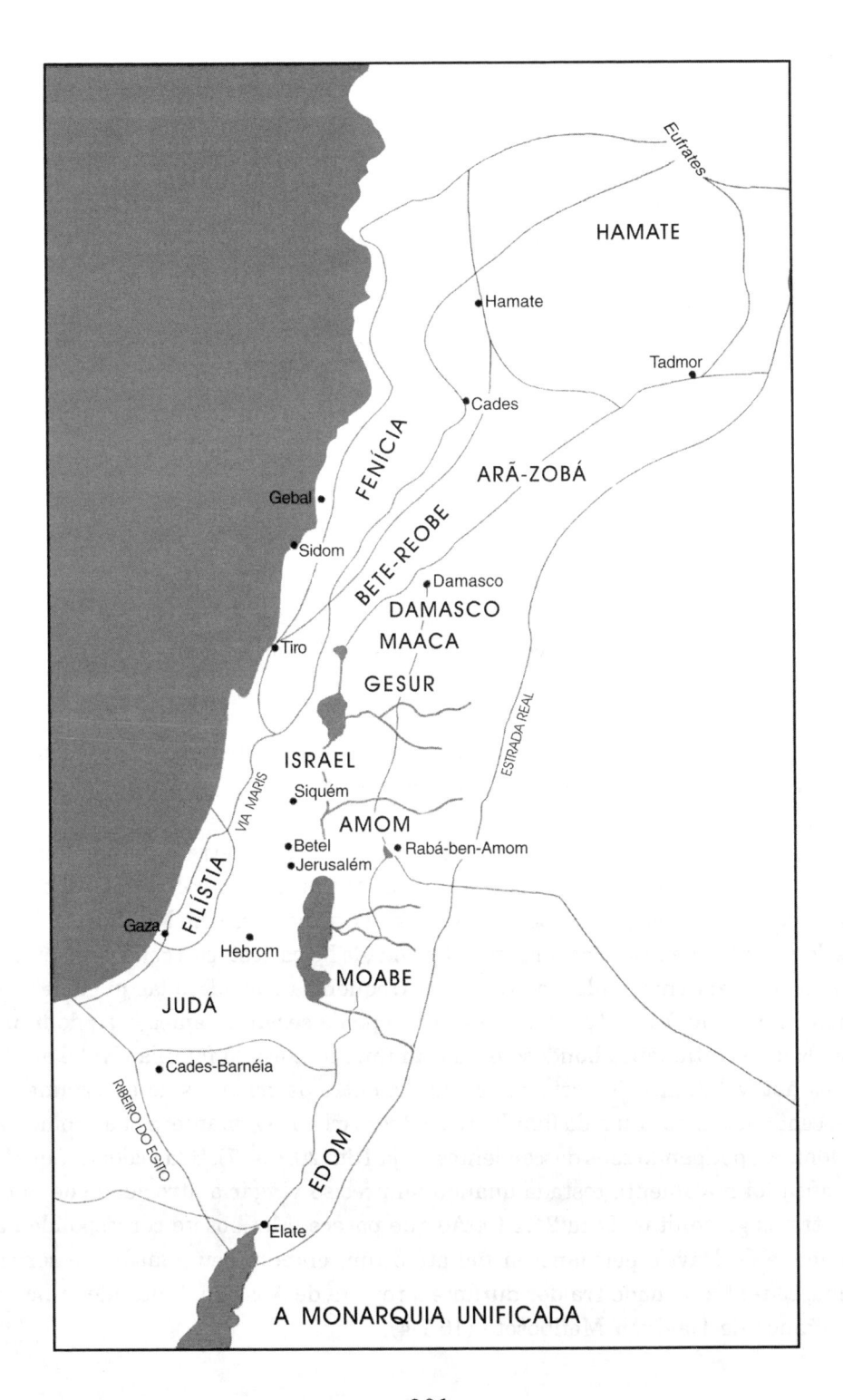

A MONARQUIA UNIFICADA

A Compaixão e a Crueldade de Davi (9.1-12.31)

A transição da liderança carismática para a dinástica não se resolveu com a ascensão de Davi ao trono. O filho de Saul, Is-Bosete, fez uma tentativa frustrada de sucessão. Mais tarde, Seba, um benjamita, tentaria lançar Israel contra Davi (20.1-22). Mas, tragicamente, nem toda competição pelo trono vinha de fora. Davi, que lidou com questões nacionais e internacionais com tanta presteza, teve problemas em sua própria casa. Pelo menos três filhos ansiavam pelo trono. A história deles é uma tragédia humana de intrigas e contra-intrigas, amor e sangue, sucesso brilhante e fracasso deplorável.

Esses capítulos introduzem o que às vezes se considera a obra prima da historiografia antiga – a história da corte de Davi (2Sm 9–20; 1Rs1-2):

> Seu autor detém igual domínio da arte da construção dramática de uma história e da caracterização realista das pessoas que ele apresenta de maneira honesta e sem floreios. Ele se mantém nos bastidores, mas uma série de indicações (... 11.27; 12.24; 17.14) revela o fato de que ele considera que até as relações elementares da história estão entre eventos terrenos e a dispensação divina.[7]

O conhecimento detalhado da vida e da linguagem da corte indicam um membro da corte como seu autor –entre os candidatos estão Aimaás, genro de Salomão, e Abiatar, sacerdote de Davi.

(1) A Manifestação de Misericórdia (9.1-13). O retrato da bondade de Davi para com a casa de Saul e sua profunda consideração por Jônatas, esboçada em toda a narrativa, é reforçado por sua misericórdia para com Mefibosete, filho de Jônatas.[8] A menção específica da deformidade física destaca a condescendência do rei: (1) tais enfermidades eram com freqüência consideradas julgamentos divinos (veja Jo 9.1s.). (2) Um aleijado não podia servir de ameaça ao domínio de Davi. O tratamento bondoso para com um membro da família rival é ainda mais notável diante do costume freqüente entre os orientais de exterminar a descendência masculina da família real adversária. Davi manteve sua promessa a Jônatas, poupando seus descendentes (veja 1Sm 20.14-17). Sua lealdade àquela aliança foi novamente testada quando foi preciso vingar a atrocidade de Saul contra os gibeonitas (2Sm 21.1-6). Ao que parece, Mefibosete correspondeu à bondade de Davi e permaneceu fiel até o fim, embora seu guardião e servo, Ziba, se tenha tornado traidor durante a revolta de Absalão, tentando minar a confiança de Davi em Mefibosete (16.1-4).

(2) O Abuso de Poder (11.1–12.31). Um episódio durante a guerra contra os amonitas (11.1-27) mostrou outra face de Davi. Os exércitos invasores, especialmente os assírios, realizavam em geral suas campanhas entre as últimas chuvas de março e a colheita de grãos em maio e junho. As estradas estavam suficientemente secas, permitindo passagem, e os soldados podiam manter-se por conta dos inimigos, saqueando-lhes as colheitas e o gado recém-nascido. Mas enquanto seu exército estava em marcha, Davi permaneceu na capital, quando então ocorreu seu encontro ilícito com a encantadora Bate-Seba. Em sua trama desesperada para livrar-se de Urias, o marido dela, Davi acrescentou um homicídio ao adultério. A parábola de Natã, uma censura sutil mas veemente a Davi, é prova convincente da importância crucial dos grandes profetas na vida de Israel (12.1-15).

O rei, cuja obrigação principal era cumprir os termos da aliança e assegurar justiça em todos os níveis da sociedade, havia ele próprio violado de maneira grosseira a aliança. Empregara seu poder para fins cruéis. Davi desmoronou diante da justa acusação do severo profeta. A misericórdia de Deus era sua única esperança; e embora seu pecado tenha provocado efeitos terríveis como a morte da criança de Bate-Seba (12.15-19) e o enfraquecimento das fibras morais dos filhos de Davi (e.g., Amnom; 13.1-39), essa misericórdia o poupou.[9] A notável honestidade do Antigo Testamento é aqui manifesta, pois não se faz nenhuma tentativa de esconder ou desculpar os lapsos morais patentes do grande rei. Fazemos bem em ver os capítulos 11–12 como ponto decisivo na biografia de Davi: eles marcam as razões do caos que definiu seu últimos anos.

A Agitação na Corte (13.1–18.33)

As guerras de Davi custaram caro para o moral dos soldados arregimentados em Israel. Eles eram forçados a portar armas por períodos longos, junto com o exército particular de Davi, formado por mercenários. Na própria corte, aumentavam as intrigas e a conivência —especialmente entre as esposas de Davi— quando se levantava a questão de sua sucessão.

Iniciou-se um conflito aberto pela coroa quando Amnom, filho mais velho de Davi (3.2), aproveitou-se injustamente de sua meia-irmã Tamar e depois a rejeitou com crueldade, embora pudesse tê-la pedido em casamento (13.1-19). Absalão, o terceiro filho (3.2), sem dúvida com segundas intenções, resolveu vingar a honra da irmã e remover um rival na sucessão ao trono. Irritou-se amargamente pelo fato de o pai não punir Amnom. Depois de dois anos, matou Amnom e fugiu para Gesur, estado arameu e terra natal de sua mãe (v. 20-39).

Joabe, general de Davi, também era uma figura política poderosa. Sua tentativa astuta de obter reconciliação entre Davi e Absalão foi descoberta pelo rei. Ainda assim, conseguiu que o rei permitisse o retorno de Absalão a Jerusalém. Por dois anos, o jovem não teve acesso à corte do pai (14.1-33). A graça e a beleza pessoal de Absalão contrapunham-se a um oportunismo irresponsável. Ele instigou descontentamento entre os litigantes junto ao portão, dizendo que julgaria em favor deles, caso assumisse a responsabilidade dos negócios de Israel. Esse encanto e malícia fizeram dele uma ameaça séria à segurança de Davi (15.1-6). A conspiração dissimulada tornou-se rebelião aberta quando Absalão proclamou-se rei em Hebrom (v. 7-12). O abuso de poder cometido por Davi (caps. 11-12) foi superado com vantagem por Absalão.[10]

Cresceu o apoio à rebelião de Absalão. Davi reuniu seu grupo fiel de mercenários filisteus e fugiu de Jerusalém. O quadro do rei batido subindo o monte das Oliveiras com pés descalços, cabeça coberta em lamento e faces molhadas de lágrimas é a mais tocante do Antigo Testamento. Particularmente triste para Davi foi o relato de que seu sábio conselheiro e amigo, Aitofel, juntara-se aos rebeldes (15.30s.; 16.15-23). Uma das poucas luzes era a lealdade de Husai, a quem Davi comissionou para ficar em Jerusalém a fim de espionar Absalão (15.32-37; 16.16-19). Husai conseguiu frustrar o conselho de Aitofel, que recomendou perseguição imediata de Davi (cap. 17).[11] Aitofel ficou tão abatido que suicidou-se.

Depois de consolidar suas forças na Transjordânia, Davi, provavelmente acompanhado de grupos de cidadãos fiéis, enviou três exércitos para combater Absalão. Eles esmagaram de forma decisiva as tropas rebeldes. Absalão foi morto por Joabe, contra as ordens do pai dele. O general sabia que seria impossível obter paz enquanto Absalão vivesse (17.24-18.33).

A Restauração do Poder (19.1-24.21)

A morte de Absalão deixou Davi duplamente angustiado. Todo alívio que pudesse obter com a derrota dos rebeldes era anulado por suas lágrimas pelo filho morto (18.33-19.4). Além do luto de pai, o rei carregava um sentimento de desespero. Os líderes com quem contava para ser logo reconduzido do exílio foram intoleravelmente lentos em proferir um convite para que Davi retornasse (19.8b-13).

(1) Outras Manifestações de Misericórdia (19.18b-43). Na dinâmica da providência divina, o duplo lamento parece ter produzido uma compaixão renovada no coração do rei. Três incidentes ilustram essa mudança de espírito. O primeiro beneficiado foi Simei, benjamita que amaldiçoara a Davi quando

Absalão usurpou o trono (16.5). Ele se encontrou com o rei junto ao Jordão, com uma grande comissão de recepção finalmente enviada para escoltar Davi até Jerusalém. Simei prostrou-se, pedindo a misericórdia do rei, e o rei selou com um voto sua promessa de clemência (19.16-23). Mefibosete, filho de Jônatas, também viajou até o Jordão para encontrar-se com Davi (19.24-30). O rapaz aleijado estivera em verdadeiro estado de lamentação durante a ausência do rei. Ele tivera todo o desejo de acompanhar Davi no exílio, mas fora enganado pelo servo que mentiu ao rei. Ziba disse a Davi que Mefibosete permanecera em Jerusalém na esperança de obter o trono do avô (16.3). Davi ouviu a explicação de Mefibosete e percebeu sua credibilidade na contrição do rapaz. O rei, compungido, revogou a dura promessa pela qual havia deserdado Mefibosete. O terceiro ato de misericórdia de Davi foi para com Barzilai, um homem mais velho, que havia fornecido comida para Davi em seu caminho para a Transjordânia (19.31-40). Apesar de Davi pedir que Barzilai morasse no palácio de Jerusalém, o ancião recusou o convite. Em sinal de apreço, Barzilai ofereceu um servo escolhido a Davi, e o rei respondeu oferecendo ao servo todos os privilégios da corte que Barzilai merecia por sua hospitalidade fiel.

(2) Outro Caso de Revolta (20.1-26). Essa seção final da história da corte de Davi reprisa pelo menos três temas já encontrados nos livros de Samuel. Em primeiro lugar, a rivalidade entre Judá e as tribos do norte não tinha arrefecido de maneira nenhuma durante a revolta de Absalão e o exílio de Davi. O retorno de Davi instalou um cabo de guerra entre as duas partes do reino, com o rei usado como corda: Judá alegando domínio privilegiado sobre ele mediante parentesco tribal; Israel contando com uma dupla defesa do direito à bênção de Davi –sua vantagem quanto ao número dez vezes maior de tribos e a iniciativa na decisão de persuadir o rei a voltar (19.39-43).

Em segundo lugar, membros de Benjamim, tribo de Saul, notadamente um certo Seba, tentaram instigar as tribos do norte contra Davi. Bem consciente da inimizade dos partidários da casa de Saul contra si, o rei não perdeu tempo, logo enviando Amasa para debelar a revolta. A vitória final, porém, foi creditada a Joabe, que traiçoeiramente matou Amasa e assumiu o controle das tropas (20.1-26). O fato de não ter sido encarregado da perseguição desde o início talvez reflita a forte desaprovação de Davi por ter Joabe matado a Absalão (18.14s.).

Em terceiro lugar, a lista dos líderes militares, oficiais da corte e sacerdotes (20.23-25) serve como epílogo da seção sobre a história da corte que começou com uma lista quase idêntica em 8.15-18. A repetição de alguns nomes indica a continuidade entre os anos iniciais e finais do reinado de Davi. A falta de uma nota sobre filhos de Davi servindo como sacerdotes (8.18) e a inclusão de Adorão como administrador dos "trabalhos forçados" (20.24) pode ser grande indício do fracasso da família de Davi e da necessidade de um controle mais estrito dos trabalhadores civis.[12]

(3) Últimas Histórias e Orações (21.1-24.25). Esses capítulos são tanto um resumo do reinado de Davi —em vitória e derrota— como uma expressão de sua gratidão total a Javé por sua fidelidade infalível. O padrão literário mistura capacidade artística e mensagem intencional:

    A   História do ato pecaminoso de Saul e sua expiação (21.1-14)
    B   Lista de heróis e seus feitos (21.15-22)
      C   Cântico de gratidão: Davi a Javé (22.1-51)
      C'   Oráculo de confiança: Javé por meio de Davi (23.1-7)
    B' Lista de heróis e seus feitos (23.8-39)
    A' História do ato pecaminoso de Davi e sua expiação (24.1-25)[13]

Essa seção em forma de arco expressa o entendimento que o autor tinha das ligações e dos contrastes entre Saul (A) e Davi (A'). Ela exalta as façanhas dos guerreiros que contribuíram para a defesa de Davi e a expansão de seu reino (B, B'). Acima de tudo, sua pedra angular é o louvor ao Senhor de Israel, o verdadeiro Guerreiro, Juiz e Pastor do povo e de seu rei (C, C').

    Embora os capítulos 21-24 sejam muitas vezes considerados um *apêndice*, são moldados para, juntos com 1Samuel 1-3, formar uma moldura para o livro de Samuel:

    A   Apuro e oração – de Ana (1Sm 1)
    B   Livramento divino (1Sm 1.19)
      C   Salmo de louvor – de Ana (1Sm 2.1-10)
      C'   Salmo de louvor – de Davi (2Sm 22)
    B' Livramento divino (2Sm 24.25)
    A' Apuro e oração – de Davi (2Sm 24)[14]

Cruciais para a estrutura e o movimento do livro são os capítulos 11 e 12 de 2Samuel. O duplo pecado de Davi, homicídio e adultério, marcam uma mudança importante na narrativa, passando de bênção a julgamento, de triunfo a tragédia, de narrativa centrada no ministério público de Davi para outra centrada em sua personalidade íntima –vulnerável, sensível, piedosa e humilde diante de Deus.

    A habilidade e o escopo dos que compuseram o livro são de fato dignos de nota. Eles atingiram o alvo com eficácia incomum: "apresentar a pessoa de

Davi como a portadora da possibilidade histórica de Israel e como o veículo dos propósitos de Deus em Israel".[15]

Davi Transfere o Reinado (1Rs 1.1-2.46)

Esta seção aguça a questão que esteve oculta sob a superfície da história desde o nascimento de Salomão (2Sm 12.24-25) e a revolta de Absalão (2Sm 15): A quem Davi nomeará seu sucessor? Apesar da instabilidade óbvia da terra e da apreensão do povo quanto ao futuro, Davi não deu passos definidos para tomar essa decisão até o final da vida. No início de 1Reis, a idade avançada e a vitalidade decrescente emprestam urgência à escolha.

Adonias, o mais velho dos filhos sobreviventes (2Sm 3.4), reivindicara fortemente o trono, alistando os apoios de Abiatar e Joabe, o sacerdote e o general de Davi. Chegou a Jerusalém a notícia de que Adonias tinha na verdade realizado uma festa de coroação em Rogel. Em reação, Natã, o profeta, e Bate-Seba, mãe de Salomão, pressionaram o rei para que nomeasse Salomão. Cedendo ao pedido da esposa favorita, Davi selou a indicação de Salomão com um voto. O rei então

Portão com seis câmaras e muro fortificado em Hazor, exemplo da ampla atividade construtora de Salomão por todo o reino (1Rs 9.15). *(Lawrence T. Geraty)*

deu provas concretas passando a ele seu exército particular de mercenários filisteus. Com Zadoque como sacerdote, Natã como profeta e Benaia, filho de Joiada, como general, Salomão foi coroado em Giom, enquanto as festas de Adonias transformavam-se em lamentação (1Rs 1.1-53).

Adonias, temendo pela vida, refugiou-se no santuário, onde foi poupado por Salomão. Por fim e de maneira tola, ele fez mais uma tentativa desesperada de destronar Salomão: pediu a consorte de Davi, Abisague, por esposa após a morte do pai. Salomão, percebendo as implicações políticas do pedido do irmão (transmitido astutamente pela influente Bate-Seba), executou Adonias.[16] O novo rei baniu Abiatar para Anatote (cf. Jr 1.1) e matou Joabe para cumprir a última vontade de Davi: a vingança pela morte de Absalão e Amasa. Por fim, Salomão reinou sem rivais em Judá e Israel (1Rs 2.1-46). O governo dinástico fora estabelecido. Por quase quatro séculos, os reis de Jerusalém seriam filhos de Davi.

Davi, apesar de seus lapsos morais, políticas controvertidas e incapacidade de comandar sua própria casa, deu a Israel um de seus melhores momentos. Todos os reis seguintes foram avaliados de acordo com a semelhança com ele. Aliás, provas arqueológicas recentes indicam que estrangeiros empregavam a frase "casa de Davi" em referência aos reis de Judá em Jerusalém. Os nomes ocorrem em paralelo com "rei de Israel" numa inscrição aramaica encontrada em Tel Dan. O texto aparentemente marca a vitória de um rei arameu sobre forças combinadas do rei de Israel e do rei da "casa de Davi". Deve-se notar que a monarquia em Israel recebe o nome da nação, enquanto o rei de Judá carrega o título dinástico de seu célebre ancestral. Essa é a primeira ocorrência de "Israel" em textos semitas já descobertos e a primeira menção do nome do rei Davi em alguma inscrição fora da Bíblia hebraica.[17]

Salomão em toda sua glória (3.1-11.43)

O caminho pedregoso de Salomão até o trono foi seguido de uma era de prosperidade econômica e política sem paralelos. Seus quarenta anos de reinado (c. 971-931) viram Israel elevar-se a esplêndidas alturas em realizações pacíficas, assim como o longo governo do pai testemunhara sucessos militares sem precedentes. Originalmente chamado Jedidias ("amado pelo SENHOR") por Natã (2Sm 12.24s.), Salomão (provável nome majestático) permanece por trás do relato bíblico até os últimos dias de Davi. Afastados os outros como Amnom, Absalão e Adonias, Salomão subiu ao trono e acentuou seu poder e prestígio.

Autoria e Composição de Reis. A história de Salomão domina os primeiros onze capítulos de Reis. A admirável História da Corte de Davi termina em 1Reis 2.46. O relato sobre os sucessores de Davi em Judá e seus correspondentes nortistas em Israel (1Rs 3–2Rs 25) é obra de um compilador talentoso e inspirado que deram ao livro um aspecto teológico uniforme e uma apresentação de excelente estilo da história de Israel. É provável que tenha vivido no final da história de Judá (c. 590).[18] A ênfase em Elias, Eliseu e outros profetas, juntamente com a perspectiva profética geral do editor, levam muitos a atribuir 1-2Reis a Jeremias. Aliás, o autor desconhecido de fato via a história de Israel de uma perspectiva semelhante à de Jeremias e escreveu sob muitas das mesmas influências. Aqui, como em 1-2Samuel, a mera crônica dos eventos deu lugar a um tratamento subjetivo. O historiador não é um defensor da corte cujo propósito seria celebrar as façanhas do rei, como costumava acontecer entre os povos antigos (os hititas são, provavelmente, uma exceção). Antes, avalia e com freqüência critica os governantes, comparando cada um com Davi, o grande protótipo real.

O compilador de Reis fornece algumas indicações de suas fontes. É provável que a maior parte do material a respeito de Salomão em 1Reis 3–11 tenha sido extraída do Livro da História de Salomão (11.41),[19] enquanto muitas das outras histórias foram encontradas no livro das Crônicas dos Reis de Israel e seu correspondente de Judá. A LXX dá a entender que 8.12s. (LXX 8.53) foi extraído do livro dos Justos (cf. Js 10.13; 2Sm 1.18). Os feitos de Elias e de Eliseu podem ter sido transmitidos oralmente na escola dos profetas.

Todo esse material foi organizado com perícia numa narrativa histórica sincronizada. As crônicas dos dois reinos, antes separadas, foram combinadas com esmero e entrelaçadas aos comentários proféticos do próprio editor.[20] Como resultado,

> o Livro é uma história escrita com um propósito religioso e prático [...] O aspecto notável é que quando tudo estava perdido, alguém encontrou a história daquele período trágico digno de ser lembrado como uma lição da disciplina divina em relação a seu povo.[21]

Salomão —o Sábio Mestre. Como o primeiro governante dinástico de Israel, Salomão assumiu o ofício sem nenhum poder carismático óbvio. No relato da visão que teve em Gibeão, porém, Deus lhe ofereceu a escolha de dons (1Rs 3.5-14). Salomão, consciente de suas amplas e pesadas responsabilidades, requisitou uma mente sábia e perspicaz.[22] Tirou plena vantagem de seus contatos internacionais, de sua riqueza e da ausência de guerras para se dedicar a realizações literárias. Sua coleção de provérbios, seu repertório de enigmas e seu conhecimento enciclopédico acerca da natureza valeram-lhe uma reputação superior à de seus contemporâneos egípcios, árabes, cananeus e edomitas (4.29-34) e o tornaram o grande patrono da literatura sapiencial de Israel. O valor específico de Salomão na literatura do Antigo Testamento será discutido juntamente com Provérbios, Eclesiastes e Cântico dos Cânticos (Cantares).

Salomão não somente galgou posição heróica em Israel como também conquistou o imaginário de muitos povos em várias áreas. Nenhuma figura da antigüidade (talvez com exceção de Alexandre Magno) é tão amplamente celebrada na literatura de um povo entre judeus, árabes e etíopes.

Salomão —Mercador e Estadista. Davi legara ao filho um império substancial. A tarefa de Salomão era controlá-lo e fortalecer o governo centralizado para manter o império. Desconsiderando até certo ponto as tradicionais fronteiras tribais, Salomão estabeleceu distritos administrativos, sendo cada um responsável pela manutenção da corte um mês por ano (4.7-19), uma tarefa difícil (v. 22s.).

Outra medida impopular de Salomão foi arregimentar trabalhadores dentre as tribos. Teoricamente, os 30 000 israelitas envolvidos em projetos públicos (5.13-18) não eram escravos como os trabalhadores cananeus (9.15-22). Mas eles prezavam tanto a liberdade que não se submetiam sem reclamar. O assassinato de Adonirão (ou Adorão), superintendente dos trabalhos forçados (4.6; 5.14; 12.18), dá sinais da forte resistência contra as práticas rígidas de Salomão.

O legado mais duradouro e influente da era de Salomão foi o templo de Jerusalém. Apenas durante esse período Israel teve a combinação de riqueza, governo centralizado e alívio de ataques inimigos necessária para completar um projeto dessa magnitude. Os recursos do reino de Salomão e os laços de amizade com a Fenícia (5.1) foram explorados ao máximo para prover uma casa de adoração. Artesãos estrangeiros eram indispensáveis: (1) a vida pastoril dos israelitas não estimulava o artesanato; (2) a proibição contra qualquer réplica da deidade (Êx 20.4) tendia a limitar a atividade artística.

Descobertas arqueológicas em Canaã juntamente com as bem detalhadas descrições bíblicas (1Rs 5–8) permitem uma reconstrução razoável do templo e de sua mobília. Entretanto, nada do templo em si permanece,[23] e ainda não se descobriu nenhum resquício do templo fenício do século X. O santuário de Tainat, na Síria, datado do século IX, contém a mesma tríplice divisão: pórtico, nave (Lugar Santo) e santuário interior (Santo dos Santos).[24]

A política externa de Salomão baseava-se em alianças de amizade, muitas vezes seladas por casamento, e na manutenção de um exército colossal. Entre suas esposas estava a filha do faraó, para quem construiu uma ala especial em seu palácio (3.1; 7.8). Essa aliança vantajosa testemunha tanto o prestígio de Salomão como a fraqueza do Egito, pois, embora os reis egípcios costumassem se casar com princesas estrangeiras, raramente davam suas filhas para não-egípcios. Como dote, o faraó (talvez Siamun, um dos últimos da frágil XXI Dinastia) deu a Salomão a cidade fronteiriça de Gezer (9.16).[25]

A aliança de Salomão com Hirão de Tiro também foi vantajosa (5.1-12). Os fenícios[26] acabavam de entrar no auge de sua expansão colonial. Eles forneceram perícia no campo da arquitetura e muitos materiais, especialmente o cedro do Líbano, para o templo e os palácios. Construíram e tripularam navios para Salomão, provendo um mercado para o trigo e o azeite de Israel. Esse laço mostrou-se especialmente lucrativo quando Hirão estendeu a Salomão um empréstimo substancial (9.11).

Salomão foi o primeiro israelita a usar carruagens de modo eficaz. Aquartelada num círculo de cidades fronteiriças fortificadas (v. 15-19), sua milícia incluía 4000 cocheiras para cavalos,[27] 1400 carros e 12000 cavaleiros (4.26). Escavações recentes em Hazor, Eglom e Gezer descobriram vestígios dos tempos de Salomão.[28]

O comércio era o forte de Salomão. Ansioso por controlar a "ponte" terrestre entre a Ásia e o Egito, ele dominava as principais rotas norte—sul de caravanas. Navios mercantes carregavam suas cargas de portos como Eziom-Geber para portos na Ásia e na África. A famosa visita da rainha de Sabá (10.1-13) pode ter tido interesses comerciais. Ao que parece, seu povo, os sabeanos no sudoeste da Arábia, corria risco de supressão econômica por causa do rigor com que Salomão controlava as rotas de suas caravanas. Embora a viagem da rainha tenha sido bem-sucedida, é provável que tenha sido obrigada a dividir os benefícios com Salomão.[29] Ele também era mediador entre os hititas e arameus, povos do norte, e os egípcios, que lhes vendiam carruagens. O rei mantinha um monopólio semelhante aos empreendimentos comercias realizados a cavalo na Cilícia (10.28s.). Os empreendimentos comerciais de Salomão trouxeram uma riqueza fabulosa a Jerusalém. Infelizmente, essa riqueza não beneficiou todas as classes em Israel. Nem aliviou a severa taxação necessária para sustentar os grandes projetos de construção. As pessoas comuns, na realidade, talvez tivessem menos conforto no reinado de Salomão que nos de Davi e de Saul. A tendência à centralização da riqueza, que provocava a ira nos grandes profetas do século VIII, começou no reinado de ouro de Salomão.[30]

Inquietações entre os vizinhos de Israel revelavam que Salomão estava perdendo o controle do império. Hadade liderou uma revolta em Edom. De modo mais temerário, Rezom conquistou Damasco, desafiando o domínio de

Salomão sobre as cidades-estados araméias (11.14-25). O autor de Reis interpretou esses acontecimentos como sinais de julgamento divino em conseqüência das sérias transgressões religiosas de Salomão. Observe a advertência quanto a essa possibilidade na segunda visão de Salomão (9.1-9). O livro não repreende Salomão por sua sensualidade ou vida amoral, mas por desobedecer ao ideal monoteísta de Israel. Abraçando as religiões das esposas, Salomão abandonou sua herança israelita e afastou-se de suas responsabilidades reais na condição de guardião da fé.

> A exemplo dos reinados anteriores de Saul e de Davi, o de Salomão divide-se em duas fases: a do "bom rei" e a do "mau rei".[31] O julgamento tinha de vir, se não durante a vida de Salomão (ele foi poupado por amor a Davi), então mais tarde. E de fato veio.

CAPÍTULO 14

A Monarquia Dividida (1Rs 12.1–2Rs 18.12)

Para os editores de Reis, os dois séculos que se seguiram a Salomão foram sombrios na mesma medida em que foi gloriosa a era de Salomão. Atos historicamente significativos de julgamento divino abrem e fecham o período, com apostasia crescente nesse ínterim. No aspecto literário, histórias proféticas, especialmente em torno de Elias e de Eliseu, dominam o relato. No aspecto temático, os editores salientam como a idolatria do reino do norte acarretou um terrível julgamento de Javé.

> Assim andaram os filhos de Israel em todos os pecados que Jeroboão tinha cometido; nunca se apartaram deles, até que o SENHOR afastou a Israel da sua presença, como falara pelo ministério de todos os seus servos, os profetas; assim foi Israel transportado da sua terra para a Assíria, onde permanece até ao dia de hoje. 2Rs 17.22-23

Roboão e Jeroboão – O Reino Dividido em Dois (1Rs 12.1–14.31)

Pelo fato de Salomão ter tolerado a idolatria, um julgamento divino desastroso teve início no reinado de Roboão, filho e sucessor de Salomão. O profeta Aías profetizou que Jeroboão, um efraimita muito capaz a quem Salomão destacara para supervisionar os grupos de trabalho provenientes do norte em Jerusalém (11.28), levaria as tribos no norte à independência.[1] O oráculo evidentemente tornou pública a rebelião de Jeroboão, de modo que ele fugiu para o Egito a fim de escapar da ira de Salomão (v 26-40), retornando após a morte dele.

A Política Drástica de Roboão (12.1-24). O encontro com Jeroboão ocorreu na antiga Siquém, local de muitas convocações históricas israelitas (cf. Js 24). Roboão queria que as tribos do norte o reconhecessem como rei, mas elas queriam ser aliviadas das exigências opressoras de Salomão.[2] Seguindo conselhos insensatos de amigos ambiciosos, o arrogante Roboão anunciou que sua política seria ainda mais dura que a do pai. Assim, liderados por Jeroboão, os israelitas declararam independência, invocando um antigo lema político nortista:

> Que parte temos nós com Davi?
> Não há para nós heranças no filho de Jessé!
> Às vossas tendas, ó Israel!
> Cuida agora da tua casa, ó Davi! (v. 16; cf. 2Sm 20.1)

Roboão fracassou na tentativa de impor suas exigências. Os israelitas assassinaram seu superintendente, Adorão, e uma intervenção profética impediu que suas tropas marchassem para o norte. Somente Judá permaneceu leal (v. 20), embora Benjamim formasse parte do exército de Roboão (cf. v. 21-24). Deus usou o erro estratégico de Roboão para julgar Judá pela idolatria e pela opressão de Salomão —julgamento na forma da insurreição de Jeroboão.

A Religião Rival de Jeroboão (12.25-14.20). Os editores de Reis lembram-se de Jeroboão por dois fatos principais —descobrir uma forma rival de javismo no norte e ser condenado pelos profetas.[3] Temeroso de que as peregrinações para Jerusalém sabotassem seu reino, Jeroboão proibiu as viagens para o templo de Salomão e estabeleceu santuários alternativos em Dã e em Betel. Ele não somente proveu esses "lugares altos" de sacerdotes e assistentes que não descendiam de Levi, como também lhes deu bezerros de ouro, como os cultuados por Israel no Sinai (Êx 32.1ss.). A arqueologia indica que provavelmente esses bezerros eram apenas pedestais em que se colocaria o Javé invisível.[4] Mas sem dúvida o povo comum identificou-os com imagens do culto à fertilidade dos cananeus e começou a misturar o culto a Javé com o culto a Baal. Esse sincretismo explica a censura profética contra Jeroboão e seus santuários (e.g., da parte de um homem de Deus, 13.1-32; de Aías. 14.14-16).[5] Jeroboão chegou a mudar a data da festa principal da nação, provavelmente a festa dos Tabernáculos (cf. Nm 19.12-39).

Dificuldades Internas e Externas (14.21-15.34). No governo de Roboão, a apostasia religiosa que caracterizara o reinado de Salomão tornou-se mais patente. O javismo debatia-se com a religião cananéia, como indicam a menção de aserins (ARA "postes-ídolos") e da prostituição cultual masculina (v. 23s.).[6] Roboão também teve dificuldades para conduzir o navio do estado de Judá através de mares políticos tempestuosos. O exército de Judá continuou suas lutas militares contra seu rival do norte, sem que nenhum deles conseguisse supremacia (v. 30; cf. 15.6). Para piorar a situação, o poderoso líbio-egípcio Sheshonk (Sisaque, na Bíblia) invadiu Judá (c. 926 a.C.) e exigiu tributos pesados, chegando a pilhar os escudos de ouro de Salomão (v. 25-28).[7] Inscrições de Sheshonk no templo de Karnak no Egito confirmam o rastro de sangue deixado por sua campanha: tropas egípcias devastaram mais de 150 localidades em toda a Palestina e em Edom. Somente a instabilidade política no Egito impediu Sheshonk de impor devastação ainda maior. Roboão substituiu os escudos de ouro perdidos por escudos de bronze, assinalando o fim da era de ouro de Judá (v. 26s.). Os editores de Reis entenderam todo o evento como um julgamento de Deus contra o povo de Judá por sua apostasia.

Após o breve e inexpressivo reinado de Abião (15.1-8, ou Abias). Reis apresenta o longo governo de Asa (c. 911-870) com sua fórmula típica para governantes de Judá. Especificamente, (1) sincroniza a ascensão do rei ao trono com o governo do rei do norte; (2) declara a duração de seu governo; (3) dá o nome de sua mãe;[8] e (4) avalia seu reinado, geralmente em comparação com a devoção religiosa de Davi (v. 9-11).[9] Asa é um dos poucos reis de Judá de quem os editores fazem avaliação favorável. Tematicamente, ele representa o primeiro reformador religioso de Judá –o precursor de Ezequias e Josias.[10] Sua devoção religiosa também realça quanto o reino do norte se tornara apóstata sob a religião rival de Jeroboão.

O julgamento divino logo recaiu sobre a dinastia abominável de Jeroboão, como os profetas haviam predito. Num levante violento, Baasa, de Issacar, tomou o trono de Nadabe, filho de Jeroboão, aniquilando toda sua família (v. 27-30). Ao prover um culto alternativo ao de Jerusalém, Jeroboão ultrajou os editores de Reis. Eles lembram constantemente os leitores de que Jeroboão conduziu Israel a um pecado público e flagrante (e.g., 16.26; 22.52) e o condenam por não proteger Israel da contaminação religiosa.[11] Assim, o reinado de Jeroboão, formado para levar julgamento a Judá, também foi vítima do julgamento divino. É significativo que, por causa da apostasia, a breve dinastia de Baasa (i.e., ele e seu filho Elá) sofreu a mesma condenação profética e o mesmo julgamento humilhante que a de Jeroboão (15.33–16.14).

A MONARQUIA DIVIDIDA

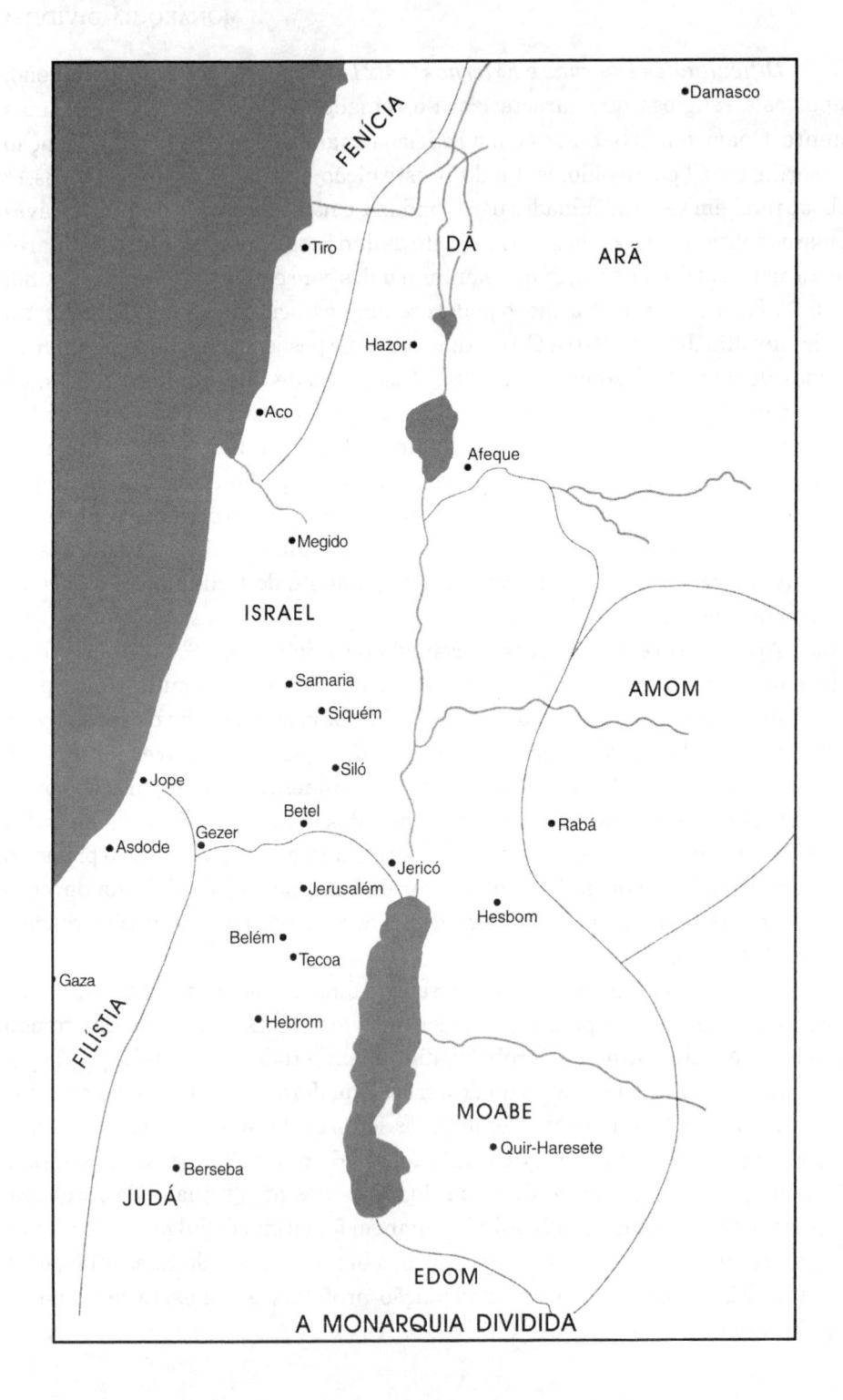

A Casa de Onri – A Construção da Capital do Norte (16.1-34)

O reino do norte nunca estabeleceu uma dinastia real estável. Nadabe, filho de Jeroboão, governou por apenas dois anos antes de ser morto, junto com a família, por Baasa (15.27-30). Elá, filho de Baasa, sofreu o mesmo destino nas mãos de Zinri, um comandante militar (16.8-14). Mas Zinri reinou apenas sete dias antes de outro general, Onri, sitiar sua capital em Tirza. A morte de Zinri dividiu a lealdade do povo entre Onri e Tibni, mas acabou prevalecendo o primeiro.

Para seu crédito, Onri por fim estabilizou politicamente o reino do norte. Deu-lhe uma capital permanente, Samaria, um sítio admirável perto de Siquém. Onri a comprou legalmente, de modo que, como a Jerusalém de Davi, a cidade era de sua propriedade. A cidade permaneceu como capital até ser destruída pela Assíria, 150 anos mais tarde, sendo um tributo à capacidade de Onri como arquiteto e construtor. Conforme observa um arqueólogo moderno: "Samaria atravessa a principal rota norte—sul, vigilante a qualquer avanço de Judá e em fácil contato com a Fenícia [...] Era igualmente importante para ele [Onri] ter fácil comunicação com o oeste, onde ficavam as terras mais ricas de seu reino. Sob todos os aspectos, Samaria estava muito mais bem localizada do que Tel El-Fará [Tirza]".[12]

Escavações têm descoberto construções grandiosas de Onri, projetos continuados por Acabe, seu filho. O luxo denunciado por Amós, um século mais tarde, começou com Onri.[13] É provável que o movimento político mais nocivo tenha sido sua aliança com a próspera cidade fenícia de Tiro, um pacto selado com o casamento de seu filho, Acabe, com Jezabel, filha do rei de Tiro (16.41).[14] Esse pacto lhe abriu de imediato um mercado para os produtos agrícolas de Israel e lhe deu poderio militar suficiente para impedir que os arameus de Damasco invadissem seu vasto território na Transjordânia. Mas, para os editores de Reis, o pacto teve um inconveniente desastroso que anulou por completo seus benefícios: acabou fortalecendo Acabe e Jezabel, que se aproveitaram da posição real e dos recursos para promover o culto de Baal em Israel. Felizmente, Deus providenciou uma testemunha poderosa para Israel, Elias, o profeta, para se contrapor àquela política e promover a fé verdadeira.[15] À dinastia de Onri cabe cerca de um terço do espaço no relato sobre as casas dos Reis, embora ocupe apenas um décimo dos 400 anos abrangidos pela narrativa. Pelo tamanho, detalhes e centralidade de seu relato, os autores de Reis estão evidenciando que a luta entre Javé e Baal era a peça principal de seu entendimento da história de Israel.[16]

Elias contra Acabe e Jezabel – Israel numa Hora Crítica (17.1-22.53)

Os embates entre Elias e Acabe conduzem a trama de 1Reis 17–22.[17] Como tema principal, os conflitos detalham onde Israel errou e descrevem o julgamento

Ruínas de um grande edifício com colunas em Megido, antes identificado como os estábulos de Salomão, mas agora datadas do reinado da dinastia de Onri, provavelmente construído por Acabe. *(Oriental Institute, Universidade de Chicago)*

divino que virá sobre os responsáveis. Esses capítulos apresentam "um *épico* [...] que reconta a grandiosa batalha que determinou para sempre o destino de toda a nação".[18]

A Religião Cananéia. Israel considerou atraente o culto a Baal. Os ídolos dos deuses cananeus da fertilidade ofereciam-lhes algo tangível para cultuar, e as festas de Baal nutriam a paixão dos israelitas pelo vinho e pela imoralidade. Baal era o senhor do vinho e o deus da fertilidade, de modo que o baalismo ensinava a bebedeira e a licenciosidade sexual como obrigações religiosas. Os adoradores de Baal criam que a relação sexual no culto com prostitutos religiosos (tanto homens como mulheres) promovia a fertilidade. Entendia-se que a prática incentivava Baal a ter relações com sua consorte, garantindo assim a fertilidade da terra.

Além disso, embora cultuado em formas locais, Baal tornara-se um deus universal para os cananeus. O deus de Jezabel era Baal Melcarte (ou simplesmente Melcarte; também transliterado Milcarte), a forma de Baal reverenciada em sua cidade natal, Tiro. Mas textos ugaríticos implicam que o título Melcarte (lit., "rei da cidade") dado a Baal proclamava-o senhor do mundo dos mortos, sendo que sua autoridade não se limitava a nenhuma área geográfica.[19] É por isso que os editores de Reis consideram o baalismo tão ameaçador. Por negar a soberania exclusiva de Javé, feria o centro da fé israelita.

A manifestação (1Rs 17–19). Essa unidade literária estruturada com esmero apresenta "uma Batalha dos Deuses" em que Javé assume os poderes de Baal.[20] O profeta Elias começou o tiroteio disparando contra Acabe uma declaração a queima-roupa: "Tão certo como vive o SENHOR, Deus de Israel, [...] nem orvalho nem chuva haverá nestes anos segundo a minha palavra" (17.1). Uma vez que a religião cananéia cultuava Baal como o deus da vida e da fertilidade, o decreto implicava que, se Baal não conseguisse impedir a seca imposta por Javé, Israel deveria chegar a duas conclusões: (1) que só Javé, não Baal, é Deus, e (2) que Elias, não os profetas de Baal, é o verdadeiro mensageiro de Deus. Episódios subseqüentes nos capítulos 17 e 18 servem para confirmar essas verdades. Ainda que envolvam personagens humanos, implicam um embate entre Javé e Baal, em que se refutam, ponto por ponto, as crenças populares acerca de Baal.[21]

Por exemplo, enquanto Israel ia secando, por falta de chuva, Javé fornecia comida e bebida a Elias no uádi Querite a leste do rio Jordão (17.2-6). De modo semelhante, durante toda a seca, Elias sustentou a viúva de Sarepta (cidade costeira ao sul de Sidom) e seu filho (v. 7-16), chegando a ressuscitá-lo (v. 17-24). Os incidentes demonstraram que Javé, não Baal, controlava tanto a fertilidade como a própria vida.[22] A demonstração é ainda mais persuasiva porque o confronto ocorre na Fenícia, o território natal de Baal. No final, a viúva anuncia um dos temas centrais do capítulo, quando afirma que Elias, não os outros profetas, de fato fala sob orientação de Javé (v. 24).

As divindades concorrentes e seus profetas travaram a batalha decisiva no monte Carmelo (1Rs 18). Mais uma vez, como que zombando seu oponente divino, Javé dispara o primeiro tiro, anunciando por meio de Elias que logo enviaria chuva (v. 1). Mais tarde no Carmelo, Elias, o único representante de Javé, teve um confronto dramático com 450 profetas de Baal (v. 20-40).[23] Com ousadia, Elias convocou Israel a cultuar ou a Javé ou a Baal, de acordo com o deus que enviasse fogo sobre o sacrifício preparado (v. 21, 24).[24] Mas quando a invocação completa de gritos e danças rituais nada produziu da parte de Baal (v. 26), Elias espicaçou seus agitados oponentes com sarcasmo zombeteiro (v. 27): "Clamai em altas vozes, porque ele é deus; pode ser que esteja meditando, ou atendendo a necessidades, ou de viagem, ou a dormir e despertará". Ou pode ser que Baal não exista!

Quando chegou a vez de Elias, ele agiu com simplicidade notável. Sua oração foi curta, direta e sem manifestações frenéticas: "... responde-me, SENHOR, responde-me, para que este povo saiba que tu, SENHOR, és Deus..." (v. 37). De imediato, desceu fogo do céu, consumindo seu sacrifício e o próprio altar (v. 38). A visão alarmante atingiu Israel de tal maneira que todos reconheceram Javé como o único Deus (v. 39). Elias mandou executar os profetas de Baal (v. 40), e Javé confirmou que apenas ele era Deus, enviando a chuva já anunciada. A grande chuva quase surpreendeu Acabe antes que ele, apressado por Elias, chegasse a salvo ao seu palácio em Jezreel (v. 41-46). A penosa seca estava encerrada! Se o capítulo anterior colocava em dúvida os atributos divinos reclamados por Baal, este episódio questiona sua própria existência. Para Israel, a escolha ficava entre Javé e uma simples ilusão.

Mas o capítulo 19 mostra que as forças de Baal continuavam atuantes. Ameaçado de morte por Jezabel (v. 2), Elias fugiu para o deserto ao sul de Berseba (v. 3-5a). Ali Javé alimentou o profeta deprimido (cf. cap. 17), conduziu-o para mais longe, ao monte Horebe, e apareceu para ele num "cicio tranquilo" (v. 5b-18).[25] A cena de teofania lembra a manifestação de Javé a Moisés no monte Horebe (Êx 19, 32-34) e retrata Elias como um segundo Moisés.[26]

Javé enviou Elias de volta a Israel para ungir três líderes que usariam da violência para afastar Israel do culto a Baal: Hazael, rei da Síria; Jeú, rei de Israel; e Eliseu, sucessor de Elias (v. 15-18). Mas, dos três, Elias ungiu de fato só a Eliseu (v. 19-21; quanto aos outros veja 2Rs 8–10). Esse cumprimento parcial da missão assinala que o amargo confronto com Baal não seria uma batalha-relâmpago, rápida e decisiva como no monte Carmelo, mas uma longa luta sangrenta.[27]

O Fim de Acabe (1Rs 20–22). O restante de 1Reis detalha a gravidade do pecado de Acabe, pronuncia a sentença contra ele e registra sua execução. As duas vitórias heróicas de Acabe sobre Ben-Hadade da Síria (20.1-34) tornam-se surpreendentemente amargas quando um profeta anônimo anuncia pela primeira vez a morte do rei (v. 35-43). O motivo alegado é que Javé queria que Ben-Hadade fosse morto, mas Acabe o deixou livre.[28] O sangue frio com que Jezabel e Acabe fizeram planos para matar Nabote a fim de se apropriar da vinha dele confirma ainda mais a culpa de Acabe (cap. 21). Não surpreende que Elias exponha as sentenças de morte do rei perverso e de sua rainha desumana empregando termos fortíssimos (v. 20-24). Por fim, condenado mais uma vez por Micaías ben Inlá, Acabe morre em batalha, atingido ironicamente por uma flecha atirada ao acaso (cap. 22).[29] Os editores de Reis entenderam que sua morte foi uma bem merecida punição anunciada pelos profetas.[30]

Os Feitos de Eliseu (2Rs 1.1–8.29)

Ainda que Acabe estivesse morto, 2Reis 1 mostra que a religião cananéia estava bem viva. Quando Acazias, sucessor de Acabe (c. 853-852), adoeceu, enviou mensageiros aos sacerdotes ou profetas de Baal-Zebube, deus da cidade filistéia de Ecrom, para ver se ele o curaria. A missão implicava que Baal, não Javé, era o senhor de Israel e o condutor de seu futuro. Sempre dedicado opositor de Baal, Elias interceptou os emissários de Acazias, escapou de três tentativas de capturá-lo e anunciou que Acazias jamais se recuperaria (1.2-16). A profecia concretizou-se e Jeorão (ou Jorão), irmão de Acazias, governou Israel até cerca de 841. A morte de Acazias e sua sucessão por um irmão, não filho, indicavam que a dinastia de Acabe estava terminando, assim como Elias profetizara.

Eliseu sucede a Elias. Para marcar a transição de Elias para Eliseu, 2Reis relata a "visita de despedida" deles aos "filhos" de Elias –i.e., profetas aprendizes ou discípulos (2.1-5). Quando um acontecimento dramático e misterioso tirou Elias de sua presença, Eliseu clamou: "Meu pai, meu pai, carros de Israel, e seus cavaleiros!" (2.12). Alguns anos mais tarde, o rei Joás proferiu o mesmo lamento trágico por Eliseu, quando o profeta estava à morte (13.14). Em certo sentido, essa expressão é o fecho literário da vida de Elias. Dá a entender que líderes piedosos, não exércitos poderosos, davam força a Israel; seus profetas eram sua verdadeira defesa.

Como herdeiro do ministério de Elias, Eliseu pediu que herdasse também seu poder (2.9). O pedido de medida dobrada do espírito de Elias não é algo presunçoso que requisite o dobro do que Elias possuía. Antes, busca uma porção dobrada como herança, assim como os primogênitos tinham direito a uma porção dobrada na partilha (cf. Dt 21.17).[31] O episódio lembra a transição de poder de Moisés para Josué, retratando Eliseu como o novo Josué destinado a obter novas vitórias decisivas por Israel. Dois milagres inaugurais (2.19-22, 23-25) confirmaram que o poder de Deus estava mesmo com Eliseu, como estivera com Elias.

Eliseu e Jorão (c. 852-841). Assim como Elias causara problemas para Acabe, Eliseu atormentou Jorão —e com bons motivos! Exceto por reformas simbólicas, tais como a retirada da coluna de Baal erigida por Acabe, Jorão pouco se esforçou para desfazer os danos causados pelos pais (3.1-4). Os editores de

Reis incluem algumas histórias para mostrar que ele partilhava da atitude displicente dos pais para com as exigências éticas e religiosas da aliança. A mesma negligência para com a justiça social, encontrada na história da vinha de Nabote está por trás do apelo feito por uma viúva de profeta a Eliseu, pedindo que a resgatasse de um credor que ameaçava escravizar seus dois filhos (4.1-7; cf. 1Rs 21). Além disso, as histórias de Eliseu oferecem mais evidências dos sete mil que não se haviam curvado diante de Baal do que as encontradas em 1Reis (cf. 1Rs 19.18). Apesar dos jovens delinqüentes que zombaram do profeta calvo (2.23s.),[32] a mulher sunamita mostrou-se devota e generosa (4.8-37).

Resistindo à tentação de consultar oráculos pagãos (1.2, 6, 16), grupos atuantes de profetas leais a Javé atenderam à liderança de Eliseu (2.15-18; 3.4-8; 6.1-7).[33] E ainda que a infiltração de religiões estrangeiras fosse uma ameaça à fé israelita, Israel estava envolvida em algum empreendimento missionário. Por exemplo, foi uma jovem cativa israelita que levou Naamã, comandante do exército sírio, a buscar cura com o profeta do Deus vivo e verdadeiro (5.1-27).[34]

Dois episódios marcaram as políticas do reinado de Jorão. Primeiro, Mesa, rei de Moabe, a quem Onri e Acabe haviam forçado a pagar pesados tributos em ovelhas e lã, revoltou-se contra Israel (3.4-8). Reveses militares iniciais contra Jorão e seu aliado, Josafá de Judá, induziram Mesa a medidas desesperadas.[35] Ele sacrificou o filho mais velho, seu sucessor, a Quemos, a deidade moabita, como holocausto sobre o muro. Essa visão aterradora aparentemente provocou pânico nas tropas de Israel. O significado das palavras "houve grande ira contra Israel" é incerto (v. 27). Talvez Deus tenha usado essa cena estranha para confundi-los, de modo que os moabitas pudessem derrotá-los. Ou talvez alguns soldados israelitas supersticiosos (nem todos tinham a mesma percepção de Elias ou de Eliseu!) temessem a ira de Quemos na terra em que ele, não Javé, era o suposto soberano.[36]

O segundo acontecimento notável foi uma série de incidentes entre Israel e Síria. Em 5.2 e 6.8 há indicações de que ataques contra Israel, especialmente na Transjordânia, eram prática costumeira dos sírios. Eliseu sem dúvida considerava santas as guerras de Israel e era consultado com freqüência pelo rei antes das batalhas (e.g., 3.13-19; 6.9ss.). Se servia de auxílio para o rei de Israel, Eliseu era um espinho na carne do rei da Síria. O profeta parecia sempre saber a estratégia militar do rei antes que ele mesmo soubesse, de modo que não surpreende que o rei tomasse medidas drásticas, mas vãs, para eliminar Eliseu de sua terra (6.8-23). O episódio brinca com os temas literários da cegueira contra a visão e reflete uma verdade significativa: Javé preserva seu povo porque, sendo soberano, revisa os planos das nações.[37]

Eliseu e os Sírios. Eliseu interferiu nos negócios sírios em outras ocasiões. Uma história impressionante desse período diz respeito ao cerco que os sírios impuseram a Samaria, quase matando-a de fome. O rei de Israel culpou Eliseu pelo desastre (6.31), talvez porque o profeta recomendara clemência para com os invasores sírios capturados (v. 20-33). Ou o rei talvez soubesse que Eliseu predissera a derrota numa profecia não registrada. Resistindo calmamente à fúria do rei, Eliseu profetizou o fim da fome logo no dia seguinte (7.1s.). A profecia se cumpriu quando os sírios fugiram apavorados com barulhos estranhos que interpretaram como um ataque inimigo, deixando equipamentos e rações (v. 3-20). Ironicamente, humildes leprosos e não escudeiros leais descobriram o desbaratamento e levaram a notícia. O episódio transmite a mensagem de que Deus cumpre fielmente sua palavra profética, muitas vezes por meio da ajuda inconsciente de seus humildes seguidores.[38]

Numa viagem a Damasco, Eliseu soube que o velho Ben-Hadade, governante de Damasco e chefe da liga de cidades-estados araméias por cerca de quarenta anos, estava doente (8.7-9). Desesperado para saber sua sorte, Ben-Hadade enviou presentes a Eliseu por meio de seu fiel mordomo, Hazael. A resposta de Eliseu foi desconcertante: "Vai e dize-lhe: Certamente, sararás. Porém o Senhor me mostrou que ele morrerá" (v. 10). A resposta aparente a Ben-Hadade era que a doença não seria fatal. Eliseu sabia, entretanto, que Hazael conspiraria contra o rei e que essa seria a causa de sua morte.[39] O olhar firme que o profeta lançou sobre Hazael foi causado pelo seu conhecimento tanto do assassinato planejado como do sofrimento que recairia em seguida sobre Israel (v. 12). Quando Hazael sufocou Ben-Hadade com um cobertor molhado, o trono de Damasco tornou-se seu.[40] Assim, Eliseu cumpriu a segunda parte da missão que Deus dera a Elias no monte Horebe (1Rs 19.15).[41]

Os sírios atormentaram Jorão de Israel durante todo o seu reinado, enquanto Jeorão de Judá (c. 853-841), pai de Acazias, tinha seus próprios problemas (v. 20-24). Edom seguiu Moabe (3.3-8), revoltando-se contra seus senhores. Essa demonstração de independência destaca a fragilidade do reino do sul, já incapaz de manter sob controle os vizinhos do sul.[42]

Com coragem e vitalidade surpreendentes, Eliseu ministrou por toda a terra aos simples e aos aristocratas, israelitas e estrangeiros. Mais de uma vez, atraiu a ira de reis, tanto de Israel como da Síria. Vestindo o rude manto de pêlos que pertencera a Elias (1.8; 2.13), ele acalmou a angústia de uma viúva, ajudou um servo a recuperar um machado (6.5-7), frustrou Ben-Hadade e enfureceu Jorão. Além disso, iniciou o plano que derrubou a dinastia perversa e transgressora de Onri, cumprindo as horríveis profecias de Elias contra Acabe e

Jezabel. No final, Eliseu fez jus ao nome, pois por seu intermédio "Deus salvou" Israel.

Jeú e Sua Casa – Problemas em Israel (9.1-14.29)

Para destronar a casa de Onri, Eliseu escolheu Jeú, oficial impetuoso e valentão do exército de Jorão, destacado para rebater contra-ataques sírios em Ramote-Gileade (9.1-37). Da antiga maneira carismática —como quando Samuel escolheu Saul e Davi— o representante de Eliseu ungiu a Jeú, e os soldados deste o aclamaram rei. Com esse mandato, Jeú liderou um expurgo sangrento que reclamou uma hoste de vítimas: Jeorão de Israel (9.24), seu aliado Acazias de Judá (v. 27s.), Jezabel (v. 30, 37), os descendentes masculinos e os aliados de Acabe (10.1-11), quarenta e dois membros do clã de Acazias (v. 13s.) e todos os adoradores de Baal em Samaria (v. 18, 27). Javé premiou a obediência de Jeú, prometendo-lhe uma dinastia de quatro gerações (v. 30). A consagração de Jeú concretizou a destruição que Elias predissera para a dinastia de Acabe (v. 1, 17, 30; 1Rs 20.21-22). Isso também evidenciou a contínua soberania de Javé sobre Baal e sobre a máquina política que por tanto tempo promovera o culto de Baal em Israel.

Mas a brutalidade de Jeú trouxe conseqüências horríveis (veja Os 1.4). Em seu famoso Obelisco Negro, o assírio Salmaneser III registra que cobrou tributos de Jeú da casa de Onri (c. 841).[43] Acabe juntara-se a Damasco contra Salmaneser em Carcar (c. 853), mas Jeú decidiu pagar tributo à Assíria. Ele se recusou a alinhar forças com Hazael da Síria contra a Assíria, de modo que Hazael atacou e destruiu Israel, reduzindo os limites de Israel na Transjordânia (10.32s.). Os editores de Reis interpretaram esse evento como a mão de Javé começando a reduzir o tamanho e o poder de Israel.

A morte de Jeú só incentivou os sírios a tomar maiores liberdades. E o reinado de Jeoacaz, filho de Jeú, levou Israel à beira do desastre. A nota enigmática em 13.7 mostra a impotência produzida pelo ataque de Hazael: "E foi o caso que não se deixaram a Jeoacaz, do exército, senão cinqüenta cavaleiros, dez carros..." (Meio século antes, Acabe acionara dois mil carros na batalha de Carcar!). Revendo aqueles dias sombrios, os autores de Reis não tinham outra explicação para a sobrevivência de Israel, a não ser a lealdade à aliança por parte do Deus que prometera ser fiel aos patriarcas (v. 22s.).[44]

Obelisco Negro de Salmaneser III (841 a.C.) retratando "Jeú, filho de Onri" curvando-se em tributo diante do rei assírio. *(Museu Britânico)*

Atalia e Joás (c. 841-835; c. 835-796). Quando Jeú matou Acazias, lançou Judá numa crise monárquica. A ambiciosa mãe de Acazias, Atalia, ocupou o trono dele e usou o poder para ampliar o culto a Baal Melcarte. Ao salvar o menino Joás (também dito Jeoás), o sacerdote Joiada frustrou seu plano de destruir todos os concorrentes ao trono (11.1-3). Mais tarde, Joiada, que criou Joás, tramou secretamente a entronização do rapaz como rei e a execução de Atalia (11.4-21). A realização principal de Joás foi a restauração do templo, provavelmente negligenciado e profanado sob a influência de Atalia (12.1-21). Mas após fazerem tanto por Joás, os sacerdotes evidentemente ressentiram-se das tentativas dele de controlá-los. Talvez a conspiração palaciana que lhe custou a vida tenha resultado de suas medidas arbitrárias em relação ao projeto do templo. Além disso, ao pagar tributo a Hazael durante a campanha síria contra a cidade filistéia de Gate, Joás pode ter-se tornado impopular junto aos elementos mais belicosos de seu povo (v. 17-18).

A longo prazo, a selvageria de Jeú teve outra conseqüência: dificultou as relações entre Israel e Judá durante o reinado de Jeoás (c. 798-782), neto de Jeú. Entusiasmado com o sucesso contra Edom (14.7), Amazias (c. 796-767), o rei de Judá, enviou um desafio arrogante a Jeoás de Israel. A réplica do rei do norte é típica das expressões sapienciais de que se orgulhavam os antigos reis e sábios: "O cardo que está no Líbano mandou dizer ao cedro que lá está: Dá tua filha por mulher a meu filho; mas os animais do campo, que estavam no Líbano, passaram e pisaram o cardo" (v. 9).[45] Vindo Amazias a persistir, Jeoás esmagou suas tropas em Bete-Semes. Perseguindo o exército desbaratado de Judá, Israel tomou Jerusalém de assalto, derrubou uma parte de seus muros e pilhou o templo e o tesouro real (v. 11-14).[46]

Jeroboão II (c. 793-753). Enquanto Amazias, filho de Joás, governava Judá, o hábil administrador e soldado Jeroboão II desfrutava de um longo e próspero reinado em Israel. Com a fragilidade da Síria e da Assíria, Jeroboão expandiu os domínios territoriais de Israel, exatamente como profetizou Jonas, filho de Amitai (14.23-29). Ele empurrou as fronteiras do norte de Israel até as proximidades de Hamate, no norte da Síria, e as do sul, até o mar Morto. Sem dúvida, incorporou também consideráveis áreas da Transjordânia, talvez chegando a alcançar, no sul, a Amom e a Moabe. Os editores de Reis viam Jeroboão como um salvador misericordioso enviado por Javé para tirar a nação da beira da ruína (v. 26s.). Mas nos rituais vazios de Israel e na sua opressão rotineira dos pobres, o profeta Amós encontrou justificativas para um julgamento completo. Parece que, no início de seu reinado, Jeroboão deu a Israel uma suspensão temporária do julgamento só para amadurecê-lo para um julgamento após seu término.

Os Últimos Dias de Israel (15.1–18.12)

Depois de Jeroboão, o reino do norte caminhou de modo direto, mas inconsciente, rumo à tempestade histórica que acabaria por destruí-lo. O avanço dessa tempestade pôde ser visto em dois desdobramentos significativos. Primeiro, Israel sofreu séria instabilidade interna — uma série de golpes violentos como os que derrubaram as dinastias de Jeroboão I, Baasa e Onri. Exatamente como predisse Oséias (1.4), a dinastia de Jeú entrou em colapso quando Salum matou Zacarias (c. 753-752), filho de Jeroboão II (2Rs 15.8-12). Apenas um mês depois (c. 752), o impiedoso Menaém assassinou, por sua vez, a Salum (v. 13-16). Menaém governou cerca de uma década e, ao que parece, sofreu morte natural, o único dos seis últimos reis de Israel a morrer desse modo.[47] Pecaías (c. 742), filho de Menaém, foi assassinado por seu capitão Peca, que ocupou o trono até c. 732, quando Oséias (c. 732-722) conspirou contra ele e tomou a coroa. O profeta Oséias, testemunha ocular, descreveu esse padrão implacável de intrigas e contra-intrigas:

> Todos eles são quentes como um forno
> e consomem os seus juízes;
> todos os seus reis caem;
> ninguém há, entre eles, que me invoque (7.7; veja 8.4).

Segundo, sob Tiglate-Pileser III (c. 745-727) e seus sucessores, a ameaça de um ataque assírio voltou a exercer pressão externa contra Israel. Menaém (c. 752-742), Peca (742-732) e Oséias (c. 732-722), os três reis israelitas mais importantes desse período final, tiveram um sério acerto de contas com os invasores assírios, quer pelo pagamento de impostos, quer pela devastação sofrida (15.19s., 29; 17.3-6).[48]

Uzias, Jotão, Acaz (c. 790-715). Enquanto isso, Judá gozava de relativa calmaria. Seus reis seguiram em geral um programa de conciliação com a Assíria e, após o golpe contra Joás (12.20), uma sucessão ininterrupta de reis davídicos governou Judá, tendo Jerusalém por capital. Judá beneficiou-se muito com a prática de estabelecer co-regências: o filho era colocado no trono pelo pai para que fosse identificado claramente como herdeiro, ao que parece muito antes da morte do velho rei. Isso evitava as dificuldades experimentadas quando da morte de Davi (1Rs 1). Todavia, após o longo e próspero reinado de Uzias (também chamado Azarias),[49] Judá foi forçado a lutar pela sobrevivência contra uma aliança entre Peca de Israel e Rezim de Damasco (c. 750-732), cujo objetivo principal era fazer oposição à Assíria (15.37).[50]

Jotão (c. 750-731), filho de Uzias, negou-se a participar dessa coalizão e incorreu na ira deles. Seu filho Acaz (c. 735-715) enfrentou uma ameaça ainda mais séria quando os dois reis sitiaram Jerusalém (16.5). Embora a invasão tenha fracassado, ao que parece Acaz perdeu para Rezim seu porto e suas indústrias em Elate (Eziom-Geber)[51] no golfo de Ácaba (v. 6).[52] As invasões de Tiglate-Pileser à Síria e a Israel deram descanso a Judá, ainda que o preço fosse alto: ao aceitar tornar-se vassalo da Assíria, Acaz teve de esvaziar os tesouros e despojar parcialmente o templo a fim de pagar o tributo exigido (2Rs 16.5-9. 17-20). Esse expediente foi bem útil a Judá no campo político, retardando por algumas décadas o ataque assírio contra Judá. Mas os editores de Reis destacam especialmente um ato de Acaz — a substituição do altar de Salomão por um de modelo assírio (v. 10-16) — para mostrar que Acaz era tão apóstata quando os reis de Israel (cf. v. 3). O episódio é interpretado como um momento decisivo e trágico para Judá — o dia em que escolheu a trilha da rebeldia que terminaria, gerações mais tarde, na falência nacional.

O Fim de Israel: Oséias (c. 732-722). Para ressaltar sua importância, os editores de Reis registraram o fim do reino do norte em detalhes (17.1–18.12). Durante o reinado de Peca, Tiglate-Pileser havia devastado grandes áreas de Israel, deixando intato apenas o centro em torno de Samaria (15.29). Assim, quando Oséias assumiu o trono (c. 732), não teve escolha senão aceitar pagar o tributo exigido por Tiglate-Pileser. Algum tempo depois que Salmaneser V (c. 727-722) sucedeu a Tiglate-Pileser, Oséias desafiou o senhor assírio e solicitou o apoio egípcio contra ele (17.4). Mas o Egito estava tão enfraquecido que não pôde ajudar quando Salmaneser precipitou-se sobre Israel e assaltou Samaria. A capital fortificada resistiu durante alguns anos, morrendo Salmaneser nesse ínterim. Seu sucessor, Sargão II (c. 722-705), encerrou a tarefa com uma vingança (c. 721).[53] O orgulhoso reino de Israel havia caído para não mais se levantar (v. 1-6; Am 5.2).

> Aqui os autores fazem uma pausa para examinar as ruínas desse reino antes grandioso e para interpretar sua derrocada (2Rs 17.7-23; cf. 18.12). No verdadeiro estilo profético, eles consideram os assírios meros instrumentos de um Deus que teve de julgar a devassidão desenfreada e a completa depravação espiritual de Israel. Seu desprezo pela aliança, afirmam os autores, provocaram a fúria de Deus, sem deixar outra alternativa senão o julgamento.

Tal julgamento foi piorado pela deportação de boa parte dos sobreviventes israelitas e da introdução de hordas pagãs que contribuíram para a delinqüência da terra com suas religiões estranhas. Essa mistura de povos era uma prática assíria corrente, tendo por objetivo refrear revoltas, esfriando os ânimos do patriotismo. O sincretismo étnico e religioso dos samaritanos (17.41), bem como a oposição deles à restauração de Judá (registrada em Esdras e Neemias) ajudam a explicar as atitudes hostis para com eles na época do Novo Testamento (e.g., Jo 4).

CAPÍTULO 15

Judá Desolado (2Rs 18—25)

As Reformas de Ezequias (2Rs 18.1—20.21)

Após a extinção de Israel, surgiram perguntas a respeito de Judá. Eles sobreviveriam? O próximo ato divino seria de julgamento ou de graça? Judá renovaria sua lealdade à aliança? Os últimos capítulos de Reis dão as respostas, contando a história de dois heróis cujos reinados foram separados pelo de um vilão. A vida deles explica por que Judá seguiu os mesmos passos de Israel, sofrendo destino idêntico.

> Assim sucedeu por causa da ira do SENHOR contra Jerusalém e contra Judá, a ponto de os rejeitar de sua presença. 2Rs 24.20

A *Rebelião contra a Assíria*. Ezequias, o primeiro herói, era co-regente de Judá com o pai, Acaz, desde c. 729 a.C. Depois governou sozinho de c. 716 a 687. Ele aprendeu lições importantes com o colapso de Israel. Incentivado pelo profeta Isaías, Ezequias perseguiu dois alvos louváveis. Primeiro, tentou romper o domínio político da Assíria no oeste. Segundo, tentou purificar a fé de Judá na aliança, abolindo o culto de deuses cananeus e assírios. As duas tarefas estavam relacionadas. No antigo Oriente Próximo, era normal os suseranos exigirem que os estados vassalos praticassem as religiões de seus senhores juntamente com a religião nacional.

Problemas internos mantinham Sargão preocupado na Assíria. Por quase uma década (720-711), ele lutou contra seus vizinhos do norte, em especial a Armênia (Urartu). Livre das invasões assírias, Ezequias afrouxou seus laços com Nínive e aguardou o momento exato para rebelar-se. Por volta de 711 provavelmente, juntou-se a Asdode, dos filisteus, e aos reinos de Edom e Moabe na revolta contra Sargão (18.7). Os núbios talvez tivessem prometido ajuda, mas o controle do trono do Egito ainda era muito precário porque acabavam de conquistar o vale do Nilo, estabelecendo a XXV Dinastia (715-663). Com facilidade, Sargão encerrou a rebelião e estabeleceu um governador em Asdode.

Os reis vassalos antigos sabiam que a melhor oportunidade para revolta era o momento em que mudava o soberano da nação dominante. Em 705 morreu Sargão, deixando o trono assírio ao filho, Senaqueribe.[1] Ezequias escolheu aquele momento para voltar a rebelar-se abertamente.

A Intriga com o Egito. Ezequias não estava só em sua vontade de revoltar-se. O Egito também estava ansioso por romper com a Assíria. Isso preocupou Isaías, o qual sabia que a revolta não resolveria os problemas de Israel. A rebelião, na verdade, traria duas conseqüências para Judá: uma invasão assíria a devastaria e a influência de seus aliados pagãos comprometeria sua fé na aliança. Num terrível oráculo de lamento, Isaías alertou que a ira de Deus causaria o fracasso dos planos de Judá:

> Ai dos filhos rebeldes, diz o SENHOR,
>   que executam planos que não procedem de mim
> e fazem aliança sem a minha aprovação,
>   para acrescentarem pecado sobre pecado!
> Que descem ao Egito
>   sem me consultar,
> buscando refúgio em Faraó,
>   e abrigo à sombra do Egito!
> Mas o refúgio de Faraó
>   se vos tornará em vergonha,
> e o abrigo na sombra do Egito,
>   em confusão. (Is 30.1-3).

Os profetas odiavam alianças militares com estrangeiros, especialmente com o Egito. Isso equivalia à rejeição do êxodo. O Senhor de Israel havia provado ter domínio sobre o faraó e seu exército nas pragas e no mar Vermelho. Confiar na ajuda do Egito era mostrar que o povo de Judá perdera a confiança no Deus da aliança outrora vitorioso.

JUDÁ DESOLADO

As Propostas da Babilônia. O governante babilônio, Merodaque-Baladã, compartilhava com os egípcios a fome de liberdade. Ele enviou um emissário a Jerusalém, supostamente por causa da enfermidade de Ezequias, mas na realidade para tratar da revolta (20.12-19). Banido da Babilônia por Sargão, Merodaque-Baladã recobrara seu reino em 709. Sua dura disputa com a Assíria havia afiado seu desejo de rebelar-se. Vassalos da Assíria por muito tempo, os babilônios queriam ver se Ezequias seria um aliado resoluto contra Senaqueribe. Ezequias lhes mostrou os tesouros reais, os suprimentos e o equipamento militar. Isso deu a Isaías a oportunidade para uma predição assustadora. Qualquer tratado com a Babilônia traria conseqüências funestas. Seria uma armadilha que laçaria o caçador em vez da caça. Um século mais tarde, as palavras de Isaías tornaram-se realidade. Por três vezes o exército babilônio atacou Judá e seus vizinhos. Eles deixaram os muros e o templo de Jerusalém em ruínas e deram um fim amargo ao reinado da linhagem de Ezequias (cap. 25).

Ezequias ouviu seus conselheiros políticos favoráveis ao Egito em vez de atender aos conselhos de Isaías. O rei fortificou Jerusalém para o cerco inevitável. Os autores de Reis destacaram em especial suas medidas que resultaram em suprimento adequado de água: "... fez o açude e o aqueduto, e trouxe água para dentro da cidade..." (20.20). O "açude" é o tanque de Siloé, dentro de

Ataque de Senaqueribe contra Laquis (701 a.C.) retratado em relevo no seu palácio em Nínive. *(Museu Britânico)*

Jerusalém. O "aqueduto" descreve um feito notável de engenharia, um túnel que ainda hoje subsiste. Com mais de 500 metros de comprimento, levava água da fonte de Giom (1Rs 1.33), além dos muros, no vale de Cedrom, até o tanque dentro da cidade.[2] Isaías, entretanto, interpretou esses preparativos como uma autoconfiança arrogante, quando era necessário confiar em Deus (Is 22.8-11).

A Invasão de Senaqueribe. Senaqueribe logo percebeu a provocação de Ezequias e seus aliados. Equipou amplamente o exército, derrotou Merodaque-Baladã e estabeleceu um príncipe assírio sobre a Babilônia. Depois marchou para o leste, sufocando a rebelião costeira de Tiro, Aco, Jope e Asquelom. Perto de Ecrom, no território filisteu, derrotou um exército egípcio que marchava rumo ao norte para apoiar os rebeldes.

Depois voltou-se para o Jordão e confirmou os piores temores de Isaías.[3] O relato em Reis é breve: "No ano décimo quarto do rei Ezequias, subiu Senaqueribe, rei da Assíria, contra todas as cidades fortificadas de Judá, e as tomou" (2Rs 18.13). A descrição do próprio Senaqueribe transmite melhor os danos assustadores: captura de quarenta e seis cidades fortificadas e de 200 150 prisioneiros, além de inúmeros animais de todos os tipos. Com palavras vivas, o rei detalha sua tática: montou rampas de terra junto aos muros, golpeou as portas com aríetes e cavou túneis por baixo dos muros.

Quanto à Jerusalém, o relato de Senaqueribe descreve um cerco: "A ele próprio [Ezequias, o judeu] tranquei como pássaro na gaiola dentro de Jerusalém, sua cidade real. Coloquei torres de vigia logo ao seu redor e transformei em desastre a vida de qualquer um que saísse das portas da cidade".[4] Senaqueribe silencia quanto à queda de Jerusalém, mas Reis fornece a explicação: o anjo do Senhor aniquilou o exército assírio, talvez por meio de uma terrível epidemia de peste bubônica.[5] Vinte anos mais tarde (681), Senaqueribe foi morto pelos próprios filhos.

Evidências arqueológicas também documentam os eventos ocorridos em Laquis (Tell ed-Duweir) delineados em 18.17-37. Um relevo num muro palaciano de Nínive mostra Senaqueribe sentado em seu trono portátil no lado externo de Laquis, recebendo homenagens dos habitantes derrotados de Judá.[6] Ao que parece, Laquis foi o quartel-general de Senaqueribe antes do assalto a Jerusalém. Após a queda de Laquis, o rei assírio enviou três altos oficiais e uma força considerável para persuadir Ezequias a entregar Jerusalém.[7] A delegação assíria fez de tudo para intimidar os líderes da cidade. Denunciou os aliados egípcios de Judá e ridicularizou a liderança de Ezequias. Zombou da confiança de Ezequias em Javé para resgate da cidade, caçoando dos deuses locais que não conseguiram salvar Hamate e Samaria. Aparentemente, tal cantilena e sarcasmo eram estratégias corriqueiras da diplomacia antiga.

Encorajado por Isaías (19.6s.), Ezequias recusou-se a se render. Senaqueribe lembrou-lhe, por meio de uma carta, da cadeia de vitórias com que havia escravizado a Síria e a Palestina. Mais uma vez, Isaías encorajou o rei. Em nome do Senhor, o profeta denunciou a arrogância dos assírios e prometeu especificamente livrar Jerusalém: "Não entrará nesta cidade, nem lançará nela flecha alguma, não virá perante ela com escudo, nem há de levantar tranqueiras contra ela" (v. 32).

Temas Teológicos. Os autores de Reis contrastam a apostasia de Israel com a fé firma de Ezequias. Contra as probabilidades, o rei confiou em Javé para o livramento de Judá —e Javé o livrou! Além disso, eles retratam a invasão assíria como um confronto entre Javé e a Assíria.[8] Javé, não a Assíria, emergiu vitorioso, chegando a abater Senaqueribe no templo em sua própria terra. Infelizmente, o livramento miraculoso causou problemas para os profetas subseqüentes como Jeremias. As pessoas interpretaram o resgate como prova de que Sião, com o palácio de Davi e o templo de Salomão, jamais cairia. Usaram a vitória de Judá como pretexto para complacência e transgressão. Por fim, as referências à Babilônia prevêem seu futuro papel na queda de Judá. Mais tarde, os autores de Reis, que contaram a história da preservação milagrosa, terão o triste dever de contar a trágica história do colapso de Jerusalém (cap. 25).[9]

A Rebelião de Manassés (21.1-26)

Manassés, o vilão dos últimos dias de Judá, reverteu drasticamente a política de Ezequias. Por ironia, apesar de o mais apóstata dos reis de Judá, ele reinou mais que todos os predecessores –cinqüenta e cinco anos (696-642).

O Acordo com a Assíria. Manassés estava tão propenso a colaborar com os assírios quanto Ezequias se dispunha a resistir-lhes. Uma reversão surpreendente às práticas pagãs acompanharam essa colaboração.[10] Lugares altos, altares e imagens foram erigidos, até uma imagem da deusa cananéia de Aserá no templo de Salomão. Judá passou a celebrar o culto astrológico assírio e a praticar todo tipo de magia e adivinhação. Certa feita, talvez numa emergência nacional, Manassés sacrificou o próprio filho. Ele sufocava brutalmente qualquer oposição, mesmo a dos profetas. Os autores de Reis avaliam seu reinado com horror: "... Manassés de tal modo os fez errar, que fizeram pior do que as nações que o SENHOR tinha destruído de diante dos filhos de Israel" (21.9); "além disso Manassés derramou muitíssimo sangue inocente, até encher Jerusalém de um ao outro extremo..." (v. 16).[11] Ele reunia os piores defeitos de Jeroboão I e de Acabe.

O Conflito com os Profetas. Por fim Manassés colidiu de frente com os profetas. O tema deles era julgamento: "Eliminarei Jerusalém, como quem elimina a sujeira de um prato, elimina-a e o emborca" (v. 13). Diferentes de Isaías nos dias de Senaqueribe, já não podiam prometer livramento para Jerusalém e o templo. Um profeta posterior, Sofonias, descreve com precisão o legado vicioso deixado por Manassés em Jerusalém: capitulação diante de cultos estranhos e concessões a padrões estrangeiros (veja Sf 1.1-9).

O breve e infeliz reinado de Amom (642-640), filho de Manassés, também manifestou idolatria. O descontentamento com a política pró-Assíria em que imitava o pai é a provável causa de seu assassinato por razões políticas ("servos", 2Rs 21.23). Temendo represálias assírias pela revolta, "o povo da terra", que bem podem ser os ricos proprietários de terras, matou os assassinos.[12]

Temas Teológicos. Os autores de Reis mal conseguem conter a crítica severa contra Manassés. Para eles, seu reinado abominável tornou inevitável o julgamento divino contra Judá, que se juntaria a Israel no exílio –e pelo mesmo motivo: apostasia. Ao mesmo tempo, Reis volta a lembrar os leitores e ouvintes de que devem levar a sério os profetas de Javé. Estes, não os falsos profetas populares, falam a palavra de Deus. Assim, estava estabelecida a tendência descendente. A narrativa em Reis caminha inexoravelmente para um desenlace desastroso. Mesmo as tentativas esplêndidas de Josias para reviver a fé na aliança não conseguem alterar de modo mensurável essa trama.

O Avivamento de Josias (22.1—23.30)[13]

Em alguns sentidos, o reinado de Josias (629—609), o último herói de Judá, é paralelo ao de Ezequias.[14] Mais uma vez, pressões militares e políticas mantiveram a Assíria encerrada em seu território. Dessa vez, porém, a Assíria não se recuperou. Na época da morte trágica de Josias, as terríveis profecias acerca da extinção de Nínive já estavam cumpridas.

Três eventos ajudaram Josias a desejar a reforma da fé. Em 626 morreu Assurbanipal, o último grande governante assírio, e Nabopolassar liderou os babilônios numa revolta bem-sucedida contra a Assíria.[15] Ademais, em 621, os que trabalhavam na reconstrução acharam o livro da lei no templo (22.2-20).[16]

O Livro da Lei. A descoberta surpreendente ocorreu durante uma grande reforma do templo patrocinada por Josias. É provável que os consertos sejam um reflexo da sincera piedade pessoal do rei e da independência política emergente. Mas a lei o inspirou a patrocinar medidas ainda mais radicais. Liderou pessoalmente uma cerimônia impressionante que renovava a aliança de Israel com Javé (23.1-3). Também procurou desfazer os danos de Manassés (23.4-20). Em toda a terra, depôs sacerdotes idólatras e profanou santuários pagãos. A profanação significava que já não poderiam ser usados. Purificou o templo de utensílios pagãos e presidiu a primeira celebração da páscoa depois de mais de 400 anos (23.21-23). Sem dúvida, profetas como Jeremias e Sofonias o apoiavam.

A Batalha contra Neco.[17] O correto rei Josias foi o primeiro a sofrer o julgamento que Judá merecia (23.28-30). Sua morte trágica foi o início de uma tempestade que logo avassalaria Judá. No final, Josias foi vítima de uma mudança irônica na política egípcia. Por séculos, o Egito contestara a dominação assíria sobre a costa mediterrânea. Agora o faraó Neco faz seu exército marchar para o norte, apoiando os revoltosos assírios contra os babilônios e medos, um grupo de tribos estabelecido no noroeste da Pérsia (Irã).[18] Ao que parece, Neco preferia uma Assíria doentia a uma Babilônia robusta.

É provável que Josias tenha considerado a invasão uma ameaça a suas esperanças de dirigir o território do antigo reino do norte (v. 19s.). Com ousadia, fez marchar seu exército para Megido a fim de interceptar o avanço dos egípcios rumo ao Eufrates. Foi morto em ação, e uma Jerusalém atônita recebeu o carro que levou seu corpo de volta. Sua morte cumpriu a profecia de Hulda, ainda que não do modo esperado (22.20). Josias não viveu para ver o julgamento recair sobre Jerusalém, mas sua morte era com certeza um arauto do que viria.

Temas Teológicos. Para os autores de Reis, a vida de Josias mostra que o julgamento de Judá era inevitável. Nem suas reformas radicais conseguiram aplacar a ira de Deus contra o reinado escandaloso de Manassés (23.26s.). Ao mesmo tempo, os autores salientam que a destruição certa não elimina a esperança da graça de Deus. A morte de Josias simboliza os recursos muitas vezes desconcertantes da soberania divina. Deus reserva a si o direito de desviar-se dos próprios padrões: o perverso Manassés viveu até a velhice, Josias foi colhido na juventude.

A Queda de Jerusalém (23.31—25.30)

Com a morte de Josias, a queda de Jerusalém tornou-se inevitável. Durante os últimos vinte anos de Judá, os sucessores de Josias reinaram apenas nos termos estabelecidos pelos soberanos egípcios e babilônios.

A Dominação Egípcia. Jeoacaz, filho mais velho de Josias, governou três meses apenas. Apesar de aparentemente Neco não ter conseguido salvar a Assíria, sua vitória sobre Josias transformou Judá em seu tributário. O faraó convocou Jeoacaz ao acampamento em Ribla, no norte da Síria, removeu-o do poder e exigiu tributos pesados. Neco então indicou Eliaquim, outro filho de Josias, como rei comandado (608-597) e deu-lhe deu o nome real de Jeoaquim (23.34s.). Instigou-o, então, a impor pesados impostos a Judá a fim de receber os tributos.

As Conquistas da Babilônia. Neco logo encontrou seu inimigo militar. Em 605 foi derrotado por Nabucodonosor em Carquêmis. A derrota encerrou quatro anos de controle egípcio na Palestina (609-605). Também coroou os babilônios como soberanos sem rivais do Oriente Médio. Jeoaquim (c. 603) teve de pedir aliança com Nabucodonosor (24.1), mas rebelou-se mais tarde – apesar das advertências severas de Jeremias. Ele havia interpretado mal o fracasso da Babilônia na batalha contra o Egito (601), considerando-o sintoma de fraqueza. Mas em 598, Nabucodonosor voltou a marchar para o oeste, ação que pode ter causado a morte de Jeoaquim. É mais provável que os cidadãos de Judá tenham assassinado o rei rebelde (v. 2-7), na esperança de obter clemência dos babilônios. A derrota de Judá foi ainda mais sofrida porque seus vizinhos e aparentados tradicionais —Síria, Moabe e Amom— ajudaram Nabucodonosor no cerco.

Joaquim, filho de Jeoaquim, aos dezoito anos, subiu ao trono (v. 6-9). Mas três meses depois Nabucodonosor levou o jovem rei, sua família e outros nobres cativos para a Babilônia (597). Para impedir outras revoltas, os babilônios também deportaram os melhores líderes e artesãos de Judá. A nação não teve nem vontade nem capacidade de se rebelar por mais uma década (v. 10-16).

As Rebeliões de Zedequias.[19] Como Neco, Nabucodonosor instalou um rei fantoche em Jerusalém. Matanias, filho mais novo de Josias, tio de Joaquim. Ele também lhe deu o nome real de Zedequias. Como que tomado por um desejo de morte, Judá transformou a rebelião contra a Babilônia no impulso dominante do reinado de Zedequias (597-586). Duas circunstâncias tornaram especialmente difícil seu reinado. Em primeiro lugar, muitos líderes influentes insistiam na independência de Judá para promover a prosperidade econômica. Em segundo lugar, alguns cidadãos ainda reconheciam Joaquim, vivo na Babilônia, como o verdadeiro rei de Judá. Jeremias insistia que Zedequias governasse com sensatez, mas o rei não tinha capacidade para isso.

Em 593, Judá resistiu ao impulso suicida de se rebelar quando não se juntou à rebelião regional que fervia. Mas alguns anos mais tarde, prevaleceram a ambição cega e a confiança equivocada em promessas de ajuda egípcia. A avalancha política anulou a oposição de Jeremias e sufocou as incertezas de Zedequias. A arrogância de Judá, revelada na recusa de pagar tributo à Babilônia, não deixava escolhas para Nabucodonosor. No início de 588 seu exército cercou Jerusalém e a sitiou por dois anos. Por insensatez, os líderes de Judá esperavam em vão que o anjo do Senhor os ajudasse como no tempo de Ezequias. Enquanto isso, a fome e a fadiga enfraqueciam e enervavam a população. Os babilônios interceptaram a tentativa desesperada de Zedequias em busca de liberdade e cobrou um preço alto por sua rebelião. Fizeram-no testemunhar o assassinato dos filhos, cegaram-no e o levaram para a Babilônia. Assim, a história fechou as cortinas sobre o remanescente esfarrapado da antiga glória de Davi (25.1-7). Uma linha registra o triste epitáfio da nação: "Assim, Judá foi levado cativo para fora da sua terra" (25.21).

Os últimos pequenos focos de rebelião consumiram até mesmo Gedalias, o governador comandado. Ismael, membro da família real, assassinou-o, provavelmente por causa da maldade dos conquistadores babilônios. Os assassinos fugiram para o Egito, buscando segurança, levando tragicamente com eles Jeremias (25.22-26).

A Libertação de Joaquim. Joaquim vivera trinta e sete anos no cativeiro. Quando sucedeu Nabucodonosor na Babilônia, Evil-Merodaque (562) libertou-o e firmou com ele um tratado real (v. 27-30).[20] Essa passagem indica que os autores encerraram 2Reis no final do exílio. Somente então viram todas as implicações dos eventos.

Temas Teológicos. Os autores de Reis descrevem o sofrimento de Jerusalém com muitos detalhes (como faz Lamentações em forma poética). Os saques e os incêndios, as pilhagens e as espoliações selvagens documentam o julgamento divino, há muito esperado, dos crimes de Manassés. No final, Judá sofreu o mesmo destino de Israel —o exílio. Ao mesmo tempo, os autores de 1-2Reis encerram com uma observação mais esperançosa. O julgamento necessário, anunciado na Torá (Lv 26; Dt 28), introduzido em Juízes, por tanto tempo prometido pelos profetas e executado de maneira tão cruel pelos babilônios surtira efeito. Joaquim, cujo cativeiro formou o primeiro capítulo do exílio, viveu para presenciar o início do último capítulo. Deus enviou uma pomba para marcar o final do dilúvio. O mesmo Deus permitiu que os autores sagrados descrevessem Joaquim livre das algemas, comendo à mesa do rei. A tempestade havia passado; dias melhores nasciam. Essa história, no entanto, não pertence a Reis, mas a Esdras e a Neemias.[21]

CAPÍTULO 16

Profetas e Profecia

Na concepção popular, *profeta* é alguém que consegue predizer o futuro, e *profecia* significa predição daquilo que ocorrerá. Embora contenham elementos verdadeiros, essas definições populares não são de maneira alguma adequadas para os termos bíblicos. Antes de estudar os profetas denominados *Maiores* e *Menores* (i.e., cujos livros são mais longos ou mais curtos) devemos compreender o significado bíblico de *profeta* e *profecia*.[1]

> Suscitar-lhes-ei um profeta do meio de seus irmãos, semelhante a ti, em cuja boca porei as minhas palavras, e ele lhes falará tudo o que eu lhe ordenar. Dt 18.18

Nomes para designar o profeta

Profeta. O termo mais comum para designar a pessoa e o ofício é 'profeta', do grego *prophētēs*. Significa basicamente "aquele que fala em nome de um deus e interpreta sua vontade para o homem".[2] A palavra é composta de dois elementos, dos quais o segundo significa "falar". O primeiro pode significar "por, em favor de" e "de antemão",[3] de modo que a palavra pode significar ou "falar por, proclamar" ou "falar de antemão, predizer". Portanto, profeta é tanto quem *proclama* bem como quem *pre*diz; ambos os significados estão implícitos e são encontrados na Bíblia.

O termo hebraico que o grego tenta traduzir é *nābî'*. A derivação e o significado básico, por muito tempo debatidos, parecem agora definidos. A raiz *nb'* significa "chamar" e seu padrão vocálico apóia o significado "pessoa chamada".[4] O profeta, portanto, era alguém chamado por Deus e, como se vê no Antigo Testamento, chamado para falar em nome de Deus. Assim, o termo grego descreve com exatidão o profeta, mesmo não sendo tradução precisa do hebraico.

A melhor ilustração do uso bíblico está na mensagem de Deus a Moisés, onde ele é comparado a "Deus", e Arão é descrito como a sua "boca" (Êx 4.15s.). Moisés é descrito como "Deus sobre Faraó" e Arão seu "profeta"(7.1s.). O profeta é aqui retratado como boca de Deus.[5] Esse significado é reforçado nas fórmulas usadas com freqüência no início ou no final dos livros proféticos: (1) a *fórmula do mensageiro*, "Assim diz (disse) o SENHOR", liga as palavras do profeta às de Javé assim como uma mensagem leva literalmente um despacho do rei para o comandante que está no campo de batalha; (2) a *fórmula de recepção da mensagem*, "a palavra do SENHOR veio a mim", salienta a fonte divina da mensagem e a conseqüente autoridade do profeta; (3) a *fórmula oracular*, "diz o SENHOR" (lit. "proferido pelo SENHOR"; heb. *n^{e}ûm yhwh*), tem o mesmo valor.

"Vidente" e Outros Termos. O profeta também era chamado "vidente", significando "aquele que tem visões". Duas palavras hebraicas são assim traduzidas e ao que parece são completamente equivalentes. Uma passagem (1Sm 9.9) indica que o termo "vidente" era anterior, tendo sido substituído por "profeta", mas se havia alguma diferença clara, tornou-se indistinta na época do Antigo Testamento.[6]

Entre os outros termos usados para designar os profetas estão "homem de Deus", "atalaia", "mensageiro do SENHOR" e "homem do Espírito". Esses termos são de fato descrições das atividades dos profetas, embora às vezes pareçam ter-se tornado títulos. Acrescentam aspectos relevantes para um entendimento do profeta.

Características do Profeta

Êxtase. De acordo com uma concepção amplamente difundida, a característica principal dos profetas era o comportamento de êxtase:

> Podemos trazer agora à mente um quadro da atividade pública do profeta. Ele pode estar misturado à multidão, às vezes em dias comuns, outras, em ocasiões especiais. De repente, algo lhe acontece. Seus olhos

fixam-se num ponto, convulsões estranhas dominam seus membros, muda seu jeito de falar. As pessoas reconhecem que o Espírito desceu sobre ele. Passa o acesso, e ele conta o que viu e ouviu aos que estão em seu redor.[7]

Em poucos casos no Antigo Testamento a pessoa era tomada por um êxtase repentino. Quando o rei Saul foi tomado pelo Espírito, as pessoas perguntaram: "Está também Saul entre os profetas?" (1Sm 10.11). Mas há muito mais exemplos de profetas que apresentavam comportamento normal. Um estudo clássico sintetiza profecia da seguinte maneira: Deus "fala a seus profetas, não por processos mágicos ou por meio de visões de infelizes frenéticos, mas por palavra clara e inteligível dirigida ao intelecto e ao coração. A característica do verdadeiro profeta é que ele mantém a consciência e o autocontrole durante a revelação".[8] A maneira pela qual a revelação ocorria é um mistério. As formas variam desde audição externa e interna a visão de objetos que se tornam idéias-chave como a vara de amendoeira de Jeremias e o cesto de frutos de Amós, até a visões fantásticas como a das rodas e das criaturas viventes de Ezequiel e o rolo voador de Zacarias. Mais importantes ainda que os meios de revelação são os resultados disso: um profeta dominado pela palavra divina e compelido a declará-la ao povo de Deus.

O Chamado. Os profetas bíblicos estavam certos não apenas de que Deus lhes havia falado, mas também de que eram chamados para falar a mensagem de Deus.[9] Em alguns casos, o chamado é descrito com muitos detalhes, e cada relato possui elementos distintos não encontrados em outros. Assim o chamado era uma ocorrência individual, não uma fórmula estereotipada empregada pelos profetas para validar sua atividade. Isaías parece ter recebido seu chamado de bom grado, enquanto Jeremias teria relutado e discutido com Javé. Amós parece ter recebido um único chamado, enquanto Ezequiel cita o dia, o mês e o ano de várias ocasiões em que foi chamado pelo Senhor e dele recebeu alguma mensagem.[10] Qualquer explicação puramente humanista que interprete a experiência do chamado como uma mera convergência de eventos ou uma experiência psicológica subjetiva não está de acordo com os dados bíblicos. Ainda assim, Deus de fato empregou situações históricas e circunstâncias pessoais na comunicação com seus profetas.

A descrição do chamado tem pelo menos duas funções nos livros proféticos. Em primeiro lugar, valida a autoridade do profeta, distinguindo-a daquela loquacidade pretendida pelos falsos profetas. Em segundo lugar, contém resumos dos principais temas do ministério dos profetas.

O Caráter. Pedro, referindo-se à profecia declarou: "... homens falaram da parte de Deus, movidos pelo Espírito Santo".[11] Embora afirmações bíblicas acerca da santidade dos profetas sejam raras, aceita-se em geral que Deus usaria somente homens santos como profetas. Pode-se alegar que Deus considerou adequado usar pessoas de comportamento moral nem sempre irrepreensível em outros ofícios, tais como Moisés, por meio de quem outorgou a lei; Arão, o sacerdote; ou Davi, o rei. Mas é difícil pensar que Natã pudesse ter alguma palavra eficaz de reprovação para Davi, caso ele próprio fosse homem de paixões incontroladas. Além disso, está mais em consonância com os dados bíblicos enfatizar a dedicação sincera do profeta a Javé e à obediência à aliança do que sua excelência moral.

A cronologia dos profetas

Antes de Samuel. Às vezes Samuel é chamado "o últimos dos juízes e o primeiro dos profetas" (veja At 3.24; 13.20). Entretanto, o termo *profeta* é também atribuído a algumas pessoas anteriores a Samuel. De tudo o que se pode deduzir do material, é possível fazer o seguinte resumo: (1) o conceito de revelação de Deus para um servo escolhido (o elemento básico da profecia) era conhecido antes de Samuel; (2) uma vez que Moisés é tido como protótipo de profeta (veja Dt 18.18), deve-se levar em consideração o seu ministério profético na definição da tarefa profética; (3) a idéia de que a profecia diminuiu e depois voltou com Samuel está implícita na reação de Eli ao chamado de Samuel (1Sm 3.7-9). As implicações são bem significativas, pois os estudos da profecia não podem começar com os escritos proféticos do Antigo Testamento ou mesmo com os dizeres proféticos de Samuel, Natã, Elias e Eliseu. Com certeza é preciso incluir o ministério profético de Moisés e, provavelmente, os elementos proféticos nos patriarcas. Parece que Oséias destaca os ministérios de Moisés e de Samuel nessa descrição da função histórica dos profetas:

> Mas o SENHOR por meio dum profeta fez subir
> a Israel do Egito, e por um profeta
> foi ele guardado. (Os 12.13)

Os Profetas

Anteriores a Samuel
    Enoque (Jd 14)
    "Santos profetas desde a antiguidade" (Lc 1.70; At 3.21; Hb 1.1)
    Abraão (Gn 20.7; cf. Sl 105.14s.)
    Moisés (Nm 12.1-8; Dt 34.10; Os 12.13)
    Miriã (profetisa, Êx 15.20)
    Eldade, Medade e os setenta (Nm 11.24-29)
    Débora (profetisa, Jz 4.4)
    "Homem de Deus" (13.6ss.)
    Visões proféticas raras nos dias de Eli (1Sm 3.1)
Na monarquia [c. 1075-931]
    Samuel (1Sm 3.1) [época de Saul e Davi]
    Gade (2Sm 22.5) [Saul e Davi]
    Natã (2Sm 12.1) [Davi]
    Aías (1Rs 11.29) [Roboão e Jeroboão I]
    Saul, Davi, Salomão; experiências com características proféticas
    Asafe, Hemã e Jedutum (Etã) (1Cr 25.1)
    Ido (vidente; 2Cr 9.29) [Salomão, Roboão e Abias]
Da divisão da monarquia até o período assírio [931—c. 800]
    Semaías (1Rs 12.22) [Roboão]
    Aías, Ido (veja acima)
    Hanani (vidente; 2Cr 16.7) [Asa]
    Jeú, filho de Hanani (1Rs 16.1) [Asa e Josafá]
    Elias (17.1) [Acabe e Acazias de Israel]
    Eliseu (19.6) [Acabe—Jeoás de Israel (860—c. 795)]
    Micaías, filho de Inlá (22.9) [Acabe]
    Jaaziel e Eliézer (2Cr 20.14, 37) [Josafá de Judá]
    Zacarias (24.19) [Joás]
    Profeta anônimo (1Rs 20.13) [Acabe]
    Profeta anônimo (2Rs 9.4) que ungiu Jeú
    "Discípulos dos profetas" (1Rs 20.35)
    "Falsos" profetas (cap. 13 etc.)
No século VIII [c. 800—c. 675]
    Jonas, filho de Amitai (2Rs 14.25) [Jeroboão II]
    Amós [Uzias de Judá e Jeroboão II]
    Oséias [antes da queda da dinastia de Jeú]

PROFETAS E PROFECIA

    Miquéias [Jotão, Acaz e Ezequias]
    Isaías [Uzias, Jotão, Acaz e Ezequias]
    Odede (2Cr 28.9)
No século VII [c. 675–597]
    Sofonias [Josias]
    Naum [entre 663 e 612]
    Hulda (2Rs 22.14-20) [profetisa nos dias de Josias]
    Habacuque [talvez pouco depois de 605]
    Jeremias [626–586]
No século VI [c. 597–538]
    Obadias
    Ezequiel [592–572 (ou 570)]
    Daniel [605–538 (ou consideravelmente mais tarde)]
    Isaías 40–66 [c. 550–572 (possivelmente mais tarde)]
No pós-exílio (c. 538–c. 450)
    Ageu [520]
    Zacarias 1–8 [520 e 518]
    Joel
    Malaquias [entre c. 486 e 450]
    Zacarias 9–14
    Jonas

(Observação: os problemas de datação e de autoria de Jonas, de Joel e de partes de Isaías e Zacarias são discutidos em suas respectivas seções.)

Os Séculos X e IX.[12] Com o chamado de Samuel, começa um novo período de profetismo no relato bíblico. Uma vez que isso coincide com a inauguração da monarquia, pode-se concluir que o profeta devia servir como voz de Deus para o rei. O fato de o fim da atividade profética do Antigo Testamento ser aproximadamente contemporâneo ao fim do reino israelita parece apoiar essa idéia. Os livros de Samuel e de Reis contêm numerosos relatos de reis consultando profetas a respeito de planos de batalha e para outras decisões políticas, bem como de profetas confrontando reis a respeito do comportamento destes e suas conseqüências.[13]

    Os profetas da monarquia e do início do reino dividido são às vezes chamados profetas "orais" ou "sem escritos". Isso significa que a Bíblia não possui livros produzidos individualmente pelos profetas desse período, tais como uma "profecia segundo Elias". Em contraste, os profetas do período posterior do reino dividido são chamados "literários" ou "escritores". Esses termos são infelizes, pois não elucidam os fatos de acordo com as Escrituras. Por um lado, um livro (ou dois) leva o nome de Samuel. (Não vem ao caso se ele o escreveu ou não.) Por outro lado, não se deve pressupor que os profetas "escritores" puseram-se a escrever livros de profecia. Os indícios no livro que leva o nome de Jeremias indicam que ele era principalmente um profeta "oral" e que o registro escrito de sua profecia foi em grande parte trabalho de Baruque (Jr 36.4, 32). Fica claro pelo conteúdo deles que a maior parte dos livros proféticos foi primeiro mensagem oral, escrita mais tarde, talvez pelo próprio profeta, talvez por seus discípulos.[14]

Os Séculos VIII e VII. A profecia sofreu uma mudança profunda no século VIII. Em geral, os profetas dos séculos X e IX eram "conselheiros dos reis". Talvez tivessem mensagens proféticas para o povo, mas a maior parte das evidências indica que aconselhavam os reis, ajudando-os a discernir a vontade de Deus, incentivando-os a andar no caminho de Javé ou, com maior freqüência, censurando-os por falharem nesse aspecto. No século VIII, os profetas, seguindo o exemplo de Amós, voltaram a atenção mais para o povo, a nação ou, em alguns casos, as nações estrangeiras. É pouco provável que se pretendesse que as mensagens proféticas dirigidas a Edom, a Tiro, ao Egito etc. fossem proferidas aos dirigentes dessas nações e por eles ouvidas e, caso fossem, que tivessem algum efeito. É mais provável que fossem dirigidas a Israel, o povo de Deus, à geração contemporânea e, ainda mais, às gerações futuras. Os discursos às nações serviam para ensinar aos ouvintes a respeito da soberania universal de Javé, a qual se manifestava tanto em julgamento como em salvação.

Junto com essa mudança no objeto do discurso veio a introdução das profecias escritas. É verdade que discursos proféticos anteriores sobrevivem, tais como as palavras de Samuel e de Davi, a repreensão de Natã a Davi e as palavras de Elias a Acabe e Jezabel. Mas com os profetas do século VIII vieram as profecias e coleções mais longas que constituem livros que levam o nome dos profetas. Ao mesmo tempo, os "discípulos dos profetas" ficaram menos proeminentes, talvez evoluindo para uma instituição mantida pelo estado. Talvez tenham passado a ser alvos da crítica dos verdadeiros profetas contra os "falsos" (Mq 3.5-8; Jr 23.16-22).

A crise havia alcançado fatalmente Israel e Judá.[15] Dentro de um século, aliás, ainda durante a vida dos profetas do século VIII e em alguns casos durante o ministério profético deles, o reino do norte chegaria ao fim. O julgamento de Deus estava para ser derramado sobre o reino de Israel. Os reis e os líderes estavam tão enredados no pecado que não havia esperança de livramento. Os profetas, portanto, faziam advertências claras, procurando levar as pessoas ao arrependimento. O ato de colocar por escrito as profecias parecia ser uma forma de levar a mensagem para um público maior, bem como para uma geração futura.

O que aconteceu com Israel no século VIII foi usado como uma ilustração para Judá, que caiu no final do século VII e início do VI (por exemplo, Ez 23). Os profetas do século VII partilhavam de um senso mais urgente de julgamento e expressavam um apelo mais direto ao arrependimento. Ao mesmo tempo, o elemento de esperança para o remanescente era anunciado com clareza ainda maior.

Exílio e Pós-exílio. Com o fim do reino do sul e a destruição de Jerusalém (586 a.C.), chegou ao fim o antigo estilo de vida. Muitos do povo estavam no cativeiro, necessitando de esperança e incentivo para recomeçar. Era preciso lembrar-lhes que a aliança com Javé continuava em vigor e que ele completaria seu propósito redentor no mundo. Por conseguinte, esses temas se repetem nas profecias dos séculos VI e V.

Ao mesmo tempo, as convicções básicas de Israel tinham de ser alargadas para que Deus pudesse ser visto como Deus de todas as nações, não somente de Israel. A revelação de seu propósito, primeiramente expresso na aliança com Abraão (e.g., Gn 12.2-3; 18.18), precisava ficar clara. Israel devia continuar distinta das nações (ou dos gentios). Entretanto, o propósito de Javé era levar as nações a adorá-lo e a conhecer suas leis por meio de Israel. Quando isso fica mais claro, fazem-se mais referências aos "últimos dias" ou "aqueles dias". O estudo dos eventos que conduzem ao "fim" dos tempos ou se seguem a ele (escatologia) começa a adquirir grande proeminência.

Especificamente os profetas do pós-exílio incentivaram a reconstrução do templo, o restabelecimento do reino e do trono de Davi e a volta do culto formal que ajudava a preservar a identidade distinta de Israel. Nem mesmo isso, porém, seria a realização máxima do programa redentor de Deus. Problemas, perseguição e ainda outra destruição de Israel aguardam além do futuro imediato. O templo nada tinha do templo antigo em seu esplendor, e a nação era apenas uma fração tolerada e insignificante do vasto império persa. Aqueles não eram os "últimos tempos" gloriosos preditos. Por conseguinte, a esperança profética enxergava bênçãos ainda futuras. Elementos apocalípticos foram introduzidos, alegando que Deus mesmo interviria para destruir os inimigos de Israel e estabelecer seu reino em Sião. Haveria um período de julgamento que seria um fogo purificador para Israel. Em seguida viria uma era de justiça e paz. Depois de anunciar isso, os profetas silenciaram.

Essa seqüência cronológica reflete-se na ordem dos capítulos na *Introdução*. É importante tentar captar a mensagem de cada profeta no contexto de sua vida. Ao mesmo tempo, reconhecemos que os livros dos profetas passaram por um processo de edição e revisão que se pode ter estendido por décadas ou

"Antes corra o juízo como as águas, e a justiça, como ribeiro perene" (Amós 5.24). Queda d'água em Banias. *(Neal e Joel Bierling)*

até séculos. No final, é sábio dar mais ênfase aos livros em si do que à pessoa dos profetas ou a suas experiências. Sabemos bem pouco a respeito da vida da maioria deles. Mas apreciamos o resultado do ministério deles e meditamos neles conforme a comunidade de fiéis, dirigida pelo Espírito de Deus, preservou-o para nós nos livros que levam o nome dos profetas.

Profecia

Em geral, há duas concepções simplistas de profecia, uma que enfatiza a predição e outra que apresenta a mensagem conforme se aplicava à situação da época. Na profecia bíblica, ambos os elementos estão presentes.

A Mensagem de Deus para a Situação Presente. Ao simplesmente pinçar versículos dos profetas e juntá-los para apresentar "profecias que comprovam a Bíblia" ou "Jesus Cristo na profecia", cria-se a impressão de que a profecia é "a história escrita de antemão". Entretanto, quando se estudam os profetas, esse conceito fascinante logo desaparece. É necessário passar por capítulos que nada falam do futuro para encontrar algum versículo, ou mesmo parte de um versículo, que seja "profecia" nesse sentido.

Um estudo cuidadoso dos profetas e de sua mensagem revela que estão profundamente envolvidos na vida e na morte da própria nação. Eles falam do rei e de suas práticas idólatras, de profetas que dizem o que são pagos para dizer, de sacerdotes que não instruem o povo na lei de Javé, de mercadores que empregam balanças adulteradas, de juízes que favorecem o rico e não oferecem justiça ao pobre, de mulheres cobiçosas que levam o marido a práticas malignas para que possam nadar no luxo. Tudo isso é profecia no sentido bíblico. A sombra do monte Sinai, com sua lei da aliança, projeta-se sobre tudo o que dizem os profetas. A profecia é uma mensagem de Deus para o povo e os líderes que o governam em lugar de Deus. É uma mensagem de julgamento porque o povo de Deus necessita constantemente de correção. Ao mesmo tempo, trata-se de uma mensagem de esperança, pois Javé não rompeu sua aliança e completará sua obra redentora depois que o julgamento inevitável terminar.

A Mensagem Divina a Respeito do Futuro. Deus nunca está interessado no presente simplesmente pelo presente. Desde a criação, ele sempre está cumprindo seu plano para a humanidade. E Deus nunca esquece para onde vai e o que faz. Os profetas são admitidos nesse propósito (Am 3.7). A profecia, então, não é simplesmente uma mensagem divina para a situação presente, mas também vale para mostrar como essa situação se adapta ao plano maior, como Deus a empregará para julgar e refinar ou consolar e incentivar o povo. A profecia é a mensagem de Deus para o presente à luz da missão redentora em andamento.

Em ocasiões especiais, Deus fornece detalhes bem precisos do que está para fazer. Mas até na "profecia prenunciadora", a predição é quase sempre ligada à situação presente. O profeta fala de algo que faz sentido para os ouvintes. Ele não se esquece de repente dos ouvintes, passando a anunciar uma "profecia de acontecimentos futuros" sem relação com eles. Antes, ele os transporta daquele momento para o transcorrer da atividade redentora de Deus e centra-se numa verdade que se tornará um ponto de referência para o povo de Deus.

> Uma vez que o propósito redentor de Deus culmina em Jesus Cristo, toda profecia deve de alguma forma apontar para Cristo. Nesse sentido, Cristo "cumpre" a profecia, ou melhor, a profecia se cumpre nele. Embora isso possa não ser o que se costuma entender por "cumprimento de profecia", é a definição devidamente inferida dos dados bíblicos.

A profecia é uma janela que Deus abre para seu povo por meio de seus servos profetas. Por meio dela é possível ver melhor o propósito de Deus e sua obra redentora do que por outros meios. A profecia fornece um entendimento melhor do que Deus fez para seu povo e por meio dele no passado e um entendimento mais nítido de seu propósito no presente. E, embora não possa jamais preencher a curiosidade insaciável de detalhes específicos do futuro, ainda assim dá uma visão clara do lugar para onde a graça de Deus está conduzindo a humanidade e das obrigações portanto impostas a seu povo.

CAPÍTULO 17

A Poesia Hebraica

O Antigo Testamento contém grande quantidade de poesia. Em qualquer língua, a poesia apresenta linhas bem estruturadas e imagens verbais altamente emotivas.[1] A poesia apela mais à imaginação e à emoção humana que à razão. Uma vez que até certo ponto a forma da poesia controla a mensagem, o leitor deve avaliar seriamente essa forma antes de compreender seu conteúdo. Além disso, estudiosos insinuam com freqüência que algumas passagens devem ser emendadas ou anuladas "por amor à métrica".[2] Por vezes, a estrutura poética pode ajudar a restaurar um texto fragmentado ou a compreender um texto difícil.[3] Assim, deve-se ter conhecimento suficiente a respeito da poesia hebraica para avaliar o valor e as limitações de tais emendas. Uma vez que muitas características da poesia são comuns à maioria das línguas, nosso estudo centraliza-se principalmente nos aspectos singulares da poesia hebraica.[4]

> Palavras agradáveis são como favo de mel,
> doces para a alma e medicina para o corpo. Pv 16.24

Características

Paralelismo de Linhas. O paralelismo é a característica mais marcante da poesia semita antiga, inclusive da hebraica.[5]

O paralelismo é "a repetição de conteúdo semântico e/ou estrutura gramatical igual ou semelhante em linhas ou versos consecutivos".[6] Em outras palavras, diz respeito à relação ou correspondência entre linhas poéticas sucessivas. Os estudiosos discordam sobre o tipo exato de relação que as liga, mas a descrição mais comum afirma que as linhas "se casam" entre si, "intensificam" ou "reforçam" umas às outras.[7] O efeito produzido pelas linhas paralelas é resumido criteriosamente:

> O paralelismo focaliza a mensagem em si, mas sua visão é binocular. Como a visão humana, sobrepõe dois aspectos levemente diferentes do mesmo objeto e dessa convergência produz um sentido de profundidade.[8]

Como funciona o paralelismo? A dinâmica do paralelismo parece derivar de alguns fatores.[9] Seu *aspecto gramatical* está relacionado com itens gramaticais como tempos verbais e casos de substantivos. As linhas paralelas podem diferir em forma gramatical, em vez de simplesmente repetir a mesma estrutura. Por exemplo, em Gn 27.29 observe como os verbos diferem (imperativo *vs.* jussivo) e como o sujeito de uma linha torna-se objeto direto de seu paralelo:

> Sê senhor de teus irmãos,
> e os filhos de tua mãe se encurvem a ti.

Tais elementos gramaticais proporcionam o esqueleto estrutural básico ao paralelismo.

Os outros aspectos dão-lhe carne e sangue. O *aspecto lexical* focaliza a relação entre palavras paralelas específicas. Por exemplo, pode-se observar o uso poético de duplas de palavras, de palavras comumente associadas (e.g., dia / noite; comer / beber), bem como justaposições criativas e inesperadas. O *aspecto semântico* observa a relação entre os significados das linhas paralelas. Embora hoje consideradas inadequadas, as categorias tradicionais de paralelismo (i.e., sinônimo, antitético, sintético) ilustram esse aspecto. Por fim, o *aspecto fonológico* observa o uso de palavras de sons semelhantes para efeito poético.

A poesia hebraica emprega o paralelismo de várias maneiras. O seguinte exemplo tem o intuito de sensibilizar o leitor a alguns deles, não oferecer uma lista completa.[10]

(1) No *paralelismo sinônimo*, cada linha poética expressa o mesmo pensamento em linguagem equivalente. Considere esta afirmação acerca da misericórdia de Deus:

a	b
Não nos trata	segundo os nossos pecados,
a'	*b'*
nem nos retribui	consoante as nossas iniqüidades. (Sl 103.10)

A declaração consiste de dois versos compostos cada um de um verbo, objeto direto e adjunto adverbial.[11] As primeiras palavras de cada linha são paralelas entre si (não nos trata / não nos retribui) e também as conclusões (segundo os nossos pecados / consoante as nossas iniqüidades). Pode-se descrever a primeira linha como *ab*, a segunda como *a'b'* (leia-se "a linha, b linha"), e o par completo como *ab / a'b'*.[12] Como um todo, o dístico expressa um único pensamento: o pecado do homem não determina como o Senhor trata seu povo.

Em versos mais longos, pode ocorrer uma *elipse* quando a segunda linha omite um elemento da primeira, mas é estendida para compensar a perda. Às vezes isso recebe o nome de "paralelismo incompleto":

a	b	c
Converterei	as vossas festas	em luto
	B'	*c'*
	e todos os vossos cânticos	em lamentações. (Am 8.10)

Os elementos paralelos são óbvios (festas / lamentação), mas a segunda linha pressupõe a repetição do verbo omitido (converterei). Palavras acrescentadas (e todas) compensam sua ausência, de modo que as duas linhas são quase do mesmo tamanho. Para indicar que um bloco do segundo verso é um pouco maior que seu paralelo, o bloco maior é chamado *B'*. Como um todo, o dístico afirma que Javé transformará as festas alegres de Israel em vigílias fúnebres.

(2) No *paralelismo antitético*, a segunda linha reitera a primeira pelo contraste:[13]

	a	b	c	d
	Um-filho	sábio	alegra	um-pai,
	-a	-b	-c	-d
mas	um-filho	insensato	entristece	sua mãe. (Pv 10.1)

Neste exemplo, o primeiro hemistíquio é um substantivo e um adjetivo (a + b), enquanto o verso paralelo contém seu oposto (indicado pelo sinal negativo, "-"). Da mesma forma, os verbos (alegra / entristece) e os objetos diretos (pai / mãe) são opostos, embora seja possível traduzir o último como "pais".[14] Parafraseado, o provérbio afirma: "Um filho sábio faz os pais felizes, mas um filho insensato lhes dá tristezas". Essa declaração não significa que o filho sábio só alegra ao pai, enquanto um filho insensato só entristece a mãe. É evidente que o dístico contrasta o efeito que um filho sábio ou um filho insensato causa nos pais. Obviamente, embora estruturado de maneira antitética, o provérbio na realidade procura promover a conduta sábia entre os filhos.

(3) No *paralelismo de especificação*, linhas subseqüentes especificam a(s) precedente(s). Por exemplo, observe no seguinte exemplo como Isaías desenvolve sua mensagem a partir de um princípio básico para situações específicas:

	-a	-b
O princípio	Cessai	o-mal
	a	b
	aprendei	o-bem.
	c	d
Os exemplos	Buscai	justiça;
	c'	-d
	repreendei	a opressão.
	e	f
	defendei	o-órfão;
	e'	f'
	pleiteai pela	a-viúva. (Is 1.16c-17)
	(per +)	

Os exemplos especificam o que significa fazer o bem em vez do mal; i.e., defender o órfão e a viúva.

Muitas vezes o paralelismo especifica o resultado que se segue à ação inicial descrita. Amós fornece um exemplo esclarecedor:

a	b	c
Meterei	fogo	ao-caminho-de-Gaza
d		e
e-ele-consumirá		seus castelos. (Am 1.7)

O verbo "consumirá" não é de fato paralelo a "fogo", mas é o efeito do fogo. "Os muros de Gaza" e "seus castelos" são declarações complementares, implicando a cidade inteira. O restante da passagem ilustra o paralelismo sinônimo:

a	b	c
Eliminarei	o morador	de Asdode
	B'	c'
	e-o-que-tem-o-cetro	de Ascalom
D		c''
e-volverei-a-mão		contra Ecrom;
e		C'''
e-perecerá		o-resto-dos-filisteus, diz o S<small>ENHOR</small>. (v. 8)

Mais uma vez, "e [...] perecerá" é o resultado de "eliminarei". As cidades filistéias (Gaza, Ascalom, Ecrom) estão em paralelo com "o resto dos filisteus". Toda a passagem, portanto, contém três dísticos (versos de duas linhas cada um), pronunciando uma mensagem contra os filisteus. As palavras "diz o S<small>ENHOR</small>" formam um "clichê prosaico", e sempre devem ser deixadas fora da estrutura poética do poema (como na poesia ugarítica; veja abaixo). Assim, apesar da prática comum de alguns estudiosos, não há bons motivos para cancelar tais alegações "por amor à métrica" (*metri causa*), i.e., para conformar o trecho à métrica poética.

(4) A poesia hebraica apresenta paralelismo externo e interno. O *paralelismo externo* descreve a correspondência entre dísticos e é um suplemento do *paralelismo interno*, a correspondência dentro do dístico. Considere o seguinte exemplo:

Interno			Externo
a	b		
Ouvi-vós	a-palavra-do-S<small>ENHOR</small>,		A
c		d	
príncipes-de		Sodoma;	B
a'	b'		
prestai-ouvidos-à	lei-do-nosso-Deus,		A'
c'		d'	
povo-de		Gomorra.	B'
			(Is 1.10)

Nesse caso, as letras maiúsculas representam as linhas, "A" consistindo em *a b*, etc. É claro que os hemistíquios do primeiro verso estão em paralelo com os do terceiro, assim como os do segundo com os do quarto. Há a alternativa de analisar a passagem como dois dísticos, cada um contendo um verbo, um objeto e um vocativo: *a b c : a' b' c'*. Na seguinte ilustração, é impossível tal redução:

a	b	c
Conhece	o-boi	seu-possuidor,
	b'	C'
	e-o-jumento,	o dono da-sua-manjedoura;

d		-A
Israel	(negativa)	conhece
d'		-A'
meu-povo	(negativa)	entende.

(Is 1.3)

Os dois dísticos apresentam paralelismo sinônimo claro, conforme indicam as esquematizações a b c: b' C' e d -A: d'-A'. Mas o primeiro dístico forma um paralelismo antitético com o segundo, já que -A e -A' equilibram, ainda que de modo negativo, o "conhece" da primeira estância. Também observe como são curtos os hemistíquios do dístico final (Israel... / meu povo...) comparados aos dois precedentes. Literalmente, as linhas curtas destacam a simples e triste verdade da insensibilidade espiritual de Israel.

Concluindo, a poesia hebraica evidencia uma variedade quase infinita de paralelismos. Os leitores devem analisar exemplos suficientes para desenvolver a sensibilidade à poesia hebraica e ao significado de cada verso.

Rima, Ritmo e Métrica. Diferente da poesia a que estamos acostumados, a *rima* não é elemento fundamental na poesia hebraica. Vez por outra, os poetas israelitas empregam palavras rimadas com muita eficácia, mas a rima pode aparecer em qualquer parte da linha, não apenas no fim.[15] Quanto ao *ritmo* e à *métrica*, décadas de discussões acaloradas não conseguiram estabelecer se a poesia hebraica os contém ou não.[16] Até o presente, todo sistema métrico proposto acaba manipulando a poesia para que caiba num padrão preconcebido.[17] Assim, parece melhor supor que o hebraico segue um *padrão flexível de ritmo livre* que emprega de duas a quatro sílabas com acento (destaque) num verso.[18] Os estudiosos empregam um recurso numérico simples para descrever a quantidade desses acentos em linhas paralelas. Por exemplo, se cada linha possui três tônicas, o ritmo desse par é 3:3; mas se a segunda linha possui quatro tônicas, seu ritmo é 3:4. Obviamente, um leitor atento deve procurar explicar o efeito poético do ritmo, em especial quando linhas paralelas apresentam diferenças significativas (e.g., 4:2).

O estudo da poesia ugarítica confirma que faltam à poesia hebraica padrões regulares de ritmo e métrica.[19] Os seguintes exemplos, mais uma vez traduzidos literalmente, mostram a notável semelhança entre a poesia do Antigo Testamento e a do material ugarítico.

a	b	c	
E-parte,	ó-rei,	de-minha-casa	
a'	b'	c'	
distancia-te	ó-Keret	de-minha-corte	(Krt 131s.)

a	b	c	
Partiu	Kothat	de-suas-tendas	
b'	a	c'	
Hayum	partiu	de-seus-tabernáculos	(2Aqht V.31)

a	b	c	
Eis	teus-inimigos	ó-Baal,	
a'	b		d
Eis	teus-inimigos		deves-combater;
a	d		b
Eis	deves-derrotar		teus adversários
			(68.9; cf. Sl 92.9 [TM 8])

a	b	c	
Darei	a-ela-campo	para-uma-vinha,	
	B'	c'	
	o-campo-de-seu-amor	para-um-pomar	
			(77.22)

a	b	c	
Clamam	Athirat	e-seus-filhos,	
	b'	c'	
	a-deusa	e-o-grupo-de-sua-família	
			(Anat V.44)

a	b	c		
Lava-ela	suas-mãos,	a-virgem-Anate,		
	b'	C'		
	os-dedos,	a-cunhada-das-nações,		
a	b	d		e
Lava-ela	suas-mãos	no-sangue-dos		soldados,
	b'	d'		e'
	seus-dedos	no-cruor-das		tropas
				(Anat II.32)

É significativo que, à parte do paralelismo, clichês de prosa semelhantes a "assim disse Javé" aparecem em todas as colunas. Conforme se notou acima, isso indica que se deve ter cautela ao emendar textos poéticos na suposição de que a frase viole o esperado paralelismo.

Outros Recursos. O recurso estrutural chamado *quiasmo* é comum na poesia hebraica. No quiasmo, o verso paralelo reverte a ordem dos hemistíquios encontrada no verso inicial. Ligadas por linhas, as partes paralelas formariam um X, *chi* no grego, de onde vem o nome *chiasmos*.

A	B
Tu-as-quebrarás	com-vara-de-ferro;
B'	A'
como-um-vaso-de-oleiro	as-despedaçarás.

(Sl 2.9)

a	b	c	d
No-deserto	preparai	o caminho	de Javé,
b'	a'	c'	d'
endireitai	no-ermo	vereda	a-nosso-Deus.

(Is 40.3)

Em ambas as ilustrações, o quiasmo (cruzamento) é óbvio. No segundo exemplo, sua forma presente torna-o evidente, mas seria menos evidente se disposto como um tetrástico:

   a   b
   c   d
   b'   a'
   c'   d'

Embora o quiasmo seja um elemento muito comum na poesia hebraica, tanto externa como internamente, nem sempre pode ser reconhecido de imediato. Em Salmos 2.9, acima, é externo, pois disposto como tetrástico ficaria assim:

   a + b   A
   c d   B
   e f   B'
   a' + b'   A'

Mesmo assim, não é óbvio, pois "com vara de ferro" e "como um vaso de oleiro" não são paralelos exatos. O pensamento básico do verso é: Tu os quebrarás e os despedaçarás como um oleiro esmagando um pote com mão de ferro".

A discussão acima do aspecto lexical do paralelismo mencionou brevemente o recurso estilístico de *pares de palavras*. As línguas do antigo Oriente Próximo possuíam muitos pares fixos de sinônimos. Estes são dignos de nota: ouvir // escutar; prata // ouro; ouro // ouro refinado; voz // palavra;

dom // dádiva; vinho // bebida forte (*shkr*); servir // inclinar-se; moldar // criar // fazer; povo// nação; morar // habitar; conta // número; mão // destra; mil // dez mil; terra // pó (ou chão). As seguintes citações ugaríticas e bíblicas ilustram como os poetas construíam paralelismos em torno desses pares de palavras:[20]

>Plantamos teus inimigos na *terra*
>No *pó* os que se levantam contra teu irmão. (76 II 24-25)

>A sua *terra* se embriagará de sangue,
>e o seu *pó* se tornará fértil com a gordura. (Is 34.7b; cf. v. 9)

>[Seja o lugar deles] um copo em minha *mão*,
>um cálice em minha *destra*. (1Aqht 215-16)

>A tua *mão* alcançará todos os teus inimigos,
>a tua *destra* apanhará os que te odeiam. (Sl 21.8 [TM 9]; cf. 26.10)

>Ele arremessa *prata* aos *milhares*,
>*Ouro* ele arremessa aos *dez milhares*. (51 I 28-29)

>Caiam *mil* ao teu lado,
>e *dez mil*, à tua direita... (Sl 91.7; cf. Dt 32.30; Mq 6.7; Dn 7.10 [aram.])

O último recurso poético é o uso de *seqüência numérica* ou do padrão "x, x + 1":

>Uma vez falou Deus,
>duas vezes ouvi isto... (Sl 62.11 [TM 12])

>Por três transgressões de Damasco
>e por quatro, não sustarei o castigo... (Am 1.3)

>Seis coisas o SENHOR aborrece,
>e a sétima a sua alma abomina... (Pv 6.16)

>Levantaremos contra ela sete pastores
>e oito príncipes dentre os homens. (Mq 5.5)

O efeito literário do recurso é destacar um item específico, crucial, numa lista — a "gota que fez o copo transbordar" ou o "fator decisivo".

A fórmula "x, x+1" também se encontra na literatura ugarítica. Esta contém outros padrões mais complexos não encontrados na Bíblia hebraica: "10x + x, 10 (x+1) + (x + 1)" (e.g., sessenta e seis // setenta e sete; setenta e sete // oitenta e oito) e "10x, 10(x+1)" (e.g., oitenta // noventa).

A Interpretação da Poesia Hebraica

O paralelismo de um poema ajuda a formar sua mensagem. Assim, é preciso estudar a contribuição que elementos poéticos trazem à passagem e também a passagem como um *todo*.

A Análise da Passagem. O primeiro passo é analisar a passagem para determinar seus componente poéticos, conforme se ilustrou acima. Não importa se são empregados recursos esquemáticos como *a b c : a' b' c'*, mas é essencial a capacidade de reconhecer os elementos. Por exemplo, Amós 1.8 trata evidentemente dos filisteus. Logo, as partes devem ajudar a iluminar a mensagem sobre eles. Assim também, Provérbios 10.1 trata dos efeitos do comportamento do filho sobre os pais; portanto seus componentes devem contribuir para esse significado.

Análise, mas não Fragmentação. Deve-se ter em mente a mensagem total do poema. Concluir, por exemplo, a partir de Provérbios 10.1, que um filho sábio dá prazer apenas ao pai, enquanto um filho insensato entristece somente a mãe é perder todo o sentido do texto. O provérbio não insinua de maneira alguma, que a mãe não tem prazer num filho sábio ou que o pai não se entristece com um filho insensato. Assim também, concluir a partir de Amós 1.8 que o Senhor eliminará os habitantes de Asdode, mas não os de outras cidades filistéias é interpretar mal o que diz a poesia. Em geral, as partes que compõem a poesia formam uma lição maior importante. Isaías 1.16b-20, citado acima, fornece um quadro bem abrangente do que seja "fazer o bem", particularmente em relação a pessoas vulneráveis como os órfãos e as viúvas.

Reconhecimento das Figuras Poéticas de Linguagem. A linguagem poética difere da linguagem de prosa. Expressões como "as árvores do campo baterão palmas" ou "os montes saltaram como carneiros" são poéticas, não descrições botânicas ou geológicas. De modo semelhante, quando Isaías se dirige aos "príncipes de Sodoma" e ao "povo de Gomorra" (1.10; veja acima), é preciso prestar atenção em seu significado. Nessa época, Sodoma e Gomorra haviam desaparecido há muito tempo. Ao usar esse tipo de vocativo, Isaías estava comparando os ouvintes israelitas com os piores pecadores já vistos sobre a terra. É provável que, quando Amós traça um paralelo entre "os prados dos pastores" e o "cimo do Carmelo" (1.2), esteja empregando um recurso chamado *merismo*. O merismo justapõe extremos opostos para incluir tudo o que esteja contido entre eles.[21] Assim, os extremos topográficos —cume da montanha ("cimo") e vale ("prados")— indicam a terra toda.

Em suma, a Bíblia emprega muitas figuras de linguagem, especialmente em passagens poéticas. É preciso aprender a reconhecê-las e a interpretá-las de acordo com a intenção do autor.[22]

Recursos Estilísticos. Com freqüência os autores empregam recursos para captar a atenção do leitor ou inculcar nele a mensagem.[23] Na poesia, o jogo com o som das palavras é particularmente marcante. Na *aliteração*, as palavras ou sílabas começam com sons iguais ou semelhantes. Na *assonância*, empregam-se sons iguais ou semelhantes (em geral vogais) no meio das palavras. A *paronomásia* (trocadilho) utiliza palavras com sons iguais ou semelhantes, mas significados diversos. A *onomatopéia* é o uso de palavras cujos sons sugerem a atividade por elas descritas ou se assemelham a eles. Infelizmente, raramente se consegue manter esses recursos na tradução. Por exemplo, quando Deus pergunta a Amós "Que vês, Amós?", e ele responde, "um cesto de frutos de verão" (8.1s.), a palavra hebraica traduzida por "frutos de verão" soa quase como "fim". Essa semelhança de palavras prepara Amós para a declaração divina: "Chegou o fim para o meu povo de Israel". Mas o trocadilho se perde na tradução.

A Manutenção da Beleza de Expressão. A maioria dos leitores reconhece a beleza da expressão poética. Ao traduzir a palavra de Deus, é particularmente importante preservar cada aspecto atraente, inclusive a poesia. O Novo Testamento tem poesias no ensino de Jesus, trechos de hinos (Fp 2.6-11), fragmentos de credos (1Tm 3.16) e entoações de cânticos (Ap 4.11; 5.9s.). Assim, a sensibilidade à poesia no Antigo Testamento acentuará a capacidade de compreender o Novo. Os tradutores lutam horas com um único versículo para encontrar palavras e fraseados que transmitam o significado com a mesma beleza do original. Talvez a principal qualidade da versão do rei Tiago (KJV) que a fez tão apreciada fosse a beleza da linguagem. Tratando de poesia, o ideal é trabalhar com as línguas originais. Como alternativa, deve-se pelo menos comparar algumas traduções recentes, analisando tanto a beleza como a precisão. Deus é o autor da beleza. Transmitir a beleza da palavra é honrar e glorificar a Deus.

Rolo de Isaías dos manuscritos do Mar Morto (1QIs*a*) contendo oráculos contra a rebeldia de Jerusalém (Is 2.21–3.22). *(Departamento de Antigüidades de Israel)*

Resumo

Dispõe-se de dois métodos para falar a respeito de Deus: negação e analogia. Pela negação, ele é descrito como alguém "infinito" (não finito), "imaterial" (não material), invisível (não sujeito à visão humana) e "imutável" (não sujeito a mudanças). Esse método deriva do racionalismo ocidental, moldado principalmente pelos métodos filosóficos gregos. Pela analogia, entretanto, Deus é comparado a algo familiar do cotidiano. Aqui se entra nas figuras e no simbolismo do mundo bíblico, especialmente o de sua poesia. A imaginação poética compara o Invisível com algo que os leitores já viram, ajudando-os a conhecer melhor a Deus. Em última análise, tem-se um conhecimento mais completo de Deus na imagem encarnada, o Filho. Sem negar o valor da filosofia, podemos dizer que a abordagem bíblica é superior em muitos aspectos à filosófica. As pessoas aprendem mais por meio dos sentidos do que por meio da especulação. A poesia da Bíblia tem apelo universal. Sua estrutura e figuras não se perdem na tradução. Ela fala a "todas as nações, tribos, povos e línguas".

Assim também, não há melhor maneira de expressar devoção a Deus que por meio do cântico. A maior parte das poesias do Antigo Testamento apresentava-se como música; não tanto uma expressão de doutrinas teológicas, mas a expressão de fé profunda, quer do cantor como indivíduo, quer da comunidade. A música tem mantido seu encanto através dos séculos porque a comunidade de fiéis pode juntar-se num cântico para expressar sua fé e devoção. Hoje estão perdidas as notações musicais, mas as vigorosas palavras poéticas ainda proporcionam não apenas um meio de conhecer a Deus, mas também uma forma de anunciar o louvor a Deus, o único digno de recebê-lo.

CAPÍTULO 18

Amós

"Vinde a Betel e transgredi", disse Amós, com contundente ironia, confrontando Israel com amargura (4.4). "Vai-te, ó vidente", disse Amazias, sacerdote de Betel. "Ali profetiza; mas em Betel, daqui por diante, já não profetizarás, porque é o santuário do rei e o templo do reino" (7.12s.). Esse confronto entre o profeta de Javé e o sacerdote de um santuário famoso no reino do norte é uma boa introdução para o estudo dos profetas. Os antigos profetas proclamavam as palavras de Javé em contínuo conflito com os governantes, sacerdotes e outros que não davam ouvidos a seus pronunciamentos. Essa luta aloja-se no centro de seu zelo. Para Amós, o Deus transcendente do universo estava presente de forma imanente em Israel, como seu Juiz e Salvador, acima de todos e contra todos os que se opunham a ele.

> "Vi o SENHOR, que estava em pé junto ao altar..." Am 9.1

Amós e sua Pregação

O Profeta. Quando Amazias aconselhou Amós a voltar para Judá, dizendo "ali come o teu pão, e ali profetiza" (7.12), estava supondo que fosse profeta profissional. Contra suas palavras de desprezo, Amós respondeu: "Eu não sou [era] profeta, nem discípulo de profeta, mas boieiro[1] e colhedor de sicômoros.

Mas o SENHOR me tirou de após o gado, e o SENHOR me disse: Vai e profetiza ao meu povo de Israel" (7.14s.).

Amós era pastor (1.1; a mesma palavra hebraica descreve o rei Mesa de Moabe em 2Rs 3.4) de Tecoa, um vilarejo que beirava os desertos de Judá, a uns 10 km ao sul de Belém, no reino sulino de Judá. Além de apascentar ovelhas, perfurava (ou beliscava) figos de sicômoros, uma fruta que, para ser comestível, precisa ser punçada ou fendida pouco antes de amadurecer.[2] Já que não se encontram figos em Tecoa, talvez Amós acumulasse comida para o rebanho com trabalhos sazonais nas planícies no oeste de Judá, onde se encontravam tais árvores (veja 1Rs 10.27).

Sua declaração "Eu não um profeta" (lit.) vem provocando debates contínuos. Numa frase sem verbo como essa, o tempo precisa ser inferido do contexto. Para alguns, o presente parece mais adequado: "Eu não *sou* profeta". De acordo com essa interpretação, os estudiosos argumentam que Amós negava qualquer ligação com um ofício profético, de fato repudiava-o como instrumento da revelação de Javé. Outros estudiosos consideram isso contraditório em relação ao que se segue: "Vai e profetiza ao meu povo de Israel".[3] Como Amós podia dizer, "Eu não sou profeta", e imediatamente depois dizer que Deus lhe havia ordenado que fizesse exatamente isso? Assim, esses estudiosos alegam que a frase deve ser entendida no pretérito: "Eu não *era* profeta".

Da mesma forma, o trecho seguinte deve ser entendido "Eu não (era) discípulo de profeta". Os "discípulos de profetas" eram membros do grupo profético treinados para ser profetas profissionais. Nos dias de Elias e Eliseu eram tidos, ao que parece, em grande conta (veja 2Rs 2.3-19), mas também havia profetas profissionais e jovens discípulos deles que prostituíam seus serviços, dizendo apenas o que desejavam os governantes (veja 1Rs 22.6-23). Sem julgar o ofício profético, Amós simplesmente declarou que não era profeta, mas que o Senhor o chamou de repente para profetizar ao reino do norte.[4]

Nada mais se sabe a respeito de Amós. Presume-se que depois de anunciar as palavras do Senhor ele tenha seguido para Tecoa, ao sul, e editado suas mensagens. Depois redigiu-as basicamente como as temos hoje. Outra possibilidade é que discípulos o tenham seguido, registrando suas palavras mais tarde. Em todo caso, o Senhor levantou seu profeta pioneiro para pregar e também deixar um legado escrito.

A Época. Sem dúvida, as palavras de Amós foram anunciadas nos dias de Jeroboão ben Joás (Jeroboão II), que reinou em Israel entre 793 e 753,[5] pois o choque entre Amós e Amazias deve ser entendido como parte integrante da mensagem. Já que, por isso, o v. 10 deve ser considerado autêntico, não deve haver objeção básica à alegação de que 1.1 é também correto. Ora, se os reinados de Uzias de Judá e de Jeroboão II de Israel coincidiram no período de 767 a 753[6] (removendo as partes de cada reinado em que foram co-regentes com o rei anterior), a profecia de Amós pode ser localizada nesse período, c. 760.

Amós indica que a revelação foi dada "dois anos antes do terremoto" (1.1). Esse evento deve ter sido um fenômeno sísmico muito grave, pois continuava a ser lembrado bem mais de dois séculos depois como o "terremoto nos dias de Uzias" (Zc 14.5). Supostas provas materiais do acontecido foram encontradas em descrições arqueológicas de um estrato datado de meados do século XVIII, em Hazor, uma antiga cidade ao norte do mar da Galiléia.[7] Entretanto, isso não nos ajuda a datar a profecia com maior precisão. Apenas dá a entender que o ministério de Amós foi mais curto que o dos outros profetas.

O rei assírio Adad Nirari III (811-784), numa série de campanhas contra as cidades-estados araméias (805-802), destruíra o poder de Damasco e removera por um tempo a ameaça síria sobre Israel. Os reis seguintes da Assíria foram desafiados por avanços de Urartu,[8] enquanto as cidades-estados araméias (sírias) de Hamate e Damasco lutavam entre si em busca de supremacia.[9] Como resultado, Uzias de Judá e Jeroboão II de Israel puderam estender seus limites quase chegando aos de Davi e Salomão (veja o mapa).[10] Ao norte, a fronteira de Jeroboão chegou à entrada de Hamate e, por um tempo, ele governou tanto Hamate como Damasco (2Rs 14.25).

Tais sucessos inspiraram o orgulho nacional no favor de Javé para com Israel. O desenvolvimento do comércio internacional enriqueceu os mercadores. Mas a riqueza provocou a injustiça e a avareza. Os pobres foram negligenciados e depois ativamente perseguidos. A religião tornou-se uma rotina, quase mecânica, alienada da real presença de Javé.

A Mensagem. Este é o quadro da sociedade pintado de maneira tão viva por Amós. Duas classes se desenvolviam: ricos e pobres (Am 5.10s., 15; 6.4s.). Os ricos possuíam palácios de verão e de inverno, abarrotados de objetos e móveis enfeitados de marfim (3.15),[11] grandes plantações de uvas para vinhos especiais e azeites preciosos para higiene e perfume (5.11; 6.4-6). As mulheres, "vacas de Basã" gordas e mimadas, induziam os maridos à injustiça para poderem viver no luxo (4.1). A justiça era um bem comercializado, mesmo nas cidades que abrigavam os santuários sagrados, tais como Betel e Gilgal, mas onde Javé já não estava presente (5.4s.). O Deus de Israel passara a desprezar os rituais delas (v. 21-24).

Os israelitas estavam servindo a outro deus, que não podia ajudá-los (8.14). A religião deles necessitava desesperadamente de uma reforma (3.14; 7.9; 9.1-4). Javé abominava a "a soberba [auto-suficiência] de Jacó" (6.1-8) e planejava desmascarar o absurdo deles (6.9-14). Israel precisava ver Deus como ele de fato era.

Baixo relevo de marfim, proveniente de Megido, representando uma esfinge.
Um exemplo da riqueza e do luxo combatidos por Amós (3.15; 6.4).
(Departamento de Antigüidades de Israel)

Amós e sua Profecia

Sua Natureza. Obviamente, Amós não se sentou em Tecoa de Judá e resolveu escrever uma profecia contra Israel. O confronto com Amazias em Betel e o relato enviado por Amazias a Jeroboão indicam claramente que Amós foi para o reino do norte e pregou com tal vigor e persistência, que Amazias escreveu: "a terra não pode sofrer todas as suas palavras" (7.10). Assim, Amós deve ter apresentado oralmente suas mensagens proféticas, provavelmente em Samaria e em outros lugares, bem como em Betel. Sua mensagem para o reino do norte foi resumida com as seguintes palavras:

> Jeroboão morrerá à espada, e Israel certamente será levado para fora de sua terra, em cativeiro. (7.11)

Sua profecia, na forma escrita, é estruturada de maneira concisa e elegante. Os estudiosos concordam que não foi anunciada oralmente dessa maneira. Alguns acreditam poder discernir pequenos blocos que devem ter sido as mensagens originais, enquanto outros entendem que certas palavras-chave ("gafanhoto", "prumo" e "cesto de frutos de verão" etc.) eram símbolos usados por Amós em suas mensagens breves e que a forma expandida foi escrita mais tarde. É pouco provável que tais questões venham a ser respondidas algum dia. Como a pregação de Jesus, a mensagem de Amós deve ter sido anunciada tanto em forma breve como em forma longa em várias ocasiões. O texto escrito de sua profecia deve ser compreendido como um resumo da estrutura e substância de seu ministério profético em Israel — um resumo que contém grande precisão e beleza.

Sua Estrutura. Podemos traçar o fluxo do livro como no quadro da página a seguir.[12] É importante perceber a amplitude e o movimento dessa estrutura para apreciar plenamente a ironia mordaz da retórica do profeta.

Alguns comentários sobre as principais seções podem ajudar a esclarecer a ênfase de cada uma. (1) Os oráculos contra seis nações da vizinhança, bem como contra Judá, alistam pecados flagrantes de cada uma, junto com as devidas ameaças de punição. Cada oráculo começa com a fórmula: "Por três transgressões de [...] e por quatro, não sustarei o castigo" (1.3, 6, 9 etc.). Esse é o "padrão x, x+1".[13] Aqui, provavelmente indique que as nações haviam pecado "suficiente e mais que suficiente" para justificar o julgamento divino. A lista inclui nações que faziam fronteira com Israel e Judá, três das quais (Edom, Amom e Moabe) estavam ligadas a Israel por laços de sangue. As acusações contra os vizinhos baseavam-se em crimes contra a humanidade. Judá foi acusado "porque rejeitaram a lei do Senhor e não guardaram os seus estatutos" (2.4). Se as nações que não recorriam a Javé precisavam prestar contas a ele, quanto mais o povo da aliança! Essa série arma um laço para os israelitas, que se alegrariam com o colapso dos estados vizinhos. E mais, ao ligar Israel com as nações na fórmula, Amós negava "toda a história da salvação e [...] subvertia os fundamentos da identidade comunal".[14] Esse revés irônico da relação de Israel com Javé torna-se cristalino em 3.1-2.

(2) O choque inicial sentido por Israel ao ouvir seu nome na lista dos culpados aumenta, em vez de diminuir, nas sessões seguintes (2.6–6.14). Esses discursos de julgamento e oráculos de lamento são carregados com uma lista condenatória de pecados da realeza, da nobreza e do sacerdócio. Cada seção contém os elementos usuais das denúncias proféticas — fórmula do mensageiro ("Assim diz o SENHOR"), indiciamento do pecado, nota de transição ("por isso" ou "eis que") e ameaças de julgamento em que a punição condiz com o crime. A ênfase principal, no entanto, está nos crimes em si, descritos em detalhes dolorosos. Os anúncios de julgamento são delineados numa série de sentenças (2.13-16; 3.12-15; 4.12; 5.16-17, 27; 6.7-11, 14).

A Estrutura de Amós

Introdução: Título e Tema	(1.1-2)
Sete Discursos de Julgamento contra as Nações	(1.3–2.5)
"Assim diz o SENHOR"	
"Por três transgressões de [...] e por quatro, não sustarei o castigo"	
"porque" (acusação específica)	
"Por isso, meterei fogo" (ameaça específica)	
Discurso Transitório de Julgamento contra Israel	(2.6-16)
Três Discursos de Julgamento contra Israel	(3.1–5.17)
"Ouvi a palavra" — introdução e acusação	(3.1; 4.1; 5.1)
"Portanto" — introdução da ameaça	(3.11; 4.12; 5.16)
Dois Oráculos de Lamento contra Israel	(5.18–6.14)
Interpretação errônea do Dia de Javé	(5.18-27)
Falsa sensação de segurança material	(6.1-14)
Cinco Visões de Julgamento contra Israel	(7.1–9.10)
Gafanhotos, fogo, prumo	(7.1-3; 7.4-6; 7.7-9)
Relato do embate entre Amós e Amazias	(7.10-17)
Cesto de frutos de verão	(8.1-10)
Visão	(8.1-2)
Oráculos de interpretação	(8.3-10)
O Senhor junto ao altar	(9.1-10)
Duas Promessas de Salvação	(9.11-15)
Restauração do reino de Davi	(9.11-12)
Volta da prosperidade material	(9.13-15)

(3) Com o relato das visões (7.1-9.10), muda o tema, e o que passa a dominar é o julgamento, não a acusação. Essa mudança de tom transforma todo o livro num longo discurso de julgamento, começando com descrições multifacetadas do pecado e terminando com argumentos para justificar a punição inevitável e com relatos da punição.

(4) Mas é de salvação, não de punição, a última palavra de Deus para Israel (9.11-15). Não salvação *em vez de* punição, mas salvação *após* a punição. O futuro guarda uma dupla bênção em que Javé cumprirá a aliança com Davi (2Sm 7) e com Abraão e sua família: o reino de Davi será restaurado (9.11-12); a prosperidade da terra será renovada (9.13-15). Os israelitas, purgados de seus pecados pela espada do julgamento, ouvirão o Senhor chamá-los mais uma vez de "meu povo".

Questões Importantes

O Monoteísmo Ético. Gerações anteriores tinham por crença comum que Amós introduziu o monoteísmo ético — o conceito de que só havia um Deus, que exigia um comportamento ético.[15] Muitos estudiosos hoje rejeitam a idéia de que os profetas estavam apresentando uma religião, defendendo em lugar disso que eles baseavam suas palavras na tradição da aliança.[16] Amós com certeza queria defender a relação de aliança entre Deus e Israel, referindo-se muitas vezes a uma tradição anterior,[17] e empregando com freqüência o nome "Javé".[18] A exigência de justiça social anunciada pelo profeta é em grande parte uma reafirmação das antigas leis da aliança, não simplesmente aplicadas a indivíduos, mas compreendidas como algo que decidia até mesmo o destino da nação.[19] Ele era mais reformador que inovador. A idéia de que Javé é Deus de todas as nações, afinal, só estende a aliança abraâmica a todas as famílias da terra (Gn 12.3; 18.18; 22.18). Que Javé punirá outras nações não é uma idéia nova, mas uma expansão da tradição do êxodo, em que Javé puniu o Egito e seus deuses. Que Javé estava intensamente interessado na justiça tanto em Israel como entre as nações está inerente no significado da aliança com Deus.

A acusação de que o "evangelho social" é "outro evangelho" (veja Gl 1.8) e, portanto, contrário ao verdadeiro evangelho da salvação pela graça de Deus não subsiste diante de um escrutínio bíblico. É verdade que ênfases errôneas foram às vezes introduzidas na doutrina bíblica da justiça social, tanto no período anterior à Reforma como em décadas recentes. A ênfase na responsabilidade social (ou "boas obras") torna-se às vezes um sistema legalista em oposição à doutrina bíblica da salvação. As interpretações humanas não devem distorcer a integridade dos ensinos das Escrituras. Amós não foi o primeiro a salientar a justiça social — nem o último. A responsabilidade para com outras pessoas faz parte da religião bíblica — desde a história de Caim e Abel até os capítulos finais de Apocalipse.[20]

Julgamento e Esperança. Em gerações anteriores também se alegava que os profetas do século XIII eram principalmente "profetas de destruição e escuridão". Os elementos de esperança no livro devem, por conta disso, ser tributados a inserções posteriores. Essa idéia é em geral rejeitada hoje, mas alguns ainda questionam se Amós 9.11-15 faz parte da obra original. A objeção principal é que seria incoerente com os constantes anúncios de julgamento proferidos por Amós. Sustenta-se, portanto, que é inconcebível que ele emitisse uma nota de esperança para encerrar sua profecia.[21]

Entretanto, pelo menos duas perguntas devem ser respondidas. Primeira, em algum momento Amós está realmente desprovido de esperança? Em duas ocasiões, quando recebe visões de julgamento, ele intercede por "Jacó" (7.2, 5). Se Javé ouvisse tal intercessão — e ouviu (veja v. 3, 6) — seria demais crer que Javé restauraria a nação *após* tê-la punido? A segunda pergunta é mais básica, pois começa não no profeta, mas na teologia da aliança. Uma vez que Amós estava-se baseando na revelação de Deus segundo a relação de aliança, não seria axiomático que a restauração final fosse necessária para cumprir o propósito de Javé? É claro que nem todos os israelitas perceberiam essa verdade, mas não a perceberiam os profetas de Javé? Como Javé cumpriria suas alianças com Abraão e Davi se a destruição total e final de Israel fosse o encerramento do caso?

Outra objeção à autenticidade de 9.11-15 baseia-se na referência ao "tabernáculo caído de Davi" (v.11). Tal declaração exige à primeira vista uma data subseqüente à queda de Jerusalém. Essa idéia, porém, baseia-se numa tradução, não no texto hebraico. A passagem diz: "o tabernáculo de Davi [que está] caindo" — uma forma participial. Também seria possível traduzir "o tabernáculo cadente de Davi". A casa de Davi, possivelmente como o "tabernáculo", já havia começado a cair quando o reino foi dividido após a morte de Salomão (931), e o reino do norte entendia que a dinastia davídica estava terminando. Na apostasia do reino do norte, e certamente desde Acabe e Jezabel (874-853), o reino de Israel também estava "caindo". Essa morte se concretizava na perda da terra para os assírios e no pagamento de tributos feito por Jeú à Assíria. E, sem dúvida, a punição revelada por Javé a Amós predizia a queda de

Samaria, bem como a de Judá. Para o profeta, Deus como Juiz era também o Salvador da história de todo o Israel. Assim, parece não haver argumentos válidos contra a idéia de que Amós mesmo tenha empregado a linguagem de 9.11.[22] É até possível que devamos compreender essa esperança como parte fundamental da proclamação de julgamento sobre o povo de Deus.

Profeta e Culto? Algumas declarações em Amós parecem menosprezar as práticas religiosas de Israel (veja 4.4s.; 5.21-24 e esp. v. 25). Afirma-se, por isso, que ele se opunha ao culto. De fato, os estudiosos muitas vezes postulam uma rivalidade fundamental entre os profetas e os sacerdotes. Sustentam que as idéias cultuais no Antigo Testamento desenvolveram-se quando os sacerdotes triunfaram sobre os profetas após o exílio.[23] Esse problema, mais uma vez, não se limita a Amós.

Entretanto, Amós de fato não faz nenhuma declaração contra o princípio do sacrifício ou contra o santuário. Sua crítica dirige-se contra pecados específicos no reino do norte. O povo dessa nação pecaminosa violou a santidade da casa de seu Deus (2.8), e os servos de Javé, tanto nazireus como profetas, foram forçados a cometer atos de desobediência (v. 12). O castigo contra os altares de Betel é pronunciado por causa da transgressão de Israel (3.14). O ritual religioso de 4.4s. é vão porque está em conflito com a cobiça e a desumanidade do povo. Com certeza as declarações veementes em Amós são reações contra rituais sem sentido, desprovidos da verdadeira presença de Javé:

> Aborreço, desprezo as vossas festas,
>   e com as vossas assembléias solenes não tenho nenhum prazer.
> E, ainda que me ofereçais holocaustos e vossas ofertas de manjares,
>   não me agradarei deles,
> nem atentarei
>   para as ofertas pacíficas de vossos animais cevados.
> Afasta de mim o estrépito dos teus cânticos;
>   porque não ouvirei as melodias das tuas liras.
> Antes corra o juízo como as águas,
>   e a justiça, como ribeiro perene. (5.21-24)

Reflexões Teológicas

Javé, o Deus Supremo. Tanto se consome Amós com o clamor pela justiça que é fácil passar ao largo de sua profunda percepção do caráter de Deus e, como fizeram os estudiosos do início do século XX, reduzir Amós a um profeta de preocupação social. De fato, o clamor de Amós por justiça brotou de seu reconhecimento da própria natureza de Deus em relação com o mundo.

Javé julga todas as nações. Isso está implícito no ciclo de acusações contra as nações vizinhas (caps. 1–2), no início do livro. Deus é livre para ir aonde quer (9.2) e soberano sobre todos os fenômenos naturais (9.5s.). Ele fez o Sete-estrelo e o Órion (5.8). Ele forma os montes e cria o vento (4.13). Javé não só tirou Israel do Egito, como também os filisteus de Caftor e os sírios de Quir (9.7). Esse Deus, que governa o céu e a terra, é o Deus com quem todas as nações têm de acertar as contas.

Javé é Deus de perfeição moral, que exige comportamento moral de todas as pessoas. Deus dá vida a todos e todos, serão considerados responsáveis por suas ações no mundo. Amós fala que Damasco trilhou Gileade (1.3) — literalmente, passou uma debulhadora com trilhos providos de pedaços de ferro ou pederneiras incrustadas em sua parte inferior sobre os corpos feridos e agonizantes dos vencidos. Gaza vendeu todo um povo como escravo a Edom (v. 6), assim também Tiro. Esses atos de desumanidade são pecados contra o Deus que criou todas as pessoas. Javé coloca-se a julgar especialmente a Israel por pecados semelhantes de opressão.

Javé, o Deus de Israel. Israel, no entanto, não é só outra nação entre as nações. Antes, vive sob um relacionamento especial. "De todas as famílias da terra, somente a vós outros vos escolhi", diz Javé (veja 3.2). A essência da religião da aliança do Antigo Testamento é que Javé escolheu Israel para ser seu povo.

Isso se mostra pelo uso constante do nome de aliança, Javé (veja p. 268, acima), antes intimamente associado com Israel no relato do êxodo. Mas o nome não só identifica Deus com Israel. Ele fala do propósito redentor de Javé como aquele que livra seu povo da escravidão (veja 2.10), destrói seus inimigos (veja v. 9) e suscita profetas dentre seus filhos (veja v. 11), tudo com o propósito de ser conhecido no mundo. Javé é o Deus revelador (3.7s.).

A relação entre Javé e Israel é apresentada especialmente nos julgamentos pronunciados por causa da natureza da aliança. Deus considera Israel culpado precisamente porque "De todas as famílias da terra, somente a vós outros vos escolhi; portanto, eu vos punirei por todas as vossas iniqüidades" (v. 2). Javé usou fome, chuva, praga, ferrugem e peste para trazer Israel de volta a ele, mas sem proveito (4.6-11).[24] Deus precisa agora passar ao castigo (v. 12). Um dos atos judiciais mais notáveis é o envio da fome — não de pão material, mas de pão espiritual, de ouvir as palavras de Javé (8.11). Deus é livre não só para se revelar como também para reter a revelação, especialmente quando sua palavra profética não é atendida. Javé é livre para falar ao povo e também para se esconder do povo a que deu existência.

A Responsabilidade da Eleição. O relacionamento estreito entre o nome do Senhor revelado na aliança e o julgamento sobre o povo pelos seus pecados — religiosos, políticos ou sociais — salienta uma verdade do Antigo Testamento muito negligenciada: ser eleito de Javé implica, com suas liberdades a responsabilidade de o eleito viver de acordo com a vontade revelada. Isso foi destacado quando a lei foi dada no Sinai (veja capítulo 5, acima) e reiterado com freqüência em Números, Deuteronômio e Josué. É o tema básico que norteia muitos dos anúncios proféticos. Deus mesmo, em seu amor santo pela criação e suas criaturas, é a substância da profecia em Israel.

Em Amós, os pecados do povo estão relacionados com a lei de Javé. Isso não transparece de imediato, pois Amós não menciona capítulo e versículo nem cita palavras exatas. Ainda assim, os elementos da lei estão presentes, inclusive o cuidado pelos pobres e necessitados, a administração da justiça, o uso de pesos justos no comércio e, acima de tudo, a obrigação de cultuar somente a Javé. E é ainda mais significativo que Amós cite repetidas vezes situações históricas do passado, associando-as com o nome Javé.[25]

Mas há ainda outro aspecto da responsabilidade gerada pela eleição. Uma vez que Javé escolhera Israel, tinha um compromisso especial com esse povo. Israel, cheio de pecados, não pode contar com nenhuma tolerância que os livre do julgamento (veja 9.7s.). Aliás, Israel deve manter um padrão de responsabilidade moral acima do das outras nações. Javé, entretanto, não destruirá por completo a casa de Jacó. Somente os pecadores do povo morrerão (v. 8-10). Alguns remanescentes sobreviverão. Uma vez que Amós já havia destacado que Javé tentara várias vezes fazer o povo voltar para ele, certamente implicando a possibilidade de perdão, os "pecadores" de que fala agora devem ser os que pecam de modo presunçoso e persistente. Estes supõem que, por serem israelitas, Javé aceitará qualquer tipo de comportamento.

Amós termina, no entanto, num tom muito mais esperançoso que aquele referente a um povo desobediente e sua punição. Ele prevê claramente que a aliança de Javé não foi destruída. Pelo contrário, quando o julgamento estiver completo, a promessa será mantida. A "tenda desmoronada de Davi" (v. 11, BJ) será reparada, levantada, restaurada "como fora nos dias da antiguidade". Mas Javé não só remenda a nação. Ele promete para o futuro algo muito mais glorioso em prosperidade, estabilidade e segurança.

> Eis que vêm dias, diz o Senhor,
>   em que o que lavra segue logo ao que ceifa,
>   e o que pisa as uvas, ao que lança a semente;
> os montes destilarão mosto,
>   e todos os outeiros se derreterão.
> Mudarei a sorte do meu povo de Israel:
>   reedificarão as cidades assoladas e nelas habitarão,
> plantarão vinhas e beberão o seu vinho,
>   farão pomares e lhes comerão o fruto.
> Plantá-los-ei na sua terra,
>   e, dessa terra que lhes dei, já não serão arrancados,
>   diz o Senhor teu Deus. Am 9.13-15

O Deus que é livre para ser o Juiz de Israel é também gloriosamente livre para ser seu Salvador. Essa é a visão de Deus proclamada pela profecia de Amós.

CAPÍTULO 19

Oséias

Cerca de uma década depois de Amós ter ido ao rumo do norte denunciar a corte de Jeroboão, o Senhor chamou para o ministério profético Oséias, filho do reino do norte. Sua mensagem, proclamada ao longo de muitos anos, ressoa a graça e o julgamento de Deus.

O livro de Oséias foi escolhido para encabeçar a coletânea dos Profetas Menores, todos escritos num único rolo, chamado *O Livro dos Doze*. Oséias estava entre os mais antigos dos profetas escritores; e seu livro, a mais longa das obras proféticas do pré-exílio, contém os temas proféticos principais da destruição e da esperança.

> Desposar-te-ei comigo para sempre; desposar-te-ei comigo em justiça, e em juízo, e em benignidade, e em misericórdias; desposar-te-ei comigo em fidelidade, e conhecerás ao SENHOR. Os 2.19-20

Introdução

O Profeta. Nada sabemos da vida ou da infância de Oséias. O livro concentra-se num evento: seu trágico casamento.

O tom compassivo de Oséias é admirável, e as freqüentes comparações com Jeremias no Antigo Testamento e João no Novo são cabíveis. Dominado

OSÉIAS

Os Profetas do Século VIII e Seu Mundo

Ano	Profeta	Judá	Israel	Síria	Assíria	Egito
800	I M O A S I S M A Q É Ó Í U I S A É A S I S (?) A S		Jeoás 798-782 Jeroboão II *793-753		Adad Nirari III 810-783	
790		Amazias 796-767 Azarias (Uzias) *790-740				
780					Salmaneser IV 782-772	
770					Assurdã III 771-754	
760						Sisaque IV 763-727
750		Jotão *751-732	Zacarias 753 (6 meses) Salum 752 (1 mês) Menaém 752-742	Rezim 750-732	Assur Nirari V 753-744 Tiglate-Pileser 747-727	
740		Acaz *735-716	Pecaías 741-740			
730		Ezequias *728-687	Peca ♦752-732 Oséias 731-722 Queda de Samaria 722	Queda de Damasco 732	Salmaneser V 727-722 Sargão II 722-705	Osorcon IV 727-716
720						
710						Sabaco 715-702
700		Manassés *696-642			Senaqueribe 705-681	Sabataca 702-690
690						Tirraca 690-664

*Co-regência   ♦Reclamante rival ao trono

pelo amor ilimitado de Deus (veja 11.8s.), ele estende a mão aos compatriotas, interessado neles. Diferente de Amós, pregava ao próprio povo. Ainda que às vezes severo em suas acusações, nunca era frio ou insensível. O que mais contribuiu para a empatia de Oséias foi o sofrimento e a rejeição pelos quais ele mesmo passou. Como Jeremias, experimentou um pouco do próprio quebrantamento de Deus, recebendo o selo de compaixão divina.

Nada sabemos de sua condição antes do chamado. Alguns o contam entre os *sacerdotes* por causa de seu conhecimento íntimo das questões religiosas no reino do norte e sua profunda preocupação com a corrupção do sacerdócio (e.g., 4.5-9). Outros o ligam aos *profetas* oficiais por citar uma zombaria freqüente: "... o seu profeta é um insensato, o homem de espírito é um louco" (9.7). Nenhuma das possibilidades pode ser asseverada.

Isto se pode dizer: seu conhecimento notável tanto das tensões políticas de seus dias como dos principais eventos do passado de Israel destaca-o como um profeta incomum. Como Isaías, ele era sensível às correntes políticas e analisava suas implicações com sagacidade. Seus notáveis dons literários, em especial suas figuras de linguagem, são indícios complementares de que provavelmente pertencia às classes superiores.[1]

A Data. O versículo introdutório (1.1) situa o ministério de Oséias nos reinados de Uzias, Jotão, Acaz e Ezequias de Judá e Jeroboão II de Israel. O período mínimo foi de vinte e cinco anos, já que Jeroboão II morreu c. 753 e Ezequias começou uma co-regência c. 728 e ascendeu ao trono c. 715. O livro em si não dá indícios de que Oséias tenha continuado sua pregação após a queda de Samaria em 721.

Quando nasceu o primeiro filho do profeta, ainda reinava a dinastia de Jeú: o Senhor especifica que a casa de Jeú ainda seria punida (1.4). Não se sabe ao certo se o governante era Jeroboão II ou seu filho desditoso, Zacarias, assassinado por Salum c. 752. Se seu ministério começou no final do reinado de Jeroboão, a maior parte dele ocorreu durante os agitados dias de Menaém (c. 752-742), Pecaías (c. 741-740), Peca (c. 740-732) e Oséias (c. 732-722). Foram dias de desespero, em que o exército assírio atacou repetidas vezes pelo oeste enquanto os israelitas tentavam, em vão, tanto por guerra como por conciliação, preservar a independência.

O ministério de Oséias coincidiu precisamente com o reinado de Tiglate-Pileser III (c. 745-727), que levou um vigor sem precedentes ao trono da Assíria. Tanto a história bíblica (2Rs 15.19) como os registros assírios relatam que Menaém pagou pesado tributo a Tiglate-Pileser (aqui chamado Pul, de acordo com a forma babilônica de seu nome). Menaém esperava usar o apoio assírio para sustentar seu trono vacilante, tomado de Salum. Levantou fundos para o tributo taxando os israelitas ricos. Oséias faz referências veladas a esse aliciamento do favor assírio:

> Israel foi devorado;
> agora está entre as nações como coisa de que ninguém se agrada,
> porque subiram à Assíria;
> o jumento montês anda solitário,
> mas Efraim mercou amores [aliados]. (8.8-9)

> Efraim [...] multiplica mentiras e destruição,
> e faz aliança com a Assíria,
> e o azeite se leva ao Egito. (12.1)

Ameaçado extremamente pela Assíria, Israel estava agitado por intrigas políticas internas. A instabilidade que não permitia manter dinastia nenhuma por algum tempo foi uma das características desse período. Oséias expressou o pesar de Deus com a situação:

> todos os seus reis caem;
> ninguém há entre eles que me invoque. (7.7)

> Eles estabeleceram reis, mas não da minha parte;
> constituíram príncipes, mas eu não o soube. (8.4)

As referências ao Egito podem estar relacionadas com a segunda metade do governo do rei Oséias. Após um tempo como vassalo da Assíria, ele buscou o apoio dos egípcios para se opor a Salmaneser V, que sucedeu a Tiglate-Pileser em 727. Oséias retratou com perspicácia as rápidas e volúveis flutuações na política externa.

> Porque Efraim é como uma pomba
> enganada, sem entendimento;
> chamam o Egito, e vão para a Assíria.[2] (7.11)

Durante todo o terceiro quarto do século VIII (c. 750-725), o destino de Oséias foi assistir à última enfermidade de Israel. Todas as curas buscadas deram em nada. Nem o abrandamento da revolta interna nem a ajuda de aliados como o Egito podiam impedir a morte de Israel. O julgamento havia chegado. Não sabemos se Oséias viveu para ver o fim. Mas a palavra de Deus e o próprio entendimento do profeta em relação aos tempos convenceram-no de sua inevitabilidade. Ele proclamou fielmente essa certeza, mas não podia regozijar-se com ela.

O Casamento de Oséias (1.2-3.5)

O que Deus exige de Oséias é ímpar:

> Vai, toma uma mulher de prostituições, e terás filhos de prostituição; porque a terra se prostituiu, desviando-se do SENHOR (1.2)

Os detalhes são poucos; o relato é condensado. Mas as questões acerca do significado da história não são meramente acadêmicas. A ordem de casamento é a base do ministério de Oséias. Um entendimento esclarecido do casamento é essencial para uma compreensão clara da mensagem.

Problemas de Interpretação. As narrativas dos capítulos 1 e 3 seriam a experiência real (história) do profeta ou uma composição para transmitir uma verdade espiritual (alegoria)? Aqui, elas serão tratadas como história: (1) o livro em si não dá a entender que devam ter outro sentido que não o literal; (2) certos detalhes não cabem num padrão alegórico: não se encontra um sentido adequado para o nome de Gômer; não se evidencia nenhum propósito na referência ao desmame de Desfavorecida (1.8) ou na ordem de nascimento dos filhos; (3) o motivo tradicional para interpretar a história como alegoria é evitar um estigma, aparentemente implicado na ordem de casar com uma prostituta, na moralidade de Deus e do profeta. Mas será que algo moralmente duvidoso como história se torna menos questionável quando visto como alegoria?

Uma segunda questão importante é a relação entre os capítulos 1 e 3. A abordagem aqui é que os dois capítulos não são relatos paralelos do mesmo incidente — Oséias desposando Gômer.[3] Antes, o capítulo 3 é a seqüência do capítulo 1. Isso não apenas parece mais natural, como certos detalhes o sustentam. O capítulo 3 nada fala dos filhos, tão destacados no capítulo 1. Além disso, o capítulo 3 dá fortes indicações de que a mulher é impedida por um tempo de qualquer contato com os homens, inclusive o marido, como medida disciplinar, assim como Israel será corrigido com o exílio (3.3s.). Mas o capítulo 1 insinua que Gômer concebeu o primeiro filho logo após o casamento (1.3). E, ainda, o capítulo 3 manifesta com muita clareza a intenção de simbolizar o retorno de Israel a Deus, seu primeiro marido, conforme profetizado em 2.7:

> Ela irá em seguimento de seus amantes,
>   porém não os alcançará;
> buscá-los-á,
>   sem, contudo, os achar;
> então dirá: Irei, e tornarei para o meu primeiro marido,
>   porque melhor me ia então do que agora.

Alguns estudiosos têm sustentado que a mulher no capítulo 3 não é Gômer, mas uma segunda esposa. Embora o palavreado do v. 1 — "Vai outra vez, ama uma mulher, amada de seu amigo" — seja aqui estranho, é pouco provável que o profeta se tenha casado duas vezes, se os casamentos dele deviam simbolizar o relacionamento de Deus com uma nação, Israel:

> Portanto, eis que eu a atrairei,
>   e a levarei para o deserto,
>   e lhe falarei ao coração.
> [...]
> será ela obsequiosa como nos dias da sua mocidade,
>   e como no dia em que subiu da terra do Egito. (2.14s.)

Outro problema na interpretação é determinar que tipo de mulher era Gômer. Qual o significado da ordem de Deus (1.2): "Vai, toma uma mulher de *prostituições*"?. Alguns vêem essa prostituição como fornicação religiosa, i.e., idolatria. Gômer, nesse caso, não seria uma mulher sexualmente imoral, mas parte de um povo idólatra. Isso caracterizaria a maioria dos cidadãos do reino do norte, dedicado que estava ao culto do bezerro. O desejo de proteger a reputação de Gômer brota, em parte, do suposto problema moral na ordem divina e na reação de Oséias.

Muitos sustentam que Gômer não era depravada quando Oséias casou-se com ela, tendo-se voltado mais tarde para o mal. A ordem no v. 2 é entendida não como o chamado real de Deus, mas como interpretação retrospectiva de Oséias. Ele percebeu que o chamado veio quando tomou uma esposa que se mostrou infiel a ele, assim como Israel fora infiel a Deus. Se Gômer era má quando se casou, o marido não tinha nenhum conhecimento do fato. Mas se essa visão permite uma interpretação aceitável do capítulo 1, que dizer do 3?

Aqui, Oséias sabe muito bem com que tipo de mulher está envolvido. Para um israelita, a reconciliação com uma adúltera dificilmente seria menos repugnante do que se casar com uma mulher assim, já que o apedrejamento era a penalidade costumeira para o adultério (Lv 20.10; Dt 22.22; Jo 8.5).

Outra interpretação é que Gômer, como muitas virgens israelitas, participara de um ritual cananeu de iniciação sexual com um estranho antes do casamento.[4] O objetivo era garantir fertilidade no casamento. Essa teoria carece de comprovação de sua prática no Antigo Testamento.[5]

Alguns estudiosos consideram Gômer prostituta cultual, mas a denominação técnica das prostitutas religiosas ($q^e d\bar{e}sh\hat{a}$) não é empregada nenhuma vez em relação a ela. E mais: Oséias foi mordaz em denunciar a prostituição cultual. É improvável, portanto, que o casamento com alguém assim fosse menos desagradável para Oséias que o casamento com uma prostituta comum. Sabemos tão pouco a respeito das prostitutas cultuais em Israel que é arriscado imaginar como seria encarado o casamento de Oséias com uma delas.

O Caráter e o Significado do Casamento. Oséias ligou seu chamado profético com o casamento com Gômer, mas a relação entre os dois é intrigante. Ele foi chamado antes do casamento ou seu chamado surgiu da experiência com Gômer? Interpretando 1.2 literalmente, seu chamado veio logo antes do casamento. O nome profético dado ao primeiro filho, Jezreel, é prova de que já era profeta ao se casar. Sem dúvida, porém, suas trágicas experiências com Gômer influenciaram profundamente, refinando seu caráter e enriquecendo seu ministério. De certo modo, seu chamado foi contínuo, começando quando tomou Gômer e se aprofundando com a dor dele.

(1) Gômer e seus filhos. A situação drástica de Israel exigia medidas drásticas. A corrupção e o luxo que marcaram o longo reinado de Jeroboão levaram a nação à bancarrota espiritual e moral. O culto a Baal, introduzido oficialmente por Jezabel, rainha de Acabe (1Rs 16.29-33), ainda era intenso, apesar das medidas duras de Jeú para varrê-lo. Ao se voltar para os baalins, Israel enganara seu primeiro amor, Javé. Para ilustrar de modo memorável esse adultério espiritual, Deus mandou que Oséias se casasse com uma mulher cuja reputação se tornaria má. O relacionamento deles talvez fosse puro de início, como a relação entre Israel e Deus era pura nas experiências do êxodo:

> Lembro-me de ti, da tua afeição quando eras jovem,
>   e do teu amor quando noiva,
>   e de como me seguias no deserto,
>   numa terra em que se não semeia.

Pendente metálico de Ugarite, representando Astarote, deusa cananéia da fertilidade com quem Israel "se prostituiu" (Os 2.5). *(Louvre)*

> Então Israel era consagrado ao SENHOR,
> e era as primícias da sua colheita. (Jr 2.2s.)

O alvo principal do casamento de Oséias, porém, não era recapitular o tratamento de Deus dispensado a Israel, mas colocar em grande destaque a degeneração presente de Israel. Isso foi feito de maneira efetiva e dramática mediante a história do casamento entre um profeta e uma mulher que inesperadamente voltou-se à depravação.[6]

Os três filhos simbolizam aspectos da relação de Deus com seu povo. O nome dado por Deus ao primogênito, Jezreel, era uma profecia de julgamento contra a casa de Jeú, cujo expurgo feroz iniciou-se com os homicídios de Jorão e Jezabel em Jezreel (2Rs 9.16-37). A ameaça ("quebrarei o arco de Israel no vale de Jezreel", v. 5) foi provavelmente cumprida no assassinato do filho de Jeroboão, Zacarias, o último da dinastia de Jeú (2Rs 15.8-12). O nome Jezreel é escolhido apropriadamente: não só fala do julgamento pelo ato de Jeú em Jezreel, como também sugere a subseqüente restauração (Os 2.22s.), já que significa "Deus semeará".

A segunda criança é uma menina, Desfavorecida (Lō'-ruḥāmâ), que simboliza uma reversão na atitude de Deus para com Israel. A misericórdia é rejeitada, a confiança no livramento divino é substituída pela confiança em armas e alianças. Deus tem pouca escolha, a não ser retirar sua misericórdia e deixar Israel sofrer as conseqüências de sua infidelidade (1.6s.). O terceiro filho, um menino, é chamado Não-Meu-Povo (Lō'-'ammî) para simbolizar a aliança quebrada. Deus não rejeita Israel, antes, Israel; rejeitou a Deus e recusou-se a ser seu povo (v. 8s.).

A relação entre Oséias e essas duas crianças não é clara. O texto não afirma especificamente que Gômer as concebeu dele, como afirma no caso de Jezreel. Para alguns, o tom do capítulo 2 dá a entender que são filhos resultantes do adultério dela:

> Repreendei vossa mãe, repreendei-a,
>   porque ela não é minha mulher,
>   e eu não sou seu marido,
> para que ela afaste as suas prostituições de sua presença,
>   e os seus adultérios de entre os seus seios;
> [...]
> e não me compadeça de seus filhos,
>   porque são filhos de prostituições. (2.2, 4)

O capítulo 2 é um comentário extenso de 1.2. Começa com Gômer e seus filhos e depois passa a tratar da infidelidade dos israelitas. Eles cortejavam os baalins, sem perceber que fora Javé, não Baal, quem os tinha abençoado em abundância (2.8).

(2) Perdão de Deus e de Oséias. Seguindo-se à ameaça de julgamento (v. 9-13) contra Israel que se esquecera de Javé, o tom muda abruptamente no capítulo 2: Israel não voltará para Deus, de modo que ele mesmo buscará seu

povo (v. 14-23). Até os nomes de Baal serão apagados da memória deles e haverá novo casamento: "Desposar-te-ei comigo para sempre" (v. 19). Israel, espalhado pelo julgamento, será semeado na terra ("Jezreel", no sentido positivo), o favor será derramado sobre Desfavorecida e Não-Meu-Povo voltará a ser povo de Deus. A graça de Deus reverterá o julgamento e trará restauração (v. 21-23).

Depois Deus determinou que Oséias seguisse o exemplo divino e restaurasse Gômer como esposa (3.1-5). A ordem é importante. Deus empenhou perdão a Israel, e Oséias fez o mesmo. A seqüência dos capítulos 2 e 3 é teologicamente profunda. O perdão não surge naturalmente; os que sentiram o perdão de Deus aprendem com isso a perdoar (cf. Ef 4.32).

Oséias comprou Gômer pelo preço de uma escrava e a levou de volta. O próprio estado degradante em que ela havia caído é um símbolo do salário do pecado. A rebelião contra Deus resulta em escravidão a alguma outra coisa. O perdão de Deus não significa que ele trata o pecado com leviandade. O amor de Deus por Israel implicava exílio, bem como êxodo, e Oséias disciplinou Gômer para demonstrar tanto a seriedade de seu pecado como a correção de Deus aplicada a Israel no cativeiro (3.3s.). Mas a disciplina não é a última palavra: "Depois, tornarão [ou arrepender-se-ão] os filhos de Israel, e buscarão ao SENHOR seu Deus [...] e, nos últimos dias, tremendo, se aproximarão do SENHOR..." (v. 5).

Que história notável! Um profeta é chamado para levar a cruz, para experimentar o coração sofredor e o amor redentor de Deus. Em obediência, sem vacilação, Oséias bebeu um cálice amargo. Sua casa foi seu Getsêmani. Ao se curvar a uma vontade que não era sua, não só deixou uma ilustração contundente do amor divino, como preparou o caminho para aquele que encarnou perfeitamente esse amor.[7]

A mensagem de Oséias (4.1-14.9)

Em duas seções distintas —4.1-11.11 e 11.12-14.9— o livro desnuda os pecados de Israel com detalhes alarmantes. Esses capítulos esmiúçam o significado da acusação: "porque a terra se prostituiu, desviando-se do SENHOR" (1.2).

Enquanto o esboço da profecia de Amós salta aos nossos olhos, precisamos buscar atentamente o de Oséias. O que encontramos para a primeira seção de discursos, a mais longa, é algo como:

Introdução: acusação geral contra a nação (4.1-3)

A aliança está despedaçada porque (4.4–5.7)
   os sacerdotes deixaram de ensinar a lei, (4.4-10)
   o povo corrompeu a religião dada por Deus, (4.11-19)
   todos os líderes extraviaram-se da fé. (5.1-7)

A política tornou-se caótica por (5.8–7.16)
   conflito com Judá, vizinho de Israel ao sul, (5.8-15)
   rebelião contra os reis, (6.1–7.7)
   inconstância na política externa, (7.8-12)
   revolta contra o chamado de Deus. (7.13-16)

A vida religiosa de Israel está madura para a (8.1–9.9)
destruição por causa de
   obsessão pela idolatria, (8.1-6)
   alianças estrangeiras insensatas, (8.7-10)
   festas e sacrifícios insensatos. (8.11–9.9)

O chamado de Israel como povo de Deus não (9.10–11.11)
   foi cumprido porque,
em vez de frutos escolhidos de Deus,
tornaram-se devotos dos baalins; (9.10-17)
em vez de vide exuberante de Deus,
tornaram-se admiradores de um
bezerro de ouro; (10.1-10)
em vez de ser bezerra perfeita de
Deus, estavam para se tornar boi
puxador de arado; (10.11-15)
em vez de filho amado de Deus,
tornaram-se delinqüentes indisciplinados (11.1-11)

Nesses capítulos Oséias mostra-se um poeta talentoso e também um profeta perspicaz. Aliás, seus poemas estão entre os mais comoventes da Bíblia. Ele possui talentos retóricos, especialmente em seu uso das figuras de linguagem, alcançados por poucos poetas do Antigo Testamento. Como descrever melhor, por exemplo, os efeitos debilitantes das alianças estrangeiras de Israel?

Efraim se mistura com os povos,
   é um pão que não foi virado [meio cozido].
Estrangeiros lhe comem a força,
   e ele não o sabe (7.8s.).

As metáforas de Oséias são em geral rurais, como na reclamação divina por Israel não cumprir seu destino:

Porque Efraim era uma bezerra domada,
   que gostava de trilhar;
   coloquei o jugo sobre a formosura do seu pescoço;
atrelei Efraim ao carro.
   Judá lavrará,
   Jacó lhe desfará os torrões.
Então disse:
   Semeai para vós outros em justiça,
   ceifai segundo a misericórdia;
   arai o campo de pousio;
porque é tempo de buscar ao SENHOR,
   até que ele venha, e chova a justiça sobre vós. (10.11s.)

O conjunto final de mensagens —11.12–14.9— prenuncia a iminente queda de Samaria diante das forças gananciosas da Assíria. Efraim, o reino que recebe o nome de um dos filhos orgulhosos de José, foi reduzido a um pequeno encrave nos montes em torno de Samaria. Num discurso intrigante e contundente (cap. 12), a idolatria traiçoeira de Efraim e sua autoconfiança insensata são comparadas à ambição desonesta de Jacó, seu famoso ancestral. Tal comportamento é visto pelo profeta como um traço de família que persiste, apesar dos contínuos atos divinos de resgate no êxodo e por meio dos profetas (v. 9-10, 13). A queda trágica inevitável de Efraim (13.1-3) será seguida de julgamento feroz (13.4-8) a que ficará totalmente vulnerável (13.9-11). Aliás, seu desatino obstinado faz com que seja incapaz de se arrepender e se incline à rebeldia que sinaliza e sela a sentença de morte do reino (13.12-16).

Ainda assim, como era costume seu, Oséias enxergou mais adiante uma esperança além do julgamento, uma restauração que Deus marcou com ferro em sua vida com a ordem:

Vai outra vez, ama uma mulher [...] como o SENHOR ama os filhos de
Israel, embora eles olhem para outros deuses... (3.1).

Essa nota de esperança ilumina a primeira série de mensagens com uma
promessa de retorno do exílio:

> Andarão após o SENHOR;
>   este bramará como leão,
> e, bramando,
>   os filhos, tremendo, virão do ocidente;
> tremendo, virão, como passarinhos,
> os do Egito,
>   e, como pombas, os da terra da Assíria,
> e os farei habitar em suas próprias casas,
>   diz o SENHOR. (11.10-11)

As últimas palavras de esperança de Oséias alcançam novas alturas poéticas numa pungente e vigorosa canção de amor que lembra o Cântico dos Cânticos de Salomão:

> Curarei a sua infidelidade,
>   eu de mim mesmo os amarei,
>   porque a minha ira se apartou deles.
>   [...]
> Os que se assentam de novo à sua sombra voltarão;
>   serão vivificados como o cereal
>   e florescerão como a vide;
>   a sua fama será como a do vinho do Líbano. (14.4, 7)

Contribuições Teológicas de Oséias

Um rápido exame dos destaques mais importantes de Oséias será suficiente para ilustrar o tom e a força dramática das mensagens encontradas nos capítulos 4–14.

O Conhecimento de Deus. Repetidas vezes Oséias atribui os problemas espirituais e morais à falta de conhecimento de Deus:

Ouvi a palavra do SENHOR, vós, filhos de Israel,
  porque o SENHOR tem uma contenda com os habitantes da terra;[8]
porque nela não há verdade, nem amor,[9]
  nem conhecimento de Deus.
O que só prevalece é perjurar, mentir, matar, furtar e adulterar,
  e há arrombamentos e homicídios sobre homicídios. (4.1s.)

O meu povo está sendo destruído, porque lhe falta o conhecimento.
  Porque tu, sacerdote, rejeitaste o conhecimento,
    também eu te rejeitarei, para que não sejas sacerdote diante de mim;
  visto que te esqueceste da lei do teu Deus,
    também eu me esquecerei de teus filhos. (v. 6)

O conhecimento de Deus não é somente saber acerca de Deus; é ter o devido relacionamento com ele em amor e obediência. Israel não precisava de mais informação acerca de Deus, mas de um desejo intenso de estar em comunhão com ele. "No Antigo Testamento, conhecer é viver em relacionamento íntimo com algo ou alguém [...] um relacionamento [...] chamado comunhão".[10]

Em resposta ao que Deus fizera no êxodo e depois dele, Israel prometeu lealdade à vontade de Deus conforme revelada na lei. Ao se recusar a obedecer, Israel quebrou a comunhão com Deus como Gômer fez com Oséias.[11] O pecado rompeu a comunhão, e somente o arrependimento poderia restaurá-la:

O seu proceder não lhes permite
  voltar para o seu Deus,
porque o espírito da prostituição está no meio deles,
  e não conhecem ao SENHOR. (5.4)

Rituais vazios não podem substituir a comunhão sincera:

Pois misericórdia quero, e não sacrifício;
  e o conhecimento de Deus, mais do que holocaustos. (6.6)

Contra a apostasia presente, Oséias vê um dia mais brilhante, no qual Deus em graça voltará a tomar Israel por esposa. A consumação será uma comunhão renovada:

desposar-te-ei comigo em fidelidade,
  e conhecerás ao SENHOR. (2.20)

Pelo modo de retratar o relacionamento de Israel com Deus, Oséias abre caminho para Jeremias (e.g., Jr 4.22) e para o Novo Testamento. Seus ensinos fornecem um rico pano de fundo para certas declarações de Cristo: "Tudo me foi entregue por meu Pai. Ninguém conhece o Filho, senão o Pai; e ninguém conhece o Pai, senão o Filho e aquele a quem o Filho o quiser revelar" (Mt 11.27). E em especial: "E a vida eterna é esta: que te conheçam a ti, o único Deus verdadeiro, e a Jesus Cristo, a quem enviaste" (Jo 17.3; veja também 1Jo 2.3-6).

A Loucura da Ingratidão. Tanto quanto qualquer outro profeta, Oséias recorda o passado de Israel e fala do presente.[12] Começando pelo êxodo, ele revê o cuidado de Deus para com seu povo e a rebelião do povo contra Deus. A história, de acordo com Oséias, é a história da graça de Deus e da ingratidão de Israel.

> Achei a Israel
>   como uvas no deserto,
> [...]
> mas eles foram para Baal-Peor [cf. Nm 25.1-3],
>   e se consagraram à vergonhosa idolatria,
>   e se tornaram abomináveis como aquilo que amaram. (9.10; veja 12.13s.)

A conduta presente de Israel não corresponde à bênção de Deus sobre ele. Tendo desdenhado sua graça no passado e no presente, o povo de Deus está maduro para julgamento.

> Eu te conheci no deserto,
>   em terra muito seca.
> Quando tinham pasto,
>   eles se fartaram, e uma vez fartos ensoberbeceu-se-lhes o coração;
>   por isso, se esqueceram de mim.
> [...]
> Como ursa, roubada de seus filhos, eu os atacarei. (13.5-8)

Israel creditou a Baal o que Deus fizera (2.8). Aliás, quanto mais Deus abençoava a Israel, tanto mais este corria atrás de ídolos.

> Israel é vide luxuriante,
>   que dá o fruto;

segundo a abundância do seu fruto,
   assim multiplicou os altares;
quanto melhor a terra,
   tanto mais belas colunas fizeram. (10.1)

O quadro de Oséias não difere do retrato das práticas pagãs apresentado por Paulo em Romanos 1.21: "... porquanto, tendo conhecimento de Deus, não o glorificaram como Deus, nem lhe deram graças...". Não dar graças a Deus significa atribuir as bênçãos incorretamente a alguma outra fonte ou até a si mesmo. Isso constitui uma negação da soberania e da graça de Deus.

A Futilidade da Mera Religião. Quando a estrutura religiosa de Israel servia seu verdadeiro propósito de celebrar os atos magníficos de Deus e de lembrar ao povo a sua obrigação presente e expectativas futuras, os profetas lhe davam todo apoio.[13] Mas nos dias de Oséias, o culto infelizmente deixava de cumprir seu propósito. O povo era intensamente religioso. Guardavam-se as festas criteriosamente (2.11,13), queimavam-se continuamente sacrifícios e ofertas (5.6; 6.6), construíam-se altares em profusão (10.1). Essa exibição externa, porém, escondia uma corrupção interna da pior espécie.

Os sacerdotes foram alvos especiais da ira de Oséias. Eles eram tão corruptos quanto o povo a quem deviam estar ajudando (4.9). Tendo negligenciado sua tarefa de ensinar a lei, com suas exigências de retidão e justiça, eram os principais responsáveis pela rebeldia de Israel (4.4-9; 5.1s.).

Práticas pagãs eram observadas junto com formas divinamente estabelecidas de culto. A fé israelita, fundamentada na redenção do êxodo, havia degenerado num culto à fertilidade. Agradecia-se aos baalins as colheitas de primavera (2.11s.), e a imoralidade era praticada como celebração religiosa (4.12-14). O povo não buscava a palavra de Javé, mas se contentava em discernir o futuro por meio da magia (v. 12). Orgias ritualísticas cananéias eram realizadas pelos israelitas, que gemiam e se feriam, como os profetas de Baal haviam feito em competição com o Deus de Elias no monte Carmelo, para obter respostas às suas orações (7.14; cf. 1Rs 18.28). As festas regadas a vinho (4.11) e os surtos de crimes (v. 2; 6.7-9; 7.1) aumentavam o quadro funesto do colapso espiritual.

"Homens até beijam bezerros!" (13.2) foi o resumo vívido, expresso por Oséias, das profundezas abismais a que o povo da aliança de Deus descera ao extravasar o amor por imagens de metal.

A Compaixão Imutável de Deus. Mas o amor de Deus por Israel é maior que o pecado do povo (11.1-9). Oséias primeiro retrata Deus queixando-se da ingratidão de Israel:

> Quando Israel era menino, eu o amei;
> e do Egito chamei o meu filho.
> Quanto mais eu os chamava,
> tanto mais se iam da minha presença;
> sacrificavam a Baalins
> e queimavam incenso às imagens de escultura.
> Todavia, eu ensinei a andar a Efraim;
> tomei-os nos meus braços,
> mas não atinaram que eu os curava. (11.1-3)

A passagem então mostra como a compaixão inextinguível de Deus triunfa sobre a inconstância de Efraim:

> Como te deixaria, ó Efraim?
> Como te entregaria, ó Israel?
> [...]
> Meu coração está comovido dentro de mim,
> as minhas compaixões à uma se acendem.
> [...]
> Não executarei o furor da minha ira;
> não tornarei para destruir a Efraim,
> porque eu sou Deus e não homem,
> o Santo no meio de ti;
> não voltarei em ira.[14]

"Sou Deus e não homem" — esse é o segredo da justiça e do amor divino. Deus não se rebaixa ao nível do pecado ou da corrupção humana e assim não é volúvel ou inconstante. O amor de Deus permanece apesar da rebelião e da hostilidade. De todos os profetas, Oséias sabia o que é amar, ser atingido pelo pecado e continuar amando; ele era o mais capacitado para proclamar "o poder totalmente irracional do amor como a base suprema da relação de aliança".[15]

Oséias assumiu um certo risco ao expressar a relação entre Javé e seu povo em termos de amor. O culto cananeu da natureza dava grande destaque à natureza erótica da relação divina—humana, e ao amor físico na manutenção da ordem no universo. Oséias guardou-se de mal-entendidos insistindo que o amor de Deus é mais bem compreendido não em termos sexuais ou nos ciclos de fertilidade a cada primavera, mas nos atos redentores do êxodo. Isso implica mais que paixão; existe o exercer deliberado da vontade de Deus em toda a história de Israel, história essa que representa a continuidade da instrução e disciplina divina.[16]

Para Oséias, a religião da aliança nunca pode ser reduzida a termos puramente legais; antes, implica uma comunhão pessoal, um laço de família, entre Deus e Israel. Em lugar de opor-se à lei ou criticá-la, Oséias fala muito em apoio a ela (e.g., 4.6ss.; 8.12s.). Ele mostra que por trás e por baixo da lei está o amor. A reação de Israel a Deus jamais pode ser apenas uma obediência formal, porque a proposta inicial veio primeiro, não pela lei, mas pelo amor. Para Amós, o pecado era representado em termos de rompimento da aliança; mas para o marido de Gômer, Oséias, o pecado é representado em termos de rejeição ao amor de Deus.

Esse amor, em Oséias, nunca se reduz a mero sentimento. Sua concepção da santidade de Deus guarda-o disso.

> Ira e amor, ou "ira de amor",[17] são expressos claramente na disposição divina de lamentar por Israel, sua esposa perversa, e ainda de punir a perversidade da nação. Ele a ama e a julga ao mesmo tempo.[18]

A revelação surge de muitas e estranhas maneiras. Nenhuma delas é mais misteriosa que esse quadro do intenso sentimento de Deus para com seu povo por meio das emoções conflitantes de um profeta para com uma esposa infiel, mas amada. Trata-se de uma profecia vivenciada[19] no mais alto nível veterotestamentário. Por intermédio da vida de Oséias, a palavra tornou-se carne.

CAPÍTULO 20

Miquéias

Miquéias foi contemporâneo de Isaías. Ambos os profetas estavam convictos de que Judá rumava para um desastre por causa do estilo de vida opressor e idólatra de seus líderes. Eles também estavam certos de que, além do desastre, Deus reservava um futuro mais brilhante. As acusações de Miquéias têm a mesma intensidade das de Amós. Aliás, poucas passagens dos profetas equiparam-se às dele na ferocidade das denúncias contra os líderes de Jerusalém nos capítulos 2 e 3.

> Ouvi agora, isto, vós, cabeças de Jacó,
>   e vós, chefes da casa de Israel,
>   que abominais o juízo
>   e perverteis tudo o que é direito,
>   e edificais a Sião com sangue,
>   e a Jerusalém com perversidade. Mq 3.9-10

Introdução

O Profeta. Miquéias oferece poucas informações diretas a respeito de si mesmo. A maior parte do que se sabe de sua vida e formação precisa ser inferido do conteúdo e do tom de seus escritos. Seu nome é uma abreviação de *Mîkāyāhû*, "quem é como Javé?". Moresete, sua cidade natal, é Moresete-Gate (1.14), um vilarejo a cerca de quarenta quilômetros de Jerusalém, no sopé das montanhas de Judá. Algumas linhas de evidências destacam-no como homem do campo, talvez lavrador. Ele ataca o crime e a corrupção de Jerusalém e Samaria como alguém não muito em casa em ambas as capitais (1.1, 5-9; 3.1-4, 12). Miquéias centra a mensagem no efeito do julgamento iminente sobre as vilas e cidades de sua região natal (1.10-16). Seus protestos contra a opressão dos desfavorecidos refletem sua identificação com a sorte deles.

Isaías e Miquéias formam um par interessante: um é aristocrata, confidente do rei e estadista, enquanto o outro é camponês lavrador ou proprietário de terras, cujas visitas à capital confirmavam notícias ouvidas em casa. Embora os dois difiram quanto à formação e ao ambiente em que vivem, têm em comum a coragem e as convicções. Ambos defendem firmemente a aliança e lutam pela fé histórica de Israel.

Como Amós (Am 7.14s.), é provável que Miquéias não fosse profeta profissional. Ele critica os profetas que "adivinham por dinheiro" (Mq 3.11) ou talham suas mensagens de acordo com a generosidade dos clientes (3.5). Suas credenciais são a inspiração divina e persistência na defesa da verdade moral (3.8). Sua forte convicção de chamado é comprovada em quase toda linha. Com fervor, mas concisão, ele fala das questões de seus dias referentes às obrigações da aliança de Israel. Por trás da aliança, apesar de Israel falhar na sua observância, está o Deus da aliança, que ainda liderará seu povo a uma glória futura.

A Data Básica. O título do livro (1.1) situa Miquéias nos reinados de Jotão, Acaz e Ezequias, aproximadamente 735-700 a.C. A mensagem em 1.2-9 foi dada antes da destruição de Samaria em 721. O recurso dos defensores de Jeremias à profecia de Miquéias confirma sua ligação com Ezequias:

> Também se levantaram alguns dentre os anciãos da terra e falaram a toda a congregação do povo, dizendo: Miquéias, o morastita, profetizou nos dias de Ezequias, rei de Judá, e falou a todo o povo de Judá...
> (Jr 26.17s.)

O julgamento contra Judá descrito em 1.10-16 parece ligado às campanhas assírias contra os filisteus em 720 ou 714-711. A referência ao sacrifício humano (6.7) é com freqüência entendida como retrato do reinado terrível de Manassés, quando o rito era comum, mas 2Reis 16.3 também o atribui a Acaz. Assim, a tradição de que Miquéias, como Isaías, profetizou imediatamente antes e depois da queda do reino do norte encontra sustentação interna. A ameaça de destruição que pendia sobre Israel (veja 3.12) e as referências à Assíria como o principal inimigo da nação (5.5s.) indicam o período entre a queda de Samaria em 721 e a retirada do exército de Senaqueribe, desbloqueando Jerusalém em 701. As afinidades com Isaías em tema e ênfases sustentam essa conclusão.

Unidade. Embora os oráculos de julgamento nos capítulos 1–3 sejam em geral aceitos como de Miquéias, levantam-se discussões consideráveis quanto à datação dos oráculos dos capítulos 4–7.[1] A função principal dos profetas pré-exílicos era fornecer uma crítica negativa das condições da nação e anunciar o julgamento que viria. Assim, os estudiosos vêem com muita reserva as mensagens de esperança. Eles questionam se elas vieram do profeta que dá nome ao livro ou de profetas posteriores. Com certeza, a edição canônica final do livro dá a impressão de que vêm do início do pós-exílio. O poema litúrgico em 7.8-20 pode pressupor que o julgamento recaiu sobre Judá, requerendo o cumprimento das mensagens de esperança. A maioria das mensagens de esperança pode ser creditada a Miquéias,[2] mas com freqüência seu conteúdo geral insinua a reconstrução de um ambiente histórico específico. O importante é a mensagem espiritual desses textos proféticos, não tanto sua origem histórica exata.

A Estrutura

O tom duplo de julgamento e esperança dá a estrutura básica de Miquéias. O livro divide-se em três seções, tendo por chave editorial um "ouvi" (ou "escutai") em 1,2; 3.1; 6.1. A primeira seção e a última são simétricas: uma série de mensagens negativas arrematadas por uma mensagem positiva mais curta (1.2–2.11 + 2.12-13; 6.1–7.7 + 7.8-20). A seção intermediária é mais complexa. Seu início e seu fim espelham os do livro todo, em menor escala. Os oráculos de julgamento no capítulo 3 são seguidos por uma breve mensagem de esperança em 4.1-5. O mesmo padrão reaparece num único trecho em 5.10-14 + 15. O material entremeado de 4.6–5.9 começa e termina com esperança para os remanescentes do povo de Deus (4.6-8; 5.7-9). Sua parte central mistura notas de angústia e esperança, alterando gradualmente a proporção em favor da esperança (4.9-10, 11-13; 5.1-6). Essa arquitetura literária insinua uma tentativa deliberada de salientar a dupla natureza da tradição profética de Miquéias, como boas e más notícias. As boas novas destacam o conceito de remanescente, dando um lugar central à esperança confiante de livramento messiânico (5.1-6).

A Mensagem

Lemos o livro canônico pelos olhos da comunidade pós-exílica de fé, que se destaca em 7.8-20. Por isso, é melhor começar por ali e depois voltar. Essa palavra final de esperança é uma liturgia de oração, garantia e louvor, mais provavelmente empregada no culto após a leitura pública de Miquéias. Ela faz jogo com o nome de Miquéias (v. 18, "Quem, ó Deus, é semelhante a ti [...]?) e reitera quatro dos temas de Miquéias: (1) pecado e transgressão, (2) o remanescente, (3) Deus como pastor e (4) sua expulsão das nações opressoras.

Em 7.8-10, a comunidade, por meio de seu porta-voz ("eu"), lamenta o julgamento que por fim recaiu sobre Jerusalém e confessa o pecado que o causou. Agora a mesma comunidade prenuncia a salvação também predita no livro. Nos v. 11-13 um profeta dá garantias de uma restauração futura. Depois (v. 14-17) a congregação roga que suas orações sejam respondidas, com um linguajar que ecoa o de Miquéias. Por fim, nos v. 18-20, canta-se um hino de louvor a Javé, clamando pela sua fé perdão divino e fidelidade à aliança.

Esse padrão litúrgico atesta a importância do culto para Israel. Os profetas do pré-exílio denunciaram o culto público (e.g., Am 5.21-24) só porque criam que, para ser válido, deveria ser acompanhado de um compromisso social e moral com a aliança. Esse padrão de confissão, oração, hino e resposta profética no capítulo 7 propicia um "amém" para essa perspectiva profética. Isso indica que a mensagem de Miquéias influenciou a forma e o conteúdo do culto de Israel e contribuiu para sua renovação.

As Primeiras Mensagens de Destruição (1.2–2.11). A catástrofe postase logo à frente para o reino do norte (1.2-9). Javé estava para visitar o mundo como juiz, e Samaria seria sua primeira parada. O reino do sul também cairia (v. 10-16). O impacto da invasão inimiga nas cidades e vilas da área natal de Miquéias é descrito em frases concisas, quase telegráficas. Uma série de jogos de palavras, impossíveis de traduzir, e alusões (agora cifradas) a várias cidades evocam um clima de pesar e desespero.[3] O ataque iminente será uma ameaça para a capital do sul, Jerusalém.

Miquéias, em seguida, empregando um oráculo de "lamento" (veja Am 6.1), ataca com fúria os pecados que tornaram necessário o julgamento. Em 2.1-5 ele expressa a ira de Javé contra uma nova classe abastada que sai comprando a terra. Essas ações cancelam o direito sagrado à posse da terra que celebrava a dádiva de Deus para o povo (cf. 1Rs 21; Is 5.8-10). Em 2.6-11, Miquéias ataca os insensíveis que acumulam terras e os que se proclamam profetas e dão apoio aos primeiros.

O Primeiro Indício de Esperança (2.12s.). Esse oráculo de salvação alivia as trevas com um lampejo de luz. Como a promessa de Isaías em Isaías 37.32, é provável que anuncie o livramento de Jerusalém, cercada em 701 a.C., mas para os leitores posteriores era uma esperança escatológica portentosa. Miquéias não pregou destruição e esperança ao mesmo tempo — o que só confundiria os ouvintes. Os que preservaram e editaram seus pronunciamentos queriam destacar que o julgamento jamais seria a última palavra de Javé para o povo da aliança. O divino Pastor cuidaria de seu rebanho.

A Segunda Mensagem de Destruição (cap. 3). Outro motivo para julgamento era o completo colapso dos líderes de Judá. Miquéias denuncia nos v. 1-4 que os direitos humanos estão sendo suprimidos nas cortes judiciais.

Miquéias invoca o cuidado de Deus como pastor de seu povo (Mq 7.14). Ovelhas nos montes de Jotbatá (Jotbá). *(Neal e Joel Bierling)*

Empregando imagens vivas de matadouro e canibalismo para denunciar o abuso selvagem contra as pessoas, o profeta prediz que encontrarão pouca misericórdia quando tiverem de responder na corte suprema. Nos v. 5-8, Miquéias, como verdadeiro mensageiro de Deus, aponta profetas rivais que sucumbiram ao materialismo, perdendo todo senso de verdadeira missão. Reafirmando as próprias credenciais, Miquéias anuncia que eles perderão os dons proféticos. Nos v. 9-12, ouvimos uma acusação geral contra a ordem estabelecida. A pressuposição de que a presença de Deus no templo torna invulnerável a cidade dá uma falsa segurança, alerta ele. Jerusalém cairá, com templo e tudo. Por fim, em 586 a.C., isso ocorreu, mas por ora a pregação de Miquéias e o arrependimento de seus ouvintes evitam um desastre imediato (veja Jr 26.17-19).

A Segunda Mensagem de Esperança (4.1-5). O panorama melancólico de degeneração religiosa e social seria sucedido de um futuro mais brilhante. Esse oráculo de salvação ocorre em forma mais abreviada em Is 2.2-5. Das cinzas de Jerusalém surgiria uma nova Jerusalém, um centro de adoração para todas as nações do mundo. Como os peregrinos israelitas, os gentios correriam a Jerusalém, buscando a vontade de Deus e, depois, voltariam para casa a fim de colocá-la em prática. Uma bela esperança, mas que dizer do presente? Israel devia exemplificar o sonho e mostrar como devem viver os peregrinos.

Oráculos de Esperança em Tempos de Angústia (4.6–5.9). Duas mensagens positivas acerca do "remanescente" são dadas em 4.6-8 e 5.7-9. Elas esboçam três contrastes de presente / futuro em 4.9-10, 11-13; 5.1-6. Observe o termo "agora" em 4.9. 11; 5.1. O último dos três é bem conhecido como promessa messiânica (veja Mt 2.6). Como Isaías, Miquéias reafirmou as antigas promessas associadas à aliança davídica (2Sm 7.8-16), celebradas nos salmos reais (veja Sl 2). A fragilidade de Ezequias durante o bloqueio assírio contra Jerusalém seria seguida por uma nova era de poder e paz sob um verdadeiro filho de Davi. Belém é mencionada (v.2) para destacar a origem humilde de Davi e seu futuro sucessor, que seria um verdadeiro pastor do povo (v. 4). Em seu contexto, o oráculo profetiza não o nascimento do rei vindouro, mas a continuidade da linhagem de Davi.

O oráculo de 5.7-15 descreve os pecados persistentes de Judá: o militarismo e as práticas religiosas pagãs. Javé precisa arrancá-las. Somente Deus pode conceder a vitória que Judá está buscando por meios errados.

A Terceira Mensagem de Destruição (6.1–7.7). Desenrola-se uma corte judicial em 6.1-8. Os montes são chamados a testemunhar a disputa entre Javé e seu povo.[4] Deus alega quebra de contrato. A fim de provar a própria boa vontade, ele menciona o êxodo e a dádiva da terra. Miquéias coloca uma declaração nos lábios do povo, oferecendo qualquer ato religioso que Deus possa pedir. A réplica do profeta no v. 8 mostra que eles não entenderam o que ocorria. Não se trata de manifestações de culto, mas de um estilo de vida reto que valide um relacionamento saudável com Deus.

> Ele te declarou, ó homem, o que é bom;
> e que é o que o SENHOR pede de ti:
> senão que pratiques a justiça, e ames a misericórdia,
> e andes humildemente com o teu Deus? Mq 6.8

A acusação divina torna-se específica em 6.9-16. As práticas da violência, do engano e das fraudes nos negócios são gritantes. Isso trará desolação e destruição à terra. A referência a Onri e a Acabe indica que os mesmos tipos de corrupção que destruíram o reino do norte agora se disseminam por Judá.

O quadro de traição e opressão encerra-se em 7.1-7, na realidade um salmo de queixa individual. Miquéias estava angustiado com a degradação moral de sua sociedade e exasperado com o colapso total dos valores pessoais e sociais. Ele esperava em Deus para vindicar a posição que havia tomado.

Na resposta final, os ouvintes posteriores de Miquéias abrem o coração para sua mensagem. As descrições que ele faz do pecado torna-se um espelho pelo qual verificam a vida. Suas palavras de esperança lhes dá novo ânimo de viver como povo de Deus no mundo sombrio.

CAPÍTULO 21

Isaías: o Contexto

Isaías é notável no cânon bíblico por algumas razões. Em tamanho, só é menor que Salmos. Sua influência é clara na contribuição para a comunidade de Qumran, cujos Rolos do Mar Morto preservaram pelo menos cinqüenta manuscritos ou fragmentos deles, e especialmente em seu impacto no Novo Testamento, que contém mais de 400 citações e reflexos da linguagem de Isaías.[1] Mais impressionante que esses dados estatísticos, porém, é o simples esplendor do livro. A imponência de sua linguagem dramática, a amplitude de seus temas teológicos, o vigor de sua perspectiva histórica — tudo isso combina para justificar o linguajar superlativo com que estudiosos, pregadores e poetas descrevem seu legado de sessenta e seis capítulos que, sem exageros, pode ser considerado a peça fundamental da literatura profética.

> No ano da morte do rei Uzias, eu vi o Senhor assentado sobre um alto e sublime trono, e as abas de suas vestes enchiam o templo. Serafins estavam por cima dele; cada um tinha seis asas: com duas cobria o rosto, com duas cobria os seus pés e com duas voava. E clamavam uns para os outros, dizendo:
>
> Santo, santo, santo é o SENHOR dos Exércitos;
> toda a terra está cheia da sua glória. Is 6.1-3

Inscrição do túnel de Siloé relatando a conclusão do aqueduto construído por Ezequias, durante cujo reinado profetizou Miquéias.
(Departamento de Antigüidades de Israel)

O Profeta

Isaías ben Amós (distinto do profeta Amós) era de Judá, provavelmente de Jerusalém. Seu ministério pode ter se iniciado nos anos finais do reinado de Uzias. Com certeza estendeu-se do ano da morte de Uzias (740 a.C.; cf. 6.1) pelos de Jotão, Acaz e Ezequias (pelo menos 701). De acordo com a tradição, que encontra algum apoio na própria profecia, pode ter entrado pelo reinado de Manassés (696-642). A tradição também registra que Isaías era primo de Uzias ou sobrinho de Amazias (Talmude *Meg.* 10b), nascido em Jerusalém ou próximo dela. Estudiosos modernos consideram essa atribuição "simples conjectura",[2] mas o acesso direto de Isaías tanto ao rei (7.3) como ao sacerdote (8.2) presta apoio à tradição. Ele era casado com uma profetisa e tinha dois filhos (7.3; 8.3); de acordo com a tradição judaica, o segundo filho nasceu de um segundo casamento com uma "virgem" (veja 7.14 NRSV "mulher jovem"). Outra tradição relata que Isaías foi martirizado nos dias de Manassés, tendo sido serrado em dois (*Assunção de Isaías*, a possível base para Hb 11.37). O ministério de Isaías, portanto, estendeu-se por um período de pelo menos quarenta anos (740-701) e talvez mais, já que Ezequias não morreu antes de 687 e é duvidoso que o co-regente Manassés ousasse martirizar Isaías com Ezequias ainda vivo.

A Visão. É evidente que o profeta adquiriu um senso de missão por meio de seu encontro com Javé. Esse fato grandioso não foi, provavelmente, o chamado inicial, mas uma reconvocação para a tarefa específica de anunciar julgamento. Devemos ler os capítulos 1-5 como um breve panorama de toda a mensagem e também como um resumo dos temas pregados por Isaías durante os anos finais de Uzias. Incluem-se a acusação contra o povo por sua letargia e seu pecado rebelde (1.1-26), e a promessa de redenção para os que se voltarem para Deus (v. 27-31); uma visão da glória dos últimos dias (2.1-4); outra alternância, dessa vez em ordem reversa, do julgamento (3.1–4.1) e da glória vindoura (4.2-6); e o lindo "cântico da vinha" (cap. 5). Duas visões são indicadas (1.1: 2.1), talvez combinadas com algumas mensagens avulsas para moldar o argumento introdutório.

A visão de Javé (cap. 6) é datada "no ano da morte do rei Uzias" (c. 740 a.C.) Antes disso, Isaías viu as glórias e o esplendor da corte terrena de Uzias, mas quando o rei morreu, Deus lhe concedeu a visão da corte celestial. A visão contém uma revelação do Senhor três vezes santo (i.e., incomparavelmente santo, v. 1-3), sentado num trono "alto e sublime", vestido com um manto cujas pontas enchem o templo. Anjos chamados *serafins* servem para guardar o trono, adorar o Senhor e ministrar a Isaías em sua necessidade, por ser pecador (v. 7). Isaías também tem uma visão de si próprio — um pecador habitando em meio a pecadores (v. 6), necessitado de misericórdia porque seus olhos "viram o Rei, o Senhor dos Exércitos" (v. 5). Nesse momento Isaías recebe a revelação do ministério que lhe é designado (v. 8-13).

A Missão. O ministério de Isaías foi angustioso. Parte de seu impacto seria tornar impossível ao povo de Deus ver e ouvir a verdade divina. O julgamento de Deus contra o povo seria bem real e quase total. Ainda assim, um remanescente de Judá — de quem Isaías, perdoado e purificado (v. 7), era precursor — sobreviveria, como uma árvore derrubada pode ganhar novas raízes (v. 13). Os nomes que o profeta deu aos filhos — *Shear-jashub*, "Um-Resto-Volverá" (7.3) e, em especial, o do mais novo, *Maher-shalal-hash-baz* (8.1-4), "Rápido-Despojo-Presa-Segura" (8.1-4)[3] — indicam sua mensagem dual. O nome do primeiro filho fala das conquistas assírias que deixam só um remanescente de sobreviventes.[4] O do segundo descreve os assírios pilhando Damasco e Samaria e sua coalizão cobiçosa que ameaçou Acaz, rei de Judá. A visão declara que Deus é livre para se fazer conhecido e também o perdão dos pecados ao seu profeta e aos fiéis.

A tarefa de Isaías é complexa. À primeira vista, parece conter uma mensagem da rejeição de Israel e de Judá. Javé diz a Isaías que ele está para impossibilitar que as pessoas se arrependam (6.10). O confronto entre o faraó e

Moisés pode ser um paralelo: o faraó primeiro endurece o próprio coração e, depois, Javé sela o processo (veja Êx 7.3, 14). Em Isaías, porém, um aspecto redentor encontra-se nas palavras: "a santa semente é o seu toco" (Is 6.13). Essa imagem da esperança futura, extraída da horticultura, torna-se parte das figuras da promessa messiânica (Jr 23.5-6; 33.15; Zc 3.8; 6.12). Alguns estudiosos rejeitam essa linha final do capítulo 6, atribuindo-a a outro autor, entendendo que a comissão de Isaías era anunciar somente a destruição. Não podemos remover esse elemento de significado redentor, já que está prenunciado na concessão do perdão a Isaías (v. 7).[5] Ambos, julgamento e esperança, são inerentes ao relacionamento que vemos entre Deus e Israel.

De acordo com 2Crônicas 26.22, Isaías ben Amós escreveu os "atos" de Uzias, implicando que o profeta era escriba ou responsável pela crônica oficial daquele rei. A profecia implica que Isaías transitava com facilidade em círculos oficiais e era próximo dos reis (veja 7.3; 8.2; 36.1-38.8, 21s.; par. 2Rs 18.3-20.19). Tal posição explicaria de modo satisfatório seu conhecimento da situação mundial.[6] Aliás, a percepção de como o Deus soberano emprega as nações para levar as bênçãos e os julgamentos decorrentes da aliança foi uma das contribuições profundas de Isaías para Israel compreender seu lugar no programa de Deus na história.

A Época

Os capítulos sobre 2Reis, Amós, Oséias e Miquéias mostram-nos um pouco da situação nacional e internacional na época de Isaías. Pelo menos em parte de seu ministério Isaías foi contemporâneo desses profetas. Embora sua reconvocação (cap. 6) tenha ocorrido no ano da morte de Uzias, podemos pressupor com base em 2Crônicas 26.22 que ele estava ativo na corte pelo menos alguns anos antes. De fato, os capítulos 1-5 podem datar dos últimos anos de Uzias. Se o registro da morte de Senaqueribe (Is 37.38) foi lavrado por Isaías, sua vida na corte e seu ministério profético estenderam-se de c. 745 a c. 680. Mesmo que esse período seja abreviado para "as últimas quatro décadas e meia do século oitavo", como afirmam alguns, teremos de concordar que "foram repletos dos eventos grandiosos, dos mais grandiosos de todos os períodos da história israelita".[7] A época de Isaías foi nada menos que um divisor de águas na história do povo de Deus.

Tiglate-Pileser chegou ao trono assírio em 745 e, livre das preocupações com a Mesopotâmia e Urartu, conquistou até 740 todo o norte da Síria. Em 738 subjugou a cidade-estado de Hamate e forçou outros pequenos reinos a pagar tributo para escapar da mesma sina. Entre eles estavam Israel sob o governo de Menaém (2Rs 15.19s.) e um certo Azriyau de Ya'udi, que alguns tomam por Azarias (Uzias) de Judá.[8] Em 734 Tiglate-Pileser liderou uma expedição para o território palestino e estabeleceu uma base de operações no rio do Egito (o *uádi el-'Arîsh*). Alguns pequenos estados aliaram-se contra ele na chamada guerra siro-efraimita (733). Israel sob o reinado de Peca participou dessa guerra, mas Judá sob Acaz recusou-se. A coalizão voltou-se então contra Acaz, na esperança de destituir a dinastia davídica e colocar alguém que aceitasse a aliança (2Rs 15.37; 16.5; Is 7.1). Rejeitando o conselho de Isaías, Acaz buscou a ajuda da Assíria (2Rs 16.7-9). Tiglate-Pileser invadiu a região norte do Jordão, tomou Gileade e a Galiléia e carregou muitos israelitas para a Assíria. O povo de Israel foi desalojado (2Rs 15.29). A Assíria estava observando as fronteiras de Judá.

Nessa época Peca de Israel foi destituído, e seu sucessor, Oséias, pagou tributo a Tiglate-Pileser depois que o rei assírio infligiu uma devastação terrível a Damasco (732). Quando Tiglate-Pileser morreu em 727, Oséias recusou-se a pagar tributo a seu sucessor, Salmaneser V. Em vez disso, cortejou o Egito como aliado (2Rs 17.4). A Assíria voltou-se contra Israel, capturou o rei e sua terra, mas não conseguiu tomar Samaria, a capital. Após um cerco de três anos, Samaria caiu (721) diante de Salmaneser ou de seu sucessor, Sargão II (que reclamou a vitória). Uma multidão de israelita foi então levada para o cativeiro. A terra foi repovoada por cativos de outras terras, inclusive babilônios (v. 24), o que pode, em parte, explicar o grande conhecimento de Isaías a respeito da Babilônia. Com a queda do reino do norte, a Assíria estendeu seu império até a fronteira norte de Judá. É essa crise que proporciona o cenário para as mensagens de julgamento e esperança nos capítulos 7-14.

Em 720, algumas cidades-estados da Síria e Palestina rebelaram-se, mas foram contidas de imediato. Gaza tentou revoltar-se com a ajuda de Sibu, do Egito. Na batalha que se seguiu, as forças assírias fizeram os egípcios recuar para dentro de suas fronteiras, deixando Judá praticamente ilhado. Acaz morreu em 715 e foi sucedido por Ezequias (que atuou como co-regente por doze anos).[9] Em 714 a XXV Dinastia (etíope) chegou ao poder no Egito (talvez refletido em Is 18.1-6). Em 713-711 ocorreu um levante anti-assírio em Asdode, de que participaram Edom, Moabe e Judá. Sargão da Assíria enviou seu Tartã ("segundo") a Asdode (cap. 20), e Asdode e Gate tornaram-se uma província assíria. Judá estava-se tornando cada vez mais vulnerável.

Sargão morreu em 705, iniciando de imediato uma série de 110 revoltas contra a Assíria, inclusive a tentativa de Ezequias (2Rs 18.4-8), sem dúvida incentivada pelo Egito (cf. Is 30.1-5; 31.1-3). Merodaque-Baladã liderou um levante na Babilônia e bem provavelmente enviou emissários a Ezequias para estabelecer os alicerces de uma revolta ou ataque duplo (2Rs 20.12-19; Is 39.1-4). Senaqueribe da Assíria estava ocupado sufocando revoltas e não pôde concentrar-se em Judá até 701. Nessa campanha ele esmagou Sidom e fez Asdode, Amom, Moabe e Edom pagar tributos. Ele também subjugou Asquelom e Ecrom, além de vencer as forças egípcias comandadas por Taraka em Elteque.[10] Laquis foi cercada, Ezequias foi "preso como um pássaro na gaiola"[11] e forçado a pagar tributo a Senaqueribe (2Rs 18.13-16). Mais terras suas foram tomadas, pelo menos temporariamente, e dadas a reis filisteus. A história dessa época é de tal maneira interligada à profecia de Isaías que não se pode compreender esta sem um conhecimento dos eventos.[12]

A Autoria

A idéia tradicional de que Isaías escreveu o livro inteiro é hoje sustentada por bem poucos estudiosos. Muitos críticos hoje aceitam dois livros (1–39 e 40-66), em geral denominados "Primeiro" e "Segundo" (ou "Dêutero") Isaías.[13] Análises posteriores encontram três livros (1–39; 40–55; 56–66) dos quais a última seção é chamada "Terceiro" (ou "Trito") Isaías. Posições extremas encontram quatro ou mais autores e em alguns casos nenhum autor identificável; a obra é vista como a compilação progressiva de membros desconhecidos da comunidade de fiéis (veja o capítulo 17, acima).[14]

Argumentos para a Autoria Plural. Três argumentos principais são dados para dividir a profecia de Isaías entre dois ou mais autores responsáveis pelos capítulos 1–39 e 40–66: a perspectiva histórica, incluindo a menção de Ciro, rei da Pérsia de 559-530 a.C. (45.1), o estilo e os temas teológicos. As linhas de argumentação desenvolvem-se da seguinte maneira, embora tenham sofrido incontáveis desdobramentos em décadas recentes:[15] (1) evidências internas dão a entender que a profecia dos capítulos 40–66 apontam, não para os contatos de Judá com a Assíria, como a profecia dos capítulos 1–39, mas para o período do cativeiro babilônico, um século e meio mais tarde. Jerusalém está deserta, em ruínas (44.26; 58.12; 61.4; 63.18; 64.10). O profeta está-se dirigindo a exilados na Babilônia (40.21, 26, 28; 43.10; 48.8; 50.10s.; 51.6, 12s.). (2) O estilo literário dos capítulos 40–66 é considerado diferente do estilo dos capítulos 1–39, empregando repetição de palavras para ênfase, referências a cidades como se fossem pessoas, quadros dramáticos do destino de nações e pessoas.[16] Alguns pontos discutidos não podem ser ilustrados de maneira específica, tais como um aparente contraste entre o estilo conciso, compacto do próprio Isaías e o desenvolvimento amplo de uma idéia em Segundo Isaías ou entre a retórica grave e contida de Isaías e a retórica fervorosa e apaixonada de Segundo Isaías. (3) As idéias teológicas de 40–66, alega-se, diferem de maneira muito marcante das idéias que aparecem em 1–39, para serem identificadas com Isaías. O autor da segunda parte do livro "move-se *numa diferente área de pensamento* da de Isaías; ele apreende e destaca aspectos diferentes da verdade Divina".[17] As diferenças em ênfases teológicas serão analisadas no capítulo 22, adiante.

Argumentos em favor de um Terceiro Isaías (Trito-Isaías; caps. 56–66) são resumidos da seguinte maneira: [18] (1) "A nação está vivendo na Palestina; Jerusalém está reconstruída". (2) "O assunto [...] já não é o grande anseio por livramento e retorno ao lar, mas as condições de miséria, os detalhes e as disputas na vida da comunidade" (56.9ss.; 57.3ss.; 66.3ss.). (3) "As esperanças de salvação carregam um tom nitidamente mundano e materialista". (4) "A concepção de Deus não é tão elevada como a de Dêutero-Isaías e em vão se buscará seu forte otimismo". Já se notou que, nos capítulos. 60–62, dizeres de Dêutero-Isaías são empregados e citados com freqüência, mas seu sentido original é distorcido. Essa perspectiva vê um "abismo profundo" entre Dêutero e Trito-Isaías.[19]

Muitas obras recentes não dão nenhuma razão para aceitar a noção de dois ou três Isaías. Os autores declaram como fato sólido que os capítulos 1–39 foram escritos por "Isaías de Jerusalém", e 40–66 (ou 40–55), por "um profeta desconhecido do exílio". É justo dizer, porém, que a ruptura entre os capítulos 39 e 44 é muito mais clara que entre os capítulos 55 e 56.

Discussão dos Argumentos em favor da Autoria Múltipla. Mesmo com a concepção de inspiração exposta no capítulo 45, adiante, não é mais difícil aceitar o conceito de "um profeta desconhecido do exílio" como autor dos capítulos 40–66 ou 40–55 do que de um autor desconhecido para a Epístola aos Hebreus. Pode-se admitir que os valores religiosos de "Segundo" ou "Terceiro" Isaías são igualmente grandes, pressupondo sua inspiração divina. Não se deve transformar a posição de alguém em relação à autoria de Isaías em seu teste de ortodoxia. Entretanto, é igualmente violação dos princípios críticos dizer sem maiores explicações que "Isaías 40–66 foi escrito por um profeta desconhecido do exílio" ou dizer "Isaías escreveu o livro inteiro". Precisamos procurar captar continuamente o significado do livro conforme dado a nós e deixar em aberto a questão do processo de composição.

(1) Ciro. O argumento baseado em Ciro seria uma recusa em admitir a possibilidade de uma visão divinamente revelada do futuro? Se for é perigoso, porque a cosmovisão bíblica deve ser baseada na realidade da presença e atividade sobrenaturais de Deus. Existem, porém, pessoas totalmente teístas que crêem

que o nome de Ciro indica o período do exílio como data para os capítulos 40ss. Alegam que é contrário à natureza da profecia, conforme se ilustra em toda parte na literatura profética da Bíblia, anunciar de antemão o nome de indivíduos. (Uma exceção é a menção específica de Josias em 1Rs 13.1s., mais de três séculos antes de seu surgimento, embora "Josias" aqui seja muitas vezes entendido como inserção de um editor deuteronomista.)[20] Mas considere-se a declaração surpreendente feita por G. von Rad em outro contexto: "De fato, Dêutero-Isaías coloca em grande destaque a questão de quem controla a história do mundo, e a resposta que ele dá é de quase tirar o fôlego — o Senhor da história é aquele que pode permitir que o futuro seja contado com antecedência".[21] Alguns estudiosos, que sustentam a autoria simples de Isaías, crêem que o nome "Ciro" em 44.28 e 45.1 é um acréscimo ao texto.[22] Por outro lado, tem-se destacado que Ciro é o assunto de todo o contexto (a partir do cap. 41) e que o nome não pode ser suprimido sem que se destrua a estrutura literária da passagem.[23]

Assim, o argumento pela autoria múltipla a partir da menção de Ciro não é de todo contundente: (a) pode ser adaptado pelos que defendem um autor único; (b) a idéia de dois autores não depende, nem pode depender, somente dele.

(2) O estilo. Todos os estudiosos admitem que qualquer argumento baseado no estilo é precário. O estilo de um autor pode variar de acordo com o propósito, os destinatários, o estado de ânimo, a idade e outros fatores. De fato, os estudiosos que defendem a autoria múltipla admitem, em geral, que o "autor desconhecido" dos capítulos 40–66 procurou deliberadamente imitar o estilo de Isaías de Jerusalém: "Relações de vocabulário e pensamento fazem-nos concluir que o Segundo Isaías não só conhecia os oráculos do Isaías de Jerusalém, como também se via como uma continuação do Isaías de Jerusalém".[24] Algumas dezenas de paralelos de vocabulário, concepções e figuras literárias têm sido identificadas como demonstrações da ligação entre as duas partes do livro.[25]

De modo semelhante, o estilo não é um fator decisivo em Trito-Isaías. Em geral, os estudiosos entendem que "o estilo em sua maior parte é inferior",[26] mas reconhecem que "o estilo desses capítulos é bem próximo do de Dêutero-Isaías, mas não totalmente uniforme, sendo que o de algumas passagens é muito inferior ao de outros".[27] O estilo só pode ser empregado para defender a unidade entre um Isaías e o segundo Isaías.[28] Aliás, com base exclusiva no estilo, os estudiosos não encontram argumentos decisivos em suas conclusões, seja para o livro de Isaías, seja para qualquer outra parte do Antigo Testamento.

(3) O argumento baseado na situação geográfica e histórica não pode ser apresentado de forma tão resumida. Não se pode questionar que o ponto de

vista dos capítulos 40–66, em geral, não prevê o exílio, mas, antes, situa-se dentro do exílio. Um princípio aceito da hermenêutica histórico-gramatical sustenta que a profecia sempre surge da situação histórica[29] e fala às pessoas daquela situação (veja o capítulo 16, acima). Se a profecia for dada exclusivamente antes de alguma situação, isso é uma violação desse princípio — i.e., embora possa referir-se ao futuro, deve fazê-lo a partir da situação presente, pois de outra maneira não teria relação com as pessoas de sua época.

Embora esse princípio seja em geral aceitável, não se deve entender que exclua a profecia prenunciativa. A profecia prenunciativa, como regra, indica seu próprio cenário histórico. Por exemplo, no discurso das Oliveiras (Mc 13; Mt 24–25), percebe-se claramente que Jesus está sentado no monte das Oliveiras com os discípulos, não muito antes da crucificação, falando acerca do futuro. Mas em Isaías 40–66, não há, em parte alguma, indicações de que Isaías de Jerusalém esteja na Jerusalém da própria época dele, falando aos contemporâneos sobre um futuro exílio. Antes, numerosas indicações mostram que o autor está vivendo no exílio, falando a pessoas que vivem sob condições de exílio.[30]

Entretanto, o argumento não é assim tão simples. Caso fosse, todos os estudiosos estariam entre os discípulos de B. Duhm[31] e sua concepção de Dêutero-Isaías. Pois mesmo os capítulos 1–39 contêm segmentos (cap. 13; 24–27; 32-35 e, de acordo com alguns estudiosos, muitos mais) que não apresentam a perspectiva do século VIII, típica de Isaías. Assim, os estudiosos negam que Isaías seja seu autor. Os capítulos 56–66 contêm tantas referências fora do contexto (*Sitz im Leben*) babilônico, que muitos estudiosos insistem que foram anunciados em Jerusalém — após o exílio, é claro.[32] Mas os detalhes das passagens referentes a Jerusalém ou à Palestina nos capítulos 56–66 freqüentemente não estão em harmonia com o período do pós-exílio. A idolatria, os lugares altos e os pecados correlatos (veja 57.3-13) são característicos do período anterior ao exílio, não posterior. Estudiosos da história e da religião do Antigo Testamento há muito alegam que o exílio curou Israel de sua antiga idolatria: "... o problema da idolatria continuou durante a maior parte da história de Israel. Foi apenas após o exílio babilônico que o problema foi efetivamente erradicado".[33]

Os tipos de pecados mencionados em 59.1-8 parecem-se muito mais com os de Amós, Miquéias e Isaías original, que com os de Ageu, Zacarias, Malaquias ou Esdras–Neemias. Uma leitura dos profetas do pós-exílio em paralelo com Isaías 56–66 indicará pelo menos tantos contrastes quanto semelhanças. Os capítulos 40–55 têm pontos em comum com capítulos anteriores e posteriores de Isaías. Aliás, os estudiosos ficam tão intrigados com a complexidade dos dados que alguns ficam inclinados a fragmentar o livro de Isaías em numerosas fontes, talvez até dez, estendendo-se por um período que vai de 740 ao século II a.C.

Quanto à geografia, fornecem-se numerosos detalhes menores sobre Jerusalém, mas nenhum sobre a Babilônia. (Compare isso com Ezequiel ou Daniel, que inclui grande quantidade de detalhes acerca da Babilônia.) Se "Dêutero-Isaías" ("Isaías da Babilônia") escreveu na Babilônia, deixou-nos poucas evidências concretas de seu paradeiro.

Bem podemos perguntar se os pontos de vista expressos no livro de Isaías estariam tão distantes da experiência dos judeus do século VIII, como dão a entender as várias teorias acadêmicas. Em 722, o povo do reino do norte fora levado para o cativeiro. Deportados provenientes da Babilônia foram colocados em Israel. Muitos habitantes do norte haviam fugido para o sul, sem dúvida com histórias para contar, de modo que falar sobre o exílio seria bem adequado. Não seriam abundantes as referências à Babilônia? A visita dos enviados de Merodaque-Baladã, o revolucionário babilônio, nos dias de Ezequias (c. 701; veja 2Rs 20.12; Is 39.1) deve ter levantado a possibilidade de aliança com a Babilônia numa tentativa de derrubar a Assíria. Isaías foi contrário a essa posição. Com a revelação divina (ou mesmo sem ela) talvez tivesse de fato previsto que o futuro traria uma retribuição divina contra Judá por mãos babilônicas — mensagem decerto não descabida em sua época.

Além disso, Isaías indica claramente que sua mensagem não é destinada só para seus dias, mas para um tempo futuro. Logo depois do relato sobre a recusa de Acaz em dar ouvidos a Isaías (cap. 7) e logo antes da promessa do governante davídico vindouro (9.2-7 [TM 1-6], aceito como original de sua lavra por muitos críticos), Isaías fala de guardar o testemunho e de selar o ensino entre seus discípulos (8.16). A passagem não é isenta de dificuldades lingüísticas,[34] mas a intenção é clara: Isaías, seja por comando de Javé, seja por decisão pessoal, está olhando para um tempo distante em que sua mensagem será mais completamente aplicável.[35]

Uma possibilidade razoável é que a mensagem de Isaías tenha sido colecionada e preservada por seus discípulos[36] e mais tarde editada e colocada em forma escrita. Isso seria suficiente para responder pela introdução de um ponto de vista posterior que reflita suas origens. O que Isaías disse com aplicação imediata, e também com referência ao futuro, foi colocado em linguagem mais significativa para um período posterior, no momento da escrita. Os discípulos imediatos de Isaías (nascidos, talvez, depois de 700) dificilmente teriam vivido até a captura de Jerusalém (587), muito menos até o retorno do exílio (537 ou depois). Mas, é claro, seus discípulos poderiam, por sua vez, transmitir as tradições para outros discípulos. Pela incerteza do processo, a sabedoria recomenda que se mantenha a mente aberta em relação a esse assunto.

Deportados de Ecrom com escolta assíria, retratados num relevo do século VII em Nínive. *(Louvre, fotografia de William Sanford LaSor)*

A influência de Isaías de Jerusalém sobre toda a obra não deve ser subestimada. O nome dele é o único citado como de profeta nos sessenta e seis capítulos. Seus temas estabelecem o tom do livro inteiro. As seções que podem ter sido acrescentadas mais tarde foram entretecidas em material sem dúvida oriundo de sua mão. Ao que parece, seus sucessores consideravam-se herdeiros de seu ministério. Quem quer que tenha feito a edição final, sob direção do Espírito, via o livro como uma unidade, não como uma coleção de material profético paralela às óbvias coletâneas litúrgicas e sapienciais de Salmos e Provérbios.

(4) As idéias teológicas em Isaías e o argumento de que as de Dêutero-Isaías são muito mais desenvolvidas que as de Proto-Isaías serão discutidas no próximo capítulo. Aqui, observamos apenas que em alguns aspectos esse é um argumento circular. Alguns estudiosos procuram determinar qual teria sido o nível de pensamento teológico no século VIII. Depois, passam a suprimir dos

textos de Amós, Miquéias, Oséias, Isaías ou história deuteronômica o que não coaduna com esse pressuposto. Em seguida, com base nos textos emendados, oferecem provas da tese original. A tal lógica falta convicção e, por fim, ela não é convincente.

Não se pode questionar a respeito do desenvolvimento de idéias no livro de Isaías. Vê-se uma diferença notável entre os capítulos 1–39 e 40–66, como evidencia até uma leitura cuidadosa do esboço (p. 314-16, adiante). Além disso, é por demais difícil, até impossível, reconstruir o processo pelo qual os pronunciamentos originais do profeta e a forma escrita final foram ligados. Observando o livro como se encontra, é preciso pressupor que várias profecias foram lembradas, talvez anotadas e preservadas a partir de c. 740 e durante o exílio e o retorno, até que se atingisse a forma canônica. Ninguém deve tentar reconstruí-lo sem uma profunda consciência de nossa necessidade de compreender a dimensão teológica da visão.[37]

Portanto, embora deva haver algum grau de flexibilidade na consideração de várias opiniões, não há motivos suficientes para rejeitar a idéia de que Isaías de Jerusalém é a personalidade dominante que brilha ao longo de toda a profecia. A presença de acréscimos posteriores e glosas explicativas não é apenas uma possibilidade, mas fato demonstrável. A teoria da atividade dos discípulos de Isaías não é pouco razoável, sendo insinuada pelo próprio texto. Os evangelhos apresentam o mesmo desenvolvimento. São, em essência, os ensinos de Jesus Cristo, embora ele não tenha escrito nenhuma de suas palavras. É bem provável que o Evangelho de Marcos seja a pregação de Pedro ou a instrução catequética que acompanhava a pregação de Pedro, embora a forma literária e estrutura sejam quase que certamente de Marcos. A Torá é essencialmente mosaica, embora não esteja totalmente claro quanto foi de fato escrito por Moisés. Apresentam-se, assim, três tipos de transmissão dos ensinos de líderes religiosos e, sem dúvida, é possível encontrar outros nas Escrituras. Qualquer processo semelhante é aceitável quando se diz: "Isaías foi responsável pela profecia inteira".

O que se deve rejeitar é qualquer concepção que deixe apenas um Isaías de Jerusalém microscópico e uma figura anônima gigantesca do exílio. Mais auspiciosos são os comentários recentes que fincam o ministério de Isaías na história de Ezequias e creditam a maior parte dos capítulos 1–39 à sua atividade profética.[38]

A Autoridade. Mais relevante que a discussão da autoria é a questão da autoridade. Que diz a profecia de Isaías para a comunidade de fiéis? Sem dúvida, a divisão crítica de Isaías, como destaca B. S. Childs, resultou na perda de grande parte de sua mensagem:

Em primeiro lugar, o academicismo crítico tem atomizado o livro de Isaías numa miríade de fragmentos, fontes e redações de diferentes autores numa variedade de momentos históricos. Questiona-se seriamente quando se fala da mensagem do livro como um todo, e mesmo estudiosos relativamente conservadores como W. Eichrodt têm sido forçados a isolar um pequeno número de passagens "genuínas" ou "centrais", a partir do qual interpretam o restante do livro. De novo, agora a exegese crítica repousa sobre uma base muito hipotética ou incerta de reconstruções históricas. Uma vez que já não é possível determinar com precisão o contexto histórico de grandes seções de Isaías, as hipóteses aumentam junto com a discordância entre os especialistas. Por fim, quanto mais aumenta a precisão histórica em torno do livro de Isaías e quanto mais ancorado em seu ambiente original tanto mais difícil se tem tornado movê-lo do mundo antigo para uma apropriação religiosa contemporânea da mensagem.[39]

A primeira pergunta a ser feita não é "Qual o valor dessa obra para a igreja hoje?", mas "Qual era o valor dessa obra para a comunidade de fiéis que fez com que fosse preservada, reverenciada e considerada Escritura sagrada?". Os recortes e remendos identificados pela análise crítica teriam desaparecido há muito tempo, não fosse algo que impelisse a caracterização da relação entre Deus e Israel. A solução oferecida por Childs, a saber, o processo canônico, embora de grande mérito, não satisfaz a todos. De acordo com sua concepção, Primeiro Isaías sofreu "redação teológica [...] para garantir que sua mensagem fosse interpretada de acordo com Segundo Isaías".[40] Mas por que Primeiro Isaías foi preservado por 150 anos ou mais? Childs observa: "De acordo com a forma presente do livro de Isaías, deve-se questionar seriamente se o material de Segundo Isaías de fato circulou alguma vez em Israel à parte, sem estar ligado a uma forma primitiva de Primeiro Isaías".[41] Sua resposta, que atrasa a produção do Isaías canônico por dois séculos ou mais, não fala da questão anterior com respeito a Primeiro Isaías. O elemento de esperança de redenção futura deve ter sido aceso nos discípulos de Isaías, e deve ter queimado com tamanho ímpeto que a destruição do templo, o exílio da nação e os desapontamentos do retorno, todos juntos, não puderam extingui-lo. Não temos indícios de que Segundo e Terceiro Isaías, e todos os outros "Isaías" que estudiosos da crítica possam identificar, tenham em algum momento circulado sem Primeiro Isaías. O livro hipotético não contém cabeçalho, fórmula de data nem declaração que indique "A visão de 'Segundo Isaías' nos dias de Zorobabel", como se encontra em todas as outras obras proféticas. Pelo que se pode verificar, existiu somente uma profecia de Isaías, ainda que os estudiosos possam por fim chegar do profeta Isaías de Jerusalém ao livro canônico que leva seu nome.

A autoridade do livro, portanto, é a mensagem do livro todo. Ele combina julgamento e libertação, desespero e esperança. Estudar a profecia de Isaías de acordo com a análise acima não é alegar que Isaías esboçou sua obra e depois a escreveu. Antes, todo o processo pode ser atribuído à ação do Espírito de Deus, como o Autor supremo, sobre o profeta Isaías e sobre seus "discípulos", quem quer que tenham sido, quando quer e como quer que tenham colocado a obra em sua forma canônica final.

Isso nos leva a considerar o princípio hermenêutico que deve nortear qualquer tentativa de captar a mensagem de Isaías. Deve-se procurar, como sempre, conhecer a situação em que "o profeta" falou. Mas, nesse caso, o *Sitz im Leben* estende-se desde o Israel do pré-exílio, à espera do terrível julgamento do Senhor, a quem havia rejeitado, até os exilados, que precisavam saber que sua experiência de julgamento divino fora completada e ouvir palavras de consolo.

> Eis uma razão da grandeza da profecia de Isaías: ela se coloca entre dois mundos. Fala aos pecadores que vêem diante de si um Deus irado (1.21-26) e também aos remanescentes que receberão salvação desse mesmo Deus (40.1s.), revelado a eles como Pai e Redentor (63.16). Dessa perspectiva, a profecia de Isaías fala com autoridade a todas as pessoas de todas as épocas.

Como Israel, toda a humanidade tem pecado repetidas vezes em pensamento, palavras e atos. Como Israel, todos necessitam de salvação. O Livro de Isaías proclama que a salvação é proporcionada pelo Deus que tem pleno controle deste mundo com suas nações, fortes ou fracas, e que pode revelar a seus profetas o que ocorrerá no futuro.

CAPÍTULO 22

Isaías: a Mensagem

A apreciação da grandeza da mensagem de Isaías não depende de uma análise precisa da origem de seu livro. Podemos ficar impressionados com a majestade dos Alpes ou dos Andes sem uma compreensão técnica da geologia que os moldou. Por dois milênios e meio, as palavras dessa visão magnífica têm trazido advertências e encorajamento ao povo de Deus. Devemos ponderar sobre o processo de composição e pesar cada nova contribuição com prazer e discernimento. Mas não captamos o que Isaías tem a oferecer sendo espectadores iluminados. Queremos, junto com os fiéis ao longo dos séculos, tornar-nos participantes da visão, atores no drama de esperança e salvação, adoradores daquele cuja glória enche toda a terra (6.3).

> Agora cantarei ao meu amado o cântico do meu amado
>   a respeito da sua vinha.
> O meu amado teve uma vinha
>   num outeiro fertilíssimo.
> Sachou-a, limpou-a das pedras
>   e a plantou de vides escolhidas;
> edificou no meio dela
>   uma torre e também abriu um lagar.
> Ele esperava que desse uvas boas,
>   mas deu uvas bravas. Is. 5.1-2

OS PROFETAS

> Porque a vinha do SENHOR dos Exércitos
>   é a casa de Israel,
> e os homens de Judá
>   são a planta dileta do SENHOR;
> este desejou que exercessem juízo,
>   e eis aí quebrantamento da lei;
> justiça, e eis aí clamor. Is 5.7

A Estrutura

Nenhum manuscrito ou versão antiga fornece indicação alguma de que o livro de Isaías existiu em duas ou mais partes. A LXX (séc. III a.C.) não contém nenhum indício de "Primeiro" ou "Segundo" Isaías, embora divida outros livros (e.g., Samuel, Reis, Crônicas). O manuscrito completo de Isaías encontrado entre os Manuscritos do Mar Morto (1QIsa[a]) não apresenta a menor divisão no final do capítulo 39. Antes, 40.1 é exatamente a última linha da trigésima segunda coluna, sem parágrafo nem espaço extraordinário no final da linha precedente. Existe uma quebra de linha separando o capítulo 33 do 34 (final da coluna 27). Na listagem judaica dos livros canônicos, Isaías sempre foi contado como um livro. Assim, o livro deve ser estudado como uma obra, apesar das inúmeras maneiras pelas quais pode ser analisado em suas várias partes.

    Com base no estilo e no contexto, o livro divide-se em duas partes distintas que podem ser subdividas. Há quem veja um "interlúdio histórico" a dividi-las.

Parte Um: Julgamento com Promessa (caps. 1–35)

   Os pecados de Judá (caps. 1–12)
     Acusação (cap. 1)
     Jerusalém: Contraste entre Javé e Israel (caps. 2–4)
     O cântico da vinha (cap. 5) com ais de julgamento
     A Visão e o chamado especial de Isaías (cap. 6).
     Emanuel: o sinal de Acaz (caps. 7–8)
     O Príncipe da Paz (9.1-7 [TM 8.23–9.6])
     A ira de Javé; a Assíria, seu cetro (9.9 [MT 9.7]–10.34)
     Esperança futura: o Renovo (cap. 11)
     Cântico de ação de graças (cap. 12)

"Sentenças" de julgamento (caps. 13–23)
   Sentença contra a Babilônia (13.1–14.27)
   Sentenças contra Filístia, Moabe, Damasco, Cuxe, Egito, os desertos
      do oeste e Tiro (14.28–23.18)
O propósito de Javé no julgamento futuro (caps. 24–27)
   O julgamento das nações (cap. 24)
   A salvação do povo de Javé (cap. 25)
   Cântico de confiança (cap. 26)
   O livramento de Israel (cap. 27)
Advertência contra esforços humanistas de salvação (caps. 28–35)
   Efraim — uma advertência para Jerusalém (cap. 28)
   A hipocrisia de Sião (cap. 29)
   A confiança no Egito sem credibilidade alguma (caps. 30–32)
   A salvação por meio de Javé (cap. 33)
   O dia da vingança de Javé (cap. 34)
   O futuro abençoado de Sião (cap. 35)
Interlúdio histórico (caps. 36–39)
   Invasão e fracasso de Senaqueribe (36.1–37.20)
   Mensagem de Isaías (37.21-38)
   A enfermidade de Ezequias (cap. 38)
   Os emissários do rei da Babilônia (cap. 39)

Parte Dois: Consolo com Julgamento (caps. 40–66)

O livramento (caps. 40–48)
   O consolo de Javé com o retorno do exílio (caps. 40–41)
   O servo de Javé (cap. 42)
   Javé, o redentor divino (cap. 43)
   Ídolos, não deuses (cap. 44)
   Ciro, ungido de Javé, mas Javé é supremo (cap. 45)
   O julgamento contra a Babilônia (caps. 46–47)
   Censurada a infidelidade de Israel (cap. 48)
A expiação (caps. 49–59)
   O servo de Javé como luz para as nações (cap. 49)
   A oposição ao servo de Javé (cap. 50)
   O consolo de Javé a Sião (51.1–52.12)
   O servo de Javé, redentor do povo (52.13–53.12)
   A herança dos servos de Javé (cap. 54)
   A misericórdia distribuída gratuitamente (cap. 55)

O contraste entre a justiça e a perversidade (caps. 56-58)
A confissão das transgressões das nações (cap. 59)
A glória (caps. 60-66)
A glória futura de Sião (cap. 60)
Boas novas para os quebrantados (cap. 61)
A vindicação de Sião (cap. 62)
A ira de Javé contra as nações (cap. 63)
Oração de misericórdia (cap. 64)
Os rebeldes são punidos (65.1-16)
Novos céus e nova terra (65.17-66.24)

Devemos notar que os versículos finais (66.15-24) refletem os versículos de abertura (1.1-26). As duas passagens formam uma moldura intencional que destaca as conseqüências cósmicas — "céus e terra" — do julgamento e da salvação promovidos por Javé.

Baseando sua análise numa divisão em duas partes que pode ter sido indicada pelo intervalo de três linhas no Manuscrito do Mar Morto 1QIsa[a], R. K. Harrison adota uma posição levemente diferente. Ele vê uma "sobreposição". A primeira metade termina com a esperança de restauração do regime davídico (caps. 32-33) e a segunda metade (34-66) começa com uma renovação da nota de julgamento (34-35).[1] Embora reconheça a natureza complexa do desenvolvimento do livro, J. D. Watts tentou mais recentemente tratar a visão como uma unidade que revela doze atos de Deus apresentados como um drama de repertório.[2] Apesar de toda a evidente complexidade na formação do livro, esforços para compreender a profecia inteira como a visão de Isaías no século VIII certamente continuarão.[3]

Perspectivas

Além da análise da estrutura geral do livro, precisamos observar Isaías de duas outras maneiras para compreender sua mensagem. Já vimos o cabo de guerra entre os intérpretes que destacam sua unidade e os que ficam tão impressionados com sua diversidade que ouvem duas ou três vozes proféticas distintas em suas páginas. A unidade e diversidade estão, ambas, presentes. Para entender a diversidade, precisamos ver as três divisões principais (caps. 1-39; 40-55; 56-66) e ver suas perspectivas teológicas, históricas e literárias. A essa tarefa pode-se então seguir um esboço dos grandes temas que dão à obra sua notável unidade de tom, espírito e assunto.

Isaías 1–39. Quanto à geografia, esses capítulos concentram-se em Judá e especialmente em Jerusalém, sua capital. Entre as personalidades chaves estão: os reis de Judá — Uzias, Acaz, Ezequias; o rei de Israel — Peca; o governante de Damasco — Rezim; e o profeta Isaías com seus dois filhos — Um-Resto-Volverá e Rápido-Despojo-Presa-Segura (8.1).

Judá, a vinha do Senhor, produziu "uvas bravas" e deve enfrentar julgamento (Is 5.1-7). Vinha próxima a Laquis. *(Neal e Joel Bierling)*

Dois eventos históricos dominam a narrativa e ajudam a moldar os discursos: as marchas do exército assírio pelo oeste, sob Tiglate-Pileser III (745-727 a.C.) e a destruição de Judá por um rei assírio posterior, Senaqueribe, em 701 a.C. Os capítulos 7–10 refletem a ameaça anterior e os capítulos 36–39, a posterior. Isaías aproveita essas invasões e a reação de Judá a elas como ocasião para ensinar lições básicas acerca da vontade e dos métodos de Javé.

Em primeiro lugar, o profeta observa que Judá e sua antiga capital estão repletas de crimes de todos os tipos: rebelião, ritualismo religioso sem conteúdo, bebedeiras. É preciso um julgamento, e Deus o aplicará por meio de invasores estrangeiros cuja velocidade e malignidade assolarão a terra como um maremoto (caps. 1–5). Será encargo de Isaías proclamar esse julgamento até que os montes e os vales de Judá sejam uma colcha de retalhos de terras arrasadas (cap. 6).

Em segundo lugar, Isaías estabelece um contraste entre os dois reis que se defrontam com a ameaça assíria. Acaz é retratado oscilante entre a ordem divina de "ter uma fé firme" (7.9 BLH) e seu medo das ciladas malignas dos reis de Israel e de Damasco, que o estão atormentando para que se junte a eles na resistência às conquistas de Tiglate-Pileser (7.1-2). Ezequias, porém, não oscila em sua atitude diante da ameaça de Senaqueribe. Antes, roga ao Senhor: "Agora, pois, ó SENHOR, nosso Deus, livra-nos das suas mãos, para que todos os reinos da terra saibam que só tu és o SENHOR" (37.20). Por sua vez, ele ouve a promessa do Senhor: "Porque eu defenderei esta cidade, para a livrar, por amor de mim e por amor do meu servo Davi" (37.35). Essas duas narrativas — de Acaz e de Ezequias — ancoram a primeira metade do livro, demonstrando a importância da fé. Era parte do rei depender do Deus da aliança, do uso soberano que Deus faria das nações estrangeiras para realizar sua vontade e do interesse divino por Jerusalém e pela família de Davi que ocupava seu trono.[4]

Em terceiro lugar, esse interesse divino é muitas vezes descrito no Antigo Testamento como a "tradição de Sião". Suas raízes estão na antiga cidade dos jebuseus que não se tornou parte de Judá na conquista de Josué e dos juízes, tendo sido conquistada por Davi (2Sm 5-6). A fortaleza central chamada Sião (2Sm 5.7) emprestou seu nome como descrição poética da cidade e de seus habitantes estabelecidos nos montes de Jerusalém. Ela fala do compromisso do povo com o culto a Javé que lhes escolhera a dinastia governante, estabelecera uma morada entre eles e os preservara dos inimigos.[5] Isaías mostra claramente que o cuidado de Javé por Jerusalém tem dois aspectos. Tanto a proteção como a purificação são propósitos divinos para a cidade santa. O Senhor emprega agressores estrangeiros — primeiro a Assíria e depois a Babilônia, cuja invasão devastadora é anunciada no capítulo 39 — para purificar o povo. Mas a mão divina estabelece limites a seus estragos e preserva um remanescente para prosseguir a relação de aliança e, por fim, tornar-se uma luz para todas as nações.

Uma vez que Sião pertence primeiro a Javé e só de maneira secundária ao povo, Deus exerce plena liberdade ao lidar com seus crimes e ameaças militares externas. Essa liberdade estabelece o ritmo de julgamento e esperança que domina os capítulos 1-39. Uma batida marcante nesse ritmo é o julgamento das nações que estabelece o contexto para o julgamento de Judá e Jerusalém. Aquelas eram as nações cujas práticas religiosas e sociais o povo de Deus era tentado a imitar. Também eram as nações que causaram os infortúnios de Judá ou se deleitaram com eles: Babilônia (13.1-14.23; 21.6-10), Assíria (14.24-27), Filístia (14.28-32), Moabe (15.1-16.14), Damasco (17.1-14), Etiópia (18.1-7; 20.1-6), Egito (19.1-20.6), Edom (21.11-12), Arábia (21.13-17) e Tiro (23.18). A maioria delas também sentira em menor grau o sofrimento da conquista assíria, sob Tiglate-Pileser III, Salmaneser V, Sargão II (20.1) ou Senaqueribe. O amplo espaço que lhes é dado no livro assinala uma mensagem clara para Judá: (1) o Senhor deles exercia domínio sobre nações que não invocavam seu nome; (2) tais nações seriam julgadas por Javé em razão de seu culto pagão, orgulho ostensivo e tratamento desumano contra os inimigos; (3) mas também seriam usadas como parte do processo divino para purgar seu povo das transgressões de sua vontade; (4) tão soberano era o Senhor de Judá e Israel que o povo devia confiar nele, não em forças aliadas, nem mesmo em seus cavalos e armamentos, para sua segurança militar e política; (5) acima de tudo, o culto superficial, a auto-exaltação vã e a crueldade selvagem das nações devia ser deplorada, não adotada pelo povo da aliança.

Em quarto lugar, Judá precisava aprender uma lição com a queda calamitosa de Israel (ou Efraim), que terminou no colapso de Samaria em 721 a.C. (caps. 28–33). As alianças estrangeiras não foram salvaguarda quando a liderança — reis, nobres, profetas, sacerdotes — deixou de manter sua aliança com Javé e, em vez disso, fez uma "aliança com a morte" (28.15, 18, veja caps. 30–31).

Em quinto lugar, os olhos do profeta enxergavam além dos detalhes da situação presente, com a Assíria no centro do palco e a Babilônia esperando nos bastidores. Ele viu que a responsabilidade universal para com o Criador exigia um julgamento universal sobre as nações e salvação final para o povo escolhido (caps. 24–27; 34–35). Às vezes chamados Apocalipse de Isaías, esses capítulos não carregam as marcas da verdadeira literatura apocalíptica, tais como Daniel ou Apocalipse, com seu grandes simbolismos, conflitos dramáticos entre o bem e o mal e seus intérpretes angelicais. Antes, são visões proféticas elevadas que percebem as implicações futuras, mais amplas, do julgamento e livramento que Javé está realizando no presente.

Por fim, devemos notar padrões de oração e louvor que pontuam a primeira seção do livro: (1) o resgate das ameaças de Tiglate-Pileser e da coalizão siro-efraimita é celebrado num hino de ação de graças (cap. 12); (2) a promessa de livramento completo no dia em que toda a terra será julgada dá ocasião a um cântico de louvor em lugar de clamores de opressão — cântico que culmina no contundente "o hino triunfal dos tiranos será aniquilado" (25.5); (3) a terra de Judá entoará um dia um canto de vitória que anuncia a função indispensável da fé:

> Tu, SENHOR, conservarás em perfeita paz aquele cujo propósito é firme;
> porque ele confia em ti (26.3);

(4) O clamor coletivo por livramento dos problemas, comum em Salmos (e.g., 44; 74; 79; 80), é respondido pela garantia de que Jerusalém sobreviverá à crise assíria (33.2-6, 17-24); (5) a oração de Ezequias (37.16-20), expressa como as queixas dos salmistas, revela a urgência da situação e a firmeza da confiança que o rei deposita em Javé. A história em curso, as nações em marcha, decisões de transtornar a vida sendo tomadas — tudo isso é, para o profeta, ocasião para orar. A oração torna-se central para o drama profético por demonstrar o que Javé deseja para seu povo e prenuncia a esperança e vitória por trás do julgamento.

Isaías 40–55. Quando viramos a página do capítulo 39 para o capítulo 40, nos sentimos como que levados para outro tempo, outro lugar e outra circunstância. O julgamento ameaçado nos capítulos 1–39 já ocorreu (42.21-25; 50.1); anúncios a seu respeito são assim descritos por Deus: "As primeiras coisas, desde a antiguidade, as anunciei" (48.3). Os danos babilônicos sobre os quais Deus alertara Ezequias (39.5-7) resultaram num longo período de amargo exílio na Mesopotâmia, um exílio orquestrado pela própria mão do Senhor (42.21-25). Ciro, o líder do poderoso império persa, é escolhido por essa mão para dirigir a queda da Babilônia (cap. 47), restabelecer o povo de Deus em sua terra e reconstruir Jerusalém e seu templo (44.28–45.7). Entre o momento em que Ezequias recebe os emissários babilônios (cap. 39) e o surgimento de Ciro no horizonte internacional, passou-se mais de um século.

O intento principal desses capítulos é anunciar o fim da punição divina (40.1-2), a gloriosa intervenção de Deus em favor dos exilados (40.3-5) e a promessa de restauração baseada na palavra divina que sempre cumpre o seus propósitos (40.6-8; 55.10-11).[6] Essa redenção é vista não mais como uma realidade futura, mas presente:

> Mas agora, [...] Não temas,
>   porque eu te remi;
> chamei-te pelo teu nome,
>   tu és meu. (43.1)

Essa redenção iminente não teve tanto como causa o arrependimento de Israel, mas o bondoso perdão de Javé:

> Eu, eu mesmo,
>   sou o que apago as tuas transgressões
>   por amor de mim,
>   e dos teus pecados não me lembro. (43.25)

Os repetidos apelos do profeta, pedindo arrependimento (48.20-22), e as promessas de alegria (55.12-13) falam a dois obstáculos no coração dos exilados: medo da recriminação dos babilônios e uma história de comprometimento com a religião babilônica. Para lidar com esses obstáculos, o profeta colocou em uso praticamente todos os instrumentos de que dispunha.

O medo dos babilônios foi atacado com uma série de argumentos: (1) Era o Senhor, não somente os exércitos babilônicos, o responsável pelo cativeiro inicial deles (42.24-25); Deus causara o sofrimento e agora estava pronto para aliviá-lo. (2) Ciro era instrumento escolhido por Deus para dobrar os joelhos dos babilônios; o poder intimidante deles duraria pouco (cap. 47). (3) O poder que pela palavra criou todas as coisas (Gn 1-2) estava pronto para fazer uma nova obra, transformando a vida e o destino do povo; tal poder é irresistível (40.21-31; 42.5-9; 44.24-28). (4) O Deus do êxodo estava pronto para fazer tudo de novo — afogar os exércitos dos reis hostis (43.17; 45.1), secar o mar e os rios (43.16; 44.27; 50.2) e domar o deserto transformando-o numa estrada segura (41.17-20; 43.19-21).

As objeções ao retorno baseadas em comprometimentos religiosos foram rebatidas de modo igualmente convincente: (1) O sofrimento de Israel não se devia à negligência de Deus, como reclamavam alguns, mas à atividade dele; seria um contra-senso Deus se esquecer (49.14-17). O julgamento de Judá não era um ato temerário, fruto de um capricho — como o ato de se divorciar da esposa ou vender um escravo — mas uma reação sensata à rebelião do povo (50.1-2). (2) O comprometimento religioso, especialmente o culto aos ídolos, era o cúmulo da insensatez; o profeta deixa isso claro em linguagem sarcástica tão inflamada que chamusca o rolo em que o registra (44.9-20; 45.20-21; 46.1-7). (3) O sarcasmo é equilibrado por uma ternura indescritível. Javé convida o povo, cujo pecado havia forçado uma separação dolorosa mas temporária, a um novo casamento, desta feita marcado pelo amor e pela compaixão eterna de Deus (54.4-8).[7]

As formas literárias que transmitem e sustentam esses argumentos são notáveis: (1) *Promessas de salvação* ou anúncios[8] encabeçam a lista. Elas apresentam uma ordem para que se alegrem ou não temam (41.10; 43.1); garantias de ajuda divina (41.10; 43.5; 55.3); declarações das consequências da atividade divina (41.11-12, 15-16a; 43.2; 44.3-5; 54.4); e, às vezes, declarações sobre o propósito básico de Deus em tudo isso — "tu te alegrarás no SENHOR" (41.16); "para celebrar o meu louvor" (43.21); "Um dirá: Eu sou do SENHOR" (44.5). (2) *Hinos* celebram a salvação prometida e o Salvador que faz as promessas; eles apresentam convocações ao louvor, em geral seguidas por linhas que dão motivos para louvar (42.10-13; 44.23; 49.13). Outra forma de hino emprega orações relativas (participiais em hebraico) para descrever as atividades de Deus como Criador e Redentor:

> Assim diz o SENHOR,
>   o que outrora preparou um caminho no mar ...
>   que fez sair o carro e o cavalo... (43.16-17; veja 42.5; 43.1; 44.2; 45.18)

O Senhor, que não tolera comparações com nada nem ninguém no universo, celebra a própria glória em auto-apresentações em forma de hinos:

> Eu, eu sou o SENHOR,
>   e fora de mim não há salvador. (43.11; veja 42.8; 43.10-13; 44.24-28;
>   45.5-7; 46.9-10; 48.12-13; 51.15)

(3) O *ambiente das cortes* parece influenciar o estilo de algumas passagens em que o argumento se concentra em comprovar o valor de Javé e a inutilidade dos outros deuses:

> Apresentai a vossa demanda, diz o SENHOR;
>   alegai as vossas razões, diz o Rei de Jacó.
> [...]
> Anunciai-nos as coisas que ainda hão de vir,
>   para que saibamos que sois deuses;
> fazei bem ou fazei mal,
>   para que nos assombremos, e juntamente o veremos.
> Eis que sois menos do que nada,
>   e menos do que nada é o que fazeis;
>   abominação é quem vos escolhe. (41.21, 23-24; veja 41.1-5; 43.8-13;
>   44.6-8, 21-22; 45.20-25)

(4) Nas disputas em geral o reclamante é o profeta, não Javé. Uma série de exemplos é apresentada nos capítulos 40–55. Com freqüência, são baseados em analogias e empregam o que é de consenso geral para fazer confirmar a soberania e a fidedignidade de Deus. O tom é muitas vezes interrogativo, com a pergunta levando o ouvinte à resposta apropriada (41.12-17; 18-26, 27-31; 45.9-13; 55.8-11; veja também 46.9-11; 48.1-11; 12-16).[9]

Certas formas e aspectos dos capítulos 1–39 praticamente não aparecem nos capítulos 40–55. Não há narrativas como as histórias de Acaz e de Ezequias que servem como conclusões da mensagem de Isaías (cap. 7–8; 36–39). A ênfase no novo êxodo e na nova criação substituem a esperança de um filho de Davi que dominará em justiça. Nenhum líder humano além de Ciro é mencionado. A voz profética nos capítulos 40-55 é anônima. Detalhes biográficos são inexistentes, enquanto Isaías é mencionado por nome cerca de vinte vezes na primeira parte do livro. A ausência de heróis humanos destaca a obra do Criador-Redentor cujas glórias são celebradas, cujas promessas são anunciadas, cujo chamado deve ser ouvido. Nada no texto permite que nossa atenção seja desviada do Senhor incomparável da criação e da aliança. O Soberano-Salvador está em marcha. Sua cadência determina o que vemos e ouvimos nessas visões, discursos e hinos.

Isaías 56–66. Das três seções do livro, a perspectiva desses capítulos é a mais difícil de discernir. A pessoa do profeta é percebida em algumas partes apenas e, mesmo nelas, com o simples uso do pronome *eu* ou equivalente (61.1; 62.1, 6). O lugar geográfico é Jerusalém e, mais especificamente, o templo (56.7; 60.10, 13; 61.3-4; 62.1, 6, 12; 64.10-11; 65.18ss.; 66.6). O julgamento dos capítulos 1–39 ao que parece já ocorreu. Tanto os quadros de desolação (63.18; 64.10-11) como as promessas de salvação (cap. 60–62; 65.17-25) indicam isso. Mas é impossível precisar o tempo real em vista. Ficamos perguntando se o templo destruído estava ou não reconstruído (como estava em 515 a.C.). Não podemos precisar se o período em vista é o de Ageu, o de Zacarias e Zorobabel ou os dias de Esdras, Neemias e Malaquias, de cinqüenta a setenta anos depois. Essa obscuridade resulta da falta de informações específicas no texto, mas ainda mais de nossa ignorância quanto à vida em Judá durante o exílio e imediatamente após ele. Dada a incerteza, é mais sábio lidar com os capítulos 56–66 como uma seção temática e destrinçar suas várias ênfases sem ligá-las de modo muito estreito com alguma situação histórica específica.

A peça principal dessa seção parecem ser os discursos de salvação dos capítulos 60–62. Eles destacam o fim do exílio e o retorno dos membros dispersos da comunidade da aliança de suas moradas amplamente dispersas. O retorno é marcado pela participação das nações, a exaltação dos cativos, a prosperidade da economia, o domínio da paz e da justiça e a luz inextinguível da presença de Deus (cap. 60). A restauração inclui alterações de condição e disposição, reconstrução de cidades devastadas, recuperação da função sacerdotal entre outras nações e retribuição por injustiças sofridas durante o cativeiro (cap. 61). A transformação é tão radical que nada menos que um acúmulo de novos nomes (62.2) pode descrevê-la: a terra chamada "Desamparada" e "Desolada" será conhecida por "Minha-Delícia" e "Desposada" (62.4); o povo será "Povo Santo, Remidos-do-SENHOR", e Jerusalém, "Procurada, Cidade-Não-Deserta" (62.12). (Veja outros discursos de salvação em 57.14-20; 60.6-16; 65.16-25.)

Em cada lado dessa peça principal estão queixas da comunidade que se desespera pela ausência da luz (59.9-10) e do perdão de Deus (v. 11-15), enquanto se roga a Deus, o único pai deles, que faça conhecida sua presença reveladora e redentora (63.15–64.12). O reconhecimento do pecado (64.6–9) é intercalado por sinais de dificuldades econômicas (60.17; 62.8-9), dominação estrangeira (60.18) e conseqüente vergonha (61.7; 62.4). Nos apelos por salvação e nas respostas repletas de esperança que lhes são dadas, tem-se em vista todo o Israel — não apenas Judá. Só se retrata uma entidade; os dias de um reino dividido fazem parte do passado.

A comunidade cuja redenção está à mão necessita de instrução pesada. Primeiro, a justiça e o juízo exigidos pela aliança devem ser defendidos: o sábado deve ser guardado (56.1-2; 58.13-14); as necessidades dos oprimidos e destituídos devem ser atendidas (58.6-12); a cobiça e a desonestidade nas cortes judiciais devem ser eliminadas (59.1-8); atos profanos de culto devem ser purgados (65.1-7). Os oráculos dos capítulos 56–66 apresentam um interesse apaixonado pela restauração da santidade em Sião (62.1), um interesse que corresponde a um elemento central na perspectiva dos capítulos 1–39. O zelo pela casa de Deus, juntamente com o uso freqüente de linguagem litúrgica em queixas e oráculos indicam uma relação estreita entre esses discursos e a prática real de culto em Jerusalém.

Uma segunda ênfase didática mostra que esses laços com atividades religiosas não promoveram estreiteza ou exclusividade no quadro do futuro retratado pelo profeta. Pelo contrário, os temas do Senhorio de Deus sobre as nações e seu direito exclusivo ao culto de todos os povos são expressos com tanta clareza na seção final de Isaías quanto nas duas primeiras (60.1-4,9; 61.9; 66.12). O acesso ao templo não será restrito por deficiências físicas ou lugar de nascimento (56.1-8; veja Dt 23.1-6), "porque a minha casa será chamada Casa de Oração para todos os povos" (v. 7).

As grandes promessas de salvação vieram num contexto em que nem tudo era paz e luz. Há insinuações de facções dentro da comunidade. Um grupo a que Javé chamou "rebelde" (65.2) parece distinguir-se em conduta e destino dos que chama "meus servos" (65.8-16). Os pecados dos rebeldes parecem centrar-se em culto corrompido (v. 1-7). A conduta deles era tão ilícita que evocava discursos de julgamento que lembram Isaías 1–5 e Miquéias 2–3 (Is 56.9–57.13). Não é possível reconstruir com alguma certeza a natureza exata do conflito. Os indícios são por demais tênues. Mas os pecados do passado não foram, ao que parece, erradicados pelo exílio, sendo necessárias advertências veementes tanto aos líderes (56.9-12) como ao povo (57.13), mesmo numa era que prometia transformação e restauração.[10]

As figuras empregadas para descrever o novo dia de Deus são um tanto diferentes das figuras nas profecias das duas primeiras seções de Isaías. Não se ouve nenhuma menção explícita da dinastia davídica (veja cap. 9; 11; cf. em 55.3-4 uma referência ao reinado de Davi). Assim também, a linguagem de êxodo (caps. 40ss.) não desempenha papel importante, ainda que relembrada em 63.7-14. Paralelo aos temas dos capítulos 40–55 é o prenúncio de uma nova criação (65.17-25) marcada pela alegria, saúde, longevidade, prosperidade, harmonia com todas as criaturas de Deus e, em especial, pela adoração universal do santo nome de Deus (66.22-23). A linguagem familiar é empregada para destacar a intimidade do relacionamento amoroso de Deus com o povo: o Senhor se deleitará no povo como um noivo se deleita na noiva (62.4-5), ele o afagará como uma mãe ao filho (66.13), ele o protegerá como o Único responsável pela sua existência (63.16; 64.8).

É possível dizer duas coisas acerca do cumprimento dessas profecias. Em primeiro lugar, o retorno do exílio provocou frustração bem como alívio. A glória e a bênção prometidas nos capítulos 1–39 e 40–55 eram percebidas apenas em parte pelos que retornaram. Conforme testemunham Ageu, Zacarias e Malaquias, o esplendor esperado era deficiente em pelo menos três aspectos: a falta de independência política, a escassez de prosperidade material e os comprometimentos na lealdade para com a aliança. A comunidade com freqüência sentia uma grande discrepância entre o que esperara e o que experimentava. As últimas páginas do Antigo Testamento são pontuadas por anseios pelo que ainda viria. Em segundo lugar, a obediência do povo escolhido era importante, juntamente com a sabedoria que fora adquirida com a punição e o conhecimento de Deus iluminado pelo seu resgate do cativeiro pagão. Mas mudanças permanentes só poderiam ser efetivadas por intervenções divinas complementares. Por isso, a ênfase numa transformação tão radical, tão completa, que só podia ser entendida como uma nova criação. A linguagem exuberante, aliás, superlativa, do futuro ideal prepara o caminho para a revelação de Deus em Jesus Cristo em quem se atingiria o verdadeiro livramento da opressão (61.1-7; Lc 4.18). A figura surpreendente de um universo renovado estabelece o tom para a consumação final do programa da aliança divina, conforme viam os profetas e os apóstolos da igreja primitiva:

> Nós, porém, segundo a sua promessa, esperamos novos céus e nova terra, nos quais habita justiça. (2Pe 3.13)

> E aquele que está assentado no trono disse: Eis que faço novas todas as coisas. (Ap 21.5)

Temas

O Caráter do Senhor. Em alguns aspectos, Isaías é *o* texto teológico do Antigo Testamento. Aqui aparecem não somente os elementos para uma doutrina de Deus, mas — particularmente na parte final — expressões de fé que são em essência formulações muito bem desenvolvidas da doutrina (veja 11.1-5; 48.12s.; 63.15-17). Esse fato em especial (conforme visto no capítulo 21, acima) tem sido usado para defender uma data tardia para tais passagens. A teologia, alega-se, é por demais desenvolvida para o século VIII. Mas grandes declarações teológicas surgem, humanamente falando, de grandes mentes individuais capazes de compreender dados extensos e condensá-los numa forma útil para a comunidade de fiéis. Os elementos de teologia surgem da apreciação e assimilação dos atos de Deus. A história de Israel era a conseqüência de muitos atos de Deus, e a formulação do significado teológico desses atos era, de fato, a obra de Moisés e dos profetas, inclusive Isaías. Todos os elementos para a teologia de Isaías são encontrados implicitamente, pelo menos, na visão que se tinha desses atos no século VIII.

(1) O Santo de Israel. É apropriado que Isaías, cuja visão do templo foi uma revelação do Javé três vezes santo, destacasse a santidade de Deus. "O Santo de Israel" é mencionado vinte e cinco vezes no livro (doze vezes nos cap. 1–39, onze nos cap. 40–55 e duas nos cap. 56–66).[11] No restante do Antigo Testamento, ocorre apenas seis vezes (2Rs 19.22; Jr 50.29; 51.5; Sl 71.22; 78.41; 89.18 [TM 19]). Não se pode demonstrar nem que a expressão era empregada antes da época de Isaías, nem muito depois da época de Jeremias.

A raiz *qdsh* carrega a idéia de "separar, colocar à parte". Isso pode significar "separar para", em vez de "separar de", podendo dizer respeito ao mundo supra-humano.[12] Assim, quando Moisés recebeu seu chamado no Sinai junto à sarça ardente, ouviu: "o lugar em que estás é terra santa" (Êx 3.5). Sobre aquela terra Javé revelou seu nome e enviou Moisés ao seu povo.

Embora não se implique nenhuma qualidade moral ou ética nos primeiros usos da palavra "santo", com certeza na época de Moisés já ganhara uma conotação ética ou moral. No Sinai, Javé disse a Moisés: "Vós [Israel] me sereis reino de sacerdotes e nação santa" (Êx 19.6). Esse relacionamento exigia fidelidade a Javé, seu Deus, e obediência a seu código moral conforme se especificava na aliança. A santidade de Israel, portanto, implicava estar separado para Javé em crença e ação.

Isaías, porém, é o que de fato destaca a natureza moral da santidade, citando a impureza (heb. *ṭāmē'*) em vez da "profanação" como o pecado característico. Ele salienta a substância moral ou comportamental da santidade, mais que seu significado ritual. Durante os períodos do deserto e pós-mosaico, a santidade estava ligada ao culto de Javé,[13] do qual um dos propósitos era inculcar a Torá. Os detalhes elaborados do sistema sacrificial eram forjados para incutir nos israelitas que a desobediência à lei revelada alienava de Javé e requeria expiação ou reconciliação. Mas o culto tornara-se uma formalidade vazia. O termo "impuro" passou a ser empregado mais com referência à impureza cerimonial ou ritual que ao comportamento imoral ou à desobediência aos preceitos da Torá.[14] Os profetas procuravam restabelecer a relação entre o culto e a obediência.[15] Na visão do templo, Isaías foi confrontado com a perfeição moral de Javé em contraposição à "impureza" de Israel, da qual o próprio profeta participava (6.5). Javé confirmou a exatidão da percepção de Isaías enviando um serafim para purificar seus lábios com uma brasa viva do altar, dizendo: "... a tua iniqüidade foi tirada, e perdoado, o teu pecado" (v. 7). Essa ação não deve ser compreendida como contrária ao culto. Antes, todo o episódio ocorre no templo, o centro do culto.

O pecado do povo a quem Isaías foi enviado — supostamente uma nação santa — era a recusa em ouvir a palavra de Javé (6.9s.; veja 1.2-6, 10-17). Sem obediência, os elementos do culto não têm sentido (v. 11-15; cf. Am 5.21-24). O que Javé queria de seu povo era comportamento apropriado (v. 16s.). A cidade antes fiel havia perdido suas qualidades morais essenciais — justiça e retidão (v. 21s., veja abaixo)[16] — coerente com seu relacionamento com um Deus santo, tendo-se tornado uma prostituta (zônâ, 1.21).

Isaías destaca a relação entre o Santo e sua atividade redentora, especialmente nos capítulos 40–55 (41.14; 43.3, 14; 47.4; 48.17; 49.7; 54.5).[17] A punição da nação devia-se à impureza, uma violação da santidade de Javé. A restauração exige a purificação implicada na salvação e redenção. Apresentar a acusação de impureza sem o remédio da salvação divina não teria utilidade, e falar da salvação sem deixar claro o motivo de tal atividade divina seria quase um contra-senso. A própria experiência de Isaías, o reconhecimento do próprio pecado e a aceitação da purificação divina, tornou-se a base da mensagem de Isaías a Israel:

> Vinde, pois, e arrazoemos,
>   diz o SENHOR;
> ainda que os vossos pecados sejam como a escarlata,
>   eles se tornarão brancos como a neve;
> ainda que sejam vermelhos como o carmesim,
>   se tornarão como a lã. (Is 1.18)

(2) Javé como Salvador. O nome Isaías (heb. *yᵉshā'yāhû*) significa "Javé salvará" ou talvez "Javé é salvação", que em parte pode explicar o grande interesse do profeta pela salvação.[18] Nos capítulos 1–39, Javé é "o Deus da tua salvação" (17.10), fazendo referência especial à Assíria (veja 11.11-16; 12.1). A salvação é pessoal ("minha salvação", 12.2; "O SENHOR veio salvar-me", 38.20), mas também se refere à cidade (37.35) e ao povo que clama ao Senhor (19.20). A salvação é mencionada em associação com a "estabilidade nos teus tempos", e junto com a "sabedoria", o "conhecimento" e o "temor do SENHOR" (33.6). É livramento em tempos difíceis (v. 2), mas também faz referência "àquele dia" pelo qual o povo de Deus tem aguardado (25.9), que no contexto parece uma época futura de bênçãos.

Nos capítulos 40–55 a salvação é também livrar-se dos inimigos e opressores (45.17; 49.25). A idéia de resgate está ligada à salvação, pois Javé deu o Egito, a Etiópia e Sebá em troca pela salvação de Israel (43.3). Javé é o único Salvador (v. 11s.). Os ídolos são incapazes de salvar (46.7); assim também os feiticeiros e astrólogos (47.13). Em Isaías 40–55, a idéia de justiça — Deus faz o que é correto por seu povo da aliança — está ligada à salvação (45.8, 21). E mais, a justiça deve ser estendida até os confins da terra (v. 22; 49.6), e, por conseqüência do domínio de Javé, deve continuar para sempre (51.1s.).

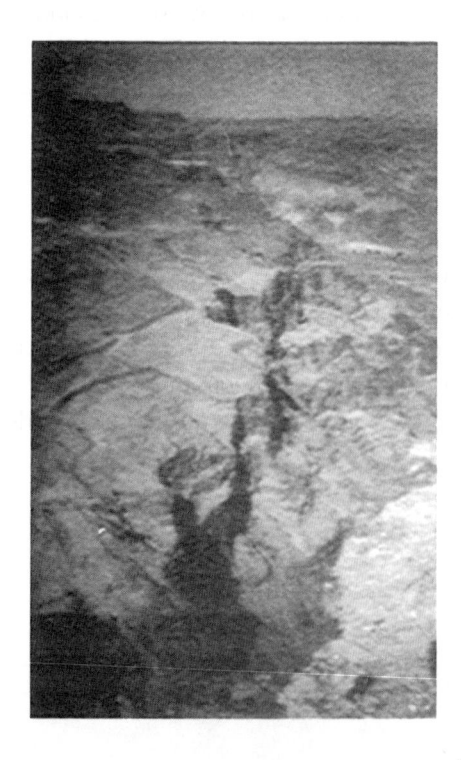

Uádi na região do mar Morto, um ribeiro seco que, com chuvas pesadas, pode-se tornar um "rio no deserto" (Is 43.19s.; cf. 30.25; 32.2).
(L. K. Smith)

Nos capítulos 56–66, a salvação requer uma reação de juízo e justiça (56.1). O paralelo da justiça encontra-se também em 59.17 e 61.10, e o do juízo em 59.11. Justiça, juízo, salvação, vingança e fúria estão todos combinados nas vestes do Senhor quando ele vem em julgamento (v. 17). A salvação é acompanhada de galardão e recompensa (62.11). Às vezes emprega-se "vitória" (59.16 BLH) para traduzir formas de *ysh'*, porque se trata de uma conseqüência da salvação.

Uma vez que para Isaías a idéia de salvação está relacionada com conceitos de redenção, livramento, justiça e juízo, é necessário tomar também essas idéias para obter um quadro completo do que o profeta quer dizer com as palavras "salvar", "salvador"[19] e "salvação".

(3) Javé como Redentor. O verbo *gā'al*, "redimir", e seu particípio *gô'ēl*, "redentor", também ganham proeminência em Isaías.[20] A idéia básica de *g'l* é de recuperar uma propriedade (inclusive pessoas) que não esteja em posse do senhor original. Em Levítico 25.47-49, um "parente" *(gô'ēl)* podia redimir uma pessoa que tivera de se vender como escrava. Em Rute, o "parente" tinha o privilégio e a responsabilidade de casar-se com Rute e gerar descendentes em nome do familiar morto, a fim de proteger a herança do finado.[21] O *gô'ēl*, parente remidor, de Isaías é apresentado sem explicações detalhadas. A idéia básica é clara: "Por nada fostes vendidos; e sem dinheiro sereis resgatados" (52.3). Numa passagem extensa sobre a redenção de Israel (cap. 43, esp. v. 1, 14), Javé afirma: "dei o Egito por teu resgate e a Etiópia e Sebá, por ti" (v. 3).

Os capítulos 1–39 não contribuem para o estudo da palavra. Entretanto, uma palavra bem incomum, *g^e'ûlîm*, "redimidos", ocorre em 35.9; 51.10; 62.12; 63.4 (i.e., todas as três seções) e apenas em Salmos 107.2 no restante do Antigo Testamento.

Encontramos o estudo mais produtivo da raiz nos capítulos 40–55. "O teu Redentor é o Santo de Israel", diz Javé (41.14; cf. 43.14; 47.4; 48.17; 54.5). É evidente que Isaías emprega a palavra basicamente em referência à redenção do cativeiro (43.14, cf. 47.4 e seu contexto; 52.3-9). Entretanto, os contextos também mostram que sua atividade redentora não é um fim em si, mas parte de um processo que leva a um fim maior. Esse Redentor dará vitória a seu povo e este se alegrará em Javé (41.14-16). A redenção revela a verdade de que Javé é o primeiro e o último: não há outro deus além dele (44.6s.; cf. v. 24-28), lição que a Babilônia aprenderá pelo sofrimento (47.3ss.), sendo, ao mesmo tempo, instrutiva para seu povo (48.17) e para os reis da terra (49.7). A atividade redentora de Javé resulta em sua glorificação (44.23).

O toque supremo é acrescentado nos capítulos 56–66:

> ... pelo seu amor, e pela sua compaixão ele os remiu,
> os tomou e os conduziu todos os dias da antiguidade. (63.9)

Assim dizem eles e todos os remidos com eles:

> ... tu, ó SENHOR, és nosso Pai;
> nosso Redentor é o teu nome desde a antiguidade. (v. 16)

A isso acrescentam-se as palavras de Isaías 35:

> Ali não haverá leão,
>   animal feroz não passará por ele,
> nem se achará nele;
>   mas os remidos andarão por ele.
> Os resgatados do SENHOR voltarão,
>   e virão a Sião com cânticos de júbilo;
>   alegria eterna coroará as suas cabeças;
> gozo e alegria alcançarão,
>   e deles fugirá a tristeza e o gemido. (35.9s.)[22]

(4) Javé como Único e Supremo Governante. Uma das maiores contribuições teológicas de Isaías é seu monoteísmo absoluto. A glória de Javé é toda a terra (6.3), portanto os outros deuses nada são (2.8, 18, 20s.): "porque deuses não eram, senão obra de mãos de homens, madeira e pedra" (37.19).

Alguns estudiosos insistem em que esse conceito é por demais avançado para o século VIII (mas veja Am 1–2; 9). De acordo com uma opinião, os israelitas finalmente chegaram a essa conclusão quando a Babilônia estava para cair pelo avanço das forças persas, e os babilônios se apressavam para tentar salvar seus deuses (veja Sl 115.3-8; 135.15-18). Não há dúvidas de que as experiências do exílio deixaram profundas impressões teológicas nos judeus, mas tais experiências teriam sido suficientes para torná-los monoteístas? Muitos outros povos viveram em exílio, até na mesma época que os israelitas, mas só os adoradores de Javé tornaram-se monoteístas. Não era o Deus desse culto verdadeiro que os profetas de Javé — como Amós, Oséias, Miquéias e Isaías – consideravam a causa do exílio? O método do Senhor sempre foi falar ao seu povo, por meio dos profetas, o que ia fazer e por que; cumprir essa atividade e explicar a seu povo o que tinha feito e por quê. Ele não é apenas "o Deus que age". Ele é "o Deus que revela" a seus servos, os profetas, os motivos desses atos.

Quando se desenvolveram as grandes superpotências, começando com o período assírio, e primeiro Israel depois Judá foram tragados por impérios estrangeiros, o povo de Javé enfrentou a questão assustadora: se Javé era ou não mais fraco que os deuses da Assíria e da Babilônia. A prática das nações era retirar dos templos os deuses dos povos conquistados, para simbolizar o maior poder de seus deuses. Mas Isaías viu a situação e proclamou que a Assíria era apenas um cetro na mão de Javé (10.5) para punir Israel. Assim, Deus mesmo logo puniria a Assíria por sua arrogância e orgulho (v. 12s.). Ainda que uma profunda escuridão estivesse para cobrir a terra, por causa do zelo de Javé, a luz viria para dispersar essa escuridão (cf. 8.21–9.2, 7 [TM 9.1, 6]).[23] Era nessa luz que Isaías procurava fazer seu povo crer e andar (2.6; 7.9).

Na segunda parte de Isaías, porém, encontra-se a apresentação mais bem fundamentada da natureza e do poder universal do domínio de Deus. Lendo os capítulos 40–49 do começo ao fim, não se pode deixar de sentir como a apresentação é convincente. Javé é não apenas o protetor e mantenedor de seu povo Israel, como o controlador de todas as nações (40.11, 13-17). Aquele que dá força ao cansado é o Criador dos confins da terra (v. 28s.). Javé levantou um líder do leste (41.2) e outro do norte (v. 25) — e "anunciou isto desde o princípio, a fim de que o possamos saber" (v. 26; cf. 44.6-8). Javé, que criou os céus e a terra (42.5), chamou seu servo Israel em justiça, para que fosse uma luz para as nações (v. 6; cf. 41.8), ainda que seu servo fosse cego e surdo (42.19). Mesmo na punição inevitável (43.2), Javé está com seu povo como seu Redentor. Ele o livrará (v. 6s.), quebrando as barras da Babilônia (v. 14), abrindo caminho e rios no deserto (v. 19) e apagando as transgressões de seu povo escolhido (v. 25; cf. 44.1).

Javé forma a luz e cria as trevas; ele faz a paz e cria o mal (45.7). Aquele que formou Israel (44.21), o Criador da terra e dos céus (v. 24), é também quem fez Ciro, seu "pastor" (v. 28), que reconstruirá sua cidade e livrará seus exilados (45.13). Bel e Nebo, que precisam ser carregados sobre animais, irão para o cativeiro; Javé, que carrega e continuará carregando Israel é o único Deus verdadeiro (46.1-9). A Babilônia será reduzida à vergonha (cap. 47), mas Javé reterá sua ira contra a casa de Jacó por amor ao próprio nome (48.1-11).

A mesma doutrina de Deus encontra-se nos capítulos 56–66, com o acréscimo da promessa: "Pois eis que eu crio novos céus e nova terra; e não haverá lembrança das coisas passadas, jamais haverá memória delas"(65.17). "Porque, como os novos céus e a nova terra, que hei de fazer, estarão diante de mim, diz o SENHOR, assim há de estar a vossa posteridade e o vosso nome" (66.22).

(5) O Espírito de Javé. Isaías tem mais a dizer sobre o Espírito que qualquer outro autor do Antigo Testamento. Apesar das dificuldades inerentes na determinação da doutrina do Espírito,[24] evidencia-se um ensino vigoroso e claro em todas as partes de Isaías. A passagem central é 11.2, num contexto que promete o advento de um "rebento" da tribo de Jessé (v. 1). O "Espírito de Javé" repousará sobre esse "rebento", sendo descrito ainda como "o Espírito de sabedoria e de entendimento, o Espírito de conselho e de fortaleza, o Espírito de conhecimento e de temor do SENHOR". A descrição "compreende dons intelectuais, práticos e espirituais".[25] Os cristãos, que encontram o cumprimento da promessa messiânica em Jesus, podem relacionar essa passagem com o momento do batismo (Mt 3.16 e par.). Na proporção em que a Igreja é uma extensão da encarnação de Cristo ("o corpo de Cristo"), a descrição do Espírito em 11.2 pode ser compreendida nos termos dos "dons" e "fruto" do Espírito no Novo Testamento (veja 1Co 12.4-11; Gl 5.22s.).

No dia da desolação o povo de Javé esperará até que se derrame sobre eles o Espírito lá do alto (32.15), trazendo justiça e juízo; a conseqüência será paz, repouso e segurança para sempre (v. 16-18). Em 34.16, o Espírito é mencionado em paralelo com "a boca do SENHOR", mas uma vez que os versos são de natureza ação–reação ("paralelismo sintético"), não fica claro se os dois devem ser equiparados. Uma interpretação possível seria que Javé ordenou e seu Espírito realizou a ação.

O profeta está falando do "Espírito" ou do "vento" em 40.7 ("seca-se a erva, e caem as flores, soprando nelas o *rûaḥ yhwh*")? A referência à "palavra de nosso Deus" (v. 8) favorece "Espírito". No v. 13 parece clara a referência ao Espírito divino, mas insistir que essa seja a "terceira pessoa" de um ser triúno ultrapassa o ensino do trecho. Em 42.1, Javé diz que colocou seu *rûaḥ* sobre seu servo, para que ele possa promover justiça às nações; a interpretação dessa passagem fica ainda mais complexa quando vista como promessa messiânica.[26] Em 44,3, "derramarei o meu Espírito [espírito?] sobre a tua posteridade" é paralelo com "e a minha bênção, sobre os teus descendentes". "Agora, o SENHOR Deus me enviou a mim e o seu espírito" (48.16) parece uma oração introdutória para o que se segue (v. 17-22): o espírito inspirou o profeta para que proclame a mensagem de Deus.

Está claro que o profeta fala do espírito (não do *vento*; veja 59.19) de Javé em 61.1 (lit., "O Espírito do Senhor Javé está sobre mim, porque o Javé me ungiu; ele me enviou para pregar boas-novas aos oprimidos, para curar os quebrantados de coração..."). Jesus empregou essa passagem na sinagoga de Nazaré e disse: "Hoje, se cumpriu a Escritura que acabais de ouvir" (Lc 4.18-

21).²⁷ O termo "espírito santo" é empregado duas vezes em Isaías 63.10s., e "o espírito de Javé" no v. 14.

Obviamente, Isaías não contém nada parecido com a plenitude da doutrina neotestamentária do Espírito, mas não se deve esperar isso. As Escrituras foram reveladas "muitas vezes e de muitas maneiras" (*polymerōs kai polytropōs*, Hb 1.1), e a revelação não foi concluída até ser completada no Filho. Apesar disso, Isaías representa um avanço marcante na revelação a respeito do Espírito em comparação ao que foi dado antes, mesmo que Joel seja considerado anterior a Isaías.

As Exigências do Senhor

(1) Justiça. O hebraico *tsedeq* e *tsᵉdāqâ*, "justiça", ocorre 273 vezes no Antigo Testamento. Isaías emprega a palavra 58 vezes, e todos os outros profetas juntos, 12 vezes. A maioria das ocorrências se dá em Salmos.

O significado original pode ter sido "retidão", assim, "o que é, ou deve ser, firmemente estabelecido, bem-sucedido e duradouro nos assuntos humanos".²⁸ Talvez uma definição mais simples do significado básico seja conformidade com padrões aceitos.²⁹ A conformidade com uma lei divinamente revelada é uma definição bíblica posterior. Isso pode ser ilustrado pela história de Judá e Tamar (Gn 38). De acordo com o costume, Judá estava em descompasso por não ter provido para a viúva de seu filho falecido; Tamar, que estava tentando garantir seu sustento fingindo-se de prostituta, forçando Judá a cumprir sua responsabilidade, era de fato "mais justa" (v. 26).³⁰

No Profetas, porém, particularmente em Isaías, "justiça" significa conformidade com os caminhos de Deus, em especial conforme estabelecidos na Torá divina. Em geral, isso implica comportamento ético, mas não mera ética.³¹ "A *tsedeq* ou *tsᵉdāqâ* de Deus é sua guarda da lei de acordo com os termos da aliança."³² Isaías fornece um "quadro da conduta do Príncipe da Paz, que estabelece seu reino com julgamento e justiça (Is 9.7) e dá fim a toda violência e opressão, de modo que seu povo é unido na harmonia de um propósito coerente com a natureza de seu Deus (Is 11.3-5, 9)."³³ Essa justiça não é o resultado de um esforço humano independente, antes, é dom de Deus. Somente tal justiça "pode levar àquela conduta realmente coerente com a aliança".³⁴ Por conseguinte, "justiça" e "misericórdia" muitas vezes são encontradas em paralelismo em Salmos. Como resultado dessa ênfase na misericórdia de Deus, o termo "justiça" passa a ser empregado em referência à benevolência humana, pois se o povo agir de acordo com Deus, será misericordioso. É nesse sentido que a palavra *dikaiosynē*, no Novo Testamento, às vezes significa "atos de justiça, obrigações religiosas".[35]

Isaías relata que em Jerusalém a justiça fora substituída pelo homicídio (1.21) e derramamento de sangue (5.7), mas quando a obra redentora de Deus estiver encerrada, ela será chamada cidade de justiça (1.26). A justiça chove do céu e faz brotar a justiça sobre a terra (45.8). A justiça e o juízo são com freqüência mencionados em paralelo poético (e.g., 1.27; 16.5; 28.17). A justiça é às vezes vista como algo judicial (cf. 10.22), sendo aprendida dos julgamentos divinos (26.9s.). A justiça é um atributo da figura messiânica que surgirá do renovo de Jessé e governa seus atos (11.3-5). Uma conseqüência da justiça é a paz (32.17). Os israelitas redimidos regozijam-se e exultam em Javé porque Deus os cobriu com o manto da justiça (61.10).

As traduções inglesas apresentam um problema no estudo do conceito de "justiça". A RSV muitas vezes traduz o hebraico *tsedeq* e *ts^{e}dāqâ* por "livramento", às vezes "vitória" e, algumas, "vindicação". A conseqüência da justiça de Javé com referência ao povo com quem fez aliança é livramento ou vitória e, assim, vindicação dos escárnios dos inimigos (veja 41.2, 10; 51.1, 5, 7; 54.17). Desse modo, a justiça em Isaías pode ser definida como uma qualidade de Javé, suas ações de acordo com essa qualidade, particularmente com referência ao povo da aliança; e conseqüências desses atos de justiça não só para seu povo, mas para toda a terra (veja Sl 71.15s., 24).[36]

(2) Juízo. O hebraico *mishpāṭ*, "julgamento", ocorre cerca de 420 vezes no Antigo Testamento, sendo traduzido de 29 maneiras diferentes na KJV (239 vezes por "julgamento"). O termo é empregado em todo o Antigo Testamento, mas principalmente em Salmos (65 vezes), Isaías (40), Deuteronômio, Ezequiel (37 em cada um) e Jeremias (31). Em cerca de 18 passagens em que a palavra ocorre em Isaías, ou forma um paralelo com a palavra *tsedeq* ou *ts^{e}dāqâ*, "justiça", ou está bem próximo a ela.

O significado da raiz parece sugerir algo como "juiz" e, assim, desenvolveu sentidos tais como "julgar, governar", "justiça, decisão", "maneira, costume, modo de viver de acordo com os julgamentos feitos", "vindicação ou condenação, o julgamento proferido", "entrar em julgamento" (43.26), e sentidos semelhantes. A única maneira prática de estudar essa palavra é observar seu uso dentro do contexto.

"Nem essa palavra, nem sua companheira de longa data, a *torah* (mais tarde "a Lei"), jamais podem ser totalmente separadas de Deus. Para nós, "juízo" significa ou as exigências de alguma lei moral, ou, com maior freqüência, a justiça do rei. Para o hebreu, significava as exigências da lei de Deus e a justiça de Deus."[37] O julgamento humano idealmente considerado, portanto, é julgamento em conformidade com o julgamento de Deus. "Mas nenhum juiz, seja sacerdote, seja profeta, podia oferecer outros julgamentos, senão os que fossem entendidos como a palavra legítima de Deus. É necessário, então, pensar em "praticar o *mishpat*" (Mq 6.8) com o significado de "fazer a vontade de Deus conforme se esclareceu por experiências passadas"[38] — ou, talvez preferivelmente, conforme se esclareceu por revelações passadas.[39]

Isaías entende que a queda de Israel deve-se, pelo menos em parte, ao colapso do julgamento. "Como se fez prostituta a cidade fiel! Ela, que estava cheia de *mishpāṭ*"! Nela, habitava a *tsedeq*, mas, agora, homicidas" (1.21; cf. 5.7). Ele também vê a redenção que será alcançada pelo julgamento, mas talvez não esteja claro se isso significa um ato de Javé ou do povo; em 1.27b ouvimos que é por ação do povo: "Sião será redimida pelo *mishpāṭ*, e os que se arrependem, pela *tsᵉdāqâ*". O ato judicial de Javé certamente não está ausente, pois vem o dia da santidade: "quando o Senhor lavar a imundícia das filhas de Sião e limpar Jerusalém da culpa do sangue do meio dela, com o Espírito de justiça e com o Espírito purificador" (4.4). Javé entra em julgamento com os anciãos e príncipes de seu povo (3.14). Javé é um Deus de julgamento (ou juízo), exaltado em justiça (5.16; 30.18). "Ai dos que decretam leis injustas, dos que escrevem leis de opressão" recusam-se a conceder justiça aos necessitados (10.1-2). Mas o menino que nascerá manterá seu reino com juízo e justiça (9.7 [TM 6]; cf. 16.5). O Senhor Javé diz que ele está assentando uma pedra angular em Sião e fará "do juízo a régua e da justiça, o prumo" (28.17). O servo de Javé recebe o espírito do Senhor para promover a justiça entre as nações e "não desanimará, nem se quebrará até que ponha na terra o direito" (42.1-4). O Senhor diz: "eu, [...] amo o juízo e odeio a iniqüidade do roubo" (61.8), e diz ao seu povo: "Mantende o juízo e fazei justiça, porque a minha salvação está prestes a vir, e a minha justiça (*tsᵉdāqâ*), prestes a manifestar-se" (56.1).

Para Isaías, portanto, *mishpāṭ* é uma idéia complexa que envolve Javé, sua natureza e atos, e o que exige de todas as suas criaturas, mas em especial do povo da aliança. Ele manifesta bom julgamento, e nesse julgamento traz justiça. Ele anseia o mesmo de seu povo. Em seu julgamento ele estabelecerá *mishpāṭ* na terra por meio de seu servo.

O Servo do Senhor. Um personagem muito significativo em Isaías é "o servo de Javé". Mais de um século atrás, B. Duhm separou certas passagens, a saber, 42.1-4; 49.1-6; 50.4-9 e 52.13–53.12, do restante dos capítulos 40–55 e as denominou "Cânticos do Servo" ou cânticos de *'ebed yhwh*.[40] Desde então, tem sido quase axiomático considerar essas passagens como poemas independentes.[41] Entretanto, os estudiosos não estão inteiramente de acordo quanto à extensão dos poemas, e enquanto uns contam cinco Cânticos do Servo, outros contam seis ou sete.[42] De acordo com alguns, os poemas existiam antes de "Segundo Isaías" e foram por ele empregados; outros dizem que foram escritos mais tarde e inseridos em "Dêutero-Isaías" por um redator. Uns poucos estudiosos rejeitam a existência independente dos Cânticos do Servo.[43]

Tentativas de identificar o Servo de Javé são igualmente confusas e criam confusão. O Servo de Israel é o próprio profeta, é Ciro ou é outra pessoa? Os cristãos, com base em Atos 8.35, alegam que o Servo é Jesus, mas nem essa referência nem Isaías 53 exigem tal conclusão com base apenas na exegese. Está claro que Jesus empregou o termo "servo" com referência a si mesmo, e é também claro que a igreja primitiva o chamou "servo de Deus" *(pais theou)*. Buscando um significado mais pleno ou mais profundo nas passagens sobre o Servo em Isaías, é possível encontrar "cumprimento" em Jesus. Mas antes de tudo, o texto de Isaías precisa ser considerado exegeticamente.

No início, Israel é o servo (41.8s.). O propósito de qualquer servo é executar a vontade do senhor, e Israel foi escolhido para executar a vontade de Javé, para "promulgar o direito para os gentios" (42.1), para ser "luz para os gentios" (v. 6). Mas Israel era um servo cego e surdo (v. 19) e por isso tinha de ser punido (v. 24). Alguns intérpretes detectam duas pessoas em diálogo nesse trecho: Israel, a nação, e um indivíduo justo ou um remanescente de Israel. Todos admitem que a interpretação é difícil. Alguns crêem que Ciro da Pérsia é o servo de Javé (e alguns chegam a afirmar que todo esse trecho trata dele). Essa identificação é baseada nas passagens de 44.28, em que Ciro é chamado "meu pastor", e de 45.1, em que é chamado "seu [de Javé] ungido [ou messias]". Não há dúvida de que Ciro é chamado para servir a Javé e que o trecho parece estender-se pelo menos até o v. 13 ("ele edificará a minha cidade e libertará os meus exilados"). Entretanto, uma leitura cuidadosa indicará que Israel ainda é o servo (44.1s.; cf. v. 21). Mas o mais importante é que o texto afirma claramente que o chamado de Ciro foi "por amor do meu servo Jacó e de Israel, meu escolhido" (45.4). Só se consegue chegar a conclusões desse tipo quando os Cânticos do Servo são separados do contexto. Ciro é o servo em harmonia com os propósitos de Javé para Israel.

Em 48.1 o destinatário ainda é a casa de Jacó, mas em 49.1-6 fica claro que são duas pessoas em vista: Jacó e "meu servo, [...] Israel" (v.3). Este foi chamado "desde o ventre" para ser servo de Javé, para "trazer Jacó e para reunir Israel a ele" (v. 5). Esse parece ser o próprio profeta, cuja tarefa — aliás, bem difícil — é restaurar as tribos de Jacó (v. 6). O capítulo 50 descreve alguns dos sofrimentos e perseguições que esse servo teria de suportar (veja v. 5-7). o capítulo 51 às vezes parece a pregação do profeta, mas outras, parece que Deus mesmo está falando ao povo.

> Na grande passagem de 52.13–53.12, porém, o profeta junta-se ao povo para ver outro servo: "Todos nós andávamos desgarrados [...] mas o SENHOR fez cair sobre ele a iniqüidade de nós todos" (53.6). Os pronomes pessoais — "nós, nosso", por um lado, e "ele, seu, lhe", por outro — exigem a interpretação de que o servo não é nem a nação cega e surda de Israel, nem o remanescente ou o profeta justo chamado "Israel", mas o verdadeiro Israel, o servo obediente.[44]

A figura do Servo do Senhor pode ser representada por um triângulo ou cone:

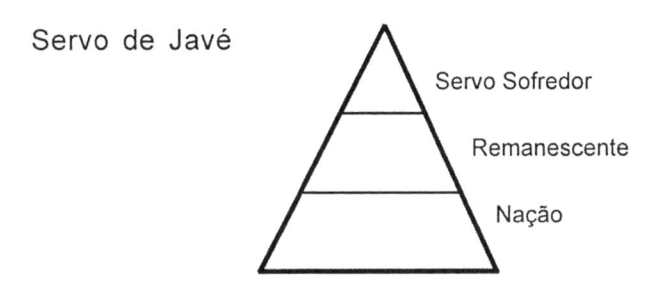

Servo de Javé

- Servo Sofredor
- Remanescente
- Nação

A base representa a nação inteira, o servo dos capítulos 41–48. O segmento médio representa o servo mais fiel, quer interpretado como o remanescente fiel, quer como o próprio profeta (ou ainda outra pessoa). O vértice superior representa o servo que serve perfeitamente ao Senhor, o que "tomou sobre si as nossas enfermidades e as nossas dores levou sobre si" (53.6). Ele é aquele que se deu como oferta pelo pecado (v. 10) e fez com que muitos fossem considerados justos (v. 11). Ele é o verdadeiro Israel, aquele que cumpre a vontade suprema de Javé e o propósito que ele tinha em mente quando de início escolheu Israel. "Por conseguinte, o significado pleno das passagens do servo está relacionado com o Servo perfeito, e o cristão identifica corretamente esse Servo com aquele que veio em forma de servo e foi obediente até a morte (cf. Fp 2.7-8)."[45]

No capítulo 14 o servo satânico (aquele que se tornou adversário do Senhor) é retratado como alguém que caiu dos céus, foi expulso e amaldiçoado (v. 4-21). No capítulo 53 o servo obediente é retratado como aquele que leva o pecado, que terá sua porção com os poderosos (v. 12). Javé emprega um servo satânico como "vara" com que leva seu povo rebelde ao cativeiro. Ele emprega seu "pastor", Ciro, para levar o povo de volta à terra — mas esse não é o fim do pecado. Javé emprega o servo sofredor para levar seu povo redimido ao reino da justiça e do juízo, o domínio eterno da paz.

CAPÍTULO 23

Sofonias, Naum e Habacuque

Três livros dos Profetas Menores são contemporâneos do ministério de Jeremias, especialmente nos primeiros anos. Sofonias, Naum e Habacuque refletem as circunstâncias e o panorama de Judá durante o reinado de Josias (640-609) e os dias imediatamente posteriores à sua morte. Retratam a ascensão iminente da Babilônia e o subseqüente colapso da Assíria. Acima de tudo, colocam em grande destaque a justiça de Deus atuando em Judá e no mundo. Internacionalmente, discernem a mão divina na mudança da guarda, internamente, chamam a atenção para a necessidade de uma reforma e prenunciam o acerto de contas divino pela rebelião persistente onde se rejeita a reforma.

Sofonias

Se os livros proféticos fossem colocados em ordem cronológica, Sofonias ficaria entre Isaías e Jeremias. Foi provavelmente Sofonias que rompeu o meio século de silêncio profético durante o reinado violento de Manassés. Ele aplicou os principais temas dos profetas do século VIII ao turbulento cenário internacional e doméstico do final do século VII. Sua pregação deu apoio a Jeremias quando juntos ajudaram a lançar as reformas de Josias.

A Vida Pessoal do Profeta. Nada se sabe a respeito de Sofonias, exceto o que se encontra em seu escrito. Na introdução (1.1), a história de sua família é traçada ao longo de quatro gerações até Ezequias. Dois fatores podem responder por essa longa genealogia: a linhagem de Sofonias está ligada ao grande rei de Judá (1) para dar consistência ao seu íntimo conhecimento dos pecados dos líderes de Jerusalém (veja v. 11-13; 3.3-5) e/ou (2) para autenticar sua origem judaica e para rebater questões suscitadas pelo nome de seu pai, Cusi (etíope).

> Buscai o SENHOR, vós todos os mansos da terra,
>   que cumpris o seu juízo;
> buscai a justiça, buscai a mansidão;
>   porventura lograreis esconder-vos no dia
>   da ira do SENHOR. Sf 2.3

A menção do reinado de Josias (1.1) fornece por alto os limites do ministério de Sofonias (c. 640-609 a.C.). Os quadros impressionantes das práticas idólatras em Judá e Jerusalém oferecem indícios de que a profecia data de antes das reformas de Josias e, assim, coincide aproximadamente com a época do chamado de Jeremias (c. 626).

O centro do interesse de Sofonias é Jerusalém. Ele denuncia a degradação religiosa e a apatia social da cidade (1.4-13; 3.1-7) e prediz sua salvação final (3.14-20). Combinando preocupação com conhecimento de primeira mão, Sofonias descreve a capital em detalhes (1.10s): a Porta do Peixe, provavelmente no muro do norte, perto do vale do Tiropeão; a Cidade Baixa (Mishneh), ao que parece a seção norte imediatamente a oeste da área do templo; o Almofariz (Mactés), uma bacia natural (talvez parte do vale de Tiropeão) logo ao sul de Mishneh, usado como mercado.[1] Sofonias concentra-se no setor norte porque a existência de escarpas íngremes nos outros três lados incentivavam ataques pelo norte.

Alguns estudiosos foram mais específicos na reconstrução do ministério de Sofonias, ligando-o aos profetas do templo.[2] Aliás, tanto Isaías como Jeremias dedicaram boa dose de atenção ao templo. Joel preocupa-se essencialmente com os sacerdotes e seu ciclo diário de sacrifícios. Mas dizer que o profeta mostra interesse na vida religiosa de seu templo não equivale a afirmar que seria profeta do templo, um membro da equipe do templo, cuja tarefa era declarar a palavra de Deus paralelamente às funções religiosas estabelecidas, como dias festivos. "Todos os javistas dedicados, principalmente alguém chamado por Deus como profeta ao seu povo, seriam atraídos pelo Templo e por ele se interessariam, como a habitação terrena de seu rei celestial."[3]

O Contexto Histórico e Religioso. Judá nunca se recobrou do abominável meio século de governo de Manassés. O filho de Ezequias, apesar de tentativas simbólicas de reformas (2Cr 33.12-19), deixou manchas indeléveis no caráter da nação. Quando Amom reverteu aos piores traços do pai, foi selado o destino de Judá. Sofonias acabou com o silêncio profético, não com esperança, mas com catástrofe iminente:

> Está perto o grande Dia do SENHOR [...]
> O Dia do SENHOR é amargo [...]
> Aquele dia é dia de indignação,
>   dia de angústia e dia de alvoroço e desolação,
>   dia de escuridade e negrume,
>   dia de nuvens e densas trevas,
>   dia de trombeta e de rebate...[4] (1.14s.)

Que nação Sofonias via como açoite de Deus para colocar Judá de joelhos? Alguns encontram uma pista na descrição que Heródoto faz das hordas citas que desceram de suas terras montanhosas para a Ásia ocidental, chegando até o Egito.[5] Mas essa identificação carece de apoio suficiente de outros relatos antigos. É mais provável que Sofonias pressentisse o colapso iminente da Assíria e tivesse consciência dos rumores ameaçadores que vinham da Babilônia, que procurava recuperar seu antigo resplendor. Dentro de duas décadas após a profecia de Sofonias, a orgulhosa Nínive foi humilhada (cf. 2.13-15) e Josias foi morto em Megido (2Rs 23.29), Nabucodonosor derrotou os egípcios em Carquêmis e tomou a Síria e a Palestina. No período de quatro décadas Judá foi devastada, e o grito e o uivo brotaram da Porta do Peixe, da Cidade Baixa e do Almofariz. Foi de fato o dia da desolação!

A Mensagem. Dois temas dominam esse breve livro: a ameaça de julgamento iminente (1.2–3.7) e a esperança de livramento final (3.8-20).

À parte de um breve chamado ao arrependimento (2.1-3), 1.2–3.7 é implacável em sua ênfase na ira de Deus. O caráter universal do julgamento de Deus terá efeitos cataclísmicos como o dilúvio nos dias de Noé (veja Gn 6):

> De fato consumirei todas as coisas
>   sobre a face da terra [...]
> Consumirei os homens e os animais... (1.2s.)

O profeta concentra-se primeiro em sua terra e em sua cidade (1.4–2.3), cujos pecados religiosos e sociais tornaram-se objeto da ira de Deus. O povo se vendeu ao culto de Baal, o deus cananeu da fertilidade; do sol, da lua e das estrelas; e de Milcom, deus rei dos vizinhos amonitas, ao leste. Formaram alianças debilitantes inclinadas a comprometer sua identidade como povo especial de

Deus. O distúrbio social insinuado em 1.9⁶ é ampliado em 3.1-7, onde a acusação é lançada diretamente contra os líderes. Esses pecados, juntamente com a apatia espiritual e moral dos cidadãos de Jerusalém, mereciam um julgamento feroz, e Sofonias descreve a ira de Deus como uma fúria avassaladora, quase sem paralelos nas Escrituras. Quer apresentados por Javé, quer pelo profeta, que parecem revezar-se como num drama, os oráculos são intensos e vivos em seu poder poético.⁷ A variedade das formas literárias de Sofonias é impressionante: discursos de julgamento (1.2-3, 4-6, 8-9, 10-13, 17-18; 2.4-15), chamado à consciência (1.7; 2.1-3; 3.8), hino com um convite ao louvor (3.14-18a), discursos de salvação (3.4-13, 18b-20).⁸

Na mais fina tradição profética (veja Is 13–23; Jr 46–51; Ez 25–32; Am 1–2), Sofonias também inclui oráculos contra vizinhos de Judá (2.4-15). A área costeira da Filístia, foco de oposição a Judá desde os tempos dos juízes, recebe atenção especial, com quatro cidades principais — Gaza, Ascalom, Asdode, Ecrom — marcadas para julgamento (v. 4-7).⁹ Muito acostumado à atividade militar, esse território sentiu as pisadas do conquistador antes de Judá: Nabucodonosor devastou Ascalom em 604 e usou a Filístia como trampolim para sua invasão malsucedida do Egito em 601. Era tão gritante o paganismo dos filisteus e tão patente sua oposição aos propósitos de Deus em Israel que o profeta não sentiu necessidade de citar as bases para o julgamento deles.

Quanto aos aparentados de Israel, Moabe e Amom (veja Gn 19.36-38), a familiaridade, ao que parece, criara desprezo (v. 8-11). Sofrendo durante séculos

Moabe, inimigo tradicional de Israel, seria transformado em deserto (Sf 2.8-11). *(L. K. Smith)*

com derrotas nas mãos de Davi (2Sm 8.2; 10.1-4) e Josafá (2Cr 20.22-30), eles provocavam os israelitas e o Deus deles com zombarias mordazes. Moabe e Amom foram absorvidas na rede de nações dominadas por Nabucodonosor, sendo empregadas para subjugar Judá na época da revolta de Jeoaquim, tarefa que sem dúvida os agradou (2Rs 24.2). A menção dos etíopes (2.12) demonstra a extensão geográfica da soberania de Deus (veja 3.10).[10] A Assíria e sua orgulhosa capital Nínive foram marcadas para julgamento especial (2.13-15), que a impiedosa coalizão de medos, babilônios e citas (?) concretizou inconscientemente em 612. Vale lembrar que esses oráculos não se destinavam a ouvintes estrangeiros, mas apenas a Judá. O povo com freqüência precisava ser lembrado de que, ainda que pertencesse exclusivamente a Deus, Deus não pertencia exclusivamente a ele.

As acusações contra Jerusalém (3.1-7) são mais específicas que as acusações contra as nações pagãs: o maior privilégio da cidade acarretava maior responsabilidade. Todas as vias normais para levar instrução ao povo — "príncipes, profetas, sacerdotes" — estavam tomados de vícios e cobiça (veja Mq 3). Mesmo o trágico exemplo do reino do norte não conseguiria desacelerar a corrida de Judá rumo à autodestruição. Quanto mais Deus alertava, mais rápido se arremessava na calamidade (Sf 3.6s.).

Trocando o tema da ira pelo da restauração, o profeta deixa claro que o julgamento divino não é apenas punitivo, mas corretivo. Quando as nações tiverem sido castigadas, invocarão o Senhor com "lábios puros" e o servirão de coração (v. 8-10). Um remanescente humilde mas fiel sobreviverá em Judá para substituir os líderes cujo orgulho lhes serviu de armadilha. Acima de tudo, Deus habitará no meio de seu povo e concertará erros passados: dará notoriedade aos humildes e reputação aos aleijados e proscritos (v. 17-20) tema do centro do evangelho (observe o *Magnificat* entoado por Maria em Lc 1.46-55).[11]

Conceitos Teológicos. Sofonias trabalha sobre o esboço do dia do Senhor apresentado por Amós (cf. Am 5.18-20), mostrando como será escuro o "dia de trevas e não de luz" (v. 18, veja também Is 2.9-22). Numa metáfora impressionante sem igual, o dia é comparado a um banquete em que os que esperam ser os convidados tornam-se as vítimas (1.7s.; cf. a história de Isaque, Gn 22.7). O objetivo é claro. O povo de Judá supunha que Deus o defendia diante das nações, mas o alvo contínuo de Deus era defender, em escala universal (1.18; 2.4-15), sua justiça, mesmo que isso custasse caro para Judá, seus vizinhos e inimigos.[12] Como intérprete da aliança, Sofonias viu que o julgamento divino contra Judá era drástico, mas não final. Por meio da restauração do remanescente, triunfaria seu amor, próprio da aliança. Essa restauração é o lado positivo, criativo do julgamento, sem o qual não surgiria um remanescente purificado. Se o julgamento divino significa destruição dos perversos, também significa defesa dos justos, que, refinados pelo sofrimento, podem render um serviço mais puro.[13] Seguindo profetas mais antigos (Am 3.12; Is 4.2s.; Mq 5.7s.), Sofonias vê o remanescente como o governante sobre os inimigos de Deus (2.7), seu servo humilde, honesto e sincero (3.12s.) e o exército vitorioso cujo sucesso brota da confiança no Senhor (v. 17), não na façanha militar.

Como Isaías, Sofonias viu a grandeza de Deus e foi transformado por ela. Ele viu que Deus não pode tolerar a altivez e que a única esperança do povo repousa no reconhecimento da própria fragilidade. O orgulho é um problema enraizado na natureza humana, e nem Judá (2.3), Amom, Moabe (v. 10), nem Nínive estão isentos. Nínive resume a insolência alardeando: "Eu sou a única, e não há outra além de mim" (v. 15). Tal rebelião, a declaração de independência espiritual de Deus, é o mais hediondo dos pecados. O que escapa da fúria de Deus é o humilde "que confia em o nome do SENHOR" (3.12).

Retratando o Senhor com lanternas na mão para encontrar "os homens que estão apegados à borra do vinho", o profeta faz uma advertência severa contra os perigos da apatia (1.12s.). Esses cidadãos estão indolentes e sem vida, como o vinho decantado (veja Jr 48.11s.). Duvidando do amor de Deus e recusando-se a levar adiante o programa divino e deter a corrupção deles mesmos, compartilham da punição dos mais ativos dos rebeldes.

> As grandes causas de Deus e da humanidade não são derrotadas pelos ataques diretos do Diabo, mas pelas massas lentas e esmagadoras de milhares de "ninguéns" indiferentes que avançam como geleiras. As causas de Deus não são destruídas por algum explosivo que se lhes lança em cima, mas por pessoas que se sentam sobre elas.[14]

Naum

O que podemos saber a respeito da vida pessoal de Naum (o nome significa "confortado"; a forma mais longa talvez significasse "confortado por Javé") limita-se à datação de sua profecia entre dois eventos a que ele alude: a queda da cidade egípcia de Tebas em 663 a.C. diante do exército assírio de Assurbanipal (3.8-10) e a destruição de Nínive em 612 (1.1; 2.8 [TM 9]; 3.7).[15] O tom de iminência em todo o livro dá a entender uma data pouco anterior ao colapso da capital assíria — talvez c. 615, quando estava sendo formada a coalizão de babilônios e medos que derrubou a cidade. Dão-se motivos para datar a obra antes de Sofonias, embora não os consideremos convincentes.

Mais de um século de pesquisas arqueológicas revelou um pouco do esplendor de Nínive do auge do império de Senaqueribe (c. 705-681), Esaradom (c. 681-669) e Assurbanipal (c. 669-633).[16] As descobertas incluem o grande muro com 13 km de circunferência, o sistema hídrico (incluindo um dos mais antigos aquedutos), construídos por Senaqueribe, e seu palácio; o palácio de Assurbanipal e a biblioteca real, que continha mais de 20 mil tabuinhas de argila, entre elas as que contêm os épicos da criação (Enuma Elish) e do dilúvio (Gilgamés).

> Os teus pastores dormem, ó rei da Assíria;
>   os teus nobres dormitam;
> o teu povo se derrama pelos montes,
>   e não há quem o ajunte.
> Não há remédio para a tua ferida; a tua chaga é
>   incurável;
> Todos os que ouvirem a tua fama baterão palmas
>   sobre ti;
> porque sobre quem não passou continuamente a
>   tua maldade?

A crônica babilônica da Queda de Nínive,[17] um relato conciso das campanhas de Nabopolassar de 616 a 609, narra as circunstâncias da extinção assíria. Nabopolassar obteve vitórias decisivas sobre os assírios ao juntar forças com Ciaxares, rei dos medos. Unidos, sitiaram Nínive por cerca de dois meses, ao que parece ajudados pela cheia do rio que atravessava a cidade:

> As comportas dos rios se abrem,
>   e o palácio é destruído. (2.6)

A Assíria não desapareceu de imediato. Mas privada da capital fortificada e das províncias que lhe davam sustentação, a nação agonizava. As tentativas do faraó egípcio Neco II de formar uma aliança assírio-egípcia contra Ciaxares e Nabopolassar falharam. A Assíria conseguiu adiar o inevitável apenas até pouco depois de 609.

Qualidades Literárias. Como artífice literário, Naum não tem superiores nem equivalentes entre os poetas do Antigo Testamento. Sua sensibilidade dramática é sentida em todo o livro. No capítulo 1, por exemplo, ele simula uma cena de corte em que Deus como juiz dirige veredictos ora a Judá (1.12s., 15 [TM 2.1]; 2.2 [TM 3]), ora à Assíria (1.9-11, 14; 2.1 [TM 2]). Judá é confrontado pela idéia de livramento iminente, após mais de um século sob jugo assírio (1.9-11, 14). Naum, de maneira imaginativa, emprega dois auditórios a quem Deus se dirige alternadamente — com discursos de julgamento contra a Assíria intercalados com oráculos de salvação para Judá. Não se sabe ao certo se o propósito é litúrgico ou meramente dramático.[18] Alguns estudiosos alegam que o livro foi primeiro composto como liturgia de Ano Novo para a festa de outono de 612, logo após a queda de Nínive.[19]

Com a vivacidade de uma testemunha ocular, Naum descreve, seja por visão, seja por imaginação, o cerco e a atividade frenética das tropas de Nínive enquanto tentam em vão deter os invasores:

> Eis o estalo de açoites e o estrondo das rodas;
>   o galope de cavalos e carros que vão saltando;
> os cavaleiros que esporeiam,
>   a espada flamejante, o relampejar da lança
> e multidão de traspassados,
>   massa de cadáveres,
> mortos sem fim;
>   tropeça gente sobre os mortos. (3.2s.; cf. 2.3s.)

Nenhum repórter de guerra já conseguiu imprimir tanto realismo quanto o de Naum em sua visão profética. Além disso, mediante sua habilidade poética, ele se torna participante na defesa de Nínive e, com sutil ironia, lança ordens de batalha para os defensores:

> Guarda a fortaleza,
>   vigia o caminho,
> fortalece os lombos,
>   reúne todas as tuas forças! (2.1)

E ainda com maior vigor:

> Tira água para o tempo do cerco,
>   fortifica as tuas fortalezas,
> entra no barro

e pisa a massa,
toma a forma para os ladrilhos. (3.14)[20]

A esse instinto dramático de Naum, liga-se seu talento para criar imagens brilhantes. Ele canta a majestade de Deus num hino que celebra sua vinda para julgar as nações (uma teofania como Jz 5.4s.; Sl 18.7-15 [TM 8-16]; Hc 3.3-15):

> O SENHOR tem o seu caminho na tormenta e na tempestade,
>   e as nuvens são o pó dos seus pés. (1.3)

Ele emprega numerosas metáforas e símiles, ambos adequados e breves — as servas do palácio "gemem como pombas e batem no peito" (2.7); as fortalezas assírias são comparadas a árvores carregadas de figos maduros: "se os sacodem, caem na boca do que os há de comer" (3.12).[21] Naum também emprega pelo menos duas figuras retóricas ampliadas: (1) Nínive, dependente de despojos estrangeiros, é comparada a uma toca em que a leoa e seus filhotes esperam impacientes pelo retorno do leão com a presa (2.11s.), e (2) não mais a prostituta sedutora que com seus encantos atraía as nações à perdição, Nínive, nua, é atingida por lixo atirado pelos passantes, e ninguém se importa (3.4-7).[22]

Apesar de toda vitalidade literária, uma profecia sobre a destruição de uma capital inimiga não pode atingir os temas elevados de relacionamento entre Deus e a humanidade que dominam Jó, Habacuque e Isaías (esp. cap. 40). Mas parte da beleza e força das Escrituras é que os vários livros aumentam e complementam uns aos outros. Tanto a nota de Amós sobre a soberania universal de Deus como a palavra de Naum sobre o cuidado especial de Deus para com Judá têm valor sem igual.

O Significado Teológico. A profecia de Naum, embebida como é da destruição do antigo inimigo de Israel, apresenta algumas questões teológicas. Por que, por exemplo, o livro se cala a respeito dos pecados do povo de Deus e de sua necessidade de arrependimento? Só Naum e Obadias, que também dirige sua ira contra uma nação hostil, omitem essa mensagem de reforma que está no centro do verdadeiro profetismo. Ainda assim, mesmo leais a Judá, esses profetas não são nacionalistas obtusos.[23] Naum, em especial, sente as feridas pungentes de muitas nações violentas, enquanto reconhece que as aflições de Judá também vêm da mão de Deus (1.12). Como Amós (cap. 1) antes e Habacuque (cap. 1) depois, ele está irado com a desumanidade humana. Caso se desviasse de seu tema central para censurar Judá, teria dissipado o ataque e quebrado a unidade da mensagem. Talvez seja mais significativo o fato de a data de Naum parecer coincidir com as reformas de Josias (2Rs 22.8–23.25), em que o rei e alguns dos profetas depositavam grande esperança.[24]

Como conciliar as linhas vingativas e zombeteiras de Naum com a compaixão e o perdão em Oséias e Jonas e principalmente no ensino de Cristo (e.g., Mt 5.43s.)? Situa-se aqui uma questão mais geral do Antigo Testamento — o lugar dos escritos imprecatórios (que contêm maldições) nas Escrituras Sagradas. Tanto salmistas como profetas eram às vezes implacáveis em insistir que Deus julgasse seus inimigos. Essa sede de retribuição fazia parte da ênfase hebraica (e semita em geral) na lei de talião, "olho por olho" — a punição deve ser equivalente ao crime.

Longe de uma sede selvagem de sangue, a profecia de Naum testifica sua firme crença na justiça divina. O hino inicial que descreve o caráter de Deus e sua ação em julgamento com certeza é a fonte que rega as sementes da destruição semeadas nos discursos de Naum. "É falha nossa permitir que Naum seja um livro sobre um Deus que distorceu o valor da profecia segundo entendemos."[25]

A impiedade dos assírios era notória: sua prática de deportar multidões de vítimas — que eram, na realidade, marchas brutais de morte — e o tratamento de genocídio que davam às nações imprudentes que se rebelavam contra seu jugo de ferro eram bem conhecidos. Só uma alma empedernida permaneceria impassível diante de tais atrocidades. Como C. S. Lewis demonstrou com vigor, os judeus amaldiçoaram amargamente os inimigos porque levavam a sério o certo e o errado.[26] Além disso, o imperialismo assírio ofendia a própria justiça de Deus. Se Deus é Deus, Naum e seus companheiros insistiam, não pode permitir que a perversidade desenfreada prospere indefinidamente. Deus pode ser Guerreiro e também Pastor (2.13).[27] A Assíria, "navalha" de Deus (Is 7.20), havia rapado avidamente seus vizinhos, inclusive Israel e Judá, e era tempo de quebrar a navalha: os instrumentos do julgamento de Deus não são, em si, imunes ao julgamento. A ausência de uma bem-desenvolvida concepção de vida após a morte nesse período forçou o profeta a exigir uma defesa temporal e pública da justiça divina.

Se alguns profetas parecem gostar da perspectiva de aniquilação de seus velhos inimigos, é porque o sofrimento de seu povo tem sido agudo. O entusiasmo deles com respeito a tal punição pode parecer ultrapassar os limites, pois embora conhecessem a lei do amor ao próximo (Lv 19.17s.), não a tinham visto explicada claramente em Cristo. Mas a revelação cristã também confirma o que os membros da antiga aliança bem sabiam: o amor tem seu lado duro. Seu fogo tanto pode queimar como aquecer:

> O homem profunda e verdadeiramente religioso é sempre um homem de ira. Uma vez que ama a Deus e a seu próximo, ele odeia e despreza a desumanidade, a crueldade e a perversidade. Todo homem bom às vezes profetiza como Naum.[28]

Em certo sentido, a destruição de Nínive representa o destino de todas as nações cuja confiança última repousa, como afirma Kipling, "em tubos de fumaça e cacos de ferro". O poderio militar não exclui obrigações de justiça e retidão. As pedras esmigalhadas da cidade arrogante são um lembrete assustador de que somente as nações que confiam no Deus que é a fonte da verdadeira paz verão "sobre os montes os pés do que anuncia boas-novas, do que anuncia a paz" (1.15 [TM 2.1]; veja Is 52.7 e aplicações dadas no Novo Testamento em At 10.36; Rm 10.15).

Habacuque

A ausência de informações a respeito da vida de Habacuque tem proporcionado ampla oportunidade para especulações em torno de sua mensagem e época.[29] Apresentam-se datas que variam de 700 a 300, e identificam-se em seus escritos inimigos desde a coorte de Senaqueribe até as falanges de Alexandre. A opinião geral, porém, localiza o autor no último quarto do século VII, mais ou menos contemporâneo de Sofonias, Jeremias e Naum. O indício marcante dessa data é a referência à iminente invasão caldéia (babilônica) de Judá (1.6). A data mais remota seria c. 625, quando Nabopolassar tomou o trono babilônio e deu início à ascensão do Novo Império Babilônico; a data mais recente seria c. 598, logo antes do ataque de retaliação contra Judá nos dias de Jeoaquim (c. 609-598). As vivas descrições das façanhas militares dos caldeus (v. 6-11) podem apontar para uma data posterior a 605, quando, na batalha de Carquêmis as forças de Nabucodonosor provaram seu poder e capacidade derrotando os egípcios.

> O SENHOR, porém, está no seu santo templo;
> cale-se diante dele toda a terra. Hc 2.20

A Mensagem. Como Ageu e Zacarias, Habacuque é chamado "o profeta", talvez um título técnico indicando uma posição oficial na comunidade religiosa,[30] ou quem sabe simplesmente demonstrando que seu escrito era digno de ser incluído entre os livros proféticos canônicos. O vínculo estreito entre a visão profética e a mensagem falada é expresso na frase: "o oráculo visto por Habacuque, o profeta" (1.1), significando que os profetas anunciavam o que Deus lhes mostrava. "Oráculo" (heb. *matstsā'*) pode ainda ser definido como um pronunciamento "que procura explicar a maneira pela qual a intenção de Deus será manifestada no âmbito humano".[31] Inspirado por uma experiência de revelação, o profeta reage a eventos históricos específicos (veja Is 13.1; 15.1; 17.1; 19.1; 21.1; 22.1; 23.1; Na 1.1; Zc 9.1; 12.1; Ml 1.1).[32]

(1) O problema: Deus não julgou a perversidade de Judá (1.2-4). Deus, não o povo, é o primeiro objeto da censura de Habacuque. O pecado de Judá tornou-se tão evidente e atroz que Deus arrisca sua reputação com sua relutância em julgar. A reclamação de Habacuque com respeito à justiça de Deus molda o estilo de seu livro, um sumário de sua conversa com Deus. O julgamento que ele roga é duplo: vingança contra os perversos e defesa dos justos.

O panorama de violência, opressão e anarquia com que se incomoda o profeta parece o reinado do infeliz Jeoaquim, que também perturbou Jeremias (Jr 22.13-23).[33] Habacuque, teólogo e profeta, foi frustrado pelo adiamento aparentemente interminável do julgamento, enquanto toda vitalidade remanescente da reforma de Josias em Judá era minada pela corrupção dos líderes da nação.[34]

(2) A resposta de Deus: os babilônios julgarão Judá (1.5-11). Habacuque não teve de esperar muito pela resposta de Deus. A forma plural "vós" indica que as palavras de Deus são dirigidas a uma audiência maior e não só ao profeta. A resposta divina é surpreendente. Em geral, a queixa seria respondida com uma promessa de livramento, um discurso de salvação,[35] mas aqui o "livramento" vem na forma do exército babilônio ("caldeus" [v. 6], uma tribo aramaica que ganhou destaque na baixa Mesopotâmia e alguns séculos mais tarde juntou-se a outros grupos babilônios na coalizão com que Nabopolassar formou o Novo Império Babilônio). A descrição viva de sua rapidez, suas estratégias e seu poder capta um pouco do terror que as tropas de Nabucodonosor devem ter imposto às suas vítimas. Nenhuma fortaleza conseguia resistir a seus aríetes, planos inclinados e trincheiras (cavadas sob os muros), conforme descobriram os ninivitas; nenhum rei era astuto suficiente para traçar uma estratégia capaz de vencê-los em guerra aberta, conforme descobriu Neco em Carquêmis. Deus devia empregar essa aliança não santa de habilidade e selvageria para impor julgamento a Judá.

(3) O problema: um Deus justo pode empregar perversos para castigar pessoas mais retas (1.12-17)? A resposta de Deus propõe uma questão ainda mais aflitiva, de novo em forma de lamento:

> Tu és tão puro de olhos, que não podes ver o mal
> e a opressão não podes contemplar;
> por que, pois, toleras os que procedem perfidamente
> e te calas quando o perverso devora
> aquele que é mais justo do que ele? (v. 13)

Habacuque estava bem consciente das faltas de Judá, mas quaisquer que fossem os padrões de seus compatriotas, em especial os do núcleo de homens retos, não podiam ser comparados à perversão dos babilônios. Ao que parece, o destino dos inimigos dos babilônios era bem conhecido, e Habacuque estremece diante da idéia de Judá e Jerusalém serem impiedosamente destruídas pelos babilônios. A figura de linguagem mantida (1.14-17), comparando os invasores a um pescador inescrupuloso que pesca pelo prazer de matar a presa, é a mais veemente das contestações da desumanidade contidas no Antigo Testamento.[36] Habacuque não duvidava da soberania de Deus sobre a nação inimiga, mas isso dava forma ao problema. Como um Deus justo podia refrear-se de intervir?

(4) A resposta de Deus (cap. 2). A motivação de Habacuque ao apresentar essas perguntas não era curiosidade vã nem desejo de se intrometer em questões divinas. Ele era honesto e devotado na procura da verdade, e Deus honrou essa busca. Sua torre de vigia (v. 1) era provavelmente um lugar de isolamento em que ele, como uma das sentinelas de Deus (cf. Is 21.8; Ez 33.7-9), podia aguardar a visão e a voz divina sem distração.

A primeira parte da resposta de Deus, introduzida pelo anúncio de uma visão (v. 2s.), apazigua os temores do profeta em relação ao julgamento divino: o remanescente justo será preservado (v. 4s.). O significado preciso desses versículos é difícil, mas o pensamento básico é claro — o nítido contraste entre o justos fiéis e os babilônios orgulhosos, devassos e sanguinários. A conduta de cada grupo determina seu destino: os babilônios fracassam; os justos vivem. "Fé" (heb. $^{e}mûnâ$) no v. 4 conota fidelidade e confiança. Os justos confiam em Deus e, por sua vez, Deus pode contar com eles.

A resposta continua na forma de um cântico de moteijo com que os povos oprimidos zombarão dos opressores (v. 6-19). Cinco ais (v. 6, 9, 12, 15, 19) pontuam essa mensagem medonha: a destruição da Babilônia está selada.[37] Dá-se destaque especial à lei divina da retribuição; os babilônios serão pagos na mesma moeda (v. 6-8, 15-17). Os oráculos de *ais* são comparados a

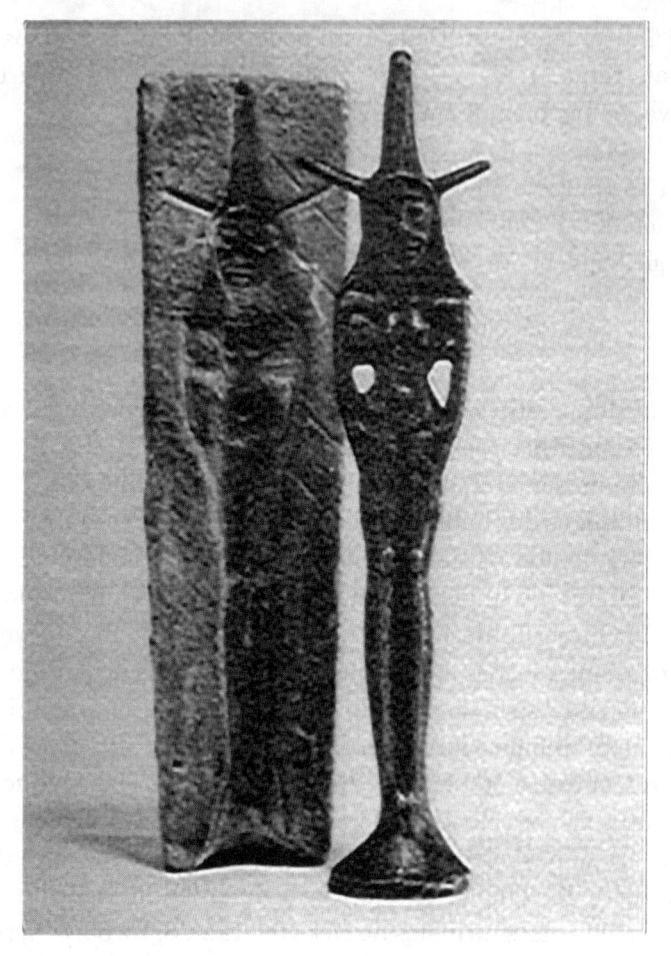

Molde de fundição de bronze e estatueta de Astarte, deusa da fertilidade — "... imagem de fundição, mestra de mentiras" (Hc 2.18). *(Departamento de Antigüidades de Israel, fotografia de David Harris)*

bumerangues: o que os perversos lançam contra suas vítimas gira e atinge na volta os lançadores. Deus não é escarnecido, e os babilônios não estão isentos da lei da semeadura e da colheita (Gl 6.7). A ironia poética é notável, especialmente no discurso contra a idolatria do inimigo:

> Ai daquele que diz ao pau: Acorda!
>   E à pedra muda: Desperta!
>   Pode o ídolo ensinar?
> Eis que está coberto de ouro e de prata,
>   mas no seu interior não há fôlego nenhum. (v. 19)[38]

A causa da Babilônia está perdida não só porque é perversa, mas também porque seus deuses são impotentes. Em contraste, o Senhor de Israel governa a terra a partir do templo (seja celestial, seja terreno) e ordena que todos se calem diante dele (v. 20). Talvez esse versículo tenha trazido tanto consolo como repreenda a Habacuque: consolo, ao ser pessoalmente confrontado com a soberania do universo; reprimenda, porque ele, o profeta reclamante, estava incluído em "toda a terra" que deve render-se ao senhorio de Deus.

(5) A resposta de Habacuque (cap. 3). A revelação do programa divino para salvar um remanescente justo e enviar problemas ("ais") contra opressores perversos silencia as reclamações. Como Jó, Habacuque atende à resposta de Deus, inclusive à revelação pessoal da soberania divina, com uma confissão de confiança na capacidade divina de resgate.[39]

> Tenho ouvido, ó SENHOR, as tuas declarações,
>   e me sinto alarmado;
> aviva a tua obra, ó SENHOR, no decorrer dos anos,
>   e no decurso dos anos faze-a conhecida;
> na tua ira, lembra-te da misericórdia. (v. 2)

O profeta parece colocar-se entre dois períodos — olhando atrás, para o êxodo, e adiante, para o dia do Senhor. Mas nem o passado nem a intervenção futura aliviarão o problema: ele anseia por uma manifestação do poder de Deus em suas circunstâncias presentes. Essa oração leva a uma recitação vigorosa dos atos poderosos de Deus (teofania; cf. Sl 77.16-20 [TM 17-21]; 78.9-16). Usando um leque de técnicas literárias, entre elas a hipérbole (v. 6), a ironia (v. 8), a personificação (v. 10) e o símile (v. 14), esse hino mistura os vários eventos formando uma descrição altamente elaborada e emotiva da atividade redentora de Deus, fazendo lembrar uma montagem cinematográfica. Episódios sobrepõem-se a episódios — a jornada de Deus a partir da península do Sinai (v. 3s.), as pragas (v. 5), a marcha pelo deserto (v. 6), a travessia do Mar e do Jordão (vv. 8-10), o dia longo de Josué (v. 11) — à medida que o êxodo e a conquista são recriados diante dos olhos do profeta. A capacidade divina de travar guerras sobrepuja o poder das tropas babilônicas. O hino do capítulo 3 contrapõe-se à ameaça do capítulo 1.

Essa visão renovada dos atos salvadores de Deus desperta a coragem de Habacuque enquanto espera o ataque inimigo. A invasão pode significar devastação e privação, mas a fé sólida do profeta é inabalável. Como Paulo, ele aprendeu a experiência do contentamento divino em qualquer estado (Fp 4.11), pois viu o Deus vivo. Encerra o livro confessando confiança no Deus da aliança, mas com entusiasmo avivado pela visão teofânica:

Ainda que a figueira não floresça,
nem haja fruto na vide;
o produto da oliveira minta,
e os campos não produzam mantimento;
as ovelhas sejam arrebatadas do aprisco,
e nos currais não haja gado,
todavia, eu me alegro no SENHOR,
exulto no Deus da minha salvação. (v. 17s.)

Conceitos Teológicos. (1) A vida dos fiéis. Deus mostrou a Habacuque que o juízo de Judá, ainda que severo, não seria total e reafirmou a promessa de poupar um remanescente para levar adiante a missão redentora e servir de base para a nação renovada. O desespero de Habacuque pelo destino dos fiéis (1.13) evocou a promessa de que sobreviveriam ao temido dia (2.4). A base da sobrevivência seria a fidelidade, a dependência e a fidedignidade deles.

Esse princípio tornou-se a semente para a doutrina principal de Paulo: a justificação pela fé. A drástica reinterpretação que o apóstolo fez do Antigo Testamento em vista da própria conversão fez com que ele se concentrasse em duas passagens: Gênesis 15.6 e Habacuque 2.4. A tradução do hebraico *ᵉmûnâ*, "fidelidade", pelo grego *pistis*, "fé" ou "fidelidade", formou uma ponte proveitosa entre a idéia de "vida pela fé" de Habacuque e a doutrina paulina. O que Habacuque aprendeu sobre o princípio divino de operação na invasão babilônica, Paulo, com percepção inspirada, percebeu ser o princípio universal da salvação divina. A mensagem de Habacuque serviu de preparação estratégica para o evangelho do Novo Testamento (veja Rm 1.17; Gl 3.11; Hb 10.38s.).

(2) Compreensão mediante dúvida honesta. A dúvida honesta pode ser uma atitude religiosa mais aceitável que a confiança superficial.

> Como Jó, Habacuque empregou suas perguntas não para se guardar das responsabilidades morais nem para fugir dos direitos divinos sobre sua vida. Ele estava genuinamente perplexo com a natureza imprevisível dos atos de Deus. O profeta elevou seus protestos porque tinha fome e sede de ver honrada a justiça de Deus. A auto-revelação de Deus colocou de lado os fantasmas das dúvidas do profeta e fez nascer uma fé superior. O Deus redentor empregou as perguntas de Habacuque como meio de graça para lhe fortalecer a fé.

CAPÍTULO 24

Jeremias

Quando Deus concebe acontecimentos importantes, em geral envia alguém para interpretá-los. Assim, durante o período mais momentoso na longa história de Judá, Deus enviou Jeremias, um profeta de notável percepção e capacidade literária. Ao longo de quatro décadas turbulentas, Jeremias declarou a palavra de Deus igualmente ao rei e ao povo, com alto custo pessoal. Seu livro relata sua vida e sua mensagem e apresenta o paradigma para toda profecia verdadeira.[1]

> Assim diz o SENHOR:
>   Ponde-vos à margem no caminho e vede,
> perguntai pelas veredas antigas,
>   qual é o bom caminho; andai por ele
> e achareis descanso para as vossas almas;
>   mas eles dizem: Não andaremos [...]
> Portanto, ouvi, ó nações, [...]
>   Eis que eu trarei mal
> sobre este povo, o próprio fruto dos seus pensamentos;
>   porque não estão atentos às minhas palavras
>   e rejeitam a minha lei. Jr 6.16, 18

O Profeta

Sua Vida Pessoal. As seções biográficas e autobiográficas de seu livro fazem de Jeremias o mais bem conhecido de todos os profetas escritores. Ele nasceu na vila de Anatote, ao norte de Jerusalém (1.1; 11.21, 23; 29.27; 32.7-9), filho de Hilquias, um sacerdote. Sua família era provavelmente descendente de Abiatar, o sacerdote a quem Salomão baniu para Anatote por ter participado da trama de Adonias pelo trono (1Rs 2.26). Nesse caso, as raízes sacerdotais de Jeremias remontam a Moisés e Arão, passando por Eli, sacerdote no antigo santuário de Siló (veja 1Sm 1–4). A herança de Jeremias pode explicar sua ênfase na aliança mosaica e na história passada em Siló (veja Jr 2.1-3; 7.12-14; 15.1).[2] Por outro lado, apesar dessa herança, seus irmãos, os parentes próximos e os vizinhos o atacaram com vigor, provavelmente por apoiar as reformas de Josias (veja 11.21; 12.6). Pela abolição de santuários fora de Jerusalém, as amplas reformas de Josias podem ter privado a família de Hilquias do direito de praticar sua profissão sacerdotal.

Ao que parece, Josias e Jeremias tinham quase a mesma idade. O profeta se denomina jovem quando Deus lhe falou pela primeira vez no décimo terceiro ano do reinado de Josias, c. 627 a.C. (1.2).[3] Isso foi cinco anos antes de a descoberta do livro da lei dar novo impulso à reforma de Josias (622 a.C.; 2Rs 22.8s.). Assim, é provável que Jeremias tenha nascido pouco depois de 650. A maior parte das profecias escritas diz respeito a eventos posteriores à trágica morte de Josias em 609. Ao todo, o ministério de Jeremias estende-se por mais de quarenta anos (passando de 586, quando Jerusalém caiu diante de Nabucodonosor) e abrange os reinados de quatro sucessores de Josias, os últimos reis de Judá.

Seu Chamado. O chamado de Jeremias destacou-o como verdadeiro profeta e estabeleceu o tom de seu ministério:

> Depois estendeu o SENHOR a mão, tocou-me na boca
>   e o SENHOR me disse:
> Eis que ponho na tua boca as minhas palavras.
> Olha que hoje te constituo sobre as nações e sobre os reinos,
>   para arrancares e derribares,
>   para destruíres e arruinares
>   e também para edificares e para plantares. (1.9s.; cf. Dt 18.18)

Como Moisés, Jeremias sentiu-se inapto para a tarefa. Acreditava que sua juventude seria um empecilho ao anúncio dessa palavra sombria para um público hostil. Com certeza, tal pregação não era bem-vinda! Por isso, o profeta precisava da garantia implícita na visão da amendoeira, que Deus cuidaria de cumprir sua palavra (veja 1.11-12; 20.7-18, o jogo de palavras no hebraico emprega *shāqēd*, vara de amendoeira, como sinal de que Deus está *shôqēd*, "velando" por Jeremias). Oséias sofreu vergonha e reprovação por causa de uma esposa perversa, mas Deus ordenou que Jeremias nunca se casasse nem tivesse filhos. Tal celibato era raro entre os judeus e, sem dúvida, reforçava as suspeitas do povo quanto a sua saúde mental. Mas, como do casamento de Oséias, o celibato de Jeremias tinha propósitos proféticos: simbolizar a esterilidade de uma terra sob julgamento (16.1-13).

Por causa de sua pregação, a vida de Jeremias sofreu sérias ameaças várias vezes. Além da oposição da própria família, uma coalizão de sacerdotes e profetas o acusou de blasfêmia por predizer a destruição do templo (26.1, 6). Felizmente, escapou da morte porque alguém lembrou que Miquéias fizera predição semelhante sem ser punido e porque Aicão, um judeu influente, o protegeu (26.24). Jeremias esbarrou mais duas vezes na morte: quando Pasur, o sacerdote, bateu nele e o colocou no tronco (20.1-6) e quando os príncipes de Judá o deixaram à morte numa cisterna cheia de lama (38.6-13). Além disso, teve de enfrentar a fúria do rei Jeoaquim, irado com suas denúncias dos pecados de Judá e seus anúncios da destruição de sua terra (36.1-7). Somente a proteção divina manteve Jeremias e seu fiel secretário, Baruque, livres da ira do rei.

Além de tudo, outros profetas de Jerusalém — pessoas mais afeitas aos caprichos do povo do que à palavra de Deus — opuseram-se a Jeremias. Esses falsos profetas contradiziam sua mensagem, pregando paz e segurança em lugar de julgamento. Eles mesmos estavam tão envolvidos nos pecados dos compatriotas judeus que não podiam clamar:

> Mas nos profetas de Jerusalém
>   vejo coisa horrenda;
> cometem adultérios, andam com falsidade
>   e fortalecem as mãos dos malfeitores,
>   para que não se convertam cada um da sua maldade... (23.14)

Eles alegavam conhecer a palavra do Senhor, mas a alegação era vazia:

Não mandei esses profetas,
  todavia eles foram correndo;
não lhes falei a eles,
  contudo profetizaram.
Mas se tivessem estado no meu conselho,
  então teriam feito ouvir as minhas palavras ao meu povo,
e o teriam feito voltar do seu mau caminho
  e da maldade das suas ações. (v. 21s.)

O conflito dramático de Jeremias com o profeta Hananias simboliza a luta entre o verdadeiro e o falso profeta (28.1-17). Alegando inspiração divina, Hananias contradisse a mensagem de Jeremias de que Judá e as nações vizinhas deviam submeter-se à Babilônia em vez de se rebelar. Ele anunciou que os judeus capturados, e o próprio rei Jeoaquim, retornariam da Babilônia dentro de dois anos (28.2-5). Não é preciso muita imaginação para perceber como essa oposição amargurou a alma justa de Jeremias.

O Caráter do Profeta. A grande quantidade de autobiografia e biografia no livro mostra-nos que tipo de pessoa era Jeremias. Cinco características se destacam.[4]

(1) Jeremias era pessoalmente honesto, ainda mais em seu relacionamento com Deus. Diferente dos falsos profetas, não dava respostas fluentes a seus ouvintes, mas lutava com Deus para ter certeza de que entendera sua palavra. Às vezes, essa franqueza soa como insubordinação ou mesmo blasfêmia:[5]

> Nunca me assentei na roda dos que se alegram,
>   nem me regozijei;
> oprimido por tua mão, eu me assentei solitário,
>   pois já estou de posse das tuas ameaças.
> Por que dura a minha dor continuamente,
>   e a minha ferida me dói e não admite cura?
> Serias tu para mim como ilusório ribeiro,
>   como águas que enganam? (15.17s.)

E de novo:

> Persuadiste-me, ó SENHOR,
>   e persuadido fiquei;
> mais forte foste do que eu
>   e prevaleceste;
> sirvo de escárnio todo o dia;
>   cada um deles zomba de mim. (20.7)

Jeremias admitia prontamente que seu ministério era às vezes desagradável. Sentia-se enredado, incapaz de fugir do chamado divino, com a palavra queimando dentro dele como fogo. Entretanto quando pregava, Deus o fazia parecer tolo, retardando o cumprimento da profecia (20.8-10). Mas Jeremias tanto confiava em Deus que sua objetividade era uma vantagem. Como Habacuque, ele desejava crer e clamava por socorro em sua incredulidade. Sua comunhão pessoal com Deus lhe dava a força para continuar apesar das dúvidas e dos temores, pois Deus mesmo lhe garantiu:

Se tu te arrependeres, eu te farei voltar
    e estarás diante de mim;
se apartares o precioso do vil,
    serás a minha boca;
e eles se tornarão a ti,
    mas tu não passarás para o lado deles.
Eu te porei contra este povo
    como forte muro de bronze;
eles pelejarão contra ti,
    mas não prevalecerão contra ti;
porque eu sou contigo
    para te salvar, para te livrar deles,
diz o SENHOR. (15.19s.)

(2) Jeremias era corajoso ao viver de acordo com suas convicções. Nenhum de seus sofrimentos — ameaças da família, da realeza ou dos sacerdotes — fizeram com que se afastasse de sua mensagem. Ele sabia o que devia fazer e o fazia — nem sempre feliz, mas sempre com fidelidade e coragem.

(3) Jeremias era inflamado em seu ódio contra condutas imorais e não espirituais. Com justa indignação, lançava cargas inflamadas contra a idolatria (e.g., cap. 2–5), a injustiça social (e.g., 5.26-29) e a falsa profecia (e.g., v. 30s.). Era tamanha sua convicção de que Judá merecia julgamento que suas orações por livramento às vezes se tornavam rogos por vingança contra seus inimigos:

Lembra-te de que eu compareci à tua presença,
    para interceder pelo seu bem-estar,
    para desviar deles a tua indignação.
Portanto, entrega seus filhos à fome
    e ao poder da espada;
sejam suas mulheres roubadas dos filhos e fiquem viúvas;
    seus maridos sejam mortos de peste,
e os seus jovens, feridos à espada na peleja. (18.20s.)

Essas declarações incisivas refletem a grandeza de Jeremias, não sua fraqueza. Ele levava a sério o pecado porque levava a sério a justiça de Deus. Mais tarde, um Sofredor mostraria como odiar a transgressão e, ainda assim, interceder pelos transgressores.

Demonstrando sua confiança no futuro de Judá, Jeremias adquiriu um campo em Anatote e conservou a escritura num vaso de barro. *(Neal e Joel Bierling)*

(4) Jeremias combinava sensibilidade ao sofrimento de seu povo e humanidade bondosa. Seu papel como profeta de destruição muitas vezes entrava em choque com seu amor por seu povo e sua terra.[6] A recusa de Judá em se arrepender e sua indiferença ao julgamento iminente esfaqueavam o coração de Jeremias:

> Os meus olhos derramem lágrimas, de noite e de dia,
>   e não cessem;
> porque a virgem, filha do meu povo, está profundamente golpeada,
>   de ferida mui dolorosa. (14.17)

O chamado exigia de Jeremias que fosse sério, mas ele não era mórbido. Encontrava prazer na estreita comunhão com Deus e na amizade com amigos leais como Baruque. Apesar de sua austeridade profética, Jeremias parece ter mantido relações afetuosas com as pessoas. Sofonias, o sacerdote, mostrou-se compreensivo diante de sua mensagem (29.29), e secretamente o rei Zedequias era-lhe receptivo (caps. 37–38). Aicão, um príncipe de Judá, teve coragem de protegê-lo (26.24), e o eunuco etíope Ebede-Meleque salvou-o de uma possível morte (38.7-13).

(5) Além de pregar incansavelmente a destruição, Jeremias também via esperança no futuro. Essa esperança repousava não num otimismo superficial de seus companheiros profetas, mas na soberania de Deus sobre a história e em sua lealdade a Israel. Nos últimos dias de Israel, Jeremias demonstrou sua confiança comprando uma propriedade da família em Anatote. A transação testificou sua expectativa de que, depois de Judá ser purificado pelo julgamento, Deus restabeleceria seu povo na terra (32.1-44).

As Qualidades Literárias

Nenhum profeta do Antigo Testamento empregou maior leque de formas literárias nem demonstrou maior capacidade artística que Jeremias. E, uma vez que Jeremias os empregou de maneiras novas e marcantes, seus oráculos apresentam brilho, vigor e urgência sem iguais na Bíblia. Os seguintes exemplos ilustram sua capacidade criativa lidando com grande número de situações.

A Poesia. Mais que na maior parte dos escritos proféticos, a prosa e a poesia estão entretecidas em Jeremias. Na poesia ouvimos a voz do profeta falando diretamente nas seguintes formas:

(1) O discurso de julgamento é freqüente, porém mais variado em forma que em Amós. A acusação, por exemplo, pode assumir a forma de uma admoestação:

> Guardai-vos cada um do seu amigo
>   e de irmão nenhum vos fieis;
> porque todo irmão não faz mais do que enganar,
>   e todo amigo anda caluniando. (9.4)

A ameaça de julgamento pode ser uma pergunta retórica:

> Acaso, por estas coisas não os castigaria? — diz o SENHOR;
>   ou não me vingaria eu de nação tal como esta? (v. 9; cf. 5.9, 29)

Os oráculos contra as nações (caps. 46–51) às vezes contêm apenas a ameaça de julgamento sem nenhuma acusação específica de pecado (46.1-12; 47.1, 7). Entretanto, o discurso contra os amonitas inclui:

(a) uma acusação:

Acaso, não tem Israel filhos?
 Não tem herdeiro?
Por que, pois, herdou Milcom[7] a Gade,
 e o seu povo habitou nas cidades dela? (49.1)

(b) uma ameaça de julgamento introduzida por "portanto":

Portanto, eis que vêm dias, diz o SENHOR,
 em que farei ouvir em Rabá[8] dos filhos de Amom o alarido de guerra,
e tornar-se-á num montão de ruínas... (v. 2)

(c) uma promessa de restauração:

Mas depois disto mudarei a sorte dos filhos de Amom, diz o SENHOR. (v. 6)

(2) O "Livro de Consolo" (caps. 30–33) contém discursos de salvação, promessas de esperança e livramento para Judá (30.12-17, 18-22; 31.1-14, 15-22). Sua forma tende a ser menos estereotipada que a do discurso de julgamento. Às vezes, a sina de Judá é descrita a formar um contraste entre o que é e o que será:

Porque assim diz o SENHOR:
Teu mal é incurável,
 a tua chaga é dolorosa.
Não há quem defenda a tua causa;
 para a tua ferida não tens remédios
nem emplasto
[...]
Porque te restaurarei a saúde
 e curarei as tuas chagas, diz o SENHOR... (30.12s., 17)

Com freqüência, um discurso de salvação contém descrições elaboradas da restauração: reconstrução das cidades, fertilidade renovada das plantações, abundância de filhos e restabelecimento da monarquia (v. 18-21). A promessa pode incluir a destruição de inimigos que infligiram o sofrimento, em geral na forma da lei de talião, um equivalente exato do crime deles:

> Por isso, todos os que te devoram serão devorados;
> e todos os teus adversários serão levados, cada um deles para o cativeiro;
> os que te despojam serão despojados,
> e entregarei ao saque todos os que te saqueiam. (v. 16)

Um possível clímax seria a renovação da aliança, formulada na linguagem dos votos matrimoniais:

> Vós sereis o meu povo,
> eu serei o vosso Deus. (v. 22)[9]

Partes de hinos podem estar incluídas, quando Deus não apenas proclama livramento, mas também convida o povo a cantá-lo:

> Porque assim diz o SENHOR:
> Cantai com alegria a Jacó,
> exultai por causa da cabeça das nações;
> proclamai, cantai louvores e dizei:
> Salva, SENHOR, o teu povo,
> o restante de Israel. (31.7)

Prosa. A prosa assume algumas formas:

(1) Sermões em prosa não são incomuns (7.1–8.3; 11.1-17; 17.19-27; 18.1-12; 23.1-8).[10] A maior parte são formas de discursos de julgamento: denúncia de pecados, ameaça de julgamento (em geral introduzidos por "portanto") e fórmula do mensageiro. Pode haver a inclusão de um chamado ao arrependimento ou uma ordem para agir com retidão (7.5-7; 22.1-4). Muitas vezes o oráculo começa com uma ordem divina a respeito de onde, quando e a quem a palavra deve ser apresentada (7.1s.). Pode estar incluída uma seção poética (e.g., 22.1-8, em que v. 6b-7 é poesia).

(2) Um dos discursos de salvação mais famosos de Jeremias está em prosa — a profecia da "nova aliança". A mensagem básica é o contraste entre

a velha aliança feita no êxodo e a nova aliança a ser escrita no coração do povo de Deus (31.31-34).

(3) Atos simbólicos de profecia são em geral descritos em prosa (13.1-11; 16.1-18; 19.1-15; 27.1-15). Comumente, esses relatos seguem esta forma: o Senhor ordena que o profeta execute um ato, o profeta obedece, e então o Senhor o interpreta. Essas profecias dramatizadas são mais que ilustrações: desencadeiam o poder divino para cumprir o que simbolizam.

(4) As narrativas autobiográficas e biográficas formam grande parte do livro. O relato do chamado do profeta, contado em primeira pessoa, é narrativa autobiográfica, embora algumas palavras de Deus sejam poéticas (1.4-19). A história do sofrimento de Jeremias nas mãos de Pasur, o sacerdote, é narrativa biográfica (20.1-6), assim como a descrição de Jeoaquim queimando o rolo de Baruque (36.1-32). A distinção entre a biografia em prosa e o oráculo em prosa é em geral pouco clara, porque os discursos de julgamento e outras profecias às vezes ocorrem dentro de uma seção narrativa (e.g., 35.1-19, onde v. 13-16 é um discurso de julgamento em prosa).

(5) Narrativas históricas, que não contam a história pessoal de Jeremias, mas a história de Judá, ocorrem em 39.1-18 (queda de Jerusalém) e 52.1-34 (destruição do templo e subseqüentes detalhes do exílio; cf. 2Rs 24.18–25.30).

Técnicas Literárias. Seguem-se alguns exemplos das técnicas literárias de Jeremias:

(1) Emprego de figuras de linguagem pungentes como, por exemplo, na descrição da corrupção sexual de Judá:

> como garanhões bem fartos, correm de um lado para outro,
>   cada um rinchando à mulher do seu companheiro. (5.8)

ou no quadro da cobiça egoísta dos ricos de Judá:

> Porque entre o meu povo se acham perversos;
>   cada um anda espiando,
> como espreitam os passarinheiros;
>   como eles, dispõem armadilhas e prendem os homens.
> Como a gaiola cheia de pássaros,
>   são as suas casas cheias de fraude... (v. 26s.)

(2) Perguntas retóricas são recursos estimados. Jeremias faz perguntas em que a resposta seria óbvia, mesmo assim as pessoas parecem desconsiderar o que sabem ser correto. A contestação colocada em forma de perguntas pode brotar

do costume comum:

> Acaso, se esquece a virgem dos seus adornos
> ou a noiva do seu cinto?
> Todavia, o meu povo se esqueceu de mim
> por dias sem conta. (2.32)

da lei:

> Se um homem repudiar sua mulher,
> e ela o deixar
> e tomar outro marido,
> porventura, aquele tornará a ela?
> Não se poluiria com isso de todo aquela terra?
> Ora, tu te prostituíste com muitos amantes;
> mas, ainda assim, torna para mim, diz o Senhor. (3.1)

da natureza:

> Acaso, a neve deixará o Líbano, a rocha que se ergue na planície?
> Ou faltarão as águas que vêm de longe, frias e correntes?
> Contudo, todos os do meu povo se têm esquecido de mim,
> queimando incenso aos ídolos... (18.14s.)

ou da história:

> Acaso, não tem Israel filhos? [...]
> Por que, pois, herdou Milcom a Gade... (49.1)

Essas perguntas empregam um método de enredamento: fazem com que os ouvintes se condenem a si mesmos. Ao dar a resposta óbvia, essas pessoas reconhecem que a linha de conduta adequada é igualmente óbvia e apesar disso fizeram exatamente o contrário.

(3) Como Isaías e Amós, Jeremias usou formas literárias normalmente associadas à literatura sapiencial. Observe a seguinte ilustração inspirada na natureza:

> Até a cegonha no céu conhece as suas estações;
> a rola, a andorinha e o grou observam o tempo da sua arribação;
> mas o meu povo não conhece o juízo do SENHOR. (8.7; cf. Is 1.3)

Além disso, o discurso de julgamento em 13.12-23 emprega provérbios populares (v. 12s., 23),[11] enquanto 17.5-8 apresenta o padrão de bênção e maldição com ênfase semelhante à do salmo 1.

(4) Reclamações semelhantes às dos salmos são típicas das confissões de Jeremias. Os "por quês" e "até quando" de 12.1-4 e os pedidos ardentes de livramento de 17.14-18; 18.19-23; 20.7-12 são exemplos da forma de lamentação.

(5) Jeremias enriqueceu sua mensagem com ingredientes retirados de muitos setores da vida de Israel. As cortes de justiça às portas das cidades proveram a forma para a forte acusação em 2.1-13, em que o Senhor apresenta seu caso contra Judá. A torre de vigia, onde os guardas alertavam da batalha iminente, fornecem estas palavras:

> Fugi, filhos de Benjamim,
>   do meio de Jerusalém;
> tocai a trombeta em Tecoa
>   e levantai o facho sobre Bete-Haquerém[12],
> porque do lado do Norte surge um grande mal,
>   uma grande calamidade. (6.1)

Do campo de batalha vêm estas ordens que indicam uma invasão egípcia:

> Preparai o escudo e o pavês
>   e chegai-vos para a peleja.
> Selai os cavalos,
>   montai, cavaleiros,
> e apresentai-vos com elmos;
>   poli as lanças,
>   vesti-vos de couraças. (46.3s.)

Esses exemplos mostram como Jeremias empregava formas imaginativas conhecidas para instigar seus compatriotas a atender à palavra de Deus.[13]

O Livro

Como demonstra a análise literária acima, o livro é uma antologia de materiais diversos relacionados ao profeta Jeremias (e.g., oráculos poéticos, narrativas em prosa, etc.). Parece organizar-se basicamente em padrão temático e literário, não cronológico.[14] Nosso objetivo aqui é analisar o livro completo como peça literária.

A Composição. Poucos livros bíblicos têm suscitado tanta discussão quanto à origem como Jeremias.[15] Sem dúvida, o processo de composição foi complexo, passando por estágios que provavelmente nunca conseguiremos percorrer. Por outro lado, o livro em si apresenta indícios de como veio a surgir.

O capítulo 36 conta que, conforme ditou Jeremias, Baruque escreveu num rolo tudo o que o profeta pregara até aquele momento (quarto ano de Jeoaquim, i.e., 605). Ao que parece, a idéia de escrever a profecia era excepcional, já que Deus a ordenou de maneira específica; antes disso, é provável que existisse apenas em forma oral. Quando Jeoaquim teve a audácia de queimar o primeiro, Jeremias ditou um segundo ainda mais longo, que provavelmente continha boa parte da poesia dos capítulos 1–6. O texto concentrava-se no destino terrível que aguardava Judá e Jerusalém por causa da profunda corrupção moral e espiritual dessas cidades. Muitas porções dos capítulos 1–6 estão escritas na primeira pessoa (e.g., 1.4; 2.1; 3.6; 5.4s.), talvez reflexo do ditado de Jeremias ou da conservação da forma em que foram originalmente proclamadas.

Os capítulos 26–51 empregam a terceira pessoa e contêm muito mais prosa que poesia. Consistem basicamente em episódios da vida de Jeremias durante os reinados de Jeoaquim e Zedequias e após a queda de Jerusalém.[16] Como amigo chegado e companheiro de Jeremias, Baruque escreveu provavelmente essas narrativas semibiográficas e anexou-as ao segundo rolo.[17] Além disso, o capítulo 51 termina com a frase: "Até aqui as palavras de Jeremias" (v. 64), como se encerrasse uma coletânea (cf. 48.47). Essa nota implica que alguém diferente de Jeremias anexou o capítulo 52 (o qual lembra muito 2Rs 24.18–25.30) ao material já compilado por Jeremias, Baruque ou outro.[18]

Um fenômeno sem paralelo do livro — os sermões em prosa — há muito intriga os estudiosos. Ao longo de todo o livro, ocorrem oráculos supostamente anunciados por Jeremias em forma de prosa, não de poesia (e.g., 7.1–8.3; 11.1-17; 17.19-27). Surpreendentemente, seu estilo e teologia se parecem com os de Deuteronomista (D) e a chamada "História Deuteronômica" (HDt; i.e.; Josué–2Reis).[19] Por esse motivo, algumas gerações de estudiosos teorizaram que escritores do exílio ou do pós-exílio ("deuteronomistas") os compuseram ou até editaram o livro já completo.[20]

Hoje, porém, muitos estudiosos alegam que os sermões em prosa têm mais em comum com a poesia do livro (em geral aceitas como do próprio Jeremias) que com D ou HDt. Essa concepção afirma que, se não escritos por Jeremias ou Baruque, os sermões em prosa transmitem, ao menos, a voz de Jeremias ou uma "tradição de Jeremias", não a de deuteronomistas posteriores. Além disso, duas outras explicações do estilo dos sermões em prosa demonstram-se razoáveis: podem refletir ou um estilo retórico característico daquele período, ou uma imitação consciente por parte de Jeremias do livro de Deuteronômio em sua pregação.[21]

Outro problema turva ainda mais a questão da composição: há diferenças significativas entre o texto hebraico e o grego do livro. O texto da LXX é um sétimo menor que o do TM e também contém os oráculos contra as nações no meio (entre 25.13 e 15), e não no fim (caps. 46–51). Evidências encontradas em Qumran dão a entender que a LXX foi traduzida de um original hebraico curto, diferente do que serve de base ao TM.[22] Dada a grande divergência entre a LXX e o TM, o livro completo pode ter existido antes em mais de uma forma ou ambos, TM e LXX, podem em última instância derivar do mesmo original hebraico.[23] Quanto à ordem dos oráculos, embora a maioria dos estudiosos favoreça a prioridade da seqüência da LXX, há bons argumentos para defender a anterioridade do TM.[24]

Em suma, a história editorial e textual que nos deu o presente livro (e *a maior parte* dos livros do AT) permanece um mistério. Nossa ignorância desse passado, porém, de maneira alguma diminui o benefício que o livro traz a seus leitores.

Estrutura Literária e Temas. Qualquer que tenha sido sua origem, o livro acabado apresenta uma estrutura bem distinta.[25] Uma breve introdução narrativa (1.1-3) apresenta o todo como o "legado" de Jeremias e estabelece os limites cronológicos de seu ministério.[26] Sua referência ao "quinto mês do exílio de Jerusalém" (v. 3) também forma uma bela inclusão com o Apêndice Histórico sobre esse evento (cap. 52). Nesse intervalo, o livro oferece o conteúdo do legado de Jeremias (1.4–cap. 51) em três seções principais (cap. 2–25; 26–45; 46–51). O cap. 1 põe-se a estabelecer a credibilidade de Jeremias detalhando seu chamado (v. 4-10) e sua convocação para falar como profeta (v. 17). "É claro que o livro foi construído para permitir que a voz de Jeremias domine o início, o fim e o centro do texto."[27]

O primeiro capítulo também introduz dois dos temas principais do livro: a idolatria flagrante de Judá e sua conseqüente punição mediante uma invasão proveniente do norte. Duas coletâneas compostas basicamente de oráculos poéticos disparam as primeiras salvas retóricas. O "ciclo de prostituição" (caps. 2–3) acusa Judá de prostituta espiritual que abandonou o marido fiel, Javé:[28]

> Lembro-me de ti, da tua afeição quando eras jovem,
>   e do teu amor quando noiva,
> e de como me seguias no deserto,
>   numa terra em que se não semeia.
> Então Israel era consagrado ao SENHOR
>   e era as primícias da sua colheita;
> todos os que o devoraram se faziam culpados;[29]
>   o mal vinha sobre eles, diz o SENHOR. (2.2s.)

Ademais, o fato de Judá abandonar Javé por outros deuses era particularmente escandaloso por dois motivos. A ação não tinha paralelos nem entre os vizinhos pagãos de Judá, e no final Judá estava muito pior que antes:

> Houve alguma nação que trocasse os seus deuses,
>   posto que não eram deuses?
> Todavia o meu povo trocou a sua Glória
>   por aquilo que é de nenhum proveito
>   [...]
> Porque dois males cometeu o meu povo:
>   a mim me deixaram,
> o manancial de águas vivas,
>   e cavaram cisternas,
> cisternas rotas,
>   que não retêm as águas. (v. 11, 13)

Ainda pior, Judá desconsiderou deliberadamente o exemplo claro de Israel, que sofreu um desastre nacional por causa de pecados semelhantes:

Quando, por causa de tudo isto, por ter cometido adultério, eu despedi a pérfida Israel e lhe dei carta de divórcio, vi que a falsa Judá, sua irmã, não temeu; mas ela mesma se foi e se deu à prostituição. (3.8)[30]

A segunda coletânea poética, chamada "ciclo dos inimigos" (caps. 4–10), detalha a destruição de Sião, a grande cidade de Deus, por invasores provenientes do norte. Por exemplo:

Cisterna da Última Idade do Bronze em Jerusalém (cf. Jr 38.6).
(Departamento de Antigüidades de Israel)

> Eis que um povo vem da terra do Norte,
>   e uma grande nação se levanta dos confins da terra.
> Trazem arco e dardo;
>   eles são cruéis e não usam de misericórdia;
>   a sua voz ruge como o mar,
> e em cavalos vêm montados,
>   como guerreiros em ordem de batalha
>   contra ti, ó filha de Sião. (6.22s.; cf. 5.15-17)[31]

Ainda mais perturbador, em seu "Sermão do Templo", Jeremias prediz a destruição do templo e o exílio de Judá:

> Agora, pois, visto que fazeis todas estas obras, diz o SENHOR, e eu vos falei, começando de madrugada, e não me ouvistes, chamei-vos, e não me respondestes, farei também a esta casa, que se chama pelo meu nome, na qual confiais, e a este lugar, que vos dei a vós outros e a vossos pais, como fiz a Siló[32]. Lançar-vos-ei da minha presença, como arrojei a todos os vossos irmãos, a toda a posteridade de Efraim.
> (7.13 ss.)

Duas subseções finais completam os capítulos 2–25 e desenvolvem temas anteriores. As "Confissões de Jeremias" (cap. 11–20) consistem em reclamações semelhantes às de Salmos nas quais Jeremias ora pedindo que Deus o livre do sofrimento. Incorporam algo sem precedentes nos livros proféticos — conversas surpreendentes, rudes, entre Jeremias e Javé (veja 15.17s. e 20.7, citado acima). Essas confissões e a profunda angústia de Jeremias, especialmente por Judá rejeitar sua pregação. Parece provável que Jeremias tenha escrito as Confissões e as tenha compartilhado em particular aos seus discípulos.[33]

No livro, elas destacam quatro temas: (1) a angústia de Jeremias espelha a angústia de Javé ao ser rejeitado por Judá; (2) ao rejeitar a mensagem de Jeremias, Judá confirma sua culpa e justifica o julgamento nacional iminente;[34] (3) os pedidos de vingança cada vez mais veementes de Jeremias prenunciam os eventos de julgamento nos capítulos 37–39; (4) as garantias que Deus dá a Jeremias e os anúncios de restauração (e.g., 15.20s.; 16.14s.; 17.7; cf. 20.13) preparam o leitor para os oráculos de esperança que vêm depois (e.g., caps. 30–31).[35]

Por fim, os capítulos 21–25 combinam narrativas e poesia num único tema — o caráter inevitável do julgamento. Quando Zedequias perguntou a

Jeremias se Javé poderia salvar Jerusalém de Nabucodonosor, Javé deu ao rei uma escolha fatídica: render-se ou morrer:

> Eis que ponho diante de vós o caminho da vida e o caminho da morte. O que ficar nesta cidade há de morrer à espada, ou à fome, ou de peste; mas o que sair e render-se aos caldeus, que vos cercam, viverá, e a vida lhe será como despojo. Pois voltei o rosto contra esta cidade, para mal e não para bem, diz o SENHOR; ela será entregue nas mãos do rei da Babilônia, e este a queimará. (21.8-10; cf. Dt 30.19)

O livro reserva as punições mais graves para os oponentes mais ferrenhos de Jeremias, a monarquia davídica e o clero de Jerusalém. Apesar da realeza, Jeoaquim não receberá nem funeral de Estado nem sepultamento decente:

> Não o lamentarão, dizendo:
>   Ai, meu irmão! ou: Ai, minha irmã!
>   Nem o lamentarão, dizendo: Ai, senhor! ou: Ai, sua glória!
> Como se sepulta um jumento, assim o sepultarão;
>   arrastá-lo-ão e o lançarão para bem longe, para fora das portas de Jerusalém. (22.18s.)

Pior ainda, a morte de seu irmão exilado, Joaquim (chamado Conias e Jeconias) marca o fim da dinastia davídica (v. 30; cf. v. 24s.). Quanto ao clero que serve no templo, sua condenação é certa e severa:

> Pois estão contaminados, tanto o profeta como o sacerdote;
>   até na minha casa achei a sua maldade,
>   diz o SENHOR.
> Portanto, o caminho deles
>   será como lugares escorregadios na escuridão;
>   serão empurrados e cairão nele;
> porque trarei sobre eles calamidade,
>   o ano mesmo em que os castigarei, diz o SENHOR. (23.11s.)

De fato, na visão (capítulo 24), Jeremias descobriu que Javé pouco se importava com as pessoas deixadas em Jerusalém: eram como um cesto de figos ruins — nada valiam, seu destino era serem lançadas fora.

Ao mesmo tempo, os capítulos 21-25 também intercalam dois fios de esperança. Primeiro, embora estivesse podando e descartando os últimos descendentes de Davi, Javé lhe enviaria outro descendente:

> Eis que vêm dias, diz o SENHOR, em que levantarei a Davi um Renovo justo; e, rei que é, reinará, e agirá sabiamente, e executará o juízo e a justiça na terra. Nos seus dias, Judá será salvo, e Israel habitará seguro; será este o seu nome, com que será chamado: SENHOR, Justiça Nossa. (23.5s.; cf. 33.14-16)[36]

Segundo, Jeremias anunciou um exílio de setenta anos — um período muito mais longo que o previsto por seus oponentes, mas com final:

> Toda esta terra virá a ser um deserto e um espanto; estas nações servirão ao rei da Babilônia setenta anos. Acontecerá, porém, que, quando se cumprirem os setenta anos, castigarei a iniquidade do rei da Babilônia e [...] a da terra dos caldeus; farei deles ruínas perpétuas. (25.11s.)

A visão do capítulo 24 descreve os exilados como um cesto de figos bons: esses seriam levados de volta à terra e restaurados à relação de aliança.

(2) Os capítulos 26-45 compreendem a segunda seção principal do legado de Jeremias. Quanto à estrutura, narrativas (caps. 16-19; 34-45) cercam o "Livro de Consolo" (cap. 30-33). Nos cap. 26-29, duas cenas dramáticas destacam um tema comum: os profetas rejeitam a palavra de Deus anunciada por Jeremias. Na primeira (cap. 26), os sacerdotes e os profetas demonstram sua rejeição da mensagem de Jeremias colocando-o em julgamento por blasfêmia, i.e., por seu Sermão do Templo (7.1-15). Jeremias refuta a acusação simplesmente alegando que Javé o enviou (v. 12, 15), enquanto seus defensores citam profecia semelhante de Miquéias contra o templo (c. 18; cf. Mq 3.12). Entretanto, o fato de Jeremias ter escapado da execução não significa aceitação de sua mensagem, pois 26.20-23 registra como Jeoaquim executou cruelmente a Urias, outro profeta da época, por causa de uma mensagem semelhante.

A segunda cena, o confronto dramático entre Jeremias e o profeta Hananias no templo (cap. 28), também destaca como o clero de Jerusalém rejeitou a mensagem de Jeremias. No capítulo 27, Jeremias usava simbolicamente um jugo para instar Judá e seus vizinhos a se submeterem ao governo da Babilônia. Mas, alegando a mesma autoridade divina (i.e., "Assim fala o SENHOR dos Exércitos", v. 2), Hananias contradisse Jeremias com audácia.

Anunciou que os exilados e os utensílios do templo retornariam da Babilônia dentro de dois anos (v. 3-4). Significativamente, dois meses depois, o profeta Hananias morreu — exatamente a pena que Jeremias havia predito em virtude de sua profecia falsa (v. 15s.).

Ambas as cenas representam mais que meros conflitos entre o clero. Aqui, a liderança religiosa exemplifica a dureza de coração que, para Jeremias, caracterizava o povo de Judá (e.g., 5.23; 16.12; 23.17) e o tornava incapaz de se arrepender.

No Livro do Consolo (caps. 30-33), poesias e narrativas combinam-se num tema comum: a mensagem de restauração proclamada por Jeremias. Esses capítulos expõem o modo que Javé levará seu povo do exílio para a terra e como "mudará a sorte" (quanto a esta expressão, veja 30.3, 31.23; 32.44; 33.26). Para reforçar tal esperança, Jeremias teve de resolver um problema teológico: o povo de Judá tinha o coração muito empedernido — como poderia obedecer a Javé? Para Jeremias, a sorte do futuro não dependia da autotransformação de Judá, mas de um novo ato do próprio Javé — a dádiva de uma nova aliança. Como complemento de 24.7 ("Dar-lhes-ei coração para que me conheçam que eu sou o SENHOR"), essa nova aliança venceria a obstinação do povo ao ser escrita em seu coração:

> Eis aí vêm dias, diz o SENHOR, em que firmarei nova aliança com a casa de Israel e com a casa de Judá. Não conforme a aliança que fiz com seus pais, no dia em que os tomei pela mão, para os tirar da terra do Egito [...]. Porque esta é a aliança que firmarei com a casa de Israel [...] diz o SENHOR. Na mente, lhes imprimirei as minhas leis, também no coração lhas inscreverei; eu serei o seu Deus, e eles serão o meu povo. (31.31ss.)

Para confirmar a certeza da esperança de Judá, o capítulo 32 relata a ordem de Deus para que Jeremias adquira de um tio uma propriedade familiar em Anatote. Ainda que tenha obedecido (v. 6ss.), o profeta ficou confuso com a ordem, uma vez que naquele momento a Babilônia já havia cercado Jerusalém (v. 24s.). Como réplica, Deus reiterou seu plano de trazer Judá de volta à terra após o exílio, para fazer uma aliança eterna com ele e lhe fazer bem (v. 36ss.).

Se os capítulos 26–29 relatam a rejeição da palavra profética pelos sacerdotes e profetas, os capítulos 34–36 retratam a rejeição dessa palavra pelos reis No capítulo 34, Zedequias levou Judá a libertar seus escravos, conforme exigia a aliança (Êx 21.2), mas não conseguiu impedir que Judá voltasse atrás, reclamando-os (cap. 34). Em resposta, Deus concedeu liberdade a Judá — "a liberdade [...] para a espada, para a peste e para a fome..." (v. 17) — e prometeu entregar Zedequias e seus oficiais aos cruéis babilônios. O capítulo 36 detalha a última rejeição real da profecia, quando Jeoaquim queima os rolos dos primeiros oráculos de Jeremias. O episódio faz eco à descoberta do livro da lei durante o reinado de Josias (2Rs 22), estabelecendo um contraste sutil entre a aceitação da palavra de Deus por parte de Josias e sua rejeição por parte de Jeoaquim. Ao rejeitar a palavra de Javé, os reis (e Judá) reconfirmaram que eram culpados e mereciam julgamento. Também demonstraram que, para ter alguma esperança futura, Judá precisava partir, de alguma forma, de um novo começo.

As narrativas finais (caps. 37–45) relatam as trágicas conseqüências dessa rejeição — a queda de Judá e a destruição de Jerusalém. Os capítulos 37–39 rastreiam o desespero cada vez maior da nação à medida que o exército babilônio aperta o cerco em torno da capital. Por três vezes, Zedequias busca um adiamento de última hora da parte de Javé por meio de Jeremias (37.3, 17; 38.14), mas toda vez a resposta é negada. Por exemplo:

> Se te [Zedequias] renderes voluntariamente aos príncipes do rei da Babilônia, então, viverá tua alma e esta cidade não se queimará, e viverás tu e a tua casa. Mas, se não te renderes [...] será entregue esta cidade nas mãos dos caldeus, e eles a queimarão, e tu não escaparás das suas mãos. (38.17s.)

Nesse ínterim, rotulando Jeremias de traidor, oficiais judeus irados mantiveram-no preso ou em casa ou em cárcere (37.11ss.; 38.1ss.). Para um fim mais amargo, quando Jerusalém caiu e Judá estava perdido (cap. 39), rejeitaram obstinadamente a palavra de Deus por meio do profeta.

Episódios subseqüentes (caps. 40–44) mostram que, mesmo entre as cinzas da derrota, Judá ainda se recusava a se submeter à Babilônia, desobedecendo a Deus. Os rebeldes assassinaram Gedalias, a quem os babilônios haviam nomeado governador (caps. 40–41). Aterrorizados com as represálias dos babilônios, o povo pediu que Jeremias buscasse a direção de Deus quanto ao que fazer. Mas quando Javé os aconselhou a ficar na terra, rejeitaram essa palavra e migraram para o Egito, levando consigo Jeremias, contra a vontade dele (cap. 42–43). Assim, por meio de Jeremias, Javé anunciou que o Egito não servia de refúgio contra sua ira (44.1ss.). E ainda uma última vez, Judá rejeitou a palavra de Deus, afundando-se a ponto de implorar ajuda de um ídolo, a rainha dos céus (v. 17s.).

Ao mesmo tempo, as últimas narrativas dão continuidade à esperança oferecida no Livro do Consolo. Intercalam intencionalmente relatos da escuridão que se formava sobre Judá e breves lampejos de sobrevivência pessoal. Por exemplo, no capítulo 35, Deus promete à família de Recabe, a qual obedecera à ordem de seu ancestral humano havia séculos, que "nunca faltará homem a Jonadabe, filho de Recabe, que esteja na minha presença" (v. 19). E, mais importante, após a queda de Jerusalém, o livro destaca que os babilônios honraram Jeremias, poupando-o das angústias do exílio (39.11-14). Ao que parece, o editor via a sobrevivência de Jeremias como símbolo da restauração futura de Judá prevista pelo profeta.[37]

(3) Os Oráculos (em sua maioria poéticos) contra as Nações (caps. 46–51) representam o ápice do livro.[38] Este já havia conduzido os leitores a esperá-los: apresentou Jeremias como um profeta "às nações"(1.5, 10) e previa nos temas suas profecias contra elas (e.g., 25.13). Os oráculos contra o Egito abrem a seção, ligando-a às narrativas precedentes acerca do Egito (caps. 43–45) e dando prosseguimento ao julgamento já proferido contra ele (e.g., 43.8ss.; 44.30).

Os oráculos longos contra a Babilônia — o inimigo responsável pela destruição de Judá — levam a seção a um crescendo.[39] Em cenas de batalhas que lembram as de Naum, Jeremias descreve a vingança de Javé sobre a Babilônia:

> Arvorai estandarte contra os muros de Babilônia,
>   reforçai a guarda,
> colocai sentinelas,
>   preparai emboscadas;
> porque o SENHOR intentou e fez
>   o que tinha dito acerca dos moradores de Babilônia
> [...]
> Como Babilônia fez cair traspassados os de Israel,
>   assim em Babilônia cairão traspassados os de toda a terra. (51.12, 49)

Para dramatizar a perdição da Babilônia, os capítulos 46–51 concluem com Jeremias convocando Seraías, irmão de Baruque, a realizar um ato profético simbólico. Durante uma visita à Babilônia (594), ele deve ler de um rolo as profecias de Jeremias contra aquela nação e depois afundar o rolo no Eufrates para simbolizar o futuro colapso da Babilônia.

Os Oráculos contra as Nações têm por objetivo encorajar Judá a aguardar uma restauração. Reforçam as declarações de Jeremias com respeito à soberania de Javé, lembram Judá do poder impressionante de seu opressor e renovam a esperança de que todos os seus inimigos acabem fracassando. O desastre de seus vizinhos significa que Judá pode voltar logo do exílio. Aliás, o livro se esforça para reassegurar a seus leitores originais exilados:

> Não temas, pois, tu, servo meu, Jacó,
>   nem te espantes, ó Israel;
>   porque eu te livrarei do país remoto
>   e a tua descendência, da terra do seu cativeiro. (46.27; veja também 50.17-20, 28, 33-34; 51.9-10, 45-46, 50-51)

O Apêndice Histórico do livro (cap. 52) oferece um pós-escrito literário. Seu relato expressivo da queda de Jerusalém confirma que as profecias de Jeremias foram cumpridas de maneira literal. Isso por sua vez autentica Jeremias como verdadeiro profeta, persuadindo implicitamente o leitor a encarar o legado de Jeremias com a maior seriedade. O livro se encerra com um lampejo tênue, mas encantador de esperança — o rei Joaquim exilado é libertado da prisão (52.31-34). Passara-se metade do exílio de setenta anos profetizado por Jeremias (25.11s.; 29.10).

O Tema Principal. Em última análise, o livro de Jeremias trata da esperança. Estruturalmente, o livro assinala isso de duas maneiras. Primeiro, apresenta o Livro do Consolo no meio (caps. 30-33), como se dissesse que a esperança está no centro da mensagem de Jeremias. Segundo, embora concentrados nos capítulos 30–33, os lampejos de esperança também aparecem em todo o livro (e.g. 1.10; 3.15ss.; 12.15s.; 52.31ss.). Assim, ainda que alerte o povo de Deus de que será por ele julgado por causa da infidelidade, o livro de Jeremias como um todo aponta para uma restauração futura, a bondosa dádiva do Deus soberano de Israel.

A Contribuição Teológica

A pedra angular da percepção teológica de Jeremias é sua ênfase no êxodo como a experiência espiritual fundamental de Israel. Essa experiência inclui o livramento da escravidão no Egito, a aliança no Sinai com sua lista detalhada de obrigações e o estabelecimento em Canaã pela orientação e pelo poder de Javé. A maior parte dos outros temas do profeta dependem, em variados graus, do êxodo.

A Soberania de Javé na História. Certos eventos monumentais moldaram o modo de Israel ver a história. Seu nascimento como nação, o fracasso do Egito para impedir o êxodo e a rendição de Canaã a Josué são todos interpretados como atos de intervenção divina direta. Assim, Israel via a história como a arena em que o Senhor de Abraão, Isaque e Jacó se faz conhecido.

Jeremias reafirmou essa concepção de história. Eventos em Judá, no Egito e na Babilônia resultavam muito mais da soberania divina que da política humana. A política humana só podia obter sucesso quando concordava com a vontade de Deus. Jeremias insistiu nesse ponto com Jeoaquim e Zedequias. O sucesso de Nabucodonosor não se devia tanto à façanha política ou ao poderio militar, mas ao comando de Deus (cf. 27.6). A soberania de Deus na história manifesta-se em seu uso das nações para realizar sua vontade.

Esse Senhor soberano também reservava para si o direito de mudar seus planos. No meio do grande ato da graça de Deus, Israel peregrinou no deserto por quarenta anos em julgamento.[40] Mas Judá não se lembrou dessa lição dura, supondo complacentemente que o Deus da aliança da graça defenderia dos ataques para sempre a nação e sua capital. Mas a soberania de Deus não é limitada, como aprendeu Jeremias:

> No momento em que eu falar acerca de uma nação ou de um reino para o arrancar, derribar e destruir, se a tal nação se converter da maldade contra a qual eu falei, também eu me arrependerei do mal que pensava fazer-lhe. E, no momento em que eu falar acerca de uma nação ou de um reino, para o edificar e plantar, se ele fizer o que é mal perante mim e não der ouvidos à minha voz, então, me arrependerei do bem que houvera dito lhe faria. (18.7-10)

Aqui, Jeremias toma o princípio de bênção ou maldição aplicado a Israel em Deuteronômio 27–28 e o estende para abranger a liberdade divina no trato com as nações em geral.

Como deixam claro os oráculos de Jeremias contra potências estrangeiras (caps. 46–51), Deus mostra sua soberania na história pelo julgamento direto das nações. Várias vezes, eles retratam o julgamento recaindo sem agentes humanos responsáveis. Isso não quer dizer que esses eventos só envolviam atos divinos, como terremoto, fome, praga ou dilúvio; em geral o julgamento vinha em forma de ataque militar (cf. 51.1-4). Mas Deus alegava que havia enviado os exércitos assim como havia quebrado os muros de Jericó (Js 6) e desbaratado as tropas de Midiã (Jz 6–7).

A Velha e a Nova Torá. O êxodo também ilumina as denúncias de Jeremias dos pecados de Judá e as esperanças dele de restauração futura. Em vista do maravilhoso resgate de seu povo da escravidão egípcia, a idolatria tão flagrante nos dias de Manassés (2Rs 21) parecia ainda mais estarrecedora. Num argumento convincente, Deus cita seu antigo relacionamento com Israel, depois faz uma pergunta condenatória:

> Que injustiça acharam vossos pais em mim,
>   para de mim se afastarem,
> indo após a nulidade[41] dos ídolos
>   e se tornando nulos eles mesmos [...]? (2.5)

A deserção de Israel não estava de acordo nem com os atos das nações pagãs:

> Houve alguma nação que trocasse os seus deuses,
>   posto que não eram deuses? (v. 11)

A deserção de Israel também não estava de acordo com seu passado:

> Eu mesmo te plantei como vide excelente,
>   da semente mais pura;
> como, pois, te tornaste para mim uma planta degenerada,
>   como de vide brava? (v. 21)

Jeremias entende os pecados pessoais e os nacionais como violações da lei da aliança, lei que devia ter disciplinado a vida como o jugo num boi:

> Irei aos grandes
>   e falarei com eles;
> porque eles sabem o caminho do SENHOR,
>   o direito do seu Deus;
> mas estes, de comum acordo, quebraram o jugo
>   e romperam as algemas. (5.5)

Desde as pessoas comuns até os líderes, o povo havia desdenhado a aliança de Deus com seus ancestrais. Talvez a maior contribuição teológica de Jeremias seja sua percepção do coração humano. Somente o pecado — tão indelevelmente marcado na vida dos homens quanto as manchas do leopardo ou a pele escura dos etíopes (13.23) — explica a rebeldia ingrata de Israel.

Jeremias observa que o coração humano — centro das decisões intelectuais e morais — é enganoso e corrupto (17.9). Não fala de maneira teórica da natureza humana, mas prática — após anos de observação dos compatriotas israelitas. Ele observou-os pessoalmente desprezar o legado da aliança e ao mesmo tempo justificar a conduta perversa.

Nenhuma solução superficial — nem mesmo as reformas radicais de Josias — remediará a idolatria flagrante e a corrupção descarada. Somente uma Nova Aliança — um relacionamento estreito entre um Deus soberano e Israel, seu povo — funcionará: "eu serei o seu Deus, e eles serão o meu povo" (31.33).[42] Como a Velha Aliança, a Nova é iniciada pelo Senhor (v. 31), uma expressão de sua soberania.

A Nova Aliança tem por alvo suprir as falhas específicas que a tornaram necessária: (1) é mais pessoal que o contrato matrimonial que Israel violara de maneira tão flagrante ("porquanto eles anularam a minha aliança, não obstante eu os haver desposado" [v. 32]); (2) é inscrita no coração das pessoas, o berço de sua iniquidade, não em tábuas de pedra (v. 33); (3) resulta no verdadeiro conhecimento de Deus — a Nova Torá de obediência plena e comunhão rica sem necessidade de ensino humano (v. 34); (4) acarreta perdão completo dos pecados que merecem julgamento (v. 34).[43]

Essa esperança de transformação total mediante a lei escrita no coração molda a visão futura de Jeremias. Ele a expressa em termos mais espirituais e pessoais que políticos. É o que se esperaria de um profeta que testemunhou a trágica falência do sistema político de Judá e percebeu que nenhuma reforma superficial poderia trazer uma solução duradoura.

Mas Jeremias não se calou a respeito do futuro político. Com certeza, desistira de toda esperança de que a cidade e a família de Davi pudessem ser poupadas. Ainda assim, previu o surgimento de um "Renovo justo", um herdeiro legítimo do trono de Davi. Seu reinado traria justiça aos limites de Israel e segurança fora deles (23.5s.), tudo como dádiva da graça interventora de Deus. O nome do rei prometido o proclamava: "SENHOR, Justiça Nossa", aquele que cuida dos direitos de seu povo.

A Nova Aliança, com sua Nova Torá e seu Novo Rei, combinam-se para moldar o panorama do futuro segundo o profeta: um relacionamento pessoal estreito com Deus e um destino nacional brilhante.[44]

O Poder da Fé Pessoal. Essa viva esperança é outra evidência da profunda dedicação de Jeremias à vontade de Deus e da firme confiança em seu poder. Somente sua sólida fé no Senhor da aliança permitiria tal otimismo diante do desastre político e religioso de sua época.

Em certo sentido, todo o seu ministério foi uma preparação espiritual para seu papel como consolador e também crítico. Seu chamado e convocação lhe garantiram o interesse pessoal de Deus: "Antes que eu te formasse no ventre materno, eu te conheci" e "eu sou contigo para te livrar" (v. 5, 8; cf. 19). O encontro com a palavra de Deus ao longo de décadas de ministério deve ter convencido Jeremias da persistência e do poder divinos para concretizar seus planos.

A palavra de Deus era, no dizer de Jeremias, "como fogo ardente, encerrado nos meus ossos" (20.9). Por isso, sua única opção era anunciá-la e observar sua ação.[45] A impulsão persistente dessa palavra garantia-lhe que o futuro divino era certo.

Nem a perseguição dos inimigos políticos, nem a incompreensão dos amigos da família conseguiram abalar a confiança de Jeremias em Deus. Ao que parece, até suas graves reclamações com respeito à vontade de Deus acabaram fortalecendo-lhe a fé, como no caso das dúvidas dos falsos profetas como Hananias (cap. 28).

> Não se podem separar as experiências pessoais de Jeremias de sua mensagem. A bondosa e firme direção divina em sua vida alimentou sua confiança na graça de Deus para transformação do futuro de Israel. A própria peregrinação de Jeremias entre o julgamento e a graça tornou-se um paradigma que comunicava o caráter e a vontade do Deus vivo a Israel e aos outros.[46] Se a obediência total ao Senhor da graça da aliança é a lição principal das Escrituras, ninguém no Antigo Testamento a ensinou melhor que Jeremias.

Datação das Profecias e das Experiências de Jeremias

A datação de boa parte do material de Jeremias é controvertida, de modo que é preciso considerar a tabela da página a seguir apenas uma sugestão. O asterisco (*) indica as passagens que mencionam o rei ou contêm referências cronológicas.[47]

Datação das Profecias e das Experiências de Jeremias

Rei	Ano(s)	Referência	Resumo
Josias	627 a.C.	1.1-19*	Chamado de Jeremias
	627-621	2.1–6.30	Denúncias de pecados de Judá; apelos ao arrependimento; ameaças de julgamento por invasão do norte
	627-621	8.4–9.24 [TM 25]	Denúncias do pecado de Judá; lamento de Jeremias pela impenitência de Judá e sua previsão do lamento do povo quando viesse o julgamento
	621	11.1-14	Apoio de Jeremias à reforma de Josias baseada no Livro da Aliança
	621	13.1-11	Ato simbólico de enterrar um cinto junto ao Eufrates para mostrar a tolice de depender de outros deuses
	621	16.1-9	O Senhor diz a Jeremias que não se case em vista dos flagelos iminentes
	621	30.1–31.40	O Livro da Consolação, que culmina com a promessa da Nova Aliança
Joacaz	609	22.10-12*	Jeremias exorta a chorar não a morte de Josias, mas o exílio de Joacaz
Jeoaquim	608-605	7.1–8.3; 11.15-17; cap. 26*	Profecias da destruição do templo
	608-605	22.13-19*	Jeremias denuncia Jeoaquim por dar mais valor ao esplendor que à justiça
	608-605	17.1-27	Jeremias repreende Judá pela idolatria e por não guardar o sábado e lamenta o próprio sofrimento
	608-605	21.11–22.9	O rei ordena que se execute a justiça
	608-605	11.18–12.6; 5.10-21; 18.18-23; 20.7-18	Reclamações de Jeremias tanto por seus oponentes quanto pela demora divina no julgamento prometido
	605	25.1-26*	Resumo da mensagem de Jeremias e mais alguns oráculos de julgamento
	605	46.1–49.33*	Discursos de julgamento contra o Egito e outros vizinhos de Judá
	605	19.1–20.6	Profecias de destruição anunciadas por Jeremias provocam dura retaliação do sacerdote Pasur

	605	45.1-5*	O Senhor promete poupar Baruque, secretário de Jeremias
	601	12.7-17	Jeremias lamenta a destruição de Judá provocada por invasores
	601-598	35.1-19*	Jeremias leva os filhos de Recabe ao templo para ilustrar a obediência que se esperava de Judá
	601-598	18.1-11	Visita de Jeremias à casa do oleiro
Joaquim	598	15.5-9; 9.10-11, 17-22 [TM 9-10, 16-21]	Lamento pelo ataque de Nabucodonosor contra Jerusalém
	598	10.17-24; 16.16-18	Jeremias ordena que o povo se prepare para o exílio
	598	22.24-30*; 13.18-19	O Senhor promete julgamento a Joaquim
Zedequias	597	24.1-10*	Visão de figos bons e maus, símbolos dos que Deus poupa no exílio e dos que ele julga em Judá
	597	49.34-39*	Profecia contra Elão
	597	29.1-29*	Jeremias escreve aos exilados: tempo na Babilônia será longo
	594	51.59-64*	Ato simbólico de lançar um rolo no Eufrates para profetizar a destruição da Babilônia
	594	27.1–28.16	Jeremias põe sobre si um jugo, símbolo da escravidão, e confronta a oposição do profeta Hananias
	595-590	23.1-40	Jeremias denuncia os líderes de Judá (esp. os profetas) e profetiza sobre o Renovo Justo de Davi
	589	34.1-22*	Profecia da queda de Jerusalém e denúncia contra a aristocracia de Judá por não ter libertado escravos
	588	21.1-10*	Jeremias insta Zedequias a se render a Nabucodonosor
	588	37.1–38.28*	Cerco de Jerusalém, prisões de Jeremias e seu conselho para que Zedequias se renda
	588	32.1-44*	Jeremias compra terra em Anatote como esperança de volta do exílio
	586	33.1-26*	Jeremias garante que Deus restaurará Judá após o exílio

	586	39.1-18*	Jerusalém cai, Zedequias é capturado, Jeremias é poupado
	586	52.1-30*	Queda de Jerusalém, pilhagem do templo e número total dos cativos de Nabucodonosor
Gedalias (governador indicado pela Babilônia)	586	40.1-16	Jeremias libertado sob custódia de Gedalias, governador de Judá nomeado por Nabucodonosor
	586	41.1-18*	Assassinato de Gedalias; confusão política subseqüente
Joanã (líder do remanescente de Judá)	586	42.1-22*	Jeremias aconselha o remanescente de Judá a permanecer na terra e não buscar asilo no Egito
	585	43.1-13*	Remanescente de Judá foge de Nabucodonosor para o Egito e leva Jeremias contra sua vontade
	585	44.1-30*	Último discurso de Jeremias aos judeus no Egito; repassa pecados e promete julgamento ali
	560	52.31-34*	Evil-Merodaque sucede Nabucodonosor e concede clemência a Joaquim após 37 anos de cativeiro

CAPÍTULO 25

Ezequiel

Ezequiel é um profeta do exílio. De acordo com o próprio livro, a mensagem do profeta veio de Javé durante a primeira parte do exílio, entre 593 e 571 a.C. Ezequiel, portanto, marca uma fase distinta na profecia israelita e, em forma e características, difere um pouco das profecias estudadas até aqui.

> Então o homem me levou à porta, à porta que olha para o oriente. E eis que, do caminho do oriente, vinha a glória do Deus de Israel; a sua voz era como o ruído de muitas águas, e a terra resplandeceu por causa da sua glória. O aspecto da visão que tive era como o da visão que eu tivera, quando vim destruir a cidade; e eram as visões como a que tive junto ao rio Quebar; e me prostrei, rosto em terra. Ez 43.1-3

Ezequiel e Sua Época

O Profeta. Ezequiel,[1] filho de Buzi, veio de uma família sacerdotal (1.3). Cresceu na Palestina, provavelmente em Jerusalém, e foi posto no exílio em 597 (veja 33.21; 2Rs 24.11-16). Devia ter vinte e cinco anos na época, pois cinco anos depois, aos trinta (veja 1.1),[2] foi chamado para o ofício profético.

Ezequiel era feliz no casamento (24.16), e a morte repentina da esposa, anunciada de antemão por Javé, foi tratada como um sinal sombrio para alertar Israel (v. 15-24). Morava em casa própria no exílio, em Tel-Abibe, próximo ao canal de Quebar (3.15; cf. 1.1), que ficava nas vizinhanças de Nipur, na Babilônia. Anciãos chegaram à casa de Ezequiel buscando conselho (8.1), o que concorda com a declaração de que ele estava "no meio dos exilados" (1.1), vivendo numa comunidade de prisioneiros de guerra oriundos de Judá. Ele data certas revelações pelo ano específico do exílio do rei Joaquim. Seu chamado profético ocorreu no ano 5 (593) e a última data registrada é o ano 27 (571), indicando um ministério de pelo menos vinte e três anos.

A Época. O exílio (597-538) foi quase coincidente com o império babilônico (612-539).³ O cativeiro de um grupo seleto de judeus em 597 foi seguido de um exílio mais geral em 586.

As condições físicas do exílio eram ao que parece aceitáveis para muitos judeus. Os babilônios não costumavam punir povos conquistados, apenas tomavam medidas para prevenir revoluções. Os assírios, mais cruéis, empregavam a tática de desalojar populações, dividindo-as e espalhando-as, fazendo com que perdessem sua identidade nacional por meio de casamentos mistos e outras formas de absorção. Em contraste, os babilônios deportavam pessoas em pequenos grupos e permitiam-lhes preservar sua identidade nacional. (Por isso, Judá teve permissão de voltar do exílio, enquanto a maior parte dos membros das dez "tribos perdidas" do reino do norte foi absorvida.) Jeremias aconselhou uma prática de "trabalho normal" no cativeiro (Jr 29.4-7), e isso ao que parece foi seguido pelos exilados. Dentro em pouco, encontravam-se judeus em empreendimentos mercantis. Quando chegou a oportunidade de retornar para Jerusalém, muitos preferiram permanecer na Babilônia. A escolha deles marcou o início do centro judaico que posteriormente produziu o Talmude Babilônico, um grande compêndio de lei judaica completado no século VI a.C.

As condições religiosas no exílio variavam. Baseado em parte no que considerou acréscimos do exílio às profecias do pré-exílio, e nesse ponto sem apoio textual mas essencialmente correto, um estudioso observou:

> Seria um grande erro concluir pelas profecias de Isaías acerca do remanescente, ou da visão de Jeremias sobre os bons figos, que aqueles judeus deportados para a Babilônia eram a elite do povo judeu. Os babilônios não os selecionaram por razões religiosas ou morais. Quanto à idéia do remanescente, em Isaías, sua implicação era simplesmente que uma parte do povo seria salva da ruína geral, voltando então a Javé.⁴

Entretanto, o exílio foi um período para testar idéias acerca de Deus. A presença divina estava restrita à Palestina? Deus era impotente contra os deuses da Babilônia? Javé podia ser cultuado numa terra estranha? A teologia de Ezequiel estava ajustada para essa nova situação.

Questões Canônicas e Críticas

A Canonicidade. Obviamente, Ezequiel foi incluído no cânon. Mas a prova da canonicidade do livro baseia-se principalmente num segundo fato: uma longa discussão sobre ser adequado ou não retirá-lo (ou "escondê-lo"). "A questão não era se esse livro é sagrado, ou inspirado, ou Escritura. Antes, pressupondo sua autoria e inspiração profética, se seria conveniente retirar o livro do uso público, para que os incultos ou pouco cultos não ficassem escandalizados com as aparentes discrepâncias entre o livro e a Lei."[5] Hananias, filho de Ezequias, da escola de Shamai (um influente rabi que viveu na época de Jesus) queimou trezentos jarros de azeite em seus estudos para harmonizar os aparentes conflitos entre Ezequiel e o Pentateuco. Então, embora a profecia se tenha mantido como canônica, a leitura do capítulo 1 não era permitida na sinagoga, e a leitura particular da profecia era proibida a todos com menos de trinta anos.[6]

A Crítica. Em 1913 expressou-se a opinião dos estudiosos: "Não se levantam questões críticas em relação à autoria do livro, todo ele, do início ao fim, pertence indubitavelmente à cunha de uma única mente".[7] Essa avaliação generalizada dos estudiosos mudou quando, em 1924, um estudante dos profetas afirmou que Ezequiel durante muito tempo escapara da faca dos críticos; dos 1 273 versículos em Ezequiel, 1 103, alegava ele, eram acréscimos à obra original.[8] Desde então o setor acadêmico divide-se em diversos grupos. W. Zimmerli ganhou muitos seguidores ao procurar compreender o livro, não apenas dissecá-lo, com a teoria da *Nachinterpretation* (pós-interpretação), um processo pelo qual a mensagem original de Ezequiel teria influenciado uma "escola" seguinte que contribuiu com novos níveis de entendimento e com seus acréscimos ao livro.[9] M. Greenberg tem defendido uma leitura "holística" do livro, pela qual o livro na forma presente é o objeto principal de estudo e a maior parte dele é creditada ao próprio Ezequiel.[10] Tanto Zimmerli como Greenberg compreendem Ezequiel não apenas como profeta oral, mas como editor literário. A diferença entre eles está na quantidade de materiais atribuídos a Ezequiel e na perspectiva literária. Greenberg tem um tratamento sincrônico, que o inclina a se envolver em análises da estrutura das unidades literárias para demonstrar sua unidade geral. Por outro lado, Zimmerli tem um entendimento diacrônico das unidades literárias e assim vê um desenvolvimento parcelado do texto, às vezes com ligações tênues entre suas várias partes. O livro parece ter sido destinado a leitores ou ouvintes do exílio. Lembra os oráculos proferidos por Ezequiel: os de julgamento, anteriores a 586, e os de salvação, posteriores a 586.

A Forma do Livro

Análise. A profecia consiste basicamente em mensagens transmitidas por ordem de Javé, anunciadas oralmente (3.10-11; 14.4; 20.27; 24.1-3; 43.10) e, presume-se, juntadas pelo profeta e/ou editores de uma época posterior. Treze datas são fornecidas, cada uma relacionada com uma revelação de Javé.

		ano	mês	dia	(1 = 597/6)[11]
1.2	Visão inicial	5	4	5	31 jul. 593
8.1	Visão no templo	6	6	5	17 set. 592
20.1	Mensagem aos anciãos	7	5	10	14 ago. 591
24.1	Relato do cerco de Jerusalém	9	10	10	15 jan. 588
26.1	Profecia contra Tiro	11	(1)	1	23 abr. 587
*29.1	Profecia contra o Faraó	10	10	12	7 jan. 587
*29.17	Profecia à Babilônia a respeito do Egito	27	1	1	26 abr. 571
30.20	Profecia contra o Faraó	11	1	7	29 abr. 587
31.1	Profecia ao Faraó	11	3	1	21 jun. 587
*32.1	Lamentação pelo Faraó	12	12	1	3 mar. 585
32.17	Lamentação pelo Egito	12	1	15	27 abr. 586
33.21	Relato da queda de Jerusalém	12	10	5	8 jan. 585
40.1	Visão do templo restaurado	25	1	10	28 abr. 573

* Obviamente, não em seqüência cronológica

A profecia divide-se em três partes:

O julgamento contra Israel (caps. 1–24)
    O chamado de Ezequiel como profeta de julgamento (1.1–3.21)
    Sinais de julgamento (3.22–5.17)
    Oráculos de julgamento (6.1–7.27)

Visões de julgamento (caps. 8–11)
Sinais e oráculos de julgamento (caps. 12–19)
Oráculos de julgamento (caps. 20–24)
O julgamento contra outras nações (cap. 25–32)
[Amom, Moabe, Edom, Filístia, Tiro, Sidom, Egito]
A restauração de Israel (caps. 33–48)
Oráculos de salvação (caps. 33–36)
A visão da nova vida (37.1-14)
O sinal de um cetro real (37.15-28)
A vitória sobre Gogue (caps. 38–39)
Visões do novo templo e da terra repossuída (caps. 40–48)

Características da Profecia de Ezequiel

Alegorias e Atos Simbólicos. O livro de Ezequiel inclui certo número de alegorias: Jerusalém como uma vinha (cap. 15) e esposa de Javé (16.1-43), águias imperiais (17.1-21), a dinastia davídica como uma leoa (19.1-9) e uma vinha (19.10-14), a espada do juízo (21.1-17), Oolá e Oolibá representando as duas capitais corrompidas, Samaria e Jerusalém (23.1-35) e a panela de destruição (24.1-14).

A profecia também inclui uma série de atos simbólicos ou dramáticos (às vezes chamados "profecia vivenciada"); veja o quadro na página seguinte.

As alegorias eram um recurso constante da profecia de Ezequiel, a que os exilados faziam objeção (20.49). Eram uma tentativa de representar de forma "teatral" a verdade simples da queda iminente de Jerusalém e do fim da nação de Judá. Seus ouvintes não estavam dispostos a ouvir: somente a esperança de retorno iminente os mantinha em pé. Para vencer essa resistência natural, o profeta recorreu a várias imagens. Os atos simbólicos tinham o mesmo propósito. A catástrofe iminente foi encenada de maneira dramática, para reforçar os oráculos de julgamento. Em 37.15-23, a mensagem de restauração e reunião do reino dividido foi dramatizada com um ato simbólico em que dois pedaços de madeira foram permanentemente juntados para se tornarem um.

"Filho do Homem." Esse título, traduzido como "mortal" na BLH, é empregado cerca de noventa vezes em Ezequiel, sempre por Javé dirigindo-se a Ezequiel. Como forma de tratamento, em outra parte do Antigo Testamento, aparece só uma vez em Daniel 8.17.[12] A expressão ocorre em todo Ezequiel, muitas vezes precedido pela fórmula de recepção da mensagem: "Veio a mim a

Texto	Ato de Ezequiel	Significado
4.1-3	Esboça Jerusalém num tijolo	A cidade será cercada
4.4-8	Deita-se sobre o lado esquerdo por 390 dias, sobre o direito por 40	Os anos de iniqüidade e punição de Judá
4.9-17	Come alimento racionado do exílio	Fome em Jerusalém quando ocorrer o cerco
5.1-12	Rapa a cabeça com uma espada, pesa e divide o cabelo, queimando uma parte, ferindo a segunda parte com uma espada e espalhando a terceira ao vento	A insignificância do remanescente poupado diante da dimensão do julgamento
12.1-12	Cava um buraco na parede e passa por ele levando consigo bagagens de exílio	O exílio é uma realidade inevitável para a qual o povo deve estar preparado
21.18-23	Traça uma rota para o exército babilônio, com uma encruzilhada que força o rei a lançar sortes para decidir o caminho a tomar	Deus determinará o itinerário das tropas da Babilônia, e isso levará inevitavelmente a Jerusalém
25.15-24	Sua esposa morre	O povo escolhido, a delícia dos olhos de Javé, se perderá por morte ou no exílio

palavra do SENHOR". Ocorre em contextos de convocação (e.g., 2.3: "Filho do homem, eu te envio aos filhos de Israel..." cf. 2.1; 3.4). É pouco provável que o título "filho do homem" em Ezequiel deva ser comparado com o mesmo título empregado por Jesus em referência a si mesmo (empregado em outra parte somente por Estêvão; At 7.56). É questionável, também, que tenha alguma relação com a expressão "um como o filho do homem" em Daniel 7.13 (aram. *kebar'enāsh*, "como um filho de homem"). É mais provável que o título fosse usado para destacar a natureza humana do agente em contraste com a fonte divina da mensagem. O título com freqüência precede a fórmula do mensageiro, "Assim diz o SENHOR Deus". Em contraste com o Senhor divino transcendente, Ezequiel recebe um papel humilde, como mero mortal.

"*Volve o Rosto Contra*". Em nove ocasiões, os oráculos de Ezequiel são introduzidos pela instrução: "Volve o rosto contra..." Isso parece reflexo de um

Data do Cerco de Jerusalém

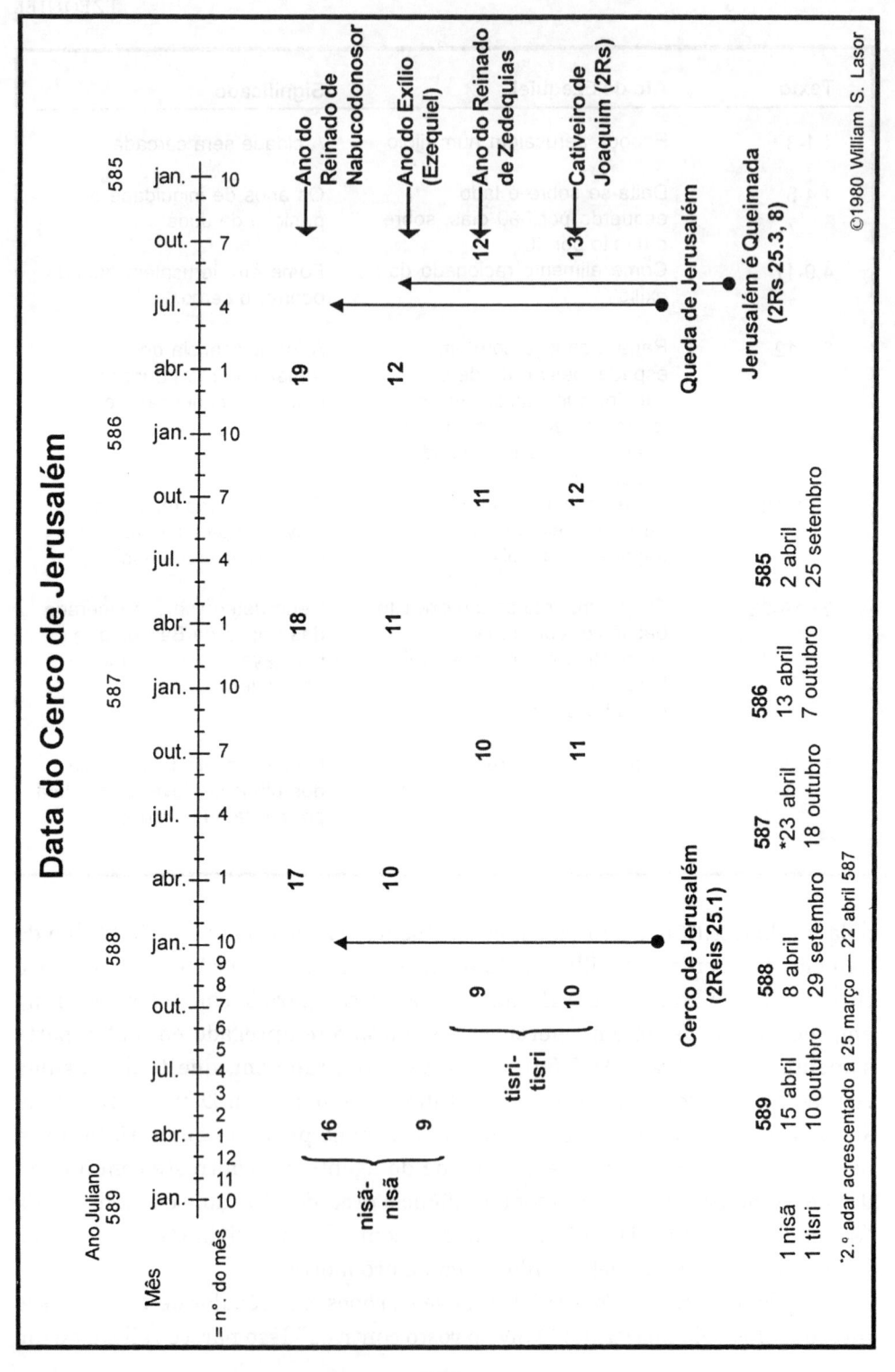

Ano Juliano	589					588				587				586				585
Mês	jan.	abr.	jul.	out.		jan.	abr.	jul.	out.	jan.	abr.	jul.	out.	jan.	abr.	jul.	out.	jan.
nº. do mês	10	1	4	7		10	1	4	7	10	1	4	7	10	1	4	7	10

Ano do Reinado de Nabucodonosor: 16, 17, 18, 19
Ano do Exílio (Ezequiel): 9, 10, 11, 12
Ano do Reinado de Zedequias: 9, 10, 11, 12 → Queda de Jerusalém
Cativeiro de Joaquim (2Rs): 10, 11, 12, 13 → Jerusalém é Queimada (2Rs 25.3, 8)

Cerco de Jerusalém (2Reis 25.1)

nisã-nisã
tisri-tisri

	589	588	587	586	585
1 nisã	15 abril	8 abril	*23 abril	13 abril	2 abril
1 tisri	10 outubro	29 setembro	18 outubro	7 outubro	25 setembro

*2.º adar acrescentado a 25 março — 22 abril 587

©1980 William S. Lasor

costume arcaico de fitar o objeto de uma profecia (Nm 24.2; 2Rs 8.11). Tal olhar profético é um reforço físico do foco da mensagem divina. (Pode-se também comparar a noção dos exilados orando em direção ao templo em 1Rs 8.48 [cf. Dn 6.10]).

Essa fórmula é empregada em mensagens aos montes de Israel (6.2), às falsas profetisas (13.17), ao sul (20.46), a Jerusalém (21.2), aos amonitas (25.2), a Sidom (28.21), ao Faraó, rei do Egito (29.2), ao monte Seir (35.2) e a Gogue (38.2). Quando envolvem lugares ou pessoas distantes, essa fórmula não implica que Ezequiel tenha viajado para anunciar seus oráculos. Antes, como no discurso retórico ao Faraó em 31.2; 32.2, tais oráculos eram evidentemente voltados para os ouvidos dos exilados, sendo anunciados para essa audiência.

"Eu Sou Javé." Essa fórmula de autodesignação ocorre muitas vezes em Ezequiel e pode ser considerada marca registrada do livro. A mesma expressão aparece em Levítico (18.2, 4-6, 30, etc.). O propósito ou resultado pretendido nas mensagens de Ezequiel é muitas vezes expresso na fórmula de "reconhecimento": "para que saibais que eu sou o SENHOR" (6.7, 14; 7.4, 27; 11.10, etc.). A derrota e o exílio do povo escolhido criou uma necessidade dolorosa de defender Javé diante de Israel e do mundo e deixar claro seu verdadeiro caráter e vontade.

As Visões de Deus. Conforme registrado no capítulo, 1, Ezequiel viu uma teofania ou manifestação terrena de Javé, antes de ouvir a comissão para atuar como profeta de julgamento. A teofania apresentava Deus chegando numa tempestade com fogo e sentado num trono de julgamento. O trono ficava sobre uma plataforma ou firmamento (BLH, "cobertura"), sustentada por "seres viventes" cujas asas carregavam a estrutura da terra. Debaixo dele havia rodas, controladas de maneira invisível pelas criaturas, para locomoção sobre a terra. Essa visão complicada fundia concepções israelitas antigas com outras representações do Oriente Próximo, evidentemente conhecidas dos exilados.[13] Apresentava ao povo uma imagem poderosa do caráter transcendente e aterrador do Deus que havia julgado seu povo.[14]

O dispositivo sobrenatural semelhante a uma carruagem do capítulo 1 reaparece nos capítulos 8–11, numa visão da destruição de Jerusalém e de seus cidadãos. Pára no átrio do templo (10.3). O fogo que arde na base (1.13) fornece brasas para queimar a cidade (10.2, 6-17). Seus "seres viventes" são agora chamados "querubins" (10.1-3). A nova designação tem o intuito de induzir a comparação com a representação estática da presença divina dentro do templo, a arca com seus querubins (9.3). Javé abandona o templo, monta no trono móvel e parte da cidade (10.18-19; 11.22-23), deixando Jerusalém entregue a sua sorte.

Na visão do novo templo nos capítulos 40ss., o dispositivo, descrito como a "glória" divina, vem para assumir residência (43.2, 4-5; 44.4). A nova Jerusalém recebe um novo nome apropriado "O SENHOR Está Ali" (48.35). A presença divina restaurada deve ser a garantia de bênçãos para os exilados após seu retorno à terra.

Os Pecados de Judá. A base da punição de Deus é dada em Levítico 26.14-33: "se me não ouvirdes e não cumprirdes todos estes mandamentos [...]Voltar-me-ei contra vós outros..." (v. 14, 17). Ezequiel constrói sobre esse tema, ecoando Levítico 26, especialmente nos capítulos 4–6. O profeta ataca o culto não-ortodoxo nos lugares altos ou santuários locais em todo Judá (cap. 6). Descobre que a própria área do templo é cenário de atos grosseiros de idolatria (8.4-16). Além disso, ele denuncia os pecados sociais irrestritos em Judá e em Jerusalém (7.23; 9.9; 22.6-13, 25-29). A capital é caracterizada como infiel a Javé, seu protetor, tanto por abrigar formas pagãs de culto, especialmente o sacrifício de crianças, como em seu recurso político a alianças estrangeiras (16.15-29; 23.11-21, 36-45). Os pecados da geração presente do povo da aliança são o auge de uma longa história de rebelião (2.3,4). Jerusalém não é a cidade gloriosa de Deus decantada pela teologia de Sião, adotada por seus líderes: seus pecados são uma expressão de suas origens pagãs (16.3). A podridão de Israel remonta à época de sua redenção do Egito: o povo reagia regularmente com truculência para com a graça divina (20.5-31).

Um Programa de Renovação Moral. Tanto Jeremias como Ezequiel citam um provável provérbio da época: "Os pais comeram uvas verdes, e os dentes dos filhos é que se embotaram" (Jr 31.29; Ez 18.2). Ele atribui a situação presente do exílio à geração anterior e prenuncia o fatalismo dos "filhos" do exílio. Num oráculo posterior a 586, Ezequiel apresenta em resposta um princípio duplo: "a alma que pecar, essa morrerá", mas "o [...] justo, certamente, viverá" (Ez 18.4-9). A promessa divina de vida escatológica e restauração à terra (cf. 37.14) deve ser a motivação para uma vida moralmente boa, mesmo no exílio. Os exilados são acusados de ter vivido em transgressão dos mandamentos tradicionais de Deus (18.5-9). É tarde demais para mudar? De maneira alguma. Javé convida os perversos a se arrepender (18.21-23) e a herdar a vida prometida a seu povo obediente (18.30-32). Ezequiel assim infunde nos exilados desmoralizados algo por que viver e os desafia a enfrentar a realidade espiritual.

O Contexto dos Capítulos 1–24

Os capítulos 1–24 dividem-se em três partes básicas, que começam respectivamente com os capítulos 1, 8 e 20. A primeira e a segunda parte consistem numa visão datada, atos simbólicos e oráculos de julgamento. A data que abre a segunda parte está relacionada não apenas com uma visão, mas também com uma consulta entre anciãos exilados, o que indica a aceitação comum de Ezequiel como profeta. Este último aspecto volta a ocorrer no início da terceira parte, em 20.1, enquanto seus oráculos incluem dois atos simbólicos em 21.6-23.

Esse material básico diz respeito ao julgamento radical que de fato recaiu sobre Judá e Jerusalém em 586. Por que os leitores do livro precisavam ser lembrados disso? Por três motivos. Primeiro, dava significado à história caótica de Israel, relacionando-a ao pecado da nação e à punição divina. Dois dos oráculos de Ezequiel posteriores a 586 revêem e explicam, em nome de Deus, a necessidade desse julgamento radical (22.23-31; 36.16-23). Segundo, as exortações aos exilados para que encarem com seriedade o julgamento passado e deixem que isso influencie seu estilo de vida presente (16.54; 35.31; 39.26) dão um bom motivo para que continuem lendo ou ouvindo os oráculos de julgamento. O terceiro motivo emerge da coletânea de oráculos que introduzem as mensagens de salvação proferidas por Ezequiel em 33.1–34.24. Lembra o julgamento radical de 586 e, mesmo quando trata da salvação vindoura, também alerta contra um julgamento discriminatório futuro que sobrevirá aos apóstatas e opressores entre os exilados de Judá. Eles serão impedidos de voltar para casa e fruir a nova era de bênçãos de Deus.

Esse tema misto de segurança e desafio encontra lugar de destaque nos capítulos 1–24. Os oráculos de julgamento anteriores a 586 funcionam como retrospectos poderosos. Estão ligados a contrapontos da mensagem de Ezequiel em 33.1–34.24, posterior a 586, em vários pontos. São eles: 3.17-21; 11.14-21, os blocos de oráculos em 12.21–14.11 e nos capítulos 17–19, e também 20.32-44. Em 3.17-21, a missão de Ezequiel a fim de preparar os exilados para a vida e protegê-los da morte é apresentada com a figura da sentinela extraída de 33.1-7. Em 11.14-41 a certeza da volta à terra é dada, com uma ameaça incisiva contra os apóstatas dentre os exilados (11.21). O bloco de mensagens em 12.21–14.11 desenvolve-se a partir da precisão de Ezequiel em predizer o julgamento nacional de 586 para apresentar seus anúncios posteriores de um julgamento mais suave, mas não menos certo, pelos abusos perpetuados entre os exilados. Nos capítulos 17–19, os oráculos sobre a queda da dinastia davídica, que então

"Ossos secos, ouvi a palavra do SENHOR" (Ez 37.4). Túmulo do período do primeiro templo, adjacente à École Biblique, em Jerusalém. *(Neal e Joel Bierling)*

já foram cumpridas, são completados no centro por um oráculo de promessa messiânica (17.22-24). Essa esperança recebe uma aplicação moral contemporânea no capítulo 18. A mensagem de salvação em 20.32-44 é o exemplo mais nítido de garantia modificada. Apresenta a certeza da esperança de retorno ao lar juntamente com uma advertência de julgamento para os "rebeldes" dentre os exilados (20.38).

A lição de todas essas garantias acompanhadas de ressalvas é que a esperança dos exilados quanto ao futuro deve estar associada à responsabilidade moral no presente. Deus deseja ser o salvador deles, mas eles devem fazer desde já uma escolha ética a favor ou contra Deus e entre a vida e a morte futura.

> Tão certo como eu vivo, diz o SENHOR Deus, não tenho prazer na morte do perverso, mas em que o perverso se converta do seu caminho e viva. Convertei-vos, convertei-vos dos vossos maus caminhos; pois por que haveis de morrer, ó casa de Israel? 33.11

Os Oráculos contra as Nações

Como os outros principais livros proféticos, Ezequiel inclui uma coleção de mensagens contra nações estrangeiras (cf. Is 13–23; Jr 45–51). A maior parte dos oráculos dirige-se contra Tiro (26.1–28.19) e o Egito (caps. 29–32). O capítulo 25 diz respeito aos estados da Palestina — Amom, Moabe, Edom, Filístia. O bloco divide-se em duas partes. Os cap. 29–28 tratam do julgamento divino contra os inimigos de Israel, como parte do programa de vingança e restauração para o povo de Deus (cf. 25.3, 8, 12, 15, 26.2). Os capítulos 29–32, por outro lado, denunciam o Egito, aliado em quem espera Judá, e revelam, em sua destruição vindoura, o fim da confiança mal-dirigida de Judá: o Egito "já não terá a confiança da casa de Israel" (29.16). O Egito cairia como uma extensão do julgamento divino contra Judá. A tentativa egípcia de romper o cerco de Jerusalém foi um fracasso, conforme Ezequiel predisse em seus oráculos anteriores a 586. Esperava-se que o próprio Egito caísse diante de Nabucodonosor (30.10, 25). A campanha babilônica contra o Egito, em 568, não conseguiu isso. Foi apenas no reinado do persa Cambises, em 525, que o Egito foi conquistado.

Há ênfase cada vez maior na morte e no mundo dos mortos nessa série de discursos de julgamento (26.19-21; 28.8; 31.14-18; 32.18-22). Funciona como contraste negativo para a promessa positiva de vida para Israel, começando no capítulo 33.

A Mensagem de Restauração

Depois de notas mescladas de esperança e desafio com que é tratado o futuro de Israel em 33.1–34.24, os oráculos seguintes expressam pura esperança. O mais conhecido deles é a visão dos ossos revividos em 37.1-14. Essa visão apresenta uma resposta para o lamento dos exilados com respeito à falta de esperança deles e de sua condição quase que moribunda (37.11). A visão inicialmente diz amém ao lamento, mas promete um milagre divino de renovação e restauração para a terra natal. O ato simbólico do cetro real em 37.15-23 passa a prometer um reino reunificado sob uma monarquia davídica restaurada. Essa mensagem é repetida em 34.23-24, enquanto no restante do capítulo 34 um tema anterior de Israel como o rebanho de Deus explorado por governantes opressores ("pastores") é desenvolvido em termos de ocupação renovada da terra. A terra prometida também ocupa o centro de 35.1–36.15. Ainda que os edomitas tenham dominado a parte sul de Judá durante o exílio, são prometidas a expulsão deles e a reocupação da terra por Israel.

Anteriormente no livro a questão da obediência futura de Israel é resolvida pela dádiva divina de um "coração de carne" que estaria aberto à vontade de Deus (11.19). Essa promessa é repetida em 36.26, no contexto do perdão dos pecados que causaram a expulsão da terra e também da renovada bênção sobre a terra. O argumento mais poderoso de que o exílio daria lugar à restauração era a necessidade teológica de defender o santo nome de Javé ou sua reputação, uma vez que o exílio o havia comprometido diante das nações (36.22-23).

A mensagem sobre a invasão e derrota de Gogue é uma garantia de segurança na terra (38.8, 11, 14; 39.26; cf. 34.25-28). Pressagia a pior das cenas de invasão estrangeira, ainda assim alega que não há necessidade de os exilados ficarem ansiosos: o sistema de segurança divino mostrar-se-á mais que adequado.

É provável que as visões e os oráculos correspondentes nos capítulos 40–48 funcionassem como uma expansão de 37.25-28 em uma versão mais antiga do livro. O templo, a terra, o rei e o povo são seus temas. O novo templo é concebido como criação divina, um prédio não construído por mãos humanas.[15] A santa transcendência de Javé devia se refletir em seu desenho e também em sua manutenção. Após a visita visionária de Ezequiel ao templo nos capítulos 40–42, os capítulos 43–46 começam e terminam com novas descrições visionárias. Mas consistem principalmente em regulamentações a respeito de três tópicos: sistema duplo de servidores do templo — (1) levitas que atuam na manutenção e (2) sacerdotes levitas, descendentes de Zadoque, que servem a Javé no santuário (44.6-31), a manutenção econômica do pessoal e das ofertas (45.1-17) e os procedimentos dos ritos e ofertas (45.18–46.18).

Por fim, um quadro exótico de um rio da vida, que flui do templo para o mar Morto e o transforma, leva o leitor do templo para a terra. Suas fronteiras e a distribuição do território entre as tribos são descritas em minúcias.

Nos capítulos 44–48, um papel importante é atribuído ao "príncipe", conforme é chamado o monarca davídico para destacar sua subordinação ao Rei divino. Ele representa o povo no culto e recebe extensas propriedades na terra. Parece haver um desejo de afirmar a esperança dos profetas do passado numa monarquia que vivesse de acordo com as antigas promessas de Deus. Essa esperança tem o propósito de se contrapor à oposição dos exilados à restauração de uma dinastia governante após anos de opressão real antes do exílio. Por conseguinte, dão-se garantias de que a má ocupação da terra jamais ocorrerá na nova era (45.8-9; 46.16-18).

> Ezequiel e seu livro prestaram um serviço valioso aos exilados de Judá, interpretando a situação que os tragara e voltando-os para uma esperança responsável. De acordo com esse livro e também com Isaías 40–55, o retorno do exílio que se iniciou em 538 deve ser considerado o início de uma obra nova, escatológica, de Deus.[16]

Entretanto, as experiências de Judá no pós-exílio ficaram tragicamente aquém das esperanças contidas no livro de Ezequiel. Por exemplo, tiveram de se contentar com um templo construído por mãos humanas. Se nós, em nossos dias, devemos ou não compreender que suas promessas ainda aguardam uma era futura (cf. Lc 21.24; At 1.6-7), é uma pergunta sem resposta absoluta. Para o leitor cristão, os ornamentos culturais associados com o ambiente original do livro podem ficar de lado, enquanto permanece a esperança, uma esperança que purifica (1Jo 3.3), enquanto aguardamos a manifestação do Rei dos reis.

Podemos ser gratos por três apresentações reduzidas da mensagem geral de Ezequiel: 28.25-26; 37.25-28 e 39.23-29. Elas refletem uma consciência da complexidade do livro e uma necessidade de ajudar os leitores a observar seus temas essenciais. O último e mais longo desses resumos pode servir como uma boa conclusão desta análise da obra desse extraordinário profeta do exílio:

> Saberão as nações que os da casa de Israel, por causa da sua iniqüidade foram levados para o exílio, porque agiram perfidamente contra mim, e eu escondi deles o rosto, e os entreguei nas mãos de seus adversários, e todos eles caíram à espada. Segundo a sua imundícia e as suas transgressões, assim me houve com eles e escondi deles o rosto. Portanto, assim diz o SENHOR Deus: Agora, tornarei a mudar a sorte de Jacó e me compadecerei de toda a casa de Israel; terei zelo pelo meu santo nome.

> Esquecerão a sua vergonha e toda a perfídia com que se rebelaram contra mim, quando eles habitarem seguros na sua terra, sem haver quem os espante, quando eu tornar a trazê-los de entre os povos, e os houver ajuntado das terras de seus inimigos, e tiver vindicado neles a minha santidade perante muitas nações. Saberão que eu sou o SENHOR, seu Deus, quando virem que eu os fiz ir para o cativeiro entre as nações, e os tornei a ajuntar para voltarem à sua terra, e que lá não deixarei a nenhum deles. Já não esconderei deles o rosto, pois derramarei o meu Espírito sobre a casa de Israel, diz o SENHOR Deus. Ez 39.23-29

CAPÍTULO 26

Obadias e Joel

O julgamento recaiu sobre Judá. As profecias de Ezequiel, juntamente com as de Miquéias, Isaías, Sofonias, Habacuque e Jeremias, foram cumpridas. O exército babilônio de Nabucodonosor devastou a terra, capturou o rei, destruiu o templo e levou milhares de pessoas para o exílio. O sofrimento da perda e do deslocamento de Judá foi agravado pelo comportamento de seus vizinhos. Esse agravamento é o tema principal de dois dos doze livros: Obadias e Joel. Por mais que fosse merecido o julgamento de Judá, a cobiça oportunista e a crueldade das nações circundantes era ultrajante e inesquecível. Joel lembra-se em particular das mutilações causadas pelo Egito, por Edom e pelas cidades da Fenícia e da Filístia (Jl 3.1-8, 19). O tema de Obadias é o crime dos edomitas.

Obadias

Obadias é o livro mais curto no cânon do Antigo Testamento. Quase nada se sabe a respeito de seu autor. Sua data e contexto histórico têm sido submetidos a muitos debates.

Entretanto, Obadias presta sua contribuição para nosso conhecimento da Palavra de Deus. A comunidade de fiéis considerou essa profecia divinamente autorizada e incluiu-a com bons motivos e firme esperança entre os profetas canônicos. A comunidade de fiéis vem há séculos, portanto, tentando ouvir Deus, enquanto ele fala por intermédio desse profeta.

OS PROFETAS

> Se te remontares como águia e puseres o teu ninho entre as estrelas, de lá te derribarei, diz o SENHOR. Ob 4

O Profeta e a Profecia

Crê-se que Obadias seja de Judá, mas a atribuição (v. 1) não identifica nem a família do profeta nem sua região natal. A tradição de que era mordomo do rei Acabe (Talmude, *Sanh.* 39b; veja 1Rs 18.1-16) não se apóia em nenhuma evidência. Obadias ("servo ou adorador de Javé") era um nome hebraico comum, compartilhado por uma grande quantidade de pessoas no Antigo Testamento e encontrado em inscrições hebraicas.[1]

A "visão" (veja Is 1.1; Na 1) diz respeito a Edom (v. 2), antigo inimigo de Israel, especialmente desprezado pelo tratamento dispensado a Judá durante a queda de Jerusalém. A análise da profecia indica duas partes principais:

A visão a respeito de Edom (v. 1-14)
   A queda de Edom é anunciada (v. 1-4)
   A destruição completa de Edom é proporcional ao seu orgulho (v. 5-9)
   O motivo: crueldade contra o "irmão" Judá (v. 10-14)
A descrição do dia de Javé (v. 15-21)
   O julgamento das nações (v. 15s.)
   O livramento de Judá (v. 17-20)
   O reino de Javé (v. 21)

Existem paralelos notáveis entre o livro de Obadias e Jeremias 49.7-22, bem como entre Obadias e Joel.[2] A explicação provável é que ambos os relatos citariam uma tradição mais antiga.[3] A animosidade entre Judá e Edom foi fato notório durante toda a monarquia. A capacidade de Judá manter Edom sob controle era vista pelas fontes bíblicas como um teste da força relativa dos reis de Judá.

As palavras de Obadias contra Edom trazem à mente outros discursos comuns entre os profetas de Javé (veja Is 34; 63.1-6; Ez 25.12-14; 35; Am 1.11s.; Ml 1.2-5). Alguns estudiosos consideram essas profecias formas extremas de nacionalismo, nitidamente inferiores a outros oráculos nos profetas clássicos (veja adiante). Muita tinta se tem gastado num esforço de condenar ou desconsiderar esses interesses nacionalistas. Mas Obadias alegou claramente que Israel seria restaurado para propósitos bem acima do mero nacionalismo. A restauração pertencia a um dia em que todas as nações conheceriam o juízo e a justiça de Deus (v. 15).

É provável que a combinação dos temas de Obadias justifique sua posição dentro do cânon hebraico. A centralidade do dia de Javé liga-o a Joel e a Amós. Assim como também o fazem os holofotes dirigidos a Edom (Jl 3.19; Am 9.12). É possível que Jonas tenha sido colocado depois de Obadias como exemplo do "mensageiro" enviado às nações (Ob 1).[4]

Datas de 889 a 312 a.C. têm sido apresentadas e defendidas por vários estudiosos para a forma escrita final da profecia. Referências à tensão entre Esaú (Edom) e Jacó (Israel) aparecem em alguns pontos do Antigo Testamento, a começar por Gênesis 25.23; 27.39s. Durante a monarquia, Edom foi muitas vezes controlado por reis de Israel e Judá. Guerras esporádicas são registradas (observe 2Sm 8.13s., lendo '*dm* em lugar de '*rm*; 1Rs 11.14-17; 2Rs 14.10; 16.5s.). Quando os babilônios invadiram a região, Edom logo se rendeu e ajudou na destruição de Jerusalém (Lm 4.21; Ez 25.12; 35.10). É quase certo que o oráculo em Obadias 11-14 seja uma referência a esse evento. Assim, parece provável um ano não muito posterior a 586 a.C. Mais tarde, quando os edomitas foram expulsos de seu território pelos nabateus e ocuparam o Neguebe e Judá, chegando ao norte até Hebrom, passaram a ser conhecidos pelo equivalente grego, "idumeus", povo do qual Herodes o Grande foi membro ilustre.

Detalhes Geográficos. O monte de Esaú (v. 19) é um dos mais altos no sueste do mar Morto, possivelmente Umm el-Bayyârah, perto de Petra (Sela; cf. "fendas das rochas", v. 3; RSV mg. "Sela"). Temã (v. 9) carece de uma identificação precisa. Pode descrever uma cidade, uma região no sul de Edom ou ser sinônimo de Edom mesmo. Em referências tanto bíblicas com extrabíblicas, é visto como uma das habitações de Javé.[5] Hala (v. 20, NRSV, mas heb. *ḥēl*, "exército") pode ser uma região da Assíria a que os israelitas foram levados (2Rs 17.6; 18.11). Sefarade (v. 20) é tradicionalmente entendida como "Espanha", mas outras identificações são Sardes (parte ocidental da Ásia Menor; entretanto aí não se localizaram exilados) e Shaparda, no sudoeste da Média (cf. 2Rs 18.11). "Exilados" (v. 20) tem sido usado para sustentar uma data pós-exílica.

A Mensagem e sua Importância

De acordo com pelo menos um estudioso, "Obadias é de pouco interesse teológico, sendo fácil explicar sua presença no cânon como conseqüência da polêmica antiiduméia que fervia no início do primeiro século da era cristã".[6] Essa avaliação negativa não pode responder pela preservação desse livro nem de nenhuma

Território dos edomitas, que habitavam "nas fendas das rochas" (Ob 3).
(William Sanford LaSor)

outra profecia antiedomita. Em Obadias, assim como em Ester e em outros livros semelhantes, não estamos lidando com nacionalismo estreito. Algo mais profundo e significativo no campo teológico deve ser encontrado para justificar a canonização e a preservação da obra.

Edom. Os oráculos e as profecias contra Edom, bem como aqueles contra outras nações, dirigiam-se principalmente a Israel. Os profetas não viajavam a Edom para anunciar seus cânticos de desdém, pois quem os ouviria? Edom simbolizava o orgulho nacional, a auto-suficiência, a confiança na sabedoria e no poder humano. Tudo isso transformou-se em cobiça e em crueldade diante da calamidade de Judá. O oportunismo expulsou a compaixão. A calamidade iminente de Edom tornou-se para Judá uma advertência contra os perigos da arrogância nacional. O que os profetas disseram a respeito de Edom foi ouvido por Israel, avaliado, tratado com carinho, guardado e canonizado como Palavra de Deus.

O Dia de Javé. Israel também ouviu os discursos de Obadias como promessas de que Javé endireitaria as coisas. Três pontos revelados com freqüência por Javé por meio dos profetas são aqui pertinentes:

(1) Javé é um Deus que exige justiça. Ainda que longânimo, misericordioso e bondoso, o Senhor não tolerará para sempre um comportamento contrário a sua santa vontade. Uma vez que Israel é seu povo particular, cujo destino é ensinar a todas as nações acerca de Javé e da Torá, Deus requer dele lealdade à aliança, obrigando-o a um alto nível de justiça. Quando a nação se mostra desleal à tarefa, Deus determina punir sua desobediência. A vontade do Senhor, no entanto, poupa alguns e, com esse remanescente, cumpre sua vontade. Ainda que não expresso na profecia, é esse o pano de fundo implicado em Obadias (veja v. 10-12, 17-21; também Am 1–2).

(2) Javé é quem governa o céu e a terra, o Deus de todas as nações. Essa é uma forte insinuação contida na esperança profética. Se Javé fosse apenas o Deus de Israel, como poderia punir os edomitas ou mesmo esperar que eles ouvissem sua palavra? Como Deus poderia responsabilizar Edom pela violência sobre seu irmão Jacó? Longe de ser uma idéia tardia em Israel, essa pressuposição permeia as profecias iniciais em Amós e volta a ocorrer em quase todos os profetas. É básico na aliança de Abraão que a bênção de Javé chegue às nações do mundo por intermédio do eleito Abraão e de seus descendentes. Javé não é só o redentor de Israel, mas o criador de todas as coisas. Não podemos compreender a esperança profética sem ajustar contas com esse Deus.

(3) Mas se Javé é o Santo e exige santidade de seu povo, como pode permitir que as nações do mundo pratiquem o mal? Obadias responde primeiro citando o mal praticado por Edom e depois anunciando a vinda do Dia de Javé: "... como tu fizeste, assim se fará contigo; o teu malfeito tornará sobre a tua cabeça" (v. 15). Após esse julgamento sobre todas as nações no dia do Senhor, virá então a esperada restituição e restauração. "Salvadores", como os antigos (Jz 3.9, 15), sobem no monte Sião e julgam o monte de Esaú. O resultado: "o reino será do SENHOR" (v. 21). Esse é o centro da profecia. É Javé, não o nacionalismo, que domina o panorama profético.

A Importância. Qual o valor hoje de um discurso sobre uma rivalidade familiar entre Jacó e Esaú? Essa mensagem deve ser relegada somente ao passado ou ao futuro — o "tempo de angústia para Jacó" (Jr 30.7) — ou pode ser aplicada ao presente? Como parte da eterna Palavra de Deus, ela deve ter valor em todas as gerações, em todas as épocas, apesar de sua importância especial em certos tempos e sob certas condições. Uma vez que a mensagem é dirigida primeiramente a Israel, e não a Edom, os que hoje pertencem à família da fé considerarão devidamente suas palavras para si. Ela fala dos inimigos do povo de Deus. Ela descreve o tratamento cruel e desumano que perpetraram. O julgamento, porém, começa pela casa de Deus. Que podemos esperar se tratarmos a família (v. 10) e o próximo como os edomitas trataram Judá? Não se consideraria pagão tal comportamento?

A sabedoria dos edomitas era proverbial (cf. Jr 49.7). A mensagem contra Edom era em parte a condenação de sua sabedoria (v. 8) e de seu orgulho (v. 3).

> Mas a mensagem profética torna-se assim um julgamento contra a sabedoria meramente humana: mesmo a "loucura" de Deus é mais sábia que a sabedoria do homem (1Co 1.25), enquanto "a sabedoria deste mundo é loucura diante de Deus" (3.19).

Será possível que não nos seja importante ouvir isso hoje, quando o humanismo secular, no orgulho e na altivez de suas realizações, ameaça colocar-se contra a Palavra de Deus?

As pessoas ainda sofrem com as injustiças deste mundo e anseiam por um dia em que tudo será "como deve ser". A intervenção humana, por mais importante que seja, não é a resposta final para essa sede de justiça. Entretanto, ouvir o Deus que promete que esse dia virá é crucial. E quando isso acontecer, todos de fato conhecerão aquele que conserta todos os erros, restaura as posses justas (v. 19s.) e faz sua vontade na terra assim como ela é feita no céu.

Joel

Sabe-se ainda menos a respeito de Joel como pessoa do que sobre Obadias. Exceto pela menção de seu pai, Petuel, o livro nada revela da história pessoal do profeta. O ávido interesse por Jerusalém, em especial pelo templo e suas cerimônias (1.9, 13s., 16; 2.14-17, 32 [TM 3.5]; 3 [TM 4].1, 6, 16s.), dá a entender que era profeta do templo ou pelo menos um profeta que valorizava e freqüentava o templo.

Os primeiros dois capítulos podem ter sido empregados liturgicamente ou durante desastres como a praga de gafanhotos de Joel, ou na comemoração de aniversários de livramento delas (veja adiante, em Lamentações). Os apelos para que se dê testemunho dos eventos registrados (1.3), as convocações para lamentos ou queixas (v. 5, 8, 11, 13s.), a queixa individual (v. 19s.), o convite ao arrependimento (2.12-14), a convocação para que se reúnam no templo (v. 15-17a), um fragmento de uma reclamação coletiva (v. 17) e uma resposta divina prometendo salvação (v. 18-27) sugerem um possível uso litúrgico. Nesse caso, trata-se de novo de um indício do processo que moldou o cânon. O povo de Deus não somente ouviu a palavra do profeta, como a empregou no culto ao longo dos séculos.

> Sabereis que estou no meio de Israel e que eu sou o SENHOR vosso Deus e não há outro; e o meu povo jamais será envergonhado. Jl 2.27

Data. A espinhosa questão da data tem sido tradicionalmente solucionada ou atribuindo o livro ao período de menoridade de Joás (c. 835-796)[7], ou situando o profeta bem após o retorno do exílio, por volta do fim do século V ou até mais tarde.[8] Mais recentemente, levantaram-se argumentos em favor de uma data imediatamente anterior ou imediatamente posterior ao exílio. Em geral, esses argumentos baseiam-se em (1) ausência da menção de um rei; (2) paralelos às obras de Sofonias, de Jeremias, de Ezequiel e de Obadias; (3) proeminência do "Dia do SENHOR"; (4) danos causados a Judá e a vida totalmente destruída, para o que a melhor explicação seria um exílio recente; (5) quadros da atividade do templo, cuja reconstrução foi completada em 515 a.C.[9]

Felizmente, a mensagem de Joel não depende da data. As palavras do profeta se destacam, apesar de nossa presente incapacidade de reconstruir seu contexto histórico com exatidão.[10]

Um Problema de Interpretação. Tão problemáticos quanto a data de Joel têm sido os gafanhotos em 1.4; 2.25. Três correntes principais de interpretação têm sido propostas. Em primeiro lugar, muitos intérpretes cristãos seguem o Targum judaico, vendo-os como *exércitos estrangeiros* que devastaram Judá em ondas sucessivas.[11] Essa interpretação entende a descrição de 2.4-11 literalmente como uma invasão militar da qual os gafanhotos no capítulo 1 são uma metáfora. Comentaristas mais modernos consideram essa idéia por demais subjetiva. Se os gafanhotos são exércitos estrangeiros, que exércitos estrangeiros representam? Além disso, é pouco provável que as ondas de gafanhotos *sejam* de fato exércitos, já que são *comparadas* a exércitos no capítulo 2.4-7.

Em segundo lugar, as descrições em 2.4-11 são entendidas figuradamente, em estilo apocalíptico, interpretando os insetos como criaturas não terrenas que trarão destruição no dia do Senhor (cf. Ap 9.3, 7-11).[12] No entanto, o uso regular do pretérito e o fato de o narrador parecer testemunha ocular (veja Jl 1.16) dão a entender que Joel não está prenunciando o futuro, mas descrevendo o julgamento divino que já ocorreu. Isso não é desconsiderar tais aspectos apocalípticos como a descrição de portentos celestes (2.30s. [TM 3.3s.]).

Em terceiro lugar, uma abordagem mais literal vê a catástrofe em Joel como uma série de invasões de gafanhotos que varrem a vegetação de Judá, provocando estragos sem precedentes.[13] Essa devastação é expressa com vigor pela estrutura poética encadeada de 1.4:

> O que deixou o gafanhoto cortador,
>   comeu-o o gafanhoto migrador;
> o que deixou o migrador,
>   comeu-o o gafanhoto devorador;
> o que deixou o devorador,
>   comeu-o o gafanhoto destruidor.

A ênfase não está bem nos vários tipos de gafanhotos, mas na amplitude da destruição causada por eles. A sorte de Judá foi ainda pior porque esse saque estendeu-se por mais de um ano (2.25). Numa linguagem poética vigorosa que às vezes chega quase à hipérbole, os gafanhotos são comparados a um exército executando saques, tão incansável sua pilhagem, tão terrível seu som e sua aparência (2.1-11). No amplo e abrangente julgamento que trazem a Judá, o profeta não pode deixar de ver um protótipo do dia de Javé (1.15; 2.11).

A Mensagem. Joel consiste em duas partes quase iguais: a praga de gafanhotos e o dia do Senhor (1.1–2.17) e a vitória futura (2.18–3.21 [TM 4.21]). Na primeira seção, o profeta fala; na segunda, o Senhor. O ponto de transição é 2.18, em que o Senhor, talvez por meio de um profeta do templo, responde aos apelos penitentes de seu povo e concede livramento.

Depois de destacar a natureza sem precedentes e singular da calamidade (1.2-4), o profeta analisa vários grupos drasticamente afetados pela praga —

Túmulo helenístico (século II-I a.C.) popularmente chamado de pilar de Absalão no vale de Cedrom, local tradicional do vale de Josafá (Jl 3.2; cf. v. 12, 14).
(Neal e Joel Bierling)

bêbados (v. 5-7), lavradores (v. 11s.) e sacerdotes (v. 13s.) — e convoca cada um a lamentar a tragédia. Especialmente desesperadora é a sina dos sacerdotes, que não conseguem manter a rotina diária de sacrifícios. A severidade do julgamento divino é intensificada por sua destruição dos meios pelos quais seu povo teria acesso a ele. Diante de devastação tão mortífera, eles só têm uma esperança: reunir-se no templo e clamar ao Senhor (v. 14).

Para Joel, um desastre de magnitude tal só pode significar que o dia do Senhor, o ajuste final de contas entre Deus e seu povo e as nações, está próximo (1.15-20). Nas invasões dos insetos e na seca (veja v. 19s.) que se seguiu, o profeta vê o precursor do temível dia de trevas anunciado por Amós (5.18-20; 7.1-6), Sofonias (1.7, 14-18) e Obadias (v. 15). Para compreender essa ligação, é preciso lembrar que os hebreus eram capazes de ver o geral no particular. Cada exemplo do julgamento divino continha as facetas de todo julgamento, incluindo-se o julgamento final:

> ... o profeta pode ir livremente da ameaça do fato histórico passado para o julgamento escatológico futuro porque entende que ambos participam da mesma realidade. Postular dois fatos históricos totalmente separados e distintos registrados nesses dois capítulos não só

desconsidera o sutil artifício literário de comutar do passado para o futuro, mas também ameaça seriamente a compreensão teológica da escatologia profética que transpõe diferenças temporais.[14]

A idéia do dia do Senhor proporciona um quadro mais vivo da praga. Avançando como um exército incansável, os gafanhotos sitiam a terra e aterrorizam seus cidadãos (2.1-11). O barulho deles é como o ribombar de carros ou o estalar das chamas. Em vastas nuvens, pendem como mortalhas sobre a terra e obscurecem o sol e a lua. A própria forma literária — um chamado a que se alarmem (v. 1) seguido pela descrição da destruição (v. 2-10) — reforça as metáforas militares empregadas.

A situação é medonha, mas não irremediável. A única saída é o arrependimento sincero de toda a nação (2.12-17). Joel retrata o sistema religioso contemporâneo mais que Amós, Oséias e Jeremias. Mas ele certamente não tem interesse no ritual pelo ritual. Seu apelo maior é para a natureza bondosa do Deus da aliança (v. 13, 17).

Ao contrário dos grandes profetas de Israel, Joel não faz menção explícita dos pecados que precipitaram a calamidade. Caso olhassem à frente, para a destruição iminente, Joel estaria no meio dela. O problema urgente era a solução, não a causa. Além disso, Joel mais que insinua uma grande crise que pode ter provocado o julgamento: confusão e transigência de Judá em seu entendimento da singularidade de Javé. Ao que parece, faltava o verdadeiro conhecimento de Deus (2.27; 3.17 [TM 4.17]). O fato de o Senhor ter atendido aos apelos do povo (2.18ss.) pode indicar que nesse caso o julgamento divino obteve os resultados desejados: Judá voltou-se para o Deus verdadeiro, deixando o culto corrompido, mal-orientado.

O arrependimento de Judá é mais que correspondido pelas restaurações completas anunciadas por Deus num extenso oráculo de salvação:[15] as colheitas básicas são restauradas (2.19, 22); os insetos e a seca são retirados (v. 20, 23) e os anos malogrados são restituídos (v. 24s.). Numa escala maior, o ato divino de redenção torna-se um padrão do livramento final do povo: (1) bênçãos tanto espirituais como materiais são derramados sobre o remanescente de Judá (2.28 [TM 3.1]—3 [TM 4].1, 16-18, 20s.) e (2) as nações (3 [TM 4].2-15, 19), mais que maduras para o julgamento por causa da crueldade para com o povo de Deus, serão batidas no vale de Josafá ("o SENHOR julgou").

Como no caso do julgamento, os hebreus vêem aqui também o geral no particular: todo ato de livramento pode ter vastas ramificações, simbolizando o poder de Deus e sua disposição de realizar uma redenção completa.[16] O livramento dos danos da praga (2.18-27) prenuncia o livramento que Deus dará ao povo da aliança nos últimos tempos (2.28–3.21 [TM 3.1–4.21]).

A Importância Teológica. Além dos retratos impressionantes do dia do Senhor e da natureza compassiva de Deus, Joel ensina algumas lições valiosas acerca do controle total de Deus sobre a natureza.[17] Em nenhum momento Joel dá a entender que alguém ou alguma coisa seja responsável pelos gafanhotos: eles são o exército de Deus (2.11), enviado e retirado por ele (v. 20).[18] Não há lugar para um dualismo que procure atribuir calamidades a forças alheias à autoridade divina ou para um panteísmo que identifique Deus com a criação. Deus é senhor sobre tudo e também age em tudo.

Para os hebreus, a atividade criadora e mantenedora de Deus empresta unidade e significado à realidade ao redor deles. Moldada pelo toque de Deus e inspirada pelo poder divino, a criação é tanto boa como vital. Ainda que destacada para administrar a criação, a humanidade não era completamente distinta dela, antes gozava de algum parentesco com ela, já que ambas eram criaturas de Deus. A distinção nítida entre o animal e o humano, o inanimado e o animado, não era rigidamente mantida pelos hebreus. Assim, um poeta como Joel podia descrever a sina dos campos sedentos e de animais famintos em termos quase humanos (veja 1.10, 18-20; 2.21s.). Essa idéia de coesão e inter-relação na criação significa que o julgamento do pecado humano cobra seu preço da natureza, enquanto o arrependimento e a restauração não produzem só perdão, mas também prosperidade e fertilidade (3.18 [TM 4.18]; veja Am 4.6-10; 9.13-15).

> O retrato que Joel faz do futuro promissor de Israel contém um elemento de responsabilidade bem como de privilégio. O derramamento do Espírito de Deus sobre o povo imporá ao remanescente redimido as pesadas obrigações do ofício profético. Ninguém estará imune — jovem ou velho, escravo ou livre, homem ou mulher. 2.28s. (TM 3.s.)

Essa profecia prenuncia o cumprimento do antigo anseio de Moisés:

> Tomara todo o povo do SENHOR fosse profeta, que o SENHOR lhes desse o seu Espírito! (Nm 11.29)

Os israelitas devem empenhar-se com a aliança em firme obediência (cf. Jr 31.31-34; Ez 36.27) e encarnar e proclamar o amor soberano de Deus (cf. Is 61.1).

Sob a inspiração do Espírito, Pedro encontrou no milagre do Pentecostes o anúncio divino de que estava ocorrendo na Igreja recém-nascida o que fora previsto por Joel (At 2.17-21). A era messiânica vislumbrada por Joel e por outros era chegada. A Igreja é recrutada para levar adiante o ministério profético e anseia pela restauração dos judeus a esse serviço (veja Rm 11.24). Quando a fé apresentada por Joel e Obadias se tornar realidade e estiver cumprida a missão de Israel e da Igreja, "o reino será do SENHOR" (Ob 21).

CAPÍTULO 27

Jonas

Todos os outros livros proféticos apresentam mensagens de Javé a Israel por intermédio de um profeta.[1] O livro de Jonas é singular por ser um relato do que ocorreu a um profeta, não uma coletânea de suas mensagens. Uma vez que esse livro foi colocado no cânon entre os profetas, podemos concluir que a história das experiências e reações de Jonas é a mensagem. E a história envolve muito mais que ser engolido por um peixe.

> Quem sabe se voltará Deus, e se arrependerá, e se apartará do furor da sua ira, de sorte que não pereçamos? Jn 3.9

A História de Jonas

A Ordem Divina e Suas Conseqüências. Jonas ben Amitai (Jn 1.1) foi um profeta que predisse a expansão do reino do norte no reinado de Jeroboão II, por volta de 780 a.C. (2Rs 14.25).[2] O livro de Jonas nada nos fala de sua atividade profética em Israel. Simplesmente começa com a ordem de Javé para que profetize contra a perversa Nínive. Em vez de ir para o leste, rumo à Assíria, Jonas embarcou num navio para Társis — em direção oposta,[3] "para longe da presença do SENHOR" (v. 3), o mais longe que a mente da época conseguia imaginar.

Javé provocou uma tempestade que ameaçava naufragar o navio. Os marinheiros pagãos reagiram orando a seus deuses. O capitão despertou Jonas, do sono e exigiu que orasse a seu Deus. Os marinheiros lançaram sortes para determinar a culpa pelo mar irado, e elas indicaram Jonas. Ele confessou que estava tentando fugir de Javé, "que fez o mar e a terra" (v. 9) e os instou a jogá-lo no mar. Eles tentaram remar de volta a terra, mas por fim concordaram em jogar Jonas do convés. A tempestade cessou, e eles sacrificaram a Javé e o louvaram. "Deparou o SENHOR um grande peixe, para que tragasse a Jonas" (v. 17). Após "três dias e três noites", durante os quais Jonas entoou um salmo de ação de graças a Deus por salvá-lo do afogamento, o peixe alcançou a terra "e este vomitou a Jonas na terra" (2.10).

A Segunda Ordem e Suas Conseqüências. Javé deu nova oportunidade a Jonas, voltando a convocá-lo para ir a Nínive. Dessa vez, Jonas foi. As únicas palavras registradas de sua mensagem profética são: "Ainda quarenta dias, e Nínive será subvertida" (3.4). Surpreendentemente, "os ninivitas creram em Deus" (v. 5). O povo e o "rei de Nínive" (v. 6) dedicaram-se ao jejum, à oração e ao arrependimento para evitar a destruição. Javé perdoou devidamente.

Jonas ficou transtornado e irado. "Ah! SENHOR! Não foi isso o que eu disse, estando ainda na minha terra?", queixou-se a Javé. "Por isso, me adiantei, fugindo para Társis, pois sabia que és Deus clemente, e misericordioso, e tardio em irar-se, e grande em benignidade, e que te arrependes do mal" (4.2).[4] Então Jonas ergueu um abrigo fora da cidade, sentando-se ali por quarenta dias. Javé providenciou uma planta, provavelmente uma mamoneira (v. 6, NRSV mg.), que cresceu depressa e protegeu Jonas do sol. No dia seguinte, porém, Deus enviou um verme para matar a planta e depois um vento quente do leste que fez Jonas querer morrer. Javé extraiu a moral contrastando o interesse egoísta de Jonas pela planta e a compaixão divina por suas criaturas em Nínive, "mais de cento e vinte mil pessoas, que não sabem discernir entre a mão direita e a mão esquerda, e também muitos animais" (v. 11).[5]

Interpretação

História ou lenda? Essa é a primeira dúvida apresentada pela maioria dos leitores. As gerações anteriores inclinavam-se a compreender a história do livro de Jonas num sentido literal ou histórico. Os estudiosos contemporâneos, por uma variedade de razões, estão mais inclinados a tratá-la não como história, mas como alguma forma de ficção.

O valor didático de uma narrativa não depende necessariamente de sua historicidade. Pouco importa se as minúcias constantes da parábola do Bom Samaritano (Lc 10.30-35) são historicamente precisas ou se o evento

Embarcações mercantis assírias transportando toras num mar habitado por serpentes e por outras criaturas; relevo em alabastro encontrado em Corsabad (721-695 a.C.). *(CNMHS/ARS, NT/SPADEM)*

em si é histórico: a parábola cumpre seu papel. De igual modo, a história de Jonas pode ter sido contada apenas para ilustrar uma lição. É preciso analisar outros fatores para determinar se houve a intenção de que fosse entendida como relato histórico.[6]

A Interpretação Histórica. As indicações superficiais da narrativa levam naturalmente à interpretação histórica. Jonas, filho de Amitai, de fato viveu nos dias de Jeroboão II. A história é introduzida com a mesma fórmula padronizada de recepção: "Veio a palavra do SENHOR a Jonas..." (Jn 1.1). A apresentação não é em forma de sonho ou visão, mas numa situação em que se exige que Jonas se levante e siga para Nínive. O relato da tempestade, a reação dos marinheiros, suas práticas pagãs e até seus surpreendentes apelos e sacrifícios a Javé são contados como fatos históricos.

O incidente do "grande peixe" introduz um aspecto excepcional na história. Jesus destacou a história de Jonas no ventre do peixe por três dias e noites como um "sinal" de seu próprio sepultamento e (por implicação) da ressurreição (Mt 12.39s.). Os que defendem a interpretação histórica de Jonas argumentam que (1) Jesus colocou essa história no mesmo nível histórico que a própria ressurreição e (2) se a história de Jonas não for verdadeira, não é possível defender a ressurreição de Jesus.

De novo, a visita de Jonas a Nínive deve estar relacionada com as palavras de Jesus: "Ninivitas se levantarão, no Juízo, com esta geração e a condenarão; porque se arrependeram com a pregação de Jonas. E eis aqui está quem é maior do que Jonas" (Mt 12.41). No mesmo contexto, será que a menção da visita da rainha de Sabá a Salomão não dá a entender que a pregação de Jonas em Nínive estava no mesmo nível histórico (Mt 12.41s.; cf. Lc 11.29-32)?

Os que questionam a interpretação histórica encontram algumas bases para contestar essa posição. Primeiro, faz-se objeção ao incidente do "grande peixe". É debatido se uma baleia consegue engolir um ser humano. Seria possível Jonas sobreviver durante três dias no ventre do peixe, sem oxigênio e exposto a líquidos gástricos?[7] Se Jonas tivesse sido engolido, teria composto um salmo estando no ventre do peixe (2.1-9)?

De acordo com 3.2, Nínive era uma "grande cidade" (ARA), com cerca de cem quilômetros de diâmetro.[8] A localização de Nínive é conhecida, e os muros foram parcialmente escavados; não é nem de longe tão grande. Por isso, alguns expositores interpretam a passagem como referência à "Grande Nínive", incluindo cidades vizinhas. É mais significativo o fato de Nínive não se ter tornado cidade real até 700 a.C., quando Senaqueribe fez dela a capital da Assíria. Além disso, a narrativa pressupõe um império assírio, que dificilmente teria impacto sobre Israel entre 800 e 730 a.C. O verbo explícito empregado, *"era,*[9] pois, Nínive uma grande cidade" (IBB), implica que a cidade já não existia. Se Jonas viveu nos dias de Jeroboão II (786-746), é altamente improvável que ainda vivesse para contar essa história após a queda de Nínive (612 a.C.).

Também se argumenta que os detalhes do arrependimento de Nínive carecem de confirmação histórica. Em que língua Jonas teria pregado? Teria aprendido o acadiano? O povo compreendia o hebraico? Ou teria empregado o aramaico, a língua comercial e política? Não há indícios fora da Bíblia de que Nínive tenha sofrido tal conversão religiosa. Até onde sabemos, o rei da Assíria nunca foi chamado "rei de Nínive" (3.6). Por esses motivos, a natureza histórica do relato é altamente questionável. Os que defendem o caráter histórico do livro respondem a tais objeções ponto por ponto, com graus variáveis de sucesso.[10]

As Interpretações Mitológica, Alegórica e Parabólica. O agrupamento dessas interpretações não deve dar a entender que sejam iguais, mas que consideram não histórico o propósito geral do livro.

(1) Mito. O mito procura apresentar a verdade acerca da experiência humana ou das origens naturais (em geral envolvendo os deuses) em uma forma que simule historicidade. Em mitos antigos, a luta da humanidade contra a natureza, ou mesmo da natureza em si com suas estações de plantio e colheita, podem ser retratadas como um embate com um deus ou entre deuses. Em textos cananeus, Yam (o Mar) era tal deus, e um monstro marinho (aqui um peixe grande, mas em outras partes Leviatã, em hebraico, ou *Lītān,* em ugarítico) era uma força hostil. O nome "Nínive" também tem sido comparado à palavra que significa "peixe" (*Ninā,* em cuneiforme). O peixe de Jonas, porém, foi resgatador, não inimigo. Entretanto, embora elementos da narrativa possam ser associados à linguagem mítica, não existe uma trama mítica claramente reconhecível. Essa idéia perdeu apoio.

(2) Alegoria. Na alegoria, conta-se uma história para transmitir uma mensagem, e a maior parte dos detalhes contribui para o todo. Assim, na parábola do joio e do trigo (Mt 13.37-43), contada por Jesus, o semeador, a semente, o campo, o joio, o inimigo, a ceifa e os ceifeiros possuem, todos, significado simbólico. Desse modo, aqui o nome de Jonas significa "pomba", uma metáfora para Israel (Os 11.11; Sl 74.19). Israel foi desobediente e não pregou a verdade para as nações gentias, simbolizado pela tentativa de fuga para Társis; então Javé puniu Israel com exílio, ilustrado por Jonas engolido.

No período pós-exílico, Israel só testemunhava com relutância aos gentios e nunca compreendeu de fato o interesse de Javé pelos "ninivitas".

(3) Parábola. Parábola é um conto que representa a vida real e incorpora uma verdade moral ou espiritual. Diferente da alegoria, não possui um significado para cada parte. "Todas as parábolas lembram o relato de fatos históricos. É impossível alegar, pela forma do livro de Jonas, que se pretendia que fosse necessariamente considerado um registro de fatos históricos".[11] A parábola às vezes inclui aspectos extraordinários para incentivar o ouvinte a prestar atenção na mensagem. O contraste entre dívidas de dez mil talentos e cem denários (Mt 18.23-35) é um exemplo. A parábola pode fazer referência a uma pessoa histórica. O nobre na parábola das minas (Lc 19.11-27) era Arquelau, que foi a Roma para obter a confirmação de que era sucessor de Herodes.

O livro de Jonas seria uma história do tipo "e se..."? Então o livro, entendido como parábola (que os hebreus talvez chamassem *māshāl*; veja Provérbios), apresenta a má vontade de "Jonas" — seja uma pessoa, o povo de Israel ou qualquer outro grupo que ouvisse a história — de ver Nínive poupada e sua incapacidade de compreender o coração de Javé. O fato de ser eleito por Javé fora egoisticamente interpretado como um fim, não um meio, e o propósito divino, declarado por Javé a Abraão, "em ti serão benditas todas as famílias da terra" (Gn 12.3), esquecido. A semelhança básica entre a interpretação alegórica e a parabólica é óbvia. A interpretação parabólica, por não ser obrigada a encontrar um significado para cada detalhe, é preferível.

Que Interpretação Estaria Correta? Não existe solução simples. A questão maior de nosso entendimento da inspiração bíblica afetará de modo crucial a nossa decisão. Os que adotam a interpretação histórica devem reconhecer que não se dispõe de respostas plenamente satisfatórias para as questões levantadas. A opção pela interpretação parabólica ou de ficção religiosa precisa debater-se com o encontro extraordinário com o peixe (que não seria um episódio rotineiro, como costumamos encontrar em parábolas) e com o uso que Jesus faz de Jonas nos evangelhos. Os que defendem a autoridade das palavras do Senhor devem estudá-las com cuidado. Elas implicam uma reinterpretação do relato básico. Jonas foi engolido pelo peixe a fim de ser salvo do afogamento e trazido de volta a terra. Jesus estava descartando o entendimento dos judeus da época, que lhe atribuíam sentido negativo.[12] Estaria ele repetindo uma história popular, assim como um pregador poderia fazer referência a algum incidente de *O peregrino*?

A motivação com que se escolhe uma interpretação é importante. Caso se decida pela interpretação parabólica ou simbólica apenas porque o elemento miraculoso é problemático, a decisão será baseada numa conclusão moderna preconcebida que, contrária à posição bíblica, rejeita a intervenção sobrenatural de Deus na história. Contudo, com base na forma literária e no conteúdo, é inteiramente possível decidir que o livro deve ser entendido como um tipo de parábola.*

Um firme princípio no estudo bíblico é que, mesmo numa passagem claramente histórica, a mensagem teológica é mais importante que os detalhes históricos. A Bíblia não foi escrita para satisfazer a curiosidade acerca de pessoas e fatos no antigo Oriente Próximo. Ela foi inspirada pelo Espírito de Deus com propósitos doutrinários, espirituais e morais. Como parte do cânon bíblico, Jonas deve ser estudado com a atenção voltada principalmente para a mensagem teológica. Nesse ponto as interpretações histórica e parabólica se juntam, pois ambas as abordagens chegam à mesma lição: Javé está interessado em povos pagãos e ordena que seus servos proclamem sua mensagem às nações.

Datação

Há algumas indicações de que o livro em sua forma atual emana do período pós-exílico. Essa datação não exclui uma tradição histórica mais antiga nem uma adaptação literária dele. As referências a Nínive e a pressuposição de um império assírio foram mencionadas acima. A "malícia" de Nínive aparece no livro setecentista de Naum, em 3.19 (BLH, "maldade"). Parece haver no livro reflexos deliberados de Jeremias e de Joel (veja adiante). O amor

---

* O posicionamento do autor não reflete a interpretação de Edições Vida Nova nem da maioria dos evangélicos. Todavia, é importante que um estudioso do Antigo Testamento conheça as diversas interpretações correntes sobre o livro de Jonas. Veja uma afirmação da historicidade de Jonas nas notas de rodapé da *Bíblia Shedd* (p. 1279-82; e.g., nota de 1.17) e em *Merece Confiança o Antigo Testamento?*, de Gleason Archer, Jr., p. 236-245, ambos publicados pela Vida Nova.

misericordioso é em geral um aspecto da aliança de Javé com Israel, mas em 4.2 fala-se de seu amor universal por suas criaturas, como em salmos às vezes considerados mais recentes (Sl 33.5; 119.64; 145.9).

A Estrutura

I.	1.1–2.10	Um pecador hebreu salvo
	A. 1.1-3	A desobediência de Jonas
	B. 1.4-16	Jonas é punido e marinheiros pagãos adoram a Javé
	C. 1.17–2.10	Jonas é resgatado por Javé
	1.17	A graça de Deus
	2.1-9	O louvor de Jonas
	2.10	A última palavra de Deus
II.	3.1–4.11	Pecadores pagãos salvos
	D. 3.1-4	A obediência de Jonas
	E. 3.5-9	O arrependimento de Nínive
	F. 3.10–4.11	Jonas repreende a Javé
	3.10	A graça de Deus
	4.1-3	A queixa de Jonas
	4.4-11	A última palavra de Deus

O livro divide-se em duas partes. A correspondência entre elas é mostrada no esboço acima. O primeiro e o quarto (A e D) dos seis episódios principais tratam da reação de Jonas ao chamado divino. O segundo e o quinto (B e E) descrevem uma situação social em que um grupo pagão, sob direção de seu líder, suplica a ajuda de Deus. No terceiro e no sexto episódio (C e F), Jonas está só e fala com Deus.

A primeira metade do livro tem função preparatória, para estabelecer no leitor expectativas que serão colocadas a prova na segunda metade. Revela a graça de Deus ao profeta desobediente, o que levanta a possibilidade da graça para o povo pecador de Nínive. Também mostra os marinheiros pagãos sob uma luz positiva, o que predispõe o leitor a aceitar o arrependimento dos ninivitas. Jonas, por sua vez, aparece sob uma luz negativa nos primeiros dois episódios (A e B), o que incentiva o leitor a colocar-se contra ele na segunda metade da história. O terceiro e o sexto episódio (C e F) começam da mesma maneira, "[Jonas] orou ao SENHOR" (2.1; 4.2) e, de maneira surpreendente, colocam em paralelo um cântico de ação de graças e uma reclamação desgostosa.

Palavras e frases-chave permeiam o livro. "A grande cidade de Nínive" abre as duas metades do livro (1.2; 3.2) e ocorre num clímax surpreendente no fim (4.11). O clamor (*qārā'*) de julgamento de Jonas no primeiro e no quarto episódio (A e D; 1.2; 3.2, 4) tem por resposta os clamores (*qārā'*, novamente) deles no quinto (E; 3.5, 8), prenunciados no segundo episódio (B; 1.6, 14). A maldade ("malícia", 1.2) de Nínive e seu caminho maligno ("mau", 3.8, 10) devem logicamente levar a um mau fim ("mal", 3.10), mas o arrependimento o interrompe (3.8, 10), assim como a oração interrompeu a má experiência dos marinheiros ("mal", 1.7, 8). Jonas, porém, não aceita esse desenvolvimento ilógico (considerando-o causa de desgosto, 4.1).

A Mensagem

Jonas faz duas declarações doutrinárias acerca de Javé, em 1.9 e 4.2. A primeira identifica Javé como o criador do mundo, e alguns incidentes no livro destacam seu poder sobre a criação. Na segunda, ele cita uma proposição antiga a respeito do amor e da misericórdia de Deus para com o povo da aliança, numa forma tomada de Joel 2.13, mas reaplicada a não-israelitas. O livro diz respeito à relação de Javé com a humanidade (e com os animais, 4.11), além do povo de Israel.

Um estranho aspecto da narrativa profética é o baixo conceito que promove do profeta. Ele é um anti-herói, com propósitos contrários aos de Javé, que o enviou. Seu nome evoca animosidade. Ele era um profeta nacionalista que previu a expansão do domínio do perverso Jeroboão II (2Rs 14.24-25), enquanto Amós nada tinha, exceto críticas, ao seu reinado. Em sua fúria, ele fala como Elias (4.3; cf. 1Rs 19.4), mas falta-lhe sua grandeza. Por isso, os leitores são condicionados a não gostar das idéias estreitas de Jonas e a expandir os próprios horizontes teológicos.

Um contexto para o livro pode ser proporcionado pela literatura profética escatológica, quase apocalíptica, tal como o livro de Joel, que falou da destruição das nações.[13] O livro de Jonas aceita a validade de tais profecias, mas alega com base em Jeremias 18.1-11 (faz-se eco a Jr 18.8 em 3.10) que Javé não é obrigado a cumpri-las. O fator do coração aberto diante de Deus, tão importante para Israel em Joel 2.14 (refletido em Jn 3.9; cf. 14, 16), podia desviar o julgamento das nações.

Da perspectiva da teologia da criação (1.9), o livro instiga uma visão equilibrada das nações e de seu destino. Aqui começa João 3.16: Deus ama muito o mundo.

> **Mudando de Idéia**
>
> E foi Jonas batendo os pés
>   para o seu posto à sombra
>   e esperou que Deus
>   mudasse de idéia,
>   pensasse como ele.
>
> E continua Deus ainda esperando
>   que uma hoste de Jonas
>   mude de idéia,
>   ame como ele.[14]

CAPÍTULO 28

Ageu

Em 12 de outubro de 539 a.C., o exército de Ciro, o Grande, entrou na Babilônia, precipitando o fim desse império. Com isso, o domínio do mundo passou do Oriente para o Ocidente,[1] do império babilônico, semita, para o império medo-persa, indo-europeu. Assim como os israelitas testificavam que seu Deus, Javé, os ajudara a vencer as batalhas durante a conquista, Ciro declarava, em seu cilindro de vitória, que tivera a seu lado o deus protetor da Babilônia. "Sem batalha alguma [Marduque] fez [Ciro] entrar em sua cidade, Babilônia, poupando a Babilônia de qualquer calamidade".[2] A crônica de Nabonido registra igualmente uma tomada sem conflitos: "No décimo sexto dia [...] as tropas de Ciro entraram na Babilônia sem lutar".[3] Uma vez que os últimos reis babilônios tinham sido opressores, e Ciro era reputado por ser mais benevolente, o povo não resistiu à sua invasão. Antes, receberam-no com alegria.[4]

Um dos atos mais impopulares de Nabonido, o último rei babilônio, fora levar os deuses sumérios e acadianos para a capital. Ciro logo os devolveu "para que morassem em paz em suas habitações".[5] Coerente com essa política de devolver os deuses a seus lares, em 538 Ciro permitiu que os judeus retornassem a sua terra para reconstruir o templo de Jerusalém com fundos persas, de modo que o Deus deles, Javé, voltasse a ter uma casa na qual habitasse (veja Ed 1.1-4; 6.3-5).[6]

A Situação Histórica

O Retorno. Pode-se supor que os judeus, exilados na Babilônia por cinqüenta anos ou mais (de 605, 597 ou 586 a 538), estivessem muito ansiosos por retornar ao "lar". Entretanto, seguindo o conselho de Jeremias, haviam-se estabelecido na Babilônia, construindo casas, plantando jardins, casando-se e constituindo famílias (Jr 29.4-9). Alguns eram muito bem-sucedidos nos negócios. Os filhos nascidos no exílio tinham agora mais de cinqüenta anos, tendo eles mesmos filhos e netos. Nem todos queriam arrancar as raízes estabelecidas e voltar para uma terra da qual nada conheciam. Mas, de início, uns cinqüenta mil retornaram (Ed 2.64; Ne 7.66) e outros seguiram com Zorobabel (520?; veja nota 11), Esdras (458)[7] e Neemias (445). Uma comunidade judaica considerável permaneceu durante séculos na Babilônia, tornando-se centro de erudição judaica e produzindo, entre outras coisas, o Talmude Babilônico, uma coletânea de instruções religiosas judaicas. Logo, o retorno em 538 incluiu apenas uma fração dos exilados.

Um Novo "Êxodo"? Ainda que os livros dos profetas (especialmente o de Isaías) usem termos que lembram o êxodo para falar de um livramento concedido pelo Senhor, a reunião dos exilados foi bem diferente. Nenhum milagre, como as pragas ou a abertura do mar, acompanhou a emigração. Pelo que sabemos, não foram alimentados com maná do céu nem supridos sobrenaturalmente de água.

Dario I (521-486 a.C.), assentado, tendo por trás o príncipe herdeiro Xerxes; relevo proveniente de Persépolis. *(Oriental Institute, Universidade de Chicago)*

Sesbazar, o descendente de Davi que os liderou no retorno, não era nenhum Moisés com poderes divinos. A terra tinha sido destruída; Jerusalém continuava em ruínas, e pouco se fizera para restaurá-la. Por conseguinte, as expectativas gloriosas eram frustradas por uma dura realidade.[8]

Sesbazar e Zorobabel. O primeiro grupo de exilados foi levado por Sesbazar, filho de Joaquim,[9] o último monarca de Judá.[10] Ciro nomeou Sesbazar governador de Judá e lhe permitiu retornar os utensílios do templo removidos por Nabucodonosor (Ed 1.7). Quando ele e seu grupo de judeus, incluindo-se líderes de Judá e Benjamim, sacerdotes e levitas (Ed 1.5), chegaram a Jerusalém em algum momento de 538, não conseguiram alcançar o objetivo. Eles tentaram reconstruir o templo, mas realizaram pouco mais que lançar os fundamentos (Ed 6.16). É tudo que sabemos sobre o primeiro retorno. Nossas fontes silenciam acerca do destino de Sesbazar e dos fatos que se seguiram.

Uma segunda leva de exilados chegou a Judá sob a liderança de Zorobabel.[11] Também era descendente de Davi (neto de Joaquim e sobrinho de Sesbazar)[12] e governador de Judá. Josué (às vezes chamado "Jesua"), filho de Jozadaque era o sumo sacerdote. Nesse período crucial, Deus levantou dois profetas: Ageu e Zacarias (Ed 5.2). Foi principalmente pelo trabalho deles que o templo foi reconstruído.

Ageu e Sua Mensagem

> O SENHOR despertou o espírito de Zorobabel, filho de Salatiel, governador de Judá, e o espírito de Josué, filho de Jozadaque, o sumo sacerdote, e o espírito do resto de todo o povo; eles vieram e se puseram ao trabalho na Casa do SENHOR dos Exércitos, seu Deus. Ag 1.14

O Profeta. Bem pouco se sabe de Ageu. Com base em 2.3, alguns supõem que ele teria visto o antigo templo, mas o versículo não sustenta essa interpretação. Seu nome vem do heb. *ḥag,* significando "festival" (note o nome latino *Festus*). A presença do ensino sacerdotal em 2.11-14 não prova que o profeta era também sacerdote.

A Cronologia. O livro de Ageu contém seis fórmulas de data. Quatro estão ligadas a profecias, enquanto duas (1.15a e 2.18) estão ligadas à construção do templo. O livro de Zacarias (veja o cap. 29 a seguir) tem três datas. Uma vez que os dois profetas foram contemporâneos, a seguinte tabela inclui datas para ambos, juntamente com equivalentes modernos.[13]

Referência	Dia	Mês	Ano de Dario	Calendário juliano
Ag 1.1	1	6	2	29 ago. 520
Ag 1.15a	24	6	—	21 set. [520]
Ag 1.15b–2.1	21	7	2	17 out. 520
Zc 1.1	—	8	2	out./nov. 520
Ag 2.10	24	9	2	18 dez. 520
Ag 2.18	24	9	—	18 dez. [520]
Ag 2.20	24	9	—	18 dez. [520]
Zc 1.7	24	11	2	15 fev. 519
Zc 7.1	4	9	4	7 dez. 518

Considerações Editoriais. Todas as datas acima encabeçam seções proféticas, exceto Ageu 1.15a e 2.18. Por isso, alguns estudiosos alegam que 1.15a introduzia um material oracular que se teria perdido. Outros alegam que não foi perdido, apenas movido por um redator para mais adiante. Comentaristas observam que Ageu 2.15-19 não proporciona uma conclusão lógica para 2.10-14. Uma vez que menciona o lançamento das fundações do templo, e o início das atividades de reconstrução vem imediatamente antes de 1.15a, esse trecho (2.15-19) deveria ser transposto para depois de 1.15a. Além disso, os que reordenam o texto dessa forma em geral identificam "este povo" e "esta nação", cujos sacrifícios são impuros (2.14), com os samaritanos. Esdras 4.1-5 é citado como testemunho complementar. Aí, a população local, entendida por alguns como os progenitores dos samaritanos,[14] é impedida de ajudar na construção da casa de Javé. Por fim, para dar coerência a tudo, 2.18 deve ser cortado ou emendado, passando a "o vigésimo quarto dia do mês *sexto* [não nono]", para forçar uma harmonia com 1.15a.[15]

Entretanto, tais reconstruções são desnecessárias, pois o texto de Ageu faz mais sentido na ordem presente. Ageu 1.15a forma um final apropriado para 1.12-14, revelando a rapidez com que o povo reagiu, não havendo motivo para exigir que a data *introduza* uma mensagem. Ageu 2.15-19 fornece uma conclusão adequada para o ensino sacerdotal anterior (2.10-14; veja os comentários sobre a terceira mensagem, adiante). A expressão "este povo" em 1.2 refere-se aos judeus; bem como em 2.14. Por fim, se 2.15-19 ficar onde está, a data em 2.18 concorda com 2.10 e, assim, não exige correção.

A Primeira Mensagem. A primeira mensagem (1.1-11) dirige-se a Zorobabel, o governador, e a Josué, o sumo sacerdote. Era um chamado para que se finalizasse a construção do templo. O trabalho na casa de Javé, iniciado sob Sesbazar, tinha então cessado. A desculpa do povo era que ainda não era tempo de se envolver na construção do templo. Estavam ocupados construindo as próprias "casas apaineladas" (1.4). Sofrendo com a estiagem e com problemas econômicos (1.6, 10-11), sentiam que precisavam cuidar de si mesmos. Ageu censurou-os pelas prioridades erradas, creditando o fracasso nas colheitas à desconsideração para com a casa de Javé. O profeta estava desafiando o povo a colocar Deus em primeiro lugar, construindo sua casa antes das deles, para assim obterem a bênção divina. O Senhor os encheu de esperança, prometendo: "serei glorificado" (1.8) e "eu sou convosco" (1.13). A mensagem foi cumprida de imediato por Zorobabel, Josué e o remanescente do povo (1.12). Eles fizeram os preparativos, juntaram materiais e retomaram as obras do templo três semanas depois. Dentro de uma semana mais tinham erigido um altar e restaurado o culto sacrificial, embora os fundamentos do templo ainda não tivessem sido lançados (Ed 3.1-6).[16]

A Segunda Mensagem. O segundo oráculo (Ag 2.1-9) chegou cerca de um mês depois, para encorajá-los. Este também era destinado ao governador, ao sumo sacerdote e ao remanescente (2.2). O desapontamento havia-se estabelecido quando alguns compararam a estrutura simples deles com a glória do templo antigo (2.3; cf. Ed 3.12 e Zc 4.10). Com palavras que lembram o incentivo de Deus a Josué, filho de Num, antes da conquista (Js 1.5-7), diz-se ao "novo" Josué (Jesua, o filho de Jozadaque), a Zorobabel e ao povo que devem tomar coragem por causa da presença divina, reminiscência daquela no êxodo (Ag 2.4-5; Êx 33.14). A mensagem atinge o clímax numa promessa escatológica: "farei abalar o céu, a terra [...] farei abalar todas as nações, e as coisas preciosas[17] de todas as nações virão, e encherei de glória esta casa, diz o SENHOR dos Exércitos"[18] (2.6-7). Javé lembra a seus ouvintes que a prata e o ouro são dele e promete: "... a glória desta última casa será maior do que a da primeira" (2.9).

A Terceira Mensagem. Antes de Ageu dar sua próxima profecia, Zacarias anunciou sua primeira (Zc 1.1-6), em novembro ou dezembro, chamando o povo ao arrependimento. A terceira mensagem de Ageu (2.10-19), cerca de um mês depois, sublinha essa necessidade (2.17). Questionando os sacerdotes, que tinham como uma das responsabilidades resolver questões sobre a interpretação específica da lei, Ageu destaca a verdade de que a impureza é mais contagiosa que a santidade. Uma veste que carregue carne santificada não santificará o que for por ela tocado, enquanto pessoas contaminadas pelo contato com um cadáver contaminarão o que tocarem. Ageu conclui com isso que embora o sacrifício animal tivesse sido restaurado, o povo e os sacrifícios oferecidos eram impuros (2.14). Ao que parece, o pecado do povo era tamanho que, na realidade, contaminava o sacrifício, em vez de ser por ele removido. Qual seria o pecado deles? Não tinham lançado os fundamentos do templo (2.15). Por esse motivo, Javé afligira a terra com produção diminuta (2.16-17). Exigia-se arrependimento, literalmente "retorno" (2.17; cf. em Am 4.17 uma acusação semelhante). Felizmente, a mensagem de Ageu coincidiu com o dia em que foi lançada a fundação (2.18),[19] o que explica por que ela termina com uma nota positiva do Senhor: "... desde este dia, vos abençoarei" (2.19).

Fatos dos Anos 539 a 515

12 out.	539 (16 de tisri)	Queda da Babilônia; ano da ascensão de Ciro
24 mar.	538 (1 de nisã)	Primeiro ano do reinado de Ciro (Dn 5.31?)
	538	Edito permite retorno dos judeus a Jerusalém (Ed 1.1)
? mai.	538	Partida de Sesbazar e seu grupo para Jerusalém[22]
set.	538 (sétimo mês)	Chegada a Jerusalém (3.1)
10 abr.	537 (2/-/C 2)	Começo dos trabalhos no altar (v. 8)
	537 (?)	Interrupção dos trabalhos no templo até os dias de Dario (4.5)
16 jan.	535 (1/24/C 3)	Visão de Daniel (Dn 10.1)
29 ago.	520 (6/1/D 2)	Primeira mensagem a Ageu (Ag 1.1)
21 set.	520 (6/24/D 2)	Reinício do trabalho no templo (v. 15)
17 out.	520 (7/21/D 2)	Segunda mensagem a Ageu (2.1)
27 out.	520 (8/1?/D 2)	Mensagem a Zacarias (Zc 1.1)
18 dez.	520 (9/24/D 2)	Terceira e quarta mensagens a Ageu (Ag 2.10, 20)
15 fev.	519 (24 de sebate)	Mensagem a Zacarias (Zc 1.7)
7 dez.	518 (9/4/D 4)	Mensagem a Zacarias (Zc 7.1)
12 mar.	515 (3 de adar/D 6)	Conclusão do templo (Ed 6.15)
21 abr.	515 (14 de nisã/D 6)	Celebração da páscoa (v. 19)

(C = ano de Ciro; D = ano de Dario)

A Quarta Mensagem. Ageu dirigiu seu oráculo final (2.20-23) a Zorobabel (v. 21) no mesmo dia do terceiro. A quarta mensagem é semelhante à segunda, com sua promessa de que o Senhor fará "abalar o céu e a terra" (2.6, 21). Entretanto Javé a amplia: "derribarei, o trono dos reinos" (2.22); tal linguagem diz respeito ao final dos tempos. Ele também a centra na linhagem davídica: "tomar-te-ei, ó Zorobabel [...] servo meu [...] e te farei como um anel de selar" (2.23). Essa linguagem é claramente messiânica.[20] A expressão "anel de selar" simboliza especialmente a autoridade real. Jeremias a tinha empregado para condenar Joaquim e seus descendentes (Jr 22.24-30). Agora, por meio de Ageu, Deus oferecia a Zorobabel, um descendente de Joaquim, a esperança de que a palavra negativa seria revertida. A profecia de Zacarias ofereceu apoio complementar para o cultivo de esperanças messiânicas, especialmente para os que contavam com Zorobabel, um ramo da árvore de Davi (Is 11.1; Zc 3.8; 6.12).

Além de estimular essa esperança, o maior efeito das profecias de Ageu e Zacarias foi encorajar a nação, seu governador, seu sumo sacerdote e o remanescente do povo para a reconstrução do templo. Eles completaram a tarefa em 515 (Ed 6.14-15). Conhecido na terminologia judaica como "O Segundo Templo", este nunca foi substituído por um terceiro.[21]

A Importância para Nosso Tempo

O Problema. O Antigo Testamento é considerado parte das Escrituras cristãs. No entanto, como Ageu, com sua ênfase na reconstrução do templo de Jerusalém, pode falar à igreja em todo o mundo? Aliás, como pode interessar a alguma geração diferente da que se envolveu na reconstrução? Depois de construído, seguramente nenhuma outra geração de judeus precisava de incentivo para construí-lo. Ainda que tenha sido novamente destruído em 70 d.C., não há motivos, de acordo com os ensinos da Epístola aos Hebreus, para reconstruí-lo outra vez (veja esp. 9.11–10.22). Como extrair de Ageu alguma lição importante para hoje?

Algumas Aplicações Possíveis. Ageu dá testemunho da importância do culto a Deus segundo as próprias ordens de Deus. Na época do Antigo Testamento, Javé deu ao povo um sistema sacrificial de culto. Este provia-lhes expiação do pecado e comunhão com Deus. Os profetas pré-exílicos que denunciaram o templo não contradisseram esse fato; não parece que estavam em oposição ao culto em si, mas ao uso equivocado dele e à sua corrupção.[23] O livro de Ageu não deve ser desvalorizado pelo fato de seu ensino estar associado a uma construção. O templo era o lugar escolhido especialmente por Deus para os encontros com seu povo. Ezequiel descreveu sua reconstrução (caps. 40–48) e Ageu anunciou o tempo apropriado. Deus exigia que seu povo se aproximasse dele no templo com o sangue de animais; ele agora requer que nos aproximemos por meio do sangue de Cristo (Hb 10.19-23). A obediência não é opcional.

Ageu ensinou também a importância de colocar Deus em primeiro lugar. Para Ageu isso implicava atividade física, produção de algo material: o templo.

Mas era também uma atividade espiritual, pois o Senhor havia inspirado os participantes (1.14). Deus prometeu que prosperariam aqueles que o pusessem em primeiro lugar. Ainda que o reino de Deus não possa ser identificado com uma construção material, os que o buscam podem, às vezes, ver-se envolvidos em projetos de construção. O livro de Ageu é um lembrete de que Deus algumas vezes empregou elementos materiais, como construções, para fins espirituais. O mais importante é que, como ensinou Jesus e o profeta, os que põem o reino de Deus e a sua justiça antes das próprias necessidades materiais terão também supridos esses bens (Mt 6.25-33).

No final do período veterotestamentário a atividade profética diminuiu, mas a fé não morreu. Na realidade, havia uma fervorosa esperança de que o Senhor cumpriria as promessas feitas aos profetas. Autores judeus produziram uma série de escritos apocalípticos e surgiram algumas seitas judaicas (como a comunidade de Qumran) com esperanças e interpretações messiânicas características. Na época do nascimento de Jesus, de acordo com o Novo Testamento, os judeus dedicados aguardavam o Messias, e alguns criam que o menino Jesus era essa pessoa esperada. Ageu, juntamente com Zacarias e Malaquias, foi até certo ponto responsável por essa expectativa messiânica. A linguagem de Ageu deixa claro que a reconstrução estava de algum modo relacionada com a promessa do Redentor que viria. Alguns judeus daquele período sem dúvida faziam caber nas palavras de Ageu mais do que a história subseqüente sustentaria: Zorobabel não foi o Messias.[24] Aliás, por fatos desconhecidos, ele desaparece dos relatos bíblicos após o término do templo (exceto pela menção na genealogia de Jesus; Mt 1.12-13; Lc 3.17). Mas a reconstrução do templo era um lembrete da redenção prometida por Deus e um sinal da fé depositada pelo povo nessa promessa.[25] Ageu, portanto, tem valor hoje e em todas as épocas, até que todas as esperanças bíblicas sejam cumpridas.[26]

O Período do Segundo Templo

O Cenário Político. Sob domínio dos persas (539-331), Judá fazia parte da satrapia conhecida como "Além do Rio", i.e., além do Eufrates (da perspectiva dos persas). A política persa vigente era conceder considerável autonomia local. Assim, os judeus podiam ter o próprio governador local (mas não um rei), subordinado ao grande sátrapa, o governador provincial persa. Com a conquista da Pérsia por Alexandre Magno e a subseqüente divisão do império entre seus sucessores (os

O Mundo dos Profetas do Exílio e do Pós-exílio

	Profeta	Judá	Babilônia	Egito	Pérsia	Fatos Notáveis
600	Jeremias	Jeoaquim 608-597	Nabucodonosor 605-562	Neco II 610-595		Queda de Jerusalém 15/16 mar. 597
595	Ezequiel	Joaquim 597		Psamético II 595-589		Tabuinhas de ração de Joaquim, 10.º-35.º anos de Nabucodonosor
590	Daniel	Zedequias 597-586		Ápries (Hofra) 589-570		
585						O faraó não consegue socorrer Judá
580						Destruição de Jerusalém 12 ago. 586
575						
570				Amásis 570-525		
565			Evil-Merodaque 562-560			
560			Neriglissar 560-556 Labashi-Marduque Nabonido		Ciro, rei de Anzan 559	Libertação de Joaquim
555			556-539			
550						
545						
540		Sesbazar retorna 538	Último rei da Babilônia		Ciro 539-530	Queda da Babilônia Entrada de Ciro na Babilônia 12 out. 539, "Ano 1" Início da reconstrução do templo 537
535						
530				Psamético III	Cambises	
525				Cambises	530-522	
520	Ageu			Dario I	Dario I 522-486	Retomada das obras no templo Término 10 mar. 516
515	Zacarias					
510						
500	Joel(?)					
480				Xerxes I	Xerxes I 480-465	
465				Artaxerxes I	Artaxerxes I 464-423	
458	Malaquias	Esdras				
445		Neemias 445-423				

Diadochoi, em grego), a Palestina ficou primeiro sob governo egípcio (ptolemaico) e depois sob a dinastia selêucida, centralizada na Síria. Durante esse período, o Oriente Próximo foi consideravelmente helenizado, e Judá não constituiu exceção. Certos governantes selêucidas foram zelosos em estender essa influência e, sob Antíoco IV Epifânio (175-164), em destruir a religião judaica profanando o templo. A reação foi rápida, liderada pela família asmoneana (os macabeus) e por cerca de oitenta anos os judeus tiveram "independência" sob governo asmoneu (142-63), até que Pompeu reclamou a Palestina para Roma. Os romanos permitiram um reino judaico nominal sob Herodes, o Grande (37-4) e, de maneira bem limitada, sob outros governantes herodianos. Com a revolta judaica e a destruição do templo em 70 d.C., seguida pela revolta de Bar Cochba em 132-135,[27] veio o fim do judaísmo de Jerusalém.

Desdobramentos Judaicos. Durante o período do segundo templo, os judeus viveram não apenas em Judá, como na diáspora ou dispersão: Babilônia, Egito e bem provavelmente em outros lugares. Jeremias refere-se aos judeus do Egito (Jr 44.1), e os papiros aramaicos de Elefantina (no Nilo, perto da represa de Assuã) indicam ali uma comunidade de bom tamanho. Alexandria tornou-se especialmente importante como centro judeu. De lá veio a tradução grega do Antigo Testamento, a Septuaginta (LXX). As sinagogas desenvolveram-se como lugar de oração, ensino religioso e culto para judeus que já não tinham acesso ao templo de Jerusalém.[28] Entretanto, na época do Novo Testamento, eles localizavam-se na Palestina, incluindo a própria Jerusalém, ainda que o templo estivesse à mão.

Seitas judaicas, em especial os saduceus, fariseus e essênios (entre outros), também emergiram nessa época. É claro que o judaísmo nunca foi monolítico. O próprio cristianismo começou como uma seita judaica. Mesmo hoje, o judaísmo é diversificado e complexo. Entretanto, o grupo que mais moldou seu desenvolvimento após a destruição do segundo templo foi o dos fariseus, de onde vem o termo "judaísmo farisaico", às vezes chamado "judaísmo rabínico" ou "judaísmo normativo".[29] Seus ensinos foram preservados principalmente no Mishná.[30] Outras literaturas sectárias podem ser encontradas em edições dos "Apócrifos"[31] e dos "Pseudepígrafes",[32] e nos escritos de Qumran.[33] Quanto ao cânon do Antigo Testamento, é provável que tenha atingido sua forma final durante o primeiro século d.C.

Resumo do Período. Ageu foi o profeta que abriu esse período dos fundamentos do judaísmo, apesar de que outros —os profetas Zacarias e Malaquias, o escriba Esdras e o governador Neemias— também prestaram contribuições valiosas. Os judeus retornaram à terra natal, mas as coisas estavam diferentes do que eram na história do Antigo Testamento. Por um lado, os ofícios do sacerdote e do escriba foram realçados pela maior necessidade de ensinar e de copiar a lei. Por outro, o ofício profético enfraqueceu e, em grande parte a esperança de um rei davídico ou desapareceu ou ficou projetada para o futuro em moldes apocalípticos. A comunidade sobreviveu às pressões políticas e sociológicas da segunda nação, centrando-se no templo e na Torá, não na monarquia. Nas palavras de Oséias, Israel viveu, de fato, "muitos dias sem rei, sem príncipe" (Os 3.4).

CAPÍTULO 29

Zacarias

O retorno do exílio na Babilônia reacendeu a alegria no coração dos israelitas. Mas também promoveu a ansiedade. Estariam a salvo na própria terra ou teriam novos e velhos inimigos a assediá-los mais uma vez? Deus os teria realmente perdoado ou continuaria a puni-los? Eles continuariam fiéis a Deus ou voltariam a cair nos pecados de seus ancestrais? Que tipo de liderança teriam, agora que a monarquia fora obliterada? Como levariam uma vida consagrada em circunstâncias tão drasticamente diferentes das que conheciam antes do exílio? Qual seria o futuro final guardado por Deus para seu povo e para as outras nações? Deus levantou Zacarias para responder a essas e a outras perguntas perturbadoras.

As datas fornecidas na profecia de Zacarias[1] mostram que foi contemporânea de Ageu (veja o contexto histórico na parte final do capítulo 28). O livro é um produto da época pós-exílica, bem diferente das obras proféticas anteriores ao exílio. Esses pontos são essenciais para um quadro fidedigno da natureza histórica dessa obra reveladora.

> Assim diz o SENHOR dos Exércitos: Eis aqui o homem cujo nome é Renovo; ele brotará do seu lugar e edificará o templo do SENHOR. Ele mesmo edificará o templo do SENHOR e será revestido de glória; assentar-se-á no seu trono, e dominará, e será sacerdote no seu trono; e reinará perfeita união entre ambos os ofícios.
> Zc 6.12-13

Introdução

O Profeta. O nome Zacarias significa "Ja[vé] se lembra" ou "Ja[vé] se lembrou". Seria ele o "filho de Ido" como registra Esdras (5.1; 6.14) ou "filho de Baraquias, filho de Ido" como em Zacarias (1.1)? Pode ser que o profeta Zacarias tenha sido confundido com Zacarias, o filho de Zeberequias de Isaías 8.2, com a abreviação do nome Zeberequias para Baraquias.² Nesse caso, devemos seguir Esdras — ele era filho de Ido. Entretanto, a palavra hebraica "filho" pode significar descendente. Isso removeria a dificuldade: Zacarias era de fato filho, i.e., neto, de Ido (Ed 5.1; 6.14), mas o pai dele era Baraquias (Zc 1.1). Neemias também alista um sacerdote chamado Zacarias da família de Ido (Ne 12.16). Se era o mesmo Zacarias, provavelmente foi sacerdote bem como profeta — mas não podemos ter certeza. Além desses fragmentos de informação, pouco se sabe. Uma coisa é certa: Zacarias desempenhou um papel importante, juntamente com Ageu, na inspiração dos anciãos sob a direção do governador Zorobabel e do sumo sacerdote Josué para completarem a reconstrução do templo (Ed 5.1-2; 6.14).

Problemas de Autoria. O livro divide-se claramente em duas partes. Os capítulos 1–8 são profecias datadas, a maioria em forma de visões junto com alguns oráculos. Situam-se no período persa e preocupam-se com a reconstrução do templo sob a liderança de Josué e Zorobabel. Ao contrário, os capítulos 9–14 não contêm profecias datadas nem "visões noturnas" e apresentam um estilo nitidamente distinto. Nada se diz sobre a reconstrução do templo. Quanto à liderança, em vez de Josué e Zorobabel, que detêm o favor divino, encontramos "pastores" anônimos que caem sob o julgamento divino. Parece provável que as duas partes sejam distintas,³ podendo ter surgido de mãos e períodos diferentes.⁴ Diz-se dos primeiros oito capítulos: "Há todos os motivos para crer que essas são basicamente as palavras autênticas do profeta, talvez organizadas na ordem atual pelo próprio Zacarias, porém é mais provável que tenham sido compiladas e editadas pouco depois de seus dias".⁵ O restante do livro é mais intrigante.

Historicamente, alguns consideram os capítulos 9–14 anteriores ao exílio. Essa idéia pode ter origem no fato de Zacarias 11.12-13 ser citado em Mateus 27.9-10 como profecia de Jeremias. Por esse motivo, alguns em épocas passadas atribuíram parte de Zacarias 9–14 ou todo o trecho a Jeremias. A predição do retorno de Israel do exílio, a menção da Assíria e do Egito como seus inimigos e a menção da existência contínua de Efraim, o reino israelita do norte, também sugerem uma data anterior ao exílio. Mas o livro não dá indicações de que Jeremias tenha dado alguma contribuição, e as referências históricas são tão gerais, que podem ser ajustadas a quase qualquer período. Assim, a teoria pré-exílica goza de pouco apoio hoje.[6]

Mais comum é a idéia de que os capítulos 9–14 são do pós-exílio. Alguns atribuem esses capítulos a um único autor anônimo, "Dêutero-Zacarias" ou "Segundo Zacarias",[7] enquanto outros dividem a coletânea, atribuindo partes a dois ou mais autores. A datação varia do sexto para o segundo século a.C. Alguns que dividem o livro podem atribuir diferentes seções a diferentes séculos. Uns poucos indicam a era helenística, pela menção dos gregos em 9.13, mas os gregos estavam presentes no antigo Oriente Próximo muito antes do século IV a.C.[8]

O texto bíblico apresenta alguns indícios de como **teria** sido compilado. Por três vezes a palavra maíía', "oráculo", "sentença", encabeça uma seção no final do Livro dos Doze (Profetas Menores): Zacarias 9.1; 12.1; Malaquias 1.1. Uma vez que "Malaquias" significa "meu mensageiro", podendo ser um título, não um nome próprio, o livro pode ser anônimo. Nesse caso, encontram-se juntas três coleções anônimas de profecias (Zc 9–11; 12–14; Malaquias). Talvez tenham circulado independentemente em algum momento, sendo juntadas só mais tarde e acrescentadas no final da coleção de escritos proféticos. No fim, as duas primeiras coleções foram acrescentadas no livro de Zacarias enquanto a última permaneceu isolada.

Por que ocorreu isso? Primeiro, "Malaquias" passou a ser interpretado como nome próprio. Em segundo lugar, era desejável ter um total de doze obras proféticas por causa das doze tribos de Israel. Por fim, enquanto as duas primeiras coleções são ligadas por alguns temas em comum, o autor de Malaquias é "uma pessoa caracteristicamente diferente de 'Dêutero-Zacarias'".[9] Ainda que esse esboço de desenvolvimento não seja seguro, o que os estudiosos têm demonstrado com razoável certeza é a dificuldade de defender um autor único.[10*]

---

* A autoria única de todo o livro de Zacarias tem recebido defesa através da história. Veja, nessa linha de pensamento, as seguintes fontes: G. L. Archer, Jr., *Merece confiança o Antigo Testamento?* (São Paulo, 1974), p. 488s.; R. K. Harrison, *Introduction to the Old Testament* (Grand Rapids, 1969), p. 953-956; J. S. Wright, *IDB*, p. 1677-1679; G. L. Robinson, "Zechariah, Book of", *ISBE* 5 (1939): 3139s.; e S. Bullough, "Zacharias", *CCHS*, §545k.

Zacarias 1–8

Estrutura. Esses capítulos demonstram um plano elaborado. É claro que foram moldados por um artesão literário habilidoso (veja o quadro, p. 438-9). Primeiro, notamos que há três partes, cada uma iniciada com uma fórmula de data.[11] A parte I é simples e breve, registra um chamado ao arrependimento e a reação obediente do povo.

A parte II é mais complexa. Compreende oito visões entrelaçadas com vários oráculos. A Primeira e a Oitava Visão estão relacionadas pelo tema comum do patrulhamento da terra (cavalos de quatro cores / quatro carros). A Segunda e a Sétima são semelhantes porque ambas as visões contêm dois símbolos interpretados (quatro chifres e quatro ferreiros / um efa e uma mulher dentro dele). A Terceira e a Sexta têm em comum um elemento formal: um oráculo de conclusão anexado (Javé será os muros de Jerusalém / Javé enviará o rolo). A Quarta e a Quinta Visão são unidas pelo tema dos dois líderes escolhidos, Josué e Zorobabel.[12] Há também correspondência entre a Segunda e a Terceira Visão e entre a Sexta e a Sétima. O par anterior compartilha um interesse por Jerusalém (expulsão de seus inimigos / seu repovoamento e defesa). O segundo é ligado pelo tema da purificação (punição de pecadores / remoção do pecado). Há também um movimento na progressão das visões que vão de toda a terra (1.ª) para as nações, Judá e Jerusalém (2.ª e 3.ª), depois para os dois líderes (4.ª e 5.ª) voltando então para todo o país (6.ª e 7.ª) e por fim para toda a terra (8.ª).[13] Os oráculos centralizam-se, todos, em Jerusalém, fazendo parte da estrutura.

A parte III contém quatro seções. Cada uma se inicia pela "fórmula de recepção de mensagem" (com algumas variações): "A palavra do SENHOR veio a mim, dizendo". Essa seção do livro começa com uma questão acerca do jejum. A Seções 1 e 4 são ligadas por esse tema, enquanto as Seções 2 e 3 contêm, ambas, exortações para que se guarde a lei.

Por fim, cada parte avança para um clímax: (1) arrependimento (1.6); (2) os judeus dispersos retornam para reconstruir o templo (6.15); (3) povos estrangeiros convergem a Jerusalém para cultuar (8.20-23). Isso representa uma ampliação da graça de Deus dos judeus de perto para os judeus distantes e, por fim, para os gentios.

Interpretação. Parte I (Zc 1.1-6). Os capítulos 1–8 começam em Jerusalém, em 520, com os problemas de reconstrução do templo. Por intermédio do profeta Ageu, o Senhor já tinha inspirado o povo a iniciar a construção (Ag 1.14-15). Era o sexto mês do segundo ano de Dario. No sétimo mês, o povo parecia

A Estrutura de Zacarias 1–8

Parte I 1.1-6
Fórmula de Data "No oitavo mês do segundo ano de Dario" (1.1)
Oráculo 1.2-6 chamado ao arrependimento
Clímax: 1.6 Eles se arrependeram e aceitaram o que Deus fez

Parte II 1.7–6.15
Fórmula de Data "No vigésimo quarto dia do mês undécimo, que é o mês de sebate, no segundo ano de Dario" (1.7)
Primeira Visão 1.8-11 patrulhas de cavalos de quatro cores; a terra está em descanso
Primeiro Oráculo 1.12-17 ira sobre as nações; o templo deve ser reconstruído; cordão de medida esticado sobre Jerusalém; cidades prósperas; Jerusalém consolada e escolhida
Segunda Visão 1.18-21 (a) quatro chifres = nações que dispersaram Judá, Israel e Jerusalém; (b) quatro ferreiros = os que aterrorizarão e derrubarão os chifres / nações
Terceira Visão 2.1-4 homem com cordão de medida para medir Jerusalém: Oráculo interno: 2.5 Jerusalém será habitada com abundância; não há necessidade de muros: Javé será um muro de fogo por fora e de glória por dentro
Segundo Oráculo 2.6-13 chamado ao retorno à terra proveniente do norte, dos quatro ventos; judeus despojarão inimigos; muitas nações se congregarão; Jerusalém escolhida
Quarta Visão 3.1-10 Satanás acusa; purificação de Josué, o sumo sacerdote; Deus trará seu servo, o Renovo (Zorobabel); culpa removida num dia; paz e prosperidade
Quinta visão 4.1-6a, 10b-14 dois ungidos (Josué e Zorobabel?)
Terceiro Oráculo 4.6b-10a Zorobabel completará o templo
Sexta Visão 5.1-3 rolo voante = maldição sobre toda a terra (ou toda a nação): expulsão dos ladrões e dos que juram com falsidade; Oráculo interno: 5.4 Javé o enviará
Sétima Visão 5.5-11 a. efa saindo = iniqüidade; b. mulher dentro = impiedade; duas mulheres com asas levam a mulher no efa a Sinar (Babilônia) onde constroem um templo para ela e a colocam sobre sua base
Oitava Visão 6.1-8 quatro carros e cavalos de patrulha; espírito de anjo (Deus?) em repouso no norte
Quarto Oráculo 6.9-14 coroas, Josué coroado, Renovo que construirá o templo governará sobre um trono perto do sacerdote; coroas no templo
Clímax: 6.15 Pessoas distantes virão para construir o templo se houver obediência

Parte III 7.1–8.23	
Fórmula de Data	"No quarto ano do rei Dario, veio a palavra do SENHOR a Zacarias, no dia quarto do nono mês, que é quisleu" (7.1)
Introdução	7.2-3 questão a respeito do jejum
Seção 1	7.4-7 Fórmula Oracular 7.4 "Então, a palavra do SENHOR dos Exércitos me veio a mim, dizendo";
	7.5-7 questionada a motivação do jejum
Seção 2	7.8-14 Fórmula Oracular 7.8 "A palavra do SENHOR veio a Zacarias, dizendo"
	7.9-14 eles devem guardar a lei; o exílio veio como conseqüência da infração da lei
Seção 3	8.1-17 Fórmula Oracular 8.1 "Veio a mim a palavra do SENHOR dos Exércitos, dizendo"
	8.2-17 Deus trará seu povo a Jerusalém, de volta do exilio, e este prosperará de novo; portanto devem guardar a lei
Seção 4	8.18-23 Fórmula Oracular 8.18 "A palavra do SENHOR dos Exércitos veio a mim, dizendo"
	8.18-19 os jejuns do 4.º, 5.º, 7.º e 10.º mês tornar-se-ão festas de alegria e gratidão
Clímax:	8.20-23 Muitos povos de muitas nações virão para buscar Javé em Jerusalém, reconhecendo que Deus está com os judeus

enfrentar algum desânimo. As comparações com o templo antigo eram decepcionantes (Ag 2.3; Zc 4.10). Ambos os profetas reagiram. No oitavo mês, Zacarias suplicou arrependimento (Zc 1.1-6). No nono mês, Ageu os instou a retornar ao Senhor realizando a cerimônia para lançar as fundações (Ag 2.10-19).[14]

Parte II. As visões de Zacarias (Zc 1.7–6.15) datam do décimo primeiro mês. A Primeira Visão (veja o resumo acima) observa que a terra está em descanso. É provável que isso se refira ao período posterior à consolidação do poder de Dario, pela supressão de várias revoltas por todo o império persa. O Primeiro Oráculo levanta a questão dos setenta anos de indignação de Javé com Jerusalém e Judá (1.12). Deus expressa ira contra as nações porque elas "agravaram o mal" (v. 15) e determina tratar Jerusalém com compaixão, cuidando da reconstrução do templo e da cidade (1.16-17). As menções da ira para com os gentios, da bênção sobre Jerusalém e de um cordão de medida (1.16) antecipam as próximas duas visões.

Os "quatro chifres" da Segunda Visão são nações que "dispersaram a Judá, a Israel e a Jerusalém" (v. 19 [TM 2.2]). Os "quatro ferreiros" são vingadores que derrubarão essas nações (v. 21 [TM 2.4]). Na Terceira Visão, Zacarias vê um homem com um cordão de medida. Entretanto, é desnecessário medir Jerusalém pelos muros. Javé repovoará a cidade e a protegerá. O Segundo Oráculo suplica que os exilados voltem para casa, continuando ao mesmo tempo os temas de conforto para os judeus e punição para as nações. Mas há algo de novo: a promessa de que um dia os estrangeiros serão contados entre o povo de Javé (2.11).

Na Quarta Visão, Josué, o sumo sacerdote, aparece com o Anjo de Javé. "Satanás" ("o Adversário"; NRSV, nota) também está presente. O uso do artigo

Castiçal trípode, uma imagem relacionada com o término do templo, sob Zorobabel, na quinta visão de Zacarias (4.1-14). *(Oriental Institute, Universidade de Chicago)*

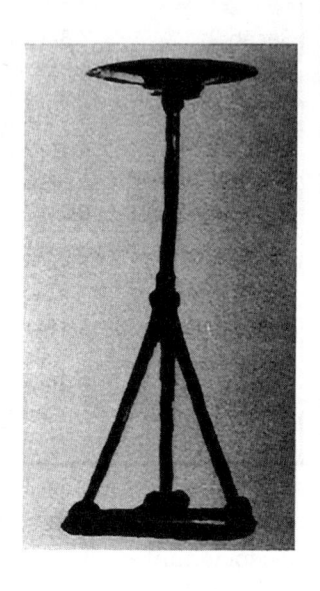

definido mostra que "Satanás" não é entendido como nome próprio, mas como título. Sua função é a de promotor diante da corte celestial, neste caso, acusando Josué. Uma vez que é censurado por Deus, vê-se claramente que não se trata de força benigna. Entretanto, também não é a criatura totalmente maligna encontrada em escritos bíblicos posteriores. Josué é purificado. Em seguida apresenta-se o servo de Javé, "o Renovo" (3.8). O Renovo simboliza um descendente de Davi que trará salvação (Jr 23.5; 33.15; Is 4.2; 11.1).[15] Já que 6.12 indica que o Renovo construirá o templo e já que sabemos pela história e por Zacarias 4.9 que Zorobabel, um descendente de Davi, o completou, a pessoa em vista deve ter sido Zorobabel. A pedra (3.9) deve de alguma forma estar ligada à construção do templo. A remoção da culpa (3.9) antecipa a Sexta e a Sétima Visão. Essa Quarta Visão mostra com que cuidado os líderes do retorno estavam seguindo as profecias de Ezequiel (37.24-28; 44.1-31; 45.1-6) e Jeremias (33.14-18). Ambos os profetas concordam que na restauração o governo deve ser uma diarquia (dois líderes) encabeçada por um sacerdote da família de Zadoque e um descendente de Davi.

A Quinta Visão do candelabro e das oliveiras é interrompida pelo Terceiro Oráculo que trata de Zorobabel completando o templo (4.6b-10a), incluindo a palavra divina: "Não por força nem por poder, mas pelo meu Espírito" (4.6). O futuro estabelecimento de Jerusalém não é fruto do esforço humano apenas. As duas oliveiras são os dois "ungidos" que assistem o Senhor (4.14).[16] Pelo contexto, isso dificilmente indicaria outros, senão Josué e Zorobabel.

As duas visões seguintes estão relacionadas com a promessa anterior de que a culpa seria removida (3.9). O rolo voante (5.1) da Sexta Visão representa uma maldição que será pronunciada contra o ladrão e contra o que jura com falsidade (5.3-4). Na Sétima Visão, o efa simboliza a iniqüidade (5.6), e a mulher dentro dele simboliza a impiedade (5.8). Esses serão transferidos para a terra de Sinar (5.11), a Babilônia, como purificação para Israel e corrupção da Babilônia.[17]

Por fim, os quatro carros e cavalos (6.1-8) saem para patrulhar a terra na Oitava Visão.[18] São os negros que se dirigem para o norte e "fazem repousar o [...] Espírito [de Javé] na terra do Norte" (6.8). Já que nos profetas anteriores a "terra do norte" é a fonte das invasões contra Israel e Judá, essa figura pode implicar que as patrulhas teriam dado cabo a tal agressão, dado descanso ao Espírito de Deus. Mais especificamente, isso explica por que a Pérsia, a potência que então se situava no norte, permitiu que os judeus reconstruíssem a casa de Javé.[19] O Senhor o decretou.

Essa visão é seguida pelo Quarto Oráculo. Confeccionam-se coroas,[20] mas só Josué é coroado. O Renovo é mencionado, de novo significando Zorobabel, mas desta vez com figuras sublimes: "será revestido de glória; assentar-se-á no seu trono, e dominará" (6.13). A diarquia é destacada para salientar a "perfeita união" entre o sacerdote e o descendente de Davi (6.13). Curiosamente, Zorobabel não é coroado. As coroas devem ser mantidas prontas no templo (6.14). Alguns estudiosos afirmam que o texto antes tinha o nome "Zorobabel" em 6.11. Quando se viu que não era o Messias, foi substituído pelo nome Josué.[21] Outra idéia, mais provável, dado o modelo diárquico e o fato de o texto mencionar coroas (pl.), é que no texto original ambos, Josué e Zorobabel, deviam ser coroados.[22] Quando as aspirações reais de Zorobabel não se concretizaram, o texto foi editado para refletir a realidade. Ainda que isso seja plausível, não há manuscritos que o apóiem.[23]

Sem dúvida, havia os que desejavam restaurar a monarquia após o retorno. Mas o ponto desse oráculo, em sua forma final, era que esse tempo ainda não chegara. Tanto Josué como Zorobabel exerceram funções reais de liderança como sacerdote e governador. Entretanto, a coroação de Josué mostra que o poder tinha de passar para o sacerdote (ainda que a imagem seja figurativa, pois os sacerdotes não eram coroados reis). A esperança de um libertador davídico que derrotaria as nações e traria um reino eterno de justiça seria mantida. Foi exatamente o que aconteceu na história. Depois que Zorobabel desapareceu, a aristocracia sacerdotal conduziu a comunidade no meio das dificuldades de toda a era persa e do período helênico (até 63 a.C.).[24] As esperanças messiânicas não foram abandonadas, mas projetadas para o futuro.

Parte III. A terceira parte de Zacarias (cap. 7–8), de dois anos depois (4.º ano de Dario [518 a.C.]), 9.º mês), começa com uma pergunta aos sacerdotes: o choro e o jejum para comemorar a destruição do templo devem continuar? (Lembramo-nos de Ageu 2.10-13, em que os sacerdotes foram consultados quanto à santidade.) Quatro seções seguem essa introdução: (1) Zacarias 7.4-7 põe em questão a motivação das pessoas, implicando que elas jejuam e comem por razões egoístas (Isaías 58 desenvolve esse tema do jejum apropriado com mais detalhes); (2) Zacarias 7.8-14 destaca a importância da obediência e da compaixão para com os pobres; a geração anterior sofreu exílio por negligenciá-las; (3) Zacarias 8.1-17 é repleto de promessas gloriosas a Jerusalém: o retorno da presença de Deus, a renovação da aliança (Zc 8.8) e a prosperidade econômica. Essas são as conseqüências do lançamento das fundações do templo (Zc 8.9-12), condicionadas pela obediência às leis de Deus (Zc 8.14-17; cf. Ag 2.15-19); (4) Zacarias 8.18-23 retorna ao tema de abertura: o jejum. Os jejuns lamentosos serão transformados em festas de alegria, e não apenas para os judeus. Pessoas de muitas nações virão a Jerusalém para cultuar Javé.

Conclusão. A estrutura em forma de inclusão é empregada para demarcar Zacarias 1–8 como uma unidade. No início há o tema da desobediência dos pais e da punição em contraste com a necessidade de arrependimento da geração presente e da herança de bênçãos (Zc 1.4-6). No final, volta o mesmo tema (Zc 8.14-15). Fica também claro que Ageu e Zacarias 1–8 devem ser lidos juntos. Isso é indicado pelas datas sobrepostas[25] e semelhança de temas. Ambos os profetas ensinam enfaticamente que a reconstrução do templo é pré-requisito para receber as bênçãos de Deus; ambos destacam o papel importante que seria desempenhado por Zorobabel; ambos exaltam o ofício sacerdotal em seus exemplos de consultas a sacerdotes em questões difíceis.

Zacarias 9-14

> Então sairá o SENHOR e pelejará contra essas nações, como pelejou no dia da batalha [...] Naquele dia, estarão os seus pés sobre o monte das Oliveiras [...] então, virá o SENHOR meu Deus, e todos os santos com ele [...] O SENHOR será Rei sobre toda a terra [...] Todos os que restarem de todas as nações que vieram contra Jerusalém subirão de ano em ano para adorar o Rei, o SENHOR dos Exércitos, e para celebrar a Festa dos Tabernáculos. Zc 14.3, 4, 5, 9, 16

Estrutura. Os capítulos 9-14 dividem-se naturalmente em duas partes marcadas pelo título "um oráculo" (heb. *maśśā'*) em 9.1 e 12.1 (também Ml 1.1). Ao contrário de Zacarias 1-8, esses capítulos não apresentam uma estrutura organizada com cuidado.[26] Às vezes unidades curtas são vagamente ligadas umas às outras por palavras-chave ou em comum. Por exemplo, a primeira unidade, 9.1-8 pode ter atraído ou "fisgado" a segunda unidade, 9.9-10, por causa da palavra "rei" (9.5; 9.9). Uma palavra diferente na segunda unidade, "arco" (9.10), poderia ter provocado o acréscimo da terceira unidade, 9.11-13, onde essa palavra também ocorre (9. 13). De modo semelhante, "flecha" é comum a 9.11-13 (v. 13, traduzido como "seta" pela IBB; ARA omite a palavra) e 9.14-15 (v. 14); "vinho" encontra-se em 9.14-15 (v. 14) e 9.16-17 (v. 17). Um elemento estrutural importante no segundo conjunto de oráculos (cap. 12-14) é o emprego freqüente de "naquele dia" (o dia de Javé). O leitor não deve pensar, porém, que a organização dos capítulos 9-14 tenha ocorrido completamente ao acaso. Encontram-se repetições de temas (e.g., o pastor) e um movimento ascendente que culmina no capítulo final. A segunda parte de Zacarias (caps. 9-14) também não foi anexada com descuido à primeira (caps. 1-8). Há ligações, tais como a fórmula da aliança (8.8; 13.9), a proteção divina a Jerusalém (2.5, 8-10; 14.11) e o retorno dos exilados (8.7; 10.9-12). E, mais importante, o clímax da segunda parte de Zacarias é semelhante ao do primeiro: a inclusão dos gentios no culto de Javé em Jerusalém (8.20-22; 14.16-19).

Conteúdo. Veja no quadro das páginas 445-6 os segmentos com resumos de seu conteúdo.

Interpretação

A Literatura Apocalíptica. A literatura apocalíptica é caracterizada por certos aspectos distintos. As revelações divinas sobre o futuro, especialmente o final dos tempos, são dadas em forma de visões ou sonhos a um profeta. Às vezes, o recipiente vê acontecimentos celestiais ou é levado ao céu. Com freqüência, um anjo está presente como mediador ou intérprete. Figuras simbólicas são comuns, por exemplo: visões de animais e chifres. Muitas vezes, os símbolos são claros, mas às vezes, obscuros. Outros aspectos são: periodização da história, uma batalha final, o estabelecimento do reino de Deus, ressurreição dos mortos, um julgamento final e fenômenos paradisíacos sobrenaturais (e.g., dia eterno, água viva, árvore da vida). Em geral, a literatura apocalíptica surge para consolar o povo de Deus sob angústia e perseguição.[27] Somente um livro do Antigo Testamento é caracterizado como texto apocalíptico plenamente desenvolvido: Daniel (correspondente a Apocalipse no Novo Testamento; veja o capítulo 43). No entanto, elementos apocalípticos são encontrados em outros livros ou partes de livros, tais como Ezequiel 38–39; 47; Isaías 24–27; 56–66; Joel 3 e Zacarias.

Vários desses elementos estão presentes em Zacarias 1–8. O profeta recebe uma série de oito "visões noturnas" (1.7–6.15). O "anjo de Javé" explica as visões, agindo como mediador (1.13-17). As visões e os oráculos são orientados para o futuro (e.g., 6.11-13; 8.20-23). Encontram-se imagens simbólicas de cavalos, carros, um efa e um cordão de medida. A referência a Josué diante do anjo do Senhor com Satanás "à mão direita dele, para se lhe opor" (3.1) indica uma cena celestial (cf. Jó 1.6-12). Os judeus que haviam retornado estavam lutando contra a resistência da população local e contra as dificuldades econômicas. As visões e os oráculos de Zacarias vieram para encorajar os que estavam reconstruindo.

Embora não haja visões simbólicas e anjos em Zacarias 9–14, a segunda parte de Zacarias contém elementos apocalípticos. Por causa da severa opressão dos líderes ("pastores"), o consolo é aqui ainda mais dominante. A "ovelha" pode regozijar-se, sabendo que Javé enviará um rei que derrotará todos os inimigos e estabelecerá a paz (9.9-10). Aliás, Javé mesmo trará seu reino à terra depois de vencer a batalha final (14.1-11). Quando isso ocorrer, haverá sinais milagrosos: o monte das Oliveiras será partido em dois; o frio e a noite serão banidos, dando lugar ao dia eterno; e águas vivas fluirão de Jerusalém (14.4-8).

Escatologia Profética vs. Apocalíptica. A escatologia lida com "o fim". Os profetas pré-exílicos tinham uma escatologia, mas ela estava contida na história.

A Estrutura de Zacarias 9–14

Primeira Coletânea (caps. 9–11)

9.1-8	Julgamento contra a Síria, Fenícia e Filístia, com a Filístia tornando-se um clã em Judá; acaba-se a opressão para o povo de Deus.
9.9-10	O rei de Jerusalém está vindo sobre um jumento, trazendo uma era de paz com seu domínio universal.
9.11-13	Javé libertará seu povo e o usará como armas contra a Grécia.
9.14-15	Javé dará vitória a seu povo numa batalha sangrenta (v. 15; cf. 14.12).
9.16-17	A fertilidade da terra será restaurada.
10.1-2	Ordena-se que se busque em Javé a fertilidade; proibida a adivinhação.
10.3-12	Javé punirá os "pastores" (governantes) mas dará sucesso militar ao seu povo e o trará de volta do exílio.
11.1-3	Punição do Líbano (Fenícia), dos bosques e dos "pastores" (governantes)
11.4-14	O profeta é convocado para se tornar o pastor, ainda que o rebanho esteja destinado à destruição. Ele destrói três pastores, mas é desprezado. Ele quebra a Graça, sua vara, significando o fim da aliança com todos os povos (11.10). Ele recebe trinta moedas de prata por pagamento, as quais lança na tesouraria do templo (11.12-13). Por fim, quebra a União, sua segunda vara, significando o fim da união entre Judá e Israel (11.14; cf. Ez 37.15-28).
11.15-17	Ordena-se que o profeta tome os instrumentos de um pastor indigno, significando o tipo de líder que Javé permitirá chegar ao poder sobre seu povo.
11.17	Um oráculo de lamento contra o pastor indigno.

Segunda Coletânea (caps. 12–14)

12.1-9	O cerco de Jerusalém; Judá e Jerusalém vencerão; a casa (família) de Davi será como Deus; e Javé buscará a destruição das nações hostis.
12.10–13.1	A casa de Davi e Jerusalém (a) lamentarão por aquele a quem traspassaram; e (b) serão limpos do pecado e da impureza.
13.2-6	Os ídolos serão destruídos; a profecia cessará.
13.7-9	O pastor de Javé será ferido, resultando a dispersão das ovelhas; o pequeno remanescente do povo será refinado pelo fogo (cf. Is 6.13); a aliança será renovada (cf. Êx 6.7; Os 1.9; 2.23; Jr 31.33; Ez 11.20; 36.28).

> 14.1-21   O Dia de Javé: todas as nações se juntarão para batalhar contra Jerusalém (v. 2). Javé (a) lutará contra as nações (v. 3); (b) se postará sobre o monte das Oliveiras, partindo-o em dois (v. 4); (c) trará consigo todos os seus santos (v. 5). Haverá abundância de milagres: fim do frio; fim da noite; águas vivas fluirão de leste a oeste (v. 6-8; cf. Ez 47.1-12). Javé reinará (v. 9). Jerusalém será exaltada e segura (v. 10.11). Pragas descerão sobre os inimigos (v. 12; cf. v. 15). As riquezas das nações serão juntadas (v. 14). Todas as nações virão a Jerusalém para cultuar Javé e observar a Festa dos Tabernáculos (v. 16-19). Até os cavalos e as panelas serão santos para Javé em Jerusalém (v. 20-21).

Amós e Oséias, por exemplo, predisseram o fim de Israel; Jeremias predisse o fim de Judá. Mas o tempo e a história continuaram depois que tais eventos se cumpriram. Os textos apocalípticos, por sua vez, postulavam uma ruptura radical entre o tempo e a eternidade; entre este mundo e o outro. Eis, portanto, uma distinção-chave: enquanto a escatologia profética aguarda um fim dentro da história, a escatologia apocalíptica aguarda o fim da história.[28]

Os profetas mais antigos também aguardavam um libertador. Normalmente, esse era um descendente de Davi que derrotaria o pecado e reinaria com justiça (cf. Is 9.6-7; 11.1-5). De novo, tratava-se de uma figura de dentro da história, um ser humano, não sobrenatural. Com o passar do tempo, as pessoas perderam as esperanças de encontrar tal rei. Quando os reis e outros líderes não conseguiram vencer seus inimigos e continuaram opressores e corruptos, o povo passou a buscar livramento oriundo do céu, não da terra. A escatologia profética, portanto, espera que o reino de Deus surja de baixo, enquanto a escatologia apocalíptica prevê que ele venha de cima (e.g., Dn 7.13-18).

Aqui vemos uma diferença nítida entre as duas partes de Zacarias. Em Zacarias 1–8, bem como em Ageu, as expectativas ainda se fixam num descendente humano de Davi, Zorobabel. Mesmo que Ageu e Zacarias tivessem alguma intuição de que Zorobabel era apenas um tipo daquele que viria, suas palavras ainda alimentavam a esperança de que Zorobabel introduziria o reino de Deus. Em Zacarias 9–14 não é assim. Sem referentes históricos claros, é difícil datar esses capítulos. Entretanto, é provável que sejam de uma época posterior, porque os líderes humanos são na maioria vistos de maneira negativa.[29] Não falta a predição de um rei humano (Zc 9.9-10), mas a imagem do rei celestial é muito mais brilhante por causa de sua posição crescente (Zc 14). Ambos têm um *eschaton*, um tempo final, mas há mais continuidade com o que vinha antes em Ageu e Zacarias 1-8: culto no templo; um sumo sacerdote e um rei humano.[30] Por contraste, Zacarias 9-14 descreve o dia cataclísmico de Javé, o irromper do reino de Deus, vindo do céu, e mudanças revolucionárias com nuanças de paraíso. Assim, Zacarias 1-8, embora mais desenvolvido que Oséias, Amós ou Isaías, ainda constitui escatologia profética; Zacarias 9-14, por sua vez, está mais perto da escatologia apocalíptica.

Zacarias no Novo Testamento. Cerca de setenta e uma citações de Zacarias aparecem no Novo Testamento (31 dos caps. 1-8, 11 dos caps. 9-14). A maior parte encontra-se em Apocalipse (um total de 31; 20 dos caps. 1-8, 11 dos caps. 9-14). Outras vinte e sete são encontradas nos evangelhos (14 em Mateus, 7 em Marcos, 3 em Lucas e 3 em João), vinte e duas das quais dos capítulos 9-14. Muitas delas são encontradas no relato da última semana do ministério de Jesus.

As citações mais familiares são de Zacarias 9-14. Os cristãos encontram o cumprimento do advento do rei triunfante, ainda que humilde (Zc 9.9)[31] na entrada de Jesus em Jerusalém no Domingo de Ramos (Mt 21.5; Jo 12.14-15).[32] Quando Judas traiu o Senhor por trinta moedas de prata (Mt 26.14-16) e então lançou-as no templo (Mt 27.3-5), o autor do evangelho logo fez relação com Zacarias 11.12-13.[33] Os discípulos abandonaram Cristo e fugiram depois que ele foi preso (Mt 26.31, 56), para que se cumprisse o dito: "fere o pastor, e as ovelhas ficarão dispersas" (Zc 13.7). Após sua morte, um soldado feriu-lhe o lado (Jo 19.34-37), em harmonia com Zacarias 12.10, que afirma que os habitantes de Jerusalém lamentarão quando olharem para aquele a quem traspassaram. Essa passagem é mencionada de novo em Apocalipse 1.7: na segunda vinda do Messias, todos verão a quem traspassaram e chorarão. Jesus ascendeu ao céu no monte das Oliveiras (Lc 24.50; At 1.12) e voltará como partiu (Zc 14.4; At 1.11). Quando retornar, trará consigo todos os anjos (Zc 14.5; Mt 25.31). No novo mundo haverá dia contínuo e um rio milagroso (Ap 21.25; 22.1,5; Zc 14.7-8).

O Valor Atual. Ambas as partes de Zacarias abrem caminho para o evangelho ao incluir os gentios no plano divino de salvação. Como Ageu, Zacarias 1-8 interessa-se pelo culto correto, pela busca do reino de Deus em primeiro lugar e pela esperança messiânica. Ageu testemunha da soberania de Deus ao ver as nações estremecer; Zacarias, ao dar glória a Deus pela reconstrução do templo. Ainda que Zorobabel seja o instrumento, isso ocorrerá "não por força nem por poder, mas pelo meu Espírito, diz o SENHOR dos Exércitos" (Zc 4.6). Mais que Ageu, Zacarias conclama à obediência às leis de Deus e à compaixão pelos pobres.

Zacarias 9-14 fala de um rei humano (9.9-10) e de um rei divino (14.1-17). Também testemunha de uma figura cujo sofrimento resulta na redenção

(12.10–13.1; cf. 13.7 e o Servo Sofredor de Is 53). O povo dos tempos do Antigo Testamento recebeu essas peças de um quebra-cabeça, mas não sabia como montá-lo. Foi somente na encarnação que essas imagens díspares foram integradas numa pessoa. Como o filho de Davi, Jesus podia reclamar o trono humano. Como Deus em forma humana, Jesus cumpre as profecias do rei celestial que vem à terra (ainda que alguns eventos aguardem o segundo advento). Em sua primeira manifestação, ele sofreu pelos pecados do mundo, trazendo perdão. Quando retornar, trará seu reino à terra.

A seção final de Zacarias provê, assim, consolo e esperança para todos os que estão sofrendo sob "pastores" que oprimem. Ambas as vozes dessa obra-prima profética precisam ser ouvidas: a voz pragmática, que nos incentiva a nos comprometer com a construção de um mundo melhor, e a voz visionária, que nos incentiva a renunciar este mundo, a levantar a cabeça aguardando nossa redenção (Lc 21.28) e a esperar por uma cidade melhor que "tem fundamentos, da qual Deus é o arquiteto e edificador" (Hb 11.10).

> Zacarias 1–8 afirma a importância deste mundo. Assim como para Zorobabel foi importante construir o templo de Javé, precisamos construir hoje estruturas em que Deus possa agir. Podem ser edifícios mesmo, tais como igrejas e hospitais, ou estruturas sociais, tais como organizações missionárias e humanitárias. Zacarias 9–14 lembra-nos de que todas as coisas humanas passarão. Pior que isso, há um mal radical no mundo, mal este que precisa ser destruído. Por isso, não devemos ficar presos às figuras de guerra aqui presentes ou à representação de Deus como guerreiro. Um dia Deus usará do poder para substituir este mundo decaído por um perfeito.

CAPÍTULO 30

Malaquias

Malaquias é a melhor janela através da qual se podem examinar as necessidades espirituais e sociais do povo de Deus em Judá e em Jerusalém durante o início do século V a.C. É a última parte do Livro dos Doze dos hebreus e, em nossa Bíblia, o último livro do Antigo Testamento. A maioria dos estudiosos considera-o substancialmente uma unidade. Ele transmite a palavra de Deus primeiro aos judeus que vivem no período do segundo templo e, depois deles, a todos os fiéis de todos os tempos.

> Então, os que temiam ao SENHOR falavam uns aos outros; o SENHOR atentava e ouvia; havia um memorial escrito diante dele para os que temem ao SENHOR e para os que se lembram do seu nome. Ml 3.16

O Título

"Sentença pronunciada pelo SENHOR" (heb. *maśśā' d^eḇar yhwh*) é a frase com que Zacarias 9.1; 12.1 e Ml 1.1 começam. A semelhança na introdução dá a entender que as três passagens formavam originariamente um todo. É possível que tenham vindo de mãos diferentes e ligadas por algum editor pelo cabeçalho em comum.[1] Provavelmente, formavam três apêndices anônimos da coleção de escritos proféticos. Em algum momento, porém, dois deles foram ligados ao livro de Zacarias (Zc 9–11 e 12–14), enquanto o último ficou isolado, como uma obra distinta. Dois fatores principais podem responder pela reorganização. Primeiro, os dois blocos incorporados a Zacarias têm temas em comum entre si e com a profecia desse livro. Segundo, ao remover dois oráculos e deixar um, a coleção dos profetas menores foi reduzida de catorze para doze — um número significativo, talvez simbolizando as doze tribos de Israel.

A Composição

A Autoria. O último livro é agora chamado Livro de Malaquias. Pode ser que "Malaquias" (heb. *mal'ākî*, Ml 1.1), que significa "meu mensageiro", não seja um nome próprio. Em Malaquias 3.1, a mesma palavra é traduzida por "meu mensageiro". Ali, descreve o agente anônimo que será enviado para abrir o caminho para a futura vinda de Deus. Além disso, Malaquias 2.7 refere-se a um sacerdote como *mensageiro* de Javé. O Targum acrescenta uma frase a Malaquias 1.1 para que se leia: "pela mão de meu mensageiro, cujo nome é Esdras, o escriba".[2] Não há indícios sólidos para atribuir o livro a Esdras: "Se o nome de Esdras fosse de início associado ao livro, dificilmente teria sido cortado pelos coletores do cânon profético".[3] Essa leitura, entretanto, mostra que os judeus na antigüidade não eram unânimes em considerar *mal'ākî* um nome próprio. A LXX traz *angelou autou*, "seu mensageiro", indicação de que os judeus que traduziram a Bíblia para o grego também não entenderam *"malak"* como nome próprio (a mudança de "meu" para "seu" é, provavelmente, uma incorreção no grego). Alguns tentaram criar um nome próprio com o acréscimo de *-yā(h)*, portanto *mal'ākîyâ*, significando "meu mensageiro (ou anjo) é Javé" ou "mensageiro de Javé". Entretanto, o primeiro não faz sentido, e o último não pode ser confirmado.

É improvável, assim, que esse livro tenha sido escrito por um profeta chamado Malaquias. Mas essas observações não lançam nenhuma luz sobre quem o teria escrito. Sendo conveniente ter um nome para o livro e para o autor na discussão do conteúdo, muitos estudiosos modernos continuam empregando o nome "Malaquias" com esse propósito. Faremos aqui o mesmo.

A Data. Há amplo consenso acadêmico quanto à data de "Malaquias". Encontra-se a palavra *peḥâ* em Malaquias 1.8. Uma vez que era o termo empregado para designar o "governador" no período persa, indica um ambiente do pós-exílio. Além disso, a data deve ser posterior a 515 a.C., pois o templo tinha sido reconstruído. Podemos julgar que havia alguns anos, porque o culto tinha declinado em qualidade (Ml 1.7-14). Muitos estudiosos tentam estabelecer a data de modo mais específico, antes da chegada de Esdras em 458 a.C. Esses entendem Malaquias 2.11 ("Judá [...] se casou com adoradora de deus estranho") como uma polêmica contra judeus que se teriam divorciado de esposas judias para casar-se com estrangeiras. A oposição de Esdras a casamentos mistos é bem conhecida (Ed 9.1–10.15). Alega-se que se houve judeus casando-se com gentias, isso deve ter ocorrido antes de Esdras chegar para pôr fim a tal prática. Malaquias é, portanto, comumente datado da primeira metade do século V a.C.

Mas Malaquias 2.10-16 é um tanto obscuro. Não dá nenhuma indicação de que as esposas judias fossem divorciadas. É possível que Malaquias 2.11 seja um ataque contra deuses estrangeiros, não contra casamentos com mulheres estrangeiras.[4] Malaquias pode de fato estar criticando o programa de Esdras que promovia o divórcio de esposas estrangeiras (Ed 10.10-11, 19, 44). O primeiro versículo na seção afirma que há um Deus sobre todos (2.10).[5] Juntamente com passagens anteriores do livro (Ml 1.11, 14), isso indica uma abertura para os estrangeiros, uma expressão da soberania universal de Javé.[6] Ademais, Malaquias declara inequivocamente que Javé odeia o divórcio (2.16). Tais observações podem indicar sua convicção de que mesmo que um homem tenha se casado com um não-judia, ele deve ser fiel à esposa de sua juventude. Nesse caso, Malaquias pode ser contemporâneo de Esdras ou posterior a ele.[7]

As condições descritas implicam que o retorno do exílio não havia iniciado nada parecido com a era messiânica. O povo tinha perdido o ânimo, questionando o amor e a justiça de Deus (Ml 1.2; 2.17). Reinava o ceticismo (Ml 3.14-15); o desrespeito pelos mandamentos e a opressão dos menos privilegiados predominavam (3.5), e a religião organizada era desprezada (1.7-14; 3.7-12). Uma nova revelação de Deus era necessária para que o povo pudesse andar nos caminhos dele.

A Profecia

À parte do versículo introdutório e de dois apêndices no final, o esboço é caracterizado por um formato de perguntas e respostas às vezes chamado *estilo dialógico*. O livro pode ser analisado conforme se mostra no quadro da página seguinte.

O estilo dialético de Malaquias destaca a hostilidade do povo. As pessoas tinham a audácia de acusar a Deus; ele respondeu a suas reclamações corrigindo

Cabeçalho (1.1) Um oráculo de Javé por meio de meu mensageiro

Primeiro debate (1.2-5) Javé ama a Israel.
Javé: Eu vos tenho amado.
O povo: Em que nos tens amado?
Javé: Amei a Jacó (Israel), porém aborreci a Esaú (Edom).

Segundo debate (1.6–2.9) O Pai de Israel merece honra.
Javé: Por que vós, os sacerdotes, desprezais o meu nome?
Sacerdotes: Em que desprezamos o teu nome?
Javé: Ofereceis sacrifícios imundos.
Sacerdotes: Em que te havemos profanado?
Javé: Trazeis animais defeituosos, coxos ou enfermos.

Terceiro debate (2.10-16) Javé odeia o divórcio.
Profeta: Javé não aceitará tuas ofertas.
Povo: Por quê?
Profeta: Porque quebraste a aliança de matrimônio com a mulher da tua mocidade.

Quarto debate (2.17–3.5) Deus é justo. Parte 1.
Profeta: Enfadais a Javé.
Povo: Em quê?
Profeta: Questionando sua justiça, pensando que os que fazem o mal prosperarão. Deus punirá os perversos.

Quinto debate (3.6-12) Dar o dízimo é indício de arrependimento.
Profeta: Tornai-vos a Javé
Povo: Em quê?
Profeta: Roubais a Deus.
Povo: Em quê?
Profeta: Nos dízimos e nas ofertas.

Sexto debate (1.13–4.3 [TM 3.13-3.21]) Deus é justo. Parte 2.
Javé: Tendes falado contra mim.
Povo: Que temos falado contra ti?
Javé: Dizendo que é inútil servir a Deus. Eu punirei os perversos e recompensarei os fiéis.

Primeiro epílogo (4.4 [TM 3.22]) Guardai a lei de Moisés.
Segundo epílogo (4.5-6 [TM 3.23-24]) Elias virá antes do dia de Javé.

seus pensamentos falhos. Além disso, o juiz divino levou suas acusações contra elas. Elas questionavam o amor de Javé, provado na eleição de Israel (1.2-5). Não lhe davam o respeito devido a um pai ou a um senhor (1.6). Os sacerdotes negligenciavam a exigência (e.g., Lv 1.10) de que somente o melhor do rebanho fosse apresentado como oferta (Ml 1.7-14). O povo profanava a aliança dos pais divorciando-se das esposas da mocidade (2.14-16). Roubavam a Deus (3.8) deixando de pagar dízimos e ofertas. Tinham-se tornado arrogantes, crendo que os malfeitores que colocavam Deus em prova prosperariam e escapariam da punição (2.17-3.5, 14), enquanto os que temiam a Deus não gozariam benefício nenhum (3.14). Tanto os sacerdotes como o povo haviam-se desviado e precisavam da mensagem de Malaquias para serem chamados de volta ao arrependimento.

A Teologia

SENHOR dos Exércitos. O nome divino mais comum em Malaquias é Javé-Sabaote (*yahweh tsᵉḇā'ôṯ*), de difícil explicação, quanto à formação e ao significado. Em geral traduz-se por "Javé dos Exércitos", mas isso contraria a gramática hebraica.[8] Fazendo objeção à tradução comum, alguns alegam que "Javé-Sabaote" seria um nome composto.[9] Outros pensam que o nome é uma forma abreviada do original *yahweh ᵉlōhê tsᵉḇā'ôṯ*, "Javé, Deus das Hostes".[10] Entretanto, é mais provável que a forma abreviada, menos gramatical, tenha sido expandida, originando a forma mais longa que se adapta às regras. Nesse caso, pode ser entendida como uma frase elíptica, "Javé (o Deus) das Hostes", equivalente à expressão mais tarde expandida.[11]

Outra boa possibilidade é que tenha surgido no período patriarcal, quando Deus era conhecido pelo nome El. Segundo essa concepção, "*yhwh*" ainda manteria sua força verbal, significando "ele faz existir" ou "ele cria". A expressão completa teria sido *'ēl zū yahwê tsaba'ōṯ*, "El, o que cria as hostes". Uma vez introduzido o nome Javé, ele teria substituído El na expressão acima: *yahwê zū yahwê tsaba'ōṯ*, "Javé, aquele que cria as hostes". Por fim acabaria abreviado como *yahweh tsaba'ōṯ*.[12]

Além do problema de sua origem, existe a questão do significado da expressão.[13] Uma vez que ela é encontrada em associação com a arca e empregada (de maneira limitada) na batalha, alguns entendem que "SENHOR das hostes" significa "SENHOR dos exércitos (de Israel)", ou algo como "Deus guerreiro". Entretanto, essa idéia não leva em consideração a natureza sacra da guerra no antigo Israel, especialmente na conquista. Josué era o comandante da hoste terrena quando Israel entrou em Canaã, mas havia um comandante correspondente da hoste celestial (Js 5.14). Assim, *tsᵉḇā'ôṯ* deve referir-se às hostes celestiais do exército de Javé: anjos, querubins, serafins e os corpos celestes (sol, lua e estrelas).[14]

A Aliança. Malaquias menciona algumas alianças: a aliança com Levi (2.4, 5, 8); a aliança com os pais (2.10); e a aliança do casamento (2.14).[15] Para completar, prediz que o que vem para preparar a vinda do Senhor é "o mensageiro da aliança" (3.1).

O Amor Divino. Deus lembra seu povo de que ele amou a Jacó, mas odiou a Esaú (1.2-3). Isso não deve ser entendido de modo absoluto, mas relativo, i.e., Deus preferiu, ou escolheu, Jacó. Também Jacó e Esaú não devem ser

Suporte de ofertas de bronze, mostrando um adorador ou sacerdote trazendo uma dádiva a uma divindade assentada; Megido, século X a.C.
(Oriental Institute, Universidade de Chicago)

compreendidos exclusivamente como indivíduos, mas como nações: Israel e Edom. O amor de Deus, portanto, diz respeito principalmente à eleição e à aliança. Deus formou um relacionamento de aliança com os israelitas, de modo que eles fossem objetos especiais de seu amor. Entretanto, os gentios não estão excluídos por completo. O criador e pai de todos os povos (2.10) tem conhecimento de que há pessoas que o temem em toda nação (1.11, 14).

A Profecia Apocalíptica. Daniel é o único apocalipse no Antigo Testamento. Entretanto, há outros livros, tais como Malaquias, que têm elementos apocalípticos. Malaquias mostra um estágio a meio caminho no desenvolvimento entre a profecia clássica e a profecia apocalíptica.

(1) Análise sociológica. Quando os judeus retornaram da Babilônia para reconstruir o templo, seguiram os planos de restauração propostos por Ezequiel quanto aos oficiais do culto: os sacerdotes descendentes de Zadoque seriam os únicos a oferecer sacrifícios, enquanto os levitas, como clérigos, seriam relegados a posições subordinadas (Ez 44.9-31). Essa exclusividade — aqui expressa com respeito aos funcionários do templo — era evidente também em outras áreas. Os que estavam no poder não se dispunham a permitir que o povo local ajudasse na reconstrução, ainda que este desejasse ajudar, professasse culto ao mesmo Deus e fosse, em parte, descendente das tribos israelitas do norte (Ed 4.1-3).[16] Outra manifestação dessa atitude fechada pode ser vista na maneira que os estrangeiros, especialmente moabitas e amonitas, eram excluídos da comunidade (Ed 9.1-2; 10.2, 10-11, 19, 44; Ne 13.1, 23-31; cf. Dt 23.3-5). Esdras chegou a forçar os judeus a se divorciarem de esposas estrangeiras (Ed 10). Malaquias coloca-se do lado dos rejeitados. Ele denuncia os sacerdotes (Ml 2.1-3) enquanto defende a aliança firmada entre Deus e os levitas (Ml 2.4-6), predizendo que no futuro Deus de novo os restaurará a seu lugar de direito, junto ao altar (Ml 3.3). Malaquias também é surpreendentemente aberto aos estrangeiros, reconhecendo que Deus é pai de todos e que há pessoas que temem a Deus em todas as nações (Ml 1.11, 14; 2.10). Por fim, Malaquias condena completamente o divórcio (2.16).

As duas atitudes, de exclusão e de inclusão, são encontradas na comunidade judaica pós-exílica e representadas em vários livros da Bíblia. A atitude mais fechada é evidente em Esdras, Neemias e, parcialmente, em Ageu e Zacarias 1–8, enquanto a idéia mais aberta é encontrada em Malaquias, Isaías 56–66, Rute e Jonas. Conquanto as duas estejam em tensão, não são irreconciliáveis. Ambas são palavra de Deus, mas dirigida a dois grupos diferentes. Os que estão no poder precisam estar vigilantes para proteger a pureza do culto a Javé. O sincretismo — a mistura do javismo com práticas religiosas estrangeiras — foi o que os levou ao exílio. Era necessário ter cautela com os estrangeiros, para que os judeus fiéis não fossem de novo corrompidos por cultos pagãos. Os excluídos, os que viviam à margem da sociedade, os que não encontravam auxílio nas estruturas de poder, olhavam para Deus na esperança de um futuro melhor. Dessa esperança nasceu a profecia apocalíptica.[17] Deus revelou aos excluídos que ele era o Deus de todos — judeus ou gentios, sacerdotes ou levitas — e que um dia vingaria os que tivessem sido excluídos injustamente.

(2) O dia de Javé. Esse é o dia de vingança esperado ansiosamente, em especial pelos oprimidos. Essa noção torna-se muito importante na escatologia apocalíptica. Ela também figura na escatologia profética, em Amós, Joel e Sofonias, bem como em Malaquias. Javé virá em seu dia para consertar todos os erros, punindo os maus e premiando os justos. "De repente, virá ao seu templo o Senhor" (Ml 3.1). "Mas quem poderá suportar o dia da sua vinda?" (Ml 3.2). Como o fogo do ourives, ele refinará e purificará os levitas (Ml 3.2-3) e julgará os feiticeiros, os adúlteros, os que julgaram falsamente e os que oprimem os pobres — em suma, todos os que não temem a Deus (Ml 3.5).

Mas o dia não é de todo escuridão e fogo. Só Malaquias nos informa que o Senhor possui um "memorial escrito" em que estão registrados os nomes dos que temem a Javé. "Eles serão para mim particular tesouro naquele dia que prepararei, diz o SENHOR dos Exércitos" (Ml 3.17). Haverá distinção "entre o justo e o perverso, entre o que serve a Deus e o que não o serve" (Ml 3.18). O dia virá ardendo como um forno. "Mas para vós outros que temeis o meu nome nascerá o sol da justiça, trazendo salvação nas suas asas" (4.2 [TM 3.20]).

O Precursor. Exclusiva de Malaquias é a doutrina a respeito de Elias, o profeta (Ml 4.5 [TM 3.23]). Isaías havia falado da "voz" que clama: "Preparai o caminho do SENHOR" (Is 40.3). A vaga idéia de que alguém precederá o rei messiânico e preparará sua vinda desenvolve-se até chegar à doutrina plena no período intertestamentário. Ela se encontra em Qumran e no Novo Testamento. Malaquias identifica esse precursor como mensageiro de Javé (Ml 3.1) e, depois, mais especificamente como "Elias" (Ml 4.5 [TM 3.23]), uma idéia levada adiante no judaísmo.[18] No Novo Testamento, João Batista é reconhecido como aquele que cumpre as profecias de Isaías e Malaquias, servindo como precursor e mensageiro (Mt 11.7-15; Mc 1.2-8; Lc 7.24-30); Jesus chega a empregar o nome Elias em referência a João (Mt 11.14).[19]

A Mensagem para Hoje. Assim como escolheu a Jacó (Ml 1.2-3), Deus escolhe pessoas hoje. Os que estão dentro da aliança devem evitar o pecado do orgulho (Rm 11.18-21), lembrando que não escolheram; antes, foram escolhidos (Jo 15.16). Além disso, Malaquias era bondoso para com os não-israelitas, mas duro com os sacerdotes (1.6-14). Devemos lembrar que Deus é pai de todos (2.10) e "àquele a quem muito foi dado, muito lhe será exigido" (Lc 12.48), significando que mais se espera dos que recebem maior revelação. Assim, os eleitos de Deus devem responder a ele com humilde gratidão e culto obediente. E devem mostrar bondade e humildade para com os de fora (Ml 3.5).

Ainda que não cultuemos a Deus com sacrifícios animais, Malaquias ensina-nos a importância de oferecer o melhor do que temos a Deus (1.6-14). Também destaca o dízimo (3.8-12), hoje superestimado em alguns púlpitos e negligenciado em outros. Uma ênfase desequilibrada nessa passagem pode levar ao legalismo. Principalmente por causa da bênção prometida, alguns fazem mau uso de Malaquias, incentivando a noção de que podemos negociar com Deus. Por outro lado, é um erro negligenciar a instrução sobre a doação regular e sacrificial, coisa que o Novo Testamento também defende (Lc 6.38; 1Co 16.2; 2Co 9.7).

Dois outros temas de Malaquias encontram confirmação no Novo Testamento. Um é a fidelidade à aliança do matrimônio (Ml 2.14-16; Mt 19.1-12; Mc 10.2-12). O outro é o interesse de Deus pelos que se encontram às margens da sociedade: os diaristas, as viúvas, os órfãos e os estrangeiros residentes (Ml 3.5; Mt 25.31-46; Tg 1.27).

Conclusão. No cânon hebraico, os Escritos seguem-se a Malaquias.[20] Contudo, Malaquias fecha nosso Antigo Testamento, numa ordem adequada, já que as profecias acerca do mensageiro precursor e da subseqüente vinda do Senhor apresentam elos com Mateus, anunciando a vinda de João Batista e de Jesus.

> A mensagem de Malaquias anuncia claramente: "Incompleto". A reconstrução do templo no período pós-exílico não inaugurou o reino de Deus. Mas Malaquias elevou as expectativas judaicas, engendrando um temor de julgamento e uma esperança de salvação.

Os cristãos crêem que o cumprimento dessas expectativas vem em pelo menos dois estágios: o primeiro advento de Cristo, providenciando salvação para todos os que crêem nele; e o segundo advento, trazendo o julgamento final e a salvação completa. Malaquias, como os outros profetas, não faz essa distinção. Antes, ele vê o próximo e o distante de uma só vez. Um esclarecimento maior do plano de Deus tinha de aguardar a nova revelação de Deus em Cristo, conforme anunciada e interpretada nos escritos do Novo Testamento.

PARTE TRÊS

OS ESCRITOS

CAPÍTULO 31

Introdução aos Escritos

Nome

A terceira seção do cânon judaico são os Escritos (heb. *kᵉṯûḇîm*). Os pais da igreja cunharam o termo grego *hagiographa* "escritos sagrados" para descrever essa parte do Antigo Testamento.

    Embora não se possa confirmar uma data para a forma final dos Escritos anterior a c. 100 d.C., há amplos indícios de uma terceira seção do cânon (além da Lei e dos Profetas) ainda em 180 a.C., quando o neto de Ben Siraque anotou no prólogo de Eclesiástico que seu distinto avô "dedicou-se especialmente à leitura da Lei e dos Profetas e dos outros livros de nossos ancestrais". As palavras de Jesus destacam tal cânon tripartido: "... importava se cumprisse tudo o que de mim está escrito na Lei de Moisés, nos Profetas e nos salmos" (Lc 24.44). É mais provável que "salmos", aqui, esteja em lugar de todos os Escritos, já que esse livro era a obra litúrgica mais significativa, podendo ter sido inserida primeiro na coleção.

    A incerteza sobre o conteúdo exato dos Escritos no período pré-cristão não deve insinuar que o cânon estivesse num estado completamente amorfo. O fato de Ben Siraque e a Sabedoria de Salomão não estarem incluídos deve mostrar que limites razoavelmente claros haviam sido traçados até pelo menos 50 a.C. Além disso, debates acirrados entre os rabinos sobre a canonicidade de Ester, de Cântico dos Cânticos de Salomão e de Eclesiastes[1] indicam que esses livros tinham sido bem aceitos pelo menos por um forte setor do judaísmo. É duvidoso que as escrituras conhecidas por Jesus e pelos apóstolos apresentassem alguma variação de conteúdo em relação à Bíblia hebraica atual.

OS ESCRITOS

A Ordem

A ordem hoje seguida na Bíblia hebraica talvez não seja anterior ao século XII d.C.: Salmos, Jó, Provérbios, Rute, Cântico dos Cânticos de Salomão, Eclesiastes, Lamentações, Ester, Daniel, Esdras, Neemias, 1—2Crônicas.² Tradições judaicas mais antigas variam na localização de Crônicas — às vezes no início, às vezes no final da coletânea — e na ordem de Jó e Provérbios.³ Os cinco rolos (heb. *m^egillôṯ*) utilizados nas festas e nos jejuns apareceram juntos por volta do século VI d.C. Entretanto, a ordem atual, que forma um paralelo aproximado com os eventos litúrgicos assinalados, não tomou forma antes do século XII: Cântico dos Cânticos de Salomão (oitavo dia da Páscoa), Rute (segundo dia das Semanas ou Pentecostes), Lamentações (nono dia de abe, de luto pela destruição do templo de Salomão), Eclesiastes (terceiro dia dos Tabernáculos), Ester (Purim).

Data e Propósito

Deve-se distinguir a data da coletânea (300 a.C. – 100 d.C.) da data de cada livro. Como coleção, os Escritos foram precedidos pelo Pentateuco e pelos Profetas, embora partes de Salmos e de Provérbios sem dúvida tenham sido compostas séculos antes de as seções precedentes atingirem sua forma final.

Por conseguinte, outros fatores junto com o processo histórico de coleção fizeram com que esses livros fossem agrupados como os Escritos, embora alguns (Esdras, Neemias, Crônicas, Ester, Cântico dos Cânticos de Salomão e Eclesiastes) tenham sido sem dúvida compostos, pelo menos em sua presente forma, após a época de Malaquias, o último profeta escritor. O caráter singular dos livros está muito relacionado com sua inclusão, bem como sua data de composição ou coleção.⁴

Os livros que formam os Escritos são variados como o arco-íris. Dividem-se em quatro grupos: literatura de sabedoria, os cinco rolos, Daniel e o complexo de Esdras—Neemias e Crônicas. A coletânea dos rolos reflete seu uso no culto público. O centro da literatura de sabedoria, Jó e Provérbios, foi deixado junto. O livro de Salmos que os precede é preservado numa edição sábia, conforme atesta o salmo 1 introdutório, de modo que é adequada a sua posição ao lado do bloco central da literatura de sabedoria. Eclesiastes, um membro literário do grupo de sabedoria, foi movido para o grupo dos rolos. Cântico dos Cânticos de Salomão também antes pertencia ao grupo da sabedoria. Sem dúvida, deve sua canonicidade ao fato de ter sido incluído sob o guarda-chuva do ensino de sabedoria, como expressão da sexualidade sadia. Tematicamente, Rute corresponde a Crônicas, em sua celebração indireta de Davi, que se estabeleceu como a glória do passado e como símbolo da promessa escatológica. Um panorama da história, que deu autocompreensão ao povo de Deus, é fornecido por Crônicas, Esdras—Neemias, Daniel e Ester. Estes dois últimos livros abordam de diferentes perspectivas os interesses da comunidade que vivia em diáspora, enquanto Esdras—Neemias e Crônicas celebram o retorno do exílio e o restabelecimento de Israel em torno do templo de Jerusalém. O livro de Daniel também anuncia a sobrevivência do povo de Deus e seu culto singular, no templo, após a ameaça contra ambos no século II a.C., e dá testemunho da esperança escatológica de Israel. Crônicas fica em último lugar: (1) estabelece uma estrutura para o Antigo Testamento, pelo fato de refletir Adão e os patriarcas em 1Cr 1.1–2.2; (2) apresenta ideais perenes que o povo de Deus podia vivenciar em seu progresso; e (3) termina com uma nítida nota de esperança no decreto de Ciro que possibilitava o retorno a Jerusalém — "que suba".

Embora os Escritos não contenham mandamentos específicos de Deus ou oráculos ditados como os Profetas, são essenciais para a edificação do povo de Deus: fornecem padrões indispensáveis para oração e louvor; fazem compreender o trabalho de Deus na história; alertam o leitor para as lições que devem ser extraídas da criação e do ambiente social humano; refletem reações ansiosas e iradas do povo fiel diante do mistério dos caminhos de Deus; e servem como modelo de coragem e devoção que o povo de Deus deve manter apesar da fragilidade humana e da oposição hostil.

Os Escritos analisam de diferentes ângulos o rico e gratificante tema da vida humana em relação a Deus. A vida é celebrada na sexualidade de Cântico dos Cânticos de Salomão, na gratidão exuberante dos hinos e cânticos de ação de graças de Salmos e nos prazeres terrenos defendidos em trechos de Eclesiastes. A vida sob ameaça é retratada de uma perspectiva nacional em Lamentações, Ester, Daniel e nas queixas comunitárias de Salmos; de uma perspectiva individual, em Jó, Rute e nas queixas pessoais em Salmos. Lições sobre como viver uma vida plena e boa são ensinadas em Provérbios e Eclesiastes. A vida em comunidade é apresentada em Esdras—Neemias e Crônicas.

> Salmos, a literatura de sabedoria, a história do cronista, os cânticos de amor e lamentação, as visões de consolo — tudo isso dá expressão dinâmica às profundezas da fé que Deus espera de seu povo. O impacto da lei, da profecia e da história sobre gerações sucessivas teria sido menos forte se Deus não tivesse também inspirado e preservado as emoções, as instruções, até as frustrações representadas nos Escritos.

Eles são um componente essencial de "toda a Escritura [...] inspirada por Deus e útil para o ensino, para a repreensão, para a correção, para a educação na justiça" (2 Tm 3.16).

CAPÍTULO 32

Salmos

Quando abraçamos Salmos, juntamo-nos a um amplo grupo de pessoas que por quase trinta séculos tem baseado seus louvores e orações nessas palavras antigas. Reis e camponeses, profetas e sacerdotes, apóstolos e mártires, monges e reformadores, executivos e donas de casa, professores e cantores populares — para todos esses e para uma multidão de outros, Salmos tem sido vida e respiração espiritual.

> Bem-aventurado aquele que tem o Deus de Jacó por seu auxílio,
> cuja esperança está no SENHOR, seu Deus,
> que fez os céus e a terra, o mar
> e tudo o que neles há
> e mantém para sempre a sua fidelidade.
> Que faz justiça aos oprimidos
> e dá pão aos que têm fome.
> O SENHOR liberta os encarcerados.
> O SENHOR abre os olhos aos cegos,
> O SENHOR levanta os abatidos,
> o SENHOR ama os justos.
> O SENHOR guarda o peregrino,
> ampara o órfão e a viúva,
> porém transtorna o caminho dos ímpios.
> O SENHOR reina para sempre;
> o teu Deus, ó Sião, reina de geração em geração.
> Aleluia! Sl 146.5-10

O Nome

O título *Salmos* reflete o nome do livro na LXX (*Psalmoi*). O título grego alternativo, *Psalterion*, é empregado — na forma aportuguesada, Saltério — com freqüência. Ambos os termos entraram em nossas Bíblias pela Vulgata Latina, que transliterou o grego. As palavras gregas, derivadas de *psallō*, "dedilhar", eram primeiro empregadas para indicar a execução de instrumentos de corda ou o próprio instrumento. Mais tarde, passaram a ser empregadas para descrever um cântico *(psalmos)* ou coleção de cânticos *(psaltērion)*. Lucas empregou o título grego completo *Livro de Salmos* (Lc 20.42; At. 1.20).

Apesar de a palavra hebraica mais próxima a "salmo" ser *mizmôr*, "cântico entoado com acompanhamento musical", o título hebraico mesmo é *t^ehillîm*, "louvores" ou "cânticos de louvor". A forma singular *(t^ehillâ)* é empregada no título do salmo 145, no sentido de um hino, e ocorre mais de vinte vezes em vários salmos (e.g., 9.14; 22.25; 33.1; 34.1).[1]

Na Bíblia hebraica, Salmos coloca-se no início dos Escritos.[2] O costume rabínico colocava-o antes de Provérbios e o restante da literatura sapiencial, pressupondo que a coleção de Davi deveria preceder a de seu filho, Salomão. A LXX põe Salmos no início dos livros poéticos. A ordem latina e a nossa, em que Jó precede Salmos, deve-se, provavelmente, à suposta antigüidade de Jó.

A Estrutura do Saltério Canônico

O Saltério em sua forma final está dividido em cinco livros: salmos 1–41; 42–72; 73–89; 90–106; 107–150. É provável que a divisão siga o padrão do Pentateuco. Aliás, o número dos salmos (150) segue de perto o número de seções em que o Pentateuco é dividido para leitura na sinagoga (153). A prática corrente nas sinagogas no período pós-bíblico pode ter exigido o uso de um salmo para cada leitura do Pentateuco.[3] Cada um dos livros termina com uma doxologia: 41.13; 72.18s.; 89.52; 106.48; e 150, que também serve como doxologia final da coleção toda. O propósito das doxologias é dar louvor pelo que foi revelado acerca de Deus em cada livro. Essa ênfase no louvor concorda com o título hebraico para o livro todo: "louvores". Também se harmoniza com uma mudança de queixa na primeira metade do Saltério para o louvor na segunda metade. Ainda que alguns salmos se concentrem nos interesses humanos em relação a Deus, o propósito do livro como um todo concentra-se em Deus.

A LXX contém um salmo 151, expressamente relacionado com o combate entre Davi e Golias, mas descreve o poema como "fora do número [o tradicional 150]".[4] Embora o grego e o hebraico contenham 150 salmos na coleção recebida, a numeração em si difere: a LXX junta os salmos 9 e 10 e divide o 147 em 146 e 147. Assim, na LXX a numeração de todos os salmos de 10 a 147 é um número menor em relação à correspondente massorética.

Coleções

Por trás das divisões editoriais esconde-se um processo de desenvolvimento histórico implicado na combinação de diferentes coleções de salmos. Duas são atribuídas a Davi (Sl 3–41; 51–71). As outras são atribuídas aos coros levíticos dos filhos de Corá (Sl 42–49; 84–85; 87–88) e Asafe (Sl 50; 73–83), presumindo-se que representem seus repertórios. Os Cânticos de Romagem (Sl 120–134) eram provavelmente uma coleção de cânticos de peregrinação entoados enquanto se atravessava Jerusalém rumo ao templo. Os salmos 146–150 são coleções que empregam a rubrica "Aleluia".

Modalidades Literárias

O Saltério contém uma variedade de estilos literários que indica diferentes funções no culto público e particular de Israel. Comparações dessas formas possibilitam uma compreensão melhor tanto de seu significado como de seu uso.

A tarefa de compreender um salmo começa com certas perguntas: (1) Que está acontecendo no salmo: queixa, louvor, ação de graças, instrução? (2) Quem está falando: um indivíduo ou a comunidade? Se um indivíduo, trata-se do porta-voz de um grupo, tal como um rei, sacerdote ou profeta, ou de um indivíduo reclamando do sofrimento ou dando graças por um livramento? São empregados pronomes no plural e no singular, como se um indivíduo e a congregação estivessem envolvidos? (3) O rei é mencionado? Palavras como "ungido", "filho" ou "escudo" denotam sua relação com Deus e Israel?

Foi somente no século presente que se aprendeu a importância de tais perguntas. Até as primeiras décadas deste século, a abordagem acadêmica padrão de Salmos e de outros livros era a crítica histórica, que "procurava compreender os livros da Bíblia por uma análise crítica de sua composição, autoria, data, procedência, propósito e fontes".⁵ Quanto a Salmos, esse método mostrou-se altamente inadequado devido à falta de dados específicos que confirmassem datas e contextos históricos dos vários poemas. Mesmo quando os títulos deles fornecem um possível contexto (e.g., 7; 18; 30; 34; 51–52; 54; 56–57; 59–60; 63), não há certeza nem da credibilidade da tradição que teria produzido os títulos nem do uso do salmo no culto de Israel. Invasões e batalhas são mencionadas, mas nada se diz de específico. Inimigos se multiplicam, mas são quase sempre anônimos. Um estudo comparativo dos grandes comentários do século XIX indica que não existe grande consenso quanto a contexto, data ou uso dos vários salmos.

Era preciso uma nova abordagem, e, mais que todos, Hermann Gunkel (1862-1932) a providenciou. Essa abordagem, chamada crítica da forma (*Formgeschichte*, em alemão), baseia-se em três premissas principais: (1) Uma vez que a Bíblia contém literatura religiosa que, por natureza, tende a resistir a

Davi tocando harpa. Fragmento de um mosaico do século VI d.C., encontrado em Gaza. (*Departamento de Antigüidades de Israel*)

mudanças e a manter padrões estabelecidos, o material literário pode ser categorizado (*Gattungen*, "categorias", em alemão) de acordo com semelhanças nas formas. (2) A semelhança de forma deve significar semelhança de uso; provavelmente, portanto, formas semelhantes eram empregadas no contexto (*Sitz im Leben*, em alemão) da vida religiosa. (3) Uma vez que há semelhanças em formas de culto e liturgia entre Israel e seus vizinhos, textos religiosos de outras culturas do Oriente Próximo podem ajudar na compreensão do emprego e significado das formas literárias de Israel. Em outras palavras, a comparação literária e a comparação religiosa podem ser úteis na compreensão do Antigo Testamento.[6]

Com Gunkel, a ênfase no estudo de Salmos passou de uma tentativa de determinar o ambiente histórico da composição de um salmo para um esforço de determinar seu uso no culto público ou na devoção particular. A concentração na autoria deu lugar à investigação do ambiente religioso em que o salmo pode ter surgido e de sua transmissão oral no culto vivo.[7]

A análise das categorias literárias elaborada por Gunkel continua sendo a linha mestra das abordagens contemporâneas de Salmos, ainda que hoje se dê maior ênfase à individualidade deles. A seguinte lista representa o esboço de Gunkel, modificado por pesquisas posteriores:[8]

Hinos. Os hinos ou salmos com o louvor ressoam de entusiasmo dos adoradores que sentem estar face a face com Deus. Em geral, os hinos contêm três elementos:

(1) Chamado ao culto, em que um líder insta a congregação a louvar o Senhor:

> Rendei graças ao Senhor,
> invocai o seu nome... (105.1)

Com freqüência os adoradores são chamados pelo nome:

> ... vós, descendentes de Abraão,
> seu servo, vós, filhos de Jacó, seus escolhidos. (v. 6)

As exortações empregam o plural, indicando que toda a congregação ou um grupo substancial dela está implicado.

(2) Uma descrição dos atos ou dos atributos de Deus, em geral formando o corpo do hino, dando a motivação para o louvor:

Ele é o SENHOR, nosso Deus;
os seus juízos permeiam toda a terra. (v. 7)

E conduziu com alegria o seu povo
e, com jubiloso canto, os seus escolhidos. (v. 43)[9]

(3) Uma conclusão, convidando para louvor renovado ou obediência:

Aleluia! (v. 45c)

Os salmos que contêm, de um modo ou de outro, a maior parte desses elementos são 8; 19; 29; 33; 104-105; 111; 113–114; 117; 135–136; 145–150.

As situações da vida em que os hinos eram empregados e nas quais se desenvolveram devem ter sido numerosos: vitória após batalha, ação de graças pela colheita, alívio de seca ou de praga, comemoração do Êxodo e as festas sazonais.

Foi identificada uma série de subcategorias que parecem girar em torno de eventos especiais:

(1) Cânticos de vitória (e.g., Sl 68) foram moldados de acordo com o hino arrebatador entoado por Miriã:

Cantai ao SENHOR, porque gloriosamente triunfou
e precipitou no mar o cavalo e o seu cavaleiro. (Êx 15.21)

(2) Hinos de romagem descrevem os anseios e expectativas de peregrinos e adoradores à medida que se aproximam do templo. Alguns refletem os ardores da jornada, bem como o antegozo da bênção (Sl 84; 122). Outros preservam uma "liturgia de entrada", parte de uma cerimônia pela qual os peregrinos passavam por um teste de lealdade a Deus antes de serem admitidos no átrio do templo (15; 24). Cânticos como os salmos 132; 68.24-27 captam as procissões de adoradores em movimento, talvez acompanhados pela arca da aliança, não diferente de 1Samuel 6.1-11, em que Davi levou a Jerusalém pela primeira vez a arca. Descrições dos muros e prédios gloriosos da cidade santa são freqüentes (e.g., Sl 87).

(3) Cânticos de Sião (Sl 46; 48; 76) louvam o Senhor por sua presença majestosa em Sião:

Em Salém, está o seu tabernáculo,
e, em Sião, a sua morada. (76.2)

(4) Cânticos de entronização (47; 93; 96–99) celebram o reinado de Deus como Senhor das nações. Dois componentes são característicos: uma exortação no plural, chamando retoricamente as nações e a criação para o louvor a Javé, e os motivos do louvor, como, por exemplo, atos redentores de Deus para Israel (99.6s.), poder (97.4); glória (96.6); justiça (99.4) e vitória (47.3). Alguns desses cânticos têm foco escatológico, celebrando a vinda final de Deus para acertar todas as coisas (e.g., 96.13; 98.9).

Sigmund Mowinckel centrou a atenção nesses salmos que reconstroem uma festa de entronização de Javé. Essa suposta festa estava associada com as atividades de colheita de outono e ano novo, em geral chamadas festa das Tendas ou dos Tabernáculos (Lv 23.33-36). Criado presumivelmente no início da monarquia, a festa encenava a entronização de Javé como rei de toda a criação e revivia suas vitórias sobre o caos na primeira criação e sua conquista do faraó e de outros no Êxodo. Também reconsagrava o templo, comemorando a soberania de Davi sobre Israel e seu estabelecimento em Jerusalém. Essa festa era tão importante para a vida religiosa de Israel que Mowinckel ligou a ela muitos salmos que não eram estritamente de entronização (e.g., 68; 81; 95; 132).[10]

Uma importante ressalva à reconstrução de Mowinckel vem de H. -J. Kraus, que questionou sua interpretação pela (1) gramática: Kraus contradiz a tradução de *yhwh mālak* por "Javé tornou-se rei", um pilar da estrutura de Mowinckel, mostrando que faz referência a um estado, não um ato; assim, "Javé é rei";[11] pelo (2) culto: como Deus poderia ser elevado ao trono se não havia imagem ou representação como nos cultos babilônios ou cananeus, em que Mowinckel baseou seu padrão?; pela (3) teologia: a concepção israelita de "Deus vivo" não poderia comportar nenhum ritmo místico em que Javé morre anualmente ou fica enfraquecido durante a seca de verão, como os deuses pagãos da fertilidade; pela (4) exegese: Kraus cita "a maneira que a majestade imutável e eterna de Javé é exaltada" em Salmos 93.2, não está "sujeita a variações".[12]

Tanto Mowinckel como Kraus observam que os salmos de entronização têm dimensões históricas (lembrando o livramento divino passado) e escatológicas (antevendo a futura vitória divina). Kraus destaca o caráter histórico e escatológico deles, enquanto o interesse principal de Mowinckel reside em sua utilização no culto para expressar a realidade presente da exaltação de Deus como rei.[13]

As Queixas do Povo.[14] Salmos como 12; 44; 60; 74; 79–80; 83; 85; 90 e 126 são orações feitas pela congregação em tempos de emergência nacional, como pragas, secas, invasões ou derrotas (44; 60; 74; 79–80; cf. Lm 5). Entre os componentes literários da queixa comum estão:

(1) Invocação a Deus e clamor preliminar por ajuda:

Por que nos rejeitas, ó Deus, para sempre? (74.1)

(2) Referência à obra de salvação passada de Deus:

Lembra-te da tua congregação, que adquiriste desde a antiguidade,
   que remiste para ser a tribo da tua herança. (74.2)

(3) Descrição do sofrimento do povo, em geral com termos altamente figurativos. Isso em geral centra-se nas três partes implicadas — (a) os inimigos, (b) o próprio povo e (c) Javé:

(a) Os teus adversários bramam no lugar das assembléias (v. 4)
(b) Já não vemos os nossos símbolos;
   já não há profeta;
   nem, entre nós, quem saiba até quando. (v. 9)
(c) Por que retrais a mão,
   sim, a tua destra, e a conservas no teu seio? (v. 11)

(4) Afirmação de confiança, com freqüência baseada em atos passados de Deus:

Ora, Deus, meu Rei, é desde a antiguidade;
   ele é quem opera feitos salvadores no meio da terra. (v. 12)

(5) Série de petições de resgate:

Não entregues à rapina a vida de tua rola,
   nem te esqueças perpetuamente da vida dos teus aflitos. (v. 19)

Não te esqueças da gritaria dos teus inimigos,
   do sempre crescente tumulto dos teus adversários. (v. 23)

(6) Desejo duplo em relação ao povo e seus inimigos:

Chegue à tua presença o gemido do cativo [...]
Retribui, Senhor, aos nossos vizinhos, sete vezes tanto,
   o opróbrio com que te vituperaram. (79.11-12)

(7) Voto de louvor em que os sofredores prometem comemorar seu resgate com louvores públicos:

Quanto a nós, teu povo e ovelhas do teu pasto,
para sempre te daremos graças;
de geração em geração proclamaremos os teus louvores. (79.13;
cf. 74.21)[15]

O uso dessas queixas é claro. A oração dedicatória de Salomão incluía descrições detalhadas dessas ocasiões em que o povo de Deus se juntava no templo e orava por livramento (1Rs 8.33-40). De modo mais dramático, o profeta Joel convocou o povo a jejuar e a congregar-se com os sacerdotes para implorar a Deus que poupasse seu povo dos terríveis gafanhotos (2.15-17).

A queixa em Joel é seguida por um oráculo de salvação, a promessa de livramento pronunciada nas próprias palavras de Javé (v. 19-29). Parece que tais discursos, pronunciados pelo sacerdote ou pelo profeta do templo, eram acompanhados das queixas ou interrompidos por elas, garantindo ao povo que suas orações tinham sido respondidas (cf. 2Cr 20.13-17).

Uns poucos salmos podem ser orações do povo, ainda que na primeira pessoa do singular. Na queixa real do salmo 89, o rei serviu como porta-voz da comunidade.[16] Mesmo nos salmos em que predomina a primeira pessoa do plural, há interpolações ocasionais da primeira pessoa do singular, quando intervém o porta-voz (44.6, 15; 74.12; 83.13).

As Queixas de Indivíduos. Mais salmos enquadram-se nessa categoria que em qualquer outra.[17] Os componentes das queixas de indivíduos são praticamente idênticos aos da forma comunitária, embora a menção da salvação divina no passado da nação e o duplo desejo não sejam elementos constantes.

(1) Invocação a Deus e apelo por socorro:

Deus meu, Deus meu, por que me desamparaste? (22.1)

(2) Descrição altamente poética e estilizada da crise, muitas vezes em referência a: (a) os inimigos do salmista, (b) o salmista e (c) Deus:

(a) Muitos touros me cercam,
    fortes touros de Basã me rodeiam. (v. 12)
(b) Derramei-me como água,
    e todos os meus ossos se desconjuntaram; (v. 14)
(c) assim, me deitas no pó da morte. (v. 15c)

(3) Afirmação de confiança:

Nossos pais confiaram em ti;
confiaram, e os livraste. (v. 4)

(4) Uma série de petições, às vezes expressas como desejo, com maior freqüência no imperativo:

Tu, porém, SENHOR, não te afastes de mim;
força minha, apressa-te em socorrer-me.
Livra a minha alma da espada,
e, das presas do cão, a minha vida. (v. 19s.)

(5) Argumento complementar, como, por exemplo, um apelo ao cuidado especial de Deus, uma descrição do regozijo dos inimigos de Deus, uma oração de confissão (51.3-5) ou um protesto de inocência (26.3-8).[18]

Contudo, tu és quem me fez nascer;
e me preservaste, estando eu ainda ao seio de minha mãe. (22.9)

(6) Voto de louvor, prometendo testemunho público e oferta de gratidão (Lv 7.11-18):

A meus irmãos declararei o teu nome;
cantar-te-ei louvores no meio da congregação; (22.22; cf. v. 25s.)

(7) Certeza de ter sido ouvido, em que o sofredor expressa de antemão sua confiança na resposta de Deus:

... os justos me rodearão,
quando me fizeres esse bem. (142.7)

Dois tipos de circunstâncias parecem ter dado ocasião para orações de queixa individual: (1) perseguição social, muitas vezes manifestada em acusações injustas de má conduta (e.g., 3; 5; 7; 17; 25; 27; 56; 69) e (2) doença (e.g., 38; 39; 62; 88). Às vezes ambos os elementos estão combinados na mesma oração (e.g., 6; 31; 88). Quer a perseguição tivesse deixado o sofredor doente, quer a doença tivesse provocado acusações de pecado, o sofredor é torturado pela dor e abandonado pelos amigos.

Cânticos Pessoais de Ação de Graças. Esses estão estreitamente ligados às queixas de indivíduos. Deviam ser empregados quando a crise fosse resolvida, e a reclamação, ouvida. Entre os cânticos de ação de graças estão 30; 32; 34; 40:1-10; 66; 116; 138. Os elementos estruturais encontrados com freqüência nesses salmos são os seguintes:

(1) Decisão de dar graças:

Amo o SENHOR...
invocá-lo-ei enquanto eu viver. (116.1-2)

(2) Resumo introdutório:

porque ele ouve a minha voz e as minhas súplicas. (v. 1; cf. 2)

(3) Recapitulação poética do período de necessidade:

Laços de morte me cercaram (v. 3)

(4) Relato da petição e do livramento:

Então, invoquei o nome do SENHOR:
ó SENHOR, livra-me a alma. (v. 4)

(5) Ensino generalizado:

Compassivo e justo é o SENHOR;
o nosso Deus é misericordioso.
O SENHOR vela pelos simples (v. 5-6)

(6) Ação de graças renovada:

Cumprirei os meus votos ao SENHOR,
na presença de todo o seu povo. (v. 14)

O cântico de ação de graças era normalmente recitado num culto de ação de graças, como oração de agradecimento e também como testemunho do auxílio divino proclamado para a congregação. Estava associado ao sacrifício de ação de graças, cuja carne era depois comida com os membros da família e os amigos. Os salmos 107 e 116 referem-se a esse evento religioso.[19]

A história de Jonas ilustra um uso não cultual do cântico de ação de graças: Jonas, salvo no ventre de um grande peixe, deu graças por ter sido salvo do afogamento (Jn 2.1-9). A distância entre esse ambiente não cultual e o ambiente normal dos cânticos de ação de graças, o interior do templo, é diminuída pelo voto de Jonas de participar de um culto formal de ação de graças (v. 9).

Os Salmos Reais. Ainda que não designe estritamente um estilo literário, esse termo é empregado com freqüência para um grupo de salmos centrados no rei de Israel. Esses salmos ilustram o papel do rei do período pré-exílico no culto de Israel e as expectativas e obrigações impostas pela aliança sobre os filhos de Davi.

O conteúdo e a forma literária permitem reconstruir as ocasiões em que esses salmos reais teriam sido empregados em culto público:

(1) Casamentos. O salmo 45 celebra o casamento do rei com uma princesa estrangeira, possivelmente para selar um tratado político. O casamento dava oportunidade para enfatizar o lugar do rei como líder militar e defensor da justiça, ungido pelo próprio Deus (v. 7).

(2) Coroações. Não há certeza se os salmos como 2; 21; 72 e 110 eram empregados em cultos de posse, em aniversários de ascensão real ou em ambos. O conhecimento fragmentado acerca de tais cerimônias vem de breves relatos da unção apressada de Salomão (1Rs 1.32-40) ou da entronização sangrenta de Jeoás (2Rs 11.9-21) e de partes dos salmos que mencionam ritos de instalação (e.g., Sl 89. 19-37).

(3) Orações antes ou depois de batalhas. O salmo 20 era usado para pedir bênção e vitória em batalhas. O rei, como líder militar, é mencionado especificamente. Uma garantia de vitória talvez fosse proferida por um sacerdote ou profeta inspirado durante essas orações (cf. 2Cr 20.14-17). No salmo 20 a exclamação triunfante parece ter essa função:

> Agora, sei que o SENHOR salva o seu ungido;
> ele lhe responderá do seu santo céu
> com a vitoriosa força de sua destra. (v. 6)

O salmo 89 toma a forma de uma queixa individual, lembrando Javé de suas promessas passadas e de sua ausência no presente. O salmo 18 (também encontrado em 1Sm 22) é uma ação de graças real pela vitória militar. De interesse especial é a descrição poética da intervenção divina em forma de teofania.

Todos esses salmos refletem uma ligação singular entre Javé e o rei, embora sua natureza exata não se perceba à primeira vista. Os estudiosos indicam várias possibilidades: (1) reinado divino (o rei é uma encarnação de Deus); (2) reinado sacro (o rei media a bênção divina); (3) reinado carismático (o rei governa por dom divino); (4) reinado sacerdotal (o rei exerce funções sacerdotais); e (5) reinado por nomeação divina (o rei governa sob a autoridade de Deus). Deve-se dar maior ênfase na última possibilidade. Os reis de Israel recebiam a autoridade por sanção divina, concedida na cerimônia da unção e endossada pela aclamação comum. As narrativas bíblicas dão igual atenção aos fatores humanos e aos fatores divinos na escolha de um rei.[20]

No período pós-exílico, os salmos reais, sob a influência dos oráculos proféticos reais, tais como Isaías 9.2-7 e Miquéias 5.2-6, tornaram-se orações implícitas para restauração da monarquia davídica, adquirindo assim um cunho messiânico. A igreja primitiva herdou essa tradição e identificou o rei aguardado com Jesus.[21]

Os Salmos de Sabedoria. Uma série de salmos empregam a linguagem e o estilo da literatura de sabedoria do Antigo Testamento: Provérbios, Jó e Eclesiastes.

Para classificar-se nessa categoria, o salmo deve: (1) refletir as técnicas literárias da sabedoria, tais como o uso de provérbios, acrósticos, séries numéricas, comparações começando com "melhor", advertências dirigidas a filhos, a fórmula de recomendação começando com *'ashrê*, "bem-aventurado(s)...", figuras de linguagem extraídas da natureza; (2) apresentar intenção óbvia de ensino por instrução direta (e.g., Sl 1; 127; 128) ou por debate sobre problemas como a prosperidade dos maus (e.g., 37; 49; 73); (3) conter temas característicos da sabedoria, tais como a doutrina dos dois caminhos, o contraste entre o justo e o ímpio, discurso correto, trabalho, uso das riquezas e adaptação à estrutura social.

Aplicando esses testes e examinando o uso de vocabulário de "sabedoria", um estudioso identificou três subtipos de salmos de sabedoria: (1) salmos de máximas de sabedoria (127; 128; 133), que descrevem a conduta exemplar e suas conseqüências empregando provérbios expandidos e símiles; (2) salmos acrósticos de sabedoria (34; 37; 112), em que os versos ou as linhas começam com letras sucessivas do alfabeto hebraico; (3) e salmos de sabedoria integrativos (1; 32; 49), composições cuidadosamente planejadas centradas em temas significativos da sabedoria, ou seja, a relação entre a sabedoria e a Torá (1), a certeza da retribuição justa, ainda que demorada (49) e as lições aprendidas com o perdão divino (32).[22]

Além desses salmos de sabedoria, outros contêm versos ou estrofes que refletem a influência da literatura de sabedoria: salmos 25.8-10, 12-14; 31.23s.; 39.4; 40.4s.; 62.8, 10; 92.8-15.[23] O fato de tais ingredientes encontrarem-se em salmos de queixas e ações de graças indica ligações estreitas, especialmente durante os últimos períodos de coleção dos salmos (500 a.C. e depois), entre o templo e o movimento de sabedoria.

É preciso discriminar entre salmos que combinam aspectos de sabedoria com uma base cultual, como os salmos 32; 34 e 73, e composições destinadas ao uso em escolas de sabedoria (Sl 37; 49; 112 e 127). A presença de textos posteriores no Saltério dá a entender que a edição canônica do livro representa uma coletânea de cânticos do templo editada por mestres de sabedoria. O salmo 1, com sua recomendação da *tôrâ* ou revelação escrita, forma uma introdução apropriada para essa edição.[24]

Rolo de ação de graças (1QH) parcialmente desenrolado, de Qumran.
(Museu de Israel)

Os Salmos e o Culto de Israel

O templo de Jerusalém deve ter sido um lugar agitado. As leis prescreviam cultos diários (Êx 29.38-42; Nm 28.2-8) pela manhã e ao entardecer, rituais sabáticos com sacrifícios extras (Nm 28.9s.) e número maior de participantes (2Rs 11.5-8), e holocaustos especiais nas luas novas (o início de cada mês lunar; Nm 28.11-15; cf. Os 2.11). Além disso, os que tinham acesso fácil ao templo talvez o usassem para comemorar ocasiões familiares especiais. Eventos públicos eram também observados no templo: a coroação do rei, uma vitória em batalha, livramento de uma seca ou praga e experiências de desastres nacionais.

As festas anuais duravam alguns dias e atraíam a Jerusalém peregrinos de toda a terra: Pães Asmos e Páscoa, uma festa dupla no início da primavera (Êx 23.15; Lv 23.5); Semanas (uma festa de colheita no final da primavera, chamada Pentecostes no Novo Testamento; Êx 23.16; 34.22; Nm 28.26; At 2.1); e Tabernáculos no início do outono (também chamada Tendas ou Colheita; Êx 23.16; 34.22; Dt 16.16). A dos Tabernáculos, comemorando o término da colheita de verão, bem como lembrando os dias de Israel no deserto, ao que parece passou a ser o evento religioso mais importante do ano, ainda que seu propósito exato seja calorosamente discutido.[25] A variedade das atividades festivas e a falta de menção específica das festas no Saltério devem manter-nos cautelosos em relação às teorias que tentam associar Salmos com alguma festa específica. Assim como se levantam críticas contra a reconstrução de Mowinckel de uma festa de entronização ou de ano novo, a teoria de Arthur Weiser, de uma festa de renovação de aliança coincidindo com a dos Tabernáculos,[26] tem alimentado discussões. Sua idéia apresenta algumas desvantagens: (1) pressupõe uma relação mais estreita entre o relato da teofania de Deus no Sinai e as teofanias do Saltério do que se pode manter; (2) ao destacar as cerimônias de aliança nos dias dos juízes, dá atenção insuficiente à importância da aliança davídica em Salmos; (3) como Mowinckel, negligencia "a complexidade da tradição e da vida cultual de Israel, sacrificando diferenças históricas em favor de uma teoria 'generalista'".[27]

O resumo de Kraus, mostrando o antecedente cultual de Israel, é mais amplo e equilibrado: (1) uma festa de tendas, para comemorar o Êxodo e a peregrinação no deserto, foi mais tarde incorporada à festa de colheita dos Tabernáculos; (2) uma cerimônia de renovação da aliança, talvez originalmente observada em Siquém (Js 24), também passou a fazer parte do ritual dos Tabernáculos; (3) a eleição de Davi como rei e a captura de Jerusalém eram lembradas nos Tabernáculos juntamente com a entrada da arca na cidade santa (2Sm 6).[28]

Essa abordagem mostra maneiras em que elementos anteriores e posteriores foram combinados e dá igual peso aos elementos deserto—assentamento e aos eventos posteriores da monarquia. Acima de tudo, Kraus, a exemplo de Weiser, baseia o culto público de Israel de modo sadio em sua história, não em mitos e cerimônias de seus vizinhos, como faz Mowinckel.

A descrição de Kraus de uma festa do templo é digna de nota, especialmente com respeito aos Tabernáculos, a mais importante das festas anuais antes da Páscoa (2Rs 23.21-23), que havia ganhado importância considerável na época de Josias (639-609). Entre possíveis elementos da festa encontram-se:

(1) a peregrinação a Sião, antegozada com alegria (Sl 42.1s.), buscada com paciência (84.6) e alcançada com exultação (122.1s.);
(2) a subida da arca (talvez de uma área ao sul da cidade de Davi), acompanhada por hinos com um convite a que se entrasse no templo (95.1-6; 100), por lembranças da reconquista da arca em Quiriate-Jearim (132.6) e pela recitação da aliança de Deus com Davi (v. 11s.);
(3) a torá de ingresso (15; 24.1-6), que levantava questões sobre as qualificações dos verdadeiros adoradores e dava uma resposta sacerdotal de uma lista de qualidades, tais como lealdade a Deus e integridade para com o próximo;
(4) a liturgia de entrada (24.7-10), com antífonas entre os sacerdotes na procissão, os quais pediam entrada, e os sacerdotes de dentro do templo, que pediam uma confissão de fé no "Javé dos Exércitos" como senha (v. 10);
(5) a adoração de Javé nos átrios do templo, expressa em hinos e acompanhamento musical (150), pontuada de lembranças dos atos gloriosos de Deus na criação (104) e na história (105; 136), culminando, talvez, na expectativa de uma teofania (50.1-3; 80.1-3), uma manifestação especial da presença e da glória dele, ainda que Deus sempre estivesse presente no templo (46.5);
(6) a bênção da partida (91; 118.26; 121), garantindo aos peregrinos proteção e provisão divinas, ainda que não pudessem permanecer continuamente, como os sacerdotes, no santuário (84.10).[29]

Nas festas e nos jejuns, nos cultos diários e nas comemorações, o povo de Israel lembrava e revivia as vitórias passadas de Deus, consagrava-se à obediência às leis da aliança no presente, o que exigia plena lealdade a Javé e antevia triunfos futuros, principalmente a derrota final dos inimigos de Javé.

> Ação de graças pelo passado, rededicação para o presente e expectativas para o futuro eram os componentes gerais do culto de Israel expresso em Salmos — um culto arraigado na revelação de Deus na história deles; revelação que trazia cura, incentivo e esperança.

A descrição do Saltério como um hinário do Segundo Templo (templo do Zorobabel, reconstruído em 516 a.C.) tem-se estendido nos últimos anos, passando a incluir o templo de Salomão. Pelo menos três fatores contribuíram para o reconhecimento de que muitos salmos foram compostos e empregados antes do exílio. (1) O formato dos salmos eram bem conhecidos de profetas como Jeremias (um hino em 10.12-16; queixas em 15.15-18; 17.14-18). (2) O salmos reais, juntamente com suas indicações do lugar do rei no culto público foram compostos durante a monarquia. (3) Os freqüentes paralelos em vocabulário, gramática e estrutura poética entre os salmos e a poesia épica ugarítica (século XIV a.C.) são tão numerosos e notáveis que não podem ser explicados, a menos que se entenda que os salmos surgiram tanto em períodos anteriores como também posteriores.[30]

Títulos e Termos Técnicos

Nenhuma área do estudo de Salmos tem produzido mais debate que a tentativa de decifrar os títulos e as notações ligados a cada poema. Não é possível defini-los nem datá-los com segurança. Ainda que se encontrem cabeçalhos e notações de autoria em salmos mesopotâmicos e egípcios bem anteriores a Davi, os indícios dão a entender que a maior parte dos cabeçalhos bíblicos foi acrescentada num estágio bem posterior.

As notas são divididas em cinco categorias.[31]

Coleções, Compiladores ou Autores. A notação mais comum é "de Davi" (*ľdāwîd*, 73 vezes), significando, talvez, (1) "de autoria de Davi", cuja musicalidade é bem atestada (1Sm 16.17-23; 18.10; 2Sm 1.17-27; 3.33s.; 23.1-7; Am 6.5), (2) "em favor de Davi"(Sl 20, uma oração pelo rei davídico na véspera da batalha), ou (3) "pertencente a Davi", parte de uma coleção real, talvez incluindo composições de Davi.

Alguns salmos são atribuídos aos "filhos de Corá" (11 vezes) e a Asafe (12 vezes). Outros indivíduos são mencionados nos cabeçalhos dos salmos: "Moisés"(Sl 90); "Salomão"(Sl 72; 127); chefes de famílias do coro, os ezraítas Hemã (88) e Etã (89) e Jedutum (39; 62; 77).

Tipos de Salmos. A designação mais freqüente é "salmo" (*mizmôr*), empregada mais de 50 vezes no Saltério e apenas nele no Antigo Testamento. Refere-se a um cântico cultual acompanhado por instrumentos musicais. Trinta salmos são chamados "cântico" *(shîr)*, talvez em referência a uma composição cantada a capela. Alguns salmos (65; 75-76; 92) recebem os dois títulos, o que denota diferentes tradições de seu uso. O hebraico *miktām* descreve seis salmos (16; 56-60); não há concordância segura quanto a seu significado. "Oração" *(t^epillâ)* denota um salmo de queixa (17; 86; 90; 102; 142). *Maśkîl*, empregado em treze salmos (e.g., 32; 42; 44), pode significar "instrução" ou "contemplação", embora seu sentido exato seja desconhecido. O título Cântico de Romagem (120-136) provavelmente indica que esses salmos eram empregados na subida processional para o templo. O salmo 145 é chamado "louvor" *(t^ehillā)*, que significa um hino, de onde vem o título hebraico para o Saltério. O salmo 45 é adequadamente chamado "cântico de amor" *(shîr y^edidōt)*. O significado de *shiggāyôn* (7) é desconhecido.

Usos e Propósitos Litúrgicos. Uns poucos termos indicam a ocasião para uso: *tôdâ* (100) refere-se a um hino empregado no culto de ação de graças; *hazkîr* (Sl 38; 70) tem sido explicado de maneiras diversas, como um salmo "para a oferta memorial" (ARA; *'azkārâ*, Lv 24.7) ou para invocar Javé numa "petição" (NIV). O salmo 30 é rotulado "Cântico de dedicação da casa"; *l^elammēd* (60) significa provavelmente "para instrução". A notação do salmo 92 o chama-o "Cântico para o dia de sábado"; o significado de *l^e'annôt* (88) é incerto, talvez seja "para cantar".

Expressões Técnicas Musicais. Palavras como *bin^egînôt*, "com instrumentos de cordas" (4; 6; 54-55; 67; 76; e provavelmente 61) e *'el-hann^ehîlôt* (5), "para flautas", que especificam o acompanhamento, são razoavelmente claras. Entretanto, termos como *higgāyôn* (9.16), *hashsh^emînît* (6; 12), *haggittît* (8; 81; 84) e *'^alāmôt* (46), *shôshannîm* ("lírios"; 45; 69; 80), *māh^alat* (53) e *'al-tashhēt* (58-59; 75) aguardam estudos mais aprofundados. Entre as possibilidades incluem-se nomes de melodias, instruções para acompanhamento ou notas para uso em rituais no templo.

O termo *lam^enatstsēah*, empregado cinquenta e cinco vezes no Saltério (cf. Hc 3.19) e muitas vezes traduzido por "ao mestre do coro", pode alternativamente designar uma coleção de salmos. Selá *(selâ)*, empregado mais de setenta vezes, parece referir-se a um interlúdio musical, ainda que sua colocação entre as seções talvez nem sempre tenha sido preservada corretamente.

Notas Históricas. O principal valor das notas que ligam um salmo (e.g. 3; 7; 18; 34; 51-52; 54; 56-57; 59-60; 63; 142) a um evento histórico está nos indícios de como os intérpretes pós-exílicos entendiam os textos. A maior parte dos cabeçalhos são adições posteriores e não fornecem informações precisas sobre a origem dos poemas. Essas notas históricas refletem um empreendimento exegético que considerava Davi um modelo de caráter espiritual.[32]

Contribuições para a Teologia Bíblica

Assim como as janelas e as esculturas das catedrais medievais, os salmos eram quadros de fé bíblica para um povo que não possuía cópias das Escrituras em casa e não podia lê-las. Representam um compêndio de fé veterotestamentária. Resumos de histórias (e.g., Sl 78; 105–106; 136), instruções sobre piedade (e.g., 1; 119), celebrações da criação (8; 19; 104), reconhecimento do julgamento divino (37; 49; 73), garantias de seu cuidado constante (103) e consciência de sua soberania sobre todas as nações (2; 110) foram instalados no centro da fé israelita com o apoio do Saltério.

> Acima de tudo, os salmos eram declarações de relacionamento entre o povo e seu Senhor. Pressupunham a aliança entre ambos e as implicações de provisão, proteção e preservação dessa aliança. Seus cânticos de adoração, confissões de pecado, protestos de inocência, queixas de sofrimento, pedidos de livramento, garantias de ser ouvido, petições antes das batalhas e ação de graças depois delas são, todos, expressões do relacionamento ímpar que tinham com o único Deus verdadeiro.

Temor e intimidade combinavam-se no entendimento que os israelitas tinham desse relacionamento. Eles temiam o poder e a glória de Deus, sua majestade e soberania. Ao mesmo tempo, protestavam diante dele, discutindo suas decisões e pedindo sua intervenção. Eles o reverenciavam como Senhor e o reconheciam como Pai.

Esse senso de relacionamento especial é o que melhor explica os salmos que amaldiçoam os inimigos de Israel. A aliança era tão estreita que qualquer inimigo de Israel era um inimigo de Deus e vice-versa. E mais, o relacionamento de Israel com Deus era expresso num ódio feroz contra o mal, exigindo um julgamento tão severo quanto o crime (109; 137.7-9). Mesmo essa exigência de julgamento era um produto da aliança, uma convicção de que o Senhor justo protegeria seu povo e puniria os que desdenhassem seu culto ou sua lei. Ao que parece, o julgamento ocorreria durante a vida do perverso. O ensino de Jesus sobre o amor para com os inimigos (Mt 5.43–48) pode fazer com que os cristãos tenham dificuldades em usá-los como oração, mas os cristãos não devem perder o ódio pelo pecado nem o zelo pela santidade de Deus que os originaram.[33]

G. von Rad dá o seguinte subtítulo à seção de sua *Teologia do Antigo Testamento* sobre a literatura de sabedoria: "A Resposta de Israel".[34] Os salmos são de fato respostas dos sacerdotes e do povo diante dos atos de livramento e de revelação de Deus na história deles. São revelação e também resposta. Por meio deles aprende-se o que a salvação divina em sua variada plenitude significa para o povo de Deus, bem como o nível de adoração e a amplitude da obediência a que devem almejar. Não é de surpreender que Salmos, juntamente com Isaías, tenha sido o livro mais citado por Jesus e seus apóstolos. Os cristãos primitivos, como seus antepassados judeus, ouviram a palavra de Deus nesses hinos, queixas e instruções e fizeram deles o fundamento da vida e do culto.

CAPÍTULO 33

A Literatura de Sabedoria

A sabedoria bíblica faz parte de uma ampla coleção de ditados escritos e orais profundamente arraigados na antigüidade. Essa literatura é marcada por observações sábias acerca da vida estabelecidas para serem memorizadas. Ela se especializa em regras para o sucesso e a felicidade. Existia mais de um milênio antes de Israel começar a fazer suas próprias contribuições. As Instruções Egípcias do vizir Ptaotep foram escritas por volta de 2450 a.C., e a Instrução para o Rei Meri-ka-re[1] em c. 2180. A antiga Mesopotâmia possuía uma riqueza e variedade de escritos de sabedoria bem antes da época de Abraão. S. N. Kramer distingue cinco categorias de sabedoria suméria: provérbios; ensaios curtos; instruções e preceitos; ensaios a respeito de escribas e escolas mesopotâmicas; e disputas e debates.[2] Pesquisas recentes têm chamado atenção para o depósito deixado em documentos ugaríticos pelos sábios e escribas cananeus.[3]

A literatura bíblica de sabedoria tem seu início formal no século X, quando começou a codificar os conselhos sábios e as observações acerca da vida que vinham sendo passados oralmente de geração em geração. Uma vez que na forma, embora nem sempre em conteúdo, os escritos bíblicos de sabedoria lembram seus equivalentes não-israelitas, vale observar alguns dos principais temas e formas da literatura não-bíblica de sabedoria.

> Deu também Deus a Salomão sabedoria, grandíssimo entendimento e larga inteligência como a areia que está na praia do mar. Era a sabedoria de Salomão maior do que a de todos os do Oriente e do que toda a sabedoria dos egípcios. 1Rs 4.29-30

Tipos de Literatura de Sabedoria

É possível distinguir dois tipos principais de escritos de sabedoria: (1) sabedoria proverbial — ditados curtos, vigorosos que expressam regras de felicidade e bem-estar pessoal ou condensam sabedoria de experiência e fazem observações perspicazes acerca da vida; e (2) sabedoria contemplativa ou especulativa — monólogos, diálogos, ensaios ou histórias que se aprofundam em problemas da existência humana, tais como o sentido da vida, o caminho para o sucesso e o questões do sofrimento. Não se deve associar nem o misticismo nem a filosofia aos termos "contemplativo" ou "especulativo". Os sábios não lidavam com a teoria, mas com a prática; centravam-se não em problemas abstratos, mas em exemplos concretos: "Havia um homem na terra de Uz, cujo nome era Jó".

A Sabedoria Proverbial. Desde tempos imemoriais, pessoas sagazes e sábias cunhavam e coligiam ditados acerca da vida. Tais sábios empregavam esses ditados como ganchos em que penduravam lições para crianças e outros alunos e como referências para quem buscasse informação e conselho. A marca de um grande homem, especialmente de um rei, era a habilidade de pronunciar sabedoria em forma proverbial ou de superar um adversário com frases brilhantes: "Não se gabe quem se cinge como aquele que vitorioso se descinge" (1Rs 20.11). Veja outros exemplos nas perguntas de Golias a Davi (1Sm 17.43) e na oposição de Joás a Amazias (2Rs 14.9).

O origem do provérbio perde-se na neblina pré-literária da antigüidade, mas muitos fatores devem ter contribuído para seu desenvolvimento. Os ditados mais antigos visavam à transmissão oral, e boa parte dos escritos de sabedoria reflete esse caráter oral (cf. "ouvir" em Pv 1.8; 4.1). Parece que, desde as épocas mais remotas, os ditados de sabedoria, especialmente na Mesopotâmia, estiveram ligados a práticas religiosas e mágicas. Na Babilônia, em vez de ter um contexto moral, "em geral a 'sabedoria' refere-se a habilidades em cultos e capacidades mágicas, e o sábio é o iniciado",[4] aquele que pode obter o que deseja dos deuses. Alguns atribuem a origem dos ditados de sabedoria quase exclusivamente a práticas cultuais, mas outras esferas da vida, tais como a educação de crianças, o comércio, a agricultura e a política também parecem ter contribuído para seu desenvolvimento.[5] De fato, parece ser próprio dos homens tentar sistematizar observações sobre a vida e passá-las para os outros.

Os documentos literários mais antigos revelam formas altamente sofisticadas de ditados didáticos, especialmente no Egito, onde os sábios costumavam empregar parágrafos que tratavam de um tema, em lugar de declarações breves, independentes entre si e muitas vezes metafóricas. Observe as instruções do vizir Ptaotep:

> Que teu coração não se ensoberbeça com teu conhecimento; não te confies em tua sabedoria. Aconselha-te com o ignorante assim como com o sábio. Os limites (plenos) da habilidade não podem ser alcançados e não há homem habilidoso capacitado para sua (plena) vantagem. O bom discurso está mais oculto que a esmeralda, mas pode ser encontrado por servas nos moinhos... [6]

Um paralelo babilônico, do período cassita (1500-1100), são os *Conselhos de Sabedoria*, que admoestam sobre temas como evitar más companhias, bondade para com os necessitados, a inconveniência de casar-se com uma escrava e as obrigações e benefícios da religião:[7]

> Seja controlada a tua boca e teu falar, guardado:
> Aí repousa a riqueza do homem — que teus lábios sejam muito preciosos.
> Que a insolência e a blasfêmia te sejam abominação;
> Nada fales de profano nem relates nenhuma inverdade.
> Maldito é o mexeriqueiro.
> [...]
> Não devolvas o mal ao que disputa contigo;
> Retribui com bondade teu malfeitor,
> Mantém a justiça para com teu inimigo.
> Sorri para teu adversário.
> [...]
> A casa governada por uma escrava, ela a despedaça.
> [...]
> Todos os dias cultua a teu deus.
> O sacrifício e a bênção são os companheiros adequados do incenso.
> Apresenta tua oferta voluntária a teu deus.
> Pois isso é adequado para com os deuses.[8]

Esses excertos ilustram o tom prático, ético e religioso da literatura de sabedoria do Oriente Próximo. Em alguns aspectos, lembram os ensaios didáticos de Provérbios 1–9 e expressam um alerta contra a tentativa de atribuir os capítulos mais longos e unificados a uma data posterior ao de outras partes do livro.

Provérbios breves e independentes e ditados populares são encontrados em quantidade em textos sumérios, babilônicos e assírios. Os ditados populares circulavam entre as pessoas comuns e às vezes destinavam-se mais à diversão que à instrução moral. Muitos, aparentemente do último período assírio (c. 700), lembram fábulas que giram em torno da atividade e da conversa de animais e insetos. Por exemplo:

> Uma aranha lançou uma rede para a mosca.
> Pegou uma lagartixa
> na rede, para prejuízo da aranha![9]
> [...]
> Disse um mosquito, ao pousar num elefante:
> — Irmão, teria eu pressionado tuas costas? Vou descer no bebedouro.
> O elefante replicou ao mosquito:
> — Não me importa se te pouses — que me importa carregar-te? —
> E também não me importa se desceres.[10]

Uma fábula acadiana mais longa e altamente desenvolvida trata do debate entre uma tamareira e uma tamarga (arbusto de folhas perenes). Cada uma alega ser mais útil ao rei: a tamareira, pela sombra e pelo fruto; a tamarga, pela madeira e pela folhagem.[11]

A distinção entre o ditado popular e o provérbio não é fácil. Ambos podem empregar observações recolhidas da natureza e conter uma advertência ou moral. "Provérbios", conforme empregado aqui, refere-se a máximas breves, incisivas, em geral encontradas em séries, ainda que independentes entre si. Na literatura mesopotâmica, os provérbios estão em geral em forma bilíngüe, escritos em colunas paralelas em sumério e acadiano. Por exemplo:

> A quem amas — (lhe) carregas o jugo.
> [...]
> Visto que fizeste mal a teu amigo,
>   que farás a teu inimigo?[12]
> [...]
> Um povo sem rei (é como) ovelhas sem pastor.[13]
> [...]
> Colocarias um torrão de argila na mão do que o atira?[14]
> [...]
> Engravidou-se ela sem cópula? Engordou sem ter comido?[15]
> [...]
> Ano passado comi alho; este ano minhas entranhas queimam.[16]

Esses ditados da antiga Mesopotâmia ilustram a natureza concreta do pensamento oriental. Observações acerca da vida são feitas em termos de objetos, criaturas e experiências terrenas, com pouca abstração ou teorização. Os provérbios e ditados populares têm uma proximidade e vitalidade tal que transmitem sua mensagem com vigor e objetividade. Para ilustrar isso, compare o provérbio "a união faz a força" com o provérbio árabe "dois cães mataram um leão", ou "santo de casa não faz milagres" com o ditado judeu "o pobre passa fome e não sabe".[17] "Beleza não põe mesa" perde a força ao lado de uma observação muito mais contundente:

> A mulher virtuosa é a coroa do seu marido,
>   mas a que procede vergonhosamente é como podridão nos seus ossos.
> (Pv 12.4)

ou

> Como jóia de ouro em focinho de porco,
>   assim é a mulher formosa que não tem discrição. (11.22)

O equivalente hebraico de "para bom entendedor, meia palavra basta" é "mais fundo penetra a repreensão no prudente do que cem açoites no insensato" (17.10). Nossos provérbios podem ser concretos ("melhor um pássaro na mão que dois voando"; "não joga pedras quem tem telhado de vidro"), mas os provérbios hebraicos e semitas em geral são quase sempre concretos.

Por que alguns ditados são bem preservados durante séculos enquanto outros caem no esquecimento? Podemos alistar algumas condições para um provérbio ser eficaz: (1) brevidade — ditados extensos não permanecem na memória, e os provérbios devem ser fáceis de guardar; (2) inteligibilidade — o significado deve ser compreendido de pronto; (3) sabor — só as máximas pungentes permanecem na mente do povo; e (4) popularidade — mesmo um bom ditado morre se não for repetido com freqüência e transmitido de geração em geração.[18]

A Sabedoria Especulativa. Os antigos ficavam tão perturbados com alguns problemas prementes da vida quanto as pessoas de hoje. Do período cassita na Mesopotâmia, vem um *monólogo* de um sofredor que sente que tudo na vida se volta contra ele. O texto é designado pelas suas primeiras linhas Ludlul Bel Nemeqi ("Louvarei o Senhor da sabedoria" — Marduque, deus principal da Babilônia). Quando o texto se torna legível pela primeira vez, o narrador reclama de ter sido abandonado pelos deuses:[19]

Escriba egípcio. (*Museu Egípcio*, Cairo)
(Neal e Joel Bierling)

> Meu deus me abandonou e desapareceu,
> Minha deusa faltou comigo e se mantém distante.
> O bom anjo que (andava) ao [meu] lado partiu,
> Meu espírito protetor voou e está procurando outro.
> Minha força se foi; minha aparência tornou-se sombria;
> Minha dignidade esvaiu-se, minha proteção fugiu. (1.43-48)

A rejeição divina é seguida pela apatia ou inimizade dos amigos, admiradores e escravos:

> Eu, que andava como um nobre, aprendi a passar despercebido.
> Ainda que dignitário, tornei-me um escravo.
> Para meus parentes, sou como um recluso.
> Se ando pela rua, os ouvidos se aguçam;
> Se entro no palácio, os olhos reluzem.
> [...]
> Meu amigo tornou-se inimigo,
> Meu companheiro tornou-se um infeliz, um demônio.
> [...]
> Meu amigo íntimo põe em perigo a minha vida;
> Meu escravo me amaldiçoou publicamente na assembléia.[20] (1.77-81; 84s., 88s.)

Rejeitado pelas pessoas em quem confiou tanto no céu como na terra, o sofredor é ainda atormentado por uma multidão de aflições físicas. Nenhuma das curas rituais ou mágicas tradicionais oferece alívio, e ele especula por que os deuses o estariam tratando como um malfeitor:

> O adivinho com sua inspeção não chegou à raiz do problema,
> Nem o sacerdote devaneador com sua libação elucidou meu caso.
> Busquei o favor do espírito de *zaqiqu*, mas ele não me iluminou;
> E o sacerdote encantador com seu ritual não aplacou a ira divina contra mim.
> [...]
> Quem conhece a vontade dos deuses no céu?
> Quem compreende os planos dos deuses de debaixo da terra?
> Onde aprenderam os mortais o caminho de deus?
> Quem vivia ontem, hoje está morto.
> Há um minuto estava desalentado, de repente está exuberante.
> Num momento as pessoas estão cantando exultantes,
> No outro gemem como carpideiras profissionais.
> [...]
> Quanto a mim, exausto, uma tempestade me dirige!
> A doença debilitante está solta sobre mim:

> Minha figura robusta deitam como um papiro,
> Sou jogado como um junco de rosto em terra. (2.6-9, 36, 42, 49s., 68-70)

O texto conclui com uma série de sonhos que revertem a trágica condição do sofredor e mostram que a ira de Marduque foi aplacada:

> Sua mão foi pesada sobre mim, não pude suportá-la.
> Meu terror dele era alarmante...
> [...]
> Pela terceira vez vi um sonho,
> E em meu sonho noturno que vi —
> ... uma jovem de rosto brilhante,
> Uma rainha de [...], igual a deus.
> [...]
> Ela disse: "Seja libertado da própria condição miserável.
> Quem quer que tenha tido uma visão no período da noite".
> [...]
> Depois que a mente de meu Senhor se aquietou
> E o coração do misericordioso Marduque foi aplacado,
> [...]
> Ele fez o vento levar minhas ofensas (3.1s., 29-32, 37s., 50s., 60)

Ainda que essa obra seja com freqüência chamada "Jó Babilônico", seu autor pouco se esforça para esmiuçar o porquê do sofrimento do justo. Ademais, as ênfases cultuais e mágicas, o destaque dado aos demônios como instrumentos de aflição, e os mensageiros visionários de cura estão bem distantes de Jó, em que Deus assume plena responsabilidade tanto pelo sofrimento quanto por seu alívio. Jó é finalmente confrontado com o Deus vivo e assim aprende a aceitar sua sina. O autor de Ludlul, porém, descreve em grande medida os estágios de sua cura. Seu verdadeiro relacionamento com Marduque não é examinado, enquanto a relação entre Deus e Jó coloca-se no centro da obra bíblica.

Escritos de sabedoria antigos às vezes ocorrem em forma de *diálogo*. Um exemplo é a Teodicéia Babilônica, um poema acróstico de vinte e sete estrofes de onze linhas cada. Datada por Lambert em c. 1000 a.C., essa poesia é uma conversa entre dois amigos: (1) um sofredor que reclama da injustiça social e (2) um companheiro que tenta harmonizar a experiência de sofrimento com visões tradicionais de justiça divina.[21]

Orfanado em tenra idade, o sofredor pergunta por que os deuses não o protegeram como fizeram ao primogênito de seus pais. O amigo responde que a piedade trará prosperidade:

> Aquele que espera em seu deus tem um anjo protetor,
> O homem humilde que teme sua deusa acumula riqueza.

O sofredor retruca com exemplos de violações desse princípio extraídos da sociedade e da natureza. Mas o amigo está convicto de que todos os abusos contra a justiça serão corrigidos e urge que o sofredor mantenha a piedade e a paciência. O sofredor continua sua alegação de injustiça, chegando a atribuir sua terrível condição à dedicação religiosa:

> Tenho olhado para a sociedade, mas a evidência é contrária.
> O deus não impede o caminho de um demônio.
> Um pai arrasta um barco ao longo do canal,
> Enquanto seu primogênito repousa na cama.
> [...]
> O herdeiro dá passos firmes ao longo do caminho como um valente.
> O filho mais novo dará comida ao destituído.
>
> Como me beneficiei de ter me curvado a meu deus?
> Tenho de me curvar abaixo do semelhante vil que me encontra;
> A ralé da humanidade, como o rico e o opulento, trata-me com desprezo.
> (243-46, 249-253)

O amigo, agora um tanto impressionado com esses argumentos, refugia-se no pensamento de que os caminhos dos deuses está além do conhecimento:

> A mente divina, como o centro dos céus, é remota;
> Seu conhecimento é difícil; as massas não a conhecem. (256s.)

Por fim, ambos, amigo e sofredor, parecem concordar que os deuses são em última análise responsáveis pela injustiça humana, já que moldaram as pessoas com uma tendência nesse sentido. O amigo reconhece que as deidades

> Deram discurso perverso à raça humana.
> Com mentiras, não verdades, dotaram-na para sempre.

Solenemente eles falam em favor de um rico:
"Ele é rei", dizem, "riquezas caminham ao seu lado".

Mas prejudicam o pobre como a um ladrão,
São pródigos em calúnias contra ele e tramam sua morte,

Fazendo-o sofrer todo mal como um criminoso, porque não tem *proteção*.
De modo aterrador o levam ao fim e o extinguem como uma chama.
(279-286)

O sofredor conclui reafirmando sua sina e implorando uma pausa.
    O diálogo termina fugindo da questão. A responsabilidade pela má conduta das pessoas é atribuída diretamente aos deuses. Mas alguns pontos importantes são atenuados. A resposta final é que os deuses são injustos? Nesse caso, que responsabilidade têm as pessoas por seus atos? As diferenças em relação à maneira de Jó encarar o problema do sofrimento ou da injustiça são óbvias. No relato bíblico, a intervenção de Deus provê a solução e, embora a justiça de Deus talvez seja questionada, ela é mantida no final da história.
    De um período posterior (1000-500 a.C.) vem um Diálogo Babilônico de Pessimismo. Essa conversa entre um senhor e seu escravo segue um padrão simples: um nobre conta a seu escravo os planos de gozar de certa recreação ou prazer. O escravo replica, destacando os méritos de tal proposição. Então, de repente, o senhor decide não levar adiante seus planos. De modo pronto e submisso, o escravo dá motivos convincentes para não seguir o plano:[22]

— Escravo, ouve-me.
— Eis-me aqui, senhor, eis-me aqui.
— Rápido, busca-me a carruagem e a atrela para que eu possa dirigir-me ao campo aberto.
— Dirige, senhor. Um caçador enche seu ventre.
Os cães de caça quebrarão os ossos (da presa),
O falcão do caçador sossegará,
E o jumento selvagem fugaz...
— Não, escravo, de modo algum dirigir-me-ei ao campo aberto.
— Não te dirijas, senhor, não te dirijas.
A sorte do caçador muda:
Os dentes dos cães de caça serão quebrados,
A casa do falcão do caçador está [...] no muro,
E o jumento selvagem fugaz tem os planaltos por covil. (17-28)

[...]
— Escravo, ouve-me.
— Eis-me aqui, senhor, eis-me aqui.
— Vou amar uma mulher.
— Ama, senhor, ama.
O homem que ama uma mulher esquece a dor e o medo.
— Não, escravo, de modo algum amarei uma mulher.
— [Não] ames, senhor, não ames.
A mulher é uma armadilha — uma armadilha, um buraco, um fosso.
A mulher é uma adaga de ferro afiada que corta o pescoço do homem.
(46-52)

Como em Eclesiastes, várias possibilidades de prazer e culto público são sugeridas e depois descartadas. Nenhuma parece valer a pena para o senhor, que perdeu o gosto pela vida. A conclusão, porém, está no pólo oposto do crítico Pregador do Antigo Testamento:

— Escravo, ouve-me.
— Eis-me aqui, senhor, eis-me aqui.
— Que, então, é bom?
— Ter o meu pescoço e o teu quebrados
E ser lançado no rio é bom.
— Quem é tão alto para ascender aos céus?
Quem é tão largo para abraçar o mundo subterrâneo?
— Não, escravo, matar-te-ei e enviar-te-ei primeiro.
— E meu senhor certamente não viveria nem três dias além de mim.
(79-86)

A Amplitude da Literatura Bíblica de Sabedoria

O Lugar do Sábio. Como seus vizinhos babilônios, cananeus, edomitas e egípcios, Israel tinha, desde os primórdios da consciência nacional, pessoas afamadas por sabedoria. Tais habilidades não se limitavam aos homens. Logo de início na história de Israel encontramos algumas referências a mulheres sábias. O Cântico de Débora menciona a resposta das "mais sábias das damas" de cujo conselho dependia a mãe de Sísera (Jz 5.19). De modo semelhante, 2Samuel 14.2-20 cita uma "mulher sábia" de Tecoa, que aparentemente era mais que carpideira profissional. Suas palavras no v. 14 indicam que estava familiarizada com os ditados proverbiais dos círculos de sabedoria: "Porque temos de morrer e somos como águas derramadas na terra que já não se podem juntar". Entre outros exemplos antigos estão o conselheiro de Davi, Aitofel: "O conselho que Aitofel dava, naqueles dias, era como resposta de Deus a uma consulta; tal era o conselho de Aitofel, tanto para Davi como para Absalão" (2Sm 16.23); e a mulher sábia de Abel (lugar famoso por seus conselhos sábios), que "na sua sabedoria, foi ter com todo o povo" (20.22).[23]

O movimento de sabedoria em Israel começou sem dúvida na vida dos clãs, que a empregavam no preparo de cada geração para assumir responsabilidades de família, terra e liderança social.[24] Entretanto, a sabedoria assumiu um novo significado com Salomão, cuja corte oferecia apoio e prestígio. Os aspectos literários estão arraigados nesse período, em que a riqueza, os contatos internacionais e as conquistas culturais de Salomão combinaram-se para lançar o movimento que produziu os escritos bíblicos de sabedoria.[25] O papel ilustre de Salomão no desenvolvimento dessa sabedoria oficial é atestada em 1Reis 4.32-34 (TM 5.12-14):

> Compôs três mil provérbios, e foram os seus cânticos mil e cinco.
> [...] De todos os povos vinha gente a ouvir a sabedoria de Salomão, e também enviados de todos os reis da terra que tinham ouvido da sua sabedoria. (Veja também Pv 1.1; 10.1; 25.1)

O ambiente preciso em que floresceu o movimento é assunto debatido. O consenso geral é que Salomão e seus sucessores estabeleceram escolas, segundo o modelo egípcio, para treinar administradores, escribas e outros oficiais para as responsabilidades do governo centralizado. Ainda que plausível, essa suposição carece de sustentação bíblica específica. A primeira menção objetiva de uma escola na literatura judaica é do tempo de Siraque (c. 180 a.C., Sir. 51.23). Assim, apesar da interpretação tradicional de Jeremias 18.18, que parece indicar a existência de três ofícios — profeta, sacerdote e sábio — o debate corrente luta com duas questões básicas: (1) os sábios constituíam uma classe distinta? (2) havia escolas para sábios e escribas ligada ao templo ou à corte?[26]

Provérbios 25.1 indica que Ezequias serviu como segundo patrono real dos sábios. Na época de Jeremias (c. 600), os sábios podiam, por vezes, ser comparáveis em prestígio e influência aos profetas e sacerdotes. Como outros líderes religiosos, os sábios atraíam as duras críticas dos profetas por não conseguirem cumprir suas responsabilidades de obediência a Deus e à sua palavra:

> Os sábios serão envergonhados,
> aterrorizados e presos;
> eis que rejeitaram a palavra do SENHOR;
> que sabedoria é essa que eles têm? (Jr 8.9)

De novo, os inimigos de Jeremias reconhecem a preeminência dos sábios quando tentam refutar a profecia de Jeremias, segundo a qual a lei faltaria ao sacerdote, o conselho ao sábio e a palavra ao profeta (18.18). Talvez o testemunho mais claro da posição prestigiosa dos sábios durante esse período seja o uso que os profetas deram aos ditados e às técnicas da sabedoria em seus escritos. Os escritos de Amós são entretecidos de temas de sabedoria, e.g., o padrão três–quatro dos capítulos 1–2 (veja Pv 30.15, 18, 21, 29; cf. Jó 5.19) e as perguntas controvertidas de 3.3-8; 6.12. O emprego profético das formas da sabedoria (veja Isaías, Oséias, Habacuque, Jeremias) também indica que as divisões de ofício não devem ser consideradas rígidas.[27]

Os sábios eram obrigados a aconselhar pessoas que enfrentavam decisões difíceis ou precisavam de auxílio para dirigir suas ações, incluindo-se entre elas os líderes do governo.[28] Boa parte desse aconselhamento era provavelmente apresentada em forma proverbial. As pessoas de fato sábias tinham pronto acesso a ditados que falavam de maneira pungente e clara a respeito do problema do inquiridor (observe Ec 12.9: "O Pregador, além de sábio, ainda ensinou ao povo o conhecimento; e, atentando e esquadrinhando, compôs muitos provérbios", também o v. 11: "As palavras dos sábios são como aguilhões, e como pregos bem fixados as sentenças coligidas, dadas pelo único Pastor"). Além disso, os sábios deviam contemplar as questões intrigantes da vida e fazer pronunciamentos ou observações apropriadas. Jó e Eclesiastes são os exemplos mais notáveis. Essa fase de sabedoria é a que levou os hebreus mais perto do que o gregos chamavam 'Filosofia', ainda que as diferenças sejam marcantes.

Características da Sabedoria Bíblica. Ao juntar seus ditados, os sábios não conheciam limitações de cultura ou nacionalidade. De fato, uma característica da literatura de sabedoria é seu caráter internacional. Provérbios de uma sociedade são livremente tomados por outra, porque o próprio caráter deles como observações baseadas em estudo ou reflexão sobre a vida lhes dá uma universalidade nem sempre encontrada em escritos épicos ou históricos.

Por conseguinte, a sabedoria no antigo Oriente e no Antigo Testamento tende a destacar o sucesso e o bem-estar dos indivíduos, de suas famílias e de sua comunidade. Esse individualismo contrasta com a ênfase marcante dada pelos profetas à vida religiosa nacional e coletiva. Os grandes temas da fé israelita

— a eleição e a saída do Egito, a aliança com Javé, o culto público, o dia do Senhor — têm pouco espaço nos escritos de sabedoria. Além disso, quase não se encontram referências à história de Israel. Isso, porém, não deve ser interpretado como se a sabedoria em Israel fosse um assunto secular ou como se os escritos de sabedoria de Israel não diferissem dos de seus vizinhos. Longe disso. Ninguém consegue ler Jó, Provérbios ou Eclesiastes sem perceber os toques da fé distintiva de Israel.[29] Para o verdadeiro israelita, toda sabedoria tinha raízes em Deus e só estava à disposição dos homens porque estes eram criaturas de Deus, capazes de receber a revelação divina. Mas mais que isso, somente o adorador devotado, que temesse a Deus, podia de fato começar a ser sábio.

> A sabedoria baseada na habilidade ou no engenho humano era um dom de Deus, parte de sua ordem na criação. Mas sem temor de Deus e obediência a ele, a sabedoria estava fadada à derrota por causa do orgulho e da presunção. Parte do temor de Deus para os sábios mestres de Israel era sua reverência pela ordem divina, manifestada na criação, que governava toda a vida, premiando julgamentos e comportamentos sadios e infligindo conseqüências danosas à insensatez.[30]

Os Escritos Bíblicos de Sabedoria. No sentido mais amplo de "sabedoria" como "literatura didática ou instrutiva", Jó, Provérbios e Eclesiastes são claramente as três grandes contribuições dos sábios de Israel para o Antigo Testamento. Acrescentado-se a isso, certos salmos refletem temas de sabedoria (veja 1; 32; 34; 37; 49; 73; 112; 127-28; 133; veja acima, o cap. 32, p. 475). Eles contêm preceitos ou admoestações (em lugar de hinos ou orações) ou tratam de questões intrigantes, tais como a prosperidade dos perversos e a adversidade sofrida pelos justos. Tanto os Cânticos de Salomão como as Lamentações refletem considerável influência da sabedoria em suas figuras de linguagem vivas e formas altamente estilizadas, em especial nos padrões acrósticos de Lamentações. Além disso, tanto Jó como Eclesiastes, ainda que exemplares de sabedoria especulativa, contêm numerosos provérbios.

No Novo Testamento, a escola de sabedoria reflete-se em muitos dos ensinos de Cristo. Notáveis são seus provérbios e parábolas inspirados na natureza e sua habilidade de postular e resolver questões enigmáticas. Como alguém "maior do que Salomão" (Mt 12.42), Cristo foi o sábio mestre, cumprindo esse ofício do Antigo Testamento, bem como os de profeta, sacerdote e rei. A epístola de Tiago, que destaca a sabedoria do alto (3.15) e emprega analogias extraídas da natureza e provérbios, é um exemplo notável de literatura de sabedoria neotestamentária.[31]

CAPÍTULO 34

Provérbios

O Propósito

A sabedoria hebraica é a arte do sucesso, e Provérbios é um guia para um vida bem-sucedida. Ao citar regras negativas e positivas de vida, Provérbios esclarece a conduta correta e a incorreta numa multiplicidade de situações. A ausência de alusões à história de Israel e aos grandes temas proféticos como a *aliança* não significa que os autores de sabedoria não tinham consciência deles. Antes, o alvo deles era aplicar os princípios da fé regida pela aliança às atitudes, atividades e relacionamentos do cotidiano. As leis do amor (Lv 19.18; Dt 6.5; cf. Mc 12.29-31) são ênfases centrais no Antigo Testamento. Provérbios serve como um comentário ampliado delas. O povo de Deus tinha a obrigação de encarar a lei de Deus como uma responsabilidade inevitável que exigia obediência total. Provérbios chama essa obediência de "o temor do SENHOR" (Pv 1.7; 2.5; 9.10; Jó 28.28; Sl 111.10). Essa obrigação, paralela ao conhecimento de Deus conforme destacado nos livros proféticos (Os 4.1; 6.6) implica reverência, gratidão e compromisso de fazer a vontade de Deus em todas as circunstâncias. A principal missão de Provérbios é anunciar de maneira contundente, memorável e concisa o significado exato de estar à plena disposição de Deus.

> O temor do Senhor é o princípio do saber; mas os loucos desprezam a sabedoria e o ensino. Pv 1.7

Conteúdo

A variedade de formas literárias em Provérbios ilustra a vasta gama do *māshāl* hebraico que na forma plural *mᵉshālîm* dá nome ao livro. Ao que parece, *māshāl* deriva de uma raiz que significa "ser como" ou "comparado com". Assim, originalmente o provérbio talvez fosse uma comparação do tipo encontrado no Antigo Testamento:

> Palavras agradáveis são como favo de mel:
> doces para a alma e medicina para o corpo. (Pv 16.24)

ou:

> Melhor é um prato de hortaliças onde há amor
> do que o boi cevado e, com ele, o ódio. (15.17)

Com freqüência, porém, não aparece nenhuma comparação, mesmo nos provérbios mais antigos (e.g., "Dos perversos procede a perversidade"; 1Sm 24.13). Antes, esses ditados compreendem frases precisas e sucintas que condensam a sabedoria da experiência.[1] Em Provérbios 1–9 *māshāl* também descreve passagens mais longas, semelhantes a sermões, não provérbios no sentido estrito (cf. os discursos de Jó: 27.1; 29.1). Em outras partes, pode denotar alcunha depreciativa (Dt 28.37; Jr 24.9; Ez 14.8) ou canção de motejo (Is 14.4ss.), em que a vítima torna-se um exemplo apresentado para ridicularização.[2]

Provérbios parece conter oito coleções distintas, identificáveis ou por um subtítulo introdutório ou por uma mudança marcante no estilo literário. Provérbios 1.1-6 é uma introdução geral ou sobrescrito, esclarecendo tanto o propósito do livro como sua ligação com Salomão, o sábio mestre de Israel. Essa introdução localiza Provérbios no contexto internacional de sabedoria representado por Salomão (1Rs 4.29-34; 10.1-29). Também ancora o movimento de sabedoria nos primórdios da monarquia e não no período pós-exílico.[3]

A Importância da Sabedoria (1.7–9.18). Essa seção ilustra as técnicas de sabedoria. O mestre dirige-se ao pupilo como a um filho (e.g., 1.8; 2.1; 3.1) e mantém continuamente o tom paternal. A instrução oral predomina, como indicam as freqüentes referências ao ouvir e ao memorizar; a menção da escrita é rara. Esses capítulos contêm numerosas figuras de linguagem e expressões vivas que ajudam a memória do ouvinte. O emprego constante do paralelismo, base da poesia semita, era em si uma ajuda para a memorização.

O propósito do escritor aqui é traçar o contraste mais nítido entre as conseqüências de buscar e encontrar a sabedoria e as de seguir uma vida de insensatez. Tanto a sabedoria como a insensatez são conceitos intensamente religiosos e extremamente práticos. A sabedoria começa com o temor de Deus e passa para todos os aspectos da vida. A insensatez não é a ignorância, mas o desdém deliberado em relação aos princípios morais e religiosos. A combinação de depravação moral, irresponsabilidade espiritual e insensibilidade social descrita em Isaías 32.6 é um bom resumo da idéia de insensatez em Provérbios (veja a advertência de Jesus em Mt 5.22):

> Porque o louco fala loucamente, e o seu coração obra o que é iníquo,
> para usar a impiedade e para proferir mentiras contra o SENHOR,
> para deixar o faminto na ânsia da sua fome
> e fazer que o sedento venha a ter falta de bebida.

Ainda que transmitam algumas instruções específicas, os capítulos 1–9 procuram principalmente apresentar as conseqüências de escolher a sabedoria ou a insensatez, a justiça ou a perversidade. Enquanto louva as virtudes da verdadeira sabedoria, o mestre alerta com firmeza o pupilo contra certas tentações correntes: crimes de violência (1.10-19; 4.14-19), promessas precipitadas (6.1-5), preguiça (v. 6-11), desonestidade (v. 12-15) e, em especial, a imoralidade sexual (2.16-19; 5.3-20; 6.23-35; 7.4-27; 9.13-18). As descrições vivas dos encantos sinistros das mulheres devassas podem referir-se não apenas aos perigos da falta de castidade física, mas também da ameaça da impureza espiritual — culto a falsos deuses, muitas vezes descrito pelos profetas (em especial Oséias: 1.2; 2.13; 4.12-15 e Jeremias 3.1-13; 5.7s.) como adultério ou prostituição. Uma vez que a religião dos cananeus e a de outros povos do Oriente Próximo envolve a prostituição cultual, o sábio podia anunciar as duas advertências ao mesmo tempo. O caráter profundamente religioso desses capítulos (e.g., 1.7; 3.5-12), sua preocupação moral e social, e o estilo semelhante ao dos sermões lembram os discursos de Deuteronômio.[4]

A personificação da sabedoria no capítulo 8 é de importância especial. Como em Provérbios 1.2-33, a Sabedoria é retratada como uma mulher que chama a família humana a seguir sua instrução e encontrar o sentido da vida. Essa personalização culmina em 8.22-36, onde a Sabedoria alega ter sido criada antes de tudo o mais, chegando a insinuar que ela aplaudiu Deus com prazer na criação (v. 30; cf. 3.19). Essas alegações são mais práticas que teológicas: a Sabedoria apresenta suas credenciais para conquistar a fidelidade dos ouvintes (8.32-36). Ela permanece como criatura de Deus, não uma deidade independente ou mesmo uma *hipóstase*, um atributo de Deus que assume existência própria. Os hebreus pensavam e escreviam em termos concretos, não teóricos. Muitas vezes isso fazia com que seus poetas tratassem objetos inanimados ou idéias como se tivessem personalidade.[5]

Essa personificação, que se tornou ainda mais intensa durante o período intertestamentário (e.g., Sir 24.1-34; Sab de Sal 6.12-16; 7.22–8.18), contribuiu de modo significativo para os ensinos neotestamentários sobre Cristo. A doutrina do Logos, "Verbo", em João 1.1-14 baseia-se, pelo menos em parte, em Provérbios 8: tanto a sabedoria como o Logos existem desde o princípio (8.22; Jo 1.1); são ativas na criação (8.30; Jo 1.3) e sua influência concede vida (8.35; Jo 1.4).[6] De modo semelhante, a descrição de Paulo do senhorio de Cristo em Colossenses 1.15-20 contém traços de Provérbios 8, e as referências específicas a Cristo como a fonte da verdadeira sabedoria (1Co 1.24-30) estão profundamente arraigadas em Provérbios.[7]

O autor desses capítulos nunca será identificado de maneira conclusiva. O sobrescrito (1.1-6) parece creditar todo o livro a Salomão. Uma vez que ele volta a ser mencionado especificamente como autor da coleção que se inicia em 10.1, é provável que os capítulos 1–9 sejam produto de sábios anônimos. Em geral considerados entre as últimas seções do livro, os ensaios podem ter sido incluídos tarde, como 600 a.C., embora a maior parte do material pareça ter origem numa época anterior. Os paralelos em pensamento e estrutura entre essa seção (especialmente caps. 8–9) e a literatura ugarítica e fenícia dão a entender que "é inteiramente possível que aforismos e mesmo seções mais longas remontem à Idade do Bronze substancialmente em sua forma presente".[8] Em nítido contraste com a tendência de alguns estudos que datam materiais de sabedoria pelo tamanho, colocando ditados mais curtos antes e discursos mais longos depois,[9] a existência de discursos de sabedoria mais longos no Egito e na Mesopotâmia bem antes da época de Salomão testemunha a antiguidade dessa forma literária. "A extensão, portanto, já não pode ser considerada critério para datação das várias partes do livro."[10]

Os Provérbios de Salomão (10.1–22.16). Essa seção de cerca de 375 provérbios é normalmente considerada a mais antiga do livro. A compreensão cada vez maior da literatura de sabedoria do antigo Oriente Próximo e esclarecimentos recentes sobre o esplendor do reinado de Salomão têm renovado a apreciação de seu lugar como o patrono do movimento de sabedoria em Israel. Ele desfrutou de contatos estreitos com a corte egípcia, teve acesso à cultura estrangeira proporcionada por um vasto império e relativa paz em seu reinado. Suas inovações administrativas exigiam uma equipe burocrática altamente treinada, e sua riqueza fabulosa podia sustentar grupos de escribas e cronistas numa escala impossível para seus herdeiros. Juntamente com a sabedoria recebida de Deus (1Rs 3.9-28), esses fatores dão amplo sustento à alegação bíblica com respeito às suas atividades como sábio (1Rs 4.29ss. [TM 5.9ss.]); Pv 1.1; 10.1; 25.1). Porém sua falha na aplicação da sabedoria dividiu por fim o reino de Salomão (1Rs 12).

Esses provérbios geralmente são constituídos de dois versos (linhas). Nos capítulos 10–15, a estrutura poética é em grande parte antitética: a segunda linha do paralelismo postula uma idéia oposta à da primeira:

> O que ajunta no verão é filho sábio,
>   mas o que dorme na sega é filho da vergonha. (10.15)

ou

> A memória do justo é abençoada,
>   mas o nome dos perversos cai em podridão. (v. 7)

Essa estrutura é admiravelmente adaptada ao ensino da sabedoria porque deixa claro tanto o curso negativo como o positivo de atitude ou conduta. Além disso, retrata de forma viva a convicção dos sábios de que no final a pessoa só tem dois caminhos — o caminho dos justos (sábio) e o dos perversos (insensato), de bênção ou de terrível julgamento (cf. Sl. 1).

Os capítulos 16–22 empregam o paralelismo antitético de maneira moderada. Os padrões predominantes são o paralelismo sintético, em que a segunda linha completa a primeira:

> O SENHOR fez todas as coisas para determinados fins
>   e até o perverso, para o dia da calamidade. (16.4)

e o paralelismo sinônimo, por meio do qual a segunda linha reafirma e reforça a primeira:

> A soberba precede a ruína,
>   e a altivez do espírito, a queda. (v. 18)

Os ditados dos capítulos 10–22 mostram pouca continuidade, e os estudiosos ainda lutam para discernir o que rege a seqüência no texto.[11] Exceto uns poucos, quase todos são classificados como declarações ou afirmações

(*Aussagen*, em alemão), com verbos no modo indicativo. Eles contêm observações resumidas de modo conciso, extraídas da experiência:

> Em todo o tempo ama o amigo,
>   e na angústia se faz o irmão. (17.17)

ou

> O coração alegre é bom remédio,
>   mas o espírito abatido faz secar os ossos. (v. 22)

A lição em cada um é implícita; não se dá nenhuma exortação direta ao aluno. Esse tipo de ditado "autoconfirma-se, entregando-se à validação empírica ou à não-confirmação".[12]

Uma forma alternativa é o provérbio do tipo "melhor":

> Melhor é o pouco, havendo justiça,
>   do que grandes rendimentos com injustiça. (16.8; cf. 12.9; 15.16s.; 16.19; 17.1)

Essa comparação considera a justiça tão infinitamente preferível à injustiça que nenhum montante de riquezas pode compensar sua ausência.

Outra forma de comparação baseia-se em "como":

> Como vinagre para os dentes e fumaça para os olhos,
>   assim é o preguiçoso para aqueles que o mandam. (10.26; cf. 11.22; 16.24; 17.8)

Às vezes a comparação é implícita, sem palavras de ligação:

> O crisol prova a prata, e o forno, o ouro;
>   mas aos corações prova o SENHOR. (17.3)

Tais comparações demonstram a crença hebraica de que "ligações visíveis indicam uma ordem totalmente abrangente em que os dois fenômenos [na comparação] estão ligados um ao outro".[13] Essa ordem é o que os sábios procuravam compreender e expressar em seus provérbios.

Apesar de algumas ênfases religiosas (veja 15.3, 8, 9, 11; 16.1-9), a maior parte desses provérbios não está diretamente relacionada com a fé israelita; são provérbios baseados em observações práticas do cotidiano. O alvo deles é fortemente prático: em geral destaca as recompensas da vida sábia (veja 11.18, 25-31). Alguns estudiosos, crendo que a religião pura deve implicar culto a Deus pelo que ele é e não pelo que ele dá, criticam esse interesse: "Em sua obviedade os princípios [ético-religiosos] tornam Deus necessário apenas como guardião do sistema".[14] Mas, uma vez que Deus ainda não tinha revelado o mistério da vida após a morte ou o lugar do sofrimento em seu programa de redenção, como um escriba prático poderia defender seu ponto sem destacar as bênçãos do sábio e as armadilhas do insensato?[15] Os que diminuem a importância de Provérbios têm sido altamente criticados: "Só o homem que deixou embotar os sentidos pelo interesse na matéria ou que não conhece o verdadeiro propósito dessa sabedoria poética consegue ser enganado quanto à magnitude da façanha intelectual de nossos mestres de sabedoria".[16]

As Palavras dos Sábios (22.17–24.22). O título dessa seção ficou oculto em 22.17 no Texto Massorético e em versões em português:

> Inclina o ouvido, e ouve as palavras dos sábios,
> e aplica o coração ao meu conhecimento. (ARA)

O título mais óbvio, "São também estes provérbios dos sábios" (24.23), implica que se trata de uma coleção distinta de um grupo de sábios desconhecidos. Talvez fossem escribas reais comissionados para montar uma coletânea de máximas úteis e observações perspicazes, como os homens de Ezequias (25.1).

Esses provérbios, em contraste com os da seção anterior, são em geral mais longos (muitos com dois ou mais versos), mais intimamente relacionados e amparados no tema. O paralelismo antitético é raro (veja 24.16), enquanto o paralelismo sinônimo e, em especial, o sintético são freqüentes. Os tópicos apresentam variedade considerável: interesse pelo pobre (22.22, 27); respeito para com o rei (23.1-3; 24.2s.); disciplina de filhos (23.13s.); moderação na bebida (v. 19-21, 29-35); obediência aos pais (v. 22-25) e pureza sexual (v. 26-28). Aqui também soa uma nota religiosa (22.19; 24.18, 21), embora a influência da fé israelita esteja mais implícita que explícita.

A forma característica do provérbio aqui é de admoestação ou exortação (em alemão, *Mahnwort*). Os verbos estão no imperativo ou jussivo (ordem na terceira pessoa), tanto no afirmativo como no negativo:

Sabedoria de Amenemope, provérbios egípcios semelhantes a Provérbios 22.17–23.11. (*Museu Britânico*)

Ouve a teu pai, que te gerou,
  e não desprezes a tua mãe, quando vier a envelhecer. (23.22)

As exortações carregam a autoridade dos mestres e suas experiências; mas são com freqüência reforçadas por orações que declaram a razão ou motivação da ordem:

Não estejas entre os bebedores de vinho nem entre os comilões de carne.
Porque o beberrão e o comilão caem em pobreza;
  e a sonolência vestirá de trapos o homem. (v. 20s.)

Nessas admoestações, também, está implícita a idéia de uma ordem divina que rege o resultado da obediência e desobediência.

Os ditados de 22.17–23.11 apresentam uma semelhança notável com os provérbios egípcios de Amenemope (Amenófis), provavelmente c. 1000 a.C. ou pouco antes. A semelhança é reforçada se lermos "trinta provérbios" (BLH) em lugar de "excelentes coisas" (ARA). A mudança faz ligação com os trinta capítulos de Amenemope e não implica emenda das consoantes hebraicas. Por décadas, estudiosos vêm debatendo se uma coleção influenciou a outra, embora agora haja amplo consenso de que Amenemope seria o original.[17] Qualquer que seja a fonte, esses provérbios foram forjados e moldados por sábios israelitas no contexto da fé israelita, tornando-se assim parte da mensagem inspirada de Deus. Por exemplo, Amenemope alerta:

> Guarda-te de roubar o oprimido
> E de sobrecarregar o inválido. (cap. 11)

enquanto Provérbios acrescenta uma razão significativa para que se abstenha de tal roubo:

> Não roubes ao pobre, porque é pobre,
>   nem oprimas em juízo ao aflito,
> porque o SENHOR defenderá a causa deles... (22.22s.)

As seguintes passagens ilustram paralelos entre Provérbios e a Instrução de Amenemope:[18]

Amenemope	Provérbios (ARA)
Dá teus ouvidos, ouve o que se diz, Dá teu coração para compreendê-lo. Vale a pena colocá-lo em teu coração, enquanto ... (cap. 1)	Inclina o ouvido, e ouve as palavras dos sábios, e aplica o coração ao meu conhecimento. Porque é coisa agradável os guardares no teu coração... (22.17s.)
Não removas o marco dos limites da terra arável, Nem perturbes a posição do cordão de medida; Não cobices nenhum côvado de terra, Nem ultrapasses os limites de uma viúva. (cap. 6)	Não removas os marcos antigos, nem entres nos campos dos órfãos, (23.10)
... eles [os ricos] fizeram para si asas como que de gansos E voaram para os céus. (cap. 8)	Pois, certamente, a riqueza fará para si asas, como a águia que voa pelos céus. (23.5b)
Não comas diante de um nobre, Nem deposites primeiro em tua boca. Se estás satisfeito com mastigações falsas, Elas são passatempo para tua saliva. Olha para o copo diante de ti, Que ele te supra as necessidades (cap. 23)	Quando te assentares a comer com um governador, atenta bem para aquele que está diante de ti; mete uma faca à tua garganta, se és homem glutão. Não cobices os seus delicados manjares, porque são comidas enganadoras. (23.1-3)

Ditados Complementares (24.23-24). Essa breve coletânea contém provérbios concisos (v. 26) e também máximas longas (v. 30-34; cf. 6.6-11). Aqui, evidencia-se muito o aguçado senso de responsabilidade moral e social característico de Provérbios (24.28s.), ainda que a religião receba pouco destaque. Essa seção é também produto de um grupo anônimo de sábios.

Os Provérbios de Salomão Copiados pelos Homens a Serviço de Ezequias (25.1–29.27). Tanto em estilo como em conteúdo, essa seção apresenta algumas semelhanças com 10.1–22.16 (e.g., compare 25.24 com 21.9; 26.13 com 22.13; 26.15 com 19.24). Entretanto, aqui os provérbios tendem a variar em extensão. O paralelismo antitético é menos freqüente (ainda que os caps. 28–29 contenham numerosos exemplos), enquanto as comparações aparecem repetidas vezes (25.3, 11-14, 18-20).

Assim como com os provérbios em 10.1–22.16, não há motivo para duvidar da origem salomônica dessa coleção. A tradição judaica (Talmude *B. Bat.* 15a) de que Ezequias e seus companheiros escreveram Provérbios é baseada em 25.1. O interesse de Ezequias por Salmos (2Cr 29.25-30) e sua consideração pelos profetas hebreus (veja Is 37) bem podem ter sido acompanhados de seu incentivo ao movimento de sabedoria em Israel. Talvez seus escribas tenham copiado nesses capítulos, especificamente para essa coleção, os provérbios a partir de manuscritos mais antigos. Ou podem ter anotado máximas preservadas em forma oral desde os primeiros dias da monarquia. Embora não seja impossível que um pouco da turbulência do século VIII esteja aqui refletida, a maior parte das alusões a reis ou oficiais são suficientemente gerais para também se ajustarem ao período salomônico.

As Palavras de Agur (30.1-33). Agur e seu pai, Jaque, desafiam as tentativas de identificação. É provável que fossem da tribo de Massá (traduzindo do heb. 30.1 como nome próprio, não como "oráculo" ou "profecia", como faz a ARC), descendentes de Ismael que se estabeleceram no norte da Arábia (Gn 25.14; 1Cr 1.30). Se Agur e Lemuel (cap. 31) são massaítas, suas coleções de máximas são exemplos complementares do caráter internacional da sabedoria hebraica, adotada e moldada segundo os ideais da aliança israelita.

É difícil discernir o pensamento exato dos v. 2-4. Detecta-se um leve sarcasmo: o autor ao que parece cita um cético que alega ser pouco o que se pode conhecer de Deus, especialmente em sua atuação no universo. O questionador repreende o sábio que lhe fala a respeito de seu Deus. O sábio refuta o argumento e afirma a fidelidade da palavra de Deus e a segurança encontrada em Deus (v. 5s.; cf. Jó 38-40, em que Jó é silenciado quando confrontado pessoalmente pelo Senhor do universo). Agur conclui essa seção com uma oração breve mas comovente, pedindo que Deus supra somente suas reais necessidades, para que nem na pobreza nem na auto-suficiência seja tentado a pecar (v. 7-9).

O restante do capítulo consiste principalmente em observações extraídas da natureza ou dos relacionamentos sociais que contêm lições implícitas para uma vida bem-sucedida. Destacado é o uso de padrões numéricos na organização dos períodos, em particular o padrão x, x+1 ("três coisas ... quatro...") bem atestados no Antigo Testamento (Am 1-2; Mq 5.5) e na literatura semítica (esp. ugarítica).[19] Na literatura de sabedoria esse padrão cria um senso de expectativa, conduzindo a um clímax, e é um auxílio à memória do ouvinte. Às vezes os provérbios numéricos exibem um caráter lúdico que pode conter alguma ligação antiga com os enigmas.[20]

As Palavras de Lemuel (31.1-9). Como Agur, esse rei de Massá é desconhecido. sua breve coleção consiste em advertência sábia de sua mãe a fim de prepará-lo para o ofício. Ela o aconselha a evitar excessos com mulheres e vinho e o incentiva a proteger os direitos dos pobres e desamparados.

A Descrição de uma Mulher Excelente (31.10-31). Ainda que não traga título distinto, esse poema anônimo polido com esmero parece separado dos ditados de Lemuel por sua forma acróstica alfabética. As técnicas altamente sofisticadas envolvidas nessa forma (veja Sl 119) eram um auxílio para a memorização. E, mais importante, serviam para afirmar o sentido de integridade implicado nesse quadro da esposa e mãe perfeita. Esse retrato de uma mulher diligente, competente, consciensiosa e devotada é uma conclusão bem adequada para um livro que ensina a natureza e a importância de uma vida em obediência a Deus em todos os detalhes.

Os Limites da Sabedoria. Ao procurar interpretar os vários provérbios e aplicá-los à vida, deve-se ter em mente que se trata de generalizações. Ainda que enunciados como absolutos — conforme exige a forma literária — devem ser aplicados em situações específicas e não de modo indiscriminado. Perceber a ocasião exata em que empregar um provérbio fazia parte da sabedoria:

> Como maçãs de ouro em salvas de prata,
> assim é a palavra dita a seu tempo. (25.11)

Implícita, portanto, na compreensão correta da sabedoria estava a consciência de seus limites.[21] Por mais eficientes que fossem como guias para o sucesso, os provérbios podiam ser enganosos se considerados sentenças mágicas que sempre trariam resultados certos e automáticos. O melhor dos sábios alertou contra tal autoconfiança presunçosa e abriu espaço para Deus, em sua soberania, realizar algumas surpresas:

O coração do homem traça o seu caminho,
mas o SENHOR lhe dirige os passos. (16.9; cf. v. 21.31)

Pelo menos em parte, a falha dos círculos de sabedoria na obediência às próprias convicções a respeito desses limites levou às reações drásticas de Jó e Eclesiastes.

A Data da Coleção

Fica claro em Provérbios 25.1 que o livro pode ter sido completado antes do período de Ezequias (c. 715-686 a.C.). Os dois últimos capítulos bem podem ter sido acrescentados durante o exílio ou logo depois dele (c. 500 a.C.). É mais provável que os capítulos 10–29 tenham sido acrescentados na época de Ezequias e os capítulos de introdução e conclusão, durante os dois séculos seguintes. O século V a.C. é uma data razoável para a edição final, embora a maior parte do conteúdo seja bem anterior, e a maioria dos provérbios soltos e até mesmo os discursos mais longos tem origem bem anterior ao exílio.

Tentativas de atribuir datas mais recentes a vários ditados do livro por serem claramente religiosos[22] devem ser desconsideradas. Todo o contexto do livro implica de tal maneira uma fé em Javé que não se pode fazer nenhuma distinção entre versículos que mencionam a obra de Deus e os que não o fazem.

> A presença do Senhor na ordem por ele criada e mantida é pressuposta em todos os ditados: "As experiências do mundo sempre eram para [Israel] também experiências divinas, e as experiências de Deus eram para ele [Israel] experiências do mundo".[23]

Provérbios e o Novo Testamento

Os escritores do Novo Testamento citam livremente Provérbios para defender seus ensinos. Por exemplo, uma série de citações e alusões está inserida no Novo Testamento: e.g., 3.7a, Rm 12.16; 3.11s., Hb 12.5s.; 3.34, Tg 4.6 e 1Pe 5.5b; 4.26, Hb 12.13a; 10.12, Tg 5.20 e 1Pe 4.8; 25.21s., Rm 12.20; 26.11, 2Pe

2.22. O Cristo que veio cumprir a lei e os profetas (Mt 5.17) também cumpriu os escritos de sabedoria ao revelar a plenitude da sabedoria de Deus (Mt 12.42; 1Co 1.24; Cl 2.3). Ele empregou a técnica dos sábios — provérbios, parábolas, ilustrações inspiradas na natureza, perguntas intrigantes — para fixar suas palavras no coração de seus ouvintes.[24] Provérbios é um comentário extenso sobre a lei do amor. É, portanto, parte da preparação veterotestamentária para a vinda daquele em quem o amor divino assumiu a forma humana.

CAPÍTULO 35

Jó

"Observaste o meu servo Jó?" — a pergunta direta apresentada por Javé a Satanás (1.8; 2.3) — deu ocasião aos quarenta e dois capítulos de sofrimentos, queixas, discussões e respostas que compreendem o livro de Jó. Poucas histórias na literatura da experiência humana têm tamanho poder de alargar a mente, cobrar a consciência e expandir a visão como Jó. Todos os que testemunham o desastre na terra de Uz, bisbilhotam a conversa no tribunal de Javé, arbitram o debate entre Jó e seus amigos ou se arrepiam com a voz que sai do redemoinho terão modificadas suas crenças básicas. Terão alterada sua concepção de soberania e liberdade divinas bem como sua idéia de sofrimento, arrogância e integridade humana. Esse é o perigo e também a bênção do livro.

> Donde, pois, vem a sabedoria,
>   e onde está o lugar do entendimento?
> Está encoberta aos olhos de todo vivente
>   e oculta às aves do céu.
> O abismo e a morte dizem:
>   Ouvimos com os nossos ouvidos a sua fama.
> Deus lhe entende o caminho,
>   e ele é quem sabe o seu lugar.
> Porque ele perscruta até as extremidades da terra,
>   vê tudo o que há debaixo dos céus. Jó 28.20-24

Nome e Lugar no Cânon

O nome Jó (heb. *'iyyôb*) tem sido interpretado de várias maneiras. Uma sugestão é "Onde (está) meu Pai?". Outra leitura deriva o nome da raiz *'yb*, "ser inimigo". É possível entendê-lo como uma forma ativa (oponente de Javé) ou como uma forma passiva (alguém a quem Javé trata como inimigo). Pode haver um jogo de palavras quando Jó lamenta ser "inimigo" (*'ôyēḇ*) de Deus (13.24). Em todo caso, o nome é bem atestado no segundo milênio, aparecendo nas Cartas de Amarna (c. 1350 a.C.) e nos textos de execração egípcios (c. 2000).[1] Em ambos os casos, ele é aplicado a líderes tribais na Palestina e arredores. Essas ocorrências dão força à tese de que o livro registrou a antiga experiência de um sofredor real, cuja história recebeu a formulação presente das mãos de um poeta posterior. Entretanto, o valor da narrativa não repousa numa possível base histórica.

A presença do livro no cânon não tem sido debatida, mas sim sua localização dentro dele. Nas tradições hebraicas, Salmos, Jó e Provérbios estão quase sempre ligados, com Salmos em primeiro, e uma variação na ordem de Jó e Provérbios. As versões gregas diferem muito na colocação de Jó — um texto o coloca no final do Antigo Testamento, depois de Eclesiastes. As traduções latinas estabeleceram uma ordem que foi seguida por nossas tradições: Jó, Salmos, Provérbios. Por causa do suposto ambiente patriarcal da história e da crença de que Moisés seria seu autor, a Bíblia siríaca o insere entre o Pentateuco e Josué. A incerteza quanto à data e ao gênero literário respondem por essas diferenças de localização.

O Contexto Histórico

A Data. Não há consenso entre antigos rabinos nem entre estudiosos modernos quanto à data de Jó. As marcas de antiguidade são claras na prosa do prólogo (1.1–2.13) e do epílogo (42.7-17): (1) Sem sacerdócio nem santuário, Jó executava os próprios sacrifícios (1.5). (2) Suas posses, como as de Abraão e Jacó, eram medidas por ovelhas, camelos, bois, jumentos e servos (1.3; cf. Gn 12.16; 32.5). (3) Sua terra estava sujeita a ataques de tribos peregrinas (1.15-17). O caráter épico da história em prosa tem paralelos bem próximos em Gênesis e na literatura ugarítica. (6) Um antigo herói justo chamado Jó é citado por Ezequiel em associação com Noé e Daniel[2] (Ez 14.14, 20). É mais provável que a história em prosa fosse antiga, transmitida a partir de um contexto original anterior a 1000.[3]

As seções poéticas (3.1–42.6) vêm de um período posterior, pois há numerosas afinidades entre linhas no livro de Jó e outros textos do Antigo Testamento; e.g., compare Jó 3.3-26 e Jeremias 20.14-18; 7.17s. e Salmos 8.5s. [TM 6s.]; 9.8, 9 e Amós 4.13 e 5.8; e 15.7s. e Provérbios 8.22, 25. Muitos temas de Jó aparecem em Isaías 40–55, e há uma afinidade especial entre Jó e o retrato do servo sofredor de Isaías.[4] É possível defender uma data no século VII ou posterior para Jó com base nessas comparações, já que o autor de Jó comenta a respeito de tradições recebidas. Muitos estudiosos postulam uma data durante o exílio ou depois dele. Mas seus motivos não são convincentes, em particular se assumirmos a posição de que o livro diz respeito ao sofrimento pessoal, não nacional. Ele não se dirige à natureza e limita a retribuição divina a Israel, como fazem Lamentações e Habacuque. Seu debate com a sabedoria convencional não exige que o livro de Provérbios tivesse sido completado; os pontos em discussão prevaleciam havia muito, antes da coletânea final de Provérbios. Em suma, uma data entre 700 e 600 parece razoável para a conclusão da obra.

Paralelos no Oriente Próximo. Apoio complementar para uma data no pré-exílica vem de outras histórias antigas de sofredores justos. Tais contos pertencem "à categoria da Sabedoria mais elevada, especulativa em caráter, não-convencional em abordagem e interessada em questões maiores".[5] Nenhuma dessas histórias (veja o cap. 33) iguala-se de fato a Jó. No máximo demonstram que, desde os primórdios da literatura, as pessoas se assombram com os caminhos de Deus, especialmente quando implicam sofrimento humano. A perplexidade de Jó, portanto, tem uma longa cadeia de precedentes, mas nenhum sinal de ligação direta:[6]

> Jó coloca-se bem acima de seus competidores mais próximos, na coerência de seu tratamento habilidoso do tema da aflição humana, no escopo de seu exame multifacetado do problema, na força e na clareza de seu monoteísmo moral desafiador, na caracterização de seus protagonistas, na qualidade de sua poesia lírica, em seu impacto dramático e na integridade intelectual com que ele enfrenta o "fardo ininteligível" da existência humana.[7]

A Autoria. O nome do autor de Jó está perdido para sempre. Raramente a história deixa tamanho gênio literário anônimo e desconhecido quanto às circunstâncias ou motivos que o levaram a compor obra de tão grande magnitude.

Tudo o que se pode saber do autor deve ser colhido no livro. (1) Deve ter sofrido de maneira terrível, pois sua empatia por Jó é muito genuína. (2) Também pode ter encontrado compreensão de seu sofrimento e alívio da dor num encontro com Deus (38.1–41.34 [TM 26]; cf. Sl 73.17). (3) Foi inteiramente formado na tradição da sabedoria, como atestam o tema e a variedade de recursos literários. (4) Sua experiência de sofrimento deve tê-lo feito atracar-se com os ensinamentos da sabedoria tradicional acerca dos padrões absolutos da retribuição divina — a bênção é sempre o fruto da justiça, o sofrimento, sempre, o salário do pecado. (5) Com certeza ele era israelita, como indicam sua concepção de soberania divina, seu pedido de justiça divina e código impecável de conduta ética (31.1-40). (6) É provável que tenha empregado o ambiente não-israelita de Uz (quer em Edom, no sul, quer ao leste, em Gileade) por ser a fonte da antiga história e também por tal sofrimento ser uma sina humana universal. (7) Nos bons moldes hebraicos, ele queria compartilhar suas descobertas para fortalecer amigos e discípulos contra sofrimentos futuros. Nesse esforço, ele se aliou aos que compuseram os salmos 37, 49 e 73, expandindo o trabalho deles.

A Estrutura

O Movimento do Livro. Apesar de continuar em debate a unidade de Jó (veja abaixo), investigaremos aqui o ponto central da obra em sua forma final. Pode-se traçar uma analogia entre o desenvolvimento de tal obra-prima e a construção de uma catedral medieval, que muitas vezes levava séculos. Esses santuários imponentes suscitam profunda apreciação de sua forma arquitetônica final, para a qual contribuiu cada estágio: "restaurar os planos originais [...] seria um ato de barbarismo".[8] Dissecar o livro de Jó isolando suas partes pode na realidade diminuir o entendimento de sua mensagem.

I. Prólogo (prosa)	caps. 1–2
II. Conjunto de Discursos (poesia)	caps. 3–42.6
A. Diálogo	caps. 3–28
1. Lamento de abertura de Jó	cap. 3
2. Diálogo entre Jó e os amigos em três ciclos	caps. 4–27
Elifaz (Jó responde a cada um)	caps. 4–5; 15; 22
Bildade	cap. 8; 18; 25
Zofar	caps. 11; 20
3. Poema de sabedoria	cap. 28
B. Série de Discursos de uma Pessoa	caps. 29–41

  1. Jó alega inocência   caps. 29–31
  2. Discursos de Eliú   caps. 32–37
  3. Discursos de Javé com resposta de Jó   caps. 38–42.6
 III. Epílogo (prosa)   42.7-17

  A forma geral é A-B-A (prosa–poesia–prosa). O *prólogo* consiste em seis cenas. Começa com a apresentação de Jó e termina com a apresentação dos três consoladores. No meio há um duplo intercâmbio entre uma cena no céu e a tribulação de Jó na terra. O *diálogo*, composto de três ciclos, é emoldurado pelo lamento de abertura de Jó (cap. 3) e o Hino à Sabedoria (cap. 28). Depois, há uma *série de discursos* proferidos por três pessoas: Jó, Eliú e Javé. O último discurso de Jó tem três partes (caps. 29–31). Esse padrão equilibra o padrão tríplice do diálogo. Eliú pronuncia quatro discursos sem resposta. O anúncio de um discurso a mais em relação aos amigos o eleva acima deles. Depois há dois longos discursos de Javé, cada um seguido de uma curta réplica de Jó. O total de quatro discursos equilibra os quatro discursos de Eliú. O *epílogo* tem duas partes distintas, harmonizando-se com o uso de pares no prólogo.
  Um exame mais minucioso da função de cada parte e sua relação com o todo mostra:
  (1) *Um drama em dois atos: a prosperidade de Jó e o teste de Javé* (prólogo em prosa, caps. 1–2). A narrativa alterna entre a terra de Uz, onde Jó vive em integridade e em devoção, em prosperidade (1.1-5) ou em desastre (v. 13-22; 1.7-13), e o tribunal de Javé, onde Satanás (veja abaixo) desafia Javé a testar Jó (1.6-12; 2.1-6). Uma reversão trágica acentua o sofrimento e destaca a sina de Jó: a mudança radical da vida com uma família ideal e vastas posses até a pobreza, a dor e a solidão (1.1-5; 2.7s.). A repetição, sutil, mas poderosa, o deixa mais incisivo e aumenta o suspense: a descrição padrão da justiça de Jó (1.1, 8, 2.3), o relato estereotipado da entrada e saída de Satanás e sua conversa concisa com Javé (1.6-8; 2.1-6; cf. 1.12b; 2.7a), o relato trágico do mensageiro (1.16s., 19) e o anúncio resumido de que Jó passara no teste (1.22; 2.10b).
  O prólogo estabelece o cenário para todos os discursos que se seguem. Permite que a audiência confie em Jó, ao mesmo tempo que mantém todos os personagens do debate às escuras quanto à verdadeira natureza da sorte de Jó. Jó jamais fica sabendo que Deus confia nele ou que sua fé está sendo testada. Também não fica sabendo que a honra de Deus está em jogo juntamente com a dele próprio. O interesse de Deus está mais na reação confiante de Jó que em seu consolo pessoal. O prólogo retrata a soberania de Deus sobre Satanás, que não pode prejudicar Jó além dos limites dados por Deus (1.12; 2.6), e estabelece

uma tensão deliberada com as conversas que se seguem, honrando a firme confiança de Jó em Javé (1.21s.; 2.9s.). Apresenta os três amigos como consoladores solidários, um toque de ironia para estabelecer o contraste marcante que se segue.

(2) *Uma sina pior que a morte: o desespero de Jó e o silêncio de Javé* (lamento poético, cap. 3). Com desespero só igualado ao lamento de Jeremias, mais curto (Jr 20.14-18), Jó amaldiçoa o dia de seu nascimento (Jó 3.1-10) e chora sua queixa (v. 11-16). O contraste com sua devoção controlada no prólogo é surpreendente e deliberado. O autor recusa-se a atenuar o choque com explicações ou transições. Empregando a hipérbole característica dos hebreus (ênfase por exagero), desnuda toda a humanidade de Jó. O trauma inicial da perda dá lugar ao horror total diante de sua sina. Jó vê sua vida despojada de todos os sinais de bênção divina e, conseqüentemente, de todas as fontes de alegria.

Implicitamente Deus se torna seu inimigo. Quem mais seria responsável pela própria sobrevivência por ele questionada? O ataque de Jó contra o poder criativo de Deus, seu modo de controlar o tempo e sua providência estabelece o tom do diálogo que se segue. Não se encontra nenhum consolo no culto ou na história de Israel — as realidades sobre as quais o autor conscientemente silencia: "é numa existência totalmente isenta de comunidade ou de história da salvação que Jó em severo isolamento mantém sua luta com Deus".[9]

(3a) *Um consolo mais dolorido que a censura: três acusadores e um defensor* (diálogo poético, cap. 4–27). Aqui o gênio literário do autor brilha tanto nos detalhes como na execução geral. A forma dialogada, com cada amigo falando três vezes, exceto Zofar, enriquece o debate pela repetição e também pela variedade. Cada amigo fala de uma perspectiva diferente — Elifaz como um místico bondoso e confiante (caps. 4–5; 15; 27; esp. 4.12-21), Bildade como um firme tradicionalista (caps. 8; 18; 25; esp. 8.8-10), Zofar como um dogmático determinado (cap. 11; 20; esp. 11.5s.). A mensagem básica de cada um é a mesma: um convite a que Jó se arrependa do pecado que deve ter causado seu sofrimento (Elifaz, 5.8; 15.12-16; 22.21-30; Bildade, 8.3-7; Zofar, 11.13-15). Ao fazê-lo, os consoladores terminam tentando Jó a buscar a Deus por interesse pessoal, e não pelo que é.

Os discursos dos amigos consistem em muitos gêneros. Elifaz, o mais piedoso, abre com palavras de consolo (4.2-6). Bildade e Zofar, porém, começam com uma acusação (8.2-4; 11.2-6). O corpo dos discursos dos amigos inclui instrução de sabedoria (4.7-11; 8.8-10), descrição da sina dos perversos (5.1-7; 8.11-19), bem como o destino dos justos (5.17-28; 8.20-22), linhas hínicas em louvor a Deus (5.9-16; 11.7-11[12]) e exortações para buscar a Deus (5.8, 27;

8.5-7; 11.13-20). Só Elifaz fortalece as posições que defende com observações pessoais próprias. Distintivo também é seu encontro com um espírito em que recebe uma revelação (4.12-21). Essa é a única visão registrada por um sábio nas Escrituras. Algumas visões proféticas também contêm uma audição, mas não mencionam nenhuma aparição e nenhuma reação física da parte do profeta. A descrição mostra que os sábios não estavam restritos a observações naturais, mas também abertos a experiências místicas.

No segundo ciclo, os amigos suspeitam que Jó cometeu algum erro. A posição deles reflete-se em seus discursos que consistem essencialmente em dois elementos: acusações (15.2-6; 18.2-4; 20.2-3) e ameaças implícitas nas descrições do destino dos perversos (15.17-35; 18.5-21; 20.4-29). Só Elifaz acrescenta uma instrução de sabedoria (15.7-16). Eles contam com detalhes o destino dos perversos como um meio de incitar Jó ao arrependimento.

No terceiro ciclo só o discurso de Elifaz está definitivamente intato (veja p. 527). Consiste em uma acusação (22.2-11), um dístico em louvor a Deus (22.12), um debate (22.13-20) e um chamado eloqüente ao arrependimento (22.21-30). Ele acusa Jó diretamente de quebrar o padrão patriarcal de moralidade e faz um apelo apaixonado a que ele se arrependa. No texto conforme o temos hoje, há apenas um breve discurso de Bildade. Trata-se de um hino de louvor a Deus (25.2-6). Uma vez que os amigos concordam em que Jó é culpado de algum erro sério oculto, o abismo entre eles aprofunda-se de maneira considerável. Apesar das rodadas repetitivas e dos ataques intensificados, eles só conseguem tentar Jó a buscar a solução errada.

(3b) *Os discursos de Jó são igualmente compostos de muitos gêneros.* Neste ponto é importante mencionar duas características do diálogo: (1) Jó tende a falar aos amigos como grupo; e (2) suas respostas nem sempre se dirigem ao discurso precedente. Podem dizer respeito a perguntas ou argumentos anteriores; e.g., em 9.3s., 15-24, Jó está na realidade respondendo à pergunta de Elifaz: "Seria, porventura, o mortal justo diante de Deus? (4.17)[10], em vez de responder às questões levantadas por Bildade.

Jó começa dando vazão a seu total desespero de vida (cap. 3). Nessa queixa de abertura, ele pronuncia uma maldição para remover do calendário o dia de seu nascimento e a noite de sua concepção, de modo que sua existência possa ser apagada (3.3-10). Uma vez que isso é impossível, ele anseia que Deus lhe permita morrer para gozar do descanso no Sheol (3.11-26; 6.8-10; 7.15-16). Depois, lamenta sua sina de modo mais realista. Ele derrama o coração contra a crueldade da aflição divina. Retrata Deus usando-o para tiro ao alvo ou atacando-o como a uma grande fortaleza (16.6-14; 19.8-12). Em suas queixas, Jó lamenta as dificuldades da vida humana em geral, estabelecendo um vínculo entre sua experiência e a dos outros (7.1-2; 14.1-12).[11] Ele também pede a Deus que alivie seu sofrimento (7.7-10, 16.21; 10.20-22; 14.13-17; 17.3-4). Repreende os consoladores por insensibilidade e traição (6.14-23) e pede que ouçam o que realmente está dizendo (12.3; 13.5-6; 21.2-3). Se ouvirem, terão condições de instruí-lo com compaixão e trazer algum alívio a sua dor (6.24-27; 19.21-22). Embora Jó esteja em conflito com o dogma dos amigos, sua discussão mais substancial é com Deus, que ele sabe ser o responsável último por sua aflição (e.g., 9.15-35; 13.23-28; 16.6-17). Com Deus, seu protesto não é de que não tenha pecado, mas que seu sofrimento excede muito qualquer pecado que possa ter cometido.

O uso da queixa como componente básico na maior parte dos discursos de Jó atende a alguns propósitos. Isso lhe permite descrever seu sofrimento em vigorosa linguagem poética figurativa (e.g., 16.6-17). As figuras vivas e contundentes da lamentação de Jó, ainda que rondem o desalento total, impedem que ele caia no abismo do desespero. Isso lhe permite obter algum controle sobre seus pensamentos desesperados, ao lhe abrir a mente para a esperança da recuperação. Além disso, evita que o livro seja um discurso didático sobre as razões do sofrimento.

Como os amigos, Jó recita linhas hínicas em louvor a Deus (9.5-13; 10.8-12; 12.13-25; 23.8-9, 13-14; 16.5-14). Esses pensamentos o fazem buscar em Deus a solução, no próprio Deus que, teme ele, o aflige caprichosamente.

Sem forçar o texto, é possível ver os passos que Jó dá para enfrentar seu sofrimento. Há um movimento no livro, ainda que nem todos os seus estudantes concordem. No meio de sua reclamação, Jó tateia à procura de algum modo de provar sua inocência (6.29; 16.17; 23.10-12; 27.2-6; cf. 9.15, 20s.). De início ele conjectura tenazmente sobre o que aconteceria se pudesse responsabilizar Deus diante de um tribunal por afligi-lo com tanta severidade (9.14-24). Temeroso do poder aterrador de Deus, ele não encontra meios de um mero mortal ganhar uma disputa com Deus (9.2-4, 14-16, 32). A única esperança para os seres humanos seria haver um árbitro que impedisse Deus de empregar sua vara aterrorizadora (9.33-34), mas tal árbitro não existe.

Entretanto, Jó decide que levará Deus ao tribunal (13.3, 13-27). Convicto de que o sofrimento transformou seu corpo numa falsa testemunha contra suas palavras, ele se vale da linguagem jurídica para impingir seu anseio de vindicação. Jó passa a postular que no tribunal celestial há uma testemunha celeste que depõe em sua defesa (16.18-21). A identidade dessa testemunha não fica clara. Seriam os próprios céus, pois eles, junto com a terra, ouvem casos julgados diante do tribunal divino (Mq 6.1-2)? Seria uma terceira parte no céu, alguém que desempenhe o papel oposto do promotor Satanás?[12] Eliú falará desse anjo mediador (33.23-25). Com certeza a testemunha é mais que o árbitro antes desejado (9.33).

No próximo discurso de Jó, sua fé se fortalece. Ele diz com convicção:

> Porque sei que o meu Redentor vive
> e por fim se levantará sobre a terra.
> Depois, revestido este meu corpo da minha pele,
> em minha carne verei a Deus. (19.25-26)

Alguns pensam que seu parente é o próprio Deus. Parece absurdo que Deus fale contra si próprio em favor de seu servo. Mas essa dialética é a própria essência da redenção. Jesus, o Filho de Deus, é igualmente abandonado por Deus em seu esforço de ser o redentor de homens pecadores e conquistar a reconciliação deles com Deus Pai (Mt 27.46). Jó está convicto de que seu redentor virá em sua defesa, garantirá um julgamento justo e lhe permitirá obter um veredicto favorável.

Tendo conseguido algum controle mental sobre seu sofrimento, Jó ultrapassa a preocupação consigo mesmo para lamentar a falta de justiça na terra. Ele pronuncia dois discursos longos em que relata o sucesso dos perversos como um desafio à doutrina padrão de retribuição conforme defendida pelos amigos (21.2-33; 24.1-17). Essa evidência refuta as alegações tenazes de que a doutrina da retribuição é cumprida de maneira universal e mecânica. Isso também exige uma compreensão mais clara de como um Deus justo rege o mundo (veja os discursos de Javé).

No terceiro ciclo Jó chega à convicção de que uma pessoa justa poderia conseguir absolvição no tribunal divino (23.4-7). O problema, porém, é que ele não consegue encontrar Deus para que se promova o julgamento (23.3, 8-9). Ainda assim, com fé Jó afirma que o final da provação seu caráter será considerado puro como ouro (23.10-12). Jó encerra o diálogo com dois votos e uma declaração de inocência (27.2-6). Sua ousadia se evidencia numa acusação direta: o próprio Deus por quem ele jura está tornando sua vida amarga e negando-lhe justiça. Jó promete que jamais inventará mentiras de arrependimento para obter o favor de Deus, apesar do suplício dos amigos. Não cederá à pressão deles, pois fazê-lo lhe custaria a integridade. De acordo com um costume antigo, o silêncio de seus amigos determina que Jó é o vencedor do debate.

No diálogo Jó passa do desespero extremo que leva à fé no que se quer que seja verdade para uma firme resolução de defender a própria honra. Sua livre e audaz expressão da ira lhe permite enfrentar a dor sem que se entregue a uma solução que lhe comprometa a integridade. A dor de Jó não diminuiu no decorrer de seus discursos. Antes, ele é capaz de ter uma percepção suficiente dela para colocar sua integridade pessoal acima de qualquer solução ambicionada. Confrontar a Deus é mais importante que encontrar alívio. Nenhuma confissão falsa a Deus, nenhuma manipulação de Deus, nenhum negócio com Deus, nem mesmo o uso dos meios de graça — ao fugir dessas opções, ele refuta a maliciosa alegação capciosa de Satanás de que os homens sempre comprometem seus padrões na base de pele por pele (2.4). Assim, vindica-se plenamente a confiança que Deus nele deposita.

(4) *Um interlúdio com uma mensagem: meditações a respeito do mistério da sabedoria* (peã poético, cap. 28). Essa descrição magnífica das maravilhas da sabedoria e de sua inacessibilidade ao empenho humano parece uma intervenção do autor. Se faz parte do discurso de Jó que começou em 27.1, é provável que deva ser interpretado de maneira irônica. Jó temia a Deus (2.28; cf. 1.1, 8; 2.3), mas não obteve sucesso![13] Se isso foi um interlúdio propositado, deve ser creditado ao autor final, que o emprega para fechar uma fase do livro e fazer a transição para a próxima. Como que refletindo sobre o beco sem saída a que levou o diálogo da tempestade, ele medita na incapacidade humana de descobrir, adquirir ou discernir a verdadeira sabedoria sem a ajuda divina. Aliás, esse é seu resumo do livro até aqui: nem Jó nem os amigos encontraram a chave. Ao destacar a necessidade da ajuda divina ("Deus lhe entende o caminho, e ele é quem sabe o seu lugar", 28.23), ele apressa as expectativas em relação aos discursos proferidos do redemoinho (cap. 38).

O hino tem quatro partes: (1) O engenho humano desenvolve a tecnologia que permite aos homens extrair pedras preciosas da terra. O brilhantismo humano, porém, não atinge a sabedoria (v. 1-11). (2) A sabedoria não pode ser comprada, nem com toda a riqueza humana (v. 12-19). (3) Só Deus tem acesso à sabedoria. Deus a empregou na criação (v. 20-27). Os mortais captam um lampejo dessa sabedoria nas maravilhas da criação. (4) A sabedoria divina está além do alcance humano. Entretanto, é possível começar a adquirir sabedoria temendo a Deus e deixando o mal (v. 28). Essa sabedoria prática lembra a sabedoria de Deus, mas fica bem aquém da glória da sabedoria divina.

(5) *Um protesto contra o céu: a queda calamitosa de Jó e a demonstração de sua inocência* (queixa poética e voto, caps. 29–31). Prolongando habilidosamente o suspense, o autor permite que Jó sumarie seu argumento antes de suspender seu caso. Primeiro, relembra a cena na terra de Uz, narrando seu revés trágico da bênção e do prestígio (cap. 29) para a zombaria e a angústia (cap. 3). Depois, ele jura inocência. Alista numerosos pecados, tanto em atos como em pensamentos, que não cometeu (31.1-34). Essa declaração expressa

Os camelos de Jó simbolizam a posição que ele perdeu e viria a reconquistar. Cáfila na região do Neguebe. *(Neal e Joel Bierling)*

um alto padrão de ética bíblica sobrepujada só pelo Sermão do Monte.[14] Por fim, ele volta a anunciar sua demanda de uma audiência com Deus. Sela essa demanda com uma maldição que está disposto a sofrer, caso seja provada sua culpa (v. 35-40). Jó reafirma seu tema principal: nada fez que garanta seu sofrimento. Jó suspende sua defesa com um juramento de inocência. E a próxima ação é de Deus — seja para defender Jó, seja para destruí-lo. Se Deus permanecer silente, Jó será inocentado.

(6) *Uma censura e uma lição: Eliú tenta corrigir Jó e seus amigos em quatro discursos sem réplica* (discurso poético, caps. 32–37, com introdução em prosa, 32.1-5). Os discursos de Eliú parecem separados do restante do livro. Ainda assim, sua mensagem é essencial nele. Só Eliú é israelita. Só ele é apresentado com uma linhagem. Que linhagem! Os nomes de seus ancestrais estão ligados diretamente aos patriarcas (veja Buz em Gn 22.21). Além disso, o jovem Eliú é bombasticamente prolixo, ainda que alardeie profunda inspiração para seus discursos (32.18-20).

Eliú apresenta novas idéias sobre o sofrimento e prepara Jó para a manifestação de Javé.[15] Seu primeiro discurso, o mais original (caps. 32-33), ensina que Deus é gracioso para com os que o servem, sempre procurando torná-los dos erros de seus caminhos. Deus emprega dois meios básicos: sonhos e sofrimentos disciplinares. Ele difere de Elifaz, que sustentava que o sofrimento é uma punição preliminar por algum erro cometido. Para Eliú, trata-se de uma disciplina preventiva, para evitar que a pessoa erre. Além disso, Deus provê um anjo mediador para resgatar a pessoa que se aproxima do túmulo (33.23-25). No Antigo Testamento, a identidade do anjo é encoberta, sendo revelada apenas no Novo.

Nos próximos dois discursos (caps. 34-35) Eliú inculca a verdade de que a justiça é o fundamento do regime divino. Ele rejeita a queixa de Jó de que Deus não rege com justiça o tempo todo. E mais, Jó deve deixar sua reclamação de que Deus o tem tratado com injustiça, para não receber penalidade pior. Diferente dos outros amigos, Eliú localiza o pecado de Jó em sua retórica e não em algum erro desconhecido. Em seu terceiro discurso (cap. 35), ele desnuda o tom pretensioso do argumento de Jó. Eliú, como os outros, exagera seu argumento. Mas de fato planta na mente de Jó a idéia de que terá de desistir de sua jura de inocência antes de encontrar reconciliação com Deus. Em seu quarto discurso (caps. 36–37) Eliú repassa o tema do sofrimento disciplinar e depois em poesia vigorosa descreve a glória da manifestação divina num redemoinho. É possível que tivesse visto os sinais que pressagiam a vinda de Javé (37.21-24)?

(7) *Uma voz que silencia o debate: Javé aparece e interroga Jó acerca da estrutura e manutenção do mundo* (38.4-24; 38.25–39.30) — tanto o mundo natural (38.25-38) como o mundo animal (38.39–39.30). Essa apresentação das glórias do universo torna-se um tipo de hino de louvor. O emprego de perguntas lembra um tribunal em que o réu é questionado. O estilo geral, porém, está mais próximo ao de um debate (ou altercação) que ao de um tribunal. O conteúdo dos discursos de Deus parece fugir das questões levantadas por Jó, especialmente sua alegação de inocência. Mas Javé não censura as queixas de Jó para trazê-lo de volta a uma linha de pensamento ortodoxo, como os amigos imaginavam que ele faria. Também não inocenta Jó de imediato, como o próprio Jó esperava.

Os discursos de Javé, porém, cumprem várias funções. Javé estabelece uma reaproximação com Jó fazendo-lhe perguntas e passando-lhe uma leve reprimenda, questionando-o de uma forma que ele não consegue responder. (Jesus, em sua estada na terra, propunha perguntas de caráter semelhante.) Javé mostra respeito por Jó ao conversar com ele, enquanto a ironia embutida nas perguntas talvez tivesse a intenção de atenuar, com um toque de humor, a amargura de sua queixa.

Javé observa que deu origem ao mar e fixou os limites para ele (38.8-11). Já que o mar passou a simbolizar para Deus forças hostis, essa seção implica que o suposto mal tem sua origem em Deus e que está confinado entre fronteiras estabelecidas. Esse quadro lembra as restrições impostas a Satanás (caps. 1–2). Ademais, a luz da manhã leva os perversos a se esconder. Javé assim admite que o mal está presente na terra — um mal que Deus limita e controla tendo em vista bons propósitos.

Javé em seguida registra a incapacidade humana de visitar os longínquos recessos do mundo: as profundezas, o horizonte, as alturas (38.16-24). Como, então, homens finitos podem estabelecer uma teoria sadia para explicar como Javé governa o mundo com justiça e sabedoria?

Uma pergunta complementar de Javé mostra que ele mantém sabiamente a criação. Ele envia chuva para lugares desolados (38.25-38). Hoje estamos apenas começando a ter uma vaga idéia da providência de Deus nesse sentido; como a ecologia dos lugares remotos e inacessíveis do planeta é vital para o bem-estar de todos. Depois Javé coloca diante de Jó uma série de retratos de animais. Em cada retrato louva-se uma característica e menciona-se uma dificuldade. Javé está martelando uma lição: os benefícios de que goza determinada criatura valem muito mais que as dificuldades por ela enfrentadas. O jumento selvagem, por exemplo, tem de sobreviver com um suprimento escasso de alimento, mas, ao contrário do jumento domesticado, nunca precisa ouvir os berros do patrão (39.5-8). O avestruz é grande e desengonçado e não consegue voar, mas, surpreendentemente, consegue vencer na corrida o corcel majestoso (39.13-18). Essas estranhas verdades da natureza dizem a Jó que sua dor e perda não são o ponto final. Sua integridade, liberdade e confiança em Deus excedem muito o peso de seu sofrimento.

Javé faz uma pausa para dar a Jó uma oportunidade de resposta. Jó fala só umas poucas palavras (40.3-5). O ponto principal delas, em resumo, é que ele não abandonará sua alegação de inocência.

Deus quer impedir Jó de se agarrar à sua convicção com tanta obstinação que coloque a própria inocência acima da pureza moral de Deus. Tal pecado seria a presunção — a arrogância desenfreada. Com persistência, Javé inicia um segundo discurso (40.6–41.34). Questiona a capacidade de Jó de lidar com os estratagemas dos orgulhosos e perversos (40.6-14). Jó seria capaz de domesticar dois grandes animais: Beemote (40.15-24, IBB, BLH) e Leviatã (41.1-34, IBB, BLH)? Os retratos dessas duas criaturas, em contraste com os do primeiro discurso de Javé, são longos e tingidos de elementos míticos. Beemote é com freqüência identificado com o hipopótamo, e Leviatã, com o crocodilo. Javé descreve essas criaturas como animais extraordinários para destacar as dimensões cósmicas do sofrimento de Jó. Em parte alguma Jó fica sabendo da contenda no céu registrada no prólogo; mas aqui Javé refere-se aos aspectos sobrenaturais de sua tribulação por meio da figura dessas duas feras. Essas figuras são um meio irônico de romper as defesas de Jó para que possa ver como seu sofrimento se encaixa no plano maior do governo universal de Javé.

Se suas queixas contra Deus são válidas, Jó deve estar pronto para vestir um manto real e prevalecer sobre todos os inimigos orgulhosos. Se Jó não consegue ordenar o mundo melhor que Deus, tem de abandonar as queixas. A disputa é entre duas vontades: Jó desafia a Deus (cap. 31), e Deus responde com outro desafio. Quem vencerá?

Dessa perspectiva é possível compreender os detalhes extensos e tediosos no retrato do Leviatã. Javé está prolongando seu discurso, trabalhando pacientemente para fazer com que Jó busque seu favor e abandone a confiança na própria inocência.

O breve discurso de Jó (42.1-6) diz tudo. Ele afirma que Javé governa de maneira suprema e que seu propósito prevalece. Quem pode suficiente para desafiar o governo justo de Deus? A visão que Jó tem de Deus deixa-o abatido, retratando-se em pó e cinzas. "Retratar-se" é com freqüência traduzido por "arrepender-se". Mas é a mesma palavra hebraica que faz Javé "arrepender-se" (e.g., Am 7.3, 6). A palavra significa tomar um outro curso de ação depois de ser fortemente impelido a fazê-lo. Jó não se arrependeu de nenhum pecado, mas abandonou seu juramento firme de inocência, largou sua demanda judicial contra Deus. Já não são dois oponentes. Jó se afasta da beira da arrogância. A reconciliação está a caminho.

(8) *Uma vindicação pouco necessária: Deus restaura a reputação, a riqueza e a família de Jó* (epílogo em prosa, 42.7-17). A intenção de Deus é que Jó reconheça a vasta diferença entre a sabedoria e o poder de Deus e a ignorância e a fragilidade próprias. Jó passou pelo teste. A aposta com Satanás está ganha — mas só após uma luta monumental e dor descomunal. A fé manifestada por Jó, intensa no início, foi refinada como ouro pelo fogo da dúvida, da adversidade e da incompreensão.

No epílogo, o autor deixa esse ouro brilhar sob a luz das bênçãos de Deus. A vindicação de Jó começa com a repetida censura contra os três amigos (v. 7s.), uma censura tingida de ironia: Deus considera "loucura" a idéia dos amigos sobre a própria essência da sabedoria piedosa (v. 8). Além disso, Deus atribui a Jó a função sacerdotal na intercessão, reminiscência de seu serviço zeloso prestado a seus filhos (v. 7; cf. 1.5). Essa vindicação é uma manifestação magnânima de graça: Deus perdoa os amigos, restaura as posses e a família de Jó (42.10, 12-15),[16] prolonga sua vida e multiplica sua posteridade (v. 16s.).[17] Jó, por sua vez, imita a graça de Deus ao orar pelos amigos, cujos argumentos o haviam açoitado (v. 10), e ao demonstrar generosidade para com as filhas (v. 15).

A vindicação é confirmada na honra e na simpatia dos parentes de Jó, que cumpriram a função que os amigos deviam ter desempenhado (compare v. 11 com 2.11). Ela completa o movimento do livro, descrevendo a restauração divina das posses de Jó, ainda maiores que as do estado inicial. Essa restauração preserva a integridade de Deus: Jó passou pelo teste. Ela desaprova a tese dos amigos: a privação de Jó não foi causada por seu pecado. A restauração mostra que a pobreza não é necessariamente um estado mais reto que a prosperidade. Proclama sua palavra de graça tanto por sua estrutura como por seu conteúdo. Javé deixa o tribunal do céu e vem para o monte de cinzas de Uz. Ali perdoa os sábios ditadores e restaura a sorte do assediado Jó, a quem carinhosamente chama de servo (v. 7s.; cf. 1.8; 2.3).

A Unidade. O movimento da história defende a unidade do livro. Um breve comentário, porém, pode ajudar a destacar alguns problemas na composição do livro e suas possíveis soluções.

(1) A relação do prólogo em prosa e do epílogo com as seções poéticas tem sido explicada de várias maneiras. A maior parte dos estudiosos rejeita a idéia de que a poesia foi escrita primeiro e as seções em prosa, acrescidas depois. Os diálogos são difíceis de entender sem a história como pano de fundo; além disso, levam a nada sem o epílogo que os completa. É mais provável que o autor tenha adaptado a história em prosa narrando o próprio conflito teológico e, talvez, pessoal nas seções poéticas.

Embora alguns aspectos do prólogo e do epílogo pareçam em conflito com o tom da poesia, isso não prejudica a integridade do livro: (a) a vida seminômade retratada no prólogo pode ser conciliada com o ambiente agrícola (31.8, 38–40) ou mesmo urbano (19.15; 29.7) se o ambiente social de Jó for dimorfo (veja Gênesis: História Patriarcal);[18] (b) a diferença no estado de ânimo e na reação de Jó entre o prólogo e o diálogo pode ser um reflexo da passagem do tempo e da profunda irritação causada pelas respostas fáceis dos amigos.

(2) O terceiro ciclo de diálogos (caps. 22–27) está incompleto: o discurso de Bildade é inesperadamente curto (25.1-6); parte da resposta de Jó parece mais de Bildade (26.5-14); e os últimos versículos da resposta de Jó que descrevem a terrível sina de um perverso rico e sua família (27.13-23), talvez no original pertencessem a Bildade. Parece que o poeta propositadamente não compôs um terceiro discurso para Zofar: (1) Dos três amigos, só o segundo discurso de Zofar é mais longo que seu primeiro. (2) O pouco que existe do terceiro discurso de Bildade parece uma citação de Elifaz. Se 27.13-23 pertence a seu terceiro discurso, parece estar citando Zofar. Assim, o último discurso de Bildade é basicamente um resumo da posição dos três amigos.[19] Pode-se dizer com segurança que a composição do terceiro ciclo oferece testemunho complementar de que o argumento dos três amigos é em si estéril e não convincente.

(3) O poema sobre a sabedoria (cap. 28) é com freqüência identificado com acréscimo posterior.[20] O presente texto o atribui a Jó. Ainda assim, seu tom

contemplativo estabelece um contraste marcante com as palavras emocionadas de Jó. Parece melhor, portanto, entender a poesia como um interlúdio do autor, uma ponte entre o diálogo e a série final de discursos que virão de Jó, Eliú e Javé. A poesia é composta de forma intrincada para essa localização: (1) Sua ênfase no temor do Senhor como sabedoria liga-se diretamente à descrição de Jó no prólogo, à ênfase de Elifaz no temor do Senhor (cap. 4; 15; 22) e aponta para a conclusão dos discursos de Eliú e para a resposta de Jó às palavras de Javé (42.2-6). (2) Seu ensino de que a sabedoria está acima do conhecimento humano pronuncia um pesado julgamento contra os discursos dos amigos em sua arrogante alegação de que conhecem a verdadeira sabedoria.

(4) O segundo discurso de Javé (40.15–41.34 [TM 26]) tem sido considerado acréscimo posterior. Entende-se que carece de brilho, é redundante e se concentra em apenas dois animais. Em defesa dos dois discursos de Javé e seu lugar no livro, pode-se argumentar que o primeiro discurso (caps. 38–39) é moldado deliberadamente para responder à primeira seção da confissão final de Jó (caps. 29–30), enquanto o segundo discurso (40.7–41.26) é calculado em conteúdo e comprimento para sobrepujar a segunda seção do monólogo de Jó (cap. 31).[21] Outro indício da unidade desses discursos apóia-se nas descrições do hipopótamo e do crocodilo. Deus tem prazer neles, apesar de serem repulsivos para os homens: "o universo e seu Criador não podem ser julgados pelo homem de uma perspectiva antropocêntrica".[22] A extensão cada vez maior das descrições dos animais (cavalo, 39.19-25; hipopótamo, 40.15-24; crocodilo, 41.1-34 [TM 40.25–41.26]) faz parte do talento artístico. A multiplicação de detalhes tem a função de dominar Jó e evocar o redentor desejado, ausente da primeira reação de Jó (40.3-5).

(5) Os discursos de Eliú (32.1–37.24) têm provocado mais controvérsias que qualquer outra parte de Jó: "Os discursos perturbam violentamente a estrutura artística do livro original".[23] Entre os argumentos em geral levantados em apoio a tal veredicto está a observação de que Eliú não é mencionado no prólogo nem antes de sua manifestação.[24] Duas explicações podem justificar essa omissão: (1) como parte da comitiva dos consoladores ou um de seus discípulos, ele não foi destacado com menção especial;[25] ou (2) a menção é deliberadamente postergada para realçar a surpresa e aumentar o suspense produzido por esses discursos.

Dada a sua percepção e intensidade, é notável que a intervenção de Eliú não seja mencionada no epílogo. Talvez por ele ser precursor de Deus, o antigo autor não tenha sentido necessidade de Deus censurá-lo nem mesmo de mencioná-lo. Os discursos de Eliú podem ter sido acrescentados pelo autor mais tarde, sem que se harmonizassem os detalhes com o acréscimo de seu nome no epílogo.

Diz-se que o estilo de Eliú difere de modo significativo do estilo do diálogo. Argumentos baseados no emprego de nomes divinos (e.g., El, Javé, Eloá, El Shaddai) ou na suposta presença de palavras aramaicas são dignas de nota, mas não conclusivas. Assuntos e circunstâncias diferentes podem exigir palavras diferentes, ainda que o autor seja o mesmo. Uma mudança importante no estilo em relação aos outros oradores é Eliú tratando a posição de Jó como base para suas observações (e.g., 33.8-11; 34.5s.; cf. 42.3-4a). Isso pode salientar um dos propósitos do autor: resumir e reafirmar aspectos principais da posição de Jó em preparação para os discursos de Javé.

A discussão sobre a unidade e a integridade do livro de Jó permanecerá. Cada vez mais, porém, os estudiosos concluem que compreende-se melhor o livro quando não se o disseca em partes distintas, cada qual com sua história, mas quando se estuda sua forma final para perceber a mensagem conforme agora exposta: "O livro assim emerge [dos vários estágios da obra do autor] como uma unidade soberamente estruturada, obra de um único autor de habilidade transcendental, como artista literário e como pensador religioso, igualado por poucos, ou por ninguém, na história da humanidade".[26]

Considerações Literárias

O Gênero. Que tipo de livro é Jó? A pergunta desafia tentativas de respostas conclusivas, conforme demonstra uma amostragem dos gêneros propostos:

(1) "Queixa e reconciliação" é às vezes identificado como um gênero distinto, com os seguintes componentes (como no Ludlul Bel Nemeqi babilônico): relato do sofrimento; lamento; intervenção divina para livrar o sofredor.[27] Essa sugestão falha por não considerar o âmago do presente livro — a controvérsia com os amigos.

(2) Outros estudiosos entendem que os lamentos semelhantes aos salmos (queixas) sejam a espinha dorsal de Jó.[28] Essa teoria alega que a discussão de Jó sobre o sofrimento é mais contundente e pessoal que a encontrada em discursos típicos de sabedoria.[29] Tais estudos têm prestado bom serviço ao enfatizar os numerosos paralelos entre os discursos de Jó e os salmos de queixas individuais. Ao mesmo tempo, o papel exercido pelo prólogo e pelo epílogo, bem como o conselho dos amigos distinguem de modo marcante o livro de Jó das formas mais estereotipadas e simples dos salmos.[30]

(3) A disputa legal é tida por alguns como a chave para a forma do livro:

> Formalmente, não é possível compreendê-lo melhor do que como registro dos procedimentos de uma *rîb* [controvérsia ou acusação legal] entre Jó e Deus Onipotente, em que Jó é o denunciante e promotor, os amigos de Jó, as testemunhas, bem como co-réus e juízes, enquanto Deus é o acusado e réu, mas por trás e no fim, o juiz maior tanto de Jó como de seus amigos.[31]

Essa percepção de possíveis acusações e termos legais é útil, mas a categoria de disputa é insuficiente para descrever a estrutura e o intento da obra como um todo.

(4) Compreendido como uma preleção escolar, o livro retrata um mestre empenhando-se para enfrentar perguntas dos alunos sobre a "supervisão divina dos justos e dos perversos".[32] Essa abordagem parece mais apropriada ao estilo didático do salmo 37 que ao animado debate de Jó. Além disso, são tão poucos os indícios diretos de escolas israelitas que essa concepção constrói uma teoria sobre um fundamento incerto de outra teoria.

(5) Como debate filosófico, Jó poderia ser um modelo semita da forma de diálogo desenvolvida de modo mais completo por Platão,[33] mas as racionalizações sutis e os argumentos teóricos do simpósio grego distam um continente do intenso debate pessoal e teológico do monte de cinzas em Uz.

(6) A tragédia nos moldes gregos, ainda que às vezes aventada,[34] não é plausível por dois motivos: (a) a ausência quase total de qualquer apresentação dramática em culto ou lazer na vida judaica antes do século II a.C.; (b) vastas diferenças em conteúdo entre os destinos maldosos e as falhas morais compreendidas na tragédia grega e a tensão entre a liberdade divina e a integridade de Jó, que rege o livro.

(7) Jó pode ser definido como uma comédia, de acordo com "sua percepção da incongruência e da ironia; e [...] sua trama básica que leva por fim à felicidade do herói".[35] Ainda que essa idéia seja atraente, falta provar que tais componentes de comédia estavam presentes no Oriente Médio durante o primeiro milênio.

(8) A forma de parábola (heb. *māshāl*) logo foi sugerida (séc. II d.C), pelo rabino Simeão ben Laquis, que cria que Jó era uma história fictícia, escrita para transmitir uma lição espiritual.[36] Aliás, os discursos de Jó são às vezes chamados *māshāl* (27.1–29.1), e suas experiências têm obviamente como propósito a instrução espiritual.[37] Parábola, porém, pode ser um termo enganoso para uma história tão complicada como a de Jó, por estar em geral associado a histórias curtas com um único objetivo a cumprir.

(9) História épica é outra sugestão freqüente. Andersen assemelha Jó às histórias dos patriarcas, Moisés, Davi e Rute e atribui-lhe quatro características: economia no relato de fatos; objetividade na descrição dos atos dos personagens, sem sondar suas emoções; julgamentos morais restritos pelo autor; e centralização nos discursos que revelam a sina e a fé dos personagens.[38] Mas nenhum desses "épicos" contém discursos do tamanho, vigor e intensidade dos de Jó.

Cada uma dessas abordagens pode trazer alguma contribuição para o entendimento de Jó. A questão do gênero é mais que um item de curiosidade intelectual: trata-se de uma chave essencial para o significado do livro. A forma e o conteúdo estão ligados de maneira inseparável.

Aliás, o gênero do livro é tão importante que não deve caber em nenhum molde preestabelecido. Ele lamenta com queixas, argumenta com debates, ensina com autoridade didática, estimula com comédia, fere com ironia e relata a experiência humana com majestade épica. Mas, acima de tudo, Jó é sem igual — o dom literário de um gênio inspirado.[39]

Características Literárias. Estudantes de literatura são generosos em superlativos para com a qualidade artística de Jó. Por exemplo, as variedades de paralelismos poéticos, até o uso esmerado de tercetos completos e unidades ainda maiores, revelam uma façanha literária notável. A presente análise deve contentar-se com um breve exame das metáforas e dos símiles, as vivas descrições da criação e as citações que marcam o estilo do autor:

(1) Metáforas e símiles sobram em números surpreendentes e qualidade magistral. Por exemplo:

Os meus dias são mais velozes do que a lançadeira do tecelão. (7.6)

Os meus dias foram mais velozes do que um corredor;
   fugiram e não viram a felicidade
Passaram como barcos de junco;
   como a águia que se lança sobre a presa. (9.25s.)

Arruinou-me de todos os lados,
   e eu me vou:
e arrancou-me a esperança, como a uma árvore. (19.10)

Esperavam-me como à chuva,
   abriam a boca como à chuva de primavera (29.23)

Ainda mais impressionantes são as metáforas extensas, detalhadas tão intrincadamente que beiram a alegoria:

> Meus irmãos aleivosamente me trataram;
>   são como um ribeiro, como a torrente que transborda no vale,
> turvada com o gelo
>   e com a neve que nela se esconde,
> torrente que no tempo do calor seca,
>   emudece e desaparece do seu lugar.
> Desviam-se as caravanas dos seus caminhos,
>   sobem para lugares desolados e perecem.
> As caravanas de Temá procuram essa torrente,
>   os viajantes de Sabá por ela suspiram.
> Ficam envergonhados por terem confiado;
>   em chegando ali, confundem-se.
> Assim também vós outros sois nada para mim;
>   vedes os meus males e vos espantais. (6.15-21)

(2) Descrições da criação praticamente não têm rivais em força poética:

> Acaso, a chuva tem pai?
>   Ou quem gera as gotas do orvalho?
> De que ventre procede o gelo?
>   E quem dá à luz a geada do céu? (38.28s.)

> Ou dás tu força ao cavalo
>   ou revestirás o seu pescoço de crinas?
> Acaso, o fazes pular como ao gafanhoto?
>   Terrível é o fogoso respirar das suas ventas.
> [...]
> Ri-se do temor e não se espanta;
>   e não torna atrás por causa da espada.
> Sobre ele chocalha a aljava,
>   flameja a lança e o dardo. (39.19s., 22s.)

(3) As citações desempenham papel importante no argumento, embora às vezes seja difícil identificá-las. Podem ser divididas em algumas categorias:[40]
Citações de sabedoria popular: "Então, Satanás respondeu ao SENHOR:

Pele por pele,⁴¹ e tudo quanto o homem tem dará pela sua vida" (2.4). Provérbios também pode ter sido citado em 11.12; 17.5.

Citações diretas dos pensamentos do orador:

> Ao deitar-me, digo: quando me levantarei?
>   Mas comprida é a noite, e
> farto-me de me revolver na cama, até à alva. (7.4s)⁴²

Citação de uma idéia anterior do orador:

> Fiz aliança com meus olhos;
>   como, pois, os fixaria eu numa donzela?
> Que porção, pois, teria eu do Deus lá de cima
>   e que herança do Todo-Poderoso desde as alturas? (31.1s.)

Podemos captar todo o significado do v. 2 acrescentando uma linha introdutória para esclarecer sua relação com o v. 1: "Pois pensei: se pequei [por tal olhar lascivo], que porção, pois, teria eu do Deus lá de cima...?⁴³

Citação de um provérbio como texto:

> Eu sou de menos idade,
>   e vós sois idosos;
> arreceei-me e temi
>   de vos declarar a minha opinião.
> Dizia eu: Falem os dias,
>   e a multidão dos anos ensine a sabedoria.
> Na verdade, há um espírito no homem,
>   e o sopro do Todo-Poderoso
>   o faz sábio. (32.6-8)

Eliú empregou o provérbio para refutá-lo e para justificar seu direito de intervir, apesar da juventude.

Citação de um provérbio para corrigir um provérbio:

> Está a sabedoria com os idosos,
>   e, na longevidade, o entendimento?
> Não! Com Deus está a sabedoria e a força;
>   ele tem conselho e entendimento. (12.12s.)

O acréscimo de "dizes" no primeiro versículo e "mas digo" no segundo[44] esclarece o debate.
Citações de idéias de outras pessoas:

> Deus, dizeis vós, guarda a iniqüidade do perverso para seus filhos.
> Mas é a ele que deveria Deus dar o pago, para que o sinta. (21.19)

A NRSV acrescenta corretamente "dizes" quando Jó resume idéias expressas pelos amigos em 5.4; 18.19; 20.10, 26.

A seguinte citação, que deveria ser introduzida por "dizes", parece resumir o argumento dos consoladores de que os caminhos de Deus são incompreensíveis (4.17; 11.7, 12; 15.8, 14):

> Acaso, alguém ensinará ciência a Deus,
> a ele que julga os que estão nos céus? (21.22)

Jó responde a pergunta nos v. 23-26.

Às vezes, o próprio texto emprega uma frase introdutória para deixar claro que o que se segue é uma citação:

> Porque direis: Onde está a casa do príncipe,
> e onde, a tenda em que morava o perverso? (v. 28)[45]

As Formas. "O livro de Jó é uma mistura impressionante de quase todos os tipos de literatura encontrados no Antigo Testamento".[46] Aliás, seus quarenta e dois capítulos são uma mina de ouro para o estudo da crítica da forma. Com habilidade incrível, o autor teceu algumas dezenas de formas literárias prontamente distinguíveis na textura da obra:

(1) A narrativa em prosa (1.1–2.13; 32.1-5; 42.7-17) conta a história básica, serve como um pano de fundo para a poesia e introduz Eliú. A maior parte das características foi discutida acima (p. 527-9).

(2) Os lamentos pelo nascimento (cap. 3; cf. 10.18s.) representam a forma literária mais forte para Jó expressar a profundidade de sua depressão (cf. Jr 20.14-18). De fato, duas formas aparentadas são aqui combinadas: (a) uma fórmula contra o dia de seu nascimento — um desejo de que jamais tivesse nascido e assim fosse poupado de tal angústia (3.3-10); e (b) perguntas queixosas, que começam com "por que" e não exigem respostas específicas, mas introduzem descrições explicativas do sofrimento (v. 11-26; cf. 10.18s., onde a pergunta é seguida por um desejo de que tivesse nascido morto). O autor pretende retratar

Jó nas profundezas da derrota como ambiente para o conselho dos amigos e para a reação de Jó.

(3) A forma de queixa é a que o próprio Jó emprega com maior freqüência (caps. 6–7; 9.25–10.22; 13.23–14.22; 16.6–17.9; caps. 23; 29-1–31.37). Ela compreende outros componentes, tais como apelos implícitos de resgate (13.24s.) e juramentos de inocência (31.3-40). Pode voltar-se para os amigos a quem Jó agora considera inimigos (e.g., 6.14-23) ou para Deus (e.g., 10.2-22), dando espaço para todos os três participantes numa queixa — Deus, os inimigos e o sofredor. Ela paira acima do desespero total, implicando confiança na disposição divina de ouvir e sua capacidade de salvar (e.g., 19.23-29).

(4) Os provérbios são abundantes em todo o livro. Tanto Jó (e.g., 6.14, 25a; 12.5s., 12; 13.28; 17.5) como seus amigos (Elifaz, 5.2, 6s.; 22.2, 21s.; Zofar, 20.5; Eliú, 32.7) os citam deliberadamente. A maioria é de ditados descritivos. Aos ouvintes cabe fazer as aplicações.

> Porque a ira do louco o destrói,
>   e o zelo do tolo o mata. (5.2)

> Porque a aflição não vem do pó,
>   e não é da terra que brota o enfado.
> Mas o homem nasce para o enfado,
>   como as faíscas das brasas voam para cima. (v. 6s.)

Jó pode empregar um provérbio e depois refutá-lo:

> Oh! Como são persuasivas as palavras retas!
>   Mas que é o que repreende a vossa repreensão? (6.25)

Ele pode até refutar um provérbio com outro (12.12s.), como faz o Coélet (veja abaixo, cap. 36). A admoestação, forma comum de Provérbios, com verbos no imperativo e um motivo para justificar a ordem, é também encontrada:

> Reconcilia-te, pois, com ele e tem paz,
>   e assim te sobrevirá o bem.
> Aceita, peço-te, a instrução que profere
>   e põe as suas palavras no teu coração. (22.21s.)

Essa era uma forma padronizada de instrução, implicando que o mestre tinha o direito por experiência e autoridade de proferir essas admoestações. A inclusão de uma justificativa indicava que a autoridade do mestre não era arbitrária, mas fundamentada em indícios sadios.

(5) Perguntas retóricas (às vezes chamadas perguntas de debate) são ferramentas úteis no estojo dos sábios. Cada participante as emprega com destreza: Elifaz, 4.7; 15.2s., 7-9, 11-14; Bildade, 8.3, 11, 18.4; Zofar 11.2s., 7s., 10s.; Jó, 6.5s., 11s., 22s.; 7.12; 9.12; 12.9; 13.7-9; Eliú. 34.13, 17-19, 31-33; 36.19, 22s. Dificilmente outra forma literária seria mais útil no debate, porque os questionadores podem determinar a resposta de acordo com a maneira de lançar a pergunta. Os ouvintes são atraídos para o debate porque têm de responder. Em geral, a resposta requerida é "Não!" ou "De modo nenhum!" ou "Claro que não!" ou "Ninguém!":

> Porventura, não se dará resposta a esse palavrório?
> Acaso, tem razão o tagarela? (Zofar, 11.2)

> Acaso, a minha força é a força da pedra?
> Ou é de bronze a minha carne? (Jó, 6.12)

> Quem lhe entregou o governo da terra?
> Quem lhe confiou o universo? (Eliú, 34.13)

O impacto da pergunta é multiplicado pelo paralelismo poético — nesses casos sinônimos — que reexpressa a pergunta e duplica a intensidade.

As formas de perguntas nos discursos divinos exigem menção especial. Elas podem requerer a resposta "Não sei" ou "Eu não estava lá":

> Onde estavas tu, quando eu lançava os fundamentos da terra?
> Quem lhe pôs as medidas,
>   se é que o sabes?
> Ou quem estendeu sobre ela o cordel? (38.4a, 5)

ou a resposta "Não!" como na pergunta retórica:

> Porventura, te foram reveladas as portas da morte
>   ou viste essas portas da região tenebrosa? (v. 17)

ou uma confissão de fraqueza: "Não, não consigo!":

Podes levantar a tua voz até às nuvens,
para que a abundância das águas te cubra? (v. 34)

Projetadas para obrigar Jó a admitir sua ignorância ("Não sei!") e impotência ("É claro que não consigo!"), essas perguntas são reforçadas de pelo menos duas maneiras: (a) pela injeção de imperativos, incitando Jó a responder — "Dize-mo, se tens entendimento" (38.4b), "Dize-mo, se o sabes" (v. 18); e (b) pelo uso de ironia em que Deus repreende Jó com a mesma intensidade com que Jó repreendeu os amigos: "Tu o sabes, porque nesse tempo eras nascido e porque é grande o número dos teus dias!" (v. 21; cf. 12.2). As perguntas, assim reforçadas, pesam sobre Jó como um manto de chumbo até ele cair de joelhos em muda humildade.

(6) Onomásticas, catálogos e enciclopédias contendo listas organizadas de fenômenos naturais podem fornecer material que preenche os discursos proferidos do redemoinho.[47] Listas científicas de estrelas, constelações, tipos de precipitação e outros dados eram compiladas tanto no Egito como em Israel, como um meio de treinar estudantes a compreender as realidades à volta deles. Tais listas também podem ter influenciado outras passagens bíblicas (veja Sl 148, que alista um catálogo de entidades naturais e os insta a louvar Javé). Salomão pode ter empregado tal onomástica para organizar seu vasto conhecimento sobre as criaturas de Deus, tão admirado por seu biógrafo (1Rs 4.33).[48] A forma de perguntas que domina Jó 38 também tem paralelos egípcios no Papiro Anasti I, do século XIII, em que um escriba, Hori, ataca com uma barragem de artilharia de perguntas a suposta ignorância de outro escriba, Amenemope.[49] Jó 38 pode seguir uma forma anterior, talvez originária do Egito, em que tais listas eram expressas em perguntas e empregadas para instrução e debate. Esses paralelos de forma não explicam, é claro, a força teológica dos discursos do redemoinho. As magníficas perguntas sobre a criação (v. 4-11) não têm paralelo egípcio.

(7) Algumas formas características de sabedoria merecem menção: (a) a fórmula 'ashrê ("bem-aventurado" ou "feliz"; cf. Sl; 1.1), que anuncia o padrão de vida que leva à felicidade (5.17-27); (b) o provérbio numérico (aqui combinado com um ditado 'ashrê, 5.19-22), que destaca uma série de ameaças das quais Deus livrará a pessoa feliz a que ele repreende (veja em Pv 30 o padrão x, x+1); (c) a avaliação sumária, que conclui uma declaração com um resumo de seu significado (8.13; 18.21; 20.29):

Assim também vós outros sois nada para mim;
vedes os meus males e vos espantais. (6.21)[50]

(d) exagero sarcástico (6.27; 11.12; 12.2; 15.7; 26.2-4), que muitas vezes era empregado em antigos debates (e.g., Golias, 1Sm 17.43; Jeoás, 2Rs 14.9); e (e) paródia, que se assemelha ao sarcasmo, como dá a entender a interpretação dada por Jó a Salmos 8.4 (TM 5):

> Que é o homem, para que tanto o estimes,
>   e ponhas nele o teu cuidado,
> e cada manhã o visites,
>   e cada momento o ponhas à prova? (7.17s.)

A Contribuição Teológica

Todos os livros da Bíblia devem ser estudados como um todo, com suas partes vistas em relação ao propósito geral do autor. Isso merece atenção especial em Jó. Não é possível discernir toda sua mensagem senão perto da página final.[51] O movimento do livro é uma exposição de sua mensagem.

A história é a mensagem. Suas partes não devem ser arrancadas do todo, e suas ênfases principais não devem ser cristalizados em princípios rígidos nem calibrados em proposições estreitas. Isso seria violar o que o livro ensina sobre os mistérios da obra de Deus na vida dos homens.

A Liberdade Divina. Se alguma doutrina deve ser destacada, essa é uma. Tanto Jó como seus amigos estavam completamente desconcertados com a liberdade divina. Os amigos entendiam que o sofrimento sempre era e só era um sinal de retribuição divina. Jó não conseguia imaginar nenhum propósito divino válido em seu sofrimento imerecido.

Para os portadores da sabedoria convencional, o livro apresenta um Deus livre para realizar suas surpresas, corrigir distorções humanas e revisar os livros escritos a seu respeito. Deus é livre para entrar no teste de Satanás e não dizer nada a respeito disso aos participantes do teste. Ele estabelece o momento de sua intervenção e determina sua agenda. Deus é livre para não responder às perguntas provocativas de Jó e para não concordar com as doutrinas pretensiosas dos amigos. Acima de tudo, ele é livre para preocupar-se suficientemente a fim de confrontar Jó e perdoar os amigos.

Assim como toda a Escritura, o autor de Jó retrata um Deus não obrigado pelos interesses humanos nem limitado pelos conceitos humanos a seu respeito. O que Deus faz brota livremente da própria vontade dele. Não há diretrizes a que precise conformar-se. Ele optou por criar e manter o universo, optou por inaugurar e governar a marcha da história. Deus pode agir de acordo com a ordem e o padrão anunciado em Deuteronômio e Provérbios ou transcender esses limites em Jó. Uma lição nisso é que as pessoas só encontram a liberdade à medida que reconhecem a liberdade divina. Nada é mais frustrante e limitador que estabelecer regras para Deus e depois ficar querendo saber por que ele não obedece a elas.

A Provação de Satanás. Uma das primeiras referências do Antigo Testamento a esse adversário é seu aparecimento no prólogo (cf. 1Cr 21.1; Zc 3.1). Satanás tem acesso à presença de Javé, mas é governado pela soberania dele. Nada dá a entender que Satanás seja mais que criatura de Deus; a doutrina bíblica da criação bane toda forma real de dualismo. Mas tudo dá a entender que as intenções de Satanás são nocivas. Ele representa o conflito e a inimizade. Seus propósitos são contrários aos alvos de Deus e hostis ao bem-estar de Jó.

A ausência de Satanás no epílogo não deve ser "lamentada como uma falha na harmonia entre o prólogo e o epílogo".[52] Trata-se de um fator deliberado na mensagem do livro. Deus, não Satanás, é soberano. O teste foi vencido. A história aponta para o futuro de Jó, não seu passado. Satanás não passa de um intruso no relacionamento entre Deus e Jó, conforme descrito no início e no fim do livro.

A função de Satanás em Jó anuncia sua função no restante da Bíblia. Ele é uma criatura de Deus, mas um inimigo da vontade de Deus (cf. Mt 4.1-11; Lc 4.1-13). Ele procura perturbar o povo de Deus física (2Co 12.7) e espiritualmente (11.14). Ele foi derrotado pela obediência de Cristo e desaparecerá da história no final (Ap 20.2, 7, 10).

O centro da estratégia de Satanás não era induzir Jó a cometer pecados tais como imoralidade, desonestidade ou violência, mas tentá-lo para que cometesse *o pecado* — ser desleal a Deus. A lealdade, a confiança e a fidelidade são a essência da piedade bíblica, as raízes de onde brotam todos os frutos da justiça. Satanás, seguindo seu padrão de sempre, buscou a raiz do problema: o relacionamento de Jó com Deus. Jó passou pelo teste de lealdade e conquistou notas máximas, apesar de seus protestos e contestações.

Retribuição e Justiça. A mensagem de Jó reformula o entendimento da doutrina da retribuição divina. O padrão geral de justa retribuição permanece operante: bons atos beneficiam, maus atos prejudicam. Esse princípio, porém, não é absoluto. Forças e poderes, celestiais e terrenos, interrompem a seqüência de causa e efeito. Alguns perversos podem prosperar e ter vida longa; alguns justos podem sofrer agonia crônica (caps. 21; 24.1-17). Só o julgamento final de Deus trará justiça a todos.

Além disso, a história de Jó alerta contra a aplicação desse princípio a todas as situações. Desde que o justo pode sofrer e o perverso, prosperar, é perigoso rotular o sofredor de culpado de algum pecado secreto ou louvar o próspero, considerando-o justo. O desígnio moral do universo é por demais complexo para prestar-se a esse princípio simples. A dor, as dificuldades e a tragédia não requerem dos que têm servido fielmente a Deus que se sintam culpados ou duvidem de seu relacionamento com Deus.

Os discursos de Javé ensinam que Deus restringe o movimento dos perversos e promove o bem geral de cada dimensão da criação — o deserto e o oásis, o selvagem e o domesticado. Deus busca o equilíbrio e a liberdade dentro da criação, não só a aplicação da retribuição. Em seu governo há graça e tolerância. Deus promove o bem-estar dos que o buscam com sinceridade, ainda que escolha o momento e o lugar. A prosperidade abundante de Jó após seu encontro com Deus era em princípio um dom da graça de Deus. Não era um *prêmio* conquistado por ele ter enfrentado o sofrimento.

A experiência de Jó demonstra que a pessoa pode servir resoluta a Deus na adversidade e na riqueza. A maior virtude humana é ver a Deus, como Jó confessou em sua resposta ao segundo discurso de Javé (42.5). A presença e a aceitação de Deus muito excedem o peso de qualquer sofrimento temporal, mesmo da pior situação possível.

Jó apegou-se à própria fé e integridade durante toda a sua provação. Prevaleceu sobre o sofrimento imerecido e abriu caminho para o retrato do servo sofredor pintado por Isaías, o qual, ainda que justo, sofre em favor dos outros (49.1-7; 50.4-9; 52.13–53.12). A dura sorte de Jó torna possível crer que Jesus, o Messias, era de fato justo, ainda que tenha sofrido uma morte martirizante entre criminosos.

Força no Sofrimento. Nem todas as vidas sofrerão aflições da magnitude das de Jó. Ainda assim, sofrimentos intensos e prolongados serão um fardo de praticamente todos os seres humanos. Com certeza um dos propósitos de Jó é ajudar-nos a enfrentar tais adversidades.

O livro faz isso preparando o leitor para aceitar a liberdade divina. Jó esmaga os ídolos da mente das pessoas e deixa um quadro realista de Deus. A visão do Deus livre abre as pessoas para propósitos misteriosos, para alvos justos no sofrimento por ele permitido. Deus é visto como alguém poderoso, mas não mesquinho; vitorioso, mas não vingativo. O leitor pode crer que Deus trará o bem por meio do sofrimento, mesmo que o justo odeie cada fração da dor.

Jó também ensina a importância da amizade no sofrimento. Especialmente condenados são a admoestação simplista, o conselho ingênuo e o falso consolo. Eles causam dano, mesmo quando motivados pelo desejo de defender

Deus diante de palavras cáusticas proferidas por alguém que esteja sofrendo. A maior tragédia do livro pode ser a do fracasso da amizade agravado por uma teologia plausível mal-aplicada.

Jó não sofreu em silêncio, mas discutiu com seus amigos e reclamou com Deus. No fim, Deus rechaçou essas reclamações, mas não julgou Jó por elas. Independentemente do que possa estar incluído num relacionamento bíblico com Deus, com certeza há espaço para uma confiança em Deus construída com honestidade e para a segurança de seu amor. Alguns dos mais nobres personagens da Bíblia — Jeremias, os salmistas, Habacuque e até Jesus Cristo (Mc 14.36; 15.34) — queixaram-se de sua condição e assim encontraram alívio no sofrimento.

Uma última lição sobre como lidar com o sofrimento vem do senso de lealdade a Deus demonstrado por Jó. A consciência de Jó estava limpa. Sua dor, ainda que lancinante, não era agravada pelo peso da culpa. A rebelião aberta, a deslealdade flagrante e a recusa do perdão podem, todas, tornar insuportável o sofrimento de qualquer pessoa. À dor, elas acrescentam o medo da culpa. Mas Jó sabia que seu compromisso com Deus estava íntegro e confiou nesse compromisso como sustentação até a morte e depois dela (19.23-29).[53]

"Observaste o meu servo Jó?" (1.8; 2.3) é uma pergunta que serve para todos. Tiago usou Jó como exemplo dos que aprendem a felicidade na escola do sofrimento: "Eis que temos por felizes os que perseveram firmes. Tendes ouvido da perseverança de Jó e vistes que fim o Senhor lhe deu; porque o Senhor é cheio de terna misericórdia e compassivo" (Tg 5.11). Haveria resumo melhor da mensagem do livro — um sofredor perseverante mantido nos braços de um Deus determinado e compassivo?

CAPÍTULO 36

Eclesiastes

Poucos escritos bíblicos têm provocado gama tão grande de opiniões com respeito ao significado como Eclesiastes. Tentar determinar o centro de sua mensagem revela-se uma tortura e uma frustração, mas não deixa de ser também importante. O livro nos apresenta uma caixa repleta de enigmas. Cada vez que a abrimos temos de enfrentar de novo seu estilo, percorrer seus argumentos, decodificar suas figuras. E ao fazer isso percebemos Deus agindo, vemos nossos problemas humanos diminuídos, encontramos alertas contra nossas soluções simplistas. Aguçamos nossos anseios por aquele cuja cruz e ressurreição são janelas para a plenitude do que Deus deseja para a vida humana.

> Tudo fez Deus formoso no seu devido tempo; também pôs a eternidade no coração do homem, sem que este possa descobrir as obras que Deus fez desde o princípio até ao fim. Ec 3.11

O Nome

Eclesiastes é uma tradução grega do hebraico *qôhelet*, "aquele que convoca uma congregação", supostamente a fim de pregar para ela.[1] "Pregador", portanto, não é uma tradução imprecisa, seja do grego, seja do hebraico. Entretanto, o

Coélet (às vezes transliterado Qohelet ou Koheleth) dificilmente encontraria paralelo no significado cristão, já que seus textos eram tirados mais de suas observações pessoais da vida que da Lei ou dos Profetas.

O Lugar no Cânon

Algumas tradições hebraicas colocavam o Coélet entre os cinco rolos (Megilloth) empregados em ocasiões festivas oficiais, destinando-o aos Tabernáculos. Outros agrupamentos hebraicos associam o Coélet a Provérbios e a Cântico dos Cânticos de Salomão, como fazem nossas versões. Os motivos são claros: as referências implícitas a Salomão em Eclesiastes 1.1, 12, 16; e as relações óbvias entre os três livros como exemplos de literatura de sabedoria associada ao nome de Salomão.[2] Esse grupo foi colocado depois de Salmos por entender-se que os escritos salomônicos deviam vir depois daqueles creditados a seu pai Davi.

É provável que a ligação entre Salomão e o Coélet tenha ajudado o livro a encontrar seu lugar nas Escrituras, mas com algumas dificuldades. Os rabinos e os primeiros sábios cristãos tinham consciência tanto das aparentes contradições de Eclesiastes quanto de suas perspectivas humanistas, quase céticas. O veredicto positivo de Hillel (c. 15 a.C.) sobre a inspiração do livro triunfou sobre a opinião negativa de Shammai. Dúvidas a respeito da autoridade persistiram entre os cristãos pelo menos até a época de Teodoro de Mopsuéstia (c. 400 d.C.); esse influente exegeta de Antioquia questionou o direito de o Coélet postar-se entre os livros sagrados.

Autor e Data

Desde o tempo de Lutero, os estudiosos protestantes tendem a datar o Coélet em época bem posterior a Salomão. A concepção rabínica da autoria salomônica baseava-se na interpretação literal de 1.1 e na tendência de associar o nome de Salomão à literatura de sabedoria: ele foi considerado sábio-mestre, assim como seu pai estava associado ao Saltério como cantor-mestre.

Existe uma variedade de evidências em favor de uma data posterior ao século X. O nome de Salomão não é mencionado no texto. Nele só ocorrem referências veladas ("filho de Davi, rei de Jerusalém", 1.1; "venho sendo rei de Israel, em Jerusalém", v. 12; "eis que me engrandeci e sobrepujei em sabedoria a todos os que antes de mim existiram em Jerusalém", v. 16; cf. 2.9). Mesmo essas referências veladas desaparecem após o capítulo 2, e algumas declarações posteriores não cabem direito na boca do rei (e.g., 4.13; 7.19; 8.2-4; 9.14s.; 10.4-7). Além disso, boa parte do que diz o Coélet pressupõe o movimento de sabedoria altamente desenvolvido refletido em Provérbios. Esse movimento, em Israel, começou com Salomão, mas só alcançou seu auge após a época de Ezequias (século VII; Pv 25.1). Esse sério questionamento das crenças e valores do antigo Israel indica uma época em que a atividade profética havia diminuído e se esvanecia a esperança vital na presença ativa de Deus. Por fim, tanto o vocabulário quanto a estrutura das frases são pós-exílicos, mais próximos do estilo da Mishná que qualquer outro livro do Antigo Testamento.[3]

Há um século ou mais esse argumento lingüístico tem composto a linha de evidências mais convincente em favor de uma data entre 400 e 200.[4] Qualquer data posterior a 200 está descartada, tanto por Eclesiástico (Siraque; c. 180), que se refere ao Coélet, como pelos fragmentos do Coélet entre os Manuscritos de Qumran.[5]

As tentativas de apoiar essa datação em paralelos na filosofia grega não se têm mostrado proveitosas. Apesar das semelhanças com Aristóteles, Teógnis, epicuristas e estóicos, o Coélet era um sábio semita, não um filósofo grego. Seu estado de espírito e sua abordagem refletem um mundo diferente. Insinuações

Açude de Salomão, no sul de Belém, "para regar [...] o bosque em que reverdeciam as árvores" (Ec 2.6). *(Neal e Joel Bierling)*

de semelhanças com o pensamento e com o estilo dos escritos de sabedoria egípcios e mesopotâmicos não se têm revelado muito frutíferas.[6] De fato, fica claro que o Coélet não se baseou conscientemente em fontes estrangeiras. Antes, ele continuou uma antiga característica de escritores de sabedoria: questionar as conclusões dos colegas. Pelo fato de o Coélet e seus colegas serem israelitas bem arraigados na fé e na cultura peculiares a Israel, o livro é singular e não deve ser visto como filho literário de pais egípcios ou mesopotâmicos.

É mais fácil dizer que o rei Salomão não escreveu Eclesiastes que dizer quem o escreveu. O autor era um sábio ansioso por questionar opiniões e valores de outros sábios. Mas quem era e onde viveu? Não se sabe. As idéias de que seria um judeu fenício ou alexandrino não receberam larga aceitação.[7] A referência do Coélet a Jerusalém, o centro das atividades políticas e comerciais, deve ser levada em alta conta.

Se Salomão não é o verdadeiro autor, por que o Coélet tenta identificar-se com o famoso rei? A resposta mais simples é: para efeito literário. [Há, porém, vários estudiosos que defendem a autoria de Salomão.[7a]] As palavras do cabeça do movimento de sabedoria de Israel teriam peso diante dos sábios a quem o Coélet queria corrigir. Além disso, o próprio Salomão talvez servisse como modelo da vida que o Coélet se esforçava por avaliar. A sabedoria, o prazer, a riqueza, a influência, as realizações eram atributos louvados pelos sábios. O autor não conseguiria oferecer ilustração melhor das limitações deles que no próprio caso de Salomão.[8]

O autor não fingiu ser Salomão para enganar seus ouvintes. Seu propósito literário é claro. Ele não menciona Salomão nem mantém seu disfarce por mais que dois capítulos. Suas estratégias têm finalidade de captar a atenção de seus leitores e usar a situação de Salomão para provar de maneira irônica as fraquezas dos ensinos dos sábios, seus companheiros. A partir daí, deixa de lado a roupagem de Salomão e desenvolve seu argumento. Ele emprega a pessoa do mestre para julgar os que alegam ser seguidores de Salomão.

Tema e Conteúdo

A menção de Salomão e dos sábios que o tinham por mentor leva ao centro do propósito e do tema do Coélet. Ele procurou usar instrumentos tradicionais da sabedoria para refutar e revisar suas conclusões tradicionais. Como Jó, ele protestava contra as generalizações simplistas com que os mestres, seus companheiros, ensinavam seus pupilos a ser bem-sucedidos. Eles tinham simplificado demais a vida e suas regras, chegando a confundir e frustrar seus seguidores. As observações deles pareciam superficiais e seus conselhos, pouco densos, num mundo sitiado por luta, injustiça e morte.

O Tema. Para o Coélet, a sabedoria convencional não era só inadequada, mas quase chegava à blasfêmia. Estava em jogo a diferença entre Deus e a humanidade. Esses sábios haviam violado o território pertencente a Deus ao tentar predizer infalivelmente o resultado da conduta, seja dos sábios, seja dos tolos. A liberdade de Deus e os mistérios dos caminhos de Deus eram realidades que o Coélet compreendia melhor que seus compatriotas, os quais nem sempre reconheciam os limites impostos pela soberania divina ao entendimento humano. Duas de suas principais ênfases tratam desse ponto:

> Pois quem sabe o que é bom para o homem durante os poucos dias da sua vida de vaidade, os quais gasta como sombra? Quem pode declarar ao homem o que será depois dele debaixo do sol? (6.12)

Essas perguntas retóricas destacam o profundo abismo entre o que Deus sabe e o que os seres humanos sabem.[9]

Não reconhecer tal abismo faz com que a humanidade superestime suas realizações nos campos da sabedoria, do prazer, do prestígio, da riqueza e da justiça. Essa falsa confiança é objeto de ataque do Coélet:

> Vaidade de vaidades, diz o Pregador;
> vaidade de vaidades, tudo é vaidade. (1.2)

A forma literária aumenta sua intensidade: (1) o padrão "x de x" é um superlativo (como em "Rei dos reis" ou "Cântico dos cânticos"), significando a vaidade mais vã, a mais fútil das futilidades; (2) a repetição da frase é um recurso básico do hebraico em caso de ênfase; (3) a conclusão "tudo é vaidade" destaca o ponto do modo mais abrangente possível. "Vaidade" (heb. *hebel*) pode significar "sopro" ou "vapor" (Is 57.13), assim, é algo sem substância. A lista de traduções propostas é assombrosa: "nulidade", "vacuidade", "futilidade", "temporalidade", "absurdo", "incompreensibilidade", "enigma". Os dois últimos termos transmitem-nos melhor o significado do Pregador: (1) nossa incapacidade humana de compreender os mistérios da vida e (2) nossa incapacidade de transformar as realidades da vida.[10]

A maior parte das palavras do Pregador demonstra e explica esse tema. Ele começa com sua conclusão e então gasta doze capítulos para mostrar como a alcançou . "Tudo é vaidade" é só a metade negativa de sua conclusão. Ele continua a bater nesse ponto (1.14; 2.11, 17, 19, 21, 23, 26; 4.4, 7s., 16; 5.10 [TM 9]; 6.9; 8.14; 12.8) porque seus compatriotas arrogantemente otimistas precisavam ouvi-lo. Contudo, nela está entretecida sua conclusão positiva sobre o que é bom e significativo na vida:

> Nada há melhor para o homem do que comer, beber e fazer que a sua alma goze o bem do seu trabalho. No entanto, vi também que isto vem da mão de Deus. (2.24)

Esse ponto é reafirmado periodicamente (3.12f.; 22; 5:18-20 [TM 17-19]; 8.15; 9.7-10) e destacado na conclusão: "Teme a Deus e guarda os seus mandamentos" (12.13), significando não as leis de Moisés, mas os conselhos do Coélet de gozar as coisas simples da vida conforme Deus no-las dá.

A Estrutura. O método singular de argumentação do Coélet torna quase impossível fazer um esboço coerente dessa obra. Assemelha-se mais a uma coletânea de pensamentos isolados que a um argumento único, possível de ser acompanhado sistematicamente do início ao fim. Talvez, em parte, o problema esteja na imposição de um conceito moderno de "livro": "um todo unificado, desenvolvido e argumentado de acordo com a lógica".[11]

Dentre as várias maneiras que o livro tem sido analisado, a forma aqui escolhida reconhece dois pontos essenciais no método do Coélet. O primeiro é a natureza repetitiva de seus argumentos para demonstrar seu tema, um recurso tipicamente semita. O segundo é, sem dúvida, o uso de conjuntos de provérbios, "palavras de conselhos" para esclarecer ou reforçar o argumento. Essa técnica é particularmente notável quando se leva em conta o desejo do Coélet: corrigir os sábios mais convencionais.[12]

    Introdução (1.1-13)
        Título (v.1)
        Tema (v. 2s.)
    Tema demonstrado – I (1.4—2.26)
        pela constância da criação (1.4-11)
        pelo conhecimento (v. 12-18)
        pelo prazer (2.1-11)
        pelo destino de todas as pessoas (v. 12-17)
        pelo labor humano (v. 18-23)
            Conclusão: Goze a vida agora conforme Deus a dá (v. 24-26)
    Tema demonstrado – II (3.1—4.16)
        pelo controle de Deus sobre todos os eventos (3.1-11)

Conclusão: Goze a vida agora conforme Deus a dá (v. 12-15)
pela falta de imortalidade (v. 16-21)
   Conclusão: Goze a vida agora conforme Deus a dá (v. 22)
pela opressão maldosa (4.1-3)
pelo trabalho (v. 4-6)
pelo acúmulo mesquinho de riquezas (v. 7-12)
pela natureza transitória da popularidade (v. 13-16)
Palavras de Conselho – A (5.1-12 [TM 4.17—5.11])
   Honre a Deus em seu culto (5.1-3 [TM 4.17—5.2])
   Cumpra seus votos (v. 4-7 [TM 3-6])
   Espere injustiças do governo (5.5s. [TM 7s.])
   Não sobrestime a riqueza (5.10-12 [TM 9-11])
Tema demonstrado – III (5.13—6.12 [TM 5.12—6.12])
   pela riqueza perdida em negócios 95.13-17 [TM 12-16])
     Conclusão: Goze a vida agora conforme Deus a dá (v. 18-20 [TM 17-19])
   pela riqueza de que não se consegue tirar proveito (6.1-9)
   pela inexorabilidade do destino (6.10-12)
Palavras de Conselho – B (7.1—8.9)
   A honra é melhor que o luxo (7.1)
   A sobriedade é melhor que a leviandade (v. 2-7)
   A cautela é melhor que a ousadia (v. 8-10)
   Sabedoria com riqueza é melhor que só sabedoria (v. 11s.)
   A resignação é melhor que a indignação (v. 13s.)
   A integridade é melhor que a pretensão (v. 15-22)
   Enfrentar limitações é melhor que cantar vitórias (v. 23-29)
   Ceder é às vezes melhor que ser correto (8.1-9)
Tema demonstrado –IV (8.10—9.12)
   pelas incoerências na justiça (8.10—9.12)
     Conclusão: Goze a vida agora conforme Deus a dá (v. 15)
   pelo mistério dos caminhos de Deus (v. 16s.)
   pela morte, destino comum tanto do sábio como do insensato (9.1-6)
     Conclusão: Goze a vida agora conforme Deus a dá (v. 7-10)
   pela incerteza da vida (v. 11s.)
Palavras de Conselho – C (9.13—12.8)
   Introdução: uma história sobre o valor da sabedoria (9.13-16)
   A sabedoria e a insensatez (9.17—10.15)
   O governo dos reis (v. 16-20)

Práticas sadias nos negócios (11.1-8)
   Gozar a vida antes que chegue a velhice (11.9—12.8)
Epílogo
   Alvo do Pregador (12.9s.)
   Recomendação de seus ensinos (v. 11s.)
   Conclusão do assunto (v. 13s.)[13]

A Unidade. O esboço acima pressupõe uma unidade na obra do Coélet. Essa unidade foi seriamente questionada no início de nosso século. Estavam em voga idéias que creditavam ditados mais positivos de sabedoria a "um editor profundamente interessado na Literatura de Sabedoria" ou a um editor posterior mais piedoso "imbuído do espírito dos fariseus", defensor das "doutrinas ortodoxas da época".[14]

Uma compreensão renovada da literatura semítica incentiva a ênfase na unidade do Coélet.[15] Particularmente úteis são os paralelos entre as literaturas de sabedoria babilônica e egípcia e o Coélet na tendência de combinar a sabedoria convencional e não-convencional e de embutir provérbios tradicionais em matérias originais. Além disso, os estudiosos hoje vêem muitas aparentes contradições (reconhecidas pelos rabinos que debateram a canonicidade do livro) como conseqüências da própria luta do autor com as complexidades da vida, não como tentativas de um editor de coser uma colcha de retalhos.[16]

Outras aparentes contradições podem ser resolvidas de pronto quando se percebe que o Coélet com freqüência citava materiais para refutá-los. Por exemplo, o comentário sobre o trabalho em 4.5 ("O tolo cruza os braços e come a própria carne") é uma peça de sabedoria convencional que tem por objetivo condenar a preguiça. Para destacar sua inadequação, o Coélet cita um provérbio de autoria própria: "Melhor é um punhado de descanso do que ambas as mãos cheias de trabalho e correr atrás do vento" (v. 6).

Sem dúvida, o argumento mais forte contra a autoria múltipla é o problema da motivação. Se o Coélet causava tantos problemas para os sábios e piedosos dentre os judeus, por que se preocuparam em retrabalhar o texto com uma infinidade de glosas? Não teria sido muito mais simples desfazer-se do livro?

Em geral, reconhece-se que o título (1.1) e o epílogo (12.9-14) podem ter sido acrescentados por um discípulo do Coélet, falando de seu mestre na terceira pessoa. Mas o próprio trabalho permanece intato, com todas as perplexidades que nos deixam confusos.

Estudos de críticas da forma durante os últimos cinqüenta anos têm dividido o livro em segmentos de vários tamanhos e quantidades de versículos.

Há uma tendência cada vez maior de ver o livro "como um caderno ou bloco de notas", não tanto um debate, diálogo ou tratado teológico.[17] Von Rad faz a seguinte observação sobre a unidade dessas notas:

> Existe, para ser exato, uma unidade interna que pode encontrar expressão de outras maneiras, além do desenvolvimento linear de pensamento ou por meio de uma progressão lógica no processo de pensamento, ou seja, por meio da unidade de estilo, tópico e tema, uma unidade que pode fazer com que uma obra literária seja um todo e que lhe pode de fato conceder a categoria de obra de arte auto-suficiente.[18]

Características Literárias

Reflexões. A espinha dorsal do estilo literário do Coélet é uma série de narrativas em prosa em primeira pessoa, nas quais o Pregador relata suas observações sobre a futilidade da vida. Essas reflexões (Zimmerli as chama "confissões")[19] começam com frases como: "Apliquei o coração" (1.13, 17), "Atentei para todas as obras" (v. 14), "Disse comigo" (v. 16; 2.1), "Vi ainda" (3.16; 4.1; 9.11), "Também vi" (9.13). A observação ocupa posição chave, refletida no uso repetido do verbo "ver", que pode significar tanto "observar" como "refletir". J. G. Williams, seguindo Zimmerli, encontrou nesse "estilo confessional" um "distanciamento em relação à segurança e à convicção pessoal dos sábios".[20] Questionando se é possível tirar conclusões claras a respeito do lugar do homem no cosmo de Deus, como ensinavam outros sábios, o Coélet só consegue recitar o que pesquisou, viu e concluiu. A forma literária reflexiva casa-se perfeitamente com seu entendimento da realidade: empírica, apesar de racional e pessoal.

Com freqüência essas reflexões resumem suas conclusões, em geral numa frase de remate: "vim a saber que também isto é correr atrás do vento" (1.17); "Considerei todas as obras que fizeram as minhas mãos, [...] e eis que tudo era vaidade e correr atrás do vento" (2.11; cf. 2.26; 4.4, 16; 6.9).[21]

Provérbios. O Coélet empregou provérbios de maneira convencional e não-convencional. Como seus colegas sábios, empregou dois tipos principais: (1) declarações (chamados "ditados sobre a verdade" por Ellermeier) que simplesmente afirmam como é a realidade: "Quem ama o dinheiro jamais dele se farta; e quem ama a abundância nunca se farta da renda" (5.10 [TM 9]); (2) admoestações (ou "conselhos") que consistem em ordens com motivações. Esses provérbios são às vezes positivos: "Lança o teu pão sobre as águas, porque depois de muitos dias o acharás" (11.1); às vezes negativos: "Não te apresses em irar-te, porque a ira se abriga no íntimo dos insensatos" (7.9).

Uma fórmula muito utilizada é a de duas linhas de conduta, uma "melhor" que a outra (4.6, 9, 13; 5.5 [TM 4]; 7.1-3, 5, 8; 9.17s.). Essa fórmula literária é uma barreira contra o pessimismo e o niilismo: talvez as coisas não sejam totalmente boas ou ruins, mas com certeza algumas são melhores que outras. A fórmula é também empregada para subverter a sabedoria convencional, considerando bom o que em geral se considera ruim (e.g., cap. 7).

Os provérbios (veja o tributo prestado à habilidade do Coélet em 12.9) ocorrem em dois pontos principais: (1) embutidos nas reflexões, onde reforçam ou resumem as conclusões (1.15, 18, 4.5s.; os v. 9-12 agem quase como um provérbio numérico como Pv 30.5, 18, 21, 24, 29); e (2) agrupados nas seções de "palavras de advertência" (5.1-12 [TM 4.17—5.11]; 7. 1—8.9; 9.13—12.8).

O mais importante é a função que exercem no argumento: o Coélet emprega provérbios para ajudar seus ouvintes a enfrentar as dificuldades da vida. Tais provérbios tornam-se um comentário sobre sua conclusão positiva, conclamando seus seguidores a gozar a vida no presente, conforme Deus a concede. As "palavras de advertência" em 5.1-12 [TM 4.17—5.11]; 9.13—12.8 estão repletas de conselhos sadios sobre como tirar o melhor proveito da vida.

O Coélet cita outros provérbios para argumentar contra eles. Cita a sabedoria convencional e depois a rebate com declarações próprias (2.14; 4.5s.). Em 9.18, a primeira linha representa o valor tradicional atribuído à sabedoria: "Melhor é a sabedoria do que as armas de guerra". Talvez seja, diz Coélet, mas não se deve superestimá-la porque "um só pecador destrói muitas coisas boas".[22]

Um recurso engenhoso é o uso dos "antiprovérbios", máximas formadas no estilo de sabedoria, mas com mensagem oposta à encontrada na tradição:

> Porque na muita sabedoria há muito enfado;
> e quem aumenta ciência aumenta tristeza. (1.18)

O contraste entre essas declarações e a felicidade prometida pela sabedoria em passagens como Provérbios 2.10; 3.13; 8.34-36 é contundente e deve ter ofendido profundamente os oponentes do Coélet.

As Perguntas Retóricas. Para conduzir os ouvintes através de seus argumentos e forçá-los a um "sim" em relação ao veredicto de vaidade, o Coélet recorre freqüentemente a perguntas retóricas. Uma vez que costumam ocorrer no final das seções, fornecem a chave para o intuito do autor: "Pois que tem o homem de todo o seu trabalho e da fadiga do seu coração, em que ele anda trabalhando debaixo do sol?" (2.22); "Que proveito tem o trabalhador naquilo com que se afadiga?" (3.9).[23]

A Linguagem Descritiva. "Goze a vida agora conforme Deus a dá" é a conclusão positiva do Pregador. No final do livro, ele a reforça com uma série de quadros bem delineados (12.2-7). Seu ponto principal, destacado num conselho ("Lembra-te do teu Criador nos dias da tua mocidade"; v. 1) é sustentado por imagens da velhice e sua fragilidade, da morte e de um funeral. Uma propriedade é imobilizada pela morte de um de seus membros: a escuridão cobre, como mortalha, o lugar (v. 2); todo trabalho na plantação é interrompido quando os empregados, dentro e fora, são tomados de tristeza ou param de trabalhar por causa do funeral (v. 3); portas fechadas protegem a casa enlutada, quase vazia; a voz de um pássaro indica vida na presença das "filhas da música" que entoam seus cantos fúnebres (v. 4), as amendoeiras cheias de flores igualmente anunciam vida ao cortejo funesto (v. 5); o fio de prata, o copo de ouro, o cântaro e a roda são figuras das funções vitais engolidas pela morte (v. 6). A linguagem pictórica é introduzida por um provérbio para que seu significado e propósito fiquem claros; de modo semelhante, fecha-se com uma descrição literal da morte (v. 7) que elimina a necessidade de uma especulação quanto à ênfase geral, ainda que a interpretação dos detalhes possa variar.[24]

Contribuições para a Teologia Bíblica

A Liberdade Divina e os Limites da Sabedoria. Longe de um simples cético ou pessimista, o Coélet procurou contribuir de maneira positiva para o relacionamento de seus contemporâneos com Deus. Ele o fez destacando os limites da compreensão e da capacidade humana. Assim, até seu veredicto acerca da vaidade do empreendimento humano seria para ele uma contribuição positiva.

(1) As pessoas são limitadas pelo que Deus determinou quanto ao que vai ocorrer na vida delas. Elas têm pouca capacidade de mudar o curso da história:

> Aquilo que é torto não se pode endireitar;
> e o que falta não se pode calcular. (1.15)

Esse provérbio reflete-se nas perguntas retóricas:

> Atenta para as obras de Deus,
> pois quem poderá endireitar o que ele torceu? (7.13)

Até o tempo em que ocorrem as experiências humanas é estabelecido de tal maneira que a labuta humana não consegue alterá-lo (3.1-9).[25]

"Debaixo do sol"[26] é um lembrete quase enfadonho de que a humanidade perplexa tem a vida atrelada à terra. Seu significado essencial é que as pessoas estão no mundo, não no céu, onde habita Deus. Em muitos contextos, isso

> também dá a entender que o sol dificulta implacavelmente o *trabalho* e o *labor*, assim como implacavelmente expõe à vista todas as coisas, mostrando como são "vãs" e assim como confere implacavelmente a passagem incessante de dias e noites.[27]

(2) As criaturas humanas são limitadas por sua incapacidade de descobrir os caminhos de Deus. Ainda que possam compreender que a vida é determinada pela soberania de Deus, não conseguem compreender como nem por quê. Isso era especialmente exasperador para os sábios de Israel, que procuravam saber o tempo próprio para cada uma das tarefas da vida:

> O homem se alegra em dar resposta adequada,
> e a palavra, a seu tempo, quão boa é! (Pv 15.23)[28]

O problema não é de Deus, mas da humanidade:

> Tudo fez Deus formoso no seu devido tempo; também pôs a eternidade[29] no coração do homem, sem que este possa descobrir as obras que Deus fez desde o princípio até ao fim. (3.11)

A idéia de não compreender e de não descobrir domina os capítulos 7—11.[30] Por isso, o Coélet aconselha contra a audácia na oração: "... porque Deus está nos céus, e tu, na terra; portanto, sejam poucas as tuas palavras" (5.2 [TM 1]).

Os sábios de Provérbios reconheciam os limites da sabedoria humana e a soberania dos caminhos de Deus:

> O coração do homem traça o seu caminho,
> mas o SENHOR lhe dirige os passos. (Pv 16.9)

> Muitos propósitos há no coração do homem,
> mas o desígnio do SENHOR permanecerá. (19.21)

Mas, ao que parece, os companheiros do Coélet haviam descartado essas verdades. Eles confiavam demais na capacidade de dirigir o próprio destino. Por que o Coélet resolveu destacar essas limitações?

Teria sido por causa de uma perda de confiança em Deus, acompanhada de um desejo radical de encontrar uma ordem mais sistemática na vida e de discernir o futuro com mais clareza do que ousavam os sábios mais antigos?[31] O Coélet seria um tipo de "guarda de fronteira" que se recusava a permitir que os sábios se arrogassem uma capacidade totalmente abrangente no controle da vida? O Coélet sabia que o "verdadeiro temor de Deus nunca permite que uma pessoa humana em sua 'arte de dirigir' tome o leme nas próprias mãos".[32] O silêncio do Coélet a respeito da eleição de Israel seria um lembrete negativo de que uma doutrina da criação por si é incompleta até que tenha a "ousadia de crer que o criador é o Deus que em livre bondade se prometeu para seu povo?"[33]

Enfrentando as Realidades da Vida. (1) *Graça.* Ainda que o Coélet não indique interesse pela experiência israelita de aliança ou de redenção, é certo que ele tinha consciência da graça de Deus. Para ele, a graça se manifestava na provisão divina dos elementos bons da criação. Sua conclusão positiva ("Nada há melhor para o homem do que comer, beber e fazer que a sua alma goze o bem do seu trabalho" está baseada na bondade de Deus: "No entanto, [...] isto vem da mão de Deus, pois, separado deste, quem pode comer ou quem pode alegrar-se?" (2.24s.). Em outro trecho (3.13), tudo isso é descrito como "dom de Deus". Uma dezena de vezes a raiz *nātan*, "dar", é empregada tendo Deus por sujeito.

> O que quer que o tivesse desconcertado com respeito aos inescrutáveis caminhos de Deus, o Coélet não tinha dúvidas de que essa graça aparece diariamente nas provisões do Criador que "tudo fez [...] formoso no seu devido tempo". 3.11

As realidades da graça e da limitação humana convergem no uso dado pelo Coélet à palavra "porção" (heb. *hēleq*; 2.10 (IBB), 21; 3.22 (IBB); 5.18s [TM 17s.] ; 9.9). Traduzido por "recompensa" (2.10; 3.22) ou "parte (9.6), o termo indica a natureza parcial e limitada das dádivas de Deus. Ele não dá todas as coisas para os mortais, ainda que esses prazeres simples sejam dádivas para se empregarem com gratidão. "Porção" contrasta com "proveito" ou "ganho" (*yiṯrôn*), outra palavra freqüente (1.3; 2.11, 13; 3.9; 5.9; 16 [TM 8, 15]; 7.12; 10.10s.; cf. a palavra afim, *môṯar*, "vantagem"', 3.19). "Proveito" descreve o saldo positivo que o esforço humano pode gerar; "porção" retrata a parte concedida pela graça divina. A humanidade nada pode obter; Deus cuida para que ela tenha o suficiente.[34]

(2) Morte. A chegada da morte é óbvia, mas não o seu tempo. É o destino que chega para todos – sábios e tolos (2.14s.; 9.2s.), pessoas e animais (3.19). A morte faz as pessoas confrontarem suas limitações de modo mais drástico, lembrando-lhes continuamente que o controle do futuro está fora de seu alcance. Ela as põe nuas, quer se tenham empenhado com sabedoria para deixar seus bens para pessoas que não os mereçam (2.21), quer tenham desejado legá-los para um herdeiro, mas perdendo-os antes (5.13-17 [TM 12.16]). A descrição da morte, feita pelo Coélet, parece basear-se na narrativa de Gênesis 2, onde o sopro divino e o pó da terra foram combinados para formar o homem. Na morte, o processo parece reverter-se: "... e o pó volte à terra, como o era, e o espírito [NRSV, "sopro"] volte a Deus, que o deu" (12.7), embora o Coélet questione o quanto é possível ser dogmático. (3.20s.). Para ele, a morte era o grande desencorajador do falso otimismo.[35]

(3) Gozo. Se "labutar" (heb. *'āmāl*) dominava o que o Coélet entendia como os rigores da vida,[36] ele empregava "gozo" ou "prazer" (de *śmḥ*) com freqüência, especialmente ao declarar sua conclusão positiva.[37] Tão implacável como o presente sofrido e o futuro precário, o prazer é possível quando buscado no lugar correto: gratidão e apreciação diante das dádivas simples de alimento, bebida, trabalho e amor concedidas por Deus. Escrevendo para uma sociedade preocupada com a necessidade de obter vencer, conquistar, produzir e controlar,[38] o Coélet alertou contra o desprazer e a futilidade de tais esforços. A alegria não seria encontrada em realizações humanas, tão ilusórias como caçar o vento (2.11, 17, etc.), mas nas dádivas diárias concedidas pelo Criador.[39]

A Preparação para o Evangelho. Embora o Coélet não contenha nenhum material profético ou tipológico reconhecível, prepara o caminho para o evangelho cristão. Isso não significa que esse seja o propósito principal do livro ou sua função no cânon. Como crítica contra os extremos da escola de sabedoria, uma janela para as tragédias e injustiças da vida, um sinalizador das alegrias da existência, mantém-se como palavra de Deus para toda a humanidade.[40]

Contudo, seu valor cristão não deve ser ignorado. Seu realismo ao retratar as ironias do sofrimento e da morte ajuda a explicar a importância crucial da crucificação e da ressurreição de Jesus.

> A insistência do Coélet na inescrutabilidade dos caminhos de Deus delineia um magnífico avanço na comunicação divina e humana proporcionada pela encarnação.

Seus tristes retratos da labuta enfadonha abriram caminho para o convite do Mestre para deixarmos o trabalho árduo a fim de entrar no descanso da graça (Mt 11.28-30). Sua ordem para que se tenha prazer nas dádivas simples de Deus, sem ansiedade, encontrou eco nas exortações de Jesus a que se confie no Deus dos lírios e dos pássaros (6.25-33). Seu veredicto de "vaidade" preparou o cenário para a avaliação abrangente de Paulo: "Pois a criação está sujeita à vaidade" (Rm 8.20).

Com olhos flamejantes e pena mordaz, o Coélet desafiou a confiança excessiva da sabedoria mais antiga e seu mau uso na cultura de sua época. Assim, ele abriu caminho para alguém "maior do que Salomão"(Mt 12.42), "em quem todos os tesouros da sabedoria e do conhecimento estão ocultos" (Cl 2.3).[41]

CAPÍTULO 37

Cântico dos Cânticos

Os que amam sempre perceberam que o *cântico* é a única expressão adequada para sentimentos intensos, prazer arrebatador, compromisso profundo. Dominados pelo desejo de dar-se para o outro e de receber dele o que não se pode pedir, não inventam fórmulas, não preparam receitas, não escrevem rituais, não desenham mapas, não elaboram gráficos. Cantam. Encontram nas Escrituras Sagradas o melhor dos cânticos.

Seu nome vem de 1.1: "Cântico dos cânticos [i.e., o melhor dos cânticos] de Salomão". (Um nome alternativo, Cantares, deriva da Vulgata). Cântico dos Cânticos é colocado em primeiro lugar entre os cinco rolos (Megilloth) no cânon judaico empregado em ocasiões festivas, sendo designado para leitura na Páscoa.

> As muitas águas não poderiam apagar o amor,
>   nem os rios, afogá-lo;
> ainda que alguém desse todos os bens da sua casa
>   pelo amor, seria de todo desprezado. Ct 8.7

A Canonicidade

A aceitação no cânon judaico não foi fácil, como indica muito bem a Mishná. A declaração firme do rabino Akiba (c. 100 d.C.) sem dúvida foi calculada para abrandar a oposição e garantir para o livro um lugar nas Escrituras: " O mundo inteiro não é digno do dia em que Cântico dos Cânticos foi dado a Israel; todos os Escritos são santos, e Cântico dos Cânticos é o santo dos santos".[1] Sem dúvida, a natureza erótica de Cântico dos Cânticos deu origem a perguntas. Por fim, as objeções foram vencidas (1) pela ligação entre o poema e Salomão, (2) pelas interpretações alegóricas rabínicas e cristãs, que ajudaram a mitigar o tom sensual, (3) e talvez pela conscientização dos judeus de que "ele celebrava os mistérios do amor humano na festa de casamento".[2]

Autoria e Data

A autoria salomônica tradicional baseia-se em referências ao rei ao longo do livro (1.5; 3.7, 9, 11), principalmente no título (1.1). "A Salomão", hebraico *lishlōmōh* (1.1), pode indicar autoria. Mas há outras interpretações possíveis: "para" ou "ao estilo de Salomão". A habilidade de Salomão como compositor de cânticos é conhecida em razão de 1Reis 4.32 (cf. Sl 72, 127), mas seu relacionamento com esses poemas de amor é obscuro.[3] É difícil justificar as tentativas de ajustar o amor e a lealdade aqui expressa aos padrões salomônicos de casamentos e concubinatos políticos (veja 1Rs 11).

Os supostos empréstimos de palavras persas e gregas,[4] o emprego quase uniforme da forma de pronome relativo característica do hebraico mais recente[5] e de palavras e frases que refletem influência aramaica[6] indicam mas não provam que a edição final, se não a própria composição, foi posterior a Salomão. Entretanto, o livro não precisa ser datado no período helênico (após 330). Existem amplas evidências tanto do comércio entre a Jônia e Canaã, quanto do impacto aramaico sobre a literatura hebraica dos primeiros séculos da monarquia.[7]

A falta de referências históricas em Cântico dos Cânticos dificulta a datação. Alguns estudiosos defendem o período persa, mais exatamente entre a época de Neemias e 350, com base em argumentos lingüísticos e dados geográficos. Nas descrições da fabulosa glória de Salomão, eles encontram reflexos "da pompa e solenidade do Império Persa e dos palácios luxuosos do Grande Rei em Susã e Persépolis".[8] Mas o testemunho da arqueologia a respeito do esplêndido reino de Salomão parece tornar desnecessária a influência persa. O cenário generoso de Cântico dos Cânticos reflete com precisão a glória de Salomão, assim como o luxo, a riqueza e a sabedoria de Eclesiastes relembram com detalhes suas circunstâncias majestosas.

Ainda que o próprio Salomão provavelmente não tenha sido o autor, boa parte do ambiente e do tom reflete sua época. Assim como Provérbios, o núcleo ou centro de Cântico dos Cânticos pode ter sido transmitido (talvez oralmente), aumentado por um editor anônimo inspirado e dele recebido sua forma atual. Por volta do período do exílio, ele teria organizado e colecionado cânticos de amor tradicionais israelitas.[9]

"Como o Líbano, esbelto como os cedros" é o amado em Cântico dos Cânticos (Ct 5.15). *(Robert Smith)*

Qualidades Literárias

A rigor, não se deve classificar Cântico dos Cânticos como literatura de sabedoria, já que sua forma dominante é de poesia de amor, não de instrução ou debate. Mas por estar associado a Salomão e, provavelmente, ter sido copiado, preservado e publicado nos círculos de sabedoria, pode ser estudado junto com esse grupo.[10] Além disso, ao celebrar as glórias do casamento como um dom do Criador e uma

Cânticos Descritivos. Trata-se de uma forma antiga, bem atestada nas literaturas babilônica e egípcia, bem como na literatura árabe moderna (em que é chamada *wasf*). Um descreve a beleza do outro em linguagem altamente figurada (ele a descreve, 4.1-7; 6.4-7; 7.1-9 [TM 2-10]; ela o descreve, 5.10-16). Essas descrições saúdam o cônjuge, ao mesmo tempo que incitam ambos ao amor (veja 1.15s., em que um admira a beleza do outro).

Autodescrições. Somente a mulher empregou essa forma, em geral para rejeitar, com modéstia, a beleza a ela atribuída (1.5s.; 2.1). Sua autodescrição em 8.10 parece orgulhar-se de sua virgindade e maturidade; ela foi aprovada no teste dos irmãos (v. 8s.).

Cânticos de Admiração. Essa forma difere do cântico descritivo por chamar a atenção para a roupa ou para os ornamentos do amado (e.g., as jóias em 1.9-11; 4.9-11). Cântico 7.7-9 mostra a paixão gerada por tal admiração.

Cânticos de Anseio. O desejo ardente dos cônjuges, especialmente quando separados, é expresso em tais cânticos (e.g., 1.2-4; 2.5s.; 8.1-4, 6s.). A forma característica é um anseio por amor ou um convite ao amor, um lembrete de que a ausência pode tornar mais afetuoso o coração.

Narrativas de Busca. Por duas vezes a esposa relata suas buscas apaixonadas pelo esposo. Incapaz de dormir, ela vagueia pela cidade procurando por ele, uma vez com satisfação (3.1-4), outra com frustração (5.2-7). Essas narrativas mostram sua disposição de tomar a iniciativa no amor.

Jogo de Amor. A segunda narrativa de busca inicia um "jogo" entre a mulher e suas amigas, as "filhas de Jerusalém":

Ela:	narrativa de busca (sem sucesso)	5.2-7
Ela:	amigas esconjuradas a ajudá-la na busca do amado	v. 8
Amigas:	pergunta espirituosa sobre o valor do amado	v. 9
Ela:	cântico de resposta descrevendo a beleza dele	v. 10-16
Amigas:	pergunta espirituosa sobre acompanhá-la para encontrá-lo	6.1
Ela:	relato erótico de onde ele está; fórmula de exclusividade (indica que ela não o dividirá)	(cf. 2.16; 7.10a) 6.2s.

Esse jogo expõe o caráter bem-humorado da sabedoria antiga. Mais do que isso, é uma lembrança do relacionamento exclusivo, da aliança entre os cônjuges.

norma para a vida humana, seus poetas estão bem próximos dos sábios (veja Pv 5.15-19).[11]

A maior parte de Cântico dos Cânticos é uma conversa estilizada entre o esposo e a esposa (e.g., 1.9ss.; 4.1ss.; 6.2ss.), ainda que muito disso possa ser um discurso imaginário, pronunciado na ausência do cônjuge. Identificam-se várias formas de poemas de amor.[12]

Outras Formas Literárias. Cântico dos Cânticos contém algumas outras formas como: (1) fórmula de imposição de juramento (2.7; 3.5; 5.8; 8.4), mostrando como as amigas da mulher sustentam o compromisso dela, como o amor é irresistível, de modo que não se deve despertá-lo prematuramente, e como ela anseia ser livre para estar sem impedimentos com o amado; (2) cântico espirituoso (1.7s.), captando a brincadeira entre os dois em seu desejo de estar juntos (veja 2.14s.; 5.2s.); (3) cântico de ostentação (6.8-10; 8.11s.), expressando o prazer do esposo na singularidade da amada, um prazer compartilhado com os amigos, os quais participam da exaltação a ela (6.10); (4) convite ao amor (2.5; 17; 4.16; 7.11-13; 8.14), oferecido pela mulher, em geral com a urgência de um imperativo.

À parte dos cônjuges, os personagens não são identificados com grande facilidade. Respostas breves (1.8; 5.9; 6.1, etc.) têm sido creditadas às "filhas de Jerusalém", talvez amigas ou "damas de honra" (1.5; 2.7; 3.5; 5.8, etc.); aos cidadãos de Jerusalém, que descrevem o cortejo real que se aproxima da cidade (3.6-11); e aos cidadãos da terra natal da mulher (8.5). Em sua linguagem poética altamente figurada, os personagens centrais podem estar recriando os discursos de outros: a sulamita[13] parece citar seus irmãos em 8.8s. Essas respostas curtas podem ser atribuídas, independentemente do contexto, a um coro. Essa abordagem simples é um alívio bem-vindo em relação a tentativas (especialmente no último século) de tratar Cântico dos Cânticos como um drama de alta complexidade.

O impacto do livro está na intensidade do amor retratado, em especial nas figuras ricas e vívidas. Essas mesmas qualidades que dão origem à força do poema causam problemas para o gosto ocidental. As descrições vivamente detalhadas do corpo dos dois e o desejo sincero e apaixonado parecem por demais ardentes. Mas isso é produto de uma época e de um lugar distante. As imagens são vívidas, mas não sensacionalistas. A honestidade escancarada de sua abordagem eleva-as acima das insinuações encontradas nos similares ocidentais da época. Com freqüência os símiles ou as metáforas soam estranhos ou mesmo grosseiros:

OS ESCRITOS

> Os teus cabelos são como o rebanho de cabras
> que descem ondeantes do monte de Gileade. (4.1)

ou:

> O teu pescoço é como a torre de Davi,
>   edificada para arsenal;
>   mil escudos pendem dela,
>   todos broquéis de soldados valorosos. (v. 4)

"Os orientais fixam os olhos num único ponto que os impressiona e que segundo as nossas concepções não é o mais característico".[14] Assim, no movimento ondulante de um rebanho de cabras que desce um declive distante, o poeta encontra uma imagem da graça e da beleza dos cabelos da amada caindo em suaves ondas sobre seus ombros. De modo semelhante, seu pescoço rijo e reto ornamentado com jóias lembram-lhe as fortalezas de Davi ornadas com escudos de guerreiros.[15] As metáforas atendem a um nobre propósito: formam "uma série intrincada de ligações entre a beleza do esposo ou da esposa e o mundo", embelezado pela mão do Criador.[16]

Sugestões de Interpretação

Os estudiosos não conseguem concordar acerca da origem, do significado e do propósito de Cântico dos Cânticos. As líricas eróticas, a ausência do tom religioso e a trama obscura os deixam desconcertados e lhes desafiam a capacidade imaginativa. Os recursos da erudição moderna — descobertas arqueológicas, recuperação de corpos extensos de literatura antiga, percepções da psicologia e da sociologia oriental — não têm produzido consenso acadêmico visível.[17]

Alegórica. As mais antigas interpretações judaicas registradas (Mishná, Talmude e Targum) encontram nele um retrato de amor de Deus por Israel. Isso responde pelo uso do livro na Páscoa, que celebra o amor de Deus selado na aliança. Não satisfeitos com alusões gerais ao relacionamento entre Deus e Israel, os rabinos lutavam para descobrir referências específicas à história de Israel.

Os Pais da Igreja reinterpretaram Cântico dos Cânticos, vendo nele o amor de Cristo pela Igreja ou pelo cristão como indivíduo.[18] Os cristãos também têm contribuído com interpretações detalhadas e imaginativas, conforme atestam os cabeçalhos tradicionalmente encontrados na KJV, contendo resumos interpretativos como "O amor mútuo de Cristo e sua Igreja" ou "A Igreja professa sua fé em Cristo". O valor da alegoria é apresentado em alguns comentários católicos romanos modernos.[19]

Tipológica. Para evitar a subjetividade da interpretação alegórica e honrar o sentido literal do poema, esse método destaca os principais temas do amor e da devoção, em vez dos detalhes da história. No calor e na força da afeição mútua dos dois apaixonados, os intérpretes tipológicos vêem insinuações do relacionamento entre Cristo e sua Igreja. A justificativa para essa idéia baseia-se em paralelos com poemas de amor árabes, que podem ter significados esotéricos ou místicos; com o uso que Cristo fez da história de Jonas (Mt 12.40) ou da serpente no deserto (Jo 3.14); e com as bem-conhecidas analogias bíblicas do casamento espiritual (e.g., Jr 2.2; 3.1ss.; Ez 16.6ss.; Os 1–3; Ef 5.22-33; Ap 19.9).

São inegáveis os benefícios devocionais das interpretações alegóricas ou tipológicas de Cântico dos Cânticos . Questiona-se, porém, a intenção do autor. Qualquer leitura alegórica é perigosa porque as possibilidades de interpretação são ilimitadas. Estamos mais propensos a descobrir nossas idéias do que a discernir o propósito do autor. Além disso, o texto não fornece indícios de que Cântico dos Cânticos deva ser lido em outro sentido, que não o natural.[20]

Dramática. A presença de diálogos, monólogos e coros (veja acima) tem levado estudiosos de literatura, tanto antigos (e.g., Orígenes, c. 240 d.C.) como modernos (e.g., Milton), a tratá-lo como um drama. Duas formas de análise dramática têm dominado: (1) dois personagens principais, Salomão e a sulamita, identificada por alguns estudiosos (incorretamente de acordo com esta análise) com a filha do faraó, com a qual Salomão se casou por conveniência (1Rs 3.1);[21] (2) três personagens, incluindo o pastor, que ama a virgem, bem como Salomão e a sulamita.[22] A trama gira em torno da fidelidade da sulamita a seu amado rude, apesar das tentativas suntuosas de Salomão em cortejá-la e conquistá-la. As duas concepções têm fraquezas: a ausência de instruções dramáticas e a complexidade decorrente, caso a sulamita esteja reagindo à corte de Salomão com lembranças de seu amado pastor. Um obstáculo importante a todas as interpretações desse tipo é a escassez de indícios de dramas formais entre os semitas e, em particular, entre os hebreus.

Cânticos Nupciais. Um estudo de rituais sírios de casamento promoveu uma nova visão de Cântico dos Cânticos no final do século passado.[23] Alguns estudiosos encontraram em tais festas, que duravam uma semana, uma série de paralelos a elementos de Cântico dos Cânticos: a noiva e o noivo são tratados como rei e rainha; cantam-se descrições das belezas e das virtudes dos dois; o noivo executa uma dança de espada (veja 6.13; 7.1); março é o mês preferido (veja 2.11); o casal é colocado sobre uma mesa de debulhar decorada com esmero, a qual se torna um trono real (veja 3.7-10).[24]

Ainda que se aceite a declaração de que costumes matrimoniais semelhantes podem ser detectados na antigüidade judaica,[25] os problemas continuam: não é fácil dividir Cântico dos Cânticos, conforme se apresenta, em partes que correspondam aos sete dias, e a sulamita jamais é chamada rainha.

Ritos Litúrgicos. Uns poucos estudiosos procuraram iluminar passagens obscuras do Antigo Testamento comparando-os com os costumes religiosos da Mesopotâmia, Egito ou Canaã. Um exemplo é a teoria de que Cântico dos Cânticos deriva de ritos litúrgicos do culto a Tamuz (cf. Ez 8.14), deus babilônio da fertilidade.[26] Esses ritos celebravam o casamento sagrado (gr. *hieros gamos*) de Tamuz e sua consorte, Istar (Astarte), que produzia a fertilidade anual da primavera.[27] A cultura ocidental moderna mostra que a religião pagã pode deixar um legado de terminologia sem influenciar crenças religiosas (e.g., nomes dos meses); mesmo assim, parece altamente questionável que os hebreus aceitassem a liturgia pagã, com gosto de idolatria e imoralidade, sem uma revisão completa de acordo com a fé característica de Israel.[28] Cântico dos Cânticos não carrega marcas de uma revisão desse tipo.

Rituais Fúnebres. Uma teoria que tem atraído mais interesse que apoio vê Cântico dos Cânticos como parte de um padrão hebraico de luto. Pensa-se que festas, algo como velórios, teriam incluído atividades sexuais. O propósito seria afirmar a continuidade do amor e da vida diante da separação ocasionada pela morte.[29]

Cântico de Amor. Em décadas recentes, alguns estudiosos têm visto Cântico dos Cânticos como um poema ou uma coleção de poemas de amor, talvez, mas não necessariamente, ligados a celebrações de casamento ou ocasiões específicas.[30] Tenta-se dividir Cântico dos Cânticos em alguns poemas independentes. Mas percebe-se um tom dominante de unidade[31] na continuidade do tema, nas repetições que soam como refrães (e.g., 2.7; 3.5; 8.4), na estrutura encadeada que liga cada parte à anterior, preparações nos capítulos 1–3 para a consumação do relacionamento amoroso em 4.9–5.1; nas implicações dessa consumação em 5.2–8.14.

O quadro nas páginas 566-7 tenta captar a unidade, a diversidade e o movimento de Cântico dos Cânticos.[32]

Pode-se sentir a mensagem de Cântico dos Cânticos no tom da poesia lírica. Embora o movimento seja evidente, só se vê um esboço nebuloso da trama. O amor do casal é tão intenso no início como no fim; assim, a força do poema não está num clímax apoteótico (ainda que o ponto central seja a cena de consumação, 4.9–5.1), mas nas repetições criativas e delicadas dos temas de amor um amor almejado quando separados (e.g., 3.1-5) e plenamente desfrutado quando juntos (e.g., cap. 7), vivenciado no esplendor do palácio (e.g., 1.2-4) ou na serenidade do campo (7.11ss.) e reservado exclusivamente para o companheiro da aliança (2.16; 6.3; 7.10).[33] É um amor tão forte quanto a morte, que a água não consegue extinguir nem uma enchente, afogar, um amor que se dá de bom grado, a qualquer custo (8.6s.)

O Propósito

Qual o lugar dessa poesia de amor nas Escrituras, principalmente se não tinha em sua origem a intenção de ser uma mensagem alegórica ou tipológica do amor de Deus?

> O livro é uma lição objetiva, um provérbio estendido ou uma parábola (*māshāl*), que ilustra as ricas maravilhas do amor humano, uma dádiva do amor de Deus.

Ainda que expresso em linguagem audaciosa, Cântico dos Cânticos oferece um equilíbrio sadio, bíblico, entre os extremos dos excessos sexuais ou perversão e o ascetismo, com demasiada freqüência entendido como a concepção cristã do sexo, ascetismo que nega o caráter essencialmente bom e correto do amor físico dentro da estrutura matrimonial prescrita por Deus. Podemos dizer mais: "Ele não só fala da pureza do amor humano, mas também, por sua própria inclusão no cânon, lembra-nos de um amor mais puro que o nosso".[34]

Seção	Tema	Tipo de cântico	Cantor	Texto
Título	Relacionamento real	Prosa	Editor	1.1
Poema I	Anseio e descoberta 1.2–2.7	Cântico de anseio pelo esposo ausente	Mulher	1.2-4
		Autodescrição de modéstia	Mulher	1.5-6
		Diálogo espirituoso procurando de modo imaginativo um encontro	Mulher, homem	1.7-8
		Cântico de admiração pelo valor e pela beleza da mulher	Homem	1.9-11
		Cântico de admiração em resposta	Mulher	1.12-14
		Cântico de admiração em diálogo	Mulher, homem, mulher, homem	1.15–2.4
		Cântico de anseio por intimidade	Mulher	2.5-6
		Apelo por paciência com o curso do amor	Mulher	2.7
Poema II	Convite, suspense, resposta 2.8–3.5	Descrição da aproximação e do convite do esposo	Mulher	2.8-14
		Resposta espirituosa tornada séria pela afirmação de posse mútua	Mulher	2.15-16
		Convite à intimidade	Mulher	2.17
		Descrição da frustração e da satisfação	Mulher	3.1-4
		Apelo por paciência com o curso do amor	Mulher	3.5
Poema III	Cerimônia e Satisfação 3.6–5.1	Descrição dramática e admirada da chegada do noivo	Mulher	3.6-11
		Descrição da beleza da noiva	Homem	4.1-7
		Cântico de convite para a noiva	Homem	4.8
		Cântico de admiração para a noiva	Homem	4.9-15
		Cântico de convite para o noivo	Mulher	4.16
		Cântico de resposta ansiosa	Homem	5.1a
		Cântico de encorajamento (filhas de Jerusalém)	Filhas de Jerusalém	5.1b
Poema IV	Frustração e prazer 5.2–6.3	Relato de um sonho aflitivo	Mulher	5.2-7
		Apelo por ajuda urgente	Mulher	5.8
		Perguntas espirituosas	Filhas de Jerusalém	5.9
		Descrição da beleza do esposo	Mulher	5.10-16
		Pergunta espirituosa	Filhas de Jerusalém	6.1
		Resposta de prazer e compromisso	Mulher	6.2-3

CÂNTICO DOS CÂNTICOS

Seção	Tema	Tipo de cântico	Cantor	Texto
Poema V	Pompa e celebração 6.4–8.4	Cântico descritivo com toques de orgulho	Homem	6.4-10
		Fantasia de separação	Mulher	6.11-12
		Pedido de retorno	Filhas de Jerusalém	6.13a
		Resposta espirituosa em forma de pergunta	Mulher	6.13b
		Descrição da mulher dançando	Filhas de Jerusalém	7.1-5
		Cântico de anseio por intimidade	Homem	7.6-9
		Convite à satisfação	Mulher	7.10–8.3
		Apelo por paciência com o curso do amor	Mulher	8.4
Poema VI	Paixão e compromisso 8.5-14	Pergunta que marca o retorno do casal	Filhas de Jerusalém	8.5a
		Lembrete sedutor da continuidade do amor	Mulher	8.5b
		Cântico de anseio por castidade	Mulher	8.6-7
		Teste de castidade	Mulher falando em lugar dos irmãos	8.8-10 (8-9)
		Orgulho da castidade	Mulher	8.11-12
		Cântico de anseio por ouvir a voz dela	Homem	8.13
		Cântico de convite a aceitar o amor dele	Mulher	8.14

CAPÍTULO 38

Rute

O Antigo Testamento contém todos os tipos de heróis ilustres. Mas será que Deus age por meio de pessoas comuns? Esse pequeno e gracioso livro fala da providência de Deus na vida de uma família israelita comum.

> O teu povo é o meu povo, o teu Deus é o meu Deus.
> Rt 1.16

Nome e Conteúdo

O livro recebe o nome da personagem principal, a moabita Rute.[1] Por causa da fome, Elimeleque de Belém leva a família para morar em Moabe. Infelizmente, ele e os dois filhos ali morrem, ficando a esposa, Noemi, e as esposas moabitas dos filhos, Rute e Orfa. Quando termina a fome, Noemi ruma para Judá. Convence Orfa a voltar para Moabe, mas Rute, resoluta, recusa-se a isso. As duas viúvas retornam a Belém bem no início da colheita. Rute vai respigar grãos e chega por acaso aos campos de Boaz, parente de Elimeleque. Como parente, Boaz tem a responsabilidade de casar-se com a viúva desse parente. Assim, Noemi envia Rute para que proponha tal casamento. Boaz dispõe-se, mas um parente mais próximo tem prioridade legal de propor tal casamento antes dele. No ponto alto da história, Boaz obtém esse direito com habilidade, casa-se com Rute, e os dois têm um filho. O livro celebra-o como filho de Noemi (4.17a), pois o pequeno Obede preserva a linhagem familiar dela. E, mais importante do que isso, virá a ser avô de Davi.

Data e Autoria

Assim como a maior parte das narrativas do Antigo Testamento, o livro de Rute não identifica seu autor. O Talmude credita o livro a Samuel, mas tal atribuição não pode estar correta. O livro deve ter surgido depois do governo de Davi (4.17b), e ele reinou alguns anos após a morte de Samuel. Os estudiosos discordam quanto à data, com estimativas que vão do início da monarquia até o período pós-exílico. Em nosso entender, as evidências favorecem uma data no período da monarquia (entre os séculos X e VI a.C.).[2]

Aspectos Sociais

Dois costumes sociais pouco comuns fazem com que os leitores de hoje tenham dificuldade para compreender a história. O primeiro é o dever de um parente próximo casar-se com a viúva de um familiar que não tenha tido filhos, a fim de lhe prover descendência. Sem esse filho, a linhagem da família do falecido se perderia. Em épocas anteriores, os estudiosos identificavam esse costume com o "casamento em levirato", segundo ensina Deuteronômio 25.2-11 (cf. também Gn 38).[3] Como no levirato, as providências em Rute têm o propósito de proporcionar um herdeiro a um parente morto. Diferentemente do levirato, porém, Boaz não é irmão de Elimeleque, nem Rute é viúva deste. Antes, a responsabilidade recai sobre Boaz porque ele é parente próximo de Elimeleque, i.e., "parente resgatador" (heb. *gō'el*; 2.20). Como numa "ficção de direito", Rute substitui Noemi como viúva de Elimeleque. Assim, preferimos descrever a prática em Rute como um casamento "semelhante ao levirato" ou até como um "casamento de parentesco".[4]

Esse costume explica o ponto decisivo do livro: a trama engenhosa de Noemi para induzir Boaz a aceitar sua responsabilidade. Talvez Boaz tivesse entendido que não era parente suficientemente próximo de Elimeleque para assumi-la. Assim, Noemi envia Rute, jovem e atraente, para motivá-lo. Um episódio ousado, contado de modo delicado — a cena da eira no capítulo 3 —

detalha como Rute a cumpriu. Mas uma complicação inesperada frustra o plano de Noemi: Boaz submete-se ao direito prioritário de um parente mais próximo.[5] Na manhã seguinte, ele convoca uma audiência legal à porta da cidade,[6] convida o outro parente e obtém o direito sobre Rute.

O segundo costume, a redenção da terra, marca um desenvolvimento surpreendente na história. Os leitores esperam que, junto à porta, Boaz discuta de imediato a proposta de casamento de Rute. Em lugar disso, ele anuncia: "aquela parte da terra que foi de Elimeleque, nosso irmão, Noemi, que tornou da terra dos moabitas, a tem para venda" (4.3). Boaz oferece-se para comprá-la, se o outro não o fizer. Essa é a primeira menção de uma propriedade de Elimeleque. Por trás disso existe um antigo costume israelita: a propriedade da terra de um ancestral sempre devia permanecer no clã. Uma família podia empenhá-la para fugir da pobreza, mas a lei exigia que o parente mais próximo a comprasse para que a propriedade permanecesse no clã (cf. Lv 25.25ss.). Nesse caso, o outro parente concordou em comprar a propriedade de Noemi (4.4).

Causando outra surpresa, porém, Boaz leva o parente a desistir de seus direitos. Boaz informa que, para obter a posse da terra, ele deve também casar-se com Rute e dar um descendente a Elimeleque (v. 5). De imediato, o parente recua, alegando que o negócio prejudicaria sua herança (v. 6). Financeiramente, o possível comprador poderia arcar com a obrigação de redenção, caso fosse sua

Eira como aquela em que Rute convenceu Boaz a cumprir sua responsabilidade como parente próximo (Rt 3). *(Neal e Joel Bierling)*

única responsabilidade, pois, trazendo-lhe lucro, a terra de Elimeleque na realidade se pagaria. Além disso, o casamento por si não ameaçaria seus bens, já que o lucro da propriedade sustentaria qualquer herdeiro até que este tivesse idade para herdá-la. Mas o homem não podia aceitar a dupla responsabilidade. O herdeiro nascido dele e de Rute herdaria a terra de Elimeleque, e ele não teria o dinheiro para pagar a Noemi.

Voluntariamente, ele cede seus direitos nesse assunto a Boaz (v. 6). Ao que parece, Boaz era suficientemente rico para arcar com as duas obrigações. Ainda melhor, o trato talvez tenha dado a Boaz o filho que, assim como a Elimeleque, lhe faltava. A genealogia final alista Boaz, não Malom ou Elimeleque, como ancestral de Davi (4.18-22). Isso pode implicar ou que Boaz era solteiro (improvável) ou que não tinha filhos (possível). Em todo caso, a criança nascida de seu casamento com Rute na realidade deu continuidade a *duas* linhagens familiares, a de Boaz e a de Elimeleque.

Natureza Literária e Teologia

Os estudiosos em geral concordam que o gênero de Rute é um conto.[7] Sua extensão fica entre a de um "conto" e a de um "romance". Ele possui uma trama simples que se desenvolve num período curto (cerca de seis semanas). Além disso, só apresenta três personagens principais. Mais importante, em vez de traçar o desenvolvimento deles, a história tem como alvo ajudar os leitores a compreendê-los. Isso concorda com o propósito do conto — edificar e instruir os leitores de maneira agradável. A história induz sutilmente os leitores a participar da experiência dos personagens, desfrutando da atividade providencial divina. Implicitamente, convida-os a imitar ou a evitar os exemplos deles.[8] O livro de Rute, assim, é comparável a outros contos do Antigo Testamento: o casamento de Isaque (Gn 24), Daniel 1–6 e Jonas.

Ainda que não organizado de maneira rígida, o livro em geral apresenta estrutura de espelho. Ou seja, elementos posteriores da história espelham elementos anteriores e lhes trazem solução. O seguinte esquema simplificado destaca os principais paralelos estruturais e temáticos do livro:

1.1-5	Introdução: a família de Elimeleque
1.6-18	A preocupação de Noemi: o casamento das noras
1.19-22	A dor e a pobreza de Noemi
2.1-2	Diálogo: Noemi e Rute

2.3-17	Diálogo: Rute e Boaz
2.18-23	Diálogo: Rute e Noemi
3.1-5	Diálogo: Noemi e Rute
3.6-15	Diálogo: Rute e Boaz
3.16-18	Diálogo: Rute e Noemi
4.1-2	Processo legal: terra, casamento, herdeiro
4.13-17	A satisfação de Noemi pelo filho recém-nascido
4.18-22	Genealogia: a família de Davi

Conforme se evidencia, o capítulo 1 espelha no geral o capítulo 4, enquanto os capítulos 2 e 3 são correspondentes. Os capítulos 2 e 3 apresentam estrutura como de "sanduíche". Diálogos entre Rute e Noemi (2.2; 3.1-5) prensam a "carne" da história — diálogos cruciais entre Rute e Boaz (2.3-17; 3.6-15). Quanto aos capítulos 1 e 4, o clamor de pobreza de Noemi (1.20-21) encontra solução feliz no grito das amigas: "A Noemi nasceu um filho" (4.17a). Por último, a apresentação da família de Elimeleque no início (1.5) tem seu contraponto na genealogia do final (4.18-22).

Sem dúvida, o conto de Rute é uma pérola literária.[9] A história apresenta uma prosa altamente artística, quase poética. Com maestria, o autor emprega diálogos para desenvolver a trama. Os vários diálogos da história, não a narrativa do autor, apresentam os eventos. De novo, habilmente o escritor dispensa informações, como um jogador que baixa suas cartas com cautela. Por exemplo, no capítulo 2, um *flash-back* fornece fatos antes guardados (v. 7). De modo semelhante, o narrador retém a menção da terra de Elimeleque até o final da história — para surpresa dos leitores (4.3).

Também, a história emprega a linguagem de maneira vigorosa. Por exemplo, palavras com conotações sexuais (e.g., "conhecer", "deitar-se") dominam a narrativa da visita secreta de Rute a Boaz (cap. 3). A linguagem sensual faz a cena parecer ousada e perigosa. Ademais, o narrador astutamente repete palavras-chave em pontos cruciais. Elas dão unidade à história e assinalam seus desenvolvimentos temáticos principais: (1) pela repetição da palavra "filho", o autor indica que o "filho" Obede substitui o "filho" morto de Noemi (1.5b; 4.16); (2) a história menciona por duas vezes a "benevolência" de Rute como chave para um dos temas principais do livro (1.8; 3.10; cf. 2.20); (3) a repetição de "pobre" mostra que, com a ajuda de Boaz, está para findar a pobreza de Noemi (1.21; 3.17).

Teologicamente, o livro destaca a direção bondosa de Deus na vida dessa família.[10] O Senhor intervém diretamente em dois momentos cruciais, moldando de maneira significativa os eventos subseqüentes enviando a fome, o evento que reconduz Noemi a Belém (1.6); e fazendo com que Rute engravide, dando com isso, finalmente, um herdeiro a Noemi (4.13). Mas a direção de Deus torna-se especialmente clara em relação às orações dos personagens em seus pedidos de bênçãos divinas (1.8-9; 1.12, 20; 3.10). No final, Deus atende a todos: Rute tem uma casa e um filho com Boaz. Não surpreende que as amigas de Noemi creditem a Deus o final feliz da história (4.14-15).

> Em suma, o livro ensina a "plena causalidade" de Deus — uma direção contínua e soberana de tudo.

De modo marcante, porém, em Rute, a direção de Deus assume forma singular.[11] Em boa parte da Bíblia, Deus intervém de maneira direta e sobrenatural nos assuntos dos homens para concretizar os propósitos da redenção. Mas em Rute não há nenhuma orientação por meio de sonhos, visões, mensageiros angelicais ou vozes do céu. Nenhum profeta se levanta para anunciar: "Assim diz o Senhor". Antes, "Deus está em toda parte — mas totalmente escondido em coincidências e em planos puramente humanos..."[12] A providência firme e bondosa de Deus oculta-se por trás do "acaso" que faz Rute encontrar-se com Boaz (2.3-4) e do plano arriscado de Noemi (3.1-5). Resumindo, o livro demonstra que Deus age nos bastidores, *por meio dos atos* de pessoas fiéis como Rute, Noemi e Boaz.[13]

A Mensagem

Outra coisa notável no livro é que o autor gosta de identificar Rute como "a moabita".[14] Esse rótulo insinua uma parte da mensagem. O livro destaca que Deus acolhe não-israelitas na aliança.[15] Se demonstrarem a devoção de Rute (1.16-17), eles desfrutarão do mesmo refúgio protetor sob as asas de Deus (2.12). Ao estender a misericórdia de Deus a estrangeiros, Rute reflete a mesma atitude aberta de outros livros do Antigo Testamento como Jonas.[16]

Além disso, o livro promove a prática do ideal da aliança israelita, o estilo de vida de *ḥesed* ou "benevolência". Em essência, fazer *ḥesed* é dispor-se a "ir além da obrigação".[17] A fabulosa declaração de amor e devoção pronunciada por Rute coloca esse estilo de vida em palavras: "... o teu povo é o meu povo, o teu Deus é o meu Deus" (1.16). Os atos dos personagens principais do livro também personificam isso. A história, desse modo, insta os leitores a exercer benevolência sacrificial semelhante. Chama-os a imitar o pesado compromisso de Rute, a perseverança e inteligência de Noemi e a generosidade e integridade de Boaz. Ao fazê-lo, eles também experimentarão a bênção providencial de Deus.

Por fim, o livro apresenta a divina providência que fez nascer Davi (4.17b). A genealogia final (4.18-22) situa a história dessas pessoas comuns de Belém num contexto mais amplo. Ela mostra a ligação direta entre a vida deles e a obra de Deus em Israel como nação. O filho que nasceu de Noemi é mais que um simples presente de Deus para que sua linhagem familiar tenha continuidade. Ele também inicia a história da atuação de Deus por meio da dinastia de Davi.[18] Dessa maneira, o livro liga-se ao tema bíblico principal da história da redenção. Assim, conduzida pela direção oculta de Deus, a fidelidade de Rute, Noemi e Boaz realizou mais do que eles tiveram consciência. Da família deles surgiu o grande Davi e, muitas gerações depois, o filho mais eminente do grande Davi.

CAPÍTULO 39

Lamentações

Nascido de uma calamidade, este pequeno livro vem, há vinte e cinco séculos, expressando de maneira pungente as angústias do povo de Deus em tempos de sofrimento. O título descreve com precisão o conteúdo. Os cinco capítulos contêm lamentações de Judá, que chora a destruição sofrida por Jerusalém e seu templo (586 a.C.). As narrativas históricas de 2Reis 25 e Jeremias 52 dão os fatos; os cinco poemas de Lamentações captam as emoções.

> Tornou-se o Senhor como inimigo,
>   devorando Israel;
> devorou todos os seus palácios,
>   destruiu as suas fortalezas
> e multiplicou na filha de Judá
>   o pranto e a lamentação. Lm 2.5

Título e Uso. A LXX e a Vulgata trazem título semelhante: "Lamentos" ou "Réquiens" (gr. *Threnoi*; lat. *Threni*). O subtítulo da Vulgata, *Id est Lamentationes Jeremiae Prophetae*, é a base do nome que lhe damos. O nome hebraico comum é *'êkâ* ("como!"), a palavra de lamento típica com que começam os capítulos 1, 2 e 4.[1]

Na Bíblia hebraica, Lamentações costuma estar entre os cinco rolos (Megilloth) lidos durante as festas ou jejuns anuais judaicos. No dia nove de abe (meados de julho), os judeus tradicionalmente lamentam a destruição do templo de Salomão por obra de Nabucodonosor e também a do segundo templo, por obra do romano Tito (70 d.C.). A leitura de Lamentações como parte de tais observâncias parece datar dos primeiros anos do exílio, logo após os desastres lembrados no livro. Jeremias descreve um grupo de oitenta homens de Siquém, Siló e Samaria que fizeram uma peregrinação para o lugar do templo em 585 (Jr 41.4s.). Além disso, Zacarias (518) menciona um costume de jejuar no quinto e no sétimo mês (abe e tisri) que durava setenta anos (7.1-7). A liturgia e a hinologia cristã às vezes ouviram nas descrições da agonia de Jerusalém frases que prevêem a crucificação de Jesus.

Data e Autoria. Lamentações é fruto da derrota desastrosa de Judá e de seu exílio doloroso. O conteúdo estabelece os limites possíveis de sua data (586-530).[2] As vivas impressões dos capítulos 1–4 dão a entender que alguém compôs suas fortes manifestações de aflição logo após a queda de Jerusalém. O capítulo 5 pode ter surgido pouco depois, no exílio, quando as dores agudas da derrota tinham sido entorpecidas, substituídas pela dor crônica do cativeiro.

Lamentações é anônimo, e o texto em si nada diz sobre sua autoria. Uma tradição ganhou forma na época pré-cristã, atribuindo o livro a Jeremias.[3] Talvez essa tradição se tenha desenvolvido a partir do relato, registrado em Crônicas, de que Jeremias pronunciou lamentos pela morte de Josias (2Cr 35.25). Semelhanças no tom dos livros de Lamentações e de Jeremias, especialmente a sensibilidade para com o sofrimento de Judá, sustentam a teoria tradicional. Ademais, o profundo entendimento teológico de Lamentações, que junta os temas do julgamento e da graça, lembra o de Jeremias. De novo, observam-se certos paralelos em estilo (e.g., ambos descrevem Judá como uma virgem ferida; Jr 14.17; Lm 1.15).

Argumentos contra a autoria de Jeremias seguem em geral as seguintes linhas: (1) Jeremias conduziria à lamentação, em vez de desafiar os sobreviventes a se arrependerem e de apontar para um novo dia de Deus? (2) É possível atribuir a Jeremias passagens que falam do fracasso da visão profética (2.9) ou parecem implicar práticas a que Jeremias fazia oposição (4.12, 17)? (3) As variações no estilo poético e na ordem alfabética dos poemas acrósticos indicam autoria múltipla em lugar de autoria única?[4]

Já que o próprio livro não menciona o autor, parece melhor considerá-lo anônimo. Por outro lado, seu conteúdo indica o tipo de pessoa a quem o Espírito inspirou a escrevê-lo: (1) uma testemunha ocular dos trágicos eventos descritos em minúcias; (2) um teólogo sério que percebia as causas mais profundas do terrível julgamento; (3) um poeta de grande talento; (4) um verdadeiro patriota que chorava o fim de seu país, mas também sabia que tal morte era a única esperança de uma nova vida. Se não foi Jeremias, Judá foi abençoado com outras pessoas de semelhantes dons notáveis. Assim como Jeremias tinha preparado Judá para grandes perdas, esse indivíduo ajudou Judá a lidar com a dura realidade delas. No que se segue, empregamos "autor" para refletir nossa conclusão de que Lamentações em sua forma final não é uma coletânea de materiais diversos; antes, transmite o entendimento e a habilidade de uma pessoa.

O Estilo Poético

A Forma Acróstica. O acróstico é um recurso poético em que linhas ou estrofes sucessivas começam com letras que, lidas de alto a baixo, apresentam um padrão. O antigo Oriente Próximo apresenta exemplos de *acrósticos de nomes ou de frases*, em que as letras iniciais formam um nome ou uma frase. A Bíblia hebraica apresenta *acrósticos alfabéticos* em que linhas ou estâncias sucessivas começam com letras hebraicas consecutivas (veja Sl 25; 34; 37; Pv 31.10-31).[5]

Os primeiros quatro capítulos de Lamentações são acrósticos alfabéticos com variações estilísticas. Os capítulos 1–2 contêm vinte e dois versículos de três linhas cada um, e a primeira palavra de cada versículo começa com uma letra hebraica, segundo a ordem. No capítulo 4 ocorre o mesmo, mas os versículos são de duas linhas. O capítulo 3 é construído com maior rigor: seus sessenta e seis versículos contêm vinte e dois conjuntos de três versículos cada, e cada conjunto começa com a devida letra. Ainda que não em forma alfabética, o capítulo 5 parece refletir igualmente a influência do padrão acróstico: também tem vinte e dois versículos de uma linha cada um.

Por que o acróstico? Pode ser um auxílio mnemônico: lembrando a ordem, é possível recordar o conteúdo de cada versículo. É provável, porém, que esse propósito mnemônico não responda pela estrutura alfabética de Lamentações 1–4: a série de acrósticos pode confundir a memória ao invés de auxiliá-la. Como saber que versículo iniciado com *guímel* ou *dálet* pertence a que capítulo? Como obra de arte, o acróstico era um ato de devoção do poeta.

Em Lamentações, a forma acróstica parece atender a pelo menos dois outros propósitos: (1) simboliza a totalidade — i.e., que a poesia cobre seu assunto doloroso de *álef* a *tav* (i.e., de A a Z); (2) impõe limites artísticos ao lamento, impedindo assim que se degrade num gemido, grito ou queixume sem controle.[6]

Os Lamentos. A exclamação de abertura, "como!" (heb. *'êkâ*), e as linhas paralelas curtas identificam partes de Lamentações como réquiens ou lamentos por uma grande tragédia.[7] Israel costumava usar lamentos para chorar a morte de pessoas queridas (2Sm 1.19-27). O lamento *(qînâ)* era também empregado para destacar qualquer tragédia, particularmente a que parecesse de difícil reversão.[8]

No livro, a forma de lamento apresenta tanta variedade que não pode ser rotulada rigorosamente como cântico fúnebre. A cidade de Jerusalém não é descrita como um cadáver, mas como viúva solitária (1.1). Mais importante, a própria cidade às vezes participa do lamento (e.g., v. 12-16, 18-22). Em outros momentos, o poeta dirige-se diretamente à cidade:

> Que poderei dizer-te? A quem te compararei,
> ó filha de Jerusalém? (2.13)[9]

Recurso eficaz no lamento hebraico é o contraste dramático que descreve, com termos intensos, o estado anterior do falecido ou dos enlutados (veja 2Sm 1.19, 23). O contraste nítido com o passado torna ainda mais comovente a tragédia presente:

> Como jaz solitária a cidade
>   outrora populosa!
> Tornou-se como viúva
>   a que foi grande entre as nações;
> princesa entre as províncias,
>   ficou sujeita a trabalhos forçados! (Lm 1.1)

Queixas Individuais e Coletivas. Alternados com as formas de lamento, encontram-se padrões de queixas semelhantes aos de Salmos e de Jeremias. Lamentações emprega tanto a forma individual (cap. 3), em que uma pessoa (provavelmente o poeta) fala em lugar da comunidade, como a forma coletiva (cap. 5), em que toda a congregação reclama do sofrimento diante do Senhor.[10]

A queixa individual no capítulo 3 começa com uma descrição do sofrimento. Em vez de apelar diretamente a Deus, ela emprega a terceira pessoa para descrever o julgamento divino (v. 1-18). Somente perto do final o poeta dirige-se a Deus na segunda pessoa (v. 55-66). Ainda assim, estão presentes muitos elementos da queixa: (1) descrição do sofrimento em termos altamente figurados: trevas, doença, cadeias, ataque de animais, flechas (v. 1-18); (2) pedido de socorro (v. 59); (3) expressão de confiança (v. 21-36); (4) certeza de ter sido ouvido (v. 55-63); (5) pedido de vingança contra os inimigos que infligiram a punição de Deus a Judá (v. 64-66).[11]

A queixa coletiva no capítulo 5 centra-se quase exclusivamente na descrição dolorosa do sofrimento (v. 2-18). Começa e termina com um pedido de restauração (v. 1, 20-22) e reflete um breve lampejo de esperança (v. 19).

O uso do padrão de queixa faz mais que simplesmente proporcionar ao livro variedade literária. Ele o faz ir além do lamento, permitindo que o poeta ou a congregação se dirija diretamente ao Senhor (o lamento, pelo contrário, é em geral anunciado para os presentes nos rituais fúnebres). Além disso, enquanto o lamento pode descrever apenas o pecado que causou a calamidade, a queixa provê oportunidade de confissão pessoal do pecado (compare 3.40-42 com 1.18). Por fim, a queixa dá lugar à esperança pela expressão de confiança e da certeza de ter sido ouvida por Deus. O conhecido hino "Tu és fiel" toma emprestado o tema e a linguagem do coração de Lamentações (3.22-23).

Lamentações é uma mistura precisa e delicada de forma e conteúdo. Acrósticos, lamentos, queixas, ênfases hiperbólicas e descrições metafóricas vivas do sofrimento combinam-se para expressar em termos bem memoráveis tanto a calamidade como a esperança de um povo para o qual o julgamento severo era o prelúdio necessário à graça.

A Contribuição Teológica

O que foi profetizado por Jeremias é retratado em Lamentações — a destruição de Jerusalém e a dizimação de seus habitantes. Por trás do sofrimento físico, a pergunta espiritual atormentadora: "Por quê?". Os que perambulavam pelas cinzas de Jerusalém não consideravam errado o julgamento. Aliás, o poeta considera que Deus estava certo em julgar a rebelião (1.8), punir o pecado (v. 5, 8s., 18, 22; 2.14; 3.40-42; 4.13, 22, 5.7) e revelar justa ira (1.12ss.; 2.1-9, 20-22; 3.1-18; 4.6, 11).

Ainda assim, o desastre final deve ter causado uma crise de fé, que Lamentações tenta harmonizar com sua teologia do juízo e da justiça. O povo de Judá deve ter ficado totalmente perplexo pelo rigor da mão de Deus que jogou de lado com tanta facilidade as reformas de Josias. Dentro de uma simples vintena de anos, Deus permitiu que o rei justo caísse em batalha (609) e a cidade sagrada fosse violada e profanada (586). A ação de Deus na história não estaria ferindo o padrão explícito ensinado em Deuteronômio e seguido durante toda a monarquia — a retidão de um governante conduz às bênçãos sobre o povo?[12]

A sólida crença no fato de que Sião jamais cairia fez com que a crise de fé fosse ainda pior em Judá. Enquanto levantes dinásticos e conquistas assírias

Cena de lamentação; relevo da XVIII Dinastia de Mênfis (final do séc. XIV a.C.).
(Foto Marburg)

atingiam o reino do norte, a monarquia davídica sobreviveu por quatro séculos em Judá. Firmada na aliança especial de Deus com o filho de Davi (2Sm 7), essa estabilidade levou à crença de que nenhum ataque inimigo jamais humilharia Jerusalém. Afinal, ali vivia o único Deus verdadeiro — ele jamais permitiria que um inimigo saqueasse sua casa. A misteriosa derrota de Senaqueribe nos dias de Ezequiel (701) só reforçou essa confiança sublime.

Então Nabucodonosor estraçalhou a ilusão: ele despedaçou os muros inexpugnáveis e queimou o templo inviolável. O que Deus estava fazendo? Em que o povo de Deus devia acreditar? Como encarar essa reversão de um padrão que consideravam inabalável?[13]

Lamentações foi escrito para expressar essas tensões de fé e dúvida por meio da catarse da confissão, com o auxílio da totalidade simbolizada na forma acróstica. Ele foi escrito também para incentivar a aceitação do julgamento divino, afirmando ao mesmo tempo a esperança por trás desse julgamento.[14]

> Ainda que, pelas mãos de Deus, a história tivesse apanhado seu povo numa trágica surpresa, o livro insta Israel a não duvidar de que, por fim, a soberania divina fará o bem para ele e para toda a criação.

O trágico mergulho desde as alturas do favor para as profundezas do desespero domina Lamentações, assim como Jó. Em ambos, os propósitos de Deus são recobertos de mistério. Ainda assim, a esperança e a fé são tornadas possíveis pela revelação do caráter do Deus que permitiu tal sofrimento. Depois de admitir sua culpa, o único motivo para Judá ter esperanças está na misericórdia e benevolência de Deus.[15]

A fé firme do poeta deve ter alentado gerações de compatriotas judeus. Para encontrar esperança no meio de um desastre e levar outros a fazer o mesmo, é preciso o mais profundo conhecimento de Deus.

Lamentações entrelaça as três grandes correntes da literatura e da fé israelita: o conhecimento dos profetas quanto ao julgamento e à graça do Senhor da aliança; as expressões de contrição e esperança dos sacerdotes; a luta dos mestres de sabedoria com os mistérios do sofrimento. O poeta de Lamentações é herdeiro de todos eles, mas não como mero escriba ou cronista. A textura e o padrão de composição são dele próprio, acrescentando uma sutileza e beleza que tornam o livro um entrelaçado precioso da revelação bíblica.

CAPÍTULO 40

O Rolo de Ester

O livro de Ester confunde e deleita os leitores.[1] Seus eventos ocorrem não em Israel, mas em Susã, capital de inverno da Pérsia. Ele nunca emprega a palavra *Deus* ou o nome *Javé*, e sua heroína judia casa-se com um rei gentio incrédulo. Para piorar o quadro, seus compatriotas judeus realizam atos sangrentos de autodefesa contra os inimigos.[2] Entretanto, após longo debate, estudiosos judeus aceitaram o livro como canônico, e leitores ao longo dos séculos vêm colhendo os benefícios dessa decisão.[3]

> ... e [determinaram] que estes dias seriam lembrados e comemorados geração após geração, por todas as famílias, em todas as províncias e em todas as cidades, e que estes dias de purim jamais caducariam entre os judeus, e que a memória deles jamais se extinguiria entre os seus descendentes. Et 9.28

A História e seu Contexto

A Trama. A história de Ester apresenta uma das tramas mais engenhosas da Bíblia. (Veja o quadro da estrutura do livro nas p. 584-7.[4]) Ela começa com um banquete magnífico servido pelo rei persa, Assuero (provavelmente Xerxes I, 485-465 a.C.). Embriagado de vinho, o rei ordena que a rainha Vasti exiba sua beleza à multidão. Quando ela se recusa, o rei a afasta e procura uma substituta. A beleza de Hadassa (Ester), órfã judia criada pelo primo Mordecai, leva Assuero a torná-la rainha.

O problema surge quando Mordecai se recusa a honrar Hamã, alto oficial persa. Em vez de punir só a Mordecai, Hamã planeja uma vingança contra todos os judeus. Por sugestão sua, o rei condena todos os judeus à morte no dia 13 de adar (o décimo segundo mês), mas Mordecai insta Ester a rogar pela vida deles diante do rei. Reveses curiosos na trama enredam o desafortunado Hamã na conspiração forjada por ele mesmo. Quando Assuero encontra Hamã cortejando a rainha Ester, o rei manda enforcá-lo no próprio cadafalso que Hamã havia levantado para executar Mordecai.

Sob a lei persa, nem mesmo Assuero pôde revogar seu edito contra os judeus. Assim, a pedido de Ester, o rei decreta que em 13 de adar os judeus podem defender-se. Mais tarde, estende o período por um dia. Os judeus matam milhares de inimigos e celebram o acontecido com festas e trocas de presentes. Mordecai decreta que os judeus, dali em diante, devem celebrar anualmente o Purim.[5] Ele também torna-se o "segundo depois do rei".

Historicidade e Gênero. Os estudiosos há muito discutem se o livro é história (veja 10.2) ou ficção. A maioria entende que existe pelo menos um fundo de história por trás de seu tema de perseguição.[6] Mas, contra sua historicidade, alegam que detalhes internos conflitam com fatos históricos conhecidos. Por exemplo, de acordo com Heródoto, o nome da rainha de Assuero naquele período era Amestris, não Vasti ou Ester (7.61, 114; 9.109). Além disso, todas as rainhas persas deveriam vir de sete famílias nobres, apenas (3.84). Nesse caso, a judia Ester não poderia tornar-se rainha.[7]

De novo, os estudiosos consideram improváveis certos elementos da história. Duvidam que um monarca são ordenasse um massacre como esse contra os judeus. Ainda, questionam a alegação de que os judeus mataram 75000 pessoas em um dia (9.16). Certamente, argumentam, tal carnificina constaria dos registros históricos. Por fim, alguns consideram o enredo de coincidências marcantes mais fácil de entender como invenção literária que como relato histórico.[8]

Mas algumas linhas dão indícios de que o autor baseou a narrativa em fatos históricos.[9] A trama reflete um conhecimento preciso da antiga Pérsia. As datas fornecidas para o reinado de Assuero coincidem com nosso conhecimento acerca de sua vida. O banquete inicial em seu "terceiro ano" (i.e., 483 a.C.; 1.3) situa-se logo antes de sua partida para a guerra contra a Grécia. Ester torna-se rainha em seu sétimo ano (i.e., 479 a.C.; 2.16). O intervalo de quatro anos corresponde à sua campanha contra os gregos que terminou na desastrosa batalha naval de Salamina. Ademais, o livro demonstra conhecimento detalhado da corte

A ESTRUTURA DE ESTER

Função do Discurso	Relação	V.	Conteúdo
Cenário (Apresentação dos protagonistas e relato dos fatos necessários para formação do pano de fundo.)	causa ←	1.1 — 1.9	O rei Assuero promove dois banquetes suntuosos para: (1) os nobres e (2) os homens da cidadela de Susã.
	↓ resultado ← causa ←	1.10 — 1.22	A rainha Vasti é deposta porque se recusa a ser exposta diante dos homens da cidadela de Susã.
	↓ estímulo ← resultado ←	2.1 — 2.4	Assuero decide procurar uma nova rainha encontrando uma jovem bela que o agrade.
	↓ reação ← causa ←	2.5 — 2.11	Apresentação de Mordecai e Ester. Junto com todas as jovens, Ester é levada ao harém real.
	↓ resultado ←	2.12 — 2.18	De todas as jovens, Ester conquista o favor do rei e é eleita rainha.
	Digressão ←	2.19 — 2.23	Mordecai descobre uma conspiração contra a vida do rei e o informa por meio de Ester.
Apresentação do Problema estímulo	estímulo ←	3.1 — 3.6	Hamã é promovido, e exige-se reverência a ele. Mordecai não aceita curvar-se. Assim, Hamã decide exterminar os judeus.
	↓ estímulo ← reação ←	3.7 — 3.11	Com mentiras e insinuações, Hamã obtém a permissão do rei para exterminar os judeus.
	↓ reação ← estímulo ←	3.12 — 3.15	Hamã envia um edito para todo o império, ordenando o extermínio dos judeus.

O ROLO DE ESTER

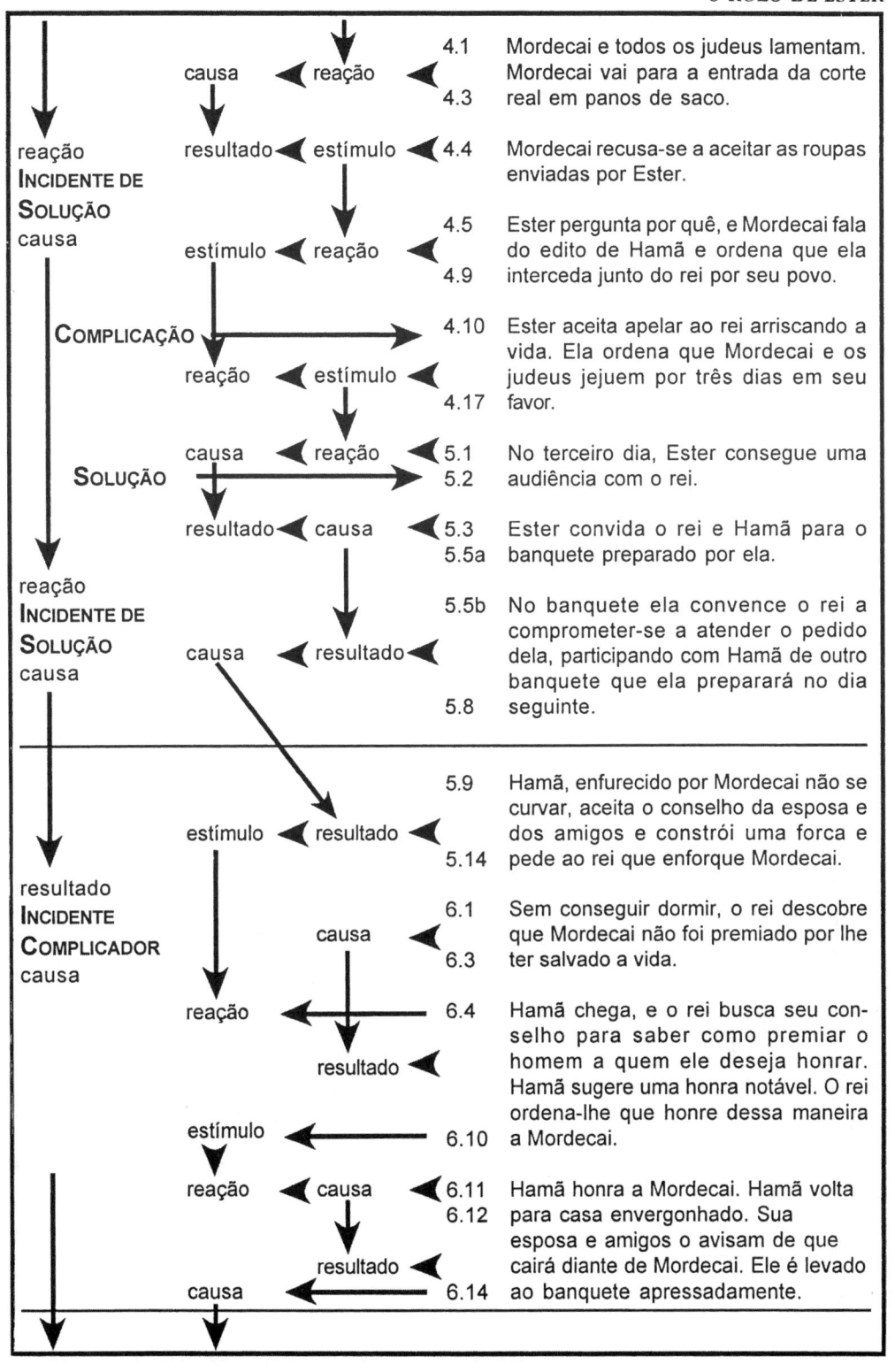

| | | | | 4.1 | Mordecai e todos os judeus lamentam. Mordecai vai para a entrada da corte real em panos de saco. |

reação
INCIDENTE DE SOLUÇÃO
causa

```
                    ↓
        causa ◄── reação ◄──          4.1   Mordecai e todos os judeus lamentam.
          ↓                            4.3   Mordecai vai para a entrada da corte
                                             real em panos de saco.
        resultado ◄── estímulo ◄── 4.4   Mordecai recusa-se a aceitar as roupas
                        ↓                    enviadas por Ester.
                                       4.5   Ester pergunta por quê, e Mordecai fala
        estímulo ◄── reação ◄──              do edito de Hamã e ordena que ela
                                       4.9   interceda junto do rei por seu povo.
COMPLICAÇÃO ↓ ──────────────►         4.10  Ester aceita apelar ao rei arriscando a
                                             vida. Ela ordena que Mordecai e os
        reação ◄── estímulo ◄──              judeus jejuem por três dias em seu
                                       4.17  favor.
                        ↓
        causa ◄── reação ◄──           5.1   No terceiro dia, Ester consegue uma
SOLUÇÃO      ├──────────────►          5.2   audiência com o rei.
        resultado ◄── causa ◄──        5.3   Ester convida o rei e Hamã para o
                                       5.5a  banquete preparado por ela.
                        ↓
                                       5.5b  No banquete ela convence o rei a
        causa ◄── resultado ◄──              comprometer-se a atender o pedido
                                             dela, participando com Hamã de outro
                                             banquete que ela preparará no dia
                                       5.8   seguinte.
```

reação
INCIDENTE DE SOLUÇÃO
causa

```
                                       5.9   Hamã, enfurecido por Mordecai não se
                                             curvar, aceita o conselho da esposa e
        estímulo ◄── resultado ◄──           dos amigos e constrói uma forca e
                                       5.14  pede ao rei que enforque Mordecai.
                                       6.1   Sem conseguir dormir, o rei descobre
                    causa ◄──                que Mordecai não foi premiado por lhe
                                       6.3   ter salvado a vida.
                        ↓
        reação ◄──────────────         6.4   Hamã chega, e o rei busca seu con-
                        ↓                    selho para saber como premiar o
                    resultado ◄──            homem a quem ele deseja honrar.
                                             Hamã sugere uma honra notável. O rei
        estímulo ◄──────────── 6.10         ordena-lhe que honre dessa maneira
                        ↓                    a Mordecai.
        reação ◄── causa ◄──           6.11  Hamã honra a Mordecai. Hamã volta
                                       6.12  para casa envergonhado. Sua
                                             esposa e amigos o avisam de que
                    resultado ◄──            cairá diante de Mordecai. Ele é levado
        causa ◄──────────────── 6.14        ao banquete apressadamente.
```

resultado
INCIDENTE COMPLICADOR
causa

OS ESCRITOS

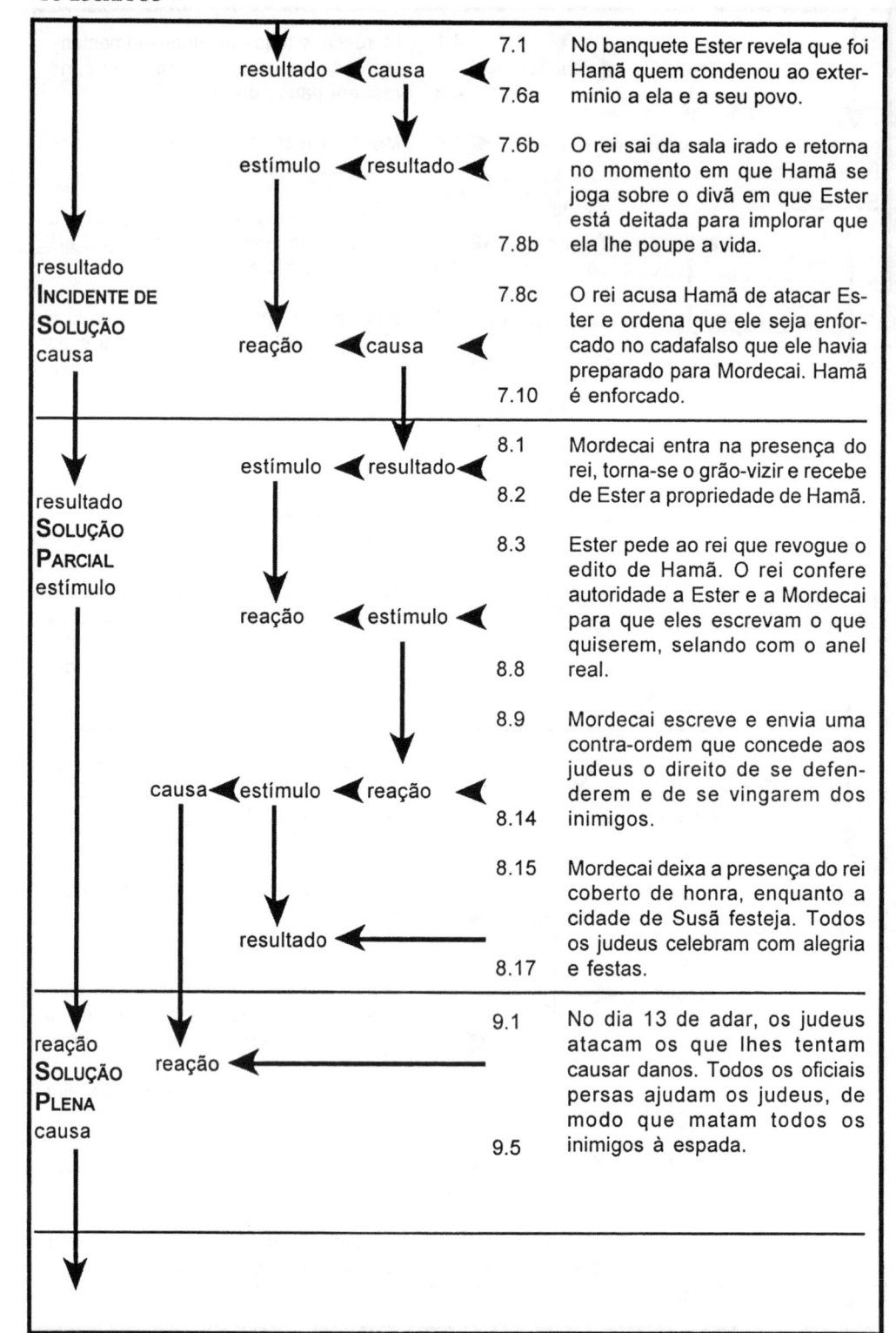

	resultado ◄ causa ◄	7.1 7.6a	No banquete Ester revela que foi Hamã quem condenou ao extermínio a ela e a seu povo.
	estímulo ◄ resultado ◄	7.6b 7.8b	O rei sai da sala irado e retorna no momento em que Hamã se joga sobre o divã em que Ester está deitada para implorar que ela lhe poupe a vida.
resultado **INCIDENTE DE SOLUÇÃO** causa	reação ◄ causa ◄	7.8c 7.10	O rei acusa Hamã de atacar Ester e ordena que ele seja enforcado no cadafalso que ele havia preparado para Mordecai. Hamã é enforcado.
	estímulo ◄ resultado ◄	8.1 8.2	Mordecai entra na presença do rei, torna-se o grão-vizir e recebe de Ester a propriedade de Hamã.
resultado **SOLUÇÃO PARCIAL** estímulo	reação ◄ estímulo ◄	8.3 8.8	Ester pede ao rei que revogue o edito de Hamã. O rei confere autoridade a Ester e a Mordecai para que eles escrevam o que quiserem, selando com o anel real.
	causa ◄ estímulo ◄ reação ◄	8.9 8.14	Mordecai escreve e envia uma contra-ordem que concede aos judeus o direito de se defenderem e de se vingarem dos inimigos.
	resultado ◄	8.15 8.17	Mordecai deixa a presença do rei coberto de honra, enquanto a cidade de Susã festeja. Todos os judeus celebram com alegria e festas.
reação **SOLUÇÃO PLENA** causa	reação ◄	9.1 9.5	No dia 13 de adar, os judeus atacam os que lhes tentam causar danos. Todos os oficiais persas ajudam os judeus, de modo que matam todos os inimigos à espada.

O ROLO DE ESTER

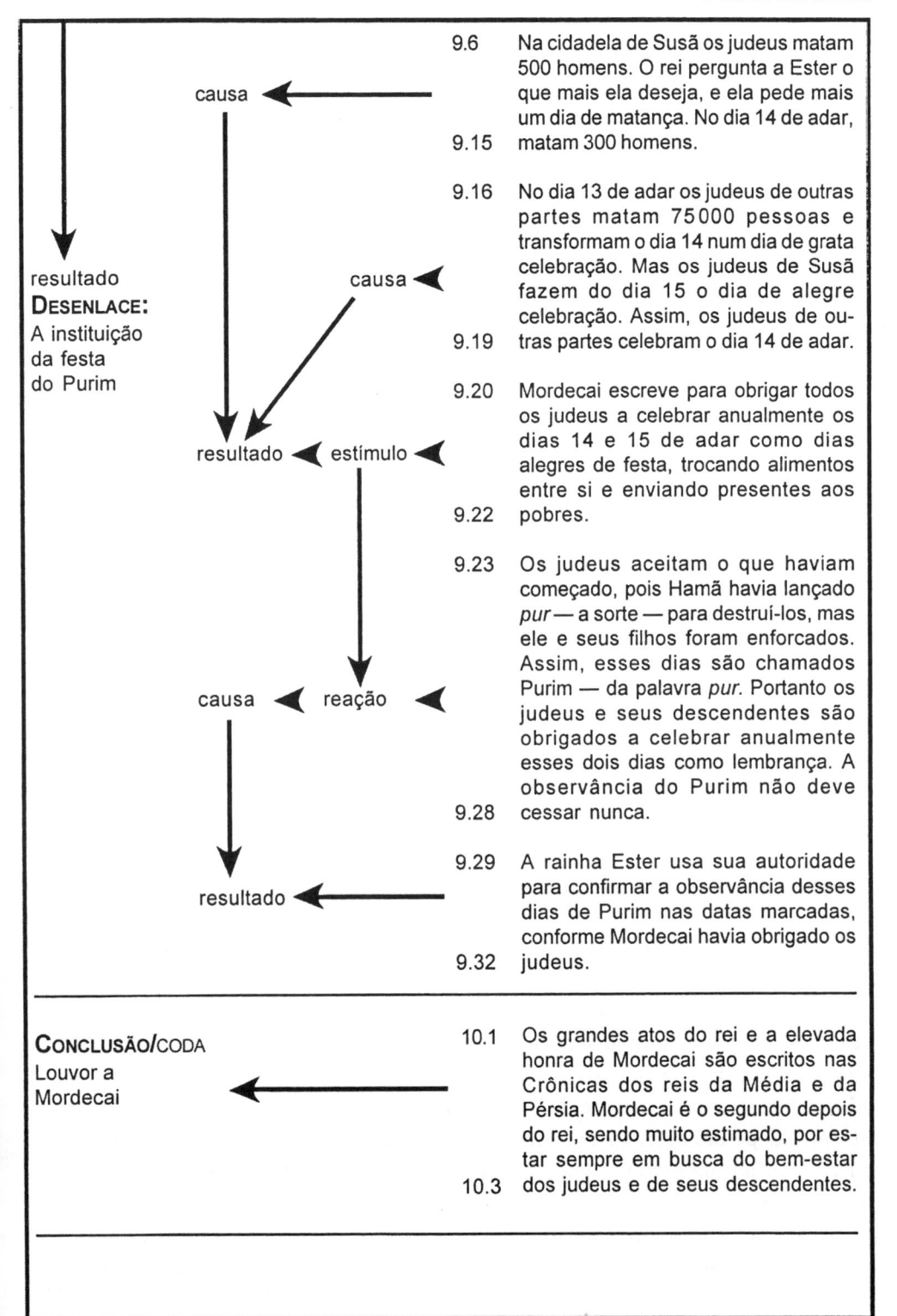

	9.6	Na cidadela de Susã os judeus matam 500 homens. O rei pergunta a Ester o que mais ela deseja, e ela pede mais um dia de matança. No dia 14 de adar, matam 300 homens.
causa ←	9.15	
resultado **DESENLACE**: A instituição da festa do Purim	9.16	No dia 13 de adar os judeus de outras partes matam 75000 pessoas e transformam o dia 14 num dia de grata celebração. Mas os judeus de Susã fazem do dia 15 o dia de alegre celebração. Assim, os judeus de outras partes celebram o dia 14 de adar.
causa ←	9.19	
resultado ← estímulo ←	9.20	Mordecai escreve para obrigar todos os judeus a celebrar anualmente os dias 14 e 15 de adar como dias alegres de festa, trocando alimentos entre si e enviando presentes aos pobres.
	9.22	
causa ← reação ←	9.23	Os judeus aceitam o que haviam começado, pois Hamã havia lançado *pur* — a sorte — para destruí-los, mas ele e seus filhos foram enforcados. Assim, esses dias são chamados Purim — da palavra *pur*. Portanto os judeus e seus descendentes são obrigados a celebrar anualmente esses dois dias como lembrança. A observância do Purim não deve cessar nunca.
	9.28	
resultado ←	9.29	A rainha Ester usa sua autoridade para confirmar a observância desses dias de Purim nas datas marcadas, conforme Mordecai havia obrigado os judeus.
	9.32	
CONCLUSÃO/CODA Louvor a Mordecai ←	10.1	Os grandes atos do rei e a elevada honra de Mordecai são escritos nas Crônicas dos reis da Média e da Pérsia. Mordecai é o segundo depois do rei, sendo muito estimado, por estar sempre em busca do bem-estar dos judeus e de seus descendentes.
	10.3	

e do sistema administrativo persa. O autor tem conhecimento do conselho de sete nobres (1.14), do excelente sistema postal do império (3.13; 8.10),[10] da crença em dias grandiosos (3.7), e da manutenção de registros reais (2.23; 6.1).

Em segundo lugar, as supostas faltas de exatidão e improbabilidades históricas têm explicações. Dario, um monarca persa anterior, teve três esposas, e o próprio livro refere-se à "casa das mulheres" (talvez "esposas"; cf. 2.14, 17). Assim, deve-se admitir que Amestris, Vasti e Ester bem podem ter sido esposas de Assuero. Quanto à origem das esposas, Heródoto só conta de um voto feito por Dario a seus aliados, mas jamais afirma que o voto se tornou costume imperial. Aliás, Heródoto relata (3.87; 7.61) que tanto Dario como Xerxes tomaram esposas que não provinham das sete famílias.

Além disso, há indícios de que os monarcas persas sufocavam com violência supostas atividades subversivas dentro do império.[11] Assim, em Ester o *pogrom* promovido pelo rei tem coerência histórica, ainda mais se, de acordo com Hamã, os judeus não cumpriam as leis reais (3.8). Além disso, analogias históricas dos massacres em Ester aumentam sua probabilidade. Tanto Heródoto (1.106; 3.79) quanto Cícero (*De lege Manilia* 3.7) relatam massacres em larga escala, semelhantes a esse. O fato de não restarem registros nem do decreto do rei, nem da matança promovida pelos judeus pode ser um reflexo da falta de fontes escritas. Aliás, nossa melhor fonte, Heródoto, nada declara sobre o décimo segundo ano de Assuero, o ano abrangido por Ester 3–9. Por fim, as coincidências do livro encontram explicação nas atuações providenciais de Deus.

> As coincidências em Ester são as impressões digitais das mãos de Deus em ação.

Em suma, há bons motivos para crer que o autor baseou a história em fatos reais.[12]

O gênero do livro é de difícil definição. Compartilha temas com a literatura bíblica e extrabíblica (e.g., o sucesso de uma cortesã sábia, a sobrevivência dos judeus num país estranho, etc.).[13] Mas é também singular, contando com destreza e humor sem igual a origem de uma festa religiosa. Também, sua classificação literária depende da historicidade creditada aos eventos relatados. Com certeza o livro conta uma história boa demais para um simples relato histórico. Assim, pode-se considerá-la uma história romanceada (história contada com retoques de ficção)[14] ou um romance histórico (obra de ficção baseada em fatos).[15] Mas já que o livro termina com a instituição do Purim, preferimos chamá-lo simplesmente "a história do Purim", pois é clara a intenção de incentivar todos os judeus de todos os lugares a comemorar o Purim.[16]

O Significado Religioso

Autenticar o Purim? Alguns estudiosos crêem que Ester foi escrito para explicar e autenticar retrospectivamente a festa do Purim.[17] Hoje (comemorada no mês de adar — fev./mar.), o Purim é uma celebração agitada, repleta de alegria e ânimos exaltados, em que se suspendem as convenções comuns de decoro e compostura, dando-se plena vazão a um espírito de sátira e diversão. Pode-se ver pela instrução talmúdica que essa característica começou bem cedo: "Bebei vinho até que já não possais distinguir entre 'Bendito seja Mordecai' e 'Maldito seja Hamã'" (*Meg.* 7b).[18] Os rabinos consideravam Ester igual ou, talvez, superior à Torá (Jer. Talmude *Meg.* 70b). De acordo com o estudioso medieval Maimônides, quando a vinda do Messias suprimir a Bíblia, Ester e a Torá permanecerão.[19] Mas 9.11-16 descreve como os judeus massacraram seus inimigos por dois dias. Pergunta-se, então, se a hipérbole rabínica reflete o respeito por seus ensinos religiosos e éticos ou o valor de sua promessa de sobrevivência a um povo perseguido. Com certeza os rabinos escreveram para confrontar as muitas críticas amargas levantadas contra os judeus.

Que Veio Antes — Purim ou Ester? Questionamos a idéia de que Ester foi escrito para dar autoridade a uma festa de Purim já existente.[20] A festa não tem origem conhecida na cultura popular da Pérsia, Babilônia ou de outro lugar. Se não se originou nos eventos históricos descritos, a história (fictícia) de Ester deve tê-la originado. Os estudiosos costumam datar sua origem do século II porque 2Mac 15.36, a primeira referência aparente a ele, menciona o "dia de Mordecai".[21] Josefo apresenta o registro extrabíblico mais antigo de toda a história de Ester.[22]

Alguns fatores tornam questionável essa data tardia. Há indícios de que o texto hebraico teve origem pelo menos antes do século II a.C. Os acréscimos gregos — que evidentemente não faziam parte do texto hebraico — já constavam da LXX (século II, no mais tardar). Além disso, o hebraico de Ester é diferente do dos Manuscritos do Mar Morto (século II e depois) e, portanto, deve representar uma forma de linguagem anterior ao século II.[23] Além disso, Ester não apresenta nenhum indício do judaísmo um tanto legalista daquele período, e.g., quanto à Torá, à oração, às festas judaicas, etc. Por fim, o livro não contém os elementos apocalípticos comuns na Palestina do século II que, segundo se crê, refletem a influência persa (e.g., dualismo, angelologia e satanologia).

Concluímos que a história de Ester e a observância do Purim veio da diáspora persa. A chegada delas à Palestina pode ter sido consideravelmente posterior, dependendo da interpretação de 9.20-22, 29-32.

A Doutrina da Providência. Ester não faz referência explícita a Deus, mas com certeza proclama fé na proteção de Deus para seu povo.[24] Hamã tentou destruir todos os judeus em todo o reino (3.6). Dada a vastidão do império persa (veja mapa no próximo capítulo), isso significava o extermínio de quase todos os judeus. Quando Mordecai soube do edito, vestiu panos de saco, cobriu-se de cinzas e chorou em público (4.1) na própria entrada do portão real. Os judeus também prantearam com jejum, choro e lamento.

Recipiente de ouro para bebidas (séc. V a.C.), supostamente de Ecbátana. (Hamadã). (*Metropolitan Museum of Art, Harris Brisbane Dick Fund, 1954*)

Quando Ester procurou o motivo, Mordecai enviou-lhe uma cópia do decreto (4.8) e encarregou-a de interceder junto ao rei por seu povo. Ela não dissera ao rei que era judia (2.20).[25] Mas Mordecai sabia que esse fato viria à tona, e Ester não teria esperança de escapar, mesmo no palácio (4.13). Nesse momento Mordecai expressou sua firme fé na Providência: "Porque, se de todo te calares agora, de outra parte se levantará para os judeus socorro e livramento, mas tu e a casa de teu pai perecereis" (v. 14). Ele ainda insistiu com Ester para que ela entendesse que sua ascensão ao trono fora um ato da mesma Providência: "quem sabe se para conjuntura como esta é que foste elevada a rainha?" (v. 14).

Anti-semitismo. A animosidade plenamente desenvolvida contra os judeus resulta em genocídio. Esse plano diabólico para exterminar os judeus vem, provavelmente, de épocas anteriores a Hamã. Nos dias de Moisés, o faraó tentou aniquilar os hebreus escravos (ou limitar drasticamente o crescimento de sua população). É também provável que a hostilidade dos edomitas contra Judá, ao longo dos séculos, seja reflexo de um tipo de anti-semitismo. Mas o Novo Testamento ensina que isso não é mera hostilidade contra os judeus, mas ódio contra o povo de Deus (Jo 15.18). Sua origem é satânica: representa a tentativa de derrotar o propósito redentor de Deus. Ele afeta todo o povo de Deus, tanto cristãos como judeus, e em sua forma final é contra o Messias ou contra Cristo (personificado como o "Anticristo"). Em parte, Ester ensina: "Deixem meu povo em paz. Se tentarem prejudicá-lo, o prejuízo voltará contra vocês" (veja 9.1).

Os judeus incluíram Ester no cânon e consideraram sua mensagem tão imutável quanto a própria Torá, preservada até na era do Messias. Os cristãos também o incluíram em suas Escrituras, reconhecendo sua autoridade divina.

> Ester ensina ao cristão que Deus não tolera a hostilidade contra os judeus.

Ensina também que, como povo de Deus, os cristãos podem tornar-se, e se tornarão, objeto do ódio e da perseguição do mundo (veja Jo 15.18-20). De modo semelhante, eles também podem crer que a "fé e o livramento" surgirão, assim como surgiram para Mordecai e Ester e para os judeus no império persa.

As Escrituras não recomendam a violência empregada na antiga Pérsia. Mais tarde, um mestre judeu diria: "todos os que lançam mão da espada à espada perecerão" (Mt 26.52). Muitos contornam o problema do capítulo 9 alegando que o evento em Ester jamais ocorreu. Mas tais atos *de fato* ocorrem — veja os horrores das cruzadas ou o terror do Holocausto — embora não devessem ocorrer. A vingança é uma prerrogativa divina, pertence somente ao Senhor (Dt 32.35; Rm 12.19; Hb 10.30).

CAPÍTULO 41

A Perspectiva do Cronista

Quando passamos de Reis para Crônicas em nossa Bíblia,[1] sentimos pisar em terreno conhecido. Pode parecer estranho que a narrativa da história da redenção, avançando de Gênesis e passando pelo Êxodo, pela conquista e ocupação, pela monarquia e pelo exílio, deva desviar-se e voltar a "Adão, Sete, Enos" (1Cr 1.1) e à repetição das conhecidas histórias de Davi, Salomão e seus sucessores. Aliás, cerca de metade do material de Crônicas[2] é repetido de livros anteriores do Antigo Testamento.

O ponto de vista ou perspectiva do Cronista é o que diferencia sua obra das de seus predecessores e justifica sua inclusão no cânon. Longe de ser Samuel e Reis requentados, Crônicas possui frescor e sabor próprios. Quando se compreendem seus propósitos, passa a fornecer rico alimento para a fé e para o ministério cristão.

> Então, disse Davi a toda a congregação: Agora, louvai o SENHOR, vosso Deus. Então, toda a congregação louvou ao SENHOR, Deus de seus pais; todos inclinaram a cabeça, adoraram o SENHOR e se prostraram perante o rei. Ao outro dia, trouxeram sacrifícios ao SENHOR e lhe ofereceram holocaustos de mil bezerros, mil carneiros, mil cordeiros, com as suas libações; sacrifícios em abundância por todo o Israel. Comeram e beberam, naquele dia, perante o SENHOR, com grande regozijo.
> 1Cr 29.20-22

Reconstrução do templo herodiano em Jerusalém *(William Sanford LaSor)*

A continuidade e a seletividade são preocupações gêmeas dos historiadores. A continuidade é necessária porque a história é entrelaçada. Cada evento possui um relacionamento definido com os outros, como um fio no tecido, e não pode ser compreendido de maneira isolada. A seletividade é obrigatória porque ninguém consegue registrar (quem gostaria de ler?) tudo o que ocorreu em determinada época. O historiador, portanto, seleciona e destaca o que é significativo. Ambas as preocupações implicam subjetividade: o historiador toma decisões com base no que parece importante, influenciado por interesses pessoais, tais como economia, sociologia, política, religião ou embates militares.

O Cronista não é um historiador no sentido rigorosamente ocidental. Para ele, a história de Israel estava repleta de lições espirituais e morais, que ele trouxe à luz por meio de um tipo de parto histórico. Ele não se preocupa tanto com os fatos crus da história de Israel, mas com o significado deles. Se todo escrito histórico válido é interpretativo, o do Cronista é altamente interpretativo. Acima de tudo, é uma história paradigmática. Assim como um paradigma mostra-nos como conjugar os vários tempos de um verbo, Crônicas mostra a seus leitores como viver e como não viver, apresentando modelos tanto positivos como negativos.

As principais fontes de informação do Cronista foram os livros de Samuel e dos Reis.[3] Em geral, ele os segue de perto. Ao recontar a história do levante contra Atalia (2Rs 11) em 2Crônicas 23, substitui de maneira clara e idealista os guardas seculares do templo, da narrativa anterior, por vigias levitas. Era seu modo de impor respeito pela santidade da área do templo.

Às vezes o Cronista parece confiar em outras tradições literárias. O relato de uma invasão militar esmagadora no reinado de Josafá (2Cr 20) parece uma reorganização literária de uma incursão verídica em escala menor.[4] Por trás da deportação temporária de Manassés à Babilônia, a que o Cronista atribui grande significado teológico (2Cr 33.11-20), pode estar o envolvimento do rei numa rebelião ocidental contra a Assíria.[5]

Os números em Crônicas, em particular com respeito ao tamanho das forças de combate, parecem às vezes aumentados. De acordo com 1Crônicas 21.5, as tropas de todo o Israel somavam 1 000 000 e de Judá, 470 000. Mas isso pode ser comparado com os números dados no texto paralelo em 2Samuel 24.9, que atribui 800 000 às tribos do norte e 500 000 a Judá, um total de 1 300 000, de modo que o Cronista segue substancialmente a própria fonte. Entretanto, em 2Crônicas 13.3, que não tem nenhum paralelo bíblico, os 400 000 recrutas das tropas de Judá contra 800 000 recrutas do norte dificilmente podem ser entendidos de maneira literal; deve-se dizer o mesmo sobre o milhão de soldados de Josafá em 2Crônicas 14.9 (TM v. 8), outro texto sem paralelo. Esses números parecem parte deliberada da apresentação homilética do Cronista, um recurso de matemática retórica para realçar a glória das antigas narrativas.[6]

Estrutura

Quatro partes principais compreendem o relato histórico de 1 e 2Crônicas:

Genealogias desde Adão até o Judá pós-exílico	1Cr 1—9
Os reinados de Davi e Salomão	1Cr 10—2Cr 9
Reinados de Judá durante o reino dividido	2Cr 10—28
Reinados de Judá como reino único	2Cr 29—36

Fica claro que o centro do livro é o reinado de dois reis, Davi e Salomão, a quem se devotam nada menos que vinte e nove capítulos. Esse período é destacado por interferências divinas no começo e no final: "O SENHOR [...] transferiu o reino a Davi" (1Cr 10.14) e "porque isso vinha de Deus" (2Cr 10.15). Ambas são endossadas por revelações proféticas: "... segundo a palavra do SENHOR por intermédio de Samuel" (1Cr 11.3; cf. 12.23), enquanto a divisão do reino de Salomão cumpriu "a palavra que [o Senhor] tinha dito por intermédio de Aías" (2Cr 10.15).

Ao longo de todo o livro, indicadores estruturais criam seções que contêm temas de incentivo ou desafio. A coroação de Davi e seu pano de fundo (1Cr 11—12) concentra-se na ajuda que Davi recebeu de outras pessoas e de Deus (12.1, 17, 18, 21 e 22) e inclui nomes compostos de '*ēzer*, "ajuda" (11.12, 28; 12.9). Em 2Crônicas 13—16 o tema da fé durante a crise é explorado em três episódios por meio de um verbo chave, "confiar" (13.18; 14.11; 16.7, 8). O relato sobre o reinado de Josafá em 2Crônicas 17—20 contrapõe a amizade com o Senhor ou com os ímpios pela palavra chave "com" (17.3; 18.3; 19.6; 20.17, 35). Os capítulos 21—23 celebram em três episódios a preservação da dinastia davídica ameaçada, com o emprego das frases polarizadoras "casa/filhos de Davi" e "casa de Acabe"(21.6, 7, 13; 22.3, 4; 23.3; cf. v. 18).

Nos capítulos 29—32 Ezequias é apresentado como um modelo de obediência moral e transmissor de bênção com a estrutura: "fez ele o que era reto perante o Senhor" (29.2; 31.20) e "prosperou" (31.21; 32.30). Nos capítulos 33—34 os reinados de Manassés, Amom e Josias são retratados como dois casos de conversão da apostasia (33.1-9, 21-25) à fé obediente (33.10-20; 34.1-33).[7]

A Perspectiva Histórica

O Cronista não poderia ter compilado sua obra muito antes de 400 a.C.,[8] principalmente se for também responsável pelos livros de Esdras e Neemias.[9] Assim, distante mais de um século mesmo dos últimos fatos por ele registrados, o autor destaca aqueles episódios que considera de importância duradoura, particularmente com respeito às circunstâncias contemporâneas dele. O Cronista tem sensibilidade aguçada em relação à maneira que o passado ilustra o presente. Procura ensinar a seus compatriotas judeus as densas lições da graça e do julgamento na história de Israel.

Essas lições foram cruciais para a sobrevivência e estabilidade do povo do Cronista. Eles tinham sido abatidos pelo exílio e cercados de períodos de dificuldades na volta à terra.[10] A preocupação do Cronista era relatar a história de tal maneira que garantisse ao povo que Javé estava no comando e que os incentivasse a ser totalmente fiéis a ele. O autor levou-os de volta aos reinados de Davi e Salomão e desafiou-os a levar a sério o significado presente da revelação de Deus por meio daqueles reis. Ele queria levar o Judá pós-exílico a uma autocompreensão sadia sob a luz dos propósitos de Deus.

O IMPÉRIO PERSA

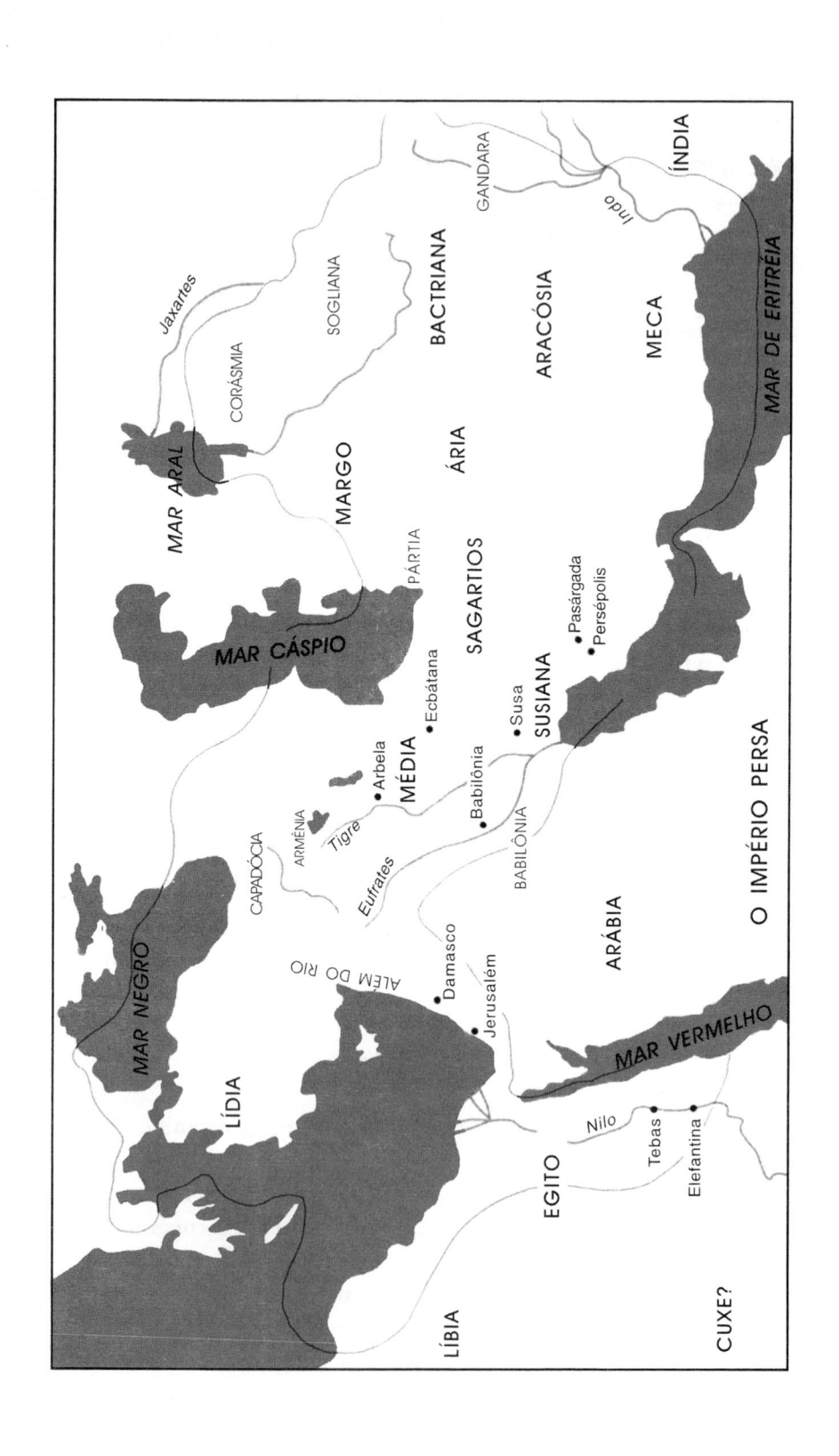

A Perspectiva Teológica e Pastoral

A mensagem dessa obra imensa pode ser reduzida a dois versículos que a resumem: 1Crônicas 17.12 e 2Crônicas 7.14. Cada um é colocado num contexto de revelação divina a Davi e a Salomão, respectivamente.

> Esse me edificará a casa; e eu estabelecerei o seu trono para sempre. 1Cr 17.12

O primeiro versículo anuncia por intermédio do profeta Naum uma nova era de revelação divina centrada na fundação da dinastia de Davi e na construção do templo sob liderança de Salomão. Para o Cronista, essa era continuava até seus dias, conforme implica a expressão "para sempre". O que precedia na história de Israel era a velha época da lei ou Torá, estabelecida por Moisés e Josué, que regulava a vida na terra. Isso agora se sucedia pela era iniciada por Davi e Salomão. O Cronista em toda sua obra lutou com a relação entre a velha e a nova era, entre a lei e os profetas, e procurou mostrar como a velha palavra de Deus ainda tinha valor, ainda que parcialmente suplantada pelo reinado e pelo templo. A velha aliança mosaica tinha sido carregada para a nova aliança real. A Torá e o templo eram símbolos da revelação completa, a qual Deus quis o povo aceitasse.

O propósito divino estendia-se do passado remoto ao presente. Mas não parava ali. Devia continuar pelo futuro não visto. A monarquia davídica não tinha sobrevivido ao cataclismo do exílio. Ainda assim, a promessa divina "para sempre" refletida em 2Crônicas 13.5; 21.7, exigia fé e esperança em sua restauração. Desse modo, a genealogia de Davi em 1Crônicas 3 é traçada com cuidado até a época do Cronista: os herdeiros ao trono antigo e futuro esperavam a convocação de Deus. Enquanto isso, uma obrigação crucial para o povo de Deus era manter de modo fiel e significativo o culto no templo. Quanto a isso, Davi (1Cr 15.1—16.36), Salomão (2Cr 5—7), Ezequias (2Cr 29—31) e Josias (2Cr 35) eram modelos para o Judá pós-exílico.

> Se o meu povo, que se chama pelo meu nome, se humilhar, e orar, e me buscar, e se converter dos seus maus caminhos, então eu ouvirei dos céus, perdoarei os seus pecados e sararei a sua terra. 2Cr 7.14

Esse segundo versículo caracteriza a era do novo templo como uma era de graça. O templo constituía não apenas um lugar de culto, como o lugar para o qual levar as orações e encontrar suas respostas, sobretudo orações de confissão e arrependimento. O próprio local comemorava o perdão do pecado de Davi por realizar um censo (1Cr 21.2—22.1). Não havia lugar para consideração do adultério de Davi com Bate-Seba e seu assassínio de Urias na perspectiva estreita do Cronista, mas o pecado nacional de Davi ao contar o povo recebe cobertura completa por causa de sua ligação com o templo. Davi foi exemplo tanto positivo como negativo.

O templo era um monumento da graça de Deus, pois a última palavra de Deus não era a Torá, mas uma promessa graciosa. As bênçãos e maldições condicionais da Torá encontravam um contraponto numa promessa de perdão, baseada no templo, para um povo negligente, mas arrependido. A primeira palavra de Deus ainda permanecia como o padrão divino para o povo da aliança. Quando a Torá foi violada pelo pecado humano, sanções medonhas eram acionadas, conforme o Cronista sempre se dispõe a insistir. Somente o verdadeiro arrependimento pode evitar essa punição.

O Cronista invoca constantemente o tema da responsabilidade individual e as conseqüências das ações, tirando uma página do livro de Ezequiel (Ez 18), em que a escolha entre a morte e a vida confronta cada geração. Por muito tempo a comunidade pós-exílica vivera sob a prolongada sombra do exílio, o que perseguia a vida de gerações e gerações. O Cronista oferece um princípio de responsabilidade individual de cada geração diante de Deus. Israel significava não só uma rápida retribuição, mas a oportunidade de um recomeço com Deus (cf. Ez 18.21-24, 30-32).

Para o arrependido, a graça de Deus estava à mão para consertar os danos e garantir a sobrevivência da comunidade de fiéis. Nos últimos capítulos de 2Crônicas essa teologia da graça é destacada repetidamente por meio de reflexos de 2Crônicas 7.14 (30.6-9, 18-20; 32.25-26; 33.12-13, 18-19, 23; 34.27), com uma última advertência a uma geração que a recusou deliberadamente (36.12-16).

Quem era esse grupo chamado "meu povo" em 2Crônicas 7.14? O Cronista deu uma resposta insistente ao longo de sua obra. Muitos no Judá pós-exílico definiriam de maneira estreita, exclamando: "Nós somos o remanescente, o povo escolhido de Deus". O Cronista os desafia a pensar de acordo com o antigo ideal de um Israel formado de doze tribos. Muitos dos que alegavam ser descendentes de Jacó viviam na província de Samaria. Deveriam ser cortados, esses filhos pródigos? Uma frase freqüente do Cronista é "todo Israel", que carrega sua afirmação de que uma comunidade dividida está longe do ideal divino.

As genealogias das doze tribos de Israel em 1Crônicas 2—9 definem o povo de Deus em termos amplos. Elas seguem a declaração do papel especial do povo de Israel aos olhos de Deus, tendo sido escolhidos dentre todas as nações do mundo (1Cr 1.1—2.2). Com certeza as tribos do norte eram apóstatas, tendo sido desviadas pelos próprios reis. Mas Judá também tinha muitos aspectos condenáveis. Para ambas as comunidades, Deus estendia a mão de reconciliação e comunhão. Judá precisava buscar seus irmãos do norte e reconquistá-los para Deus. O cenário das tribos do norte e de Judá cultuando juntos no templo de Jerusalém (2Cr 30) é apresentado como um ideal a ser abraçado pelos contemporâneos do Cronista. Para isso, ele os conclamava a honrar a esperança profética da reunião dos dois reinos de Judá e Israel sob um rei davídico (Os 3.5; Mq 5.2-4; Jr 3.11-18; 31; Ez 37.15-25).

CAPÍTULO 42

Esdras–Neemias

O retorno de Israel do exílio na Babilônia não corria bem. O povo esperava o início da ressurreição nacional predita por Ezequiel (Ez 37.1-14). Em lugar disso, enfrentava uma crise que ameaçava silenciar o tênue pulsar do nacionalismo. Felizmente, Deus providenciou dois líderes, Esdras e Neemias, para amparar a saúde do Estado até a estabilidade.

> Agora, pois, ó Deus nosso, ó Deus grande, poderoso e temível, que guardas a aliança e a misericórdia, não menosprezes toda a aflição que nos sobreveio [...] desde os dias dos reis da Assíria até ao dia de hoje [...] Eis que hoje somos servos; e até na terra que deste a nossos pais, para comerem o seu fruto e o seu bem, eis que somos servos nela. Seus abundantes produtos são para os reis que puseste sobre nós por causa dos nossos pecados; e, segundo a sua vontade, dominam sobre o nosso corpo e sobre o nosso gado; estamos em grande angústia. Por causa de tudo isso, estabelecemos aliança fiel e o escrevemos; e selaram-na os nossos príncipes, os nossos levitas e os nossos sacerdotes. Ne 9.32, 36-38

Nome e Posição Canônica

Cada um dos dois livros recebe o nome de seu personagem principal.[1] Nossas Bíblias colocam Esdras e Neemias com os livros "históricos", após 1-2Crônicas, mas no cânon hebraico eles fazem parte da terceira divisão, os Escritos. Embora cronologicamente seu conteúdo venha depois de Crônicas, o TM coloca Esdras e Neemias antes.[2] Além disso, é provável que o cânon hebraico considerasse os dois livros uma única obra: Esdras se encerra sem as esperadas notas massoréticas finais, a contagem total de versículos no fim de Neemias é para os dois livros, e o versículo intermediário apresentado pressupõe uma obra combinada. O conteúdo também sustenta essa suposição, pois as "memórias" de Esdras iniciadas em Esdras 7–10 terminam em Neemias 8–10.

A divisão deles em dois livros não ocorreu antes do século XV d.C., ao que parece em círculos cristãos.[3] Entretanto, as "memórias de Neemias" (Ne 1.1–7.73a; caps. 11–13) talvez tenham circulado de início como obra independente antes de serem incorporadas no presente livro. A seção de Neemias leva o título "As palavras de Neemias, filho de Hacalias". Também, seu estilo literário e sua forma diferem de maneira significativa em relação aos da seção de Esdras. Além disso, duplica pelo menos uma seção importante — a lista dos exilados que retornaram (Ne 7 = Ed 2).

	1	2	3	4
TM	Esdras	Neemias	(inexistente)	(inexistente)
ARA, IBB	Esdras	Neemias	1Esdras	2Esdras*
LXX	Esdras B		Esdras A	(inexistente)
Vulgata	1Esdras	2Esdras	3Esdras	4Esdras

1: Livro de Esdras no Antigo Testamento

2: Livro de Neemias no Antigo Testamento

3. Obra em grego contendo 2Crônicas 35–36, Esdras e Neemias 8.1-12, com alguma diferença na ordem, mais um relato não contido no Antigo Testamento

4: Obra apocalíptica composta originalmente em grego, mas hoje existente somente em latim

O Apocalipse de Esdras nas traduções correntes é às vezes chamado 4Esdras.

O Conteúdo

Esdras–Neemias apresenta eventos de dois períodos distintos da repatriação de Israel após o exílio: (1) o retorno dos exilados e a reconstrução do templo, 538-516 a.C. (Ed 1–6); (2) o estabelecimento da vida religiosa (Esdras) e da estrutura física (Neemias) da comunidade, 458-c. 420 (Ed 7–Ne 13).

O Retorno do Exílio e a Reconstrução do Templo. Um decreto de Ciro, rei da Pérsia, autorizou o retorno dos judeus à pátria para reconstrução do templo (Ed 1.1-4). Sesbazar, príncipe de Judá, voltou trazendo os utensílios do templo tomados por Nabucodonosor (cap. 1–2). Entre os que retornaram estavam Zorobabel e Jesua, o sacerdote (2.2) que reconstruiu o altar e restabeleceu os sacrifícios regulares (3.1-6).[4] Eles também começaram a lançar os alicerces do templo e a reconstruir sua estrutura (v. 7-13).

Quando a população local ofereceu ajuda (4.1s.), Zorobabel não a aceitou (v. 3). Assim, por despeito, eles atrapalharam seriamente o projeto durante os reinados de Ciro e seu sucessor, Dario (v. 4s.). O capítulo 4 resume a oposição deles não só à reconstrução do templo liderada por Zorobabel, mas também à reconstrução dos muros da cidade, comandada por Neemias no século seguinte. A maior parte do relato é em aramaico (4.8–6.18) e o capítulo 4 conclui relatando que o trabalho foi interrompido "até ao segundo ano do reinado de Dario, rei da Pérsia" (v. 24). Os capítulos 5–6 relatam a reconstrução final do templo sob a liderança de Zorobabel e Jesua e as constantes aguilhoadas dos profetas Ageu e

Cilindro de Ciro (536 a.C.), permitindo a libertação dos exilados judeus e a reconstrução do templo. *(Museu Britânico)*

Zacarias (5.2s.). O relato lembra a oposição inicial de Tatenai, governador persa (ou sátrapa) do distrito Dalém do Rio.[5] Ele escreveu a Dario para certificar-se da alegação dos judeus de que a obra deles estava de acordo com um edito de Ciro. Os funcionários de Dario encontraram o decreto nos arquivos reais, de modo que ele ordenou que Tatenai não apenas permitisse a construção, mas pagasse todo seu custo com a receita real e providenciasse materiais para os sacrifícios (5.3–6.12). Os judeus terminaram o templo em três de adar no sexto ano de Dario (12 de março de 515; 6.15). Celebraram uma festa de dedicação (v. 16-18) e no décimo quarto dia do mês seguinte (21 de abril de 515), comemoraram a páscoa com uma festa.

A Obra de Esdras e de Neemias. Não restam registros do período entre o término do templo e o período de Esdras, cinqüenta e sete anos depois. A única informação é a breve observação em Esdras 4.4-6 de que "as gentes da terra" escreveram uma acusação contra os judeus no começo do reinado de Assuero (486-465; mais conhecido pelo nome grego, Xerxes).[6]

(1) O retorno de Esdras; o problema de casamentos mistos (Ed 7–10). Em 458,[7] o sacerdote Esdras (v. 11), um "escriba versado na Lei de Moisés" (v. 6), retornou da Babilônia para Jerusalém. O rei o havia incumbido de fazer "inquirição a respeito de Judá e de Jerusalém, segundo a Lei de [seu] Deus" (v. 14). Ele também devia nomear magistrados e juízes para governar todos os que conhecessem essa lei e ensinar os que não a conhecessem (v. 25). O capítulo 8 detalha na primeira pessoa a história do retorno, incluindo uma lista das famílias que acompanharam Esdras. Termina com um resumo na terceira pessoa das ofertas dadas pelos exilados que haviam voltado e a liberação da comissão do rei para as autoridades persas (v. 35s.). No capítulo 9, a narrativa retoma a primeira pessoa com o relato dos oficiais judeus de que muitos judeus — mesmo sacerdotes e levitas — haviam-se casado com pessoas da terra (v. 1s.). Depois de muito jejum (v. 3-5) e oração (v. 6-15) por parte de Esdras, uma vasta multidão o rodeou, com grande remorso, oferecendo-se para divorciar-se, sob supervisão de Esdras, das esposas não-israelitas (10.1-5). Por acordo mútuo, Esdras destacou uma comissão de anciãos para examinar a questão (v. 13-17), e a análise da situação, que levou dois meses, produziu uma lista de infratores (v. 18-44).

(2) O retorno de Neemias (Ne 1–2); a construção dos muros (caps. 3–7). Aqui as memórias de Esdras são interrompidas, não sendo retomadas até 7.73b. Em lugar delas, a narrativa segue a história do retorno de Neemias. Uma vez que grandes porções estão na primeira pessoa, são chamadas memórias de Neemias. Em dezembro de 445,[8] Hanani, irmão de Neemias, chegou a Susã, a capital persa, vindo de Jerusalém com uma delegação da Judéia. Eles informaram-no de que os habitantes de Jerusalém enfrentavam dificuldades terríveis e que

os muros de Jerusalém permaneciam em ruínas (v. 4-11). Neemias, o copeiro do rei (oficial de elevado escalão na corte, v. 11), lamentou as notícias aflitivas e orou com fervor (v. 4-11). Quatro meses depois,[9] ao servir Artaxerxes, Neemias informou o rei sobre as condições deploráveis da cidade e pediu autorização para retornar e reconstruí-la. Depois de obter permissão real para requisitar madeira para os muros (v. 6-8), Neemias viajou rumo ao oeste (v. 9-11).

Nos seus três primeiros dias em Jerusalém, Neemias estudou em secreto, durante a noite, os muros arruinados (v. 11-16). Depois, informando os judeus acerca de sua convocação, incentivou-os a reconstruir os muros (v. 17s.). O capítulo 2 encerra-se com a zombaria de Sambalate, o horonita, Tobias, o oficial real em Amon, e Gesém, o arábio (v. 19s.).

O capítulo 3 relata a restauração bem-sucedida do muro, alistando os grupos envolvidos e a seção do muro construída por cada um (v. 1-32). De novo, Sambalate e Tobias opuseram-se ao projeto, primeiro com zombarias (4.1-6 [TM 3.33-38]), depois com ameaças de ataque armado (v. 7-9 [TM 4.1-3]). Em resposta, Neemias armou os homens e organizou meia força para trabalhar e meia força para fazer guarda (v. 10-23 [TM 4-17]). Dificuldades econômicas atingiam muitos judeus, dificuldades essas agravadas pela carga adicional do trabalho nos muros (5.1-5). Como medidas de emergência, Neemias prometeu não cobrar juros ou garantias extras por empréstimos aos judeus necessitados e exigiu o mesmo dos cidadãos ricos. Eles aceitaram, devolvendo todas as transações anteriores (v. 6-13). O capítulo 5 conclui com um resumo da generosidade de Neemias como governador, abrindo mão de sua parte dos impostos locais para suprir refeições de seus companheiros de mesa (v. 14-19). A oposição continuava. Seus adversários tentaram ludibriar Neemias, fazendo-o sair da cidade para poder atacá-lo (6.1-4) e ameaçaram dizer ao rei que ele planejava rebelar-se (v. 5-9). Por fim os inimigos encarregaram falsos profetas para fazer com que Neemias se abrigasse no templo a fim de salvar a vida (v. 10-14). Ele resistiu a essas artimanhas, e o muro foi completado em 25 de elul, após cinqüenta e dois dias de trabalho (v. 15).[10]

O capítulo 7 inclui as ordenanças de Neemias para a segurança da cidade (v. 1-3) e a observação de que a população era bem pequena (v. 4). Isso incitou Neemias a levantar um censo, mas ele encontrou a lista dos primeiros que voltaram (v. 6-7a, repetição de Ed 2.2-70, exceto por pequenas diferenças). Por fim, a retomada da história de Esdras interrompe as memórias de Neemias, concluídas no capítulo 11.

(3) A leitura da lei por Esdras; a festa dos Tabernáculos, jejum e aliança (Ne 7.73b–10.39 [TM 40]). No primeiro dia do sétimo mês (8.2), a pedido do povo, Esdras leu "o Livro da Lei de Moisés, que o SENHOR tinha prescrito a

Israel" (v. 1). Ele leu desde o amanhecer até o meio-dia, em pé num púlpito de madeira de frente para a praça diante da Porta das Águas (v. 3). Ao mesmo tempo, os levitas também liam e explicavam a lei "de maneira que entendessem o que se lia" (v. 8). Primeiro, o povo lamentou seus pecados ao ouvir a lei, mas, incentivados por Esdras, os líderes os instaram, pelo contrário, a celebrar uma festa alegre (v. 9-12).

No dia seguinte, a leitura dizia respeito às instruções para observância da festa dos Tabernáculos no sétimo mês. Sendo já aquele mês, o povo levou ramos, construiu tendas e celebrou a festa por oito dias (v. 13-18).

No vigésimo quarto dia, o povo guardou uma festa solene e se reuniu para culto (9.1-5). Enquanto isso, Esdras ofereceu publicamente uma oração de confissão (v. 6-37), culminando numa decisão de fazer uma firme aliança (v. 38 [TM 10.1]). Segue-se uma interrupção literária — uma longa lista, em terceira pessoa, dos que firmaram a aliança (10.1-27 [TM 2-28]). Depois volta a oração de Esdras, declarando os termos da aliança: guardar a lei, observar regras estritas de casamento, guardar o sábado e pagar taxas e cotas regulares para o templo (v. 28-39 [TM 29-40]).

(4) O repovoamento de Jerusalém; a dedicação dos muros; reformas sociais e religiosas de Neemias durante seu segundo governo; listas estatísticas (caps. 11-13). Essa seção fecha o relato de Neemias e retoma claramente a narrativa interrompida em 7.4. Começa com um breve resumo do repovoamento de Jerusalém (v. 3-24) e dos povoados de Judá e Benjamim (v. 25-36); os sacerdotes e levitas que retornaram com Zorobabel (12.1-9); a genealogia dos sumos sacerdotes desde Jesua até Jadua (v. 10s.); os cabeças das famílias sacerdotais e levíticas (v. 12-26). Depois vem o relato da dedicação dos muros, celebrada por duas procissões em torno deles em direções opostas, encontrando-se no templo (v. 27-43). Para concluir, a seção detalha a nomeação de oficiais para recolher as taxas e ofertas (v. 44-47) e a exclusão dos estrangeiros da comunidade (13.1-3).

Breves resumos das reformas durante o segundo governo de Neemias encerram o livro.[11] Essas reformas incluem: a expulsão do amonita Tobias de sua sala no templo (v. 4-9); medidas para prover manutenção para os levitas (v. 10-14), para evitar a violação do sábado (v. 15-22), para impedir casamentos mistos (v. 23-29). O capítulo termina com um resumo das boas obras de Neemias (v. 30s.).

O Contexto Histórico

Durante esse período de restauração, Judá era apenas uma pequena parte de uma vasta província persa. Sua sina política e religiosa dependia do poder e das medidas persas. Quando Nabucodonosor, o conquistador de Jerusalém, morreu em 562, o poder babilônico declinou rapidamente nas mãos de governantes ineficazes.[12] O fim da Babilônia chegou por obra da Pérsia, um novo poder destinado a dominar o antigo Oriente Próximo por dois séculos.[13] O fundador desse império foi Ciro, rei de Ansã, no sul do Irã, que se rebelou contra seus senhores medos e em 550 conseguiu conquistar o imenso império deles.[14] Ciro estendeu seu domínio desde o mar Egeu até a fronteira do Afeganistão. A Babilônia ficou isolada e, em 539, caiu diante dos persas após uma única batalha na fronteira. Ciro controlou toda a Ásia ocidental até os arredores do Egito.

Ciro foi um governante esclarecido cuja política geral era permitir que o povo deportado pelos babilônios retornasse a sua terra. Também respeitava as crenças religiosas dos povos subjugados e governava permitindo autonomia local considerável. Mantinha, porém, firme controle por meio do exército persa e um complexo sistema de governo. De conformidade com sua política de repatriação, Ciro permitiu que um grupo de exilados judeus retornasse a Judá em 538, chegando a subsidiar a reconstrução do templo.

Judá praticamente não foi afetado pelos principais acontecimentos históricos do império. O seguinte quadro resume o restante da história persa, em especial o período importante para Esdras–Neemias:[15]

Governante	Principais Acontecimentos
Cambises (530-522)	Conquistou o Egito em 525.
Dario I (522-486)	Derrotou e executou o usurpador Gaumata para reconquistar o trono. Enfrentou dois anos inteiros de revoltas por todo o império. Deu ao império organização definitiva e maior estabilidade e extensão. O único fracasso foi o ataque contra a Grécia.
Xerxes I (Assuero) (486-465)	Destruiu a Babilônia em 482. Invadiu a Grécia, mas foi repelido e completamente expulso em 466.
Artaxerxes I (Longímano) (465-424)	Enfrentou seis anos de rebelião no Egito. Firmou a paz de Calias (449), dando independência à cidades gregas e banindo do Egeu a esquadra persa.
Dario II (Noto) (423-404)	Em conseqüência da Guerra do Peloponeso, adquiriu firme controle da Ásia Menor.
Artaxerxes II (404-358)	O Egito conquistou a independência em 401. Principal rebelião no Ocidente reprimida com dificuldades.
Artaxerxes III (Ocus) (358-338)	Governante cruel que reconquistou o Egito
Dario III (336-331)	Império dissipado por intrigas sangrentas e fraquezas internas, derrotado por Alexandre Magno em 331.

Esse período turbulento e importante na história do antigo Oriente Próximo é o ambiente para as conseqüências do retorno do exílio e o estabelecimento da comunidade judaica sob Esdras e Neemias.

A Natureza Literária

Esdras–Neemias incorpora uma ampla variedade de gêneros literários e fontes escritas. Estruturalmente, o livro consiste em três blocos principais de narrativas: a narrativa de Sesbazar e Zorobabel (Ed 1–6), a narrativa de Esdras principalmente em primeira pessoa (Ed 7.1–10.44; Ne 7.73b–10.39) e a narrativa de Neemias grande parte em primeira pessoa (Ne 1.1–7.73a; 11.1–13.31).[16] Essas narrativas, por sua vez, recorrem às seguintes fontes:

(1) Memórias de Esdras e Neemias, as duas indubitavelmente extraídas de relatos autobiográficos mais longos.[17]

(2) Documentos e cartas. Esdras 6.3-5 fornece o edito de Ciro em aramaico, permitindo aos exilados voltar para casa, enquanto 1.2-4 oferece a adaptação hebraica desse decreto dirigida aos judeus no exílio. Esdras 7.12-26 apresenta a carta de Artaxerxes autorizando o retorno de Esdras, também adaptada para os exilados. Entre outras cartas em aramaico entre funcionários do governo na Palestina e a corte persa encontram-se a carta de Reum e Sinsai a Artaxerxes (4.8-22) e a correspondência entre Tatenai e Dario (5.7-17; 6.6-12). Estes devem ter saído dos arquivos oficiais persas.

(3) Listas. Por exemplo: inventário dos utensílios do templo devolvidos a Sesbazar pela corte persa (1.9-11); lista de exilados que retornaram com Zorobabel (Ed 2.1-70, repetida em Ne 7.7-72a); lista dos chefes das famílias que retornaram com Esdras (Ed 8.1-14); lista dos que se casaram com estrangeiras (10.18-44); lista dos construtores do muro (Ne 3.1-32). Uma série de listas também domina a seção final do relato do primeiro governo de Neemias: os novos habitantes de Jerusalém (11.3-19); vilas ocupadas pelos judeus (v. 25-36); sumos sacerdotes de Jesua a Jadua (12.10s.); e chefes de famílias sacerdotais e levíticas (v. 12-26). Todas essas listas devem ter saído dos arquivos do templo ou registros oficiais do governador.

Um aspecto literário muito notável é que o livro divide as memórias de Esdras e Neemias na metade e depois as intercala como se segue:

(1) Esdras 7.1–10.4   Primeira metade das memórias de Esdras: sua chegada; problema de casamentos mistos

(2) Neemias 1.1–7.73a Primeira metade das memórias de Neemias: sua chegada; construção do muro

(3) 7.73b–10.39 [TM 40] Segunda metade das memórias de Esdras: leitura da lei, festa dos Tabernáculos, aliança

(4) 11.1–13.31 Segunda metade das memórias de Neemias: dedicação do muro; segundo governo

Esdras chegou no sétimo ano de Artaxerxes (458), Neemias, em seu vigésimo ano (445). Assim, Esdras passou treze anos em Jerusalém (sobre os quais nada se conservou) antes de empenhar-se na tarefa para a qual o rei o havia convocado: estabelecer a lei.

A narrativa de Sesbazar–Zorobabel (Ed 4) também ilustra os métodos literários do autor. Depois de relatar a recusa dos exilados em permitir que o povo da terra os ajudasse a reconstruir o templo (v. 1-3), o narrador resume a oposição (v. 4s.) e a frustração deles com o processo de reconstrução desde o reinado de Ciro até o de Dario I (511-486). Em seguida, faz breve menção de uma acusação contra os judeus no reinado de Assuero (Xerxes I, 486-465; v. 6) e de uma carta a Artaxerxes em aramaico (v. 8-16) juntamente com sua réplica ordenando que a reconstrução seja interrompida (v. 17-22). Autorizados dessa maneira, os inimigos do projeto interromperam a obra pela força (v. 23). Já que o templo foi completado em 515, os três últimos relatos devem dizer respeito à construção dos muros. Obviamente, o narrador não pretendia apresentar um relato completo, cronológico. Antes, organizou seu material em torno de um tópico — acusações contra os exilados que haviam retornado.

Autoria e Data

Como muitos escritos antigos, Esdras–Neemias não guarda indicações diretas de autoria. O Talmude atribui 1-2Crônicas e Esdras–Neemias a Esdras, mas acrescenta que Neemias completou a obra.[18] A maior parte dos estudiosos do século XX tem defendido posição semelhante, ou seja, que um autor-compilador, tradicionalmente identificado como "o Cronista", escreveu tudo, exceto as memórias de Neemias.[19] Estudos recentes, porém, questionam seriamente essa conclusão demonstrando as diferenças significativas entre Crônicas e Esdras–Neemias. Incluem-se diferenças de linguagem e estilo,[20] propósito e ideologia,[21]

Torre do período asmoneu construída sobre uma parte do muro de Neemias,
do qual se vêem os vestígios nas camadas mais baixas da torre e
outras partes do muro. *(William Sanford LaSor)*

bem como aspectos literários e teológicos.[22] Embora a questão continue indefinida, dois comentaristas recentes de peso alegam que Esdras–Neemias surgiu como livro independente de Crônicas e do chamado Cronista.[23]

Quanto à data do livro, os que crêem que um único autor-compilador completou Crônicas–Esdras–Neemias datam a obra de 400 a.C. ou pouco depois. Esses alegam que as listas dos descendentes de Salomão (1Cr 3.10-24) e de sumos sacerdotes (Ne 12.10s., 22) conduzem no máximo a essa data.[24] Com certeza, o livro não menciona nenhuma pessoa ou acontecimento posterior a 400 a.C. Entre os que supõem origens distintas para Esdras–Neemias e Crônicas, Williamson apresenta a data de 300 a.C., afirmando que a intenção do livro era desacreditar o templo samaritano da época.[25] A nosso ver, uma data no início do século IV a. C. parece provável.

Considerações Históricas e Cronológicas

Observamos acima que o autor-compilador organizou o livro em torno de tópicos, não de uma cronologia rígida.[26] O livro, portanto, tem levantado algumas questões históricas e cronológicas intrigantes entre leitores modernos.

Sesbazar e Zorobabel. A primeira questão diz respeito à relação entre Sesbazar e Zorobabel. O livro de Esdras afirma claramente que Sesbazar o "príncipe de Judá" (1.8) liderou o primeiro retorno e levou de volta os utensílios do templo tomados por Nabucodonosor (v. 11b).[27] Esdras 5.14 o chama de governador, e o v. 16 registra que ele lança os fundamentos do templo. Mas o livro não fornece outra informação acerca de Sesbazar, nem de seus ancestrais. Além disso, o capítulo 2 parece dar prosseguimento ao capítulo 1, arrolando os nomes dos exilados que retornaram, mas Zorobabel encabeça a lista, e Sesbazar nem sequer é mencionado.

O restante do livro credita a Zorobabel e ao sacerdote Jesua o estabelecimento do primeiro altar e dos cultos de adoração (cap. 3), o lançamento dos alicerces do templo (v. 10) e a liderança na construção do templo em si (5.1s.).[28] No livro de Ageu, Zorobabel é designado como governador, mas não fica claro se ele retornou com o primeiro grupo de exilados em 538 ou algum tempo depois. De qualquer maneira, inspirado pela pregação de Ageu e Zacarias, ele deu início à reconstrução do templo em 520.

Por enquanto, nada explica satisfatoriamente como Zorobabel sucedeu a Sesbazar. Quanto a quem lançou os alicerces do templo, há várias maneiras de explicar por que o livro dá crédito aos dois. Talvez Sesbazar tivesse iniciado o projeto, mas feito pouco progresso, Zorobabel teria na realidade terminado o trabalho mais tarde. Ou Zorobabel talvez tivesse voltado cedo suficiente para desempenhar papel importante no lançamento dos alicerces sob a autoridade de Sesbazar.²⁹ Em todo caso, evidências arqueológicas recentes parecem confirmar o retrato contido em Esdras: Judá foi uma província independente com governador próprio de Sesbazar até Neemias.³⁰ Bulas,³¹ selos e jarros com inscrições encontrados em Jerusalém e Ramate-Rael levam o nome de governadores de Judá e de seus oficiais do final de século VI.³² Alguns nomes podem representar membros da família imediata de Zorobabel.³³ Essas evidências derrubam a opinião comum entre estudiosos mais antigos de que Judá era um simples distrito dentro da província de Samaria, não tendo governador próprio antes de Neemias.³⁴

Esdras ou Neemias: quem chegou primeiro? A segunda pergunta diz respeito à data e ordem de chegada de Esdras e Neemias a Jerusalém. É evidente que a Bíblia retrata Esdras precedendo a Neemias, tendo chegado em 458 (sétimo ano de Artaxerxes; Ed 7.7). Neemias chegou treze anos depois em 445 (vigésimo ano de Artaxerxes; Ne 2.1), serviu como governador por doze anos, depois retornou à Pérsia em 433 (trigésimo segundo ano de Artaxerxes; 13.6). Um pouco depois voltou a Judá para um segundo período de duração desconhecida. Os textos de Elefantina estabelecem que o Artaxerxes ligado a Neemias é Artaxerxes I (Longímano; 465-424),³⁵ mas, fora da Bíblia, não existe correlação com nenhuma pessoa ou fato mencionados no material de Esdras.

Apesar da ordem bíblica, muitos estudiosos modernos crêem que Neemias na realidade precedeu Esdras.³⁶ Assim, compreendem que Artaxerxes de Esdras teria sido Artaxerxes II (Mnemon; 404-358), datando sua chegada de 398.³⁷ Eles alegam que, ao intercalar as memórias de Esdras e Neemias, o autor-compilador apresenta um quadro improvável e distorcido dos fatos. Por exemplo, observam que exceto em três ocasiões, as memórias de um nunca mencionam os dois juntos. É como se não tomassem conhecimento um do outro, ainda que o período de ambos em Jerusalém se sobreponha consideravelmente.³⁸

Além disso, parece improvável que tivessem servido à comunidade judaica ao mesmo tempo, já que gozavam de autoridade e responsabilidades semelhantes. Ademais, considerando a ordem imperial dada a Esdras, ler publicamente a lei, seria possível que tivesse esperado treze anos para executá-la (Ed 7.7; Ne 2.1)?

Apesar dos problemas, a presente ordem de Esdras–Neemias permanece como a opção mais plausível.³⁹ O fato de as memórias de um não mencionarem o outro nada prova acerca da relação entre eles nem sua contemporaneidade. Ageu e Zacarias não se mencionam mutuamente, embora ambos tenham pregado em Jerusalém na mesma época. O fato de Esdras e Neemias terem arcado com responsabilidades semelhantes pode na realidade dever-se à enormidade dos problemas; a situação requeria um esforço coletivo. Também, ainda que gozassem de autoridade semelhante, o livro distingue claramente o ofício deles (i.e., sacerdote *versus* governador).

Por fim, não existe explicação fácil para o fato de Esdras ter esperado treze anos para ler a lei como exigia sua comissão imperial. Mas, pelo que entendemos, não é motivo suficiente para colocar de lado a datação clara do livro que acusa sua chegada em 458, treze anos antes da chegada de Neemias. Aliás, marcando o século V (ou o início do século VI) como o da composição do livro, sua origem fica relativamente próxima da época dos próprios acontecimentos. Essa suposição diminui a probabilidade de o autor-compilador ter-se enganado na ordem de Esdras e Neemias. E, mesmo que se enganasse, parece improvável que os primeiros ouvintes, que saberiam a seqüência independentemente dele, a tivessem aceitado.[40]

Realizações e Significado

Um entendimento do contexto histórico do período da restauração destaca a verdadeira grandeza de Esdras e Neemias. A queda de Jerusalém e o exílio haviam lançado cruelmente por terra as esperanças israelitas de um grande destino nacional. Também tinham estremecido a confiança israelita em duas verdades teológicas de longa data — a segurança de Sião como lar terreno permanente de Deus e a promessa de uma dinastia infindável a Davi. Recorrendo, porém, à teologia da aliança, os profetas haviam explicado a tragédia para um Israel confuso, dando-lhe esperança. Os profetas interpretavam o desastre como julgamento de Deus pela negligência de Israel para com as responsabilidades da aliança e prometiam restauração futura como obra da fidelidade divina à antiga aliança. Essa percepção teológica, juntamente com o decreto beneficente de Ciro em 538, deu início à restauração de Israel como povo. No final do século V, Esdras e Neemias haviam estabelecido firmemente uma comunidade religiosa e política viável na Palestina.

Mais importante, para evitar que Israel fosse assimilada por outras nações, eles lhe deram uma nova identidade centrada na lei e no templo. Assim, a lei e o culto no templo substituíram a confiança em Sião e a monarquia davídica como o fundamento teológico do futuro de Israel.[41]

O Papel de Esdras. Esdras, o sacerdote, foi o primeiro arquiteto da nova identidade de Israel. Ele se preparou para a tarefa pelo estudo rigoroso e pela prática pessoal da lei de Deus (Ed 7.10). Esse é o motivo por que o livro o retrata quase como um segundo Moisés. É significativo que seu primeiro título seja "escriba" (heb. *sōp̱ēr*, v. 6). Na linguagem pré-exílica, escriba designava um funcionário de Estado de alto grau — um ministro das finanças (2Rs 22.3ss.), secretário de Estado (Is 36.3; cf. 22.15) ou responsável pelos registros do palácio (2Rs 18.18; Jr 36.12).

Nos dias de Esdras, entretanto, a Torá ou lei tornara-se o foco da identidade nacional, de modo que escriba — o especialista em interpretação da lei — passou a designar o principal líder espiritual da comunidade.[42] Por exemplo, na impressionante leitura pública da lei (Ne 8), Esdras ocupa um lugar de liderança enquanto seus companheiros levitas o auxiliam.[43] Em contraste com o costume pré-exílico, Esdras combinava as funções de sacerdote e escriba. Com o tempo, emergiria uma classe profissional de escribas, substituindo o sacerdócio na liderança espiritual da nação. No Novo Testamento, os escribas eram os líderes mais influentes em questões religiosas.

O comissionamento imperial de Esdras autorizava-o a destacar magistrados e juízes para ensinar a "lei do Deus de Israel" e punir os que deixassem de obedecer a ela (Ed 7.25s.). Isso lhe deu um título oficial persa, "escriba da Lei do Deus do céu" (v. 12) — em termos atuais, talvez "secretário de Estado para questões judaicas".[44] Assim, Esdras chegou a Jerusalém com o poder e o zelo para reorganizar a comunidade judaica em torno da lei.[45]

O Papel de Neemias. Se Esdras restabeleceu Israel no aspecto espiritual, Neemias deu estabilidade física à frágil comunidade. Como copeiro (um oficial jovem de alta confiança) do rei persa, ele soube da "miséria e desprezo" em Judá (Ne 1.3) e obteve nomeação como seu governador (cap. 2). Com habilidade e ousadia, Neemias executou sua comissão imperial de reconstruir a cidade. Ele examinou os muros à noite para não ser visto por possíveis oponentes e organizou um grupo de trabalho. Sob sua supervisão arguta, o projeto encerrou-se notavelmente em apenas cinqüenta e dois dias, apesar de uma oposição persistente (2.19; 4.1-3; [TM 3.33-35], 7-12 [TM 4.1-5]; 6.1-9).

As orações de Neemias revelam um homem de profunda piedade e forte convicção. Com o muro pronto, Neemias procurou repovoar Jerusalém e corrigir abusos sociais, econômicos e religiosos. Assim, promoveu tanto a segurança física da capital como a estabilidade socioeconômica de toda a comunidade religiosa. Em parceria com Esdras, ele preservou o povo de Deus de onde viria Jesus Cristo, o cumprimento de todas as esperanças e promessas da antiga aliança.[46]

Temas Teológicos

O autor-compilador de Esdras—Neemias entreteceu vários temas teológicos entre as aparentes misturas de listas de nomes e de memórias pessoais. Primeiro, o livro ressalta a continuidade da comunidade religiosa pós-exílica, sob comando de Esdras e Neemias, com o passado antigo de Israel. Por exemplo, no início o livro interpreta a reconstrução do templo autorizada por Ciro como o cumprimento da profecia de Jeremias (Ed 1.1). Essa interpretação associa imediatamente os eventos em Esdras—Neemias com o período pré-exílico de Israel. Além disso, na longa oração na leitura pública da lei (Ne 9), Esdras revê a história da redenção desde o chamado de Abraão, passando pelo Êxodo e indo até a conquista de Canaã (v. 1-25). Ele vê a restauração como um novo êxodo que dá seqüência a essa história e traz testemunho semelhante do poder salvador de Deus e da fidelidade da aliança.[47]

Também não é coincidência que Israel celebre a Páscoa assim que a reconstrução do templo se encerra (Ed 6.19-22), e a festa dos Tabernáculos, após a leitura da lei (Ne 8.14-18). As duas cerimônias comemoram a experiência de Israel no deserto, implicando que o povo de Deus do pós-exílio experimentou um novo êxodo semelhante, no significado redentor, ao de seus ancestrais (veja v. 17). Esse novo Israel, entretanto, percebe-se como o povo da aliança, não como uma nação politicamente organizada ou um Estado. De certo, realidades políticas duras impuseram involuntariamente essa identidade aos que regressaram. Porém, essa identidade tinha raízes antigas, pois Israel era o "povo de Deus" muito antes de se tornar uma nação. Como observa von Rad:

> ... Israel lançou fora sua roupagem de Estado independente e sua monarquia com facilidade admirável e sem crises internas visíveis. Isso deve estar ligado ao fato de que, para Israel, o Estado, como tal, era de certa forma uma vestimenta emprestada, pois muito antes de se tornar um Estado, havia pertencido a Javé.[48]

Com certeza, essa identidade não-política e espiritual prenunciava a concepção neotestamentária do Novo Israel, a Igreja, que transcende barreiras étnicas, nacionais e geográficas.

Um segundo tema destaca o templo e a Torá como as bases gêmeas da identidade do Israel pós-exílico. No início, Esdras–Neemias assinala a importância do templo ao citar o decreto de Ciro para que seja reconstruído (Ed 1.3-4). Depois esboça o projeto de reconstrução, destacando sua importância temática por sua habilidade para vencer obstáculos. Com a construção completada, uma celebração agradável e conveniente aclama o processo como algo dirigido por Deus (6.14-22). Mas, o mais importante é que o templo simboliza a presença renovada do Deus de Israel entre seu povo.[49] Ao prover um lugar em que Israel possa ter comunhão regular com ele, Deus dá sinais de que deseja um contato contínuo com o povo.

Essa idéia da presença divina também antecipa dois conceitos neotestamentários da presença de Deus: a Pessoa que revelou corporalmente a glória de Deus vivendo entre seu povo (Jo 1.14) e o povo em quem Deus agora vive, e cuja vida dá glórias a ele (1Co 3.16s.; 6.19s.). Mas Esdras e Neemias dificilmente conseguiriam imaginar o que João viu — que um dia Deus e seu povo viveriam na mesma cidade, a Nova Jerusalém, sem templo algum (Ap 21-22).

Literalmente, porém, o templo é um prefácio ao surgimento da Torá no livro. Mal se termina o templo e Esdras, o sacerdote, aparece de repente munido de sua comissão imperial de ensinar a lei (Ed 7). É a Torá que leva a comunidade pós-exílica a se divorciar das esposas estrangeiras (10.3) e a banir certos estranhos de Israel (Ne 13.1ss.). Implicitamente, a lei também dirige as reformas lideradas por Neemias na conclusão do livro (Ne 13.4ss.). Depois que a lei é lida em público (Ne 8), evoca também a confissão comunitária do pecado e a renovação da aliança (Ne 9-10). Em suma, a lei definiu para o Judá pós-exílico a compreensão do comportamento exigido por Deus para que pudesse realmente constituir-se no povo dele.[50]

Alguns leitores, entretanto, entendem a centralidade da lei em Esdras–Neemias como a raiz de um exclusivismo e de uma xenofobia pouco atraente. Mas a justiça pede que se compreenda a fé israelita do pós-exílio em seu devido contexto. A comunidade restaurada era uma ilha diminuta num vasto e turbulento oceano de povos pagãos. Aquela realidade dura exigia as medidas duras do livro. Se Israel acomodasse com muita facilidade os vizinhos, as nações o acabariam absorvendo e assim extinguiriam a comunidade e sua preciosa herança — esse era o perigo. Obviamente, isso não isenta os israelitas posteriores que perpetuaram essas atitudes por muito mais tempo que o necessário. Podemos criticá-los por produzir aquele preconceito contra não-judeus condenado pelo Novo Testamento e combatido pela igreja primitiva. Ao mesmo tempo, precisamos confessar como um mal a tendência histórica dos cristãos para o anti-semitismo.

O terceiro tema deriva da importância dos documentos no livro.[51] O decreto de Ciro dá início aos acontecimentos (cap. 1) e outros decretos os mantêm em andamento. É significativo que Esdras 1.1 introduz o decreto de Ciro como o cumprimento da profecia de Jeremias. E mais, Esdras 6.14b afirma que a reconstrução do templo foi encerrada "segundo o mandamento do Deus de Israel e segundo o decreto de Ciro, de Dario e de Artaxerxes". Em outras palavras, teologicamente o livro proclama que a direção divina estava por trás de todas as coisas, mesmo dos atos de reis humanos e líderes judeus. A restauração não foi um golpe de sorte causado por uma política persa benevolente. Antes, resultava da intervenção do Deus de Israel na arena da história humana. Essa intervenção e a documentação que a assinalou eram fatores importantes para os judeus. Eles reagiram à altura com uma documentação própria: por escrito, juraram lealdade à aliança, ato sem precedentes no Antigo Testamento (Ne 9.38–10.39).

O tema final aponta para além da história de Esdras e Neemias, para as futuras intervenções divinas.[52] Por exemplo, a oração de Esdras expressa um contraste marcante entre a escravidão de Israel a reis estrangeiros e sua prometida liberdade na terra (Ne 9.32ss.). O conflito cria uma expectativa de que o Deus que trouxe a restauração intervenha no futuro para restaurar plenamente a liberdade de Israel. Também é significativo que, apesar da nova aliança entre a comunidade e Deus (cap. 10), o último capítulo do livro (Ne 13) trata praticamente de todos os abusos que se supunham já resolvidos. Em outras palavras, deixa a impressão de que ainda havia muitas coisas pendentes entre o povo de Deus no pós-exílio, de novo insinuando uma obra divina futura.

> Teologicamente, o livro alimenta aspirações sutis de uma futura intervenção divina em Israel.

Essas aspirações aguardariam a vinda daquela pessoa maior que Esdras e Neemias. Somente aquele que excederia em muito até mesmo gigantes como Moisés e Elias poderia transformar em realidade essas antigas aspirações. Em Cristo, a obra realizada por Esdras e Neemias — a preservação do povo precioso de Deus — receberia sua máxima e eterna concretização.

CAPÍTULO 43

Daniel

O livro de Daniel pertence a um gênero literário conhecido como apocalíptico.[1] Comunica, por meio de histórias e visões, as mensagens mais misteriosas do Antigo Testamento: os reinos deste mundo não estão fora do controle divino; aliás, um dia serão substituídos pelo próprio reino de Deus. Os profetas dão vislumbres desse futuro. No texto de Daniel, porém, essa mensagem é mantida apesar da arrogância de cada império do mundo, um após outro. Revela-se em visões que transmitem o objetivo apaixonado de Deus: reinar como soberano sobre sua criação. Parece deplorável que uma obra de tal grandeza tenha sido às vezes ridicularizada como um relato de fantasias de um povo por demais oprimido, ou empregada meramente como veículo para especulação sobre o fim do mundo e para o estabelecimento de datas dos acontecimentos do final dos tempos. É melhor captar a promessa colossal do Deus que governa a história do mundo que desenhar caricaturas que diminuem essa nobre perspectiva.

> Mas, nos dias destes reis, o Deus do céu suscitará um reino que não será jamais destruído; este reino não passará a outro povo; esmiuçará e consumirá todos estes reinos, mas ele mesmo subsistirá para sempre. Dn 2.44

Daniel como Profecia Apocalíptica

Apocalipse tem sido definido como "um gênero de literatura reveladora com uma estrutura narrativa em que uma revelação é mediada por um ser de outro mundo para um recipiente humano, expondo uma realidade transcendente e também temporal, ao conceber uma salvação escatológica, como também espacial, ao implicar um mundo diferente, sobrenatural".[2] Em geral entende-se que Daniel cabe nessa definição, ainda que muitos estudiosos insistam que o tratemos da maneira que se pretendia que o lêssemos: como história. Alguns (e.g., E. J. Young, R. K. Harrison; veja a nota 17) defendem a historicidade de um ambiente localizado no século VI para o livro, opondo-se a uma autoria posterior, considerando-a puro engano. Outros (e.g., H. H. Rowley, J. A. Montgomery), tratando o nome Daniel como pseudônimo, argumentam contra sua origem no século VI, localizando-o na Palestina do século II.[3]

A questão da base histórica é complicada. Aqui é suficiente dizer que o propósito principal de Daniel não é registrar uma história detalhada, mas empregar histórias e símbolos para demonstrar o controle divino sobre a história. O Apocalipse de João tem propósito semelhante: demonstrar como as promessas da aliança divina serão mantidas diante da oposição maligna; que a história nada mais é que o cumprimento das promessas. Quando Daniel dá os relatos de "Nabucodonosor",[4] "Belsazar" e "Dario, o medo", sua intenção é revelar o significado do destino deles com Deus e a superioridade da soberania de Deus à deles. Não adiantará ler Daniel como lemos os escritos da história do império romano. A grandeza da visão e do propósito do livro não pode ser ignorada. Sua sabedoria não é encontrada nem nos fatos irracionais nem no orgulho e na expansão do império humano. Deve-se encontrá-la na soberania da liberdade do Senhor em agir de acordo com a relação de aliança para proteger o povo escolhido e lembrá-los de um poder sobrenatural ao qual, por fim, todo o mundo deve prestar contas.

Profecia. No cânon hebraico Daniel não se inclui entre os profetas, mas entre os Escritos (*k^eṯûḇîm*). Com base em sua suposta autoria no século II, alguns alegam que a seção profética do cânon (*n^ebî'îm*) já estava fechada, e Daniel teve de encontrar seu lugar entre os Escritos. Outros sustentam que o livro não possui as marcas da profecia tradicional: não condena diretamente o comportamento pecaminoso nem recomenda a guarda da lei.

Um propósito básico do livro é retratar eventos de tal maneira que as promessas de Deus a seu povo da aliança sejam desvendados no contexto da história do mundo e do final dos tempos. Deus deu a Daniel e a seus compa-

Estátua de um bode peludo (Ur, c. 2500 a.C.), que na visão do capítulo 8 de Daniel representa "o rei da Grécia".
(Museu Britânico)

nheiros: "o conhecimento e a inteligência em toda cultura e sabedoria; mas a Daniel deu inteligência de todas as visões e sonhos" (Dn 1,17). Quando chamado para interpretar o sonho de Nabucodonosor, ele afirma que Deus "fez saber ao rei Nabucodonosor o que há de ser nos últimos dias" (2.28; cf. v. 44s.). O sonho de Nabucodonosor sobre a árvore cortada prediz sua sorte até que reconheça: "que o Altíssimo tem domínio sobre o reino dos homens e o dá a quem quer" (4.25 [TM 22]). As palavras que Belsazar viu escritas na parede dizem respeito ao fim de seu reino (5.26). O sonho de Daniel sobre os quatro animais prenuncia o fim de todos os reinos que se opõem a Deus e a vinda de um reino que os santos do Altíssimo herdarão (7.17, 27). A visão do carneiro e do bode é para o "tempo do fim" (8.17; cf. v. 19). A visão da tarde e da manhã deve ser selada "porque se refere a dias ainda mui distantes"(8.26). O interesse de Daniel pelos setenta anos da profecia de Jeremias é interpretado em termos da restauração de Jerusalém e também "até ao Ungido" (9.25). A profecia do conflito entre a Pérsia e a Grécia leva ao "homem" que diz a Daniel que ele veio para fazê-lo entender "o que há de suceder ao [...] povo nos últimos dias" (10.14).

De modo semelhante, notamos a profecia a respeito dos futuros reis da Pérsia, a vitória da Grécia (uma inferência razoável, mas não especificamente declarada) e a quebra desse reino em quatro partes (uma inferência; cf. 11.3s.). A visão parece detalhar o fim do império persa, a vitória de Alexandre, a divisão de seu reino entre seus generais ("sucessores" ou *Diadochoi*), e a ascensão dos ptolomeus no Egito e dos selêucidas na Síria. Tudo isso leva à "abominação desoladora" (11.31; cf. 9.27; 12.11; veja também Mt 24.15; Mc 13.14). A profecia tem seu clímax quando Miguel se levanta, "o grande príncipe, o defensor dos filhos do teu povo" (12.1). Então "será salvo o teu povo" (12.1) e ocorrerá a ressurreição dos mortos (o v. 2 indica claramente um futuro ainda distante). Quando Daniel quer saber mais nesse ponto, é lembrado de que aquelas "palavras estão encerradas e seladas até ao tempo do fim" (v. 9; cf. v. 4). Não há dúvida de que o livro de Daniel é profético, indicando para seus leitores o seu futuro com Deus.

A Profecia Apocalíptica. Daniel, porém, é um tipo muito diferente de profecia em comparação com a maioria dos profetas. Conforme indicado, o propósito dos profetas de Israel era fazer conhecida a vontade de Javé e também o futuro do mundo. Mesmo em sua punição, o povo de Deus devia alimentar a esperança de sua restauração. Assim, a dimensão de predição está presente em toda a tradição profética, mesmo quando é secundária ao chamado divino à obediência regida pela aliança. O propósito final de Deus (teleologia), o tema principal de Daniel, era e é parte do significado pleno da profecia de Israel.

Na profecia apocalíptica, a ênfase está claramente no futuro. O livro de Daniel começa na corte babilônica e relata os atos dos reis babilônios e persas. Suas visões ali incluem a Pérsia, a Grécia, reis do norte e do sul, governantes que criam dificuldades para o povo de Deus, um ungido morto e a interrupção dos sacrifícios. Os leitores parecem incentivados a ajustar essas profecias a situações históricas reais. Como povo de Deus, são então consolados numa necessidade histórica (como destaca a história) e voltados para um futuro atado com Deus, um futuro apresentado de maneira especial nas visões.

A profecia apocalíptica é dada em formas que devem ser compreendidas tanto no tempo como fora dele. O conhecimento do tempo do fim está selado, mas o povo de Deus é chamado a circunstâncias em que pergunta, como fez Daniel: "Quando se cumprirão estas maravilhas?" (v. 8). A mensagem é perseverança e esperança. A mensagem primária do livro só se torna obscura quando se perde de vista esse propósito e tenta-se desselar o livro ou ajustar as visões apocalípticas a esquemas históricos (ou vice-versa). O livro de Daniel nunca teve a pretensão de esgotar seu significado nos dias de Antíoco Epifânio (175-164 a.C.) ou da destruição de Jerusalém pelos romanos em 10 d.C. ou em qualquer calamidade que o mundo conheceu. Seu objetivo era "o tempo do fim" e, enquanto durar o tempo, proclamar a todos que crêem que o tempo deles está nas mãos de Deus, mesmo no meio de perseguição. A dupla verdade anunciada por Daniel é (1) o Altíssimo reina, e (2) seus santos um dia herdarão um reino que jamais será destruído.

Daniel e o Livro

A Pessoa. De acordo com 1.6, Daniel foi um dos jovens levados de Jerusalém à Babilônia por Nabucodonosor para serem treinados para o serviço no palácio real. Os únicos detalhes conhecidos de sua vida ou linhagem são os registrados no livro.

Há um Daniel[5] mencionado em Ezequiel 14.14, 20; 28.3 como modelo de sabedoria e justiça, como Daniel e seus amigos na Babilônia. Uma vez que esse Daniel é associado a Noé e a Jó, alguns alegam que Ezequiel deve referir-se ao Daniel da profecia apocalíptica. Entretanto, um "Dan'el" (escrito com as consoantes *dn'l* como em Ezequiel) é mencionado em escritos ugaríticos.[6] Pode-se alegar que, sendo Daniel apenas menino nos dias de Ezequiel, era pouco provável que Ezequiel o tivesse associado a Noé e a Jó. É concebível, porém, que as experiências extraordinárias de Daniel (conforme registradas no livro) se tenham tornado conhecidas fora da Babilônia.[7] Tais questões, porém devem ser deixadas em aberto. O livro de Daniel não se interessa tanto pela biografia de Daniel, mas pelo futuro reservado por Deus para seu povo.

De acordo com as datas fornecidas no livro, Nabucodonosor levou os jovens para a Babilônia em 605 (provavelmente numa campanha logo antes de ascender ao trono).[8] Seu sonho, interpretado por Daniel, deu-se em 603. Daniel continuou no serviço real "até ao primeiro ano do rei Ciro" (538; 1.21) e recebeu uma revelação no terceiro ano de Ciro (10.1; a data no v. 4 é equivalente a 23 de abril de 536). Se Daniel tivesse por volta de doze anos em 603,[9] teria cerca de setenta e cinco em 536, o final de seu ministério durante os dois impérios, babilônio e persa.

O Conteúdo. O livro divide-se literalmente em duas metades: histórias (narrativas da corte, caps. 1–6) e visões (caps. 7–12). Entretanto, é possível estruturar o livro de outra maneira, com base na língua. De 2.4b a 7.28, a Bíblia hebraica registra em aramaico a luta de Daniel e seus amigos nos dois impérios mundiais.[10] De 8.1 até o fim, o livro retorna ao hebraico. Esse uso das línguas atravessa a divisão pronta do livro em histórias e visões. Essa ponte aramaica deve ser considerada em discussões de data, composição e unidade do livro.

Daniel pode ser esboçado da seguinte maneira:

Histórias de Daniel e os reis da Babilônia e da Pérsia (caps. 1–6)
  Daniel e companheiros levados à corte de Nabucodonosor (cap. 1)
    Introdução — histórica e pessoal (v. 1–7)
    Teste na corte — aceitar ou não os alimentos e a bebida do rei (v. 8-16)
    Conclusão — dotação divina e aprovação real (v. 17-21)
  O rei perturbado com um sonho (cap. 2)
    Nabucodonosor exige relato e interpretação (v. 1-16)
    A interpretação de Daniel (v. 17-45)
    A reação de Nabucodonosor (v. 46-59)
  A fornalha de fogo (cap. 3)
    Estátua erigida; veneração ordenada; penalidade fixada (v. 1-7)
    A recusa dos companheiros de Daniel; condenados à fornalha (v. 8-23)
    O livramento do fogo (v. 24-30)
  A loucura de Nabucodonosor (cap. 4)
    Doxologia inicial do rei (v. 1-3)
    O sonho do rei com uma árvore e o decreto de destruição (v. 4-18)
    A interpretação de Daniel (v. 19-27)
    Relato do cumprimento do sonho (v. 28-33)
    Doxologia final do rei (v. 34-37)
  A festa de Belsazar (cap. 5)
    A escrita na parede (v. 1-12)
    A interpretação de Daniel (v. 13-28)
    A reação de Belsazar (v. 29-31)

Daniel na cova dos leões (cap. 6)
>Daniel promovido; trama contra ele; condenação (v. 1-18)
>O livramento de Daniel (v. 19-24)
>Proclamação e doxologia de Dario (v. 25-28)

Sonhos e visões de Daniel, todos datados (cap. 7–12)
>Quatro animais do mar e o "Filho do Homem" (cap. 7; primeiro ano de Belsazar)
>>Relato das visões: quatro animais, outro chifre, trono, "Filho do Homem"(v. 1-14)
>>A interpretação de um assistente (v. 15-18)
>>Esclarecimento complementar (v. 19-28)
>
>O carneiro e o bode (cap. 8; terceiro ano de Belsazar)
>>Relato da visão: carneiro, bode, quatro chifres, chifre pequeno (v. 1-14)
>>A interpretação de Gabriel (v. 15-27)
>
>A interpretação da profecia de Jeremias sobre os setenta anos de exílio (cap. 9; primeiro ano de Dario, o medo)
>>A oração de Daniel por seu povo (v. 3-19)
>>A interpretação de Gabriel (v. 20-27)
>
>A revelação angelical à margem do Tigre (10.1–12.13; terceiro ano de Ciro da Pérsia)
>>Epifania dramática do anjo (10.1–11.1)
>>Profecia do anjo sobre a derrota da Pérsia diante da Grécia e divisão subseqüente do império grego (11.2-4)
>>Profecia do anjo sobre a guerra entre o rei do sul e o rei do norte (11.5-28)
>>Profecia do anjo sobre a profanação do templo pelo rei do norte (11.29-35)
>>Profecia do anjo sobre o orgulho e sobre a blasfêmia do rei do norte (11.36-39)
>>Profecia do anjo sobre o fim do rei do norte (11.40-45)
>>Profecia do anjo sobre a proteção de Miguel e a ressurreição divina (12.1-4)
>>Ordem do anjo para que se mantenham seladas as palavras e o tempo oculto (12.5-10)
>>Bênção do anjo sobre os que perseveram (12.11-13)

Daniel e os Reis. Os primeiros seis capítulos são às vezes chamados seção histórica. Sem negar sua historicidade, precisamos perguntar de que modo pretendem estar relacionados à história. O propósito do autor era dar um relato seletivo da vida babilônica de 605 a 538? Ou os nomes e lugares históricos foram empregados como um meio de entender a revelação da soberania de Deus?

Um padrão claro é evidente nesses capítulos. Ocorre um fato — um sonho, uma fornalha ardente, a escrita na parede — e talvez seja dada uma interpretação. Resulta uma reação: (1) o rei expressa fé no Deus de Daniel como "Deus dos deuses" (2.47); "o Altíssimo" (4.34), "o Deus vivo e que permanece para sempre" (6.26 [TM 27]); (2) promulga um decreto para que ninguém fale contra esse Deus (3.29); ou (3) ele ordena que todos tremam e temam "perante o Deus de Daniel" (6.26). Insistentemente, o padrão serve para levar os leitores a Deus.

Surgem perguntas acerca dessa estrutura. Por que Deus daria uma revelação a respeito de "o que há de ser nos últimos dias" (2.28) para esses governantes gentios (portanto, pagãos), em vez de dá-la ao povo da aliança? Não é mais razoável entender que tais revelações eram dirigidas aos judeus (israelitas) por esses recursos literários? Se o efeito dos vários eventos foi tão grande sobre os reis, por que não encontramos indícios fora da Bíblia? No caso de "Dario, o medo", cujas leis não podiam ser alteradas, por que seu decreto (6.26s. [TM 27s.]) não foi seguido pelos reis seguintes? Que tipo de histórias são essas e que tipo de visões relatam?

Não é fácil compreender como associar o apocalíptico à história. Parece que estamos vendo um divisor de águas no processo revelador e redentor divino. Quando os medo-persas derrotaram os babilônios, o poder do império passou dos povos semitas para os indo-europeus.[11] Os cristãos crêem que com o primeiro advento de Cristo, a crucificação e a ressurreição e, depois, a subseqüente destruição de Jerusalém em 70 d.C., terminou uma era, começando uma nova. Com a importante decisão da conferência eclesiástica de Jerusalém (At 15), os gentios foram admitidos pela primeira vez numa relação de aliança com Deus. A distinção entre judeu e gentio, nesse sentido, está acabada (Rm 9.24-26; cf. Os 2.23 [TM 25]; Ef 2.11-15). As histórias e visões de Daniel são moldadas para proclamar essas novas manifestações da soberania de Deus. Num contexto de arrogância e crueldade imperial, Deus retratou os grandes governantes da época curvando-se à sua autoridade. A condescendência deles — se não verdadeira fé — diante do Deus de Israel pode ser uma maneira visionária de dizer que uma era está terminando e outra está para começar. Dessa era em diante, mesmo os gentios devem servir ao Deus de Daniel e o servirão. Só esse Deus é digno do louvor da raça humana, pois o tempo e os tempos estão em suas mãos. Reis e impérios, no que diz respeito a essa declaração apocalíptica, são servos do Onipotente.

Os Sonhos de Daniel. Uma mudança clara ocorre na segunda seção do livro. Os eventos nos capítulo 1–6 são narrados na terceira pessoa. A começar do capítulo 7, são contados na primeira pessoa (com bem poucas exceções, e.g., 7.1; 10.1). Nos capítulos 1–6 o centro são os reis históricos: Nabucodonosor, Belsazar e Dario, o medo.[12] Ainda que as visões sejam datadas no reinado deles, nos capítulos 7–12, o interesse está em figuras simbólicas e anjos: "quatro animais, grandes" emergindo do mar (7.3), uma figura semelhante à humana "com as nuvens do céu" (v. 13), outra com dez chifres na cabeça e "outro chifre" (v. 20), um "carneiro" que arremete para o ocidente (v. 5) com um grande chifre que é quebrado e substituído por quatro chifres, um dos quais "se tornou muito forte" (v. 8s.); e dois seres celestiais, "Gabriel" (v. 16; 9.21) e "Miguel"(10.13, 21; 12.1). Esses capítulos são destacados como "apocalípticos" pelo caráter não natural ou mesmo fantástico. Mas ambas as partes de Daniel têm o mesmo propósito: revelar as realidades e os eventos celestiais que sobrevirão ao mundo. Nesse aspecto, ambas são apocalípticas, como indicam os paralelos entre os capítulos 2 e 6.

De acordo com as fórmulas de data, as visões dos capítulos 7–12 estão misturadas cronologicamente com os eventos dos capítulos 1–6. O primeiro sonho de Nabucodonosor é datado do segundo ano de seu reinado (603/2; 2.1). A festa de Belsazar e a escrita na parede (5.30) devem ser datadas do dia em que a Babilônia caiu diante do poder medo-persa, 12 de outubro de 539. Seu primeiro ano (7.1) é datado de c. 554 e o terceiro ano (8.1), de c. 552. O primeiro ano de Dario, o medo (veja 9.1) — qualquer que seja a interpretação do nome — deve ser colocado no primeiro ano da hegemonia persa (538). Caso se entenda que seja Dario I em 11.1, o primeiro ano seria 520. O terceiro ano de Ciro (10.1) seria 536.[13] Essas datas são chaves importantes para a unidade da mensagem de Daniel.

Data e Autoria

É provável que nenhuma data de um livro bíblico tenha sido defendida com tanta veemência ou negada com tanta insistência quanto a de Daniel. Tradicionalmente, a obra tem sido atribuída ao final do século VI a.C. As profecias excepcionalmente detalhadas de eventos da história palestina têm levado muitos a propor datas muito mais recentes: (1) O que parecem relatos a respeito de persas e gregos (caps. 10-11) — o "rei poderoso" (provavelmente da Grécia, 11.3) e a divisão de seu reino em quatro partes "mas não para a sua posteridade" (entendido como Alexandre Magno e seus sucessores, v. 4); (2) os reis do sul e do norte (interpretados como os ptolomeus e os selêucidas; v. 5s.); e (3) particularmente os detalhes da profanação do templo e a "abominação desoladora" (reputada como a profanação do templo por obra de Antíoco IV Epifânio em 168; v. 31). Grande número de estudiosos (liberais e conservadores)[14] agora sustentam que Daniel foi escrito em c. 164.[15] Para alguns estudiosos conservadores, tal data tornaria as profecias "posteriores ao evento" (*ex eventu*) e, portanto, fraudulentas; o livro seria um engano, não uma revelação divina.[16] A discussão tem sido longa e, às vezes, acalorada.[17]

A Linguagem. A evidência lingüística nem sempre tem recebido o valor devido na datação do livro. Os estudiosos há muito têm consciência de que a linguagem de Daniel é anterior ao segundo século.[18] O consenso era que o hebraico lembrava o do Cronista, sendo anterior ao Mishná. É, de fato, visivelmente mais próximo de Crônicas que de Qumran (séculos II e I). Assim também, o aramaico (2.4b–7.28) está mais próximo do de Esdras e dos papiros do século V que do de Qumran. Portanto, alguns estudiosos estão inclinados a datar os capítulos 1–6 de época anterior e dizem que um autor posterior trabalhou sobre esse material para formar os capítulos 7–12. Isso não explica dois fatos: (1) a seção em aramaico continua pelo capítulo 7, que é da mesma época que o aramaico dos capítulos 2–6; (2) o hebraico dos capítulos 7–12 revela-se idêntico ao dos capítulos 1–2.

A evidência lingüística, tanto do hebraico como do aramaico, indica uma possibilidade de data no século IV ou mesmo V. A evidência da LXX e de Qumran[19] indica que Daniel existia em sua forma completa e tinha sido distribuído por uma área relativamente grande antes da época de Antíoco Epifânio. Isso levanta problemas para as teorias que defendem uma autoria no século II.

O Autor. Exceto a afirmação de que Daniel "escreveu logo o sonho" (7.1), não se faz nenhuma declaração de autoria no livro. Os primeiros seis capítulos, narrados em terceira pessoa, bem podem ter sido escritos por alguma outra pessoa a respeito de Daniel. Os seis últimos capítulos, grande parte em primeira pessoa, podem ser relatos contados por Daniel a outra pessoa, com as palavras sendo escritas posteriormente para preservar o significado de seus sonhos e visões (veja 7.1). Às vezes se diz, com base em Mateus 24.15, que o próprio Daniel escreveu o livro.[20] Mas Jesus diz "falou o profeta Daniel". Não se pode afirmar com isso que ele necessariamente registrou por escrito aquelas palavras. De acordo com o Talmude, uma tradição judaica colocava algum tipo de responsabilidade editorial por Daniel sobre os homens da Grande Sinagoga,[21] às vezes entre Esdras (c. 45) e Simeão, o Justo (270). Não é inconcebível, portanto, atribuir os sonhos e visões a Daniel, que os comunicou (em forma escrita ou não), e compreender que foram por fim colocados em sua forma canônica no século IV ou III. O papel de um grupo de sábios ("os que forem sábios", 12.3, 10) não deve ser menosprezado.

Daniel é chamado *profeta* num florilégio (coleção de textos-prova escriturais) de Qumran (4Qflor) por Jesus (Mt 24.15) e Josefo (Ant. x.11.4.249). Mas o livro está incluído nos Escritos do cânon, não nos Profetas Posteriores. Por quê? Uma idéia é que Daniel era, a rigor, um vidente (heb. *ḥôzeh, rô'eh*), já que recebia revelações em sonhos e visões, não em palavras do Senhor. Mas esse tipo de distinção entre profeta e vidente não se mantém. Os profetas canônicos também recebiam revelações em visões (veja Is 1.1) com suas palavras. Alguns propõem que Daniel possuía o *dom* profético, mas não exercia tal *ofício*.[22] Mas essa distinção também parece enganosa, sem aval bíblico. A idéia de que Daniel não foi enviado a Israel, mas à corte babilônica[23] e, portanto, um ministério apropriado àquele império parece mais razoável.

Entretanto, mesmo essa idéia não é atraente. Daniel, de fato, foi enviado a Israel. Sua mensagem estava voltada principalmente para o povo de Deus, que a canonizou. Os impérios só podem ouvi-la, e o livro tem servido tanto à sinagoga como à igreja sem efeito permanente sobre os gentios. Com base no gênero do livro, todos que o empregaram no período pré-cristão (Enoque, os Oráculos Sibilinos, 1Macabeus), Jesus (veja Mt 24.5-21) e João, no Apocalipse (Ap 13.1, 5, 7), entenderam que sua mensagem dizia respeito ao final dos tempos. O livro contém referência imediata a Israel ou aos judeus (exceto na oração de Daniel por seu povo [cap. 9] e na acusação contra eles [3.8, 12]). Portanto, coloca-se numa categoria singular, à parte mesmo das porções apocalípticas de profetas como Isaías, Ezequiel e Zacarias. O gênero único e o longo processo de agrupamento e conclusão são as explicações mais prováveis para a inclusão nos Escritos, e não nos Profetas Posteriores.

Em suma, dificilmente algum livro bíblico exigirá mais humildade e cuidado na elaboração de conclusões quanto à data e autoria. A concepção tradicional de que as revelações de Daniel são profecias anunciadas bem antes dos eventos está firmada numa confiança de que Deus é o autor das Escrituras, sendo perfeitamente capaz de anunciar eventos futuros nos mínimos detalhes. As concepções mais recentes que situam as visões nos tempos de Antíoco Epifânio servem para nos lembrar como os capítulos 7–12 são diferentes da maior parte da profecia bíblica. Além disso, precisamos aprender mais sobre a natureza da literatura apocalíptica em sua relação com a história, a profecia e a literatura de sabedoria. A longo prazo, a questão do gênero de Daniel e de como Deus deseja que o compreendamos talvez sejam os itens em que os futuros estudantes do livro devam concentrar-se. Enquanto isso, ponderamos sobre a conclusão de um comentarista recente:

> Se as histórias são fatos ou ficções, e as visões, profecias reais ou semiprofecias, escritas por Daniel ou por outra pessoa, no século VI a.C., no século II ou em algum ponto entre eles, é surpreendente que isso pouco afeta a exegese do livro. Compreende-se o livro com base no que ele diz.[24]

A Interpretação da Profecia

A interpretação dos sonhos e visões em Daniel é dificílima. Talvez porque muitos comentaristas começam com Antíoco Epifânio e os capítulos 10-11, forçando depois todo o restante da interpretação a conformar-se a eles.[25] Em outras escolas de interpretação, a maior parte dos problemas deriva da tentativa de converter os tempos, semanas (ou héptades) e dias em sistemas cronológicos que predigam com precisão as datas de eventos futuros. Para todos os intérpretes, a dificuldade está principalmente em seu uso de formas e figuras que parecem intencionalmente obscuras. O livro está cerrado e selado "até ao fim do tempo" (12.4), e para compreendê-lo inteiramente é preciso esperar esse tempo. Mas isso não significa que ignoramos totalmente seu intento.

Os Reinos e o Reino. No capítulo 2, Daniel interpreta a imagem do que "há de ser futuramente" contida no sonho de Nabucodonosor (v. 45). As quatro partes da imagem representam quatro reinos sucessivos, começando com o de Nabucodonosor (v. 38-40). Com a deterioração do quarto reino (v. 41-43), uma pedra "cortada sem o auxílio de mãos" (v. 34) esmigalha toda a imagem, de modo que não sobram vestígios dela (v. 35). A pedra "se tornou em grande montanha, que encheu toda a terra" (v. 35). Isso é interpretado por Daniel como o reinado permanente de Deus que esmiuçará todos os outros reinos (v. 44s.).

Esse sonho e sua interpretação antecipam a visão das quatro feras no capítulo 7. Mesmo os que defendem dois autores, ou pelo menos uma parte mais antiga e outra mais recente do livro, entendem que o capítulo 7 realçam o tema do cap. 2. Os dois devem ser considerados juntos. No capítulo 7, quatro animais surgem do mar (v. 3). Eles emergem sucessivamente (v. 5-7). O quarto animal ganha chifres, o quarto dos quais fala "insolentes palavras" (v. 11). Mas então o animal é morto, e Daniel vê "com as nuvens do céu um como o Filho do Homem" (v. 13). Para ele, são dados "domínio, e glória, e o reino" sobre todos os povos, nações e línguas, e sua soberania jamais passará (v. 14). Os animais significam "quatro reis que se levantarão da terra. Mas os santos do Altíssimo receberão o reino e o possuirão para todo o sempre" (v. 17s.).

Eis o centro do tema do livro. O propósito não é focalizar a era helênica, ainda que esses quadros com certeza tenham trazido conforto para o povo de Deus perseguido e assediado. O alvo do livro é apresentar o reino de Deus vitorioso sobre todas as eras. Decerto, quando Daniel quis saber mais a respeito do "quarto animal" (8.15) — obviamente o último reino antes do estabelecimento do reino de Deus — os detalhes dados insinuam que se tem em vista o período a partir do final do império persa (cf. v. 20), junto com a época de Alexandre (v. 21) e seus quatro sucessores (v. 22), até aquele tempo em que um rei de grande poder e destruição (v. 23, 25) "será quebrado sem esforço de mãos humanas" (v. 25). Mas as profecias que dizem respeito ao futuro muitas vezes têm "perspectiva profética", de modo que o futuro próximo e imediato e o futuro distante misturam-se de maneira misteriosa. em Isaías 9, por exemplo, o que se inicia como uma mensagem de vivacidade e alegria para Zebulom e Naftali (partes representativas da terra levada cativa pela Assíria) passa para os últimos tempos (9.1 [TM 8.23]) e tem como auge o "Príncipe da Paz" no trono de Davi. "Para que se aumente o seu governo [...] desde agora e para sempre" (v.7 [TM 5s.]). Deus deu novo significado à casa de Davi em seu cumprimento neotestamentário (Lc 1.32). A notável promessa foi mantida. A visão de Daniel deve ser compreendida exatamente da mesma forma.

Ninguém alega que o reino construído sem mãos substituiu o de Antíoco Epifânio[26] com uma realidade histórica. Ninguém familiarizado com os profetas pode interpretar nem a presente era cristã nem o período macabeu anterior como o cumprimento da visão do reino eterno de Daniel, muito menos daquele descrito, por exemplo, por Isaías, Jeremias ou Ezequiel.

Os sistemas típicos de interpretação dos capítulos 2 e 7 podem ser esboçados como na figura da p. 630.[27]

Nenhuma das opções é isenta de dificuldades. É difícil dividir o império persa em dois reinos sucessivos, como fazem os que entendem os medos e os persas como o segundo e o terceiro império. Mas é igualmente difícil encontrar o império romano nos sonhos e visões de Daniel. De novo, qualquer que seja o sistema de interpretação escolhido, uma leitura atenta do texto coloca o holofote sobre o reino de Deus que substitui todos esses reinos.

O Quarto Animal. Em resposta a seu desejo de conhecer mais acerca do quarto animal (7.19), Daniel recebe outra visão. Um animal com dez chifres, e outro que crescia, fazia guerra contra os santos e prevalecia contra eles "até que veio o Ancião de Dias" (v. 20-22). "Um dos que estavam perto" (v. 16; cf. v. 23)

Cabeça de ouro (Primeiro animal)	> Império babilônico	Império babilônico	Império babilônico
Peito de prata (Segundo animal)	> Império medo-persa	Reino medo	Império medo-persa
Ventre de bronze (Terceiro animal)	> Império grego	Império persa	Alexandre Magno
Pernas de ferro (Quarto animal)	> Império romano	Império grego	Sucessores de Alexandre

explica a visão: o quarto reino será diferente dos outros (v. 23), extremamente cruel e destrutivo. Um de seus reis é blasfemo e persegue "os santos do Altíssimo" (v. 27). Isso continua por "um tempo, dois tempos e metade de um tempo" (v. 25). Então seu domínio é tomado e dado aos santos do Altíssimo (v. 26s.).

Não podemos nos perder aqui nos detalhes, deixando escapar a mensagem clara. Esse intervalo de tempo seriam três anos e meio? E seria a metade da Grande Tribulação? Esse rei blasfemo é o anticristo ou o 666 de Apocalipse? Tais mistérios fazem parte do selo do livro. Quando ocorrer o cumprimento final, o significado ficará claro. Enquanto isso, a mensagem é de esperança firme a todos os "santos do Altíssimo". Sempre que algum governante terreno persegue o povo de Deus, seu tempo é limitado e sua destruição, certa. Os santos de todas as eras têm encontrado verdadeiro consolo em suas interpretações dessa mensagem e, ainda assim, a visão mantém sua mensagem duradoura de esperança e segurança somente dentro do significado de sua natureza selada.

O Carneiro, o Bode e o Chifre. O chifre simboliza o poder (1Rs 22.11; Zc 1.18ss. [TM 2.1ss.]), especialmente o de uma casa reinante (Sl 132.17; Ez 29.21). Nos capítulos 7–8 e Apocalipse 13 e 17, os chifres simbolizam governantes de impérios. O carneiro com dois chifres na margem do rio Ulai no Elão representa o império medo-persa. Um bode vem do oeste com velocidade impressionante (8.5), destruindo o carneiro. Tem um chifre grande, quebrado e substituído por quatro chifres notáveis (v. 8). Em geral entende-se que esse seja Alexandre Magno, que morreu (323 a.C.) logo depois de conquistar a Pérsia e o oriente (332 a.C.), sendo sucedido por quatro generais. De um dos chifres emerge "um chifre pequeno" que se torna influente (v. 11). Esse "chifre pequeno" é em geral identificado com Antíoco Epifânio (c. 215-163). Sabe-se que ele profanou o templo em 25 de quisleu (27 de dezembro) de 168 (veja 1Mac 1.54; 1Mac 6.2; Josefo, *Ant.* xii.5.4.248-256). Daniel pergunta quanto tempo durará a profanação e recebe a resposta: "Até duas mil e trezentas tardes e manhãs; e o santuário será purificado" (v. 14).²⁸

A interpretação dada por Gabriel é uma visão do "tempo do fim" (v. 17) e suporta a identificação dos reis da Média e Pérsia (v. 20), o rei da Grécia (v. 21), Alexandre Magno e seus quatro sucessores (v. 22). No fim, surgirá um rei de semblante duro (v. 23), causando destruição terrível (v. 24), "mas será quebrado sem esforço de mãos humanas" (v. 25). Aqui, de novo, a identificação de um para um é perigosa. Se a pessoa em vista era Antíoco Epifânio, será que ele não foi quebrado por mãos humanas? É melhor deixar a mensagem numa forma que mantenha seu aspecto imutável, respeitando seu selo como revelação de Deus. O cumprimento final refere-se "a dias mui distantes" (v. 26), mas seu propósito diz respeito ao povo de Deus em qualquer época. Seus inimigos são inimigos de Deus, e o reino de Deus pertence a um tempo em que a eternidade de Deus será vivenciada para sempre. O consolo presente proporcionado por ele não é uma postura estóica: o destino que promete está selado no próprio coração de Deus.

A Oração de Daniel pelo Povo. Daniel cria, por seu conhecimento da profecia de Jeremias, que um período de setenta anos fora decretado para a desolação de Jerusalém (9.2; cf. Jr 25.11s.). Consciente de que o período de semanas estava para terminar, Daniel orou a Deus, confessando seus pecados e os pecados de seu povo. Ele pediu que Deus agisse sem mais demora (9.19). Mais uma vez, Gabriel (em Lc 1.26, um anjo; na literatura intertestamentária, um arcanjo) fala a Daniel do tempo "até ao Ungido" (v. 25). Os estudos dos v. 25-27 são muitos. Cálculos das "sete semanas", das "sessenta e duas semanas" e da "semana" restante, dividida ao meio (v. 27), têm interessado toda uma ala de estudiosos. A falta de um resultado comum levanta dúvidas quanto aos métodos empregados. Nunca se chegou a um consenso convincente.

"Ao Ungido, ao Príncipe" (v. 25s) é expresso em hebraico *māshîaḥ*. A KJV, NASB, IBB e outras traduzem "Messias" aqui, embora não haja artigo definido. Aliás, o termo talvez não se refira a um príncipe messiânico (apesar da leitura da NRSV) que regerá o reino vindouro. Todavia, posteriormente "Messias" tornou-se um termo técnico (veja abaixo, cap. 51). Esforços para compreender as sete semanas como quarenta e nove anos e para demonstrar que essa profecia foi cumprida com a reconstrução do templo, ou para calcular com base nas sessenta e duas semanas a data da vinda de Cristo ou de sua crucificação (cf. v. 26) têm causado muita confusão. A ordem na passagem é a seguinte: (1) a saída à ordem de reconstruir Jerusalém; (2) a vinda do ungido, um príncipe; (3) Jerusalém reconstruída com praças e muros "mas em tempos angustiosos" (v. 25); (4) o ungido morto, a cidade e o santuário destruídos; e (5) vinda do príncipe que destrói a cidade e faz aliança "por uma semana"; depois, por "metade da semana" ele interrompe o sacrifício e a oferta (v. 27). Francamente, surgem dificuldades muito graves quando se tenta adequar essa ordem à maioria das reconstruções postuladas pelos intérpretes.[29]

Na realidade, Gabriel toma a profecia de setenta semanas de Jeremias, compreendida como se aplicasse ao período do exílio, e a transforma numa profecia de "setenta anos vezes sete" (BLH) do final dos tempos (v. 24). Essa complexa transformação do quadro inclui a restauração da cidade, um período conturbado, a morte de um príncipe ungido (que parece ter governado por sessenta e duas "semanas"), a vinda de um príncipe e suas tropas, decididos a destruir a cidade e o santuário (v. 26). Os que, em qualquer época, anseiam pela restauração de Jerusalém encontram aqui uma mensagem de esperança. Os que buscam o príncipe messiânico encontram a reafirmação de que ele virá. Os que vivem em épocas de conturbações, guerras e desolações sabem que isso só durará "uma semana" e que no final o "assolador" encontrará o fim a ele prescrito (v. 27). Com certeza, a resposta de Gabriel excede profundamente a petição original de Daniel.

A Abominação Desoladora. Numa visão precisamente datada (23 de abril de 536; 10.4), Daniel toma conhecimento do que ocorrerá a seu povo em dias futuros (10.14). Miguel, um dos "primeiros príncipes" (v. 13) também descrito como "vosso príncipe" (v. 21), e o orador ("um homem vestido de linho", v. 5; provavelmente Gabriel, mencionado em 9.21) desempenham os papéis principais. Isso deve indicar ao leitor que as circunstâncias transcendem o que é em geral considerado histórico. O governante da Pérsia tinha resistido por "vinte e um dias" a esse orador. Então, Miguel chegou para ajudar na ofensiva (v. 13) e permaneceu na batalha enquanto o orador saía para contar a Daniel os eventos futuros (v. 14). Entretanto, ele retornaria para "pelejar contra o príncipe dos persas" (v. 20).[30]

A mensagem parece continuar no capítulo 11.[31] "Ainda três reis se levantarão na Pérsia", e um quarto, que irá contra a Grécia (v. 2). Depois "se levantará um rei poderoso" — não identificado com a Grécia no texto bíblico, ainda que seja freqüentemente interpretado dessa maneira — que "reinará com grande domínio" (v. 3). Seu reino é dividido "para os quatro ventos do céu; mas não para a sua posteridade" (v. 4).

Os intérpretes entendem que esse rei poderoso é Alexandre Magno, que não apresentou sucessão, ao qual sucederam quatro generais que dividiram seu império. A maioria dos comentaristas entende de maneira bem específica os detalhes dessa visão: o "rei do Sul" é a linhagem lágida ou ptolemaica, que governou tendo por sede o Egito em c. 323-30 a.C. O "rei do Norte" é a linhagem selêucida, que controlou a partir da Síria mais ou menos no mesmo período. Entretanto, tal exposição detalhada não se adapta com precisão histórica aos eventos do período. O livro de Daniel não é "uma história escrita de antemão" nem "uma profecia pós-datada". É um texto apocalíptico, sendo sempre trans-histórico em algum sentido. Está arraigado na história e brota da história, mas seu propósito leva a história aonde ela nunca esteve e provê uma mensagem temporal relacionada à eternidade divina. Por esse motivo, as profecias de Daniel serviram ao povo de Deus não apenas sob os ptolemaicos e selêucidas, mas ainda no século I a.C., no século I d.C. e em todos os períodos posteriores.[32]

O rei do Norte, voltando (a Jerusalém) após um ataque frustrado contra o rei do Sul, corteja "aos que tiverem desamparado a santa aliança" (v. 30). Suas forças profanam o templo, removem o holocausto diário e estabelecem a "abominação desoladora"(v. 29-31; cf. 12.11; Mt 24.15; Mc 13.14). Os comentaristas modernos em geral fazem dessa porção de Daniel pouco mais que uma resenha da história.[33] Jesus Cristo, por outro lado, juntamente com muitos judeus de seu tempo, viram aqui uma mensagem que poderia aplicar-se a um futuro indefinido, seja à destruição de Jerusalém em 70 d.C., seja à vinda do Filho do Homem (Mt 24.15; cf. v. 3; Mc 13.2, 4). Um grande e poderoso governante viria para perverter "com lisonjas" os que alegam pertencer à família da fé e violam a aliança. Isso ocorreu quando os helenistas tentaram transformar os judeus em gentios no período pré-macabeu. Vem ocorrendo muitas vezes desde então e ocorrerá em proporções muito maiores no final dos tempos. "Mas o povo que conhece ao seu Deus se tornará forte e ativo" (Dn 11.32).

Nesse momento Miguel se levantará (12.1). "Haverá um tempo de angústia" (veja Mt 24.21; Mc 13.19; Ap 12.7; 16.18), mas Daniel é certificado de que seu povo "será salvo". Daniel 12.2 é uma referência clara à ressurreição no final dos tempos. Entre esses segredos que estão "selados até o tempo do fim" (v. 9) estão o "tempo" (v. 7) e os "dias" (v. 11s.). De novo, o consolo real e a esperança verdadeira moldam o propósito da visão de Daniel.

Um como o Filho do Homem. Em 7.13, quando os animais são mortos, "um como o filho do homem" — observe o contraste com os animais — vem "com as nuvens do céu". Como o título dos discursos empregados por Ezequiel (veja p. 390-1), a designação "filho do homem" simplesmente significa "ser humano", "homem" (como entende a BLH). Jesus muitas vezes referia-se a si mesmo empregando esse título. Alguns estudiosos dizem que com isso ele alegava ser o Messias. Mas isso parece bem improvável.[34] Jesus estava empregando um termo que passara a ter um significado mais profundo e, com o tempo, teria um significado expandido, incluindo o cumprimento da profecia de Daniel (Mt 24.30; 26.64 e par.; cf. Ap 1.7, 13; 14.14).[35]

Para compreender esse desenvolvimento é preciso investigar a história do termo. O Segundo Livro de Enoque, as "parábolas" e os "símiles", contém uma doutrina até completa do "filho do homem". Ele é retratado não como um ser humano, mas como um ser celestial preexistente que governa sobre um reino universal. No judaísmo primitivo, duas doutrinas desenvolvem-se separadamente: (1) o Messias, um rei humano da linhagem de Davi, e (2) um ser divino ou semidivino, um "filho do homem", que vem do céu para encerrar esta era e inaugurar a "era vindoura". A comunidade de Qumran abraçava um messias puramente humano, como Filho de Davi. Não se encontrou nenhuma parte do Segundo Livro de Enoque, ainda que muitos fragmentos de outras partes do livro tenham sido descobertos. Alguns datam o livro II em período, talvez depois de 100 d.C. De qualquer maneira, enquanto no judaísmo as idéias eram mantidas à parte, o Novo Testamento mistura-as, formando uma doutrina (veja Mt 26.63s.), como explicação da singularidade de Jesus. O espectro de significado do termo deve ser capaz de refletir esse desenvolvimento.

> A igreja cristã sempre esteve intrigada com o livro de Daniel. Às vezes seus estudiosos aventuram-se a algumas interpretações elaboradas. Particularmente penosas têm sido as tentativas de usar os números simbólicos de Daniel como guia para a data precisa da segunda vinda de Cristo. Mas a maior parte das exposições tem sido fonte de esperança real em tempos de grande angústia.[36]

Tentativas de estabelecer detalhes históricos ou de determinar épocas e estações podem, de fato, diminuir a capacidade de o livro anunciar uma mensagem eterna no tempo intermediário. Ainda que essa mensagem seja buscada em primeiro lugar, não é necessário que se percam os detalhes, pois eles se tornarão mais claros com a aproximação do tempo do fim. É altamente desejável um interesse sadio pela apocalíptica bíblica, um interesse que procure primeiro distinguir a Palavra falada pelo Espírito, especialmente em períodos conturbados. "Quem tem ouvidos, ouça o que o Espírito diz às igrejas" (Ap 3.22).

PARTE QUATRO

O CENÁRIO

CAPÍTULO 44

A Autoridade do Antigo Testamento para os Cristãos

O Antigo Testamento era a Bíblia usada por Cristo e pelos apóstolos. De modo quase uniforme (2Pe 3.16 é exceção), as palavras "Escritura" e "Escrituras" no Novo Testamento referem-se ao Antigo Testamento (e.g., Jo 5.39; 10.35; At 8.32; Gl 3.8; 2Tm 3.16). Por cerca de duas décadas depois de Cristo, as únicas partes do Novo Testamento que existiam eram relatos fragmentados de sua vida e de seus ensinos. Durante esse período em que uma igreja vigorosa estendia sua influência para a Síria, Ásia Menor e o Norte da África, a base para a pregação e o ensino foi o Antigo Testamento reinterpretado por Jesus e seus primeiros seguidores.

Jesus e o Antigo Testamento

> Examinais as Escrituras [...] e são elas mesmas que testificam de mim. Jo 5.39

Cristo reconheceu a autoridade impositiva da Escritura, enquanto reservava para si mesmo o direito de ser seu verdadeiro intérprete. Embora Jesus cruzasse espadas com os líderes judeus em muitos pontos, o Novo Testamento não registra nenhuma discussão sobre a inspiração ou a autoridade do Antigo Testamento. Pelo contrário, Cristo apelou muitas vezes para as Escrituras como base para seus argumentos e ensinos. Isso é ilustrado pelo triplo uso de "está escrito" no relato da tentação (Mt 4.1-11). Além disso, o relato de João sobre a discussão de Jesus com os líderes judeus acerca do direito de se chamar Filho de Deus (Jo 10.31-36) depende de um compromisso com a credibilidade das Escrituras.

Nessa confiança no Antigo Testamento como a palavra escrita de Deus, Jesus seguia seus ancestrais judeus. Séculos antes, as palavras e os atos divinos de revelação os haviam seduzido com tanto poder e clareza que eles a entesouraram em forma de registro escrito. Passo a passo, um corpo de literatura autorizada cresceu entre os israelitas: leis, narrativas de seu passado, oráculos de seus profetas, ensinos de seus sábios e hinos e orações de seu culto. Esses documentos moldaram a compreensão de sua vida, fé e destino. Os israelitas reconheceram neles a palavra do único Senhor que eles sabiam ser o único Deus verdadeiro.

Mesmo tendo a mesma atitude de muitos judeus de seus dias em relação à autoridade do Antigo Testamento, Jesus o interpretava de modo bem diferente em pelo menos dois aspectos. Primeiro, assim como os profetas, ele sentia a vacuidade de grande parte do legalismo judaico, em que a rotina e o ritual tinham-se tornado um substituto barato da pureza de coração, integridade e preocupação social (e.g., Mc 7.1-13; Mt 9.13; 12.7, que cita Os 6.6). Como o verdadeiro profeta, o novo Moisés, Jesus reinterpretou a lei no Sermão do Monte (Mt 5–7). Rejeitando algumas interpretações erradas, mas correntes, da lei, Jesus destacou o amor, o perdão e a piedade interior. Ele deu novo significado aos principais temas proféticos que alguns mestres judeus haviam negligenciado ao superestimar a letra da lei.

Segundo, e de maneira mais distintiva, Jesus insistiu que ele era o cumprimento pessoal do Antigo Testamento; ele é seu tema principal. A declaração dele na sinagoga em sua cidade natal — "Hoje, se cumpriu a Escritura que acabais de ouvir" (Lc 4.21) — pode ser considerada o resumo de sua reivindicação. Essa consciência de cumprimento provocou seu conflito com as autoridades judaicas (Jo 5.46) e moldou a atitude de seus seguidores em relação às Escrituras (Lc 24.44s.).

Cristo transformou a interpretação do Antigo Testamento reunindo em si mesmo várias linhas de ensino e tecendo-as para formar uma só corda. Ele era o grande profeta semelhante a Moisés que ensinou a nova lei de sobre o monte; o sacerdote sem igual que tornou obsoleto todo o sistema do templo (cf. Mt. 12.6; Jo 2.13-15); o rei sábio, "maior do que Salomão" (Mt 12.42); o filho e o Senhor de Davi, o herdeiro legítimo do trono de Israel (Mc 12.35-37; 15.2); o triunfante Filho do homem (Dn 7.13ss.; Mc 13.26); e o servo sofredor (Is 53; Mc 10.45). Os principais temas da esperança profética foram nele consumados.

Comparada ao ponto de vista de muitos judeus contemporâneos dele, a atitude de Cristo em relação ao Antigo Testamento era dinâmica, não estática. Ele encarava a Escritura não como um catálogo de princípios fixos que regulamentavam a conduta religiosa, mas como o registro inspirado autorizado da atividade divina na história, atividade que atinge o seu auge no reino que se aproximou com a vinda de Jesus. Assim como as palavras de Jesus são espírito e vida (Jo 6.63), também o Antigo Testamento, encarado a partir de sua percepção, torna-se um guia para a vida (Jo 5.39).

Ao destacar os profetas como intérpretes legítimos da Torá (as histórias e as leis do Pentateuco) e ao focalizar a revelação do Antigo Testamento em si mesmo, Cristo moldou os padrões da interpretação bíblica adotados pelos escritores apostólicos. Por exemplo, o interesse de Mateus é a correspondência entre os eventos na vida de seu Messias e a profecia do Antigo Testamento. Observe o seu "para que se cumprisse o que fora dito..." (e.g., 1.22; 2.15, 17, 23; 4.14; 12.17; 13.35; 21.4; 27.9). O evangelho de João apresenta muitas comparações explícitas e implícitas entre Moisés e Cristo (e.g., 1.17; 3.14; 5.45-47; 6.32; 7.19).

Paulo e o Antigo Testamento

Como judeu e rabino, Saulo de Tarso conhecia bem o Antigo Testamento; como cristão e apóstolo, Paulo descobriu que textos familiares estavam repletos de novo significado. Assim como Jesus, ele aceitava a inspiração plena e a autoridade da Escritura (2Tm 3.16) e encontrava o seu mais profundo significado no fato de antecipar o Novo Testamento e lhe servir de preparação. As semelhanças entre a abordagem de Cristo e a de Paulo não são acidentais. Sem dúvida, Cristo escolhia passagens pertinentes do Antigo Testamento e ensinava a seus discípulos a interpretá-las.[1]

Suas quatro epístolas principais — Romanos, 1-2Coríntios e Gálatas — mostram claramente como Paulo dependia do Antigo Testamento. Uma grande porcentagem de suas mais de noventa citações encontra-se nelas. E tanto os seus temas teológicos dominantes como os seus meios de argumentação são extraídos das Escrituras judaicas. Paulo curvava-se à autoridade da Escritura, usava-a para fundamentar seus argumentos. Ele respeitava seus veredictos, reverenciava sua santidade. Agindo assim, estabeleceu o padrão para todos os que lidam com os oráculos de Deus.

Paulo sofreu uma transformação drástica em seu entendimento do Antigo Testamento: o Cristo cujos seguidores tinha obstinadamente jurado exterminar tornou-se para ele a verdadeira chave da revelação do Antigo Testamento:

> Para Paulo, Cristo não era apenas um fator que acrescentava significado ao Antigo Testamento, mas o único meio pelo qual o Antigo Testamento podia ser entendido de modo correto; o fato é que não era meramente a Cristo que ele via no Antigo Testamento, ele via todo o escopo da profecia e história do Antigo Testamento pela ótica da Era Messiânica em que o Antigo Testamento permanecia aberto, cumprindo-se em Jesus Cristo e em sua nova criação.[2]

Um grande número de tópicos indica em que medida Paulo fundamenta sua instrução doutrinária no Antigo Testamento. Incluem-se entre eles a queda de Adão e Eva e seus efeitos (Rm 5.12-21), a universalidade do pecado (3.10, 20), a obediência e os sofrimentos de Cristo (15.3), a justificação pela fé (1.17; 4.1ss.; 10.5ss.) e a salvação final dos judeus (11.26).[3]

A tipologia desempenha um papel importante nas epístolas paulinas.[4] Estudos da tipologia do Novo Testamento[5] têm destacado a continuidade entre o uso dado por Paulo e por Cristo à tipologia do Antigo Testamento e o contrastado com os métodos de interpretação de Filo de Alexandria e escritores rabínicos judaicos. O renascimento do interesse na tipologia foi estimulado por dois fatores: (1) o interesse renovado pela unidade da Bíblia e (2) o estudo inovador sobre as maneiras de que os escritores do Novo Testamento dependiam do Antigo. A unidade da Bíblia é uma unidade dinâmica baseada na continuidade da atuação de Deus nos dois testamentos. Essa percepção ajuda a explicar o caráter histórico da tipologia bíblica.[6] Para Paulo, o mesmo Deus estava operando nas duas eras, de tal modo que os padrões de sua atividade passada eram protótipos de seus atos no presente e no futuro. Em seu uso da atividade passada de Deus para ilustrar as obras dele no presente e no futuro, tanto Cristo como Paulo seguem o próprio Antigo Testamento. Ali, por exemplo, o êxodo do Egito estabelece o padrão para o retorno do cativeiro — o novo êxodo (cf. Is 43.16-20). O Antigo Testamento é autoridade para Paulo, não principalmente em sua mensagem mística ou alegórica. O que mais importava para ele era o seu registro inspirado da atividade criativa, eletiva e redentora de Deus. Ele via a consumação desse padrão na nova era introduzida pela encarnação de Jesus Cristo.

Ao dar ênfase à continuidade histórica dentro da Bíblia, não podemos perder de vista a relação moral e ética entre os Testamentos. O Novo Testamento com certeza transcende o Antigo em compreensão ética. Ainda assim, a revelação anterior tem muito a dizer acerca de temas apresentados nos ensinos de Cristo e dos apóstolos: fazer a vontade de Deus é o bem maior; a imoralidade, a idolatria, a desumanidade e a rebelião espiritual devem ser afastadas; a preocupação com os direitos e as necessidades dos outros é valorizada como qualidade das mais estimadas (2Tm 3.16ss.; 1Co 10.1, 11).

A liberdade com que Paulo e outros escritores do Novo Testamento (especialmente Mateus) às vezes lidavam com o Antigo Testamento é intrigante. Em algumas ocasiões, não seguiam nenhuma tradição textual grega ou hebraica conhecida. Os autores apostólicos por vezes intercalavam linhas de interpretação nas citações. Entretanto, em geral, essas notas não são arbitrárias ou impulsivas. Devem ser classificadas como exposições que não seguem com literalismo estrito o texto citado, mas também não alteram seu sentido com interpretações arbitrárias.[7] Ao interpretar as Escrituras, Paulo dava atenção especial ao contexto histórico e à estrutura gramatical. Mas ele interpretava eventos históricos, não tanto de acordo com o significado passado deles, mas de acordo com o significado deles em relação a um cumprimento futuro. Ia além da estrutura gramatical óbvia, chegando a um significado permitido pela gramática e também adequado à interpretação geral da revelação do Antigo Testamento.[8]

Conclusão

Esse padrão de autoridade e esses princípios de interpretação poderiam facilmente aplicar-se a outros escritos do Novo Testamento como Hebreus, Tiago e Apocalipse. Atados a alusões e citações do Antigo Testamento, cada um apresenta um modo peculiar de empregá-las. Tiago, por exemplo, utilizou de modo maciço a tradição sapiencial de Israel, conforme manifestada nas técnicas de ensino e no pensamento de Cristo, o Sábio Maior. O autor de Hebreus empregou textos-prova e tipos do Antigo Testamento para demonstrar a nítida superioridade de Cristo e de sua nova aliança. João, em Apocalipse, convicto de que Cristo é o Alfa e o Ômega, descreveu constantemente o clímax cósmico da história empregando termos tomados das descrições veterotestamentárias dos atos divinos de misericórdia e julgamento. Seu livro dá a entender que esse clímax era o que os profetas anunciavam e aguardavam — o triunfo do reino de Deus.

Seguindo o exemplo de seu Senhor na aceitação da autoridade das Escrituras, os escritores do Novo Testamento encontraram nelas não a letra que mata, mas o testemunho do Espírito acerca da atividade de Deus que concede

O CENÁRIO

vida. Eles viam as Escrituras não como coleções enfadonhas de leis escravizadoras, mas como atos anteriores de um grande drama de salvação. Seu ator principal era o Senhor deles. Aos leitores de hoje não são menos necessários os atos anteriores, pois neles ainda se vêem os feitos de Deus e as várias reações de rendição e rebelião desencadeadas por esses feitos. O que era importante, autorizado e crucial para o próprio Senhor e, por conseguinte, para a igreja primitiva, não pode ser menos importante, autorizado e crucial hoje (1Co 10.11).

> Tanto no estudo como no culto, a humanidade necessita da revelação completa, da Bíblia inteira. O Antigo Testamento pertence não só ao povo judaico, mas a todos. É o relato de como Deus tem agido; é o resumo do que tem exigido; é o registro de sua preparação para a vinda de Cristo; é a melhor tela para captar o retrato de suas relações com a família humana através dos séculos. Em suma, é o fundamento indispensável sobre o qual está construído o Novo Testamento.

Para entender o Antigo Testamento como Escritura cristã, é preciso enxergá-lo pelos olhos de Jesus e de seus apóstolos. Eles eram especialmente inspirados pelo Espírito de Deus para captar o significado das palavras e feitos reveladores de Deus e o rumo que tomavam.

Ao mesmo tempo, contudo, o leitor moderno deve tentar ver as passagens do Antigo Testamento no contexto delas. Precisamos perguntar: "O que o autor do Antigo Testamento estava dizendo à própria época dele?". Devemos nos assentar com os ouvintes no mercado, à porta da cidade, no templo ou na sinagoga e tentar compreender as palavras de Deus como eles as ouviram. Precisamos ver Deus pelos olhos deles e discernir os propósitos divinos como eles o fizeram.

Em outras palavras, devemos estar conscientes do contexto original de uma passagem do Antigo Testamento. Por que foi escrita? Quando? Que problemas lhe deram origem? Que perguntas pretendia responder no princípio? O que diz às pessoas sobre a vontade e os caminhos de Deus ou sobre as responsabilidades dos homens, coisas que não teriam conhecido de outra maneira? Podemos buscar a implicação plena da passagem para a fé e para a vida cristã somente quando começamos a entender o intento dela para a própria época do autor. O contexto do Antigo Testamento não nos dirá tudo o que precisamos saber acerca do significado da passagem. Mas se não começarmos dali, será fácil torcer as Escrituras de acordo com nossos propósitos. Para captar o significado ali colocado pelo supremo Autor, o Espírito de Deus, precisamos perceber a intenção e o significado de cada autor. Ouvimos a voz de Deus através da Escritura. Essa voz dá à Bíblia como um todo autoridade sobre nós, o povo de Deus.

CAPÍTULO 45

Revelação e Inspiração

A Bíblia é um livro singular. Por um lado, ela é uma extraordinária peça de literatura humana; por outro lado, atribui sua origem a Deus. Os termos teológicos fundamentais que expressam essa singularidade são revelação e inspiração. Revelação refere-se à manifestação (lit. "desvendar") da verdade por Deus nas Escrituras; inspiração relaciona-se à recepção inicial, pelo homem, dessa verdade mostrada pelo Espírito divino. Os dois termos podem ser entendidos de modo adequado somente à medida que ouvimos o que a própria Bíblia diz sobre eles.

A Revelação

> ... não há de faltar a lei ao sacerdote, nem o conselho ao sábio, nem a palavra ao profeta.   Jr 18.18

Jeremias alista três canais humanos da revelação divina no antigo Israel: (1) os *sacerdotes*, que davam ao povo instrução (*torah*) sobre assuntos religiosos e éticos; (2) os *sábios*, que ofereciam conselhos acerca dos problemas da vida aos reis e ao povo comum; (3) os *profetas*, que proferiam mensagens que expressavam os propósitos de Deus para o povo. Esses três grupos tinham basicamente um ministério oral: o Antigo Testamento, nas suas três divisões de Lei, Profetas e Escritos, é em sua essência o registro escrito das tradições faladas desses grupos.

Jebel Musa, tradicionalmente identificado como o monte Sinai, onde o SENHOR falou com Moisés (Êx 19.3). (*Neal e Joel Bierling*)

De modo semelhante, o judaísmo antigo e o Novo Testamento também aclamaram esse registro como Escritura.

Nos tempos do Antigo Testamento, esses três grupos eram aceitos como mediadores da vontade de Deus para a comunidade dos crentes. Eram agentes da comunicação da verdade divina. Isso é mais óbvio no caso dos profetas. Toda a gama do vocabulário de comunicação é usada para designar o testemunho deles, resumido na descrição de que Deus falou "muitas vezes e de muitas maneiras [...] pelos profetas" (Hb 1.1). Um oráculo profético típico começa com a expressão "assim diz o SENHOR", conhecida como fórmula do mensageiro, e com freqüência termina com a fórmula da declaração divina "diz o SENHOR", como por exemplo em Amós 5.16-17. Em Jeremias 1.9 há uma garantia divina ao profeta: "Eis que ponho na tua boca as minhas palavras". Isaías 40-48 é especialmente rico em referências à revelação oral de Deus aos exilados: por meio dos profetas, Deus *relata, declara* às pessoas de modo que elas possam saber, *proclama* de modo que possam ouvir, *anuncia* e *fala*.[1]

No Antigo Testamento, há declarações para reflexão, que convidam o leitor a parar e ponderar sobre esse conceito da revelação divina: "Certamente, o SENHOR Deus não fará coisa alguma, sem primeiro revelar o seu segredo aos seus servos, os profetas" (Am 3.7). Aprendemos que Deus usou a instituição da profecia para transmitir a Israel o que de outra forma tê-los-ia apanhado de surpresa, uma revelação dos eventos vindouros e seu significado. Por esses meios, os propósitos do Senhor da história de Israel foram desvendados.[2]

O ministério dos profetas não era o único meio de revelação divina. Existe um testemunho nesses termos a favor da Torá ou lei mosaica, em Deuteronômio 29.29: "As coisas encobertas pertencem ao SENHOR, nosso Deus, porém as reveladas nos pertencem, a nós e a nossos filhos, para sempre, para que cumpramos todas as palavras desta lei". De modo semelhante, Salmos 147.19 celebra o privilégio singular de Israel como recipiente da Torá: "Mostra a sua palavra a Jacó, as suas leis e os seus preceitos, a Israel". A tradição da sabedoria também tinha a função de revelação, de acordo com Provérbios 2.6: "Porque o SENHOR dá a sabedoria, e da sua boca vem a inteligência e o entendimento". O movimento da sabedoria, por toda sua ênfase em discussão e reflexão, reconhece a origem de suas percepções em Deus. Suas descobertas duramente obtidas eram em sua última análise a revelação do Deus todo-sábio.

Esse último texto parece ter uma função canônica. Em seu contexto de introdução teológica a coleções escritas de provérbios, reivindica a qualidade de revelação para o livro resultante. Outra reivindicação canônica semelhante fica evidente em Deuteronômio 34.10: "Nunca mais se levantou em Israel profeta algum como Moisés, com quem o SENHOR houvesse tratado face a face". A Torá é celebrada no seu final como fruto de uma relação íntima singular entre Deus e seu redator humano. Como conseqüência, textos posteriores do Antigo Testamento puderam chamar a Torá não só lei de Moisés, mas "a lei do SENHOR"[3] e "a lei de Deus".[4]

Da mesma maneira, o livro canônico de Salmos contém uma cuidadosa introdução no salmo 1, recomendando o estudo do livro como se fosse a própria *torah* ("lei") do SENHOR. Neste caso, *torah* refere-se à instrução divina e estampa o livro de Salmos como revelação: "Porquanto Israel continua a ouvir a palavra de Deus pela voz da sensibilidade do salmista, essas orações subsistem agora como a própria palavra divina".[5]

Evidência semelhante é oferecida pelos cabeçalhos dos livros de oráculos proféticos: "O vocabulário chave nos títulos dos livros proféticos é a linguagem teológica que os designa como revelação divina", e "a intenção fundamental dos cabeçalhos é identificar os livros proféticos como palavra de Deus".[6] No começo dos cinco livros, a fórmula originariamente aplicável a uma mensagem particular, "veio a palavra do SENHOR a...", é aplicada de modo inclusivo a todos os oráculos encontrados em forma escrita.[7] Os livros em sua totalidade são caracterizados como revelação escrita. Outros livros se iniciam com o termo abrangente "visão" (Is 1.1; Ob 1; Na 1.1), que se refere aqui não a uma experiência visionária, mas a uma série de oráculos revelados por Deus. De modo semelhante, o verbo "viu" em Amós 1.1; Miquéias 1.1 e Habacuque 1.1 (ARC) aplica-se à revelação divina dada por meio desses profetas (cf. Is 1.1, ARC). O conceito de revelação foi expandido da forma oral das mensagens de um profeta para a forma escrita, e então aplicado a ela como um todo literário. Deus ainda falava às gerações futuras de crentes por meio da palavra escrita.

A Inspiração

> Toda a Escritura é inspirada por Deus e útil para o ensino, para a repreensão, para a correção, para a educação na justiça.
> 2Tm 3.16

A voz dos mediadores humanos escolhidos foi usada para transmitir as verdades que Deus pretendia revelar a Israel. A interação positiva entre o revelador divino e os porta-vozes humanos exigiu inspiração. A inspiração é basicamente uma qualidade que se relaciona a pessoas, mas pode também tornar-se uma característica dos livros, como produto de pessoas inspiradas. O apóstolo Paulo refletiu sobre essa qualidade do Antigo Testamento e o seu papel nos propósitos de Deus de edificar crentes cristãos em sua fé e postura ética (2Tm 3.16).

Aqui se diz que o Antigo Testamento, sobre o qual Timóteo tinha sido ensinado desde a infância sob a instrução de sua mãe e avó, é "inspirado por Deus".[8] O significado disso pode ser aduzido de uma declaração paralela acerca do estágio oral da seção profética do Antigo Testamento: "homens e mulheres falaram da parte de Deus, movidos pelo Espírito Santo" (2Pe 1.21).[9] A palavra de 2Timóteo 3.16 traduzida por "inspirado por Deus" pode ser literalmente vertida "insuflado por Deus": alude à obra do Espírito de Deus como agente da inspiração.[10]

O conceito é emprestado do próprio Antigo Testamento, em que a profecia pré-exílica é descrita da seguinte maneira: "... as palavras que o SENHOR dos Exércitos enviara pelo seu Espírito, mediante os profetas que nos precederam" (Zc 7.12); em outro trecho, Deus é designado em oração como aquele que testemunhou contra eles [Israel] pelo seu Espírito, por intermédio dos seus profetas (Ne 9.30).[11] Às vezes, os próprios profetas pré-exílicos descreveram seu ministério desse modo.[12] Essa inspiração é a operação do Espírito pela qual os

O CENÁRIO

profetas eram capacitados para proferir a palavra de Deus. A palavra era o conteúdo de suas mensagens, enquanto o Espírito de Deus era o poder transcendente que os capacitava a apreendê-la e proclamá-la.[13]

Este é sem dúvida um modelo profético de inspiração. Os profetas tinham consciência bem clara de que estavam transmitindo mensagens emanadas de Deus. Não ajudaria muito definir essa inspiração como um ditado. A evidência de personalidades e estilos variados mostra que a condição humana dos profetas desempenhou um papel muito importante. Em sua essência, uma doutrina bíblica de inspiração importa-se mais com o produto do que com o processo; não lida com teorias, psicológicas ou de qualquer espécie, como por exemplo sobre o modo pelo qual se deu a inspiração.

A rigor, seriam necessários outros modelos para entender a qualidade inspirada das leis do Pentateuco,[14] dos vários tipos de literatura encontrados nos Escritos e com certeza das passagens históricas que permeiam todas as três partes do cânon do Antigo Testamento. No Novo Testamento, Lucas consultou "testemunhas oculares" e pesquisou com cuidado o material para o seu evangelho canônico (Lc 1.1-3). O mesmo processo humano de usar fontes seculares e tradições orais são evidentes na historiografia do Antigo Testamento.[15]

Ainda no Antigo Testamento há indícios de um movimento em direção a um modelo profético simples para descrever o que na realidade era produzido por processos complexos. A revelação divina que, de acordo com o cabeçalho de Jeremias 1.1-2, caracteriza o livro de Jeremias inclui o registro da carreira do profeta e até mesmo queixas de reprovação como as que ele dirigiu a Deus em Jeremias 20.7-18. Era no estágio literário que palavras humanas de todas as espécies poderiam ser reconhecidas como revelação e, dessa forma, investidas de um tipo particular de inspiração que era fundamentalmente um fenômeno profético.

Na realidade, a composição de livros proféticos era um processo muito mais prolongado e complexo do que a inspiração de um profeta que falava. Reconhece-se agora que por trás da literatura profética esconde-se o trabalho de editores, adaptadores e círculos que preservaram as tradições orais e as apresentaram às gerações posteriores do povo de Deus. Mais complexo ainda deve ter sido o desenvolvimento do Pentateuco, em que tradições orais e escritas, legais e narrativas, no início independentes, foram por fim fundidas numa obra literária única após séculos. Para que possamos falar de inspiração como devemos a fim de ser fiéis à Bíblia, precisamos reconhecer a providência inspiradora de Deus que operou de tal maneira que a palavra escrita por fim refletisse a intenção divina.

À luz desses processos literários, será que se pode falar da comunidade de crentes como inspirada?[16] Somente com reservas: "Não são propriamente as comunidades que escrevem livros, mas sim os indivíduos".[17] No entanto, foi dentro da comunidade de Israel e em resposta a suas necessidades sucessivas que os livros do Antigo Testamento atingiram o estado atual. Nenhum autor profético isolado ou redator final pode receber o crédito de monopólio da inspiração.

No período do Novo Testamento, o judaísmo revestiu com uma qualidade profética de inspiração a Bíblia hebraica como um todo. Todos os escritores bíblicos eram considerados profetas por Filo e Josefo.[18] O próprio Novo Testamento parece refletir esse ponto de vista, encorajado pela convicção escatológica de que "os fins dos séculos têm chegado" sobre seus contemporâneos (1Co 10.11; cf. Rm 1.2; 4.23s; 15.4). Aqueles que ouviram todo o Antigo Testamento como uma palavra de verdade prenunciativa entesouraram-no como produto de um modelo profético de interpretação, a herança do Espírito Santo, como demonstra 2Timóteo 3.16.[19]

O Alvo das Escrituras

Precisamos a seguir considerar o propósito do Antigo Testamento, procurar esclarecer a natureza de sua revelação inspirada. O texto básico de Paulo define que seu propósito é duplo: ele transmite verdades teológicas e éticas (2Tm 3.16). O Antigo Testamento ensina em que os cristãos deviam ou não crer ("para o ensino, para a repreensão") e como eles deviam ou não se comportar ("para a correção, para a educação na justiça"). Parafraseando isso, a Confissão de Westminster, de 1647, descreveu os livros do Antigo e Novo Testamento como "dados por inspiração de Deus para ser a regra de fé e vida". Um pouco mais adiante, ela fala da "verdade infalível" das Escrituras, uma frase emprestada de Lucas 1.4, em que o propósito do evangelista é definido como o ensino da "verdade" ou "infalibilidade" concernente a tradições cristãs primitivas.[20] O Antigo Testamento é fidedigno para os propósitos pelos quais Deus o inspirou e de modo algum se engana nessas áreas. De modo correspondente, não se pode procurar derivar dele verdades não exigidas pela intenção bíblica. É possível pedir demais das Escrituras e projetar sobre elas imagens ideais do que pensamos que a Bíblia deve ser e que na verdade não lhe dão nenhuma honra. A questão importante não é que espécie de Bíblia Deus poderia ter produzido, mas que espécie ele produziu de fato.

O CENÁRIO

Em especial, não é necessário inferir do fato da inspiração uma doutrina de inerrância, que tende a erguer uma cerca de argumentos protetores ao redor da Bíblia.[21]

> A fim de discernir a visão que as Escrituras têm de si mesmas, devemos levar em conta não apenas suas declarações doutrinárias, mas também seus dados. Devemos respeitar a tensão entre as tradições separadas, em vez de nos apressar a harmonizá-las com engenhosidade brilhante. Nossa tarefa é proclamar a mensagem da Bíblia, não carregar o fardo da necessidade teológica de resolver todas as minúcias.

A revelação divina foi dada num contexto histórico e cultural específico. Às vezes ela reflete as limitações culturais do povo de Deus ao qual foi dada.[22] Com certeza, não podemos esperar encontrar os padrões técnicos ou informações em matéria de geografia, história ou ciência aos quais nossa própria cultura nos habituou. À luz da tradução cultural que o leitor às vezes é exigido a fazer, poderia alguém falar que a Bíblia, em vez de ser a palavra de Deus, contém a palavra de Deus? Não, porque a própria fundamentação histórica da palavra reflete a intenção divina.

Passagens específicas devem ser estudadas à luz de sua forma literária, contextos e intenção. Elas precisam ser entendidas dentro do estágio de revelação que refletem. "As Escrituras são como um mosaico. Todas as suas peças são importantes, colocadas ali pelo próprio Deus. Contudo, somente quando as peças estão no lugar podemos compreender o quadro em sua totalidade."[23] Com esse entendimento, voltamo-nos ansiosamente à teologia e à ética do Antigo Testamento como guias seguros para a plenitude da revelação em Jesus Cristo.

CAPÍTULO 46

O Conceito de Cânon

"Povo do livro" é a frase muitas vezes empregada para descrever judeus, cristãos e muçulmanos. Os dois últimos grupos seguiram os judeus, para quem as Escrituras eram o registro de sua história, os documentos de sua lei, o testemunho de sua singularidade, o guia para o culto e, acima de tudo, a revelação do único Deus vivo e verdadeiro. A igreja cristã nasceu com um livro nas mãos; o livro que Jesus e seus primeiros seguidores reverenciaram era o Antigo Testamento hebraico. Seus documentos compreendem a primeira metade do cânon cristão. "Cânon" vem de uma palavra grega que significa "vara de medida". Desde o século IV d.C., esse termo tem sido empregado em círculos cristãos para designar a lista regulamentar ou oficial dos livros que formam a Bíblia como regra de fé e prática para o povo de Deus.

> A seguir, Jesus lhes disse: São estas as palavras que eu vos falei, estando ainda convosco: importava se cumprisse tudo o que de mim está escrito na Lei de Moisés, nos Profetas e nos Salmos. Lc 24.44

Um Cânon Tripartido

Como a porção veterotestamentária desse cânon, a Bíblia hebraica tem sido tradicionalmente dividida em três partes: a Lei, os Profetas e os Escritos.[1] Os testemunhos dessa divisão são bem antigos. Em cerca de 130 a.C., o neto de Ben Siraque, que traduziu o livro apócrifo de Eclesiástico, referiu-se três vezes a ele em seu prólogo. Juntamente com os nomes fixos, "a Lei e os Profetas", ele chamou a terceira seção de várias maneiras: "os outros (livros) que seguiram seus passos", "os outros livros ancestrais" e "o restante dos livros". Na primeira metade do século I d.C., Filo referiu-se à "Lei" e aos "oráculos dados por inspiração por meio dos profetas" e aos "Salmos" (*Da Vida Contemplativa* 25). "Salmos" parece uma referência abreviada aos Escritos, como seu primeiro livro. De modo semelhante, em Lc 24.44, relata-se que o Jesus ressurreto falou da Lei de Moisés, dos Profetas e dos Salmos. Também é possível mencionar Mt 23.35 e Lc 11.51, em que Jesus apontou o primeiro mártir e o último no cânon do Antigo Testamento: Abel em Gênesis e Zacarias em 2Crônicas (24.20), evidentemente o último livro dos Escritos.[2]

Os Vínculos Canônicos

A Bíblia hebraica contém indicadores claros das divisões entre suas três partes.[3] O Pentateuco (Dt 34.10-12) é arrematado pela nota de destaque à singularidade de Moisés como profeta autenticado por Deus. A seção dos Profetas que se segue é assim considerada suplemento da Torá ou Lei, que se coloca em nível superior. No outro lado dessa divisão, em Josué 1.7-8, Josué recebe a ordem de estudar toda a lei de Moisés. Malaquias 4.4-6, no final dos Profetas, endossa a lei de Moisés, afirmando, ao mesmo tempo, a esperança escatológica para a qual apontam os Profetas. No salmo 1, introdutório, no início dos Escritos, o v. 2 recomenda a leitura da "lei do Senhor". A frase refere-se principalmente aos salmos que se seguem, mas canonicamente pode ser interpretada como o Pentateuco ou até como toda a revelação escrita no cânon do Antigo Testamento.

Duas Concepções Errôneas

Os estudiosos mais antigos chegaram a duas conclusões acerca da origem e da extensão do cânon descartadas por estudos mais recentes. Em primeiro lugar, entendia-se que o cânon judaico fora concluído por volta de 90 d.C. no chamado concílio de Jabne ou Jânia. Havia uma escola rabínica em Jabne (cidade próxima à costa mediterrânea ocidental, um pouco ao norte de Jerusalém) que assumiu os poderes legislativos do Sinédrio após a queda de Jerusalém em 70 d.C. Mas o debate sobre a inspiração de Eclesiastes e de Cânticos dos Cânticos atestada no encontro não teve valor oficial: ele continuou nos círculos rabínicos até épocas posteriores. Pelo contrário, a controvérsia deu provas de desconforto em certos grupos com a presença desses livros num cânon que já havia recebido reconhecimento geral.[4] Deve-se notar que em tais debates a frase empregada para falar da inspiração dos livros canônicos era "tornar impuras as mãos". Essa regra rabínica, que refletia o valor dos livros, desencorajava o manuseio errado e irreverente, insistindo que se lavassem as mãos depois de tocá-los.

A segunda concepção errônea é de que havia um cânon mais amplo nos círculos dos judeus helenistas ou alexandrinos do que na própria Palestina. Essa noção baseava-se no fato de os códices da Septuaginta datados dos séculos IV e V d.C. incluírem de modo variado livros dos Apócrifos, Tobias, Judite, Sabedoria, Eclesiástico e os livros de Macabeus. Entretanto, Filo de Alexandria jamais citou os Apócrifos. Os códices parecem refletir hábitos de leitura cristãos, incluindo não apenas livros canônicos, mas também os que mais tarde foram chamados livros "eclesiásticos", empregados para leituras de edificação nos cultos da igreja.[5]

A Canonização

Em 2Macabeus 4.14-15, afirma-se que, depois da guerra devastadora travada por Antíoco IV (chamado Epifânio) da Síria contra os judeus, Judas Macabeus, que liderou a revolta dos judeus contra os sírios reuniu todos os livros espalhados na guerra. É provável que esse ato, por volta de 164 a.C., tenha desempenhado papel decisivo na canonização da Bíblia hebraica, incluindo-se uma listagem oficial de seus livros canônicos. A essa coleção pode-se associar o depósito das escrituras judaicas num arquivo no templo de Jerusalém, fato confirmado por Josefo e pela literatura rabínica primitiva.[6]

Papiro de Nash (séc. I ou II a.C.), contendo os Dez Mandamentos e o Shemá (Dt 6.4-5). *(Biblioteca da Universidade de Cambridge)*

Essa obra oficial de Judas Macabeus também pode ser responsável pela incorporação do livro de Daniel, que em sua forma final parece refletir uma datação levemente anterior no século II a.C.[7] Afirmava-se, assim, o reconhecimento de seu valor na recente crise. Sem dúvida, a coleção de livros bíblicos também permitiu a inclusão do livro de Ester, que comemorava uma perseguição e um livramento passado.[8]

Quanto aos estágios anteriores da canonização, o Pentateuco parece ter sido oficialmente reconhecido em Judá no período de Esdras (cf. Ed 7.10, 14, 26; Ne 8.1-2), que trouxe da comunidade do exílio na Babilônia o documento completado e estabeleceu na comunidade pós-exílica sua autoridade religiosa e legislativa.[9] A aceitação geral da seção profética do cânon, que inclui a história épica de Josué, Samuel e Reis (às vezes chamada História Deuteronômica), depende da datação do texto de Zacarias 9—14, relativamente tardio.[10]

Vinte e Quatro ou Vinte e Dois Livros?

Os registros mais antigos do número de livros no cânon do Antigo Testamento na tradição judaica e na tradição nela baseada variam, apresentando vinte e quatro ou vinte e dois livros. A disparidade no número não parece implicar alguma diferença no tamanho do cânon. É provável que o número menor fosse um artifício subseqüente para comparar o cânon ao número de letras no alfabeto hebraico. Ao fazê-lo, os escribas celebravam a totalidade da revelação bíblica, abrangendo tudo o que Deus queria que o povo conhecesse, digamos, de A a Z.[11]

4Esdras (ou 2Esdras) 14.44-48, em geral datado de c. 100 d.C., menciona vinte e quatro livros inspirados amplamente publicados, além de obras secretas sectárias. No Talmude Babilônico (*Baba Bathra* 14b) uma *baraitha* (ou tradição rabínica) datada do período de 70-200 d.C. cita, à parte do Pentateuco, oito livros proféticos e onze livros dos Escritos, que dão um total de vinte e quatro livros canônicos. A segunda seção é enumerada nesta ordem: Josué, Juízes, Samuel, Reis, Jeremias, Ezequiel, Isaías e os Doze (ou os Profetas Menores em um rolo). A ordem dos Escritos é assim alistada: Rute, Salmos, Jó, Provérbios, Eclesiastes, Cântico dos Cânticos, Lamentações, Daniel, Ester, Esdras, Crônicas. Rute era evidentemente colocado antes de Salmos, tradicionalmente creditado a Davi, por encerrar-se com a genealogia davídica, enquanto "Esdras" inclui o livro de Neemias.

Quanto ao número vinte e dois, foi primeiramente encontrado, ao que parece, no século I a.C., na tradução grega do livro de Jubileus, do qual não restam cópias. Mas citações dele foram recuperadas em escritos dos Pais da Igreja dos primeiros séculos cristãos.[12] Na última década do século I d.C., Josefo (*Contra Ápion* 1.8) menciona um cânon de vinte e dois livros, especificando os cinco livros da lei, treze livros dos profetas e quatro livros "contendo hinos a Deus e preceitos para a conduta da vida humana". É provável que sua última seção consistisse em Salmos, Provérbios, Cântico dos Cânticos e Eclesiastes. Todos os livros dos Escritos considerados históricos foram evidentemente levados para a segunda seção. Não sabemos se essa junção dos livros históricos deve-se à própria inclinação dele como historiador ou a uma concepção, aceita de modo generalizado, de profecia como algo que incluía todas as obras históricas.[13] Sua segunda seção do cânon compunha-se, provavelmente, de Jó, Josué, Juízes, Samuel, Reis, Isaías, Jeremias, Ezequiel, os Doze, Daniel, Crônicas, Esdras—Neemias e Ester. Rute foi anexada a Juízes, e Lamentações, a Jeremias. No início do século III d.C., Orígenes, familiarizado com a tradição judaica, mencionou vinte e dois livros como o número canônico. No final do século IV, Jerônimo, que recebeu treinamento de rabinos judeus, também falava de vinte e dois livros canônicos em seu prefácio à sua tradução latina de Samuel e Reis. Ele também mencionou uma tradição alternativa de vinte e quatro livros que alistava Rute e Lamentações em separado.

O Cânon do Antigo Testamento na Igreja Primitiva

A igreja cristã evidentemente realizou uma mudança importante na ordem, colocando os livros de oráculos proféticos, a partir de Isaías, no final do Antigo Testamento. O propósito dessa mudança foi abrir caminho para o Novo Testamento, acrescentado como o relato do cumprimento da profecia do Antigo Testamento. Assim, em c. 170 d.C., Melito, bispo de Sardes, tendo visitado a Palestina para verificar a identidade dos "livros da antiga aliança", alistou os profetas por último. No início do século III, Orígenes mencionou os livros do Antigo Testamento na ordem em que aparecem nos códices cristãos da Septuaginta, ou seja, a lei, histórias, poesia e profecias.

Por volta do século IV surgiu uma ruptura entre o costume popular nas igrejas do Ocidente e a opinião dos estudiosos como Jerônimo. As igrejas empregavam os livros apócrifos na versão do Antigo Testamento, tomados dos códices da Septuaginta. Mesmo o concílio de Hipona em 393 d.C., influenciado por Agostinho, mais tarde bispo daquela cidade do norte da África, não optou por fazer distinção entre escritos canônicos e eclesiásticos (ou apócrifos) do Antigo

Testamento. Por outro lado, as igrejas ocidentais da Ásia Menor, Palestina e Egito tendiam a manter o cânon judaico mais limitado. Foi por esse cânon mais limitado que optaram os reformadores no século XVI, enquanto a Igreja Católica Romana endossou a concepção mais abrangente do cânon no Concílio de Trento em 1546.

A Função do Cânon

Nos últimos anos, certo número de estudiosos tem levado em consideração a *função* do cânon das Escrituras. Enquanto *cânon* é tradicionalmente definido como uma coleção completa de livros bíblicos, esses estudiosos têm-se interessado em investigar como o conceito de cânon afeta a leitura de suas várias partes. Brevard S. Childs destaca a importância da forma literária final que cada um dos livros do Antigo Testamento assumiu quando foi reconhecido como autorizado pela comunidade da fé. Num esforço por resgatar o Antigo Testamento da erudição acadêmica para uso da igreja, ele condena a preocupação com os supostos primeiros estágios do texto literário e insiste que a forma canônica de cada livro deve ser respeitada, para que se estabeleça seu sentido essencial.[14] Assim, para ele é importante que o livro associado ao profeta Oséias, do reino do norte, tenha-nos chegado numa forma editada para leitores judeus, como sugere seu cabeçalho (1.1). Assim também no Pentateuco, ele destaca a forma canônica final do texto como objeto da exegese, contra a rígida distinção entre diversas fontes literárias.

Por outro lado, James A. Sanders destaca a função dinâmica do cânon como a aplicação de sua verdade multiforme à vida das comunidades de fiéis que a receberam. Assim, o Pentateuco em sua forma final, fora da terra prometida, tinha como propósito levar sua mensagem principal aos exilados judeus na Babilônia. A Bíblia hebraica oferece um texto estável e também uma capacidade flexível de adaptação em sua interpretação. A mesma palavra canônica pode dirigir-se a novas situações em que se encontra o povo de Deus. Ela possui uma mensagem dupla de desafio e segurança que deve ser aplicada com critério. Se é o encorajamento ou o arrependimento que deve receber destaque, isso depende da situação específica da congregação à qual vem a palavra.[15]

O Cânon do Antigo Testamento

Bíblia Hebraica (24)	Bíblia Protestante (39)	Bíblia Católica (46)
TORÁ (5)	LEI (5)	LEI (5)
Gênesis	Gênesis	Gênesis
Êxodo	Êxodo	Êxodo
Levítico	Levitico	Levítico
Números	Números	Números
Deuteronômio	Deuteronômio	Deuteronômio
PROFETAS (8)	HISTÓRIA (12)	HISTÓRIA (14)
Profetas Anteriores (4)	Josué	Josué
Josué	Juízes	Juízes
Juízes	Rute	Rute
1-2Samuel	1Samuel	1Reis (ou 1Samuel)
1-2Reis	2Samuel	2Reis (ou 2Samuel)
Profetas Posteriores	1Reis	3Reis (ou 1Reis)
Isaías	2Reis	4Reis (ou 2Reis)
Jeremias	1Crônicas	1Paralipômeno (ou 1Crônicas)
Ezequiel	2Crônicas	2Paralipômeno (ou 2Crônicas)
Os Doze	Esdras	Esdras—Neemias (ou Ed, Ne)
Oséias	Neemias	Tobias (Tobit)
Joel	Ester	Judite
Amós		Ester
Obadias	POESIA (5)	
Jonas	Jó	POESIA E SABEDORIA (7)
Miquéias	Salmos	Jó
Naum	Provérbios	Salmos
Habacuque	Eclesiastes	Provérbios
Sofonias	Cântico dos Cânticos	Eclesiastes
Ageu		Cântico dos Cânticos
Zacarias	PROFETAS MAIORES (5)	Sabedoria de Salomão
Malaquias	Isaías	Eclesiástico (Siraque)
	Jeremias	
ESCRITOS (11)	Lamentações	LITERATURA PROFÉTICA (20)
Emeth (Verdade) (3)	Ezequiel	Isaías
Salmos	Daniel	Jeremias
Provérbios		Lamentações
Jó	PROFETAS MENORES (12)	Baruc
Megilloth (Rolos) (5)	Oséias	Ezequiel
Cântico dos Cânticos	Joel	Daniel
Rute	Amós	Oséias
Lamentações	Obadias	Joel
Eclesiastes	Jonas	Amós
Ester	Miquéias	Abdias (Obadias)
Daniel	Naum	Jonas
Esdras—Neemias	Habacuque	Miquéias
1-2Crônicas	Sofonias	Naum
	Ageu	Habacuc (Habacuque)
	Zacarias	Sofonias
	Malaquias	Ageu
		Zacarias
		Malaquias
		1Macabeus
		2Macabeus

> O Antigo Testamento continua falando, trazendo iluminação importante e indispensável a todos os que o lêem como a palavra de Deus. Falhar nisso é cortejar a tragédia – a tragédia de bloquear a luz sem a qual a mensagem neotestamentária de Jesus, o Cristo, não pode ser discernida com clareza.

CAPÍTULO 47

A Formação do Antigo Testamento

O Antigo Testamento como o temos hoje possui uma longa história. Produto de épocas e lugares distantes, ele passou durante séculos por um processo de edição, compilação, cópia e tradução. Documentos de dezenas de autores abrangendo quase um milênio foram reunidos e transmitidos por mãos devotadas, mas falíveis. Em que línguas falavam e escreviam os escritores bíblicos? As Bíblias de hoje são representantes fidedignos dos documentos originais? Até que ponto as traduções antigas auxiliam na recuperação do significado de passagens obscurecidas pelas anotações dos copistas? Com que base foram escolhidos os livros do Antigo Testamento? Descobertas recentes como os Manuscritos do Mar Morto forçaram mudanças de atitude para com a exatidão ou autoridade da Bíblia? Essas e muitas outras perguntas surgem quando se considera o complexo processo pelo qual a providência de Deus permitiu que o Antigo Testamento passasse antes de alcançar o estágio atual.

> Veio esta palavra do SENHOR a Jeremias, dizendo: Toma um rolo, um livro, e escreve nele todas as palavras que te falei [...] Então, Jeremias chamou a Baruque, filho de Nerias; escreveu Baruque no rolo, segundo o que ditou Jeremias, todas as palavras que a este o SENHOR havia revelado. Jr 36.1-2, 4

A FORMAÇÃO DO ANTIGO TESTAMENTO

As Línguas

As duas línguas do Antigo Testamento, hebraico e aramaico, são membros de uma família de línguas irmãs chamadas "semíticas", palavra derivada de Sem, filho de Noé.[1] Ainda que qualquer classificação tenha seus problemas, às vezes ajuda agrupá-las geograficamente:[2]

Semítica do Nordeste	Semítica do Noroeste	Semítica do Sudeste	Semítica do Sudoeste
babilônio	aramaico	sul-arábico	arábico
assírio[3]	amorreu	antigo	
eblaíta[4]	moabita	etíope	
	fenício		
	ugarítico		
	hebraico		

Os esforços hercúleos entre lingüistas e filólogos mais ou menos nos últimos cem anos colocam os estudiosos de hoje em melhor posição para interpretar as Escrituras quanto à sua linguagem e ambiente cultural que qualquer geração anterior na história da Igreja.

O Hebraico. As afinidades entre o hebraico e as outras línguas cananéias são reconhecidas pelo próprio Antigo Testamento, pois, literalmente, um dos nomes aplicados a ele é "lábio (ARA, "língua") de Canaã" (Is 19.18). As narrativas patriarcais em Gênesis dão a entender que a família de Abraão falava o aramaico e que o patriarca e seus descendentes aprenderam um dialeto cananeu quando se estabeleceram em Canaã. Por exemplo, Jacó deu um nome hebraico à coluna de pedra em Gn 31.47, enquanto Labão empregou o aramaico. Particularmente úteis para a compreensão da língua hebraica têm sido as numerosas inscrições fenícias da época da monarquia hebraica (séculos X a VI a.C.), a pedra moabita (uma excelente ilustração do parentesco entre o hebraico e o moabita) e as tabuinhas ugaríticas de Ras Shamra, na costa norte da Síria. Das três, o ugarítico tem dado a contribuição mais substancial ao conhecimento do hebraico e da vida e literatura do Antigo Testamento, tanto pela qualidade como pela quantidade de sua literatura. A importância dessas línguas afins aumenta diante da escassez desanimadora de textos hebraicos contemporâneos do Antigo Testamento.[5]

O CENÁRIO

Os textos hebraicos mais antigos foram escritos em caracteres paleo-hebraicos, emprestados dos fenícios e depois adaptados. As formas das letras são bem parecidas com as das inscrições mencionadas acima. O caráter paleo-

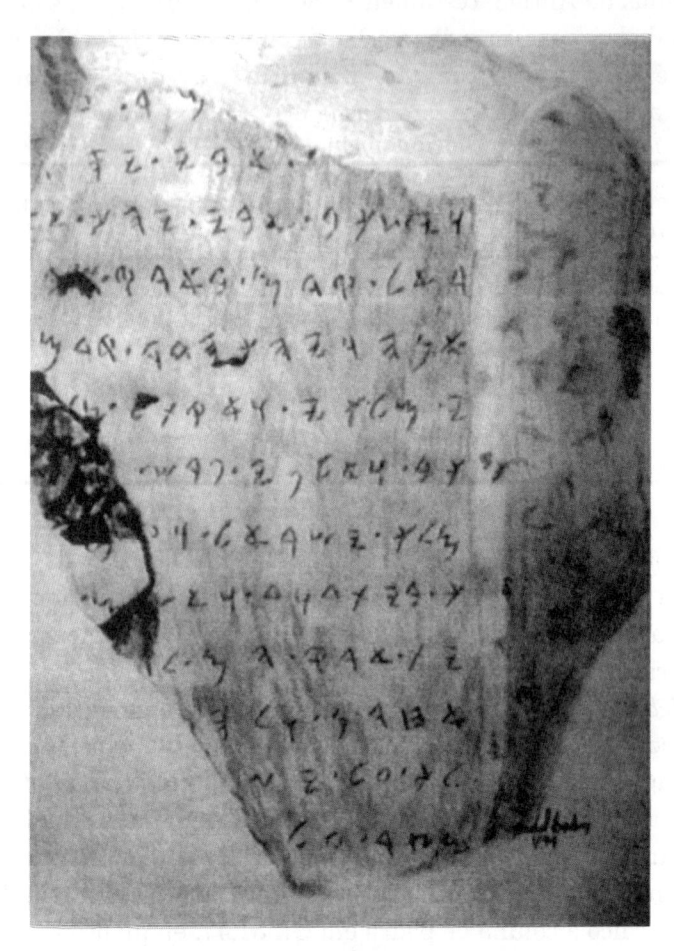

Inscrição da estela de Tel Dan (início do séc. IX a.C.), que menciona "o rei de Israel ... da casa de Davi".
(Rachel Bierling)

hebraico ao que parece deu lugar à escrita quadrada, mais peculiar ao aramaico de c. 200 a.C., embora o estilo antigo seja às vezes encontrado nos Manuscritos do Mar Morto, particularmente em referência ao nome divino de Javé. Manuscritos antigos continham apenas consoantes, e a pronúncia vocálica era dada pelo leitor.[6]

As vogais escritas (ou pontos vocálicos) que aparecem em Bíblias hebraicas impressas foram acrescentadas após 500 d.C. pelos massoretas, um grupo de estudiosos judeus que conseguiu padronizar a pronúncia do hebraico bíblico conforme a compreendiam.

Entretanto, traduções primitivas do Antigo Testamento, juntamente com informações extrabíblicas, tais como palavras cananéias nas cartas de Amarna,[7] indicam que a pronúncia tradicional dos massoretas difere em muitos pontos da dos que falavam a língua bíblica original. Na realidade, é provável que originariamente existissem variações dialéticas no hebraico bíblico, que teriam sido obscurecidas pelas tentativas massoréticas de padronização. A obra dos massoretas também dificultou o acompanhamento das mudanças no hebraico ao longo dos séculos em que a Bíblia foi composta.

As palavras hebraicas, como as de outras línguas semíticas, baseiam-se, em geral, em raízes de três letras. Vários padrões vocálicos, junto com o acréscimo de prefixos e sufixos determinam o significado semântico da palavra. Por exemplo, entre as palavras baseadas na raiz *mlk* encontram-se *melek*, "rei", *malkâ*, "rainha", *malkût*, "governo", *mālak*, "ele governou", e *mamlākâ*, "reino".

O sistema verbal difere em aspectos fundamentais em relação a outras línguas familiares. Por exemplo, há dois tempos básicos, perfeito e imperfeito, que na realidade denotam qualidade de ação (i.e., se completado ou não completado) em lugar de distinções de tempo (em geral determinadas pelo contexto). A gramática hebraica tende a ser direta e simples, especialmente na estrutura da frase. Por exemplo, é muito mais comum encontrar orações coordenadas que as subordinadas, freqüentes em português.

O Aramaico. Quando o império assírio começou a entrar no Ocidente em meados do século VIII, o aramaico foi adotado como língua oficial diplomática e comercial. No auge do império persa (c. 500) essa era a segunda língua, se não a primeira, dos povos do Oriente Próximo, desde o Egito até a Pérsia. As conquistas helenizantes de Alexandre difundiram o grego por toda essa área, mas este suplantou o aramaico apenas parcial e gradualmente, conforme indica o Antigo Testamento.[8]

O aramaico teve uma longa história antes de passar à condição de *língua franca* do Oriente Médio. Por esse motivo, os estudiosos são cada vez mais cautelosos em considerar "posteriores" algumas passagens da Bíblia hebraica, usando como base palavras aramaicas que nelas ocorrem. Aliás, alguns estudiosos destacam uma palavra aramaica (traduzida por "falai" na ARA, Jz 5.11) em uma das poesias mais antigas da Bíblia, o Cântico de Débora (c. 1150 a.C.).

O livro de Gênesis dá testemunho da proximidade entre o povo de fala hebraica e o de fala aramaica no começo do Antigo Testamento (e.g., Gn 31.47). O aramaico era conhecido dos oficiais da corte de Judá bem antes do exílio (observe a conversa entre a delegação de Ezequias e o assírio Rabsaqué, c. 701 a.C.; 2Rs 18.17-37). Mais tarde ela foi adotada como a primeira língua de muitos plebeus durante o cativeiro e depois dele. Assim, os autores de Esdras e Daniel não sentiram necessidade de fornecer, em seus escritos, traduções das longas passagens em aramaico.

O Texto

Material e Métodos de Escrita. O rolo era o meio normal de preservação das Escrituras na época do Antigo Testamento.[9] Os Manuscritos do Mar Morto são uma boa indicação da natureza dos rolos antigos e dos métodos de escrita empregados. Confeccionados de couro cuidadosamente preparado (pergaminho), os rolos são compostos de muitas partes costuradas e raspadas com esmero. O rolo de Isaías (IQIsa[a]), por exemplo, compreende dezessete folhas costuradas que atingem cerca de 7,5 metros de comprimento. O escriba se esforçava para traçar linhas horizontais e perpendiculares sobre o couro para servirem como guias para as linhas e colunas (cf. Jr 36.23) e para garantir nitidez.

Entretanto, os documentos bíblicos mais antigos foram provavelmente escritos em papiros. Ele era empregado já no terceiro milênio a.C., sendo exportado para a Fenícia, no mais tardar em 1100 a.C. Preparava-se o material desses rolos partindo-se os talos de papiro e colocando-os em camadas sobrepostas em ângulos determinados. A goma natural do papiro servia como cola para as tiras cruzadas de cada seção e para que um número de seções juntadas formasse um rolo. Os escribas escreviam em um lado do rolo, empregando tiras horizontais como linhas mestras. Ainda que o papiro de Harris meça mais de 36 metros, rolos com mais de 9 metros eram difíceis de confeccionar e desajeitados para uso. Esse fato talvez ajude a explicar a divisão de alguns livros do Antigo Testamento em duas partes (Samuel, Reis, Crônicas).

A escrita mais formal era sobre o papiro, mas muitos outros materiais eram empregados, em geral para mensagens mais curtas: tabuinhas, placas de cera ou argila e fragmentos de cerâmica (óstracos). O papiro é altamente perecível. Isso torna improvável qualquer descoberta substancial de rolos de papiro em Israel ou no Jordão, onde o clima, diferentemente do clima do Egito, é por demais chuvoso para lhes permitir sobrevivência.[10] Ao que parece, a transição do papiro para o couro ocorreu no últimos séculos pré-cristãos. O uso de códices (livros) em lugar de rolos é datado por volta do século V d.C. A introdução da forma de livro facilitou grandemente a circulação das Escrituras porque, pela primeira vez, muitos documentos podiam estar contidos num volume de fácil manuseio.

Os instrumentos de escrita na antigüidade variavam muito, determinados principalmente pelo sistema de escrita empregado. O cuneiforme, por exemplo, ou era gravado na pedra com um cinzel (para muitos documentos permanentes ou públicos) ou inscrito numa placa de argila com um estilo. O instrumento comum em Israel, ao que parece, era a pena de cana, com a ponta provavelmente afinada e partida por uma faca de pena. Jeremias, porém, menciona uma pena de ferro com ponta de diamante (17.1), que pode ter sido empregada para escrita em materiais mais duros. A tinta para as penas de cana era feita do negro-de-fumo das lâmpadas de azeite e, bem depois, de vários pós metálicos. A surpreendente durabilidade da tinta não-metálica é demonstrada pelos rolos de Qumran e, séculos antes, pelas cartas de Laquis.

A Padronização do Texto. Um problema importante dos estudiosos da Bíblia é que nenhum dos escritos originais (às vezes chamado *autógrafos*) das Escrituras sobreviveu. Tudo que temos são cópias. Na maioria das vezes, os escribas estavam atentos para copiar o texto com precisão. Ainda assim, antigos manuscritos do Antigo Testamento em hebraico e em traduções indicam que certa dose de liberdade deve ter prevalecido entre os escribas que copiaram os documentos nos séculos pré-cristãos. Além disso, como seres humanos, estavam sujeitos a erros, apesar da preocupação e do cuidado. Séculos de cópia e, às

Tinteiros da sala de copistas de Qumran (século I d.C.).
(Departamento de Antigüidades de Israel)

vezes, até de edição permitiram que mudanças ou leituras variantes fossem introduzidas no texto.

É evidente que alguns erros eram inevitáveis. A escrita paleo-hebraica e o alfabeto quadrado posterior contêm letras que podem ser confundidas por causa da semelhança. Além disso, os manuscritos antigos careciam de vogais e pontuação. Também não possuíam marcações de versículo ou capítulo. Sem esses elementos, há ambigüidades que podem gerar problemas na transmissão. Um escriba podia fazer um julgamento subjetivo sobre o significado e, depois, acrescentar uma palavra ou frase explicativa ou, talvez, rearrumar os elementos para esclarecer a passagem. Por vezes, um copista poderia substituir uma palavra mais comum por outra, mais obscura. E mais, à medida que as letras hebraicas *yod*, *vav* e *he* foram gradualmente sendo utilizadas como indicadores de vogais, aumentou a possibilidade de erros na grafia. Nos casos em que o rolo era lido em voz alta para uma sala de escribas, podiam surgir erros de audição.

A ciência (e a arte) da crítica textual é a tarefa de detectar os erros e restaurar os textos hebraicos e aramaicos chegando o mais próximo possível do original. Os estudiosos comparam minuciosamente os manuscritos disponíveis para examinar e avaliar as leituras variantes. Como o estudioso consegue saber qual das leituras está errada? Às vezes é óbvio que o escriba repetiu involuntariamente uma letra, palavra ou frase. Isso é conhecido por ditografia. O oposto é a haplografia: deixar de repetir na cópia algo que é encontrado duas vezes no manuscrito fonte.[11] Breves seções podem ter sido omitidas por *homoioteleuton* (gr. "final semelhante"), quando os olhos do escriba saltavam de uma frase para outra com final semelhante, omitindo o material intermediário. Quando algo é omitido por causa de um início semelhante, o erro é chamado *homoioarchton*.

Às vezes, como no caso do livro de Jeremias (veja o capitulo 24), duas ou mais edições distintas parecem ter existido simultaneamente. Notas explicativas ou outros comentários marginais de um escriba podem ter sido incluídos no texto por outro escriba. Ademais, omissões textuais de um escriba, espremidas nas margens ou entre as linhas podem ter sido consideradas glosas, sendo deixadas de fora por seu sucessor. Preconceitos teológicos respondem por algumas mudanças, tais como o uso de *bōshet* ("vergonha") em lugar do elemento *ba'al* ("Baal" ou "senhor") em alguns nomes próprios nos livros de Samuel.[12] Outra possível fonte de variação é a tradição oral. Seções do texto podem ter sido transmitidas oralmente, de maneira um pouco diferente da versão escrita. Em outros casos, duas ou mais formas orais talvez tenham sido preservadas no texto, quando submetidas à escrita.[13]

Após a destruição de Jerusalém em 70 d.C., o judaísmo foi ameaçado pela descentralização associada à perda do templo e pela evangelização cristã em todo o mundo mediterrâneo. Rabinos e escribas deram passos decisivos no intuito de padronizar o texto para estudo e culto. Os cristãos começaram a empregar a LXX — a Septuaginta ou o Antigo Testamento grego — acolhido durante anos pelos judeus da Diáspora. Isso provocou a oposição dos judeus à LXX e aumentou a lealdade deles a cada letra do texto hebraico. Uma força motriz por trás do movimento de padronização do texto foi o rabino Akiba (falecido em c. 135 d.C.), oponente destemido do cristianismo e estudioso detalhista das escrituras hebraicas. Os resultados exatos do esforços textuais de Akiba estão enterrados na antiguidade, mas é provável que tenha estabelecido o texto que, com modificações consideráveis em detalhes, subsiste até hoje. Ao mesmo tempo que se estabelecia o texto consonantal da Bíblia hebraica no século II d.C., também se despendia muito esforço para revisar e padronizar a LXX.[14]

Enquanto os escribas editavam e transmitiam o texto, os massoretas (veja acima) garantiam sua preservação cuidadosa. Surgindo por volta de 500 d.C., eles levaram adiante a prática dos escribas de fazer notas textuais às margens do manuscrito. As letras, as palavras e os versículos de cada livro foram contados com cuidado, acrescentado-se uma nota no final de cada livro para registro dos totais do livro. Essa *massorat* (lit. "tradição") final continha recursos mnemônicos pelos quais era possível conferir a exatidão de cada nova cópia do manuscrito.

Em Bíblias hebraicas impressas, o texto básico é o de ben Asher, que prosperou em Tiberíades durante no século X.[15] Graças ao processo milenar de padronização, as variações entre os manuscritos disponíveis, incluindo os de Qumran, são quase sempre pequenas e trazem poucas consequências sobre os ensinos teológicos do Antigo Testamento.

A Prática da Crítica Textual. Poucas disciplinas no estudo do Antigo Testamento exigem mais discernimento que a crítica textual. Mais que em relação ao Novo Testamento, para o qual os manuscritos são abundantes e também mais próximos da data de origem, o Antigo Testamento apresenta sérios problemas para o estudo textual. O principal problema é descobrir o que estava por trás da tentativa de padronização que começou nos primeiros séculos cristãos.[16] Com freqüência tais esforços são frustrados pela escassez de manuscritos antigos. Antes da descoberta dos Manuscritos do Mar Morto, os manuscritos hebraicos mais antigos datavam do século X d.C. Acrescentam-se aos problemas as dificuldades que palavras e frases hebraicas obscuras impunham aos antigos tradutores para o grego, siríaco e latim. Ainda que

O CENÁRIO

essas e outras traduções antigas ofereçam auxílio considerável na reconstrução do texto hebraico mais antigo, às vezes elas falham exatamente naqueles pontos em que um texto obscuro mais necessita de ajuda. Parece que os tradutores antigos por vezes ficavam tão confusos com a Bíblia hebraica quanto seus companheiros modernos.

Como, então, um crítico textual recupera a leitura original onde os manuscritos hebraicos ou as traduções antigas oferecem leituras variantes ou onde o Texto Massorético (TM) é em si enigmático? É preciso ser meticuloso em pesar todos os indícios para determinar qual a leitura melhor e mais antiga. É importante determinar cada caso por seus méritos, pois em um versículo certo manuscrito grego pode ser mais seguro, enquanto em outro, a balança pode pender em favor da leitura de Qumran. Outras vezes o TM é superior.[17] É muito entediante e demorado comparar minúcias de todas as versões antigas; tanto a igreja como a sinagoga têm uma grande dívida de gratidão para com os que têm trabalhado no campo da crítica textual.

Nem todas as versões antigas, porém, têm o mesmo peso. Uma versão que dependa de outra (às vezes chamada versão "secundária" ou "filha") não possui autoridade igual à das versões primárias baseadas no texto hebraico. Além disso, cada versão possui seus problemas textuais: partes podem ter sido traduzidas com mais precisão ou baseadas em manuscritos hebraicos mais confiáveis. Confrontado com algumas leituras razoavelmente confiáveis, podem-se empregar certas regras práticas. Primeira, a leitura mais difícil é em geral preferida porque escribas e tradutores tendem a suavizar passagens difíceis. De modo semelhante, a leitura mais curta é com freqüência preferível, já que os copistas são mais propensos a acrescentar glosas que a omitir frases ou sentenças autênticas. Um terceiro princípio, extremamente importante, é aceitar como autêntica a leitura que responda melhor por todas as outras variantes.

Deve-se pressupor que havia sentido no que o autor de determinada passagem escreveu originariamente. Se todas as tentativas de restaurar o texto de acordo com os indícios das leituras variantes levarem a um impasse, resta imaginar o que o texto estaria dizendo. Mas deve-se admitir de pronto o alto grau de incerteza de tais conjecturas. Felizmente, foi-se o tempo em que os estudiosos da Bíblia emendavam o texto a bel-prazer. Cada vez mais, a palavra de ordem é cautela. Adotam-se leituras e sugerem-se emendas apenas com base em análises textuais e lingüísticas criteriosas.

Uma palavra de garantia: em nenhum ponto ensinos básicos do Antigo Testamento estão em jogo. Leitores dos vários textos hebraicos e das traduções antigas ouviram a palavra de Deus e com ela interagiram, exatamente como fazemos hoje com nossas traduções. Há dúvidas quanto ao significado preciso de algumas palavras (algumas centenas de palavras hebraicas são difíceis de definir com segurança porque ocorrem apenas uma vez ou duas na Bíblia), e a forma exata no texto hebraico é questionável em muitas passagens. Entretanto, estudiosos da Bíblia são capazes de reconstruir o significado provável na esmagadora maioria das passagens difíceis, e a mensagem de praticamente todas as seções do Antigo Testamento é clara. Pode-se confiar no Antigo Testamento que Deus julgou apropriado preservar como sua palavra em todas as suas verdades e em sua autenticidade.

As Versões Antigas

A expressão "versões antigas" refere-se a certo número de traduções do Antigo Testamento feitas entre o fim da era pré-cristã e os primeiros séculos da era cristã. A escassez de manuscritos hebraicos antigos torna essas versões importantíssimas como testemunhas das tradições textuais primitivas. Não se deve subestimar seu valor histórico na disseminação da fé judaica e cristã.

O Pentateuco Samaritano. Ainda que os detalhes da ruptura final entre judeus e samaritanos sejam vagos, é certo que já havia uma separação completa por volta de 350 a.C. A hostilidade entre eles é bem conhecida no Novo Testamento (cf. Jo 4.7, 42). Por volta de 100 a.C., os samaritanos tinham desenvolvido uma forma própria de Pentateuco. Essa comunidade jamais aceitou os Profetas e os Escritos, que se tornaram partes dos cânones judaico e cristão.

Mesmo não sendo rigorosamente uma versão, o Pentateuco Samaritano (ainda conservado pela pequena comunidade de Nablus, próxima à antiga Siquém) preserva uma forma antiga do texto hebraico. Sua dependência em relação ao TM e sua ligação com a LXX são assuntos de debate contínuo.[18] A maior parte das cerca de seis mil variações do TM resume-se a questões de grafia ou gramática. Tanto judeus como samaritanos talvez tenham feito leves alterações no texto para refutar as alegações do outro grupo. Por exemplo, em Deuteronômio 27.4, o *Ebal* do TM é *Gerizim* na samaritana, o monte sagrado de Samaria; cf. Jo 4.20. De modo semelhante, em mais de vinte passagens em Deuteronômio (e.g., 12.5, 11, 14, 18; 14.23, 25), "o lugar que o Senhor, vosso Deus, *escolher*" do TM é alterado para "*escolheu*", para mostrar que o monte sagrado é Gerizim, não Sião (que caiu nas mãos dos israelitas só nos dias de Davi).

Ainda que não sobrevivam edições críticas realmente precisas, o texto samaritano é útil como confirmação de certas leituras antigas nas versões, especialmente a LXX, com que ela concorda, contra o TM, em quase dois mil casos. Muitos deles implicam uma correção na grafia. Por exemplo, o *Dodanim* do TM devia ser *Rodanim* em Gênesis 10.4 (cf. LXX e 1Cr 1.7). Em Gênesis 22.13, o TM "viu atrás de si um carneiro" devia ser "viu um carneiro" (cf. LXX). Essas alterações implicam mudança de *r* para *d* em uma palavra hebraica, em letras que se assemelham muito tanto na escrita fenícia como na escrita quadrada. Outras implicam a omissão de uma palavra. Por exemplo, é provável que Gênesis 15.21, acompanhando a LXX, deva ser lido "o girgaseu, *o heveu* e o jebuseu". Por vezes, toda uma frase pode ter sido omitida do TM, sendo restaurada pela samaritana e pela LXX, como na declaração de Caim: "Vamos ao campo", em Gênesis 4.8, ARC.[19]

Os Targuns Aramaicos. As incursões do aramaico no hebraico como língua falada após o retorno do exílio tornou necessária uma tradução aramaica para acompanhar as leituras nas sinagogas. Orais de início, esses targuns (heb. *targûmim*) provavelmente começaram a assumir forma escrita pouco antes da era cristã. É difícil traçar a história deles, mas os principais problemas que impedem o uso dos targuns escritos em estudos textuais são a falta de boas edições críticas e a tendência de se tornar paráfrases ou comentários em lugar de traduções.[20]

A tradução mais importante e fidedigna é o Targum de Onkelos,[21] a leitura oficial do Pentateuco na sinagoga. De alguma utilidade na crítica textual para corroborar outras versões, Onkelos é mais importante como testemunha da atitude judaica para com o Antigo Testamento. Sua longa história (porções originárias da Palestina do início da era cristã, edição final provavelmente na Babilônia do século IV ou V d.C.) tem permitido inserções de comentários breves ou glosas interpretativas que iluminam o crescimento do judaísmo, mas pouco contribuem para a crítica textual.

Em contraste com Onkelos, existe o Targum de Jerusalém I, às vezes chamado "Pseudo-Jônatas". Ele foi escrito num dialeto palestino do aramaico e completado por volta do século VII d.C. Embora contenha material mais antigo, sua tradução da Lei é atravancada de tradições judaicas e instruções legais, sendo, portanto, ainda menos útil para a crítica textual que o Targum de Onkelos.[22]

A principal tradução aramaica dos profetas, o Targum de Jônatas,[23] tomou forma na Babilônia por volta do século V d.C., sendo adaptada da versão palestina. Ele toma liberdades ainda maiores com o texto que o Onkelos, particularmente nos Profetas Posteriores, em que a poesia exigiu paráfrases ampliadas.

Os targuns dos Escritos são muitos e variados. A maioria é paráfrase, não tradução, e a data tardia (século VII d.C. e depois) diminui sua utilidade para estudos textuais.

Os samaritanos também produziram um targum do Pentateuco deles. Sua sobrevivência em várias formas diferentes, não se tendo descoberto por enquanto nenhuma edição oficial, é testemunha da fluidez dos textos antigos e da liberdade com que os antigos tradutores às vezes lidavam com materiais bíblicos.[24]

A Septuaginta (LXX). A história da LXX não está só escondida na antigüidade, como também obscurecida por lendas judaicas e cristãs que destacam sua origem miraculosa. De acordo com essas lendas, os tradutores trabalharam isolados uns dos outros e, mesmo assim, produziram traduções que concordavam *verbatim*. Denominada de acordo com o número tradicional de tradutores (lat. *septuaginta*, "setenta", portanto, LXX), parece ter surgido na comunidade judaica de Alexandria entre 250 e 100 a.C. A pergunta mais importante entre os estudiosos da LXX é se existiu algum dia uma tradução autorizada que deu lugar a muitas revisões. Alguns dizem que não, assemelhando seu desenvolvimento ao dos targuns: várias traduções não oficiais foram feitas de acordo com a necessidade, com o texto um tanto padronizado no início da era cristã, quando se tornou o Antigo Testamento autorizado da igreja. Outros, que hoje parecem maioria, encontram na profusão de revisões indícios de uma tradução original.[25]

A LXX apresenta uma variedade considerável em perspectiva teológica e em literalidade e rigor na tradução, de modo que suas leituras não podem ser aceitas indiscriminadamente. Entretanto, é de importância crucial em estudos textuais, pois representa uma forma do texto hebraico anterior à padronização ocorrida nos primeiros séculos cristãos. Juntamente com o Pentateuco Samaritano e com os Manuscritos do Mar Morto, é a testemunha mais valiosa das formas pré-massoréticas do texto hebraico.

Outras Versões Gregas. Com a disseminação do uso da LXX entre os cristãos, as comunidades judaicas da Diáspora voltaram-se para outras traduções gregas. No início do século II d.C., Áquila, um gentio convertido ao judaísmo e, talvez, discípulo do rabino Akiba, produziu uma leitura rigorosa, literal, rigidamente paralela ao texto, de modo que foi rápida e avidamente adotada por muitos judeus. Infelizmente, sobrevivem apenas fragmentos dessa obra.

No final do mesmo século, Teodósio, ao que parece também prosélito, revisou uma tradução mais antiga, produzindo uma versão que se mostrou mais popular entre cristãos que entre judeus. À parte de sua tradução de Daniel, que praticamente substituiu a LXX, restam apenas fragmentos. Essas obras, bem como a tradução superior de Símaco (também do final do século II d.C.), são conhecidas pelos fragmentos da *Hexapla* de Orígenes (c. 220 d.C.), uma tentativa monumental de crítica textual em que o texto grego e várias versões são registrados cuidadosamente em colunas paralelas para comparação.

A Versão Siríaca. Em geral chamada Peshita (ou Peshito, interpretada como "simples", i.e., como *koiné* ou *Vulgata*, a versão aceita das pessoas "comuns"), a tradução para o siríaco (um dialeto do aramaico) ocorreu aparentemente nos primeiros séculos da era cristã. Seu valor para estudos textuais é limitado por alguns fatores. Primeiro, partes do Pentateuco parecem depender do targum palestino. Também é evidente a influência da LXX em algumas passagens, de modo que concordâncias entre as duas às vezes podem ser consideradas um simples testemunho de uma leitura antiga. Nossa possibilidade de acesso à contribuição da Peshita para os estudos do Antigo Testamento tem sido expandida pela publicação de uma edição crítica agora em andamento.[26]

As Versões Latinas. As traduções latinas foram primeiro necessárias não em Roma (onde as pessoas cultas empregavam o grego), mas no norte da África e no sul da Gália. Baseadas na LXX, as traduções latinas antigas (c. 150 d.C.) são mais valiosas como testemunhas do texto grego que como auxílio no esclarecimento do hebraico. O conhecimento da tradição do latim antigo limita-se a citações dos pais latinos da igreja, a manuscritos breves e a alguns livros litúrgicos e Bíblias medievais.[27]

A variedade das muitas traduções latinas antigas causou para a igreja latina o problema de escolher o texto a ser empregado na liturgia e nas discussões teológicas. O papa Dâmaso I (c. 382 d.C.) encarregou Jerônimo, estudioso de muito talento, de produzir uma versão autorizada. Partes substanciais da tradução de Jerônimo são baseadas no texto hebraico, embora outros textos, em especial Salmos, baseiem-se em versões gregas. Seu uso do hebraico fez com que sua tradução fosse vista com suspeitas, mesmo por seu amigo Agostinho, mas as suspeitas eram infundadas. Jerônimo trabalhou com cautela e, em passagens confusas, apoiou-se em grande medida na LXX, em Áqüila, Teodósio e especialmente Símaco, bem como no latim antigo aceito.

A origem composta da "Vulgata" de Jerônimo ("aceita pelas pessoas comuns" ou "popular") limita a utilidade da obra para a crítica textual. Suas leituras são em geral dependentes do TM ou de uma das versões principais. Em outras palavras, raramente preserva um testemunho independente de uma forma de texto mais primitiva. Ademais, uma vez que a versão de Jerônimo passou séculos sem ser reconhecida (oficialmente, até o Concílio de Trento em 1546), ficou sujeita a alterações editoriais influenciadas por outras traduções latinas. Assim, a Vulgata — ainda hoje a versão católica romana autorizada[28] — exige grande dose de cautela da pessoa que emprega suas leituras para corrigir o TM.

Outras Versões Secundárias. As outras traduções principais do Antigo Testamento são testemunhos importantes da ampla disseminação do cristianismo e do zelo dos missionários em transmitir a palavra de Deus no vernáculo. Todas essas versões secundárias são mais importantes para a reconstrução da história dos textos em que se basearam do que para a correção do texto hebraico.

Baseadas na LXX, as *traduções coptas* foram produzidas por volta do século III e IV d.C. para a população agrícola do Egito. Ainda que escrito numa forma de alfabeto grego, empregando muitas palavras assimiladas do grego, o copta é o último estágio da língua egípcia. Os diversos dialetos exigiram algumas traduções, especialmente a saídica ("Superior", i.e., sul-egípcia), a aquimímica e a boárica ("Inferior", i.e., norte-egípcia), que se tornou o dialeto dominante ainda em uso litúrgico hoje nas igrejas ortodoxas coptas. Muitos manuscritos dos séculos IV e V foram preservados pelo clima seco do Egito.

Em contraste, manuscritos da *tradução etíope* datam do século XIII em diante, embora o trabalho possa ter começado no final do século IV. A maioria dos manuscritos existentes parece depender da LXX, mas foi alterada sob a influência de versões arábicas medievais. À parte de livros ou seções avulsos, não existem edições críticas confiáveis.

Ainda mais recentes são as *versões armênia* e a *arábica*. A armênia data do século V e parece estar baseada tanto na Peshita quanto na LXX. Em vez de tradução padrão, a arábica representa um aglomerado de versões que surgiram no Egito, na Babilônia e na Palestina, baseadas numa variedade de versões a que tinha acesso — hebraicas ou samaritanas, LXX, Peshita e copta. A mais antiga talvez tenha sido a pré-islâmica (c. 600 d.C.), mas a maioria é alguns séculos mais recente.[29]

CAPÍTULO 48

Geografia

Uma vez que a revelação divina ocorreu no espaço e no tempo, centenas de topônimos aparecem nas Escrituras. O primeiro palco do drama da salvação humana foi Canaã, "a Terra Prometida", com cenas na Mesopotâmia (atual Iraque), Pérsia (Irã), Síria, Líbano e Egito. O conhecimento da geografia dessa área é essencial para a compreensão da mensagem bíblica.

O Mundo Bíblico

A Palestina é a ponte terrestre que liga a Europa, a Ásia e a África. "O Crescente Fértil" é um nome da faixa de terra cultivável que margeia o deserto da Síria, i.e., as terras junto aos rios Tigre e Eufrates na Mesopotâmia e o território costeiro oriental do Mediterrâneo (o Levante). O extremo sudoeste do Crescente Fértil incluía a Palestina, historicamente sua parte mais pobre. Seu território era muito estreito, carecendo de rios navegáveis importantes. Apesar disso, as rotas terrestres que ligavam esses três continentes faziam da Palestina um eixo de comércio e de exércitos em deslocamento. Assim, a história do antigo Israel ocorreu no palco central do Oriente Próximo.

Do oceano Atlântico ao sudeste da Ásia corre uma cadeia quase contínua de montanhas — as cadeias dos Pireneus, Alpes, Bálcãs, Cáucaso, Elburz, Hindu Kuch e Himalaia. Essas montanhas bloqueiam os ventos gelados do inverno e dão um clima agradável para o sul. Também detinham invasões provenientes do norte. Ao sul, os desertos (do Saara, da Síria e da Arábia) serviam como barreira contra invasores. Por conseguinte, o mundo mediterrâneo, a região da Mesopotâmia, os contrafortes do planalto iraniano e o vale do rio Indus tornaram-se o "berço da civilização" — a área em que a família humana progrediu de caçadores e pescadores selvagens a produtores civilizados de alimentos.

A Palestina

O Nome. A Palestina recebe o nome da tribo *pelishtim* (filisteus), tribo alistada entre os Povos do Mar. Eles se estabeleceram ao longo da costa meridional no século XX a.C. No século V, Heródoto referiu-se à área como "Síria Filistéia".[1] Esse nome, porém, não é empregado no Antigo Testamento,[2] que prefere "terra de Canaã" por causa de seus principais habitantes, os cananeus. Com o estabelecimento dos israelitas, a área passou a ser chamada "Israel" ou "terra de Israel" (1Sm 13.19, etc.). O nome Terra Santa (cf. Zc 2.12) passou a ser de uso comum na Idade Média, em ligação com as Cruzadas.

Extensão e Significado. A vantagem de empregar o nome Palestina em lugar de Israel ou Canaã é que ele inclui a terra nos dois lados do rio Jordão, i.e., a Cisjordânia (oeste) e a Transjordânia (leste).[3] A Palestina estende-se das encostas sulinas do monte Hermom, a mais alta montanha da área (2.814 m.), à extremidade do deserto do sul (o Neguebe), limitada no oeste pelo mar Mediterrâneo (ou Oriental) e no leste pela estepe árabe. Essa é o território "desde Dã até Berseba" (Jz 20.1; 1Sm 3.20).

A promessa de Deus a Abraão, porém, incluía uma área maior que a Palestina. Gênesis 17.8 menciona simplesmente "toda a terra de Canaã", mas em outras partes a terra da promessa estende-se ao norte até "a entrada de Hamate" (na atual Síria) e ao sul até o "ribeiro do Egito" (uádi el Arish, no norte do Sinai; uádi é um curso de água que fica seco fora da estação chuvosa; cf. Nm 34.1-12). Sob Davi e Salomão, Israel alcançou sua maior extensão, ocupando a maior parte desse território, além de grande parte da Transjordânia, ainda que a promessa não a incluísse (Nm 34.12).

As Divisões Norte–Sul. Os geógrafos mostram que a estrutura geológica dessa região do Levante vai principalmente do nordeste para o sudoeste.[4] Aqui é mais importante observar os aspectos norte–sul mais óbvios. Estes quatro aspectos correm de oeste para leste: (1) a planície costeira, (2) a cadeia montanhosa ocidental (ou "central"), (3) o sistema do vale da Falha e

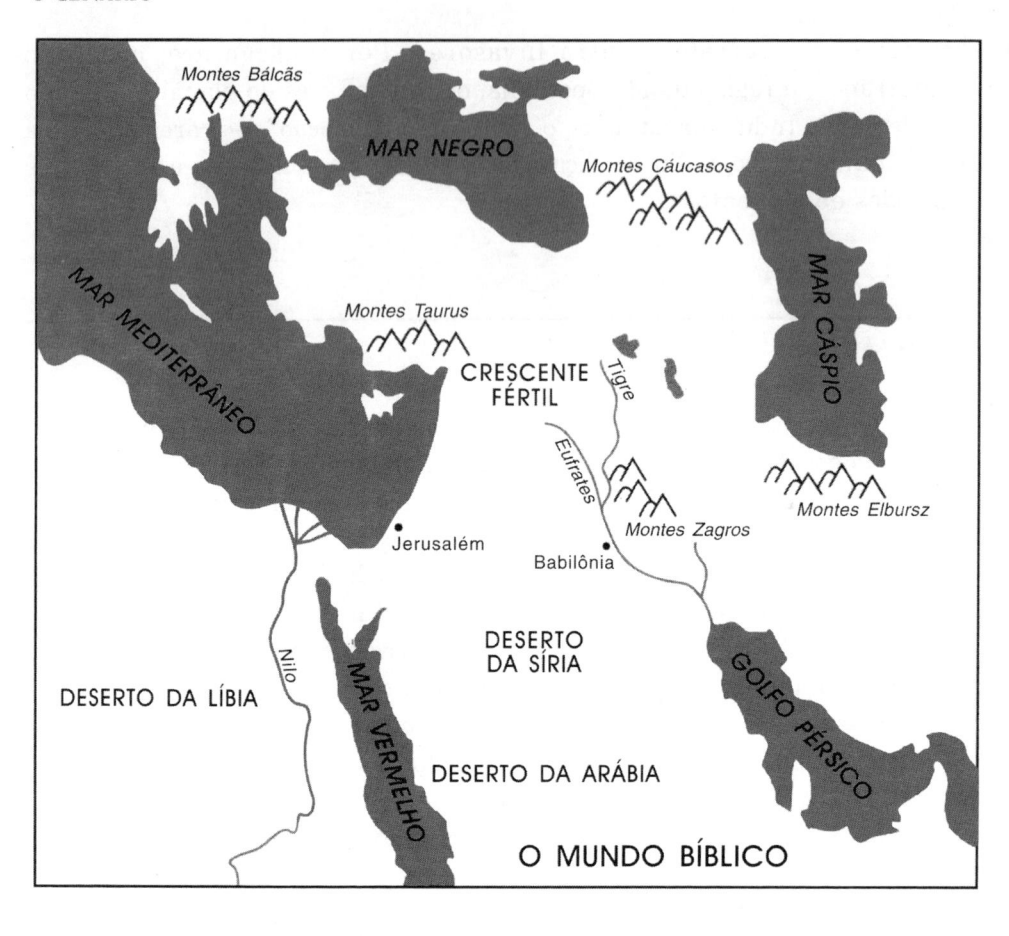

O CENÁRIO

O MUNDO BÍBLICO

(4) a cadeia montanhosa ou planalto da Transjordânia, que se inclina gradualmente para os desertos da Síria e da Arábia. A Palestina é consideravelmente mais larga (de leste a oeste) em seu extremo sul,[5] de modo que se esperam algumas variações nesse padrão geral.

1. *A planície costeira* é estreita no norte e inexistente junto à Escada de Tiro (atual fronteira entre Israel e o Líbano) e ao pé do monte Carmelo (Haifa). No sul, a planície costeira é larga e dividida em três regiões: (1) a planície de Aser (entre a Escada de Tiro e o monte Carmelo), (2) a planície de Sarom (ao sul do monte Carmelo em direção a Jope ou Tel Aviv) e (3) a planície filistéia (de Jope a Gaza). Havia poucos portos naturais ao longo da planície costeira. Aco (Acre), Dor e Jope eram os principais na antigüidade.

Com acesso limitado ao mar durante a maior parte de sua história, Israel jamais se tornou uma potência marítima. A navegação marítima no Levante era dominada pelos fenícios, que viviam na costa do Líbano, e os melhores portos ficavam ao norte de Aco — sendo Tiro e Sidom os mais famosos. Os principais empreendimentos marítimos de Israel deram-se em esforços conjugados com os fenícios. O porto sulino em Eziom-Geber no golfo de Ácaba servia como entrada para portos no mar Vermelho e, talvez, para a costa ocidental da África (1Rs 10.26-28).

Na planície costeira uma importante estrada norte–sul ligava o Egito a Damasco e depois à Mesopotâmia, seguindo a costa. Muitas vezes ela se encontrava alguns quilômetros para o interior por causa de numerosos pântanos e de dunas. Ela é chamada Via Maris, "o caminho do mar" (cf. Is 9.1).

2. *A cordilheira central* forma a espinha dorsal do território. Ela só é interrompida na planície de Jezreel (ou Esdrelom) na baixa Galiléia. Um segmento da cordilheira central projeta-se a noroeste sobre o mar, formando a bela serra do Carmelo. Antes da serra do Carmelo, a Via Maris avançava para o interior, atravessando o leito estreito do uádi Ara. Ela era guardada na entrada da planície de Jezreel pela cidade de Megido. Em Megido, uma ramificação voltava-se para o norte, para as cidades fenícias. Várias estradas mais curtas, porém mais difíceis, atravessavam o espinhaço norte–sul da cordilheira central.

A planície de Jezreel, o vale mais largo e fértil da Palestina, separa a região escarpada do norte e as montanhas do sul. A região norte é mais conhecida por Galiléia. A região sul não possui um limite natural bem definido antes da estepe ou do Neguebe. Seguindo a divisão política da terra durante o reino israelita, a região sul pode ser dividida em Samaria e Judéia. Ao sul do Neguebe fica a península do Sinai.

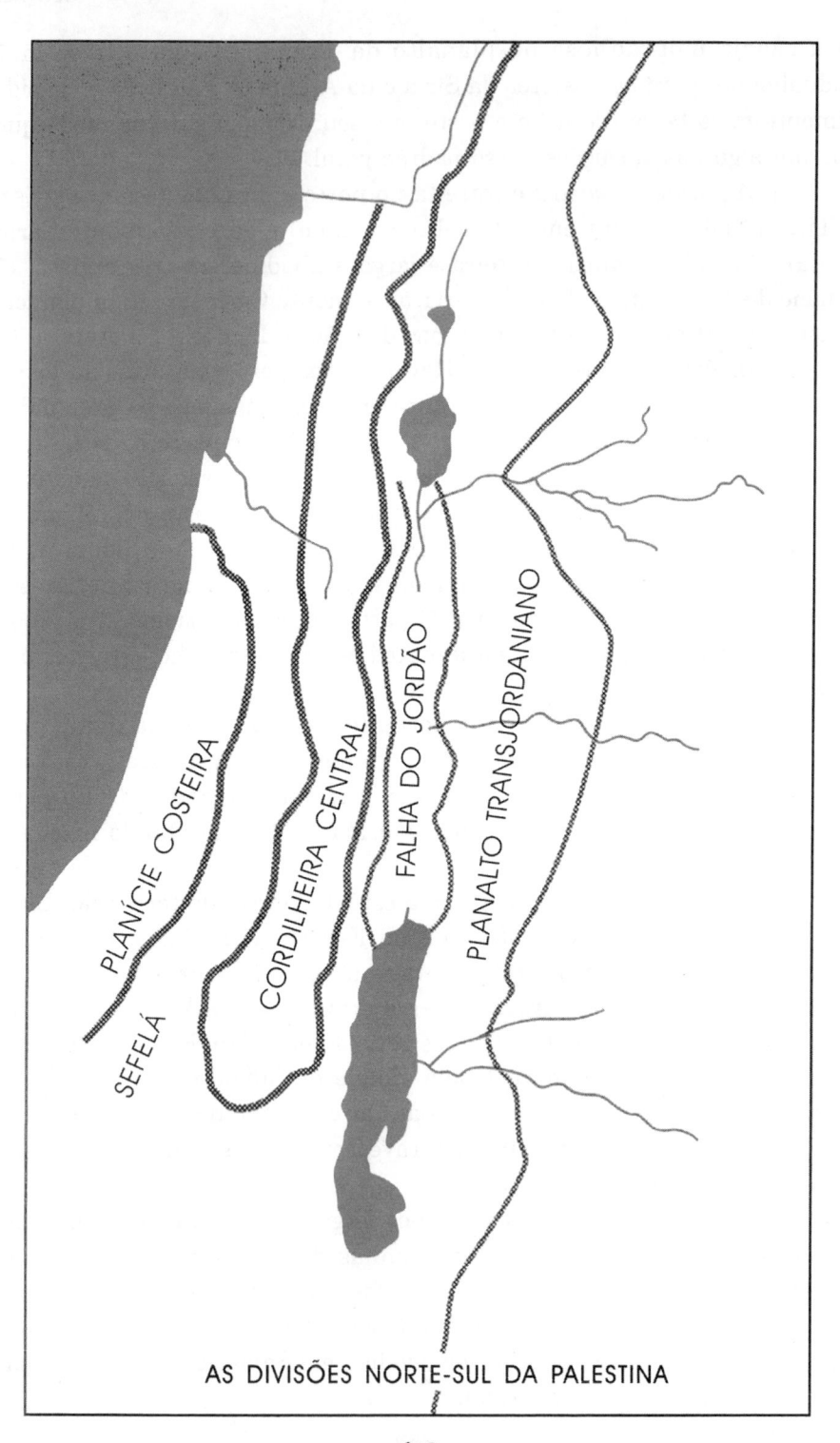

AS DIVISÕES NORTE-SUL DA PALESTINA

SEFELÁ
PLANÍCIE COSTEIRA
CORDILHEIRA CENTRAL
FALHA DO JORDÃO
PLANALTO TRANSJORDANIANO

(a) *A Galiléia*. A fronteira natural da Galiléia ao norte é a garganta do rio Litani a noroeste e o monte Hermom a nordeste. A fronteira sul é composta pela cordilheira do Carmelo a sudoeste e Gilboa, um conjunto de montanhas, pelo sudeste. A Alta Galiléia é montanhosa, com elevações freqüentemente superiores a 900 m. A Baixa Galiléia, ao sul, é composta de uma série de morros e vales amplos, descendo para o sul até a grande planície de Esdrelom. Galiléia vem de uma palavra hebraica que significa "a região de", sendo evidentemente parte de uma frase que pode ter sido "a região dos gentios" (Is 9.1).

(b) *Samaria*. Pelo norte, o limite de Samaria é a planície de Esdrelom. O limite do leste é o Jordão, enquanto o Mediterrâneo forma os limites do oeste. Samaria não possui limites claros pelo sul, mas sabe-se que a cidade de Betel ficava próxima de seus limites meridionais (1Rs 12.29s.). A maior parte de Samaria é montanhosa, com elevação geral em torno de 610 m e umas poucas montanhas alcançando 900 m. A Samaria ocidental descia até a planície marítima. A parte ocidental árida cai rapidamente rumo ao Jordão. Os montes produzem frutas como azeitonas, uvas e romãs e fornecem pastagem aos rebanhos. Espalhados entre os montes encontram-se vales amplos e férteis, excelentes para o cultivo de grãos. A terra é regada principalmente pelas chuvas sazonais.

O nome Samaria vem da cidade principal, construída por Onri (1Rs 16.24). Antes da construção de Samaria, Siquém era a cidade mais importante. Depois de conquistar Samaria (722 a.C.), os assírios deportaram os israelitas mais propensos a se revoltar — os líderes religiosos e políticos — ao mesmo tempo que ali assentaram cativos de outras nações. Da miscigenação desses cativos com israelitas nativos surgiu a população mista conhecida como samaritana (cf. 2Rs 17.6, 24; Ne 4.2; Jo 4.9).

(c) *Judá*. A região que vai do limite inferior de Samaria ao Neguebe, no sul, é em geral chamada Judéia. Esse nome pertence ao período do Novo Testamento e deriva de Judá, a tribo principal. Jerusalém ao norte e Hebrom ao sul eram as cidades principais. Os vales são estreitos, pedregosos e, muitas vezes, áridos. A Judéia é bem menos fértil que Samaria. Oliveiras e vinhas crescem em lugares conhecidos como terraços; é possível cultivar grãos em alguns vales e no planalto em torno de Belém.

Pelo lado leste, a terra cai subitamente em direção ao mar Morto; essa região é conhecida como "deserto de Judá" e tem de 16 a 23 km de largura. As chuvas são limitadas. Não é rigorosamente um deserto, pois na primavera, com chuva adequada, os montes oferecem bom pasto para os rebanhos. Pelo

AS DIVISÕES LESTE-OESTE DA PALESTINA

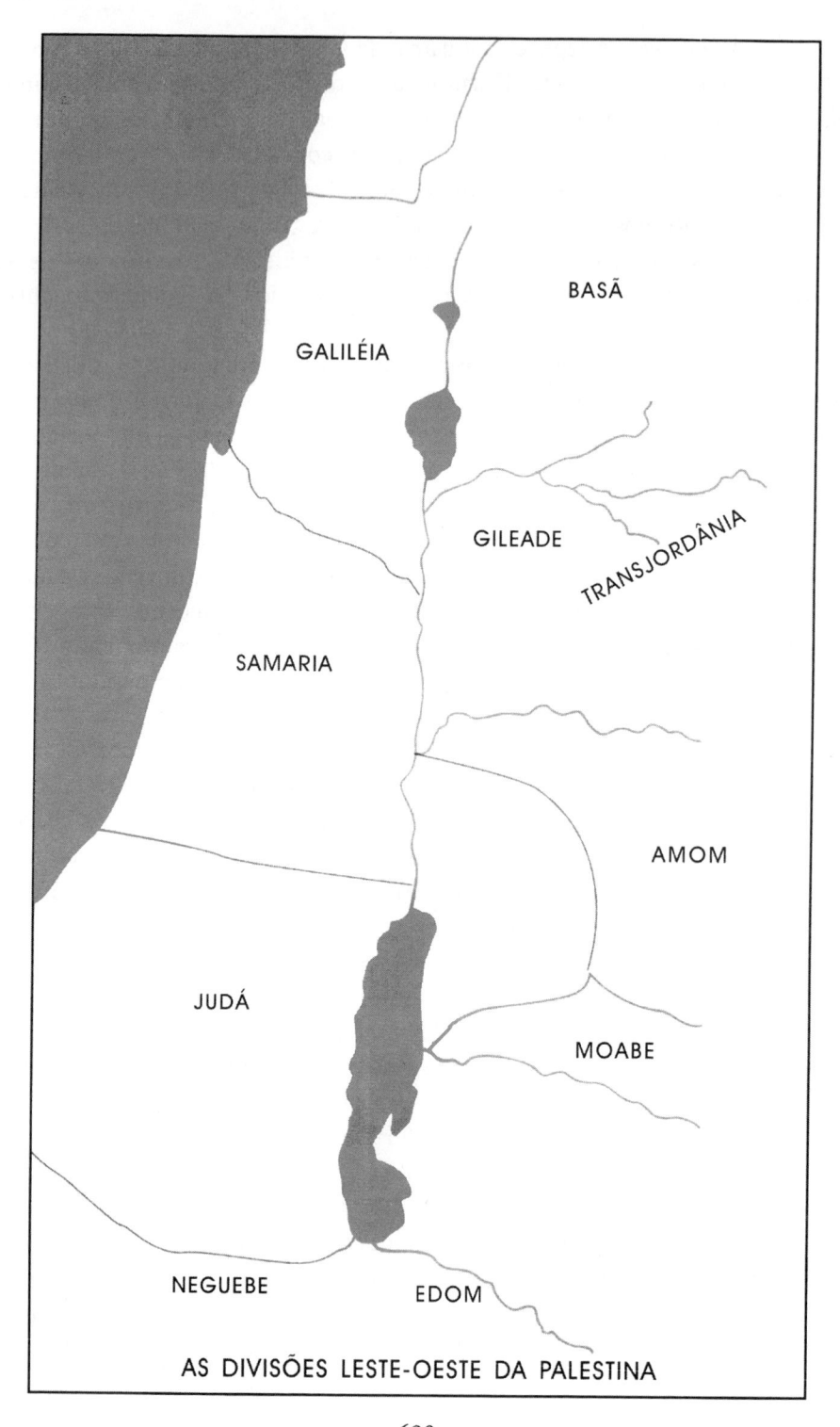

lado oeste, há um declive gradual de piemonte, território conhecido como Sefelá. Este consiste em montes baixos intercalados com vales que fornecem frutas, verduras e grãos. Sob os juízes e no princípio da monarquia, essa área foi o centro de discórdias entre os israelitas (na cordilheira) e os filisteus (ao longo da planície costeira).

(d) *O Neguebe.* O termo Neguebe é empregado nas Escrituras para designar a região junto e ao sul de Berseba.[6] Trata-se de uma estepe elevada,

Uma das quatro nascentes do rio Jordão: o Nahr Hasbânî.
(William Sanford LaSor)

que mal recebe chuvas suficientes durante a primavera. Cavando poços e protegendo cuidadosamente a terra com rochas, as pessoas (especialmente os nabateus, c. século V a.C. – século II d.C.) estabeleceram-se no Neguebe.[7]

(e) *Sinai.* A península, com seu deserto grande e estéril e suas montanhas elevadas no sul, nunca foi considerada parte da Palestina. Por ser proeminente nas narrativas antigas, três características merecem citação: (1) O "deserto de Zim" é uma região estéril no norte do Sinai. Seus sítios mais importantes são Khirbet el-Qudeirat e Ain Qedeis. Ambos são indicados como local de Cades-Barnéia, onde os israelitas acamparam boa parte dos trinta e oito anos no deserto (cf. Dt 1.19; Nm 13.26; 14.26-35). (2) O "ribeiro do Egito" é o uádi el-'Arish (não o Nilo), formado pela drenagem das montanhas do Sinai. Ele flui mais ou menos para o norte e entra no Mediterrâneo na atual *el-ụArîsh*. (3) A cordilheira de grandes montanhas no extremo sul da península, a mais provável localização do Sinai (ou Horebe), é uma região de picos irregulares que se elevam a mais de 2000 m.

3. *A falha do Jordão* faz parte da Grande Falha, que se estende do vale de Kara Su, na Turquia, às Cataratas de Vitória, no extremo sul de Zâmbia. Essa área tem sofrido grande atividade sísmica (cf. Am 1.1). Sua parte mais profunda é o mar Morto. A falha do Jordão inclui os afluentes do Alto Jordão, o mar da Galiléia, o rio Jordão, o mar Morto e a Arabá.

(a) *O Alto Jordão*. Copiosas fontes jorram das encostas do monte Hermom para formar os afluentes do Alto Jordão. Nos tempos bíblicos, eles formavam uma região pantanosa que corria para o lago Hula, de formato estreito e alongado, com cerca de 6,5 km de extensão. Hoje, os pântanos e o lago estão secos. O Alto Jordão continua no "Médio Jordão", uma garganta de cerca de 16 km, ponto em que o rio cai de cerca de 70 m acima do nível do mar para o mar da Galiléia, 209 m abaixo do nível do mar.

(b) *O Mar da Galiléia*. Nas Escrituras, o mar da Galiléia recebe vários nomes: Quinerete ("harpa"; Nm 34.11), Genesaré (Lc 5.1) e Tiberíades (Jo 21.1). O lago em forma de harpa tem 21 km de comprimento e 13 km de largura. Estando abaixo do nível do mar e situado entre os montes da Galiléia e as colinas de Golã, desfruta de um clima subtropical. O mar está sujeito a tempestades repentinas e severas. Região litorânea pelo lado noroeste, a planície de Genesaré era muito fértil.

(c) *O Rio Jordão*. Do mar da Galiléia ao mar Morto, cerca de 97 km; pelo alto, o rio corre sinuosamente por cerca de 325 km. Devido ao solo salgado no vale do Jordão, o rio carrega quantidade considerável de sal para o mar Morto.

Um corte transversal do vale do Jordão mostra que, na realidade, trata-se de um vale dentro de outro. O vale maior, que se estende dos montes de Samaria às margens da planície transjordaniana, é conhecido pelo nome arábico *Ghôr*. O Ghôr tem cerca de 8 km de largura logo ao sul do mar da Galiléia, porém mais de 20 km em Jericó. Dentro do Ghôr fica o Zôr, a "floresta" ou "soberba" do Jordão (Zc 11.3; Jr 12.5), um vale de 3 m ou no máximo 6 m de profundidade e 50 m de largura. As encostas são quase perpendiculares. Dentro do Zôr fica o leito propriamente dito do Jordão, um rio com 5 a 8 m de largura. Uma vez que o Jordão inunda suas encostas na época da cheia, alagando o Zôr, ali cresce uma vegetação densa (veja o diagrama adiante). Alguns estudiosos entendem que a abertura do Jordão, quando os israelitas estavam para atravessar de Moabe para Gilgal, ocorreu no momento em que um terremoto fez despencar as encostas de marga sobre o Zôr em

Corte Transversal do Vale do Jordão

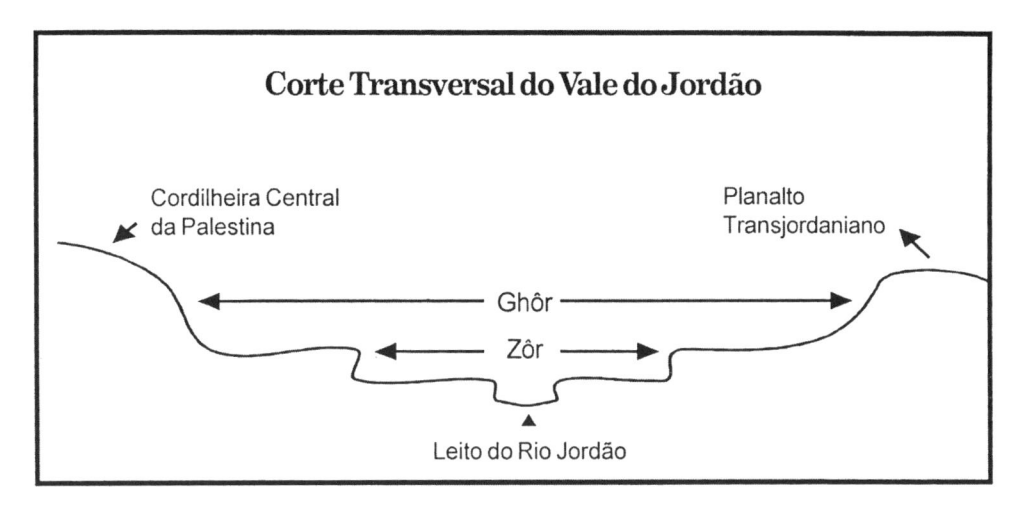

Cordilheira Central da Palestina
Planalto Transjordaniano
Ghôr
Zôr
Leito do Rio Jordão

Adã (atual Damiyet; cf. Js 3.13, 16). Isso ocorreu também em 1267 d.C., quando o Jordão ficou represado por algumas horas e, de novo, em associação com o terremoto de 1927.[5]

(d) *O Mar Morto.* O conjunto de águas mais baixo sobre a terra é o mar Morto, cerca de 395 m abaixo do nível do mar; seu ponto mais profundo fica 765 m abaixo do nível do mar. Esse mar tem 77 km de comprimento e 14 km em seu ponto mais largo. É chamado "mar Salgado" (Gn 14.3), "mar da Arabá" (Js 3.16) e "mar ocidental" (Zc 14.8). Josefo referiu-se a ele como "mar de asfalto" (*Guerra* 4.8.4 §476), e os árabes hoje o chamam "mar de Ló". Ele não é mencionado no Novo Testamento. Uma vez que a evaporação é o único meio de vazão das toneladas de água que o Jordão despeja diariamente no mar Morto, sua concentração de sais fica em torno de 26%. Nada sobrevive nele; daí esse nome recebido dos gregos.

(e) *A Arabá.* Ao sul do mar Morto, um vale árido, que se eleva 200 m acima do nível do mar e depois desce para o mar, estende-se até o golfo de Ácaba, 298 km ao sul. No Antigo Testamento o nome Ácaba é também empregado em referência ao vale do mar Morto e ao vale do rio Jordão.

(f) *O Golfo de Ácaba.* A extensão da falha do Jordão até o mar Vermelho é conhecida como golfo de Ácaba. Na antigüidade, "mar Vermelho" significava não só aquele conjunto de águas, mas também o golfo de Ácaba, o golfo de Suez e até o mar da Arábia e o oceano Índico. É provável que o mar Vermelho pelo qual os israelitas passaram no êxodo (Êx 13.18; 15.22) não seja nenhum desses.[9]

O CENÁRIO

4. A *Transjordânia* é um planalto. Eleva-se repentinamente da falha do Jordão, chegando a cerca de 610-915 m acima do nível do mar, depois desce suavemente até os desertos da Síria e da Arábia. À medida que se vai para o sul, a terra se eleva, atingindo por volta de 1500 m em Edom. Bem regada por um complexo sistema de rios e ribeiros, há muito é conhecida por sua produção. Os sistemas de drenagem formam alguns rios que cortam desfiladeiros profundos ao passar pelo vale do Jordão. Esses desfiladeiros formam fronteiras naturais. Uma importante estrada chamada Estrada Real cortava essa área de norte a sul.

Regiões da Transjordânia. (a) Ao norte do desfiladeiro de Jarmuque e a leste do Alto Jordão e do mar da Galiléia ficava *Basã*, região formada principalmente por rochas vulcânicas decompostas e, portanto, excepcionalmente fértil. Nos tempos romanos, a área era conhecida como Gaulanites (atuais colinas de Golã). Era produtora importante de trigo e, portanto, um dos melhores lugares para criação de gado no antigo Israel (cf. Am 4.1).

(b) *Gileade*, ao sul de Jarmuque, era uma terra de numerosos vales com boas pastagens e montanhas íngremes com florestas de carvalhos e outras árvores. O proverbial "bálsamo de Gileade" (Jr 8.22; 46.11), notável por propriedades medicinais e cosméticas, era um valioso produto de exportação. Os limites de Gileade ao sul não são especificados com clareza. Alguns estudiosos crêem que era o Arnom (uádi el-Môjib), mas o desfiladeiro do Jaboque (uádi Zerqa) é a possibilidade mais aceita.

(c) *Amom* situava-se entre o Jaboque e os desfiladeiros do Arnom, mais especificamente nos afluentes do Jaboque, bem a leste do Jordão. A cidade principal era Rabá-Amon, atual Amã, capital do reino hachemita da Jordânia. O reino de Sihon (século XIII) ficava entre Amom e a Jordânia.

(d) *Moabe* situava-se a maior parte do tempo entre o Arnom e o Zerede (uádi el-Hesã), mas às vezes estendia-se para o norte, além do Arnom. As "planícies de Moabe", entre o uádi Nimrin e o mar Morto, estendiam-se pela encosta suave em direção a Hesbom (*Ḥesbân*) e Madeba.

(e) *Edom* é em geral identificada com a região ao leste da Arabá, entre o Zerede e a extremidade do golfo de Ácaba. Durante a maior parte do período do Antigo Testamento, Edom estendia-se pelos dois lados da Arabá. A elevada cordilheira chamada monte Seir era o centro do território dos edomitas, cuja capital ficava em Sela (Petra, em grego, 1Rs 14.7).

(f) *Midiã*, não incluída na Transjordânia, ficava ao sul de Edom, pelo leste do golfo de Ácaba, do lado oposto do Sinai.

O Clima

Toda a parte oriental do Mediterrâneo é influenciado principalmente pelos ventos etésios ("anuais"), que no inverno trazem umidade, em geral do noroeste e, no verão, o clima seco, em particular do sudoeste. Por conseguinte, há duas estações: de chuva (mais ou menos entre dezembro e março) e de seca (de maio a setembro). Na mudança de estação, o vento quente do deserto ("leste"), conhecido como *ḥamsîn*[10] ou siroco, pode soprar por vários dias seguidos entre abril e meados de junho e de meados de setembro ao final de outubro. O siroco eleva muito a temperatura, impossibilitando a vida. Esses ventos quentes secam rapidamente árvores e plantas.

    Ao longo da costa não há variações extremas de temperatura, nem durante o dia, nem de uma estação para outra. Na cordilheira central, os dias de verão são quentes, mas as noites, agradáveis. Dias de chuva no inverno podem ser muito frios. No vale do Jordão, por estar abaixo do nível do mar, os invernos são muito agradáveis (em torno de 21º C), mas o calor é intenso no verão (com freqüência acima dos 43º C). No todo, porém, devido à grande diversidade do terreno na Palestina, há grandes variações locais de clima.

Vista aérea de Jerusalém, em direção ao leste, rumo ao vale de Cedrom e ao monte das Oliveiras. Em primeiro plano, o Domo da Rocha (Mesquita de Omar) marca o local do antigo templo. *(Neal e Joel Bierling)*

O CENÁRIO

As Chuvas. Uma vez que os ventos sopram principalmente do oeste, toda umidade que trazem é depositada como chuva na planície costeira e nas encostas ocidentais da cordilheira central e do planalto transjordaniano. O índice pluviométrico é muito incerto. A quantidade de chuva varia bastante de ano para ano. Por conseguinte, pode haver anos de seca severa e anos de abundância de chuvas.

As chuvas podem começar no final da estação seca, por volta de novembro; são as chamadas "chuvas temporãs". Em alguns anos, a chuva começa só em janeiro. Entretanto, se forem suficientemente abundantes, a colheita será boa. A estação chuvosa pode estender-se até meados de abril; essas chuvas são chamadas "serôdias".[11] As chuvas temporãs e serôdias são consideradas bênçãos especiais.

As chuvas são mais pesadas no norte e nas montanhas (e.g., 650 mm em Haifa e Nazaré; 555 mm em Jerusalém), diminuindo bruscamente no Neguebe. As encostas orientais da cordilheira central, ao contrário, são áridas. Durante o verão seco, um orvalho intenso sustenta a vegetação.

Na Transjordânia, onde a elevação é maior que na Cisjordânia, os dias de verão são mais quentes e as noites, mais frias. Os invernos são também mais gelados. As nuvens de chuva que atravessam a Cisjordânia voltam a se juntar sobre essas montanhas, muitas vezes formando mais chuva. Quantidades maiores de chuva caem no norte; viajando-se para o sul, passando por Moabe, rumo a Edom, a quantidade de chuva diminui de maneira impressionante.

A Alteração Climática. De acordo com uma teoria, o clima mudou de maneira significativa desde os tempos patriarcais até o presente, ressecando boa parte da terra e provocando desmatamento e outras conseqüências. Mas os dados disponíveis não parecem sustentar essa teoria. O índice pluviométrico, a temperatura média e outros elementos climáticos parecem ter permanecido relativamente constantes na Palestina e regiões circunvizinhas nos últimos seis mil anos. É provável que a melhor explicação para as alterações na quantidade de vegetação esteja em dois elementos comuns, particularmente hostis à ecologia regional: pessoas e cabras. Entre as ações de um e de outro, montes foram privados de árvores, e o solo sofreu a erosão causada pelas chuvas, dando aspecto de mudança climática.

A Importância da Geografia

Dada a sua localização estratégica, a Palestina tornou-se encruzilhada para mercadores e exércitos. Foram ali travadas importantes batalhas para determinar que nação estenderia seu controle ao outro continente. A Palestina com freqüência estava sob controle militar de alguma potência importante: egípcia, mesopotâmica, hitita, persa, grega ou romana. Mas durante períodos em que não havia grandes impérios, a Palestina servia como zona de amortecimento. Tal era a situação quando os israelitas entraram em Canaã após o Êxodo, e isso continuou durante boa parte da monarquia até a ascensão do império assírio.

As características físicas respondem pelo isolamento dos israelitas estabelecidos nas montanhas centrais. As principais vias norte–sul pelas quais os exércitos e os mercadores viajavam ficavam ou ao longo da planície costeira, no oeste (Via Máris), ou no final do planalto transjordaniano, pelo leste (Estrada Real). Os governantes estrangeiros podiam zombar do Deus de Israel como "deus dos montes e não dos vales" (1Rs 20.28), mas isso só indica que os israelitas estavam relativamente seguros na "solidez das montanhas". Na realidade, isso dizia mais respeito a Judá que a Samaria. Assim, Jerusalém resistiu à captura até os dias de Davi e também sobreviveu 130 anos à queda de Samaria.

Mas as características físicas também contribuíram para a freqüente desunião israelita. A terra convinha mais a possessões tribais ou cidades-estados que a uma nação solidamente unificada.

CAPÍTULO 49

O Quebra-cabeça Cronológico

O Antigo Testamento está repleto de dados cronológicos. Os livros que lidam com períodos mais antigos em geral expressam as datas apenas em anos, e estes não podem ser coordenados com nenhum dado extrabíblico.[1] Outros livros (e.g., Reis e Crônicas, Jeremias, Ezequiel, Daniel, Ageu, Zacarias, Esdras e Neemias) são bem ricos em material cronológico. Algumas de suas datas podem facilmente ser convertidas ao nosso calendário de hoje. Mas outras apresentam problemas aparentemente insolúveis. Antes de discuti-los, precisamos ter alguma idéia dos sistemas antigos de contagem do tempo e de elaboração de calendários.

> Ora, o tempo que os filhos de Israel habitaram no Egito foi de quatrocentos e trinta anos. Aconteceu que, ao cabo dos quatrocentos e trinta anos, nesse mesmo dia, todas as hostes do SENHOR saíram da terra do Egito.
> Êx 12.40-41

> No ano quatrocentos e oitenta, depois de saírem os filhos de Israel do Egito, Salomão, no ano quarto do seu reinado sobre Israel, no mês de zive (este é o mês segundo), começou a edificar a Casa do SENHOR. 1Rs 6.1

O Ano e suas Divisões

A Bíblia relata que Matusalém viveu 969 anos (Gn 5.27) e que Abraão tinha 100 anos quando Isaque nasceu (21.5). Esses números surpreendentemente elevados suscitam uma questão: os antigos contavam o tempo como fazem os modernos? Basicamente, a resposta é "sim". As antigas divisões de tempo eram baseadas na observação dos fenômenos celestes exatamente como são as divisões modernas.

O Dia. No mundo semítico, o dia começava ao pôr-do-sol ou, mais especificamente, com o aparecimento da primeira estrela. Mais tarde, quando o dia foi dividido em horas, ele começava às 6 da tarde (a hora não aparece no Antigo Testamento).[2] Uma vez que um "dia" estende-se de uma noite para o período seguinte com luz do dia, na realidade abrange partes de dois "dias" no sentido moderno. Por isso, para garantir exatidão, os estudiosos costumam usar uma data dupla, e.g., "6/7 de junho", isto é, o dia que começa na noite do sexto e termina ao pôr-do-sol do sétimo.[3]

O Mês. Assim como o movimento aparente do sol determinava o dia, a lua determinava o mês. Os registros mais antigos mostram que ele começava com a lua nova (a primeira aparição, ao pôr-do-sol, do tênue crescente no lado oeste do céu). O ciclo da lua é de 29,5 dias e, por isso, os meses tinham alternadamente 29 e 30 dias.[4]

Apenas de quando em quando o mês lunar coincide com o mês do calendário moderno. A equivalência é em geral representada por uma expressão composta, e.g., "nisã = março/abril". Mas isso nem sempre é exato. Por exemplo, em 1992 o mês de nisã começou em 4 de abril, e nisã foi abril/maio. Num ano que exigisse um mês intercalar (veja abaixo), as equivalências normais não se mantinham como regra.

O Ano. De acordo com os registros mais primitivos, os povos antigos contavam os anos com base na mudança de estações, que ocorria sucessivamente segundo o ciclo solar de 365,25 dias. Por conseguinte, uma vez que os meses derivavam do ciclo lunar e os anos do ciclo solar, eles não podiam manter sincronismo exato. Suponha que no ano x, a lua nova de nisã coincidisse com o equinócio de primavera e, portanto, os ciclos solar e lunar começassem ao mesmo tempo. Doze meses depois (isto é, 12 x 29,5 = 354 dias), o primeiro de nisã chegaria cerca de onze dias antes do equinócio de primavera. O ano de doze meses lunares é um *ano lunar*; o de aproximadamente 365 dias é um *ano solar*.

O ano lunar é conveniente para os nômades, que deslocam seus rebanhos de acordo com as estações e não precisam saber quando devem arar a terra e plantar. Mas os lavradores da Palestina precisavam de um calendário em harmonia com o ano solar. Da mesma maneira, no Egito, em que a enchente anual do Nilo ditava as fases da produção agrícola, era necessário um calendário solar. Na Mesopotâmia, uma correlação aproximada entre os anos lunar e solar foi desenvolvida pela intercalação (isto é, acréscimo de um mês extra) quando necessário. No Egito, prevaleceu um calendário solar aproximado que contava doze meses de trinta dias cada (portanto, não um calendário lunar), mais cinco dias extras a cada ano.[5]

Zodíaco egípcio, que conta o tempo pelo movimento dos corpos celestes; Aldeia Faraônica, Cairo. (*Neal e Joel Bierling*)

A Intercalação. Os babilônios acrescentavam um mês intercalar quando necessário, a fim de alinhar o ano lunar com o solar. Essa intercalação é necessária sete vezes em dezenove anos e era provavelmente decretada pelo sacerdote ou rei. Tinha como alvo sincronizar o mês de nisã com o equinócio de primavera ou sincronizar tisri com o equinócio de outono. Embora indícios bíblicos sejam raros, os estudiosos acreditam que os hebreus padronizaram seu calendário de acordo com as práticas babilônicas pelo menos na época do Exílio (sexto século).[6]

Ano civil e ano sagrado. Além desses costumes confusos, os hebreus tinham duas maneiras de marcar o novo ano. De acordo com Êxodo 12.2, Javé disse a Moisés que nisã deveria ser o primeiro mês.[7] Mas o ano-novo judaico,

Rosh Hashanah ("a cabeça do ano"), é no outono, em tisri. Conseqüentemente, havia um ano civil, que começava com tisri (por volta do equinócio de outono) e corria em paralelo com o ano agrícola, e o ano religioso, que começava com nisã (na primavera). Diferentes reis e nações alternavam entre os dois.[8]

Calendário. Empregando nomes derivados dos babilônios, o ano hebreu era este:

Hebreu	Babilônico	Equivalente aproximado	Ano sagrado e nome	Ordem no ano civil
Nisã	Nisanu	mar./abr.	1.º	7.º
Iyyar	Ayaru	abr./maio	2.º	8.º
Sivã	Siwanu (Simanu)	maio/jun.	3.º	9.º
Tamuz	Du'uzu	jun./jul.	4.º	10.º
Abe	Abu	jul./ago.	5.º	11.º
Elul	Elulu/Ululu	ago./set.	6.º	12.º
Tisri	Tisritu	set./out.	7.º	1.º
(Mar)esvã	(W)arah-samnu	out./nov.	8.º	2.º
Quisleu	Kisliwu (Kislimu)	nov./dez.	9.º	3.º
Tebete	Tebitu	dez./jan.	10.º	4.º
Sebate	Sabatu	jan./fev.	11.º	5.º
Adar	Addaru	fev./mar.	12.º	6.º
(Veadar)		(mês intercalar)		

Independentemente de quando se inicia o ano, o "primeiro mês" se refere a nisã, o "segundo mês" ao iyyar, etc. Assim, em Jeremias 36.22, em que se emprega um ano que vai de tisri a tisri, o "nono mês" caía no inverno, ou seja, era o quisleu (novembro/dezembro) e não sivã (maio/junho).[9]

Com ou sem anos de ascensão. Os calendários modernos designam os anos por números ligados a eventos conhecidos. Assim, 1993 d.C. significa 1993 anos "depois de Cristo", contando a partir do suposto ano de nascimento de Jesus. Mas nos tempos bíblicos os eventos eram muitas vezes datados de acordo com os anos de governo de um rei, como se vê na fórmula "no segundo ano do rei Dario" (Ag 1.1).

Os reis, no entanto, não tinham tanta consideração pelos outros a ponto de morrer no final de um ano de modo que o novo rei pudesse começar o seu reinado no dia do ano-novo. Como, então, o novo rei deveria chamar a parte que sobrou do ano velho? Por exemplo, vamos supor que o rei Z morreu em 19 de agosto, e seu filho sucedeu-o em 20 de agosto, mas o novo ano começou em tisri (aqui, hipoteticamente, dia 20 de setembro). Às vezes, o novo rei chamaria o período de 20 de agosto a 19 de setembro o "primeiro ano" de seu reinado. Mas se ele considerasse o "primeiro ano" como o período a partir de 20 de setembro, então o novo rei poderia chamar "ano de ascensão" ao tempo entre sua elevação ao trono até o próximo ano-novo. Se fosse esse o caso, o "primeiro ano" começaria no ano-novo seguinte.

Os dois métodos de contagem são chamados sistema com ano de ascensão e sistema sem ano de ascensão. Obviamente, o número total de anos de uma sucessão de reis usando um sistema não coincide do número calculado segundo outro sistema. Para dar o equivalente moderno para a fórmula "no segundo ano do rei Dario, no sexto mês, no primeiro dia do mês", devemos saber primeiro se Dario usou o método com ano de ascensão ou sem ano de ascensão. O sexto mês seria elul, independentemente de ele ter usado o ano de tisri a tisri ou de nisã a nisã (veja acima), e o primeiro dia seria o dia da lua nova — que, se o ano puder ser determinado, pode ser calculado por tabelas astronômicas.

O Quebra-cabeça Cronológico em Reis e Crônicas

A base do quebra-cabeça. 1 e 2Reis e 1 e 2Crônicas são abundantes em detalhes cronológicos. Eles revelam a extensão do reinado de todos os reis de Judá e de Israel, a relação entre os reinados desses governantes uns com os outros (chamada "sincronismo"), e a idade dos reis de Judá no momento da ascensão. Além disso, às vezes sincronizam eventos importantes com os anos de governo do rei. Especialmente importantes são as referências cronológicas aos eventos registrados também na história secular — e.g., a invasão de Sisaque (1Rs 14.25) e o ataque de Senaqueribe a Jerusalém (2Rs 18.13). De vez em quando, os escritores bíblicos chegam a sincronizar um evento com um ano no reinado de um rei estrangeiro. Por exemplo, Jeremias 25.1 identifica o quarto ano de Jeoaquim com o primeiro de Nabucodonosor, enquanto 32.1 liga o décimo ano de Zedequias com o décimo oitavo de Nabucodonosor.

O problema, porém, é que à primeira vista grande parte dessa profusão de informações parece contraditória. Por exemplo, 2Reis 1.17 registra que Jorão, filho de Acabe, começou a reinar no segundo ano de Jeorão, filho de Josafá de Judá, enquanto 3.1 situa o fato no décimo oitavo ano de Josafá. De maneira semelhante, alguns resultados que causam perplexidade vêm à tona quando se totalizam os anos que duraram os reinados. Por exemplo, calcule o tempo desde a divisão do reino sob Roboão e Jeroboão (1Rs 12), que começaram a governar quase ao mesmo tempo, até o reinado de Jorão de Israel e Acazias de Judá, que morreram ao mesmo tempo (2Rs 9.24, 27). Espera-se que o total de anos de governo seja o mesmo para os dois reinos, mas na realidade esse período é de noventa e oito anos e sete dias para Israel e de noventa e cinco anos para Judá.

Os números para o período seguinte são ainda mais perturbadores. Jeú de Israel e Atalia de Judá subiram ao poder ao mesmo tempo, de modo que o total de anos desde a ascensão deles até a queda de Samaria (ocorrida no nono ano de Oséias e sexto de Ezequias; 18.10) devia ser o mesmo. Mas para Israel o total é de 143 anos e 7 meses; para Judá, 166 anos. A situação torna-se ainda mais complicada devido à informação cronológica assíria que admite cerca de 120 anos para os mesmos eventos.[10]

Ainda mais desconcertantes são as tentativas para harmonizar os sincronismos dados para alguns reis. Por exemplo, Jeroboão II governou Israel por quarenta e um anos (14.23). Uma simples subtração indicaria que seu filho Zacarias o sucedeu no décimo quarto ano de Azarias (Uzias), que havia subido ao trono de Judá no vigésimo sétimo ano de Jeroboão. O texto, porém, data a ascensão de Zacarias no trigésimo oitavo ano de Azarias (v. 8), deixando vinte e quatro anos fora da contagem. Até recentemente as tentativas para entender os números tais como são apresentados enfrentavam dificuldades quase insuperáveis. O mais significativo avanço é de longe o detalhado sistema elaborado por E. R. Thiele.[11] O ponto forte das soluções de Thiele para esses quebra-cabeças intrigantes está em que elas fazem com que os dados bíblicos tenham sentido sem recorrer a revisões indevidas ou ajustes drásticos. Mas alguns estudiosos condenam Thiele por pressupor (segundo o ponto de vista deles), sem indícios bíblicos adequados, que Israel teve co-regências (veja abaixo). Põem em dúvida também o fato de ele deslocar de modo um tanto arbitrário as bases para suas datas (e.g., apelando a mudanças no método de calcular os anos de reinados ou no dia do ano-novo).

Recentemente, Hayes e Hooker propuseram uma cronologia inteiramente nova para o período da monarquia,[12] mas ela padece de pontos fracos semelhantes aos de Thiele: em vez de co-regências, ela pressupõe que cinco reis renunciaram voluntariamente, mas não oferece (segundo o nosso ponto de vista) comprovação bíblica adequada.[13] Assim, apesar de seus pontos fracos, ainda mantemos o ponto de vista de Thiele como a resposta mais digna de crédito ao quebra-cabeça cronológico de Reis. Uma vez que os problemas variam de acordo com os diferentes períodos históricos, examinaremos brevemente cada período, apresentando com algumas modificações as soluções sugeridas por Thiele.

Da divisão do reino à ascensão de Peca (c. 931-740). Durante o período bíblico, Assíria, Babilônia e Pérsia em geral usavam o sistema de contagem com ano de ascensão, discutido acima. Portanto, o primeiro problema é determinar que método foi usado em cada reino de Israel. Deve-se perguntar também em que mês se iniciavam os anos de reinado de um monarca em cada reino. Será que os dois reinos usavam o mesmo mês, e cada reino era coerente? Essa pergunta é importante, pois, como observamos acima, os hebreus às vezes consideravam nisã (março/abril) o primeiro mês do ano e, às vezes, tisri (setembro/outubro). Outra pergunta: como um escriba se referiria a datas de um reino que usasse outro método — simplesmente reproduzia o sistema estrangeiro ou o transpunha para a forma conhecida?

De novo, deve-se considerar a possibilidade de co-regências, em que um rei começa a governar antes que outro morra. Essa superposição significaria que os reinados na verdade não foram tão longos como poderiam indicar a soma dos anos específicos de governo. Outro fator é a possibilidade de períodos entre reinados quando nenhum rei estava no trono.

Thiele conferiu com cuidado as várias respostas possíveis às perguntas acima para ver que abordagem satisfaria melhor a todos os dados numéricos em Reis e Crônicas. Enquanto os estudiosos questionam algumas de suas conclusões, seus métodos oferecem uma teoria de trabalho verossímil. Primeiro, durante os primeiros sessenta anos mais ou menos após o cisma sob Jeroboão I e Roboão, os escribas reais em Judá usavam o sistema com ano de ascensão, e os de Israel, o sistema sem ano de ascensão. Além disso, sempre que era fornecido um dado acerca de um rei de Judá, o método com ano de ascensão era usado tanto para os seus números como para o sincronismo com o rei de Israel. De modo semelhante, com um rei do norte segue-se o esquema sem ano de ascensão não só para o seu reinado, mas também para o seu contemporâneo do sul.

De novo, Thiele argumenta que o ano régio de Judá ia de tisri a tisri ao longo do período da monarquia e depois deste (veja Ne 1.1 e 2.1). Israel, no entanto, talvez para ser diferente de Judá e (quem sabe?) imitando o Egito e a Assíria, seguia um calendário régio de nisã a nisã.[14] Além disso, Thiele explica algumas discrepâncias numéricas dizendo que elas se devem a co-regências, em particular em Judá, mas conclui que nenhum reino mostra provas de períodos entre reinados.[15] E também enfileira indícios de que Judá mudou do método com ano de ascensão para o sistema sem ano de ascensão por um período de cinqüenta e dois anos entre Jeorão e Joás (c. 848-796). Durante esse período, os reis de Judá desfrutaram uma aliança muito próxima com os descendentes de Acabe, e Thiele indica que Atalia, a rainha-mãe pagã, trouxe essa inovação.[16]

Pressões políticas da poderosa Assíria evidentemente forçaram os dois reinos a adotar um sistema com ano de ascensão no começo do oitavo século (sob

Jeoás em Israel [c. 798] e Amazias em Judá [c. 796]).[17] Ambos os reinos usaram o esquema com ano de ascensão até o fim de sua história.

> Como as datas na antigüidade podem ser determinadas com algum grau de segurança e exatidão? Descobertas arqueológicas como peças de cerâmica ou outras ruínas antigas podem fornecer datas apenas em números mais amplos e aproximados. De modo semelhante, a margem de erro para a datação de materiais orgânicos mediante o teste de seus resíduos de carbono 14 permanece na faixa de 10%. Como pode alguém dizer que a batalha de Carcar se deu em 853 ou que Nabucodonosor destruiu Jerusalém em 586?
> Na verdade, foram os assírios, inimigos de Israel, que deram a maior ajuda na localização da cronologia relativa da Bíblia em relação à cronologia absoluta da história antiga. Os assírios seguiam um ano solar correspondente ao ano moderno. Mais importante, estabeleceram um ofício de epônimo (assírio *limmu*) ao qual designavam anualmente um alto oficial, governador ou rei. Conservando a lista desses epônimos, forneceram um sistema de referência a todos os anos de 891 a 648. Além disso, um texto menciona um eclipse que os astrônomos fixam em 15 de junho de 763. Quando comparada com a lista de reis assírios, a lista de epônimos providencia o meio para determinar a cronologia real assíria. A importância dos textos assírios para a cronologia bíblica dificilmente pode ser subestimada porque eles se concentram no período mais significativo para a cronologia bíblica — o da monarquia dividida.[18]

Pontos fixos na cronologia bíblica podem ser determinados com base no sincronismo entre a história da Assíria e a de Israel. O reinado de Salmaneser II, que lutou contra Acabe em Carcar em 853 e cobrou tributos de Jeú em 841, fornece uma excelente oportunidade para estabelecer a correlação entre a história de Israel e a cronologia assíria absoluta. As campanhas de Tiglate-Pileser III, Salmaneser V, Sargão II e Senaqueribe oferecem mais referências paralelas.

O CENÁRIO

Da ascensão de Peca à morte de Acaz (c. 740-715). Esse breve período é o mais frustrante em matéria de cronologia, tanto que os estudiosos com freqüência colocam em dúvida a exatidão de Reis neste ponto. Enquanto 2Reis 15.30 diz que Oséias de Israel assumiu o poder no vigésimo ano de Jotão, o v. 33 registra que Jotão reinou apenas dezesseis anos! Mais surpreendentes ainda são os problemas que envolvem Peca de Israel. A cronologia hebraica dá a entender que seu reinado começou em 740, enquanto os registros assírios de Tiglate-Pileser indicam que ele terminou em 732. Porém, o v. 27, que dá o sincronismo para a sucessão de Peca, declara também que ele reinou vinte anos! As dificuldades tornam-se mais desconcertantes nos reinados de Acaz e Ezequias. Comparações entre 15.27, 30; 16.1s. e 18.1 levam à conclusão impossível de que Acaz tinha vinte e seis anos quando Ezequias, seu filho de vinte e cinco anos, começou a reinar! Como Thiele destaca, o sincronismo de 18.1, que põe Ezequias no trono no terceiro ano de Oséias, não pode estar correto.[19]

Thiele, porém, apresenta o argumento razoável de que Peca aparentemente contou o seu reinado a partir de 752, embora este fosse na realidade o ano de ascensão de Menaém. Uma explicação possível é que Peca teria governado um reino rival centralizado em Gileade ao mesmo tempo que Menaém reinava em Samaria. Em 740, quando Peca, por sua vez, liquidou Pecaías, filho de Menaém, aparentemente decidiu creditar a si mesmo os doze anos dos reinados combinados de Menaém e Pecaías. Quando se admite a ascensão de Peca em 752, toda a cronologia do período começa a tomar forma.[20]

Quanto aos sincronismos intrigantes envolvendo Acaz e Ezequias (2Rs 17.1; 18.1, 9s.), a explicação de Thiele parece digna de crédito: muito depois dos eventos um escriba ou editor, que não entendeu os "vinte" anos de Peca, pressupôs que Peca morreu em 720 e sincronizou de modo incorreto a ascensão de Oséias em 720, que ele sabia ser o décimo segundo ano de Acaz. Isso foi feito a despeito da sincronização correta do reinado de Oséias em 15.30 ("no vigésimo ano de Jotão"). Sabendo que Ezequias subiu ao trono no décimo sexto ano de Acaz, o escriba ou o editor sincronizou de modo incorreto os eventos no reinado de Ezequias com o reinado de Oséias e vice-versa. Em outras palavras, podem-se desconsiderar os sincronismos de 17.1; 18.1, 9s., já que Oséias foi levado ao cativeiro pelos assírios vários anos antes de Ezequias ser coroado. O revisor entendeu mal a co-regência de doze anos de Jotão (seu pai Uzias contraiu lepra) e o ato pelo qual Peca creditou a si mesmo os doze anos de Menaém e Pecaías. Dessa forma, estabeleceu de maneira inexata a correlação entre os reinados de Jotão e Acaz de modo que eles se sobrepõem em cerca de doze anos.[21]

Conclusão. A pesquisa esmerada e completa de Thiele propôs soluções originais para um dos maiores enigmas da história do Antigo Testamento. Ele comprova a exatidão das Escrituras e mostra como elas revelam harmonia com os registros cronológicos assírios. Ao mesmo tempo, ele isolou uma fonte de vários sincronismos imperfeitos. Entretanto, o tema da cronologia continua a suscitar animadas discussões eruditas, e muitos problemas esperam por soluções definitivas. Apesar de problemas não resolvidos, porém, não se deve perder de vista a implicação teológica da cronologia de Reis. Ela implica que o material é histórico e lembra os leitores de que Deus agia na história de Israel durante esse período.[22]

CAPÍTULO 50

Arqueologia

A arqueologia é ao mesmo tempo uma ciência e uma arte. Ela procura descobrir e avaliar materiais antigos a fim de verificar a identidade, a natureza e a extensão de civilizações e culturas passadas. Como ciência, a arqueologia é um adjunto da antropologia. Os objetos de tal estudo podem ser encontrados em museus de todo o mundo. Os tipos de peças encontrados durante escavações arqueológicas vão desde instrumentos de pedra dos períodos mais antigos da história humana até sofisticadas cerâmicas vitrificadas de eras muito mais recentes. Resumindo, "as pessoas são o interesse principal da arqueologia, e os objetos que elas criaram são os meios pelos quais a arqueologia procura conhecê-las".[1]

Os arqueólogos vêm pesquisando há cerca de dois séculos as terras especificamente relacionadas com o Antigo Testamento. Fizeram-se descobertas de fato impressionantes, que iluminam o cenário do Antigo Testamento e a vida desde a Idade da Pedra até os tempos modernos. E outras serão feitas. Como disse William G. Dever, "a arqueologia é hoje, de todas as disciplinas das ciências sociais, uma das que avança mais rapidamente, tanto em reformulações teóricas como nos tipos e séries surpreendentes de novos dados que traz à tona".[2]

Os Primórdios Bíblicos

Nos primeiros dias das expedições arqueológicas, a grande atração do Oriente Próximo para ocidentais estava associada à caça de tesouros. Museus pagavam fortunas por objetos de arte requintados e peças de rara beleza. Então surgiram escavadores como Sir Flinders Petrie e William F. Albright, que procuraram colocar a arqueologia sobre bases mais científicas. Por serem estudiosos da Bíblia, suas explorações na Palestina assumiram um caráter de pesquisa bíblica. Esforços de pioneiros como Albright foram valiosíssimos: sua abordagem foi um grande avanço contra a mentalidade de caça ao tesouro que o precedeu; ele e outros desenvolveram uma matriz cronológica básica para estudos do Oriente Médio.

O Argumento Tradicional em Favor da Arqueologia Bíblica

G. Ernest Wright, um dos alunos de Albright, defendeu uma arqueologia *especificamente* bíblica:

> A arqueologia bíblica é uma especialidade "de gabinete" da arqueologia geral. O arqueólogo bíblico pode ser ou não escavador, mas estuda as descobertas das escavações para delas extrair todos os fatos que lancem uma luz direta, indireta ou mesmo difusa sobre a Bíblia. Ele deve estar preocupado de forma inteligente com estratigrafia e tipologia, nas quais se baseia a metodologia da arqueologia moderna [...] Todavia, sua principal preocupação não se resume a métodos ou vasos ou armas em si apenas. O interesse central que o cativa reside na compreensão e na exposição das Escrituras.[3]

Tal atitude subsistirá entre os arqueólogos "de gabinete" enquanto houver algum empreendimento arqueológico no antigo Oriente Médio, aliás, enquanto houver algum interesse na própria Bíblia. Wright continua:

> A Bíblia, ao contrário de outras literaturas religiosas do mundo, não está centrada em uma série de ensinos morais, espirituais e litúrgicos, mas na história de um povo que viveu em certo tempo e lugar.[4]

É exatamente o grau de certeza atribuído ao Antigo Testamento *como história* que ocasionou a manutenção (e talvez o aprofundamento) da ruptura entre historiadores e críticos literários da Bíblia. Enquanto alguns insistem na credibilidade histórica da Bíblia, outros argumentam que não se pode confiar na Bíblia como história sensata. Há também quem afirme que isso não importa, que o valor está no aspecto espiritualmente restaurador da Bíblia. Não devemos ser forçados a escolher: cada disciplina traz uma contribuição única aos estudos bíblicos.

SÍTIOS ARQUEOLÓGICOS

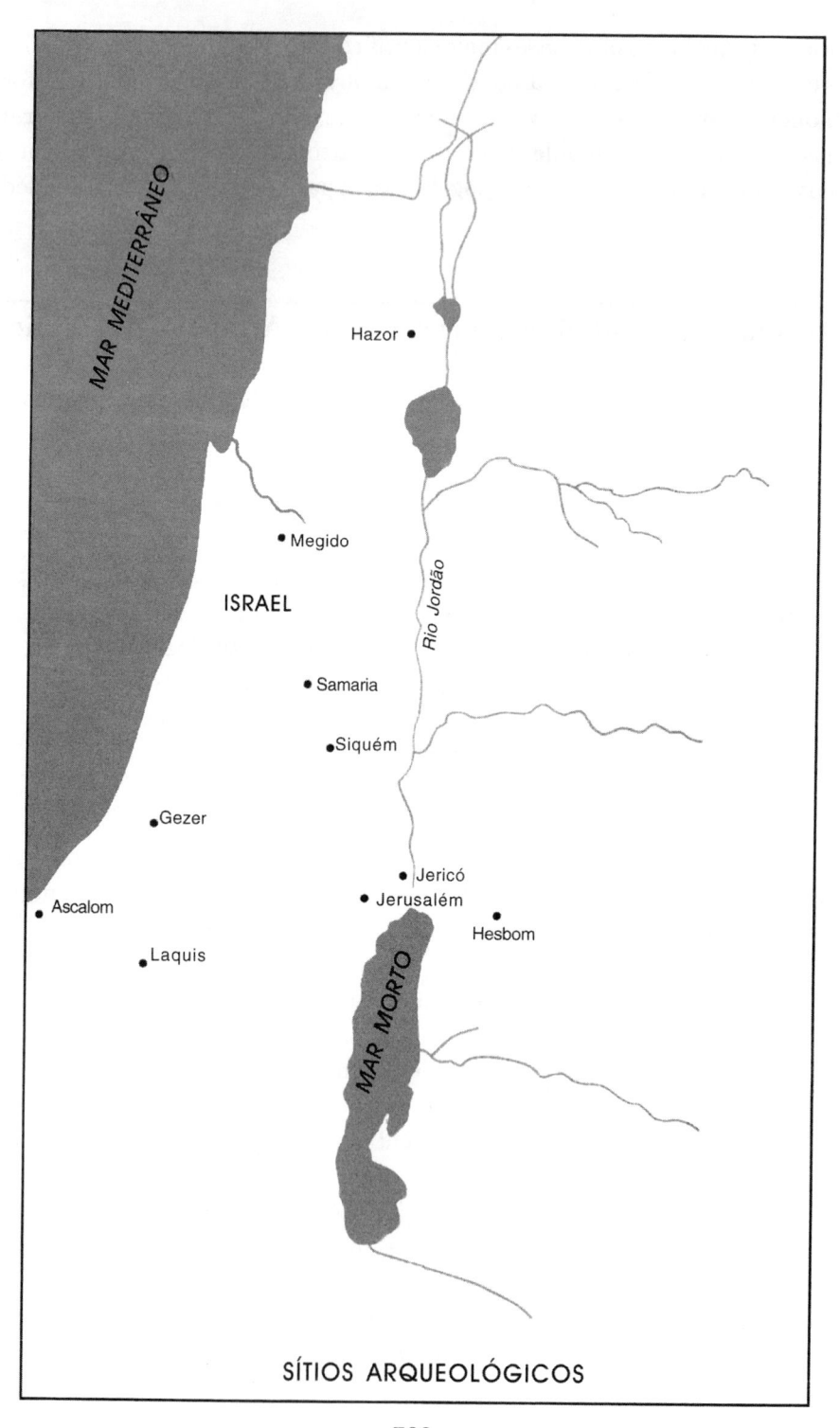

A Discussão Atual sobre o Papel da Arqueologia

A discussão atual, entretanto, já não se concentra na polarização entre historiadores e críticos literários, mas reflete uma competição interna entre os próprios historiadores. A questão central é a natureza da historiografia, a maneira de ver o estudo e a escrita da história. Até que ponto as narrativas bíblicas podem ser consideradas históricas sem que haja apoio claro de evidências externas oferecidas por descobertas arqueológicas ou textos extrabíblicos? Parte do impacto da busca por um exercício puramente objetivo da pesquisa histórica tem sido uma redefinição do papel da arqueologia.

O Advento da Arqueologia Siro-Palestina

Nas últimas décadas do século XX tem havido uma reação contra a arqueologia bíblica do passado. O principal estudioso ligado à tendência de reclassificar a disciplina como arqueologia "siro-palestina" é William G. Dever[5]. Ele censura a expressão "arqueologia bíblica" por acreditar, de forma correta, que a arqueologia do Oriente Próximo deve andar *pari passu* com a arqueologia do Novo Mundo, a "Nova Arqueologia" das Américas com seus métodos.

Como começou essa "nova" abordagem? Os arqueólogos começaram a perceber as deficiências das abordagens passadas. Para o período pré-histórico, do qual não há fontes escritas, os arqueólogos mais antigos tendiam a criar um tipo de história forjada do passado, imaginando o que os povos antigos pensavam ou em que acreditavam. Tal abordagem era com freqüência não disciplinada, especulativa. A Nova Arqueologia nasceu[6] como um corretivo mais científico. Com ela vieram algumas mudanças surpreendentes.

A Perspectiva da Nova Arqueologia

A Teoria. A teoria é fundamental na arqueologia. A arqueologia siro-palestina ou bíblica é na realidade o construto de técnicos profissionais, pessoas que gastam muito tempo e energia "no pó". A teoria é constantemente moldada pelos anseios e limites do diretor de uma escavação: a necessidade de escavar em tempo mínimo,

O CENÁRIO

Escavação em Tel Miqne-Ekron: voluntárias medindo o lugar
de elementos distintos no solo para fazer um desenho seccional.
(Neal e Joel Bierling)

talvez com a menor equipe possível, certamente com condições mínimas de vida e recursos limitados, particularmente dinheiro. Este último costuma ditar a direção e a ênfase no campo. A tendência em geral é conceder patrocínio a propostas de escavação com bases multidisciplinares mais amplas[7].

O Exercício Multidisciplinar. A lista típica de descrições de trabalhos numa escavação reflete seu caráter multidisciplinar. Sob a responsabilidade administrativa do diretor das escavações, o arqueólogo-chefe é auxiliado por supervisores de campo com experiência em escavações, os quais, por sua vez, orientam supervisores de quadrículas no campo. Esses líderes têm formação não apenas em arqueologia, mas em antropologia ou alguma outra especialidade. O trabalho principal é conduzido pelos supervisores de quadrícula, seus voluntários e trabalhadores locais. Especialistas estudam a cerâmica. O conservador procura proteger artefatos frágeis com o emprego da química. O epigrafista decifra e interpreta qualquer inscrição. Na estrutura mais recente também é possível encontrar uma equipe de pesquisa trabalhando no tell (a elevação de terra sendo escavada). Nesse segmento da expedição encontram-se o etnógrafo, o geólogo, o osteólogo (que estuda materiais ósseos), o geógrafo e talvez o artista, que por meio de desenhos tenta obter alguma noção de como os antigos viviam. A equipe de pesquisa está preocupada não apenas em mapear a região, mas também em estudar sua ecologia. O paleobotânico talvez esteja à busca de amostras para estudar o horizonte das plantações de grãos e a flora do local.

Um dos administradores pode acumular também a função de coordenar a programação de computadores para registrar a grande quantidade de informações que se acumulam rapidamente na escavação. E sempre há demanda de pessoas para limpar e contar objetos. Geralmente existe necessidade diária de lavar cerâmicas. Se a escavação for grande, cozinheiros, um médico e um administrador de campo são também muito necessários e apreciados. A ordem do dia, portanto, é cooperação multidisciplinar, como nos programas de estudos multidisciplinares, que têm aumentado a presença em nossas universidades. A "Nova Arqueologia" trouxe essa abordagem ao estudo do Antigo Testamento. E isso tudo para melhor. As informações devem ser bem-vindas, não importa quem as forneça.

Ambientalismo, Ecossistemas e Arqueologia. O estudo da região em torno do tell de uma cidade antiga do Oriente Médio agora é valorizado pelos arqueólogos. A geografia e o clima, a geologia e a hidrografia, são todos importantes. Como a cultura de terraço nas encostas dos montes ajuda áreas agrícolas secas? Qual a relação entre duas cidades que dividem a mesma bacia hidrográfica? Quais sistemas e estratégias de alimentação podem ser detectados através do tempo, e.g., nas planícies de Madaba no Jordão? É preciso estudar as oscilações regionais e históricas entre o sedentarismo e o nomadismo desde o sul de Hesbom até Jalul e para o nordeste até Tell el-'Umeiri e Tell Jawa. A região hoje é dedicada ao cultivo de trigo e cevada.[9] Como era o ambiente da região na Segunda Idade do Ferro? Perguntas desse tipo recebem atenção meticulosa.

Dispensa-se cuidado especial aos ecossistemas que guardam as mesmas características microclimáticas, topográficas, geoquímicas e bióticas. "Ecossistema" é definido como a interação de organismos em determinada área.[10] Na busca de informações significativas sobre unidades ecológicas, devem-se considerar elementos como a topografia, a presença ou ausência de água na superfície e no subsolo, os solos, as culturas e as espécies e distribuição da flora.[11] Muito se aprende na arqueologia a partir dos estudos no tell.

As Pressuposições Fundamentais da Arqueologia

A arqueologia *como disciplina* é única em extrair sua informação bruta da terra. De acordo com Lawrence E. Toombs, é um empreendimento humilde que não deve ser disfarçado sob um estilo pomposo como se fosse um ramo da história, da lingüística ou da antropologia. Ainda assim, os arqueólogos devem ser versados em várias áreas afins para interpretar inteligentemente seus achados.[12]

A Informação e sua Recuperação. Primeiro, a arqueologia começa com as intenções dos escavadores. Que tipo de informação os escavadores pretendem recuperar? Isso determina o que farão na terra e com a terra. Segundo, que método de escavação deve ser utilizado? Isso exige controle nas duas dimensões, horizontal e vertical, i.e., as dimensões de espaço e tempo. Como a escavação é tridimensional, o escavador deve estabelecer controle estratigráfico de cada aspecto (camada de solo, parede, cavidade, superfície do solo etc.) na quadrícula da escavação. Técnica e supervisão são essenciais para manutenção desse controle. Um terceiro fator para reforçar o controle é o sistema de registro empregado no campo.[13] O escavador é continuamente afligido pela necessidade de "seguir em frente" com a pá empoeirada e igualmente pela necessidade de manter seus registros. O controle é reforçado pela planta baixa diária, geralmente iniciada no sítio arqueológico e completada na volta ao alojamento. Esse desenho realmente vale por mil palavras. A planta mostra o andamento das escavações a cada vinte e quatro horas e serve como um fichário para o escavador. Uma enorme quantidade de perguntas ronda a mente ao longo de uma escavação. Estudo da cerâmica, manejo das fotografias tiradas no campo, controle dos objetos encontrados em certa quadrícula ou área, monitoramento do número de registro dos achados, busca de literatura para comparar objetos encontrados na escavação — esse é o tipo de tarefa que ocupa as horas de trabalho (e de descanso) do escavador.

Tipos de Informação a Reunir. Os arqueólogos não podem guardar tudo. Mas hoje eles guardam muito mais do que antes no processo de escavação. Uma grande quantidade de cerâmica é mantida, geralmente cacos (fragmentos), e muitos objetos de pedra, osso, argila e metal. O processo de registro, incluindo separação, classificação, acondicionamento, etiquetagem e preparo para transporte de grande quantidade de material, não se completa em poucas semanas. Isso pode levar anos, envolvendo várias pessoas.

A Publicação do Trabalho. Nesse ponto muitos bons estratígrafos da Palestina têm tropeçado. Como separar no papel os fatos compilados na escavação e a interpretação de seu significado? Os sítios precisam ser comparados com outros para obtenção de uma cronologia relativa como base para entender problemas históricos e, depois, horizontes culturais. É muito importante, por exemplo, uma equipe saber que sua Camada A equivale à Camada B de Megido. Outros arqueólogos virão para reavaliar essa ligação. Toombs pergunta: "A publicação final deve tentar ir até o fim ou deixar as conclusões em aberto para que outros continuem o trabalho e critiquem os autores por não fazê-lo? Indubitavelmente a causa da escassez assombrosa de publicações de arqueólogos palestinos está na magnitude desses problemas, mais do que na preguiça ou na falta de interesse".[14] Alguns críticos dessa negligência não são muito bondosos.

Os Métodos de Campo

Como se inicia uma equipe de escavação? Pesquisas preliminares, como a definição do traçado de uma nova rodovia, marcam as áreas para escavação.

A Pesquisa no Tell. Uma das primeiras tarefas ao chegar no sítio nas primeiras horas da manhã é armar o teodolito, instrumento que combina as funções de um trânsito e de um nível. Ele é utilizado para medir elevações (em metros acima do nível do mar) e, como uma câmera fotográfica, apóia-se num tripé. Normalmente coloca-se o teodolito numa superfície razoavelmente plana e miram-se os pontos; isto é, mira-se uma régua manual com a base apoiada no ponto a ser medido, no canto de um muro ou numa grande laje. Então gira-se o aparelho para mirar um ponto de elevação conhecida e fazem-se os cálculos. Para medição eletrônica de longas distâncias utiliza-se hoje um raio *laser* de baixa intensidade refletido num espelho portátil a distâncias de até 200 m.

Uso do Magnetômetro. O magnetômetro é outro avanço eletrônico no trânsito do topógrafo. Ele torna possível a detecção de irregularidades no campo magnético da terra. Quando algo como uma cerâmica é submetido a uma temperatura acima de 600 graus centígrados, suas partículas magnéticas são afetadas. Após o esfriamento há um alinhamento de partículas de acordo com o dia de esfriamento.[15] Portanto é possível detectar uma anomalia no subsolo. Qualquer coisa que tenha sido queimada na antigüidade aparece nos números do computador que o operador do magnetômetro traz junto a si. Às vezes o operador precisa retornar à posição onde fez suas leituras para começar uma série de medições. A ação de manchas solares pode arruinar o trabalho de um dia, obrigando-o a suspender as atividades e tentar novamente no dia seguinte. Dessa forma é possível detectar qualquer camada queimada ou anomalias semelhantes. Esse método pode ser utilizado para estudo preliminar de um sítio. (O autor, por exemplo, participou de uma equipe que mediu dessa forma o Tell Mozan, na Síria, utilizando uma grade de 50 metros quadrados). O radar de penetração no solo fornece resultados semelhantes.

O Radar de Penetração no Solo. Outro método de análise do subsolo é um sistema de radar para sondagem do solo. Um pulso de energia eletromagnética é transmitido para dentro do solo e dali é refletido por qualquer obstáculo subterrâneo para a antena receptora que passa o sinal para um aparelho de gravação. O operador pode ver a transmissão em um monitor colorido, como uma tela de televisão, e "ler" o subsolo. Esses métodos são caros, mas economizam muitas horas de escavação "cega" no campo.

Os Desenhos de Campo. Outro resultado das análises e medições é a preparação de desenhos em escala no campo. Eles acompanham de perto o andamento da escavação e correlacionam-se com o enorme número de fotografias geradas por uma escavação. É preciso algum tipo de prancheta de desenho com um clipe de metal para prender o papel na margem, pois sempre se enfrenta o vento. Este autor usou filme de polietileno em lugar de papel simples e desenhou cortes e plantas baixas de arquitetura da igreja de Petra (1991-92) em escala de 1:20. Os desenhos de campo tornam-se depois ilustrações impressas em relatórios do sítio.

A Estratigrafia. Apesar de avanços técnicos e multidisciplinares, o método-padrão de escavação arqueológica ainda está fundamentado em dois pontos: estratigrafia e tipologia de cerâmica. A estratigrafia é o estudo da deposição seqüencial de restos de ocupação humana em sítios antigos. Cada estrato é analisado e datado por seu conteúdo: cerâmicas, moedas, instrumentos ou outros objetos. Amostras de solo de cada estrato são retiradas para análise. Os arqueólogos sabem quais tipos de grãos os antigos cultivavam e comiam. A estratigrafia é de grande ajuda na reconstrução da história ocupacional de um sítio arqueológico.

Os Métodos Estratigráficos Wheeler-Kenyon. O método estratigráfico Wheeler-Kenyon de escavação recebeu o nome de Sir Mortimer Wheeler e Dame Kathleen Kenyon, que o aperfeiçoaram e estabeleceram entre arqueólogos. Na realidade, o verdadeiro inovador por trás de tais técnicas de campo foi o general Augustus Lane-Fox Pitt-Rivers (1827-1900), que, muito à frente de seu tempo, proporcionou "exatidão a escavações impecavelmente organizadas em suas propriedades no sul da Inglaterra",[16] incluindo plantas e cortes que localizavam qualquer objeto, por mais simples que fosse.

Com a expectativa atual de que a arqueologia deva ser exaustivamente digitalizada, ainda é preciso lidar com as camadas básicas do solo de um sítio e estudar sua cerâmica. Uma vez que a equipe de pesquisa localize os necessários marcos geodésicos no sítio e delimite as quadrículas, o arqueólogo-chefe dá ordem para que se comece. Conforme mencionado acima, um supervisor de campo, o segundo na linha de comando, pode ter de supervisionar quatro quadrículas ao mesmo tempo. O supervisor de quadrícula pode também ter um assistente.

Eles começam no canto mais alto em alguma quadrícula de 5 ou 6 metros, usando uma picareta grande contra a mistura de solo e raízes. Mesmo nos primeiros centímetros do trabalho com a picareta, é possível que algo digno de nota venha à tona, de modo que o escavador está sempre vigilante. Uma vez retirada a camada superficial do solo, estabelece-se o controle horizontal na quadrícula. Há áreas separáveis, cores ou texturas que poderiam receber números

---

Os Períodos Arqueológicos

Neolítico Pré-Cerâmico	8000-6000 a.C.
Neolítico Cerâmico	6000-4000 a.C.
Calcolítico	4000-3200 a.C.
(introdução de instrumentos de cobre)	
Primitivo do Bronze	3200-2000 a.C.
(predominância de instrumentos de cobre)	
Médio do Bronze	2000-1550 a.C.
Posterior do Bronze	1550-1200 a.C.
Ferro I (Primitivo do Ferro)	1200-900 a.C.
(introdução de instrumentos de ferro)	
Ferro II (Médio do Ferro)	900-586 a.C.
Ferro III (Posterior do Ferro ou Persa)	586-330 a.C.
Helênico	330-63 a.C.
Romano	63 a.C.-323 d.C.
Bizantino	323-636 d.C.

---

diferentes de lócus? Um lócus é qualquer aspecto distinto na quadrícula: uma camada de solo, um piso, pelo menos três pedras em linha que possam evidenciar um muro, uma lareira, uma mina ou seu revestimento. A regra é que vários lócus possam ser combinados mais tarde, mas, uma vez assinalados, é impossível separá-los no papel depois de terem sido destruídos no chão, de modo que, como na maioria dos projetos, os primeiros passos são importantíssimos.

O CENÁRIO

Em um depósito pouco profundo, pode-se chegar às rochas maciças rápido demais, em questão de horas. Nesse caso muda-se, isto é, "pula-se" para uma quadrícula adjacente talvez mais frutífera. Por outro lado, pode ser que, depois de vários metros, não haja objetos, nem arquitetura, restando pouco ânimo entre os escavadores: embora não seja uma caça ao tesouro, ainda se mantém a esperança de uma descoberta como recompensa pelo suor! Às vezes, entretanto, a cada movimento da pá, fragmentos de cerâmica saltam para a primeira luz que "vêem" em milhares de anos. O supervisor da quadrícula mantém-se ocupado, em particular quando os trabalhadores locais estão cavando, apenas preenchendo etiquetas de cerâmicas e escrevendo notas no diário. Vários baldes cheios de cerâmica podem sair de uma quadrícula em um dia. Ao final do dia de escavação, todos se encarregam de transportá-los, cheios ou quase cheios, até o ônibus. Não se pode derrubá-los. Caso contrário, o conteúdo ficará contaminado e inutilizado para quem for registrar a cerâmica no alojamento. Não pode haver mistura do conteúdo dos baldes. Um acidente desses pode inutilizar toda a datação de uma camada.

A escavação estratigráfica é razoável em camadas de solo, mas é provavelmente menos importante, digamos, na escavação do interior de um templo com suas ruínas. Se um terremoto derrubou o templo e houve um subseqüente saque aos escombros, haverá poucas camadas valiosas. Mesmo em algo bem comum como o muro de uma cidade, o arqueólogo procura determinar se havia alguma superfície de uso, como o piso de uma cozinha, associado ao muro, por exemplo, adjacente a ele. Ao analisar a superfície do piso, as perguntas seriam: em que fase se deu a construção desse piso, em que fase foi ele utilizado e em que fase foi destruído ou abandonado? Seria bom se restassem moedas nos escombros das construções, pegadas e utensílios de cozinhas inteiros ou pouco amassados (restauráveis!) e uma boa camada queimada, grossa e evidente, indicando a destruição. Mas os resquícios de ocupação podem ser escassos, e a interpretação, muito mais sutil.

O início da manhã é o melhor período para estudar as camadas: na Síria, o sol alto do meio-dia dificulta a visão por causa da claridade (que também estraga o trabalho dos fotógrafos da escavação). Sombras projetadas pelas pedras das bordas cansam ainda mais a vista. Mas com a descoberta das camadas, as cerâmica e os pequenos achados de todos os tipos, inclusive ossos, contas e pedras, são ensacados e etiquetados. As bordas (os quatro lados de uma quadrícula escavada ideal) também são marcados com números de lócus. E tudo é limpo a cada nascer do sol para que o fotógrafo registre não apenas o andamento da escavação, mas também os elementos mais importantes recém-descobertos na terra.

"Ah, você foi à Terra Santa para uma escavação! E o que encontrou?" Quando fazem essa pergunta educada, porém sincera, os escavadores costumam ficar estarrecidos. Ao ouvir essa pergunta habitual, a mente deles retorna aos vários meses, talvez anos, de registros, incluindo os informatizados, de todos os tipos de "achados". Pilões de pedra e almofarizes para moer grãos; um cálice da Idade Média do Bronze; um jarro grande, quase inteiro, que deve ter guardado grãos para um povoado da Idade Posterior do Bronze; uma estatueta de terracota de uma deusa de algum altar de família na Palestina; uma agulha de bronze de uns 10 centímetros usada para consertar roupas; uma pequena placa cuneiforme em acadiano ou ugarítico, evidentemente um documento comercial de uso diário (ou o recibo de imposto de alguém); uma pequena lâmpada doméstica, com um bico amassado numa das pontas (por algum destro!), com um pavio que, mergulhado em óleo e aceso, emitia luz suficiente para que a família chegasse à cama durante a noite; fragmentos de uma panela grande, bem queimada e lustrada, na qual a mãe preparava as refeições da família — essas são peças comuns que por si contam uma história emocionante àqueles que gastam tempo para *observar* a dinâmica de uma cultura antiga.

A Tipologia de Cerâmica. No alojamento, as cerâmicas tem precedência sobre as pessoas! Os baldes devem ser enchidos com água e deixados em repouso durante a hora do almoço e da sesta: nos sistemas do Projeto das Planícies Madaba e Tell Jawa onde o autor trabalhou, lavávamos as cerâmicas de um dia depois das 4 da tarde e estudávamos as do dia anterior, já seca. A cerâmica é estudada por um especialista e, de preferência, por um auxiliar capacitado.

Para o especialista, estudar cerâmica é como olhar uma pilha de relógios de pulso: o diagnóstico de formas de bordas, bases e alças; acréscimos de qualquer tipo (pedras miúdas, palha) na própria massa do barro; polimentos ou falhas; incisões e decorações; vitrificações e o tipo e qualidade do cozimento do barro — tudo conta sua história, permitindo a datação dos fragmentos e, por conseguinte, das camadas de resquícios de ocupação do sítio.

Os Sepultamentos. Os corpos são preservados de várias formas: podem ser desidratados naturalmente, ressecados pelo frio ou embebidos em turfa.[17] Nas Idades do Bronze e do Ferro, os enterros eram realizados em poços de sepultamento. Em geral, os corpos eram colocados em posição vertical dentro de câmaras em forma de sino. Objetos fúnebres acompanhavam o morto. Vê-se um excelente exemplo dessa prática na necrópole Bab edh-Dhra' na Jordânia, no lado leste do mar Morto, datada da Idade do Bronze. No tempo dos romanos, eram comuns os túmulos escavados na pedra; degraus conduziam a uma câmara central com lóculos (áreas de sepultamento) em três ou quatro direções. Os corpos eram colocados primeiramente pelos pés, e a família do falecido ficava no centro da câmara para prestar suas últimas homenagens. Objetos fúnebres de todos os tipos são tesouros para estudo, revelando muito sobre a cultura antiga em geral e, em particular, sobre atitudes em relação à morte e ao além, atitudes algumas vezes surpreendentemente parecidas com as nossas.

Aprimoramentos Israelenses no Método

Há muitos arqueólogos excelentes em Israel, talvez demais para um país com pouco mais de 20000 km². Desde os anos 50, há muitas frentes importantes de atividade. Escavações em sítios já escavados têm sido principalmente domínio de americanos, como Wright em Siquém. Novas escavações, tais como o importantíssimo trabalho de Yigael Yadin em Hazor, têm sido empreendidas em geral por israelenses. Desses empreendimentos distintos surgiram as escolas "americana" e "israelense" de estudo e pesquisa.[18] Por volta de 1982, uma nova geração de arqueólogos israelenses começou a testar o que antes eram suposições. Embora uma variedade de métodos e prioridades esteja representada em suas fileiras, as recomendações metodológicas de David Ussishkin fornecem a base de um resumo proveitoso.[19]

Técnicas de Escavação. 1. Arqueólogos israelenses concentram-se na *qualidade*. O método preferido é a escavação *lenta* e *limitada*. Escave apenas parte do tell, argumentam, no máximo a metade, para que no futuro outros arqueólogos possam conferir o trabalho com métodos melhores. 2. Anson Rainey diz: "revele o máximo possível" (lateralmente). Mas um cuidado com o sentido vertical também está em voga. Ajuda muito utilizar o que há de melhor nos vários métodos: alguns princípios do método Wheeler-Kenyon (em Samaria, Jerusalém, Jericó; mais tarde em Siquém e Gezer; posteriormente em Hesban e Tell el-'Umeiri), trabalhando com os olhos no atentos para o sentido vertical e também para o horizontal. As plantas das seções são *cada vez mais importantes* para determinar a estratégia de escavação, interpretar os achados e publicar os resultados.

O Método Arquitetônico. Muitos dos novos métodos surgiram do "método arquitetônico", desenvolvido em Israel a partir do trabalho de Yadin em Hazor na década de 50. A idéia é estudar unidades arquitetônicas completas, a sala inteira, não apenas uma parte dela. No processo de restauração, destacam-se os recipientes cerâmicos inteiros retirados de níveis de destruição. Um bom exemplo recente do método arquitetônico é a escavação da Igreja Bizantina de Petra, na

Jordânia, em 1992-93, sob a direção de Pierre e Patricia Bikai. O supervisor de campo, Z. Fiema, deixou uma "borda intacta", parte de uma quadrícula para que turistas vissem a terra que caiu/erodiu dentro da igreja após a destruição. Paredes internas da igreja foram preservadas a uma altura de cerca de 2 metros. Uma basílica com abóbada tripla, plataforma, nave e átrio, apresenta belos mosaicos de motivos florais e animais nas duas naves laterais.[20] Um empreendimento semelhante, embora gigantesco, é o de Martha Joukowsky no Templo Sul de Petra. Espera-se que surja uma enorme quantidade de informações muito interessantes nesse complexo de um templo nabateu, atualmente em escavação.

A separação da cerâmica de acordo com o estilo e a composição é de valor incalculável para a datação do material arqueológico. *(J. R. Kautz)*

3. Com respeito à cerâmica e aos artefatos, diz Ussishkin, a ênfase deve estar no estudo tipológico e na publicação de formas completas de recipientes, em vez de pequenos fragmentos aleatórios.

O Método Regional. Outra tendência da arqueologia israelense é escavar um tell central em combinação com o estudo de seus arredores. Esse método regional prolonga o trabalho, potencialmente por vários anos. Exemplos são os trabalhos feitos em Beer-Sheva, Yokneam, Tel Michal, Tel-Aphek e Tel Lachish (e na Jordânia em Tell Heshbon, Tell el-'Umeiri, Tell Jawa e outros lugares).

O CENÁRIO

     É difícil imaginar a arqueologia na Terra Santa no período bíblico dissociada do Antigo Testamento e das fontes e registros históricos, em suma, do "ambiente bíblico", o primeiro motivo que atraiu muitos para esse campo. O próprio Ussishkin não consegue imaginar um trabalho em Laquis que não leve em conta as fortes ligações históricas e bíblicas do sítio. Essas ligações são compreensivelmente emocionais e constituem grande parte da motivação de arqueólogos israelenses, apesar de se distanciarem das antigas formas de arqueologia "bíblica". O interesse especial pelo período bíblico não significa, é claro, que o escavador negligencie achados calcolíticos (pré-bíblicos) e islâmicos (pós-bíblicos). Os arqueólogos israelenses estão tentando, técnica e profissionalmente, desenvolver um trabalho de campo, mas não podem deixar de ser influenciados por interesses históricos e bíblicos.[21]

Técnicas Modernas de Datação

     A Radiocronometria. O que antes era chamado "datação por Carbono 14" é conhecido hoje como "radiocronometria". Essa técnica de datação baseia-se no fato de que os isótopos radiativos desintegram-se com o passar do tempo. Os isótopos usados em arqueologia têm meia-vida (tempo necessário para uma quantidade do isótopo em questão ser reduzida à metade) de vários milhares até mais de um milhão de anos. O mais conhecido, o carbono 14 (C-14), tem meia-vida de 5.730 anos. A quantidade de radioatividade restante estabelecerá o tempo decorrido desde a morte do objeto a ser datado. Entretanto, a taxa de produção de C-14 não é sempre uniforme, como se vê em comparações com dados baseados em, digamos, datação por anéis de árvores (dendrocronologia). Porém, o método (proposto em 1946 por William F. Libby) facilitou a formação de uma sólida estrutura cronológica em numerosos casos, provocando assim um importante avanço nas técnicas arqueológicas.[22]

     Datação por Potássio-Argônio (K/Ar). Esse método de datação pode ser usado em minerais nas rochas. O potássio 40 (K-40) decompõe-se em argônio (A-40), sendo que a meia-vida do isótopo K-40 é de 1,3 bilhões de anos. Pressupõem-se condições uniformes através do tempo na utilização do método. A datação por potássio-argônio é empregada em antropologia para datar adjacências de fósseis de hominídeos primitivos.[23]

     Termoluminescência. Desde que tenham sido submetidos ao calor, a cerâmica, o sílex e o vidro podem ser datados por termoluminescência. Aquecidos no laboratório, esses materiais emitem uma luz que varia de intensidade de acordo com a quantidade de radioatividade a que foram expostos desde seu último aquecimento. O método é amplamente empregado para datar cerâmicas e peças de sílex.[24]

As Aplicações da Arqueologia

As Limitações da Arqueologia. A arqueologia não prova nem provará a exatidão da Bíblia. Em sua maior parte os arqueólogos serão os primeiros a reconhecer isso. Na maioria dos casos, a própria arqueologia é muito imprecisa como ciência, não permitindo confirmação do relato bíblico. O fato de que praticamente todas as conclusões dos arqueólogos são dedutivas e, portanto, provisórias significa que é preciso empregá-las com grande cuidado. Declarações arqueológicas estão sujeitas a modificações trazidas por novas evidências. Os objetos relevantes de investigação são antigos, distantes, mudos e geralmente fragmentados. Nossas melhores técnicas, cuidadosamente aplicadas, conseguem reconstruir apenas uma fração do mundo material e menos ainda da mentalidade, do espírito e do etos do povo cujo hábitat invadimos com pás e picaretas.

Vários fatores indicam que, sozinha, a arqueologia é inadequada como base sobre a qual montar nossas reconstruções da história.[25] Primeiro, a menos que se descubram inscrições ou textos de algum tipo, é impossível acumular informações específicas sobre acontecimentos e pessoas. Objetos e estratos podem dar indicações gerais do tipo de vida em certo sítio, mas muito pouco além disso.[26] E o solo da Palestina, em contraste com os palácios e tumbas da Mesopotâmia e do Egito, tem sido particularmente avarento no que tange à concessão de material com inscrições, com exceção única dos Manuscritos do Mar Morto, de data muito recente, e que por isso não ajudam muito historiadores de períodos mais antigos.

Em segundo lugar, uma vez que poucas inscrições sobreviveram, todas as provas recuperadas devem ser interpretadas. Fragmentos de cerâmica não se classificam automaticamente nem anunciam sua tipologia. As camadas não vêm com etiquetas. Os arqueólogos precisam organizar essas informações e inferir seu significado. Essa tarefa não é inteiramente objetiva e pode ser desempenhada de forma muito diferente por vários intérpretes, dependendo de suas preocupações teóricas, incluindo suas opiniões sobre os relatos bíblicos. Um arqueólogo fala da experiência de tocar, ver e até degustar uma amostra de cinzas. A experiência, observa, "não é história até eu falar dela ou escrever sobre ela para alguém". Ainda assim, esses passos implicam interpretação. A amostra de cinzas vem de "ruínas demolidas" ou de "ruínas queimadas"? Ela representa uma destruição abrangente do sítio ou a lareira ou lixeira do quintal de alguém? Tais classificações transformam informações específicas em "conceitos gerais" e iniciam "o processo criativo da historiografia".[27]

Terceiro, as informações disponíveis por meio da arqueologia são parciais e mutáveis. Nem todos os sítios foram identificados, e alguns podem ter sido identificados erroneamente. Além disso, nenhum sítio foi completamente escavado e, mesmo que a escavação tenha sido cuidadosa, a maior parte de seus restos materiais não sobreviveu. Novas informações mudam constantemente o cenário, fazendo com que a maioria das conclusões de uma época seja mantida em caráter provisório, à espera de informações complementares.

No que diz respeito aos estudos bíblicos, a arqueologia desempenha um papel valioso, mas apenas parcial na tarefa de interpretação. Ela serve mais como auxílio aos estudos literários e teológicos. Dá-lhes vínculo com a realidade e pode contribuir com imensas quantidades de detalhes para suas pesquisas.

As Contribuições da Arqueologia. Estudiosos da Bíblia fazem bem em deixar os arqueólogos siro-palestinos prosseguirem seu trabalho sem a pressão de ter de ligar suas descobertas às Escrituras. Já que as descobertas da arqueologia devem ser mescladas com outras disciplinas bíblicas, talvez seja melhor ver a arqueologia bíblica como um empreendimento mais bíblico do que estritamente arqueológico. "É responsabilidade dos estudiosos da Bíblia, não dos arqueólogos, trazer à tona provas materiais pertinentes e aplicá-las à Bíblia."[28]

A contribuição da arqueologia para os estudos bíblicos varia de período a período nas narrativas das Escrituras. (1) Na História Primeva de Gênesis 1–11, as maiores contribuições até o momento são a descoberta de textos mesopotâmicos que se referem à criação e a uma grande inundação, juntamente com relações arquitetônicas entre os zigurates babilônicos e a Torre de Babel. (2) Os ambientes das histórias patriarcais têm sido um pouco esclarecidos pelo conhecimento da vida na Mesopotâmia e no Egito durante as Idades do Bronze Primitiva e Média.[29] As práticas sociais e religiosas de Abraão, Isaque e Jacó podem ser interpretadas sob a luz dos cenários conhecidos do período, incluindo o quadro das cidades-estados em Canaã. (3) Como indica o capítulo 4, há correspondência considerável entre a narrativa do Êxodo e o que sabemos do período de Ramessés no Egito, embora haja muito mais informações que ainda não conhecemos e que provavelmente não teremos como conhecer. (4) Os períodos da conquista com Josué e da fixação na terra com os juízes fornecem informações substanciais, mas resultados heterogêneos. Em alguns sítios as escavações parecem comprovar as narrativas bíblicas, enquanto em outros levantam dúvidas.[30]

(5) Nesses períodos, assim como nas primeiras décadas da monarquia sob Saul, Davi e Salomão, duas estratégias inter-relacionadas parecem necessárias. Primeiro, precisamos incentivar explorações e pesquisas arqueológicas mais profundas. Ainda há muito que aprender. O grupo ávido e capaz de arqueólogos israelenses irá sem dúvida abrir caminho para esses empreendimentos, incluindo a delicada tarefa de escavar os níveis pertinentes em Jerusalém. Em segundo lugar, mas igualmente importante, os estudiosos da Bíblia precisam usar todos os métodos possíveis de interpretação bíblica para tentar trazer novos esclarecimentos sobre o modo pelo qual a história foi registrada nas Escrituras. Conflitos e contradições podem surgir de ambos os lados. Alguns estudiosos podem ler erroneamente o solo e seu conteúdo, enquanto outros interpretam de forma errada o texto em seu estilo, gênero e intenção. É preciso que uma luz brilhe nas duas extremidades do túnel para que possamos ler corretamente o passado.

(6) Os períodos da monarquia dividida e a última fase de independência de Judá (séculos IX a VI) são sem dúvida os mais bem documentados na história do Antigo Testamento. A abundância de registros assírios e babilônicos esclarecem dezenas de detalhes dos livros de Reis e dos profetas desde Amós até Jeremias. Ao mesmo tempo, a evidência arqueológica de Israel e Judá, Amom e Moabe é riquíssima de informações não disponíveis para os períodos anteriores. Um rápido olhar sobre os dois importantes estudos de Philip King despertará alegria e curiosidade na mente de todos os que amam as Escrituras e querem entendê-las a partir do próprio tempo e contexto delas.[31] Até mesmo grandes nomes da Nova Arqueologia saúdam o trabalho de King como um exemplo notável de como o texto e os vestígios arqueológicos devem ser agrupados. O comentário de Dever talvez encerre bem esta discussão: "O 'ambiente da vida real' que King estabelece tão convincentemente para muitas passagens difíceis ou enigmáticas em Jeremias torna mais dignos de crédito um texto após o outro [...] Isso é o que deveria ser, o tempo todo, o tão discutido movimento da 'arqueologia bíblica': um *diálogo bem-informado* entre a descoberta arqueológica e o texto".[32]

Nas páginas a seguir oferece-se um panorama de dez dos principais sítios arqueológicos, incluindo para cada um deles um resumo de sua importância, dos aspectos especiais e das escavações importantes neles já realizadas.

Ascalom

Importância

- Mencionada em Textos de Execração Egípcios, cidade importante em MBII.
- Destruída no tempo da "expulsão dos hicsos".
- Sob domínio egípcio durante PB (cf. Textos de Amarna, 320-326, 370).
- Rebelou-se contra Meneptá, c. 1207, conforme relatado na Estela de Israel.
- Filisteus chegam em c. 1175.
- Registrada no AT como uma das Pentápolis filistéias (Js 13.3; 1Sm 6.4, 17).
- Também mencionada na elegia de Davi pela morte de Saul e Jônatas (2Sm 1.20).

Ascalom, da Segunda Idade Média do Bronze-A, importante porto no Mediterrâneo também localizada junto ao Caminho do Mar.
(Neal e Joel Bierling)

- A partir da invasão de Tiglate-Pileser na Filístia em 734, Ascalom foi tributária da Assíria até fins do século VIII. Sua rebelião e aliança com Ezequias de Judá foi derrotada por Senaqueribe em 701, sucedido por Esar-Hadom e Assurbanipal.
- Após a Assíria e o Egito, os babilônios sob Nabucodonosor assumiram o controle em 604.
- Sob os persas, Ascalom tornou-se cidade tíria.

Aspectos Arqueológicos

- Evidência de ocupação entre os períodos Calcolítico e Mameluco.
- Enorme sistema de fortificação constituído de trincheira com cerca de 2 km de comprimento ao redor da cidade.
- Rampa (baluarte) de MBIIA-C construída para proteger a cidade. Expandiu-se para c. 150 acres no período MB, uma das maiores cidades de Canaã e da Síria.
- Escavações limitadas sobre PB, mas a dominação filistéia em Ferro I de c. 1175-604 está bem documentada em cerâmica, saltando do estilo monocromático micênico IIIC:1 para a louça bicromada filistéia. A cerâmica fenícia de Ferro II foi parte de uma seqüência de ocupações contínuas do século X ao VII.

Localização

- Na costa mediterrânea, cerca de 63 km S de Tel Aviv e 16 km N de Gaza
- Possui bom solo e lençóis freáticos.
- Boa localização para agricultura e comércio marítimo.

Escavações Importantes

1921-22 J. Garstang e W. J. Pythian-Adams.
- P-A descobriu a Ascalom das Idades do Bronze e do Ferro e indícios estratificados de cultura filistéia.

1985-presente L. Stager para o Harvard Semitic Museum.
- Seqüências culturais do quarto milênio até o século XIII d.C.

Gezer

Importância

- Primeira menção de Gezer nas paredes do Grande Templo de Amom em Karnak durante o reinado de Tutmés III (c. 1490-1436).
- Proeminente no período de Amarna; dez cartas atestadas por três reis de Gezer.
- Famosa Estela de Meneptá (c. 1207) relata Israel destruído, Gezer capturada.
- Mencionada na Batalha de Maquedá no vale de Aijalom (Js 10.33; 12.12).
- Concedido a Efraim (Js 16.3, 10; Jz 1.29; 1Cr 6.67; 7.28).
- Cidade levítica (Js 21.21).
- Mencionada nas campanhas de Davi contra os filisteus (2Sm 5.25; 1Cr 14.16; 20.4).
- Dada a Salomão, dote do casamento com a filha do faraó (1Rs 9.15-17).
- Fortificada por Salomão como Megido, Hazor e Jerusalém.

Torre da Idade Média do Bronze em Gezer, nos contrafortes da Judéia.
(Neal e Joel Bierling)

- Relevo de Tiglate-Pileser III (c. 745-728) em Ninrode retrata o cerco da cidade chamada *Ga-az-ru*, sem dúvida Gezer, durante a campanha da Assíria na Filístia, 734-733.
- Importante no período macabeu (1Mc 9.52; 13.43-48, 53).

Aspectos Arqueológicos

- Líticos, cerâmica calcolítica, do século XXXIV.
- Cidade não fortificada em PBI e II, indicando relativa falta de notoriedade.
- Expansão máxima em MBII.
- Cidade ainda não fortificada, mas moradias bem planejadas com excelente piso de argamassa.
- Abundância de cisternas escavadas na pedra, cheias de água corrente natural.
- Zênite do poder no período MBIIB-C, primeiras fortificações.
- Muralha interna visível por cerca de 400 m ao redor do tell.
- Talvez cerca de 25 torres de defesa.
- Grande muralha interna com 4 m de espessura preservada até uma altura de 4,5 m.
- Rampa, ou baluarte, adicionada, alternando aterros bem compactados de entulhos retirados do tell e greda recém-extraída, coberta com uma grossa camada de argamassa.
- Lugar alto notável descoberto por Macalister incluía uma linha de dez monolitos, alguns com altura superior a 3 m, erigidos em linha norte–sul bem dentro da muralha interna na área central-norte do tell. Agora identificado como de MBIIC.
- Interpretação cultual ou diplomática discutida, talvez em ligação com uma cerimônia de renovação de aliança ou com uma liga de tribos ou de cidades-estados (cf. Êx 24.1-11).
- PBI pouco representada; abandono parcial pode ter-se seguido à destruição de Tutmés.
- Gezer experimentou um renascimento no começo de PBIIA (c. século XIV), sem dúvida ligado ao período Amarna, quando Canaã estava sob domínio egípcio.
- Macalister desligou a passagem de água de seu contexto, de modo que não pode ser datada.
- Com um túnel inclinado de 45 m de comprimento, pode pertencer a Ferro II, como Hazor, Megido e Gibeão.

O CENÁRIO

- Hiato parcial na ocupação bem no final do século XIII e início do XII. Tenta-se ligá-lo à destruição ordenada pelo faraó Meneptá, c. 1207.
- O sítio pode ter sido parcialmente destruído e abandonado antes da chegada de povos do mar no início do século XII.
- Em Ferro I, período filisteu em Gezer bem atestado (Camadas XIII a XI).
- A arquitetura após camadas filistéias tornou-se muito mais pobre.
- Sítio destruído violentamente, o que pode ser sincronizado com as campanhas do faraó egípcio que, segundo 1Rs 9.15-17, "tomara Gezer e a queimara a fogo" antes de cedê-la a Salomão, provavelmente em c. 950. (Diz-se que esse faraó seria Siamun, da XXI Dinastia, mas é incerto de acordo com evidências atuais.)
- Ferro II: o primeiro nível israelita em Gezer é a Camada VIII.
- Portão principal excepcionalmente bem construído, com fundações em salas de guarda chegando a 2 m abaixo da superfície e alvenaria fina nos umbrais.
- Com Salomão, Gezer pode ter sido apenas um centro administrativo simbólico.
- Uma destruição pesada na área do portão encerrou a Camada VIII, provavelmente por obra de Sisaque (Sheshonk), c. 924.
- Na Camada VII, portão salomônico reconstruído, mas destruído pela Camada VI, provavelmente por Tiglate-Pileser III nas campanhas assírias de 733-732.
- Alças de jarras reais de c. do tempo de Josias (640-609) são confirmadas, quando Gezer era parte do reino de Judá. O portão sofreu severa destruição pelo que deve ter sido a invasão babilônica de 587-586.
- Gezer foi queimada, resultando numa lacuna histórica significativa durante a maior parte do período persa, que leva a história ao final do Antigo Testamento canônico.
- O período helênico viu atividade considerável em Gezer.
- Marcos romanos colocados pelo proprietário da área.

Localização

- Tell Jezer, monte de mais de 13 hectares, 8 km SSE de Ramleh. C. Clermont-Ganneau fez a primeira identificação do sítio em 1871.
- Localizada nos últimos contrafortes da cordilheira judaica, descendo

para encontrar Sefelá ao norte. Quase 360 graus de visão para vigilância.
- Junto ao entroncamento da via principal que leva a Jerusalém ramificando-se a partir da Via Maris.
- Boas fontes subterrâneas e campos férteis para agricultura.

Escavações Importantes

1902-9 R. A. S. Macalister
- Durante o período de noções primitivas de estratigrafia.
- Escavou valas até o leito de pedra, descarregando ao mesmo tempo restos de cada vala em uma nova.
- Material publicado por categorias: por exemplo, todos os sepultamentos juntos e não por períodos cronológicos, de modo que bem poucos objetos podem ser ligados a camadas.

1964-90 Hebrew Union College Biblical and Archaeological School, mais tarde Nelson Glueck School of Biblical Archaeology, sob direção de: 1964-65 G. Ernest Wright; 1966-71 W. G. Dever; 1972-74 J. D. Seger; 1984, 1990 W. G. Dever.
- Esclareceu muito do tell, redatando Macalister.
- Expôs muros, portões, outros elementos arquitetônicos.
- Esclareceu o horizonte cerâmico, incorporando novos métodos.[1]

Nota

1. W. G. Dever, "Gezer", *NEAEHL*, 2:496-505.

Hazor

Importância

- Textos de Execração egípcios dos séculos XIX-XVIII contêm a mais antiga menção de Hazor, um importante centro comercial.
- Textos de Amarna babilônios do século XIV falam de 'Abdi-Tirshi, rei de Hazor, envolvido em controvérsias políticas e planejando unir-se aos habiru. Estes últimos eram párias e nômades que saqueavam aldeias fixas.[1]
- "Jabim, rei de Canaã, que reinava em Hazor" (Jz 4.2), era líder de uma confederação de cidades-estados cananéias que lutou contra Josué nas "águas de Merom" (Js 11.7). Josué, conforme registrado, "a Hazor queimou" e apenas a Hazor (11.10-13).
- Outros sítios na Colina Central não possuem, porém, restos de destruição semelhante no período PB, deixando Hazor como caso isolado.

Área A no centro da cidade alta de Hazor, com o portão e o muro salomônicos e um depósito com pilares datado do século IX a.C.
(Departamento de Antigüidades de Israel)

- O interesse principal nessa passagem é a glosa do compilador ou editor, que procura explicar por que só Hazor foi alvo do ataque de Josué.² Toda a longa controvérsia quanto à falta de acordo entre Josué e Juízes sobre a conquista é um pouco amenizada por conclusões arqueológicas de que a conquista, qualquer que fosse, teria levado cerca de 100 anos. Veja escavações de Usshishkin em Laquis.³
- 1Reis 9.15 afirma: "A razão por que Salomão impôs o trabalho forçado é esta: edificar a casa do Senhor e a sua própria casa, e Milo, e o muro de Jerusalém, como também a Hazor, e a Megido e a Gezer...". Yadin comenta: "Em toda a saga da arqueologia bíblica, há poucos casos em que tanto se deve a tão poucas palavras, e um dos assuntos mais empolgantes abordados nos capítulos seguintes é como esse versículo de Reis nos ajudou em nossas escavações em Hazor, assim como em Megido e Gezer".⁴
- Salomão reconstruiu ou refortificou Gezer, Megido, Hazor e outros lugares.
- Destruída por Tiglate-Pileser III da Assíria, c. 733, durante o reinado de Peca (2Rs 15.29).

Aspectos Arqueológicos

- A Cidade Baixa. Vasta área de 68 hectares ocupada desde o século XVIII até o XIII. A área C apresentou o "templo de estelas", um edifício que continha, entre outras, uma estela de basalto representando duas mãos erguidas em oração voltadas para um crescente e um círculo. Essa área foi destruída no século XIII, na época do assentamento israelita, e não foi reconstruída.⁵
- O tell da Cidade Alta. Cerca de 10 hectares, o próprio tell forneceu 21 camadas do Bronze Primitivo II ao Período Helenístico dos séculos III e II.

Localização

- Grande cidade dos períodos cananeu e israelita na alta Galiléia. Recebe os nomes árabes de Tell el-Qedah e Tell Waqqas.
- Está cerca de 13 km ao N do mar da Galiléia.

O CENÁRIO

Escavações Importantes

1928 Garstang
- Sondagens experimentais, não publicadas em detalhe.
- Datou uma destruição em 1400.

1955-58, 1966-69 J. A. de Rothschild Expedition, dirigida por Y. Yadin.
- Yadin relatou que não se sabia muito sobre a parte *norte* de Israel quando começou em Hazor; era quase como iniciar um novo campo. Sua atenção voltou-se para Hazor por causa do importante papel desempenhado pela cidade na história do país nos tempos bíblicos. Ele tinha condições de reconstruir a história de Hazor a partir de documentos históricos e então confrontar suas teorias com os resultados da escavação, uma situação empolgante no exercício da arqueologia.[6]

Notas

1. Y. Yadin e A. Ben-Tor, "Hazor", *NEAEHL*, 2:594.

2. Y. Yadin, *Hazor: the rediscovery of a great citadel of the Bible* (New York, 1975), p. 12.

3. D. Ussishkin afirma: "[Laquis] pode ter sido a maior cidade de Canaã depois da destruição de Hazor no século XIII a.C." ("Lachish", *NEAEHL*, 3:899).

4. Yadin, *Hazor*, p. 13.

5. J. M. Hamilton, "Hazor", *ABD*, 3:87-88.

6. Yadin, *Hazor*, p. 11.

Hesbom

Importância

- Tradicionalmente identificada com a atual Tell Hesban no Mishor Jordaniano (Planalto).
- Primeira referência bíblica em Números 21.21-30 (cf. Dt 2.16-37) à cidade de Seom, rei dos amorreus, com um reino estendendo-se do rio Jaboque para o sul até o Arnom (Js 12.2). A fronteira com os moabitas mudava freqüentemente, dificultando a interpretação de alusões geográficas (cf. Jz 11.12-28).
- Não há ocupação antes de 1200; logo, não colabora para uma data remota do Êxodo. Permanecem dúvidas. O nome do sítio mudou? Os amorreus teriam sido semi-nômades no tempo do Êxodo, não

Arqueólogos preparando-se para erguer um mosaico da abside de uma igreja do século VI d.C. em Hesbom. *(Avery Dick, Heshbon Expedition)*

deixando nenhum vestígio material? A história é anacrônica?
- Cidade concedida a Rubem na conquista de Canaã; depois a Gade (cf. Nm 32.1-5; Js 21.34-40).
- Pedra Moabita do século IX menciona Medeba, Nebo e Jasa como moabitas; Hesbom devia estar incluída no território do rei Mesa.
- A localidade parece pertencer a Moabe em Isaías 15.4; 16.8-9; Jr 48.2, 34-35, mas deve ter retornado ao controle amonita em Jeremias 49.3.
- Importante sítio nos períodos helenístico, romano e bizantino.[1]

Aspectos Arqueológicos

- 19 camadas separáveis descobertas, datadas de 1200 a.C. a 1500 d.C.
- Idade do Ferro permanece fragmentada, porque habitantes posteriores removeram de maneira indiscriminada o topo do tell. Cerâmica datada do período do Ferro II/Persa lançada em um reservatório revestido de argamassa, 17,5 m no lado L, 7 m de profundidade, que poderia ser a "piscina de Hesbom", mencionada em Cantares 7.4.
- Óstracos amonitas encontrados em um reservatório indicam controle amonita do sítio nos séculos VII-VI; por exemplo, óstraco 4, documento para distribuição de suprimentos e dinheiro aos oficiais da corte.[2]
- A cidade do período do Ferro II/Persa tinha planejamento de governo central (a julgar pela presença do reservatório), em uma área de cultivo misto, incluindo pequenas árvores e vinhas.[3]

Localização

- Tell de 6 hectares com elevação de c. 900 m, com boa visibilidade defensiva.
- Na borda do planalto jordaniano, elevando-se acima da região agrícola da planície de Madaba, com o vale do Jordão e o mar Morto a O e o deserto a L.
- Cerca de 59 km L de Jerusalém, 19 km SO de Amã, 8 km N do monte Nebo.
- Junto à "Estrada real", via de transporte NS de 4000 anos através da Jordânia (cf. Nm 20.17).

ARQUEOLOGIA

Escavações Importantes

1968-1976 Andrews University Heshbon Expedition, dirigida por S. H. Horn (1968-73) e L. T. Geraty (1974-76)
- Descobriu uma aldeia do Ferro I.
- Desenterrou forte e reservatório possivelmente do Ferro II, talvez obra de Mesa, na tentativa de fortificar sua fronteira contra Israel.
- Encontrou cemitério a SO com tumbas romanas.
- Conduziu importante projeto de pesquisa regional (D. Waterhouse, R. Ibach).[4]

Notas

1. L. T. Geraty, "Heshbon", *NEAEHL*, 2:626-27.

2. F. M. Cross, "Ammonite ostraca from Heshbon", *Andrews University Seminary Studies* 13 (1975): 1-20.

3. Geraty, "Heshbon", p. 627-28.

4. Cf. R. D. Ibach Jr., *Hesban 5: Archaelogical survey of the Hesban region* (Berrien Springs, 1987).

Jericó

Importância

- Monte chamado Tell es-Sultan, muito erodido hoje, foi a Jericó do AT.
- Josué enviou espias à cidade (Js 2).
- Israelitas marcharam em torno de Jericó até que os muros caíssem (Js 5.13–6.23).
- Tornou-se cidade benjamita (Js 16 e 18).
- Controlada por moabitas sob Eglom (Jz 3).
- Sede de uma escola de profetas (2Rs 3.4-5, 15).

Aspectos Arqueológicos

- Sítio neolítico fascinante, de grande importância.
- Últimas construções de MB destruídas pelo fogo, possivelmente ação dos hicsos retornando do Egito, c. 1560.
- Sítio de PB abandonado durante a maior parte do século XV, reocupado

Pedra neolítica em Jericó (c. 8000-7000 a.C.), a mais antiga cidade murada do mundo.
(Neal e Joel Bierling)

logo após 1400 e abandonado novamente na segunda metade do século XIV (portanto, não há apoio para a data de 1445 para o Êxodo).
- Cerâmica de PB certamente posterior a 1400-1380.
- Sítio destruído novamente, mas não antes do século XIII (portanto, sem apoio para as datas de 1290 ou 1234 para o Êxodo).[1]

Localização

- Tell el-Sultan, Jericó do AT, c. 1,9 km do atual oásis er-Riha, exatamente a NO do mar Morto.

Escavações Importantes

1907-9, 1911 Sellin e Watsinger
- Interpretou grande parte do muro de arrimo como do Ferro II. Agora sabe-se serem do MB.
- Datou casas a SE do tell nos séculos XI a IX.

1932-1936 John Garstang
- Relatou ter encontrado muros da destruição de Josué.
- Datação parcialmente não-confiável em razão de técnicas primitivas de escavação na época.

1952-1958 Kathleen Kenyon
- Utilizou forma aprimorada dos métodos de escavação tridimensional de Wheeler-Kenyon.
- Abriu túmulos desde AB até o período romano.
- Escavou três trincheiras importantes.
- Demonstrou que os supostos muros de PB na Cidade D de Garstang, que ele associou com a destruição de Jericó liderada por Josué (Js 6.24), foram datadas de forma errada; mais tarde apresentadas por Kenyon como duas fases sucessivas do muro da cidade de AB.
- Canaã pobre, na maioria sem muros, em PB, pela força da XVIII Dinastia egípcia e expulsão dos hicsos.[2]

Notas

1. K. Kenyon, "Jericho (Tell el-Sultan)", *NEAEHL*, 2:680.
2. T. A. Holland e E. Netzer, "Jericho", *ABD*. 3:736.

Jerusalém

Importância

- Textos de Execração Egípcios (séculos XX-XIX), cartas de Amarna (século XIV) e inscrições de Senaqueribe (século VII) mencionam Jerusalém. Forma abreviada, Salém, em Gênesis 14.18 e Salmos 76.2 também parece antiga.[1]
- Difícil traçar a história de Jerusalém antes de Davi, em parte porque a área está construída, impedindo escavações. A cidade surgiu no contraforte SE abaixo do local que mais tarde seria o Monte do Templo.
- Cerâmica da Idade do Bronze encontrada em várias áreas. Cartas de Amarna falam de domínio egípcio sobre cananeus nativos. "A Terra de Jerusalém" nessa conjuntura da metade do século XIV é mais uma região do que um ponto exato no mapa.
- "Jebuseus"[2] habitaram Jerusalém antes de Davi (cf. Ez 16.3).
- Termo "o Araúna" também pertinente. Basicamente pode ser uma palavra hurrita, *ewrine* ("senhor"), encontrada em hitita e ugarítico. Ligados aos hititas, os jebuseus controlaram a terra de Jerusalém durante os séculos XII-XI a.C.[3]
- Cidade de Davi e Monte do Templo: Davi tomou Jerusalém dos jebuseus no início de seu reinado (2Sm 5.6-9), embora 1Crônicas 11.4-7 dê crédito a Joabe. Jebuseus viveram com benjamitas em Jerusalém (Jz 1.21). Davi transferiu a sede do governo de Hebrom para Jerusalém, a Cidade de Davi. Davi "foi edificando a cidade em redor, desde Milo completando o circuito" (1Cr 11.8; 2Sm 5.9). "Milo" pode ser referência a terraços do aclive L ao contraforte SE que formavam muros de arrimo para estruturas acima. Achados do período foram publicados por K. M. Kenyon e Y. Shiloh. Davi trouxe a Arca para Jerusalém, quando a cidade tornou-se capital, mas Jerusalém tornou-se sagrada depois de Davi. O Monte Moriá, onde Abraão construiu seu altar (Gn 22), era chamado "o Senhor proverá". Aqui Davi comprou a "eira de Araúna, o jebuseu" e construiu seu altar, que mais tarde se tornaria local do Templo de Salomão, no lugar do altar de Abraão. No período cristão, pode-se notar que a Igreja do Santo Sepulcro, um lugar onde o Senhor também "proveu", está em proximidade visual desse lugar sagrado.

Muros da cidade da Idade Média do Bronze no monte Ofel (2000-1500 a.C.); vestígios do período asmoneu (141-137 a.C.) podem ser vistos no topo.
(Neal e Joel Bierling)

- Templo Real e o Palácio Real: construção da acrópole de Jerusalém, inclusive Templo e palácio real, iniciou-se após a morte de Davi. Estilo tírio e planta típica das cidades reais neo-hititas e araméias. Todo o projeto tomou cerca de vinte anos de trabalho. O Templo foi construído durante os primeiros sete anos. Os prédios do palácio incluíam o próprio palácio, a Casa da Filha de Faraó, a sala do trono, o Salão de Colunas e a Casa da Floresta do Líbano; os últimos foram construídos ao longo de treze anos. Havia também mercados de comércio internacional por perto, abarrotados como acontece hoje na Cidade Velha.
- Cidade de Judá: o Templo continuou como centro do sentimento nacional e religioso do povo durante a monarquia dividida. Influências estrangeiras — fenícias, depois araméias e então assírias — causaram impacto na vida de Jerusalém. Reis de Judá deram atenção à área do Templo, principalmente Josafá, que estabeleceu "a alguns dos levitas e dos sacerdotes e dos cabeças das famílias de Israel" (2Cr 19.8) em um tipo de alta corte em Jerusalém. Joás fez reformas no Templo e nas fortificações da cidade. Uzias e Jorão reforçaram as defesas da cidade contra a ameaça assíria. Ofel, construída entre o palácio real e a Cidade de Davi, constituiu-se nova cidadela. Depois da ruína do reino do norte de Israel, Ezequias de Judá ganha uma disputa entre a Assíria ao

norte e o Egito ao sul, culminando em seu notável projeto envolvendo o desvio subterrâneo da fonte de Giom para o sul até o Tanque de Siloé (2Cr 32.30).
- Mesmo o "mau" rei Manassés foi instrumento para fortificação de Jerusalém. Josias alcançou maior destaque na resistência à Assíria.
- Sob Josias a cidade murada de Jerusalém incluía Mactés (aparentemente no Vale de Tiropeão) e o Mishneh na colina ocidental. Foi Josias quem deu ênfase à adoração no santuário central em Jerusalém.
- O Templo foi destruído em 586 a.C. pelos babilônios, mas Jerusalém continuou sendo o ponto de referência dos judeus, tanto dentro como fora das fronteiras do país.
- Ciro da Pérsia, em 538 a.C., permitiu que os judeus retornassem à sua terra, onde começaram a construir um Segundo Templo.

Aspectos Arqueológicos

- Y. Shiloh pesquisou a história estratificada de Jerusalém do Período Calcolítico na segunda metade do quarto milênio a.C. até os dias atuais. Ele relatou que "há poucos indícios arqueológicos da cidade jebuséia dos séculos XII e XI a.C.".[4] Mas conseguiu reconstruir o contorno da cidade no século X a.C. a partir da camada 14, encontrada nas áreas D1 e E, na encosta oriental do contraforte da Cidade de Davi.
- Foi Macalister quem primeiro descobriu "uma estrutura de pedra em forma de escada", que imaginou pertencer ao período jebuseu. Mais recentemente, Shiloh provou que a estrutura era parte do canto sudeste da cidadela/fortaleza de Davi, entre sua Cidade Baixa e o Monte do Templo.
- A dúvida sobre as defesas ocidentais da Cidade de Davi ainda persiste. A Porta Ocidental ou Porta do Vale foi escavada por Crowfoot em 1927-28. Junto com um muro ligado a ela, pode datar dos séculos X ao VIII a.C., antes da expansão da cidade rumo ao oeste.
- A Cidadela de Davi ou Ofel (o equivalente bíblico de "acrópole", Is 32.14; 2Cr 27.3; 33.14) foi construída no alto das ruínas da fortaleza da cidade cananéia.
- "Nenhuma escavação chegou a fazer descobertas relacionadas ao próprio Templo; todas as suas reconstruções e de seus arredores

baseiam-se em detalhes contidos na descrição bíblica, assim como em estudos comparativos de técnicas de construção e elementos arquitetônicos conhecidos de outros centros administrativos contemporâneos no país e na Síria."[5]

- No século VIII a.C. Jerusalém alcançou seu maior desenvolvimento. Depois da queda de Samaria em 722 a.C., Israel preparou-se para o ataque assírio. A população expandida de Jerusalém espalhou-se pelo monte ocidental. Refizeram-se as fortificações, e o Túnel de Ezequias foi adicionado à Passagem de Warren e ao túnel de Siloé para suprir a cidade com água.
- Entre os edifícios do século VII estavam a chamada "Casa de Ahiel", uma casa com quatro cômodos na Cidade de Davi (área G de Siló), com o nome Ahiel aparecendo em dois óstracos perto da casa. Há também a "Sala Queimada", que mostra a severidade da conflagração de 586 a.C. na destruição de Jerusalém pelos babilônios. De interesse particular é a "Casa das Bulas" da Cidade de Davi, que continha cinqüenta e uma bulas com impressões de selos alistando nomes hebraicos. A mais notável dentre elas, encontrada em um piso rebocado perto de Siló em 1982, menciona uma pessoa na Bíblia, "[Pertence a] Gemarias, filho de Safã" (Jr 36.10-12). Esse Gemarias era um forte defensor de Jeremias na corte do rei Jeoaquim (Jr 36.26).[6]
- Surgiram no mercado de antigüidades mais de 250 bulas de barro do mesmo período, em hebraico. Elas parecem genuínas. Baruque, o filho de Nerias (Jr 36.4), e Jerameel, o filho do rei (Jr 36.26), estão entre os nomes. Baruque foi de fato secretário de Jeremias e o escriba que deu o nome ao livro deuterocanônico de Baruque (Br 1.1, 2).[7] Completando a lista de alguns selos desse tipo e período publicados, há um de proveniência desconhecida, mencionando "Ismael, filho de Netanias" (Jr 40.14; 41.1), um "exterminador" amonita que mataria Gedalias, governador de Judá e, em Tell El-'Umeiri, na Jordânia central, encontrou-se em 1984 um selo impresso amonita no qual se lê "[Pertence a] Milkom-ụOr, servo de Baůal-Yashaụ". Esse Baal-Yashaů é chamado Baalis em Jeremias 40.14 e foi quem enviou Ismael para matar Gedalias.[8]
- Os séculos VIII ao VI foram os mais importantes histórica e biblicamente na vida da nação. Temos "uma seqüência cronológica e estratigráfica inconfundível: a camada 12 deve ser associada ao final do século VIII a.C.; a camada 11, ao início do século VII a.C. e a

camada 10, ao final do século VII e à maior parte do século VI a.C. Uma lacuna começa com a destruição de Jerusalém em 586 a.C." (cf. 2Rs 25.8-10; 2Cr 36.18-19).⁹ O incêndio, a destruição e o colapso em grande escala deixaram vestígios impressionantes.

- O sistema de água de Jerusalém, incluindo a fonte de Giom, situada no vale do Cedrom, ao pé da encosta oriental da Cidade de Davi. Uma fonte incomum, intermitente, jorrando água algumas vezes ao dia. Há três sistemas de água subterrâneos notáveis no contraforte da Cidade de Davi. Serão descritos separadamente.
- A Passagem de Warren. Em 1867, C. Warren descobriu a passagem de água que recebeu seu nome. Y. Shiloh limpou a passagem. Um longo túnel horizontal leva ao topo dela, então a passagem prossegue verticalmente por cerca de 12,3 m e desce ao nível da fonte de Giom. As pessoas bombeavam a água para o alto da passagem.¹⁰ A crença popular de que Davi/Joabe escalou essa passagem para tomar a cidade dos jebuseus (2Sm 5.6-8; 1Cr 11.4-7) não é comprovada por nenhum indício arqueológico claro. Em tal cenário, os jebuseus seriam os construtores da Passagem de Warren, não os israelitas do século X a.C., os construtores mais prováveis. Outros sítios como Megido, Hazor, Gezer, Gibeão e Ibleão mostram que esse tipo de sistema de abastecimento de água era comum nas construções israelitas pelo país.
- O Túnel de Siloé. Esse famoso túnel foi construído para solucionar certo problema ligado à fonte de Giom. Ele levava a água por cerca de 400 m paralelamente ao vale do Cedrom, ora por sob a terra, ora a céu aberto pelo vale, terminando no Tanque de Siloé.
- O Túnel de Ezequias. O sistema de Giom, porém, era desprotegido contra ataques inimigos, requerendo um pouco da astúcia da engenharia antiga, combinada com aberturas favoráveis na rocha subterrânea, permitindo a abertura do túnel de Ezequias. A arqueologia confirma o registro bíblico em 2Reis 20.20; 2Crônicas 32.3, 4, 30, mostrando que o Túnel de Ezequias suplantou o Túnel de Siloé e trouxe água para reservatórios regulares protegidos pelos muros da cidade. É provável que esses três sistemas, Warren, Siloé e Ezequias, tenham funcionado simultaneamente até a queda de Jerusalém em 586 a.C.

Notas

1. B. Mazar e Y. Shiloh, "Jerusalem: The early periods an the First Temple period", *NEAEHL*, 2:698.

2. Sobre o nome, veja J. Simons, *The geographical and topographical texts of the Old Testament* (Leiden, 1959).

3. Mazar e Shiloh, p. 699.

4. Ibid., p. 702.

5. Ibid., p. 704.

6. P. J. King, *Jeremiah: An archaeological companion* (Louisville, 1993), p. 94.

7. Cf. H. Shanks, "Fingerprint of Jeremiah's scribe", *BARev* 22/2 (1996): 36-38.

8. Cf. L. T. Geraty et al., "The Madaba Plains project: A preliminary report on the first season at Tell el-'Umeiri and vicinity". *ADAJ* 31 (1987): 196.

9. Mazar e Shiloh, p. 708.

10. Ibid., p. 710.

Laquis

Importância

- Identificada em Tell ed-Duweir por W. F. Albright em 1929 a partir do *Onomastikon* de Eusébio, 120:20.
- Sítio de 12,5 hectares, aparece muitas vezes nas narrativas bíblicas.
- Auge da prosperidade no final do PB; pode ter sido a maior cidade de Canaã após a destruição de Hazor no século XIII.
- Mencionada em Papiros do Eremitério 1116A e nas Cartas de Amarna.
- Cidade cananéia sob domínio egípcio, até cerca de 1130.
- Nível VI possivelmente destruído por israelitas (cf. Js 10.31-32).
- Cidade inferior apenas a Jerusalém no período do reino de Judá.
- Alguns acreditam que Laquis foi fortificada por Roboão (2Cr 11.5-12, 23).
- Morte de Amazias em 769 ocorreu nesse lugar (2Rs 14.19; 2Cr 25.27).
- O exército de Senaqueribe estabeleceu um posto de comando de onde atacaria Jerusalém (2Rs 18.14; cf. relevos na parede do palácio em Nínive).

Via de acesso em Laquis, levando ao complexo de portões. *(Neal e Joel Bierling)*

- Cidade destruída por Nabucodonosor em 587/586.
- Exilados da Babilônia ocuparam o sítio no período persa (Ne 11.30).

Aspectos Arqueológicos

- Vestígios de ocupação mais antigos de ABII.
- Fortificações, palácio, local de culto e muitos túmulos de MBIIB-C.
- Impressionante rampa/baluarte de aterro horizontal e reboque de cal ao redor da cidade.
- Templo "do fosso" construído sob a rampa no período PB.
- Templo da Acrópole, do PB, construído para culto cananeu com acessórios egípcios.
- No período monárquico, os maiores portões de cidade em Israel (25 x 25 m).
- Palácio-forte em grande parte no Nível III, destruído pelos assírios.
- Rampa de cerco assíria, contra-rampa judaica e armamentos militares confirmam o ataque de Senaqueribe em 701 no lado SO do monte.
- Jarros de estocagem reais judaicos e suas estampas feitos durante o reinado de Ezequias.[1]
- Povoado reconstruído após a época de Josias.
- Famosas "Cartas de Laquis" encontradas por Starkey em uma câmara próxima ao portão externo, período babilônico.
- Nível II destruído por Nabucodonosor/babilônios durante a conquista de Judá, 587, conforme mostrado por óstracos, bulas e selos (cf. Jr 34.7).
- Nível I pode ser datado dos períodos babilônico, persa e helenístico primitivo.

Localização

- No limite de Nahal Lachish (uádi Ghafr) nas planícies de Sefelá, onde a estrada de Hebrom cortava o sítio rumo à costa mediterrânea.
- Boas fontes e terras férteis tornaram a cidade viável.

Escavações Importantes

1932-38 Wellcome-Marston Expedition (J. L. Starkey, L. G. Harding, O. Tufnell)
- Encontrou os portões da cidade, níveis II e I.
- Descobriu muro de arrimo externo.

- Descobriu o Templo Solar, Grande Duto, o palácio-forte e o Templo do Fosso.
- Encontrou os famosos Óstracos de Laquis, 1935ss.
- Excelente escavação em sua época; Starkey, discípulo de Petrie, usou seus métodos.

1966 Aharoni, para Hebrew University; 1968 para Tel Aviv University
- Esclareceu plantas de templos em Laquis e Arade.

1973 Ussishkin para Tel Aviv University
- Trabalhou em áreas abertas por Starkey.
- Esclareceu os portões da cidade do reino de Judá na época da invasão assíria.

Nota

1. D. Ussishkin, "Lachish", *NEAEHL*, 3:909; cf. O. Tufnell, *Lachish III: The Iron Age (Text)* (London, 1953), p. 315-316.

Megido

Importância

- Identificada como Tell el-Mutesellim em árabe.
- Palco da batalha de Juízes 5.19; cf. Josué 12.21.
- Descendentes de Manassés incapazes de tomar algumas fortes cidades cananéias, em especial Megido (Js 17.11-13; Jz 1.27-28; 1Cr 7.29).
- Uma das cidades fortificadas de Salomão no quinto distrito administrativo (1Rs 4.12; 9.15).[1]
- Faraó Sisaque conquistou Megido no quinto ano de Roboão (c. 925, não mencionado na Bíblia).
- Amazias (2Rs 9.27), Josias (2Rs 23.29; 2Cr 35.22) morreram perto de Megido. Judá sentiu amargamente a derrota: "Naquele dia, será grande o pranto em Jerusalém, como o pranto de Hadade-Rimom, no vale de Megido" (Zc 12.11), nítida referência à morte de Josias.

Aspectos Arqueológicos

- 20 camadas, começando no quarto milênio.
- Templos cananeus de grande interesse.
- Complexos de portões em Megido, Hazor e Gezer fornecem dados para estudo comparativo. Portão da cidade na área AA da Camada VIII, séculos XV-XIV a.C.[2]

Maquete de Tell el-Mutesellim, local da antiga Megido, mostrando muitas das vinte camadas de ocupação. *(Neal e Joel Bierling)*

O CENÁRIO

- "Marfins de Megido", marca registrada do sítio, principalmente exemplar de LBII representando um governante em seu trono recebendo um cortejo de vitória após a batalha.[3]
- Camada VB marca o início do século X, tempo de Davi.
- Camadas VA-IVB são também do século X, época de Salomão e Sisaque.
- Área de estábulos ao norte (discutido entre especialistas), área de portões, também ao norte, e um espetacular sistema subterrâneo de canal de água foram todos reavaliados e datados da Idade do Ferro.
- Nível IVA pertence aos séculos IX-VIII, desde Onri e Acabe à conquista assíria em 732 a.C. O nível III da época da dominação assíria, ou 780-650 a.C., e Camada II do tempo de Josias.

Localização

- Situa-se nos dois lados da extensão SE da Cordilheira do Carmelo.
- Perto de rota comercial internacional, ligando a Mesopotâmia ao Egito junto à Via Maris.
- Supremo centro militar, econômico, mercantil e cultural.
- Famoso vale do Armagedom ao N.

Escavações Importantes

1903-5 German Society for the Study of Palestine
- Schumacher escavou uma trincheira de 20-25 m através de todo o monte, datado de MBII à Idade do Ferro.

1925-39 Oriental Institute of the University of Chicago sob comando de Fuzher, Guy e Loud.
- Portão setentrional da cidade, área do templo a L destacada para investigações a partir de 1935.

1960, 1970, 1972 Hebrew University
- Y. Yadin escavou em pequena escala na parte NE do sítio e a L para esclarecer a estratigrafia nos templos na área BB.[4]

Notas

1. Y. Aharoni e Y. Shiloh, "Megiddo", *NEAEHL*, 3:1004.
2. Ibid., p. 1010.
3. Ibid., p. 1012.
4. D. Ussishkin, "Megiddo", *ABD*, 4:668.

Samaria

Importância

- Capital de Israel, o reino do norte, desde o tempo de Onri (884-874; 1Rs 16.23, 24) até a conquista assíria (722).
- Poderosamente fortificada por Acabe (874-853; 1Rs 22.39) e provavelmente embelezada por Jeroboão II (793-753; 2Rs 14.23-29).
- Serviu como capital da província assíria de Samaria no século VII.
- Conservou alguma importância sob os persas (539-332), embora o centro de atividades da comunidade samaritana tenha-se transferido para Siquém, ao sul.

Aspectos Arqueológicos

- Acrópole de 16000 m², nivelada no alto da colina por uma enorme plataforma apoiada por muros de arrimo.
- Fortaleza/palácio construído por Onri e expandido por Acabe. Pedras cuidadosamente cortadas e erigidas sem argamassa. Provavelmente uma técnica fenícia adotada por Acabe.

Palácio de Onri e Acabe em Samaria. *(Neal e Joel Bierling)*

O CENÁRIO

- Muralha externa com casamatas (1,8 m) e muralha interna (1 m) com 7 m de espaço entre eles davam ao complexo 10 m de espessura. Sobreviveu ao ataque assírio e permaneceu utilizável durante séculos.[1]
- "Casa do Marfim", uma seção do palácio que continha várias placas de marfim entalhadas, aparentemente encaixes para mobília ou painéis de parede. Observe "camas de marfim" (Am 6.4).
- Depósito onde foram encontrados 63 óstracos, nos quais estavam registradas transações de vinho e grãos.
- Uma cidade com vários níveis com acrópole real no alto e casas do povo nas encostas e no pé do monte.

Localização

- Região da Cordilheira Central, 10 km NO de Siquém.
- Estrategicamente colocada por Onri na junção da estrada norte-sul e duas outras vias principais a O para a costa em Sarom; rota N para a Fenícia.
- Localização no alto do monte (430 m acima do nível do mar) possibilitava ampla visão em todas as direções.
- Terras vizinhas férteis.

Escavações Importantes

1908-10 Harvard University
- Desenterrou a parte oeste do forte do século IX.
- Descobriu tesouro escondido de óstracos.

1931-35 Consórcio de 5 instituições (Harvard, Palestine Exploration Fund, British Academy, British School of Archaeology in Jerusalem, Hebrew University).[2]
- Estendeu a limpeza do forte real.
- Descobriu entalhes de marfim dos dias de Acabe.
- Enfrentou sérios obstáculos à sua estratigrafia planejada em virtude do estado confuso de vestígios de construção de vários níveis.

Notas

1. N. Avigad, "Samaria (City)", *NEAEHL*, 4:1303.
2. Ibid., p. 1302.

Siquém

Importância

- Atestada em Textos de Execração e nas Cartas de Amarna.
- Mencionada na Bíblia em ligação com Abraão (Gn 12.6), Jacó (Gn 33.18-20; 35.1-4), a família de Jacó (Gn 34) e José (Gn 37.12-17). Também na história deuteronômica: Deuteronômio 27; Js 8.30-35; Jz 9; Js 24.1, 32; e 1Rs 12.
- Local de santuário e de cerimônias de renovação de aliança.
- Primeira cidade no período MB.
- Destruída, reocupada no século XVI; cidade importante do PB como provam as Cartas de Amarna.
- Uma das cidades de refúgio (Js 20.7), parte da divisão de terra destinada aos levitas.
- Abimeleque, Roboão e Jeroboão foram para lá a fim de restabelecer a soberania sobre a região (Jz 9; 1Rs 12). Narrativas bíblicas em Juízes podem ser sincronizadas com vestígios materiais.
- Um dos distritos que dava suprimentos a Samaria, segundo óstracos de Samaria, presumivelmente da primeira metade do século VIII (cf. Js 17.2).[1]

Templo-fortaleza em Siquém, reconstruído em c. 1450 a.C. com grande pedra erigida no pátio frontal. *(Neal e Joel Bierling)*

O CENÁRIO

Aspectos Arqueológicos

- Sob o Templo Migdal no quadrante NO do tell, encontraram-se indícios de ABI. Mas não havia cerâmica de AB II-III.
- Repovoada, mas não fortificada, por volta de 1900.
- Cidade expandida em MBIIC, portão NO construído; cp. Megido, Hazor, Gezer. Na acrópole, ficava o templo forte, ou *migdal*.
- Outro período de abandono, 1540-1450.
- Siquém é cidade-estado proeminente em 1750-1540.
- Idade PB e Ferro I: c. 1450, portões NO e L reconstruídos. *Migdal* reconstruído, altar e enorme *masseba* (pilar sagrado) colocados no pátio frontal. Cidade proeminente na época de Lab'ayu.
- Grande destruição pôs fim à cidade em cerca de 1350-1300.
- Período monárquico: terceiro abandono surpreendente. De 1150-1125 a 975 cidade praticamente não povoada.
- Recuperação, depois destruição, presumivelmente em ligação com o ataque surpresa do faraó Sisaque em cerca de 918.[2]
- Reconstrução sob Jeroboão I (1Rs 12.25); Siquém é novamente cidade.[3]
- Excelente exemplar de uma casa típica de "quatro cômodos" destruída em cerca de 724 pelos assírios.
- Ocupação assíria e Período Persa. Vestígios escassos. Louça ática (grega) negra vitrificada encontrada entre os fragmentos de cerâmica.

Localização

- Vários nomes ligados a esse sítio na região da cordilheira central: antiga Siquém, Tell Balâtah, localiza-se entre o monte Gerizim e o monte Ebal no território de Efraim. Da cidade romana Neápolis, nas proximidades, deriva o nome árabe atual Nablus.
- De Siquém a Jerusalém a distância é de apenas 67 km. Ainda com água abundante, o povoado atual cobre parte da metade sul do tell.
- Sítios ao longo da rota principal para N são Samaria e Dotã.
- "Poço de Jacó" (Jo 4) e "túmulo de José" nas vizinhanças.
- Há um enclave religioso samaritano bem conhecido no topo do monte Gerizim.

Escavações Importantes

1913-14; 1926-27; 1934 Expedição austro-germânica
- E. Sellin abriu áreas mais tarde redefinidas como helenísticas, israelitas posteriores (Idade Posterior do Ferro), israelitas antigas (Idade Antiga do Ferro), cananéias (Idade do Bronze) e, ainda antes, do Período Calcolítico.
- Depois da I Guerra Mundial, Sellin retornou (1926-27) e encontrou um sistema de fortificação em Siquém, um quebra-cabeça complexo para resolver.
- Sellin voltou a escavar Siquém em 1934, trabalhando em seu relatório final até 1943. Seus registros foram destruídos em Berlim durante a II Guerra Mundial.

1956-73 Drew-McCormick Expedition
- G. Ernest Wright de Harvard usou a oportunidade em Siquém para organizar uma escavação de treinamento para estudiosos americanos, canadenses e europeus. Eles usaram o método Wheeler-Kenyon, então em desenvolvimento, e basearam sua cerâmica em avanços feitos na década de 50 por Albright.
- A missão deles era definir as questões que Sellin havia deixado em aberto e interpretar a estratigrafia do sítio.
- Wright foi o primeiro a introduzir pesquisa interdisciplinar, incluindo uma associação com o geólogo R. Bullard.
- Escavações feitas por americanos abrangem o período de 1956 até a recuperação e limpeza feita por W. G. Dever em 1972 e 1973.
- 24 camadas distintas foram descobertas e analisadas.[4]
- Siquém mereceu a atenção de alguns dos melhores arqueólogos americanos de todos os tempos.

Notas

1. E. F. Campbell, "Shechem", *NEAEHL*, 4:1347.

2. L. E. Toombs, "The stratigraphy of Tell Balatah (Ancient Shechem)", *ADAJ* 17 (1972): 101.

3. Campbell, "Shechem", p. 1353.

4. Ibid., p. 1347; Toombs, "Shechem (Place)", *ABD* 5:1177.

CAPÍTULO 51

A Profecia Messiânica

"Messiânico", como termo técnico, não ocorre no Antigo Testamento. Então, como falar de "profecia messiânica"?

    Uma vez interessados principalmente em Cristo, os cristãos preocupam-se em particular com a busca de profecias sobre ele no Antigo Testamento. Essa busca, na realidade, tem moldado muito da atenção que eles dedicam ao Antigo Testamento. Alguns são tentados a lidar com esses temas à parte do contexto em que se desenvolveram. É nosso objetivo tratar as mensagens proféticas principalmente dentro do próprio ambiente histórico delas. Portanto, parece adequado concluir nossa análise com um esboço da questão da profecia messiânica, que tem fascinado, e deve continuar fascinando, muitos cristãos sérios.

> Bartimeu, cego mendigo, [...] estava assentado à beira do caminho e, ouvindo que era Jesus, o Nazareno, pôs-se a clamar: Jesus, Filho de Davi, tem compaixão de mim! Mc 10.46-49

Profecia Messiânica e Profecia em Geral

Como a profecia bíblica em geral (veja cap. 16, acima), a profecia messiânica não é simplesmente "uma história escrita de antemão". Por mais que ela estivesse relacionada com o Messias do futuro, também encerrava um sentido aplicável à época em que foi dada. Não podemos, portanto, tratar a profecia bíblica como uma predição intemporal dos dias do Messias.

A Palavra "Messias". A palavra deriva do heb. *māshîaḥ* (às vezes escrita *mashiach*), adjetivo comum que significa "ungido". Era traduzido para o grego por *christos*, "ungido", de onde deriva "Cristo". As palavras "Messias" e "Cristo" possuem o mesmo significado básico. Com referência a Jesus como o "Cristo", os autores do Novo Testamento identificaram-no de maneira absoluta como o Messias judaico. Com o tempo, "Cristo" assume significados complementares. As conotações cristãs tornam-se mais amplas que as atribuídas ao "Messias" judaico histórico.

Precisamos cuidar, portanto, para não começar com um conceito neotestamentário de Cristo. Precisamos avaliar a preparação histórica em Israel para a vinda do Messias. Caso contrário, estaremos trabalhando retroativamente no tempo, sem um entendimento verdadeiro do significado real do tempo. Primeiro devemos perguntar o que o povo de Israel ouviu quando desenvolveu seu entendimento do termo hebraico. A palavra era em geral empregada como adjetivo que significava "ungido", com freqüência em relação ao "sacerdote ungido" (Lv 4.3, 5. 16) e algumas vezes em relação a reis (Sl 2.2; 18.50 [TM 51], etc.). Às vezes é empregada como substantivo, "pessoa ungida", aplicado até mesmo ao rei persa Ciro (Is 45.1). Mas a palavra não ocorre em nenhuma parte do Antigo Testamento com o significado técnico de "Messias".[1]

Somente após a formação do cânon do Antigo Testamento e antes da época de Jesus, no período intertestamentário, a palavra passou a ser empregada como termo técnico, geralmente com o artigo "o Ungido" (Sl. Sal. 17.36; 18.8; cf. 1 Enoque 48.10; 52.4). Na época de Jesus, Messias era normalmente empregado como título daquele que ocupava um ofício designado por Deus.[2] Quando os governantes enviaram sacerdotes e levitas para interrogar João Batista, ele respondeu: "Eu não sou o Messias" (Jo 1.20). Sua resposta foi compreendida perfeitamente, pois perguntaram em seguida: "És tu Elias?" De acordo com o ensino judaico, Elias viria logo antes do advento do Messias (Ml 4.5 [TM 3.24]). Assim também, quando Jesus perguntou aos apóstolos "quem dizeis que eu sou?", Pedro respondeu: "o Cristo...", praticamente um nome próprio.

Profecia Messiânica sem Messias? Para responder a essa pergunta, precisamos primeiro compreender que a profecia é uma mensagem de Deus (veja cap. 16), uma mensagem que liga sua situação presente com a atividade redentora contínua de Deus na história de Israel. Seu intenso plano de resgate divino culmina em Jesus Cristo. Assim, podemos reconhecer como "messiânica" qualquer passagem que ligue o presente aos propósitos últimos de Deus. Portanto, quando fazemos algumas distinções, compreendemos melhor a expressão "profecia messiânica" em seu sentido amplo e lapidamos sua definição. (1) A profecia soteriológica. Muitas passagens proféticas expressam a idéia geral de que Deus está agindo para salvar seu povo. É certo que virá um tempo em que esse propósito será cumprido. Tal esperança encontra-se na história da queda, quando Deus diz à serpente que a semente da mulher esmagará a cabeça da serpente — i.e., que o adversário do plano de Deus para a raça humana será derrotado a longo prazo (veja Gn 3.15). Ainda que muitas vezes chamada "profecia messiânica", é melhor classificar essa passagem na categoria da profecia soteriológica, profecia que proclama a vitória final de Deus contra tudo que se opõe a seu propósito salvador para sua criação.

(2) A profecia escatológica. Um bom número de profecias, particularmente em livros posteriores a 722 a.C., data da queda de Samaria, diz respeito a dias futuros ou ao fim dos tempos. Já em Amós,[3] encontramos declarações como essas:

> Naquele dia, levantarei
>   o tabernáculo caído de Davi,
>   repararei as suas brechas;
>   e, levantando-o das suas ruínas,
>   restaurá-lo-ei como fora nos dias da antiguidade. (Am 9.11)

> Eis que vêm dias, diz o SENHOR,
>   em que o que lavra segue logo ao que ceifa,
>   e o que pisa as uvas, ao que lança a semente; [...]
> Mudarei a sorte do meu povo de Israel;
>   reedificarão as cidades assoladas e nelas habitarão. (v. 13s.)

Entendemos que essas passagens referem-se à "era messiânica" (veja abaixo). Ainda assim, não mencionam uma pessoa messiânica; Deus mesmo é o centro. Uma vez que tais textos dizem respeito ao final dos tempos, podem ser classificados como profecia escatológica.

(3) A profecia apocalíptica. Em poucas profecias, particularmente nas do exílio e nas pós-exílicas, a intervenção divina traz a vitória final sobre os inimigos do povo de Deus. Às vezes isso está ligado ao "dia de Javé", expressão já em uso na época de Amós (veja Am 5.18). O dia de Javé, ou o dia do Senhor, é um dia de julgamento (Is 2.12-22), de ira (Zc 1.7-18) e de salvação ou vitória (3.8-20). Quando Gogue, da terra de Magogue, vem contra Israel "no fim dos anos", é Deus em pessoa, empregando terremotos, pestes, chuvas torrenciais e todo tipo

de horror, quem derrota Gogue e salva o povo e sua terra (Ez 38.1–39.29). Essa invasão dramática de Deus na corrente histórica de eventos e as profecias que a retratam podem ser chamadas "apocalípticas".

(4) A profecia messiânica. A rigor, a profecia deve ser chamada messiânica somente quando é claro que tem em vista o Messias ou quando descreve o reinado messiânico. Caso contrário, cria-se grande confusão.[4] Mas se o termo "Messias" não ocorre como tal no Antigo Testamento, qual a melhor maneira de estudar a pessoa e o reino do Messias?

Pessoa e Ofício Messiânicos

O Filho de Davi. De acordo com o uso dado à palavra no período intertestamentário e neotestamentário (c. 300 a.C.–300 d.C.), "Messias" significava especificamente o Filho de Davi que apareceria como rei messiânico de acordo com a antiga promessa de Deus à casa de Davi (2Sm 7). O Novo Testamento a emprega exatamente nesse sentido. Assim, Jesus perguntou aos fariseus: "Que pensais vós do Cristo? De quem é filho?", e eles responderam: "De Davi" (Mt 22.42). Quando Jesus entrou em Jerusalém de uma forma que lembrava a coroação de Salomão (1Rs 1.38) e insinuava o cumprimento da profecia de Zacarias (Mt 21.5; cf. Zc 9.9), as multidões gritaram: "Hosana ao Filho de Davi!" (Mt 21.9). Quando os apóstolos estavam preocupados em confirmar as reivindicações messiânicas de Jesus, concentraram-se em passagens do Antigo Testamento que mencionavam Davi (At 1,16; 2.25) e alegavam que, na realidade, tinham em vista o Messias (veja At 2.29-31, 34-36, trocando "Messias" por "Cristo").[5]

A Dinastia Davídica. Quando Davi estava planejando construir um templo (ou "casa") para Javé, o profeta Natã foi enviado, primeiro para vetar o plano e depois para prometer: "... ele, o Senhor, te fará casa" (2Sm 7.11). As seguintes palavras são da "aliança davídica":

> Farei levantar depois de ti o teu descendente, que procederá de ti, [...] e eu estabelecerei para sempre o trono do seu reino [...] tua casa e o teu reino serão firmados para sempre diante de ti; teu trono será estabelecido para sempre (v. 12-16).

O CENÁRIO

Com base nessa aliança, as expressões "casa de Davi", "trono de Davi" e "filho de Davi" assumem lugar importante na profecia do Antigo Testamento (veja a discussão da profecia de acordo com a perspectiva do Cronista [cap. 41]).

Ao analisar Samuel e Reis (veja cap. 12-15), observamos que a dinastia davídica continuou até a queda do reino do sul. Os profetas e os escritos (Esdras e Neemias) pós-exílicos demonstram que a linhagem davídica foi estabelecida novamente na pessoa de Zorobabel. Nas genealogias do Novo Testamento (Mt 1; Lc 3), Jesus era da linhagem de Davi. A centralidade da dinastia davídica ganha importância vital para a esperança messiânica.

Isaías proclamou a esperança a respeito dos "últimos tempos" (Is 9.1). Uma criança nasceria e assumiria a responsabilidade do governo, "para o estabelecer e o firmar mediante o juízo e a justiça, desde agora e para sempre". A autoridade desse governo estaria "sobre o trono de Davi" (v. 6s.). Isaías também declarou: "Do tronco de Jessé sairá um rebento, e das suas raízes, um renovo"

Túmulo do rei Davi, de cuja linhagem surgiu o "renovo de justiça" (Jr 33.15). *(Garo Nalbandian)*

(11.1). A referência é a Davi como o filho de Jessé; ainda que cortada, a linhagem davídica ressurgiria das mesmas raízes. Jeremias também apresenta a aliança davídica (Jr 33.17, 20s.), citando "um Renovo justo" e "um Renovo de justiça" que brotaria de Davi (Jr 23.5s.; 33.14-16). Ele também anuncia que o povo "servirá [...] a Davi, seu rei, que lhe levantarei" (30.9). Ezequiel diz: "Suscitarei para elas um só pastor, e ele as apascentará; o meu servo Davi é que as apascentará" (34.23s.). Declarações semelhantes são encontradas em outros profetas (Os 3.5; cf. Mq 5.2, onde "Belém" deve ser a terra natal de um novo governante). A tradição profética e a esperança por ela criada em Israel está profundamente ligada à dinastia davídica.

Os Salmos Reais.[6] Alguns salmos tratam do rei, entronizado em Jerusalém. Mas eles contêm expressões que indicam alguém maior que o monarca reinante. Por exemplo, o salmo 2 refere-se ao rei em Sião (a área de Jerusalém em que se localizava o palácio), mas dirige-se a ele como "filho" de Javé (v. 7). Ele promete que Deus lhe dará as nações por herança e os confins da terra por possessão (v. 8). Essa afirmação parece prenunciar um tempo em que o rei não só governará sobre Israel, como também sobre os gentios. Um cântico de casamento, o salmo 45 é também dirigido "ao rei" (v. 1 [TM 2]) e celebra a glória de seu reinado. Mas diz em seguida: "O teu trono, ó Deus, é para todo o sempre" (v. 6 [TM 7])[7] e conclui: "O teu nome, eu o farei celebrado de geração a geração, e, assim, os povos te louvarão para todo o sempre" (v. 17 [TM 18]). Isso com certeza vai além do governo do rei em exercício! O salmo 110 começa assim: "Disse o SENHOR ao meu senhor: Assenta-te à minha direita, até que eu ponha os teus inimigos debaixo dos teus pés" (v. 1). São empregadas algumas expressões que em outros textos estão relacionadas com o fim dos tempos, tais como "o dia da sua ira" (v. 5) e "ele julga entre as nações" (v. 6). Esses poucos exemplos mostram que o rei que ocupava o trono de Davi era um símbolo de algo maior no espaço e no tempo que ele próprio e seu reinado, podendo até de algum modo significar Javé como um representante chamado e ungido. Salmos como esses, que expressam fé na promessa divina de estabelecer seu reino eterno e que também referem-se ao rei ou ao trono em Jerusalém, podem ser corretamente chamados salmos messiânicos. Eles estão intimamente relacionados com a profecia messiânica e podem ter contribuído para seus temas e motivos.

O Reino Messiânico. Nas profecias messiânicas, discernimos que os escritores prenunciavam mais que uma simples continuidade da dinastia davídica. "Filho de Davi" passou a expressar uma idéia mais ampla, mais profunda. Enquanto os reis como indivíduos são chamados "filho de Jeroboão", "filho de Nebate" ou "filho de Acaz", as passagens proféticas dão o título de "filho de Davi" ao futuro governante.

> Assim, a aliança original com Davi é constantemente relembrada. Também se tem em vista o reino permanente que será estabelecido nos últimos dias e existirá "para sempre".[8] Ele inclui as nações (os gentios) e se estende aos confins da terra. Contudo, é mais que uma extensão do reino de Judá no espaço e no tempo. Ele difere em forma e em substância, fundado sobre justiça plena e paz perfeita jamais conhecidas na história de Israel e em parte alguma. O Espírito do Senhor Jesus repousa sobre o rei messiânico que julga com justiça e eqüidade numa nova época na era vindoura. Is 11.2-4.

Até mudanças na ordem natural fazem parte do quadro profético desse reino messiânico:

O lobo habitará com o cordeiro,
  e o leopardo se deitará junto ao cabrito;
o bezerro, o leão novo e o animal cevado andarão juntos,
  e um pequenino os guiará.
[...]
Não se fará mal nem dano algum em todo o meu santo monte,
porque a terra se encherá do conhecimento do Senhor,
  como as águas cobrem o mar. (v. 6-9)

O tema deste capítulo são os aspectos régios do messianismo. Mas o assunto, conforme apresentado no Novo Testamento, é consideravelmente mais amplo. Jesus é ali retratado não só como o cumprimento do ideal régio como Filho de Davi, mas também de muitos outros temas do Antigo Testamento: como sábio, é maior que Salomão (Mt 12.42); como Filho do homem, cumpre a visão de Daniel (Dn 7.13ss.); como profeta e legislador, é um segundo Moisés (Mt 5–7); como sacerdote, sobrepuja a Arão (Hb 5–7); como Servo de Javé, dá a vida em resgate por muitos (Mc 10.45). Linhas temáticas, incluindo a do rei, originariamente separadas ou distintas no Antigo Testamento, foram entrelaçadas pelo próprio Jesus e refletem sua consciência de ser o Ungido e o Eleito de Deus.

Notas

CAPÍTULO 1 — O PENTATEUCO

1. Essa análise da promessa segue a de D. J. A. Clines, *The theme of the Pentateuch*, JSOTSup 10 (Sheffield, 1978), p. 25-43.
2. Essa relação é apresentada por G. von Rad em *Genesis*, trad. J. Marks, OTL (Filadélfia, 1972), p. 152-155, a que recorre esta exposição. Veja uma discussão mais detalhada em Clines, *The theme of the Pentateuch*, p. 61-79.
3. *Prolegomena to the history of ancient Israel*, trad. J. S. Black e A. Menzies (1885; repr. Magnólia, Mass., 1973), p. 1
4. Observe que é no gênero da fórmula dos tratados entre suserano e vassalo, cuja comparação com a aliança mosaica tem sido tão frutífera (veja p. 73-75), que se encontra precisamente essa combinação de história (no prólogo histórico) e lei (nas estipulações). Decerto, a correlação entre esse aspecto notável da forma do Pentateuco e a estrutura de uma de suas partes mais importantes, a aliança mosaica, não pode ser acidental!
5. E.g., alega-se muitas vezes que Gênesis 37.27,28a difere quanto à informação sobre os que compraram José —os ismaelitas (v. 27) ou os midianitas (v. 28a)— e os que o venderam ao Egito —ismaelitas (v. 28b; 39.1) ou midianitas (37.36). Quando se combina essa ambigüidade com as ações semelhantes de Rúben em 37.21s., 29s. e Judá nos v. 26s., afirma-se muitas vezes que histórias duplicadas são aqui mescladas: numa, Judá salva José, arranjando sua venda aos ismaelitas que o levam para o Egito; em outra, Rúben o salva da morte, fazendo com que seja jogado no poço de onde, sem que os irmãos saibam, os midianitas o retiram e levam para o Egito. Entretanto, a comparação de Jz 6.1-3 e 8.24 mostra que "ismaelitas" e "midianitas" são termos parcialmente coincidentes;

NOTAS

ismaelitas significa algo como "nômades" ou "beduínos", e midianitas, uma tribo em particular, como os amalequitas e os "povos do Oriente" (Jz 6.3). Com isso em mente, as ações de Rúben e de Judá podem ser ajustadas numa narrativa coerente.

6. De todos os milhares de composições literárias acadianas, somente três (duas acadianas e uma suméria) incorporam referências explícitas à autoria. Mesmo nessas referências e em outras encontradas em listas de composições literárias, o termo "autor" não deve ser tomado no sentido moderno; a autoria é expressada com a fórmula *sâ pi*, "na (da) boca de", que identifica ou a fonte oral, ou o redator. Assim, o "autor" construía sobre versões anteriores ou era em parte um simples adaptador. Veja W. W. Hallo, "New viewpoints on cuneiform literature", *IEJ* 12 (1962): 14s.

7. Veja essa análise em R. J. Thompson, *Moses and the law in a century of criticism since Graf* (Leiden, 1970), p. 2ss.

8. Thompson, ibid., p. 3, nota que o processo pode ser observado numa comparação entre Reis e Crônicas, em que "o Livro da Lei de Moisés" em 2Reis 14.6 torna-se "a Lei, no Livro de Moisés" em 2Crônicas 25.4. Outras evidências podem ser extraídas da freqüência da menção de Moisés: duas vezes em 1Samuel; duas vezes em Daniel; cinco vezes nos profetas; oito nos Salmos; dez em 1-2Reis; mas 31 em Esdras-Neemias-Crônicas. Cf. J. L. McKenzie, "Moses", p. 589s. em *Dictionary of the Bible* (Milwalkee, 1965).

9. W. F. Albright, *The archeology of Palestine*, rev. ed. (Baltimore, 1960), p. 225.

10. A afirmação real é que Esdras copiou as Escrituras em caracteres "assírios" (sírios), i.e., a escrita quadrada hebraica ou "aramaica", não em caracteres hebraicos antigos; Talmude *Sanh.* 21b-22a. Ele presidiu a Grande Sinagoga, a que se atribui a compilação final dos livros sagrados; *B. Bat.* 15a.

11. W. F. Albright, *The archeology of Palestine*, p. 225.

12. Há uma série de análises e estudos excelentes a partir de vários pontos de vista. Dignos de nota são os seguintes: (1) resumos curtos: D. A. Hubbard, "Pentateuch", *IBD*, p. 1181-1187; D. N. Freedman, "Pentateuch", *IDB* 3:711-726; (2) discussões mais longas: R. K. Harrison, *Introduction to the Old Testament* (Grand Rapids, 1969), p. 3-82; Thompson, *Moses and the law*; A. Robert e A. Feuillet, *Introduction to the Old Testament* (Nova York, 1968), p. 67-128; e, em especial, B. S. Childs, *Introduction to the Old Testament as Scripture* (Filadélfia, 1979), p. 112-127.

13. F. M. Cross, *Cananite myth and Hebrew epic* (Cambridge, Mass., 1073), p. 293-325.

14. Y. Kaufmann, *The religion of Israel*, trad. M. Greenberg (Chicago, 1960), p. 166-211.

15. Veja uma excelente introdução ao assunto em G. M. Tucker, *Form criticism of the Old Testament* (Filadélfia, 1971). Para uma discussão ampla, veja K. Koch, *The Growth of the biblical tradition*, trad. S. M. Cupitt (Nova York, 1969).

16. R. Rendtorff, *The Old Testament: An introduction*, p. 157-163 e especificamente *The problem of the process of transmission in the Pentateuch*. Além disso, Whybray em *The Making of the Pentateuch* sujeita as pressuposições e metodologias empregadas pelos defensores da hipótese documentária a uma análise crítica completa. Ele descobriu que os princípios usados para apoiar essa hipótese são insustentáveis de acordo com o conhecimento atual.

17. Veja Childs, *Old Testament as Scripture*, p. 109-135. Veja o uso de um método semelhante em J. A. Sanders, *Torah and canon* (Filadélfia, 1972).

18. A expressão é de Childs, *Old Testament as Scripture*, p. 127.

19. Ibid., p. 131ss.

CAPÍTULO 2 — GÊNESIS: O PRÓLOGO PRIMEVO

1. Veja A. Robert e A. Tricot, org., *Guide to the Bible*, 2ª. ed., trad. E. P. Arbez e M. R. P. McGuire (Nova York, 1960), p. 480s.

2. O heb. *'āḏām* significa "homem, humanidade", não o homem como indivíduo. Para indicar o indivíduo, o hebraico emprega outras formulações, tais como *ben- 'āḏām*, "filho de *'āḏām*", ou "aquele que pertence à categoria *'āḏām*", ou uma palavra totalmente diferente, tal como *'îsh,* "homem (em oposição a mulher)".

3. A ligação entre *ḥawwā*, "Eva", e a raiz verbal *ḥāyâ*, "viver", é obscura no campo da lingüística. Trata-se de uma forma de etimologia popular, em que a semelhança de sons sugere uma semelhança de significado.

4. Veja em A. Heidel, *Babylonian Genesis*, 2ª. ed. (Chicago, 1963), uma discussão completa e conclusões equilibradas e criteriosas.

5. Em 2.8; bem como em 2.10 e 4.16, "Éden" é um local geográfico, não um nome próprio como em outros textos (2.15; 3.23; cf. Is 51.3; Ez 31.9).

6. Veja um estudo detalhado dessas semelhanças em Heidel, *Gilgamesh Epic and Old Testament parallels*, 2ª. ed. (Chicago, 1949), p. 244-260.

7. Cf. B. S. Childs, *Introduction to the Old Testament as Scripture* (Filadélfia, 1979), p. 158.

"O material de Gênesis é singular por causa de uma compreensão da realidade que subordina a tradição mitopoética comum a uma teologia de soberania divina absoluta [...] Independentemente da terminologia —seja mito, história ou saga— a forma canônica de Gênesis serve de fé e prática à comunidade como uma testemunha fiel da atividade de Deus em favor dela na criação e na bênção, no julgamento e no perdão, na redenção e na promessa."

8. Veja H. Frankfort et al., *Intellectual adventure of ancient man* (Baltimore; 1949), p. 11-36.

9. Veja J. Daniélou, *In the beginning ... Genesis I-III* (Baltimore, 1965), p. 30ss.

10. Isso também deriva do fato de que a frase *nepesh ḥayyâ*, "ser vivente", não significa "alma vivente", como se costuma compreender hoje. Aliás, em nenhuma outra parte a expressão é empregada para homens; em todos os lugares refere-se a animais (Gn 1.20, 24, 30; 2.19; 9.12, 15s.). Veja G. von Rad, *Gênesis*, trad. J. H. Marks, OTL, 2ª. ed. (Filadélfia, 1972), p. 77.

11. A análise seguinte é baseada em H. Renckens, *Israel's concept of the beginning* (Nova York, 1964), p. 156ss.

12. D. Kidner, *Gênesis:* Introdução e comentário, Série Cultura Bíblica (São Paulo, 1979), p. 64

13. G. Wenham, *Genesis*, WBC (Dallas, 1987), p. 139-140.

14. Kidner, ibid., p. 78.

15. D. J. A. Clines, *JSOT* 13 (1979): 35.

16. D. J. A. Clines, *The theme of the Pentateuch* (Sheffield, 1978), p. 68s.

17. G. von Rad, *Genesis*, p. 153.

CAPÍTULO 3 — GÊNESIS: A HISTÓRIA PATRIARCAL

1. Cada um dos ciclos mais importantes de histórias patriarcais é introduzido por uma fórmula *toledoth*, destacando o *pai* do personagem principal da seção. Terá (11.27) introduz o ciclo de Abraão, Isaque (25.19) introduz o ciclo de Esaú e Jacó, enquanto o ciclo de José é introduzido por uma referência abrupta a Jacó (37.2). É fácil explicar a referência a Terá porque na realidade introduz a breve genealogia expandida em 11.27-32, ligando o prólogo primevo à história de Abraão.

2. As descobertas textuais importantes para o período patriarcal são os (1) documentos de Mari, século XVIII (ANET, p. 482s.); (2) textos de Nuzi, século XV (ANET, p. 219s.); (3) textos capadócios,

século XIX; (4) tabuinhas de Alalakh, séculos XVII e XV; (5) vários documentos legais: e.g., o Código de Hamurábi (século XVIII), leis da Média Assíria (século XIII), leis hititas (século XV); (6) documentos da Primeira Dinastia da Babilônia, séculos XIX-XVI; (7) textos ugaríticos, século XIV (*ANET*, p. 129-149); (8) textos de Execração egípicios, séculos XIX-XVIII (*ANET*, p. 329s.); (9) tabuinhas de Amarna, século XIV (*ANET*, p. 483-490).

3. Veja uma discussão minuciosa com bibliografia completa em J. Bright, *História de Israel*, 2. ed. (São Paulo, Paulinas, 1978), p. 15-80. Veja uma excelente história geral do antigo Oriente Próximo, obra em volume único, em W. W. Hallo e W. K. Simpson, *The ancient Near East:* A history (New York, 1971). Ótimos artigos resumidos encontram-se em *ABD* 4:714-777 ("Mesopotamia, History of") e 2.321-374 ("Egypt, History of").

4. "Sumer, Sumerians", *ISBE* 4 (1988): 662. Veja também H. J. Nissen, *The early history of the ancient Near East:* 9000-2000 B.C. (Chicago/London, 1988).

5. As descobertas quase que inacreditáveis em Tell Mardikh, no noroeste da Síria, exigirão acréscimos e revisões de muitas afirmações acerca desse período. Alega-se que Ibrum, rei de Ebla (antigo nome do sítio), era contemporâneo de Sargão de Acade (entretanto, o epigrafista G. Pettinato vem desde então afirmando que o nome "Sargão" foi lido por engano no texto) e controlava um vasto império na área. Cidades-estados distantes como a Palestina (incluindo Jerusalém) eram suas tributárias. A cultura local era altamente desenvolvida, tendo sido encontrados dicionários bilíngües que davam o significado de palavras sumérias na língua local (hoje denominada eblaica ou eblaíta). Encontraram-se partes de um código de lei anterior ao código de Ur-Nammu em pelo menos quatrocentos anos. Veja um relato das condições das descobertas em Ebla e das dificuldades na interpretação da língua em R. D. Biggs, *ABD* 2:263-270.

6. *ANET*, p. 405-410.

7. Estudiosos da história egípcia diferem um pouco entre si quanto às datas nos períodos mais remotos. Esses breves resumos são baseados no artigo de K. Kitchen sobre a cronologia egípcia em *ABD* 2:322-331.

8. W. LaSor, "Tell Mardikh", *ISBE* 4 (1988): 750-758.

9. Veja M. Liverani em *POTT*, p. 100-133. Também, G. E. Mendenhall, *ABD* 1:199-202.

10. "The patriarcal traditions", em J. H. Hayes e J. M. Miller, eds., *Israelite and Judaean history*, OTL (Philadelphia, 1977), p. 74s.

11. MB I é um dos períodos mais debatidos quanto à arqueologia entre todos os períodos da Palestina primitiva. Nem mesmo a nomenclatura do período está fixada. O fato de W. F. Albright denominá-lo MB I indica ter ele entendido que o período é distinto de PB e ligado ao MB II que se seguiu. Tendo por base as escavações em Jericó, porém, K. M. Keyon postulou uma ruptura cultural completa entre "MB I" e os períodos precedente, PB, e posterior, MB II, postulando assim um "período intermediário PB/MB". Outros objetaram, optando pela designação "PB IV", uma vez que parecia haver ligação mais estreita com o período precedente. Veja uma discussão detalhada do período, interpretando os dados como indícios de surgimento de uma cultura mais sedentária que nômade a partir de desenvolvimentos na própria Palestina do que de invasões oriundas da Síria em T. L. Thompson, *The historicity of the patriarcal narratives:* The quest for the historical Abraham, BZAW 133 (1974): 144-171.

12. A designação MB II B-C é dada para acomodar uma lacuna no período insinuada pelas cerâmicas e pela estratigrafia de certas escavações.

13. Essas datas seguem Dever em *Israelite and Judaean history*, esp. p. 89, e R. de Vaux, *The early history of Israel*, trad. D. Smith (Philadelphia, 1978), p. 68.

14. Essa é a idéia amplamente disseminada por J. Bright, *História*, p. 46s., 105.

15. É justo dizer que a própria escolha do termo "amorreu" para esses povos tende a insinuar uma concepção muito mais unificada da história e da identidade étnica desse povo do que se pode comprovar. Um termo muito melhor e menos tendencioso seria "semitas orientais primitivos".

Além disso, as únicas migrações étnicas que os textos sustentam até o momento são (1) do deserto siro-árabe ao norte, rumo ao leste e ao sul da Babilônia no período de Ur III (2060-1950) e (2) da mesma área ao norte para além do Eufrates, rumo ao noroeste da Mesopotâmia, no período da Antiga Babilônia, cerca de dois séculos mais tarde. Veja Thompson, *Historicity*, p. 67-165.

16. Essa relação é baseada na aparente semelhança entre as fontes dos dois nomes (veja, por exemplo, W. F. Albright, *From the Stone Age to Christianity*, 2nd ed. [Garden City, 1957], p. 164), que não foi substanciada por estudos posteriores. Veja W. L. Moran, "The Hebrew language in its northwest Semitic background", *BANE*, p. 78 nota 29; e esp. Thompson, *Historicity*, p. 91-97.

17. Nomes geográficos são notoriamente conservadores e em geral preservam um perfil étnico muito depois do período em que ocorrem.

18. Assim também de Vaux, *Early history*, p. 68.

19. Veja uma discussão da penetração dos hurritas na Síria e na Palestina em F. W. Bush, "Hurrians", *IDBS*, p. 423s. Para uma discussão mais detalhada da data e da amplitude de sua penetração na Palestina, veja em de Vaux, "Les hurrites de l'historie et les horites de la Bible", *Revue biblique* 74 (1967): 481-503.

20. Sobre esse ponto veja D. W. Wiseman, "Abraham reassessed", p. 149s. em A. R. Millard e Wiseman, org., *Essays on the Pentateuch narratives*, 2ª. ed. (Leicester, 1983).

21. Seu estudo mais importante é o capítulo "Hebrew beginnings", p. 1-9 em *The biblical period from Abraham to Ezra* (Nova York, 1963). Outros são "The Hebrew background of Israelite origins", p. 236-249 em *From the Stone Age to Christianity*; "Abraham the Hebrew: A new archaeological interpretation", *BASOR* 163 (1961): 36-54; "The patriarcal backgrounds of Israel faith", p. 53-110 em *Yahweh and the gods of Canaan* (1968; repr. Winona Lake, 1978); e, publicado logo após sua morte, "From the patriarchs to Moses: 1. From Abraham to Joseph", *BA* 36 (973): 5-33.

22. *História*, p. 81-108.

23. Na Alemanha, A. Alt e M. Noth desposaram uma posição bem menos positiva em relação ao valor histórico de Gênesis 12–50. Alt e Noth, é claro, embora não ignorassem os resultados da arqueologia, estavam interessados primeiramente no estudo da história pré-literária das narrativas e das tradições orais das quais emergiram, usando técnicas literárias de *Gattungsgeschichte* (investigação de categorias literárias) e *Redaktionsgeschichte* (investigação do processo de composição e edição). Albright e seus seguidores, embora não recusassem a metodologia e os resultados da crítica literária, deram muito mais importância aos paralelos entre os textos bíblicos e os materiais não-bíblicos. As duas abordagens entraram em conflito aberto numa série de artigos de periódicos e de revistas. Em *Early Israel in recent history writing*, Bright criticou a metodologia de Noth, em particular suas conclusões negativas com respeito à validade das tradições, seu desinteresse pelas provas arqueológicas e a dificuldade de explicar por seus métodos, de modo adequado, tanto o surgimento de Israel como sua fé. Noth tratou mais diretamente do uso da arqueologia em "Hat die Bibel doch recht?", p. 7-22, em *Festschrift für Günther Dehn* (Neukirchen, 1957); e "Der Beitrag der Archäologie zur Geschichte Israels", *VTS* 7 (1960): 262-282; cf. *Die Ursprünge des alten Israel im Lichte neuer Quellen* (Colônia, 1961).

Essas disputas levaram a alguma moderação das duas posições, como resume de Vaux: "Method in the study of early Hebrew history", p. 15-29 em J. P. Hyatt, org. *The Bible in modern scholarship* (Nashville, 1965); *The Bible and the ancient Near East*, p. 111-121; e "On right and wrong uses of archaeology", p. 64-80 em J. A. Sanders, ed., *Near Eastern archaeology in the twentieth century* (Garden City, 1970). Veja também J. A. Soggin, "Ancient biblical traditions and modern archaeological discoveries", *BA* 23 (1960): 95-100.

24. *Bíblical period*, p. 5.

25. Isso foi considerado em sua concepção desse período como um interlúdio nômade entre as culturas urbanas de PB III e MB II, e em sua datação tardia, em 1800. Ambas as conclusões

foram abandonadas. Veja acima, nota 13; também Thompson, *Historicity*, p. 144-186; e esp. Dever, *Israelite and Judaean history*, p. 82s., 93-95.

26. E.g., Bright, *História*, p. 106; E. A. Speiser, "The patriarchs and their social background", em B. Mazar, org., *The patriarchs and judges*, The world history of the Jewish people, 1ª. ser. 2 (Brunswick, N. J.: 1971); S. Yeivin, "The patriarchs in the land of Canaan", ibid.; G. E. Mendenhall, "Biblical history in transition", p. 36-38 em *BANE*; D. N. Freedman, "Archaeology and the future of biblical studies: The biblical languages", p. 297 em Hyatt, *The Bible in modern scholarship*. Veja um resumo muito útil das principais posições em de Vaux, *Early history*, p. 259-263.

27. *Early history*, p. 257-266.

28. Embora sempre haja estudiosos que discordam da posição dominante (e.g., Mazar, "The historical background of the book of Genesis", *JNES* 28 [1969]: 73-83), o ataque principal é o de Thompson, *Historicity*, e J. Van Seters, *Abraham in history and tradition* (New Haven: 1975). Ambos os volumes procuram mostrar que o consenso da maioria não tem validade. Thompson observa: "Os resultados de minhas próprias investigações, se forem aceitáveis em sua maior parte, parecem suficientes para requerer uma reavaliação completa da posição corrente sobre o caráter histórico das narrativas patriarcais. Esses resultados apóiam a posição da minoria de que o texto de Gênesis não é um documento histórico"; *Historicity*, p. 2.

Embora o julgamento primário da historicidade dos patriarcas seja baseado no julgamento literário de que os textos não pretendam ser historiográficos (p. 3), a maior parte do livro procura demonstrar que as linhas de argumentação mais importantes que defendem a historicidade das narrativas patriarcais a partir de dados arqueológicos, epigráficos e sociojurídicos não são válidas. Ele atribui as tradições nelas contidas aos séculos XIX e VIII.

29. Boas discussões acerca da natureza histórica das narrativas patriarcais são M. J. Selman, em Millard e Wiseman, org., *Essays on the patriarchal narratives*, p. 103-105; K. A. Kitchen, *The Bible in its world* (London: 1978), p. 61-65; J. T. Luke, *JSOT* (1977): 35-38; e W. W. Hallo, "Biblical history in its Near Eastern setting: The contextual approach", p. 1-26 em C. D. Evans, Hallo e J. B. White, org., *Scripture in context:* Essays on the comparative method (Pittsburgh: 1980).

30. Veja Bright, p. 92s.

31. Veja Kitchen, *Bible in its world*, p. 61ss.

32. Gênesis 15.13; Êxodo 12.40.

33. A estela de Meneptá é do quinto ano desse faraó; o ano deve ser datado entre 1220 e 1209; veja Kitchen, *Bible in its world*, p. 144 nota 46.

34. Essa última data aceitável de 1700 pressupõe que o Israel mencionado na estela de Meneptá refere-se às tribos israelitas que saíram do Egito. Isso, claro, não pode ser demonstrado, mas fornece a última data viável para o fim do período patriarcal baseado em dados bíblicos. Se os 480 anos de 2Reis 6.1 forem tomados literalmente, os dados bíblicos situam o Êxodo em c. 1450 e o final do período patriarcal é c. 1850. (Mas veja a discussão dos 480 anos no Capítulo 4, abaixo). Em todo caso, a data em questão pertence aos primeiros séculos do segundo milênio.

35. Veja Bright, *História*, p. 95ss.; de Vaux, *Early history*, p. 193-200, 264; Kitchen, *Bible in its world*, p. 68.

36. Nomes semelhantes a Abrão, Israel e Jacó podem ser encontrados nos textos de Mari (século XVIII) até nos sarcófagos de Abirão (século XIII/X). Uma análise cuidadosa do estudo de Thompson mostrará que para o nome Abrão depois de c. 1000 ele só consegue mencionar quatro nomes formalmente semelhantes nos textos assírios do final do século XIII e início do XVII (p. 30-35); para os nomes Israel e Jacó, ele só consegue observar exemplos de nomes semelhantes nos dialetos aramaicos de Palmira e Elefantina, no sul-arábico epigráfico e nos nomes judaicos em textos da Babilônia datados do século V, tomados de Noth, *Die israelitschen Personnamen*. Veja também de Vaux, *Early history*, p. 206.

37. Os indícios tornam muito difícil datá-los no período postulado por Thompson, a Idade do Ferro, mais especificamente, no final do século X ou no século IX; veja Historicity, p. 316, 324-326.

38. Veja uma análise detalhada das provas arqueológicas e uma sugestão, a partir da falta de ocupação do Neguebe em MB II, de que Abraão deve ser datado no final de MB I e Jacó, em MB II, J. J. Bimson, "Archaeological data and the dating of the patriarchs", p. 59-92 em Millard and Wiseman, org., *Essays on the patriarchal narratives*.

39. Gênesis 12-1 traz: "Sai da tua terra, da tua parentela [i.e., o grupo tribal ou subtribal, ligado por sangue] e da casa de teu pai [i.e., a família extensa]..."

40. O nomadismo beduíno árabe é baseado no camelo, o único que consegue atravessar o Nefud, o deserto siro-árabe central. A ampla domesticação de camelos não ocorreu na antigo Oriente Próximo antes de c. 1200; veja J. T. Luke, *Pastoralism and politics in the Mari period* (Ph.D. diss., University of Michigan, 1965), p. 42s. Provas arqueológicas e pictográficas recentes reabriram a questão: "Se sustentamos que as histórias patriarcais são essencialmente históricas quanto à perspectiva, não estaremos de todo errados em pensar que os habitantes da Siro-Palestina conheceram os camelos domesticados bem cedo, na virada do terceiro milênio a.C." J. Zarins, *ABD* 1.826.

41. Na Mesopotâmia, Síria e Palestina, essa zona de cerca de 10 a 25 cm de índice pluviométrico situa-se entre o deserto e as regiões cultiváveis com índices pluviométricos mais elevados e forma um grande semicírculo pelo vale mesopotâmico acima, atravessa o centro-sul da Síria e desce até a área costeira palestina. Veja o mapa em Dever, *Israelite and Judaean history*, p. 728.

42. A idéia de que o estilo de vida nômade e o estilo de vida agrícola nas vilas são mutuamente excludentes deve ser corrigida. Aliás, há fortes indícios arqueológicos de eras pré-históricas de que a evolução cultural da vila se deu da coleta de alimentos em geral para lavouras incipientes e depois para comunidades agrícolas primitivas em vilas, sem interlúdios nômades. É também provável que as ovelhas e cabras tenham sido domesticadas no ambiente agrícola das vilas, com a atividade pastoril sendo desenvolvida a partir da vila. Veja R. J. Braidwood, *Prehistoric investigations in Iraqi Kurdestan*, Studies in ancient oriental civilization 31 (Chicago, 1960), p. 170-184; e J. T. Luke, *Pastoralism and politics*, p. 22ss.

43. Veja Dever, *Israelite and Judaean history*, p. 112-117; de Vaux, *Early history*, p. 229-233; e N. K. Gottwald, "Were the early Israelites pastoral nomads?" p. 223-225 em J. J. Jackson e M. Kessler, org., *Rhetorical Criticism* (Pittsburgh, 1974).

44. De Vaux, *Early history*, p. 230s.; Dever, *Israelite and Judaean history*, p. 115s.

45. Veja especialmente M. J. Selman, "The social environment of the patriarchs", *Tyndale Bulletin* 27 (1976): 114-136; de Vaux, *Early history*, p. 241-256; e Thompson, *Historicity*, p. 196-297.

46. Veja Selman, "Social environment", p. 116.

47. Selman traz uma lista de tais costumes baseada num método comparativo saudável em Millard e Wiseman, org., *Essays on the patriarchal narratives*, p. 125-129. Veja também A. R. Millard, *ABD* 1:35-41.

48. Cabe o resumo das provas apresentado por A. R. Millard: "Situar Abraão no início do segundo milênio a.C. é, portanto, plausível. Embora nem todas as informações extrabíblicas estejam limitadas a esse período, uma vez que boa parte da vida antiga seguia padrões semelhantes por séculos, não exigindo essa data, elas com certeza o admitem, em concordância com os dados bíblicos" (*ABD* 1:40).

49. A única passagem em Gênesis 12–50 que poderia ser relacionada com a história geral do mundo é o relato do ataque dos quatro reis no capítulo 14. Embora não se tenham encontrado ligações com fatos conhecidos, os nomes dos reis estão bem de acordo com a nomenclatura do segundo milênio. É plausível entender Anrafel como nome amorreu; é bem possível que Arioque seja hurrita (*Arriyuk* ou *arriwuk* em Nuzi); Tidal é a forma hebraica de *Tudhalias*, o nome de quatro reis hititas; e é evidente que Quedorlaomer contém dois nomes elamitas ainda não encontrados

NOTAS

juntos em outra parte. Quanto ao contexto "proto-arameu" das narrativas patriarcais e a controvertida questão de sua relação com os Hapiru/Apiru, veja Bright, História p. 118-122.

50. Para outros, com outros propósitos, pode parecer que, às vezes, eles distorceram seus relatos, mas isso é questão de ponto de vista. Veja ainda J. R. Porter, "Old Testament historiography", p. 125ss. em G. W. Anderson, org., *Tradition and interpretation* (Oxford, 1979).

51. Não parece haver nada contra a hipótese de que essas tradições foram primeiro escritas na época de Moisés (e provavelmente sob seu estímulo). Uma vez que vários contratos, especialmente os de casamento, são antiqüíssimos, não é insensato supor alguns documentos escritos. Além disso, a grande disseminação dos patronímicos (Abrão ben Tera, etc.) torna o registro de listas genealógicas relativamente fácil.

52. Sobre a tenacidade da tradição oral, veja Albright, *From the Stone Age to Christianity*, p. 64-76, esp. 72ss. Veja uma avaliação menos positiva da tradição oral em R. N. Whybray, *The making of the Pentateuch:* A methodological study (Sheffield, 1987), p. 138-185.

53. Veja Bright, p. 125. A frase também ocorre nas cartas de Amarna (século XIV); veja de Vaux, "El et Baal, le dieu des pères et Yahweh", *Ugaritica VI* (1969): 504.

54. Pode-se ver outra dimensão desse relacionamento pessoal numa classe de "nomes frasais" em que termos de parentesco, como '*āb,* "pai" e '*ah,* "irmão", servem de epítetos para o ser divino (e.g., *Abirão* significa "Meu Pai [Divino] é Exaltado"). Veja Bright, *História*, p. 126.

55. Veja a passagem paralela em Jeremias 34.19ss. O significado literal da frase hebraica "fazer aliança" é "cortar uma aliança". A mesma expressão idiomática é encontrada num texto do século V de Qatna. Matar um animal para efetuar uma aliança era comum entre os amorreus de Mari, onde "matar um jumento" era a expressão idiomática para "entrar numa aliança".

56. A tradução é de Speiser, *Genesis*; a estrutura das estrofes segue a de J. Muilenburg, "Abraham and the nations", *Interp* 19 (1965): 391.

57. Uma frase apreciada para a terra é "terra das tuas peregrinações", Gênesis 17.8; 28.4; 37.1; 47.9. A palavra traduzida por "peregrinação" vem da mesma raiz de *ger*, "estrangeiro residente"; daí a NRSV: "terra em que vives como estrangeiro".

58. Os ocidentais, que vivem numa sociedade móvel em que os laços da família e da residência familiar são quebrados com tanta facilidade, precisam se lembrar de que tal mobilidade era quase impossível para os povos antigos, firmemente arraigados numa cultura patriarcal e patrilocal. Um texto de Nuzi menciona um homem que deserdou por completo dois de seus filhos porque eles se mudaram para outra cidade!

59. Veja G. W. Coats, "Abraham's sacrifice of faith", *Interp* 27 (1973): 387-400. Veja outras considerações cristãs acerca dessa história em R. Moberly, "Christ as the key to Scripture: Genesis 22 reconsidered", em R. Hess, P. E. Satterthwaite e G. Wenham, org., *He swore an oath:* Biblical themes from Genesis 12-50 (Cambridge, U.K., 1993), p. 143-173.

60. Quanto ao conceito de justiça, veja G. von Rad, *Old Testament Theology*, trad. D. M. G. Stalker (Nova York, 1962), 1:370ss (publicado no Brasil pela ASTE sob o título *Teologia do Antigo Testamento*).

61. Ibid., 1.171.

62. O relato bíblico indica que Jacó "prevaleceu" (32.28). Fica claro, porém, que Deus na realidade prevaleceu, não apenas na mudança na vida de Jacó, mas no próprio nome "Israel" — "Deus prevalecerá".

63. Veja M. G. Kline, *By oath consigned* (Grand Rapids, 1968), p. 16ss.

64. Sobre as alianças abraâmica e mosaica e a relação entre elas, salientando suas semelhanças, veja F. W. Bush, "Images of Israel: The people of God in the Torah", p. 99-111 em R. L. Hubbard et al., org., *Studies in Old Testament theology* (Dallas, 1992).

NOTAS

CAPÍTULO 4 — ÊXODO: O PANORAMA HISTÓRICO

1. Exceto por menções eventuais da Bíblia de seus sobreviventes culturais (talvez raciais) no norte da Síria, ficaram perdidos para a memória histórica até as escavações promovidas pela Deutsche Orient-Gesellschaft no início deste século.

2. Conforme indicado, os povos do mar eram de origem egeu-cretense. Tentativas de identificação de seus nomes com grupos étnicos ou lugares conhecidos por outras fontes fornecem indícios desencontrados de sua migração e/ou origem. Assim, fontes hititas e egípcias acerca da batalha de Cades alistam *Luka*, que pode ser igualado aos lícios, povo no centro-sul da Ásia Menor, *Sherden*, que talvez mais tarde tenha dado nome à Sardenha. Meneptá e Ramessés III mencionam *Aqiwasha*, provavelmente os aqueus, conhecidos de Homer e chamados os ahhiyauva em fontes hititas; e *Turusha* ligado aos tuscianos (ou etruscos) da Itália; e *Tsikal*, que talvez tenha dado nome à Sicília. É bem possível que essa invasão de povos egeus esteja relacionada com o fim do período micênico na Grécia, refletido em parte na guerra de Tróia da *Ilíada* de Homero. Veja W. F. Albright, "Some oriental glosses on the homeric problem", *AJA* 54 (1950): 162-176. Sobre a origem dos filisteus e o curso de sua ocupação da Palestina veja Albright, "Syria, the Philistines and Phoenicia", in *CAH* II/I (1971): 24-33. Cf. também K. Kitchen, "The Philistines", *POTT*, p. 53-78.

3. Na carta 23 de Amarna, Tushratta, o rei indo-europeu do Mitani hurrita anuncia sua intenção de enviar Ishtar de Nínive, uma deusa assíria famosa pela capacidade de curar, ao Egito, para Amenófis III que, ao que parece, estaria doente.

4. Veja E. A. Speiser, "The Hurrian participation in the civilization of Mesopotamia, Syria and Palestine", p. 244-269 em J. J. Finkelstein e M. Greenberg, org., *Oriental and biblical studies* (Filadélfia, 1967).

5. Quanto à amplitude e transmissão dessa difusão cultural, incluindo provas abundantes de contato com o mundo egeu, veja C. H. Gordon, *Before the Bible* (Nova York, 1962), esp. p. 22-46.

6. Veja Albright, *The proto-Sinaitic inscriptions and their decipherment* (Cambridge, MA: 1969).

7. Veja uma análise completa das idéias apresentadas e uma bibliografia exaustiva em H. H. Rowley, *From Joseph to Joshua* (London, 1950). J. Bright é mais geral; *História*, p. 135-147. Também úteis para os estudantes são C. deWit, *The date and route of the Exodus* (London, 1960) e K. A. Kitchen, *Ancient Orient and Old Testament* (Chicago, 1966), p; 57-75. Veja também T. Briscoe, "Exodus, Route of", *ISBE* 2 (1982): 238-241 e J. M. Miller, "The Israelite occupation of Canaan", p. 213-284 em J. Hayes e Miller, eds., *Israelite and Judean history*, OTL (Filadélfia, 1977).

8. Pela natureza do caso, é provável que nada se encontre. Os israelitas no Egito eram escravos desprezados do estado. Os antigos governantes ou não registravam suas derrotas ou as registravam como vitórias (e.g., o relato de Ramessés II acerca da batalha de Cades), e é pouco provável que a fuga de um grupo de escravos do estado fosse registrada de alguma forma que pudesse ser preservada para a posteridade.

9. Veja, por exemplo, a discussão dessa evidência em Albright, *Yahweh and the gods of Canaan*, p. 35-52, 153-182. Veja também N. Sarna, "Exodus, Book of", *ABD* 2:696-698; K. Kitchen, "Exodus", *ABD* 2:700-708.

10. Veja a apresentação de G. E. Wright, *Biblical archaeology* (Filadélfia, 1962) p. 54-58.

11. Veja Albright, *Yahweh and the gods of Canaan*, p. 89ss. e R. de Vaux, *The early history of Israel*, trad. D. Smith (Filadélfia, 1978), 324-327.

12. Albright, *Yahweh and the gods of Canaan*, p. 165ss.

13. Veja Kitchen, "Exodus", *IBD*, p. 489. Veja um paralelo impressionante nos tempos atuais em de Vaux, *Early history*, p. 374.

14. Como destaca Kitchen, numerosos problemas cronológicos do Oriente Próximo, e não só a data do Êxodo, também não podem ser resolvidos de modo definitivo no presente estágio de

conhecimento, apesar de evidências contemporâneas com os eventos em questão. Um exemplo é o problema controvertido da data de Hamurábi; *Ancient Orient and Old Testament*, p. 75 n. 64.

15. Quanto ao número de anos, a questão fica em aberto. A estela não indica quando Meneptá confrontou-se com forças israelitas (talvez no Sinai). Muitas vezes se afirma que na estela "Israel" é grafado com o determinativo para "povo" e não "país", indicando que Israel ainda não era sedentário. Entretanto, egiptólogos observara que a estela é escrita de modo descuidado, nem sempre empregando determinativos com precisão. Assim, esse argumento tem pouco peso na falta de outras evidências. Deve-se ainda notar que essa perspectiva presume tacitamente que o grupo enfrentado por Meneptá era o mesmo grupo que esteve no Egito. Embora seja uma suposição natural, não há provas de que seja esse o caso.

16. Veja Kitchen, *Ancient Orient and Old Testament*, p. 57ss. e de Vaux, *Early history*, p. 325.

17. Não é possível dar uma data precisa, uma vez que há uma incerteza de cerca de catorze anos na data da ascensão de Ramessés. Veja K. Kitchen, *The Bible in its world*, p. 144 n. 46, e "Exodus", *ABD* 2:701, 703.

18. Essa complexidade é apresentada de modo claro em I. Filkelstein, *The archaeology of the Israelite settlement* (Jerusalém: 1988) e V. Fritz, "Conquest or settlement", *BA* 50 (1987): 84-100. Veja também A. Mazar, *Archaeology of the land of the Bible:* 10,000-586 B.C. (Nova York: 1990), p. 328-338, 353-355. Veja uma análise concisa das opiniões ao longo do último século em W. G. Dever, *Recent archaeological discoveries and biblical research* (Seattle, 1990), p. 39-84. Além disso, têm-se levantado perguntas por causa da pesquisa de N. Glueck na planície da Transjordânia (*The other side of the Jordan* [1940; repr. Cambridge, Mass.: 1970], p. 114-125) segundo a qual os reinos associados com essa região não existiam antes de c. 1300, de modo que a viagem de Israel em torno de Edom e Moabe (Nm 20.14-21) deve ter ocorrido após essa data. Uma exploração de novos sítios, juntamente com uma reavaliação de alguns explorados por Glueck, retomados em 1978, dão provas de que não houve lacuna na ocupação da planície central de Moabe na Última Idade do Bronze (1550/1500-1200) ou na Primeira Idade do Ferro (1200-1000). Portanto, nenhum argumento em favor de uma data específica para o Êxodo pode ser sustentado pelas cerâmicas da planície de Moabe. Veja J. R. Kautz, "Tracking the ancient Moabites", *BA* 44 (1981): 27-35 e J. J. Bimson, *Redating th Exodus and conquest, JSOTSup* 5 (1978): 70-74.

19. G. E. Wright, *Biblical Archaeology* (Filadélfia, 1962), p. 80-83. Tell Beit Mirsim é em geral identificado com a Debir da Bíblia, mas um candidato muito mais plausível para Debir agora é Khirbet Rabud; veja M. Kochavi, "Khirbet Rabud = Debir", *Tel Aviv* 1 (1974): 2-33. Tell el-Hesi é em geral identificado com a Eglon da Bíblia. Quanto à difícil questão da destruição de Jericó e Ai, veja Kitchen, *Ancient Orient and Old Testament*, p. 62-64.

20. Finkelstein, *Archaeology of the settlement*, p. 299.

21. Kitchen, *ABD* 2:702.

22. Finkelstein, *Archaeology of the settlement*, p. 348-351

23. Kitchen, *ABD* 2:702-703.

24. Cf. N. M. Sarna, *Exploring Exodus* (Nova York, 1986), p. 15-26; reimpresso como "Exploring Exodus: The opression", *BA* 49 (1986): 68-80.

25. Gênesis 15.16 afirma que os israelitas voltariam para Canaã na quarta *dôr*, termo em geral traduzido por "geração". O heb. *dôr* significa lit. "ciclo de tempo", i.e., "era, período". Fontes ugaríticas e assírias mostram agora que a palavra indicava um espaço de oitenta anos ou mais. Kitchen, *Ancient Orient and Old Testament*, p. 54, esp. nota 99.

26. Veja D. N. Freedman, "The chronology of Israel and the ancient Near East", em *BANE* p. 271 e esp. p. 295 nota 16. Os trezentos anos de Juízes 11.26 devem ser compreendidos da mesma forma.

27. Veja discussões que apresentam argumentos persuasivos em favor de uma data no século V em Bimson, *Redating the Exodus and conquest*, e em W. H. Shea, Exodus, Date of", *ISBE* 2(1981): 230-238.
28. Veja I. Beit-Arieh, "The route through Sinai", *BARev* 15 (May/June 1988): 28-37.
29. DeWit, *Date and route*, p. 13-20. Veja também de Vaux, *Early history*, p. 378s.
30. A palavra hebraica é *sōp*, "juncos", em geral aceita como um empréstimo do egípicio *twf(y)*, "papiro". É empregada em Êxodo 2.3, em referência aos juncos do Nilo em que Moisés foi escondido. Em outras partes, *yam sûp*, lit. "mar de Juncos" também se refere ao golfo de Ácaba, no outro lado da península do Sinai (e.g., 1Rs 9.26) e ao golfo de Suez, ao sul da região do Êxodo (e.g., Nm 33.10). Este último é uma extensão do nome dos lagos de junco que se alinham ao longo da rota do canal de Suez até os dois braços do mar Vermelho, ao norte. Kitchen, "Red Sea", *IBD*, p. 1323.
31. Albright, "Baal-Zephon", p. 1-14 em W. Baumgärtner et al., org., *Festschrift für A. Bertholet* (Tübingen, 1950).
32. Apresentada em detalhes por J. Finegan, *Let my people go* (Nova York, 1963), p. 77-89 e considerada mais provável por Dewit, *Date and route*, p. 13-20.
33. Teoria adotada por Wright, *Biblical arquaeology*, p. 60-62.

CAPÍTULO 5 — ÊXODO: A MENSAGEM

1. Uma posição não rara na crítica moderna mais extrema. Veja o estudo sobre o tratamento dado a Moisés por Noth em J. Bright, *Early Israel in recent history writing* (London, 1959), p. 51s.
2. R. de Vaux, *The early history of Israel*, trad. D. Smith (Filadélfia, 1978), p. 327-330; Bright, *História de Israel*, 2ª. (São Paulo, 1981), p. 135.
3. Veja K. A. Kitchen, "Moses", *IBD*, p. 1026-1030.
4. A questão, porém, é difícil. Em defesa da origem egípcia, veja J. G. Griffiths, "The Egyptian derivation of the name Moses", *JNES* 12 (1953): 225-231. Veja alguns senões em Kitchen, *IBD*, p. 1026.
5. Outro indício desse fato é que quatro gerações de Levi a Moisés não estão de acordo com os 400 anos de Gênesis 15.13 e os 430 anos de Êxodo 12.40s. para o período entre os patriarcas e o Êxodo, que, por outras evidências, deveriam ser compreendidos literalmente.
6. Midiã propriamente dita ficava ao sul de Edom, e a leste do golfo de Ácaba, na parte norte de Hejaz da atual Arábia Saudita. Os nômades midianitas estavam em toda parte. No Antigo Testamento são encontrados em Moabe (Gn 36.35), na Palestina (37.28) e especialmente atacando o vale de Jezreel na época de Gideão (Jz 6.1-6). No período do Êxodo parece que haviam ocupado o oeste e o sul do sinai (Nm 10.29-32); observe também que é nesse lugar que Moisés viu a sarça ardente; Êxodo 3.1ss.).
7. A importância do "nome" é apenas um exemplo especial de como os israelitas, bem como povos antigos e modernos, atribuíam um poder à palavra que hoje está em grande parte perdido. Em muitos aspectos, sua concepção incorpora um senso profundo e verdadeiro da realidade. Veja o excelente estudo de J. L. McKenzie, "The Word of God in the Old Testament", p. 37-58 em *Myths and reality* (Milwaukee, 1963).
8. Veja esp. W. Eichrodt, *Theology of the Old Testament*, trad. J. A. Baker, OTL (Filadélfia, 1961), 2:206ss.
9. Alguns intérpretes alegam que Deus aqui recusa-se a revelar o mistério de sua existência: ele é o Inominável, o Inefável, o Incompreensível.
10. Veja o excelente estudo de de Vaux, "The revelation of the divine name YHWH", p. 48-75, esp. 67ss., em J. I. Durham e J. R. Porter, org., *Proclamation and presence* (Richmond,

NOTAS

1970). A ênfase ou intensidade é expressa pela repetição do mesmo verbo no predicado (um pouco como o cognato acusativo hebraico).

11. Essa declaração é por demais interessante aqui, já que segue-se imediatamente à promessa divina de proclamar seu nome (v. 18). Em cumprimento da promessa em 34.5-7, quando Deus proclama seu nome, são empregados os mesmos verbos: "Javé, Javé Deus compassivo, clemente..." No capítulo. 33, a revelação está relacionada com o fato de que Deus é acima de tudo compassivo e clemente, refletido na ligação notável de seu nome, revelado em 3.13-15, com a redenção dramática da escravidão no Egito.

12. Tentativas recentes empenham-se em compreender tanto o "Eu sou o que sou" no v. 13 como o "Javé" no v. 15 como derivações do causativo, não da raiz básica do verbo hebraico. Isso significaria algo como "Eu sou aquele que cria" ou "Eu crio o que vem a existir". Essa posição, entretanto, parece trazer outras idéias para este texto. Veja de Vaux, "Revelation of the divine name", p. 64s. Veja uma discussão completa dos argumentos dessa interpretação, bem como suas fraquezas em B. S. Childs, *The book of Exodus*, OTL (Filadélfia, 1974), p. 62ss.

13. "A palavra de quatro letras", referindo-se às consoantes hebraicas do nome divino. Em toda sua história até séculos depois do período neotestamentário, o hebraico foi escrito sem vogais. Quando as vogais foram acrescentadas ao texto consonantal para preservar a tradição recebida, as vogais de 'adōnay foram escritas sobre o nome YHWH, já que os judeus liam o heb. 'adōnay, "Senhor", em lugar de YHWH. Essa é a origem do nome "Jeová". A pronúncia *Yahweh* decorre das exigências gramaticais da interpretação dada ao nome em 3.13-15.

14. Quanto ao significado e função do profeta como mensageiro, veja C. Westermann, *Basic forms of prophetic speech*, trad. H. C. Waite (Filadélfia, 1967), p. 90-114.

15. De Vaux, *Early history*, p. 361-365.

16. E.g., J. C. Rylaarsdam, "Introduction and exegesis of Exodus", *IB* 1:839.

17. G. Hort, "The plagues of Egypt", *ZAW* 69 (1957): 84-103; 70 (1958): 48-59. Os editores observam que esse artigo, que difere de modo marcante das opiniões prevalecentes, tem sido considerado exato nos aspectos geológicos e microbiológicos por pessoas competentes no campo das ciências naturais.

18. A "tempestade de areia", típica do deserto, que começa a castigar o Egito a partir do sul no final de fevereiro e começo de março e em geral dura dois ou três dias.

19. Como teria ocorrido, qualquer que seja a interpretação, com os mosquitos, as moscas e os gafanhotos.

20. A inundação do Nilo alcança a região do delta no final de julho ou em agosto. A décima praga deve ter ocorrido em março ou abril (nisã) servindo de base para a data da Páscoa.

21. O significado do verbo é determinado pelo contexto, sendo pouco provável que esteja relacionado com o som do verbo *pāsaḥ*, "coxear, dançar".

22. Assim, por exemplo, na descrição da Páscoa em Levítico 23, a Festa dos Pães Asmos está relacionada com a oferta do primeiro feixe de cevada colhido na primavera (v. 10ss.).

23. A idéia de que o cenário original era um festival de primavera de pastores nômades e "seminômades" tem muito a seu favor. Segundo ela, o sacrifício e o festival eram, de início, um rito para garantir a segurança e a fecundidade do rebanho, especialmente no momento de partirem para a jornada anual às pastagens de primavera e verão. Todos os elementos do ritual da Páscoa são adequados a esse cenário. Veja uma discussão mais minuciosa em de Vaux, *Ancient Israel*, trad. J. McHugh (Nova York, 1965), 2:488-493. Por essa perspectiva, Moisés foi imaginativo, reinterpretando o festival, provendo o ato simbólico comunal que uniria os israelitas para sua perigosa jornada.

24. A questão é muito controvertida. Um dos melhores estudos é de J. Jeremias, *The eucharistic words of Jesus*, trad. A. Erhardt (Oxford, 1955). Um dos problemas difíceis é saber se a refeição ocorreu na data exata da Páscoa. Veja João 13.1 e J. Jocz, "Passover", *Zondervan Pictorial*

Encyclopedia of the Bible (Grand Rapids, 1975), 4:608s. Cf. também W. S. LaSor, *The Dead Sea Scrolls and the New Testament* (Grand Rapids, 1972), p. 201-205.

25. Veja I. H. Marshall, *Last Supper and Lord's Supper* (Grand Rapids, 1981).

26. Observe Childs, *Old Testament as Scripture*, p. 176: "O efeito canônico de Êxodo 15 em recapitular o mesmo evento é materializar a vitória em forma de uma celebração litúrgica, concluindo com o responso: 'O SENHOR reinará para todo o sempre'. Um evento do passado é estendido até o presente, passando a ser acessível a todas as gerações subseqüentes".

27. Comparações com textos ugaríticos mostram que o poema é consideravelmente mais antigo que os relatos em prosa que o cercam. Tomando isso por base, W. F. Albright e outros datam o poema no século XIII ou XII. Paralelos em estrutura poética são tão próximos que alguns chegam a afirmar que versos da poesia cananéia foram aproveitados e adaptados para atender às necessidades da religião israelita. Os indícios estendem-se a aspectos literários bem prosaicos, como o uso de tempos verbais e grafia arcaica. Veja W. F. Albright, *The archaeology of Palestine*, rev. ed. (Baltimore, 1960), p. 232s.; F. M. Cross Jr., e D. N. Freedman, "The song of Miriam", *JNES* 14 (1955): 237-250; e Cross, *Canaanite myth and Hebrew Epic* (Cambridge, Mass.: 1973), p. 112-144.

28. O maná é apresentado como uma provisão miraculosa, embora uma analogia parcial seja uma substância doce secretada por um inseto que infesta um tipo de tamareira no sul do Sinai. Veja F. S. Bodenheimer, "The manna of Sinai", p. 76-80 em G. E. Wright e D. N. Freedman, org., *The Biblical Archaeologist Reader* 1 (repr. Grand Rapids, 1981).

29. Trovões e relâmpagos formam, muitas vezes, o cenário da automanifestação de Deus; veja Sl 18.7-14; 29. A nuvem e o fogo são símbolos da presença de Deus. Veja G. E. Mendenhall, "The Mask of Yahweh", p. 32-66 em *The tenth generation* (Baltimore: 1973).

30. Childs, *Exodus*, p. 367.

31. Veja uma discussão dessas duas alianças levando em conta suas semelhanças e diferenças em F. W. Bush, "Images of Israel: The people of God in the Torah", p. 99-109 em R. L. Hubbard et al, org., *Studies in Old Testament theology* (Dallas: 1992).

32. Inicialmente apresentada por G. Mendenhall, "Ancient oriental and biblical law", *BA* 17 (1954): 25-46 e "Covenant forms in Israelite tradition", *idem*, 59-76; ambos reimpressos em E. F. Campbell e D. N. Freedman, org., *The biblical archaeologist reader* 3 (Grand Rapids: 1981): 3-53. Veja numerosos exemplos bíblicos e extrabíblicos em J. Arthur Thompson, *The ancient Near Eastern treatises and the Old Testament* (London: 1964).

33. A única ausência explícita, por motivos óbvios, é a lista de sinais e garantias divinas que acompanham o tratado. Mas Josué empregou o povo como testemunha contra si mesmo e uma grande pedra levantada no santuário em Siquém; veja Josué 24.22-27.

34. Esse conceito do Decálogo como "diretrizes legais" é apresentado em detalhes em D. R. Hillers, *Covenant:* The history of a biblical idea (Baltimore, 1969), p. 88ss.

35. Às vezes, entende-se que essas leis têm raízes séculos depois, na vida de Israel. Com certeza, elas podem ter sido suplementadas e remoldadas pela experiência subseqüente de Israel; nenhum sistema de leis pode permanecer estático enquanto mudam a vida e as circunstâncias das pessoas por ele reguladas. Entretanto, temos todos os motivos para crer que seu núcleo original remonta a Moisés, que é visto administrando a justiça e destacando juízes quando a tarefa torna-se muito grande (18.13-26). É inconcebível que Moisés não tenha iniciado o processo de organizar as várias leis de uma forma que pudesse conduzir a comunidade e também o de interpretar as estipulações da aliança.

36. A palavra hebraica traduzida com maior freqüência por "tabernáculo" é *mishkān*, que, ao que parece, de início significava simplesmente "morada", uma tenda, para ser específico. Nas ocorrências do Antigo Testamento, entretanto, fica quase que restrita ao santuário em forma de tenda que precedeu o templo.

NOTAS

37. Esse recurso literário, que parece repetitivo e desnecessário, é característico daquele período. No épico de Keret, oriundo de Ugarite, El revela ao rei Keret em detalhes exaustivos como conduzir a campanha militar para recapturar a noiva a ele destinada da casa do pai dela. Mais tarde Keret segue suas ordens, e a passagem é repetida *verbatim*.

38. Os estudiosos com freqüência consideram a descrição do tabernáculo não-histórica, uma projeção retroativa do templo posterior e sua teologia. Alguns aspectos da tradição de fato parecem ter sido acrescentados à luz de desdobramentos posteriores. E.g., a prata exigida (38.25) teria pesado cerca de 3,8 toneladas! Entretanto, muitos aspectos da tradição, juntamente com exemplos extrabíblicos, demonstram que o centro da tradição remonta ao período de Moisés. Veja Cross, "The priestly tabernacle", em Wright e Freedman, org., *The Biblical Archaeologist Reader* 2:201-228; Kitchen, "Some Egyptian background to the Old Testament", *Tyndale House Bulletin* 5-6 (1960): 7-13.

39. Sobre o significado dos sacrifícios no tabernáculo, veja p. 95-97.

40. A JB observa que a tradução literal é "armou sua tenda entre nós". O grego *skēnē*, "tenda" ou "tabernáculo" é empregado também para indicar o modo da presença permanente de Deus com seu povo (Ap 21.3; TEB "morada").

41. Da perspectiva literária, esses capítulos parecem uma composição complexa de vários relatos. Cf. R. W. L. Moberly, *At the mountain of God:* Story and theology in Exodus 32-34, *JSOTS* 22 (Sheffield, 1983).

42. Desejando outros casos em que Javé parece decidido a amaldiçoar e depois "muda de idéia" (BLH; "arrepender-se" é a tradução tradicional), veja o pesar de Deus por ter permitido que Saul se tornasse rei ("se arrependeu"; 1Sm 15.35). Também a decisão divina de não desencadear o julgamento anunciado contra Israel, atendendo a um pedido de Amós (Am 7.3, 6).

43. N. M. Sarna, *Exodus*, The JPS Torah Commentary (Filadélfia, 1991), p. 208.

44. T. E. Fretheim, *Exodus, interpretation* (Louisville, 1991), p. 296.

45. Veja uma exposição completa dessa passagem, captando bem sua notável teologia da graça, em Moberly, *At the mountain of God*. Veja uma discussão breve em Bush, "Images of Israel: The people of God in the Torah", em R. L. Hubbard et al., org., *Studies in Old Testament Theology*, p. 107-9.

46. Nm 14.18; Sl 86.15; 103.8; Jl 2.13; Jn 4.2; Ne 9.17, 31; cf. Dt 4.31; 5.9-10; Sl 111.4; 112.4; Jr 32.18-19; Na 1.3; Lm 3.32; Dn 9.4.

47. J. I. Durham, *Exodus*, WBC (Dallas, 1987), p. 459.

48. Cf. B. Childs, *The book of Exodus*, OTL (Filadélfia, 1974), p. 607-609.

49. Durham, *Exodus*, p. 466.

50. Fretheim, *Exodus*, p. 311.

CAPÍTULO 6 — LEVÍTICO

1. O significado primário de "culto" é "adoração" ou "ritos e cerimônias de uma religião".

2. Veja um estudo detalhado em R. Abba, "Priests and Levites", *IDB* 3:876-889. De acordo com a clássica teoria de Wellhausen, a distinção entre sacerdotes e levitas é posterior ao exílio, e todo o culto conforme descrito em Levítico é uma construção do judaísmo pós-exílico. Entretanto, Abba mostra que o Código Sacerdotal é anterior tanto ao exílio como a Deuteronômio e, assim, de valor histórico muito maior do que se pensava. Veja uma avaliação mais ampla da reconstrução de Wellhausen em D. A. Hubbard, "Priests and Levites", *IBD*, p. 1266-1273.

3. Veja um panorama da função de Israel como "reino de sacerdotes" em A. Lacocque, *But as for me* (Atlanta, 1979).

4. A. Rainey, "The order of sacrification in Old Testament ritual texts", *Bibl* 51 (1970): 486-498.

5. A terminologia, conforme traduzida do hebraico, nem sempre é uniforme. A "oferta totalmente queimada" ou "oferta queimada" às vezes é denominada "holocausto" a partir de uma palavra grega que significa "totalmente queimado".

6. Somente mais tarde aparecem indícios de que o ofertante podia comprar nos recintos do templo uma oferta que não lhe tinha custado nenhum esforço pessoal.

7. Cf. R. Rendtorff, *Studien zur Geschichte des Opfers im Alten Israel*, WMANT 24 (1967): 89-111; *Die Gesetze in der Priesterschrift*, FRLANT 62, 2ª. (Göttingen, 1963), p. 5-7, 11-12.

8. J. Milgrom, "Two kinds of *Ḥaṭṭā't*" *VT* 26 (1976): 333-337 e "Israel's Sanctuary: The priestly 'Picture of Dorian Grey'", *RB* 83 (1976): 390-399; ambos os artigos estão em *Studies in cultic terminology and theology*, SJLA 36 (Leiden: 1983), p. 70-74, 75-84.

9. J. Milgrom, *Cult and conscience*, SJLA 18 (Leiden: 1976).

10. M. Douglas, *Purity and danger* (London, 1966), p. 51, 57.

11. M. P. Carroll, "One more time: Leviticus revisited", em *Anthropological Approaches to the Old Testament*, ed. B. Lang (Filadélfia, 1985), p. 120-126.

12. Cf. J. Milgrom, "Ethics and ritual: The foundations of the biblical dietary laws", em *Religion and law:* Biblical-Judaic and Islamic perspectives, ed. E. Firmage et al. (Winona Lake, 1990), p. 159-198.

13. Cf. W. Zimmerli, "I am Yahweh", em *I am Yahweh*, trad. D. Stott (Atlanta, 1982), p. 1-28.

14. H. T. Sun, "An investigation into the compositional integrity of the so-called Holiness Code (Leviticus 17—26)", dissertação (Claremont, 1990).

15. Cf. B. Z. Wacholder, "The calendar of Sabbatical cycles during the Second Temple and the early rabbinic period", *HUCA* 44 (1973): 153-196, e N. Sarna, "Zedekiah's emancipation of slaves and the Sabbatical year", em *Orient and Occident*, ed. H. Hoffner Jr., AOAT 22 (Kevelaer, 1973), p. 143-149.

16. R. Hubbard Jr., "The go'el in ancient Israel", *Bulletin for Biblical Research* 1 (1991): 3-19.

17. E. Leach, *Culture and communication* (Cambridge, 1976), p. 84-88; J. Hartley, *Leviticus*, WBC 4 (Dallas, 1992), p. lvii-lviii.

18. E. Feldman, *Biblical and post-biblical defilement and mourning:* Law as theology, The library of Jewish law and ethics (New York: 1977), p. 31-76.

19. Cf. P. Garnet, "Atonement constructions in the Old Testament and the Qumran scrolls", *EvQ* 46 (1974): 131-163, e L. Morris, *Apostolic preaching of the cross* (London, 1956), p. 144-213.

20. Tradução de Levítico 17.11 adaptada de Hartley, *Leviticus*, p. 261.

21. A. Schenker, "Das Zeichen des Blutes...", *Münchener Theologische Zeitschrift* 34 (1983): 197-198.

22. N. Füglister, "Sühne durch Blut — Zur Bedeutung von Leviticus 17,11", em *Studien zum Pentateuch*, ed. G. Bravlik e F. S. W. Kornfeld (Viena: 1977), p. 143-164. Cf. D. McCarthy, "The symbolism of blood and sacrifice", *JBL* 92 (1973): 203-210. Também H. Gese, *Essays on biblical theology*, trad. K. Green (Minneapolis, 1981), p. 107-108.

23. Passagens rabínicas podem ser encontradas em C. G. Montefiore e H. Loewe, *A rabbinic anthology* (Nova York, 1974), cap. 3. As orações são de *Siddur avodat Israel*, mas outras semelhantes podem ser encontradas em qualquer livro de oração. A referência ao "nosso testemunho diário" diz respeito ao Shemá (Dt 6.4s.), recitado diariamente por judeus religiosos.

NOTAS

CAPÍTULO 7 — NÚMEROS

1. Não se deve tentar forçar essas fórmulas de datas, pois Números não atribui nenhum significado teológico a elas, exceto a referência geral aos "quarenta anos" no deserto (cf. 14.33s.). Entretanto, é altamente improvável que as datas sejam meras ficções de editores do pós-exílio. Não é inconcebível supor que, além dos registros escritos acerca dos estágios da jornada (33.2), Moisés e seus ajudantes tenham mantido um registro das datas —pelo menos daquelas preservadas no relato.

2. Y. Aharoni, *The Holy Land, antiquity and survival* 2/2-3 (1957), p. 289s.

3. Comparação de Números 33.38s. com Deuteronômio 1.3 mostra que a jornada entre o monte Horebe, onde morreu Arão, e Moabe levou seis meses.

4. Entretanto, se Moisés era de fato "mui manso, mais do que todos os homens que havia sobre a terra" (12.3), dificilmente teria escrito tal afirmação!

5. Comparação entre Números 15.22-31 e Levítico 4.2-12 indica alguns exemplos desse problema. Em geral, é difícil harmonizar todos os detalhes das ofertas em Levítico 1–7 com as referências esporádicas em Números.

6. J. A. Thompson, "Numbers", *NBC*, p. 169.

7. Veja C. R. Krahmalkov, "Exodus itinerary confirmed by Egyptian evidence", *BARev* 20:5 (1994): 56-62, 79.

8. J. Milgrom, "Numbers, Book of", *ABD* 4:1148-1150. Sua conclusão é notável: "Em suma, temos 26 fortes razões e 23 razões secundárias para defender a antiguidade do material sacerdotal do livro de Números" (p. 1150).

9. Um segundo censo realizado nas campinas de Moabe, na geração seguinte, contou 601.730 pessoas.

10. Alguns estudiosos tentam demonstrar a possibilidade matemática desse número. E.g., Whitelaw mostra que se cinquenta e um dos cinquenta e três netos de Jacó tivessem quatro filhos homens cada, o total na sétima geração seria de 835.584; "Numbers, Boof of", *ISBE* (1939): 4:2166. Outros destacam que os números são inconcebíveis, em especial pelo fato de que dentre a população masculina que incluía mais de 600.000 acima dos vinte anos, havia apenas 22.273 primogênitos com mais de um mês (3.43) —o que implicaria de quarenta a quarenta e cinco homens em cada casa. Pouco se aproveita de tais discussões.

11. Alguns que entendem literalmente os números consideram provável que o problema deva ser explicado pela suposição de que houve um tempo em que os números eram escritos como numerais e não em palavras, como no texto hebraico presente. As letras hebraicas de fato possuem valor numérico, tal que *aleph* é empregado para 1 e também 1.000, *beth* equivale a 2 e também a 2.000 etc. Entretanto, não subsistem textos bíblicos em hebraico que contenham números escritos dessa forma.

12. Os números de Salmaneser são significativos:

Hadadezer de Damasco	1.200 carros	1.200 montados em cavalos	20.000 homens
Irhuleni de Hamate	700	700	10.000
Acabe o israelita	2.000	-	10.000
De Que	-	-	500
De Musri	-	-	1.000
De Irqanata	10	-	10.000
Matinu-Ba'lu de Arvade	-	-	200
De Usanata	-	-	200
Adunu-ba'lu de Shian	30	-	1.000?
De Gindibu na Arábia	-	100 montados em camelos	-
Basa'ben Ruhubi de Amom	-	-	000?

Ele fala "desses doze reis", embora somente onze pessoas sejam mencionadas, e alega ter matado 14.000; *ARAB* §611, *ANET*, p. 279.

13. *ARAB* §55; *ANET*, p. 284s. Quanto à questão de quem de fato conquistou Samaria, veja p. 211, 280 acima.

14. *ARAB* 2 §240; *ANET*, p. 288.

15. W. F. Albright, *From the Stone Age to Christianity*, 2ª. ed. (Garden City, 1957), p. 291.

16. O heb. *'elep*, pl. *'elāpîm*, significa "mil" ou um grupo ou família grande; cf. Mq 5.2 (TM 5.1; "milhares", ARA; "clãs', BJ). As mesmas consoantes poderiam ser lidas *'allûpîm*, "chefes, chefes de tribos". Os pontos vocálicos não foram acrescentados senão em algum período entre os séculos VI e IX d.C., mas muitos estudiosos crêem que a tradição oral em que se baseia essa pontuação era altamente confiável.

17. W. M. F. Petrie, *Egypt and Israel*, rev. ed. (London, 1911), p. 42ss.

18. G. E. Mendenhall, "The census lists of Numbers 1 and 26", *JBL* 77 (1958): 52-66; cf. B. S. Childs, *Introduction to the Old Testament as Scripture* (Filadélfia, 1979), p. 200.

19. Entre outros detalhes, entretanto, seria necessário rejeitar os totais em Números 1.46 e 26.51.

20. Entre os 74 "milhares" de Judá estariam 600 combatentes, enquanto entre os 62 de Dã haveria 700 e entre os 41 de Aser, 500. Entre o primeiro e o segundo censo, os "milhares" de Simeão teriam caído de 59 para 22, enquanto as "centenas", apenas de 300 para 200.

21. Uma contagem no primeiro censo termina em cinqüenta, enquanto uma, no segundo, termina em trinta.

22. A diferença entre os 22.273 primogênitos de sexo masculino e os 22.000 levitas é responsável pela taxa de cinco siclos para cada um dos 273, cf. 3.46-48.

23. R. K. Harrison, *Introduction to the Old Testament* (Grand Rapids, 1969), p. 631ss.

24. J. A. Thompson, "Numbers", p. 169. Pode ser esclarecedor o fato de a comunidade de Qumran, quase que certamente composta de não mais que 250 ou 300 pessoas de uma vez, ter empregado a mesma terminologia. A regulamentação a respeito do censo anual declara: "Os sacerdotes devem passar primeiro em ordem, de acordo com seu espírito, um após outro; e os levitas devem passar após eles, e todas as pessoas devem passar em terceiro lugar em ordem, uma após a outra, aos mil, cem, cinqüenta e dez, de modo que cada homem de Israel saiba a posição que lhe foi designada..."(1QS 2:21).

25. Veja G. B. Gray, *Numbers*, ICC (Nova York, 1903), p. 11-15; J. Garstang, *Joshua, Judges* (Nova York, 1931), p. 120; R. E. D. Clark, "The large numbers of the Old Testament", *Journal of the Transactions of the Victoria Institute* 87 (1955): 82ss.; J. W. Wenham, "Large numbers in the Old Testament", *Tyndale Bulletin* 18 (1967): 19-53.

26. O tema da *presença* é desenvolvido de forma a abranger a mensagem do Antigo Testamento em S. Terrien, *The elusive presence toward a new biblical theology* (San Francisco, 1978).

27. Muitos estudiosos crêem que o maná era a substância semelhante ao mel excretada por alguns insetos sobre galhos de tamareiras que caem no chão durante a noite. Veja F. Bodenheimer, "Manna", *BA* 10 (1974): 1-6. Essa identificação não explica por que o maná cessava aos sábados; por que, fosse qual fosse a quantidade colhida, havia o suficiente e apenas o suficiente; e por que o fenômeno começou quando os israelitas entraram no Sinai e cessou quando trocaram Moabe por Canaã.

28. O termo técnico é "antropopatismo", quando Deus manifesta sentimentos humanos. Descrevê-lo como se tivesse forma humana é "antropomorfismo".

29. Veja a discussão sobre Oséias, abaixo. Veja também Js 22.17.

30. Veja W. S. LaSor, *The Dead Sea Scrolls and the New Testament* (Grand Rapids, 1972), p. 111.

NOTAS

31. Novos esclarecimentos sobre a história de Balaão podem surgir de um texto mural descoberto em 1969 em Deir 'Alla na margem oriental do Jordão. Originalmente parte de uma parede, o texto foi inscrito em preto e vermelho, tendo sido profundamente atingido por um terremoto. Agora datado em c. 800 a.C., fala da história de uma mensagem transmitida a Balaão, filho de Beor, por mensageiros divinos de El, o deus supremo dos cananeus. Veja algumas observações preliminares acerca de seu significado bíblico em Jo Ann Hackett, "Balaam", *ABD* 1:569-572; M. Dijkstra, "Is Balaam also among the prophets?", *IBL* 114 (1955): 43-64.

CAPÍTULO 8 — DEUTERONÔMIO

1. G. von Rad, *Deuteronomy*, trad. D. Barton, OTL (Filadélfia, 1966), p. 19s.
2. M. G. Kline, *Treaty of the Great King* (Grand Rapids, 1963), p. 48. Quanto à concepção "constitucional" de Deuteronômio veja S. D. McBride Jr., "Polity of the covenant people", *Interp* 41 (1987): 229-244; quanto à concepção de "interpretação do Decálogo" veja S. A. Kaufman, "The structure of the deuteronomic law", *Maarav* 1/2 (1978-1979): 105-158.
3. Entre outras obras acadêmicas, veja G. E. Mendenhall, *BI* 17 (1854), repr., p. 25-43 em E. F. Campbell Jr. e D. N. Freedman, org., *The Biblical Archeology Reader* 3; *Law and Covenant in Israel and the Ancient Near East* (Pittsbrurgh, 1995); and "Covenant," *IDB* 1:714-723, esp. 716. Veja também D. J. Wiseman, "The vassal-treatises of Esarhaddon", *Iraq* 20(1958): 23ss.; J. Muilenburg, "The Form and Structure of the Covenantal Formulations", *VT* 9 (1959): 347-365; M. Tsevat, "The Neo-Assyrian and Neo-Babylonian vassal oaths and the prophet Ezekiel", *JBL* 78 (1959): 199-204. Quanto à suposta dependência de Deuteronômio para com os tratados entre suserano e vassalos de Assaradão, veja M. Weinfeld, "Deuteronomy, Book of", *ABD* 2:169-171.
4. P. C. Craigie, *The book of Deuteronomy*, NICOT (Grand Rapids, 1976), p. 79-83. Tais documentos podem ter empregado "aliança" (o heb. e o egípcio empregam, ambos, *brt* como consoantes da palavra) para descrever um acordo de trabalho entre o faraó e os israelitas. A Aliança Sinaítica e sua expansão em Deuteronômio podem ter empregado termos e condições familiares para descrever o novo relacionamento entre o Senhor soberano e o povo escolhido.
5. O termo "fraude piedosa" foi empregado na ocasião com referência a esse livro. Veja J. Wellhausen, *Prolegomena to the history of ancient Israel*, trad. J. S. Smith e C. A. Menzies (repr. Magnolia, Mass., 1973), p. 25-28.
6. De acordo com M. Noth, nunca houve um *Hexateuco* (Gênesis a Josué), *Überlieferungsgeschichtliche Studien* 1, 3ª. ed. (Tübingen, 1967): 180-182.
7. G. von Rad, *Studies in Deuteronomy*, trad. D. M. G. Stalker (London, 1953), p. 68.
8. A. C. Welch, *The code of Deuteronomy* (London, 1924).
9. Veja von Rad, *Deuteronomy*, p. 26.
10. T. Oestreicher, *Das deuteronomische Grumdgesetz*, Beiträge zur Förderung christlicher Theologie 27/4 (1932).
11. G. E. Wright, "Introduction and exegesis of Deuteronomy", *IB* 2:321, menciona especialmente R. H. Kennett, G. Hölscher, F. Horst e J. Pedersen.
12. Wright, *ibid.*, p. 326; cf. S. R. Driver, *Deuteronomy*, ICC (New York, 1895), p. lxi. Veja um resumo da discussão recente sobre o pano de fundo de Deuteronômio em R. E. Clements, "Pentateuchal problems", p. 117s. em G. W. Anderson, org., *Tradition and interpretation* (Oxford, 1979). Também Clements, *Deuteronomy*, JSOT Old Testament Guides (Sheffield, 1989).
13. Veja D. L. Christensen, *Deuteronomy 1—11*. WBC 6 A (Dallas, 1991), p. l-li.
14. Veja um resumo dessas três possíveis influências em P. D. Miller, *Deuteronomy — Interpretation* (Louisville, 1990), p. 5-8.

15. Christensen, *Deuteronomy 1—11*, p. lxii.

16. B. S. Childs, *Introduction to the Old Testament as Scripture* (Filadélfia, 1979), p. 212, salienta o estilo homilético pertinente à forma presente do livro como parte essencial da explanação da lei: "A nova interpretação procura descrever as tradições do passado para a nova geração, de tal forma que evoque uma reação da vontade de um compromisso renovado com a aliança".

17. P. D. Miller, *Deuteronomy*, p. 2-5, concebe o livro dentro dessas três perspectivas. Veja também R. Polzin, "Deuteronomy", em *LGB*, p. 92.

18. Uma vez que a palavra "um" parece um adjetivo predicativo e não um adjetivo atributivo, a tradução "um Senhor" é rejeitada nesse caso.

19. O heb. *bāḥar* ocorre 30 vezes em Deuteronômio, 20 em Isaías, 20 em 1-2 Samuel e 15 em 1-2 Reis.

20. Sobre o conceito de eleição, veja H. H. Rowley, *The biblical doctrine of election*, 2ª. ed. (Naperville, 1965), p. 210.

21. A palavra hebraica *berît* ocorre 285 vezes em todo o Antigo Testamento, sendo 26 em Deuteronômio, 24 em Gênesis, 23 em Josué, 23 em 1-2 Reis, 20 em Salmos, 19 em Jeremias e 17 em Ezequiel.

22. O *Novo Testamento Grego* das Sociedades Bíblicas Unidas observa que Deuteronômio é citado 195 vezes no Novo Testamento. Apenas Salmos, Isaías, Gênesis e Êxodo são empregados com mais freqüência.

23. Até o momento, 27 manuscritos são de Salmos, 24 de Deuteronômio, 18 de Isaías, 15 de Gênesis e 15 de Êxodo. Veja em D. L. Christensen, *Deuteronomy 1—11*, p. xli-xlix, uma tabulação recente das citações de Deuteronômio nos Manuscritos do Mar Morto.

CAPÍTULO 9 — OS PROFETAS ANTERIORES

1. Quanto à ordem dos livros no Antigo Testamento cristão, veja "Canon of the OT", *ISBE* 1 (1979): 591-601; F. F. Bruce, *The canon of Scripture* (Downers Grove, 1988), p. 47-48, 68-114.

2. A pessoa responsável por tais obras era provavelmente o *sōpēr* ou o secretário real. Veja T. N. D. Mettinger, *Solomonic state officials*, ConB, OT series 5 (Lund, 1971), p. 40-42.

3. Veja os registros de Assurbanípal (*ARAB* 1 §§437-483) ou Salmaneser III (*ANET*, p. 276-281). Veja também o relato das campanhas de Tutmés III (*ANET*, p. 234, 241). Dispõe-se de algumas edições de Heródoto e de Josefo.

4. Por exemplo, exatamente os mesmos dados históricos estão à disposição de escritores da "História negra" ou de qualquer outro historiador. Eles selecionam dados importantes para os afro-americanos, crendo justificadamente que historiadores anteriores estavam propensos a omitir dados que consideravam irrelevantes para os anglo-americanos. Os historiadores futuros, tentado apresentar um quadro mais equilibrado, com certeza selecionarão dados de interesse para os dois grupos.

5. Heródoto data do século V a.C.; *History of the Persian Wars*, trad. A. D. Godley, Loeb Classical Library (London, 1921-1924).

6. Veja W. F. Albright, *History, archaeology, and Christian humanism* (New York, 1964); E. Yamauchi, *The stones and the Scriptures* (Filadélfia, 1972); J. Arthur Thompson, *The Blibe and archaeology*, 3ª. ed. (Grand Rapids, 1982); W. S. LaSor, "Archaeology", *ISBE* 1 (1979): 243s. Interpretações arqueológicas recentes têm levantado questões significativas quanto à precisão dos dados bíblicos, especialmente no livro de Josué. Veja nos discussão mais detalhada nos caps.10 e 50.

7. Veja H. G. M. Williamson, *1 and 2 Chronicles* (Grand Rapids, 1982), p. 18-19.

NOTAS

8. Veja M. North, *The Deuteronomistic History*, JSOTS 15 (Sheffield, 1981), p. 12-17. A maioria dos proponentes da História Deuteronomista começam o trabalho com o livro de Josué.

9. Não se deve confundi-los com os livros bíblicos de Crônicas. 1 e 2 Crônicas ainda não haviam sido escritos, e os "mais atos" dos reis mencionados não se encontram neles. Como evidência complementar, as mesmas referências ocorrem em Crônicas, cf. 2Cr 20.34.

10. Não há concordância clara entre os eruditos quanto à origem da "história deuteronomista": se foi produto de um indivíduo, de uma série de editores ou de uma "escola" de intérpretes influenciados pelos profetas e pela redescoberta do livro de Deuteronômio. Veja um resumo de pesquisas recentes em S. L. McKenzie, "Deuteronomistic history", *ABD* 2:160-168.

11. M. Weinfeld, *Deuteronomy and the deuteronomic school* (Oxford, 1972).

12. G. W. Coats, *CBQ* 47 (1985): 53.

13. B. S. Childs, *Introduction to the Old Testament as Scripture* (Filadélfia, 1979), p. 238.

14. Veja G. von Rad, *Old Testament theology*, trad. D. M. G. Stalker, 2 vol. (New York, 1962-1965) 1:342-143 (publicado no Brasil pela ASTE sob o título *Teologia do Antigo Testamento)*; H. W. Wolff, "The kerygma of the deuteronomic historical work", in: *The vitality of Old Testament traditions*, org. W. Brueggemann e H. W. Wolff (Atlanta, 1975), p. 83-100.

CAPÍTULO 10 — JOSUÉ

1. De acordo com 3.15, "o Jordão transbordava sobre todas as suas ribanceiras, todos os dias da sega", ou seja, quando as águas do Jordão transbordavam sobre o leito estreito do rio, inundando o Zor.

2. Israel às vezes é citado no singular ("ele" ou "ela") e às vezes no plural ("eles"). Nessa frase, ocorrem ambas as formas.

3. Isso significava destruir completamente uma pessoa, uma posse ou uma cidade.

4. De acordo com alguns estudiosos, aparece uma contradição clara nos relatos da conquista. Mas J. Bright diz: "Não existe, portanto, nenhuma contradição essencial entre as várias narrativas da conquista. Os capítulos 1—12 esquematizam a história em três fases; não declaram que nada ficou por fazer"; *IB* 2:547. Veja também W. F. Albright, "The Israelite Conquest of Canaan in the light of archaeology", *BASOR* 74 (1939): 11-23; e G. E. Wright, "The literary and historical problem of Joshua 10 and Judges 1", *JNES* 5 (1946): 105-114. Cf. B. K. Waltke, "Joshua", *ISBE* 2 (1982): 1135, III.

5. É provável que o título do livro tenha origem nesse fato, não implicando que ele o tenha escrito. O livro não fornece tal indicação, e bem poucos estudiosos de hoje aceitam a tradição judaica (cf. *b. (Talm.) B. Bat.* 15a).

6. J. Bright, *IB* 2:545.

7. Bright observa: "Sem dúvida pela mesma mão"; *IB* 2:545.

8. E. M. Good afirma: "... parece justificável duvidar que os documentos do Pentateuco prossigam em Josué [...] Em sua forma presente, Josué é totalmente deuteronomista"; "Joshua, Book of", *IDB* 2:990.

9. Por exemplo: (1) a principal cidade fenícia era Sidom (13.4-7; 19.28), mas depois Tiro; (2) Raabe ainda estava viva (6.25); (3) o santuário ainda não tinha localização permanente (9.27); (4) os gibeonitas ainda eram servos inferiores no santuário (v. 27; cf. 2Sm 21.1-6); (5) os jebuseus ainda ocupavam Jerusalém (15.8; cf. 2Sm 5.6-10); (6) os cananeus ainda estavam em Gezer (16.10l cf. 1Rs 9.16); e (7) topônimos antigos são empregados, necessitando de interpretação (15.9s.).

10. Entre os materiais posteriores estão: (1) morte de Josué (24.29-32); (2) relocação de Dã (19.40; cf. Jz 18.27ss.); (3) referência às "montanhas de Judá" e "de Israel" (11.21), que parece pressupor a divisão do reino após a morte de Salomão; (4) passagens que resumem a vida de Josué

(4.14) ou a história israelita posterior (10.14); (5) referência ao livro dos Justos (ou de Jasar) (10.13; cf. 2Sm 1.18); (6) referência a Jair (13.30; veja Jz 10.3-5); e (7) expansão do território de Calebe (15.13-19; veja Jz 1.8-15).

11. "The walls of Jericho", *Palestine Exploration Fund Quarterly Statement* (1931): 192-194.

12. K. M. Kenyon. *Digging up Jericho* (New York, 1957). Veja também o artigo da Srta. Kenyon em *ISBE* 2 (1982):993-995.

13. Veja J. A. Callaway, *ABD* 1:125-130. Veja quatro explicações sugeridas com base no relato da conquista de Ai em H. J. Blair, "Joshua", in: *NBC*, p. 240. Veja também R. K. Harrison in: *ISBE* 1 (1979): 81-84.

14. Veja H. H. Rowley, *From Joseph to Joshua* (Londres, 1950), p. 1-56.

15. Veja M. Noth, *History of Israel*, trad. P. R. Ackroyd, 2ª. ed. (Nova York, 1960), p. 68-84.

16. Veja Rowley, *From Joseph to Joshua*, p. 109-163.

17. Veja Bright, *Early Israel in recent history writing*, p. 39s.

18. Veja uma análise excelente da teoria das duas invasões de Canaã em Rowley, *From Joseph to Joshua*.

19. G. E. Mendenhall, *The tenth generation: The origin of the Biblical tradition* (Baltimore, 1973).

20. N. K. Gottwald, *The tribes of Yahweh: A sociology of the religion of liberated Israel, 1250-1050 B.C.E.* (Maryknoll, N.Y.: 1979; publicado no Brasil por Ed. Paulinas sob o título *As tribos de Yahweh*).

21. B. S. Childs, *Biblical theology of the Old and New Testaments* (Minneapolis, 1993), p. 143-148; veja nas p. 196-207 um panorama dos estudos acadêmicos sobre os problemas. Veja também W. G. Dever, *ABD* 3:545-58.

22. Essa análise é simplificadíssima. Na realidade há mais dados bíblicos —o número de gerações entre certas pessoas e números de anos ou gerações entre pessoas ou fatos— alguns dos quais apóiam a data anterior e outros, a posterior. Veja *NBC*, p. 232s.

23. Popularmente conhecida como "Tell el-Amarna" (embora não haja tell). Cerca de 348 cartas faziam parte da correspondência diplomática de Amenófis III e Amenófis IV (Aquenaton) com reis vassalos na Palestina, Síria e outros lugares:

    13 com Kadasman-enlil e Burnaburias da Babilônia
    2 de Assur-Ubalit da Assíria
    13 com Tursatta de Mitani
    8 com o rei da Alásia (Chipre?)
    1 com o hitita Supiluliuma
    1 de Zita, provável irmão de Supiluliuma

Veja E. F. Campbell Jr., "The Amarna Letters and the Amarna Period", *BA* 23 (1960): 2-22; repr. in: *The Biblical Archaelogist Reader* 3:54-75.

24. A campanha hitita foi dirigida por Muwatalis (c. 1306-1282) e a batalha data do quinto ano de Ramessés, (c. 1286). Ramessés aparentemente retirou-se, e a luta prolongou-se por cerca de uma década. Hattusilis, irmão de Muwatalis, havia usurpado o trono do filho de Mutawalis. Cópias do tratado foram encontradas no Egito e na capital hitita, Boghazkoy. A parte final do reinado de Ramessés II foi um período de paz e de muitas construções no Egito.

25. S. H. Langdon, "Letter of Ramesses II to a king of *Mirā*", *Journal of Egyptian Archaeology* 6 (1919): 179ss.; J. H. Breasted, *The Battle of Kadesh* (Chicago, 1903); *ANET*, p. 319.

26. J. A. Knudtzon, *Die El-Amarna-Tafeln*, 2 vol., Vorderasiatiche Bibliothek (Leipzig, 1907, 1915); S. A. B. Mercer, *The tell el-Amarna tablets*, 2 vol. (Toronto, 1939). Veja a mais recente

NOTAS

coletânea de todas as cartas em W. L. Moran, *Les lettres d'El-Amarna*, Litteratures Ancienne du Proche-Orient 13 (1987). Seleções em *ANET*, p. 482-490, incluem correspondência com os hititas, com Mitani, com a Assíria, com as cidades-estados da Palestina e da Fenícia, e com a Babilônia. Veja também N. Na'aman, *ABD* 1:174-181.

27. *Yashuya* ocorre apenas uma vez, na tabuinha EA 256:18; Mercer, *The Tell el-Amarna tablets*, 2:664. Entretanto, não é o equivalente filológico de Josué. Na mesma tabuinha, Ayab (Jó) e Benenima (Benjamin?) também ocorrem, mas não há base para supor que se tratam de personagens bíblicos. A tabela EA 256 refere-se a uma revolta, dificilmente a uma conquista por uma força estrangeira.

28. Oriental Institute, *The Assyrian dictionary* (Chicago, 1956) 6:84s., cita empregos e grafias variantes.

29. *ANET*, p. 247.

30. Assiriólogos que se reuniram num congresso mundial em Paris em 1953 para discutir o problema em profundidade chegaram a conclusões variadas. Veja M. Greenberg, *The Hab/piru*, American Oriental Series 39 (New Haven, 1955); J. Bottéro, *Le Problème des Habiru à la 4 ième rencontre assyriologique internationale*, Cahiers de la Société asiatique 12 (1954). Cf. B. J. Beitzel, "Habiru", *ISBE* 2 (1982): 586-590, que documenta referências aos habiru nos séculos XXI e XII, e mostra conclusivamente que a identificação dos hebreus com habiru é impossível.

31. Para leitura complementar, veja G. L. Archer Jr., *Merece confiança o Antigo Testamento?* (Edições Vida Nova, São Paulo, 1974), p. 297-304; Albright, *Yahweh and the gods of Canaan* (repr. Winona Lake, 1978), p. 73-91; A. Haldar, "Habiru, Hapiru", *IDB* 2: 506; T. O. Lambdin, "Tell el-Amarna", *IDB* 4:529-533; N. P. Lemche, *ABD* 3:6-10.

32. W. F. Albright, *Yahweh and the gods of Canaan*, p. 152, observa: "... ainda não temos condições de dizer que os semitas do noroeste eram mais 'depravados' (da perspectiva javista) que os egípcios, os mesopotâmios e os hititas, mas com certeza é verdade que o sacrifício humano perdurou muito mais entre os cananeus e seus congêneres do que no Egito ou na Mesopotâmia. A mesma situação parece ocorrer com respeito aos abusos sexuais a serviço da religião, pois tanto o Egito como a Mesopotâmia —como um todo— parecem ter elevado os padrões nessa área em data muito anterior à de Canaã".

33. Embora seja impossível determinar a localização exata de Josué e suas tropas, os versículos indicam que o sol estava no leste e a lua no oeste. Isso daria a entender um tempo imediatamente antes ou depois do nascer do sol, quando a lua se estava escondendo. Josué havia marchado durante toda a noite (v. 9), e talvez estivesse pedindo não mais luz, porém mais escuridão. Blair (*NBC*, p. 244) adota essa interpretação e afirma que o verbo "pôr-se" pode aqui significar "despontar", embora isso seja contrário a seu uso costumeiro com referência ao sol; o verbo em geral refere-se ao pôr-do-sol.

34. Veja um tratamento sensato da história em T. Butler, *Joshua*, WBC 7 (Waco, 1983), p. 116-117.

35. Um resumo instigante da importância da terra na fé de Israel encontra-se em W. Brueggeman, *The Land* (Filadélfia, 1977). Veja também E. A. Martens, *God's design:* A focus on Old Testament Theology (Grand Rapids, 1981), p. 97-115.

CAPÍTULO 11 — JUÍZES

1. Sobre os problemas que surgem das aparentes diferenças em Josué e Juízes, veja G. E. Wright, *JNES* 5 (1946): 105-114; H. H. Rowley, *From Joseph to Joshua* (Londres, 1950), p. 100-104; Y. Kaufmann, *The Biblical account of the conquest of Palestine*, trad. M. B. Dagut (Jerusalém, 1953), p. 65ss. Veja também F.C. Fensham, "Judges, Period of", ISBE 2 (1982): 1159-1161.

2. Heb. *shôpēṭ*, geralmente traduzido por "juiz" está ligado a palavras fenícias (púnicas) e ugaríticas que ajudam a esclarecer esse significado. Os romanos referiam-se aos legisladores civis de Cartago como *sufes* ou *sufetes*, que Z. S. Harris toma como o fen. *shpṭ*, veja *A grammar of the Phoenician language*, American Oriental Series (New Haven, 1936), p. 153. A história ugarítica de Anate tem esse par de versos:

mlkn. aliyn b'l
ṭpṭn. win dụlh
Nosso rei é Aliyan Ba'al,
Nosso juiz, não há ninguém acima dele (5l.iv.43f.)

Veja R. G. Boling, *ABD* 3:1107-1117.
3. Cf. J. F. Strange, "Greece", *ISBE* 2 (1982): 557-567, esp. III Early Civilizations (6100-1200 B.C.), B. Minoan, C. Mycenaen and IV. The Great Migrations (1200-850 B.C.). Veja também F. F. Bruce, "Hittites", *ISBE* 2 (1982): 720-723, esp. II. Neo-Hittite City-States, p. 722; R. A. Crossland e A. Birchall, org., *Bronze Age migrations in the Aegean* (Park Ridge, N.J., 1974), p. 189-97.
4. Veja K. A. Kitchen, "The Philistines", *POTT*, p. 53-78. Sobre o vazio no poder causado por suas invasões, veja S. Moscati, *The face of the Ancient Orient* (Chicago, 1960), p. 204. Veja também W. S. LaSor, "Philistines", *ISBE* 3 (1986): 841-846; *CAH* 3ª. ed., II/1 (1973), p. 359-378.
5. Cf. T. V. Brisco, "Midian, Midianites", *ISBE* 3 (1986): 349-351.
6. Sabe-se hoje que a redução do minério de ferro e o uso de utensílios de ferro não-meteórico ocorreram consideravelmente antes de 1200 a.C., data do início da Idade do Ferro. Veja N. K. Gottwald, *The tribes of Yahweh:* A sociology of the religion of liberated Israel, 1250-1050 B. C. E. (Maryknoll, N.Y., 1979; publicado no Brasil por Ed. Paulinas sob o título *As tribos de Yahweh*), p. 656-658 e notas 335, 584-586. De fato, artefatos de ferro não-meteórico foram encontrados no Egito, datando da IV Dinastia (c. 2500 a.C.), no Iraque de c. 2800 e na Síria-Palestina de c. 1825; cf. G. F. Hasel, "Iron", *ISBE* 2 (1982): 880s.
7. J. Gray, *The Canaanites* (Nova York, 1964); D. Harden, *The Phoenicians* (Nova York, 1962); S. Moscati, *Ancient Semitic civilizations* (Nova York, 1957), p. 99-123; C. G. Libolt, "Canaan, Canaanites", *ISBE* 1 (1979): 585-591; A. R. Millard, "The Canaanites", *POTT*, p. 29-52; P. M. Bikai et al., "The Phoenicians", *Archaelogy* 43/2 (mar.-abr. 1990): 22-35.
8. K. M. Kenyon, *Amorites and Canaanites* (Nova York, 1964), p. 76. Descobertas recentes em Tell Mardikh (Ebla) talvez provoquem a revisão de teorias a respeito dos primeiros cananeus.
9. De acordo com K. M. Kenyon, as indicações bíblicas dão a entender que os amorreus viviam na parte montanhosa (cordilheira central), enquanto os cananeus viviam na planície costeira, vale de Esdrelom e vale do Jordão; *Amorites and Canaanites*, p. 3. Cf. A. H. Sayce e J. A. Soggin, "Amorites", *ISBE* 1 (1979): 113-114. Veja também G. E. Mendenhall, "Amorites", *ABD* 1:199-203.
10. Cf. *CAH* 3ª. ed. II/1 (1973): 659-682; II/2 (1975): 1-20, 117-129, 252-273; bibliografia ampla em II/1, p. 809-811; II/2, p. 912s., 951-954, 991s.
11. W. G. Dever, *ABD* 3:550.
12. Cf. "Amphictyony", *ISBE* 1 (1979): 118; M. North, *History of Israel* (1960), p. 85-109.
13. J. Garstang traçou um paralelo marcante entre a história do Egito na Palestina e os detalhes de Juízes baseado nesse sistema de cronologia; *Joshua Judges*, p. 51-66, esp. 65. Entretanto, ele lidou com os personagens bíblicos de uma forma livre, de modo que, como está, o êxodo teria ocorrido pelo menos cem anos mais cedo, entre 1554 e 1544. Nesse caso, rompe-se sua correlação entre a história israelita e a egípcia.
14. F. C. Fensham faz a atraente observação de que "480" em 1Rs 6.1 resulta da multiplicação de doze gerações pelo numeral 40, o número de anos atribuído a uma geração. Entretanto, a duração de uma geração está mais próxima de 25 (baseado em números da Bíblia, assim como extrabíblicos)

NOTAS

e 12 w 25 = 300 (Fensham obtém "280", provavelmente contando o "quarto ano do reinado de Salomão" como parte da décima segunda geração; ele não explica a base das doze gerações) e isso é mais compatível com a data posterior para o êxodo.

15. Elementos antigos: Cântico de Débora (cap. 5); jebuseus em Jerusalém (1.21); Sidom ainda é a cidade principal dos fenícios (3.3); cananeus ainda em Gezer (1.29). Elementos posteriores: ocorreu a destruição de Siló (18.31); "naqueles dias não havia rei em Israel" (17.6; 18.1), inferindo uma data na monarquia; "até ao dia do cativeiro do povo" (v. 30), dando a entender uma data após o início das invasões assírias, a menos que *hā'āreṣ*, "o povo", seja uma corruptela de *ha'rôn*, "a arca" —uma confusão muito simples; veja J. E. Steinmueller, *Companion to Scripture studies* (Nova York, 1941), 1:79; E. J. Young, *An introduction to Old Testament* (Grand Rapids, 1958), p. 180 (publicado no Brasil por Ed. Vida Nova sob o título *Introdução ao Antigo Testamento*).

16. Veja D. N. Freedman, *Pottery, poetry, and prophecy* (Winona Lake, 1980), p. 167-178.

17. Veja R. G. Boling, "Judges, Book of", *ABD* 3:1107-1117.

18. J. M. Myers ("Introduction and exegesis of Judges", *IB* 2:678s.) e C. F. Kraft ("Judges, Book of", *IDB* 2:1019s.) procuram reconstruir a história da composição, colocando o estágio final após o exílio.

19. Veja C. F. Burney, *The Book of Judges*, 2ª. ed. (reimpr. Nova York, 1970), p. 391-409; G. F. Moore, *Judges*, ICC (Nova York, 1910), p. 364s. Muitos estudiosos hoje abandonaram a concepção de que Sansão era um herói solar, cf. J. L. Crenshaw, *Samson:* A secret betrayed, a vow ignored (Atlanta, 1978), p. 15-22.

20. A palavra usada *(serānîm)* é peculiar aos filisteus e foi comparada ao grego "tirano", nome usado para os dominadores da região donde se acredita terem surgido os filisteus.

21. C. F. Kraft, "Samson", *IDB* 4:200.

22. Y. Kaufmann, tendo em vista as partes antigas e tardias de Juízes, afirma que precisamos fazer distinção entre um deuteronomista antigo e um mais recente (*apud* "Judges, Book of", *ISBE* 2 [1982]: 1158). Ele atribui a estrutura de Juízes ao deuteronomista antigo.

CAPÍTULO 12 — O NASCIMENTO DA MONARQUIA

1. 1-2Samuel, 1-2Reis são chamados 1-2-3-4Reinados. Jerônimo, na Vulgata, seguiu o mesmo padrão, mas chamou os livros de 1-2-3-4Reis.

2. Talmude *B. Bat.* 14b. Mas 1Sm 25.1; 28.3 vai além da morte de Samuel.

3. As crônicas de Samuel, Natã e Gade não foram identificadas, mas é possível que partes delas e de outras fontes estejam incluídas em Samuel, Reis e Crônicas.

4. K. Budde, *Die Bücher Richter und Samuel, ihre Quellen und ihr Aufbau* (Giessen, 1890), ao que parece foi o primeiro a aplicar a abordagem documentária sistematicamente a Samuel.

5. E.g., J. Mauchline, *I and II Samuel*, New Century Bible (Greenwod, S.C., 1971), p. 16-30; R. W. Klein, *1 Samuel*, WBC (Waco, 1983), p. xxviii-xxxii.

6. Veja W. Brueggemann, "Samuel, Book of 1-2: Narrative and Theology", *ABD* 5:968-971; C. Kuhl, *The Old Testament, its origins and composition*, trad. C. T. M. Herriott (Richmond, 1961), p. 134; O. Kaiser, *Introduction to the Old Testament*, trad. J. Sturdy (Minneapolis, 1975), p. 160: o caminho aberto por L. Rost (*Überlieferung von der Thronnachfolge Davids, Beiträge zur Wissenschaft vom Alten [und Neuen] Testament* iii [1926]) de procurar trabalhos mais antigos, simples e independentes está ganhando espaço.

7. A estrutura de Juízes e Reis é geralmente atribuída a um "deuteronomista" do final do sétimo para o começo do sexto século que deu a esses livros sua forma final sob influência do recém-descoberto "livro da lei" (2Rs 22.8ss.), Deuteronômio (veja cap. 8). Essa teoria freqüentemente, mas nem sempre, data Deuteronômio no século VII. As reservas expressas por Y. Kauffmann não

devem ser negligenciadas. Ele mostrou que muitas das principais ênfases de Deuteronômio, incluindo o padrão de julgamento pelo pecado e recompensa pela retidão, são logo detectadas em Juízes; *The Biblical account of the conquest of Palestine*, trad. M. B. Dagut (Jerusalém, 1953), p. 5-7. Ele não encontra influência deuteronomista em Samuel. Esse veredicto recebe algum apoio, embora por diferentes razões, em E. Sellin e G. Fohrer, *Introduction to the Old Testament*, trad. D. E. Green (Nashville, 1968), p. 194s (publicado no Brasil por Ed. Paulinas sob o título *Introdução ao Antigo Testamento*). P. K. McCarter Jr., *1 Samuel*, AB (Garden City, 1980), p. 14-23, argumenta que muito de Samuel já foi reunido de forma que contribuísse para a história deuteronomista mais do que derivasse dela.

8. Ao que parece, o texto hebraico de Samuel sofreu muito, estando entre os escritos mais mal preservados do Antigo Testamento. Os estudos monumentais de S. R. Driver (*Notes on the topography and text of the books of Samuel*, 2ª. ed. [Oxford, 1918]), junto com as pesquisas de P. A. H. de Boer (*Research into the text of I Samuel I-XVI* [Amsterdam, 1938]; "I Samuel XVII", *Oudtestamentische Studien* 1 [1942]: 79-103; "Research into the text of I Samuel XVIII-XXXI", *Oudtestamentische Studien* 6 [1949]: 1-100), têm ajudado a esclarecer o texto. Uma contribuição maior vem dos pergaminhos de Qumran, que incluem três fragmentos de Samuel em hebraico, correspondentes ao protótipo hebraico da Septuaginta, especialmente a tradução luciânica.

9. Em seu resumo da situação textual em Samuel, McCarter, *1 Samuel*, p. 4-11, lista onze testemunhos antigos que precisam ser considerados na reconstrução do texto. Eles vão desde três tradições da LXX, passam pelo latim antigo, pelo Targum Jonatan e pelo Siríaco, até os pergaminhos de Qumran e Josefo.

10. Veja um esboço de várias abordagens críticas contemporâneas em J. W. Flanagan, "Samuel, book of 1-2", *ABD* 5:960-961.

11. P. K. McCarter Jr., *1-2 Samuel*, 2 vols., AB (Garden City, 1980, 1984); R. W. Klein, *1 Samuel*, WBC (Waco, 1983); A. A. Anderson, *2 Samuel*, WBC (Dallas, 1989). Devemos ter o cuidado de não impor definições e critérios de historiadores modernos a narrativas históricas bíblicas (Anderson, p. xxxiv).

12. D. Gunn, *The story of King David*, JSOTSup 6 (Sheffield, 1978, reimpr. 1982); também de sua autoria, *The fate of King Saul*, JSOTS 14 (Sheffield, 1980); J. P. Fokkelman, *Narrative art and poetry in the book of Samuel*, vol. 1; *King David* (Assen, 1981); L. M. Eslinger, *Kingship of God in crisis*: a close reading of 1 Samuel 1—12 (Sheffield, 1985).

13. Gunn, *Story of King David*, p. 37-38.

14. Flanagan, "Samuel, book of 1-2".

15. Cf. L. T. Dolphin, "Shiloh", *ISBE* 4 (1988): 477-478, informações bíblicas e arqueológicas.

16. Deuteronômio 16.16 ordena a concentração no santuário central três vezes ao ano: as Festas dos Pães Asmos, das Semanas e dos Tabernáculos. Essa lei, entretanto, como muito da legislação do Pentateuco, talvez represente um ideal não cumprido sistematicamente. Considerações práticas devem ter limitado as peregrinações a uma por ano.

17. E.g., J. Wellhausen, *Prolegomena to the history of ancient Israel*, trad. J. S. Smith e C. A. Menzies (1885; reimpr. Magnolia, Mass., 1973), p. 130, 135s.; R. H. Pfeiffer, *Religion in the Old Testament*, org. C. C. Forman (Nova York, 1961), p. 78s.

18. J. Bright dá a entender que tais ocasiões talvez envolvessem recitação dos feitos graciosos de Deus e uma renovação da fidelidade a ele; *História de Israel* (Ed. Paulinas). Dt. 31.9-13 dá ocasião para que tais cerimônias fossem realizadas pelo menos a cada sete anos durante a Festa dos Tabernáculos. Assim, o desespero de Ana talvez tenha aumentado pela lembrança das grandes bênçãos de Deus no passado, que pareciam tê-la deixado de lado. Salmos de lamento costumam relembrar os atos redentores divinos do passado, de modo a tornar a oração mais comovente (Sl 22.4s.; 44.1-3).

NOTAS

19. Números 6.1-21 descreve esses votos, inclusive evitar contato com cadáveres. Observe também Sansão em Jz 13.4ss.; Am 2.11-12.

20. Lembrando os nazireus chamados recabitas (descendentes de Jonadabe filho de Recabe; 2Rs 10.15-17), Bright observa: "[abstinência do vinho e recusa de levar uma vida sedentária] era mais uma renúncia simbólica da vida agrária e de tudo o que ela envolvia. Surgia de um sentimento de que Deus devia ser encontrado no passado nos caminhos puros do deserto e de que Israel se afastara de seu destino ao entrar em contato com a cultura contaminante de Canaã"; *The Kingdom of God* (Nashville, 1953), p. 55s.

21. Samuel provavelmente significa "El é seu nome", "nome de El" ou "nome de Deus". A explicação de Ana (1.20) é uma etimologia popular. Talvez ela tenha associado Samuel *(sh‘mû 'ēl)* à frase "pedido de Deus" *(shā'ūlmē'el)* por causa do som parecido.

22. R. Patai *(Sex and family in the Bible and the Middle East* [Garden City, 1959], p. 192-195) cita outras passagens bíblicas para mostrar que crianças lactentes ou recém-desmamadas conseguiam andar, falar e compreender (veja Is 11.8; 28.9; Sl 8.2). 2Mac 7.27 menciona um período de amamentação de três anos. Esse costume ainda prevalece em partes do Jordão, onde se sabe do caso de uma criança que foi amamentada até seu décimo aniversário.

23. A descrição de Lucas do crescimento do menino Jesus (2.25) reflete 1Sm 2.26, assim como sua versão do Magnificat, a canção de triunfo de Maria (1.46-55), lembra muito a canção de Ana.

24. É difícil determinar a relação precisa entre Samuel e a tribo de Levi. 1.1 dá a entender que Elcana, o pai de Samuel, é efraimita, enquanto 1Cr 6.28 inclui Samuel entre os descendentes de Levi. A família de Samuel talvez fosse de levitas vivendo em Efraim, ou talvez Samuel fosse membro adotado pela tribo por seus serviços sacerdotais.

25. H. H. Rowley salientou a importância desse senso de vocação: "... Afirma-se claramente que o que o fez um profeta genuíno não foi a dedicação de seus pais, mas o fato de que, quando ainda criança, a palavra de Deus veio a ele por iniciativa divina"; *The servant of the Lord and other essays on the Old Testament*, 2ª. ed. (Oxford, 1965), p. 112ss.

26. T. Dothan, "Philistines", *ABD* 5:333: "É bem possível que esses novos colonos [filisteus] tenham trazido consigo um conhecimento de siderurgia que funcionou como estímulo à indústria local".

27. Alguns interpretam Dagom como um deus peixe (heb. *dāg*, "peixe"), mas ele estava mais próximo de ser um deus dos cereais (heb. *dāgān*, "grão"). Seu nome também é encontrado em textos ugaríticos, fenícios e babilônios. Qualquer que seja a explicação correta, os filisteus claramente adotaram um nome semita para seu deus principal. Em geral, nomes próprios filisteus eram de origem semita. Essa e outras informações lingüísticas indicariam um intercâmbio cultural entre os filisteus e os cananeus. Veja Gordon, *The world of the Old Testament* (Garden City, 1958). p. 121s.

28. Veja A. F. Campbell, *The ark narrative*, SBLDS 16 (Missoula, 1975). Veja uma discussão ponderada sobre a narrativa e seu papel atual no texto em R. Klein, *1 Samuel*, p. 38-40.

29. Veja I. Finkelstein, "Seilan, Khirbet", *ABD* 5:1069-1072.

30. Não há provas de que Samuel estivesse ligado à arca em Quiriate-Jerim. Sua atividade como juiz levou-o por toda a terra (1Sm 7.15s.), mas Ramá, onde construiu um altar, parece ter sido o centro de sua atividade religiosa.

31. A ameaça externa dos filisteus deve ter aumentado com conflitos internos que encorajaram o estabelecimento da monarquia. Famílias ricas devem ter-se unido ao clamor por um rei para proteger e aumentar seu poder econômico numa época em que outros estavam lutando por adoção de valores igualitários tradicionais. Veja N. K. Gottwald, *The Hebrew Bible:* A socio-literary introduction (Filadélfia, 1985), p. 319. Também W. Brueggemann, *ABD* 5:969.

32. Típica desse tratamento é a análise de A. R. S. Kennedy, que afirma que a fonte favorável à monarquia, a que chama de M, é a fonte mais antiga e incluía a maior parte de 1Sm 13

— 2Sm 6. A fonte que se opõe à monarquia ele a identifica como deuteronômica (D) e associa com a estrutura de Juízes, em que Samuel é descrito como juiz de todo o Israel, *Samuel*, rev. ed., Century Bible (Nova York, 1905). A concepção de Kennedy é mais bem recebida agora do que quando foi formulada. Veja Snaith, *OTMS*, p. 101; G. W. Anderson, *A critical introduction of the Old Testament*, 2ª. ed. (Naperville, 1960), p. 74ss.

33. W. Brueggemann, *ABD* 5.969. Veja também J. Bright, *História*, p. 243.

34. C. R. North, *The Old Testament interpretation of History* (Londres, 1946), p. 98, afirma que no texto a teocracia e a monarquia são consideradas complementares:

> Está além das evidências argumentar que o autor de 1 Samuel 7.2—8.22; 10.17 — 24.12 era inveteradamente hostil à monarquia como tal [...]. A teocracia era seu ideal; mas mesmo assim Javé precisaria de um vice-regente, fosse um juiz, fosse um rei, através de quem ele pudesse agir.

35. Isaías 14.4ss. e Ezequiel 28.1ss. refletem precisamente a atitude de verdadeiros israelitas em relação às monarquias sacralizadas de seus vizinhos. Veja ainda H. Cazelles, "The history of Israel in the pre-exilic period", in: G. W. Anderson, ed., *Tradition and interpretation*, p. 293-295.

36. *Nāgîd* (lit. "alguém colocado à frente ou na dianteira"; "governante" ou "príncipe" na ARA) é o termo utilizado nos relatos de seleção do líder (9.16; 10.1; 13.14; 2Sm 5.2; 6.21; 7.8). É traduzido de várias maneiras como "príncipe", "rei eleito" ou "chefe". Talvez seja útil fazer distinção entre o líder humano e Javé, o rei. Veja discussões sobre nuanças de *na-gîd* em R. Klein, *1 Samuel*, p. 88-90; J. W. Flanagan, *ABD* 5:962.

37. Ainda assim, as sucessivas falhas dos reis abriram o caminho para a esperança no "filho maior de Davi", que satisfazia os anseios messiânicos de Israel. Veja o capítulo 51.

38. Pelo menos quatro modelos de liderança foram propostos para descrever o papel de Saul: (1) juiz permanente; (2) protetor autonomeado; (3) líder; (4) formador de Estado. Veja D. Edelman, "Saul", *ABD* 5:991-992. É provável que Saul combinasse facetas de (3) e (4).

39. Como em Weiser, *The Old Testament*, p. 163.

40. D. Edelman, *ABD* 5:997 (mapa).

41. Essa não é a única ocorrência de atividade extática de Saul. Uma descrição ainda mais chocante de comportamento extático se encontra em 1Sm 19.24: "Também ele despiu a sua túnica e profetizou diante de Samuel, e sem ela esteve deitado em terra todo aquele dia e toda aquela noite".

42. Veja uma discussão sobre 9.9 em H. H. Rowley, *The servant of the Lord*, p. 99ss. O versículo é uma explicação do termo "vidente", inserido na narrativa por um editor cujos leitores aparentemente estavam mais familiarizados com o ofício de profeta. D. L. Petersen, *The role of Israel's prophets* (Sheffield, 1981), p. 38-40, esboça a "função do *rô'eh*" com ênfase na predição de informações em troca de pagamento do consultante.

43. Veja em Bright, *História*, p. 242-245, uma excelente relação das campanhas militares de Saul e a estrutura de seu governo.

44. Veja sumários e análises a esse respeito em W. Brueggemann, *ABD* 5:970; D. M. Howard Jr., "David", *ABD* 2:41-44; R. P. Gordon, *1 and 2 Samuel*, JSOT Old Testament Guides (Sheffield, 1984), p. 60-70.

45. Muitos associaram esse nome a *dawidum*, aparentemente "líder" ou "chefe" nas cartas acadianas encontradas em Mari. Interpretações recentes, entretanto, entendem que a palavra nos textos de Mari significa "derrota", tornando a ligação com Davi mais improvável. Veja H. Tadmor, "Historical implications of the current rendering of Akkadian *daku*", *JNES* 17 (1958): 129-141.

46. A história de Golias encontra-se em pelo menos três narrativas distintas. Enquanto 1Sm 17 (veja também 19.5; 21.9; 22.10, 13) credita a morte a Davi, 2Sm menciona Elanã como vencedor sobre Golias. 1Cr 20.5 afirma que foi Lami, irmão de Golias, que foi morto por Elanã. Uma

coisa é certa: o texto de 1-2Samuel contém várias dificuldades e freqüentemente precisa ser emendado, principalmente com o auxílio da LXX. E. J. Young apresenta duas possíveis reconstruções, ambas nomeando Elanã como matador do irmão de Golias; *An introduction to the Old Testament*, rev. ed. (Grand Rapids, 1958), p. 182 (publicado no Brasil por Ed. Vida Nova sob o título *Introdução ao Antigo Testamento*). Outra possibilidade é ver Elanã como outro nome para Davi. Reis antigos freqüentemente assumiam nomes reais, assim como os monarcas modernos e os papas. Elanã seria o nome original, e Davi seria o nome real. Veja A. M. Honeyman. "The evidence for regnal names among the Hebrews", *JBL* 67 (1948): 23-25; J. N. Schofield, "Some archaelogical sites and the Old Testament", *Expository Times* 66(1954-55): 250-252. O nome problemático do pai de Elanã, Jaaré-Oregim (2Sm 21.19), talvez seja realmente uma versão alterada de "Jessé"; é óbvio que *'ōregîm* foi incorretamente copiado do final do verso, onde é traduzido por "tecelão".

47. Embora cabeças e mãos decepadas fossem provas comuns do número de vítimas de batalha, pediram-se prepúcios porque os filisteus não praticavam a circuncisão; C. H. Gordon, *The world of the Old Testament*, p. 161 nota 20. De forma semelhante, os egípcios costumavam cortar as genitálias masculinas dos líbios incircuncisos mortos por eles.

48. Não sabemos quase nada sobre o funcionamento do Urim e do Tumim. Talvez fossem discos achatados com lados "sim" e "não". Quando ambos concordavam a resposta era clara. Quando discordavam, buscava-se orientação mais profunda. Veja explicações alternativas envolvendo um uso especial da luz, talvez refletida das faces de alguma gema em C. Van Dam, "Urim and Thummin", *ISBE* 4 (1988): 957-959.

49. Veja uma discussão mais profunda sobre a forma *Qinah* (lamento) e seu uso de contrastes dramáticos, particularmente com a exclamação "como!" (veja v. 19, 25) no capítulo 39 de Lamentações. (Deve-se notar que a "métrica *Qinah*" (3 + 2), dada por alguns estudiosos, não é encontrada como regra em Lamentações. Cf. W. S. LaSor, "An approach to Hebrew poetry through the masoretic accents", *Essays on the occasion of the seventieth anniversary of the Dropsie University*, ed. A. I. Katsh e L. Nemoy [Filadélfia, 1979], p. 327-353, esp. p. 332.)

50. Esbaal ("Homem de Baal" ou, mais provável, "Baal existe") é usado em 1Cr 8.33; 9.39. O ressentimento dos escribas em relação a Baal resultou, em 2 Samuel, na mudança de *baʻal* para *bōshet*, "vergonha".

51. Veja J. D. Levenson e B. Halpern, "The political import of David's marriages", *JBL* 99 (1981): 507-518.

52. Apenas o contexto pode determinar se o termo "Israel" refere-se a todo o povo ou às tribos do norte.

53. As identidades de Salém e Jerusalém parecem confirmadas por Sl 76.2.

54. Cf. W. S. LaSor, "Jerusalem", *ISBE* 2 (1982): 1001-1007.

55. Ibid., p. 1006.

56. W. Brueggemann, *First and second Samuel*, Interpretation (Louisville, 1990), p. 119.

CAPÍTULO 13 — A ERA DE OURO DE ISRAEL: DAVI E SALOMÃO

1. Os relatos de guerras contra os filisteus em 21.15-22 talvez sejam resumos das batalhas do início do reinado de Davi, não do final, como a localização deles na narrativa possa parecer indicar.

2. Uma discussão detalhada sobre sua singularidade e possíveis relações com a aliança abraâmica de Gênesis 15 encontra-se em R. E. Clements, *Abraham and David* (Naperville, 1967), p. 47-60.

3. As genealogias, entretanto (1Cr 6.4-8; 24.1-3), não estão livres de falhas. Houve muitas tentativas de desassociar a linhagem de Zadoque da de Arão. Embora a ligação precisa não seja clara

NOTAS

(as genealogias talvez pulem gerações ou incluam nomes adotados mas não gerados na linhagem), as razões em geral alegadas para desassociar as duas linhagens não se impõem.

4. C. H. Gordon observa: "Mercenários estrangeiros não têm [família ou lealdades locais] e tendem a ser bem disciplinados, leais a seu comandante e interessados no bem-estar pessoal dele, pois dele depende seu bem-estar profissional"; *The world of the Old Testament* (Garden City, 1958), p. 170.

5. J. Bright (*História de Israel*, [São Paulo, 1978], p. 268s.) indica que a administração de Davi é baseada, pelo menos em parte, nos modelos egípcios.

6. Veja o resumo de W. Brueggmann (*First and Second Samuel* [Louisville, 1990], p. 245) adaptado de J. W. Flanagan "Social transformation and ritual in 2 Samuel 6", em Carol Meyers e M. O'Connor, eds., *The world of the Lord shall go forth* (Winona Lake, 1983), p. 361-372.

7. A. Weiser, *Introduction to the Old Testament* (Nova York, 1961), p. 165. Veja um estudo completo sobre o estilo e o propósito literário em R. N. Whybray, *The sucession narrative*, SBT (Naperville, 1968). Um levantamento das discussões recentes sobre o assunto encontra-se em J. R. Porter, "The Old Testament historiography", p. 151s. em G. W. Anderson, org., *Tradition and interpretation* (Oxford, 1979). O título "Narrativa da Sucessão" tem menos apoio acadêmico do que teve quando Whybray escreveu. O debate sobre seu início (cap. 2, 6 ou 9?) e fim (cap. 20 ou 1Rs 2?) ainda está em andamento. Pensa-se que o tema da "sucessão" seja mais marcante que o ponto e o contraponto da fraqueza de Davi e o compromisso persistente de Javé de manter suas promessas no cap. 7.

8. Seu nome, como o de Is-Bosete, tem origem nos escribas que alteraram sua forma original, Meribe-Baal (1Cr 8.34; 9.40), para mostrar seu desprezo pelo deus cananeu da fertilidade, Baal. Os israelitas às vezes usavam o nome Baal ("mestre") em referência ao Senhor da aliança. Oséias, entretanto, rejeitava esse título para Javé por causa de suas conotações pagãs (Os 2.16s.).

9. A tradição judaica faz justa ligação entre a oração pelo perdão no salmo 51 e a ação de graça pelo perdão no salmo 32 com esse episódio.

10. Uma das atividades de Absalão foi associar-se publicamente com as concubinas de Davi (16.20-22), uma atitude política (e também sexual) que ajudaria a aumentar suas chances de chegar à coroa.

11. Husai e Aitofel parecem exemplos primitivos de sábios ou conselheiros que desempenharam papéis importantes na determinação da política em Israel (veja Jr 18.18). Mais tarde esses sábios foram instrumentos para dar forma à literatura sapiencial da Bíblia. O símile de Husai (2Sm 17.8) é um recurso de sabedoria familiar. Veja informações sobre esses sábios em W. McKane, *Prophets and wise men*, SBT 44 (Naperville, 1965), p. 13-62.

12. Sobre a importância das listas de nomes, de famílias ou de administradores, para a estrutura de 1-2Samuel, veja J. W. Flanagan, *ABD* 5:962. Ele as chama de "redes de influência", incluindo 1Sm 14.49-51; 2Sm 2.2-3; 3.2-5; 5.13-16; 8.15-18; 20.23-26.

13. Esse padrão é observado por muitos comentaristas, e.g., J. Baldwin, *1 and 2 Samuel*, TOTC, p. 282-283; A. A. Anderson, *2 Samuel*, WBC (Dallas, 1989), p. 248.

14. Veja os comentários de W. Brueggemann sobre a estrutura da narrativa em *ABD* 5:967-968.

15. Brueggemann, p. 968. J. Rosenberg, em "1 and 2 Samuel", *LGB*, destaca com admiração os vários temas e aspectos da vida entretecidos em 1-2Samuel: "Tanto estrutural como artisticamente, Samuel é a peça central do relato histórico contínuo da Bíblia hebraica" (p. 143).

16. As mulheres influentes na corte de Davi (e.g., Mical e Bate-Seba) parecem ter sido o padrão para outras rainhas-mães de Judá. Observe que o autor de Reis recorda sem falhar o nome da mãe de cada rei (e.g., 15.2-10).

17. O arqueólogo chefe da escavação em Tel Dan, A. Biran, situa provisoriamente a inscrição na primeira metade do século IX a.C. Talvez trate da guerra do rei Baasa contra Ben-Hadade I c. 885

NOTAS

a.C. (1Rs 15.16-22). O texto e as informações sobre essa descoberta encontram-se em *BARev* 20/2 (March/April 1994): 26-39.

18. A libertação de Joaquim da prisão (c. 560) descrita em 2Rs 25.27-30 estabelece a data mais remota possível de conclusão do livro. Entretanto, é provável que a maior parte tenha sido compilada e editada duas ou três décadas antes. Veja o Capítulo 9, "Os Profetas Anteriores".

19. Essa obra, como as duas citadas na frase seguinte, assim como muitas outras mencionadas no Antigo Testamento, não foi encontrada e provavelmente não existe mais.

20. É provável que os materiais dos arquivos oficiais do reino do norte tenham sido levados para o sul por refugiados depois da queda de Samaria em 721. Veja ainda B. S. Childs, *Introduction to the Old Testament as Scripture* (Filadélfia, 1979), p. 287-289. Veja uma lista detalhada dos materiais de base do compilador junto com algumas indicações de anotações posteriores e comentários em S. DeVries, *1 Kings*, WBC 12 (1985), p. xlix-lii. Sobre as formas literárias empregadas, veja B. O. Long, *1 Kings*, FOTL 9 (Grand Rapids, 1984).

21. J. A. Montgomery e H. S. Gehman, *The Book of Kings*, ICC (Edinburgh, 1951) p. 44s. Um conjunto de argumentos que dão grande sustentação ao caráter histórico da obra encontra-se em D. J. Wiseman, *1 and 2 Kings*, TOTC (Edimburgo / Downers Grove, 1993).

22. Encontram-se paralelos da necessidade de sabedoria administrativa nos relatos da literatura real egípcia: os reis são descritos como pessoas especialmente capacitadas para fazer inovações na vida e na cultura de seu povo. Veja T. Ishida, "Solomon", *ABD* 6:111.

23. O termo "templo" em português também é usado em referência ao Monte do Templo ("Monte da Casa [do Senhor]"). Os turistas às vezes se enganam, pensando que os restos dos muros (a leste, sul e oeste) seriam ruínas do templo. Cf. S. Westerholm, "Temple", *ISBE* 4 (1988): 739-776.

24. Veja uma discussão aprofundada sobre o templo, além de desenhos e diagramas, em Carol Meyers, "Temple, Jerusalem", *ABD* 6:330-369. Veja também J. Gutmann, org., *The temple of Solomon* (Tallahassee: 1976).

25. Cf. A. F. Rainey, "Gezer", *ISBE* 2 (1982): 458-460.

26. Cf. M. Liverani, "Phoenicia; Phoenicians", *ISBE* 3 (1986): 853-862.

27. 40.000 é aparentemente um erro dos escribas; cf. 2Cr 9.25.

28. Um levantamento de achados arqueológicos da época de Salomão (Idade do Ferro IIA) encontra-se em A. Mazar, *Archaeology of the land of the Bible* (Nova York, 1990), p. 375-402. Os estábulos de Megido, antes atribuídos a ele, têm sido creditados recentemente a Acabe; Y. Yadin, "New light on Solomon's Megiddo", *BA* 23 (1960): 62-68. Discute-se agora se as grandes construções eram realmente estábulos. Veja J. B. Pritchard, "The Megiddo stables: a reassessment", p. 268-276 em J. A. Sanders, org., *Near Eastern archaeology in the Twentieth Century*; Yadin, "The Megiddo stables", p. 249-252 em F. M. Cross Jr., W. E. Lenke e P. D. Miller Jr., org., *Magnalia Dei: the mighty acts of God*, Festschrift G. E. Wright (Garden City, 1976).

29. Veja D. A. Hubbard, "Queen of Sheba", *ISBE* 4 (1988): 8-11.

30. Veja uma avaliação da influência do poder de Salomão para a deterioração dos ideais de Israel em W. Brueggemann, *The prophetic imagination* (Filadélfia, 1978), p. 28-43. Uma análise do papel dos reis de Israel na administração da justiça encontra-se em K. W. Whitelam, *The just king: monarchical judicial authority in ancient Israel*, JSOTSup 12 (Sheffield, 1979).

31. S. W. Holloway, "Kings, Book of 1-2". *ABD* 4:77.

CAPÍTULO 14 — A MONARQUIA DIVIDIDA

1. A "tribo" que restou da casa de Davi foi Benjamim (11:32, 36). Aías não mencionou Judá porque supôs que a tribo permaneceria leal ao seu rei. Na verdade, Benjamim, a área fronteiriça

entre o norte e o sul, foi eixo de contenda ao longo da Monarquia Dividida. Na LXX, o relato sobre a carreira de Jeroboão difere levemente do relato contido no texto hebraico.

2. De acordo com Hayes e Miller, dois grupos diferentes mas ligados compunham os que eram do norte: representantes de cidades grandes e antigas (e.g., Siquém, Megido e Tirza) e membros do grupo tribal de Efraim/Israel; cf. J. H. Hayes e J. M. Miller, *A history of ancient Israel and Judah* (Filadélfia, 1986), p. 230-231.

3. Veja a esclarecedora análise literária de R. L. Cohn, "Literary technique in the Jeroboam narrative", *ZAW* 97 (1985): 23-35. De acordo com Cohn, a narrativa apresenta uma estrutura quiástica centrada no que ele chama de "interlúdio do Homem de Deus" (13.1-32), o ponto crítico que leva Jeroboão ao desastre.

4. G. H. Jones, *1 and 2 Kings* (Grand Rapids, 1984), vol. 1, p. 258. Os bezerros eram análogos à arca da aliança, que a Bíblia descreve como trono ou estrado de Javé (cf. Sl 132.6-8).

5. Muitos estudiosos consideram a referência a Josias (13.2) uma "profecia após o evento", mas outras explicações merecem consideração. Pode ser um raro exemplo bíblico de predição específica, ou talvez o nome seja simbólico ("aquele a quem Javé sustenta") e não uma referência a Josias; veja C. F. Keil e F. Delitzsch, *Commentary on the Old Testament*, reimpr. 10 vols. (Grand Rapids, 1973). Mais uma vez, os editores podem ter acrescentado o nome mais tarde para mostrar que as reformas de Josias (2Rs 23) cumpriam a profecia.

6. Os postes-ídolos (aserim; 1Rs 14.15) tinham seus nomes derivados da deusa cananéia Aserá, consorte de El ou Baal. Em geral eram árvores ou postes sagrados plantados ou erigidos em santuários. Evidentemente a adoração ao bezerro de ouro abriu caminho para outros atos de idolatria. Veja a tese interessante de que a religião oficial de Israel considerava Aserá consorte de Javé, não de Baal, em S. M. Olyan, *Asherah and the cult of Yahweh in Israel* (Atlanta, 1988); cf. a concepção mais tradicional de K. G. Jung, "Asherah", *ISBE* 1 (1979), 317s.

7. Sisaque ascendeu ao poder derrubando a fraca XXI Dinastia do Egito; cf. K. A. Kitchen, "Shishak", *ISBE* 4 (1988): 489. Antes ele já havia demonstrado desdém por Judá ao abrigar o fugitivo Jeroboão (11.40).

8. O texto parece dizer que Abias e Asa tinham a mesma mãe, Maaca (15.2, 10). De fato, podem ter sido irmãos, de modo que "filho" (v. 8) seria um erro dos escribas. É mais provável que a mãe tenha sido uma figura tão poderosa que continuou influente no governo de seu neto Asa, ofuscando a mãe dele. Na Bíblia, muitas vezes os termos que indicam relacionamento descrevem ligações mais amplas do que seu significado literal possam dar a entender (cf. Mt 1.1). Nesse caso, o hebraico "filho" poderia também significar "neto".

9. Embora semelhante, a fórmula introdutória para os reis do norte omite o nome da mãe (cf. v. 33s.). Mais importante, sempre traz uma avaliação negativa do rei, normalmente com o veredicto: "Fez o que era mau perante o SENHOR e andou no caminho de Jeroboão e no seu pecado, o qual fizera Israel cometer". A fórmula conclusiva também é estereotipada, e.g., v. 31: "Quanto aos mais atos de Nadabe e a tudo quanto fez, porventura, não estão escritos no Livro da História dos Reis de Israel?" (Esse não é o livro bíblico, mas os arquivos oficiais da corte em que se basearam editores de Reis.)

10. 2Reis 18–20; 22–23.30; R. H. Lowery, *The reforming kings. Cults and society in first temple Judah* (Sheffield, 1991), p. 88-99.

11. As histórias de Reis foram escritas após a queda do reino do norte e, por isso, refletem uma perspectiva histórica tardia. Na verdade, o próprio Jeroboão pode ter sido um adorador devoto de Javé, mas seu zelo pelas inovações religiosas provaram-se em última análise destrutivas para a fé histórica de Israel.

12. K. M. Kenyon, *Archaeology in the Holy Land* (Nova York, 1960), p. 262.

13. Veja em Kenyon, *ibid.*, p. 260-269, e esp. A. Parrot, *Samaria, the capital of the kingdom of Israel* (Lodres, 1958), sobre os achados arqueológicos.

NOTAS

14. Cf. M. Liverani, "Tyre", *ISBE* 4 (1988): 933-935.
15. Cf. J. H. Stek, "Elijah", *ISBE* 2 (1982): 64-68.
16. Veja G. Savran em *LGB*, p. 146-163, e S. W. Holloway em *ABD* 4:76-77.
17. O papel crucial de Jezabel nas atitudes de Acabe é resumido: "... Acabe, que se vendeu para fazer o que era mau perante o SENHOR, porque Jezabel, sua mulher, o instigava" (1Rs 21.25). Estudos recentes dão a entender que Jezabel talvez fosse alta sacerdotisa de Baal em Tiro, assim como participante experiente de sua política. Veja Gale A. Yee, *ABD* 3:848-849.
18. A. Rofé, *The prophetical stories: the narratives about the prophets in the Hebrew Bible, their literary types and history* (Jerusalém, 1988), p. 196.
19. Ben-Hadade da Síria dedicou um monumento "a seu Senhor Melcarte", mostrando que ele era adorado fora de Israel e de Tiro. Acabe e Ben-Hadade talvez tivessem mais em comum do que o medo da Assíria. Veja textos e comentários sobre a estela de Melcarte em M. Black, *DOTT*, p. 239-241. A identificação de Baal e Melcarte encontra-se em R. de Vaux, *The Bible and the ancient Near East* (Garden City, 1971), p. 238-251.
20. A frase é a de Rofé, *Prophetical stories*, p. 194. Veja a excelente análise literária em R. L. Cohn, "The literary logic of 1 Kings 17-19", *JBL* 101 (1983): 333-350; D. D. Herr, "Variations of a pattern: 1 Kings 19", *JBL* 104 (1985): 292-294; e J. A. Todd, "The Pre-Deuteromistic Elijah cycle", p. 11-27 em R. B. Coote, *Elijah and Elisha in socioliterary perspective*, Semeia Studies (Atlanta, 1992).
21. J. R. Battenfield, "YHWH's refutation of the Baal myth through the actions of Elijah and Elisha", em A. Gileadi, org., *Israel's apostasy and restoration: essays in honor of Roland K. Harrison* (Grand Rapids, 1988), p. 19-37.
22. Hauser argumenta que o tema principal de 1Reis 17–19 é a batalha de Javé contra a morte; cf. A. J. Hauser, "Yahweh versus death —the real struggle in 1 Kings 17–19", p. 9-89 em A. J. Hauser e R. Gregory, *From Carmel to Horeb: Elijah in Crisis* (Sheffield, 1990).
23. Alguns estudiosos consideram a menção dos 400 profetas de Aserá uma glosa posterior, já que o texto não se refere a eles novamente (e.g., v. 22, 25, 40; assim também o editor do TM; de Vaux, *The Bible and the ancient Near East*, p. 239 nota 6). Mas Jones (*1 and 2 Kings*, 2:317) faz uma boa defesa da antigüidade do texto.
24. R. D. Nelson (*First and Second Kings* [Louisville, 1987], p. 117) observa como a repetição de uma raiz verbal hebraica destaca esse ponto: "o coxear entre dois pensamentos [hebraico *psḥqal*; v. 21] é, com efeito, escolher manquejar [hebraico *psḥpiel*] com os profetas de Baal (v. 26)". Usar fogo como evidência de divindade coloca Baal na berlinda, já que as crenças ugaríticas representam Baal como um deus da tempestade cujas mãos seguram um relâmpago (veja Battenfield, "YHWH's refutation", p. 24-25).
25. De acordo com NRSV; cf. NIV "um sussurro suave". Talvez Tiago tivesse em mente esse episódio sombrio: "Elias era homem semelhane a nós..." (5.17). Veja uma boa análise literária em Hauser, *From Carmel to Horeb*, p. 60-82.
26. Quanto aos paralelos literários, veja B. O. Long, *1 Kings* (Grand Rapids, 1984), p. 201-202. Entendemos que a razão do "som de um silêncio absoluto" talvez seja que Yahweh é absolutamente superior a Baal por ser capaz de fazer sentir sua presença sem uma manifestação visível dramática (assim também, Todd, "Pre-Deuteronomistic Elijah cycle", p. 23; em contraste com Hauser, *From Carmel to Horeb*, p. 70).
27. Assim também Hauser, *From Carmel to Horeb*, p. 73-74.
28. De acordo com v. 42, Acabe violou a "condenação" (heb. *ḥerem*) — a aniquilação de um inimigo por sanção divina (cf. Js 6-7; 1Sm 15).
29. Veja o excelente estudo literário de D. Robertson, "Michaiah ben Imlah: a literary view", p. 139-146 em *The Biblical Mosaic*, org. R. M. Polzin e E. Rothman (Filadélfia, 1982).

30. Quanto aos horríveis detalhes da morte de Jezabel, veja 2Rs 9.30-37.

31. C. H. Gordon (*The world of the Old Testament* [Garden City, 1958], p. 200) dá a entender que o idioma hebraico indica uma fração. Nesse caso, o pedido seria de dois terços do espírito de Elias.

32. Gordon aponta que até recentemente na Palestina árabe alguns povoados tinham reputação de hospitalidade generosa, enquanto outros eram conhecidos por tratamento desrespeitoso e até hostil para com estranhos. Talvez o escárnio de Eliseu fosse o último de uma série de incidentes que revelavam que os rapazes de Betel eram realmente jovens anárquicos e desordeiros. Tal desprezo por antigos ideais de hospitalidade e respeito pelos idosos não é surpresa numa sociedade em que os velhos também eram negligentes em relação às tradições do passado.

33. Eliseu talvez tenha sido mais extático em sua atividade profética e, portanto, mais à vontade com os grupos proféticos do que Elias (veja 3.15; veja também 1Sm 10.5-12).

34. Veja um ótimo tratado literário sobre esse texto em R. D. Moore, *God saves: lessons from the Elisha stories* (Sheffield, 1990), p. 71-84. De acordo com Moore (p. 83, 84), sua lição é que "Javé está mostrando a Israel um caminho de salvação radicalmente diferente", o que "consiste em servidão 'perante o Senhor'".

35. Os fortes laços entre Israel e Judá, forjados por Onri, duraram várias gerações. Os casamentos entre as famílias governantes foram um dos fatores que contribuíram para isso (e.g., o filho de Josafá, Jeorão de Judá, era casado com uma filha de Acabe; 8.18).

36. Mesa gaba-se disso e das vitórias subseqüentes na pedra moabita (cf. *ANET*, p. 320-321). Ele datou sua revolta contra Israel na metade do reinado do filho de Onri. Embora não reste nenhum registro da revolta moabita contra Acabe, o afrouxamento do controle de Israel sobre Moabe pode ter começado durante seu reinado e se completado durante o de Jorão, filho de Acabe. Outro meio de relacionar a inscrição com a narrativa bíblica é interpretar "filho" como "neto", i.e., Jorão.

37. Cf. Moore, *God saves*, p. 94 (seu tratado literário completo, p. 84-94, merece destaque).

38. Moore, *God saves*, p. 103-104 (cf. p. 95-104).

39. Percebendo a natureza contraditória da declaração de Eliseu, os escribas hebreus mudaram "a ele" *(lô)* na primeira afirmação para "não" *(lô')* de modo que ambas as afirmações concordassem ao anunciar que Ben-Hadade não se recuperaria mas morreria. A interpretação da VRSV, entretanto, parece representar a idéia original.

40. Uma inscrição assíria de Salmaneser IV confirma a narrativa bíblica: "Adadidri [Ben-Hadade] abandonou sua terra [i.e., teve morte não natural]. Hazael, filho de um ninguém, assumiu o trono..." (cf. *ANET*, p. 280). Veja Unger, *Israel and the Arameans of Damascus*, p. 75; M. Burrows, *What mean these stones?* (Baltimore, 1941), p. 281.

41. Jorão de Israel e seu parente, Acazias (c. 841) de Judá, tiraram proveito do caos político momentâneo em Damasco para retomar Ramote-Gileade dos sírios (v. 25-29). Embora Jorão se tenha ferido, retirando-se do campo de batalha para recuperar-se, a campanha foi bem sucedida.

42. A perda de Edom provavelmente causou a perda de acesso às minas de cobre e às instalações portuárias em Eziom-Geber no golfo de Ácaba.

43. "Casa de Onri" tornou-se a nomenclatura assíria padrão para Samaria durante um século ou mais após a morte de Onri, testemunho eloqüente do prestígio que ele desfrutou e trouxe para sua nação. Veja uma reprodução e excertos relevantes do Obelisco Negro em Hayes e Miller, *A history of ancient Israel and Judah*, p. 261, 287-288.

44. Os destinos de Israel deram uma leve guinada para melhor no governo do filho de Jeoacaz, Jeoás, que derrotou o filho de Hazael, Ben-Hadade II, três vezes, como Eliseu havia profetizado imediatamente antes de sua morte (v. 14-25). De acordo com T. E. Mullen, "The royal dynastic grant to Jehu and the structure of the books of Kings", *JBL* 107 (1988): 193-206, para os editores de Reis, a dinastia de Jeú sobrevive quatro gerações porque Javé concede a Jeú uma dinastia real (2Rs 10.28-31) semelhante à concedida a Davi (2Sm 7.8-16).

NOTAS

45. Veja o apólogo de Jotão, que também envolve uma conversa entre plantas (Jz 9.7-15). O intercâmbio entre Acabe e Ben-Hadade também ilustra o uso de expressões espirituosas ou proverbiais entre governantes inimigos: "Ben-Hadade [...] disse: Façam-me os deuses como lhes aprouver, se o pó de Samaria bastar para encher as mãos de todo o povo que me segue. Porém o rei de Israel respondeu [...]: Não se gabe quem se cinge como aquele que vitorioso se descinge"(1Rs 20.10s.).

46. 2Cr 25.5-13 fornece o motivo para o conflito. O rei judeu havia contratado mercenários israelitas para ajudar na conquista de Edom, mas, em obediência a um profeta, mandou-os para o norte sem permitir que tomassem parte de sua campanha no sul. Os mercenários ressentidos atacaram cidades judias, provocando Amazias e fazendo-o desafiar Israel.

47. A oração "... descansou com seus pais" (e.g. 15.22) parece indicar morte natural. A única exceção aparente é Acabe, que morreu em batalha (1Rs 22.34-37, 40).

48. Desejando mais sobre o rei assírio, cf. W. S. LaSor, "Tiglath-pileser", *ISBE* 4 (1988): 849ss. Veja no Capítulo 16, adiante, uma discussão sobre as datas de Peca e os problemas delas decorrentes.

49. Contando co-regências nos dois extremos, o reinado de Uzias (15.1-7) estendeu-se por mais ou menos cinqüenta anos (c. 790-739), embora a lepra tenha restringido suas atividades públicas grande parte do tempo. Apenas Manassés (c. 695-642) governou por mais tempo.

50. Essa aliança e a guerra que gerou geralmente recebe os nomes dos dois países, siro-efraimita. Efraim era o nome da mais poderosa das tribos do norte, sendo empregada para descrever o reino e especialmente as colinas ao redor de Samaria.

51. Explorações recentes no golfo de Elate procurando identificações precisas concentraram-se numa pequena ilha chamada *Jezṣrat Far'ŭn*, "Ilha de Faraó", que possui o único porto natural na área. Veja M. Lubetski, "Ezion-geber", *ABD* 2:724-725.

52. Nessa conjuntura, com Acaz ameaçado pelo norte e pelo sul, Isaías trouxe esperança mediante sua famosa profecia do Emanuel (Is 7.1-17). O cronista indica que os edomitas e os filisteus uniram-se para pressionar as fronteiras ao sul e ao oeste de Judá (2Cr 28.18).

53. Cf. W. S. LaSor, "Shalmaneser", *ISBE* 4 (1988): 444-447, esp. 446s.; e "Sargon", *ISBE* 4 (1988): 338ss.

CAPÍTULO 15 — JUDÁ DESOLADO

1. Cf. W. S. LaSor, "Sennacherib", *ISBE* 4 (1988): 394-397.

2. Hoje a nascente é conhecida como a Fonte da Virgem. Em 1880 foi descoberta uma inscrição em hebraico que descreve a conclusão do túnel, quando equipes que escavavam pelos dois lados se encontraram no meio. Sobre o texto da inscrição de Siloé, veja N. H. Snaith, *DOTT*, p. 209-211. Tanto 2Crônicas 32.30 como Eclesiástico 48.17 mencionam o projeto hídrico de Ezequias. Veja W. S. LaSor, "Jerusalem", *ISBE* 2 (1982): 1011.

3. A invasão de Senaqueribe é mais documentada que qualquer outra da história de Israel. Várias referências do próprio Senaqueribe suplementam informações da inscrição de Siloé. O prisma de Taylor fornece uma narrativa mais completa, detalhando o tributo pago por Ezequias: trinta talentos de ouro, trezentos talentos de prata, mais outros objetos valiosos e numerosos escravos (18.14-16). As inscrições do Touro e da Prancha de Nínive contêm referências resumidas sobre a submissão de Ezequias. Traduções completas em D. J. Wiseman, *DOTT*, p. 64-69.

4. Wiseman em *DOTT*, p. 67.

5. Heródoto ii.141 relata que uma invasão de ratos do campo devorou as aljavas, os arcos e as alças dos escudos de modo que os assírios ficaram incapacitados de lutar eficientemente ou de se defender. Por mais de um século, estudiosos têm discutido se 2Rs 18–19 e Is 36—37 compreendem

duas invasões assírias sob o governo de Senaqueribe — uma em 701, a outra alguns anos depois. Estudos recentes tendem a apoiar a teoria das duas invasões, mas não existe nenhum consenso. Para uma discussão sobre a teoria das duas invasões, cf. J. Bright, *História de Israel*, (São Paulo, 1978), p. 400-416; LaSor, "Sennacherib", p. 396; W. H. Shea, "Sennacherib's second Palestinian campaign", *JBL* 104 (1985): 401-418.

6. *ANEP*, p. 371-374.

7. O Tartã (*tartannu* "segundo") aparentemente era o mais alto oficial militar da Assíria; o Rabe-Saris (lit. "chefe dos eunucos"), um alto oficial administrativo na burocracia do palácio; e o Rabsaqué, provavelmente não o copeiro-chefe como já se pensou, mas chefe dos nobres (lit. "os elevados" de *shaqu* "ser elevado"). Um porta-voz para o emissário, o Rabsaqué parece ser o oficial diplomático graduado. O fato de esses altos oficiais serem enviados mostra a seriedade com que Senaqueribe via a missão. Veja uma reflexão ponderada sobre Rabsaqué em J. Ellul, *The politics of God and the politics of man*, trad. G. W. Bromiley (Grand Rapids, 1972), p. 143-161.

8. Veja o esclarecedor estudo literário de D. N. Fewell, "Sennacherib's defeat: words at war in 2 Kings 18.13–19.37", *JSOT* 34 (1986): 79-90.

9. A recuperação de Ezequias da aparente doença terminal também evidencia o cuidado miraculoso de Deus. O sinal dado por Isaías —a sombra que se moveu dez graus para trás no relógio— é tão desconcertante astronomicamente quanto o sol de Josué que se deteve. Nenhuma correlação óbvia com um eclipse parece possível, dada a data da cura —pelo menos quinze anos antes da morte de Ezequias em 687 e provavelmente antes da expulsão de Merodaque-Baladã da Babilônia em 703. A teoria de Franz Delitzsch de um milagre na forma de uma ilusão de ótica pode ser tão boa quanto qualquer outra; C. F. Keil e F. Delitzsch, *Commentary on the Old Testament*, reimpr. 10 vols. (Grand Rapids, 1973), em 2Rs 20.11.

10. Os prismas de Esar-Hadom e Assurbanípal mencionam Manassés pagando tributos à Assíria; *ANET*, p. 291, 294.

11. Reis não fala sobre o cativeiro de Manassés na Babilônia e de seu arrependimento subseqüente (2Cr 33.10-17). Qualquer reforma que tenha resultado foi superficial e de curta duração. O maior propósito de Reis é mostrar que o julgamento divino sobre o mau governo de Manassés era inevitável. Qualquer menção de uma reforma seria digressão. Veja em F. F. Bruce, *Israel and the nations* (Grand Rapids, 1969), p. 75, as circunstâncias (provavelmente alguma conspiração com o Egito contra a Assíria) que levaram Manassés ao cativeiro.

12. Veja Bright, *História*, p. 426. T, R, Hobb, *2 Kings*, WBC 13 (Waco, 1985), p. 142-143 argumenta que "povo da terra" descreve a população incitada em geral e não um estrato particular da sociedade.

13. Como os acontecimentos históricos e políticos de Josias até a queda de Judá sob Zedequias são essenciais para o entendimento de Jeremias, eles serão tratados com mais detalhes adiante (cap. 24).

14. Cf. o tratado recente de R. H. Lowery, *The reforming kings. Cults and society in first temple Judah* (Sheffield, 1991), p. 190-209.

15. Cf. W. S. LaSor, "Ashurbanipal", *ISBE* 1 (1979):321s.; R. K. Harrison, "Nabopolassar", *ISBE* 3 (1986):470. O papel dos citas (um povo siberiano ocidental que se instalou na área dos mares Negro—Cáspio c. 2000 e mais tarde invadiu o norte da Pérsia e Urartu) não está bem claro. Alguns estudiosos seguindo Heródoto 1.104-106 (e.g., Bruce, *Israel and the nations*, p. 77) acreditam que a invasão cita acelerou a ruína assíria. Outros (Bright, *História*, p. 424) deixam a questão em aberto. Cf. A. R. Millard, "Scythians", *ISBE* 4 (1988): 364ss.

16. Desde Jerônimo (Comentário sobre Ezequiel 1.1), os estudiosos têm identificado esse pergaminho com Deuteronômio, esp. caps. 12–26. Sobre teorias acerca da data de Deuteronômio, veja p. 114-116.

17. Veja K. A. Kitchen, "Neco", *ISBE* 3 (1986):510.

NOTAS

18. Veja A. R. Millard, "Medes, Media", *ISBE* 3 (1986):297ss.
19. Veja em K. A. D. Smelik, *Writings from ancient Israel* (Louisville, 1991), p. 116-131, uma pungente evidência do terror dessa época pelo óstraco de Laquis (cacos de cerâmica) encontrados em Tell ed-Duweir, uma cidade fortificada que guardava a fronteira sul de Judá contra invasões dos filisteus.
20. Veja W. S. LaSor, "Evil-Merodach", *ISBE* 2 (1982): 211.
21. Veja outras interpretações desse episódio em J. D. Levenson, "The last four verses in Kings", *JBL* 103 (1984):353-361 (apesar do desastre de Judá, Davi ainda tem um descendente vivo); e C. T. Begg, "The significance of Jehoiachin's Release: a new proposal", *JSOT* 36 (1986): 49-56. (O povo de Judá não precisa temer a Babilônia se a servir.)

CAPÍTULO 16 — PROFETAS E PROFECIA

1. Veja um prático resumo de estudos recentes em W. McKane, "Prophecy and the Prophetic Literature", p. 163-188 em G. W. Anderson, org., *Tradition and interpretation* (Oxford, 1979); D. L. Petersen, *The role of Israel's prophets*, JSOTS 17 (Sheffield, 1981); J. Blenkinsopp, *A history of prophecy in Israel* (Filadélfia, 1983).
2. H. G. Liddell e R. Scott, *A Greek-English lexicon*, org. H. S. Jones, 9ª. ed. (Nova York, 1940), 2:1540a.
3. *TDNT* 6 (1968): 783s.
4. Quanto à derivação veja o acadiano nabô, "chamar"; cf. Hamurábi i.17. Quanto à morfologia e formação da palavra veja W. S. LaSor, *Handbook of biblical Hebrew* (Grand Rapids, 1979), §§24.2441. Veja também W. F. Albright, *From the Stone Age to Christianity*, 2ª. ed. (Garden City, 1957), p. 231s.
5. Deve ficar claro que essa descrição não implica que o profeta é apenas boca de Deus, i.e., que o profeta é passivo e age um pouco como robô ou gravador, transmitindo a mensagem de Deus.
6. Veja H. H. Rowley, *The servant of the Lord and other essays on the Old Testament*, 2ª. ed. (Oxford, 1965), p. 105-108. D. L. Petersen tenta defender uma diferença regional nos dois termos: "vidente" sendo o título comum em Judá e "profeta", em Israel (*The role of Israel's prophets*, p. 63).
7. T. H. Robinson, *Prophecy and the prophets in ancient Israel* (Londres, 1923), p. 50. Uma expressão anterior sobre a natureza "extática" da profecia foi manifestada por G. Hölscher, *Die Propheten* (Leipzig, 1914).
8. W. Robertson Smith, *The Old Testament in the Jewish church*, 2ª. ed. (Londres, 1908), citado por H. H. Rowley, *The servant of the Lord*, p. 100.
9. Observe relatos sobre o chamado em Is 6.1-13; Jr 1.4-10; Ez 1.1-3; Os 1.2-9; Am 3.1-8; 7.12-15. As semelhanças de padrão literário mostram que talvez existisse um "relato de chamado/comissionamento" como gênero reconhecido. Ao mesmo tempo, as diferenças dão a entender que cada relato foi adaptado para circunstâncias específicas e peculiares.
10. Veja J. Lindblom, *Prophecy in ancient Israel* (Filadélfia, 1962), p. 182-197.
11. 2Pedro 1.21(NRSV mg.). Entretanto, pelos manuscritos, as evidências em favor de homens "santos" ou simplesmente "homens e mulheres" parecem divididas quase por igual.
12. Veja um panorama dos primórdios e do crescimento da profecia em J. Blenkinsopp, *A history of prophecy in Israel*.
13. Os vários relacionamentos entre os profetas e as instituições políticas e religiosas da época foram amplamente explorados por T. T. Wilson, *Prophecy and society in ancient Israel* (Filadélfia, 1980).
14. É útil lembrar que o maior de todos os profetas, Jesus Cristo, não escreveu suas profecias; elas foram escritas por outros e preservadas nos evangelhos.

15. Cf. W. S. LaSor, "The prophets during the Monarchy: Turning Points in Israel's decline", in: *Israel's apostasy and restoration*, Festschrift R. K. Harrison, org. A. Gileadi (Grand Rapids, 1988), p. 59-70.

CAPÍTULO 17 – A POESIA HEBRAICA

1. Considere essas imagens contundentes do profetas Oséias: "Efraim está entregue aos ídolos" (4.17); "Efraim é um pão que não foi virado" (7.8); "Efraim é como uma pomba enganada, sem entendimento" (v. 11); "Efraim era uma bezerra domada, que gostava de trilhar" (10.11); "eu ensinei a andar a Efraim" (11.3); "Efraim apascenta o vento" (12.1).
2. Veja a emenda proposta em *BHS* para Joel 1.4.
3. E.g., Amós 6.12 traz: "Poderão correr cavalos na rocha? / E lavrá-la com bois?". É claro que a segunda linha é tão incrível como a primeira, de modo que às vezes emenda-se para que se leia: "Alguém lavra *ali* com bois?" ou "Alguém lavra *o mar* com bois?". Quanto a uma proposta de emenda no texto hebraico, cf. *BHS in loco*.
4. Veja uma discussão interessante da linguagem poética em W. W. Klein, C. L. Blomberg e R. L. Hubbard Jr., *Introduction to biblical interpretation* (Dallas, 1993), p. 241-252.
5. O estudioso judeu, Ibn Ezra (1093-1168 d.C.) apresentou a idéia, mas a obra básica sobre o assunto é de R. Lowth, *De sacra poesi Hebraeorum* (Londres, 1753). Entre os estudiosos contemporâneos, A. Berlin, *The dynamics of biblical parallelism* (Bloomington, 1985), representa a abordagem favorita dos acadêmicos de hoje.
6. A. Berlin, "Parallelism", *ABD* 5:155. Veja o restante de seu excelente artigo (p. 155-162).
7. D. L. Petersen e K. H. Richards, *Interpreting hebrew poetry* (Minneapolis, 1992), p. 27, que também analisaram a recente discussão acalorada acerca do paralelismo (p. 21-35).
8. A. Berlin, *Dynamics*, p. 99. Quanto ao consenso que vem surgindo em torno do paralelismo veja J. L. Kugel, *The idea of biblical poetry* (Nova Haven, 1981) e R. Alter, *The art of biblical poetry* (New York, 1985), p. 10-26.
9. Berlin, *Dynamics*, p. 29,31-126; e seu útil resumo, "Parallelism", p. 158-160.
10. Veja outros exemplos em Klein, Blomberg e Hubbard, *Biblical interpretation*, p. 230-236.
11. Em hebraico, a estrutura gramatical de "não nos trata" e "nem nos retribui" apresenta um verbo seguido de expressão preposicionada.
12. O sinal "/" significa "é paralelo a". Assim também *a"* lê-se "a duas linhas" e *a'''*, "a três linhas". Verso significa "linha poética" e passagens poéticas podem ter uma linha (monóstico), duas linhas (dísticos), três linhas (trísticos) ou até quatro linhas (tetrásticos). Cf. W. S. LaSor, "Samples of early Semitic poetry", p. 99-121 in: G. Rendsburg et al., orgs., *The Bible world*, Festschrift C. H. Gordon (Nova York, 1980).
13. Para evidenciar a estrutura básica dos versículos, esse exemplo e os outros a seguir são apresentados numa tradução exata, literal. As palavras hifenizadas traduzem uma única palavra hebraica.
14. Na realidade, "pai" e "mãe" são opostos (i.e., gêneros contrários) e sinônimos (i.e., subtipos de pais). São sinônimos porque derivam de um par de palavras comum "pai e mãe", i.e., "pais". Aqui o poeta separa o par empregando "pai" nenhuma linha e "mãe" na outra. Veja uma boa discussão dos pares de palavras em Berlin, "Parallelism", p. 157 e nossa discussão abaixo.
15. E.g., as quatro linhas de Isaías 33.22 terminam com o mesmo som -*nû* / -*ēnû*, enquanto Isaías 22.5 emite juntos três sons semelhantes em seqüência (*mehûmâ, mebûsâ, mebûkâ*).

16. Por contraste, o leitor pode "escandir" poesias gregas e latinas identificando o ritmo de sílabas fortes e fracas ("aCHEI um BOM aMIgo, JeSUS, o SALvador"). Os ritmos são tão regulares que até se podem classificar, e.g., "pentâmetro iâmbico" (cinco pés, em que cada pé é ou iambo ou uma combinação de uma sílaba acentuada e não acentuada [aCHEI]).

17. É conveniente consultar Petersen e Richards, *Hebrew poetry*, p. 37-47.

18. Veja mais detalhes em Klein, Blomberg e Hubbard, *Biblical Interpretation*, p. 219-220.

19. Ugarite foi uma cidade ao longo da costa mediterrânea (atual Líbano), destruída no século XIV a.C. As escavações têm descoberto muitas tabuinhas de argila escritas que atestam laços estreitos de linguagem e cultura com Israel. Assim, parece irrefutável que a poesia hebraica seguia as práticas poéticas de seu equivalente ugarítico. Veja evidências em W. S. LaSor, "An approach to Hebrew poetry through the Masoretic accents", p. 327-353 in: A. I. Katsh e L. Nemoy, orgs., *Essays on the occasion of the seventieth anniversary of the Dropsie University* (Filadélfia, 1979); idem, "Samples of Early Semitic Poetry".

20. Cf. S. Gevirtz, *Patterns in the early poetry of Israel* (Chicago, 1963), p. 7-10 e *passim*.

21. Veja mais exemplos em Klein, Blomberg e Hubbard, *Biblical Interpretation*, p. 239-240.

22. Veja um estudo completo sobre discurso figurado em G. B. Caird, *The language and imagery of the Bible* (Filadélfia, 1980).

23. Klein, Blomberg e Hubbard, p. 221-225, 236-241, apresentam uma análise excelente.

CAPÍTULO 18 — AMÓS

1. O termo hebraico *bōqēr* é uma palavra genérica que significa "guardador de gado". O termo mais técnico é *nōqēd* (1.1). Embora a NRSV traga "entre os pastores", a melhor tradução para a palavra é "fazendeiro", retratando Amós como um rico proprietário de muito gado pequeno (ovelhas e cabras), não um simples pastor (heb. *rō'ēh*). Os frutos dos sicômoros provavelmente serviam de alimento para suas ovelhas. Veja B. E. Willoughby, "Amos, Book of", *ABD* 1.205.

2. Veja também 1Crônicas 27.28; R. K. Harrison, "Sycamore; Sycamore Tree", *ISBE* 4 (1988): 674.

3. *Hinnābē'* (nifal), lit. "faça de si mesmo um profeta" ou "exerça a função de profeta".

4. Veja em H. H. Rowley, "The nature of Old Testament prophecy", *The servant of the Lord and other essays on the Old Testament*, 2ª. ed. (Oxford, 1965), p. 120, uma discussão do problema e uma bibliografia valiosa. Para um estudo mais completo, veja seu artigo, "Was Amos a nabi?" in: J. W. Fück, org., *Festschrift Otto Eissfeldt* (Halle, 1947), p. 191. Veja também, em D. L. Petersen, *The roles of Israel's prophets* (Sheffield, 1981), a concepção de que o termo "profeta" seria o termo característico para esse ofício em Israel, enquanto em Judá "vidente" seria de uso mais comum.

5. Veja 2Reis 14.23-29. Jeroboão, ao que parece, foi co-regente entre 793 e 782, pois o décimo quinto ano de Amazias seria 782, e os quarenta e um anos do reinado de Jeroboão devem ser datados de modo a terminar em 753; veja W. S. LaSor, "1 and 2 Kings", *NBC*, p. 358.

6. Sobre Amazias de Judá, veja 2Reis 14.1-22; sobre Azarias (Uzias), 15.1-7. Azarias deve ter sido co-regente entre 790 e 767. Cronologia detalhada em LaSor, *NBC*, p. 323; veja também p. 358 sobre 14.17-22.

7. P. J. King, *Amos, Hosea, Micah — an archaeological commentary* (Filadélfia, 1988), p. 21, 38.

8. Cf. A. R. Millard, "Urartu", *ISBE* 4 (1988): 955. Urartu era uma região na Ásia Menor oriental, entre o lago Van (na atual Turquia) e o lago Urmia (no atual Irã). Urartu estava no auge de seu poder no final do século IX e início do século VIII, que coincide com o período da atividade profética de Amós.

9. Cf. W. S. LaSor, "Syria" *ISBE* 4 (1988): esp. p. 690-692.

10. De acordo com 2Reis 14.2, isso havia sido predito pelo profeta Jonas ben Amitai; cf. Jn 1.1

11. As construções, obviamente, não eram de marfim. Os artesãos sírios haviam atingido um alto nível em confeccionar peças de marfim, especialmente marchetarias desse material, muitas das quais foram encontradas em escavações arqueológicas.

12. Veja em D. A. Hubbard, *Joel e Amós* (São Paulo, 1997), uma discussão do uso de forma e conteúdo no livro de Amós.

13. Veja Salmos 62.11 (TM 12): "Uma vez falou Deus, duas vezes ouvi isto"; Provérbios 30.15: "Há três cousas que nunca se fartam, sim, quatro que não dizem: Basta" [veja o ugarítico: "Contigo teus sete moços, teus oito porcos" (67.5, 8s.); "Veja, num dia e num segundo dia o fogo consome dentro da casa, a chama dentro do palácio" (51.6, 24-26)]. Esse aspecto da poesia hebraica (e semita) foi discutido de forma breve no capítulo anterior sobre poesia hebraica. Geralmente o item "x+1" é mais elaborado e considerado mais importante; veja Provérbios 6.16-19.

14. H. Marks, "The twelve prophets", *LGB*, p. 223.

15. Veja J. Wellhausen, *Prolegomena to the history of ancient Israel*, trad. J. S. Smith e C. A. Menzies (repr. Magnolia, Mass., 1973), p. 474. Veja também C. F. Whitley, *The prophetic achievement* (Leiden, 1963), p. 93ss. A teoria de que Amós introduziu o monoteísmo ético foi discutida em associação com a teoria de que J (século VIII) era a fonte mais antiga do *Hexateuco*. As duas teorias foram usadas no que é basicamente um argumento circular.

16. Veja R. E. Clements, *Prophecy and covenant* (Londres, 1965), p. 14-17; H. H. Rowley, *The faith of Israel* (Londres, 1956), p. 71.

17. Por exemplo, a lei de Javé (2.4), profetas e nazireus (v. 11), sacrifícios, dízimos (4.4), leveduras (v. 5), ofertas (5.22), cânticos, harpas (v.23), lua nova e sábado (8.5), Sheol (9.2), destruição dos amorreus (2.9), o êxodo (v. 10; 3.1), peste como no Egito (4.10), Sodoma e Gomorra (v. 11), dia de Javé (5.18), Davi (6.5), José (v. 6) e o templo (8.3). Excluir qualquer um desses trechos porque pertence a uma tradição "mais recente" é um raciocínio circular; veja R. H. Pfeiffer, *Introduction to the Old Testament*, rev. ed. (Nova York, 1948), p. 582s.

18. Em Amós, "Javé" é mencionado cinqüenta e duas vezes; "o Senhor Javé", dezenove; e "Javé Deus dos Exércitos", seis.

19. Y. Kaufmann, *The religion of Israel*, ed. e trad. M. Greenberg (Chicago, 1960), p. 365; veja também J. Lindblom, *Prophecy in ancient Israel* (Oxford, 1962), p. 311s.

20. Um resumo útil sobre ensino profético sobre justiça social encontra-se em J. Limburg, *The prophets and the powerless* (Atlanta, 1977). Veja também B. C. Birch, *Let justice roll down: the Old Testament ethics and Christian life* (Louisville, 1991).

21. Veja, por exemplo que Eissfeldt aceita a concepção de Wellhausen; *The Old Testament: an introduction*, trad. P. R. Ackroyd (Nova York, 1965), p. 401, citando *Die Kleinen Propheten*, 4ª. ed. (Berlim, 1963), p. 96. Mas cf. Clements, *Prophecy and covenant*, p. 49, nota 1, 111s. Veja uma avaliação da importância dessa matéria no que se refere à função canônica do cap. 9 em B. S. Childs, *Introduction to the Old Testament as Scripture* (Filadélfia, 1979), p. 405-408.

22. Veja também G. von Rad, *Old Testament theology*, trad. D. M. G. Stalker, 2 vol. (Nova York, 1962-1965) 2:138 (publicado no Brasil pela ASTE sob o título *Teologia do Antigo Testamento*).

23. Veja H. H. Rowley, *Worship in ancient Israel* (Filadélfia, 1968), p. 144-175. Veja também H. Graf Reventlow, *Das Amt des Propheten bei Amos*, Forschungen zur Religion um Literatur des Alten und Neuen Testaments 80 (1962).

24. "Virar, retornar, voltar, arrepender" etc. Todos esses traduzem um verbo hebraico (*shûb*), usado muitas vezes nos profetas. Infelizmente, as traduções não mostram isso. A KJV, por exemplo, traduz *shûb* de 123 formas diferentes!

25. Uma expressão comum em Amós é *n^e 'ûm yhwh*, traduzido por "diz o Senhor". Ocorre muitas vezes em quase todos os profetas. Javé, o nome da aliança do Deus de Israel, parece ser

empregado quase que exclusivamente quando a relação da aliança está por trás de uma situação ou declaração.

CAPÍTULO 19 — OSÉIAS

1. Veja A. Weiser, *The Old Testament: its formation and development*, trad. D. M. Barton (Nova York, 1961), p. 233.

2. É incerto se Oséias menciona diretamente a coalizão siro-efraimita entre Peca de Israel e Rezim de Damasco. Isaías descreveu a ameaça que essa aliança representava para Acaz de Judá (veja Is 7) e sua queda diante de Tiglate-Pileser (c. 733). Possivelmente o chamado para a batalha de Oséias 5.8 refere-se ao conflito entre Israel e Judá nas cidades fronteiriças de Benjamim:

> Tocai a trombeta em Gibeá,
> e em Ramá tocai a rebate!
> Levantai gritos em Bete-Áven! [um nome pejorativo para Betel, significando "casa de nada" em vez de "casa de Deus"]
> Cuidado, Benjamim!

3. Aqueles que tomam esses capítulos como narrativas paralelas chamariam a atenção para a diferença na forma literária. O capítulo 1 é narrativa em prosa escrita em terceira pessoa, pensando-se, às vezes, que teria sido escrito por discípulos do profeta. O capítulo 3 é uma narrativa em prosa em forma de memórias em primeira pessoa, acreditando-se, em geral, que teria vindo do próprio profeta.

4. H. W. Wolff, *Hosea*, trad. G. Stansell, Hermeneia (Filadélfia, 1974), p. 14s.

5. Veja W. Rudolph, "Präparierte jungfrauen?" *ZAW* 75 (1963): 65-73; também J. L. Mays, *Hosea*, OTL (Filadélfia, 1969), p. 26.

6. Os profetas nem sempre gostavam de obedecer às ordens de Deus. Andar "três anos despido e descalço, por sinal e prodígio contra o Egito e contra a Etiópia," certamente não era uma tarefa da qual Isaías tenha gostado (Is 20.2s.).

7. Veja H. H. Rowley, "The marriage of Hosea", *BJRL* 39 (1956-1957): 233: "Como o Outro, ele aprendeu a obediência pelas coisas que sofreu e por não ter sido derrubado por uma experiência que derrubou tantos outros, tendo, antes, triunfado sobre elas e, no triunfo, talvez reconquistado a esposa, ele recebeu por meio de seu grande sofrimento uma mensagem duradoura para Israel e para o mundo."

8. Note o tom formal dessa acusação, empregando padrões literários que devem ter surgido na esfera legal; veja Mq 6.1-16. Sobre os padrões literários empregados em Oséias, veja D. A. Hubbard, *Oséias – Introdução e Comentário*, (Ed. Vida Nova, 1993), p. 40-44.

9. Heb. *ḥeseḏ*, uma palavra muito usada em Oséias, mescla os significados de lealdade e amor. Usada em referência a Deus, significa "aliança de amor" ou "amor inabalável"; a pessoas, como aqui, significa "bondade" ou "caridade".

10. T. C. Vriezen, *An outline of Old Testament theology*, 2ª. ed. (Newton Centre, Mass., 1970), p. 154. A relação entre conhecimento e comunhão é ilustrada no uso de "conhecer" (*yāda'*) para relações sexuais (e.g. Gn 4.1)

11. Citando H. B. Huffmon, "The treaty background of Hebrew yada'", *BASOR* 181 (1966): 31-37; e com S. B. Parker, "A further note on the treaty background of Hebrew *yāda* '", *BASOR* 184 (1966): 36-38, Brueggemann conclui: "Agora não há dúvida de que 'conhecer' significa assumir uma aliança de lealdade e as responsabilidades decorrentes"; *The Land* (Filadélfia, 1977), p. 105 nota 21.

12. Seu livro está cheio de referências à antigüidade de Israel: a exploração de Jacó (12.3ss.); a idolatria em Baal-Peor (9.10; cf. Nm 25); a terrível depravação em Gibeá (9.9; 10.9; veja Jz 19.24-26); a destruição das cidades da planície (11.8; cf. Gn 19.23-25); o pecado de Acã em Acor (2.15; cf. Js 7.24-26).

13. Encontra-se um bom resumo dos conceitos de Amós e de Oséias sobre o culto em R. Vuilleumier, *La tradition cultuelle d'Israël dans la prophétie d'Amos et d'Osée*, Cahiers Théologiques 45 (1960).

14. "Em ira" baseia-se em uma emenda textual. Uma leitura literal é "contra a cidade". Ao que parece, o texto de Oséias passou por mais edições e cópias através dos séculos do que qualquer outro livro do Antigo Testamento. O estudo textual clássico é de H. S. Nyberg, *Studien zum Hoseabuche*, UUÄ (1935); veja também Wolff, *Hosea*.

15. W. Eichrodt, *Theology of the Old Testament*, trad. J. A. Baker, OTL (Filadélfia, 1961) 1:251.

16. Ibid., 1:251s.

17. Ibid., 1:252.

18. J. M. Ward, *Hosea: a theological commentary* (Nova York, 1966), p. 191-206, capta a força e o sofrimento daquela luta.

19. Algumas vezes chamado simbolismo profético; o profeta demonstra ou vivencia sua mensagem, e Deus usa a demonstração para cumprir a mensagem. Veja também B. S. Childs, *Introduction to the Old Testament as Scripture* (Filadélfia, 1979), p. 381s.

CAPÍTULO 20 — MIQUÉIAS

1. Veja L. C. Allen, *The books of Joel, Obadiah, Jonah and Micah*, NICOT (Grand Rapids, 1976), p. 241-253, que, à parte de 4.1-8, entende que apenas 7.8-20 não é de Miquéias.

2. J. L. Mays encontra dizeres de Miquéias apenas em partes dos três primeiros capítulos; *Micah*, OTL (Filadélfia, 1976), p. 13. Veja em contraste a conclusão cautelosa de G. W. Anderson: "Quando consideramos a variedade de denúncias e promessas encontradas no ensino de outros profetas, tais como Oséias e Isaías, contemporâneos de Miquéias, torna-se pouco realista alegar que um profeta não podia predizer punição severa [...] e também, em alguma outra fase de seu ministério, prometer restauração"; veja *A critical introduction to the Old Testament*, 2ª. ed. (Naperville, 1960), p. 156. Veja uma discussão mais profunda em K. Jeppesen, "New aspects of Micah research", *JSOT* 8 (1978): 3-32.

3. H. W. Wolff, *Micah the prophet* (Filadélfia, 1981), p. 40, tenta ilustrar a técnica de jogos de palavras de 1.10: "Revolvei-vos no pó (*ḥāpār*), em Bete-Le-Afra (*bēt lʿapʿrâ*, 'Vila do Pó')". Ele compara isso a uma ameaça: "Portland vai perder seu porto".

4. Documentos legais hititas, especialmente tratados, começam arrolando os deuses como testemunhas. Rejeitando esse politeísmo, as cenas de corte do Antigo Testamento costumam invocar elementos da criação (cf. Is 1.2).

CAPÍTULO 21 — ISAÍAS: O CONTEXTO

1. À guisa de comparação, essas citações respondem por 9,75 colunas no *Greek New Testament* da United Bible Societies, comparadas a 9,5 colunas de citações dos Salmos e 5,75 tanto de Gênesis como de Êxodo.

2. O. Eissfeldt, *The Old Testament: an introduction*, trad. P. R. Ackroyd (Nova York, 1965), p. 305.

NOTAS

3. Os verbos são imperativos e não imperfeitos, como em ARC: "Apressando-se ao despojo, apressou-se à presa".
4. Veja R. K. Harrison, *IBD*, p. 1417; G. V. Smith, *ISBE* 4 (1988): 410-411.
5. Eissfeldt, *Old Testament*, p. 310.
6. Veja W. S. LaSor, *Great personalities of the Old Testament* (Westwood, N.J., 1959), p. 136-143; C. R. North, *IDB* 2:733.
7. Eissfeldt, *Old Testament*, p. 305.
8. Outros entendem que seja uma referência à cidade-estado de Ya'ud (Samal) no vale de Karasu no norte da Síria. É mais difícil ver como poderia ter sido Judá, conforme admite M. Noth; *The history of Israel*, trad. P. R. Ackroyd, 2nd ed. (Nova York, 1960), p. 257 nota 3.
9. A cronologia desse período é difícil. J. H. Hayes e S. A. Irvine (*Isaiah, the eighth century prophet: his times and his preachings* [Nashville, 1987], p. 236) colocam a morte de Acaz no mesmo ano da de Tiglate-Pileser — 728-727.
10. Discute-se muito se isso foi em 701 ou 687; veja L. L. Honor, *Sennacherib's invasion of Palestine* (Nova York, 1926); J. Bright, *História de Israel*, (São Paulo, 1981), p. 373-386. O registro assírio talvez tenha juntado duas campanhas, uma em 701 a.C., outra em c. 687 que envolveu o cerco de Laquis. Veja A. K. Grayson, "Sennacherib", *ABD* 5:1088-1089.
11. *ARAB* 2:240; *ANET*, p. 288.
12. Eissfeldt, *Old Testament*, p. 305; cf. Noth, *History*, p. 257-269. Para conhecimento mais completo dos personagens chaves do período, veja W. S. LaSor, "Tiglath-pileser", *ISBE* 4 (1988): 849-851; "Sennacherib", *ISBE* 4 (1988): 394-397; "Sargon", *ISBE* 4 (1988): III. Sargon II, p. 338-340; "Merodach-baladan", *ISBE* 3 (1986): 325-326; S. J. Schultz, "Uzziah", *ISBE* 4 (1988): 960s.; "Jothan", *ISBE* 2 (1982): 1140; "Ahaz" ISBE 1(1979): 76-78 (com W.S. Caldecott); "Hezekiah", ISBE 2(1982): 703-705; W. H. Shea, "Menahem", *ISBE* 3 (1986): 317s.; K. A. Kitchen, "Tirhaka", *ISBE* 4 (1988): 859; J. K. Hoffmeier, "So", *ISBE* 4 (1988): 558.
13. Sobre a história do estudo crítico de Isaías, veja G. L. Archer Jr., *Merece confiança o Antigo Testamento* (São Paulo, 1964), p. 377-399; *CCHS* §§421s.; B. S. Childs, *Introductions to the Old Testament as Scripture* (Filadélfia, 1979), p. 316-338; Eissfeldt, *Old Testament*, p. 303-346; Noth, *IDB* 2:737-743; E. J. Young, *An introduction to the Old Testament* (Grand Rapids, 1958), p. 199-207 (publicado no Brasil por Ed. Vida Nova sob o título *Introdução ao Antigo Testamento*); R. K. Harrison, *ISBE* 3 (1986): 893-895; C. R. Seitz e R. J. Clifford, *ABD* 3:472-507.
14. As análises de S. R. Driver, apesar de datadas, podem ainda servir como protótipo; *Introduction to the literature of the Old Testament*, 9ª. ed. (repr. Magnolia, Mass., 1972).
15. Ibid., p. 236-243.
16. Ibid., p. 238-240.
17. Ibid., p. 243.
18. A. Weiser, *The Old Testament: its formation and development*, trad. D. M. Barton (Nova York, 1961), p. 206.
19. Veja também T. Henshaw, *The later prophets* (Londres, 1958), p. 255.
20. Veja J. Gray, *I and II Kings*, OTL (Filadélfia,, 1975), p. 325.
21. *Old Testament theology*, trad. D. M. G. Stalker, 2 vols. (Nova York, 1962-1965) 2:242, com nota para 41:25ss.; 48:14.
22. Veja R. K. Harrison, *Introduction to the Old Testament* (Grand Rapids, 1969), p. 794; também *ISBE* 2 (1982): 904.
23. O. T. Allis, *The unity of Isaiah* (Filadélfia, 1950), p. 51-61. Josefo (*Ant.* 2.1.102 §§1-7) escreve que Ciro ficou tão impressionado de encontrar seu nome num livro de "140 anos antes de o templo ser destruído" que deu liberdade aos judeus para que voltassem à terra e reconstruíssem o templo. Muitos estudiosos hoje considerariam essa nota de Josefo uma lenda, sem valor para validar a autoria da profecia de Isaías sobre Ciro nem a razão para a atitude deste.

24. J. L. McKenzie, *Second Isaiah*, AB 20 (Garden City, 1968), p. xxi. McKenzie também registra um estudo profundo de estilo de J. Reinken com o uso de métodos estatísticos modernos: "Esse estudo simplesmente não apóia a tese de diferentes autorias nem a de autoria única. Ele diz que o vocabulário, por si, não é decisivo. O estilo, isolado, também não é mais decisivo."; p. xvi.

25. R. K. Harrison, *ISBE* 2 (1982): 896.

26. Henshaw, *Latter prophets*, p. 256.

27. Ibid., p. 265.

28. Veja D. N. Freedman, "The structure of Isaiah 40.1-11", in: *Perspective on language and text*, ed. E. W. Conrad e E. G. Newing (Eisenbrauns, 1987), p. 167-194.

29. Geralmente chamado pela expressão alemã *Sitz im Leben*.

30. Veja Driver, *Introduction*, p. 237.

31. *Das Buch Jesaja*, 4ª. ed., HKAT (Göttingen, 1922) considerado de modo geral como comentário de referência para desenvolver uma abordagem de tripla autoria.

32. C. C. Torrey, que defendia a estranha teoria de que nunca houve o exílio na Babilônia, mostra que, se as poucas referências à Babilônia e a Ciro pudessem ser eliminadas como anotações posteriores, quase tudo nos capítulos 40–66 poderia ser aplicado à situação palestina; *The Second Isaiah: a new interpretation* (Nova York, 1928), p. vii-viii. A palavra "Babilônia" aparece treze vezes em Isaías: uma vez em cada um nos capítulos 21; 43; 47; duas em cada um nos capítulos 13; 14; 48; e quatro no capítulo 39.

33. E. M. Curtis, *ABD* 3:379.

34. Os verbos ṣôr e ḥªṭōm são formas imperativas, conforme o indicado — mas quem está falando? Se for Javé, então "meus discípulos" parece deslocado e "seus discípulos" (de Isaías) faria mais sentido. Se for Isaías, para quem seria a ordem? Se for para seus discípulos, então "meus discípulos" novamente está fora de lugar e "vocês" seria preferível. Os estudiosos, portanto, estão inclinados a emendar a pontuação, e lendo as palavras como infinitivos absolutos, interpretados como verbos finitos — assim "eu resguardei, etc." ou "eu resguardarei, etc.", indicando uma conclusão a que chegou Isaías.

35. O verbo ṣārar, "atar", significa prender, confinar, segurar junto, e ḥtm, "selar", significa autenticar com um selo, proteger, selar; Veja Daniel 12.4. A intenção não é impedir alguém de ver ou conhecer o conteúdo — de fato, o conteúdo da profecia de Isaías (e também a de Daniel) foram conhecidas por todas as gerações. A idéia de proteger e autenticar a mensagem para tempos futuros, tanto em Isaías como em Daniel, se esclarece pelo contexto.

36. "Discípulos" e "escola" não devem ser vistos como algum tipo de sistematização formal. É mais provável que um grande e influente líder religioso conseguisse juntar um grupo de seguidores, alguns dos quais continuariam com suas obras e idéias após sua morte. Uma comparação possível seriam os "discípulos" e "escolas" de grandes estudiosos de crítica e teologia alemães alguns séculos passados. Algumas indicações de tais escolas podem ser encontradas no Talmude *B. Bat.* 15a: "Ezequias e seu grupo escreveram Isaías, Provérbios, Cantares e Eclesiastes" — os quais, à luz da tradição talmúdica, parecem indicar a coleta, edição e publicação de provérbios; cf. Pv 25.1.

37. Veja em G. A. Knight, *Isaiah 40–55 and Isaiah 56–66*, ITC (Grand Rapids, Edimburgo, 1984/5) sobre esse argumento.

38. Veja, e.g., J. H. Hayes e S. A. Irvine, *Isaiah*, p. 13: "Com exceção de Isaías 34–35, praticamente todo o material de discurso profético no que é tradicionalmente chamado Primeiro Isaías — que é Isaías 1–39 — é derivado do profeta do século VIII a.C.".

39. *Old Testament as Scripture*, p. 324.

40. Ibid., p. 333.

41. Ibid., p. 329.

NOTAS

CAPÍTULO 22 — ISAÍAS: A MENSAGEM

1. *Introduction to the Old Testament* (Grand Rapids, 1969), p.. 764; *ISBE* 2 (1982): 900-901. Harrison seguiu o caminho de W. H. Brownlee (*Meaning of the Qumran scrolls for the Bible*, 1964), que dividiu cada metade do livro em sete seções paralelas:

Assunto	1-33	34-66
Ruína e restauração	1-5	34-35
Material biográfico	6-8	36-40
Agentes de bênção e julgamento divinos	9-12	41-45
Oráculos contra potências estrangeiras	13-23	46-48
Redenção universal e libertação de Israel	24-27	49-55
Sermões éticos	38-31	56-59
Restauração da nação	32-33	60-66

2. J. D. W. Watts, *Isaiah 1-33 and Isaiah 34-66*, WBC. Waco, 1985/7.
3. E. W. Conrad, *Reading Isaiah* (Minneapolis, 1991).
4. A narrativa de Ezequias é tão importante para a mensagem e missão de Isaías, que foi adaptada e incluída no livro de Reis (2Rs 18-20). Muitos estudiosos de hoje sustentam a prioridade do relato de Isaías, enquanto estudiosos mais antigos inclinavam-se a ver o registro de Reis como primário e Isaías derivado. Veja C. R. Seitz, *ABD* 3:483; J. H. Hayes e S. A. Irvine, *Isaiah, the eighth-century prophet: his times and his preaching* (Nashville, 1987), p. 372-373.
5. Sobre a "tradição de Sião" veja J. D. Levenson, *ABD* 6:1098-1102; sobre a expressão afetiva "Filha de Sião" (Is 37.22), veja E. R. Follis, *ABD* 6:1103.
6. Sobre essa mensagem central, resumida na visão do conselho celestial (40.1-10; cf. cap. 6), veja R. N. Whybray, *The Second Isaiah*, JSOT Old Testament Guides (Sheffield, 1983), p. 45.
7. R. J. Clifford, *ABD* 3:498-499, reuniu muitos desses argumentos em cinco fortes contrastes a que chama "polaridades": (1) primeiras e últimas coisas; (2) Babilônia e Sião; (3) Javé e os deuses; (4) Israel e as nações; (5) o Servo e Israel. Essas polaridades realçam a singularidade do Senhor de Israel e da nova obra sendo feita, assim como a continuidade entre o que Deus fez no passado e o que faz agora.
8. Veja em C. Westermann, *Prophetic oracles of salvation in the Old Testament* (Louisville, 1991) uma discussão completa dessa categoria, com atenção especial às duas metades do livro de Isaías.
9. Para maiores detalhes sobre as formas literárias, veja Whybray, *Second Isaiah*, p. 20-42; R. J. Clifford, *ABD* 3:495-497; C. Westermann, *Isaiah 40-66*, OTL (Filadélfia, 1969), p. 11-21.
10. Veja comentários sobre a divisão em C. Westermann, *Isaiah 40-66*, p. 302-304. P. Hanson, *The people called: the growth of community in the Bible* (San Francisco, 1986), p. 253-76, identifica os dois partidos hostis como os "filhos de Zadoque" ou os sacerdotes responsáveis pela regulamentação da adoração pública e os Seguidores Visionários de Segundo Isaías, que acreditavam que o sacerdócio exclusivo deveria ser abolido, já que na restauração todo o povo de Deus seria sacerdote e ministro (61.6). Veja uma crítica à concepção de Hanson em C. R. Seitz, *ABD* 3:502-507.
11. A expressão ocorre nas seguintes passagens: 1.4; 5.19, 24; 10.20; 12.6; 17.7; 29.19; 30.11s.; 15; 31.1; 37.23; 41.14, 16, 20; 43.3, 14; 45.11; 47.4; 48.17; 49. 7; 54.5; 55.5; 60.9, 14. Repare "o Santo de Jacó" (29.23); "Deus, o Santo" (5.16); "vosso Santo" (43.15); "seu Santo" (10.17; 49.7); "o qual tem o nome Santo" (57.15). Em 40.25, "o Santo" (heb. *qādôs*) é único; também Hc 3.3; Jó 6.10; Pv 9.10; 30.3 (nota de rodapé na NRSV).
12. N. H. Snaith, *The distinctive ideas of the Old Testament* (Londres, 1944), p. 30s.
13. Veja H. H. Rowley, *Worship in ancient Israel* (Filadélfia, 1967), p. 37-70.

NOTAS

14. Veja *BDB*, p. 379s., para um estudo detalhado da palavra *ṭāmē'*.
15. Interpretando muito mal esse esforço, alguns estudiosos insistem que os profetas eram contra o culto e contra o sacerdócio. Uma correção muito necessária foi dada por R. E. Clements, *Prophecy and covenant* (Londres, 1965), esp. capítulos 4–5.
16. Para leitura complementar, veja Snaith, *Distinctive ideas*, p. 21-50; J. Muilenburg, "Holiness", *IDB* 2:616-625; W. Eichrodt, *Theology of the Old Testament*, trad. J. A. Baker, 2 vol., OTL (Filadélfia, 1961) 1:270-282.
17. Veja Muilenburg, "Holiness".
18. Reunindo todas as formas da raiz *ysh'*, substantivos e verbos, de 342 ocorrências no Antigo Testamento, 122 encontram-se em Salmos e cerca de 50 em Isaías (15 nos caps. 1–39, 15; 56–66, 20; 40–55).
19. Do nome Salvador, N. Snaith diz: "esse título não está confinado a Segundo Isaías, pois é tema de muitos Salmos e da maioria dos profetas. O nome Salvador é, entretanto, tão freqüente em Segundo Isaías que se torna uma característica marcante de seu vocabulário"; *Distinctive ideas*, p. 86. A contagem da palavra, por si, não vai servir de base para essa afirmação. "Salvação" pode ser o "tema" da maioria dos profetas, mas a palavra em si é marca de Isaías.
20. A raiz hebraica em suas várias formas aparece cerca de 122 vezes no Antigo Testamento, sendo que cerca de 26 ocorrências são em Isaías (1 nos caps. 1–39, 18 nos caps. 40–55 e 7 nos caps. 56–66). De resto, o grosso dessas ocorrências encontra-se em Levítico (21 vezes nos cap. 25 e 27), Rute (19 vezes nos caps. 3–4) e Números (6 vezes). Mais duas palavras são usadas para transmitir a idéia de redenção, i.e., *pādâ*, "resgate", e variações de *kippēr*, "cobertura", "expiação", "propiciação".
21. Veja W. S. LaSor, *Daily life in Bible times* (Cincinnati, 1966), p. 45-47.
22. Veja ainda R. C. Dentan, "Redeem, redeemer, redemption", *IDB* 4:21s.
23. Sobre o significado de *qîn'â*, "zelo, ciúme", veja BDB, p. 888; G. A. Smith, *The book of Isaiah*, Expositor's Bible, rev. ed. (1927; repr. Grand Rapids, 1956) 3:649; A. Stumpff, "*zelos*", *TDNT* 2:878-880.
24. A principal dificuldade encontra-se na palavra hebraica *rûᵃh*, que pode significar "vento" ou "espírito". Além disso, há um problema de interpretação, pois a passagem pode referir-se ao "Espírito (de Javé)" ou ao "espírito (do homem)". Para completar, "espírito" talvez seja uma qualidade ou atributo, mesmo quando usado para Deus. Por exemplo, o "espírito de justiça" em 28.6 é um atributo humano ou um dom do Espírito divino (veja 30.1, ARC)? Em 37.7, Javé pretende colocar um espírito mal ou perverso no rei da Assíria ou é o Espírito de Javé que vai dar ao rei o falso rumor?
25. E. J. Kissane, *The book of Isaiah*, rev. ed. (Dublin, 1960) 1:135.
26. Embora essa interpretação possa ser um *sensus plenior* ("sentido mais pleno"), dificilmente pode ser extraída da passagem nesse contexto. Veja LaSor, "Interpretation of prophecy", *BDPT*, p. 128, 135; "The *sensus plenior* and biblical interpretation", p. 260-277 in W. W. Gasque e LaSor, org., *Scripture, tradition, and interpretation*, Festschrift E. F. Harrison (Grand Rapids, 1978).
27. É importante reconhecer que Isaías 61.1 se mantém por si, à parte de qualquer afirmação do Novo Testamento de que se tenha cumprido. A passagem, sem tais interpretações, tinha de fazer sentido para os que ouvissem ou lessem pela primeira vez e para todos os que a lessem antes de seu "cumprimento". Isso não é negar o cumprimento da Escritura, mas insistir em colocar a profecia e o cumprimento em sua ordem correta.
28. N. H. Snaith, *Distinctive ideas*, p. 72s.
29. Veja E. R. Achteimer, "Righteousness in the Old Testament", *IDB* 4:80.
30. "Todo relacionamento traz consigo certas exigências de conduta e a satisfação dessas exigências, que é conseqüência do relacionamento e condição indispensável para que o relacionamento possa persistir, é descrito por nosso termo *ṣdq*"; H. Cremer, *Biblisch-theologisches Wörterbuch*, 7 ed.

NOTAS

(Gotha, 1893), p. 233, citado em G. von Rad, *Old Testament theology*, trad. D. M. G. Stalker, 2 vol. (Nova York, 1962-1965) 1:371; veja o tratamento do próprio von Rad, p. 370-383.

31. Snaith, *Distinctive ideas*, p. 68-78.
32. Eichrodt, *Theology of the Old Testament* 1:240.
33. Ibid., 1:245.
34. Ibid., 1:247. Heb. *îidqat yhwh* é usado em referência aos atos de livramento de Javé, geralmente nos Salmos; cf. BDB, p. 842, 6.a.
35. Veja Mateus 6.1s.; W. Bauer, *A Greek-English lexicon of the New Testament*, trad. e rev. W. F. Arndt e F. W. Danker (Chicago, 1979), p. 196; G. Schrenk, "*dikaiosynē*", *TDNT* 2:192-210.
36. Para leitura mais aprofundada, veja Snaith, *Distinctive ideas*, p. 51-78, 87-93; Eichrodt, *Theology* 1:244-47; Schrenk, *TDNT* 2:182, 210; Achteimer, *IDB* 4:80-85.
37. Snaith, *Distinctive ideas*, p. 74. Veja também Isaías 40.14; L. Morris, *The biblical doctrine of judgment* (Grand Rapids, 1960), p. 7s.
38. Snaith, *Distinctive ideas*, p. 76.
39. Embora o Antigo Testamento se importe com os direitos de todo o povo, ele expressa preocupação especial com os que normalmente não conseguem obter justiça, i.e., as viúvas e os órfãos, os pobres e os estrangeiros.
40. *Das Busch Jesaja*, HKAT (Göttingen, 1892).
41. J. A. Soggin, *Introduction*, p. 313: "Eles são marcados não por um tema especial, independente do tema do resto do trabalho, mas também pelo fato evidente de terem sido interpolados no presente contexto, de onde podem ser retirados sem causar algum dano ou interrupção."
42. Para pormenores, veja a nota muito detalhada em H. H. Rowley, *The servant of the Lord and other essays on the Old Testament*, 2ª. ed. (Oxford, 1965), p. 6. nota 1. Veja breves resumos de interpretação contemporânea em Whybray, *Second Isaiah*, p. 65-78. Também R. J. Clifford, *ABD* 3:499s.
43. Depois de ter aceitado a teoria dos Cânticos do Servo por quase quarenta anos, W. S. LaSor, com base em estudo contínuo do texto, chegou a outra conclusão: "uma leitura cuidadosa de toda a seção, indo do capítulo 41 (e não 42) ao capítulo 53, mostrará que é *toda* sobre o Servo do Senhor"; *Israel: a biblical view* (Grand Rapids, 1976), p. 16. P.-E. Bonnard, independentemente, chegou próximo da mesma conclusão. Chamando os que isolam os poemas de "vítimas de preconceito", ele diz: "Isaías 40–55 constitui uma sinfonia sobre o Servo Israel"; *Le Second Isaie: son disciple et leurs éditeurs*, Etudes Bibliques (Paris, 1972), p. 7; veja sua discussão, p. 37-56, e tabela, p. 39s.
44. Veja D. J. A. Clines, *I, he, we, and they: a literary approach to Isaiah 53*, JSOTSup 1 (Sheffield, 1976).
45. LaSor, "Interpretation of prophecy", p. 135.

CAPÍTULO 23 — SOFONIAS, NAUM E HABACUQUE

1. Veja uma discussão completa sobre a geografia em W. S. LaSor, "Jerusalem", *ISBE* 2 (1982): 1013ss., D.5; também Y. Aharoni e M. Avi-Yonah, org., *The Macmillan Bible Atlas*, mapa 114, p. 74. Em contraste, H. Cazelles parece identificar o Mishneh de 2Rs 22.14 com o Mactés de Sofonias; "The history of Israel in the pre-exilic period", p. 311 in G. W. Anderson, org., *Tradition and interpretation* (Oxford, 1979).
2. E.g., A. Bentzen, *Introduction to the Old Testament*, 2 vols. (Copenhague, 1948), 2:153. Veja A. R. Johnson, *The cultic prophet in ancient Israel; The cultic prophet and Israel's psalmody* (Cardiff, 1979); cf. W. McKane, "Prophecy and the prophetic literature", p. 166 in Anderson, org. *Tradition and interpretation*.

3. D. W. Baker, *Nahum, Habakkuk, Zephaniah*, TOTC (Leicester e Downers Grove, 1988), p. 84.

4. Observe o famoso hino medieval latino, *Dies irae, dies illa*.

5. *História* 1.104-106.

6. A difícil frase "saltam sobre o umbral" [ARC] talvez se refira à ansiedade com que os servos dos ricos desceram até as casas dos pobres para saquear seus poucos bens. Uma interpretação alternativa vê o reflexo de uma superstição pagã; veja Hyatt, *JNES* 7 (1948): 25s.: "todos aqueles que sobem o pedestal" de um ídolo (veja 1Sm 5.5), J. J. M. Roberts, *Nahum, Habakkuk, and Zephaniah*, OTL (Louisville, 1991), p. 179.

7. P. R. House, *Zephaniah: a prophetic drama*, JSOTSup 69 (Sheffield, 1988), descreve o livro todo como um drama. Para uma crítica da análise de House, veja Roberts, *Nahum, Habakkuk, and Zephaniah*, p. 161-162.

8. Veja Baker, *Nahum, Habakkuk, Zephaniah*, p. 87.

9. As traduções são incapazes de transmitir os trocadilhos surpreendentes usados na acusação incisiva de Sofonias (v. 4).

10. Nesse ponto, talvez Etiópia esteja em lugar de Egito. Nas décadas imediatamente anteriores, o Egito esteve sob domínio de governantes etíopes (XXV Dinastia); veja Naum 3.9.

11. Foi-se o tempo em que os estudiosos podiam relegar tais passagens de esperança ao período pós-exílico; veja F. C. Fensham, "Book of Zephaniah", *IDBS*, p. 984. A valorização crescente da natureza do Deus de Israel, fiel à aliança, confirma que junto com uma ênfase no julgamento havia a perspectiva esperançosa de que o Deus que ferira iria curar, ou melhor, que ele curava ferindo. Sua fidelidade, não a reação de Israel, é o que determina o futuro. Os discursos de julgamento contra as nações estrangeiras são um modo de anunciar esperança: o destino das nações significava o bem-estar de Israel *(shalôm)*. Veja W. McKane, "Prophecy and the prophetic literature", in Anderson, org., *Tradition and interpretation*, p. 172-175.

12. Sobre as possíveis origens e significado do dia do Senhor, veja A. S. Kapelrud, *The message of the prophet Zephaniah* (Oslo, 1975), p. 80-87; G. von Rad, *Old Testament theology*, trad. D. M. G. Stalker, 2 vols. (Nova York, 1962-1965) 2:119-125 (publicado no Brasil pela ASTE sob o título *Teologia do Antigo Testamento*). Veja também W. S. LaSor, *The truth about Armageddon* (San Francisco, 1982), p. 136-137.

13. Sobre os aspectos positivos do julgamento veja L. Morris, *A doutrina bíblica do julgamento* in *Imortalidade* (Ed. Vida Nova, 1993); W. S. LaSor, *Armageddon*, p. 180-190.

14. G. A. Smith, *Book of the twelve prophets*, Expositor's Bible (repr. 1956) 4:573.

15. Mesmo sua cidade natal, Elcos (1.1), tem identificação incerta, embora surgiram-se sítios na Assíria (norte de Mosul), Galiléia e Judá.

16. Cf. W. S. LaSor, "Sennacherib", *ISBE* 4 (1988): 394-397; "Esarhaddon", *ISBE* 2 (1982): 128s.; "Ashurbanipal", *ISBE* 1 (1979): 321s.

17. C. J. Gadd, *The fall of Nineveh* (Londres, 1923).

18. Alega-se que outro indício da técnica literária consciente de Naum se encontra no padrão acróstico imperfeito de 1.2-11. Entretanto, tentativas de restaurar o acróstico original não obtiveram sucesso. Veja D. L. Christensen, "The acrostic of Nahum reconsidered", *ZAW* 87 (1975): 17-30, e "The acrostic of Nahum once again: a prosodic analysis of Nahum 1:1-10", *ZAW* 99 (1987): 409-414.

19. O. Kaiser, *Introduction to the Old Testament*, trad. J. Sturdy (Minneapolis, 1975), p. 231s. Entretanto, B. S. Childs, *Introduction to the Old Testament as Scripture* (Filadélfia, 1979), observa que a idéia de que o livro era para uso litúrgico após a queda de Nínive, não uma profecia antes da queda, carece de base acadêmica sólida.

NOTAS

20. A. Parrot chama-o de "um toque marcante de cor local", já que na região de Nínive todos os muros eram construídos de tijolos secos ao sol; *Nineveh and the Old Testament*, trad. B. E. Hooke (Nova York, 1955), p. 84.

21. Parrot faz referência às fortalezas próximas de Tarbisu e Assur, que caíram antes de Nínive e sem tanta resistência; ibid., p.79.

22. Essas duas figuras harmonizam-se bem com o fato de que Nínive era dedicada a Istar, deusa da guerra e do amor; veja Parrot, ibid., p. 26.

23. Bentzen (*Introduction* 2:150) enumera Naum entre os profetas nacionalistas condenados por Jeremias. Veja também G. Fohrer, *Introduction to the Old Testament*, trad. D. E. Green (Nova York, 1968), p. 451. Mas o senso de violação moral de Naum difere consideravelmente do otimismo fácil dos falsos profetas.

24. Von Rad, *Old Testament theology* 2:189.

25. E. R. Achtemeier, *Nahum-Malachi*, Interpretation (Atlanta, 1986), p. 5-6. Veja em Childs, *Old Testament as Scripture*, p. 443s., como o hino (salmo) estabelece o tom teológico do livro.

26. *Reflections on the Psalms* (Nova York, 1958), p. 30; seu capítulo sobre as maldições contém muitas informações úteis.

27. Sobre a imagem de Naum de Javé como Deus da guerra, veja K. J. Cathcart, *ABD*, 4:1000.

28. R. Calkins, *The modern message of the minor prophets* (Nova York, 1947), p. 86. Veja observações sobre a crença de Naum na "coesão moral da história" e no "julgamento [divino] justo de um império moralmente insultante e desumano", veja N. K. Gottwald, *All the kingdoms of the Earth* (Nova York, Evanston, Londres, 1964), p. 231s.

29. Uma tradição preservada no apócrifo Bel e o Dragão fala de Ambakom (a forma grega para o nome de Habacuque), filho de Jesus da tribo de Levi. Não existem meios nem para apoiar nem para refutar essa tradição, que não se encontra na tradução de Teodósio.

30. O interesse de Habacuque na adoração pública é mostrado pela natureza semelhante à dos salmos do capítulo 3 e sua notação musical (v. 1). É incerto se ele era um profeta do templo, como alegam Mowinckel e outros (veja Bentzen, *Introduction* 2:151).

31. M. A. Sweeney, "Habakkuk, Book of", *ABD* 3:3.

32. Veja um estudo completo sobre "oráculo" = "fardo" em R. D. Weis, *A definition of the genre matstsā'in the Hebrew Bible*, diss. Ph.D. (Claremont, Calif., 1986).

33. Alguns interpretam as circunstâncias como pressão externa dos assírios, logo suplantadas pelos babilônios. Essa visão geralmente envolve rearranjo drástico do texto (esp. 1.13); veja em Childs, *Old Testament as Scripture*, p. 448-450, várias interpretações da situação histórica.

34. O apelo de Habacuque tem muitos paralelos em Salmos, particularmente aqueles de lamento individual ou comunitário (e.g. 7.9 [MT 10]; 13.1-4 [MT2-5]; 22.1-5 [MT 2-6]; 44.23-26 [MT 24-27]; repare especialmente os clamores de "até quando?", "por quê?". Veja em Lewis, *Reflections on the Psalms*, p. 9-19, algumas boas observações sobre julgamento.

35. Veja, e.g., Salmos 12: lamento (v. 1-4 [MT 2-5]); discurso de salvação (v. 5 [MT 6]); palavra de garantia (v. 6 [MT 7]); oração por proteção (v. 7s. [MT 8s.]).

36. Numa inscrição assíria Esar-Hadom fala em pegar um rei de Sidom como um peixe e cortar fora sua cabeça, enquanto uma estela encontrada em Zinjirli no norte da Síria o representa segurando Tiraca do Egito e um rei sem nome numa corrente com um anel através dos seus lábios; veja Parrot, *Nineveh*, p. 64s.

37. Veja um resumo da estrutura e cenários propostos dos oráculos de desgraça em W. E. March, "Prophecy", p. 164s. in: J. H. Hayes, ed., *Old Testament form criticism* (San Antonio, 1974).

38. Os comentaristas muitas vezes dão a entender que o v. 19 talvez tenha originalmente precedido o v. 18, de modo que o choro de *sofrimento*, como de costume, inicia a profecia.

39. R. H. Pfeiffer (*Introduction to the Old Testament*, ed. rev [Nova York, 1948], p. 597) e

muitos outros vêem o capítulo 3 como um apêndice tomado de um antigo hinário. A menção de Shigionoth (v.1), provavelmente a melodia de um hino (cf. Sl 7.1), as ocorrências de "Selá" (v. 3, 9, 13) e as notações musicais no v. 19 sustentam essa teoria. Embora talvez não originalmente ligado à profecia, esse hino cria um clímax adequado em seu apelo pela intervenção de Deus e sua confiança em sua retidão. O título no v. 1, atribuindo o hino a Habacuque, não pode ser desconsiderado; de fato, seria difícil descobrir motivos para adicionar esse capítulo se não fosse obra sua. W. F. Albright não encontrou nenhum motivo válido para esse livro não ser tratado como uma unidade substancial e datado entre 605 e 589 a.C..."; veja seu "The psalm of Habakkuk", p. 2, in: H. H. Rowley, ed., *Studies in Old Testament prophecy* (Edimburgo, 1950). J. J. M. Roberts descreve o fluxo do livro como "um argumento coerente seqüencialmente desenvolvido que se estende por todo o livro" (*Nahum, Habakkuk, and Zephaniah*, p. 81).

CAPÍTULO 24 — JEREMIAS

1. Veja A. Bentzen: "... um livro sobre profecia sempre será, em grande parte, um livro sobre Jeremias"; *Introduction to the Old Testament*, 2 vols. (Copenhaguen, 1948) 2:116.

2. Veja J. Skinner, *Prophecy and religion: studies in the life of Jeremiah* (Cambridge, 1922), p. 19: "Não havia em Israel família cujo destino estivesse tão ligado à religião nacional como aquela em que nasceu Jeremias. E não havia outro lugar em que as melhores tradições e o mais puro *etos* da religião de Javé encontraria um repositório mais certo do que numa casa cujos antepassados tinham guardado por tantas gerações o símbolo mais sagrado de sua adoração sem imagens, a Arca de Deus".

3. W. L. Holladay toma 627 como o ano de nascimento de Jeremias (também J. P. Hyatt, *IB*, p. 779), mas sua proposição não obteve ampla aceitação; cf. *Jeremiah*, Hermeneia (Filadélfia, 1989) 2:25-26.

4. Veja H. Cunliffe-Jones, *The book of Jeremiah*, Torch Bible Commentary (Naperville, 1960), p. 32ss. A respeito de nosso conhecimento sobre a pessoa de Jeremias, não participamos do ceticismo de R. P. Carroll, *Jeremiah*. JSOT Old Testament Guides (Sheffield, 1989), p. 12: "Deveríamos tratar o personagem Jeremias como uma obra de ficção e reconhecer a impossibilidade de passar do livro para o Jeremias 'histórico' e real, dada a nossa completa falta de conhecimento independente do próprio livro". Para uma defesa da concepção de Carroll, veja também seu *From chaos to covenant: uses of prophecy in the book of Jeremiah* (Nova York, 1981). Em contraste com o ceticismo de Carroll está a afirmação veemente de W. Holladay (*Jeremiah* 2:25): "Alego, portanto, que as informações do livro podem ser usadas para construir uma descrição fidedigna do profeta, descrição contra a qual não há dados contrários".

5. Cf. a idéia de J. Steinmann: "Jeremias era o verdadeiro gênio da tormenta e da discórdia, o Eurípedes, o Pascal ou o Dostoievski do Antigo Testamento". Citado em Carroll, *Jeremiah*, p. 75.

6. Cunliffe-Jones, *Book of Jeremiah*, p. 34, arrola várias passagens que refletem o íntimo conhecimento que Jeremias tinha da terra e a preocupação por sua terra: e.g. 1.11; 2.23, 31; 4.7, 11; 5.6; 6.29; 7.11, 18, 34; 8.7; 12.5; 14.6; 17.8, 11; 18.3s.; 22.6. Veja também E. F. F. Bishop, *Prophets of Palestine: the local background to the preparation of the way* (Londres, 1962), p. 115ss.

7. O deus nacional dos amonitas. Também chamado Moloque (veja 32.35; Lv 18.21), nome que provavelmente signifique "rei". A terminação *-ôm* deve ser uma partícula de exaltação: "*o* rei".

8. Capital de Amom, atual Amã.

9. Veja uma discussão dos discursos de salvação de Jeremias em C. Westermann, *Prophetic oracles of salvation in the Old Testament* (Louisville, 1991), p. 137-167.

10. Quanto a sua interpretação, veja nossa discussão em Composição, adiante.

NOTAS

11. Jeremias 17.11 parece um provérbio na forma costumeira de comparação do tipo "assim como ... também" entre o comportamento animal e o humano.

12. Talvez 'Ain K-rim ('En Kerem), a oeste de Jerusalém; mais provavelmente Ramat Rahel, cerca de duas milhas ao sul da capital; P. C. Craigie. P. H. Kelley e J. F. Drinkard, *Jeremiah 1-25*, WBC 26 (Dallas, 1991), p. 100.

13. Veja outros gêneros e exemplos em J. R. Lundbom, "Jeremiah (Prophet)", *ABD* 3:690-698.

14. Por exemplo, o episódio no cap. 24 ocorre após 597, o do cap. 25 em 605 (i.e., quarto ano de Jeoaquim) e o do cap. 26 "no início do reinado do rei Jeoaquim" (i.e., c. 608).

15. Veja um prático resumo da discussão em J. R. Lundbom, "Jeremiah, book of", *ABD* 3:709-710, 712-716. Veja uma abordagem mais detalhada em R. P. Carroll, *Jeremiah, a commentary*, OTL (Filadélfia, 1986), p. 38-50.

16. Principais exceções são a poesia nos caps. 30–31, que formam parte do Livro do Consolo (caps. 30–33) e as profecias contra as nações (caps. 46–51).

17. Lundbom, "Jeremiah, book of", p. 710; Holladay, p. 22-24. Veja uma visão contrária em Carroll, *Jeremiah, a commentary*, p. 44-45, 61. De acordo com W. McKane, *Jeremiah*, ICC (Edimburgo, 1986), o livro nasceu de textos pequenos que motivaram comentários para então, juntos, formarem o livro em seu estado final). McKane não trata diretamente da questão (cobre apenas os caps. 1–25), mas sua teoria parece excluir Baruque de qualquer papel na composição do livro (veja p. l-lxxxviii). O segundo volume de McKane não estava disponível quando este livro foi para a gráfica.

18. O livro pode também aludir a outras coletâneas da obra de Jeremias incorporadas pela forma atual. No contexto, 25.13 parece referir-se a uma coletânea de profecias contra as nações, 30.2 a uma coletânea de profecias de esperança. Assim, pode-se considerar corretamente o livro de Jeremias como uma "coletânea de coletâneas". Cf. também 46.1, que introduz as profecias contra as nações (caps. 46–51).

19. Veja L. Stulman, *The prose sermons of the book of Jeremiah*, SBLDS 83 (Atlanta, 1986), que resume a discussão (p. 7-31) e dá uma lista das chamadas palavras e frases "deuteronômistas" (p. 31-48).

20. Entre os comentaristas recentes, Carroll (*Jeremiah, a commentary*, p. 38-50, 65-82) e McKane (p. xlvii-l, lxxxvi) exemplificam essa abordagem influente. E. W. Nicholson entende que os textos representam pregações durante o exílio babilônico, que têm base no ensino de Jeremias e se desenvolvem a partir dele; veja do mesmo autor, *Preaching to the exiles: a study of the prose tradition in the book of Jeremiah* (Nova York, 1971).

21. Veja Lundbom, "Jeremiah, Book of", 709; Holladay, 12-13. J. G. McConville chega a argumentar que, ao misturar prosa e poesia, Jeremias simplesmente seguiu a prática de profetas anteriores como Oséias; veja *Judgement and promise: an interpretation of the book of Jeremiah* (Winona Lake, 1993), p. 152-155. Esse argumento é parte de sua idéia de que o livro inteiro surgiu enquanto Jeremias estava vivo e não das mãos de deuteronomistas posteriores (p. 181).

22. Para uma visão geral dos indícios, veja Lundbom, "Jeremiah, book of", p. 707-709. Cf. também J. G. Janzen, *Studies in the text of Jeremiah*, HSM 6 (Cambridge, Mass., 1973); e S. Soderlund, *The Greek text of Jeremiah: a revised hypothesis* (Sheffield, 1985).

23. E. Tov favorece a segunda tese, derivando tanto a LXX quanto o TM (sua "segunda edição") de uma hipotética "primeira edição" (a "edição Deuteronômica Final de Jeremias"); cf. "The literary history of the book of Jeremiah in the light of its textual history", p. 211-237 in: J. H. Tigay, org., *Empirical models for Biblical criticism* (Filadélfia, 1985). Por outro lado, se duas versões surgiram independentemente, a versão mais curta deve estar ligada ao período de Jeremias no Egito, a mais longa a editores na Babilônia ou Palestina.

24. Veja C. R. Seitz, "The prophet Moses and the canonical shape of Jeremiah", *ZAW* 101 (1989): 18-27. Se o TM preserva a ordem original, a LXX provavelmente seguiu o padrão de outros livros proféticos como Isaías 1–39 e Ezequiel (i.e., profecias de destruição contra Judá, profecias de destruição contra as nações e profecias de esperança para Judá).

25. Em nossa concepção, McConville, *Judgement and promise*, oferece a melhor visão do livro de Jeremias até o momento e reconhecemos nossa dívida para com seu trabalho em alguns assuntos a seguir.

26. O termo "legado" sugerido por Lundbom ("Jeremiah, Book of", p. 706) parece apropriado, já que a palavra hebraica *dibrê* (1.1; 51.64) significa "palavras" e "atos". Veja uma abordagem alternativa sobre a estrutura do livro em J. Rosenberg, "Jeremiah and Ezekiel", *LGB*, p. 190-194.

27. J. Rosenberg, "Jeremiah and Ezekiel", p. 185.

28. Tanto esse ciclo como o seguinte levam o nome de seus respectivos assuntos principais. Aparentemente, quem quer que tenha sido o editor, essas coletâneas foram juntadas de acordo com seus temas.

29. I.e., inimigos de Israel que o atacaram.

30. Passagens que tratam a idolatria de Judá como prostituição espiritual mostram claramente a influência da mensagem de Oséias sobre Jeremias. Detalhes em McConville, p. 152-163.

31. Os estudiosos pensavam que o inimigo ao norte eram os citas (veja o Cap. 23, sobre Sofonias). Mas o principal indício dessa concepção — a descrição dos feitos deles na Síria, Palestina e Egito, dada por Heródoto (*História*, 1.103-6) — obteve pouca confirmação. Em vez disso, é provável que Jeremias faça referência tanto a inimigos estrangeiros em geral (que costumavam invadir Judá pelo norte) ou aos babilônios, que chegaram ao poder durante o início do ministério de Jeremias.

32. A "casa" aqui é o templo em Jerusalém. Siló era o local de um antigo templo israelita servido por Eli e Samuel (veja 1Sm 1–4). Provavelmente foi destruído pelos filisteus cerca de três séculos antes de Jeremias.

33. Veja K. M. O'Connor, *The Confessions of Jeremiah: their interpretation and role in chapters 1–25*, SBLDS 94 (Atlanta, 1988), p. 157. O'Connor (p. 156, 158) conclui que o "escritor da prosa" (i.e., o autor da prosa nos caps. 1–20) incorporou as Confissões nos caps. 1–25. Estamos inclinados a identificar esse escritor como Baruque, secretário de Jeremias. Veja também M. S. Smith, *The laments of Jeremiah and their contexts*, SBLMS 42 (Atlanta, 1990); e A. R. Diamond, *The confessions of Jeremiah in context; scenes of prophetic drama*, JSOTSup 45 (Sheffield, 1987).

34. Um importante tema secundário nos caps. 1–25 também confirma que o julgamento é inevitável. Uma função dos profetas era interceder junto a Javé em favor de Israel (e.g., caps. 21; 37), mas em várias ocasiões Deus proíbe Jeremias de fazê-lo (7.16; 11.14; 14.11; cf. 15.1). Aparentemente, os dados da desgraça para Judá já estavam lançados.

35. Veja McConville, p. 61-78, que acredita que, nas Confissões, Jeremias representa Judá, de modo que seu destino promissor aumenta as esperanças de Judá ter um futuro parecido.

36. O hebraico *(yhwh ṣidqēnû)* dá a entender um trocadilho com Zedequias *(ṣidqíyāhû)*. O novo rei escolhido por Deus seria tudo o que Zedequias deveria ter sido mas não foi.

37. Veja McConville, p. 132. Provavelmente pela mesma razão, o livro também inclui garantias de Deus a Ebede-Meleque, que uma vez resgatou Jeremias (38.7ss.), e a Baruque, que teriam a vida "como despojo" (39.18; 45.5).

38. Veja seus antecedentes literários e interpretação bem colocados em McConville, p. 135-148, e Seitz, "The prophet Moses and the canonical shape of Jeremiah", p. 18-27, a quem devemos parte do que vem a seguir.

NOTAS

39. Como já observamos, a LXX traz as profecias em ordem diferente (e.g., as profecias da queda da Babilônia em terceiro lugar). Entre as outras nações listadas incluem-se os filisteus, Moabe, os amonitas, Edom, Damasco e Elão.

40. O que Números 14.34 vê como julgamento, Jeremias vê como parte do passado religioso de Israel. Talvez quando comparada com Judá e sua rejeição do Senhor nos dias de Jeremias e com o grande julgamento ainda por vir, a peregrinação pelo deserto pudesse ser vista como um período de graça.

41. A palavra "nulidade" mostra a frivolidade da idolatria e seu impacto – as pessoas transformam-se no que adoram.

42. A menção de Israel e de Judá (v.31) reflete o idealismo de Jeremias. Ele olhava para um tempo em que Deus consertaria a ruptura causada pela divisão de Jeroboão e pela destruição da invasão assíria. Como os outros grandes profetas, Jeremias não podia retratar um futuro que não envolvesse a unidade de toda a casa de Jacó.

43. Jesus e a igreja primitiva enfatizavam essa novidade radical como um meio de descrever a transformação trazida pelo evangelho (Mc 14.24; Hb 8)

44. Embora Jeremias não tenha usado o termo, o novo rei é o "Messias". A combinação de uma nova aliança e um retorno para a terra, sem a menção de um rei messiânico, encontra-se em 32.36-41.

45. Veja J. G. S. S. Thomson, *The Word of the Lord in Jeremiah* (Londres, 1959).

46. Veja B. S. Childs, *Introduction to the Old Testament as Scripture* (Filadélfia, 1979), p. 347: "A memória de sua proclamação foi conservada por uma comunidade de fé e moldada conscientemente por forças teológicas para servir como testemunha para o futuro Israel".

47. Veja o esquema alternativo que presume que Jeremias se mostrava sensível à leitura pública da lei a cada sete anos em Holladay, *Jeremiah* 1.1-10.

CAPÍTULO 25 — EZEQUIEL

1. Por causa das visões relatadas, de seu comportamento estranho ao representar certas profecias, do relato de ter sido transportado da Babilônia para Jerusalém e depois de volta à Babilônia (8.3; 11.24), e por outros detalhes, Ezequiel é às vezes considerado psicótico e esquizofrênico. De fato, sua maneira de profetizar impressiona o leitor com uma estranha aglomeração de estilos, mas sua situação singular no exílio explica em grande parte, ou pelo menos justifica, essas peculiaridades. B. Bron, um psiquiatra, no artigo "Zur Psychopathologie und Verkündigung des Propheten Ezechiel. Zum phänomenon der prophetischen Ekstase" (*Schweizer Archiv für Neurologie, Neurochirurgie und Psychiatrie* 128 [1981]: 21-31), julgou que, embora Ezequiel tivesse experiências extáticas, o modo como é descrito no livro não mostra sintomas psicóticos ou esquizofrênicos.

2. Algumas outras interpretações do "trigésimo ano" têm sido dadas: (1) a época muito posterior em que todas as profecias de Ezequiel foram escritas; (2) trinta anos após algum fato marcante, como a recuperação do livro da lei por Josias (622 a.C.; 2Rs 22.8), o exílio de Joaquim (598 a.C.) ou o chamado de Ezequiel (563 a.C.). Veja L. Boadt, ABD 2:713.

3. Para detalhes históricos, veja J. Bright, *História de Israel*, (São Paulo, 1981), p. 463-505; J. M. Miller e J. H. Hayes, *A history of ancient Israel and Judah* (Filadélfia, 1986), p. 385-435.

4. J. Lindblom, *Prophecy in ancient Israel* (Oxford, 1962), p. 386s.

5. G. F. Moore, *Judaism in the first centuries of the Christian era* (Cambridge, Mass., 1927) 1:247.

6. Ibid., p. 246s.; Talmude *Shab.* 13b, *Hag.* 13a, *Men.* 45a.

7. S. R. Driver, *Introduction to the literature of the Old Testament*, 9ª ed. (repr. Magnolia, Mass., 1972), p. 297.

NOTAS

8. G. Hölscher, *Hesekiel: Der Dichter und das Buch*, BZAW 39 (Giessen, 1924).
9. *Ezekiel 1*, trad. R. E. Clements, Hermeneia (Filadélfia, 1979), p. 69-74. O tradutor explica *Nachinterpretation* como "atualização de tradição".
10. *Ezekiel 1-20*. AB 22 (Nova York, 1983).
11. Calculado a partir de tabelas in R. A. Parker e W. H. Dubberstein, *Babylonian chronology* 626 a.C.—A.D. 75 (Providence, R.I., 1971), p. 27s.
12. Hebraico *ben 'āḏām*. O plural *bᵉnêh hā'ḏām* ("filhos de homem, seres humanos") ocorre em outro lugar; *ben 'āḏām* é encontrado em paralelo com *ʾnôsh* em Jó 25.6; Sl 8.4 (TM 5). De acordo com Eichrodt (*Ezekiel*, p. 61), a expressão em Dn 8.17 é derivada de Ezequiel.
13. Veja R. W. Klein, *Ezekiel: the prophet and his message* (Colúmbia, S.C., 1988), p. ⁻ ⁻3.
14. Veja L. C. Allen, "The structure and intention of Ezekiel 1", *VT* 43 (1993): 145-161.
15. Cf. 37.26. Por conseguinte, a comunidade de Qumran, em seus Rolos do Templo, imaginou um templo escatológico que Javé "criaria" (G. Vermes, *The Dead Sea scrolls in English*, 3 ed. [Londre, 1987], p. 138).
16. Veja W. A. Van Gemeren, *Interpreting the prophetic word* (Grand Rapids, 1990), p. 186-187, 208-209.

CAPÍTULO 26 — OBADIAS E JOEL

1. Veja K. A. D. Smelik, *Writings of Ancient Israel* (Louisville, 1991), p. 143, 158.
2. Paralelos:

Obadias	Jr 49	Obadias	Joel
v. 1	v. 14	v. 10	3.19 [TM 4.19]
v. 2	v. 15	v. 11	3.3 [TM 4.3]
v. 3a	v. 16a	v. 15	3.4, 7 [TM 4.4, 7]
v. 4	v. 16b	v. 15	1.15; 2.1; 3.14 [TM 4.14]
v. 6	v. 9	v. 17	2.32 [TM 3.5]
v. 6	v. 10a	v. 17	3.17 [TM 4.17]
v. 8	v. 7	v. 18	3.8s. [TM 4.8s.]
v. 9a	v. 22b		
v. 16	v. 12		

Os paralelos entre v. 1-9 e Jr 49.7-22 são muito mais próximos do que os com Joel. A semelhança entre Jr 49.14-16 e v. 1-4 é notável. Jr 49.7-11 contém muito material igual ao de v. 5-9, mas essas partes não parecem representar citações, nem um do outro nem de uma fonte mais antiga. Os paralelos com Joel referem-se simplesmente a similaridade de expressões, sem nenhum indício de uma citação mais longa. Esses paralelos aumentam as suspeitas de que esses materiais eram utilizados em adoração pública e mais tarde tornaram-se parte de uma citação comum.

3. J. A. Soggin, *Introduction to the Old Testament*, trad. J. Bowden, OTL (Filadélfia, 1976), p. 341.
4. H. W. Wolff, *Obadiah and Jonah: a commentary*, trad. M. Kohl (Minneapolis, 1986), p. 18.
5. G. E. Wright e F. V. Filson, org., *Westminster historical atlas to the Bible*, ed. rev. (Filadélfia, 1956), pl. X; Y. Aharoni e M. Avi-Yonah, *Macmillan Bible atlas*, mapas 52, 155; L. H. Grollenberg, *Shorter atlas of the Bible*, localiza Temã ao norte de Petra; p. 164. Mas veja P. C. Hammond, "Sela", *ISBE* 4 (1988): 383s., e E. A. Knauf, "Teman", *ABD* 6:347-348. Repare em

NOTAS

"Deus vem de Temã" (Hc 3.3) e "YHWH de Temã", numa bênção encontrada em uma das inscrições em Kuntillet Ajrud, ruínas a cerca de 50 quilômetros ao sul de Cades-Barnéia. Veja K. A. D. Smelik, *Writings from Ancient Israel* (Louisville, 1991), p. 155-160.

6. Soggin, *Introduction*, p. 341.

7. E.g., A. F. Kirkpatrick, *The doctrine of the prophets*, 3ª ed. (Londres, 1901), p. 57ss. M. Bic datou o livro de Joel como o mais antigo dos Profetas Menores porque refletiria a batalha de Javé contra o baalismo, que remonta aos tempos de Elias; *Das Buch Joel* (Berlim, 1960), p. 106-109.

8. E. g., S. R. Driver, *The books of Joel and Amos*, 2ª ed., Cambridge Bible (Cambridge, 1915). R. H. Pfeiffer apresenta a data c. 350; *Introduction to the Old Testament*, ed. rev. (Nova York, 1948), p. 575. A. Robert e A. Feuillet preferem uma data c. 400; *Introduction to the Old Testament* (Nova York, 1968), p. 359. Veja também H. W. Wolff, *Joel and Amos*, Hermeneia (Filadélfia, 1977), p. 4-6.

9. *Joel studies* (Uppsala, 1948), p. 191s. Kapelrud destaca a transmissão oral das mensagens proféticas, colocando a escrita do livro alguns anos (talvez séculos) mais tarde. Por motivos diferentes, C. A. Keller (*Joël, Abdias, Jonas*, Commentaire de l'Ancien Testament 11a [Neuchatel, 1965], p. 103) e W. Rudolph (*Joel*, KAT 13/2 [1975]) defendem com firmeza uma data mais recente, após o exílio: 630-600 e 597-587, respectivamente.

Veja datas no exílio em B. Reicke, "Joel und seine Zeit", in H. J. Stoebe, J. J. Stamm e E. Jenni, org., *Wort-Gebot-Glaube*, Festschrift W. Eichrodt, Abhandlungen zur Theologie des Alten und Neuen Testaments 59 (1970): 133-141. J. Myers apresenta uma data c. 520, colocando Joel como contemporâneo de Ageu e Zacarias; "Some considerations bearing on the date of Joel", ZAW 74 (1962): 177-195. G. W. Ahlström data o livro entre 515-500; *Joel and the Temple cult of Jerusalem*, VTSup 21 (1971). R. Dillard, "Joel", *The Minor Prophets* (Grand Rapids, 1992) 1:243, chama essa data pós-exílica de "melhor emprego das evidências".

10. Veja uma discussão mais profunda sobre a data de Joel em L. C. Allen, *The books of Joel, Obadiah, Jonah, and Micah*, NICOT (Grand Rapids, 1976), p. 19-25, e D. A. Hubbard, *Joel e Amós* (Ed. Vida Nova, 1996).

11. E. B. Pusey chega a igualar os quatro tipos de gafanhotos com as sucessivas invasões da Assíria, Babilônia, Macedônia e Roma, *The Minor Prophets* (1886; repr. Grand Rapids, 1950) 1:160. D. Stuart, *Hosea-Jonah*, WBC (Waco, 1987), p. 226, alista três invasões como possíveis cenários para Joel: Assíria em 701, Babilônia em 598 ou 558 a.C. Para Stuart, os capítulos 1 e 2 descrevem ataques militares para os quais os gafanhotos seriam figuras de linguagem imaginativa.

12. O defensor destacado dessa abordagem era A. Merx, *Die Prophetice des Joel und ihre Auslegen* (Halle, 1879). J. A. Bewer, *Joel*, ICC (Edimburgo, 1911) e Pfeiffer, *Introduction*, combinam as interpretações literais e apocalípticas ao encontrar insetos reais no cap. 1 e criaturas apocalípticas no cap. 2.

13. E.g., Driver, *Joel and Amos*; G. W. Wade, *Joel*, Westminster Commentaries (Londres, 1925); J. A. Thompson, *IB*; R. Dillard, "Joel" in *The Minor Prophets* 1 (Grand Rapids, 1992).

14. B. S. Childs, *Introduction to the Old Testament as Scripture* (Filadélfia, 1979), p. 391.

15. Elementos característicos de discursos de salvação são abundantes aqui: (1) as promessas de Deus são pronunciadas na primeira pessoa; (2) as criaturas de Deus recebem duas ordens: "não temas" (2.21s.) e "regozija-te" (v. 21, 23); (3) danos específicos serão reparados (e.g. v. 19s., 24-26); (4) o resultado final será a maior consciência da presença e singularidade de Deus (v. 27), pelas quais o povo adorará o Senhor (v. 26).

16. Veja Sl 22. O salmista vê importância cósmica em seu resgate: "Lembrar-se-ão do Senhor e a ele se converterão os confins da terra" (v. 27 [TM 28]). Até as gerações que ainda não nasceram sentirão os efeitos do que Deus fez por ele (v. 30).

17. Na verdade o Antigo Testamento não tem nenhuma palavra para *natureza* como um princípio ou ordem de realidade; ele vê o universo como *criação*, sob controle direto e imediato de

Deus.

18. "Do norte" (v. 20) aparentemente descreve o exército de gafanhotos, que nessa ocasião talvez tenha invadido pelo norte. Em geral, o termo é sinônimo de inimigo, já que nessa época a maior parte das ameaças militares a Judá eram representadas por nações que marchavam do norte ou nordeste (veja Jr 1.13-15; Sf 2.13). Também pode significar a apreensão de Israel em relação ao norte, onde seus vizinhos acreditavam viverem seus deuses (veja Is 14.13).

CAPÍTULO 27 — JONAS

1. Algumas vezes a mensagem é endereçada a uma nação estrangeira (e.g., as palavras de Obadias sobre Edom), mas não parece que fosse destinada, ou mesmo diretamente dirigida, a alguma outra que não o povo de Deus, Israel.

2. Afirmar que a história contada é sobre um profeta do oitavo século não confirma nem nega sua historicidade (veja abaixo), tampouco estabelece que tenha sido escrita no século VIII.

3. A localização de Társis é incerta. Veja D. W. Baker, *ABD* 6:331-333. Algum ponto na Espanha caberia bem na história.

4. A descrição de Jonas da compaixão de Deus expressa-se com termos freqüentemente usados na liturgia de Israel (Sl 86.15; 103.8; Êx 34.6; Jl 2.13). É como se ele citasse uma parte de um credo para defender sua posição.

5. Os 120 000 ignorantes têm sido interpretados como crianças. É mais provável que eles representem toda a população de Nínive e sua falta de conhecimento verdadeiro sobre Deus e o que ele exige da vida humana. D. J. Wiseman ("Jonah's Nineveh", *Tyndale Bulletin* 30 [1979]: 39-40) indica que "mão direita e mão esquerda" no texto babilônico deve significar "verdade e justiça" ou "lei e ordem".

6. R. B. Dillard e T. Longman III, *An introduction to the Old Testament* (Grand Rapids, 1995), p. 293, concordam que "a questão da intenção de historicidade do livro não tem efeito nenhum sobre a interpretação da mensagem teológica do livro ou mesmo sobre a exegese de passagens específicas".

7. Infelizmente, as pessoas "olham tão insistentemente para o grande peixe, que não conseguem olhar para o grande Deus"; G. Campbell Morgan, *The Minor Prophets* (Westwood, 1960), p. 69.

8. "Caminho de três dias a pé" parece referir-se ao diâmetro da cidade. O caminho de um dia pode ser calculado em cerca de 32 km.

9. Jonas 3.3, *hāy˓tâ*. Nesse caso, o verbo "ser" é geralmente omitido, a não ser que seja necessário indicar o tempo.

10. Veja por exemplo os comentários de D. Stuart, D. Alexander e o artigo conciso de W. C. Williams in: *ISBE* 2 (1982): 1112-1116.

11. G. A. Aalders, *The problem of the book of Jonah* (Londres, 1948), p. 12.

12. A seriedade com que a tradição judaica considera a história de Jonas é atestada por seu uso na sinagoga no Yom Kippur (dia da expiação), o mais solene dos grandes dias sagrados.

13. Veja D. F. Payne, "Jonah from the perspective of the audience", *JSOT* 13 (1979): 3-12, esp. p. 11-12; J. Day, "Problems in the interpretation of the book of Jonah", *OTS* 26 (1990): 32-47, esp. p. 47.

14. T. J. Carlisle, *You! Jonah!* (Grand Rapids, 1968), p. 64.

NOTAS

CAPÍTULO 28 — AGEU

1. Veja W. S. LaSor, *Great personalities of the Old Testament* (Westwood, N.J., 1959), p. 171.
2. *ANET*, p. 315.
3. Veja R. P. Dougherty, *Nabonidus and Belshazzar*, Yale Oriental Series (New Haven, 1929), p. 170, 176. Cf. *ANET*, p. 315.
4. *ANET*, p. 316.
5. *DOTT*, p. 93.
6. Algumas vezes alega-se que 538 não foi "o primeiro ano de Ciro", como Esdras afirma; veja L. W. Batten, *Ezrah and Nehemiah*, ICC (Edimburgo, 1949). Entretanto, Ciro data seu reinado a partir de sua conquista da Babilônia. "Desde o sétimo mês do ano da ascensão de Ciro (539), os textos comerciais cujas datas o têm por referência continuam sem interrupção até o vigésimo sétimo dia do quarto mês (*Du'uzu*) de seu nono ano, julho, 530 a.C."; W. H. Dubberstein, "The chronology of Cyrus and Cambyses", *AJSL* 55 (1938): 417.
7. Outros associam esse retorno aos dias de Artaxerxes II (404-358) ou Artaxerxes III (358-338) ou emendam Ed 7.7 para que se leia "trinta e sete" (portanto, no ano 428). Veja cap. 42.
8. Logo, passagens como Is 48.20-21 e 51.9-11 devem ser um tanto figurativas. Contudo, é fácil ver que os judeus podiam descrever sua libertação com termos tão majestosos, vendo-a como um milagre superior ao êxodo, dado seu longo cativeiro.
9. Isso pressupõe uma identificação de Sesbazar com o Senazar de 1Cr 3.16-18.
10. Embora Zedequias tenha reinado em Jerusalém depois que Joaquim foi exilado na Babilônia, o final do livro dos Reis enfatiza a libertação de Joaquim da prisão (2Rs 25.27-29). Isso pode indicar que Joaquim era o último rei vivo (Jr 52.11) ou o último rei legítimo (já que Zedequias fora escolhido pelos babilônios, ele poderia ter sido considerado marionete).
11. Embora a data seja incerta, deve ter sido antes ou durante 520, já que as profecias de Ageu para Zorobabel iniciam-se nesse ano. De acordo com R. D. Wilson, Sesbazar era o nome babilônico equivalente a Zorobabel; "Sheshbazzar", *ISBE* (1939): 4:2766. Poucos estudiosos aceitam essa identificação. Uma comparação de Ed 5.14-16 com 5.2 dá a entender que Sesbazar já não vivia quando Zorobabel começou seu trabalho. Veja R. L. Pratt Jr., "Sheshbazzar", *ISBE* 4 (1988): 475.
12. Veja 1Cr 3.16-19. Não se pode determinar se seu pai era Pedaías (1Cr 3.19) ou Salatiel (Ed 3.2; 8; 5.2; Ne 12.1; Ag 1.1, 12, 14; 2.2, 23; Mt 1.12; Lc 3.27), mas ambos eram filhos de Joaquim.
13. Baseado nas tabelas de R. A. Parker e W. H. Dubberstein, *Babylonian chronology 626 a.C.-A.D. 75* (Chicago, 1956), p. 28-29.
14. R. J. Coggins lança dúvidas sobre essa teoria: *Samaritans and Jews* (Oxford, 1975).
15. Veja uma apresentação clara e detalhada, porém sucinta, dessa visão em O. Eissfeldt, *The Old Testament* (Nova York, 1976), p. 427-428. O autor dá crédito a J. W. Rothstein, *Juden und Samaritaner: die grundlegende Scheidung von Judentum und Heidentum*, BWANT 3 (Leipzig, 1908), p. 5-41.
16. Esdras 3.6, que afirma que a fundação do templo ainda não fora lançada quando Zorobabel assumiu, e 3.10, que a ele credita o lançamento, não contradizem necessariamente 5.16, que o credita a Sesbazar. Pode ser que (a) algumas ou todas as pedras fundamentais tivessem sido removidas no período entre os dois governadores ou (b) "lançar os alicerces" era em parte cerimonial e precisou ser repetido com os novos esforços de Zorobabel. Veja C. L. Meyers e E. M. Meyers, *Haggai, Zechariah 1–8*, AB 25B (Garden City, 1987), p. 63-64, 244-255.
17. Conquanto singular, esse termo ocorre com um verbo no plural e poderia ser revocalizado como plural; assim, a ARA traduz "coisas preciosas". A IBB segue a KJV com "Desejado". Isso tem sido interpretado por alguns como um messias desejado de todas as nações. Entretanto, é improvável

que Ageu estivesse indicando um indivíduo com esse termo. Compare Is 45.14 e 60.10-12 onde também promete que as riquezas das nações fluirão para Jerusalém.

18. Ezequiel predisse que depois da restauração do templo a glória do Senhor voltaria a entrar nele, inaugurando um retorno a condições próximas do paraíso (Ez 43; 47). Dada a forte garantia de Ageu de que Deus encheria o templo reconstruído com glória e abalaria todas as nações, não é de admirar que o povo pensasse que a era messiânica estava prestes a raiar.

19. O problema com essa passagem é que a construção, ao que parece, prosseguia por vários meses, apesar disso não se colocara pedra sobre pedra (2.15). Meyers e Meyers (*Haggai, Zechariah 1-8*, p. 80-82) explicam que o texto provavelmente se refira a uma cerimônia de consagração dos alicerces. Algumas partes da antiga fundação estariam intactas, e novas pedras foram colocadas, mas era necessário que Zorobabel lançasse a fundação simbolicamente colocando algumas pedras no chão obedecendo a um ritual, de acordo com o costume indicado, para garantir a fertilidade da terra.

20. Isaías falou de um servo escolhido que traria justiça à terra (Is 42.1-4). Deus chama o rei Davi de "meu servo" (2Sm 7.5) e Davi também fala de ter sido escolhido por Deus (2Sm 6.21). Cf. Sl 78.70. Veja o cap. 5.

21. O templo que Herodes, o Grande, reconstruiu nos dias de Jesus era considerado uma simples reforma.

22. Baseado no fato de que se levaria cerca de quatro meses para percorrer a distância de 1500 km (veja Ed 7.8s; veja também Ez 33.21, em que as notícias da queda de Jerusalém chegaram à Babilônia em pouco menos de cinco meses).

23. Veja Is 1.12-17; Am 5.21-24; Os 6.6; Mq 6.6-8; Jr 7.21-23.

24. Isso não faz de Ageu um falso profeta. Zorobabel era de fato um servo e escolhido de Deus, mas escolhido para erguer o templo, não para anunciar o Reino de Deus. Ele também cumpriu a imagem do "selo" ao administrar os planos de Javé, ao colocar sobre eles o selo de ratificação. Além disso, como descendente de Davi, dominou como governador, embora não como rei.

25. De acordo com o pensamento cristão, Deus adiou a vinda do Messias por cerca de 500 anos desde o término do segundo templo. De acordo com a crença judaica, o adiamento ainda continua.

26. Ainda que os cristãos vejam muitos aspectos do cumprimento da esperança bíblica na primeira vinda de Jesus (escatologia inaugurada), outros aspectos aguardam sua volta (veja 1Co 15.24-27).

27. Veja Y. Yadin, "Bar Kochba", *IDBS*, p. 89-92.

28. Cf. W. S. LaSor e T. C. Eskenazi, "Synagogue", *ISBE* 4 (1988): 676-684.

29. Veja G. F. Moore, *Judaism in the first centuries of the Christian era* (Cambridge, Mass., 1927) 1:29-47. W. S. LaSor sugere o termo "judaísmo nascente" já que alguns judeus rejeitam o termo "normativo" ("Religions of the biblical world: Judaism", *ISBE* 4 [1988]: 117-123).

30. Veja especialmente H. Danby, *The Mishnah* (Oxford, 1933).

31. Veja informações sobre os apócrifos em B. Metzger, *An introduction to the Apocrypha* (New York, 1957); e O. Eissfeldt, *The Old Testament: an introduction*, trad. P. R. Ackroyd (Nova York, 1965), p. 571-603; veja o texto dos livros em *JB*; *The new English Bible, with the Apocrypha* (Oxford and Cambridge, 1970); B. Metzger e R. Murphy, *The new Oxford annotated Bible with the Apocrypha/Deuterocanonical books* (Nova York, 1991), texto NRSV.

32. Veja informações sobre os pseudepígrafes (de palavra grega aplicada a livros falsamente atribuídos a escritores antigos), em Eissfeldt, *Old Testament*, p. 603-367; para textos, veja J. H. Charlesworth, org., *The Old Testament Pseudepigraphia*, 2 vols. (Garden City, 1983).

33. Veja o pano de fundo e os textos da literatura de Qumran (Manuscritos do Mar Morto) em A. Dupont-Sommer, *The Essene writings from Qumran*, trad. G. Vermes (Gloucester, Mass.,

NOTAS

1973); G. Vermes, *The Dead Sea Scrolls in English* (Baltimore, 1962). Veja resumos úteis das descobertas e sua importância em E. M. Cook, *Solving the mysteries of the Dead Sea Scrolls: new light on the Bible* (Grand Rapids, 1994), e J. C. VanderKam, *The Dead Sea Scrolls today* (Grand Rapids, 1994).

CAPÍTULO 29 — ZACARIAS

1. O oitavo mês do segundo ano de Dario (D) começou em 27 out. 520 (1.1); a data de 1.7 converte para 15 fev. 519 e a de 7.1 para 7 dez. 518.

2. Zacarias era um nome muito comum. T. M. Mouch identifica trinta e três pessoas com o mesmo nome ("Zechariah", *IDB* 4:941-943). Mt 23.35 fornece um exemplo de como eles podiam ficar confusos. Refere-se ao martírio de Zacarias, filho de Baraquias. Entretanto, não há provas do martírio do profeta cujo livro estamos discutindo. Com certeza o Zacarias de quem se queria falar é o filho de Joiada, cujo martírio é registrado em 2Cr 24.20-22. Tal identificação torna a passagem de Mateus muito mais clara. Jesus englobou todo o período do Antigo Testamento ao mencionar o primeiro mártir: Abel (em Gênesis, o primeiro livro); e o último: Zacarias (em Crônicas, o último livro da Bíblia hebraica).

3. T. Henshaw, *The latter prophets* (Londres, 1963), p. 246s.

4. O. Eissfeldt, *The Old Testament: an introduction*, trad. P. R. Ackroyd (Nova York, 1965), p. 429, 434-437.

5. W. Neil, "Zechariah, Book of", *IDB* 4:944. Cf. F. C. Fensham, "Zechariah, Book of", *ISBE* 4 (1988): 1183-1186.

6. Veja um levantamento das teorias em Eissfeldt, *Old Testament*, p. 434-440.

7. Vez ou outra devemos usar esses termos em modo neutro — não para indicar uma posição sobre autoria, mas como um modo de distinguir os caps. 1–8 dos 9–14.

8. Veja um levantamento de várias concepções em Eissfeldt, *Old Testament*, p. 435-440; D. L. Peterson, "Zechariah 9–14", *ABD* 6:1065-1066; R. B. Dillard e T. Longman III, *An introduction to the Old Testament* (Grand Rapids, 1995), p. 427-436.

9. A. Bentzen, *Introdução ao Antigo Testamento*, 2 vols. (São Paulo, 1968) 2: 182.

10. As palavras de W. Neil são típicas: "A parte final de Zacarias apresenta problemas vastos e, em parte, insolúveis com respeito a autoria, data e interpretação. Embora não seja possível estabelecer com certeza se um, dois, três ou uma variedade de autores foram responsáveis pelos caps. 9–14, é praticamente unânime que, com base em questões lingüísticas e estilísticas, assim como em idéias teológicas e conhecimento histórico, o autor desses capítulos não pode ser o profeta Zacarias" ("Zechariah, Book of", *IBD* 4:945).

11. As fórmulas de data são comuns a Zacarias e Ageu. Isso pode indicar que os dois livros foram editados juntos. Veja o quadro no Cap. 28.

12. A Quarta Visão é diferente das outras sete. Sua introdução é única, omitindo as expressões típicas do restante. Não há os anjos e a partir desse ponto não há troca de perguntas e respostas entre o mensageiro e o profeta. Conseqüentemente, alguns consideram o cap. 3 secundário. Entretanto, como é uma visão e se encaixa no padrão quiástico, nós o incluímos em nossa discussão. Se fosse retirado, a análise estrutural seria a mesma para os outros pares de visões. E o conteúdo pouco mudaria, pois o tema central é a liderança dupla (diárquica), quer expressa em uma visão, quer em duas.

13. C. L. Meyers e E. M. Meyers, *Haggai, Zechariah 1–8*, AB 25B (Garden City, 1987), p. l-lxiii.

14. Ibid., p. 80-82. Veja também nota 19 no Cap. 28.

15. A palavra hebraica que significa "ramo" é *semah* exceto em Is 11.1 que traz *nētser*. Por

NOTAS

um processo que não é estranho no judaísmo e na exegese rabínica, Mateus cita essa passagem para provar que o Messias "será chamado Nazareno" (Mt 2.23). Essas palavras exatas não se encontram nos profetas canônicos. Veja J. G. Baldwin, "Semaḥ as a technical term in the prophets", VT 14 (1964): 93-87.

16. O termo para "ungido" não é o habitual heb. *māshîah* "messias", mas *bᵉnê-hayyshar*, "filhos do óleo (da unção)".

17. Veja Gn 10.10; 11.2; Is 11.11; BDB, p. 1042.

18. Alguns comparam com a descrição dos quatro cavaleiros em Ap 6.2-8. Entretanto, a visão de Zacarias é de carruagens, não cavaleiros (mas cf. 1.8). Ademais, ainda que Zacarias possa ser a fonte das figuras usadas em Apocalipse, Apocalipse não é a fonte das figuras de Zacarias. Portanto, o significado de Apocalipse não pode ser imposto a Zacarias.

19. Meyers e Meyers, *Haggai, Zechariah 1-8*, p. 331.

20. O hebraico traz o plural "coroas" em 6.11 e 14.

21. Neil, *IDB* 4:945.

22. P. D. Hanson, *The dawn of Apocalyptic* (Filadélfia, 1979), p. 256.

23. As reconstruções podem ser especulativas e o texto desse oráculo está muito mal-preservado. É preferível encarar qualquer confusão aqui como conseqüência de erros de cópia do que de edição deliberada.

24. P. D. Hanson, "Zechariah, Book of", *Harper's Bible Dictionary* (San Francisco, 1985), p. 1159.

25. Veja o quadro no Cap. 28.

26. Nem todos os estudiosos concordam. Paul Lamarche oferece uma análise estrutural complexa, senão um tanto imaginativa (*Zacharie IX-XIV, structure littéraire et messianisme* [Paris, 1961]). Suas idéias estão acessíveis em inglês em J. G. Baldwin, *Ageu, Zacarias e Malaquias* (Ed. Vida Nova).

27. Mais informações em Hanson, "Apocalypse, Genre", *IDBS*, p. 27-28, e "Apocalypticism", *IDBS*, p. 28-34.

28. Mesmo textos apocalípticos podem imaginar a história continuando ou recomeçando, como em Is 66.22-24 e Ap 21.1-27 com a criação de novos céus e terra. Mas isso só após o fim do antigo mundo. O novo mundo vai ter pouca semelhança com o antigo. Assim o *eschaton* é uma ruptura cataclísmica muito mais severa em textos apocalípticos que em textos proféticos.

29. É provável que eles sejam da mesma época, registrando a voz de um grupo de excluídos políticos — "visionários" — que se opunham à liderança de Zorobabel e Josué — o "partido hierocrático" (Hanson, "Zechariah, Book of", *IDBS*, p. 982-983). Nesse caso, as duas vozes devem ser mantidas em tensão dinâmica. Não se deve dissolver a dialética em favor dos visionários. Esdras, Ageu e Zacarias 1-8 não contêm condenações dos líderes; pelo contrário, os líderes são muito exaltados. Ambas as vozes nas Escrituras devem ser ouvidas: o lado pragmático que constrói estruturas e o lado visionário que mostra as fragilidades de tais estruturas e aponta para um mundo novo e melhor por vir.

30. Ageu falou do abalo das nações (Ag 2.7, 21-22) e Zacarias da derrubada dos chifres das nações (Zc 1.21) e ambos entendiam claramente que isso seria um ato de Deus. O reino de Deus não seria uma conquista totalmente humana. Não obstante, há uma diferença de graus. Há maior continuidade entre o antigo mundo e o novo em Ageu e Zacarias 1-8 e mais descontinuidade em Zacarias 9-14. Há mais participação humana naquele; menos neste.

31. Jesus era humilde, mas o jumento não era necessariamente um símbolo dessa humildade, como pensam alguns leitores. A mula, que era um cruzamento entre um jumento e um cavalo, era um animal majestoso em Israel. Ao montar um jumento, Jesus não apenas cumpriu a profecia em Zc 9; talvez também estivesse reclamando o trono de seu pai Davi assim como Salomão o fez ao ser coroado sobre uma mula (1Rs 1.32-40; cf. 2Sm 18.9).

NOTAS

32. No hebraico o paralelismo poético indica claramente um animal: "um jumento"/"um jumentinho, cria de jumenta" (Zc 9.9). Ao que parece isso veio a ser entendido mais prosaicamente porque Mateus apresenta Jesus montando dois animais (Mt 21.5-7). A narrativa de João é preferível, com um animal (Jo 12.14-15).

33. Mateus cita Jeremias (Mt 27.9-10), mas as ações de Judas e as citações em Mateus assemelham-se mais a Zc 11.12-13

CAPÍTULO 30 — MALAQUIAS

1. Argumenta-se que esses três "fardos" foram originalmente escritos por uma pessoa (R. C. Dentan, "Introduction and exegesis of Malachi", *IB* 6:1117). Outros discordam, pois Malaquias e as passagens de Zacarias são nitidamente distintas em estilo e estrutura (B. S. Childs, *Introduction to the Old Testament as Scripture* [Filadélfia, 1979], p. 491s.).

2. Targum sobre Ml 1.1; veja 3.1; veja também Talmud *Meg.* 15a.

3. G. L. Robinson, "Malachi", *ISBE* (1939) 2: 1969.

4. Outra possibilidade é que 2.11b-13a seja secundário (O. Eissfeldt, *The Old Testament: an introduction*, trad. P. R. Ackroyd [Nova York, 1965], p. 442). Remover esses versículos torna a passagem mais coesa. Poderiam ter sido acrescentados por um escriba contemporâneo de Esdras, escriba este que queria que o povo se divorciasse de suas esposas estrangeiras (Ed 10.1-11, 19, 44), contra Malaquias, que se opunha firmemente ao divórcio (Ml 2.14-16)?

5. Realmente, é possível que esse versículo esteja apenas dizendo que Deus é pai de Israel e Judá.

6. Sobre a metáfora "rei" em Ml 1.11, veja Åke Viberg em: *Tyndale Bulletin* 45/2 (1994): 297-319.

7. R. J. Coggins é dúbio quanto aos esforços de usar o conteúdo do livro para chegar a uma data específica. Ele conclui que "Malaquias deve ser inserido no período persa, alguma data entre 515 e 330 a.C.; mas uma precisão maior é dificilmente possível." (*Haggai, Zechariah, Malachi*, JSOT Old Testament Guides [Sheffield, 1987], p. 75). Por outro lado, A. E. Hill, "Malachi, Book of", *ABD* 4:480-481, usa o método "tipológico" de comparação lingüística de textos de como um guia para datá-los. Ele situa Malaquias no período de quarenta anos entre 515 e 475 a.C., graças à afinidade de estilo com Ageu e Zacarias 1–8. D. L. Petersen, *Zechariah 9–14 and Malachi*, OTL (Louisville, 1995), p. 3, parece concordar com Hill: "Malaquias... provém da primeira metade do período persa".

8. Quando um substantivo se liga a um substantivo seguinte de forma que o segundo em relação genitiva com primeiro, diz-se que o primeiro está em síntese com o segundo. Normalmente, nomes próprios como "Javé" não podem estar em síntese com outro substantivo.

9. Nessa concepção, Sabaote seria entendido como o nome de uma divindade pré-israelita que foi adotado pelos israelitas e aplicado a seu Deus, Javé. O nome Sabaote aparece na LXX.

10. Isso encontra-se em vários lugares, como 2Sm 5.10; 1Rs 19.10, 14, e é traduzido como "o Senhor Deus dos Exércitos" na maioria das Bíblias em português.

11. Veja E. Kautzsch e A. E. Cowley, org., *Genesius' Hebrew grammar* (Oxford, Oxford, 1974), §125h., p. 403.

12. F. M. Cross, *Canaanite myth and Hebrew epic* (Cambridge, 1980), p. 68-71 (esp. p. 71).

13. A expressão ocorre 267 vezes no Antigo Testamento, a maioria nos profetas; B. W. Anderson, "Lord of Hosts", *IDB* 3:151. De acordo com uma contagem, encontra-se 63 vezes em Isaías (57 nos caps. 1–39), 83 em Jeremias, 14 em Ageu, 53 em Zacarias (44 nos caps. 1–8) e 25 em Malaquias. Aparece apenas 5 vezes no restante dos profetas e nenhuma em Ezequiel. Considerando os tamanhos relativos dos livros, o termo foi usado mais freqüentemente nos profetas pós-exílicos, com notável "densidade" (i.e., o número de vezes usado por página) em Malaquias.

14. S. R. Driver, "Lord of Hosts", *HDB* 3 (1900): 137s. Veja também B. W. Anderson, "Hosts, Host of Heaven", *IDB* 2:654-656; BDB, p. 839.

15. Veja G. P. Hugenberger, *Marriage as a covenant: a study of Biblical law and ethics concerning marriage developed from the perspective of Malachi*. VTSup 52 (1994).

16. Esar-Hadom assentou estrangeiros no território do reino de Israel, ainda em formação, no século VII a.C. Se permaneceram separados, pelo menos emprestaram sua fé em Javé da população local. Entretanto, é muito mais provável que eles também se tenham miscigenado com os israelitas remanescentes.

17. Veja uma discussão mais completa sobre essa idéia em Paul D. Hanson, *The dawn of apocalyptic: the historical and sociological roots of Jewish apocalyptic eschatology* (Filadélfia, 1979), e "Apocalypticism", *IDBS*, p. 28-34. Veja uma idéia diferente e um levantamento das várias posições em J. M. O'Brien, *Priest and Levite in Malachi*, SBLDS 121 (Atlanta, 1990).

18. Na ceia da Páscoa, "a taça de Elias" permanece intocável durante a cerimônia. Quase no fim da cerimônia, a porta é aberta para ver se Elias veio. Se não, a cerimônia termina com a esperança de que o cumprimento da profecia se dê antes do próximo ano. Os epílogos, que caracterizam Moisés e Elias, servem não apenas como um final perfeito para "Malaquias", mas também podem querer ligar "Malaquias" e o Livro dos Doze, que ele completa, com outras partes do cânon: Torá (Moisés) e Profetas anteriores (Elias). Veja D. L. Petersen, *Zechariah 9-14 and Malachi*, p. 232-233.

19. João, entretanto, parece estar incerto de seu papel nesse aspecto, pois nega que é Elias quando lhe perguntam (Jo 1.21).

20. Isso não significa necessariamente que foi a última obra profética escrita. Daniel, colocado nos Escritos, pode ter sido completado num período posterior.

CAPÍTULO 31 — INTRODUÇÃO AOS ESCRITOS

1. O debate não era se os livros deveriam ser incluídos no cânon, mas se deveriam ser retirados dele.

2. O. Eissfeldt, *The Old Testament: an introduction*, trad. P. R. Ackroyd (Nova York, 1965), p. 570.

3. Ibid., p. 443. Às vezes, Rute vem logo antes dos Salmos para dar a genealogia do salmista Davi (veja Talmude *B. Bat.* 14b).

4. Embora muitos livros bíblicos tenham uma longa história de composição antes de chegar a uma forma definitiva, no caso de Salmos e Provérbios deve-se considerar o processo de seleção assim como de composição de várias músicas e provérbios.

CAPÍTULO 32 — SALMOS

1. A utilização desse título é no mínimo contemporânea de Filo (c. 40 d.C.), que usa o equivalente literal grego *hymnoi*.

2. Lucas 24.44 reconhece a prioridade do livro entre os Escritos e emprega o título Salmos para descrever a coleção completa.

3. Cf. W. S. LaSor e T. C. Eskenazi, "Synagogue", *ISBE* 4 (1988): 681-684, V. Worship Service.

4. A Caverna 2 de Qumran forneceu uma cópia em hebraico do Sl 151. Veja J. A. Sanders, *The Psalms scroll of Qumran Cave II*, Discoveries in the Judean Desert 4 (Londres, 1965), p. 54-64.

NOTAS

5. J. Muilenberg, introdução a H. Gunkel, *The Psalms: a form-critical introduction*, trad. T. M. Homer (Filadélfia, 1967), p. iv.

6. Além da obra citada na nota 5, veja Gunkel, *Einleitung in die Psalmen*, 3ª ed. HAT (Göttingen, 1975) [completado em 1933 por J. Begrich após a morte de Gunkel], como pronto acesso para sua grande contribuição ao estudo dos Salmos.

7. Veja uma análise das influências filosóficas e culturais que levaram a essa mudança da crítica histórica e literária para a crítica da forma em E. Gerstenberger, "Psalms", p. 179-183 in J. H. Hayes, org, *Old Testament form criticism* (San Antonio, 1974).

8. Com essa lista cf. a Introdução à poesia cultual em E. S. Gerstenberger, *Psalms; part 1*, Forms of the Old Testament Literature (Grand Rapids, 1988), p. 5-22, para um levantamento de desenvolvimentos recentes.

9. Essa seção central é tipicamente expressa tanto (1) com particípios hebraicos que descrevem a ação de Deus; geralmente traduzidos por orações relativas (e.g., "quem perdoa todas as tuas iniqüidades, quem sara todas as tuas enfermidades", 103.3), ou (2) com "porque" (heb. *kî*) para introduzir as razões para o louvor (e.g., "Porque o Senhor é bom, a sua misericórdia dura para sempre..." 100.5).

10. *The Psalms in Israel's worship*, trad. D. R. Ap-Thomas (Nashville, 1967) 1: 106-192; veja esp. p. 129s.

11. Mowinckel rejeitou o contraste: "Para o pensamento israelita não há contradição entre [tornar-se rei] e ele ser rei para sempre; tal polarização é moderna e racionalista" (*The Psalms* 1:115).

12. *Worship in Israel*, trad. G. Boswell (Richmond, 1966), p. 205-207.

13. C. Westermann apóia Kraus com firmeza, argumentando que a esperança escatológica expressada é a característica dominante (*The praise of God in the Psalms*, trad. K. R. Crim [Richmond, 1961], p. 145-151).

14. O termo queixa é melhor que lamento para descrever as orações por socorro nos Salmos. Lamento traduz melhor *qînâ*, o canto fúnebre usado em 2Sm 1.17-27, onde a tragédia é irreversível.

15. Esse esquema de elementos é adaptado da análise de Westermann em *The praise of God in the Psalms*, p. 53s.

16. O Sl 89 começa como um hino solo, com uma narrativa do poder e majestade de Deus e de uma lembrança da aliança de Deus com Davi (89.1-37). É evidente que os v. 38-51 são uma queixa pedindo libertação da invasão inimiga. As referências a "Davi", "teu servo" e "teu ungido" marcam claramente o rei como interlocutor (v. 49-51)

17. E.g., 3; 5–7; 13; 17; 22; 25–28; 31; 35; 36; 38–40; 42–43; 51; 54–57; 59; 61; 64; 69–71; 86; 88; 102, 108–109; 120–130; 139–143.

18. Westermann chama isso de "temas moldados para fazer Deus intervir" (*The praise of God in the Psalms*, p 64).

19. Veja R. de Vaux, *Ancient Israel*, trad. J. McHugh, 2 vol. (Nova York, 1965), p. 417s.

20. D. J. A. Clines, *Theological Students Fellowship Bulletin* 71 (1975): 1-8. O ponto fraco da maioria das concepções de reinado está na imposição às Escrituras de padrões encontrados em outras sociedades do Oriente Próximo.

21. Por exemplo, 2.1s. é citado em At 4.25s.; 45.6s. em Hb 1.8s.; 110.1 em Mt 22.44; At 2.34s.; 110.4 em Hb 5.6, 10.

22. J. B. Kuntz, "The canonical Wisdom Psalms of Ancient Israel — Their rhetorical, thematic, and formal dimensions", in: J. J. Jackson e M. Kessler, org., *Rhetorical criticism* (Pittsburgh, 1974), p. 186-222.

23. R. E. Murphy, "A consideration of the classification, 'Wisdom Psalms'", *VTSup* 9 (1962): 165-167.

24. Veja G. H. Wilson, *The editing of the Hebrew Psalter* (Chico, 1985), p. 204-207.

25. Veja descrições das festas e discussões de sua história, desenvolvimento e significado em de Vaux, *Ancient Israel*, p. 71-110; Kraus, *Worship in Israel*, p. 26-69.

26. *The Psalms*, trad. H. Hartwell, OTL (Filadélfia, 1962), p. 35-52.

27. H. H. Guthrie, *Israel's sacred songs* (Nova York, 1966), p. 19.

28. Kraus, *Worship in Israel*, p. 131s., 136-141, 179-188.

29. Ibid., p. 208-218. Veja comentários mais aprofundados sobre a "bênção da partida" em Westermann, "Book of Psalms", *IDBS*, p. 708.

30. Veja M. Dahood, *Psalms*, AB 1 (Garden City, 1965), p. xxix-xxx; AB 3 (Garden City, 1970), p. xxxiv-xxxvii. Essa grande obra distingue-se por sua utilização do ugarítico e outros textos semitas do noroeste para esclarecer o significado dos salmos. Muitos dos paralelos de Dahood são dúbios, mas um número impressionante permanece.

31. A. A. Anderson, *Psalms*, NCB (Londres, 1972) 1:43-51.

32. Veja E. Slomovic, "Toward an understanding of the formation of historical titles in the Book of Psalms", *ZAW* 91 (1979): 350-380; B. S. Childs, *Introduction to the Old Testament as Scripture* (Filadélfia, 1979), p. 520-522.

33. C. S. Lewis, *Reflections on the Psalms* (Nova York, 1958), p. 20-33, tem um bom comentário sobre essas maldições.

34. Trad. D. M. Stalker, 2 vol. (Nova York, 1962-1965) 1: 355-459.

CAPÍTULO 33 — A LITERATURA DE SABEDORIA

1. Esse documento mostra a forma intensamente religiosa que a sabedoria podia assumir no Primeiro Período Intermediário: "Não confies na extensão dos anos, pois eles vêem uma vida inteira como (apenas) uma hora. Um homem permanece após a morte e seus feitos são empilhados ao seu lado. Entretanto, a existência no além é para a eternidade e aquele que reclamar dela é um tolo. (Mas) quanto àquele que a alcançar sem maldade, esse existirá no além como um deus, caminhando livremente como os senhores da eternidade" (*ANET*, p. 415).

2. "Sumerian wisdom literature: A preliminary survey", *BASOR* 122 (1951): 28-31. Veja em W. McKane, *Proverbs: A new approach*, OTL (Filadélfia, 1970), p. 51-208, um levantamento muito útil de provérbios egípcios e mesopotâmicos. Veja também R. J. Williams, "Wisdom in the Ancient Near East", *IDBS*, p. 949-952.

3. L. R. Mac-Fisher, "A survey and reading guide to didactic literature of Ugarit: Prolegomenon to a study on the sage", *The sage in Israel and the Ancient Near East*, org. J. G. Gammie e L. Perdue (Winona Lake, 1990), p. 67-81; e "The scribe (and sage) in the royal court at Ugarit", ibid., p. 109-115.

4. W. G. Lambert, *Babylonian wisdom literature* (Londres, 1960), p. 1.

5. Veja A. Bentzen, *Introdução ao Antigo Testamento*, 2 vol. (São Paulo, 1968) 1:185–189. Sobre a importância da "observação e experiência", veja também C. Westermann, *Roots of wisdom* (Louisville, 1995), p. 6-38.

6. J. A. Wilson em *ANET*, p. 412.

7. Lambert, *Babylonian wisdom literature*, p. 96-107.

8. Ibid.

9. Ibid., p. 220. A moral parece ser que pessoas às vezes caem em armadilhas que elas colocam para outras — tema bem conhecido em Provérbios (12.13; 29.6).

10. Ibid., p. 217, 219.

11. Veja R. H. Pfeiffer em *ANET*, p. 410s.; repare na história de Jotão, em Jz 9.7-15, em que as árvores discutem qual delas deveria ser rei.

NOTAS

12. Lambert, *Babylonian wisdom literature*, p. 230, 232. O último antecipa o ditado moderno: "Com amigos assim, quem precisa de inimigos?".

13. Ibid., p. 232; uma analogia bíblica estimada (e.g., Ez 34.5; Zc 10.2; Mt 9.36).

14. Ibid., p. 235.

15. Ibid., p. 247. Esse provérbio de causa e efeito, uma pergunta retórica que prevê a resposta "é claro que não", lembra os ditados de Am 3.3-6.

16. Ibid., p. 249; cf. "quem planta vento colhe tempestade" ou "a mentira tem pernas curtas".

17. J. Patersom, *The book that is alive* (Nova York, 1954), p. 12ss.

18. R. C. Trench, *From Proverbs, and their lessons*, 7ª ed. (Londres, 1857), resumido por Paterson, *Book that is alive*, p. 47. Veja um estudo aprofundado dos provérbios na antigüidade em J. M. Thompson, *The form and function of Proverbs in ancient Israel* (Hague, 1974).

19. Os excertos são de Lambert, *Babylonian wisdom literature*, p. 33-61.

20. Esses dísticos ilustram o uso de paralelismo sinônimo na poesia acadiana. Como nos escritos hebraicos, esse paralelismo faz a distinção entre a poesia e a prosa.

21. Lambert, *Babylonian wisdom literature*, p. 63-91.

22. Essa análise segue a interpretação mais séria do texto em lugar da interpretação satírica de Speiser, avaliada por Lambert, *Babylonian wisdom literature*, p. 139-141; as citações são das p. 145-149. Veja também T. Jacobsen em: H. Frankfort et al., *The intellectual adventure of ancient man* (Chicago, 1946), p. 216-218, e W. S. LaSor, p. 104-106 em: G. Rendsburg et al., org., *The Bible world*, Festschrift C. H. Gordon (Nova York, 1980).

23. O uso de outras técnicas de sabedoria, como fábulas (e.g., Jz 9.8-15) e enigmas (e.g. 14.12-19), é outra indicação do papel dos provérbios em Israel. Veja E. Jones, *Proverbs and Ecclesiastes*, Torch Bible Commentary (Naperville, 1961), p. 28-31; G. von Rad, *Wisdom in Israel*, trad. J. D. Martin (Nashville, 1972), p. 24-50.

24. Sobre a vida dos clãs como ambiente para o desenvolvimento de ditados de sabedoria e ditados legais, veja E. Gerstenberger, "The woe-oracles of the prophets", *JBL* 81 (1962): 249-263; e H. H. Wolff, *Amos the prophet: The man and his background*, trad. F. McCorley, org. J. Reumann (Filadélfia, 1973). Carol R. Fontaine, "The sage in family and tribe", *Sage in Israel*, p. 155.

25. Veja uma interpretação recente do papel de Salomão em W. A. Brueggeman, "The social significance of Solomon as a patron of wisdom", *Sage in ancient Israel*, p. 117-132.

26. Veja respostas negativas para essas duas perguntas em R. N. Whybray, *The intellectual tradition in the Old Testament*, BZAW 135 (1974), e "The sage in the royal court", *Sage in ancient Israel*, p. 133-139, que argumenta em favor de um entendimento dos sábios como membros do serviço secreto, que talvez seguissem outras vocações ou profissões. Ele é cético quanto à idéia da existência de escolas formais no período monárquico. Uma abordagem mais positiva sobre a questão de escola e ofício encontra-se em A. Lemaire, "The sage in school and temple", *Sage in ancient Israel*, p. 165-181.

27. Veja J. Lindblom, "Wisdom in the Old Testament prophets", in: M. Noth e W. Thomas, org., *Wisdom in Israel and in the ancient Near East*, VTSup 3 (1955): 192-204; também Wolff, *Amos the prophet*; J. W. Whedbee, *Isaiah and wisdom* (Nashville, 1970); R. C. van Leeuwen, "The sage in the prophetic literature", *Sage in ancient Israel*, p. 298-306.

28. O papel dos sábios como homens de estado foi enfatizado, talvez demais, por McKane, *Prophets and wise men* (Naperville, Ill., 1965).

29. Veja D. A. Hubbard, "The wisdom movement and Israel's Covenant faith", *Tyndale Bulletin* 17 (1966), 3-33.

30. Sobre a *ordem* como alicerce do pensamento sábio, veja W. Zimmerli, "Concerning the structure of Old Testament wisdom", p. 175-199 em: J. L. Crenshaw, org., *Studies in ancient Israelite*

wisdom (Nova York, 1976): "As exigências de Deus não precisam entrar em conflito com as dos homens. Antes, ele crê que as necessidades na vida do homem são mais bem cuidadas dentro da ordem divina do mundo e que a verdadeira reivindicação humana de vantagem será completamente satisfeita através da participação voluntária na ordem divina do mundo" (p. 198); von Rad, *Wisdom in Israel*: "Alguém se tornará competente e sabedor das ordens da vida somente se partir do conhecimento de Deus" (p. 67); H. H. Schmid, *Wesen und Geschichte der Weisheit*, BZAW 101 (1966): 21. Veja uma análise aprofundada sobre as raízes e os frutos teológicos da sabedoria do Antigo Testamento em Leo G. Perdue, *Wisdom and creation: The theology of wisdom literature* (Nashville, 1994).

31. Sobre a contribuição da literatura de sabedoria para o Novo Testamento, veja H. Conzelmann, "Wisdom in the New Testament", *IDBS*, p. 956-960. Também B. Witherington III, *Jesus the sage: The pilgrimage of wisdom* (Minneapolis, 1994).

CAPÍTULO 34 — PROVÉRBIOS

1. Carole R. Fontaine, *Traditional sayings in the Old Testament: A contextual study* (Sheffield, 1982).
2. Veja em A. R. Johnson, "*māshāl*", *VTSup* 3 (1955): 162-169. Veja W. McKane, *Proverbs: A new approach*, OTL (Filadélfia, 1970), p. 26, a suposição de que *māshāl* tem significados como "modelo", "exemplar", "paradigma".
3. B. S. Childs, *Introduction to the Old Testament as Scripture* (Filadélfia, 979), p. 551s.
4. M. Weinfeld, "The origins of the humanism in Deuteronomy", *JBL* (1961): 241-247.
5. G. von Rad (*Wisdom in Israel*, trad. J. D. Martin [Nashville and Nova York, 1972], p. 153) observa que a Sabedoria em Pv 8 "não tem *status* divino, nem é um atributo "hipostasiado" de Javé; é, antes, algo criado por Javé e designado para sua devida função".
6. C. H. Dodd, *A interpretação do Quarto Evangelho* (São Paulo, 1977), p. 275: "É difícil resistir à conclusão de que, embora o Logos [...] tenha muitos traços da Palavra de Deus no Antigo Testamento, ele é, por outro lado, um conceito muito semelhante ao da Sabedoria, quer dizer, o pensamento hipostasiado de Deus, projetado na criação, e permanecendo como um poder imanente dentro do mundo e do homem". Veja em H. Ringgren, *Word and wisdom* (Lund, 1947), uma pesquisa da personificação da sabedoria no antigo Oriente Médio; também J. A. Emerton, "Wisdom", in: *Tradition and interpretation*, ed. G. W. Anderson (Oxford, 1979), p. 231-233.
7. Veja W. D. Davies, "The Old and the New Torah: Christ the wisdom of God", p. 147-176 in: *Paul and Rabbinic Judaism* (Nova York, 1967); R. G. Hamerton-Kelly, *Preexistence, wisdom, and the Son of Man*, Society for New Testament Studies Monograph 21 (Cambridge, 1973); R. L. Wilken, org., *Aspects of wisdom in Judaism and early Christianity* (Notre Dame, 1975); E. J. Schnabel, *Law and wisdom from Ben Sira to Paul*, WUNT 2 (Tübingen, 1985): 16; Celia Deutsch, *Hidden wisdom and the easy yoke*, JSNTS 18 (Sheffield, 1987); B. Witherington III, *Jesus the sage: the pilgrimage of wisdom* (Minneapolis, 1994).
8. W. F. Albright, *VTSup* 3 (1955): 5.
9. Veja O. Kaiser, *Introduction to the Old Testament*, trad. J. Sturdy (Minneapolis, 1975), p. 379.
10. R. N. Whybray, "Book of Proverbs", *IDBS*, p. 702.
11. Por exemplo, J. Goldingay, "The arrangement of sayings in Proverbs 10–15", *JSOT* 61 (1994): 75-83. Também T. Hildebrandt, "Proverbial pairs: Compositional units in Proverbs 10–29", *JBL* 107 (1988): 207-224.
12. J. Crenshaw, "Wisdom", p. 231 em J. H. Hayes, org., *Old Testament form criticism* (San Antonio, 1974).

NOTAS

    13. Von Rad, *Wisdom in Israel*, p. 120.
    14. Veja N. K. Gottwald, *A light to the nations* (Nova York, 1959), p. 472. Von Rad é muito mais positivo ao julgar a qualidade dos provérbios.
    15. O funcionamento da doutrina da recompensa e da retribuição é assunto de discussões acirradas. K. Koch vê a punição imposta aos tolos não como obra direta de Deus, mas como o resultado inevitável de seus maus atos — uma forma quase automática de retribuição (26.27), apenas eventualmente operada por Javé. H. Gese afirma haver uma ligação entre um ato e suas conseqüências, mas permite um grau maior de liberdade e intervenção divinas (cf. 21.31). Veja um resumo desses argumentos em Emerton, "Wisdom", p. 216.218.
    16. Von Rad, *Wisdom in Israel*, p. 50.
    17. G. E. Bryce, *A legacy of wisdom: The Egyptian contribution to the wisdom of Israel* (Lewisburg, Pa., 1979). C. Westermann, *Roots of wisdom: The oldest proverbs of Israel and other peoples* (Louisville, 1995), p.86-91, 155-159.
    18. Trad. J. Wilson, *ANET*, p. 421-425.
    19. Veja C. H. Gordon, *Ugaritic textbook*, Analecta Orientalia 38 (Roma, 1965), §7.7, 17.3.
    20. Sobre a forma numérica, veja von Rad, *Wisdom in Israel*, p. 36s., 122s.; Crenshaw, "Wisdom", p. 236-238. Veja também o capítulo 18.
    21. Veja von Rad, *Wisdom in Israel*, p. 97-110; também W. Zimmerli, "The place and limit of wisdom in the framework of the Old Testament theology", *SJT* 17 (1964): 146-158.
    22. McKane, *Proverbs*, p. 17-21.
    23. Von Rad, *Wisdom in Israel*, p. 62; veja Kaiser, *Introduction*, p. 383.
    24. Veja C. T. Fritsch, "The Gospel in the book of Proverbs", *Theology Today* 7 (1950): 169-183; R. E. Murphy, "The kerygma of the book of Proverbs", *Interp* 20 (1966): 3-14. Uma lista de "assuntos de estudos" foi compilada por D. Kidner, *Provérbios*, Série Cultura Bíblica (São Paulo, 1980), p. 30-54. Veja especialmente B. Witherington III, *Jesus the sage*, p. 212-380.

CAPÍTULO 35 — JÓ

    1. M. H. Pope, *Job*, AB, 3ª ed. (Garden City, 1979), p. 5s. Foram encontrados paralelos em textos acadianos de Mari, Alalakh e Ugarite. Veja W. F. Albright, "Northwest-Semitic names in a list of Egyptian slaves from the eighteenth century B.C.", *JAOS* 74 (1954): 222-233.
    2. Daniel ou Danel é geralmente considerado o herói ugarítico Dan'el, em lugar da personagem bíblica cujo livro está incluído entre os Profetas Maiores. A lenda de Aqht descreve Dan'el como um rei que dispensa justiça às viúvas e aos órfãos. Veja S. B. Frost, "Daniel", *IDB* 1:761.
    3. Cf. N. Sarna, "Epic substratum in the prose of Job", *JBL* 76 (1957): 13-25.
    4. J. Hartley, *The book of Job* (Grand Rapids, 1988), p. 13-15.
    5. R. Gordis, *The book of God and man* (Chicago, 1965), p. 53.
    6. As diferenças em teologia, ética, tom e clima emocional entre Jó e os paralelos citados (e.g. a lenda hindu de Hariscandra, *Sumerian man and his god*, a acadiana de Ludlul Bel Nemeqi, a Teodicéia babilônica, o Poema do Sofredor Justo da Babilônia, os Protestos do Camponês Eloqüente do Egito ou Admoestações de Ipu-wer) são notáveis ao ressaltar não a dependência de Jó em relação a documentos antigos, mas a singularidade da obra. Veja resumos em Pope, *Job*, p. lvii-lxxi; F. I. Andersen, *Job*, TOTC (Downers Grove, Ill., 1976), p. 23-32.
    7. Andersen, ibid., p. 32.
    8. O. Kaiser, *Introduction of the Old Testament*, trad. J. Sturdy (Minneapolis, 1975), p. 391, citando K. Budde.
    9. G. von Rad, *Old Testament theology*, trad. D. M. G. Stalker. 2 vol. (Nova York, 1962-1965) 1:412 (publicado no Brasil pela ASTE sob o título *Teologia do Antigo Testamento*).

10. D. Robertson, *The Old Testament theology and the literary critic* (Filadélfia, 1977), p. 41.

11. Veja um levantamento das formas de sabedoria em Jó e outros lugares em J. L. Crenshaw, "Wisdom", p. 225-264 in: J. H. Hayes, org., *Old Testament form criticism* (San Antonio, 1974).

12. N. C. Habel, *The book of Job*, OTL (Filadélfia, 1985), p. 275-276.

13. Essa interpretação sarcástica do cap. 28 é desenvolvida por Robertson, *Old Testament and the literary critic*, p. 46.

14. A. Weiser, *Das Buch Hiob* (Göttingen, 1974), p. 241.

15. Gordis, *The book of God and man*, p. 105, repara que as maiores queixas de Jó contra Deus — sofrimento inocente, perseguição injusta e recusa em ouvir — são respondidas em ordem reversa: recusa em ouvir (v. 11-30), perseguição injusta (v. 34.1-30), sofrimento inocente (v. 31-37).

16. A inclusão de filhas na herança parece marcante diante da lei israelita (Nm 27.8), quando uma filha só herdava as propriedades do pai se não houvesse nenhum filho que servisse de herdeiro.

17. A restauração em dobro das posses de Jó, especialmente seu gado (v. 10, 12), talvez mostre um humor irônico — a lei israelita exigia que ladrões pagassem em dobro pelo roubo de bois, asnos ou ovelhas (Êx 22.4 [TM 3]). Algumas versões, seguindo o Targum de Qumran (11 QtgJob), interpretam *shib'ānâ* (42.13) como uma forma dual ("dois setes") e creditam a Jó catorze filhos na restauração (cf. Dhorme, Godis).

18. Além disso, estudos recentes sobre nomadismo no antigo Oriente Próximo modificaram a visão anterior, baseada principalmente em modelos árabes de nomadismo sobre camelos. Novas teorias postulam uma simbiose de aldeões e pastores entre comunidades agrícolas estabelecidas e os pastores movendo-se sazonalmente para as estepes com os rebanhos à procura de pastagem. Aldeões e pastores eram partes integrantes de uma comunidade tribal. Veja um resumo breve mas abrangente da teoria e suas provas em W. G. Dever, "The patriarchal traditions", p. 102-117 em: J. H. Hayes, e J. M. Miller, org., *Israelite and Judaean history*, OTL (Filadélfia, 1966).

19. Outra possibilidade é que o texto desse livro tenha sido danificado pelos séculos de transmissão. Isso explicaria a natureza abreviada e desconexa dos últimos discursos de Bildade e Jó, assim como a ausência de um discurso de Zofar.

20. E.g., A. Robert e A. Feuillet, *Introduction to the Old Testament* (Nova York, 1968), p. 425s.: "A invocação de sabedoria parece uma interpolação [...] Pode-se até dizer que o tema não parece ter sido ocasionado de modo nenhum pelas afirmações de Jó e seus amigos". Veja H. H. Rowley, *Job*, NCBC (Grand Rapids, 1980), p. 13s.

21. P. Skehan, "Job's final plea (Job 29–31) and the Lord's reply (Job 38–41)", *Bibl* 45 (1964): 61-62.

22. R. Gordis, *The book of Job*, (Nova York, 1978), p. 558.

23. O. Eissfeldt, *The Old Testament: an introduction*, trad. P. R. Ackroyd (Nova York, 1965), p. 457.

24. A juventude de Eliú, 32.6-10, talvez explique por que ele não é mencionado no prólogo; é possível que tivesse chegado como um discípulo dos outros e fosse tratado como parte da comitiva, sem merecer citação.

25. O prólogo indica que os três amigos vieram de longe e tiveram que marcar hora e lugar (2.11) de encontro antes de visitar Jó.

26. R. Gordis, *The book of Job*, p. 581.

27. H. Gese, *Lehre und Wirtlichkeit in der alten Weisheit* (Tübingen 1958). N. H. Snaith também usou esse padrão para reconstruir o desenvolvimento do texto em três estágios: (a) prólogo e epílogo (sem mencionar os amigos), monólogos (caps. 3; 29–31) e apologia (40.3-5) de Jó e discursos de Javé (caps. 38–41); (b) relato dos amigos (2.10-13; 42.7-10) e diálogo (caps. 4–28); e (c) discursos

de Eliú (caps. 32-37); veja *The book of Job: Its origins and purpose*, SBT, 2ª ser. 11 (Naperville, Ill., 1968).

28. C. Westermann, *The structure of the book of Job: A form-critical analysis*, trad. C. A. Muenchow (Filadélfia, 1981).

29. G. von Rad vê os diálogos não como "debates contenciosos" mas como "queixas de um lado e palavras pastorais de conforto do outro"; *Wisdom in Israel*, p. 209. Repare em J. A. Soggin: "Além de peça de literatura sapiencial, o livro de Jó é uma representação dramática do gênero do 'lamento individual' em forma dramática"; *Introduction to the Old Testament*, trad., J. Bowden, OTL (Filadélfia, 1976), p. 389.

30. Veja G. Fohrer, revisão de Westermann, *Der Aufbau des Buches Hiob*, VT 7 (1957): 107-111.

31. B. Gemser, "The *réb*- or controversy-pattern in Hebrew mentality", *VTSup* 3 (1955): 135. Em parte, essa concepção baseia-se em L. Köhler, *Hebrew man*, trad. P. R. Ackroyd (Nashville, 1956), que reconstrói os procedimentos do antigo tribunal israelita parcialmente baseado em Jó.

32. M. B. Crook, *The cruel God: Job's search for the meaning of suffering* (Boston, 1959), p. 5.

33. E.g., C. Fries, *Das philosophische Gesprach vom Hiob bis Platon* (Tübingen, 1904).

34. H. M. Kallen, *The book of Job as a Greek tragedy restored* (Nova York, 1918); cf. R. B. Sewall, *The vision of tragedy*, 2ª ed. (New Haven, 1980), p. 9-24.

35. J. W. Whedbee, "The comedy of Job", *Semeia* 7 (1977): 1; veja J. A. Holland, "On the form of the book of Job", *Australian Journal of Biblical Archaeology* 2 (1972): 160-177. Veja uma opinião semelhante a essa, mas contrária ao final feliz em Robertson: "A ironia impregna o livro inteiro e fornece a chave decisiva para compreensão do tema complexo"; *The Old Testament and the literary critic*, p. p. 34.

36. Midrash *Gen. Rab.* 67; Talmude *B. Bat.* 15a.

37. Veja a possível gama de significados de *māshāl* em D. A. Hubbard, "Proverb", *ISBE* 3 (1986): 1013. Também Cap. 34.

38. Andersen, *Job*, p. 36-37 (publicado no Brasil por Ed. Vida Nova sob o título *Jó, Introdução e Comentário*).

39. Assim também Pope: "O livro visto como uma unidade é *sui generis* e nenhum termo nem combinação de termos é adequado para descrevê-lo"; *Job*, p. xxxi.

40. Gordis, *The book of God and man*, p. 174-189; veja também *Poets, prophets and sages* (Bloomington, 1971), p. 104-159.

41. Gordis, *The book of Job*, p. 20, revê várias interpretações e fica com esta: "o homem dará a pele de qualquer outra pessoa em troca, i.e., para salvar a própria pele".

42. Tradução de Gordis, *The book of God and man*, p. 179.

43. Ibid., p. 181. Gordis estende a citação para incluir v. 3s.

44. Ibid., p. 184. Ilustrações desses dois últimos usos de citações também podem ser encontradas em Eclesiastes, dando a entender que essa era uma técnica-padrão da sabedoria não convencional.

45. Sobre o cap. 21, veja ibid., p. 185s.

46. Andersen, *Job*, p. 33.

47. Von Rad, "Job XXXVIII and ancient Egyptian wisdom", p. 280-291 em: *The problem of the Hexateuch*, trad. E. W. T. Dicken (Edimburgo, 1966); cf. A. H. Gardiner, *Ancient Egyptian onomastica*, 3 vol. (Londres, 1947).

48. G. E. Bryce, *A legacy of wisdom: The Egyptian contribution to the wisdom of Israel* (Lewisburg, Pa., 1979), p. 164s. De forma semelhante, talvez as descrições do Beemote (40.15-24) e do Leviatã (cap. 41) reflitam formas em que os sábios estruturavam seus estudos científicos do mundo animal.

49. *ANET*, p. 477s.
50. Semelhante em forma é 27.13, na verdade uma "avaliação introdutória" porque precede a seção que resume (v. 14-23).
51. Note B. S. Childs: "A forma atual do livro busca responder a um grande campo de diferentes questões sobre sabedoria que variam de acordo com a batalha em andamento. Os contornos dos limites internos como os dos externos são cuidadosamente desenhados e qualquer tentativa de cortar a tensão é sacrificar o papel canônico específico desse livro marcante"; *Introduction to the Old Testament as Scripture* (Filadélfia, 1979), p. 543; veja também na p. 544 sobre a função do livro com respeito ao cânon maior, particularmente ao suprir "um corretivo crítico à leitura dos outros livros de sabedoria, especialmente Provérbios e Eclesiastes".
52. Robert e Feuillet, *Introduction*, p. 425.
53. Veja um estudo mais profunda da concepção bíblica do sofrimento em H. W. Robinson, *The Cross in the Old Testament* (Londres, 1955); E. S. Gerstenberger e W. Schrage, *Suffering*, trad. J. E. Steely (Nashville, 1980).

CAPÍTULO 36 — ECLESIASTES

1. *Qôhelet* (1.1s., 12; 7.27; 12.8-10) é particípio feminino de um verbo derivado de *qāhāl*, "congregação" ou "assembléia". Ao que parece, essa forma denotava um ofício e, secundariamente, era empregada para descrever aquele que detinha o ofício. Esdras 2.55-57 contém casos semelhantes de particípios femininos que antes designavam ofícios mas tornaram-se nomes próprios: Soferete, "escriba", e Poquerete-Hazebaim, "guardador de gazelas". Cf. nomes como Ferreira e Monteiro.
2. O Talmude (*B. Bat.* 15a) também incluía a opinião de que esses livros, juntamente com Isaías, teriam sido colocados em forma escrita por Ezequias e seus colegas; veja Pv. 25.1.
3. O Mishná ("segunda lei") contém o comentário rabínico mais antigo sobre vários mandamentos bíblicos, organizado por assuntos. Ele foi compilado no começo da era cristã. Cf. J. Neusner, "Talmud", *ISBE* 4 (1988): 717-724, esp. p. 718.
4. Ainda que W. F. Albright (*Yahweh and the gods of Canaan*) tenha defendido uma data levemente anterior (séc. V), o veredicto de Franz Delitzch continua em pé: "Se o Livro do Coélet for de origem salomônica, então não há história da língua hebraica [...] o Livro do Coélet carrega a marca da forma de linguagem característica pós-exílica"; C. F. Keil e Delitzsch, *Commentary on the Old Testament*, reimpr. 10 vol. (Grand Rapids, 1973) 6:190. D. C. Fredericks, *Qoheleth's language: Reevaluating its nature and date*, ANET 3 (Lewiston, N.Y., 1988), tem argumentado que uma data pré-exílica não é excluída pela linguagem do Coélet.
5. J. Muilenburg tinha datado esses fragmentos no final do segundo século a.C.; veja "A Qoheleth scroll from Qumran", *BASOR* 135 (1954):20-28.
6. Veja em R. E. Murphy, *The tree of life*, ABRL (Nova York, 1990), p. 172-173, um bom resumo do debate sobre as possíveis influências estrangeiras. A conclusão de Murphy é semelhante à de O. Eissfedt, que reconhece que o ambiente helênico de Coélet pode ter dado modesta contribuição em pensamento e linguagem, mas "não existe nada mais que um contato informal" com qualquer escola ou escrita grega em particular; *The Old Testament: An introduction*, trad. P. R. Ackroyd (Nova York, 1965), p. 498s.
7. Albright, *VTSup* 3 (1955): 15. Os argumentos de M. Dahood em favor de um pano de fundo fenício não prosperaram; "Canaanite-Phoenician influence in Qoheleth", *Bibl* 33 (1952): 30-52, 191-221; "The Phoenician background of Qoheleth", *Bibl* 47 (1966): 264-282. A. Weiser, citando suposta influência egípcia no pensamento e impacto grego sobre a linguagem, defende uma origem alexandrina; *The Old Testament: Its formation and development*, trad. D. M. Barton (New York: 1961), p. 309s.

NOTAS

7a. Veja uma defesa da autoria de Salomão em Archer, *Merece Confiança o Antigo Testamento* (Vida Nova, 1980), p. 436-48, e em Pinto, "Eclesiastes: uma análise introdutória", *Vox Scripturae* 4:2 (1994), p. 151-66 [N. do E.].

8. O ambiente e a os ouvintes do Coélet devem ter sido abastados. Caso contrário, suas denúncias contra a riqueza, o prazer e a fama teriam caído em ouvidos moucos. Veja R. Gordis, "The social background of Wisdom Literature", p. 196s. in: *Poets, prophets and sages* (Bloomington, 1971).

9. Quanto ao desenvolvimento desses temas e o lugar deles na estrutura do livro, veja A. G. Wright, "The riddle of the Sphinx: The structure of the Book of Qoheleth", *CBQ* 30 (1968): 313-334.

10. Veja uma discussão dos possíveis significados de *hebel* em E. M. Good, *Irony in the Old Testament* (Filadélfia, 1965), p. 176-183; Murphy, *The tree of life*, p. 53-54, 62; D. A. Hubbard, *Ecclesiastes, Song of Solomon*, CC 15B (Dallas, 1991), p. 46-47.

11. Good, *Irony in the Old Testament*, p. 171. O comentário de Murphy é perspicaz (*The tree of life*, p. 50): "A obra [...] coloca-se em algum ponto entre um tratado e uma coletânea de ditados e pensamentos". Tremper Longman III, *Fictional Akkadian autobiography: A generic and comparative study* (Winona Lake, 1991), p. 120-123, anota comparações na estrutura geral entre o Coélet e documentos acadianos que combinam narrativas em primeira pessoa com seções didáticas.

12. A variedade de análises contemporâneas é observada por Wright, "Riddle of the Sphinx", 314-320. A própria construção de Wright oferece uma alternativa recomendável, que possui o mérito de destacar a sutil unidade interna do livro.

13. Adaptado de um esboço divulgado particularmente por R. B. Laurin; veja Laurin, *The layman's introduction to the Old Testament* (Valley Forge, 1970), p. 104s. A adaptação destaca as conclusões sobre gozar a vida no presente. Pioneiro no estudo de Eclesiastes, C. D. Ginsburg, reconhece a importância delas como marcos limítrofes das divisões principais do livro; *Coheleth* (Londres, 1861).

14. G. A. Barton, *The Book of Ecclesiastes*, ICC (Edimburgo, 1908), p. 43-46. Como glosas de sabedoria, Barton alistou 4.5; 5.3, 7a; 7.1a, 3, 5-9, 11s., 19; 8.1; 9.17s.; 10.1-3, 8-14a, 15, 18s. Entre os supostos acréscimos piedosos estão, e.g., 2.26; 3:17; 7:18b, 26b, 29; 8.2b, 3a, 5-6a, 11-13, 11.9b; 12.1a, 13s. Décadas depois, E. Jones usou abordagem quase idêntica; *Proverbs and Ecclesiastes*, Torch Bible Commentary (Naperville, 1961), p. 259-262.

15. Veja esboços que destacam a unidade do livro em H. Ginsberg, "The structure and contents of the Book of Koheleth", *VTSup* 3 (1955): 138-149, e Wright, "Riddle of the Sphinx", p. 313s.

16. Murphy, *The tree of life*, p. 52: "parece melhor tomar o livro [exceto pelo epílogo, 12.9-14] como peça única, apesar das dificuldades. Isso leva em consideração as tensões [...] dentro do próprio autor...".

17. R. Gordis, *Koheleth — the man and his world* (Nova York, 1968), p. 110. Veja um resumo dos esforços de W. Zimmerli, K. Galling e F. Ellermeier para dividir o livro em unidades literárias (em geral mais de trinta), praticamente todas atribuídas ao Coélet, veja em O. Kaiser, *Introduction to the Old Testament*, trad. J. Sturdy (Minneapolis, 1975), p. 398.

18. *Wisdom in Israel*, trad. J. D. Martin (Nashville/Nova York, 1972), p. 227.

19. *Die Weisheit des Predigers Salomo* (Berlim, 1939), p. 26. J. L. Crenshaw cita a afinidade estilística entre essas confissões e as confissões reais egípcias (*Bekenntnis*, em alemão); "Wisdom", p. 257, in: J. H. Hayes, org., *Old Testament form criticism* (San Antonio, 1974).

20. "What does it profit a man? The wisdom of Koheleth", *Judaism* 20(1971): 179.

21. Ellermeier encontra três subgrupos: (1) reflexão crítica unitária: a observação começa com uma negativa e critica de modo consistente um entendimento otimista da vida (3.16-22; 6.1-6); (2) reflexão crítica interrompida: a observação inicial é positiva, depois critica-se o falso otimismo (3.1-15; 4.13-16); e (3) reflexão crítica reversa interrompida: o pensamento começa de maneira

negativa, depois progride para algo de valor, ainda que a observação inicial permaneça (4.4-6; 5.13-20 [TM 12-19]); *Qohelet* 1 (Herzberg, 1967); 88ss. Veja um resumo da análise de Ellermeier baseado mais na direção do argumento que na forma literária precisa em Kaiser, *Introduction*, p. 399.

22. Encontra-se um tratamento mais amplo do uso de provérbios em várias formas de argumentação em R. Gordis, *Koheleth*, p. 95-108; e em seu "Quotation in biblical, oriental and rabbinic literature", p. 104-159 in: *Poets, prophets and sages*.

23. Outras perguntas retóricas encontram-se em 1.3; 2.2, 12, 15, 19, 25; 3.21; 5.6, 11 [TM 5, 10]; 6.6, 8, 11s.; 8.1, 4, 7. As respostas em que insistem é quase sempre negativa: "nada", "nenhum", "ninguém".

24. Quanto à interpretação "fúnebre" dessa linguagem veja G. Ogden, *Qoheleth* (Sheffield, 1987) e especialmente M. Fox, *Qoheleth and his contradictions* (Sheffield, 1985). Quanto à "velhice" como seu significado, veja J. Crenshaw, "Wisdom", in: Hayes, org., *Old Testament form criticism*, p. 246ss.

25. Os opostos "nascer—morrer", "plantar—colher", etc., são exemplos de merismas, um recurso literário em que os extremos são mencionados para enquadrar tudo o que se coloca entre eles.

26. Veja 1.3, 9, 14; 2.11, 17-20, 22; 3.16; 4.1, 3, 7, 15; 5.13, 18 [TM 12, 17]; 6.1, 12; 8.9, 15, 17; 9.3, 6, 9, 11, 13; 10.5.

27. W. J. Fuerst, *The Books of Ruth, Esther, The Song of Songs, Lamentations*, CBC (Cambridge, 1975), p. 103.

28. Veja von Rad, "The doctrine of the proper time", p. 138-143, in: *Wisdom in Israel*.

29. "Eternidade" é, provavelmente, a melhor tradução de '*ôlām*, aqui, desde que não seja entendido em sentido só quantitativo, a mera extensão de tempo rumo a um futuro distante. Nesse contexto, deve ser entendido como "caminhos de Deus no mundo", "o curso dos eventos do mundo, conforme só Deus os molda e os entende". Ele concede a consciência de que está agindo, mas não o poder de conceber o que ele está fazendo. Veja Gordis, *Koheleth*, p. 221s.; Williams, *Judaism* 20 (1971): 182-185.

30. Wright, "Riddle of the Sphinx", p. 325s.

31. Von Rad, *Wisdom in Israel*, p. 226-237.

32. W. Zimmerli, *SJT* 17 (1964): 158.

33. Ibid.

34. Veja sobre esses termos em Williams, *Judaism* 10 (1971): 185-190.

35. Observe a conclusão de Zimmerli, *SJT* 17 (1964): 156: "De maneira até aqui inédita no Antigo Testamento, Eclesiastes vê a morte como o poder que confisca o poder de toda a criação e até da Sabedoria humana".

36. Veja 2.10, 21, 24; 3.13; 4.4, 6, 8s.; 5.15, 19 [TM 14, 18]; 6.7; 8.15; 10.15; forma verbal '*āmal*: 1.3; 2.11, 19s.; 5.16 [TM 15]; 8.17.

37. Veja 2.24s.; 3.12, 22; 5.18-20 [TM 17-19]; 7.14; 8.15; 9.7-9; 11.8s.

38. M. Dahood observa a freqüência de termos comerciais como (*yiṯrôn, môṯar*), labutar ('*āmal*), negócio (*ʿinyān*), dinheiro (*kesep*), porção (*ḥēleq*), sucesso (*kishrôn*), riquezas ('*ōsher*), proprietário (*baʿal*) e déficit (*ḥesrôn*).

39. J. S. Wright captou bem esse tom dominante de alegria; "The interpretation of Ecclesiastes", *Evangelical Quarterly* 18 (1946): 18-34. Veja também R. E. Murphy, "Qohélet le sceptique", *Concilium* 119 (1976): 60; R. K. Johnston, "Confessions of a workaholic': A reappraisal of Qoheleth", *CBQ* 38 (1976): 14-28.

40. Note B. S. Childs: "Por estar colocado na estrutura escatológica de um julgamento divino vindouro, a mensagem do Coélet não é só limitada à atividade humana presente, como nitidamente relativizada diante da nova e mais completa dimensão da sabedoria divina. Mais tarde, quando judeus e cristãos contrastaram a sabedoria deste mundo (1Co 1.20) com a sabedoria de

NOTAS

Deus, estavam interpretando as escrituras hebraicas de acordo com sua forma canônica"; *Old Testament as Scripture*, p. 588s.

41. Veja uma aplicação cristã dos principais temas do Coélet em D. A. Hubbard, *Ecclesiastes, Song of Solomon*, CC 15B (Dallas, 1991), Os "epílogos" de cada capítulo tentam captar essas aplicações cristãs.

CAPÍTULO 37 — O CÂNTICO DOS CÂNTICOS

1. Mishná *Yad.* 3.5.
2. B. S. Childs, *Introduction to Old Testament as Scripture* (Filadélfia, 1979), p. 578.
3. O Talmude *B. Bat.* 15a atribui o cântico a Ezequias e seus escribas, sem dúvida seguindo Pv 25.1.
4. *Pardēs*, "pomar", 4.13; *appiryôn*, do grego *phoreion*, AV "carruagem", mas melhor ARA e IBB, "palanquim", 3.9.
5. *she*, em vez de ʾ*sher*, exceto em 1.1, embora usos antigos de *she* mostrem que essa evidência é mais uma sugestão que conclusão.
6. Veja S. R. Driver, *Introduction to the literature of the Old Testament*, 9ª ed., repr. (Magnolia, Mass., 1972), p. 448.
7. A menção de Tirza (6.4) pode pesar contra uma data no exílio ou pós-exílica para pelo menos esta parte do Cântico. Essa antiga cidade cananéia (Js 12.24), a primeira capital do reino do norte (1Rs 14.17; 15.21; 16.6,8.), não é mencionada depois de c. 750 (2Rs 15.14, 16). É possível fazer uma defesa sólida de uma data anterior para ao menos parte da poesia com base nas similaridades óbvias com a poesia de amor egípcia da XVIII Dinastia (c. 1250); veja J. B. White, *A study of the language of love in the Song of Songs and ancient Egyptian poetry*, SBL Dissertation Series 38 (Missoula: 1978), p. 91–159, R. E. Murphy, "Song of Songs", IDBS, s. 837.
8. H. J. Schonfield, *The Song of Songs* (Nova York, 1959), p. 75-83.
9. O. Kaiser, *Introduction to the Old Testament*, trad. J. Sturdy (Minneapolis, 1975), p. 366: "Deve-se entender, portanto, que em Cântico dos Cânticos temos uma coleção posterior de cânticos de casamento e de amor originários de diferentes períodos".
10. Murphy, "Song of Songs".
11. Childs, *Old Testament as Scripture*, p. 574-578.
12. Veja White, *Language of love*, p. 50-55, que combina as idéias de F. Horst, "Die Formen des althebräischen Liebesliedes", p. 176-187 em: H. W. Wolff. org., *Gottes Recht* (Munique, 1961), com as de W. Staerk, *Lyrik*, Die Schriften des Alten Testaments 3/1 (Göttingen, 1920) e E. Würthwein, *Die fünf Megilloth*, 2ª ed., HAT 18 (Tübingen: 1969). Essas análises literárias foram refinadas por R. Murphy, FOTL 13 (1981): 98-124.
13. O único nome dado à heroína (6.13; TM 7.1), sua derivação e seu significado são problemáticos. Ele tem sido ligado a uma cidade desconhecida de Sulam ou considerado uma variante de sunamita. Alguns identificam a personagem com Abisague, a sunamita (1Rs 1.3ss.). H. H. Rowley rejeita essas idéias, alegando que o termo é uma forma feminina de Salomão, "a Salomonesa"; "The meaning of the Shulammite", *AJSL* 56 (1939): 84-91.
14. A. Bentzen, *Introdução ao Antigo Testamento* 2 vol. (São Paulo, 1968) 1:147. T. Boman fornece idéias úteis com respeito às figuras de discurso: e.g., comparações entre a virgem e uma torre (4.4; 7.4s.), um muro (8.10) ou o monte Carmelo (7.5) são expressões de sua pureza, sua inacessibilidade como virgem casta e protegida acima das tentações dos que poderiam maculá-la. Referências às qualidades da pomba encontradas na sulamita (1.15; 2.14; 4.1) também descrevem sua pureza; *Hebrew thought compared with Greek*, trad. J. L. Moreau (Filadélfia, 1960), p. 77-89.

15. Algumas passagens são iluminadas por uma compreensão do costume semita. E.g., o desejo da sulamita de que o amado fosse seu irmão: "Tomara fosses como meu irmão, que mamou os seios de minha mãe!", para que tivessem pronto acesso um ao outro, provavelmente não se refere a um irmão uterino (do mesmo ventre), mas a um "irmão de leite", amamentado por sua mãe. Em vez de incesto, tal amor poderia ser vivenciado sem nenhuma vergonha nem as restrições morais que impediam o livre acesso entre os que se amam. Veja R. Patai, *Sex and family in the Bible and the Middle East* (Garden City, 1959), p. 194s.

16. F. Landry, "The Song of Songs", in: *LGB*, p. 309.

17. Esta seção deve muito a H. H. Rowley, "The interpretation of the Song of Songs", p. 195-245 em: *The servant of the Lord and other essays on the Old Testament*, 2ª ed. (Oxford, 1965). Veja um compêndio sólido sobre a história da interpretação em M. Pope, *Song of Songs*, AB 7C (Garden City, 1977), p. 89-229.

18. Na beleza e pureza da sulamita, alguns intérpretes patrísticos (e.g. Ambrósio) encontram a virgem Maria ; veja F. X. Curley, "The lady of the Canticle", *American Ecclesiastical Review* 133 (1955); 289-299. Veja também E. Ann Matter, *The voice of my beloved: The Song of Songs en Western Medieval Christianity* (Filadélfia, 1990).

19. A. Robert, R. Tournay, A. Feuillet, *Le Cantique des Cantiques, Etudes bibliques* (Paris, 1973). Veja também R. J. Tournay, *Word of God, Song of Love*, trad. J. E. Crowley (Nova York, 1988).

20. As obras de J. Fisher (*Das Hohe Lied*, Echter Bibel 10 [Würzburg, 1950]) e de L. Krinetski (*Das Hohe Lied*, Kommentare und Beiträge zum Alten und Neuen Testament [Düsseldorf; 1964]) ilustram os pontos fortes e fracos de uma abordagem tipológica; cf. White, *Language of Love*, p. 20s. Uma variação é a interpretação "parabólica" experimentada por T. R. D. Buzy, *Le Cantique des Cantiques*, 3rd ed. (Paris, 1953), e H. Schneider, *Das Hoheslied*, Herders Bibel Kommentar 7/1 (Freiburg im Breisgau, 1962); ambos encontram no Cântico uma parábola de uma aliança renovada entre Israel e Javé.

21. Franz Delitzsch em: C. F. Keil e Delitzsch, *Commentary on the Old Testament*, repr. 10 vol. (Grand Rapids, 1973).

22. S. R. Driver, *An introduction to the literature of the Old Testament*, 9ª ed. (Edimburgo, 1913).

23. J. G. Wettstein, Appendix to Keil-Delitzsch, *Commentary* 6, trad. M. G. Easton (repr., 1976), p. 162-176.

24. K. Budde, *Das Hohelied*, HSAT (Tübingen, 1923).

25. Schonfield, *The Song of Songs*, p. 32-34. Veja também Würthwein, *Die Fünf Megilloth*, p. 25-71, e J.-P. Andet, "The meaning of the Canticle of Canticles", *Theology Digest* 5 (1957): 88-92.

26. T. S. Meek, "The Song of Songs", *IB* 5:98-148.

27. Veja H. Schmökel, *Heilige Hochzeit und Hoheslied*, Abhandlungen fur die Künde des Morgenlandes 32/1 (Wiesbaden, 1956); S. N. Kramer, *The sacred marriage rite* (Bloomington, 1969). White, *Language of love*, p. 24, observa a natureza imprecisa dos supostos paralelos e as enormes diferenças em relação ao tom de Cântico dos Cânticos.

28. Veja White, *ibid.*, p. 24: "É difícil crer que o casamento sagrado estivesse profundamente arraigado em Israel a ponto de parte do ritual ter conseguido inclusão no cânon hebraico".

29. Pope, *Song of Songs*, p. 210-229.

30. E.g., W. Rudolph, *Das Hohelied*, KAT 17/2 (Gütersloh, 1962); G. Gerlemann, *Das Hohelied*, BKAT 18 (Neukirchen, 1965).

31. Veja Rowley, *The servant of the Lord*, p. 212. Veja um forte argumento de que Cântico dos Cânticos é uma antologia e não um poema único em White, *Language of love*, p. 28-34; também R. Gordis, *The Song of Songs and Lamentations*, ed. rev. (Nova York, 1974), p. 16: "Se o Cântico dos Cânticos for tratado sem nenhum preconceito, revelar-se-á como uma coletânea de poemas líricos".

32. Essa análise é adaptada de D. Hubbard, *Ecclesiastes, Song of Solomon*, CC 15B (Dallas, 1991), p. 265-266. Veja outra abordagem que destaca palavras-chave que não podem pertencer a vários poemas em F. Landsberger, "Poetic units within the Song of Songs", *JBL* 73 (1954): 203-216. Veja um esquema similar de alguns poemas unificados pela repetição de palavras-chave em J. C. Exum, "A literary and structural analysis of the Song of Songs", *ZAW* 85 (1973): 47-79. D. A. Dorsey, "Literary Structuring in the Song of Songs", *JSOT* 46 (1990), 81-96, argumenta bem em favor de um padrão de sete poemas, tendo o poema IV (3.6–5.1) como centro. Envolto num envelope simétrico em que I (1.2–2.7) corresponde a VII (8.5-14), II (2.8-17) a VI (7.11–8.4) e III (3.1-5) a V (5.2–7.10).

33. Veja White, *Language of love*, p. 27: "Embora o etos social israelita não excluísse o erotismo, a moralidade social excluía o adultério e destacava a necessidade da virgindade antes do casamento. O Cântico [...] não pode, portanto, ser compreendido como um tratado para justificar o intercurso sexual pré-marital". S. C. Glickman destaca tanto a unidade do Cântico como seu ambiente marital, observando uma seqüência cronológica começando pela corte (1.1–3.5), passando pelo casamento (3.6-11), pela consumação (4.1–5.1) e depois; *A song for lovers* (Downers Grove, Ill., 1976).

34. E. J. Young, *An introduction to the Old Testament*, ed. rev. (Grand Rapids, 1958), p. 354 (publicado no Brasil por Ed. Vida Nova sob o título *Introdução ao Antigo Testamento*).

CAPÍTULO 38 — RUTE

1. A tradição judaica coloca o livro de Rute entre os Escritos. Mas a nossa Bíblia, seguindo a LXX, a Vulgata e alguma tradição judaica antiga, coloca-o logo depois de Juízes, já que ambos situam-se na mesma época. Veja a discussão em F. W. Bush, *Ruth, Esther*. WBC 9 (Dallas, 1990).

2. Veja alternativas em R. L. Hubbard, Jr., *The book of Ruth* (Grand Rapids, 1988), p. 23-35 (período salomônico); e Bush, *Ruth, Esther* (início do período do pós-exílico).

3. Do latim *levir*, "cunhado", assim, "casamento com o cunhado". Veja excelentes resumos do argumento principal e dos problemas em H. H. Rowley, "The marriage of Ruth", p. 169-194, em: *The servant of the Lord and other essays on the Old Testament*, 2ª ed. (Oxford, 1965); também T. e D. Thompson, "Some legal problems in the book of Ruth", *VT* 18 (1968): 79-99.

4. Veja uma discussão dos problemas implicados em Bush, *Ruth, Esther*.

5. Evidentemente, quanto mais próxima a ligação da pessoa com o falecido, maior sua responsabilidade de seguir o costume. Pode-se, assim, conceber a hipótese de que a responsabilidade do parente seguia uma ordem de obrigação semelhante ao da herança (Nm 27.8-11), sujeitando parentes (Lv 25.47-55), i.e., irmão, tio paterno, o filho do tio paterno e "o mais chegado de sua família" (Nm 27.11).

6. A porta é onde se realizavam os negócios e as transações legais nas cidades antigas. Quanto ao seu significado mais amplo, veja E. A. Speiser, "'Coming' and 'going' at the 'city' gate", *BASOR* 144 (1956): 20-23.

7. Eles têm como base o artigo fundamental de H. Gunkel, "Ruth", p. 65-92 in: *Reden und Aufsätze* (Göttingen, 1913). Quanto à distinção entre "romance" (termo de Gunkel) e "conto", veja "Novella" de W. L. Humphrey, p. 82-96, in: G. Coats, org., *Saga, legend, tale, novella, fable. Narrative forms in Old Testament literature* (Sheffield, 1985).

8. Veja um estudo mais antigo do gênero *conto* em E. F. Campbell, "The Hebrew short story: its form, style and provenance", p. 83-101 in: H. N. Bream, R. D. Heim e C. A. Moore, org., *A light unto my path* (Filadélfia, 1974). Quanto ao gênero de *Rute*, veja Bush, *Ruth, Esther*.

9. Quanto aos recursos literários com que o autor habilmente tece a história, veja a introdução

a E. F. Campbell Jr., *Ruth*, AB 7 (Garden City, 1975), p. 10-18.
    10. Veja B. S. Childs, *Introduction to the Old Testament as Scripture* (Filadélfia, 1979), p. 565.
    11. Veja R. Hals, *The theology of the book of Ruth* (Filadélfia, 1969), p. 18s.
    12. Hals, "Book of Ruth", *IDBS*, p. 759.
    13. Essa teologia de causalidade absoluta, porém oculta, também sustenta a história palaciana de Davi (2Sm 9-20) e a história de José (Gn 37; 39-50).
    14. 1.22; 2.2; 4.5, 10; além disso, sua origem estrangeira é destacada em 2.6, 10.
    15. Percebendo esse tema, alguns estudiosos mais antigos chegaram a pensar que o livro seria uma polêmica pós-exílica contra o exclusivismo de Esdras e Neemias. Veja a bibliografia em Rowley, *The servant of the Lord*, p. 173.
    16. Ainda que houvesse uma separação clara na sociedade e na fé israelita (e também no judaísmo), Rute e Jonas mostram que um segmento significativo da sociedade veterotestamentária reconhecia o elemento genuinamente universal na vida e no propósito da nação.
    17. K. Sakenfeld, *The meaning of hesed in Hebrew Bible: A new inquiry* (Missoula, 1978), p. 233-234; em forma mais popular, veja idem, *Faithfulness in action* (Filadélfia, 1985), p. 39-42.
    18. Veja Childs, *Old Testament as Scripture*, p. 566, Hubbard (*The book of Ruth*, p. 39-42) afirma que o livro tem um propósito político, i.e., mostrar que a providência de Deus deu origem ao governo de Davi.

CAPÍTULO 39 — LAMENTAÇÕES

    1. Alguns rabinos também empregavam o nome *Qînôt*, que significa "lamentos fúnebres" ou "lamentações".
    2. Idéias de que os poemas ecoam a crueldade de Antíoco Epifânio e suas tropas sírias do século II não recebem apoio acadêmico geral. Mas é possível que tenham sido empregados para lamentar eventos trágicos.
    3. O Targum em Jeremias 1.1; Talmude *B. Bat.* 15a; cabeçalhos da LXX e Vulgata. Observe a introdução da LXX: "E aconteceu que, depois de Israel ter sido levado cativo e Jerusalém destruída, Jeremias caiu em prantos e fez subir este lamento por Jerusalém..." Durante o período intertestamentário, livros originalmente anônimos passaram de maneira geral a ser atribuídos a figuras históricas proeminentes.
    4. Sobre os acrósticos, veja abaixo. A questão aqui diz respeito à ordem de 'ayin e pe : o capítulo 1 traz 'ayin antes de pe e os capítulos 2-4 trazem pe antes de 'ayin. Quanto à ordem alfabética em acrósticos bíblicos, veja R. Gordis, *Poets, prophets and sages* (Bloomington, 1971), p. 82s. O reverso de 'ayin e pe encontra-se no alfabeto de 'Isbet Sartah (século XII a.C.), mas pode ser um simples engano dos estudiosos; veja D. R. Hillers, "Lamentations, Book of", *ABD* 4:139.
    5. O acróstico é encontrado na poesia babilônica já em 1000 a.C. Empregando um silabário cuneiforme, o autor começa cada linha da estrofe de onze versos com o mesmo caráter, e utiliza essa fórmula em vinte e sete estrofes. Cf. W. S. LaSor, "Samples of early Semitic poetry", *The Bible world*, org. G. Rendsburg et al., Festschrift C. H. Gordon (Nova York, 1980), esp. p. 104-106; e W. Soll, *Psalm 119: Matrix, form, and meaning* (Washington, D.C., 1991), p. 5-34.
    6. Quanto ao significado conceptual do padrão acróstico, veja N. K. Gottwald, *Studies in the book of Lamentations*, 2ª ed., SBT 14 (Londres, 1962), p. 23-32; e Soll, *Psalm 119*, p. 25-34.
    7. Veja principalmente as seções dos capítulos 1-2; 4. Veja uma rápida discussão dos padrões rítmicos que podem ser empregados no lamento em Gordis, *Poets, prophets and sages*, p. 68.
    8. Os sumérios empregavam uma forma de lamento para chorar a perda de uma cidade para um invasor estrangeiro. Paralelos aparentes com o livro de Lamentações têm levantado questões

NOTAS

sobre a possibilidade de influência suméria. Influências diretas parecem improváveis, de modo que é mais seguro dizer que Lamentações é um exemplo de um padrão lítero-litúrgico com antecedentes antigos na Mesopotâmia. Veja uma explicação dos supostos paralelos em W. C. Gwaltney Jr., "The biblical book of Lamentations in the context of Near Eastern lament literature", in: W. W. Hallo et al., org., *Scripture in context II* (Winona Lake, 1983), p. 191-211.

9. A construção hebraica é apositiva, devendo ser compreendida como "filha que é Jerusalém" (semelhantemente a freqüente "filha de Sião", e.g., 2.8; 10, 13). "Filha" é um termo de estima, e as expressões poderiam ser traduzidas "Querida Jerusalém" ou "Bela Sião". Veja possíveis conotações mais amplas em E. R. Follis, "The Holy City as Daughter", p. 173-184 em: Follis, org., *Directions in biblical hebrew poetry*, JSOTSup (Sheffield, 1987).

10. Às vezes a palavra "lamento" descreve essas orações. Mas parece menos confuso reservar esse termo para descrever uma situação sem esperanças como a morte e empregar "queixa" para as orações que rogam o auxílio de Deus em circunstâncias adversas. Cf. as queixas de Jó discutidas anteriormente.

11. O talento do autor quanto à variedade levou-o a empregar elementos de uma queixa comunitária no meio do capítulo (v. 40-47). Veja mais sobre réquiens, lamentos e queixas em E. S. Gerstenberger, *Psalms 1*. FOTL 14 (Grand Rapids, 1988), p. 10-14.

12. N. Gottwald destaca a nítida tensão entre a fé deuteronômica e a adversidade histórica; *Studies in the book of Lamentations*, p. 47-53. Cf. Childs, *Old Testament as Scripture*, p. 593.

13. Veja uma apresentação detalhada dessa tensão em B. Albrektson, *Studies in the text and theology of the book of Lamentations* (Lund, 1963), p. 219s., cf. também M. S. Moore, "Human suffering in Lamentations", *Revue biblique* 90 (1983): 534-555.

14. "Uma das conseqüências de incorporar os eventos da destruição da cidade na terminologia israelita tradicional de culto foi estabelecer uma ponte semântica entre a situação histórica do início do século VI e a linguagem de fé que se bate com o julgamento divino. Por esse motivo, o livro de Lamentações serve a cada geração sucessiva de fiéis sofredores para quem a história se torna insuportável"; Childs, *Old Testament as Scripture*, p. 596. Veja também em I. Provan, *Lamentations*, NCBC, p. 23, um resumo da discussão de J. Renkema sobre a tensão entre a fé e a dúvida. Veja uma exposição da esperança como o tema dominante em S. P. Re'emi, "The theology of hope: A commentary on the book of Lamentations", em: R. Martin-Achard e S. P. Re'emi, *God's people in crisis*, ITC (Grand Rapids, 1984), p. 73-134.

15. J. Kraëovec, "The source of hope in the book of Lamentations", *VT* 42 (1992): 223-233.

CAPÍTULO 40 — O ROLO DE ESTER

1. Hebraico *m^eggillat'ester*, muitas vezes referido simplesmente como *Megillah* ou "Rolo". Seu uso na festa judaica do Purim faz dele o livro mais publicado do Antigo Testamento.

2. A LXX contém 107 versículos a mais, "Acréscimos a Ester". Eles ocorrem antes de 1.1, depois de 3.13; 4.17; 8.12 e no final. Fazem com que o livro soe mais religioso, talvez tentando promover sua canonicidade. Quanto à história textual do livro, veja D. J. A. Clines, *The Esther Scroll: The story of the story* (Sheffield, 1984); e M. Fox, *The Redaction of the Books of Esther* (Atlanta, 1996).

3. Ataques contra o livro têm sido fortes e às vezes amargos. Lutero desejava que "simplesmente não existisse"; n. 3391s., *Tischreden* (Weimar, 1914) 3:302. Os rabinos questionavam sua canonicidade (Jer. Talmude *Meg*. 70d) principalmente porque inaugurou uma nova festa, implicando assim que a lei de Moisés estava incompleta. Em resposta, alguns propunham a teoria de que a história de Ester teria sido revelada a Moisés no Sinai, mas não fora lavrada até o período

persa; veja G. F. Moore, *Judaism* 1:245. Entre os cristãos, o livro não recebeu reconhecimento oficial como Escritura até o Concílio de Cartago em 397 d.C.

4. Veja F. W. Bush, *Ruth, Esther*. WBC 9 (Dallas, 1996).

5. De *pur* (em acadiano, um dado de quatro lados), a sorte lançada por Hamã (3.7). Segundo uma interpretação, ele foi jogado até indicar o dia em que o *pogrom* devia ser concretizado. Nesse caso, a sorte foi lançada em nisã (abr./mai.), no décimo segundo ano de Assuero, e a data escolhida foi o décimo terceiro de adar (mar./abr.), onze meses depois (cf. v. 13). Veja exemplos de dados antigos e seus usos em W. H. Hallo, "The first Purim", *BA* 46 (1983): 19-26.

6. Assim S. Niditch, "Legends of wise heroes and heroines" in: D. A. Knight e G. M. Tucker, org., *The Hebrew Bible and its modern interpreters* (Filadélfia/Chico, Calif., 1985), p. 446. O que vem a seguir baseia-se na discussão imparcial em D. J. A. Clines, *Ezra, Nehemiah, Esther* (Grand Rapids, 1984), p. 256-261; e J. G. Baldwin, *Esther*, TOTC (Downers Grove, Ill., 1984), p. 16-24.

7. Os estudiosos também alegam com freqüência que 2.5s. implica que Mordecai tinha mais de 120 anos na época — uma possibilidade bem improvável. O problema desaparece quando se interpreta o pronome "que" (v. 6) não como referência a Mordecai, mas a Quis, seu avô (NRSV). Não é necessário entender "agagita" (3.1) como referência a Agaque (cf. 1Sm 15.8) e com isso ligar Mordecai (descendente de Quis, assim supostamente ligado a Saul) e Hamã à história de Saul e Agaque. Hamã pode ser um nome persa ou elamita (J. Wiebe, *ABD*, vol. 3, p. 33). Susã ficava na região sul da Pérsia que originalmente era Elam (veja o mapa do império persa, cap. 41).

8. Como Clines, *Ezra, Nehemiah, Esther*, p. 259, 260.

9. Mesmo Fox, que questiona a historicidade do livro, entende que o autor pretendia que o livro fosse lido como história; cf. M. V. Fox, *Character and ideology in the book of Esther* (Colúmbia, S.C., 1991), p. 148-150. Em outra parte (p. 11) ele diz: "Embora duvide da historicidade da narrativa de Ester [...] todos os anos, no Purim, quando ouço a leitura do Rolo na sinagoga, sei que ele é *verdadeiro* [...] Aliás, revivo sua verdade e reconheço sua autenticidade".

10. O ditado popular nos Estados Unidos sobre a entrega de correspondência sob qualquer clima foi emprestado dos persas. Dario I (522-486 a.C.) mandou inscrevê-lo na encosta de uma montanha em Behistun, na rota de caravanas entre Ecbátana e Babilônia. O orgulho de Dario era justo: seu sistema de revezamento de mensageiros atravessava 2000 km entre a Pérsia e a costa egéia em seis dias.

11. Baldwin, *Esther*, p. 18-19; cf. A. Kurt, "The Cyrus Cylinder and Achaemenid imperial policy", *JSOT* 25 (1983); 94-95.

12. Fontes persas atestam alguns oficiais de nome Marduká (i.e., Mordecai), em sua corte em Susã. Um deles pode ser o personagem bíblico, mas não temos certeza; cf. D. J. A. Clines, "In quest of the historical Mordecai", *VT* 41 (1991): 129-136; E. M. Yamauchi, "Mordecai, the Persepolis Tablets, and the Susa excavations", *VT* 42 (1992): 272-275. Yamauchi (p. 273-274) alista outros nomes persas paralelos aos do livro de Ester.

13. Cf. a história de José, Daniel 2–6; Judite e a História de Ahikar (*ANET*, p. 427-430).

14. Cf. Clines, *Ezra, Nehemiah, Esther*, p. 256-257.

15. Cf. Niditch, "Legends of wise heroes and heroines", p. 446-448, que fornece uma análise oportuna de outras propostas recentes; e W. L. Humphreys, "The story of Esther and Mordecai: An early Jewish novella", p. 97-113 em: G. W. Coats, org., *Saga, legend, tale, novella, fable, narrative genres in Old Testament literature* (Sheffield, 1985).

16. Quanto ao gênero do livro, veja Bush, *Ruth, Esther*.

17. Veja J. A. Soggin, *Introduction to the Old Testament*, trad. J. Bowden, OTL (Filadélfia, 1976), p. 403.

18. Veja G. F. Moore, *Judaism* 2:53.

19. Citado em B. W. Anderson, "Introduction and exegesis of Esther", *IB* 3:830.

20. Sobre a ligação entre Ester e o Purim, veja Bush, *Ruth, Esther*.

NOTAS

21. Veja R. H. Pfeiffer, *Introduction to the Old Testament*, ed. ver. (Nova York, 1948), p. 740s.

22. *Ápion* i.8 40; *Ant.* xi.6 §§184-296. Josefo identifica Assuero com Artaxerxes (sucessor de Xerxes) e segue a tradição rabínica ao fazer de Hamã descendente do rei Agague e a destruição dos amalequitas a base de seu ódio contra os judeus. Josefo parece ter empregado o texto da LXX.

23. Ester é o único livro canônico não encontrado em Qumran. O hebraico do livro é típico do hebraico bíblico posterior, um estágio de linguagem distinto do hebraico de Qumran; cf. R. Bergey, "Late linguistic features in Esther", *JQR* 75 (1984): 66-78.

24. Veja uma exposição da concepção implícita mas clara da providência de Deus no livro em D. J. Clives, *The Esther Scroll: The story of the story*, p. 154-158; e Bush, *Ruth, Esther*.

25. Talvez na época a Pérsia praticasse o costume do *kitmân*, "segredo guardado", ou *taqiyyä*, "piedade", aceitar uma pretensa raça, cultura ou crença religiosa por questões de coexistência pacífica; veja W. S. LaSor, *Handbook of biblical Hebrew* (Grand Rapids, 1979) 1:66s. Hoje em dia, esse costume tem possibilitado que islamitas sunitas e xiitas, normalmente inimigos ferrenhos, façam juntos a peregrinação a Meca.

CAPÍTULO 41 — A PERSPECTIVA DO CRONISTA

1. O nome Crônicas surge da sugestão de Jerônimo (c. 400 d.C.) de que o livro fosse chamado "a crônica de toda a história sagrada". O título hebraico (*dibrê hayyāmîm*) significa "os eventos dos dias", ou seja, um diário histórico. A LXX o chama *Paraleipomena*, "o que foi omitido", retornando ao material omitido de 1-2Samuel e 1-2Reis e identificando o livro com o material original não empregado a que alude a fórmula literária usada em 1Reis, a partir de 1Reis 14.19: "quanto aos mais atos de..." No cânon hebraico, Crônicas é o último livro dos Escritos, seguindo-se a Esdras e Neemias.

2. A divisão em 1 e 2Crônicas é encontrada na LXX, mas não nos manuscritos hebraicos anteriores à Idade Média. Foi ditada pelo espaço suplementar exigido pela língua grega. Assim, o termo Crônicas refere-se a ambos os livros como um todo, e seu autor é chamado Cronista. Pesquisas recentes têm feito diferenças entre Crônicas e Esdras–Neemias, tendendo a vê-los como obras distintas. Veja H. G. M. Williamson, *1 and 2 Chronicles*, New Century Bible (Grand Rapids, 1982), p. 5-11.

3. Ele parece ter trabalhado a partir de um texto antigo palestino, diferente em alguns pontos do TM e preservado em parte na edição de Samuel de Qumran (4Qsam^a). Veja J. R. Porter, "Old Testament historiography", p. 156, em: G. W. Anderson, org., *Tradition and interpretation* (Oxford, 1979); S. L. McKenzie, *The Chronicler's Use of the deuteronomistic history* (Atlanta, 1985). O Cronista menciona alguns escritos creditados a profetas, e.g., Samuel, Natã, Gade (1Cr 29.29), Aías, Ido (2Cr 9.29), Semaías (12.15), Jeú (20.34), Isaías (32.32). Duas vezes eles levam o nome de "midrash", que aqui significa "história" ou "comentário" (13.22; 24.27). Esses escritos parecem fazer referência aos livros de Samuel e Reis, conferindo-lhes valor profético, conforme atesta um título "Profetas Anteriores" mais tarde atribuído à História Deuteronomista no cânon hebraico (cf. 2Cr 20.34; 32.32; veja Williamson, *1 and 2 Chronicles*, p. 17-19).

4. Veja Williamson, *1 and 2 Chronicles*, p. 291-294.

5. Ibid., p. 391-393; Dillard, *2 Chronicles*, WBC 15 (Waco, 1987), p. 264-266.

6. Veja ainda G. F. Hasel, *ISBE* (1979): 668-669.

7. Veja L. C. Allen, "Kerygmatic units in 1 e 2 Chronicles", *JSOT* 41 (1983): 21-36.

8. D. N. Freedman data a obra do Cronista de c. 515 e a associa aos ministérios de Ageu e Zacarias; ele atribui as memórias de Esdras e Neemias a um autor posterior que destacou os padrões religiosos de Moisés em lugar das contribuições religiosas de Davi, conforme destacadas em Crônicas

("The Chronicler's purpose", *CBQ* 23 [1961]: 441). Entretanto, algum ponto no século IV é mais provável, especialmente por causa do tamanho da genealogia davídica em 1Cr 3.10-24; veja Williamson, *1 and 2 Chronicles*, p. 15-17.

9. R. W. Klein, *ABD* 1:993, resume três concepções predominantes sobre a relação entre o Cronista e as outras histórias pós-exílicas nos livros de Esdras-Neemias: (1) O Cronista incluiu Esdras-Neemias ao lado de Crônicas em sua obra; (2) Crônicas e Esdras-Neemias são obras distintas, cada um com seu autor; (3) o Cronista escreveu Crônicas e Esdras-Neemias, mas como obras distintas. Klein reconhece os motivos que sustentam cada uma dessas opções, mas pende francamente para a segunda.

10. É difícil determinar dados específicos acerca das circunstâncias históricas e sociais do cronista, especialmente se sua obra for datada do final do século V ou início do IV, já que poucos detalhes desse período foram preservados.

CAPÍTULO 42 — ESDRAS-NEEMIAS

1. Observe, porém, que Esdras é o personagem principal de Ne 7.73b–10.39, a segunda metade das chamadas suas memórias. A LXX e a Vulgata não são coerentes ao dar título aos livros, e dois livros apócrifos são intitulados Esdras, em sua forma hebraica ou grega. Veja no Quadro os nomes mais comuns.

2. Essa é, de longe, a ordem mais comum, mas o famoso códex de Alepo (século X) e alguns textos posteriores colocam Crônicas no início dos Escritos e Esdras-Neemias no fim.

3. Isso é primeiro atestado em Orígenes (século III).

4. Jesua, ao que parece, é uma forma hebraica do nome neotestamentário Jesus.

5. Aram. *ʿabar-nahᵃrâ*, lit. "o outro lado do rio", termo técnico para designar o distrito administrativo (ou satrapia) do império persa a oeste do Eufrates ao longo da costa da Síria e da Palestina até os limites do Egito. Obviamente, o nome pressupõe uma orientação voltada para o Oeste, tendo por referência a Pérsia e a Mesopotâmia.

6. Ao que parece, o sujeito do v. 6 são "as gentes da terra" (v. 4), que de fato interromperam o trabalho no templo até os dias de Dario. Esses eram descendentes dos casamentos mistos entre as tribos israelitas do norte e outros povos assentados pelos assírios na Palestina. O cap. 4 menciona dois grandes assentamentos: um sob Esar-Hadom (681-669; v. 2) e outro sobre "o grande e afamado Osnapar" (v. 10), em geral identificado com Assurbanipal (668-627).

7. I.e., o quinto mês do sétimo ano de Artaxerxes (7.8).

8. I.e., o mês de quisleu, no vigésimo ano de Artaxerxes (1.1; 2.1).

9. Aparentemente, Esdras e Neemias seguiram o calendário de Israel pré-exílico, começando o ano no outono, com tisri. Assim, o quisleu do vigésimo ano de Artaxerxes (1.1) seria dezembro de 445/janeiro de 444, enquanto nisã (2.1) seria abril/maio de 444. Uma vez que ambos omitem um dia específico, é provável que se refiram ao primeiro dia do respectivo mês. Veja um resumo do calendário hebraico no Capítulo 49.

10. Muitos consideram esse número, representando cerca de nove semanas (pressupondo descanso no sábado), um tempo por demais curto para tarefa tão monumental. Preferem o número dado por Josefo (*Ant.* 11.5.8) de dois anos e quatro meses (e.g., Bright, *História de Israel*, 2. ed. [São Paulo, 1978] p. 518). Mas escavações recentes na parte judaica da Cidade Antiga indicam que a cidade na época de Neemias consistia apenas na área ao longo da cordilheira do Ofel ao sul do Monte do Templo. Não há indícios de que os montes do oeste fossem ocupados durante o período persa e o início do helênico. Veja N. Avigad, "Excavations in the Jewish Quarter of the Old City, 196-1971", p. 41-51 in: Y. Yadin, ed., *Jerusalem revealed* (New Haven, 1976). Além disso, nesse

NOTAS

período, o muro oriental da cidade, acima do vale de Cedrom corria ao longo da crista da cordilheira, não lá embaixo na encosta, como o muro pré-exílico. Assim, a cidade de Neemias era muito menor que sua predecessora pré-exílica; veja K. M. Kenyon, *Jerusalem* (Nova York, 1967), p. 107-111. Veja uma explanação sucinta e um mapa em B. Mazar, *The mountain of the Lord* (Garden City, 1975), p. 193. Veja uma defesa convincente e detalhada da posição contrária em W. S. LaSor, "Jerusalem", *ISBE* 2 (1982): 1017-1020, III.F.2. É possível que Neemias tenha encontrado trechos significativos de muro ainda em pé, de modo que parte do trabalho teria sido preencher as brechas e completar a altura, em vez de iniciar um novo muro.

11. O texto registra que Neemias retornou brevemente à Pérsia no trigésimo segundo ano de Artaxerxes (433; 13.6). Assim, seu segundo governo começou em c. 432.

12. Veja W. S. LaSor, "Nebuchadrezzar", *ISBE* 3 (1986): 506ss.

13. Cf. R. E. Hayden, "Persia", *ISBE* 3 (1986): 776-780, esp. 778.

14. Cf. D. J. A. Clines, "Cyrus", *ISBE* 1 (1979): 845-849.

15. Veja um panorama excelente em Bright, *História*, p. 487-505. Veja também J. M. Miller e J. H. Hayes, *A history of ancient Israel and Judah* (Filadélfia, 1986), p. 437-475.

16. S. Talmon, "Ezra and Nehemiah", p. 358-359 in *LGB*.

17. Do material de Esdras, Ed 7.27–9.15 é em primeira pessoa (exceto 8.35s.) o restante, narrativa em terceira pessoa, exceto a seção da aliança (Ne 9.38–10.39 [TM 10.1-40]). Do material de Neemias, Ne 1.1–7.5 e 12.31–13.31 são narrativas em primeira pessoa.

18. *B. Bat.* 15a.

19. O argumento mais persuasivo é o de C. C. Torrey, *Ezra studies* (1910, repr. Nova York, 1970); e A. S. Kapelrud, *The question of authorship in the Ezra-Narrative* (Oslo, 1944). Mais recentemente, veja D. J. A. Clines, *Ezra, Nehemiah, Esther*, NCBC (Grand Rapids, 1984), p. 2-12; e Bright, *História*, p. 536. Alguns estudiosos chegam a alegar que o Cronista era o próprio Esdras ou um discípulo próximo; cf. W. F. Albright, *JBL* 40 (1921): 104-124; J. M. Myers, *Ezra-Nehemiah*, AB (Garden City, 1965), p. lxviii; Bright, *História*, p. 541s.

20. S. Japhet, *VT* 18 (1968): 330-371. Mas veja a crítica a Japhet por R. W. Klein, "Ezra e Nehemiah in recent studies", p. 375 nota 34 in: F. M. Cross, W. E. Lemke e P. D. Miller Jr., org., *Magnalia Dei: The mighty acts of God*, Festschrift G. E. Wright (Garden City, 1976).

21. D. N. Freedman, *CBQ* 22 (1961): 436-442. Para conciliar tanto as diferenças como as semelhanças, F. M. Cross Jr. propôs uma teoria de três editores sucessivos por trás da obra composta Crônicas–Esdras–Neemias. O primeiro teria trabalhado na época de Zorobabel (c. 520), apoiando a reconstrução do templo e destacando a ideologia real davídica; o segundo teria vivido após o trabalho de Esdras (i.e., depois de 458); e o terceiro, que incorporou as memórias de Neemias, teria trabalhado em c. 400; "A reconstruction of the Judean restoration", *JBL* 34 (1975): 4-18, esp. 14s.

22. J. D. Newsome Jr., "Toward a new understanding of the Chronicler and his purpose". *JBL* (1975): 201-217.

23. H. G. M. Williamson, *Ezra, Nehemiah*, WBC 16 (Waco, 1985), p. xxi-xxiii; T. C. Eskenazi, *In an age of prose: A literary approach to Ezra-Nehemiah*, SBLMS 36 (Atlanta, 1988), p. 14-36.

24. Veja Bright, *História*, p. 539ss. Myers, *Ezra–Nehemiah*, p. lxviiiss; Clines, *Ezra, Nehemiah, Esther*, p. 12-13. Cf. o estudo influente de W. F. Albright, *JBL* 40 (1921): 104-124. A LXX de 1Cr 3.10-24 estende a lista dos descendentes de Davi a onze gerações, em lugar de sete.

25. Williamson, *Ezra-Nehemiah*, p. xxxvi; cf. S. Japhet, *ZAW* 94 (1982): 89 nota 55 (primeiro quarto do século IV). Veja uma crítica à pressuposição samaritana de Williamson em Clines, *Ezra, Nehemiah, Esther*, p. 13.

26. O termo "autor—compilador" pressupões que o autor tanto escreveu por si (e.g., a introdução em terceira pessoa à seção de Esdras, Ed 7.1-10) como empregou uma variedade de materiais de base (veja acima).

NOTAS

27. O hifil *he ʿlâ* deve significar "tomar" em vez de "enviar", já que 5.15s. afirma claramente que Sesbazar voltou a Jerusalém.

28. Zorobabel é o filho de Sealtiel (3.2, 8; 5.2; cf. Ag 1.1, 12), que, de acordo com 1Cr 3.17, era o filho mais velho de Joaquim (o último rei de Judá, exilado em 597). Mas 1Cr 3.19 apresenta Pedaías como pai de Zorobabel, um filho mais novo de Sealtiel.

29. Ambas as harmonizações, porém, precisam lutar com a alegação de Ed 3.6 de que, quando Zorobabel construiu um altar e instituiu sacrifícios, os alicerces do templo ainda não haviam sido lançados. Pergunta-se por que, se Sesbazar retornou antes, não tomou essas medidas.

30. Observe o título "governador" dado a Sesbazar e Zorobabel (Ed 5.14; Ag 1.1, 14), a referência à "província de Judá" (Ed 5.8), ao "governador dos judeus" (6.7) e a declaração de Neemias: "os primeiros governadores que foram antes de mim" (Ne 5.15).

31. Pequenos pedaços de argila pressionados contra o cordão que fechava um rolo, a fim de selá-lo. O escritor do documento muitas vezes pressionava a argila com seu selo oficial ou pessoal que fica como um tipo de inscrição quando se desintegram o cordão e o documento anexado.

32. Veja J. H. Hayes e J. M. Miller, org., *Israelite and Judaean history*, OTL (Filadélfia, 1977), p. 460-462, 490-491 (bibliografia); G. Widegren, "The Persian period", p. 510s. in: Hayes e Miller, *History*. Não se pode definir, porém, se esses governadores precederam ou seguiram Neemias.

33. Assim S. Talmon, "Ezra and Nehemiah", *IDBD*, p. 321. Um selo é o de "Selomite, a 'empregada' do governador", sendo-se tentado a identificá-la com Selomite, filha de Zorobabel (1Cr 3.19); cf. N. Avigad, *Bullae and seals from a post-exilic Judean archive*, Qedem 4 (Jerusalém, 1976), p. 11-13, 31s.

34. E.g., Myers, *Ezra–Nehemiah*, p. 133; Bright, *História* p. 505.

35. Veja *ANET*, p. 491s. Esses documentos comerciais e cartas vêm de uma colônia militar judaica na ilha de Elefantina, ao norte da primeira catarata do Nilo e do lado oposto a Aswan, estabelecida na época da queda de Jerusalém em 586. Os textos dão grandes esclarecimentos sobre os negócios da colônia judaica no Alto Egito, principalmente no período de 425-400. Em 410 esses judeus escreveram uma carta a Joanã, sumo sacerdote em Jerusalém (Ne 12.22), a respeito da reconstrução do templo. Em 407 enviaram um longo apelo sobre a mesma questão a Bagoas, governador de Judá, mencionando também uma carta semelhante a "Delaías e Selemias, os filhos de Sambalate, governador da Samaria". Se for o mesmo Sambalá que se opôs sistematicamente a Neemias (2.19; 4.1 [TM 3.33]), o Artaxerxes a que 2.1 faz referência deve ser Artaxerxes I.

36. Veja a útil discussão em R. W. Klein, "Ezra–Nehemiah, Books of", *ABD* 2:735-737; e Clines, *Ezra, Nehemiah, Esther*, p. 16-24.

37. Mais recentemente, Miller e Hayes, *History*, p. 465-469. Como alternativa, Bright (*História*, p. 533-536) propôs uma data de 428, emendando Ed 7.7-8 para que se leia "trigésimo sétimo" ano de Artaxerxes, em vez de seu "sétimo" ano. Não há, entretanto, nenhuma evidência textual para sustentar essa emenda.

38. Estudiosos que sustentam essa idéia descartam as referências a Esdras e Neemias juntos, considerando-as acréscimos posteriores ao texto, indignos de crédito.

39. Klein, "Ezra–Nehemiah, Books of", p. 737; Williamson, *Ezra, Nehemiah*, p. xliii-xliv; e Clines, *Ezra, Nehemiah, Esther*, p. 14-24, adotam essa data para Esdras, mas concluem que a ordem presente do texto não é determinada pelos interesses cronológicos, mas por interesses temáticos. Cronologicamente, Neemias 8 e 9, a leitura da lei por Esdras, devem vir após Esdras 8 e, assim, as reformas de Esdras na realidade levaram pouco mais de um ano (Klein, "Ezra, Nehemiah, Books of", p. 735; Williamson, *Ezra, Nehemiah*, p. xlviii-l).

40. Talmon, "Ezra and Nehemiah", p. 363-364 in: *LGB*. Veja uma discussão mais aprofundada em E. M. Yamauchi, "The reverse order of Ezra/Nehemiah reconsidered", *Themelios* 5 (1980): 7-13.

NOTAS

41. No início do período de restauração, Israel pode ter buscado em Sesbazar e Zorobabel a restauração da monarquia davídica e da antiga ordem. Ambos eram descendentes de Davi, e Ageu e Zacarias falavam de Zorobabel em termos messiânicos. A instabilidade do império persa durante os primeiros anos de Dario I também podem ter atiçado tais esperanças. Mas por fim essas esperanças perderam o brilho.

42. A descoberta do "livro da lei" em 621 (décimo oitavo ano de Josias) ilustra como de fato era periférica a lei na vida de Israel antes do exílio. Os que trabalhavam na reforma do templo a encontraram, como se não estivesse em uso por anos. Tal desuso seria totalmente impossível no período pós-exílico.

43. O papel exato desempenhado pelos levitas na "leitura" da lei continua incerto. O ambíguo hebraico $m^ep\bar{o}r\bar{a}sh$ (lit. "dividido, rasgado"; v. 8) pode significar (1) "claramente", (2) "parágrafo por parágrafo" ou (3) "em tradução (aramaica)". Veja as opções em Clines, *Ezra, Nehemiah, Esther*, p. 184-185.

44. J. Blenkinsopp, "The sage, scribe, and scribalism in the Chronicler's work", p. 307-315 em: J. G. Gammie e L. G. Perdue, org., *The sage in Israel and the ancient Near East* (Winona Lake, 1990). Essa terminologia persa pode também ter influenciado a descrição de Esdras como "escriba", acima discutida (Ed 7.6). O aramaico imperial equivalente, $sâp^erâ$, era um termo comum para um oficial imperial persa, em geral seguido por um genitivo, como neste caso. Entretanto, como dissemos, dentro de Israel o termo assumiu conotações mais amplas de liderança.

45. A maior parte dos estudiosos entende que a lei era o nosso Pentateuco, provavelmente coligido e editado por Esdras; cf. Williamson, *Ezra, Nehemiah*, p. xxxix ("semelhante, senão totalmente idêntica, ao nosso Pentateuco").

46. De acordo com o esmerado estudo de Eskenazi (*Age of prose*, p. 127-154), o livro retrata Esdras e Neemias como opostos — Esdras "o mestre auto-ocultado da Torá", Neemias, "o empreendedor autopromotor". O trabalho deles complementa-se mutuamente, e o contraste entre eles simboliza a incorporação da diversidade na comunidade judaica do pós-exílica.

47. Os conceitos de Is 40–66 também estão por trás das palavras de Esdras. Várias vezes esses capítulos retratam o "novo" que será feito por Javé (42.9; 43.19; 48.3), como um novo êxodo, e.g., um caminho por um deserto que floresce e possui correntes de água (40.3-5; 41.18s.; 49.9-11). Veja outras ilustrações de continuidade em Clines, *Ezra, Nehemiah, Esther*, p. 25-25; Eskenazi, *Age of prose*, p. 40-41.

48. *Old Testament Theology*, trad. D. M. G. Stalker, 2 vol. (Nova York, 1962-1965) 1:90 (publicado no Brasil pela ASTE sob o título *Teologia do Antigo Testamento*).

49. P. R. Ackroyd, *Exile and restoration* (Filadélfia, 1968), p. 248.

50. Como observa Ackroyd (*Exile and retoration*, p. 255), o verdadeiro propósito da lei era promover "o reconhecimento de que não existe nenhuma parte da vida que esteja fora do interesse de Deus, e que a comunidade completamente ajustada é aquela em que a vida está sob controle".

51. Veja Eskenazi, *In an age of prose*, p. 42: "... tudo que transpira de Esdras 1.1 a Neemias 13.31 é unificado pela ordem do Deus de Israel junto com a ordem dos três reis".

52. Veja Williamson, *Ezra, Nehemiah*, p. li-lii.

CAPÍTULO 43 — DANIEL

1. Veja a discussão de Zacarias, acima.

2. *Semeia* 14, p. 9; citado em J. J. Collins, *Daniel*, FOTL 20 (Grand Rapids, 1984; reimp. 1989), p. 4

3. Veja P. D. Hanson, *IDBS*, p. 27.

4. Em inglês, a grafia do nome Nabucodonosor varia, refletindo o original. A forma

Nebuchadnezzar ocorre regularmente em Daniel, bem como em todos os outros trechos da Bíblia, exceto em Jeremias (*Nebuchadnezzar,* 10 vezes, *Nebuchadrezzar,* 27) e Ezequiel. BDB não tem razão em dizer que a grafia *Nebuchadnezzar* é empregada de maneira "incorreta" (p. 613), assim como não se pode dizer que "oiro" seja incorreto. As diferenças de grafia são regionais ou dialetais. Veja uma discussão recente dos contextos históricos dessas histórias em J. G. Baldwin, *Daniel* (Downers Grove, Ill., 1978), p. 19-29.

5. As consoantes hebraicas do nome em Daniel são *dny'l*; em Ezequiel, *dn'l*: assim alguns leriam "Danel" (NRSV, rodapé).

6. E. g., 1Aqht 19; veja C. H. Gordon, *Ugaritic textbook* 1:245-250; *ANET*, p. 149-155, com bibliografia; J. Day, "The Daniel of Ugarit and Ezekiel and the hero of the book of Daniel", *VT* 30 (1980): 174-184. A tese de S. B. Frost de que a história bíblica foi construída sobre histórias do Daniel ugarítico (fenício) não tem fundamento; como admite Frost: "As tradições mais antigas não fazem referência a outras características marcantes do herói do livro de Daniel"; *IDB* 1:762. Essas características são sabedoria e retidão (p. 761), que dizem respeito ao Dan'el de Ezequiel, não ao Dan'il ugarítico.

7. Nipur, na vizinhança de Tel-Abibe, onde viveu Ezequiel, ficava a apenas 80 km. da Babilônia.

8. Em maio/junho de 605, Nabucodonosor "conquistou toda a área da nação Hatti" (que incluiria a Palestina). Nabopolassar morreu em 8 de abe de seu vigésimo primeiro ano (15 de agosto de 605), e no 1.º de elul (7 de setembro) Nabucodonosor "assentou-se sobre o trono real da Babilônia", mas não "tomou as mãos de Bel" até o mês de nisã (2 de abril de 604). Ele chama o período precedente seu "ano de ascensão", em que retornou à terra de Hatti até Sebate (fevereiro de 604) e "cobrou um pesado tributo do território Hatti para a Babilônia". Veja D. J. Wiseman. *Chronicles of the Chaldean kings (626-556 B.C.)* (Londres, 1956), p. 69. As datas são calculadas a partir de R. A. Parker e W. H. Dubberstein, *Babylonian Chronology 626 B.C.-A.D. 75* (Providence, 1971), p. 27. O "terceiro ano do reinado de Jeoaquim" (1.1) teria terminado a 6 de outubro de 605 (empregando um ano de tisri a tisri), que se harmonizaria com a invasão de Nabucodonosor no verão de 605.

9. Os que foram levados cativos pelo rei são chamados em hebraico *y^elādim,* "filhos" (1.4), podendo ser empregado para "descendentes" de qualquer idade. Uma vez que seriam treinados para o serviço da corte, deviam ser bem jovens.

10. Argumentos a respeito da data do aramaico em R. D. Wilson, *The Aramaic of Daniel* (Nova York, 1912), e esp. H. H. Rowley, *The Aramaic of the Old Testament* (Londres, 1929), estão lingüisticamente ultrapassados. Veja agora J. A. Fitzmyer, *The Aramaic inscriptions of Sefire* (Roma, 1967); *A wandering Aramean* (Missoula, 1979); "The Aramaic language and the study of the New Testament", *JBL* 99 (1980): 5-21; D. W. Gooding, "The literary structure of the book of Daniel and its implications", *Tyndale Bulletin* 32 (1981): 43-79; J. Greenfield, "Aramaic", *IDBS*, p. 39-44; W. S. LaSor, "Aramaic", *ISBE* 1 (1979): 229-233.

11. Veja LaSor, *Great personalities of the Old Testament* (Westwood, N.J., 1959), p. 171s.

12. Quanto aos problemas de identificação veja D. J. A. Clines, "Belshazzar", *ISBE* 1 (1979): 455s.; "Darius", ibid., p. 867s.; R. P. Dougherty, *Nabonidus and Belshazzar*, Yale Oriental Series 15 (New Haven, 1929); Wiseman, *Notes on some problems in the book of Daniel* (Londres, 1965), p. 9-16.

13. A data no v. 4 converte-se em 23 de abril de 536. Apesar de acusações de que os autores bíblicos desconheciam que Ciro já reinava desde 559, todos os documentos remanescentes de Ciro datam seu reinado a partir da captura da Babilônia. Veja a nota 6 do Capítulo 28, acima.

14. F. F. Bruce, *Israel and the nations*, embora não date especificamente Daniel, parece indicar que a escrita foi posterior aos eventos; veja p. 124, 133, 141 nota 1.

15. Frost data o livro "entre 17(?) de dezembro de 167 (1Mc 1.54) e da data correspondente em 164 (1Mc 4.52)" e depois estreita isso até "c. 166-165 a.C."; *IDB* 1.767.

NOTAS

16. Cf. J. J. Collins, *Daniel*, p. 11-14. Deve-se notar que na literatura apocalíptica, uma profecia *ex eventu*, i.e., baseada num fato já ocorrido, ainda poderia ser profecia de um evento futuro.

17. Veja R. K. Harrison, *Introduction to the Old Testament* (Grand Rapids, 1969), p. 1105-1134; "Daniel, Book of", *ISBE* 1 (1979): 861-865; R. D. Wilson, "Daniel, Book of", *ISBE* (1939) 2:783-787; C. Boutflower, *In and around the book of Daniel* (1923; reimp. Grand Rapids, 1963), p. 1-12; E. J. Young, *The prophecy of Daniel* (Grand Rapids, 1949), p. 15-26, 223-253; E. B. Pusey, *Daniel the Prophet* (Nova York, 1885), p. 1-57, 232-461; B. S. Childs, *Introduction to the Old Testament as Scripture* (Filadélfia, 1979), p. 611-621 e bibliografia, p. 608-611; O. Eissfeldt, *The Old Testament: An introduction*, trans. P. R. Ackroyd (Nova York, 1965), p. 517-529 e bibliografia, p. 512s.; A. Jeffrey, "Introduction and exegesis of Daniel", *IB* 6:341-352; G. L. Archer Jr., *Merece confiança o Antigo Testamento?* (São Paulo, 1974), p. 432-457; J. G. Baldwin, *Daniel* (São Paulo, 1983). J. B. Payne considera "um engano e uma fraude" as opiniões que lhe atribuem data mais recente; "Daniel, Book of", *ZPBD*, p. 199. R. Dillard e T. Longman, *Introduction to the Old Testament* (Grand Rapids, 1995), p. 329-352, oferecem uma interpretação conservadora sábia e equilibrada.

18. Veja F. Delitzsch, "Daniel", in: J. J. Herzog, org., *Realenzyklopedie für protestantische Theologie und Kirche* 3 (Hamburgo, 1855): 273; J. A. Montgomery, *The book of Daniel*, ICC (Edimburgo, 1927), p. 13-22.

19. Fragmentos de Daniel encontrados em Qumran indicam que, na época, a seção em aramaico começava e terminava nos mesmos pontos da Bíblia hebraica.

20. Veja E. J. Young, *The prophecy of Daniel* (Grand Rapids, 1949), p. 19s.

21. *B. Bat.* 15a; veja nota 10, acima.

22. Young, *The prophecy of Daniel*, p. 20

23. Ibid.

24. J. E. Goldingay, *Daniel*, WBC 30 (Dallas, 1989), p. xl.

25. Veja Montgomery: "The historical objective of the book, whether it is understood as contemporaneous to the writer or as prophetically foreseen, is the Hellenistic age": *Daniel*, p. 59. Ele sustenta essa posição usando os caps. 10-12.

26. Alguns que o interpretam como Antíoco Epifânio simplesmente dizem que o autor dessa parte enganou-se; veja Frost, *IDB* 1.768.

27. Veja Boutflower, *In and around the book of Daniel*, p. 13-23; Young, *The prophecy of Daniel*, p. 274-294; Montgomery, *Daniel*, p. 59-62; Jeffrey, *IB* 6:382-390, 452-467; G. F. Hasel, "The four world empires of Daniel 2 against its Near Eastern environment", *JSOT* 12 (1979): 17-30.

28. Muitas vezes entendido como 2300 sacrifícios da tarde e da manhã, portanto, 1150 dias. Mas Jeffrey observa que "a partir dos dados em 1Macabeus, o número real de dias entre a profanação do altar em 168 a.C. e sua rededicação em 165 foi, sob qualquer cálculo, um tanto menor que 1150 dias" (*IB* 6:476) — na realidade, 1094 dias.

29. Veja uma exegese minuciosa em Montgomery, *Daniel*, p. 377-401; Young, *The prophecy of Daniel*, p. 191-221. Goldingay, *Daniel*, p. 257-268.

30. Ao que parece, o início das doutrinas e teorias acerca dos príncipes angelicais das nações; veja Montgomery, *Daniel*, p. 419s.

31. A fórmula de data no v. 1 parece uma glosa acrescentada para esclarecer a seqüência cronológica, mas pode ser uma retrospectiva enunciada pelo mesmo orador no cap. 10.

32. Essa idéia é sustentada pelo uso de Daniel em Enoque; na literatura de Qumran; no Novo Testamento, especialmente em Apocalipse; e em outros escritos.

33. Veja Montgomery, *Daniel*, p. 420-468: "Parece haver uma falta de alusão a esse capítulo na literatura primitiva judaica e cristã. E, subseqüentemente, os comentaristas judaicos, com sua característica falta de senso histórico, fazem do capítulo uma série fantástica de alusões fabulosas...";

p. 468. Talvez os primeiros comentaristas do judaísmo e do cristianismo compreendessem melhor a natureza da literatura apocalíptica.

34. H. H. Rowley destaca que não faria sentido Jesus impedir seus discípulos de dizer que ele era o Cristo, se "filho do homem" fosse um termo equivalente; *The relevance of Apocalyptic*, 2ª ed., (Londres, 1947), p. 30s. Veja M. Casey, "The corporate interpretation of 'One like a Son of Man' (Dan. VII 13) at the time of Jesus", *Novum Testamentum* 18 (1976): 167-180. Veja também D. Aune, "Son of Man", *ISBE* 4 (1988): 574-581.

35. Veja W. S. LaSor, *Great personalities*, p. 42.

36. Veja no comentário de Goldingay, p. xxx-xxxviii, um resumo da interpretação cristã de Daniel ao longo dos séculos. Tempos de perseguição ou ameaça de conquista por poderes pagãos despertaram, várias e várias vezes, profundo interesse no livro.

CAPÍTULO 44 — A AUTORIDADE DO ANTIGO TESTAMENTO PARA OS CRISTÃOS

1. Assim, entre outros, C. H. Dodd, *According to the Scriptures* (Londres, 1952), p. 108ss. Cf. E. E. Ellis, *Paul's use of the Old Testament* (Grand Rapids, 1957), p. 113.

2. Ellis, ibid., p. 115s.

3. Ibid., p. 116.

4. A tipologia tem sido definida como "o estabelecimento de ligações históricas entre certos eventos, pessoas ou coisas no Antigo Testamento e eventos, pessoas ou coisas semelhantes no Novo Testamento". Veja G. W. Lampe e K. J. Woollcombe, *Essays in typology* (Londres, 1957), p. 147ss.

5. E.g., Lampe e Woollcombe.

6. Ibid., p. 147ss.

7. F. F. Bruce compara as interpretações arbitrárias de uma passagem de Amós na Admoestação Zadoquita e a interpretação solidária, sensível de Estêvão de outra passagem profética em Amós 7.42s.; *Biblical exegesis in the Qumran texts* (Grand Rapids, 1959), p. 73.

8. Ellis, *Paul's use of the Old Testament*, p. 147s.

CAPÍTULO 45 – REVELAÇÃO E INSPIRAÇÃO

1. Veja Is 41.22s., 26; 43.12; 44.7s.; 45.21; 48.3, 5s., 8, 14-16.

2. No movimento de Teologia Bíblica da década de 1950 houve uma ênfase na auto-revelação de Deus na história apenas por meio de atos divinos. Essa abordagem distorce as evidências do Antigo Testamento. A interpretação desses atos por meio de palavras desempenha um papel chave na revelação divina, como James Barr observou em *Old and new in interpretation* (London: 1966), p. 21: "A progressão da história se dá não só por aquilo que Deus faz, mas também por aquilo que ele diz".

3. 1Cr 16.40; 2Cr 12.1; 17.9; 31.3s.; 34.14; 35.26; Ed 7.10; Ne 9.3.

4. Ne 8.8, 18; 10.29. Cf. "tua lei" nas orações em Ne 9.26, 29, 34; Dn 9.11.

5. B. S. Childs, *Introduction to the Old Testament as Scripture* (Filadélfia: 1979), p. 513. Veja uma discussão sobre os meios pelos quais as respostas dos homens a Deus em forma de oração e louvor passam a ser consideradas revelação divina em L. C. Allen, *Psalms*, Word Biblical Themes (Waco: 1987), p. 117-122.

6. G. M. Tucker, "Prophetic superscriptions and the growth of a canon", *Canon and authority*, ed. G. W. Coats e B. O. Long (Filadélfia : 1977), p. 65, 68.

NOTAS

7. Jr 1.2; Os 1.1; Jl 1.1; Mq 1.1; Sf 1.1; cf. Ml 1.1. Essa rubrica introdutória é em geral chamada "fórmula da recepção de mensagem".

8. A sintaxe é ambígua: a NRSV dá uma tradução alternativa "Toda escritura inspirada por Deus é também ...", que soa tautológica. Na realidade, parece que as opções dependem do significado do termo grego *graphē*, que pode ser "escrito" ou "escritura". Assim, a tradução alternativa é "Todo escrito inspirado por Deus é também ..." (F. F. Bruce, *The canon of Scripture* [Downers Grove, Ill.: 1988], p.29 nota 2). Os leitores da Bíblia inglesa podem ser tranqüilizados pelo fato de que Timóteo teria sido ensinado a partir da versão grega do Antigo Testamento, que, apesar de todas as suas deficiências, deixa a inspiração do original resplandecer completamente. O Novo Testamento, porém, não reconhece nenhuma versão "inspirada" em particular.

9. A mudança do estágio escrito ("profecia da Escritura", 2Pe 1.20) para o estágio oral não teria sido tão notável num contexto cultural em que o Antigo Testamento era conhecido por ser lido em voz alta e ouvido pela congregação.

10. O grego *theopneustos*, com freqüência entendido como "soprado por Deus", em seu contexto temático parece ser um adjetivo composto que se desenvolveu a partir da frase *to pneuma tou theou* "o Espírito de Deus". O adjetivo "inspirado" que a RSV importou para Mt 22.43; Mc 12.36; Lc 2.27; 1Co 12.6, 11; 1Tm 1.18 tem sido sabiamente removido na NRSV. O exemplo em 1Ts 1.6 também poderia ser removido.

11. No Antigo Testamento, o "espírito" de Deus (com "e" minúsculo), assim como a mão de Deus, é uma extensão do ser divino e um meio de auto-revelação de Deus à humanidade. (A tradução inglesa utilizada pelo autor tem "spirit" com "s" minúsculo nas duas passagens citadas no texto.)

12. Veja Is 30.1, em que "aprovação" é literalmente "espírito"; Os 9.7; Mq 3.8; cf. Nm 11.29; 1Rs 22.24; Jl 2.28-29.

13. Dificilmente pode-se fazer objeção ao conceito de inspiração verbal, uma vez que os pensamentos devem ser expressos em palavras.

14. "Em que sentido se fala em revelação quando a Bíblia possui um texto contendo uma lei que é lei comum antiga, apenas levemente distinta da lei dos grupos sociais vizinhos?" – perguntou Barr (*Old and new in interpretation*, p. 98). Sobre os diferentes modelos de inspiração veja B. Vawter, *Biblical inspiration* (Filadélfia, 1972), p. 162-168.

15. Cf. Sl 78.1-4 e o "Livro da História" de 1Rs 14.29, etc.

16. Veja em especial J. L. McKenzie, "The social character of inspiration", *CBQ* 24 (1962): 115-124, reimpresso em *Myths and realities* (Milwaukee: 1963), p. 37-58. Há, evidentemente, outro sentido em que se diz às vezes que a comunidade é inspirada: pela experiência de ouvir e ler as Escrituras. Por meio desse uso, alguém pode ser tentado a prosseguir e falar que a Bíblia, em vez de ser a palavra de Deus, torna-se a palavra de Deus. Porém, esse uso subjetivo do termo "inspiração" provoca confusão e é melhor substituí-lo pelo termo mais tradicional que é "iluminação" (cf. Sl 119.18).

17. P. Achtemeier, *The inspiration as Scripture* (Filadélfia: 1980), p. 133.

18. Veja R. Beckwith, *The Old Testament canon of the New Testament Church* (Grand Rapids: 1985), p. 70, 79, 95 nota 32, 126.

19. Cf. Mc 12.36, em que Sl 110.1 é atribuído a "Davi [...] pelo Espírito Santo". Cf. também Hb 9.8. Em Hb 1.1 a revelação de Deus no Antigo Testamento por meio dos "profetas" consiste não só dos livros dos profetas propriamente ditos, mas também de Salmos e de Deuteronômio, de acordo com a citação em Hb 1.5–2.13.

20. O grego *asphaleia*, "verdade, confiabilidade" é paralelo etimológico do latim posterior *infalibilitas*. Ambos denotam a qualidade do que não é sujeito a tropeços a quedas.

21. R. K. Johnston, *Evangelicals at an impasse: biblical authority in practice* (Atlanta: 1978), p. 36: "'Inerrante', quando restrito hermeneuticamente, parece morrer a morte por milhares de restrições".

22. Os teólogos tradicionalmente têm descrito a associação da Bíblia com a história como condescendência ou adaptação divina à limitação humana. Como um exemplo do condicionamento cultural ou da "limitação no tempo" da Bíblia, G. C. Berkouwer citou algumas declarações de Paulo acerca do sexo feminino e do casamento, que na verdade fazem ecoar padrões do Antigo Testamento (*Holy Scripture* [Grand Rapids: 1975], p. 186-187).

23. D. A. Hubbard, *What we evangelicals believe* (Pasadena: 1979), p. 61.

CAPÍTULO 46 – O CONCEITO DE CÂNON

1. É muitas vezes denominada Tanakh, um acrônimo de Torá (Lei), Nebi'im (profetas) e Ketthubim (Escritos).

2. Veja sobre a descrição de Zacarias como "filho de Baraquias" em Mt 23.35 em R. Beckwith, *The Old Testament canon in the New Testament church* (Grand Rapids, 1985), p. 212-220.

3. Cf. J. Blenkinsopp, *Prophecy and canon* (Notre Dame, 1977), p. 85-95, 120-123.

4. Veja o artigo clássico de J. P. Lewis, "What do we mean by Jabneh?" *Journal of Bible: An introductory reader*, ed. S. Z. Leiman (New York, 1974), p. 254-261.

5. Veja em especial A. C. Sundberg, *The Old Testament of early church* (Cambridge, Mass., 1964), p. 3-79.

6. Veja Beckwith, *Old Testament canon*, p. 152-153.

7. Veja S. Z. Leiman, *The canonization of Hebrew Scripture* (Hamden, 1976), p. 26, 29-30.

8. O livro de Ester não foi encontrado entre os manuscritos de Qumran. A comunidade de Qumran talvez o tenha rejeitado por não estar de acordo com seu calendário. Cf. Beckwith, *Old Testament canon*, p. 312.

9. Entretanto, a idéia mais antiga de que um cisma entre judeus e samaritanos, ocorrido no século V, apóia a canonização nessa época já não é viável. Os samaritanos só consideravam o Pentateuco como escritura canônica. Mas a divisão parece ter ocorrido bem mais tarde, por volta de 120 a.C. O Pentateuco samaritano reflete em sua escrita, grafia e texto (à parte de desvios sectários) o período entre 150 e 50 a.C., conforme mostram os paralelos de Qumran. Presume-se que os samaritanos rejeitavam as outras escrituras judaicas por causa do reconhecimento do templo de Jerusalém e da denúncia dos pecados de Efraim que nelas aparece. Veja Beckwith, *Old Testament canon*, p. 131, com referência à obra de J. D. Purvis, *The Samaritan Pentateuch and the origin of the Samaritan sect* (Cambridge, Mass., 1968).

10. Beckwith (*Old Testament canon*, p. 138-152) concebe um cânon bipartido que não continha os Profetas e os Escritos diferenciados até cerca de 164 a.C. É provável, porém, que os livros proféticos característicos, incluindo o épico histórico tão imbuído de tradições proféticas, tenham sido reconhecidos como elemento distinto num estágio anterior.

11. Veja Beckwith, *Old Testament canon*, p. 250-251, 256, 260-262.

12. Veja a discussão de Beckwith em *Old Testament canon*, p. 235-240.

13. Veja Beckwith, *Old Testament canon*, p. 124-125; J. Barton, *Oracles of God* (New York, 1986), p. 34.

14. Em seu escrito mais recente ele se mostra mais disposto a reconhecer o valor do estudo de estágios anteriores no processo de escrita. Veja *The New Testament as canon: An introduction* (Filadélfia, 1984), p. 35-37.

NOTAS

15. Em veio semelhante, W. Brueggermann, *The creative word: Canon as a model for Christian formation* (Filadélfia, 1982), p. 10-13, distingue o cânon tripartido em termos de ordem estabelecida, desafio de ruptura e potencial humano sob Deus.

CAPÍTULO 47 — A FORMAÇÃO DO ANTIGO TESTAMENTO

1. Nem todos os descendentes de Sem falavam línguas semíticas. Elão e Lude, por exemplo, empregavam línguas não-semíticas (Gn 10.22), enquanto alguns descendentes de Cam (e.g., Canaã, v. 6, e os filhos de Cuxe mencionados no v. 7) falavam línguas semíticas e não camíticas.

2. Thomas O. Lambdin, *Introduction to biblical Hebrew* (New York, 1971), p. xiii. Veja um quadro mais detalhado em J. Huehnergard, "Languages (Introductory)", *ABD* 4:157. O arábico ("árabe") é classificado como "central".

3. O babilônio e o assírio são chamados coletivamente "acadiano".

4. A língua das Tabuinhas de Ebla ainda não foi classificada com precisão. Alguns estudiosos a consideram mais próxima do acadiano. Veja R. D. Biggs, "Ebla texts". *ABD* 2:264.

5. O calendário de Gezer, aparentemente uma tabuinha de exercício escolar infantil (c. 1000); os óstracos samaritanos, cerca de setenta e cinco inscrições breves em cacos de cerâmica (c. 750); a inscrição de Siloé, narrando o término do aqueduto de Ezequias (c. 700); e as cartas de Laquis, cerca de uma centena de linhas de hebraico legível (c. 589) são os mais importantes documentos hebraicos não-bíblicos datados da época do Antigo Testamento. Veja uma lista mais completa em K. A. D. Smelik, *Writings from ancient Israel: A handbook of historical and religious documents* (Louisville, 1991).

6. As vogais no hebraico pós-bíblico são escritas acima ou abaixo das consoantes, por um sistema de pontos e traços. O hebraico "sem pontuação" é o texto consonantal sem essas indicações vocálicas.

7. As correspondências diplomáticas acadianas entre oficiais em Canaã (em meio a outras) e seus superiores egípcios, datadas do século XIV e descobertas em Tel El Amarna no Egito.

8. O aramaico deve ter sido a língua pátria de Jesus e da maior parte dos autores do Novo Testamento (e.g., os evangelistas, exceto Lucas). Observe o uso que Jesus faz de *mammon* (Mt 6.24), *Raca* (5.22; RSV mg.), *Ephphatha* (Mc 7.34), *Talitha cumi* (Mc 5.41), *Eloi, lama sabachthani* (Mc 15.34) e *Abba* (Mc 14.36), que parecem, todos, representar originais aramaicos. Quanto à influência aramaica nos evangelhos e em Atos, especialmente na estrutura frasal grega, veja M. Black, *An Aramaic approach to the gospels and Acts*, 3rd ed. (London, 1967). Entretanto, veja também as referências no Capítulo 43, a respeito do livro de Daniel.

9. Veja Sl 40.7 (TM 6); Jr 36.2ss. (o melhor relato do AT sobre os métodos de registro das Escrituras); Ez 2.9–3.3; Zc 5.1s.

10. Fragmentos de papiros encontram-se em Qumran, Wadi Murabbaat, Nahal Hever e Wadi ed-Daliyeh.

11. Alguns críticos textuais empregam o termo *haplografia* em sentido mais amplo, para qualquer omissão no texto.

12. Isbosete em 2Sm 2.8 é Esbaal em 1Cr 8.33; Jerubesete de 2Sm 11.21 é Jerubaal em Jz 6.32; Mefibosete em 2Sm 4.4 é Meribaal em 1Cr 8.34; 9.40. Na época de Saul "Baal", i.e., "Senhor" podia referir-se a Javé, o Senhor de Israel. Talvez essas mudanças possam ser datadas de época posterior a Oséias, em cujos dias Deus exigiu o fim dessa prática (Os 2.16-17).

13. Algumas das duplicações em provérbios e salmos podem ser atribuídos a isso. E.g., é bem conhecido que os salmos 14 e 53 são idênticos, exceto pelo fato de Sl 14 empregar o nome divino Javé e o 53 empregar Elohim. Veja também os Sl 40.13-17; 70.

14. Ralph W. Klein, *Textual criticism of the Old Testament: From the Septuagint to Qumran* (Filadélfia, 1974), p. 5-10.

15. A *Biblia Hebraica* de R. Kittel, revisada por K. Elliger e W. Rudolph como a *Biblia Hebraica Stuttgartensia* (Stuttgart, 1968-1977), apresenta um reprodução esmerada do texto de ben Asher, ainda que as leituras variantes no aparato crítico nem sempre sejam precisas e as emendas sugeridas, nem sempre bem escolhidas; veja B. J. Roberts, "The textual transmission of the Old Testament", p. 1-30 in: G. W. Anderson, ed., *Tradition and interpretation* (Oxford, 1979).

16. Isso porque, em certos casos, o texto padronizado é inferior. Os povos antigos às vezes faziam escolhas baseadas na tradição ou no preconceito, não em evidências científicas. Assim, manuscritos ou leituras superiores podem ter sido descartados impensadamente.

17. Havia um preconceito em favor do TM contra a LXX porque aquele é em hebraico, enquanto este é em grego, além de ser tradução. Pensava-se que quando a LXX diferia do TM, isso devia-se à criatividade dos tradutores. Alguns estudiosos nem chegavam a considerar as traduções antigas, a menos que o TM fosse incompreensível (como acontece às vezes) ou houvesse apoio maciço para a leitura diferente da do TM. Entretanto, desde a descoberta dos Manuscritos do Mar Morto em Qumran, que às vezes concordam com a LXX, contra o TM, é agora inquestionável que a LXX às vezes preserva leituras melhores que o TM, devendo ser considerada com seriedade como testemunha antiga. Embora esteja em grego, foi traduzida de um manuscrito hebraico antigo. Retrovertendo a LXX para o hebraico, com freqüência consegue-se um quadro melhor do desenvolvimento do texto. Veja outras informações em F. M. Cross Jr., "The history of the biblical text in the light of discoveries in the Judaean desert", *Qumran and the history of the biblical text* (Cambridge, 1975), p. 177-195; R. W. Klein, *Textual criticism of the Old Testament*, p. 11-15.

18. Veja em B. Waltke, "Samaritan Pentateuch", *ABD* 5: 934-938, a idéia de que os samaritanos começaram com um texto bem parecido com o TM ("Texto Proto-Massorético") e o alteraram gradualmente por erros dos escribas, simplificações, acréscimos e adaptações teológicas.

19. Estudiosos recentes tendem a revisar as idéias mais antigas sobre a natureza das ligações entre o Pentateuco Samaritano e a LXX. Veja S. B. Waltke, "Samaritan Pentateuch", e J. E. Sanderson, *An Exodus scroll from Qumran: 4Q Paleo-Exod and the Samaritan tradition* (Atlanta, 1986).

20. A necessidade de um texto crítico confiável está sendo agora suprida pela edição de A. Sperber, *The Bible in Aramaic*, 4 vol. (Leiden, 1959-1973).

21. Talvez uma corrupção babilônica de "Áquila", cujo nome também dignifica uma antiga versão grega da Bíblia. Veja um resumo da história e da peregrinação de Onkelos (também grafado Onqelos), veja P. S. Alexander, "Targum, Targumim", *ABD* 6:321-322.

22. Dois antigos targuns encontrados apenas em forma fragmentada, o targum palestino sobre o Pentateuco e o targum de Jerusalém II (ou Targum Fragmentado), são testemunhas da natureza didática e interpretativa dos targuns, que contêm generosos comentários extrabíblicos.

23. A tradição judaica atribui esse targum a Jônatas ben Uziel, pupilo do famoso rabino Hillel no século I d.C. Alguns estudiosos modernos, porém, associam o nome com seu equivalente grego, "Teodósio", nome da pessoa responsável por uma das versões gregas. Entretanto, os textos oficiais do targum dificilmente seriam obras de indivíduos, sendo mais provável que se originassem de grupos de estudiosos a partir de numerosas tradições dos targuns em circulação. Sobre isso e questões afins, veja Alexander, "Targum, Targumim", *ABD* 6:320-323.

24. Sobre os Targuns Samaritanos, veja B. Waltke, "Samarithan Pentateuch", *ABD* 5:935. Ele cita pesquisa indicando que (1) os vários manuscritos representam traduções independentes, estendendo-se de c. 100 a.C. a 1000 d.C.; (2) a tradição textual é a mesma dos manuscritos que temos para o Pentateuco Samaritano; (3) os Targuns Samaritanos foram evidentemente influenciados pelo Targum de Onkelos durante os anos entre 800 e 1000 d.C.

NOTAS

25. P. Kahle (*The Cairo Genizah*, 2nd ed. [London, 1959]) e outros (e.g., A. Bentzen, *Introduction* 1:80-85; E. Würthwein, *The text of the Old Testament*, trad. E. F. Rhodes [Grand Rapids, 1979]) defendem a primeira idéia. H. S. Gehman ("Septuagint", *TCERK* 2:1015-1017) e H. M. Orlonsky ("On the present state of Proto-Septuagint studies", *JAOS* 61 [1941]: 81-91) favorecem uma LXX arquetípica ou original que se desenvolveu de várias maneiras por meio de editores e copistas. Mais recentemente, veja Klein, *Textual criticism of the Old Testament* e, em especial, M. K. H. Peters, "Septuagint", *ABD* 5:1093-1104. O ensaio e a bibliografia de Peters chamam atenção especial para a obra de E. Tov e J. W. Wevwers.

26. P. A. H. de Boer, ed., *Vetus Testamentum Syriace iuxta simplicem Syrorum versionem 1* (Leiden, 1972). Chamadas edições do "Instituto Peshita de Leiden", surgiram cerca de uma dúzia dos vinte e quatro livros do Antigo Testamento, juntamente com a maioria dos escritos apócrifos. Veja uma discussão recente da Peshita e de outras versões siríacas em S. P. Brock, "Versions, Ancient (Syriac)", *ABD* 6:794-799.

27. Está em processo uma edição moderna dos textos Latinos Antigos: B. Fischer, ed., *Vetus Latina: Die Reste der Altlateinischen Bibel* (Freiburg, 1949-). O progresso no Antigo Testamento tem sido lento. Foram publicados Gênesis (Fischer, 1951-54) e Isaías (R. Gryson, 1987), juntamente com alguns livros deuterocanônicos (W. Thiele, Siraque e Sabedoria de Salomão, 1977-87).

28. Estudiosos católicos modernos, porém, estão estudando de modo ávido e produtivo as Escrituras em hebraico, aramaico e grego, conforme demonstram a BJ e a NBJ. Veja uma discussão atual das versões latinas em P.-M. Bogaert, *ABD* 6:799-803.

29. Quanto a outras versões, e.g., gótica, geórgia, eslava antiga, anglo-saxônica, consulte J. D. Douglas, ed., *The new international dictionary of the Christian church* (Grand Rapids, 1974) e *ABD* 6:803-805; 810-813; quanto à etíope, R. Zuurmond, *ABD* 6:808-810; quanto à armênia, J. M. Alexanian, *ABD* 6:805-808.

CAPÍTULO 48 – GEOGRAFIA

1. Heródoto, 1.105, *en tē Palaistinē Suriē*.
2. "Palestina" ocorre em Joel 3.4 da KJV e em Êx 15.14 e Is 14.29, mas trata-se de acidente antigo de tradução. A ARA traduz corretamente por "Filístia".
3. "Palestina" não ocorre no Novo Testamento. A Transjordânia é chamada "Peréia", nome de significado praticamente igual (grego de "[a terra] além").
4. D. Baly, *Geography of the Bible*, 2nd. ed. (New York, 1974), p. 28-41.
5. A Palestina em seu extremo norte, de Gaza a Sodoma, cerca de 105 km.
6. O limite sul tradicional de Judá era Berseba, apesar de o limite tribal avançar consideravelmente para o sul (Js 15.1-4). No Antigo Testamento, o Neguebe é em geral pouco importante, sendo considerado fora dos limites da terra.
7. Veja N. Glueck, *Rivers in the desert*, rev. ed. (Filadélfia, 1946), p. 118.
8. N. Glueck, *The river Jordan* (Filadélfia, 1946), p. 118.
9. "Mar de Juncos", tradução literal da frase hebraica em geral traduzida por "mar Vermelho", não descrece nem o golfo de Suez nem o mar Vermelho, sendo mais provável que se aplique aos pântanos cobertos de juncos nas proximidades do lago de Timsah, ou lagos Amargos.
10. "Cinqüenta", em árabe. Ocorrem cerca de cinqüenta dias de tal clima por ano – mas não uma estação de sete semanas, pois o *ḥamsîn* raramente dura mais que três ou quatro dias de cada vez.
11. A eventual afirmação de que a Palestina tinha duas estações de chuva surge da má interpretação desses termos.

CAPÍTULO 49 — O QUEBRA-CABEÇA CRONOLÓGICO

1. E.g., Gn 5.3, 5s., etc. Uma exceção é o relato do dilúvio, em que são dados até o mês e o dia; cf. 7.11; 8.13.

2. Os sumérios marcavam uma "hora dupla" (i.e., c. 120 minutos), primeiro dividindo o céu em meios e terços e depois marcando a posição do sol de maneira aproximada em relação a esses pontos de referência. Relógios solares eram empregados no século VIII a.C., e os gregos e romanos usavam a hora como unidade. Quando ocorre "hora" no Antigo Testamento, simplesmente significa "tempo, ocasião"; cf. Dn 3.6.

3. R. de Vaux (*Ancient Israel*, trad. J. McHugh, 2 vol. [New York, 1965], p. 181, cita indícios de que os hebreus contavam, de início, o dia de manhã a manhã, mas essa teoria não encontrou aceitação generalizada.

4. As palavras semíticas mais antigas traduzidas por "mês" derivavam da palavra que significa "lua" (cf. "month", em inglês, em essência, "moonth"). Mais tarde, a palavra hebraica comum *ḥōdesh*, "novidade" substituiu a palavra anterior.

5. Os egípcios estribavam o calendário no nascimento helíaco da estrela Sotis ou Sírio (a Estrela Cão), mas não ajustavam o ano bissexto. Por conseguinte, faltava um dia a cada quatro anos no calendário deles, ou um ano em cada 1.460 (o "ciclo sótico"). Entretanto, mantinham registros minuciosos do tanto que o ano do calendário divergia do nascimento de Sotis. Veja mais sobre os calendários mesopotâmico e egípcio em F. Rochberg-Halton, "Calendars: Ancient Near East", *ABD* 1:810-814.

6. O tempo de intercalação parece ter sido de início um tanto arbitrário. Mais tarde, desenvolveu-se um sistema ("ciclo metônico", adotado em c. 432) em que se acrescentaram meses intermediários no terceiro, sexto, oitavo, décimo primeiro, décimo quarto, décimo sétimo e décimo nono anos. Os babilônios não tinham períodos uniformes de intercalação, pois o mês intermediário era às vezes acrescentado entre ululu e taëritu (no outono) e às vezes entre addaru e nisanu (na primavera). Os hebreus por fim decidiram acrescentar o mês depois de adar, ainda que o ano deles começasse no outono. Veja Rochberg-Halton, p. 810-813; J. C. VanderKam, "Calendars: Ancient Israelite and early Jewish", *ABD* 1:814, 816-817.

7. Nisã não é mencionado, pois naquele tempo o mês era chamado abibe, talvez um nome cananeu (Êx 13.4). Mais tarde adotou-se o nome babilônico.

8. De Vaux (*Ancient Israel*, p. 191) alega que o ano iniciado no outono era original, já que o primeiro mês era chamado *tishritu*, "início". Mas ao que parece não notou que o mês seguinte era *warah-samnu*, "oitavo mês".

9. Um fenômeno semelhante evidencia-se nos nomes do calendário moderno. Originalmente, setembro significava "sétimo mês"; outubro, "oitavo mês"; novembro, "nono mês" e dezembro, "décimo mês". Quando o ano foi mudado, esses nomes foram mantidos.

10. Jeú, no início de seu reinado, pagou tributo a Salmaneser III, c. 841. Samaria caiu diante de Sargão II em c. 721. Acrescenta-se uma complicação por causa de um dado cronológico diferente na LXX, especialmente na recensão Grega Antiga e na Luciânica. Veja avaliações alternativas do texto da LXX em G. H. Jones, *1 and 2 Kings*, 2 vol. (Grand Rapids, 1984), p. 19-21; e A. R. Green, "Regnal formulas in the Hebrew and Greek texts of the books of Kings", *JNES* 42 (1983): 167-180.

11. E. R. Thiele, *The mysterious numbers of the Hebrew kings*, new rev. ed. (Grand Rapids, 1983). Os autores têm grande dívida para com a obra de Thiele pelo material dessa seção. Veja um resumo excelente das abordagens aos problemas cronológicos e da função canônica desse material em B. S. Childs, *Introduction to the Old Testament as Scripture* (Filadélfia, 1979), p. 194-300.

12. J. H. Hayes e P. K. Hooker, *A new chronology for the kings of Israel and Judah and its implications for biblical history and literature* (Atlanta, 1988). Veja também J. Hughes, *Secrets of*

the times: myth and history in biblical chronology (Scheffield, 1990), que alega que a cronologia de Reis é esquemática, não literal, ainda que "baseada numa cronologia originariamente histórica" (p. 3).

13. Os autores (p. 23) recorrem à frase "Baasa e sua descendência" para afirmar que Baasa ainda vivia quanto Zinri matou a Elá, seu filho e sucessor. Apesar de ser possível entender o texto dessa maneira, a narrativa dá fortes indicações de que Baasa morreu antes de Zinri matar sua família sobrevivente e, assim, oferece indícios duvidosos de sua abdicação.

14. Thiele, *Mysterious numbers*, p. 43-56; bem como Jones, *1 and 2 Kings*, p. 17. Veja a idéia contrária e, M. Cogan, "Chronology: Hebrew Bible", *ABD* 1:1006.

15. Contraste Hayes e Hooker, *A new chronology*, p. 12, 13, que rejeita co-regências e supõe um trono vazio em três transições de poder: (1) a luta entre Zacarias, Salum e Menaém (2Rs 15); (2) a sucessão de Jeoacaz por Jeoaquim; (3) a sucessão de Joaquim por Zedequias (2Rs 23; 24).

16. *Mysterious numbers*, p. 56-60. Ao que parece, Atalia encorajou os escribas reais a fazer uma modificação retroativa para incluir o reinado de Jeorão.

17. Muitos estudiosos partilham dessa idéia (como Jones, p. 17), mas Hayes e Hooker (p. 13-14, 86-88) situam a troca no décimo oitavo ano de Josias (624 a.C.).

18. Também importante é o cânon de Ptolomeu (c. 70-161 d.C.) que assinala os governantes da Babilônia a partir de 747 a.C., os reis persas, Alexandre e seus sucessores no Egito e os reis romanos até os próprios dias de Ptolomeu. Seus conhecimentos de astronomia, bem como de geografia e história, tornam sua obra ainda mais valiosa, com mais de oitenta observações sobre posições do sol, da lua e dos planetas. Sua menção da acessão de Sargão II da Assíria ao trono da Babilônia em 722/21 fornece uma importante informação para cruzar com as listas epônimas assírias.

19. *Mysterious numbers*, p. 199-204.

20. Ibid., p. 120, 124-131. Para sermos justos com as críticas de Thiele (especialmente Cogan, "Chronology", p. 1007), precisamos mencionar que esse cenário pressupõe uma data remota, e não tardia, (i.e., 742 em lugar de 738) para um episódio nos registros assírios envolvendo Menaém. A data é questão discutida e os que aceitam a data tardia rejeitam a solução de Thiele.

21. *Mysterious numbers*, p. 134-138. Alternativamente, Cogan (p. 1008) crê que a data em 2Rs 18.13 deve introduzir a história profética em 2Rs 20. Veja também as explicações recentes baseadas na pressuposição de co-regências; cf. N. Na'a,am. "Historical and chronological notes on the kingdoms of Israel and Judah in the eighth century B.C.", *VT* 36 (1986): 83-91; e L. McFall, "Some missing coregencies in Thiele's chronology", *Andrews University Seminary Studies* 30 (1992): 48-52.

22. Cf. a discussão perspicaz em Childs, *Old Testament as Scripture*, p. 297-300.

CAPÍTULO 50 – ARQUEOLOGIA

1. A. Ben-Tor, *The archaeology of ancient Israel* (New Haven, 1992), p. 1.
2. W. G. Dever, "Archaeology, Syro-Palestinian and biblical", *ABD* 1:366.
3. G. E. Wright, *Biblical archaeology* (Filadélfia, 1962), p. 17.
4. Ibid.
5. Cf. Declarações de Dever a respeito do debate, *Recent archaeological discoveries and biblical research* (Seattle, 1990); cf. "The death of a discipline", *BARev* 21/5 (19950:50-55, 70.
6. C. Renfrew e P. Bahn, *Archaeology: Theories, methods and practice* (NewYork, 1991), p. 339.
7. Dever, *ABD*, 1:355.
8. Cf. Ø. LaBianca e P. Bahn, *Environmental foundations. Hesban 2* (Berrien Springs, Mich., 1986).

9. R. S. Abujaber, *Pioners over Jordan* (London, 1989), p. 8.
10. *World atlas of archaeology*, ed. Christine Flon et al. (New York, 1988), p. 408.
11. LaBianca e Lacelle, p. 110/
12. L. E. Toombs, "The development of Palestinian archaeology as a discipline", *BÍBLICA* 45 (1982): 89.
13. Ibid.
14. Ibid., p. 90
15. *World atlas of archaeology*, p. 412.
16. Renfrew and Bahn, *Archaeology*, p. 29.
17. Ibid., p. 372.
18. Ben-Tor, *The archaeology of ancient Israel*, p. 5-6.
19. D. Ussishkin, "Where is Israeli archaeology going?", *BA* 45 (1982):93-95.
20. R. Schick, Z. T. Fiema e K. 'Amr, "The Petra church project: A preliminary report", *ADAJ* 37 (1993): 55-66, esp. pl. I.
21. Ussishkin, p. 95.
22. *World atlas of archaeology*, p. 414; W. F. Libby, *Radopcarbon dating*, 2nd ed. (Chicago, 1955).
23. Ibid.
24. Ibid., p. 417.
25. Cf. W. P. Long, *The art of biblical history. Foundations of contemporary interpretations* 5 (Grand Rapids, 1994), p. 1994), p. 142-149, para a discussão em que se baseiam alguns dos parágrafos seguintes.
26. Cf. J. M. Miller, "Old Testament history and archaeology", *BA* 50 (1987):59.
27. F. Brandfon, "The limits of evidence: Archaeology and objectivity", *Maarav* 4/1 (1987): 30.
28. P. J. King, "The *Mazeah* Amos denounces", *BARev* 14/4 (1988): 34.
29. Cf. recentemente K. A. Kitchen, "The patriarchal age: Myth or history?", *BARev* 21/2 (1995): 48-57, 88, 90, 92, 94-96, 98-100.
30. Cf. o excelente estudo de I. Finkelstein, *The archaeology of the israelite settlement* (Jerusalem, 1988).
31. P. J. King, *Amos, Hosea, Micah – An archaeological commentary* (Philadeolphia, 1988); idem, *Jeremiah: An archaeological companion* (Louisville, 1993).
32. W. G. Dever, citado numa sobrecapa de *Jeremiah – An archaeological companion*, de King.

CAPÍTULO 51 – A PROFECIA MESSIÂNICA

1. Alguns estudiosos lêem "Messias" em Dn 9.25s., mas lá não é acompanhado de artigo, sendo melhor traduzir "um príncipe ungido" (NRSV).
2. Veja uma discussão mais completa em W. S. LaSor, "The messianic ida in Qumran", p. 344-351 in: Ben-Horin, B. D. Weinryb e S. Zeitlin, eds., *Studies and essays in honor of Abraham A. Neuman* (Leiden, 1962); "The Messiah: An evangelical Christian view", p. 76-95 in: M. Tanenbaum, M. R. Wilson e A. J. Rodin, eds., *Evangelicals and Jews in conversation on Scripture, theology and history* (Grand Rapids, 1973); *The truth about Armageddon: What the Bible says about the end times* (San Francisco, 1982, pre. 1986): 330-338, esp. 330-333.
3. Quanto à autenticidade desses versículos, veja cap. 18. Veja também G. von Rad, *Old Testament Theology*, trad. D. M. Stalker, 2 vol. (New York, 1962-1965) 2:138 (publicado no Brasil pela ASTE sob o título *Teologia do Antigo Testamento*); R. E. Clementes, *Prophecy and covenat*

NOTAS

(London, 1965), p. 111s.; D. A. Hubbard, *Joel e Amós*, Série Cultura Bíblica (Ed. Vida Nova, 1996).

4. Veja um protesto veemente contra essa confusão de termos e uma boa contribuição para esclarecimento em J. Coppens, "Les origines du messianisme: Le dernier essai: de sinthase historique". p. 35-38 in: *L'attente du Messie*, Recherches bibliques (Bruges, 1954).

5. Ainda que "Messias' e "Cristo" fossem de início termos praticamente intercambiáveis, no Novo Testamento são com freqüência entendidos como referência exclusiva a Jesus. Os apóstolos estavam alegando que Jesus era o Messias e que o Messias era filho de Davi.

6. Veja um estudo equilibrado em J. L. McKenzie, "Royal messianism", *CQB* 19 (1957): 25-52. Veja também D. J. A. Clines, "The Psalms and the King", *Theological Students Fellowship Bulletim* 11 (1975): 1-8.

7. O hebraico também poderia traduzir-se "teu trono é Deus", mas não "teu divino trono", como na RSV.

8. A língua hebraica não continha a idéia de infinito do grego. A expressão "para sempre" provavelmente transmitia em hebraico algo como "por um longo tempo e mais um pouco".

Bibliografia Geral

A presente bibliografia serve como uma lista característica (porém não exaustiva) de outros recursos aplicados ao estudo da mensagem, da forma e do cenário do Antigo Testamento. A maior parte dos livros alistados dirige-se a não-especialistas (embora os assuntos e alguns textos específicos possam algumas vezes se revelar desafiadores).

Fontes Bibliográficas para o Estudo do Antigo Testamento

Book List Sheffield, Eng.: Society for Old Testament Study. (Resenha anual de livros sobre o AT)

Childs, B. *Old Testament Books for Pastor and Teacher.* Philadelphia, 1977.

Elenchus bibliographicus biblicus. Rome; Pontifical Biblical Institute. (Uma classificação bibliográfica da literatura de periódicos sobre temas teológicos e sobre os livros da Bíblia.)

Fitzmyer, J. *An Introductory Bibliography for the Study of Scripture.* Rev. ed. Rome, 1981.

Goldingay, J. *Old Testament Commentary Survey.* 2nd ed. Madison, Wisc., 1981

International Review of Biblical Studies. Dusseldorf: Patmos Verlag. (Uma classificação bibliográfica da literatura de periódicos.)

Langevin, P., ed. *Biblical Bibliography.*

Longman, T. *Old Testament Commentary Survey.* Grand Rapids, 1991.

Old Testament Abstracts. Catholic Biblical Association. (Uma bibliografia da literatura de periódicos classificada segundo tema e livro, publicada três vezes por ano.)

Concordâncias, Dicionários e Enciclopédias

(Veja Bailey, L. "What a Concordance Can Do for You: The Bible Word by Word," *BARev* 10 [1984] 60-67; Harrelson W., "What is a Good Bible Dictionary?" *BARev* 12 [1986] 54-61.)

Botterweck, G., e H. Ringgren, eds. *Theological Dictionary of the Old Testament,* 7 vols. Grand Rapids, 1974-95.

Bromiley, G., ed. *The International Standard Bible Encyclopedia*, 4 vols. Grand Rapids, 1979.
Buttrick, G., ed. *The Interpreter's Dictionary of the Bible: An Illustrated Encyclopedia*. 5 vols. Nashville, Tenn., 1962, 1976.
Encyclopaedia Judaica. Jerusalem, 1971-72.
Freedman, D., ed. *Anchor Bible Dictionary*. 6 vols. New York, 1992.
Goodrick, E., e J. Kohlenberger, eds. *The NIV Exhaustive Concordance*. Grand Rapids, 1990.
Kohlenberger, J., ed. *The NRSV Concordance Unabridged Including the Apocryphal/ Deuterocanonical Books*. Grand Rapids, 1991.
Metzger, B., e M. Coogan, eds. *The Oxford Companion to the Bible*. New York, 1993.
Strong, J., ed. *Strong's Exhaustive Concordance of the Bible: With brief dictionaries of the Hebrew and Greek words of the original with references to the English Words*. Nashville, Tenn., 1890; reimpr. 1977.
Thomas, R., ed. *New American Standard Exhaustive Concordance of the Bible*, Nashville, Tenn., 1981.

Recursos para o Estudo do Antigo Testamento em Computador

Bible Windows. Cedar Hill, Tex.: Silver Mountain Software. (KJV, RSV; AT Heb.; NT Grego; LXX; e Vulg. para IBM-PC)
BibleWorks for Windows. Seattle, Wash.: Hermeneutika. (Inclui KJV, ASV, e RSV para IBM-PC.)
BibleSource. (Disponível para DOS e Windows) Grand Rapids: Zondervan. (Inclui NIV, KJV, NASB; AT Heb. e NT Grego; disponível para IBM-PC.)
Logos Bible Study Software for Windows. Oak Harbor, Wash.: Logos Research Systems. (KJV com os números de Strong, NIV, NKJV, NRSV; AT Heb.; NT Grego; disponível para IBM-PC)
MacBible. Grand Rapids: Zondervan. (KJV, NASB, NIV, NRSV; AT Heb.; NT Grego e LXX; para Apple Macintosh.)
TheWORD. Dallas, Tx.: Wordsoft Software. (KJV, NKJV, NRSV; AT Heb.; NT Grego e vários outros programas de pesquisa; para IBM-PC)

Recursos da Arqueologia e da Geografia para o Estudo do Antigo Testamento

Aharoni, Y. *The Land of the Bible*. 2nd ed. Philadelphia, 1979. e M. Avi-Yonah. *The ——— Macmillan Bible Atlas*. 3rd rev. ed. New York, 1993.
Baly, D. *The Geography of the Bible*. Rev. ed. New York, 1974.
Beitzel, B. *The Moody Atlas of Bible Lands*. Chicago, 1987.
Mazar, A. *Archaeology of the Land of the Bible, 10,000-586 B.C.E.* New York, 1993.
Smith, G. *Historical Geography of the Holy Land*. 25th ed. New York, 1931.
Stern, E., ed. *The New Encyclopedia of Archeological Excavations in the Holy Land*, 4 vols. New York, 1993.

Contexto Histórico e Cultural do Antigo Testamento

Albright, W. F. *Yahweh and the Gods of Canaan.* 1968; reimpr. Winona lake, 1978.
Anderson, G. W., ed. *Tradition and Interpretation.* Oxford: 1979.
Beyerlin, W. *Near Eastern Religious Texts Relating to the Old Testament.* Philadelphia, 1978.
Bright, J. *A History of Israel.* 3rd. ed. Philadelphia, 1981 (publicado no Brasil por Ed. Paulinas sob o título *A História de Israel).*
Cross, F. *Canaanite Myth and Hebrew Epic.* Cambridge, 1973.
Foster, B. *Before the Muses: An Anthology of Akkadian Literature.* 2 vols. Bethesda, Md.. 1993.
Frankfort, H., et al. *Before Philosophy. The Intellectual Adventure of Ancient Man* Baltimore, 1949.
Hallo, W., e W. Simpson. *The Ancient Near East: A History.* New York, 1971.
Hayes, J., e J. Miller. *A History of Ancient Israel and Judah.* Philadelphia, 1986.
Hoerth, A., et. al., eds. *Peoples of the Old Testament World.* Grand Rapids, 1994.
Jacobsen, T. *The Treasures of Darkness: A History of Mesopotamian Religion.* New Haven,Conn., 1976.
Kitchen. K. *Ancient Orient and Old Testament.* Chicago, 1966.
Millard, A., et al., eds. *Faith, Tradition, and History. Old Testament Historiography Near Eastern Context.* Winona Lake, 1994.
Miller, J. *The Old Testament and the Historian.* Philadelphia, 1976.
Pritchard, J., ed. *Ancient Near Eastern Texts Relating to the Old Testament.* 3rd ed. Princeton, N.J., 1969.
Roaf M., e N. Postgate, eds. *Cultural Atlas of Mesopotamia and the Ancient Near East.* New York, 1990.
Shanks, H., ed. *Ancient Israel: A Short History from Abraham to the Roman Destruction of the Temple.* Washington D.C., 1988.
Simpson. W. *The Literature of Ancient Egypt: An Anthology of Stories. Instructions, and Poetry.* New Haven, Conn., 1972.
Smelik. K. *Writings from Ancient Israel: A Anthology of Stories, Instruction of the Temple.* Washington, D.C, 1988
Von Soden, W. *Introduction to the Ancient World. The Background of the Ancient Orient.* Grand Rapids, 1993.
de Vaux, R. *Ancient Israel.* Trad. J. McHugh. 2 vols. Philadelphia, 1978.
Wiseman. D. *Peoples of Old Testament Times.* Oxford, 1973.
Wright G. *The Bible and the Ancient Near East* Festschrift W. F. Albright 1961 Reimpr. Winoma Lake, 1979.

Crítica Literária e Histórica do Antigo Testamento

Obs.: Nos últimos anos o termo "crítica literária" passou por mudanças em seu significado. No sentido mais antigo, o termo refere-se à identificação das fontes subjacentes ao texto bíblico, estudo esse agora chamado "crítica da fonte" (cf. Habel).

No sentido mais recente, o termo refere-se à arte literária dos textos bíblicos tais como artifícios literários, trama do texto, estrutura, caracterização, etc. (cf. Alter).

Alter, R. *The Art of Biblical Narrative*. New York, 1981. e F. Kermode, eds. *The Literary Guide to the Bible*. Cambridge, 1987.
Barr, J. *Holy Scripture: Canon, Authority, Criticism*. Philadelphia, 1983.
Barton, J. *Reading the Old Testament: Method in Biblical Study*. Philadelphia, 1984.
Berlin, A. *Poetics and Interpretation of Biblical Narrative*. Sheffield, Eng., 1983.
Childs, B. *Biblical Theology in Crisis*. Philadelphia, 1970.
Coggins, R., e J. Holden. *Dictionary of Biblical Interpretation*. Philadelphia, 1990.
Goldingay, J. *Approaches to Old Testament Interpretation*. Rev. ed. Downers Grove, ILL., 1990.
Habel, N. *Literary Criticism of the Old Testament*. Philadelphia, 1971.
Hayes, J. *Old Testament Form Criticism*. San Antonio, 1974.
Jeppesen, K., e B. Otzen, eds. *The Productions of Time, Tradition History in Old Testament Scholarship*. Sheffield, Eng., 1984.
Kirkpatrick, P. *The Old Testament and Folklore Study*. JSOTSup 62. Sheffield, Eng., 1988.
Klein, R. *Textual Criticism of the Old Testament*. Philadelphia, 1974.
Knight, D., e G. Tucker, eds. *The Hebrew Bible and Its Modern Interpreters*. Philadelphia, 1985.
Longman, T. *Literary Approaches to Biblical Interpretation*. Grand Rapids, 1987.
McKnight, E. *What Is Form Criticism?* Philadelphia, 1969.
Patte, D. *What Is Structural Exegesis?* Philadelphia, 1976.
Powell, M. *The Bible and Modern Literary Criticism: A Critical Assessment and Annotated Bibliography*. New York, 1992.
Ryken, L., e T. Longman, eds. *A Complete Literary Guide to the Bible*. Grand Rapids, 1993.
Sanders, J. *From Sacred Story to Sacred Text*. Philadelphia, 1987.
Soulen, R. *Handbook of Biblical Criticism*. 2nd ed. Atlanta, 1971.
Sternberg, M. *The Poetics of Biblical Narrative. Ideological Literature and the Drama of Reading*. Bloomington, Ind., 1985.
Tucker, G. *Form Criticism of the Old Testament*. Philadelphia, 1971.
———, D. Petersen, e R. Wilson, eds. *Canon, Theology, and Old Testament Interpretation*. Philadelphia, 1988.
Wilson, R. *Sociological Approaches to the Old Testament*. Philadelphia, 1984.

Introduções ao Antigo Testamento

Bentzen, A. *Introduction to the Old Testament*. 2 vols. Copenhagen, 1948 (publicado no Brasil pela ASTE sob o título *Introdução ao Antigo Testamento*).
Childs, B. *Introduction to the Old Testament as Scripture*. Philadelphia, 1979.
Craigie, P. *The Old Testament: Its Background, Growth, and Content*. Nashville, Tenn., 1986.

Dillard, R., e T. Longman. *An Introduction to the Old Testament*. Grand Rapids, 1994.
Driver, S. *Introduction to the Literature of the Old Testament*. 9th ea.; reimpr. Magnolia, Mass., 1973.
Eissfeldt, O. *The Old Testament: An Introduction*. Trad. P. Ackroyd. New York, 1965.
Fohrer, G. *Introduction to the Old Testament*. Trans. D. Green. New York, 1968.
Gottwald, N. *The Hebrew Bible—A Socio-Literary Introduction*. Philadelphia,1985.
Harrison, R. *Introduction to the Old Testament*. Grand Rapids, 1979.
Rendtorff, R. *The Old Testament. An Introduction*. Trans. J. Bowden. Philadelphia, 1986.
Soggin, A. *Introduction to the Old Testament*. 3rd ed. Trad. J. Bowden. OTI Louisville, Ky., 1989.

Interpretação e Teologia do Antigo Testamento

Caird, G. *The Language and Imagery of the Bible*. Philadelphia, 1980.
Childs, B. *Old Testament Theology in a Canonical Context*. Philadelphia, l1985.
—————— *Biblical Theology of the Old and New Testaments: Theological Reflection on the Christian Bible*. Minneapolis, 1993.
Dyrness, W. *Themes of the Old Testament*. Downers Grove, III., 1979.
Eichrodt, W. *Theology of the Old Testament*. Trans. J. Baker. 2 vols. OTL. Philadelphia. 1961.
Hasel, G. *Old Testament Theology: Basic Issues in the Current Debate*. 3rd ed. Grant Rapids, 1982.
Hayes, J., e F. Prussner. *Old Testament Theology: Its History and Development*. Atlanta, 1985.
Kaiser, W. *Toward an Old Testament Theology*. Grand Rapids, 1981 (publicado no Brasil por Ed. Vida Nova sob o título *Teologia do Antigo Testamento*).
Martens, E. *God's Design: A Focus on Old Testament Theology*. Grand Rapids, 1981.
Ollenburger, B., E. Martens, e G. Hasel, eds. *The Flowering of Old Testament Theology: A Reader in Twentieth-Century Old Testament Theology, 1930-1990*. Winona Lake, 1992.
von Rad, G. *Old Testament Theology*. Trans. D. Stalker. 2 vols. New York, 1962-65 (publicado no Brasil pela ASTE sob o título *Teologia do Antigo Testamento*).
Rogerson, J., ed. *Beginning Old Testament Study*. Philadelphia, 1982.
Zimmerli, W. *The Law and the Prophets. A Study of the Meaning of the Old Testament*. New York, 1965.
——————. *Old Testament Theology in Outline*. Trad. D. Green. Atlanta, 1978.

Índice Remissivo

Abel (filho de Adão) 28-29, 269, 652
Abel (lugar) 496
Abião 145, 215
Abias. Veja Abião
Abiatar 193, 199, 202, 207-208, 356
Abigail 193
Abimeleque 8, 191
Abisague 208
Abissínias, chuvas 75
Abiú 93, 99
Abner 195
Abraão 4-5, 8-9, 34, 45, 48-50, 52-55, 70, 192, 242: chamado de 1-17, 35-38, 51-53, 131-132, 689
Absalão 202-205, 207-208, 781 n. 10
Absalão, pilar de 409
Acá 151, 189
Ácaba, golfo de 107, 169, 200, 227, 677, 683-684, 763 n. 30
Acabe 113, 145, 217-222, 224, 233, 269, 298
Acade 37
Acadianos 37-38; dialeto dos 61, 754 n. 6; literatura dos 20-21, 39, 110, 122, 488, 818
Acaz 228-229, 276, 293
Acazias (filho de Acabe) 221
Acazias (filho de Josafá) 224, 693
Aco 232, 677
Acre. Veja Aco
Adã 683
Adad Nirari III 264
Adão (primeiro homem) 20, 25-26, 28, 35, 68, 640
Adonias 207-208
Adonirão/Adorão 205, 210, 214

Afeganistão 606
África, norte 60, 672
Ageu 126, 243, 325, 423, 425-432, 435, 437, 439, 446-447, 602, 610-612
Agur 509-510
Ai 142, 150-151, 158
Aías 145, 213, 242, 595
Aicão 357, 361
Aijalom, vale de 160
Aimaás 202
Aimeleque 193, 199
Ain Qedeis 681
Ainoã 193
Aitofel 204, 496, 781
Akiba, rabino 557, 667, 671
Alalakh 40; tabuinhas de, 756 n. 2
Alepo 38, 42, 57
Alexandre, o Grande 210, 349, 430, 620, 626
Alexandria 432, 671
Aliança abraâmica 50, 54-55, 71-72, 79, 105, 130, 162, 199, 245, 268, 269, 405, 760 n. 64, 780 n. 2
Amã. Veja Rabote-Amã
Amaleque 49, 189
Amalequitas 49, 78, 153, 189
Amarna, cartas de 58-59, 61, 155, 157, 170
Amasa 205, 208
Amazias (filho de Joás) 226, 300, 486, 695
Amazias (sacerdote de Betel) 262-263, 265
Amenemope 507-508, 537
Amenófis III 57-58, 761 n. 3, 773 n. 23
Amenófis IV. Veja Aquenaton
Amenotep II 158

Amenotep III 157
Amenotep IV 157
Amestris 583, 588
Amnom 203, 208
Amom 169, 189, 236, 684
Amon 58, 157, 234, 341, 595
Amonitas 169, 173, 187, 199, 203, 363, 455,
Amorreus 37-39, 41-45, 57, 118, 121, 160, 169-170
Amós 125, 159, 217, 226, 240, 242, 244, 262-275
Amósis 41, 57, 70
Amurru 170
Ana 181-183, 777 n. 18
Ananias 94
Anasti I, papiro 537
Anatólia 38
Anatote 208, 356 375
Anrão 70
Ansã 606
Anticristo 630
Antigo Império Hitita 40-41
Antíoco IV Epifânio 432, 621, 626-631, 653,
Antioquia da Pisídia 3
Anti-semitismo 591, 615
Apocalipse, livro de 444, 618, 641
Apócrifos 432, 615
Aquenaton 57-59, 157, 773 n. 23
Aquetaten 157
Áqüila 671-672
Aquimímico, dialeto 673
Arabá 682-684
Arabá, mar de. Veja Mar Morto
Arábia 211, 318
Arábicos, textos 50, 673
Aramaico 661-664, 841 n. 8; uso do, na Bíblia 602, 622, 626

ÍNDICE REMISSIVO

Arameus 62, 211, 223, 264; literatura dos 50
Arão 70, 73, 83, 93, 111. 115, 118, 199, 239
Arca da aliança 179
Armênia 230
Armênia, versão 618
Arnom, rio 684
Arquelau 418
Artaxerxes I 604, 607, 609, 611, 615
Artaxerxes II 611
Arzawas 61
Asa 215
Asafe 242, 467, 481,
Asdode 169, 230, 303-304
Aser, planície de 671
Asera 233, 783 n.6
Asmoneu 432, 609
Asquelom 59, 169; arqueologia de, 716-717
Assíria 39-40, 57-59, 213, 224, 348; profecias contra a 318-320, 343, 345
Assíria, literatura 37, 122, 143, 157, 487, 754 n. 10
Assírios 61-63, 113, 128, 149, 229-230, 232, 235, 387
Assuero 582-588, 603, 609
Assurbanipal 234, 344-345
Assur-Ubalit 59
Astarote 281
Astarte 352
Atália 225, 594, 693-694
Atom, culto de 57
Atos de Salomão 145, 209
Aussagen 505
Autógrafos 665
Avaris 41, 59, 157
Azarias. Veja Uzias
Azazel 96

Baal 47, 127, 214, 218-221, 288-289, 340
Baal Melcarte 219, 225
Baal-Peor 119, 130, 159
Baal-Zebube 221
Baal-Zefom 66
Baasa 215, 217
Bab edh-Dhra' 709
Babel. Veja Torre de Babel
Babilônia 39, 58, 111, 304, 441
Babilônica, Teodicéia 492
Babilônico, Talmude 387, 424, 655 Veja também Talmude
Babilônios 40, 128, 149, 231, 234- 237, 320, 330, 341;

literatura dos 37, 61, 122, 157, 345, 379
Balaão 110, 118-119, 136, 188, 770 n. 31
Balaque 118
Banias 246
Bar Cochba, revolta de 432
Baraque 174-175, 185
Baruque 244, 357, 361, 365, 368-369
Barzilai 205
Basã 170, 684
Bate-Seba 203, 207-208, 598
Beduínos 16, 169, 754 n. 5
Beemote 525
Beer-Sheva 711
Beitin 154 Veja também Betel
Bel 331
Belém 190, 196, 297, 568, 573, 679, 751
Belsazar 618-619, 625
Ben Asher 667
Ben Siraque 461
Benaia 208
Ben-Hadade 220, 223, 784 n. 19
Beni Hasan 37
Benjamim (tribo) 187, 205, 214, 782
Beor 119
Berequias 435
Berseba 8, 67, 170, 220, 681
Bete-Horom 151
Betel 11, 45, 52, 64, 85, 214, 262, 264-266, 679
Bete-Peor 121
Bete-Seã 39, 60
Bete-Semes 184-185, 226
Beth Shemesh 64
Biblos 58, 170
Bildade 516-536 passim
Boárico, dialeto 673
Boaz 568-574
Boghazköy 40, 80
Budismo 136
Buz 523

Cades 57, 59-60, 761 n. 8
Cades-Barnéia 66-67, 107, 121, 681
Caftor, 169, 271. Veja também Creta
Caim 20, 28-29, 31-32
Caldeus. Veja Babilônios
Calebe 117-118, 131, 153, 167
Calebitas 196
Cambises 397

Caminho do deserto 66
Caminho dos filisteus 66
Camos 175, 222
Canaã 41-61 *passim*, 76, 116-132, 144; geografia de, 674-687; deuses de 85, 118
Cananeus, 36-62 *passim*, 87, 132, 147, 159, 170, 184
Canção da espada (Lameque) 28-29
Cântico da vinha (Is 5) 313
Cântico de Débora (Jz 5) 173, 495, 663
Cânticos de romagem (Sl 120-134) 467, 482
Cânticos do Servo (Dêutero-Isaías), 336. Veja também Servo Sofredor
Capadócios, textos 39, 50, 756 n. 2
Carcar, batalha de 113, 224, 694
Carma 136
Carmelo, monte 219-220, 677, 679
Carquêmis 42, 236, 349
Cassita 40, 487, 489
Cedrom, vale do 232, 685
Chipre 38, 62
Ciaxares 345
Cilícia 211
Cinco rolos. Veja Megilloth
Cipriotas 61
Ciro 304-388 *passim*, 423, 602, 606-609, 612-615, 621, 625, 747
Cisjordânia 113, 675, 686. Veja também Transjordânia
Citas 341
Coate 70
Código da aliança (Êx 21-23) 39
Coélet (qôhelet) 542-556 *passim*
Conias. Veja Jeoaquim
Conquista. Veja Jericó; Josué (filho de Num)
Conselhos de sabedoria 487
Copta, tradução 673
Corá, filhos de 467, 481
Crescente Fértil 674
Creta 169
Cristo (Messias), 31, 53, 199, 247, 288, 498-499, 562-563, 616; morte de, como sacrifício, 96, 99, 105-106; primeiro advento de, 624; segundo advento de, 634. Veja

ÍNDICE REMISSIVO

também Jesus
Crônica da Queda de Nínive 345
Crônicas dos reis de Israel e Judá 209
Cronista, o 199, 592-598, 830 n. 2-3, 831 n. 9-10
Crucificação 631
Cruzadas 591, 675
Cusã-Risataim 167-168, 172

D, fonte documental 12-13, 124, 126, 144, 154, 369 Veja também Deuteronômica, história
Dã 85, 214
Dagom 61, 184, 778 n. 27
Dalila 76
Damasco 59, 113, 199, 211, 223, 227, 264
Dâmaso I 672
Dan'el 621
Daniel 243, 514, 621-626, 8178 n. 2
Dario I 424, 439, 588, 602-603, 607, 609, 615, 829 n. 10
Dario, o Medo 618, 624-625
Davi 3, 144, 147, 191-196, 224, 242, 486, 569 574, 594, 598; como rei 146, 177, 197-210, 396, 397; como salmista 467, 481
Davi, história da corte (2Sm 9-20; 1Rs 1-2) 202-209
Davídica, aliança 133, 199, 268-269, 479, 480, 749, 752
Débora 167, 174, 185, 242 Veja também Cântico de Débora
Decálogo. Veja Mandamentos
Desfavorecida 278
Deus, nomes de: El, 47, 453; Temor de Isaque, 50; Santo de Israel, 326; parente, 50; Poderoso de Jacó, 50; Javé-Sebaote (Senhor dos Exércitos), 453 Veja também Javé (Senhor)
Dêutero-Isaías, 304, 309, 311, 314, 336, 796 n. 10 Veja também Isaías; Trito-Isaías
Deuteronômica, escola 13
Deuteronômica, história 126, 128, 144-146, 166, 174, 177, 188, 369, 655, 772 n. 8-10, 776 n. 7
Deuteronomista. Veja D, fonte documental

Dêutero-Zacarias 136. Veja também Zacarias (profeta)
Dez Mandamentos 79-82, 134, 136, 765 n. 34
Dia da Expiação 82, 95-96, 102-103, 104, 106, 116
Dia do Juízo 82, 95-96, 102-104, 116
Dia do Senhor 456, 748, 799 n. 12
Diálogo Babilônico de Pessimismo 494
Didaquê (*diadochoi*) 432, 620
Dilúvio 17-19, 21, 22, 29-31, 130, 134
Domo da Rocha 685
Dor 677
Dotã 45-46

E, fonte documental 11, 124, 144
Ebal 126, 132
Ebede-Meleque 362
Ebla. Veja Tell Mardikh
Ecbátana 590
Eclesiástico 544, 652, 653
Ecrom 169, 221, 309
Éden 21, 27, 30, 32
Edom 65, 107, 118, 121, 169, 189, 192, 211, 215, 223, 230, 271, 318, 455, 684; profecias contra 244, 402-406
Edomitas 169, 199. Veja também
Efraim 285, 435; colinas de 189
Egeu 169, 606
Egeu-cretenses, tribos. Veja povos do mar
Egípcios, textos 110, 122, 157
Egito 36-42, 49-61 *passim* 107, 136, 211, 214, 230-231; libertação do, 68-78 *passim*; profecias contra 244, 318, 628, 376-377, 397
Egito, dinastias do: 3ª 38 4ª 37-38; 12ª 41; 18ª 41-43, 57, 59, 63, 70, 157, 184, 580; 19ª 43, 59-60, 63, 157; 20ª 60, 184; 21ª 211; 25ª 230, 303
Egito, rio do. Veja Uádi el-'Arîsh
Eglom 172, 174, 211
Elá 215, 217
Elamitas 39
Elão 37, 630
Elate 227
Elcana 181-182
Eldade 242

Eleazar 117
Elefantino, papiro 432, 611, 833 n. 35
Eli 178, 181-183, 241-242, 217-224
Eliaquim. Veja Jeoaquim
Elias 67, 137, 143, 209, 213
Eliézer 242
Elifaz 517-536. passim
Elimeleque 568-572
Eliseu 143-145, 209, 213, 220-224, 242, 785 n. 32-33
Eliú 517-536 *passim*
Eloísta, Veja E, fonte documental
Elteque 304
Encarnação 448, 640
En-Dor 194
En-Gedi 185
Enoque 20, 242
Enoque, livro de 627, 634
Enuma Elish, epopéia de 21
Epicuristas 544
Esaradom 345, 770 n. 3, 800 n. 36
Esaú 36, 46, 49, 52, 54, 104, 190, 405-406
Esaú, monte de 403, 405-406
Escada de Tiro 677
Escritos 461, 634 passim, 648, 652
Esdras 10, 128, 432, 450-451, 600-602, 616, 655
Esdrelom, planície de 173
Eshnunna 39
Essênios 432
Ester 137, 582-591
Estóicos 544
Estrada Real 684, 687
Etã 66
Etã, o ezraíta 481
Etésios, ventos 685
Etíope, tradução 675
Etiópia 74, 328-329, 709 n. 6; profecias contra 318, 343
Et-Tell 151. Veja também Ai
Eúde 172, 174
Eufrates 39, 49, 59, 148, 157, 170, 235
Eva 20, 28, 68, 640
Evil-Merodaque 141, 237
Execração, textos de 41, 43, 514, 456 n. 2
Exílio 110-111, 119, 125, 128, 237, 305, 308, 310-311, 387-388
Êxodo 4-5, 44, 53, 56, 63-65,

68-70, 76, 78, 134, 146, 157, 188, 378, 380, 775 n. 13-14
Ezequias 125, 128, 215, 229-234, 496, 505, 509, 511, 544, 580, 595, 597, 664, 693, 696, 796 n. 4; relação com os profetas 276, 293, 297, 300, 303-304, 308, 310, 317-318, 320, 322, 339
Ezequiel 184, 240, 243, 386-395, 397-399, 440, 455, 600, 751
Eziom-Geber 211, 677

Faraó (e Moisés) 52, 71-77, 136, 156, 591
Fariseus 432, 749
Fenícia 210, 217, 219
Fenícios 170, 211, 662, 677
Ferezeus 170
Ferro, Idade do 64, 169, 172, 707, 775 n. 6
Filho de Davi, 750-751. Veja também Jesus
Filho do Homem e Ezequiel, 390-391; e Jesus 633
Filistéia, planície 677
Filisteus 61, 152, 169-200 *passim*, 318, 675, 681
Filístia. Veja filisteus
Finéias 181, 183-184
Florilégio 627
Formgeschichte 13

Gabriel 625, 631-632
Gade 179, 242
Gália 672
Galiléia, mar da 682-684
Gate 179, 242
Gattungen 469
Gattungsgeschichte 13
Gaza 58, 66. 169, 173, 271, 303
Gedalias 376
Genesaré 682
Genesaré, lago de. Veja Galiléia, mar da
Gerizim 134, 137, 669
Gesém 604
Gesur 203
Gezer 62, 211, 840 n. 5; arqueologia de 710, 718-720
Ghôr 682
Gibeá 187
Gibeão 160, 209, 151-152
Gibeonitas 150-154, 170, 202
Gideão 174, 185
Gilboa 194-195, 679

Gileade 173-174, 271, 303, 684, 696
Gilgal 142, 153, 187, 189, 194, 264
Giom 208; fonte de 232
Gizé 37
Gogue 748
Golã, colinas de 682, 684
Golanitas. Veja Golã, colinas de
Golias 144, 191, 486, 538, 779 n. 46
Gômer 278-280, 282-283, 287
Gósen 53, 66, 75
Graf-Wellhausen, teoria de 124
Grande Falha 682
Grande Tribulação 620
Grécia 169
Gregos 24, 436
Guerra egipto-hitita 59
Guti, tribos 37

Habacuque 243, 347, 349-351, 353-354
Habiru 155, 157-158
Hadade 211
Hadadezer 113
Hadassa. Veja Ester
Hagar 48, 52, 182
Hagigrafia 461
Haifa 586
Hala 403
Hamã 583-589, 591
Hamate 113, 199-200, 226, 232, 264, 303, 675
Hamurábi 39-40, 170, 755 n. 2, 761 n. 14
Hamurábi, estela de 125
Hanani 242, 603
Hananias 359, 374-375, 382, 388
Harã 45, 50, 53
Harris, papiro de 664
Hattusilis II 59, III 157, 773 n. 24
Hazael 220, 223-225
Hazor 42, 64, 151, 173, 207, 211, 264, 710; arqueologia de 722-724
Hebraica, língua 661-664
Hebreus, epístola aos 105-106, 164, 305, 420
Hebrom 45-46, 194-196, 204, 679, 403
Heilgeschichte 136
Helênico, período 442, 629
Hemã 242, 481
Hércules 175

Hermom, monte 170, 675, 679, 682
Herodes, o Grande 403, 418, 432
Hesbom 684; arqueologia de 725-727
Heveus 152, 170
Hexateuco 12, 144. Veja também Pentateuco; Tetrateuco
Hicsos 41-42, 57, 59, 65, 70, 172
Hillel 543
Hilquias 146, 356
Hinduísmo 136
Hino à Sabedoria (Jó 28) 517
Hino de vitória (Meneptá) 60
Hipona, concílio de 656
Hirão 211
Hititas 40, 57-61, 148, 157, 168-172, 209, 211, 773 n. 24; literatura dos 58, 61, 80, 110, 122, 157, 793 n. 4
Hofni 181, 183-184
Holocausto 591
Hor, monte 116, 768 n. 3
Horebe. Veja Sinai
Hori 537
Horitas 170
Hula, lago 682
Hulda 235, 243
Hurritas 40, 43, 47, 57, 61-62, 751 n. 19
Husai 204, 781 n. 11

Icabode 184
Idade do Bronze 707, 756 n. 11-12, 757 n. 25, 759 n. 38; Início, 39; Metade, 42-45; Final 56, 64, 110, 155
Ido 145, 242, 435
Idumeus, 403. Veja também edomitas
Indo-europeus 40, 43, 57, 59, 169, 624
Instrução ao rei Meri-ka-re 485
Instruções do Vizir Ptaotep 485
Irhuleni 113
Isaías 159, 229-234, 234-240, 275-276, 292-293, 297; poesia de 252-254, 258; profecia de 243, 299-338, 750, 786 n. 52
Isaque 5, 8, 36, 48-50, 52-53, 71-72, 162, 190
Is-Bosete 195, 202
Ishtar 564, 761 n. 3
Isin 39, 170
Islamismo 136
Ismael 36, 48, 52, 190, 509

ÍNDICE REMISSIVO

Ismaelitas 49, 753 n. 5
Israel, eleição de 131-133
Israel, estela de 64

J, fonte documental 11, 124, 144
Jaaziel 242
Jabes-Gileade 187
Jabim 173
Jabne 653
Jaboque 54, 684
Jacó 16, 46, 48-50, 52-54, 71, 119-120, 162, 190, 405-406, 454, 456
Jadua 605
Jael 174
Jânia, concílio de 653
Jaque 509
Jarmuque 684
Jasua. Veja Josué (sumo sacerdote)
Javé 11-12, 47, 92, 115-119, 214, 244-245, 268-272, 370, 517-540 *passim*, 764 n. 11-12; como Criador, 20, 26; como Provedor, 4, 77-78, 98, 233; Espírito de 332-333, 647
Javista. Veja J, fonte documental
JE, fonte documental 12, 154
Jebel Musa 66, 645. Veja também Sinai
Jebel Nebi Harun 116
Jebuseu 170, 192, 196
Jeconias. Veja Jeoaquim
Jedidias. Veja Salomão
Jedutum 242, 481
Jefté 173, 174
Jeoacaz
Jeoás (filho de Acazias). Veja Joás
Jeoás (filho de Jeoacaz) 225-226, 538
Jeoiaquim 147, 236, 349, 357, 368, 375-376, 692
Jerameelitas 196
Jeremias 135, 137, 146, 184-185, 233, 235-237, 240, 274, 276, 496-497, 644; como autor bíblico 209, 576-577; profecias de 243, 355- 358 *passim*; 440, 614-632, *passim*
Jeremias, As Confissões de 372
Jericó, 39, 142, 150-151, 155, 158, 161; arqueologia de 710, 728-729
Jeroboão I 85, 145, 213-217, 233, 692, 694, 783 n. 11
Jeroboão II 226, 263-265, 276, 416-417, 421, 693
Jerusalém 42, 45, 47, 58, 126, 226, 232-233; arqueologia de 710, 730-735; como capital 132, 195-196, 198; queda de 235-237, 245, 297, 392, 394-395, 575-576, 578-580, 621, 624
Jesus, 76, 95, 128, 137, 430. 626-627, 633; como o Servo de Isaías 336; como Messias 747-752 ; como novo Josué 159, 163; como Filho de Abraão 6, 34; como Filho de Davi 448, 638; aparições de, no AT 637-640, 652. Veja também Cristo, Messias
Jetro 71
Jeú 220, 224-226, 242, 269
Jezabel 217, 220, 224, 269, 280, 282, 784 n. 17
Jezreel (cidade), 220, 282; planície de 677; vale de 60-61, 173, 763 n. 6
Jezreel (filho de Oséias) 280, 282-283
Jó 353-354, 494, 514, 517-538, 621
Joabe 195, 200, 204-205, 208
João 274, 627, 639, 641
João Batista 456-457, 747
Joaquim 141, 236, 349-350, 373
Joás 145, 225, 407, 694
Jocaná, rabino 106
Joel 243, 339, 406-412, 473
Joiada 145, 225
Jonas 243, 413-422, 476, 563, 571
Jonas, filho de Amitai 226, 242
Jônatas 189, 191-192, 194, 202
Jônia 558
Jope 232, 677
Joquebede 70
Jorão (filho de Acabe) 221-224, 282, 692-693, 785 n. 41
Jorão (filho de Josafá) 223-224, 694
Jordão, rio 121, 127, 136, 142, 150, 152, 162, 679, 681-683, 772 n. 1
Jordão, vale do 683, 685, 772 n. 1
Josafá 222, 594-595, 692
Josafá, vale de 409
José (filho de Jacó) 5, 41, 46, 52-54, 63, 65-66, 68, 190
José (marido de Maria) 138
Josias 124, 128, 146, 215, 234-236, 306, 339-356 *passim*, 376, 595, 597
Josué (filho de Num) 53, 110, 117-118, 131, 160, 162, 165, 427, 652; chamado 141, 148, 150-153, 221
Josué (sumo sacerdote) 425, 427, 435, 437, 440-441, 444, 602, 605, 610
Jotão 227, 276, 293, 300, 696, 786 n. 45
Jotbatá 296
Jubal 20
Jubileu, ano do 97, 102-103
Jubileus, livro de 655
Judá (filho de Jacó) 333, 753 n. 5
Judá (tribo) 192; colinas de 128, 214
Judas Macabeus 655
Judite, livro de 653
Justos, o Livro dos 144, 160-162, 180, 209

Kanesh 39
Karnak 215
Kayseri 39
Khirbet el-Qudeirat 681
Kipper 92, 104
kismet 136
Kizzuwatna 169
Koheleth. Veja Coélet
Kosher 94
Kültepe 39

Labão 54
Lágida, linha. Veja ptolomeus
Lagos Amargos 66
Lameque 29
Laquis 39, 62, 62, 231-232, 712; arqueologia de 736-738
Laquis, cartas de 665, 840 n. 5
Larsa 39, 170
Latinas, versões. Veja Vulgata
Lei. Veja Pentateuco
Lemuel 509-510
Levi (tribo) 70, 183
Leviatã 525
Levitas 83, 88, 114, 117, 126-127, 455-456
lex talionis (lei de Talião) 100
Líbano 148, 674
Líbano, monte 170
Líbios 60

ÍNDICE REMISSIVO

Lipit-Ishtar 40
Litani, rio 679
Literatura de sabedoria 485, 499
Livro da aliança (Êx 20.23-23.33) 81, 85
Livro das Guerras do Senhor 110
Livro do Consolo (Jr 30-33) 374-375, 377, 378
Livro dos Doze (Profetas Menores) 436
Livros da história dos reis de Israel / Judá 142, 145
Ló 46
Ló, mar de. Veja mar Morto
Logos 503, 817 n. 6
Lucas 78
Ludlul Bel Nemeqi 489, 492, 529
Lugar Santo 82
LXX. Veja Septuaginta

Macabeus 432
Macabeus, livro dos 627, 653
Macpela, caverna de 52, 54
Magnificat, o 343
Magogue 748
Malaquias 243, 325, 432, 436, 449-457,
Malom 571
Manaém 226-228, 276, 303, 696
Manassés 125, 233-235, 237, 293, 300, 339-340, 594-595, 787 n. 11
Mar de Juncos 66, 77, 677, 683, 763 n. 30
Mar Morto 226, 398, 679, 682-684
Mar Morto, manuscritos do 316, 589, 660, 662, 664, 657, 713, 771 n. 23, 810 n. 33, 841 n. 37 Veja também Qumran
Mar Oriental. Veja mar Morto
Mar Salgado. Veja mar Morto
Mar Vermelho. Veja mar de Juncos
Mara 78
Marduque 489, 492
Mári 39, 46, 170; textos de 50, 755 n. 2, 758 n. 36, 779 n. 45
Maria 138, 343, 825 n. 18
Māshāl (heb. "provérbio") 501, 530, 565
Massá 509, 510
Massoretas 662-663, 667
Massorético, texto 601, 668
Matanias. Veja Zedequias

Mateus 639, 641
Matusalém 689
Medade 242
Medeba 684
Medo-persa, império 423, 624-625, 630
Medos 235, 345
Mefibosete 202, 205
Megido 39, 57-58, 62, 92, 218, 235, 677; arqueologia de 739-740
Megilloth 543, 557
Melcarte. Veja Baal Melcarte
Meneptá 60, 64, 65, 761 n. 2, 762 n. 15
Meneptá, estela de 44-45, 758 n. 43
Mênfis 41
Menzaleh, lago 66
Merabe 191
Meribá 117
Merodaque-Baladã 231-232, 303, 308
Merom, águas de 151
Mesa 222
Mesopotâmia 20, 36-40, 45, 50, 57, 690
Messias (Cristo) 120, 631, 633-634, 747, 749, 809 n. 25
Micaías ben Inlá 220, 242
Mical 195, 198
Micênica, cultura 169
Midiã 49, 71, 684, 763 n. 6
Midianitas 49, 119, 169, 173, 753 n. 5, 763 n. 6
Migdol 66
Miguel 620, 625, 632-633
Milcom 341, 363, 366
Minóica, cultura 169
Miquéias 159, 243, 275, 292-298, 357
Miriã 70, 115, 117-118, 242, 470
Mishná 432, 544, 557, 562, 626
Mispa 185, 187
Mitani 40, 57-59, 170, 761 n. 3
Moabe 107-108, 118-119, 121, 169, 172, 174, 189, 192, 223, 230, 236, 684; planícies de 122, 127, 148, 684, 762 n. 18
Moabita, pedra 661
Moabitas, 169, 199, 222, 455, 661-662; profecias contra os 318, 342-344
Moisés 55-56, 63, 69-86 *passim*, 93, 105-106, 115, 121, 133, 148, 153, 221, 239, 241-242,

639; como autor bíblico, 9-11, 109-111, 126-127, 481; chamado divino de 131, 184, 326
Moloque. Veja Milcom
Monte das Oliveiras 204, 443, 446-447
Mordecai 583, 589-591
Moresete-Gate 292
Mosaica, aliança 79-81, 356, 753 n. 4, 760 n. 64, 770 n. 4; Veja também Dez Mandamentos
Mursilis I 40
Muwatalis 59

Naamã 222
Nabal 193
Nabateus 403, 681
Nablus 669
Nabonido 423
Nabopolassar 234, 345, 349, 835 n. 8
Nabote 220, 222
Nabucodonosor 111, 236-237, 341, 349-350, 373, 379, 576, 580, 602-628 *passim*, 6952, 695, 835 n. 8
Nachinterpretation 388
Nadabe 93, 99, 217
Nahr Hasbânî 681
Não-Meu-Povo 282
Naor 49
Nash, papiro de 654
Natã 143, 179-180, 199-200, 203, 207-208, 241-242, 244, 597, 749
Naum 234, 243, 344-349
Nazaré 686
Nazireus 117, 175, 182, 270, 778 n. 20
Nebo 331
Neco II 235-236, 345, 350
Neemias 128, 432, 602-616
Neguebe 45, 151, 192, 675, 677, 681, 686
Neo-Assírio, império 63
Nikkal 61
Nilo, rio 53, 70, 74-75
Nínive 40, 230, 232, 344; profecias contra 413-421
Node 20
Noé 31-35, 514, 621
Noemi 568, 574
Noph. Veja Mênfis
Nova aliança 364, 384
Nova arqueologia 701, 704, 715

ÍNDICE REMISSIVO

Nova Jerusalém 615
Novo Êxodo 640
Novo Império Babilônico 349
Núbia 57
Núbios 230
Nuzi, textos de 46-47

Obadias 243, 347, 401-406, 412
Obede 243, 569, 572
Obelisco Negro 224-225, 785 n. 43
Ofel, topo de 192
Ogue 170
Oliveiras, discurso das 307
Onri 217, 218, 222, 224, 679, 785, n. 43
Oolá (Samaria) 390
Oolibá (Jerusalém) 390
Oráculos contra as nações (Jr 46-51) 377
Orfa 568
Oriente 31, 674, 677
Orontes, rio 57, 59, 157, 200
Oséias (profeta) 126-127, 135, 137, 182, 274-91
Oséias (rei) 226-228, 303, 693
Otniel 167-168
Otnielitas 196

P, fonte documental 12, 124, 144, 154
Pães asmos, festa dos 75, 97, 102-103, 479
Paleo-hebraica, escrita 662, 666
Palestina. Veja Canaã
Pará, deserto de 121
Páscoa judaica 75-77, 97, 102-103, 116, 235, 479, 557, 562, 603, 764 n. 20-24
Pasur 357, 365
Paulo 3-4, 105, 353-354, 503, 639-641, 647
Peca 226-227, 276, 303, 317, 693, 695
Pecaías 226, 276, 696
Pedro 412
Peletitas 200
Peloponeso 168
Penina 181, 183
Pentateuco 3-138 *passim*, 598, 614-615, 646, 648 652, 655. Veja também Hexateuco; Pentateuco Samaritano; Tetrateuco
Pentateuco Samaritano 669-671, 839 n. 9, 841 n. 19
Pentecostes (NT) 412; Veja também Semanas, festa das
Per-Ramessés 60
Persa, império 235, 245, 430, 439, 558, 606, 607, 620
Persas 39-40, 149, 330, 441-442
Persépolis 424, 558
Pérsia, príncipe da 632
Peshita 672-673
Petra. Veja Sela
Petuel 406
Pi-Hairote 66
Pi-Ramessés 64, 66
Pirâmides, textos das 38
Pitom 64-65, 70, 156
Poço do Juramento. Veja Berseba
Pompéia 432
Povos do mar 60-61, 110, 157, 169, 675, 761 n. 2
Pregador. Veja Coélet
Príncipe da Paz 333, 629
Pseudepígrafes 432
Pseudo-Jônatas. Veja Targum
Ptolomeus 620, 626, 632
Pul. Veja Tiglate-Pileser III
Purim 582, 589-596

Qantara 66
Qantir 60, 65, 157
Quadro das nações (Gn10) 19-33
Quebar, canal de 386-387
Queda, a 28-29, 133, 748
Queneus 196
Quereteus 200
Querite, uádi 219
Quinerete. Veja Galiléia, mar da
Quir 271
Quiriate-Jearim 185, 480
Qumran 120, 137, 299, 432, 456, 544, 626-627, 634, 665, 667

Raabe 150, 158
Rabá-Amon 684
Rabsaqué 664, 787 n. 7
Ramate-Rael 611
Ramessés 64-65, 70, 156-157
Ramessés I 59, 156
Ramessés II 58-59, 64-65, 80, 157, 761 n. 8
Ramessés III 60, 169, 761 n. 2
Ramesseum 58
Ramote-Gileade 224
Rápido-Despojo-Presa-Segura 301, 317
Ras Shamra 159, 661

Rebeca 48
Recabe 371
Recabitas 778 n. 20
Redaktionsgeschichte 757, n. 23
Refidim 78, 153
Reformadores 657
Reino hachemita da Jordânia 684
Renovo, o 381, 440. Veja também Cristo
Reum 607
Rezim 227, 317
Rezom 211
Ribla 236
Roboão 145, 196, 213-215, 692, 694
Rogel 207
Rosh Hashanah 102-103, 691
Rute 329, 568-574

Sabá, rainha de 211, 416
sabático, ano 97
sabeanos 211
Sabedoria de Salomão 461, 653
Saduceus 432
Safira 94
Saídico, dialeto 673
Salamina 583
Salém. Veja Jerusalém
Salmaneser III 113, 224-225, 695, 768 n. 12, 771 n. 3
Salmaneser IV 785 n. 40
Salmaneser V 228, 277, 303, 319, 695
Salomão 156, 207-212, 242, 269, 473, 476, 496-509 *passim*, 594-597; como autor bíblico 481, 543-545, 557-558
Salum 226, 276
Samaria 217, 223, 228, 285, 295, 598, 679, 696; arqueologia de 710, 741-742; queda diante dos assírios 113, 146, 232, 303
Samaritanos 228, 426, 669, 679, 839 n. 9
Sambalate 604
Samuel 128, 137, 143, 193-194, 224, 594; como autor bíblico 173-174, 179-180, 569; como profeta 125, 180-191 *passim*, 241-244
Sangar 174, 185
Sansão 168-169, 173-176, 181
Santa Catarina, monastério de 66

Santidade, código de (Lv 17-26) 96
Santo dos Santos 82, 94, 96, 100
Sara 51-52, 182
Sarepta 219
Sargão I 37
Sargão II 113, 228, 230, 303, 319, 695, 756 n. 5
Sarom, planície de 677
Saruém 41
Satã 440, 444, 513-539 *passim*
Saul 144, 184-195, 205-206, 224, 240, 242, 779 n. 41
Seba (benjamitas) 202, 205, 211
Sebá 238-239
Sefarade 403
Sefelá 151, 681
Segundo Templo. Veja templo
Seir, monte 684
Sela 684
Selá 482
Selêucidas 432, 620, 626
Sem 34
Semaías 242
Semanas, festa das 97, 102-103
Semitas 37, 65
Semitas ocidentais 39-45
Semitas orientais primitivos 45, 756 n. 15
Senaqueribe 113, 230, 232-233, 294, 317-319, 345, 349, 416, 580, 692, 695, 786 n. 3
Septuaginta 313, 369, 432, 626, 653, 667, 669, 673, 841 n. 17; e o nome dos livros da Bíblia 16, 68, 80-81, 99-100, 178, 450, 466, 575
Seraías 377
Sermão da Montanha 158, 523, 638
Sermão do Templo (Jr 7.1-15) 372, 374
Servo Sofredor 448, 515, 540, 638. Veja também Dêutero-Isaías; Cânticos do Servo
Sesbazar 425, 427, 602, 607-608, 610-611
Sete 29
Sethnakt 60
Seti I 59, 65, 157
Shammai 388, 543
Shamsi-Adad 39
Shasu Bedouin 65
Shemá 129, 654, 767 n. 23
Sheol 519
Sheshonk 215

Siamun 211
Sião 118, 121
Sião 126, 318, 669
Sibilinos, oráculos 621
Sibu 303
Sidom 170, 219, 304, 677
Siló 132, 172, 178, 181, 185, 199, 803 n. 32
Siloé, fonte de 231; túnel 300
Siloé, inscrição 840 n. 5
Símaco 671
Simeão, o Justo 626
Simei 204
Simeonitas 196
Sinai 38, 56, 62, 65, 67, 117, 214, 247, 671, 682; lei, revelada no 69, 78-88, 127, 131, 133, 136; deserto do 66, 107, 153
Sinar. Veja Babilônia
Sinédrio 653
Sinsai 607
Siquém, 11, 45-46, 58, 62, 679, 710; arqueologia de, 710, 743-745; como lugar de convocação 80, 132, 137, 214, 479
Siraque 496
Síria 36, 38-39, 41-43, 57, 59, 62, 157, 167, 199, 220, 236
Siríaco 672
Sírios 199, 222
Siro-efraimita, guerra 303
Sisaque 392
Sísera 170, 174-175
Sitz im Leben 13, 307, 312, 469
Sodoma 46
Sofonias 234-235, 273, 339-345, 361
Sucote 65-66, 76
Sudão 57
Suez, canal de 66, 763 n. 30
Sulamita 561, 563, 818 n. 18
Sumérios 21, 37-38, 485, 487-488, 827 n. 8
Sunamita 222
Supiluliumas 59
Sur, deserto de 66
Susã 39, 582, 603
Susa. Veja Susã.

Tabernáculos, festa dos 102-103
Tabor, monte 175
Tainat 210
Talmude 562, 569, 589, 609, 626, 821 n. 2. Veja também Babilônico, Talmude
Tamar 203, 333

Tamuz 564
Tânis 60
Taraka 304
Targum 450, 562, 842 n. 22; de Jerusalém I 670; de Jônatas, 670; de Onkelos 670
Társis 413
Tatenai 603, 607
Tebas 38, 57-58, 63, 344
Tecoa 263, 265
Tel Dan 208
Tel Lachish 711
Tel Michal 711
Tel Zeror 64
Tel-Abibe 387
Tel-Aphek 711
Tel-aviv. Veja Jope
Tell Defneh 66
Tell El-'Umeiri 710-711
Tell El-Amarna, 58, 157, 773 n. 23. Veja também Aquetaten
Tell El-Duweir 154. Veja também Laquis
Tell El-Fará. Veja Tirza
Tell El-Hesi 154, 762 n. 19
Tell El-Maskhuta 65
Tell El-Qedah 154. Veja também Hazor 154
Tell Heshbon 711
Tell Jawa 711
Tell Mardikh 38, 756 n. 5, 766 n. 8
Tell-Beit Mirsim, 64, 154, 762 n. 19. Veja também Ansã; Eglom
Temã 403
Templo: herodiano, 593; pós-exílico, 429-433; de Salomão 65-173
Tenda da aliança 117
Tenda da congregação 84, 87
Tendas, festa das. Veja Tabernáculos, festa dos
Teodoro de Mopsuéstia 543
Teodósio 671-672
Teógnis 544
Terá 49, 755 n. 1
Tetragrama 72, 764 n. 13
Tetrateuco 126, 144; Veja também Hexateuco; Pentateuco
Tiago, epístola de 499, 541, 641
Tiberíades. Veja Galiléia, mar da
Tibni 217
Tiglate-Pileser III 63, 227-228, 276-277, 302-303, 317-318, 695

ÍNDICE REMISSIVO

Tigre 40
Timóteo 647
Timsâh, lago 66
Tiro 232, 244, 318, 677
Tiropeão, vale do 340
Tirza 217, 824 n. 7
Tito 776
Tobias 604-605
Tobias, livro de 653
Toledoth, fórmula 17, 35, 48
Torá. Veja Pentateuco
Torre de Babel 19, 21, 30, 32-33, 715
Transjordânia 49, 152, 169-170, 195, 204, 222, 224, 675, 682, 684; Veja também Cisjordânia
Trento, concílio de 657, 672
Trito-Isaías 304-313. Veja também Dêutero-Isaías; Isaías
Trombetas, festa das. Veja Rosh Hashanah
Tutmés I 57-70
Tutmés III 57, 771 n. 3
Tutmés IV 57

Uádi El-'Arish 303, 675, 681
Uádi El-Hesã. Veja Zerede
Uádi El-Jaya 151

Uádi El-Môjib. Veja Arnom, rio
Uádi Nimrin 684
Uádi Tumilat 65
Uádi Zerqa. Veja Jaboque
Ugarite 62, 790 n. 19
Ugarítico 61-62, 157, 159, 219, 621, 661, 756 n. 2; reino 169; poesia 254-259, 481
Ulai, rio 630
Última Ceia 76
Um-Resto-Volverá 301, 317
Ur 22, 37-39
Urartu 230, 264, 790 n. 8
Urias 203, 374, 598
Urim 193, 780 n. 48
Ur-Nammu 38, 40, 756 n. 5
Uz 13, 516-517, 522, 527
Uzias 264, 276, 300-303, 310, 317, 693, 696

Vasti 582, 588
Via Máris 677, 687
Vulgata 88, 108, 466, 557, 575, 672

Westminster, confissão de 649
Wheeler-Kenyon, método estratigráfico 706, 711

Xerxes I. Veja Assuero

YHWH. Veja tetragrama
Yokneam 711
Yom Kippur. Veja Dia da Expiação

Zacarias (filho de Jeroboão II) 226, 276, 282, 693
Zacarias (mártir, filho de Joiada) 242, 652
Zacarias (profeta) 576, 603, 610-611, 749. Veja também Dêutero-Zacarias
Zadoque 199, 208, 398
Zadoque, descendentes de 455, 796 n. 10
Zagros, montanhas 37, 40, 57
Zedequias 237, 361, 368, 372-376, 379, 692, 808 n. 10
Zerede 684
Ziba 202, 205
Ziclague 195
Zim, deserto de 681
Zinri 217
Zípora 71
Zobá 199
Zofar 516, 518, 527, 535
Zôr 682
Zorobabel 425-448 passim, 602-611, 750, 833 n. 28